Die Highlights

© PETER PACK

2

3

© PETER PACK

4 **SOSSUSVLEI** Die Sanddünen beim Sossusvlei im Herzen der Namib-Wüste bieten im Licht der auf- oder untergehenden Sonne ein grandioses, stetig wechselndes Farbschauspiel. Nur nach besonders ergiebigen Regenfällen füllt sich das Vlei mit Wasser und bietet diesen einzigartigen und seltenen Anblick. S. 309

© PETER PACK

© PETER PACK

© PETER PACK

5 LAGUNE VON WALVIS BAY Sauberes Wasser bietet Lebensraum für eine Vielzahl von Fischen, Vögeln, Robben, Delphinen und Walen, die man auch auf interessanten Bootstouren beobachten kann. S. 327

6 SWAKOPMUND Die alte Kolonialstadt am Rand der Wüste ist heute ein beliebter Ferienort mit großem Angebot an Aktivitäten. S. 334

7 DIE SKELETTKÜSTE Die sagenumwobene Nordwestküste Namibias gibt sich abweisend, rau und öde. In fünfhundert Jahren sind Tausende Schiffe hier gestrandet. S. 370

6

7

8

8 **TWYFELFONTEIN** Wer einmal eine Weile unter dem Löwenmaul-Felsen beim Weltkulturerbe Twyfelfontein stand, der wird sich gut in die Lage der Menschen versetzen können, die hier vor Urzeiten die Erlebnisse ihres Alltags in zahlreichen Felsgravuren und -malereien festgehalten haben. S. 378

© PETER PACK

9

© PETER PACK

9

© PETER PACK

9 KAOKOVELD In dem rauen und abgeschiedenen Landstrich sind die alten Traditionen des Nomadenvolks der Himba zum Großteil erhalten geblieben. S. 388

10 UGAB-TERRASSEN Im imposanten Tal des Ugab Riviers gibt es zahlreiche interessante Felsformationen, deren wohl beeindruckendste die Vingerklip ist. Dieses Sandsteinkonglomerat, das geschätzte 15 Millionen Jahre alt ist, hat einen Umfang von 44 m und eine Höhe von 35 m. S. 400

10

11 **ETOSHA NATIONAL PARK** In der schier endlos erscheinenden Buschsavanne des berühmtesten Parks des Landes ist eine überaus artenreiche Tierwelt anzutreffen. Besonders gute Beobachtungsmöglichkeiten bieten die verschiedenen, teilweise künstlich angelegten Wasserstellen – wie zum Beispiel hier in Okaukuejo. S. 404

© PETER PACK

12 KAVANGO UND CAPRIVI

Quirliges Afrika, ganzjährig Wasser führende Flüsse und eine üppige Vegetation bilden einen wunderbaren Kontrast zum Rest des Landes. Anders als in den Parks in den übrigen Landesteilen sind hier auch die im und am Wasser lebenden Tiere wie z. B. Hippos, Krokodile und eine besonders vielfältige, bunt schillernde Vogelwelt zu beobachten. Allein der Artenreichtum der hier lebenden Eisvögel und Bienenfresser ist – nicht nur für Vogelliebhaber – ein Erlebnis. Der Anblick eines der erstaunlich anpassungsfähigen Chamäleons rundet das bunte Bild ab. S. 465 und S. 474

© PETER PACK

© PETER PACK

12

13 **VICTORIA FALLS** Das großartige Naturschauspiel der herabtosenden Wassermassen ist von Victoria Falls in Zimbabwe oder von Livingstone in Zambia aus zu bestaunen. S. 497

Inhalt

Travelinfos von A bis Z 35

Land und Leute 131

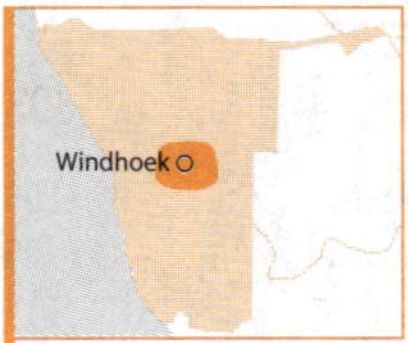

Windhoek und Umgebung 211

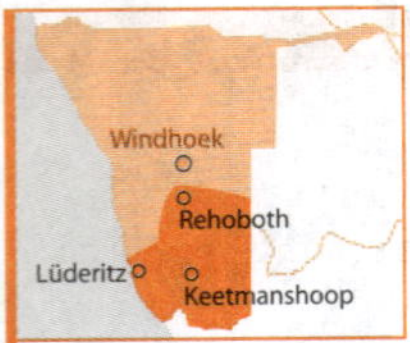

Der Süden 255

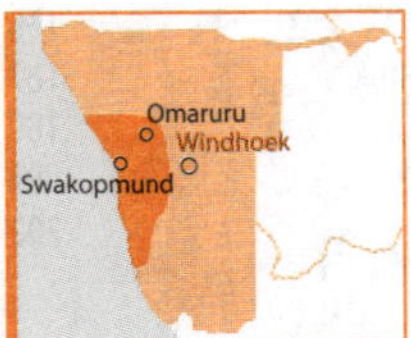

Der Westen 303

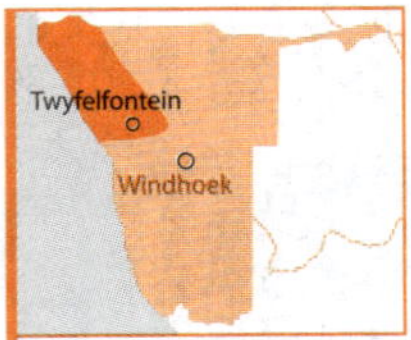

Der Nordwesten 369

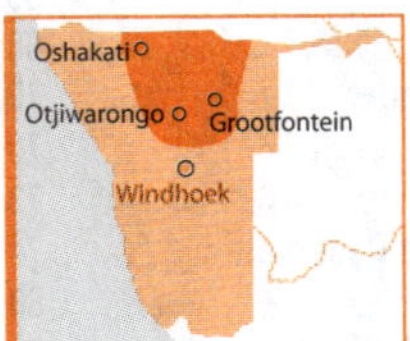

Der Norden 399

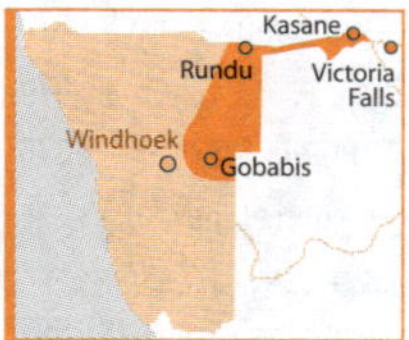

Kasane
Rundu
Victoria Falls
Windhoek
Gobabis

Themen

Reiseziele und Routen

Reiseziele

Namibias **Landschaft** besticht durch Schönheit und Mannigfaltigkeit: das hügelige Khomashochland mit dem markanten Gamsberg oberhalb der großen Randstufe; die grenzenlos scheinenden Sand- und Geröllflächen der Namib, unterbrochen von den Granitmassiven des Brandbergs, der Spitzkoppe und des Erongo; die schroffe Küste sowie das grasbedeckte Weideland mit hohen Bäumen im Nordosten.

Dabei gilt für Namibia der alte Grundsatz: Der Weg ist das Ziel. Das alleinige Abhaken von Sehenswürdigkeiten würde die Erfahrung Namibia schmälern – lässt man sich jedoch auf das Gesamterlebnis Namibia ein, wird jede Minute besonders sein. Geruhsam, ohne Verkehr, durch die sich mitunter ständig ändernde Landschaft zu gleiten, ist Entspannung und Erholung. Um sich die erforderliche Zeit zum Genießen zu lassen, sollten die Tagesetappen nicht überladen werden. Vielleicht wird es auch Besucher geben, die manche Landstriche monoton und trostlos finden, aber die meisten werden von der unendlichen Weite und Menschenleere, die Namibia ausmachen, beeindruckt sein.

Unterwegs sind die Überlebenskünstler, die sich den extremen Lebensbedingungen Namibias angepasst haben, anzutreffen. In der Dornbuschsavanne äsen Oryx und andere Antilopen unter knorrigen Kameldornbäumen. Elefanten bevorzugen Mopanebäume, deren Blätter hellgrünen Schmetterlingen gleichen. Kleintiere und eine artenreiche Vogelwelt sind ständige Begleiter.

Natürlich gibt es auch einzigartige Sehenswürdigkeiten: Da sind zum einen die geografischen Highlights wie der **Fish River Canyon** im Süden, der seine Existenz einer geologischen Grabenbildung vor 350 Mio. Jahren verdankt und als zweitgrößter Canyon der Erde gilt; der **Namib-Naukluft Park** im Westen mit den einmaligen Pflanzen *Welwitschiamirabilis* und *Acanthosicyoshorridus* (Nara); das **Sossusvlei** im Namib-Naukluft Park mit seinen aprikosenfarbenen Dünen, die zum Sonnenaufgang und Sonnenuntergang ein unvergessliches Farbschauspiel bieten; der **Etosha National Park** im Norden, Heimat fast aller namibischer Tierarten, insbesondere aber der bedrohten Spitzmaulnashörner, Schwarznasenimpalas und der Damara-Dikdiks; sowie verstecktes oder noch nicht so bekanntes Sehenswertes, das in diesem Buch verraten wird. Zum anderen gelten die vielen besonderen **Lodges und Gästefarmen** zu Recht als Höhepunkte jeder Namibiareise. Dort kann man Menschen kennenlernen, die über das Land zu erzählen verstehen, und erlebt Namibia hautnah. Bei einigen lohnt es sich, mehrere Übernachtungen bis zu einer Woche einzuplanen.

Nichtsdestotrotz ist Namibia ein Rundreiseland und dies im wahrsten Sinne des Wortes. Fast alle Touren beginnen und enden in **Windhoek** und streifen dabei Swakopmund als Zwischenstation. Vom Aufbau erscheint es am sinnvollsten, erst in den kargen Süden, dann über das beschauliche Swakopmund in den vergleichsweise üppigen und abwechslungsreichen Norden zu fahren. Es gibt aber auch genügend Gründe, erst in den Norden und dann in den Süden zu fahren oder sich nach der Verfügbarkeit bestimmter gewünschter Unterkünfte zu richten.

Eine Alternative zur Rundreise bietet die Tour in den so ganz anderen **Caprivizipfel** im äußersten Nordosten. In der Kavango Region sieht man viele Dörfer aus Rundhütten, Cuca-Shops (einheimische kleine Kneipen), Esel, Ziegen und Kühe auf und neben der Straße – Afrika pur.

Im Bwabwata National Park sind die wildreichen Reservate der Region zusammengefasst worden. Der Heimflug kann von Victoria Falls oder aber von Livingstone auf der sambischen Seite der Fälle geplant werden.

Fast alle Ortschaften und Städte in Namibia können an einem Tag besichtigt werden. Nur in Windhoek und vor allem in **Swakopmund** wird etwas mehr geboten, im Allgemeinen reichen aber auch hier drei bis vier Tage. Denn einen klassischen Badeurlaub kann man in Namibia angesichts der kalten Benguela-Strömung nicht machen. Daher ist zur Erholung nach der Rundreise ein Aufenthalt auf einer der vielen wunderschönen Lodges die beste Variante.

Reiserouten

Die Zusammenstellung der Reise wird vor allem von den persönlichen Vorlieben abhängen – beispielsweise gemütlich zu fahren mit viel Zeit für Erholung oder alles auf einmal sehen zu wol-

Reiseplanung

Namibia ist ein einfach zu bereisendes Land. Wegen der deutschen Kolonialvergangenheit kommt man auch dann weiter, wenn man nur wenig Englisch spricht. Man darf allerdings nicht damit rechnen, dass grundsätzlich und überall Deutsch gesprochen wird. Das Straßennetz ist sehr gut ausgebaut und durchnummeriert. Mit einigen Ausnahmen fällt die Orientierung leicht.

Die Art der Reise hängt in der Regel von der Größe des Budgets ab. Wer wenigstens 2500 € für zwei Wochen zur Verfügung hat, kann zumindest eine sehr einfache Namibiareise inklusive Flug unternehmen. Nach oben gibt es keine Grenze. Eine 19-tägige Selbstfahrertour auf der klassischen Route (s. Namibias Highlights) mit guten Mittelklasseunterkünften kostet zu zweit inklusive Mietwagen (normaler Pkw) rund 4500€ (gesamt), ohne Flug.

Öffentliche Verkehrsmittel kommen in Namibia sehr begrenzt zum Einsatz. Es gibt kein flächendeckendes Busnetz. Nur einzelne Strecken werden befahren, etwa die Hauptstrecke von Windhoek nach Norden in die Four O Region, wo fast die Hälfte der namibischen Bevölkerung lebt. Auf den Strecken nach Süden über Keetmanshoop nach Kapstadt, nach Upington in Südafrika und weiter nach Johannesburg, nach Norden über Grootfontein bis nach Victoria Falls in Zimbabwe sowie nach Swakopmund und Walvis Bay gibt es einen privaten Linienbus, den Intercape Mainliner. Zwischen Windhoek und Swakopmund pendeln täglich Shuttle-Busse. Selbst innerhalb Windhoeks kommt man mit öffentlichen Bussen nur vom Stadtzentrum nach Katutura, wo die Mehrheit der schwarzen Bevölkerung lebt, und zurück. Das Reisen mit der Bahn ist ebenfalls nur auf zwei Strecken möglich. Viele der touristischen Highlights sind mit öffentlichen Verkehrsmitteln nicht zu erreichen, und niemand wird sich während einer Namibiareise auf die Hauptstrecken beschränken wollen. Daher ist eine Reise ausschließlich mit öffentlichen Verkehrsmitteln nicht machbar.

Trampen ist ebenfalls schwierig. Neben dem generellen Risiko gibt es einfach zu wenig Verkehr. Mietwagenfirmen raten zu Recht davon ab, Anhalter mitzunehmen. Im Etosha Park ist das Verlassen des Fahrzeugs untersagt, zu Fuß wird man erst gar nicht hineingelassen.

Wer mit kleinem Budget, aber ohne große Planung losgeflogen ist, sucht sich am besten in Windhoek in einer der Backpacker Lodges einen der äußerst geselligen **Overlander Trucks** (große Lkw mit einfachen Sitzbänken im hinteren Teil; Genaueres S. 113).

Vor Ort werden außerdem verschiedene **preiswerte Campingtouren** angeboten, die Windhoek als Ausgangs- und Endpunkt haben. Viele der Backpacker Lodges organisieren diese selbst oder können sie zumindest vermitteln (Adressen der Backpacker und Veranstalter im Kapitel Windhoek). Ob man eine Mietwagenrundreise, pauschale Gruppenreise oder Individualreise mit Reiseleiter unternimmt,

len – und natürlich davon, welchen Teil Namibias man bereisen möchte.

Grundsätzlich lassen sich einige **Hauptrouten** herauskristallisieren. Um die Wahl der Route und die Einschätzung der Tagesetappen zu erleichtern, sind im Folgenden sieben Routenvorschläge aufgeführt. Diese lassen sich auch kombinieren oder variieren. Beschreibungen der Sehenswürdigkeiten und Unterkünfte sind in den Regionalkapiteln zu finden. Wer eine Reise nur im Zelt unternehmen will, kann sich ebenfalls an diese Routen halten. Einigen Lodges sind Campingplätze angeschlossen, ansonsten gibt es Campingplätze in ihrer Umgebung. Viele Namibiareisende empfinden eine Kombination aus Lodge-Übernachtungen und Camping als optimal.

- Namibias Highlights, mind. 19 Tage
- Namibia Kompakt, 15 Tage
  ... mit Nordosten, 20–23 Tage
  ... mit Caprivi und Livingstone/Victoria Falls, 22–25 Tage
- Westküste: Süd-Namibia bis nach Kapstadt, 19 Tage
- Lodge-Campingtour: Nord-Namibia mit Kaokoveld und Ovamboland, 22 Tage
- Campingtour: Der Nordosten Namibias und Botswana, 28 Tage

hängt vor allem von zwei Faktoren ab: wie viel man ausgeben kann oder möchte und wie viel Zeit für die Vorbereitung der Reise zur Verfügung steht. Eine **Gruppenreise** bietet den Vorteil, dass man sich um nichts zu kümmern braucht. Für persönliche Interessen und Neigungen bleibt auf einer solchen Reise allerdings wenig Raum. Das recht straffe Programm verlangt allen ein hohes Maß an Disziplin ab. Pauschalreisen werden für zwei Wochen inklusive Flug ab 3000 € pro Person angeboten. Die Bandbreite zwischen Billig- und Luxustouren ist auch hier sehr groß.

Die optimale Verbindung aus sorgenfreiem Reisen mit Reisebegleitung und einem großen Maß an Unabhängigkeit und Individualität bietet eine **maßgeschneiderte Reise**. Diese sind allerdings meist teuer: Eine Exklusivreise für zwei Personen mit Reisebegleitung kostet gut und gern das Doppelte einer gleichwertigen Mietwagenrundreise (Flüge ausgenommen). Schließt man sich mit Freunden zusammen, entlastet das den Geldbeutel erheblich und garantiert dennoch größtmögliche Flexibilität.

Ganz unabhängig ist man mit einem **Mietwagen**. In der Hauptsaison von August bis Mitte November ist es jedoch erforderlich, die Unterkünfte im Voraus zu buchen. Besonders außerhalb der Städte kann die Reise sonst zur Tortur werden. Ist eine Unterkunft ausgebucht, muss man mitunter 100 km bis zur nächsten fahren. Wer mit einem Wagen mit Campingausrüstung reist, ist weniger gebunden.

Bei den **Campingplätzen in den Parks** ist vor Ort fast immer noch ein Plätzchen frei, auch wenn das Buchungsbüro die Auskunft erteilt, dass alle Plätze vergeben sind. Nur beim Campingplatz am Sesriem gibt es einzeln abgegrenzte Plätze. Wenn diese besetzt sind, bleibt einem nur noch, auf einen der umliegenden privaten Campingplätze auszuweichen. Kleine private Campingplätze können zwar schon einmal ausgebucht sein, jedoch wird man bei später Ankunft dort wohl nicht abgewiesen werden. Wer dennoch am liebsten ganz ungebunden reist, wird eine Kombination vorziehen: einige ausgewählte Unterkünfte buchen und bei den anderen Übernachtungen flexibel vor Ort entscheiden.

Die Buchungen für die staatlichen **Camps in den Nationalparks** sollten im Voraus getätigt werden, spätestens nach der Ankunft in Windhoek. Das gilt vor allem für Bungalows in Etosha und den Campingplatz am Sesriem. Alle anderen Campingplätze in den Parks sind so großzügig angelegt, dass man eigentlich immer, auch in der Hochsaison, noch ein Plätzchen bekommt. Das Reservierungssystem von Namibia Wildlife Resorts in Windhoek, ✉ reservations@nwr.com.na, 💻 www.nwr.com.na, ist allerdings nicht immer effizient.

Wer Zeit und Nerven sparen möchte, wendet sich an einen Veranstalter, auch wenn man dort etwas mehr bezahlt.

Je nach Wahl der Unterkünfte unterscheidet sich der Reisepreis ganz erheblich.

In den Gebieten der auf S. 28 beschriebenen Namibia-Kompakt-Route stehen sowohl Budget- als auch Mittelklasse- und Luxusunterkünfte zur Auswahl. Im Süden gibt es bislang noch keine richtig teuren Unterkünfte. Im Nordosten fehlen dagegen Mittelklasseunterkünfte. Insbesondere am Chobe, in Victoria Falls und in Livingstone muss generell – auch für Campingplätze – tiefer in die Tasche gegriffen werden. Außerdem kommt es natürlich auf die Wahl des Mietwagens an.

Die Vorschläge können sowohl mit Reisebegleitung als auch als Selbstfahrer umgesetzt werden. Eine Tour mit Reisebegleitung ist bei zwei Teilnehmern grob gerechnet fast doppelt so teuer wie eine Selbstfahrerreise.

Allerdings ist in den Angeboten der Reiseveranstalter für eine solche Tour von vornherein wesentlich mehr inklusive (Eintritte, Mahlzeiten etc.). Je größer die Anzahl der Teilnehmer ist, desto günstiger wird der Reisepreis pro Person.

Wer sich bei der Reiseroute unsicher ist, wendet sich am besten an einen kundigen Reiseveranstalter (S. 82) oder direkt an Pack Safari, 🖂 web@packsafari.com, 💻 www.packsafari.com. Spezialveranstalter verfügen über aktuelle Informationen zu Sehenswürdigkeiten und Unterkünften und stellen gern individuelle Routen zusammen. Deutsche Veranstalter (S. 83) bieten den Vorteil, dass die Flüge und das Versicherungspaket gleich mitgebucht werden können. Außerdem gibt es nur bei Buchungen in Deutschland einen Insolvenzschein. Wendet man sich an einen namibischen Veranstalter (Adressen im Kapitel Windhoek, S. 245, und Swakopmund, S. 348), entfällt diese Sicherheit. Auch wenn der größte Teil der Veranstalter seriös und vertrauenswürdig ist, gibt es hier wie da schwarze Schafe.

Der Vorteil eines namibischen Veranstalters ist die direkte Kommunikation. Fragen und Wünsche kommen unverfälscht in Namibia an und können entsprechend genau beantwortet werden. In Service und Schnelligkeit sind jedoch

Ein prachtvoller Löwe: das wohl beliebteste Safari-Fotomotiv

Namibias Highlights und Süd-Namibia bis nach Kapstadt

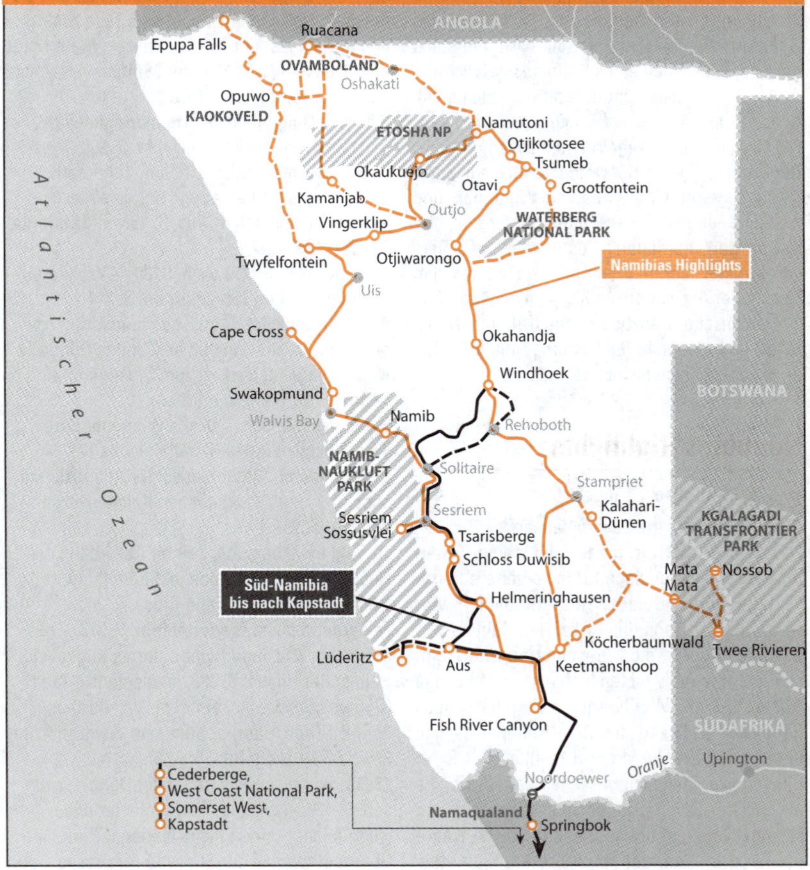

nicht alle namibischen Unternehmen mit denen in Deutschland gleichauf. Viele deutsche und auch einheimische Unternehmen bieten geführte Standardtouren zu festen Abfahrtsterminen an.

Tagesetappen

Bei der Planung der Tagesetappen sollte neben der Kilometerzahl, der Art der Straßen, persönlichen Vorlieben und den Angeboten an Aktivitäten am Zielort unbedingt auch der Sonnenstand berücksichtigt werden. Die staatlichen Parks öffnen ihre Tore im Allgemeinen mit Sonnenaufgang und schließen sie zum Sonnenuntergang. Bei Übernachtungen in den Parks (beispielsweise in Etosha) ist zu bedenken, dass man zum Sonnenuntergang bereits im Camp sein muss. Man sollte in Namibia grundsätzlich bei Tageslicht fahren. Zum einen gibt es nachts zusätzliche Gefahren – Rinder oder Antilopen, die urplötzlich im Scheinwerferlicht auftauchen; schlecht einzuschätzende Straßenverhältnisse –, zum anderen ist von der weiten namibischen Landschaft nichts mehr zu sehen.

Die Sonne geht in Namibia ganzjährig zwischen 5.30 und 7 Uhr auf und zwischen 17 und 20 Uhr unter. Die Dämmerung ist in Afrika in Äquatornähe nur sehr kurz und wird überspitzt gern mit dem Fallen eines Vorhangs verglichen.

Auch in Namibia gibt es eine Umstellung von Sommer- auf Winterzeit (S. 130). Wer in den Caprivi fährt, erlebt ein regelrechtes Zeitenwirrwarr: Die Lodges, die sich Botswana durch die geografische Lage oft näher fühlen als Windhoek (und sich dort auch mit allem Nötigen versorgen), halten an der „normalen" Sommerzeit fest. Dies ist einzukalkulieren, wenn man rechtzeitig zum Beginn der Aktivitäten am Ziel sein möchte.

Namibische Grenzübergänge (Öffnungszeiten S. 40) und staatliche Einrichtungen halten sich an die offizielle namibische Zeit.

Namibias Highlights

■ ± 3800 km, mind. 19 Tage

Diese Reise vermittelt ein umfassendes Bild von Namibia. Sie ist die ideale „Einsteiger"-Route, aber auch Grundlage für jede weitere Reise. 19 Tage sind bei dieser Route Minimum; wer mehr Zeit hat, kann länger bei den Sehenswürdigkeiten oder in einer besonderen Unterkunft bleiben. Alternativ bieten sich unterwegs einige Abstecher an. Wer weniger Zeit hat, muss Sehenswürdigkeiten streichen. Höhepunkte sind unter anderem der eindrucksvolle Fish River Canyon, die unendlichen Weiten der Namib, die als größter Schiffsfriedhof der Welt bekannte Atlantikküste und der spannende Etosha National Park, in dem man nach Löwen, Elefanten, Giraffen und anderen Tieren Ausschau halten kann.

1. Tag: Windhoek, Hauptstadt Namibias und doch selbst von den Einwohnern liebevoll als „Dorf" bezeichnet, S. 214

2. Tag: Ausläufer der **Kalahari**, hier gibt es die typischen, roten Kalahari-Dünen, S. 263

3. Tag: Köcherbaumwald, S. 272 – **Fish River Canyon**, zweitgrößter Canyon der Welt, S. 280.
Möglicher Abstecher: Kgalagadi Transfrontier Park, S. 276, rote Sanddünen, weiße *Vleis* (Lehmflächen) und mittendrin viele Tiere, die in dieser Umgebung so ganz anders wirken als beispielsweise in Etosha; etwa 5 Tage zusätzlich (Keetmanshoop, Twee Rivieren, Mata Mata oder Nossob, Twee Rivieren, Station in Namibia auf dem Weg zum Fish River)

4./5. Tag: Umgebung von **Helmeringhausen**, einst Zentrum der Karakulzucht, S. 300, Tirasfläche, Wanderungen, Erholung (alternativ 2 Nächte am Fish River und nur eine hier)
Möglicher Abstecher: Aus, S. 285, und Lüderitz, S. 288, 1–3 Tage

6./7. Tag: Schloss Duwisib, S. 301 – Wanderungen in den rauen **Tsarisbergen**, S. 311

8. Tag: Sossusvlei, S. 309, das beeindruckende Farbschauspiel in den berühmten Dünen im Namib-Naukluft Park ist zum Sonnenauf- und Sonnenuntergang zu erleben.

9. Tag: Namib, S. 323, uralte Wüstenpflanze Welwitschia, bizarre Mondlandschaft – **Swakopmund**, Städtchen an der Atlantikküste mit Einflüssen der deutschen Kolonialvergangenheit, S. 334

10. Tag: Swakopmund, Zeit für Aktivitäten wie Bootsfahrten, Paragliden und Rundflüge

11. Tag: Robben von Cape Cross, S. 360 – Felsgravuren von **Twyfelfontein**, S. 378
Möglicher Abstecher: unberührtes Kaokoveld, Heimat der Himba, S. 388, mindestens 4 Tage (Opuwo oder Station auf dem Weg dorthin, Epupa 2 Tage, Übernachtung am Westrand von Etosha bzw. Umgebung Kamanjab)

12./13. Tag: Vingerklip im Tal der Ugab-Terrassen, S. 400 – Namibias berühmtester und wildreichster Park: **Etosha National Park**, Übernachtung an der Südseite (Andersson Gate), S. 417

14. Tag: Etosha National Park, Übernachtung an der Ostseite (Von Lindequist Gate)
Möglicher Abstecher: Ovamboland, hier lebt etwa die Hälfte der namibischen Bevölkerung, S. 423, 1–2 Tage; bis Ruacana mind. 2 Tage

15./16. Tag: Otjikotosee – Otavidreieck, S. 437, oder Umgebung von **Otjiwarongo**, S. 448, oder Waterberg, S. 454

17./18. Tag: Umgebung von Windhoek, Erholung zum Ausklang der Reise, beliebig verlängerbar

19. Tag: Heimflug

Unterwegs laden immer wieder afrikanisch eingerichtete, reetgedeckte Lodges zur Rast ein.

Süd-Namibia bis nach Kapstadt

■ ± 3200 km, 19 Tage

Die eiskalte, aus der Antarktis kommende Benguela-Strömung bestimmt das Leben an der Südwestküste Afrikas. Der imposante Fish River Canyon ist Zeugnis der unruhigen geologischen Erdgeschichte. Das sonst so spröde Namaqualand erblüht am Ende des Winters von August bis September in einer unglaublichen Pracht. Den Gegensatz zur Weite und Einsamkeit bildet Kapstadt, die grüne, lebendige „Mother City" des südlichen Afrika. Es ist natürlich auch möglich, die Route in entgegengesetzter Richtung zu fahren – Mietwagen sind in Südafrika im Allgemeinen günstiger –, doch ist nach unserer Einschätzung eine Fahrt von Windhoek nach Kapstadt spannender.

Als Erweiterung für diejenigen, die mehr Zeit haben, bietet sich darüber hinaus der Norden Namibias, insbesondere der Etosha National Park, an. Für eine solche Reise bucht man gleich in Europa einen Gabelflug mit Ankunft in Windhoek und Abflug von Kapstadt.

1. Tag: Windhoek, S. 214
2./3. Tag: Umgebung von Windhoek oder **Kalahari**, S. 263
4./5. Tag: Sesriem und **Sossusvlei**, S. 305
6./7. Tag: Helmeringhausen, S. 300
8.–10. Tag: Aus, S. 285; Möglichkeit zum Tagesausflug nach **Lüderitz** und Kolmanskop oder alternativ Übernachtung in Lüderitz, S. 288
11. Tag: Fish River Canyon, alternativ nur 2 Tage in Aus, ohne Lüderitz und dafür 2 Tage hier, S. 280
12. Tag: Namaqualand, Blumenmeer zur Saison August und September, S. 275
Möglicher Abstecher: Oranje, S. 271, entweder mit der 4-tägigen Kanufahrt auf dem Fluss oder nur 1 Tag als Kurzausflug
13./14. Tag: Cederberge, Clanwilliam, S. 275
15. Tag: West Coast National Park, Lagune von Langebaan, S. 275
16./17. Tag: Weinanbaugebiet – Somerset West
18. Tag: Kapstadt (beliebig verlängerbar)
19. Tag: Heimflug

Namibia kompakt

■ ± 2600 km, 15 Tage

Dies ist die Kurzfassung der Highlights-Reise: Wer weniger Zeit hat, wird aus logistischen Gründen sicher als Erstes den Fish River streichen. Das folgende Kompaktprogramm ist außerdem Baustein für Reisen in den Nordwesten und in den Nordosten. Einige Reisende ziehen dieses Programm auch in sieben Tagen durch – der Erholungswert einer solchen Tour sei dahingestellt.

Der Verlauf wäre wie folgt vorstellbar: Windhoek; Tsarisberge oder NamibRand 2 Tage; Sesriem/Sossusvlei 2 Tage; Swakopmund 2 Tage; Twyfelfontein; Etosha 3 Tage, mit Aufenthalt erst auf der einen, dann auf der anderen Seite; Umgebung von Otjiwarongo; Umgebung von Windhoek 2 Tage.

Zebrastreifen in Namibia

© PETER PACK

… mit Nordosten

Die Kompakt-Tour lässt sich gut mit einem Aufenthalt im Nordosten verbinden, Air Namibia fliegt von Windhoek nach Katima Mulilo und über Maun nach Victoria Falls. Wer über Johannesburg fliegt, kann einen Gabelflug Windhoek und Livingstone oder Victoria Falls buchen.

Luxuriös ist die Kombination von Ost-Caprivi, S. 483, und Impalila oder Kasane, S. 492, mit Charterflügen. Die Lodges im Ost-Caprivi, in Kasane und Livingstone, S. 501, bieten jedoch auch Transfers zwischen den Unterkünften an. Außerdem gibt es in Katima und Livingstone Veranstalter, die Kurztrips organisieren. Insgesamt können dafür 5–8 Tage eingeplant werden.

… mit Caprivi und Livingstone/ Victoria Falls

Im Anschluss an den Namibia-Kompakt-Vorschlag kann die Route mit dem Mietwagen auch durch den Caprivizipfel fortgesetzt werden, wo authentisches Afrika erlebt werden kann.

Der Verlauf wäre wie folgt vorstellbar: von Etosha nach Rundu, S. 470; Popa Falls des Okavango, S. 480, und Bwabwata National Park, S. 482 (erst Mahango, dann Ost-Caprivi); Chobe National Park 2–3 Tage, S. 492; Victoria Falls, S. 497, oder Livingstone, S. 501, 2 Tage. Insgesamt können dafür 8–10 Tage eingeplant werden.

Lodge-Campingtour: Nord-Namibia mit Kaokoveld und Ovamboland

■ ± 3400 km, 22 Tage

Die Kombination aus Camping und Lodge-Aufenthalten wird dem Land vielleicht am besten gerecht und schont zudem den Geldbeutel. Camping bietet die Möglichkeit, Gebiete zu besuchen, in denen es noch keine festen Unterkünfte gibt. Und man erlebt den afrikanischen Sternenhimmel und die Natur hautnah. Außerdem kann etwas Geld gespart werden für den Aufenthalt in ausgewählten, wirklich schönen Lodges.

Die Reise führt durch die unendlichen Weiten der Namib-Wüste mit ihren Sanddünen und Geröllflächen. Das Kaokoveld mit den dort leben-

Namibia kompakt, Nord-Namibia und Nordost-Namibia

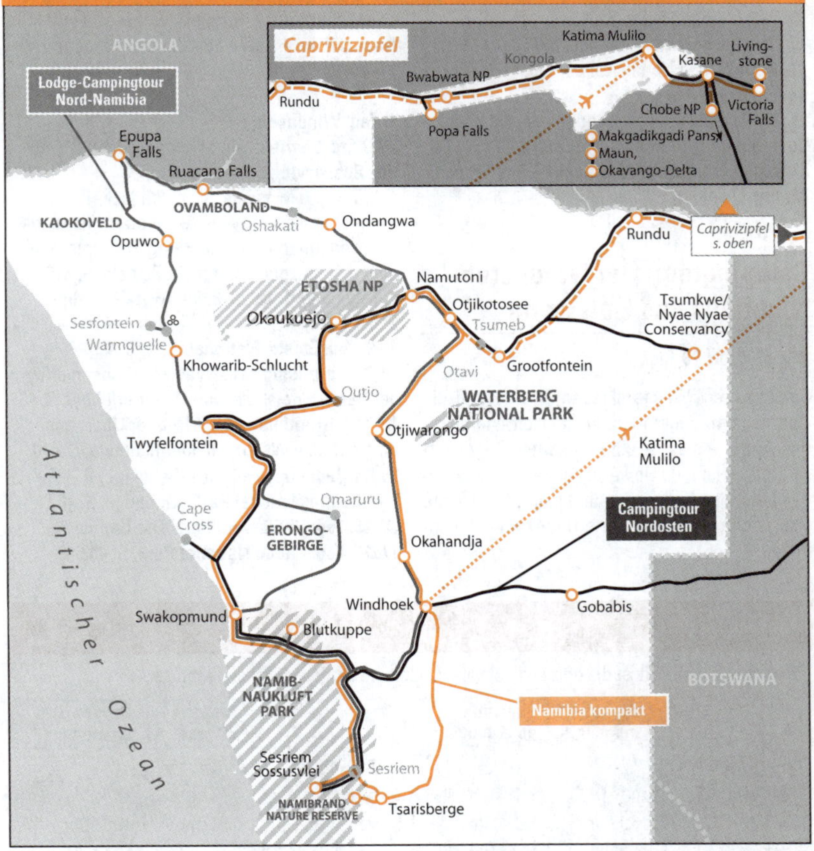

den Ovahimba gilt als einer der letzten ursprünglichen Flecken der Erde. Abgeschiedene Gebirgspässe und hügeliges Hochland lösen immer wieder ein unbeschreibliches Gefühl von Weite und Freiheit aus. In der Four O Region leben 50 % der namibischen Bevölkerung – quirliges Afrika. Im Etosha National Park rückt dann Afrikas Tierwelt in den Vordergrund. Diese Route kann ebenfalls als reine Campingtour umgesetzt werden.

1./2. Tag: Lodge/Gästefarm **Umgebung von Windhoek** zur Akklimatisierung
3. Tag: Windhoek, S. 214
4.–6. Tag: Camping **flexibel**, beispielsweise so:
4./5. Tag: Spreetshoogte Pass – **Sesriem**, Besuch Sossusvlei, S. 309
6. Tag: Kuiseb – Namib, **Blutkuppe**, S. 357
7./8. Tag: Welwitschia – Mondlandschaft – **Swakopmund**, S. 334
9.–18. Tag: Camping **flexibel**, beispielsweise so:
9. Tag: Spitzkoppe und/oder **Erongo-Gebirge**, S. 365
10. Tag: Twyfelfontein, S. 378
11. Tag: Khowarib-Schlucht, S. 386
12. Tag: Warmquelle – Ongongo – Sesfontein – **Opuwo**, S. 389

13./14. Tag: Himba Traditional Village – **Epupa Falls**, S. 391
15. Tag: Ruacana Falls, S. 395
16. Tag: Ondangwa, Olukonda, S. 433
17./18. Tag: King Nehale Gate – **Etosha National Park**, S. 404
19./20. Tag: Otjikotosee – Lodge oder Camping Umgebung **Otjiwarongo**/Waterberg, S. 454
21. Tag: Okahandja – **Windhoek**
22. Tag: Heimflug

Campingtour: Der Nordosten Namibias und Botswana

- ± 5500 km, 28 Tage

Sandmassen, Wassermassen, Wüste und ein Überfluss an Vegetation, Einsamkeit und quirliges Afrika – dies ist eine Reise der Gegensätze. Und es ist eine Reise zu Afrikas faszinierender Tierwelt. Mindestens für die erste und letzte Übernachtung ist eine feste Unterkunft zu empfehlen.

Achtung: Wo immer man das Fahrzeug mietet: Die Mietwagenfirma muss vorher über die Grenzübertritte informiert werden. Nicht alle lassen Fahrten bis nach Zimbabwe oder Zambia zu.

1. Tag: Windhoek, S. 214
2./3. Tag: Sesriem, die aprikotfarbenen Dünen des **Sossusvlei**, S. 309
4./5. Tag: Welwitschia, Mondlandschaft – **Swakopmund**; wer viele Aktivitäten wie Sandboarden, Quadbiken und Paragliden unternehmen möchte, plant hier mehr Zeit ein, S. 346
6. Tag: Cape Cross, S. 358 – **Twyfelfontein**, S. 378
7.–9. Tag: Etosha National Park, S. 404
10./11. Tag: Tsumkwe, NyaeNyaeConservancy der San – hier ist Einsamkeit pur erlebbar, S. 467
12. Tag: Grootfontein, S. 444, oder Übernachtung auf dem Weg nach oder in Rundu, S. 470
13./14. Tag: Popa Falls des Okavango, S. 480 – **Bwabwata National Park**, Mahango, S. 482
15./16. Tag: Bwabwata Park, Ost-Caprivi
17./18. Tag: Chobe National Park, S. 492

Sonnenstand

Die angegebene Zeit ist die offizielle namibische Zeit am 20. des jeweiligen Monats.

	Sonnenaufgang	Sonnenuntergang		Sonnenaufgang	Sonnenuntergang
Katima Mulilo			**Swakopmund**		
Dezember	5.45 Uhr	18.59 Uhr	Dezember	6.13 Uhr	19.45 Uhr
Februar	6.19 Uhr	18.54 Uhr	Februar	6.53 Uhr	19.37 Uhr
April	5.33 Uhr	17.10 Uhr	April	6.16 Uhr	17.44 Uhr
Juni	5.51 Uhr	16.57 Uhr	Juni	6.41 Uhr	17.25 Uhr
August	5.38 Uhr	17.14 Uhr	August	6.22 Uhr	17.48 Uhr
Oktober	5.51 Uhr	18.24 Uhr	Oktober	6.25 Uhr	19.08 Uhr
Windhoek			**Keetmanshoop**		
Dezember	6.03 Uhr	19.34 Uhr	Dezember	5.50 Uhr	19.39 Uhr
Februar	6.43 Uhr	19.27 Uhr	Februar	6.35 Uhr	19.26 Uhr
April	6.06 Uhr	17.34 Uhr	April	6.05 Uhr	17.26 Uhr
Juni	6.30 Uhr	17.15 Uhr	Juni	6.34 Uhr	17.03 Uhr
August	6.12 Uhr	17.37 Uhr	August	6.12 Uhr	17.29 Uhr
Oktober	6.15 Uhr	18.57 Uhr	Oktober	6.07 Uhr	18.57 Uhr

© PETER PACK

Klima und Reisezeit

Namibia ist zu jeder Jahreszeit gut zu bereisen. Mehrere Tage ohne Sonnenschein in Folge sind die Ausnahme. Ursache der Trockenheit Namibias ist die eisige, aus der Antarktis kommende Benguela-Strömung vor der Atlantikküste.

Die Wassertemperaturen betragen nur 12–14 °C. Aufgrund des großen Temperaturunterschiedes zwischen Wasser- und Lufttemperatur findet keine Wolkenbildung statt, es tritt aber oft Morgennebel auf.

Die Regenwolken, die Namibia erreichen, dringen vom Äquator über Angola und Zambia nach Süden vor. Der Caprivi bekommt noch einiges an Regen ab, aber je weiter es nach Südwesten geht, desto geringer ist die durchschnittliche Niederschlagsmenge (mit sinkendem Niederschlag sinkt auch das Malaria-Risiko, S. 67 und S. 523).

Die kalte Benguela-Strömung bewahrt Namibia vor einem Massentourismus wie beispielsweise in Kenia. Der über 1000 km lange Sandstrand ist öde und unwirtlich: keine Palmen, kein Grün und eiskaltes Wasser. Ein klassischer Badeurlaub ist also nicht möglich. An rund 250 Tagen im Jahr ist es an der Küste vormittags neblig und nasskalt. Camping kann daher unangenehm werden. Die Temperaturen sind moderat, sinken nie unter 0 °C und steigen selten über 25 °C.

Namibia liegt südlich des Äquators am Wendekreis des Steinbocks. Damit sind die Jahreszeiten denen in Europa entgegengesetzt. Allerdings spricht man in Namibia nicht von Sommer und Winter, sondern von Trocken- und Regenzeit bzw. Heißer und Kalter Zeit. Beide überlappen sich, sind aber nicht identisch.

Je nach Interessenlage kann es eine persönliche beste Reisezeit geben:

Die Trockenzeit von Mai bis November ist für Tierbeobachtungen am besten geeignet. Alle Tiere kommen in dieser Zeit regelmäßig zu den Wasserstellen.

Kalt kann es im Juni und Juli werden; wem Hitze zu schaffen macht, reist am besten in dieser Zeit nach Namibia. Die Differenz zwischen Tages- und Nachttemperaturen kann erheblich sein. Tagsüber klettert das Thermometer auf 20 °C; unterwegs, im Auto und in der Sonne, ist es angenehm warm; abends wird es jedoch frisch, und nachts sinken die Temperaturen zum Teil deutlich unter 0 °C. Regen ist in dieser Zeit äußerst selten. Fällt er dennoch, spricht man vom sogenannten Winterregen, der vom Kap hochzieht. Im Süden Namibias kann es dann sogar zu Graupelschauern und Schneefällen kommen.

Ab Mitte August bis September wird es tagsüber allmählich wieder wärmer, nachts ist es jedoch noch kalt. Wegen der großen Temperaturunterschiede entstehen thermische Strömungen. Starke Winde bis hin zu heftigen Stürmen sind dann keine Seltenheit. Der Staub wird durch die Luft gewirbelt, was zumindest in den Städten ungemütlich sein kann. Dies ist auch die Zeit der Buschbrände – das ausgedorrte Gras bietet den Trockengewittern eine ideale Angriffsfläche, schnell ist ein Feuer entfacht, das durch den Wind vorangepeitscht wird. Die Gefahr der Buschbrände ist erst mit dem Regen gebannt.

Im Oktober und November ist es meist trocken und heiß. Die Tagestemperaturen erreichen Werte von durchschnittlich 30–35 °C. Sollte es in diesen Monaten regnen, wird das in Namibia als kleine Regenzeit bezeichnet.

Besonderen Reiz hat die Regenzeit von Ende Dezember bis April. Die Landschaft wirkt wei-

Gobabis

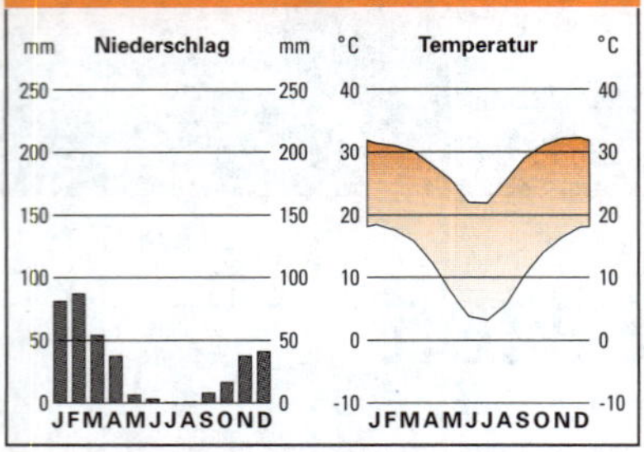

Grootfontein

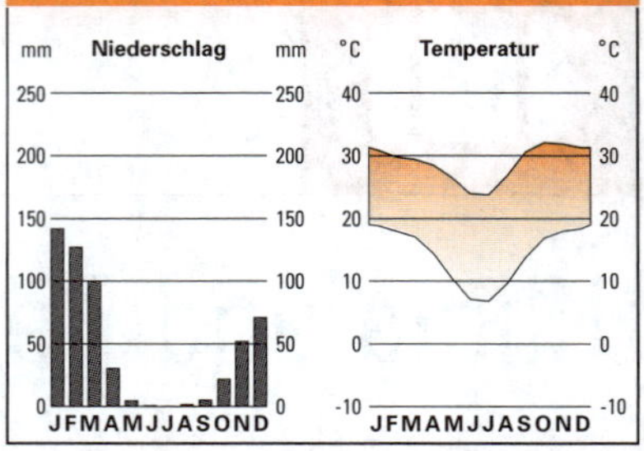

Katima Mulilo

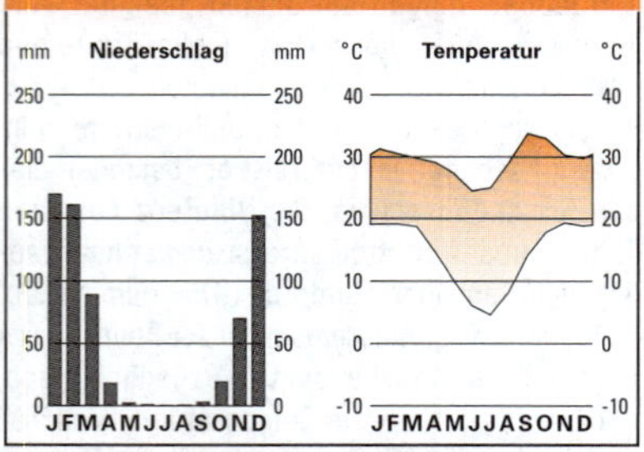

Keetmanshoop

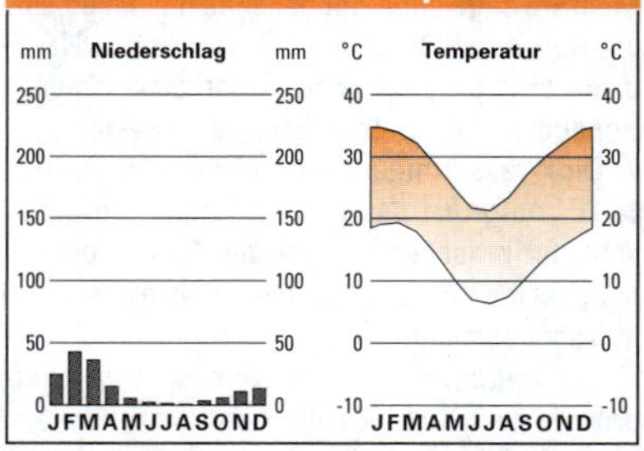

Ondangwa

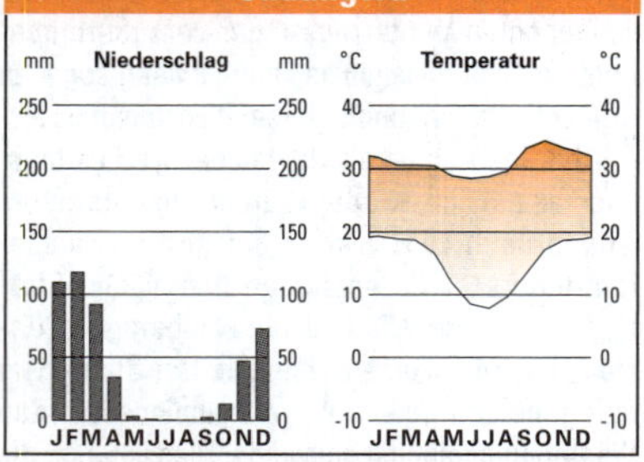

Rundu

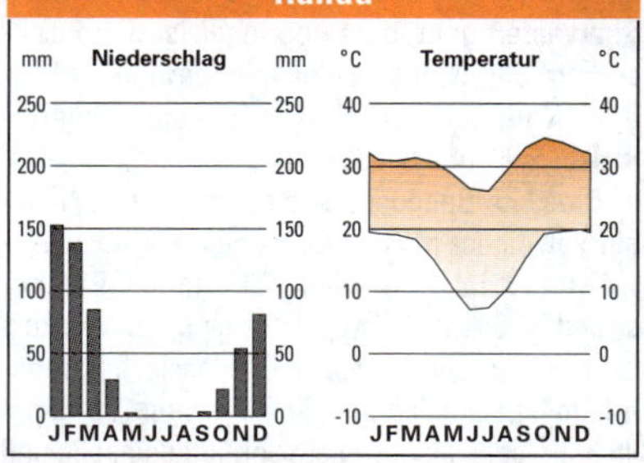

Walvis Bay

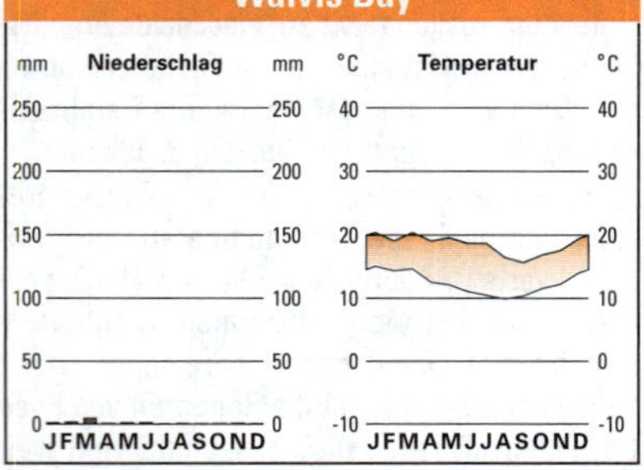

Windhoek

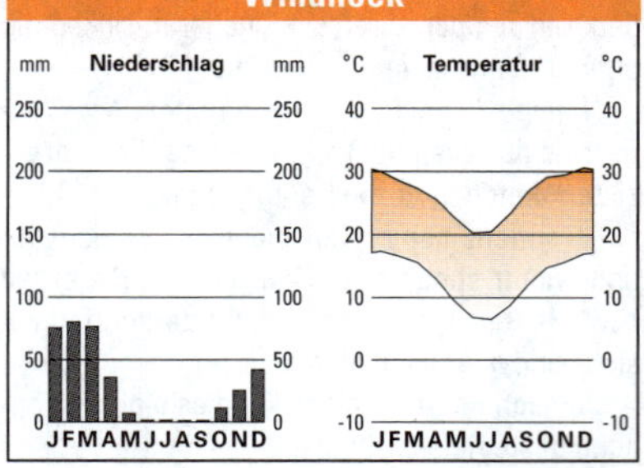

cher und lieblicher. Nach starken Niederschlägen schimmert selbst die Wüste grünlich. Zahlreiche Pflanzen blühen, und die Tiere sind viel aktiver. Eine riesige Herde Springböcke auf einer grünen, freien Ebene herumtollen zu sehen, ist ein einmaliges Erlebnis. Die Vögel schmücken sich mit buntem Gefieder. Generell ist für Tierbeobachtungen allerdings etwas mehr Glück nötig. Die Tiere finden auch im Busch genug Wasser und bewegen sich vereinzelt sehr weit von den Wasserstellen fort.

Regen ist in Namibia ein ganz besonderes Naturschauspiel – nicht zu vergleichen mit dem Nieselregen in Mitteleuropa, der die Landschaft tagelang grau färbt. Wenn sich am namibischen Himmel riesige, schwarze Kumuluswolken zusammenbrauen, hat das fast etwas Unheimliches an sich. Alles scheint stillzustehen und zu warten. Eben waren die Wolken noch weit entfernt, dann plötzlich beginnt ein richtiger Wolkenbruch. Das Prasseln der Regentropfen auf den landesweit üblichen Wellblechdächern verstärkt diesen Eindruck noch. Der Regen dauert meist zwischen zehn Minuten und zwei Stunden. Da der Boden knochentrocken und in vielen Gebieten stark erodiert ist, kann er das Wasser nicht schnell genug aufnehmen. Rinnsale entstehen, die sich zu regelrechten Sturzbächen ausweiten können. Zum Teil werden Schotterstraßen verspült, sodass manche Gegenden kurzfristig nicht mehr mit dem Fahrzeug erreichbar sind. 83 % des Niederschlages verdunsten in Namibia sofort, 14 % werden von Pflanzen aufgenommen. 2 % finden sich in den Rivieren (Trockenflussbetten) wieder, und nur ein einziges Prozent sickert ins Grundwasser und füllt die strapazierten Ressourcen auf. Regen ist lebensnotwendig in Namibia und wird von allen sehnlich erwartet. Der für viele Europäer typische (und verständliche) Regenüberdruss stößt bei den Einheimischen daher auf Befremden. In vielen Unterkünften sind in den Bädern Hinweisschilder zu finden, auf denen gebeten wird, mit dem Wasser sparsam umzugehen. Vor dem Hintergrund der oben genannten Zahlen ist das leicht nachzuvollziehen.

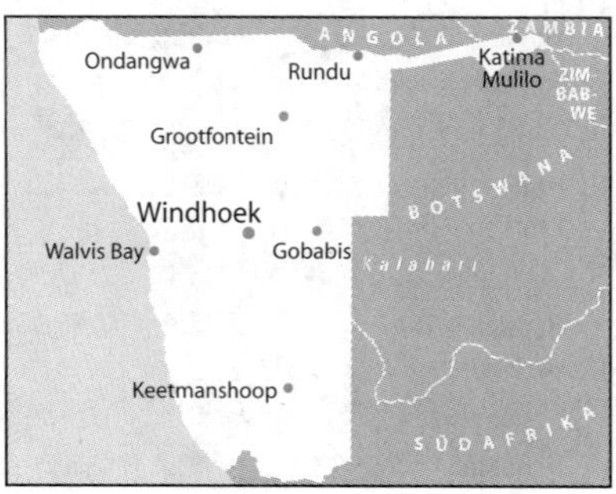

Bleibt der Regen aus, wird es richtig heiß. Im Fish River Canyon wurden im Dezember schon 55 °C gemessen, aber das ist selbst für Namibia extrem. Im Allgemeinen ist die Hitze wegen der geringen Luftfeuchtigkeit gut zu ertragen. Dennoch sollte man immer daran denken, genug zu trinken.

Wer im Dezember um 12 Uhr mittags in der Sonne steht, wird seinen Schatten vergeblich suchen. Daher nicht vergessen: Wenn die Sonne im Zenit steht, reichen schon zehn Minuten für einen Sonnenbrand aus.

Neben dem Wetter sind bei der Reiseplanung auch die Ferienzeiten im südlichen Afrika und die Hochsaison im Tourismus zu berücksichtigen. Wer im Mai und Anfang Juni nach Namibia reist, wird nur wenigen Urlaubern begegnen. Die Campingplätze und Unterkünfte haben viel Platz, im Etosha National Park kann man Tiere vielleicht allein beobachten, und in den Dünen am Sossusvlei wirkt die Einsamkeit bisweilen sogar unheimlich.

Von Mitte Juni bis Ende Juli sind in Südafrika große Ferien. Viele Südafrikaner reisen mit Zelt und Wohnwagen nach Namibia. Daher sind die Campingplätze, besonders die staatlichen an der Küste, am Sossusvlei und im Etosha National Park, häufig voll belegt. In vielen Unterkünften sind aber immer noch Zimmer zu bekommen. Der August ist der Reisemonat der Italiener, und im September/Oktober kommen die meisten Deutschen nach Namibia. In dieser Zeit ist es ratsam, Unterkünfte lange im Voraus zu buchen. Im Dezember sind die namibischen großen Ferien; viele Namibier, die in Südafrika oder in Europa leben, besuchen ihre Familien. Daher sind über die Weihnachtszeit die Flüge teuer und oft ausgebucht. Einige Gästefarmen schließen in dieser Zeit und machen ebenfalls Ferien.

© PETER PACK

Reisekosten

Durch den Flug ist bereits ein bestimmtes Preisniveau vorgegeben. Mietwagen sind ebenfalls teuer, was vor allem auf die große Materialbelastung auf den Schotterstraßen zurückzuführen ist. Je nach Ausstattung, Versicherungsart und Mietdauer kosten beispielsweise Kleinwagen zwischen N$500 und N$700, Geländewagen zwischen N$1400 und N$1600 pro Tag. Für eine Tankfüllung zahlt man je nach Größe des Tanks N$400–N$1000. Ein Liter Benzin kostet etwa N$13.

Wer zeltet und sich selbst bekocht, kann dennoch relativ günstig reisen. Für Campingplätze, eventuell mal eine Unterkunft, Eintritte und Lebensmittel muss man pro Tag und Person rund N$600 veranschlagen (Mietwagen, Benzin und Alkohol exklusive). Selbst einfachere Unterkünfte sind selten unter N$400 p. P. für Übernachtung und Frühstück zu haben, in den Städten noch eher als auf dem Land.

In einem guten Restaurant in Windhoek wird man zu zweit leicht N$350 los, mit einem guten Wein gerne auch mal das Doppelte.

Gute Lodges, Pensionen und Gästehäuser kosten pro Nacht zwischen N$850 und N$1750 p. P., die luxuriösen Häuser kosten ab N$2500 aufwärts. Bei Letzteren ist es oft ein *All-inclusive*-Preis, während bei den Pensionen und Gästehäusern oft nur eine oder zwei Mahlzeiten eingeschlossen sind. Bei Preisvergleichen müssen daher immer die enthaltenen Leistungen bedacht werden. (Weitere Infos s. Reiseplanung, Übernachtung und Transport).

Was kostet wie viel?

Trinkwasser (1,5 l)	N$12	0,85€	**Brot**	N$22	1,57€
Softdrink (0,5 l)	N$10	0,71€	**Brötchen**	N$1	0,07€
Bier (0,5 l im Restaurant)	N$20	1,43€	**Äpfel** (1 kg)	N$ 24	1,71€
Wein (1 Glas im Restaurant)	N$30	2,14€	**Karotten** (1 kg)	N$ 12	0,86€
Kaffee	N$22	1,57€	**Salami** (120 g)	N$ 22	1,57€
Essen	N$220	15,71€	**Gouda** (1 kg)	N$ 75	5,36€
Internet (30 Min.)	N$30	2,14€	**Milch** (1 l)	N$17	1,21€
1 l Diesel	N$13	0,93€	**Joghurt** (175 ml)	N$8	0,57€
1 l Benzin	N$13	0,93€	**Kaffee** (deutsche Marken)	N$65	4,64€
Hotelzimmer einfach	N$750	54€	(einheimische Marken)	N$50	3,57€
Mittelklasse	N$1900	136€	**Rotbusch-Tee** (40 Beutel)	N$12	0,86 €
Mietwagen (4WD) pro Tag	N$1500	107€	**Schokolade** (100 g)	N$15	1,07€
Eintritt Nationalpark p. P./Tag	N$80	5,71€	**Kondome** (3 Stück)	N$35	2,50€

© PETER PACK

Travelinfos von A bis Z

Anreise

Am einfachsten und schnellsten gelangt man mit dem Flugzeug nach Namibia. Der Direktflug von Frankfurt nach Windhoek dauert zehn Stunden. Wesentlich mehr Zeit nehmen naturgemäß eine Schifffahrt oder die Anreise mit dem eigenen Fahrzeug quer durch Afrika in Anspruch. Es besteht außerdem die Möglichkeit, das eigene Fahrzeug zu verschiffen und gleich selbst als Passagier mitzufahren.

Mit dem Flugzeug

Die nationale Fluggesellschaft Air Namibia fliegt **direkt von Deutschland** nach Windhoek. Air Namibia fliegt täglich ab Frankfurt. Auf dieser Strecke setzt sie den Flugzeugtyp Airbus A340-300 ein. Gewartet werden die Flugzeuge von der Lufthansa.

Condor fliegt seit November 2014 zweimal wöchentlich von Frankfurt direkt nach Windhoek, mit Lufthansa-Zubringerflügen von allen großen deutschen Flughäfen. In den europäischen Wintermonaten werden zusätzliche Verbindungen via Kapstadt angeboten.

Viele Fluggesellschaften bieten Durchgangstarife über Johannesburg nach Windhoek an. Die südafrikanische SAA fliegt täglich ab Frankfurt und München nach Johannesburg, mit Lufthansa-Zubringerflügen von allen großen deutschen Flughäfen. Zudem wird Johannesburg von fast allen großen europäischen Fluggesellschaften angeflogen, darunter British Airways (täglich), KLM und Lufthansa. Die Air France bietet täglich Flüge von Paris nach Johannesburg und zurück an.

SAA und Air Namibia pendeln täglich, häufig auch zweimal, zwischen Johannesburg und Windhoek.

Gabelflüge sind bei fast allen Fluggesellschaften möglich.

Air Namibia bietet außerdem **innerhalb Afrikas** Flüge von Windhoek nach Kapstadt, Maun, Victoria Falls, Harare, Gaborone, Luanda und Ondjiva. Außerdem wird Lusaka täglich nonstop angeflogen.

Darüber hinaus fliegt Air Namibia einige namibische Orte an. Genauere Informationen S. 114.

Die **Flugpreise** sind abhängig von der Saison in Europa, die sich wiederum nach den Ferienzeiten, Feiertagen (Ostern, Weihnachten) und der Hochsaison im südlichen Afrika von August bis November richten. So gelten beispielsweise bei Air Namibia Hochsaisonpreise für die Osterzeit, Mitte Juli bis Mitte August, von Ende September bis Ende Oktober und über Weihnachten.

Wichtige Hinweise für Flugreisende

Flüge mit Air Namibia müssen 24 Stunden vor dem Heimflug rückbestätigt werden, ✆ 061-2996333. Bei Flügen nach Deutschland sollte man mindestens drei Stunden vor dem Abflug am Flughafen sein. Air Namibia hat schon Flugzeuge doppelt überbucht, da hilft auch keine Rückbestätigung mehr. Dann gilt: Wer zuerst kommt, fliegt zuerst. Inzwischen gibt es bei Air Namibia einen Online-Check-in unter 💻 www.airnamibia.com. Dabei druckt man sich die Bordkarten gleich aus und darf dann mit dem Gepäck zum Einchecken an einen speziellen Schalter.

Die anderen Fluggesellschaften haben die Praxis der Rückbestätigungen weitestgehend abgeschafft. Am besten fragt man beim Ticketkauf noch einmal nach. Bei dieser Gelegenheit kann man außerdem herausfinden, wie lange vor Abflug man am Flughafen sein muss.

Hinweis: Spitze und scharfe Gegenstände, wie zum Beispiel ein Taschenmesser, gehören in den Koffer, nicht ins Handgepäck. Selbst Nagelscheren und Nagelfeilen, seien sie auch noch so klein, werden bei der Sicherheitskontrolle am Flughafen abgenommen, man bekommt diese nicht zurück. Flüssigkeiten dürfen nur noch in geringen Mengen bis max. 100 ml ins Handgepäck. Zum einfachen Vorweisen bei der Kontrolle müssen diese extra in durchsichtige, verschließbare Plastiktüten gepackt werden.

Weniger fliegen – länger bleiben! Reisen und Klimawandel

nachdenken • klimabewusst reisen

atmosfair

Der Klimawandel ist vielleicht das dringlichste Thema, mit dem wir uns in Zukunft befassen müssen. Wer reist, erzeugt auch CO_2: Der Flugverkehr trägt mit einem Anteil von bis zu 10 % zur globalen Erwärmung bei. Wir sehen das Reisen dennoch als Bereicherung: Es verbindet Menschen und Kulturen und kann einen wichtigen Beitrag für die wirtschaftliche Entwicklung eines Landes leisten. Reisen bringt aber auch eine Verantwortung mit sich. Dazu gehört darüber nachzudenken, wie oft wir fliegen und was wir tun können, um die Umweltschäden auszugleichen, die wir mit unseren Reisen verursachen. Wir können insgesamt weniger reisen – oder weniger fliegen, länger bleiben und Nachtflüge meiden (da sie mehr Schaden verursachen). Und wir können einen Beitrag an ein Ausgleichsprogramm wie **www.atmosfair.de** leisten.

Dabei ermittelt ein Emissionsrechner, wie viel CO_2 der Flug produziert und was es kostet, eine vergleichbare Menge Klimagase einzusparen. Mit dem Betrag werden Projekte in Entwicklungsländern unterstützt, die den Ausstoß von Klimagasen verringern helfen.

Die Saison variiert bei den Fluggesellschaften immer ein wenig, außerdem bieten alle zum Teil sehr günstige Sonderpreise für kurzfristige Buchungen an – Vergleiche können sich daher lohnen.

Flüge mit Air Namibia nach Windhoek sind in der Nebensaison ab 800 € erhältlich, in der Hauptsaison ab 1250 €. Für Studentenermäßigungen gibt es keine Regel, diese hängen u. a. von der Saison und der Verfügbarkeit ab.

Flüge über Johannesburg sind zumeist teurer als Direktflüge nach Namibia, weil der innerafrikanische Flug nach Windhoek dazukommt. Der Flug über Johannesburg nimmt bestenfalls vier Stunden mehr in Anspruch, mindestens zwei Stunden Aufenthalt und dann noch mal zwei Stunden Flug nach Windhoek.

Auch die **Flugpreise für Kinder** variieren. Im Allgemeinen zahlt ein Kind unter zwei Jahren bei Air Namibia, SAA und Lufthansa 10 % des regulären Ticketpreises (ohne Sitzplatzanspruch). Kinder im Alter von drei bis elf Jahren zahlen in der Regel 67 %, haben dann aber Anspruch auf einen eigenen Sitzplatz und 20 kg Freigepäck.

Bei der Buchung eines Fluges sollte man immer nach Sonderangeboten und Zusatzleistungen wie Kombinationsflügen, Gabelflügen und Sportgepäck fragen. Für die ganz Tapferen gibt es noch die Umwegverbindungen, beispielsweise mit der Iberia, Ethiopian, El Al, Gulf Air oder Emirates. Dies bedeutet jedoch, zusätzliche Wartezeiten und Unwägbarkeiten in Kauf zu nehmen.

Buchung über das Internet

Viele Bausteine für Reisen nach Namibia lassen sich über Online-Reisebüros buchen. Auch Flüge, Lodges oder bestimmte Aktivitäten kann man direkt über den jeweiligen Anbieter finden. Allerdings sucht man vieles, etwa einige Lodges, im Internet vergeblich, außerdem sind die Angaben auf den Homepages nicht immer aktuell. Es empfiehlt sich daher häufig, Kontakt zu Reiseveranstaltern aufzunehmen, da diese auf eine Vielzahl von Buchungsmöglichkeiten zurückgreifen können, die nicht im Internet zu finden sind.

Flüge von Deutschland nach Namibia können hingegen problemlos online gebucht werden. Direktflüge oder solche mit Zwischenstopp, zum Beispiel in Johannesburg oder Kapstadt, werden auf unterschiedlichsten Internetportalen angeboten. Da nahezu alle Anbieter auf die gleichen Datenbestände zurückgreifen, gibt es hier jedoch nur marginale Preisunterschiede.

Wer auf ein echtes „Schnäppchen" hofft, wird lange suchen oder sehr kurzfristig buchen

Übergepäck

Die Vorgaben zur Gepäckbegrenzung haben sich nur geringfügig geändert (u. a. ist jetzt nur noch eine einzige Tasche oder ein anderes Handgepäckstück von max. 7 kg als Handgepäck zugelassen), jedoch werden diese Bestimmungen schärfer durchgesetzt als früher. Mit Toleranz ist kaum noch zu rechnen. Generell dürfen auf Langstreckenflügen 23 kg Gepäck pro Person aufgegeben werden. Bei Air Namibia werden im Allgemeinen bis zu 0,5 kg zusätzlich noch toleriert. Wessen Gepäck schwerer ist, wird kräftig zur Kasse gebeten: Air Namibia verlangt momentan 150 US-Dollar oder N$1275 für Übergepäck bis max. 32 kg auf Flügen zwischen Deutschland und Namibia. Ein zweites Gepäckstück schlägt mit 200 US-Dollar oder N$1700 zu Buche.

Tipp: Bei manchen Airlines lohnt es sich, eine der verschiedenen Bonuskarten zu beantragen, entweder über das Internet oder über den Reiseveranstalter. Die Bonuskarten bieten viele Vorteile, etwa 10 kg zusätzliches Freigepäck, kostenlose Mitnahme eines Sportgeräts o. Ä. Besonders bei Vielfliegern lohnen sich diese Bonuskarten.

müssen. Die Preise unterscheiden sich häufig in Abhängigkeit von der Airline sowie dem Buchungszeitpunkt, etwa zur Haupt- oder Nebensaison. Es empfiehlt sich, direkt über die Internetseiten der Airlines zu buchen, etwa um Gebühren der Reisebüros zu sparen.

Um einen guten Überblick über die angebotenen Flugpreise zu bekommen, lohnt sich ein Blick in die gängigen Online-Preisvergleichsportale.

Airlines

Air Namibia, 💻 www.airnamibia.com
South African Airways, 💻 www.flysaa.com

Preisvergleichsportale

fluege.de, 💻 www.fluege.de
Opodo, 💻 www.opodo.de
Swoodoo, 💻 www.swoodoo.com
Idealo, 💻 www.flug.idealo.de
McFlight, 💻 www.mcflight.de
Flugdiscount, 💻 www.flugdiscount.de

Sonstige

Expedia, 💻 www.expedia.de
DSAR, 💻 www.dsar.de
L'Tur, 💻 www.ltur.com
Tripadvisor, 💻 www.tripadvisor.com
weg.de, 💻 www.weg.de

Mit dem Fahrzeug

Mietwagen

In der Regel ist es problemlos, mit einem Mietwagen aus den Nachbarländern nach Namibia einzureisen. Die Verleihfirma muss allerdings bei der Buchung darüber informiert werden. Die südafrikanischen Grenzübergänge sind am unkompliziertesten. Die Grenzformalitäten beschränken sich auf das Ausfüllen eines Formulars, die Grenzbeamten sind freundlich und professionell. Der Grenzübertritt kann allerdings auch hier zwischen einer und drei Stunden in Anspruch nehmen. An den anderen Grenzübergängen sind die Grenzbeamten oftmals launisch, lassen einen unnötig warten oder stellen irrelevante Fragen. Bringt man aber genug Zeit und Geduld mit und lässt sich nicht provozieren, geht auch dort der Grenzübertritt unproblematisch über die Bühne.

Nur wenige Touristen reisen aus Botswana über die Trans-Kalahari-Autobahn oder aus Zimbabwe über die Trans-Caprivi-Autobahn mit dem Mietwagen nach Namibia ein, obwohl dies durchaus möglich ist. In Zambia und Angola gibt es zwar einige Mietwagenanbieter, jedoch sind die Fahrzeuge aufgrund der dortigen Straßenverhältnisse so teuer, dass eine Anmietung sich nicht lohnt. Mietwagen sind in Südafrika in der Regel preiswerter als in Namibia, daher kann es sich lohnen, nach Kapstadt zu fliegen und von dort mit dem Mietwagen nach Namibia zu fahren.

Mit dem eigenen Auto

Wer im eigenen Fahrzeug nach Namibia reisen will, hat entweder die Möglichkeit, das Auto nach Kapstadt oder Walvis Bay zu verschiffen, oder kann quer durch den Kontinent fahren. Die

Hinweis für Motorradfahrer

Die Anreiseprozedur ist die gleiche wie bei Fahrzeugen auf vier Rädern. In Namibia ist das Motorradfahren jedoch Einschränkungen unterworfen. In allen Nationalparks ist das Motorradfahren nur auf den großen Durchgangsstraßen (etwa im Namib Naukluft Park) oder gar nicht erlaubt. Daher ist es ratsam, sich an einen entsprechenden Veranstalter zu wenden, um diese Highlights dennoch erleben zu können.

Pionier auf dem Gebiet organisierter Enduro-Touren ist Ralf Möglich mit seiner Firma **Gravel Travel**, 🖳 www.gravel-travel.de. Bei ihm kommen modifizierte Yamaha XT 600 zum Einsatz, es wird nach Roadbook gefahren und mit Begleitfahrzeug, in Namibia und von Windhoek nach Kapstadt.

Der in Kapstadt lebende Deutsche Jürgen Muess veranstaltet organisierte BMW-Motorradtouren mit seiner Firma **Karoo-Biking**, 🖳 www.karoo-biking.de, u. a. von Kapstadt nach Windhoek und zurück. Seine Touren sind offiziell von BMW abgesegnet.

Der namibische Veranstalter **Namib Enduro Tours**, ✆ 061-246165, 🖂 namibiaenduro@namibnet.com, 🖳 www.namibia-enduro-tours.com, organisiert Motorrad-Touren aller Art in Namibia und ins benachbarte Ausland. Er stellt BMW F 650, KTM LC4, Honda XR 650R und Suzuki DR650 SE sowie Campingausrüstung und Begleitfahrzeug, mit welchem dann beispielsweise der Etosha National Park besucht wird.

Nord-Süd-Route von Ägypten nach Süden ist wegen der vielen Unruheherde schwierig. Da sich die Lage in den einzelnen Ländern ständig ändert – sowohl was die politische Situation als auch die Befahrbarkeit der Straßen angeht –, muss man sich vorher genau informieren. Von Kenya über Tansania, Malawi und Zambia oder über Zimbabwe und Botswana nach Namibia zu reisen, ist dagegen im Allgemeinen unproblematisch, sofern man genügend Zeit und eine entsprechende Ausrüstung hat.

In jedem Fall braucht man für die Einreise in die südafrikanische Zollunion ein **Carnet de Passages**, eine Zollsicherheit, damit das Fahrzeug vorübergehend zollfrei eingeführt werden kann. Für das *Carnet de Passages* ist eine Kaution in bar oder als Bankbürgschaft zu hinterlegen, deren Höhe vom Wert des Fahrzeugs und vom Reiseland abhängt. Für die Länder der südafrikanischen Zollunion beträgt die Kaution jedoch mindestens 5000 € (Motorräder 3000 €). Damit die Kaution nach der Reise zurückerstattet werden kann, ist ein sogenannter amtlicher Verbleibsnachweis erforderlich. Das Fahrzeug muss also bei Wiedereinfuhr beim deutschen Zollamt vorgeführt werden, dort wird ein Verbleibsnachweis ausgestellt. Falls das Fahrzeug nicht zurückgeführt wird (z. B. wenn es im Reiseland verbleibt und verzollt wird oder aber nach einem Unfall), gelten eine Verschrottungsbescheinigung oder aber die Verzollungsbelege als amtlicher Verbleibsnachweis.

Das *Carnet de Passages* wird vom ADAC ausgestellt, die Bearbeitungsgebühr beträgt für Mitglieder 160 €, für Nichtmitglieder 260 €. Informationen gibt es beim

ADAC
Am Westpark 8
81373 München
✆ 089-76760 (außerhalb der Öffnungszeiten werden Notfalltelefonnummern angesagt)
🖂 service@adac.de
🖳 www.adac.de

Der ADAC bietet auch Auslandskrankenversicherungen zu unterschiedlichen Konditionen für Mitglieder und Nichtmitglieder an. Zudem vermittelt er Kontakte zu Reedereien, die Fahrzeuge verschiffen. Die **Verschiffung** eines Fahrzeugs ins südliche Afrika dauert etwa 17 Tage. Die meisten Schiffe laufen zunächst den Hafen in Kapstadt an, dort wird umgeladen. Wer sein Fahrzeug erst in Walvis Bay oder in Windhoek übernehmen möchte, muss mit weiteren 12–14 Tagen rechnen. Es gibt außerdem inzwischen eine preisgünstige Reederei, Macs Lines, die direkt von Hamburg nach Walvis Bay fährt und für die Reise etwa 16 Tage benötigt. Nähere Informationen und Tarife gibt es beispielsweise bei Transworld Cargo (s. unten).

Die Preise variieren ganz erheblich. Die Verschiffung des Fahrzeugs in einem verschlossenen und versiegelten Container ist die sicherste und teuerste Variante. Im Container kostet die Verschiffung eines Pkw von Hamburg nach Walvis Bay im Schnitt etwa 3000 €, hinzukommen die Versicherungen, Zoll, Steuern und Standgelder.

In Deutschland kann man sich an gängige Transportgesellschaften, etwa Kühne & Nagel, wenden und an:

Transworld Cargo Spedition GmbH
Kösliner Weg 24, 22850 Norderstedt
040-5266093
info@wdh.transworldcargo.net
www.transworldcargo.net

Bernd Woick GmbH
Plieningerstr. 21, 70794 Filderstadt-Bernhausen
Bestellung 0711-7096700, Beratung 0711-7096751
woick@woick.de, www.woick.de

Woick gilt als einer der teuersten Anbieter auf dem Markt, dafür hat man hier alles unter einem Dach: Verschiffung, Ausrüstung, Reiseangebote und was sonst noch so anfällt.

Grenzübergänge

Im Kasten sind die Grenzübergänge zwischen Namibia und den Nachbarländern mit Öffnungszeiten und Namen der Posten auf beiden Seiten aufgeführt. Ist hinter den Ortsnamen nichts angegeben, trägt der Grenzposten den gleichen Namen.

Bei einigen Öffnungszeiten steht in Klammern „SA-Zeit“ (steht für South Africa): An diesen Grenzübergängen gilt immer die südafrikanische Zeit. In der namibischen Winterzeit, bei der die Uhr eine Stunde zurückgestellt wird, verschieben sich dadurch die Öffnungszeiten auf der namibischen Seite um eine Stunde. Wenn es beispielsweise 7–18 Uhr (SA-Zeit) heißt, gilt für den namibischen Winter 6–17 Uhr.

Grenzübergänge

Namibia	**Botswana**	
Gobabis (Buitepos)	**Ghanzi** (Mamuno)	7–24 Uhr (SA-Zeit)
Tsumkwe (Ndobe)	**Nokaneng** (Dobe)	6–18 Uhr
Katima Mulilo (Ngoma)	**Kasane** (Ngoma)	6–18 Uhr
Divundu (Mohembo)	**Shakawe** (Mohembo)	6–18 Uhr
Namibia	**Zambia**	
Katima Mulilo (Wanela)	**Sesheke**	6–18 Uhr
Namibia	**Angola**	
Oshikango	**Santa Clara**	8–19 Uhr (SA-Zeit)
Ruacana	**Ruacana**	8–19 Uhr (SA-Zeit)
(O)Mahenene	**Calueque**	8–19 Uhr (SA-Zeit)
Namibia	**Südafrika**	
Noordoewer	**Vioolsdrift**	24 Std.
Mata Mata (nur für Übernachtungsgäste des Parks, S. 278)		8–16.30 Uhr (SA-Zeit)
Ariamsvlei	**Nakop**	24 Std.
Velloorsdrift	**Onseepkans**	8–16.30 Uhr (SA-Zeit)
Aroab (Klein Manasse)	**Rietfontein** (Rietfontein)	8–16.30 Uhr (SA-Zeit)
Sendelingsdrift		7–24 Uhr

Alle Grenzübergänge können mit dem Fahrzeug problemlos passiert werden, sofern die nötigen Papiere (*Carnet de Passages* oder die Freigabe der Autovermietung) an Bord sind.

Eine Auflistung der Grenzübergänge ist unter 💻 www.map-of-namibia.com/borderpost-maps.html zu finden.

Bei der Einreise nach Namibia mit einem ausländischen Fahrzeug wird an den Grenzübergängen eine **Gebühr** *(cross border charge)* verlangt, die sicherstellen soll, dass auch ausländische Fahrzeuge ihren Beitrag zur Straßenerhaltung leisten. Für Personenwagen, einschließlich Geländewagen, müssen N$250 entrichtet werden.

Bei den Grenzposten Noordoewer, Ariamsvlei, Buitepos, Oshikango, Mahenene und Ruacana kann diese Gebühr direkt an der Grenze gezahlt werden. Beim Grenzübertritt in Ngoma und Wanela ist sie in Katima Mulilo (Polizeistation, Ngoma Rd) zu entrichten; wer die Grenze bei Holweg und Klein Manasse überschreitet, zahlt in Aroab bei Kalahari Enterprises, 🕒 tgl. 7.30–17.30 Uhr.

Geht das aus irgendwelchen Gründen nicht (etwa am Wochenende, wenn das Büro geschlossen ist), kann man spätestens in Windhoek bei Iroko Investments bezahlen, 64 Bach St, Mo–Fr 🕒 8–13 Uhr und 14–17 Uhr. Auch wenn man bis dahin schon einige Strafzettel riskiert.

Botschaften und Konsulate

Namibische Botschaften in Europa

... in Deutschland
Reichsstr. 17, 14052 Berlin
📞 030-2540950, ✉ namibiaberlin@aol.com
💻 www.namibia-botschaft.de

... in Österreich
Zuckerkandlgasse 2, 1190 Wien
📞 01-4029371. ✉ nam.emb.vienna@speed.at
💻 www.embnamibia.at

... in der Schweiz
Namibia hat keine diplomatische Vertretung in der Schweiz. Schweizer wenden sich an die namibische Botschaft in Deutschland.

Botschaften und Konsulate in Namibia

Deutschland
Sanlam Centre
154 Independence Ave, 6. Etage
P.O. Box 231, Windhoek
📞 061-273100, ✉ info@windhuk.diplo.de
💻 www.windhuk.diplo.de

Rechts- und Konsularabteilung:
🕒 Mo–Fr 9–12 Uhr, Mi 14–16 Uhr, sonst nach Vereinbarung; außerhalb der Öffnungszeiten werden Notrufnummern automatisch angesagt.

Österreich
Österreichisches Generalkonsulat
Erich Wannenmacher
1 Schäfer St, P.O. Box 2323, Windhoek
📞 061-222159, ✉ hgk.windhoek@gmail.com
💻 www.austrian-consulate.com
🕒 Di, Do 10–12 Uhr.

Außerhalb der Sprechstunden ist ein Anrufbeantworter angeschlossen, der regelmäßig abgehört wird. Bei Passverlust o. Ä. Dringlichkeit deutlich machen und eine Rückrufnummer hinterlassen.

Schweiz
Schweizerisches Generalkonsulat
1 Thibault Square, 26. Stock
Long St, Ecke Hans Strydom Ave
P.O. Box 563, Cape Town 8001, South Africa
📞 0027-21-4007500, ✉ cap.vertretung@eda.admin.ch
💻 www.eda.admin.ch/capetown
🕒 Mo–Fr 9–12 Uhr

Nur in absoluten Notfällen kann man sich wenden an:

Urs Gamma (Inhaber des Gathemann Restaurants)
175 Independence Ave, Gathemann Building Windhoek
✆ 061-223853, ✉ windhoek@honrep.ch

Einkaufen

Namibia bietet seinen Besuchern einen enorme Auswahl an afrikanischen Andenken von oftmals hoher Kunstfertigkeit: Schüsseln aus Holz oder aus Stroh geflochten, afrikanische Tiere in bemüht-vollkommener oder naiv-lustiger Darstellung, Löffel und Kerzenständer aus Holz und Knochen, Straußeneier als Malgrund oder als Material für schönsten Schmuck, wundervoll grünglänzende Schachbretter aus Malachit, Halbedelsteine in allen Formen und Farben, beispielsweise Tigerauge, Achat, Jaspis und Amethyst, sowie natürlich Schmuck aller Art. Teppiche, Leder- und Pelzwaren, auch aus Karakul, haben ebenfalls Tradition in Namibia. Eine wirkliche Besonderheit in Namibia sind die handgemalten und handbestickten Stoffe – Tischdecken, Wandbehänge, Teppiche, Bettwäsche –, wertvolle und einmalige Andenken.

Straßenmärkte

In Windhoek und Swakopmund gehören die Souvenir- und Straßenmärkte zum Stadtbild. Hier kann man alles, was man nicht wirklich braucht, in ausreichender Menge kaufen. Von den Straßenhändlern werden hauptsächlich Körbe und Schnitzereien angeboten. Die Holzschnitzer verwenden überwiegend das im Norden Namibias wachsende Dolfholz *(Pterocarpus angolensis)*.

Während in den Geschäften die Preise feststehen, wird auf den Straßenmärkten oft gehandelt. Harte Preiskämpfe, wie man sie in Asien kennt, sind in Namibia nicht üblich. Es ist wohl vielmehr so, dass die ferngereisten, welterfahrenen Touristen den Preishandel auch nach Namibia gebracht haben. Und natürlich möchte ein Verkäufer, wenn der Kunde sich bei Kenntnisnahme des Preises abwendet, diesen doch noch irgendwie überreden, auch mit Hilfe eines Preisnachlasses. Forciertes Feilschen sollte wohlbedacht sein.

Die Preise sind umgerechnet oft recht niedrig, muss da noch nur um des Handelns willen runtergehandelt werden? Zu bedenken ist auch, dass jeder etwas vom Kuchen abhaben möchte: der Verkäufer, manchmal der Standbesitzer, der Händler – was bleibt dann noch für den eigentlichen Künstler oder Handwerker übrig? Wer natürlich fünf Giraffen kaufen möchte, kann sich auf jeden Fall um einen Mengenrabatt bemühen.

Geschäfte

Besonders in Windhoek und in Swakopmund kann man einige Stunden durch die jeweiligen Stadtzentren bummeln und viele schöne Läden entdecken. Neben Kaufhäusern, Drogerien und Supermärkten finden sich zum Teil Souvenirläden, die schon dem Status einer Galerie gerecht werden. So auch Bushman Art in Windhoek in der Independence Avenue, dessen kleiner und relativ unscheinbarer Eingang nicht einen Laden in dieser Größe vermuten lässt, welcher im hinteren Teil ein Museum beherbergt, wo neben Kunst- und Gebrauchsgegenständen der San Kunstschätze vieler Kulturen des südlichen Afrika bewundert werden können.

Ein paar Schritte weiter bei Rogl Souvenirs gibt es typisch afrikanische Kleidung, dem europäischen Geschmack angepasst, zu erstehen.

Von den vielen Juweliergeschäften, die alle gute Qualität bieten, seien zwei besonders erwähnt: Adrian & Meyer in Windhoek, 💻 www.diamondnamibia.com, Carl List Mall, Independence Avenue, nördlich der Post, und African Art Jewellers in Swakopmund, Hendrik Witbooi Street, gleich neben dem Hansa Hotel, verbinden beste Juwelierkunst mit afrikanischen Motiven, Traditionen und Steinen (beispielsweise den bekannten Ekipa, eine Art größerer, gefärbter Knopf aus Knochen oder Horn, mit Ornamenten verziert). Teppiche, vor allem aus Karakul, werden in vielen Geschäften angeboten.

Besonders fröhlich und farbenfroh sind die Teppiche von Karakulia in der Rakotoka Street

Als Mitbringsel ungeeignet

Das Washingtoner Artenschutzabkommen (CITES) verbietet die Ausfuhr von Fellen aller Raubkatzen, von Säbelantilopen und Zebras sowie Häuten von Nashörnern, Krokodilen und Elefanten aus Namibia; die Ausfuhr von Horn und Zähnen jeglicher Art ist ebenfalls verboten. Kauft man Leder- und Pelzwaren, muss ein gültiges Permit vorliegen und bei Abflug beim Zoll vorgezeigt werden.

1999 hat das Komitee des Washingtoner Artenschutzabkommens den Handel mit Elfenbein für Namibia, Zimbabwe und Botswana wieder teilweise erlaubt. Er ist jedoch an strikte Auflagen gebunden: So darf nur Elfenbein von Tieren gehandelt werden, die eines natürlichen Todes gestorben sind oder im legalen Kontrollabschuss ihren Tod fanden. Der Antrag Namibias auf der CITES-Konferenz im Oktober 2004, künftig zwei Tonnen rohes Elfenbein von gestorbenen Tieren ausführen zu dürfen, wurde abgelehnt. Genehmigt wurde der Handel mit Elfenbeinprodukten. Elfenbein in fertigen Schmuckstücken (u. a. die Ekipas, S. 424) gibt es seitdem vereinzelt in Namibia zu kaufen, selbst in guten Souvenirläden fehlt jedoch oft das Permit. Unter Umständen kann man beim Ministry of Environment and Tourism in Windhoek, ✆ 061-2842526 (Frau Hamunyela), 3 Ruhr St, LTA Gebäude, Nördliches Industriegebiet, oder 39 Post St, Post Street Mall, Channel Life Building, M1, das Permit nachträglich erwerben. Jedoch ist erstens nicht gesichert, dass man es wirklich bekommt (Voraussetzung ist der lückenlose Nachweis, woher das Elfenbein stammt), und zweitens, dass man damit nach Deutschland einreisen darf. Übrigens sollte auch bei Straußeneiern zumindest eine ordentliche Quittung vorliegen.

Grundsätzlich verboten ist das Aufsammeln von Souvenirs, daher müssen jegliche Mineralien, Holzstücke (besonders im Versteinerten Wald) und auch Pflanzen bleiben, wo sie sind. Auf den Besitz von Rohdiamanten stehen auch in Namibia hohe Strafen – in diese Verlegenheit werden Reisende jedoch kaum kommen, denn die Zeiten, als Diamanten noch im Mondschein aufgelesen werden konnten, sind seit rund 100 Jahren vorbei.

in Swakopmund. Hier lassen sich die Knüpfer/innen auch gern bei der Arbeit zusehen. Verschiedene Lederwarengeschäfte bieten vom Karakulpelzmantel über normale Lederjacken bis zu Straußenledertaschen viel Nützliches und Luxuriöses zu meist stolzen Preisen. Klassische Safaribekleidung wird in vielen Geschäften angeboten. Das vielseitigste Angebot ist bei Ernst Holtz in Windhoek, Independence Avenue, Gustav Voigts Centre, zu finden. In diesem Centre verkaufen übrigens Herero-Frauen die kleinen Herero-Puppen in typischem Herero-Look. Außerdem kann man hier die Webschule „Der Webervogel" besuchen.

In den Bekleidungsgeschäften fehlen auch die *Vellis* (*Veldskoene* = Buschschuhe) nicht. Diese Schuhe aus Robben- oder Kuduleder sind bei Einheimischen wie auch bei Touristen sehr beliebt, sie haben ein ganz eigenes Aussehen, das einfach zu Namibia dazugehört.

Penduka ist ein Selbsthilfeprojekt für Frauen am Goreangab Dam in Katutura (Windhoek). Die Gebäude des ehemaligen Jachtclubs wurden von der Stadtverwaltung gekauft und der Gemeinschaftsorganisation vermietet. Über 300 Frauen wurden seit 1992 in verschiedenen Handarbeiten ausgebildet, um ihnen eine Einkommensmöglichkeit zu schaffen. Im Craftshop werden wunderschöne Tischdecken, Bettüberwürfe, Rucksäcke und andere hübsche Artikel im Ethnolook angeboten. Die verschiedenen Bevölkerungsgruppen Namibias sind auch in den Arbeiten wiederzuerkennen. Nach erschöpfendem Einkauf lädt die Café-Terrasse zur Stärkung ein. PENDUKA „Wake up", ✆ 061-257210, ✉ info@penduka.org, 💻 www.penduka.com (Website auch auf Deutsch). Am besten gelangt man dorthin, indem man die Independence Avenue Richtung Norden immer geradeaus fährt, durch Katutura hindurch bis zum Ende, wo es nicht mehr weitergeht, dann folgt man der Ausschilderung nach Penduka.

Weitere Tipps und Adressen zu Geschäften in den jeweiligen Ortskapiteln.

Tipp

Billig-Schüsseln sind oft mit Schuhcreme oder Bohnerwachs gefärbt. Was bei Tieren und ähnlichen Holzschnitzereien wertsteigernd wirken kann, ist bei Gegenständen, die man für Esswaren nutzt, natürlich unerwünscht. Lösung: den falschen Glanz zu Hause lange unter heißem Wasser abspülen und dann durch mehrfaches Einreiben mit Speiseöl ersetzen.

Namibia Craft Centre (NamCrafts)

Eine besondere Erwähnung verdient NamCrafts in Windhoek – ein wunderschönes „Muss" für jeden Namibia-Besucher. Selbst wenn man nichts kaufen möchte, ist der Besuch des Kunst- und Souvenirgeschäftes in der ehemaligen Brauerei ein Erlebnis, das für viele zu den herausragenden Höhepunkten des Windhoek-Aufenthaltes zählt. Hier stellen vorwiegend afrikanische Frauen unter fördernder Anleitung einiger engagierter Damen alles Mögliche und Unmögliche aus dem reichen Schatz afrikanischer Traditionen, aber auch Neues her. Sachen, die man wirklich zu Hause benutzen kann, die ästhetisch sehr schön sind und von zum Teil nicht nur beeindruckender Ideenvielfalt, sondern auch Qualität. In dem dreistöckigen Gebäude kann man gut und gern auch mehrmals einige Stunden stöbern. Da hier außerdem eines der bestes Cafés Windhoeks, das **Craft Café**, 💻 www.craftcafe-namibia.com, 🕒 Mo, Di 9–18 Uhr, Mi–Fr 9 Uhr bis Sonnenuntergang, Sa, So 9–15.30 Uhr, ansässig ist, in dem frisch gebackener Kuchen, Cappuccino, frische Säfte und Salate sowie Imbisse in handgetöpfertem Geschirr angeboten werden, können Körper und Geist auftanken. Ein doppelter Effekt: Man kann einige angenehme Stunden verbringen, lebendige und bleibende Dinge kaufen und zugleich Ausbildung und Arbeit der hier Angestellten und deren Zulieferer unterstützen. Ein Internet-Café gibt es hier ebenfalls.

Ein besonderes namibisches Andenken sind Schals, Bettüberwürfe oder Kissenbezüge aus **Kalahari-Wildseide**, die man in Windhoek im Craft Centre erstehen kann. Die Raupenkokons für diese einzigartige Seide werden in der Kalahari gesammelt und verarbeitet. Mit dem Kauf hilft man nicht nur der Region und seiner Bevölkerung, sondern auch Wild und Rindern, welche durch den Verzehr der Kokons verenden. Wer möchte, kann die Fabrik besuchen und zuschauen, wie die Seide hergestellt wird. Kalahari Wild Silk Company, 33 Johannes van der Wath St, Leonardville, 📞 062-569111, ✉ kws@iway.na.

NamCrafts ist an den Werktagen von 9–17.30 Uhr geöffnet, samstags und sonntags sind die Öffnungszeiten von 9–13.30 Uhr. Es liegt in der Tal Street, einer Querstraße westlich der Independence Avenue. Kommt man also von der Independence Avenue und biegt in den Sam Nujoma Drive nach Westen (vom Kalahari Sands Hotel kommend nach rechts), geht es an der nächsten Kreuzung nach links in die Tal Street, nach wenigen Metern liegt NamCrafts auf der linken Seite.

Gesund und fair: Nara-Öl

Das **Nara-Öl** ist eine ganz besondere namibische Spezialität. Die Nara-Frucht (S. 309) wissen nicht nur die Topnaar zu nutzen, sondern inzwischen auch Stefanie und Volker Hümmer von desert hills farming & cooking. Im Kaltpressverfahren wird ein ebenso hochwertiges wie leckeres, nussiges Öl hergestellt. Es ist reich an Omega-Säuren und wird ohne jegliche Zusatzstoffe hergestellt – „bio" im reinsten Sinne. Im Sinne von *fair trade* werden durch die Ölproduktion die Topnaars im Kuiseb unterstützt. Zu kaufen gibt es die Nara-Produkte bei **Superspar** im Maerua Lifestyle Center in Windhoek und im **Kubatsirana Helping Hands** Shop sowie bei **Mokoro Crafts** (unter dem Tug Restaurant) in Swakopmund; weitere Händler und interessante Informationen sind unter 💻 www.nara.com.na zu finden. Wer sich samstags in Swakopmund aufhält, dem sei ein Besuch von **desert hills** empfohlen, S. 346.

VAT Refund – so gibt's die Mehrwertsteuer zurück

Auf Exportartikel muss in Namibia laut Mehrwertsteuergesetz von 2000 keine Mehrwertsteuer gezahlt werden (VAT = *Value Added Tax*). Das heißt, dass Touristen für Waren, die teurer als N$250 sind, die im Preis enthaltene Mehrwertsteuer bei der Ausreise erstattet bekommen. Die Prozedur hat in der Theorie Hand und Fuß, ist jedoch in der Praxis nicht immer effizient und erfolgreich. Damit die Rückerstattung überhaupt Aussicht auf Erfolg hat, sollte Folgendes beachtet werden: Beim Einkauf muss eine **Steuerquittung** *(VAT Invoice)* ausgestellt werden. Souvenirgeschäfte, Juweliere und ähnliche Läden wissen im Allgemeinen genau, wie diese auszusehen hat. Wichtig ist:

- Steuernummer des Verkäufers
- Name und Anschrift des Käufers
- Seriennummer der Quittung
- Datum
- Beschreibung und Menge der Ware
- Preis mit separat ausgewiesener Steuer

Bei der Ausreise müssen die Waren vor dem Einchecken von einem namibischen Zollbeamten geprüft werden (beim Internationalen Flughafen sollte man direkt beim Einchecken darauf hinweisen und das Formular abstempeln lassen). Auf die *VAT Invoice* kommt ein entsprechender Vermerk oder Stempel, anschließend wird die Quittung beim **VAT-Refund-Schalter** vorgelegt.
Allerdings sind nur beim Internationalen Flughafen (in der Abflughalle, hinter der Passkontrolle) und an den Grenzposten Ariamsvlei und Noordoewer Vertreter der VAT Consultants vor Ort (und auch dafür gibt es keine Garantie). An allen anderen Übergängen muss die sogenannte **VAT-16-Form** ausgefüllt werden, die vom Zollbeamten geprüft und zur Weiterbearbeitung nach Windhoek geschickt wird.
Die Rückerstattung erfolgt in bar in südafrikanischen Rand abzüglich Gebühren (1 % der Mehrwertsteuer; mindestens N$15, maximal N$500). Überschreitet die Rückerstattungssumme N$5000, muss der Angestellte erst mit der Reservebank Rücksprache halten, das Geld wird dann überwiesen.

Elektrizität

Die Stromspannung in Namibia beträgt 220 Volt. Die Steckdosen entsprechen südafrikanischer Norm. Sie sind dreipolig, wobei der Erdungspol fast doppelt so groß ist wie die beiden anderen. Die üblichen internationalen Reiseadapter passen nicht. Passende Adapter gibt es vor Ort in fast jedem Hotel, Supermarkt und Elektrogeschäft zu kaufen. Viele Gästefarmen sind nicht an das Hauptstromnetz angeschlossen und erzeugen ihren eigenen Strom mit einem Generator. Da diese oft laut sind und viel Diesel verbrauchen, laufen Generatoren oft nur einige Stunden am Tag, um die Batterien aufzuladen, die dann die restliche Zeit für Licht sorgen. Akkus aufladen, Haare föhnen und alles Sonstige, was Strom verbraucht, ist nur möglich, wenn der Generator in Betrieb ist. Für Farmen und Lodges mit Solarpaletten gilt das Gleiche, da die Solarenergie allein oft nicht ausreicht. Sollten sich doch einmal die Wolken nach Namibia verirren, steht man in diesen Unterkünften nicht selten unter einer kalten Dusche.

Essen und Trinken

Fernreisende erhoffen sich im Reiseland natürlich auch neue kulinarische Erlebnisse. Namibia kann zwar nicht mit einer eigenen Küche aufwarten, aber genau darin liegt die überraschende Stärke. Landesküche mit deutschen Einflüssen, ergänzt durch fremdartige Spezialitäten und Zutaten aus der Region schaffen weit mehr als lediglich abwechslungsreiche Kost.

Essen und Trinken gehört auf einer Namibiareise zu den herausragenden Erlebnissen. Besonders verwöhnt wird man in dieser Hinsicht in kleinen Lodges und Gästefarmen, die mit teilweise ungewöhnlichen Geschmackskombinationen überraschen.

Selbstversorger

In allen Ortschaften gibt es Supermärkte, aber nicht alle sind super. Angebot und Auswahl sind in Windhoek am größten und nehmen nach Größe der Stadt und Entfernung von der Hauptstadt stetig ab. Großeinkäufe für Campingtouren sollten daher in Windhoek, Swakopmund oder Walvis Bay getätigt werden. Unterwegs kann man alles Nötige dazukaufen, nur frische Produkte sind oft schwer zu bekommen.

Selbstversorger werden in den **Supermärkten** in Windhoek und Swakopmund zunächst durch eine aus deutschen Regalen bekannte Vielzahl von Produkten verblüfft. Vom Kartoffelland-Püree über Melitta-Kaffee bis hin zur Schwartauer Konfitüre und natürlich Nutella ist fast alles zu haben. Meist gibt es sogar Frischetheken für Fleisch und Brot, selten aber für Fisch. Am Backstand wird ständig ofenwarm verkauft, da lassen sich gesunde, hefestarke Brötchen erwerben. Die heißen witzigerweise hier auch noch so – und das in allen Sprachen des Landes. Für die Sprechunwilligen und Ungeduldigen gibt es abgepackte Ware im Kühlregal. Der Grundeinkauf ist also gesichert. Bei frischem Gemüse und Obst sieht es je nach Saison, Ort und Geschäft anders aus. Auch hier ist Windhoek den Provinzen voraus; mehrere Großketten liefern teilweise ansprechende Qualität, meist jedoch in begrenzter Auswahl und Menge. Für unterwegs eignen sich besonders gut die in reicher Auswahl angebotenen Trockenfrüchte und natürlich **Biltong**. Dieses luftgetrocknete, hauptsächlich mit Koriander gewürzte Rind- oder Wildfleisch ist überall zu haben.

Auf ein paar Überraschungen darf man ebenfalls gefasst sein – so erinnert zum Beispiel der in Namibia verkaufte Mozzarella doch eher an Gouda als an die gleichnamige italienische Köstlichkeit.

Für die **Preise** gilt: Einheimische Produkte und solche aus Südafrika (Hauptexporteur von Lebensmitteln für Namibia) sind billiger als in Europa. Für die aus Deutschland importierten Produkte muss man tiefer als zu Hause in die Tasche greifen.

Die **Öffnungszeiten** der Supermärkte variieren von Ort zu Ort. Supermärkte in Windhoek sind täglich von 8–19 Uhr geöffnet, an den Wochenenden entweder ebenfalls durchgängig oder stundenweise, 9–13 Uhr und 16–18 Uhr. In Swakopmund schließen die Supermärkte um 18.30 Uhr und in Lüderitz beispielsweise schon um 17 Uhr.

Die von Reisenden geliebten Konkurrenten zu den Supermärkten sind in allen Städten kleine Allround-Läden. Diese sind täglich bis spätabends geöffnet, meist von 7–22 Uhr. Sie offerieren eine zum Teil verblüffende Auswahl an Gemüse, Obst und sogar Kräutern. Da diese Geschäfte fast ausschließlich von portugiesischstämmigen Angolanern geführt werden, nennt die einheimische Bevölkerung sie auch *Potschie*.

Alkoholfreie Getränke gibt es in jedem Supermarkt und an jeder Tankstelle. Alkoholische Getränke werden in *Bottle Stores* verkauft. Hier wird alles Flüssige von Wasser über Wein bis Cognacgeführt und das eisige Depot für Kühleis bereitgehalten. Die *Bottle Stores* haben gesetzlich festgelegte Öffnungszeiten, ⏲ Mo–Fr 8–19 Uhr, Sa 8–14 Uhr.

Seit 2003 dürfen Supermärkte auch leichte alkoholische Getränke wie Bier und Wein verkaufen, dies allerdings nur zu *Bottle-Store*-Zeiten. Außerhalb dieser Zeiten ist das entsprechende Regal mit dicken Schlössern versehen.

Mahlzeiten am Lagerfeuer

Selbstversorger mit Pkw, denen an landestypischen Kochkünsten in freier Natur gelegen ist, sollten sich um einen **Potjie** (gesprochen: Poikie = Dreibeintopf) bemühen. *Potjies* in verschiedenen Größen sind in allen Ausrüstungsläden und in vielen Supermärkten erhältlich. Wer einen neuen Topf kauft, sollte diesen erst im offenen Feuer ausglühen, damit die Rostschutzfarbe verbrennt. Anschließend ist er gründlich erst mit Salz, dann mit Wasser zu reinigen. Der gusseiserne Topf mit drei Beinen ist zwar schwer wie

Zwei einfache und leckere Potjie-Gerichte

Für *Potjie*-Gerichte braucht man Muße und Geduld. Ideal ist ein Aufbau des Lagers für die Nacht am frühen Nachmittag. Als Erstes muss Feuer gemacht werden, da der *Potjie* (afrikaans für **Töpfchen**, mitunter ist auch die Bezeichnung *Dreifußtopf* zu hören) langsam auf wenig Glut vor sich hinköcheln muss. Ab und an legt man etwas Glut nach und schaut, dass es nicht zu sehr kocht – dann wäre die Hitze zu stark.
Sind alle Zutaten im Topf, wird nicht mehr umgerührt; wenn überhaupt, dann nur am Ende vor dem Servieren.
Um das Einkaufen zu erleichtern, stehen die englischen Begriffe, unter denen die Gewürze und anderen Zutaten meist gehandelt werden, in Klammern hinter der deutschen Bezeichnung.

Curry-Hühner-Potjie mit Aprikosen *(Dried apricot and chicken curry)*

Dreibeintopf Größe 3 für 6 Pers.

1 Esslöffel Butter und

1 Esslöffel Speiseöl erhitzen,

12 Hühnerbeine (1,5 kg) anbraten,

1 große Zwiebel *(onion)*,

2 Knoblauchzehen *(garlic)*,

1 Stück Ingwer *(ginger)* glasig braten,

dazu **1 Esslöffel Curry**,

5 Minuten garen lassen,

1/2 Teelöffel Muskat *(nutmeg)*,

1 Teelöffel gemahlener Koriander,

1 Teelöffel Kurkuma *(turmeric)* dazu,

1/2 Liter Ginger Ale,

im Beutel, Gewürzsieb oder Netz:
4 gemahlene Kardamomkapseln (ist in Namibia selten erhältlich, es schmeckt auch ohne),

1 Zimtstange *(cinnamon)*,

1 Lorbeerblatt *(bay leaf)*; wer kein Tee-Ei oder Ähnliches hat, nimmt eine Kaffeefiltertüte oder ein Leinentuch für Zimt und Lorbeerblatt und näht sie zu; den Beutel kann man am Ende leicht herausfischen,

Salz dazu und

2 Esslöffel Zitronensaft,

250 g getrocknete Aprikosen (getrocknete Pfirsiche eignen sich ebenfalls) obendrauf.

Deckel drauf und 2 Stunden leise köcheln lassen, anschließend Beutel rausnehmen, 3/4 Becher Joghurt mit 1 Esslöffel Mehl mischen und vorsichtig unterrühren – fertig; dazu gibt es Reis.

Ochsenschwanz in Rotwein

Dreibeintopf Größe 3 für 6–8 Pers.

1,5 kg Ochsenschwanz *(oxtail)* würzen, in Mehl wenden und in Öl anbraten,

1 geschnittene große Zwiebel und **Knoblauch** hinzufügen und anbraten,

2 Lorbeerblätter,

Salz und **frisch gemahlener Pfeffer** (es gibt Plastik-Pfeffermühlen mit Inhalt zu kaufen)

sowie **1/2 Teelöffel Rosmarin** in den Topf,

1 Becher Brühe und

1 Becher erhitzten Rotwein dazu.

Deckel drauf – 3 Stunden langsam garen lassen, anschließend gibt man 2 klein geschnittene Lauchstangen *(leeks)*, 2 Karotten in Scheiben und 2 Selleriestangen dazu und lässt das Ganze noch 1/2 Stunde kochen. Als Beilage passen Nudeln.

Guten Appetit!

Fisch und Fleisch

Oft sitzt man im Restaurant vor der Speisekarte und kann sich unter dem Genannten nichts vorstellen. Viele Restaurants gestalten die Speisekarte immerhin englisch- und deutschsprachig. Nur gibt es für die **Fische**, die in den Restaurants angeboten werden, selten eine deutsche Bezeichnung. Man kann sie jedoch meist mit in Deutschland bekannten Fischen vergleichen, um eine Zuordnung zu erleichtern. Hier die wichtigsten:

Kabeljau Bezeichnung für einen Dorsch vor der Geschlechtsreife. Ist hier zwischen 350 g und 25 kg schwer, also viel größer als in der Nordsee, schmeckt aber genauso. Mitunter wird er in Namibia als Afrikanischer Adlerfisch bezeichnet.

Steenbras Häufig mit Streifenbrasse übersetzt, ist jedoch nicht mit einer Brasse gleichzusetzen. Die Bezeichnung Westküstenlachs trifft es eher, der Geschmack erinnert an Lachs, nur ist das Fleisch weiß.

Kingklip Die Köche lieben ihn, er wird oft als bester Speisefisch bezeichnet. Dieser Tiefseefisch wird nur im Netz gefangen und ist dem Seebarsch bzw. Wolfsbarsch ähnlich.

Angelfish Zählt zu den Fettfischen, wird oft geräuchert oder geschwärzt (mit Cajun gewürzt) gereicht.

Rochen Hier stehen nur die fächerartigen Flügel vom Rochen auf der Karte *(skate wings)*, die lockere Fleischstruktur erinnert an eine Flunder. Rochen ist ein Sammelbegriff für verschiedene Unterarten, manche davon sind essbar, andere wegen des hohen Ammoniakgehaltes nicht.

Monk fish Wird oft mit Seeteufel übersetzt, gehört aber zur Familie des Seewolfs. Hat zwei saubere Filets und nur eine große Hauptgräte. Ein in tiefem Wasser schleichendes kleines Ungeheuer, dessen Körper wie beim Kabeljau zu einem Drittel aus Kopf besteht und so hässlich aussieht, dass es meist nur gehäutet und filetiert auf dem Teller landet. Vergleichbar mit der Lotte.

Hake Seehecht, festes weißes Fleisch, der typische „Fish & Chips"-Fisch

Catfish Eine Barbel-Art, Seebarbel genannt, sehr grätig, schmeckt geräuchert gut.

Sole Atlantische Seezunge, ist größer als die aus der Nordsee und weicher in der Fleischstruktur.

Garrick Saisonabhängig, nur beim Hochseeangeln zu fangen, graues Fleisch, ist dem kleinen Thunfisch ähnlich.

Dorade Auch Meerbrasse, ein ebenfalls saisonabhängiger Tiefseefisch. Oberbegriff für viele Brassenarten.

Cape stump nose Stumpfnasenfisch

Ali Babas Krug und die Aktion über dem Feuer dauert Stunden. Dafür steht als Belohnung ein Genuss bereit, bei dem man wenig falsch machen und dazu gleich eine ganze Reisegruppe zu schwelgerischer Verzückung verführen kann.

Wem diese Garzeit zu lange dauert, wird ohnehin zum Freiluftsport Nr. 1 aller Namibier greifen und grillen, grillen, grillen. *Braaifleisch*, kurz: **Braai**, ist hier *die* Garmethode für Fleisch und Fisch schlechthin. Fast jeder noch so verstaubte Rastplatz entlang der horizontfressenden Straßen verfügt über einen Grill. In sämtlichen Rest Camps und bei allen Campingplätzen gehört der Grill zur Standardausrüstung. Selbst wenn es kaum noch Konserven zu kaufen gibt – Fleisch bekommt man bestimmt.

Namibier grillen im Grunde alles, was sich bewegt, am liebsten aber Fleisch. *Boerewors* (die deutschen Namibier nennen sie *Burenwurst*, übersetzt: Bauernwurst) darf natürlich nicht fehlen. Die Wurst, in der alles von Schafsfleisch über Rind bis zu Wild enthalten sein kann, wird auf den Farmen nach traditionellen Familienrezepten hergestellt. Vor allem auf die Gewürzmischung kommt es dabei an. Die Qualitätsunterschiede bei der gekauften *Burenwurst*sind erheblich – hier hilft nur probieren. Als verlässliche Lieferanten hochwertiger Qualität haben sich die lokalen Metzger Raith und Hartlief bewährt.

Oysters Austern
Calamari Tintenfisch
Crayfish/Lobster/Rocklobster Dies sind alles Bezeichnungen für Langusten. Den Hummer mit seinen großen Scheren gibt es in Namibia nicht.
Folgende Fische wird man nicht auf der Speisekarte finden, dafür vielleicht **an der Angel** haben (s. „Aktivitäten"):
Galjoen Fettfisch, guter Speisefisch, geschützt, darf also geangelt, aber nicht gewerblich vertrieben werden.
Snoek Schlangenmakrele, besonders geräuchert sehr lecker, hat nur eine große Hauptgräte.
Shark Hai, vor der Küste gibt es die verschiedensten Arten, allesamt ungefährlich für den Menschen.
Beim **Fleisch** ist die Zuordnung einfacher.
Zu Missverständnissen beim **Rindfleisch** führt häufig das Rumpsteak. Bestellt man in Namibia ein *rump steak*, erhält man meist ein riesiges, muskulöses, etwa 1 cm dickes Stück Fleisch, ein Hüftsteak. Möchte man ein Rückensteak, das in Deutschland unter dem Namen Rumpsteak bekannt ist, muss man ein *sirloin steak* bestellen. Die meisten Kellner sind mit einer Nachfrage völlig überfordert. Man sollte eher den Koch befragen oder sich überraschen lassen.
Über das **Antilopenfleisch** wird sehr viel geredet. Die Antilopen leben in einer gesunden Welt ohne negative Umwelteinflüsse und ohne Hormonbehandlung – gesundes Fleisch also. Wie bei jedem Gericht hängt der Geschmack im Wesentlichen von der Qualität des Produktes und der Zubereitung ab. Anders als beim Rind, das auch in Namibia meist im Schlachthof verarbeitet wird, werden Antilopen gejagt. Antilopenfleisch eignet sich gut als Braten, Schmorgericht und für die Pfanne. Beim Grillen wird das fast fettfreie Fleisch mit einer Marinade bestrichen, damit es nicht trocken wird. Antilopenfleisch ist auf keinen Fall im Geschmack mit Reh oder Rotwild zu vergleichen, es erinnert eher an besonders gutes Rindfleisch. Kudu, Oryx, Kuhantilope (Hartebeest) und Springbock sind die gängigsten Wildsorten auf dem Teller, selten gibt es Eland, Gnu oder Impala.
Ein besonderer Leckerbissen mit eigenem Charakter ist das **Straußenfleisch**. Es ist sehr cholesterinarm und muss ganz einfach probiert werden.
Zebra hat einen stärkeren Eigengeschmack, es schmeckt leicht süßlich und würzig, das Fleisch hat eine dunkle Farbe.
Krokodilfleisch ist weiß, es erinnert im Geschmack entfernt an Hühnchen.

An der Küste ist der **Fischbraai** sehr beliebt. Dazu wird der Fisch entweder in Alufolie (mit Butter, Salz, Zitrone und je nach Geschmack etwas Knoblauch) gegrillt oder direkt über dem Feuer im speziellen Fischrost. Steht dieser nicht zur Verfügung und ist der Fisch groß genug, lässt er sich auf einen Ast gespießt ebenfalls gut garen.

Grillkohle wird in Namibia eher selten verwendet, dafür kann man überall, auch an Tankstellen, gebündeltes Holz, meist vom Kameldornbaum kaufen – schnelles Anbrennen und gleichmäßige Hitze sind garantiert. Chemische Rückstände sind nicht zu befürchten – das Holz ist garantiert unbehandelt.

Imbisse und Cafés

Wer des Kochlöffels überdrüssig ist, entdeckt in den Städten manchmal ein Café, welches eher an eine alte deutsche Bäckerei mit Außer-Haus-Verkauf erinnert. Hier werden frischer Kuchen und ordentliche Sandwiches kredenzt. Einige Cafés in Windhoek und Swakopmund verfügen sogar über eine Espressomaschine. Von Einheimischen geführte Imbissläden führen oft ebenfalls gute Sandwiches, die faden Würstchen sind allerdings eher was für gänzlich Ausgehungerte.

Größere Orte offerieren zunehmend die eine oder andere Art internationaler Schnellversorgung. Die italienische Variante köchelt, brät und bäckt dem eiligen Esser am ehesten Vertrautes. Bei Pizza bitte nicht sofort enttäuscht sein, die sehen hier durch den dicken Käseteppich nur gleich aus, unter dem Käse verstecken sich aber ganz variabel Ananas, Zwiebeln oder eben auch *Burewurst*. Take-aways unterschiedlicher Qualität gibt es in jedem Ort und an vielen Tankstellen im ganzen Land. Burger King hat es zwar noch nicht ganz bis nach Namibia geschafft, dafür jedoch McDonald's, Wimpy und KFC.

Essen in Hotels, Lodges und Gästefarmen

Die größeren Hotels mit internationalem Standard bieten den Gästen das Gewohnte; herausragende Überraschungen sind eher selten zu finden.

Bereits zum **Frühstück** erwartet den Gast Vertrautes am Buffet. Selbst verwöhnte Müsli-Freaks finden eine gute Auswahl an echtem Schrot und Korn. Neben Ei in allen Variationen (das sogenannte *English Breakfast*) und frischen Obstkörben empfiehlt sich an Delikatem besonders der Wildschinken, der – geduldig geräuchert – fleischlichen Genuss ohne Reue bedeutet. Obstsäfte von guter Qualität ergänzen fast überall den natürlich-gesunden Tagesauftakt.

Zum **Mittagessen** kommt man unterwegs eher selten. Am besten kauft man sich einen kleinen Imbiss schon am Morgen oder nimmt von der Unterkunft die sogenannten Lunch-Pakete mit, bestehend aus belegten Broten und ein paar Beilagen. Die sollten wenn möglich schon am Abend vorher bestellt werden. Die meisten Unterkünfte bieten mittags einen kleinen Imbiss mit Salaten und Snacks an.

Die Stunden für eine ausgiebige Mahlzeit liegen klimabedingt am **Abend**. Klassische Fleischgerichte liefern meist Rind und Schwein, dicht gefolgt von Wild: Kudu, Oryx, Springbock oder Strauß. Wild ist eines der zu entdeckenden, wundervollen und delikaten Leckerbissen – als Steak, Braten oder Stroganoff. Wildfleisch gehört in Namibia zu den natürlichen Grundlagen der Ernährung und ist eine der gesündesten Fleischsorten weltweit: gesund und fettarm

Tipp

Beim Einkauf unbedingt auf das Verfallsdatum der Lebensmittel achten, vor allem Milchprodukte sind selbst in gut sortierten Supermärkten oft überlagert. Camembert beispielsweise sollte noch zwei bis drei Wochen haltbar sein, damit man der Gefahr entgeht, dass er einem zerfließt.

ernährte Tiere, die ungespritzte Pflanzen in sauberer Luft konsumiert haben. Dennoch wird es für manch einen gewöhnungsbedürftig bleiben, Springböcke erst im Busch zu sehen und dann auf dem Teller vorzufinden. Geflügel ist als Hauptgericht die Ausnahme. In den nördlichen Regionen hin zum Caprivi widmen sich einige Lodges bewusst der einfachen, aber schmackhaften afrikanischen Küche. In dieser zählt auch das Huhn im Topf zu den Hauptereignissen.

Fischgerichte sollte man in den darauf spezialisierten Hotels und Restaurants bestellen. Hier können sie allerdings zu unvergesslichen Weihen gelangen. Kingklip, Kabeljau, Seezunge, Tintenfisch und Langusten erzeugen Gaumenfreuden, die ihresgleichen suchen und verglichen mit Europa manchmal sogar preiswerter sind. Austernfreunde fragen ohnehin nach Austern aus Lüderitz oder Walvis Bay, Insider zählen diese zu den besten der Welt. Besonders empfehlenswert für die Order nach Fisch und Meeresfrüchten sind das Hansa Hotel und The Tug in Swakopmund.

Wer in Namibia zur Regenzeit weilt, kann mit etwas Glück in den Genuss von *Omajova*-Pilzen gelangen, die als Beilage oder wie ein Steak in Butter und Knoblauch gegrillt als vegetarisches Hauptgericht gereicht werden. Noch deliziöser sind die Kalahari-Trüffel. Eine weitere Delikatesse ist der grüne Spargel, der am Swakop Rivier angebaut wird.

Die Wege der Namibiareisenden führen auch zu **Gästefarmen**, deren Gastgeber die Küche eher in unaufgeregter Familientradition bewahren, als sie zu entwickeln. Hier entdeckt man die Kraft des Einfachen wieder: Braten nur im eigenen Saft, Salzkartoffeln, Möhren, Erbsen oder Blumenkohl, anschließend vielleicht noch selbst gekochte Fruchtgrütze – das ist die Speise-Fahrkarte für die Reise zurück an den deutschen Kindheitsherd. Gewöhnungsbedürftig ist für manchen Reisenden vielleicht die Zeremonie des gemeinsamen Abendessens auf den Gästefarmen.

Auf den kleinen **Lodges** hingegen wirken in der Küche oft ganz leidenschaftliche Ambitionen, die inzwischen mit zum Individualtourismus in Namibia gehören: ein unausgesprochener, aber dennoch stets präsenter Wettbewerb um die einfallsreichsten, in Darbietung und Gaumenkitzel fulminantesten Speisen, aber auch die gekonnte Demonstration des Einfachen. Dieses Szenario findet sich immer häufiger, denn Qualität der Küche und deren originelle Präsentation gilt inzwischen als ein ausgewiesenes Gütesiegel für exzellente Betreuung. Diverse Lodges haben sich hierzu der Tätigkeit international ausgebildeter Spitzenköche versichert, dies ist aber nicht immer Garant für die Verleihung des Goldenen Kochlöffels.

Auch Hobbyköche oder die von der Seite eingestiegenen Herdkünstler verschiedenster Herkunft zelebrieren wundervolle Gerichte, deren Ursprünge zum Teil noch eigene Familientraditionen erahnen lassen.

Landesküche

Nationalgericht und Grundnahrungsmittel Nummer eins ist in Namibia fester Maisbrei. Das Maismehl ist sogar von der Mehrwertsteuer befreit. **Mieliepap** gibt es bei allen Einwohnern und in allen Bevölkerungsschichten. Dazu wird je nach Stammestradition und finanziellen Möglichkeiten Fleisch, Soße und Gemüse gereicht. Die Ovambo essen ihren *Mieliepap (Oshifima)* häufig mit *Ombidi*, einem wilden, grünen Gewächs, das an Spinat erinnert. Die Herero essen *Mieliepap* mit Sauermilch *(Omaere)*.

Fleisch wird in Namibia produziert und zählt daher ebenfalls zu den Grundnahrungsmitteln. Rinder stellen Reichtum, Ehre und Ansehen dar. Sie werden noch nicht einmal von den Farmern für den Eigenverbrauch geschlachtet. Der Fleischbedarf wird mit Wild und Huhn gedeckt. Viele Afrikaner garen ihr Fleisch übrigens nicht über der Glut, sondern brennen es regelrecht im offenen Feuer. **Biltong** (luftgetrocknetes Fleisch) und **Droëwors** (luftgetrocknete Wurst) sind allseits sehr beliebt. Im trockenen Klima Namibias ist dies die ideale Art und Weise, Fleisch zu konservieren und lange haltbar zu machen. Früher wurde das so getrocknete Fleisch vor dem Verzehr wieder stundenlang weich gekocht, heutzutage ist es eine beliebte Knabberei für zwischendurch. **Kürbisse** in jeder Art und Form stehen beim Gemüse an erster Stelle. Kürbisse wachsen auch wild in Namibia.

In Supermärkten und Restaurants trifft man am ehesten auf die tennisballgroßen *squashies*, auf *butternut* (Flaschenkürbis) und auf den normalen großen Kürbis *(pumpkin)*, den man auch in Europa kennt.

Neben Wasser und Milch ist in den ländlichen Gegenden *Tombo* das wichtigste Getränk. Dieses bierähnliche Gebräu wird aus einer Hirseart (Mahango) und Zucker hergestellt, manchmal wird auch Mais dazu genutzt. *Oshikundu* ist eine Art Malzbier, das aus Hirse gewonnen wird. Es ist dickflüssig und sättigt.

In den Genuss typischer Landesküche wird man als Gast des Landes eher selten kommen, es sei denn, man wird von Einheimischen eingeladen. Kleine Garküchen auf Märkten oder am Wegesrand sind in Namibia die absolute Ausnahme.

Wer Lust auf richtig afrikanische Küche hat, geht ins **Xwama Cultural Village** in Windhoek, Ecke Independence & Omoongo Street, ✆ 061-210270. Dies ist eines der wenigen Restaurants in Windhoek, die für den afrikanischen Geschmack kochen. Hier finden sich sowohl Einheimische als auch Touristen ein. Es werden typische namibische Gerichte wie *Oshifima* und *Ombidi* serviert – oder auch *Oshiwambo Chicken* mit wildem Spinat und getrockneter Flussfisch mit *Mahango*-Maisbrei. Selbst scharf gewürzte Mopanewürmer stehen auf der Karte. Man sollte sich hier viel Zeit nehmen, denn es geht afrikanisch gemächlich zu. Da sich das Xwama Cultural Village im Township Katutura befindet, sollte man am besten mit einer organisierten Township-Tour oder per Taxi hinfahren.

Das **La Marmite Royale Restaurant**, ✆ 061-2445353, in der 129 Independence Avenue, ist unser Favorit für einheimische Küche. Es bietet leckere afrikanische Gerichte sowie eine sehr angenehme Atmosphäre und gemischtes Publikum – immer noch keine Normalität in Namibia.

Veldkost

Die Natur wird im südlichen Afrika als *Veld* bezeichnet. Dies ist der afrikaanse Begriff für „Busch". Was die Natur an Essbarem hervorbringt, wird daher *Veldkost* genannt.

Wilde Melonen wachsen überall in Namibia. Die trockene, kalte Zeit überleben sie, indem sie sozusagen Winterschlaf halten. Es gibt nicht weniger als 43 verschiedene Sorten. Die auch in Europa beliebten Wassermelonen werden entweder für den Export oder für den Eigenbedarf gezüchtet. Die lokale Bevölkerung nutzt die Melonen als Nahrung für sich und für die Tiere. Die proteinhaltigen Kerne werden roh oder geröstet verzehrt.

Aus den Kernen wird außerdem Öl gewonnen, genannt *Oontanga*-Öl. Dies wird für kosmetische Zwecke genutzt. Besonders gute Wirkung wird dem Öl bei Schwangerschaftsstreifen nachgesagt.

Eine reichhaltige Wüstenfrucht ist die **Nara**, die unter anderem am Sossusvlei anzutreffen ist (S. 309). Die grüne **Tsama**-Melone ist ebenfalls eine Wüstenfrucht. Sie besteht zum großen Teil aus Wasser und ist ziemlich bitter. Weitere Nahrungsergänzungen sind Beerenkerne und Datteln. Aus der *Enyandi*-Frucht und Feigen wird von den Ovambo ein süßer Likör hergestellt, der *Ombike*-Likör.

Für viele im Norden lebende Stämme sind **Mopanewürmer** (grüne Raupen, die auf Mopanebäumen leben) eine proteinreiche Köstlichkeit. Gebraten schmecken sie wie mit Sand vermischtes Hackfleisch.

Die San ernähren sich von Fleisch, wilden Früchten, Wurzeln und Nüssen. Insbesondere die Nuss des *Mangetti*-Baumes ist sehr nahrhaft. Gebratenes **Straußenei** gilt unter den San als Delikatesse. Vom Geschmack her unterscheidet es sich nicht erheblich vom Hühnerei. Die Menge eines Straußeneis entspricht 24 Hühnereiern. Um an das Innere zu gelangen, zerschlagen die San das Straußenei nicht. Sie bohren vorsichtig ein Loch hinein und saugen den Inhalt heraus. Das leere Straußenei wird als Wasserbehälter genutzt.

Gleich nach dem Regen schießen aus den großen Termitenhügeln Schirmpilze heraus (S. 451). Die **Omajovas** sind eine Champignon-Art und werden wie normale Pilze zubereitet. Sie gelten im ganzen Land als Delikatesse.

Am Ende der Regenzeit wachsen im Kalahari-Becken die **Kalahari-Trüffel**. Sie schmecken nicht so intensiv wie die französischen Trüffel und können daher in größeren Portionen genossen werden. Im Gegensatz zu anderen Pilzen schrumpfen sie in der Pfanne nicht zusammen, der Wasseranteil kann also nicht allzu hoch sein. Die Trüffel werden am besten nur zehn Minuten gebraten und mitunter mit etwas Sahne oder Rotwein verfeinert. Man kann sie jedoch auch lange auf kleiner Flamme garen, dann muss der Topf sehr gut schließen, um den Eigengeschmack zu erhalten.

Getränke

Bekannte Softdrinks wie Cola oder Fanta sind auch in Namibia immer und überall zu haben. Hin und wieder wird man vom Kellner nicht verstanden, wenn man um eine Cola bittet, da diese im englischsprachigen Raum Coke genannt wird. Die Säfte schmecken zum Teil sehr gut und fruchtig, mitunter aber auch etwas nach Bonbon. Säfte gibt es auch ganz praktisch verpackt für unterwegs in 200-ml-Tetra-Paks mit Strohhalm.

Zu den beliebtesten Getränken gehört der **Rockshandy**, eine Mischung *(shandy)* aus halb Soda und halb Limonade auf Eiswürfeln *(rock)* mit ein paar Spritzern Angostura-Bitter. Besonders nach langen, staubigen Fahrten wirkt der Rockshandy durstlöschend und sehr erfrischend, er ist fast alkoholfrei.

Bierfreunde dürfen sich auf das nach deutschem Reinheitsgebot von 1516 in Namibia gebraute **Bier** freuen. Zur Auswahl stehen Windhoek Lager (grünes Etikett) und Windhoek Draught (schwarzes Etikett), Tafel Lager und sogar Hefeweizen von der lokalen Camelthorn-Brauerei. Importbiere, wie Heineken und Erdinger, sind vielerorts ebenfalls erhältlich, natürlich zu höheren Preisen.

Der **südafrikanische Wein** hält, was sein guter Ruf verspricht. Südafrika stellt mit seinen zahlreichen großen und kleinen Weingütern den größten Teil des Weinangebots in Namibia. Die Weine sind vollmundig und liegen im Alkoholgehalt etwas höher als die europäischen Weine (12–14 %). Farbe und Beerengeschmack sind bei den meisten Weinen äußerst kräftig. Empfehlenswert sind hier auch die Mischungen, etwa aus Cabernet Sauvignon und Merlot. Eine Besonderheit Südafrikas ist der Pinotage, der wirklich nur dort angebaut und gekeltert wird. Dieser Rotwein mit kräftigem Charakter ist eine Kreuzung aus Hermitage und Pinot Noir.

Für Freunde des ältesten Kulturgetränkes der Welt ist jede Lodge sowieso ein Wunder für sich. Die Lodges unterhalten meist enge Beziehungen zu Weingütern in Südafrika, von denen manche noch richtige Geheimtipps sind. Einige Restaurants ersteigern ihre Weine auf Auktionen. Mut zu Überraschungen lohnt sich also für Weinfreunde in Namibia besonders. Weißweine, vor allem Sauvignon Blancs und Chenin Blancs, sind bei der großen Hitze im Sommer allerdings deutlich beliebter als die Roten.

Der **Amarula** ist eine Besonderheit des südlichen Afrika. Dieser Cremelikör wird aus den Früchten des Marulabaumes gewonnen und erinnert etwas an Bailey's. Wenn es in den Wintermonaten recht frisch wird, gibt es den Amarula in heißer Schokolade – ein Gedicht.

Fair reisen

Reisen wirkt sich auf die Umwelt und die besuchten Menschen aus. Das reicht von der An- bzw. Abreise über die Arbeitsbedingungen für Angestellte der Tourismusbranche bis zur Nutzung lokaler Ressourcen und dem Entstehen von Abfällen. Touristen verbrauchen durchschnittlich mehr Wasser und Strom und produzieren mehr CO_2 und Müll als die Einheimischen. Viele Lebensmittel, die Touristen im Ausland verzehren, müssen aufwendig und umweltschädlich importiert werden. Beschäftigte im Tourismus werden meist schlecht bezahlt, arbeiten weit mehr als acht Stunden täglich und erhalten nur selten Sozialleistungen. Auch werden im Tourismus Menschenrechte verletzt, z. B. wenn Einheimische von ihrem Land vertrieben werden, damit neue Hotelanlagen oder Safariparks entstehen können, wenn Angestellten einer Hotelkette die Gründung einer Gewerkschaft verweigert wird oder Einheimische unter Wassermangel leiden, während Touristen nebenan auf Safari gehen. Fast alle Hotels und Lodges in Namibia achten auf Umweltverträglichkeit (Solarenergie) und stellen Personal aus der näheren Umgebung ein, das sie auch selber ausbilden.

Der Tourismus in Namibia ist weitgehend fair. Er hat vielen Menschen einen Weg aus der Armut gezeigt, ihnen ermöglicht, einen Beruf zu ergreifen, sich weiterzubilden. Außerdem hat er im ganzen Land Naturräume geschützt, die ohne Touristen leergeschossen worden wären.

Fair und grün – gewusst wo

Einrichtungen, die sich durch besonders umweltfreundliches oder sozial verträgliches Verhalten auszeichnen, sind in diesem Buch mit einem Baumsymbol gekennzeichnet. Sie verwenden zum Beispiel Solarenergie, bieten Bioprodukte an, nutzen Trockentoiletten, zahlen faire Löhne, investieren ihre Gewinne in soziale Projekte, propagieren einen nachhaltigen Tourismus oder stellen Besuchern Informationen für umweltverträgliches Verhalten bereit.

Tipps für umweltbewusstes und sozial verträgliches Reisen

Beim Reisen ist jeder Einzelne gefordert, auch in Ländern, in denen die Bevölkerung sich selbst nicht immer umweltbewusst verhält. Das Argument „Die Einheimischen machen das doch auch" ist wenig überzeugend. Besser ist es, mit gutem Beispiel voranzugehen und die goldene Regel anzuwenden: Alle Plätze so verlassen, wie man sie selbst gerne vorfinden würde.

Umweltbewusst reisen

- Den durch die An- bzw. Abreise verursachten **CO_2-Ausstoß** (Flug, Bus, Schiff, Zug) mithilfe des Kompensationsprogramms einer nachweislich korrekt agierenden Klimaagentur neutralisieren (S. 37).
- Bei **Busausflügen** den Fahrer bitten, den Motor auszuschalten.
- Keine **Souvenirs** aus bedrohten Pflanzen oder Tieren kaufen! Das Washingtoner Artenschutzabkommen verbietet deren Import nach Europa.
- **Klimaanlagen** vermeiden bzw. in jedem Fall Licht und AC ausstellen, wenn man das Zimmer verlässt.
- Mit **Wasser** immer sparsam umgehen. Duschen statt baden.
- **Pfandflaschen** kaufen und auf Dosen verzichten. Softdrinks nicht in Plastiktüten umfüllen lassen!
- Eine **Flasche** von zu Hause mitbringen und in Hotels/Restaurants etc. auffüllen lassen.
- Statt mit **Batterien** besser mit aufladbaren Akkus reisen, und wenn sich Batterien nicht vermeiden lassen, diese mit nach Hause nehmen – in Namibia werden sie garantiert nicht vernünftig entsorgt!
- **Hygieneartikel** nicht in die Toilette, sondern in die danebenstehenden Eimer werfen!
- Von zu Hause biologisch abbaubare **Shampoos und Seifen** mitbringen.
- Für Einkäufe einen **Baumwollbeutel** mitbringen; die Ware nicht in Tüten packen lassen.

Sozial verantwortlich reisen

- Auf **respektvollen Umgang** mit der Bevölkerung und den Angestellten der Tourismusbetriebe achten und ggf. auch Mitreisende darauf hinweisen.
- Den persönlichen **Wohlstand nicht zur Schau stellen**. Bettelnden Kindern kein Geld geben. Wirksamer ist es, einer lokalen Kinderhilfsorganisation Geld zu spenden.
- Kleinen lokalen Hotels, Restaurants, Reiseveranstaltern, Guides etc. gegenüber großen nationalen und internationalen Ketten den Vorzug geben – das erhöht die Chance, **zu lokalen Einkommen beizutragen**.
- **Kunsthandwerk** möglichst direkt beim Produzenten bzw. Kleinunternehmer (wie dem Strandverkäufer) kaufen und große Zwischenhändler umgehen.
- Landwirtschaftliche **Produkte aus der Umgebung** statt importierte Waren kaufen.
- Auf **fair gehandelte und biologisch erzeugte Waren** zurückgreifen und danach fragen.
- Wenn der Service stimmt, an ein kleines **Trinkgeld** denken. Viele Angestellte bekommen einen sehr niedrigen Grundlohn und sind fürs Überleben auf Trinkgelder angewiesen.

Besuch von Naturschutzgebieten, Trekking- und Kajaktouren

- Darauf achten, dass der **ökologische Fußabdruck** minimiert wird: Plastikmüll vermeiden, organischen Müll vergraben, nicht organischen mit in die nächste Stadt nehmen sowie Flora und Fauna ungestört lassen.
- Ehrgeizige Reisende sammeln den herumliegenden **Müll** auf einer Trekkingroute bzw. am Flussufer auf – eine schöne Art, Mitreisende und die lokale Bevölkerung für das Thema zu sensibilisieren.
- Beim **Buchen eines Treks** möglichst darauf achten, dass die Agentur ihren Mitarbeitern (Guides, Trägern, Köchen etc.) gesetzliche Arbeitnehmeransprüche wie Mindestlohn, Ausrüstung, Verpflegung etc. garantiert. In ländlichen Gebieten nachfragen, ob die lokale Bevölkerung von dem Besuch profitiert.

Nützliche Adressen

Wer mehr zum Thema „umweltfreundliches und sozial verantwortliches Reisen" wissen möchte, findet bei folgenden Adressen zahlreiche Anregungen:

- **Brot für die Welt – Tourism Watch**, Caroline-Michaelis-Str. 1, 10115 Berlin, ✆ 030-652111806, 💻 www.tourism-watch.de. Auf der Website sind Hintergrundberichte zu den Themen Tourismuspolitik, Umwelt, Menschenrechte und Wirtschaft in Englisch und Deutsch verfügbar. Darüber hinaus findet man dort Links, Literaturkritiken und aktuelle Veranstaltungshinweise.

- **CSR-Tourism-Certified und forum anders reisen**, 💻 www.tourcert.org, www.forumandersreisen.de. Seit 2009 können sich Tourismusunternehmen mit dem Siegel „CSR-Tourism-Certified" auszeichnen lassen. Es bewertet die gesamte Dienstleistungskette einer Reise. Die meisten Reiseveranstalter, die das erste faire Tourismussiegel bislang erhalten haben, sind im forum anders reisen zusammengeschlossen. Sie streben eine nachhaltige Tourismusform an, die laut eigenen Angaben „langfristig ökologisch tragbar, wirtschaftlich machbar sowie ethisch und sozial gerecht für ortsansässige Gemeinschaften sein soll".
- **Fair einkaufen – aber wie?**, 💻 www.faireinkaufenaberwie.blogspot.de. Der Ratgeber für fairen Konsum gibt in seinem Tourismus-Kapitel u. a. einen Überblick über die Schattenseiten des Tourismus, die negativen Auswirkungen des Flugverkehrs und die sexuelle Ausbeutung von Kindern. Viele Tipps und Adressen helfen Verbrauchern, fairer und nachhaltiger zu reisen.
- **Fair unterwegs, arbeitskreis tourismus & entwicklung**, Missionsstr. 21, 4003 Basel, ✆ +41-61-2614742, 💻 www.fairunterwegs.org. Sehr umfangreicher Webauftritt mit aktuellen Hintergrundinfos, Themen, die von Menschenrechten über Ethik bis zu Tourismuskritik reichen, Länderprofilen und zahlreichen Tipps zum fairen Reisen. An junge Leute richten sich die Infos und Angebote (z. B. zu Freiwilligenarbeit) im Bereich jung&fair.
- **Studienkreis für Tourismus und Entwicklung e. V.**, Bahnhofstr. 8, 82229 Seefeld-Hechendorf, ✆ 08152-999010, 💻 www.studienkreis.org. Der Verein, der sich mit entwicklungsbezogener Informations- und Bildungsarbeit im Tourismus beschäftigt, ist Herausgeber der Sympathie-Magazine. Die Hefte ermöglichen einen Blick hinter die touristischen Kulissen europäischer und außereuropäischer Reiseziele und schaffen so ein Bewusstsein für die Lebensweisen der Menschen im Gastland.
- **Traverdo**, 💻 www.traverdo.de. Die Internetplattform präsentiert touristische Projekte, die auf kreative Weise Bildung und Einkommen für lokale Gemeinschaften gewährleisten und zum Erhalt ihrer Umwelt beitragen. Eine Suchmaschine ermöglicht die Eingrenzung nach Ländern, Reisekategorien oder Reiseterminen.

Weitere Infos, Webadressen und Buchtipps unter www.stefan-loose.de/fair-gruen.

Feste und Feiertage

Der **Unabhängigkeitstag** wird jedes Jahr mit großem Pomp begangen. In Windhoek ist das Unabhängigkeitskonzert im Zoopark zu einer schönen, festen Einrichtung geworden.

Nach bester deutscher Tradition werden in Namibia **Karneval**und **Oktoberfest** gefeiert. Der Windhoeker Karneval (Wika) findet jedes Jahr erst im April statt. So können die deutschen Namibier immer schauen, was jeweils am Rhein Mode und Hauptthema war. Karneval wird auch in Otjiwarongo (Hellau), Tsumeb (Tsumka), Swakopmund (Küska), Lüderitz (Lüka) und alle zwei Jahre in dem kleinen Dorf Witvlei (Oska) zu unterschiedlichen Zeiten gefeiert. Der Karneval zieht zwar nicht nur Deutsche an, jedoch bilden sie das Hauptpublikum – ebenso wie auf dem Oktoberfest, das Ende September, Anfang Oktober in Windhoek stattfindet.

Die „große" Landwirtschaftsmesse (groß für Namibia, winzig-provinziell im Vergleich zu Messen in Europa, etwa der Grünen Woche in Berlin), die **Windhoek Show**, findet jährlich in der ersten Oktoberwoche statt. Sie erfreut sich unter den Windhoekern sehr großer Beliebtheit. Viele Farmer pilgern zum großen Ausstellungsgelände am Jan Jonker Weg. Neben Produkten von und für die Landwirtschaft sind alle möglichen Wirtschaftszweige vertreten. Kleidung und Souvenirs sind nicht nur bei Touristen beliebt, leider war jedoch in den letzten Jahren viel Ramsch vertreten.

Die **Namibia Tourism Expo** (NTE) ist die namibische Tourismusmesse. Sie hat sich nach der Windhoek Show als größte Messe des Landes gemausert und ist dieser in der Qualität deutlich überlegen. Der Schwerpunkt der Messe liegt auf Reisen im südlichen Afrika mit Schwerpunkt der Förderung des Lokaltourismus in Namibia und findet jedes Jahr Ende Mai, Anfang Juni in Windhoek statt. Da zum Reisen das Kulinarische dazugehört, sind auch Restaurants, Weinfarmen u. Ä. vertreten und sogar eine *organic hall* gibt es mittlerweile.

Das **/Ae//Gams Festival** wurde 2001 von Windhoeks Bürgermeister Matheus Shikongo ins Leben gerufen und findet seitdem jedes Jahr im September statt. Mit diesem Festival werden Windhoek, seine Geschichte und kulturelle Vielfalt sowie das friedliche Neben- und Miteinander der verschiedenen Bevölkerungsgruppen gefeiert.

Der **Herero-Tag** wird jedes Jahr an dem Wochenende, das dem 26. August am nächsten gelegen ist, in Okahandja begangen. Die festlich geschmückten Herero gedenken der Opfer des Herero-Krieges 1904.

Die **Music Makers Competition** wird immer im Mai veranstaltet. Musiker verschiedenster Sparten reichen ihre selbst geschriebenen Werke ein. Diese werden im Radio vorgestellt, und das Publikum kürt dann die Gewinner.

Jedes Jahr Mitte Dezember findet in Swakopmund die **Swakopmunder Musikwoche** statt, bei der Groß und Klein ihr Können unter Beweis stellen. 1965 ins Leben gerufen, gilt die Musikwoche als eines der traditionsreichsten Kulturereignisse im jungen Namibia. Der Schwerpunkt liegt auf klassischer Musik. Für die einheimischen musikbegeisterten Teilnehmer ist die besondere Herausforderung, gemeinsam mit gestandenen Dirigenten und Musiklehrern, vornehmlich aus Deutschland, zu proben und zum Schluss auch auf der Bühne zu stehen.

Der internationale **Tag der Musik** (Fête de la Musique) wird auch in Namibia seit mehreren Jahren begangen. Wie in Europa wird dieses Fest immer am Wochenende nach dem 21. Juni (zum hiesigen Winteranfang) gefeiert, wenn auch in bescheidenerem Rahmen als in Europa. Die Grundidee des Festivals, jede Art von Musik kostenlos zugänglich zu machen, findet in Windhoek und Swakopmund großen Anklang. Es ist die einzige Großveranstaltung, bei der namibische Musiker auftreten, ohne mehr dafür zu verlangen als Anerkennung. Ins Leben gerufen wurde das Festival in Namibia vom FNCC, dem Franko-Namibischen Kulturzentrum, das auch jetzt Betreuer des Festivals ist. Das FNCC zeichnet übrigens für sehr viele kulturelle Veranstaltungen verantwortlich.

Das **Bank Windhoek Festival** ist hauptsächlich dem Theater gewidmet. Kabarett-, Musik- und Theateraufführungen bilden das Programm für das jährlich im August/September ausgerichtete Kulturfestival. 2003 fand das ehemalige, auf südafrikanische Künstler orientierte „Kunstefees" erstmals als südafrikanisch-namibische Koproduktion statt. Seither sind zunehmend auch namibische Produktionen vertreten.

Die **Standard Bank Biennale** ist ein Großereignis der bildenden Künste. Alle zwei Jahre an immer wechselnden Orten als Workshop abgehalten, sind die Ergebnisse, sofern transportabel, anschließend in der Nationalgalerie zu bewundern.

Skurril wirken zur **Weihnachtszeit** Straßenschmuck, künstliche Tannenbäume und mit Kunstschnee bestäubte Supermärkte. Und das bei 35 °C im Schatten! Weihnachten ist insofern das wichtigste Fest für alle, als in dieser Zeit fast alle Namibier ihren Jahresurlaub nehmen und entweder mit oder zu ihren Familien verreisen. Dementsprechend läuft in der Wirtschaft zu dieser Zeit kaum noch etwas, viele Firmen schließen komplett. Und wehe, irgendetwas geht kaputt oder man wird krank – dann ist Hilfe nur mit großem Aufwand zu bekommen.

Feiertage

1. Januar	Neujahr
21. März	Unabhängigkeitstag
März/April	Karfreitag, Ostermontag
1. Mai	Tag der Arbeit
4. Mai	Cassingatag
Mai	Himmelfahrt
25. Mai	Afrikatag
26. August	Heldengedenktag
10. Dezember	Internationaler Menschenrechtstag
25./26. Dezember	Weihnachtsfeiertage

Heiraten in Namibia

Das ganz besondere Ereignis im Leben verlangt nach einer ganz besonderen Kulisse – und die hat Namibia allemal zu bieten. Heiraten in Namibia ist einfacher, als man vermuten könnte. Aus Deutschland müssen nur eine ins Englische übersetzte Meldebescheinigung und ein gültiger Pass mitgebracht werden sowie ggf. Scheidungsurkunde und Ehevertrag (jeweils übersetzt, Urkunden notariell beglaubigt). Einzige Schwierigkeit ist die Wahl des Ortes, an dem man sich das Jawort geben will. Soll es die rote Sandwüste sein, die mit ihrer Weite und Einsamkeit einfach ideal zum Heiraten erscheint, oder doch eher eine Lodge im Norden, nur mit einem Boot zu erreichen, samt dichtem „Urwald" und wilder Tiere?

Schöne Orte zum Heiraten sind beispielsweise:
in Windhoek die **Heinitzburg**, 💻 www.heinitzburg.com, S. 232, außerhalb von Windhoek das **Hochland Nest**, 💻 www.hochlandnestnamibia.com, S. 237, oder die **Onjala Lodge**, 💻 onjala.com, S. 239, die rote Dünenwelt des NamibRand Nature Reserve, darin **Wolwedans**, 💻 www.wolwedans-namibia.com, S. 316, und im Caprivi die **Lianshulu Lodge**, 💻 www.lianshulu.com, S. 486.

Nützliche Adressen in Windhoek:
Standesamt: Magistrates Court, Mungunda St, Katutura, ✆ 061-3201111
Kirche: Evangelical Lutheran Church in the Republic of Namibia, Rev. P. van Zyl (Pfarrer, er kann aber auch standesamtlich trauen), 6 Church St, Ausspannplatz, ✆ 061-224531, ✉ gensec@elcrnam.org
Brautmode: Ana Bridal Boutique, Centaurus Rd, Maerua Park Shopping Mall, neben dem Kino, ✆ 061-303658
Bräutigammode: Guyde men's wear, Shop 36, Town Square, ✆ 061-272427
Ringe: A. Böck, 197 Independence Ave, ✆ 061-238862, oder Adrian & Meyer – The Jeweller Shop, Carl List Mall, Independence Ave, Ecke Fidel Castro St, mit Filiale in der Maerua Mall, ✆ 061-236100, ✉ jeweller@diamondnamibia.com, 💻 www.diamondnamibia.com, (s. auch Kapitel Windhoek, „Einkaufen", S. 243)
Blumen: Flower Love Florist, 58 Independence Ave, ✆ 061-232662
Fotograf: Studio 77, Garten St, in der alten Brauerei, ✆ 061-252800, 💻 www.tonyfigueira.com

Fotografieren

Alle Kameras und Videokameras sollten mehrfach und absolut pingelig gegen Staub und Sand geschützt werden. Die handelsüblichen Kamerataschen sind nicht ausreichend. Kameras wickelt man am besten zusätzlich in Leinentuch und Plastiktüte. Mit Druckluft lassen sich die Kameras am besten und gründlichsten reinigen. Kameras sollten niemals im Fahrzeug liegen gelassen werden, zum einen wegen der Diebstahlgefahr, zum anderen wegen der Hitzeentwicklung in geschlossenen Fahrzeugen. Mit einem 300 mm Teleobjektiv kann man in Etosha ganz gut über die Runden kommen, größere Objektive sind natürlich noch besser. Wer Einheimische fotografieren und filmen will, sollte vorher unbedingt ihre Zustimmung erbitten. Gebäude, Flughäfen und Brücken kann man nach Herzenslust fotografieren, so man denn will. Das neue Statehouse dagegen darf offiziell nicht fotografiert werden. Beste Fotozeit ist wegen der optimalen Lichtverhältnisse der Sonnenauf- oder -untergang.

Frauen unterwegs

Namibia ist ein sicheres Reiseland für Frauen. Natürlich sind auch hier ein paar Grundregeln zu beachten. So sollten Frauen nie ohne

Begleitung trampen. Eine Touristin ist in den Augen der Einheimischen, die mit einem Durchschnittslohn von umgerechnet 200 € oft eine zehnköpfige Familie ernähren müssen, stets reich. Und „reiche" Frauen, die allein reisen und nicht selbstbewusst und forsch auftreten, sind leichte Beute für Kriminelle.

Am sichersten und einfachsten reist frau in einer Gruppe. Viele deutsche Anbieter haben Gruppenreisen im Programm, darunter einige speziell für Frauen. Es ist außerdem möglich, eine Tour bei einem Anbieter vor Ort zu buchen, etwa eine klassische Rundreise mit Reiseleiter oder eine preiswerte Campingtour; oder sie fährt ein Stück auf einem der Overlander Trucks mit.

Für eine Rundreise mit dem Mietwagen müssen alleinreisende Frauen einige technische Fertigkeiten mitbringen. Hilfe ist nicht immer leicht zu bekommen, und das könnte ausgenutzt werden. Wer es sich nicht zutraut, einen Reifen oder einen Keilriemen zu wechseln, sollte von einer Tour allein mit dem Mietwagen absehen. Zu zweit macht das Reisen ohnehin mehr Spaß, sicherer ist es auf jeden Fall.

Eine Frau, die allein in einem Restaurant oder Café am Tisch sitzt, ist in Namibia ein ungewohnter Anblick und wird entsprechend beachtet. In Kneipen, Bars und Diskotheken erregt eine Frau ohne Begleitung noch mehr Aufsehen und muss ein dickes Fell haben, um sich nicht unwohl zu fühlen.

Ansonsten gilt für alleinreisende Frauen in Namibia, was auch in Europa gilt: Große Männergruppen, egal welcher Hautfarbe, sind zu meiden – vor allem nachts und wenn Alkohol im Spiel ist.

In Namibia werden die meisten Ehen in Gütergemeinschaft geschlossen. Frauen haben häufig nicht einmal das Recht, allein einen Scheck zu unterschreiben. Es darf also keine praktische Gleichstellung erwartet werden. Zwar gibt es Emanzipationsbestrebungen und -bewegungen, doch sind sie nicht mit denen in Europa vergleichbar.

In Afrika herrscht ein völlig anderes Rollenverständnis – zwar sind „Frauen das Rückgrat Afrikas", wie es die Somalierin Waris Dirie so treffend in ihrem Buch *Die Wüstenblume* formulierte, weil sie den größten Teil der Arbeit allein bewältigen. Gesellschaftlich anerkannt sind Frauen dagegen nur in wenigen Stämmen. Die Frau ist zumeist Dienerin des Mannes. Dies ist fest in den Traditionen der Stämme verankert. Die im Vergleich zu Europa andere Gesellschaftsentwicklung und die mangelhafte Bildung trugen in der Vergangenheit dazu bei, diese Rollenverständnisse zu verfestigen. Und nicht zuletzt gab es auf der politischen Bühne keinen Raum für Emanzipationsbestrebungen der Frauen, da die Bekämpfung der Apartheidpolitik absolute Priorität hatte.

Einheimische Frauen, insbesondere in den ländlichen Gegenden, wirken oft scheu und zurückhaltend. Kontakte vor Ort sind nicht so einfach herzustellen. Wer Interesse hat, den Alltag der Frauen in Namibia kennenzulernen, sollte sich nach Kontaktmöglichkeiten erkundigen, beispielsweise in kommunalen Zentren. Bei Reisen mit Kindern ist die Kontaktaufnahme am einfachsten, da die Einheimischen Kinder über alles lieben und sie sofort ansprechen.

Geld

In Namibia sind der Namibia Dollar (N$) und der Südafrikanische Rand (ZAR) gleichwertige Zahlungsmittel. Touristen dürfen N$ unbegrenzt einführen, auch ausländische Währungen unterliegen keiner Beschränkung. Bei sehr hohen Beträgen muss u. U. der Nachweis erbracht werden können, woher das Geld kommt.

Ausländische Währungen können in Ausnahmefällen auch als Zahlungsmittel genutzt werden. US-Dollar in kleineren Scheinen mitzunehmen ist nur bei grenzüberschreitenden Reisen nach Zimbabwe und Zambia empfehlenswert. US$100-Noten werden mitunter gar nicht angenommen, da sehr viele Blüten im Umlauf sind. Wenn sich die Reise auf Namibia und Südafrika beschränkt, ist die Mitnahme von US-Dollar nicht nötig.

Wer noch keine Kreditkarte besitzt, sollte erwägen, für die Namibiareise eine anzuschaffen. Kreditkarten sind das sicherste und bequemste

Zahlungsmittel in Namibia. Sie haben dort eine deutlich höhere Akzeptanz als in Deutschland. Fast alle Hotels und Geschäfte nehmen Kreditkarten an, einige Gästefarmen und kleine Restaurants ausgenommen.

Während früher Tankstellen in Namibia und Südafrika überhaupt keine Kreditkarten annehmen durften, konnte ab2012 an einigen ausgewählten Tankstellen in Windhoek und Swakopmund sowie bei Sossus Oasis, Solitaire, Twyfelfontein und Tsumkwe Service Station auch mit Kreditkarte gezahlt werden. Im Frühjahr 2014 wurde diese Möglichkeit aber fast überall wieder abgeschafft, sodass man nun erneut mit Bargeld zahlen muss. Allerdings verfügen sehr viele Tankstellen über einen Geldautomaten, der einem aus der Klemme hilft, wenn man nicht genügend Bargeld dabei hat.

Wer nach der Ankunft nicht in Windhoek übernachtet, sollte für die ersten Ausgaben schon in Deutschland ZAR1000 oder mehr eintauschen. Der Umtausch am Flughafen in Namibia ist je nach Andrang sehr zeitaufwendig. Die Banken verwenden international übrigens die Abkürzungen ZAR und NAD.

Geld kann in jeder Stadt getauscht werden. Am einfachsten ist es in den größeren Städten wie Windhoek und Swakopmund.

Landeswährung

Im September 1993 wurde im unabhängigen Namibia die eigene Währung, der Namibia Dollar, eingeführt. Der N$ ist jedoch noch immer direkt an den südafrikanischen Rand gekoppelt und wird auch immer zum gleichen Kurs gewechselt wie dieser. N$ können jedoch nur in Namibia als Zahlungsmittel verwendet werden. Der Rand ist gleichwertig gültiges Zahlungsmittel, auch in Münzform. Der N$ und der Rand (ZAR) sind in 100 Cent unterteilt. Es gibt 200-, 100-, 50-, 20- und 10-Dollar-Noten sowie 10-Dollar, 5-Dollar-, 1-Dollar- und 50-, 10- und, als kleinste Einheit, 5-Cent-Münzen. Bei einigen Geschäften wird grundsätzlich auf 5 Cents abgerundet, die meisten behelfen sich jedoch mit südafrikanischen 10- und 20-Cent-Münzen.

Banken

1999 wurde das Gebäude der Bank of Namibia, die Zentralbank in Windhoek, fertiggestellt. Die Bank Windhoek, Nedbank, First National Bank und Standard Bank sind die Geschäftsbanken Namibias.

Öffnungszeiten: ⌚ Mo–Fr 8.30–15.30 Uhr (FNB öffnet erst um 9 Uhr), Sa 8.30–12 Uhr. Thomas Cook Bureau de Change ⌚ Mo–Fr 8–17 Uhr, Sa 8.30–13 Uhr.

Der Umtausch von Bargeld jeglicher Währung und Reiseschecks sowie das Abheben von Bargeld mit der Kreditkarte ist im Allgemeinen unproblematisch und geschieht je nach Bankmitarbeiter von zügig bis sehr langsam. Das Geld wird in N$ ausgezahlt, auf ausdrücklichen Wunsch auch in ZAR, allerdings nur so sofern ZAR vorrätig sind.

Das Bargeld sollte unbedingt direkt vor dem Schalter gezählt werden, vor allem große Summen, falls diese getauscht werden müssen. In Wechselstuben kann es leider vorkommen, dass zu wenig ausgegeben wird. Der häufig zu lesende Tipp, aus Sicherheitsgründen das Bargeld nicht zu zählen, sondern es so schnell wie möglich zu verstecken, hat diese höchst unfeine Praxis entstehen lassen.

Am Flughafen in Windhoek gibt es zwei Wechselschalter, diese sind jedoch nach Ankunft eines großen Flugzeugs hoffnungslos überfüllt.

Der Rücktausch von N$ in beispielsweise Euro ist schwierig, da oft nicht genügend ausländische Währung vorrätig ist – also am besten alle Namibia Dollar aufbrauchen. Selbst in den Nachbarländern Südafrika und Botswana wird der N$ nur zögerlich und manchmal mit hohen Gebühren von bis zu 10 % umgetauscht. Im Bruderland Zimbabwe werden keine N$ angenommen.

Alle Geschäftsbanken in Namibia tauschen auf Wunsch N$ in ZAR oder geben beim Umtausch gleich ZAR aus. Da die Banken nicht immer ausreichend ZAR vorrätig haben, muss man diese mitunter bestellen und nach ein paar Stunden oder am nächsten Tag noch einmal wiederkommen.

Bargeld

Generell ist es weder günstig noch nötig, viel Bargeld mitzuführen. Die Umtauschgebühren sind bei Bargeld am höchsten (je nach Bank bis zu 1,2 % des Gesamtbetrages), Diebe freuen sich über eine prall gefüllte Brieftasche.

Bargeld braucht man, um zu tanken, und für Kleinigkeiten wie Trinkgeld (S. 114), Getränke, Souvenirs von Straßenmärkten, manche Ausflugsziele und Aktivitäten sowie für die Zahlung bei einigen Gästefarmen und Restaurants.

Bankkarten

Inzwischen ist es auch in Namibia möglich, die Bankkarte zu nutzen, und zwar an Geldautomaten (ATM) mit dem Maestro- und Cirrus-Symbol. Jedoch sollte man aus Sicherheitsgründen (s. Kasten) lieber an einem Automaten in den Räumen einer Filiale Geld abheben. Es können maximal N$2000 pro Tag und Karte abgehoben werden, an manchen Automaten auch nur N$1500. Die Gebühren sind vergleichsweise gering. Allerdings funktioniert das Geldabheben per Bankkarte nicht immer. Bei manchen deutschen Banken muss die Freischaltung der Karte für Länder außerhalb der Euro-Zone eigens vor der Reise beantragt werden, also unbedingt rechtzeitig nachfragen. Obendrein gibt es immer wieder Fälle, wo die Bank die EC-Karte nach Abhebungsversuch im Ausland ganz gesperrt hat (im hilflosen Versuch, weiteren Betrug einzudämmen). Eine Kreditkarte als Sicherheit und Hauptzahlungsmittel ist daher unabdingbar, ebenso wie immer etwas Bargeld dabei zu haben.

Kreditkarten

Im südlichen Afrika werden Kreditkarten fast überall akzeptiert. Am meisten verbreitet ist Visa, gefolgt von MasterCard (Eurocard). Diners und American Express werden wegen der hohen Gebühren für den Verkäufer nur in exklusiven Läden angenommen. Wer überwiegend eine dieser beiden Karten nutzt, sollte sich für seinen Namibia-Urlaub eine Zweitkarte, dann Visa, besorgen.

In jedem Supermarkt, Take away, Souvenirshop u. Ä. kann mit der Karte bezahlt werden. Auch für die kurzfristige, telefonische Buchung von Unterkünften kann eine Kreditkarte erforderlich werden. Die Unterkünfte verlangen oft Kreditkartendetails als Sicherheit. Rettungsdienste und Krankenhäuser rühren sich nur nach Vorlage einer Kreditkarte. Relevant sind die Kreditkartennummer, das Ablaufdatum und die CVC-Nummer, die sich aus den letzten drei Ziffern auf der Rückseite der Karte zusammensetzt.

Generell sollte die eigene Bank über den bevorstehenden Urlaub und das Reiseziel informiert werden. Bei größeren Beträgen (ab

Vorsicht am Geldautomaten

Allen Warnungen zum Trotz nimmt die Zahl der Betrugsfälle an Geldautomaten dramatisch zu. Die Betrüger sind erfindungsreich; besonders hilfsbereit; verhalten und kleiden sich wie Bankangestellte; merken sich Nummern; kleben eine Folie über die Tastatur, die hinterher die Geheimzahl erkennen lässt; manipulieren den Automaten, sodass die Geheimzahl nicht als Sternchen, sondern als Zahl erscheint, die sie sich mühelos merken können, oder gleich die Karte geschluckt wird. So manches Konto wurde auf diese Weise leer geräumt. Stimmt irgendetwas mit dem Automaten oder der Karte nicht, wendet man sich sofort an die Bank (am Schalter!), zu der der Automat gehört. Außerhalb der Geschäftszeiten ruft man umgehend das jeweilige Kreditkarteninstitut an und lässt die Karte sofort sperren. Jede Minute zählt!
Grundsätzlich sollten keine Automaten genutzt werden, die sich außerhalb der Bank befinden und somit leicht zugänglich für Betrüger sind. Sicher ist nur, das Geld innerhalb der Bankräume abzuheben. Falls dies nicht möglich ist, sollte auf jeden Fall sichergestellt werden, dass sich kein Fremder in der Nähe befindet. Generell sollte man vermeiden, allein einen Automaten aufzusuchen. Dies gilt im Übrigen nicht nur für Namibia, sondern weltweit.

Go Green – eine Initiative der Nedbank Namibia

Die Nedbank hat nicht nur ein grünes Logo, sie tut wirklich was für den Umweltschutz. Mit *Go Green* nimmt die Nedbank Namibia ihre gesellschaftliche Verantwortung für den Schutz der wichtigsten Lebensräume und der natürlichen Ressourcen in Namibia wahr.

Go Green ist ein Umweltfonds, der Einzelpersonen und Organisationen in Namibia finanziell unterstützt, die den Schutz und die nachhaltige Verwaltung der wichtigsten Lebensräume und einheimischer Pflanzen- und Tierarten fördern.

Go Green ist einzigartig, da die Auswahl der Projekte durch einen neutralen Vorstand erfolgt und von der Namibia Nature Foundation (NNF, 💻 www.nnf.org.na) verwaltet wird.

Seit seiner Gründung im Jahr 2001 hat *Go Green* Zuschüsse in einer Gesamthöhe von N$3,2 Mio. an 30 Naturschutzprojekte verteilt. Weitere interessante Informationen, z. B. zu den geförderten Projekten, sind unter 💻 www.nedbank.com.na zu finden.

N$5000) muss der Verkäufer telefonisch eine Freigabe *(authorisation)* von der Bank einholen, wobei die abwegigsten Sachen wie beispielsweise der Mädchenname der Mutter abgefragt werden können. Dabei handelt es sich nicht um Schikane, wie man meinen könnte, sondern um Sicherheitsvorkehrungen. Ist die eigene Bank informiert, funktioniert das alles problemlos.

Über die **Kosten** rund um eine Kreditkarte sollte man sich bei der verantwortlichen Bank informieren. Die Jahresbeiträge variieren von Bank zu Bank und sind außerdem von der Art der Karte abhängig (Standard, Gold, Platinum etc.). Gleiches gilt für Barauszahlungen. Üblich bei einer normalen Karte sind US$1000 Barauszahlung in der Woche. Bezahlungen mit Karte unterliegen normalerweise keiner Beschränkung. Alle Bankgeschäfte können in Banken mit dem G-Zeichen abgewickelt werden, sofern man eine Kreditkarte hat und sich ausweisen kann.

Sollte die **Kreditkarte verloren** gehen, ist sofort das Kreditkarteninstitut zu benachrichtigen (oft steht die Notfallnummer auf der Rückseite der Karte, am besten speichert man sie sich im Handy). Hat man diese Notfallnummer nicht, wendet man sich an den allgemeinen Sperr-Notruf 📞 0049-116116 oder 0049-30-40504050 (gebührenpflichtig), letztere Nummer ist aus dem Ausland oft besser erreichbar, 💻 www.sperr-notruf.de (hier kann man sich vor Urlaubsbeginn einen Notfall-Info-Pass ausdrucken). Dieser verbindet dann mit dem zuständigen Ansprechpartner, der die Karte sperrt. Mit der Bestätigung der **Verlustmeldung** (am besten schriftlich) übernimmt das Kreditkarteninstitut alle Verantwortung. Sehr hilfreich ist es, wenn man die Belege aufgehoben hat und dem Institut so alle Angaben und vor allem den letzten Betrag mitteilen kann.

Visa
📞 001-410-581-9994 (hier kann ein kostenloses R-Gespräch angemeldet werden)

MasterCard
📞 001-636-7227111 (hier kann ein kostenloses R-Gespräch angemeldet werden)

Diners
📞 0027-11-3588406 (in Südafrika)
📞 0049-180-5070710 (in Deutschland)

Amex
📞 0049-69-97971000 (in Deutschland)

Eine Ersatzkarte oder Zweitkarte sollte getrennt, etwa im Koffer, mitgenommen werden. Falls die Brieftasche gestohlen wird und man die Karte sperren lassen muss, hat man noch eine zweite und kann auf umständliche und teure Notüberweisungen verzichten.

Mitunter kommt es vor, dass der Verkäufer erklärt, die Karte sei nicht lesbar. Ärgern und protestieren, die Karte habe doch vorhin noch funktioniert, nützt dann gar nichts, obwohl es oftmals am Lesegerät der Läden liegt. Meist hilft nur, eine zweite Karte hervorzuzaubern oder bar zu zahlen.

Wechselkurs

1 €	=	N$13,50	N$10	=	0,75 €
1 sFr	=	N$13,00	N$10	=	0,77 sFr

Hinweis: Der Wechselkurs des Namibia Dollar bzw. des Rand ist starken Schwankungen unterworfen. Tagesaktuelle Kurse findet man unter www.oanda.com/lang/de/currency/converter.

Bei den Unterkünften außerhalb der Städte sind die Telefonleitungen mitunter überlastet oder defekt, in diesem Fall ist eine Zahlung per Kreditkarte nicht möglich. Daher ist es sinnvoll, immer etwas Bargeld dabeizuhaben.

Kreditkartenbetrug kommt leider auch vor. Falls es zu einer Abbuchung kommt, die man nicht selbst getätigt hat, reicht meist ein Widerspruch bei der Bank innerhalb von sechs Wochen, um das Geld zurückzuholen. Hat man nicht selbst unterschrieben, muss die Bank den Betrag gutschreiben. Betrüger, die Unterschriften täuschend echt fälschen, gibt es kaum. Um nachher die Abbuchungen überprüfen zu können, sollten die Zahlungsbelege aufgehoben werden.

Geldüberweisungen

Wenn alle Stricke reißen, das Portemonnaie gestohlen und die Kreditkarte weg ist, muss man sich Geld nach Namibia überweisen lassen. Das ist entweder per Überweisung oder durch Bareinzahlung möglich.

Überweisungen dauern im besten Fall 24 Stunden, im schlechtesten zwei Monate: Ein Freund oder Verwandter beauftragt eine Bank, eine SWIFT-Überweisung im Außenwirtschaftsverkehr auszuführen. Das SWIFT-System ist international üblich für Auslandsüberweisungen, der SWIFT-Code einer Bank ist sozusagen ihre internationale Bankleitzahl. SWIFT steht für Society for Worldwide Interbank Financial Telecommunication. Dieses System gilt auch in Deutschland. Für eine SWIFT-Überweisung gibt es ein spezielles Formular. Als Währung sollte der südafrikanische Rand (ZAR) mit dem Hinweis, dass der Namibia Dollar diesem gleichwertig ist, eingesetzt werden. Deutsche Banken sind oftmals mit dem Namibia Dollar überfordert oder kennen ihn gar nicht. Neben der SWIFT-Adresse der Bank in Namibia ist der Name des Empfängers und dessen Passnummer anzugeben. Gegen Vorlage des Passes wird das Geld dem Begünstigten in Namibia ausgezahlt. Sollte der Pass ebenfalls abhandengekommen sein, nimmt man irgendein anderes Formular zur Identifikation (kann auch der Mietwagenvertrag sein), spricht es mit der Bank ab und kann so ein Codewort vereinbaren. Wenn möglich, sollte dies mit der Bank in Namibia besprochen werden. Diese erhebt 0,4 % Gebühren, mindestens N$50, maximal N$800.

Nedbank
SWIFT-Adresse: NEDS NA NX

Bank Windhoek
SWIFT-Adresse: BWLI NA NX

First National Bank
SWIFT-Adresse: FIRN NA NX

Bei der Nedbank arbeiten viele Deutsche und deutschsprachige Namibier, sodass die Verständigung unproblematisch ist. Aus demselben Grund hat die Nedbank auch die meiste Erfahrung mit Überweisungen aus Deutschland.

Gepäck und Ausrüstung

So paradox es klingt: In Namibia gehören grundsätzlich Badesachen und Winterjacke mit ins Gepäck. Selbst im heißen Monat Dezember kann es abends plötzlich so kalt werden, dass man es nur noch mit dicker Jacke aushält. In der kalten Jahreszeit von Mai bis September kann man sich nach einer staubigen Wanderung in der Sonne trotz niedriger Temperaturen im Schatten auf den Swimmingpool freuen.

Für Europäer ist es kaum vorstellbar, dass man in Afrika frieren kann. Und doch: Man kann. Abends wird es bisweilen empfindlich kalt, im Juni und Juli sind besonders im Süden des Landes Temperaturen weit unter 0 °C keine Seltenheit. Das gibt es zwar auch in Europa, aber – in Afrika haben die Häuser keine Heizung. Im besten Fall gibt es in der Unterkunft einen Kamin in der Lounge. Daher gehören warme Sachen, Pullover, Jacken, für Kinder eventuell sogar Strumpfhosen zum Unterziehen sowie warme Schlafanzüge unbedingt ins Gepäck. Richtige Frostbeulen schwören auf eine Wärmflasche für die eisigsten Nächte.

Generell sind Dinge wie Kleidung, Ausrüstung und Medikamente für die Reiseapotheke auch vor Ort erhältlich. Wurde Wichtiges vergessen, kann es ohne Probleme in Windhoek gekauft werden. Die Preise sind im Allgemeinen etwas niedriger als in Europa. Den Großeinkauf in Windhoek zu erledigen, lohnt sich jedoch nicht. Eventuell kann man das eine oder andere Khakihemd dort billiger erstehen.

Bei der Wahl zwischen Koffer, Reisetasche oder Rucksack spielt die Art des Reisens und natürlich die persönliche Vorliebe eine Rolle. Wer es nicht mag, im Rucksack herumzuwühlen, kann auch bei einer Campingtour eine Tasche oder einen Koffer mitnehmen, sofern es sich nicht um eine Trekkingtour handelt. Wer dagegen viel laufen will oder muss, wählt wahrscheinlich am ehesten einen Rucksack. Veranstalter vor Ort sehen Hartschalenkoffer nicht so gern, da diese auf den Holperpisten die Innenverkleidung der Fahrzeuge kaputtschlagen können. Bei den meisten Flugsafaris sind nur weiche Reisetaschen erlaubt. Dabei ist das Gewicht des Gepäcks auf 10 kg plus 2 kg Kameraausrüstung begrenzt.

Kleidung

Leichte und bequeme Kleidung, am besten aus Baumwolle, ist ideal. Kleidervorschriften gibt es lediglich im Victoria Falls Hotel. Allerdings sind in einigen Restaurants am Abend kurze Hosen bei den Herren unerwünscht.

Wegen der extremen Temperaturschwankungen sind immer Badesachen und eine Jacke mitzunehmen. In der kalten Jahreszeit ist warme Schlafbekleidung zu empfehlen. Sonnenschutzmittel, breitkrempige Hüte und bequeme Schuhe sind ganzjährig erforderlich. Für Wanderungen eignen sich knöchelhohe Schuhe, ansonsten sind die robusten Trekkingsandalen, die es bei vielen Campingausstattern gibt, ideal und vielseitig einsetzbar. Sie bieten auch Schutz vor den Dornen, die durch viele leichte Schuhe einfach durchgehen. Für längere Autofahrten eignen sich leichte Sandalen. Neue Schuhe probiert man am besten schon zu Hause aus, um sich nicht den Urlaub mit Blasen an den Füßen zu verderben.

Brillenträger dürfen ihre Ersatzbrille nicht vergessen. Wer normalerweise Kontaktlinsen trägt, sollte ebenfalls unbedingt eine Brille mitnehmen. Durch den ständigen Staub können die Augen gereizt und zu empfindlich für die Kontaktlinsen werden. Für unterwegs haben sich Mikrofasertücher bewährt, wenn die Brille verstaubt ist.

Wäsche waschen

Außer an der neblig-feuchten Küste ist das Waschen der kleinen Reisewäsche in Namibia die reinste Freude – denn wegen der geringen Luftfeuchtigkeit und der Wärme ist die Wäsche schon nach zwei Stunden wieder trocken. Ein paar Wäscheklammern und Reisewaschmittel kann man insbesondere bei längerem Aufenthalt getrost mitnehmen. Beides gibt es aber auch in Namibia in jedem Supermarkt.

In den größeren Hotels und besseren Lodges gibt es einen Wäschedienst *(laundry)*, der innerhalb von einem oder zwei Tagen die Wäsche wäscht (oft sogar mit der Hand), trocknet und bügelt. Edelklamotten, die spezieller Behandlung bedürfen, sollte man allerdings nie abgeben, da die Wäscherinnen spezielle Reinigungsarten oft weder verstehen noch kennen. Die Wäsche wird grundsätzlich auf Eigenverantwortung des Gastes gewaschen. In diesen teureren Unterkünften wird es nicht gern gesehen, wenn man die Wäsche selbst wäscht, ja meist gibt es nur aus diesem Grund den Wäschedienst. Weniger wegen der paar Namibia Dollar für den Wäschedienst als wegen des Gesamtbildes der Unterkunft – es sieht doch eigenartig aus, wenn in einem luxuriösen Ambiente auf der Leine hängende Unterwäsche den Gesamteindruck stört.

Elektronische Geräte

Batterien sind in Namibia fast überall erhältlich, aber teilweise teurer als in Europa und mitunter überlagert. Kameras, Notebooks, CD-Player, iPods und auch das Fernglas sollten immer in ein Leinentuch eingewickelt und am besten zusätzlich in eine Plastiktüte gepackt werden. Der allgegenwärtige feine Staub und die Sandkörner am Sossusvlei dringen in jede Ritze und beschädigen die Geräte. Die notwendigen Adapter sind in Namibia in allen Supermärkten erhältlich. Die üblichen internationalen Adapter passen im südlichen Afrika nicht.

Zusatzausrüstung

In fast allen größeren Städten gibt es Spezialausstatter für Camping und Trekking. Eine gute Versandadresse, insbesondere für die Ausrüstung des eigenen Fahrzeugs, ist:

Därr Expeditionsservice GmbH
Theresienstr. 66, 80333 München
✆ 089-282032, ✉ info@daerr.de
💻 www.daerr.de

In Namibia gibt es ebenfalls gute Ausrüstungsläden, die natürlich auf den „afrikanischen Busch" spezialisiert sind (Adressen s. Kapitel Windhoek).

Wer ein **Zelt** mitbringen möchte, ist mit einem selbsttragenden gut beraten, das zur Not auch ohne Heringe hält. Es gibt steinige Gegenden (und Campingplätze), wo man keinen Hering in den Boden bekommt.

Schlafsäcke sollten mindestens im Komfortbereich bis –5 °C liegen, Daunenschlafsäcke sind am besten geeignet.

Viele Autovermietungen, die Geländefahrzeuge verleihen, bieten voll ausgerüstete Wagen an. Die Ausrüstung variiert von Anbieter zu Anbieter und sollte unbedingt bei der Übernahme akribisch kontrolliert werden. Die **Standard-Campingausrüstung** beinhaltet meistens: Überbrückungskabel, Luftpumpe (manuell und einfach), Abschleppseil, einfache Werkzeugkiste, 20-l-Benzinkanister mit Einfüllstutzen, Kühlkiste, robustes, einfach aufzubauendes Iglu-Zelt (2 x 2 m) mit Faltmatratzen oder ein auf das Fahrzeug gebautes Dachzelt, Campingtisch, Campingstühle, aufladbare Campinglampe, Gaskocher mit gefüllter Gasflasche, 20-l-Wasserkanister, kleine Axt, Schaufel, Waschschüssel, Küchenkiste einschließlich Besteck und Teller, Becher, Dosenöffner, Küchenmesser, Kochzubehör und Töpfe.

Bei manchen Anbietern sind Schlafsäcke Teil der Ausrüstung. Diese sind jedoch oft von min-

Gepäck-Check

Folgendes sollte nicht vergessen werden:

- ☐ **Weicher Koffer**, **Tasche** oder **Seesack** mit kleinen Vorhängeschlössern
- ☐ Kleiner **Tagesrucksack**
- ☐ **Turnschuhe** und/oder leichte, knöchelhohe **Wanderschuhe**
- ☐ Helle, leichte **Baumwollbekleidung**
- ☐ **Warme** und **windfeste Kleidung**
- ☐ **Badesachen**
- ☐ Dünner **Regenschutz**, kleiner **Regenschirm**
- ☐ **Fernglas**
- ☐ **Fotoausrüstung, Filme** und **Batterien**
- ☐ **Sonnenschutz** (Sonnencreme, Kopfbedeckung)
- ☐ **Sonnenbrille** (am besten sogar zwei, falls eine zerkratzt oder anfängt zu drücken)
- ☐ **Mückenschutz** (Lotion, Moskitonetz mit Schnur und Haken, Prophylaxe)
- ☐ **Taschenlampe** mit **Ersatzbatterien**, Kopflampen sind praktisch für Campingtouren
- ☐ **Taschenmesser** (nicht ins Handgepäck)
- ☐ **Wecker**
- ☐ **Reiseapotheke**
- ☐ **Waschtasche** und kleines Handtuch für Notfälle
- ☐ Gültiger **Reisepass** und **Flugticket** (plus Kopien von beiden, getrennt von den Originalen aufzubewahren)
- ☐ **Reiseunterlagen**

derer Qualität, in jedem Fall sollte man dafür einen Innenschlafsack mitbringen – oder am besten gleich den eigenen Schlafsack.

Zusätzlich werden Kühlschränke angeboten, die an die Batterie angeschlossen werden. Bei Touren in abgelegene Gebiete (Kaokoveld und Kaudom) ist ein solcher Kühlschrank unerlässlich für Lebensmittel. Außerdem sind wahrscheinlich mehrere Benzin- und Wasserkanister sowie zusätzliche Ersatzreifen und eine gute Werkzeugkiste erforderlich. Ein GPS kann ebenfalls hilfreich sein. In die genannten Gebiete sollte man jedoch nie allein fahren (Kasten S. 111–113).

Wer eine Mietwagenrundreise plant, sollte vorab unbedingt einen zweiten **Ersatzreifen** buchen. Auf den Schotterstraßen kann es schnell passieren, dass ein zweiter Reifen Luft verliert oder gar platzt, bevor man den ersten geflickt hat. Vorteilhaft ist außerdem eine Kühlkiste für die Getränke. Selbst Wasser schmeckt warm scheußlich, ist aber als einziges Getränk zumindest dann noch genießbar, alles andere lässt man lieber. Die Kühlkiste kann bei einigen Autovermietern geliehen werden, ansonsten bekommt man sie auch im Supermarkt. Eiswürfel sind an fast jeder Tankstelle und bei vielen Unterkünften erhältlich (am besten schon am Abend vorher darum bitten).

Gesundheit

Namibia ist ein sehr trockenes Land. Nur wenige Krankheitserreger können in diesem Wüstenklima überleben. Die hygienischen Bedingungen vor Ort sind sehr gut, nicht nur für afrikanische Verhältnisse. Leitungswasser kann fast überall bedenkenlos getrunken werden. Von den typischen Tropenkrankheiten stellt nur Malaria ein Gesundheitsrisiko dar. Dennoch reist man in ein afrikanisches Land und sollte darauf vorbereitet sein.

Die Umstellung vom heimatlichen **Klima** auf das Klima in Namibia ist für den Körper eine Belastung. Je nach Reisezeit muss er sich vom mitteleuropäischen Winter auf einen heißen Wüstensommer umstellen oder vom Sommer auf den namibischen Winter, in dem es nachts manchmal sehr kalt werden kann. Hinzu kommt die Höhenlage großer Teile Namibias, die besonders Menschen mit Blutdruckproblemen, sowohl niedrigem als auch hohem, zu schaffen machen kann.

Obwohl die Zeitverschiebung maximal eine Stunde beträgt, man also nicht unter einem Jetlag zu leiden hat, ist der zehnstündige **Nachtflug** anstrengend. Daher ist es sinnvoll, nach der Ankunft einen Ruhetag einzulegen. Die erste Übernachtungsstation sollte auf keinen Fall mehr als zwei Stunden vom Flughafen entfernt liegen, also am besten in Windhoek oder Umgebung. Das gilt besonders für Selbstfahrer. Das Risiko eines Unfalls am ersten Tag aufgrund von Müdigkeit, mangelnder Konzentrationsfähigkeit und neuen Anforderungen wie Linksverkehr ist überdurchschnittlich hoch. Abgesehen davon setzt man sich unnötigem Stress aus.

Impfvorschriften

Impfungen sind für Namibia nicht vorgeschrieben. Es ist jedoch immer günstig, den Impfpass dabeizuhaben, besonders im Falle einer Erkrankung.

Bei der Einreise aus einem Land mit Gelbfiebervorkommen (auch wenn es nur Transit war) ist die Bescheinigung einer Gelbfieberimpfung notwendig. Nur Kinder unter einem Jahr sind davon ausgenommen.

Spätestens acht Wochen vor Abreise sollte überprüft werden, ob eine Auffrischung der Impfungen gegen Tetanus, Diphtherie, Keuchhusten, Kinderlähmung (Polio) und Hepatitis A oder B notwendig ist. Standardimpfungen sind bei abgeschlossener Grundimmunisierung alle zehn Jahre aufzufrischen.

Empfehlungen für die Reiseapotheke

Vor Abreise ist ein Gespräch mit dem Hausarzt sinnvoll, dieser kann auch rezeptpflichtige Medikamente verschreiben. Bei der Wahl der Medikamente ist auf Hitzebeständigkeit zu achten.

Tropenmedizinische Institute

Berlin Institut für Tropenmedizin und Internationale Gesundheit Berlin Charité – Universitätsmedizin Berlin, Spandauer Damm 130, Haus 10, 14050 Berlin, ✆ 030-301166 (automatischer Ansagedienst), ✉ tropeninstitut@charite.de, 💻 tropeninstitut.charite.de
Größtes Impfzentrum mit reisemedizinischer Beratungsstelle Deutschlands: Informationen zu Impfungen und anderen medizinischen Fragen vor der Reise sowie aktuelle Empfehlungen zur Malariaprophylaxe.
Tropenmedizinische Ambulanz: Tropentauglichkeitsuntersuchungen, Reise-Rückkehreruntersuchungen sowie Diagnostik von parasitären, bakteriellen und viralen Infektionskrankheiten.

Hamburg Reisemedizinisches Zentrum am Bernhard-Nocht-Institut für Tropenmedizin, MD Medicus Reise- und Tropenmedizin GmbH, Bernhard-Nocht-Str. 74, 20359 Hamburg, ✆ 0900-1234999 (reisemedizinische Hotline ⌚ Mo–Fr 8–19, Sa 10–18 Uhr, 1,98 € aus dem deutschen Festnetz, ✉ rmz@md-medicus.net, 💻 www.gesundes-reisen.de

München Klinikum der Universität München, Abteilung für Infektions- und Tropenmedizin, Leopoldstr. 5, 80802 München, Hinweise zur Impfsprechstunde ✆ 089-218013500, Informationen ✆ 089-218013507 (kostenlose Auskünfte per Ansagedienst zu Impfungen und Malaria für die wichtigsten Reisegebiete), ✉ tropinst@lrz.uni-muenchen.de, 💻 www.lmutropmed.de

Rostock Universität Rostock, Klinik für Innere Medizin II, Abteilung für Tropenmedizin und Infektionskrankheiten, Ernst-Heydemann-Str. 6, 18057 Rostock, ✆ 0381-4947-583, für Notfälle -515, ✉ tropen@med.uni-rostock.de, 💻 www.tropen.med.uni-rostock.de

Tübingen Institut für Tropenmedizin, Universitätsklinikum Tübingen, Wilhelmstr. 27, 72074 Tübingen, ✆ 07071-2982365, ✉ reisemedizin@med.uni-tuebingen.de, 💻 www.medizin.uni-tuebingen.de/tropenmedizin
Impfsprechstunde (keine Voranmeldung erforderlich) ⌚ Mo–Fr 13–14, Mi 17–18.30 Uhr.
Tropenklinik Paul-Lechler-Krankenhaus, Paul-Lechler-Str. 24, 72076 Tübingen, ✆ 07071-206414, ✉ ambulanz@tropenklinik.de, 💻 www.tropenklinik.de
Ambulanzsprechstunde ⌚ tgl. nach Voranmeldung, Impfsprechstunde (keine Voranmeldung erforderlich) ⌚ Mi und Fr 14.30–15.30, Do 16–18 Uhr.

Ulm Universitätsklinikum Ulm, Zentrum für Innere Medizin, Innere Medizin III, Sektion Infektiologie und Klinische Immunologie, Albert-Einstein-Allee 23, 89081 Ulm, ✆ 0731-50045551 (Impfinformationen), ☎ 50045555 (Faxanfragen für Reisen), ✉ infektiologie@uniklinik-ulm.de, 💻 www.uniklinik-ulm.de

Würzburg Missionsärztliche Klinik, Tropenmedizinische Abteilung, Salvatorstr. 7, 97074 Würzburg, ✆ 0931-791-2821, in Notfällen 24-Std.-Dienst ✆ -7910, ✉ tropenteam@missioklinik.de, 💻 www.missioklinik.de

Zäpfchen sind beispielsweise nicht unbedingt geeignet. Wenn man auf hitzeempfindliche Mittel nicht verzichten kann, muss man diese unterwegs gut kühlen.

Wer sich in medikamentöser Behandlung befindet, muss seine Medikamente in ausreichender Menge mitführen. Nachschub vor Ort kann zu einem Problem werden, allein schon die Übersetzung ist oft schwierig. Empfehlenswert sind homöopathische Tropfen zur Stärkung der **Immunabwehr** wie Meditonsin, Echinacea, Metavirolent und Erkältungstropfen von Weleda (Infludo). Homöopathische Mittel sind auch für Kinder gut geeignet. Sie sind in Namibia als Kombinationspräparate in ausgesuchten Apotheken erhältlich (s. Windhoek).

Nasentropfen, Lutschbonbons und Aspirin helfen gegen Erkältung. Stärkere Schmerzmittel wie Ibuprofen sind ebenfalls wichtig. Außerdem gehören Mittel gegen Durchfall in die Reiseapotheke: herkömmliche wie Imodium, für Kinder Oralpädon, homöopathische Tropfen oder Kohletabletten sowie Elektrolyte. Ein **Erste-Hilfe-Set** enthält Mullbinden, Pflaster, Mittel zur Wunddesinfektion, Pinzette, elastische Binden, etwas gegen Verbrennungen, unbedingt Handschuhe (auch für den Fall, dass andere um Hilfe bitten).

Weitere Bestandteile der Reiseapotheke können sein: Insektenschutzmittel, Juckreiz stillende Mittel (Aloe-Vera-Gel), Malaria-Prophylaxe (so man sich dafür entschieden hat), ggf. ein Malaria-Schnelltest und eine Stand-by-Therapie; ausreichend Sonnenschutzmittel, Lotion und Blocker, After Sun Lotion; Zahnseide; Ohropax; Augentropfen und -gel, ggf. antiallergische Augen- und Nasentropfen; ein Breitband-Antibiotikum, bei entsprechender Empfindlichkeit ein Mittel gegen Reisekrankheit (Paspertin); Antihistaminika; Kreislauftropfen; Salbe gegen Pilzerkrankungen (Canesten oder Fungizid).

Neben der normalen Lippenpflege ist die Bepanthen Wund- und Heilsalbe ideal, besonders bei trockenen oder rissigen Lippen. Die Salbe kann auch bei kleinen Kratzern angewendet werden.

Gesundheit im Internet

Die beste Adresse im Web ist die des reisemedizinischen Infodienstes, 💻 **www.fit-for-travel.de**, die brandaktuelle und fundierte Informationen bietet und sehr gut aufgebaut ist.

Das Zentrum für Reisemedizin in Düsseldorf, 💻 **www.crm.de**, nennt außerdem nach Eingabe der eigenen Postleitzahl tropenmedizinisch ausgebildete Ärzte, Apotheken und Beratungsstellen. Auf Anfrage wird ein individueller Infobrief zusammengestellt, Kosten 10 €.

Deutsche Gesellschaft für Tropenmedizin, 💻 **www.dtg.org**, mit Malariakarte und Empfehlungen zur Malariavorbeugung.

Medizinische Versorgung

Die medizinische Versorgung ist in den Städten Namibias gut. Besonders in Windhoek ist mit fünf Krankenhäusern die gesundheitliche Betreuung von Einheimischen und Touristen sichergestellt. Die Ärzte haben eine gute, europäischen Standards entsprechende Ausbildung in Südafrika genossen. Dass viele der Ärzte Deutsch sprechen (deutschstämmige Namibier, mitunter auch aus Deutschland eingereiste Ärzte), erleichtert die Verständigung im Krankheitsfall enorm. Spezialisten sind in Namibia die Ausnahme. Die geringe Bevölkerungszahl lässt eine ins Detail gehende Spezialisierung nicht zu. Allgemeinmediziner sind in Namibia auch in der Lage, eine Geburt zu betreuen oder einen Blinddarm herauszuoperieren. Für Spezialbehandlungen werden die meisten Patienten, sofern sie das nötige Geld oder eine ausreichende Krankenversicherung haben, nach Kapstadt verwiesen.

Wer im Busch unterwegs ist und krank wird, begibt sich nach Möglichkeit nach Windhoek, Swakopmund oder aber in die nächstgelegene Stadt. Ist man fernab jeglicher Städte und erkrankt schwer, kann einen der Flugrettungsdienst nach Windhoek bringen.

Bei Krankenhäusern und den Flugrettungsdiensten ist die Vorlage der Kreditkarte erforderlich oder aber das Hinterlegen einer zu verhandelnden Summe Bargeld (erfahrungsgemäß um N$5000), da mit dem südlichen Afrika kein Sozialabkommen besteht.

Der Flugrettungsdienst ISOS ist jedoch laut Eigenaussage inzwischen bereit, die Kosten direkt von der Auslandskrankenversicherung einzufordern. Diese Regelung ist allerdings neu, ob es im Ernstfall tatsächlich so funktioniert, bleibt abzuwarten.

Das namibische Gesundheitswesen

Bis zur Unabhängigkeit war das Gesundheitswesen in Namibia zersplittert. Es gab eine kostspielige Verdoppelung der Infrastruktur, zudem wurde die medizinische Versorgung der ländlichen Gebiete vernachlässigt. Die Gesundheits-Infrastruktur ist auch heute noch unzureichend. Angestellte und Ausrüstung sind nicht gleichmäßig verteilt, außerdem fehlen technische Hilfsmittel. Die Regierung beabsichtigt, durch ein System von Regionalkrankenhäusern und mobilen Buschkliniken allen Einwohnern des Landes eine Gesundheitsversorgung zu ermöglichen.

Wichtige Adressen

Medizinischer Flugrettungsdienst
ISOS (International SOS)
Windhoek, ✆ 061-230505 (Alarm Centre und Giftzentrale) und 081-707
Swakopmund, ✆ 064-400700

Windhoek

Mediclinic (privat)
Heliodoor St, Windhoek, Eros
✆ 061-4331000

Rhino Park Day Hospital (privat, keine stationären Behandlungen)
Hosea Kutako Drive, Ecke Bachbrecht St
Windhoek Nord
✆ 061-375000

Roman Catholic Hospital
92 Werner List St, Windhoek Central
✆ 061-2702911

Central Hospital
Florence Nightingale St, Windhoek, Khomasdal
✆ 061-2039111

Katutura Hospital
Dr. Michael de Kock St, Ecke Rand St
Windhoek, Katutura
✆ 061-2039111

Swakopmund

Mediclinic Cottage
Franziska van Neel St
✆ 064-412200

Otjiwarongo

Mediclinic
12 Son Rd, Ecke Rikumbi Kandanga St
✆ 067-303734

Kleine Provinzkrankenhäuser

Hentiesbaai Clinic, ✆ 064-500020
Katima Mulilo Hospital, ✆ 066-251400
Keetmanshoop Hospital, ✆ 063-2209000
Khorixas State Hospital, ✆ 067-335100
Lüderitz State Hospital, ✆ 063-202446
Mariental State Hospital, ✆ 063-245250, -1
Ondangwa Clinic, ✆ 065-240305
Oshakati State Hospital, ✆ 065-2233000
Rundu State Hospital, ✆ 066-265500

> **Wichtig**
>
> In Namibia sind Mietwagen und andere Fahrzeuge nicht standardmäßig mit **Erste-Hilfe-Verbandskästen** ausgestattet. Es ist jedoch unbedingt erforderlich, diesen selbst mitzubringen oder im Vorfeld mit dem Fahrzeugvermieter zu klären, dass ein Verbandskasten besorgt wird.

Informationen

Fremdenverkehrsbüros

Umfangreiches Informationsmaterial, Broschüren, Karten, Veranstalterlisten, Unterkunftsführer etc. verschickt auf Anfrage das Büro des NTB:

Namibia Tourism Board
Schillerstr. 42–44, 60313 Frankfurt
✆ 069-1337360, ✉ info@namibia-tourism.com
🖳 www.namibia-tourism.com

In Namibia gibt es Auskünfte beim
Namibia Tourism Board Windhoek
Private Bag 13244, Windhoek
✆ 061-2906000, ✉ info@namibiatourism.com.na
🖳 www.namibiatourism.com.na

Die namibische Botschaft in Deutschland steht ebenfalls für Fragen zur Verfügung.

Organisationen

Wer Informationen über Veranstalter, Unterkünfte und Mietwagenfirmen einholen möchte, kann sich an die jeweiligen übergeordneten Organisationen wenden. Die Federation of Namibian Tourism Association (FENATA) ist die Dachorganisation aller Tourismusverbände, die Tour and Safari Association of Namibia (TASA) ist der Dachverband der Reiseveranstalter, die Hotel Association of Namibia (HAN) der Dachverband der Unterkünfte. Die Car Rental Association of Namibia (CARAN) vereint die Mietwagenfirmen; die Mitgliedschaft in der CARAN ist an bestimmte Auflagen gebunden. Die Tourguide Association of Namibia (TAN) bemüht sich, die bunte Schar der Reiseleiter unter einem Dach zu vereinen.

FENATA
Windhoek, Namibia
✆ 061-230337, ✉ welcome@fenata.org
💻 www.fenata.org

TASA
Windhoek, Namibia
✆ 061-238423, ✉ info@tasa.na
💻 www.tasa.na

HAN
Windhoek, Namibia
✆ 061-222904, ✉ info@HANnamibia.com
💻 www.hannamibia.com

CARAN
Windhoek, Namibia
✆ 061-242375, ✉ caran@iway.na
💻 www.caran.org

Namibia Travel Online
Windhoek, Namibia
💻 www.natron.net

Unterkunftsverzeichnisse

TRUMMIs Liste, ISBN 99916-50-43-1, N$ 250, online zu bestellen unter 💻 www.namibiana.de für 26,80 €, auch erhältlich in deutschen Buchläden, wirbt damit, der einzige vollständige Unterkunftsführer Namibias zu sein. Er ist übersichtlich nach Regionen und Kategorien gegliedert, auch Zusätze wie „Kinder willkommen" oder „behindertengerecht" fehlen bei den entsprechenden Einrichtungen nicht. Hier sind mit 900 detaillierten Einträgen Unterkünfte jeder Art aufgeführt, allerdings ohne Bewertungen, sodass dieses Verzeichnis bei der Auswahl allein vielleicht nicht ausreichend ist. Man kann beispielsweise nach getroffener Vorauswahl noch das Internet hinzuziehen. Oder sich einfach an die Unterkünfte hier im Buch halten. Mit der **Namibia GPS Road Map**, die extra für TRUMMIs Liste entwickelt wurde, lassen sich die in der Liste erwähnten Unterkünfte zielsicher finden. Wenn man keinen PC oder Laptop zur Verfügung hat, helfen die Buchhandlungen gern aus. Diese laden dann die Karte direkt in das Navigationssystem. Die Karte ist auf Deutsch und führt neben den Lodges auch Tankstellen, Werkstätten, Restaurants, Sehenswürdigkeiten und weitere nützliche Adressen auf. Erhältlich ist die CD mit dazugehörigem Buch in Windhoek u. a. in der Windhoeker Buchhandlung und bei Cymot.

Außerdem gibt es **Welcome to Namibia**, den offiziellen, staatlich anerkannten Beherbergungsführer, ebenfalls ohne Bewertung. Es werden nur Unterkünfte aufgenommen, die beim Namibia Tourism Board registriert sind und gewissen Mindestanforderungen gerecht werden. Ansonsten erfolgt die Auswahl nach dem Motto: Wer bezahlt, kommt rein; Gleiches gilt für **Where To Stay**. Beide liegen auf Messen aus und sind beim NTB erhältlich.

Informationen im Internet

Aktuelle Nachrichten gibt es bei 💻 **www.az.com.na**, der Website der Deutschen Tageszeitung in Namibia, der *Allgemeinen Zeitung*. Die *Allgemeine Zeitung* gibt alle vier Wochen eine Tourismusbeilage heraus, die auch beim Namibia Tourism Board Frankfurt erhältlich ist, 💻 www.az.com.na/tourismus/reise-planer/reise-planer.124224.php. Diese allerdings ist nur bedingt informativ; nur der bekommt einen Beitrag, der auch eine Anzeige schaltet.

Allgemeine Informationen zu Namibia, Aktuelles und Geschichtliches, vor allem mit deutschem Hintergrund, gibt es unter 💻 **www.dngev.de**. Die Deutsch-Namibische Gesellschaft e.V. (DNG) fördert die Beziehungen zwischen Deutschland und Namibia. Sie unterstützt Projekte in Namibia, fördert den Jugend- und Kulturaustausch, gibt Informationen, veranstaltet Seminare, Konferenzen und vieles mehr.

Unter 💻 **www.namibia-info.net** finden sich deutsche Artikel zu touristisch relevanten Themen. *Travel News Namibia* ist eine namibische Website mit vielen touristischen Tipps, 🖳 **www.travelnewsnambibia.com**.

Bei *Namibia Travel Online*, 🖳 **www.natron.net**, stellen sich touristische Firmen informativ auf über 2500 Seiten vor.

Das **Auswärtige Amt** Deutschlands stellt auf seiner Länderinformations-Seite auch aktuelle Informationen über Namibia zusammen: 🖳 www.auswaertiges-amt.de/DE/Laenderinformationen/00-SiHi/NamibiaSicherheit. Beim Auswärtigen Amt können übrigens auch aktuelle Sicherheitshinweise per E-Mail abonniert werden.

Das schweizerische **Eidgenössische Department für Auswärtige Angelegenheiten**, EDA, bietet nützliche Links im Internet an. Unter 🖳 www.eda.admin.ch/eda/de/home/travad/preper.html gibt es die Broschüre „Wenn einer eine Reise tut..." und unter 🖳 www.eda.admin.ch/eda/de/home/travad/help.html Infos zur Hilfe im Ausland durch das EDA (konsularischer Schutz etc.).

Bei der Reiseplanung kann das Stellen einer Frage in Foren, beispielsweise unter 🖳 www.loose-verlag.de, oder auch nur ein Blick hinein sehr aufschlussreich sein. Auch die AZ (S. 69) hat ein interessantes Forum, dass jedoch in Namibia „gehostet" wird und daher für Surfer aus Europa extrem langsam ist.

Einen Campingführer zum Downloaden gibt es unter 🖳 www.thomasrichter.de/namibia/camping-liste-download.htm.

Internet und E-Mail

In Windhoek gibt es inzwischen viele kleine **Internet-Cafés**, u. a. das Internet Café M.A.A.S, Wernhil Park, ein weiteres in der Maerua Mall sowie eins im Craft Center.

In Walvis Bay: Online Café, 199 Nangolo Mbumba Drive; in Swakopmund gibt es jede Menge Internet-Cafés, etwa das Swakopmund i-café, Dr Sam Nujoma Ave, Ecke Tobias Hainyeko St in der Woermann & Brock Mall; in Lüderitz: D & D Designs, Bismarck St, neben der Nedbank.

Der Internet-Anbieter iway (Tochtergesellschaft der Telecom) unterhält Internet-Cafés oder auch nur öffentliche Computer mit Internet-Anschlüssen in irgendwelchen Büros in allen größeren Städten. Informationen dazu bekommt man bei iway in Windhoek, Independence Avenue, Telecom Building (neben der Hauptpost), ✆ 0800-202020 (Hotline), 🖳 www.iway.na.

In vielen Unterkünften gibt es auch in Namibia inzwischen Internetzugang. Entweder steht ein Gästecomputer zur Verfügung oder es gibt WLAN, das hierzulande WiFi heißt. Dies können Farmen in abgelegenen Gebieten natürlich nicht realisieren.

Kinder

Namibia ist für Kinder ein richtiges Abenteuer. Bei guter Planung kann eine Reise zu einer einzigartigen Naturerfahrung werden, denn es gibt viel zu entdecken: zuallererst Afrikas Tierwelt – Elefanten und Löwen, bunte Vögel, Geckos und schillernde Käfer. Streifzüge durch den Busch, auf Gästefarmen oder beim Campen, sind für Kinder ein aufregendes Erlebnis. Auch die hohen Dünen mit ihrem weichen Sand hinunterzurennen, ist Spaß pur. Das könnte ewig wiederholt werden, wäre das Hinauflaufen nicht so anstrengend.

Für Kleinkinder, die sich in ihrer häuslichen Routine am wohlsten fühlen, ist eine Namibiareise sehr strapaziös. Das Reisen mit Wickelkindern ist Stress, insbesondere für die Mutter. Ab welchem Alter sich eine Namibiareise für ein Kind lohnt, ist vom Entwicklungsstand und Charakter des Kindes abhängig. Ein Kind, dem es schwer fällt stillzusitzen, wird vermutlich unter den langen Fahrtzeiten leiden. Ab einem Alter von 7–9 Jahren haben sicherlich schon alle Kinder Freude am Namibia-Urlaub.

Alle Highlights Namibias in zwei Wochen abzureißen – darauf würden Eltern, die mit ihren Kindern unterwegs sind, wohl ohnehin nicht kommen. Optimal ist es, mindestens drei Wochen einzuplanen und das Programm zu reduzieren. Bei Reisen dieser Länge können Kinder auch die Belastungen des Fluges gut verkraften. Außerdem ist es ratsam, während der Reise mehrere Tage (mindestens jedoch zwei Übernachtungen) an einem Ort zu verbringen. Es ist besser, zweimal nach Namibia zu reisen und das Land in aller Ruhe zu genießen, als alles auf einmal sehen zu wollen, dann aber unterwegs nur im Stress zu sein und hinterher Erholung nötig zu haben.

Kleine Gästefarmen sind für Familien mit Kindern optimale **Reiseziele**. Die Gastgeber dort sind oft flexibler als diejenigen in den großen Lodges und können sich auf Kinder und ihre Bedürfnisse einstellen. Viele haben selbst kleine Kinder. Der Etosha National Park ist mit seinem Wildreichtum ein Muss. Bei der Planung ist jedoch zu bedenken, dass im Park nicht ausgestiegen werden darf. Das kann für Kinder anstrengend sein. In Swakopmund an der Atlantikküste werden viele verschiedene Aktivitäten angeboten. Die Sanddünen beim Sossusvlei sind für Kinder ein Paradies, das allerdings um die Mittagszeit sehr heiß werden kann.

Wegen des geringeren Malaria-Risikos ist der namibische Winter, also die Sommerferien in Europa, die günstigste **Reisezeit**.

Am besten reist es sich mit dem **Mietwagen**: Man ist flexibel, kann Pausen machen, wann und wie lange es eben nötig ist, und sich ganz auf die Kinder und ihre Bedürfnisse einstellen. Bei einer Gruppenreise gilt es immer, Kompromisse zu schließen. Besondere Rücksicht auf Kinder kann dabei selten genommen werden. Das Netz öffentlicher Verkehrsmittel ist in Namibia nur unzureichend. Lange Wartezeiten und überfüllte Busse, die in keiner Weise europäischen Sicherheitsstandards entsprechen, sind üblich. Außerdem sind die meisten Sehenswürdigkeiten mit öffentlichen Verkehrsmitteln nicht zu erreichen.

In Namibia, dem Land der großen Weite, sind oft lange Strecken zurückzulegen. Kein Kind sitzt gern mehrere Stunden im Auto. Eine entsprechende **Routenplanung** mit kurzen Tagesetappen ist daher sinnvoll. Bei einer optimalen Planung geht es morgens ohne Stress und Hektik los. Unterwegs werden viele Pausen gemacht, um etwas Interessantes zu besichtigen oder auch nur, um sich die Beine zu vertreten. Der Zielort wird rechtzeitig erreicht, um gegebenenfalls an Aktivitäten teilzunehmen. In vielen Unterkünften beginnen diese schon um 15 Uhr. Auch beim Campen ist eine frühe Ankunft hilfreich. Im Juni/Juli geht die Sonne schon um 17 Uhr unter. Um einen entspannten Tag zu haben, sollte die geplante Strecke 300 km nicht überschreiten. Generell gilt auch hier, lieber etwas früher loszufahren und dafür früher anzukommen, als in der Dunkelheit zu fahren.

Kinder sind in Afrika sehr beliebt. Selten wird man eine solche Offenheit, Freundlichkeit und Liebe Kindern gegenüber in Europa finden. Die meisten **Unterkünfte** beherbergen Kinder gern. Ausnahmen bilden einige Lodges, die aus Sicherheitsgründen keine Kinder aufnehmen, dazu gehören Lodges mit Großkatzen. Andere ziehen Ruhe vor und möchten kein aufgeregtes Kindergeschrei. Auch einige Gruppenreisen haben Altersbegrenzungen. Wenn es Altersbeschränkungen gibt, gelten diese im Allgemeinen für Kinder unter zwölf Jahren, bei manchen unter acht Jahren.

Viele Pensionen und Lodges verfügen über reguläre Dreibettzimmer oder sogenannte Family Units, das sind zwei Zimmer mit einem Bad. Diejenigen, die das nicht haben, sind gern bereit, das Doppelzimmer mit einem Zustellbett, manchmal ist das auch nur eine Matratze, auszustatten.

Die Preise für Kinder variieren. In der Regel zahlen Kinder unter zwölf Jahren die Hälfte, Kinder ab zwölf Jahren zahlen den normalen Erwachsenenpreis. Bei zwei Erwachsenen mit einem Kind ist die Unterbringung selten ein Problem. Wenn zwei Kinder mitreisen, müssen oft zwei Zimmer gebucht werden, da der Platz für ein zweites Zustellbett meist nicht ausreicht. Normalerweise gelten dann die gleichen Rabatte, jedoch handhabt das jede Unterkunft anders, sodass man sich den Preis vorher bestätigen lassen sollte. Bei Alleinreisenden mit einem Kind unter zwölf Jahren zahlt der Erwachsene normalerweise den Grundpreis für ein halbes Doppelzimmer, das Kind die Hälfte.

Bei der **Ausrüstung** für Kinder ist verstärkt auf Sonnenschutz zu achten: Ein breitkrempiger Sonnenhut oder eine Schirmmütze mit Nackenschutz, hochgeschlossene Badeanzüge mit UV-Schutz nach australischem Standard, Sonnenschutzlotion oder -spray mit hohem Lichtschutzfaktor und eine gute Sonnenbrille sollten immer mit dabei sein. Mit kleineren Kindern kann das Tragen der Brille schon vorher spielerisch geübt werden. Sinnvoll ist es auch, einen Sonnenschutz für die Autofenster mitzunehmen. Es gibt sie in den verschiedensten Formen mit Saugnäpfen, sodass sie überall leicht angebracht werden können. Wer zu Hause nicht daran gedacht hat, kann sie auch in Windhoek in den Ausrüstungsläden kaufen. Vielfach wird dieser Sonnenschutz auch von fliegenden Händlern vor den Supermärkten angeboten. Hier muss man allerdings aufpassen, dass nicht auf einmal das ganze Portemonnaie weg ist.

Nicht zu vergessen sind feste, knöchelhohe Schuhe, warme Sachen, auch ein warmer Schlafanzug, gegebenenfalls eine Kinderwärmflasche. Wichtig sind Spiele für die langweiligen Stunden im Flugzeug und im Auto, Hörspiele und Musikkassetten oder CDs (je nach mitgeführtem Gerät oder aber Ausstattung des Mietwagens), Malbücher und Zubehör. Außerdem, je nach Befinden und Alter des Kindes, ein paar Dinge, um das Abenteuer Afrika aufregender zu gestalten; das kann ein kleiner Fotoapparat sein, eine eigene Taschenlampe, ein Taschenmesser und ein kleines Fernglas (die größeren und besseren sind für Kinderhände oft zu schwer).

Sehr schöne Kinderlektüre über Tiere und das Leben in Namibia gibt es vor Ort in den Buchhandlungen in Windhoek und Swakopmund (Adressen in den Ortskapiteln).

Die **Reiseapotheke** sollte Mittel enthalten, die den oben beschriebenen Gesundheitsrisiken Rechnung tragen und für Kinder gut verträglich sind. Besonders anfällig sind Kinder für Durchfall und Erkältungen, daher sollten entsprechende homöopathische Mittel, Medikamente sowie Elektrolytlösungen mitgenommen werden. Paracetamol (Markenname in Namibia: Panado) ist nicht nur schmerzlindernd, sondern auch entzündungshemmend und somit gegen verschiedene Beschwerden nützlich. Am besten ist, man konsultiert vor der Reise noch einmal den behandelnden Kinderarzt.

Wer etwas zu Hause vergessen hat, braucht nicht gleich in Panik zu geraten: In Apotheken und Supermärkten in Windhoek und Swakopmund gibt es alles Wichtige zu kaufen. Und falls doch ein kleineres Kind dabei sein sollte, ist der **Babyausstatter** The Baby Company in Windhoek, Parson Street 11 (rechts von der Mandume Ndemufayo Ave stadtauswärts nach Süden), ✆ 061-248057, mit allem bestückt, was für Kinder gebraucht wird.

Kinder sollten bei der Einstimmung auf die Reise auch über die bestehenden Risiken und **Vorsichtsmaßnahmen** aufgeklärt werden. Zum Beispiel:

- bei Wanderungen darauf zu achten, wohin sie treten.
- Steine vorsichtig umzudrehen, denn Spinnen und Skorpione könnten darunter lauern.
- Schuhe immer vor dem Anziehen auszuschütteln, denn Skorpione oder andere Tiere machen es sich gern darin gemütlich.

Unerlässlich ist es, den Kindern das Verhalten wilder Tiere zu erklären. Löwen sehen niedlich aus und können schnurren wie kleine Kätzchen, sind aber unter Umständen lebensgefährlich. Auf einigen Farmen gibt es halbzahme Tiere. Auch wenn der Farmer es erlaubt, sollten diese nicht gestreichelt oder gefüttert werden. Die angeborenen Jagdinstinkte gehen nie ganz verloren – wie leider immer wieder Unfälle beweisen.

Ein wirklich hinreißendes **Buch zur Einstimmung auf die Reise** sowohl für Erwachsene als auch für Kinder ist *Tippi aus Afrika – Das Mädchen, das mit den Tieren spricht* von Tippi Degré (s. Literaturliste). Die einzigartigen Fotografien von Tippis Eltern muten schier unglaublich an, Tippi auf dem Elefanten, Tippi kuschelnd mit dem Leoparden, Tippi auf einem knorrigen Kameldornbaum in der Dünenlandschaft von Sossusvlei – und dazu die lustigen, teilweise tiefsinnigen und informativen Kommentare des damals zehnjährigen Mädchens.

Einzige Schwierigkeit wird sein, den Kindern verständlich zu machen, dass nicht jedes Kind die Tierwelt in einer solchen Weise erleben kann. Hilfreich ist, das Buch wirklich zu lesen, um die Fotos richtig einordnen zu können. Dann relativiert sich einiges, denn Tippi gibt die Wahrheit ungeschminkt preis. Und sie hat viele Tipps für das Verhalten im Busch: So sei das Wichtigste im Busch, niemals Angst zu haben, aber immer auf der Hut zu sein.

Medien

In jeder Demokratie ist der freie Zugang zu Nachrichten und Informationen ein Kernbestandteil der gesellschaftlichen Ordnung, auch in Namibia ist die Pressefreiheit in der Verfassung verankert.

Zeitungen

Obwohl die Bevölkerungsdichte Namibias im Vergleich zu anderen afrikanischen Staaten recht gering ist, rühmt sich das Land einer Vielzahl von Zeitungen: Insgesamt gibt es sechs kommerzielle Zeitungen, von denen drei täglich und drei wöchentlich erscheinen. Samstags erscheint übrigens keine Tageszeitung. Internationale Nachrichten finden dann Beachtung, wenn sie wirklich dramatisch und aufregend sind. Von umfassender Nachrichtenversorgung kann nur bedingt gesprochen werden.

Die deutschsprachige **Allgemeine Zeitung** (AZ) erscheint wochentags täglich. Die Zeitung, die 2016 ihren 100. Geburtstag feiert, erreicht mit einer durchschnittlichen Auflage von 5000 Exemplaren nahezu jeden deutschen Haushalt Namibias. Lokale politische Themen bilden den Schwerpunkt, hinzukommen die internationalen Seiten, Sportinformationen und der Kleinanzeigenteil. Veranstaltungen und deren Orte sind fast täglich abgedruckt, zum Wochenende gibt es eine Kulturseite mit Veranstaltungskalender sowie Kinoprogramm in Windhoek und Swakopmund.

Einmal monatlich erscheint die Tourismusbeilage der *AZ*, die zum Teil sehr interessant ist und von vielen Namibia-Fans in Deutschland abonniert wird.

Die englischsprachige Tageszeitung ist **The Namibian**, deren Informationen dichter und sehr sachlich sind. Ein Teil des *Namibian* erscheint auf Oshivambo, das vom größten Teil der Bevölkerung gesprochen wird. *Die Republikein* ist die afrikaanse Tageszeitung. Wöchentlich erscheinen der *Windhoek Observer*, der eher Bild-Zeitungs-Charakter aufweist, die regierungseigene Zeitung *New Era* sowie die *Namibia Today*, die Zeitung der Regierungspartei Swapo. Die unabhängige Wirtschaftszeitung *The Economist* erscheint ebenfalls einmal in der Woche.

Namibische Zeitschriften gab es lange Zeit überhaupt nicht. Der Markt ist klein, zudem wird Namibia von südafrikanischen, englischen und deutschen Zeitschriften überschwemmt. Ab und an wird hoffnungsfroh eine Zeitschrift aufgelegt, um bald darauf wieder von der Bildfläche zu verschwinden. Immerhin gibt es die *Namibia Sports*, die sich nun auch schon einige Jahre hält.

Die 1990 gegründete **Namibia Press Agency**, NAMPA, hat Korrespondenten in allen Orten des Landes. Mit verschiedenen Nachrichtenagenturen im Ausland, u. a. Reuters, der deutschen dpa, der italienischen IPS, der AFP in Frankreich und der AP in den USA, sind Abkommen zur Regelung des Nachrichtenaustausches unterzeichnet worden. Die Nachrichtenagentur NAMPA wird von einigen Zeitungsredakteuren als Organ der Regierung und der regierenden Partei bezeichnet. NAMPA sei bei der Wahl der Artikel voreingenommen, deshalb werden die Dienste wenig in Anspruch genommen.

Zeitungen aus Deutschland, z. B. die *FAZ* und *Die Zeit*, sind mit einigen Tagen Verspätung in den deutschen Buchläden in Windhoek und Swakopmund erhältlich. Auch die *Welt am Sonntag* ist manchmal zu bekommen. Die Versorgung mit deutschen Zeitungen ist jedoch unbeständig, mal gibt es sie, mal nicht. In den Buchläden und in ausgewählten Supermärkten (Woermann & Brock) sind auch deutsche Zeitschriften erhältlich, von *Spiegel* über *Focus* bis zur *Brigitte* und *Eltern*. Die Kosten liegen mit N$60–N$90 allerdings weit über dem Wechselkurs.

Radio und Fernsehen

Die staatliche **Namibian Broadcasting Corporation** (NBC – nicht zu verwechseln und in keiner Weise zu vergleichen mit der amerikanischen NBC) hat beachtliche neun Radiostationen und einen Fernsehkanal. Aus Windhoek wird in sechs Sprachen ausgestrahlt, während Sender im Norden des Landes in drei einheimischen Sprachen senden.

Das **Deutsche Hörfunkprogramm der NBC** wird Mo–Fr täglich von 5.25–21 Uhr, Sa und So von 6–21 Uhr auf UKW 95,8 (in Windhoek, ansonsten auf unterschiedlichen Frequenzen) ausgestrahlt. Zwischen 13 und 14 Uhr wird das Mittagsmagazin der Deutschen Welle „Welt aktuell" gesendet.

Immer mal wieder wird einige Kritik an der NBC laut, vor allem dass nur regierungstreue Berichte gesendet würden und dass die Moderatoren nur unzureichend Englisch sprächen. Daran wird jedoch gearbeitet. Die Ausrüstung ist auf dem modernsten Stand, kann jedoch mangels qualifizierten Personals nicht ausreichend genutzt werden. Daher müssen die wenigen Techniker oft Krisenmanagement betreiben. Technische Perfektion, wie man sie aus Europa kennt, ist aus diesen Gründen bei der NBC nicht zu erwarten.

Neben der NBC gibt es auch einige kleinere Radiosender, etwa Radio 99, Radio Wave 96.7 und Radio Kudu. Außerdem sendet seit 2002 der kostenfreie Fernsehsender One Africa Television. Geboten werden vor allem Sport, Unterhaltung und Kinderprogramme, lokale Berichte und Beiträge von BBC und BBC World. Den privaten deutschsprachigen Popsender **Hitradio Namibia** gibt es seit 2012.

Über Satellit sind sowohl sechs deutsche Fernsehsender, namentlich ARD, ZDF, RTL, Sat.1, 3sat und Pro 7, zu empfangen als auch andere internationale Sender wie BBC, CNN, Supersport und M-Net (aus Südafrika).

Die größeren Hotels sowie einige kleinere Pensionen sind mit einer Satellitenschüssel mit dazugehörigem Decoder ausgestattet. In den kleinen Unterkünften in Stadt und Land empfinden es Reisende oft als angenehm, sich der täglichen Nachrichtenflut entziehen zu können.

Tourism Radio Namibia

Direkt nach der Ankunft am internationalen Flughafen kann der Reisende, nachdem er seinen Mietwagen erhalten hat, einen satellitengestützten Reiseführer für die Windschutzscheibe ausleihen. Dieser Reiseführer ist so groß wie eine Zigarettenschachtel und benötigt nur Strom aus dem Zigarettenanzünder sowie ein Radio. Die auf dem Gerät gespeicherten Informationen über Sehenswürdigkeiten, Geschichte, Straßenhinweise und vieles mehr werden über das Radio wiedergegeben. Die Idee kommt aus Kapstadt/Südafrika, in Namibia hat sie der Tüftler Johannes Carel umgesetzt und verfeinert. Das Tourism Radio Namibia ist nun auch im Internet buchbar über 💻 www.tourismradionam.com.

Nationalparks und Reservate

Als erstes Land der Welt hat Namibia zur Unabhängigkeit 1990 den Naturschutz in der Verfassung verankert. Kapitel 11, Artikel 95: „Der Staat hat die Wohlfahrt des Volkes tatkräftig dadurch zu fördern und zu erhalten, dass er eine Politik betreibt, die ökologische Systeme, wesentliche ökologische Prozesse und die biologische Vielfalt Namibias erhält und die natürlichen Rohstoffe in einem erträglichen Maß und zum Wohle aller Namibier, der jetzigen wie auch der zukünftigen, zu nutzen; insbesondere soll die Regierung Maßnahmen gegen das Lagern und Wiederaufbereiten von ausländischen atomaren und giftigen Abfällen auf namibischem Boden ergreifen."

Dies ist zwar noch kein Gesetz, sondern nur eine Richtlinie für die Regierung, d. h. nicht gerichtlich einklagbar, wie schon wenig später in Artikel 101 zu lesen ist – doch immerhin schon mal ein Anfang.

Seitdem hat sich allerdings auch noch nicht viel getan. Naturschutz und Tourismus warten auf endgültige Entscheidungen des Kabinetts. Faktisch bestehen die meisten Gesetze aus der südafrikanischen Zeit vor Namibias Unabhängigkeit weiterhin fort. Sie harren noch immer der Überarbeitung.

Zurzeit sind 12,8 % der gesamten Fläche Namibias staatlich verwaltete Schutzgebiete. Daneben gibt es unzählige private Parks und sogenannte Conservancies. Private Parks beruhen auf der immer noch gültigen Gesetzgebung aus dem Jahre 1975. Sie müssen beantragt und genehmigt werden, im Wesentlichen verpflichtet

Steckbrief: Nationalparks und Reservate

© PETER PACK

/Ai-/Ais Richtersveld Transfrontier Park

- **Entstehungsjahr**: 2003
- **Größe**: 6045 km²
- **Lage**: im Süden Namibias vom Fish River Canyon bis in Nordwesten Südafrikas

Der namibische /Ai-/Ais und Fish River Canyon Park, den es seit 1968 gibt, wurde 2003 mit dem südafrikanischen Richtersveld National Park zusammengeschlossen. Es ist der erste Park Namibias, der über die Landesgrenzen hinausreicht. Anfahrt mit dem Pkw zum Fish River und nach Ai-Ais auf großen Schotterstraßen möglich. Im namibischen Teil des Parks gibt es zwei Campingplätze und Bungalows mit Restaurant bei Ai-Ais. Private Unterkünfte und ein Campingplatz vor dem Eingang. Bizarre Gesteinsformationen, zweitgrößter Canyon der Welt. Wanderungen möglich, S. 280. Der südlich angrenzende frühere Richtersveld National Park in Südafrika ist über den Ort Steinkop sowie mit einer Fähre über den Oranje bei Sendelingsdrift zu erreichen. Im Park sind keine Pkw, sondern nur Fahrzeuge mit hoher Bodenfreiheit erlaubt. Verschiedene Campingplätze, einfache Bungalows und ein Guesthouse im Park. Wanderungen. Insbesondere in der Blumensaison von Ende August bis Anfang Oktober eine Attraktion.

Bwabwata National Park

- **Entstehungsjahr**: 1968 Caprivi Park, 1989 Mahango Park; Zusammenschluss 2002 zum Bwabwata National Park, gesetzlicher Nationalpark-Status seit 2007
- **Größe**: 5244 km²
- **Lage**: im West-Caprivi

Durchfahrt auf dem asphaltierten Trans-Caprivi-Highway mit dem Pkw möglich, sonst zweispurige, sehr sandige oder in der Regenzeit schlammige Pisten. Zwei kommunale Campingplätze im Park, außerhalb private Campingplätze und Lodges. Viele Elefanten, Büffel, Hippos und Antilopen im Überflutungsgebiet des Okavango und des Kwando. Akazien und andere Bäume in Galeriewäldern. Bei Transit auf der Teerstraße wird kein Eintritt verlangt, S. 482.

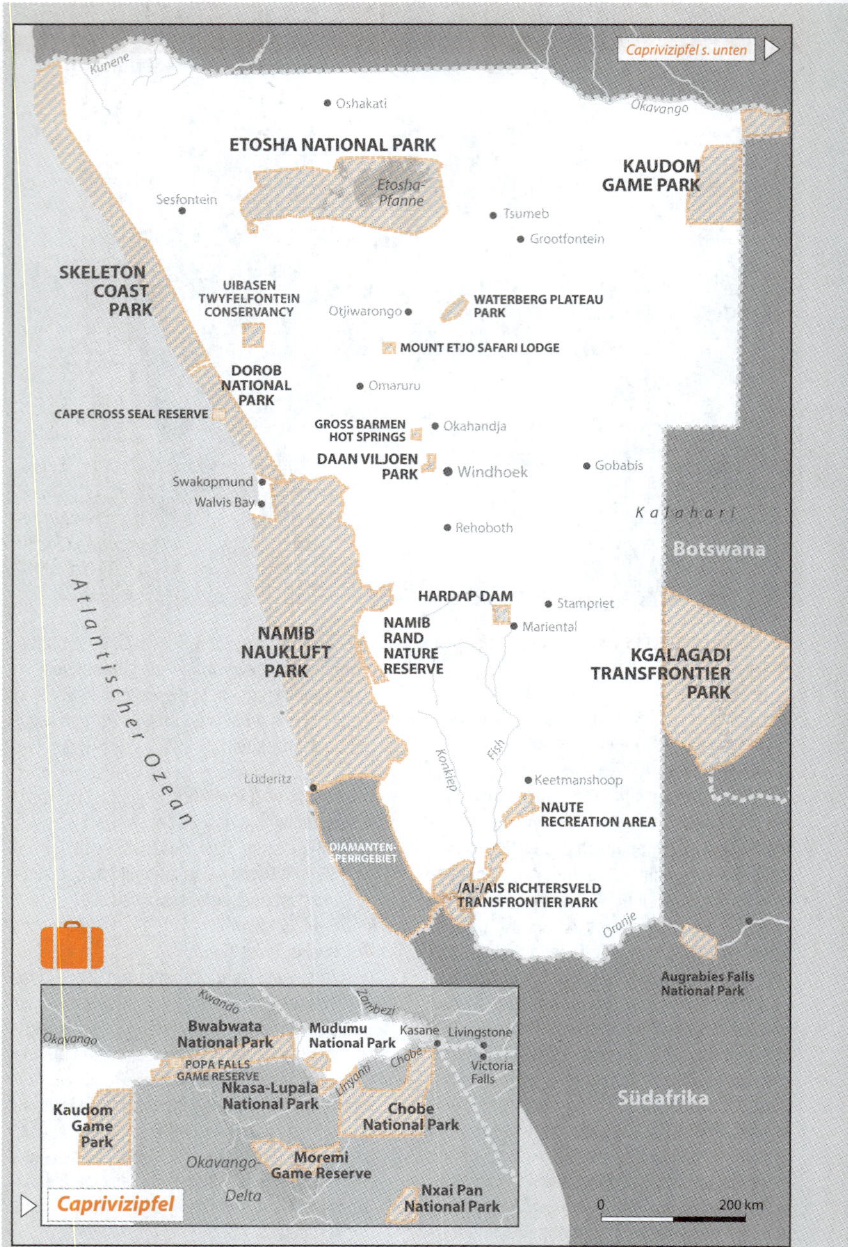
Caprivizipfel s. unten
Kunene
Oshakati
Okavango
ETOSHA NATIONAL PARK
KAUDOM GAME PARK
Etosha-Pfanne
Sesfontein
Tsumeb
Grootfontein
SKELETON COAST PARK
UIBASEN TWYFELFONTEIN CONSERVANCY
Otjiwarongo
WATERBERG PLATEAU PARK
MOUNT ETJO SAFARI LODGE
DOROB NATIONAL PARK
Omaruru
CAPE CROSS SEAL RESERVE
GROSS BARMEN HOT SPRINGS
Okahandja
DAAN VILJOEN PARK
Windhoek
Gobabis
Swakopmund
Walvis Bay
Kalahari
Rehoboth
Botswana
Atlantischer Ozean
HARDAP DAM
Stampriet
Mariental
NAMIB NAUKLUFT PARK
NAMIB RAND NATURE RESERVE
KGALAGADI TRANSFRONTIER PARK
Konkiep
Fish
Lüderitz
Keetmanshoop
NAUTE RECREATION AREA
DIAMANTEN-SPERRGEBIET
/AI-/AIS RICHTERSVELD TRANSFRONTIER PARK
Oranje
Augrabies Falls National Park
Kwando
Zambezi
Okavango
Bwabwata National Park
Mudumu National Park
Kasane
Livingstone
Victoria Falls
POPA FALLS GAME RESERVE
Chobe
Linyanti
Nkasa-Lupala National Park
Kaudom Game Park
Chobe National Park
Südafrika
Okavango-Delta
Moremi Game Reserve
Nxai Pan National Park
Caprivizipfel
0
200 km

Cape Cross Seal Reserve

- **Entstehungsjahr**: 1969
- **Größe**: 60 km^2
- **Lage**: nördlich von Swakopmund an der Atlantikküste

Anfahrt mit dem Pkw auf Salz- und Schotterstraßen. Kap-Pelzrobben an der Felsküste, S. 358.

Chobe National Park (in Botswana)

- **Entstehungsjahr**: 1961
- **Größe**: 10 698 km^2
- **Lage**: in Botswana an der namibischen Grenze zum Caprivi

Einfach mit dem Pkw über Asphaltstraßen zu erreichen und zu durchfahren. Neben der Durchgangsstraße ausschließlich zweispurige, sehr sandige, in der Regenzeit schlammige Allradpisten. Im Park gibt es einen Campingplatz und eine Luxuslodge, außerhalb des Parks diverse private Lodges, Hotels und Campingplätze. Große Herden von Elefanten und Büffeln, außerdem sind hier Löwen, Hippos und Antilopen zu Hause. Galeriewald und Überflutungsgebiet des Chobe. Sehr gute Tierbeobachtungsmöglichkeiten, S. 492.

Daan Viljoen Game Park

- **Entstehungsjahr**: 1968
- **Größe**: 39 km^2
- **Lage**: 20 km westlich von Windhoek

Anfahrt auf Asphalt, im Park befestigter Weg, Bungalows, Restaurant und ein Campingplatz am Stausee. Antilopen und Zebras im hügeligen Khomashochland. Idealer Ausflug von Windhoek mit guten Wanderwegen, S. 252.

Dorob National Park

- **Entstehungsjahr**: 1974 (National West Coast Tourist Recreation Area), 2010 Dorob National Park
- **Größe**: 7800 km^2
- **Lage**: nördlich von Swakopmund

Durchfahrt mit dem Pkw auf Salz- und Schotterstraßen; möchte man diese verlassen, braucht man einen Allradwagen. Nur Campingplätze, sonst Unterkunft in Swakopmund oder Hentiesbaai. Geröllwüste, Angelmöglichkeiten (Permit!). Eintritt frei.

Etosha National Park

- **Entstehungsjahr**: 1907
- **Größe**: mehrfach geändert, jetzt 22 270 km^2
- **Lage**: im Norden Namibias

Einfache Anfahrt mit dem Pkw über Asphaltstraßen, im Park große geschotterte Straßen. Im Park gibt es vier Camps mit Bungalows, Campingplatz, Restaurant und ein exklusives Camp, außerhalb des Parks diverse private Lodges, Gästefarmen und Campingplätze. Hauptattraktionen sind Elefanten, Nashörner, Löwen und Antilopen. Herzstück ist die riesige Salzpfanne mit den vielen Wasserstellen an der Südseite. Ebenes, weites Gelände, überwiegend mit Akazien und Mopane bewachsen. Beste Tierbeobachtungsmöglichkeiten nur vom Fahrzeug aus auf weiten Flächen oder an den Wasserstellen. Nicht umsonst Namibias Top-Attraktion, S. 404.

Gross Barmen Hot Springs

- **Entstehungsjahr**: 1986
- **Größe**: 1 km^2
- **Lage**: westlich von Okahandja

Anfahrt auf Asphalt über Okahandja mit dem Pkw gut möglich. Bungalows auf dem Gelände. Heiße Quelle mit ausgebautem Thermalbad, S. 462.

Hardap Recreation Resort

- **Entstehungsjahr**: 1986
- **Größe**: 251 km^2
- **Lage**: bei Mariental

Anfahrt auf Asphalt, Schotterwege im Park, mit Pkw befahrbar. Camp im Park, private Lodges im Umfeld. Nashörner und Antilopen in hügeliger Dornbuschsavanne. Namibias größter Stausee, ideal zum Angeln, für Wassersport und Wanderungen. Kein Verleih, S. 265. Das Camp ist momentan bis auf Weiteres wegen Renovierungsarbeiten geschlossen, der Park ist für Tagesbesuche geöffnet.

Kaudom Game Reserve

- **Entstehungsjahr**: 1989
- **Größe**: 3841 km²
- **Lage**: im Nordosten an der Grenze zu Botswana

Anfahrt von Grootfontein oder vom Caprivi, ausschließlich mit mindestens zwei Allradfahrzeugen. Sehr raue, sandige Pisten, in der Regenzeit schlammig. Im Park nur Campingplätze, keine anderen Übernachtungsmöglichkeiten. Elefanten, Büffel und Antilopen in der ebenen, sandigen Buschsavanne. Wildbeobachtung nur vom Fahrzeug aus, S. 469.

Kgalagadi Transfrontier Park (in Südafrika und Botswana)

- **Entstehungsjahr**: 1931; 1999 Zusammenschluss des Kalahari Gemsbok Park in Südafrika und des Gemsbok National Park in Botswana
- **Größe**: 38 000 km²
- **Lage**: im Südosten an der Grenze Südafrika/Botswana

Anfahrt mit dem Pkw auf Schotterstraßen aus Südafrika gut möglich. Im südafrikanischen Teil geschotterte Wege, in Botswana sandige Allradpisten. Seit Ende 2007 ist auch der Grenzposten nach Namibia, Mata Mata, wieder geöffnet. Campingplatz und Bungalows mit Restaurant in Twee Rivieren, Campingplätze bei Nossob und Mata Mata sowie weitere kleine Camps. Rote Kalahari-Dünen mit Oryx-Antilopen, Springböcken, Löwen und der Braunen Hyäne, S. 276.

Nkasa-Rupara National Park (bis 2014 Mamili & Mudumu National Park)

- **Entstehungsjahr**: 1990
- **Größe**: 320 km² und 1009 km²
- **Lage**: beide im Ost-Caprivi, fast nebeneinander

Anfahrt mit dem Pkw durch den Caprivi, in den Parks selbst ausschließlich Allrad auf rauen, sandigen, zweispurigen Pisten, in der Regenzeit Schlamm. Eine Unterkunft im Park, außerhalb Lodges und ein Campingplatz. Elefanten, Büffel und Antilopen in hohen Galeriewäldern. Wildbeobachtungsfahrten mit Allrad oder per Boot auf dem Kwando, S. 483.

Mount Etjo Safari Lodge (privat)

- **Entstehungsjahr**: 1975
- **Größe**: 140 km²
- **Lage**: am Mount Etjo zwischen Kalkfeld und Otjiwarongo

Anfahrt mit dem Pkw möglich, auf dem Gelände selbst nur geführte Rundfahrten. Es gibt eine Lodge, ein Camp und einen Campingplatz. Zu sehen sind Elefanten, Nashörner, Löwen, Leoparden und vieles mehr. Die Landschaft wechselt zwischen Hügeln und offener Akaziensavanne. Sehr gute Möglichkeit zur Wildbeobachtung als Ergänzung zu Etosha, vor allem in der Regenzeit. Geführte Wanderung zu den Dinosaurierspuren. Keine Tagesbesucher, S. 452.

Namib-Naukluft Park

- **Entstehungsjahr**: die meisten Teile des Parks 1907
- **Größe**: mehrfach geändert, seit 1979 sind es 49 768 km²
- **Lage**: an der Atlantikküste, südlich von Swakopmund und nördlich von Lüderitz

Einfach mit dem Pkw über Schotterstraßen zu erreichen und zu durchfahren. Beim Sossusvlei für die letzten 5 km Allrad erforderlich, oder man wandert. Im Park selbst diverse Campingplätze, vor den Toren viele private Lodges, Gästefarmen und Campingplätze. Mit Glück sind die wüstenangepassten Antilopen wie Springbock und Oryx zu sehen, außerdem die ganz besonderen Pflanzen Welwitschia und Nara. Gigantische Sanddünen beim Sossusvlei und endlose Geröllwüste nördlich des Kuiseb, S. 318.

Namib Skeleton Coast National Park

- **Entstehungsjahr**:2010
- **Größe**:107 540 km²
- **Lage**:der gesamte namibische Küstenstreifen

Die gesamte Küste Namibias ist nun ein Schutzgebiet, das achtgrößte Naturschutzgebiet der Welt und das größte seiner Art in Afrika. Es besteht aus vier Schutzeinheiten, die weiterhin einzeln verwaltet werden (und deshalb in diesem Buch auch einzeln behandelt werden): dem Sperrgebiet im Süden, dem Namib-Naukluft Park, dem Dorob National Park sowie dem Skeleton Coast Park. Küstenstädte sind nicht Teil des Parks. Im Süden grenzt der Park an den Richtersveld Nationalpark in Südafrika und im Norden an den Iona-Nationalpark in Angola.

NamibRand Nature Reserve (privat)

- **Entstehungsjahr**: 1988
- **Größe**: 1720 km²
- **Lage**: an der Grenze zum Namib-Naukluft Park südlich vom Sesriem

Anfahrt mit dem Pkw möglich, auf dem Gelände selbst nur geführte Rundfahrten und Wanderungen. Luxuslodges, Luxuscamps und Wandercamp. Einmalige Sanddünen- und Geröllwüste mit wüstenangepassten Tieren und Pflanzen. Verschiedene Aktivitäten wie Dünenfahrten und Wanderungen aus dem Angebot der Unterkünfte. Keine Tagesbesucher, S. 314.

Naute Dam Recreation Area

- **Entstehungsjahr**: 1988
- **Größe**: 224 km²
- **Lage**: südlich von Keetmanshoop

Anfahrt auf guter Schotterstraße mit Pkw möglich. Wer Einsamkeit sucht, kann am Stausee auf einem kleinen, sehr einfachen Campingplatz zelten. Neben Springbock und Oryx viele Wasservögel. Die Landschaft um den Stausee ist eine hügelige Geröllwüste mit interessanten Gesteinsformationen, S. 280.

Popa Falls Game Reserve

- **Entstehungsjahr**: 1989
- **Größe**: 0,25 km²
- **Lage**: im West-Caprivi am Okavango

Anfahrt über Asphalt gut mit dem Pkw möglich. Es gibt einen Campingplatz, Bungalows und ein Restaurant, außerhalb des Parks private Lodges gleich nebenan. Flusslandschaft mit einem 4 m hohen Felsenriff und Stromschnellen im Okavango. Angeln ist möglich, S. 480.

Skeleton Coast Park

- **Entstehungsjahr**: 1971
- **Größe**: 16 390 km²
- **Lage**: ganz im Nordwesten des Landes an der Atlantikküste

Mit dem Pkw von Swakopmund oder aus dem Damaraland über Springbokwasser auf guten Schotterstraßen. Antilopen, mit viel Glück Elefanten oder Löwen. Geröllwüste mit unwirtlicher Küste, meist nebelig. Einmaliges Erlebnis ist es, mit einer Flugsafari in die abgelegenen Gebiete zu reisen, S. 374.

Uibasen Twyfelfontein Conservancy

- **Entstehungsjahr**: 1999
- **Größe**: 80 km²
- **Lage**: im Nordwesten des Landes

Mit dem Pkw auf guten Schotterstraßen zu erreichen. Vier Luxuslodges, zwei einfachere Unterkünfte und ein Campingplatz. Die einmalige Landschaft des südlichen Damaralandes bietet zeitlose Granit- und Sandsteinformationen, Tausende Felsgravuren und -malereien sowie versteinerte Bäume, S. 378.

Von Bach Recreation Resort

- **Entstehungsjahr**: 1972
- **Größe**: 42 km²
- **Lage**: südöstlich von Okahandja

Großer Stausee. Anfahrt mit dem Pkw möglich. Resort mit Chalets, Restaurant und Campingplatz. Sehr gute Wassersport- und Angelmöglichkeiten, kein Verleih, S. 462.

Waterberg Plateau National Park

- **Entstehungsjahr**: 1972
- **Größe**: 405 km²
- **Lage**: östlich von Otjiwarongo

Anfahrt mit dem Pkw, asphaltiert, die letzten 18 km Schotterstraße. Bei Regen sehr rutschig. Fahrt auf dem Plateau nur mit Naturschutzbeamten. Sehr schöne Wanderwege. Bungalows und Campingplatz im Park, außerhalb Gästefarmen. Büffel, Nashörner und Antilopen in sehr dichtem Busch, besondere Waterberg-Flora. Einmalige Sandsteinformationen mit Dinosaurierspuren, sonst sandige Flächen, S. 455.

sich der Besitzer, nur für den Eigenbedarf zu jagen. Ein typisch südafrikanisches Gesetz, das nach allen Seiten dehnbar ist.

Conservancies (am ehesten mit „Hegegebiet" zu übersetzen) beruhen auf einer geplanten, noch nicht verabschiedeten Gesetzgebung. Hierbei handelt es sich um eine Interessengemeinschaft verschiedener Landeigentümer oder der jeweils Verantwortlichen in den staatlichen und kommunalen Gebieten mit dem Ziel, nachhaltigen Umweltschutz zu betreiben (S. 141).

Auf S. 75–79 findet sich eine Liste aller staatlichen und der wichtigsten privaten Naturschutzgebiete sowie einiger an Namibia angrenzender Parks. Bei Fauna, Flora, Landschaft und Aktivitäten sind jeweils nur Hauptmerkmale angegeben.

Die Unterkünfte der staatlichen Parks wurden 2001 aus dem Ministerium für Tourismus und Umwelt ausgegliedert und dem parastaatlichen Unternehmen Namibia Wildlife Resorts (NWR) zugeordnet. NWR versprach bei Antritt, den laschen Service, die zum Teil heruntergekommenen Zimmer und das desolate Buchungssystem zu verbessern. Die Resorts werden teilweise renoviert, dabei wird jedoch viel Flickschusterei betrieben. Das Buchungssystem ist deutlich besser geworden, wenn auch noch nicht mit dem privater Lodges vergleichbar. Am Service allerdings hat sich bislang nicht viel geändert.

2008 hat NWR einige kleinere Resorts wie beispielsweise den Von Bach Dam sowie einige Campingplätze an der Küste an private Firmen übergeben.

In den staatlichen Nationalparks muss Eintritt bezahlt werden. Für die Hauptattraktionen wie Etosha, Fish River Canyon, Skeleton und Waterberg National Park sowie Sossusvlei werden pro Besuchstag N$80 p. P. plus N$10 für ein Fahrzeug mit bis zu zehn Sitzplätzen verlangt, in den anderen Parks werden N$40 p. P. plus N$10 für das Fahrzeug fällig (Stand Januar 2015). Das entsprechende Formular wird meist am Eingangstor ausgefüllt, bezahlt wird dann im jeweiligen Büro. Das Büro teilen sich die Mitarbeiter von NWR und des Ministeriums, der Eintritt fließt dem Ministerium zu.

Nur für den Besuch der „Namib Section", in der sich u. a. die Welwitschia-Fläche und die Mondlandschaft befinden, muss vorher im NWR-Büro in Windhoek, Sossusvlei oder Swakopmund der Eintritt bezahlt und das „Permit" erworben werden, da es hier weder einen bemannten Eingang noch ein Büro gibt.

Wer in den Parks in Bungalows übernachten möchte, sollte zumindest in der Hochsaison von August bis November nach Möglichkeit im Voraus buchen (NWR-Adresse S. 120), die Campingplätze haben im Allgemeinen genügend Platz, mit Ausnahme des Campingplatzes am Sesriem. Alle anderen Adressen stehen im jeweiligen Ortsteil.

Post

Namibia besitzt ein für afrikanische Verhältnisse modernes Post- und Fernmeldenetz. Nach der Unabhängigkeit wurde die Post- und Telefonverwaltung in zwei kommerzielle staatliche Unternehmen aufgegliedert.

NamPost verwaltet 130 Postämter. Fahrbare Postämter besuchen regelmäßig die entlegeneren Orte. Alle Postämter des Landes haben folgende **Öffnungszeiten:** 🕒 Mo–Fr 8–16.30 Uhr, Sa 8–12 Uhr.

In Namibia gibt es keinen Postzustelldienst. Die Postverteilung läuft über Postfächer, sogenannte *Post office boxes*, abgekürzt P. O. Box. Dort muss der Empfänger die Post abholen, wann und wie oft entscheidet jeder selbst.

Wenn auf der Post die Straßenadresse, wie in Europa üblich, verwendet wird, erreicht der Brief den Empfänger niemals. Im günstigsten Fall wird die Post zurückgesandt, meist jedoch weggeworfen. Postleitzahlen gibt es in Namibia nicht.

Allerdings wurde vor der Unabhängigkeit 1990 für ganz Namibia die Postleitzahl 9000 verwendet (sozusagen als südafrikanische Provinz). Diese Angabe ist heute mitunter noch zu finden. Zum Teil liegt das daran, dass viele Computerprogramme die Eingabe einer Postleitzahl zwingend vorgeben.

Im Zeitalter von WhatsApp und Facebook gehört Briefe- und Postkartenschreiben fast der Vergangenheit an. Erhält man beim Briefmarkenkauf keine blauen Luftpostaufkleber *(air mail)*, muss man selbst groß und deutlich AIR MAIL auf den Brief oder die Postkarte schreiben. Ansonsten dauert es per Seefracht sechs Wochen und länger, ehe die Urlaubsgrüße zu Hause ankommen. Vereinzelt gibt es rote Briefkästen in den Städten. Wann diese geleert werden, steht auf dem Kasten. Am besten gibt man Briefe und Postkarten jedoch direkt am Schalter im Postamt ab. Auch hier lohnt es sich, die Briefe nur in den größeren Städten aufzugeben, da es mitunter lange dauern kann, ehe die Post von den ganz kleinen ländlichen Ämtern bis zur Hauptpost nach Windhoek gelangt.

Reisende mit Behinderungen

Einfach ist es für Behinderte nicht, eine Namibiareise zu unternehmen. Aber es ist möglich, denn Namibia ist behinderten Touristen gegenüber aufgeschlossen. Die Hilfsbereitschaft der Einheimischen ist im Allgemeinen sehr groß, überall wird tatkräftig zugepackt.

Ein Rollstuhlfahrer ganz allein wird in Namibia nur sehr schwer zurechtkommen. Mit einem **Partner/Pfleger** lässt es sich jedoch gut reisen, wenn auch nicht immer problemlos. Generell brauchen behinderte Touristen für eine Namibiareise **Experimentierfreude, Geduld und Gelassenheit**. Wer beispielsweise in Kauf nimmt, auch mal einen Tag lang nicht zu duschen, wird auf kaum eine Sehenswürdigkeit verzichten müssen.

Die wenigsten **Einrichtungen** sind wirklich von A bis Z barrierefrei. Selbst wenn es bei Unterkünften ein behindertengerechtes Zimmer gibt, ist vielleicht die Tür zu schmal, oder es gibt Stufen zum Restaurant, oder die Wege sind sandig. Beim Bau von Rampen (und generell von rollstuhlgerechten Einrichtungen) fehlt oft das Verständnis für die Gesamtproblematik. So gibt es in Windhoek einige Rampen an den Bürgersteigen, die entweder zu steil, zu holperig oder zu rutschig sind.

Die Einstellung Behinderten gegenüber ist zwar sehr positiv, doch hapert es an vielen großen und kleinen Dingen, etwa dem Wissen um die erforderlichen Einrichtungen für Behinderte. Allerdings rücken behinderte Touristen und deren besondere Bedürfnisse mehr und mehr ins Blickfeld der Tourismusindustrie. Und: Je mehr behinderte Touristen nach Namibia kommen, desto größer wird das Interesse der Branche an der Problematik. Bislang müssen Behinderte und ihre Begleiter noch einen gewissen Pioniergeist aufweisen, aber es wird mit jedem Gast besser.

Schließt man sich einer **Reisegruppe** an, wird es die wenigsten Probleme geben. Im günstigsten Fall reist man mit einer geschlossenen Gruppe nach Namibia, wo die Teilnehmer sich schon vorher kennenlernen und aufeinander einstellen können. Dafür eignen sich Spezialreisen oder gesondert ausgeschriebene Reisen, beispielsweise Leser- oder Bankreisen. Pauschalreisen der großen Veranstalter erfordern mehr Risikobereitschaft seitens der Behinderten, da sich nicht voraussagen lässt, wie die anderen Teilnehmer reagieren werden. Viele Veranstalter bemühen sich, Rollstuhlfahrern zu helfen und die speziellen Erfordernisse zu beachten und an die Unterkünfte weiterzugeben. Oftmals fehlt es jedoch auch da an Wissen um die Herausforderungen, die das Reisen im Rollstuhl stellt. Vom Reisen mit den öffentlichen Verkehrsmitteln ist wegen der Enge und Unzuverlässigkeit ganz abzuraten. Der namibische Veranstalter Sunbird Tours, 💻 www.sunbirdtours.com, hat verschiedene rollstuhlfreundliche Touren für Namibia zusammengestellt.

Der südafrikanische Veranstalter Endeavour Safaris hat sich auf Reisen im gesamten südlichen Afrika für alle Arten von Behinderungen spezialisiert, die Reisen werden in englischer Sprache geführt, 💻 www.endeavour-safaris.com.

Eine **Selbstfahrertour** muss sorgfältig geplant sein. Fahrzeuge mit Handgas gibt es in Namibia nicht. Der einzige Autovermieter, der Fahrzeuge für Rollstuhlfahrer im Angebot hatte, hat diesen Service wegen mangelnder Nachfrage eingestellt. Allein mit dem Mietwagen durch Namibia zu reisen, wird also für Rollstuhlfahrer schon aus diesem Grund nicht möglich sein. Bei der Wahl des Mietwagens sollten Rollstuhlfahrer darauf achten, dass ausreichend Platz für den Rollstuhl zur Verfügung steht. Ein Hyundai Atos beispielsweise ist zu klein. Bei den Wagentypen ab Chevrolet Aveo und Daihatsu Terios ist der Platz schon ausreichend. Am besten immer nachfragen. Die Geländewagen und der VW-Bus oder Toyota Quantum sind relativ hoch, sodass man beim Einsteigen auf Hilfe angewiesen ist. Dafür bietet der Innenraum viel Platz.

Die **Unterkünfte** sollten vorher unbedingt über die Behinderung informiert werden, nur so können sie sich darauf einstellen. Für den Fall, dass es nur bedingt behindertengerechte Zimmer gibt, sollte zumindest ein Zimmer reserviert werden, das nah am Haupthaus liegt. In den jeweiligen Ortskapiteln sind behindertengerechte Unterkünfte in den Praktischen Tipps aufgeführt. Drei seien vorab erwähnt:

Tamboti Guesthouse (Sigi & Wolfgang Pack)
9 Kerby Street, Windhoek
✆ 061-235515, ✉ tamboti@mweb.com.na
🖳 www.guesthouse-tamboti.com
Wolfgang Pack ist selbst gelähmt. Erst nach seinem Unfall haben die beiden das Guesthouse aufgebaut, natürlich rollstuhlgerecht. Die Packs verreisen selbst immer noch viel. Außerdem übernachten immer wieder Behinderte bei ihnen, sodass ein reger Austausch über die aktuellen Möglichkeiten entsteht. Wolfgang und Sigi können daher viele nützliche Hinweise und Tipps geben. Wer also Informationen benötigt oder aber unterwegs Probleme hat, kann sich jederzeit an die beiden wenden, sie stehen gern für sämtliche Fragen zur Verfügung.

Gästefarm Ousema
Nördlich von Okahandja an der D 2404,
33 km östlich der B 1
✆ 067-306259, ✉ ousema@iway.na
🖳 www.farm-ousema.com
Hans-Ludwig Krönke ist seit seiner frühen Jugend an den Rollstuhl gebunden, daher wurde schon die elterliche Farm rollstuhlgerecht eingerichtet. Seit seine Frau Dorothea, die als Ärztin in Windhoek tätig war, auch auf der Farm ist, betreiben die beiden neben der Rinderfarm auf Ousema auch einen Gästebetrieb. Neben dem Einblick in das Farmleben gibt es für Besucher viel zu entdecken: von Fahrten mit dem Quadbike (eigens umgebaut) oder mit Kanus auf dem Farmdam über Ausflüge in die Umgebung bis hin zur farmeigenen Käseherstellung. Vor allem der Austausch mit den herzlichen Gastgebern wird einiges zur Stärkung der Lebensfreude beitragen.

Kempinski Mokuti Lodge
Am Von Lindequist Gate des Etosha National Park
✆ 067-229084, ✉ reservation.namibia@kempinski.com
🖳 www.kempinski.com/mokti
Wird aufgrund der guten, behindertengerechten Einrichtung immer wieder lobend erwähnt. Von den Wegen über das Restaurant bis hin zum Zimmer – hier können sich Rollstuhlfahrer problemlos bewegen. Es gibt zwei behindertengerechte Zimmer.

Zwei weitere hilfreiche Kontaktadressen: **Orthopaedic Centre** in Windhoek, ✆ 061-239034 oder ✆-Handy 081-3542223, ✉ orthonam@iafrica.com.na, Bell St, Ecke Rehobother St, kann bei jeglichen Problemen mit Rollstühlen helfen und bietet außerdem eine Zusatzausrüstung für Behinderte an.

Bei gesundheitlichen Problemen können sich Rollstuhlfahrer an **Dr. Anton Schröder**, ✆ 061-224847 oder ✆-Handy 081-1284445, ✉ richant@mweb.com.na, Hebenstreit Street, Ludwigsdorf Square Park, Windhoek, wenden. Er ist Allgemeinmediziner und hat sich in einer dreijährigen Zusatzausbildung auf Rückenmarksverletzungen spezialisiert.

Reiseveranstalter

Fast jeder Reiseveranstalter in Deutschland bietet Namibiareisen an, die in jedem Reisebüro zu buchen sind. Außerdem gibt es Spezialveranstalter, die persönliches Interesse an Namibia haben und durch oft langjährige Erfahrung individuell beraten können.

Im Folgenden eine Auswahl an Reiseveranstaltern im deutschsprachigen Raum, die bei der Planung der Namibiareise behilflich sind (zu

Veranstaltern in Namibia s. Kapitel Windhoek und Swakopmund, Abschnitt „Touren", S. 245 und S. 348).

Chamäleon Reisen
Pannwitzstr. 5, 13403 Berlin
✆ 030-3479960, ✉ info@chamaeleonreisen.de
💻 www.chamaeleonreisen.de
Spezialveranstalter für preiswerte Kleingruppenreisen mit guten Unterkünften. Hervorragende Landeskenntnis und -begeisterung, Unterstützung vielfältiger Projekte. Außerdem individuelle Arrangements im südlichen Afrika

TOUCAN Reisen
Grillparzerstr. 47, 22085 Hamburg-Uhlenhorst
✆ 040-22748184, ✉ info@toucan-reisen.de
💻 www.toucan-reisen.de
Spezialisiert auf individuelle Programme, sehr persönliche Betreuung in der Reiseplanung

Wikinger Reisen
Kölner Str. 20, 58135 Hagen
✆ 02331-904741, ✉ mail@wikinger.de
💻 www.wikinger.de
Wandertouren, Camping oder feste Unterkünfte, auch abseits der gewöhnlichen Routen

DSAR Reisedienst
Sandkaule 5–7, 53111 Bonn
✆ 0228-652929, ✉ info@dsar.de
💻 www.dsar.de
Traditionsreicher Spezialveranstalter für das südliche Afrika, Individualreisen, genau recherchierte Preise und maßgeschneiderte Angebote

Afrika Tours Individuell
Belgradstr. 9, 80769 München
✆ 089-32729288, ✉ info@afrika-tours.de
💻 www.afrika-tours.de
Seit über 40 Jahren auf das südliche Afrika spezialisierter Veranstalter; individuelle Beratung und Betreuung, effizient und kompetent. Zuverlässige Partner vor Ort, ausgesuchte Hotels und Lodges und eine engagierte Reisebetreuung

Diamir Erlebnisreisen
Berthold-Haupt-Str. 2, 01257 Dresden
✆ 0351-312077, ✉ info@diamir.de
💻 www.diamir.de
Aktivreisen mit Trekking und auch Bergsteigen in kleinen Gruppen, Campingtouren sowie Touren mit festen Unterkünften zu den Highlights und zu Besonderheiten des Landes

GET-UP-TOURS
Opferdinger Str. 17 a, 78183 Hüfingen
✆ 07707-988627, ✉ info@get-up-tours.de
💻 www.get-up-tours.de
Erfahrener Fachveranstalter, erstklassige Beratung, ausgefeilte Reiseprogramme mit handverlesenen Unterkünften

Traveldesign Lateinamerica & Afrika individuell
Lambergstr. 35, 83278 Traunstein
✆ 0861-165906, ✉ info@traveldesign.de
💻 www.traveldesign.de
Persönliche Beratung, Zusammenstellung von Individualreisen sowie Vermittlung von Gruppenreisen

Desert Team – Wüstenreisen
Jubiläumsstr. 91, 3005 Bern, Schweiz
✆ 031-3184878, ✉ info@desert-team.ch
💻 www.desert-team.ch
Abenteuerreisen, Camping

Cultoura Reisen
Badener Str. 621, 8055 Zürich, Schweiz
✆ 01-4506860, ✉ cultoura@cultoura.ch
💻 www.cultoura.ch
Spezialveranstalter, persönliche Betreuung

Karibik Inside – Reiseagentur Lubrich
Lockwitztalstr. 20, 01259 Dresden
✆ 0351-2003280, ✉ karibikins@aol.com oder info@karibikinside.de
💻 www.karibikinside.de
Die Spezialisten für die Karibik haben sich vor einigen Jahren auch dem südlichen Afrika zugewendet. Maßgeschneiderte Reisen verbinden Kundenwünsche und Landeskenntnis des Veranstalters.

Hirsch-Reisen
Erbprinzenstr. 31, 76133 Karlsruhe
☏ 0721-181118, ✉ Info@hirschreisen.de
🖳 www.hirschreisen.de
Das Firmenmotto „Reisen in guter Gesellschaft" wird im Konzept der Reise umgesetzt: Erholung für Geist und Körper, Kennenlernen neuer Kulturen und Länder, eindrucksvolle Landschaften im Kreise Gleichgesinnter erleben

schulz aktiv reisen
Bautzner Str. 39, 01099 Dresden
☏ 0351-266255, ✉ info@schulz-aktiv-reisen.de
🖳 www.schulz-aktiv-reisen.de
Geführte Aktivreisen nach Namibia und Botswana nach dem Motto „Dem Besonderen auf der Spur"

Outback Africa Erlebnisreisen
Am Südhang 10, 08645 Bad Elster
☏ 037437-53804, ✉ info@outback-africa.de
🖳 www.outback-africa.de
Spezialisiert auf geführte Reisen in kleinen Gruppen, auch Kombinationen mit Botswana. Von exklusiven Flugsafaris über rustikale Touren im Safari-Truck bis hin zu Allrad-Expeditionen in entlegene Gebiete

a&e reiseteam
Hans-Henny-Jahnn-Weg 19, 22085 Hamburg
☏ 040-27143470, ✉ info@ae-reiseteam.de
🖳 www.ae-reiseteam.de
Individuelle Fernreisen mit persönlicher Beratung

Schwule und Lesben

Homosexualität ist in Namibia ein sehr heikles Thema. Namibias ehemaliger Präsident und „Father of the Nation", Sam Nujoma, ist wegen seiner schwulenfeindlichen Äußerungen in der Vergangenheit wiederholt in die Kritik geraten. Vor wenigen Jahren wurde ein Vorfall öffentlich, bei dem Nujoma-Anhänger in Windhoek ein paar jungen Männern die Ringe aus den Ohren rissen. 2011 machte eine namibische Delegation den Standpunkt der Regierung auf einer UN-Menschenrechtskonferenz deutlich, dass gleichgeschlechtliche Beziehungen in Namibia zwar juristisch nicht verfolgt würden, jedoch weiterhin gesellschaftlich verpönt blieben, und dass eine Homo-Ehe völlig außer Frage stehe.

Dennoch gibt es für Schwule und Lesben keinen Grund, Namibia zu meiden. Nicht alle Namibier sind schwulenfeindlich. Der Übergriff wurde auf breiter Front verurteilt und die Angreifer festgenommen. Nujomas Äußerungen haben unter Betroffenen, Politikern und Teilen der Bevölkerung große Empörung hervorgerufen. Zwar gibt es von Regierungsseite immer mal wieder diskriminierende Äußerungen, die so haltlos sind, dass man fast schon schmunzeln muss (so meinte Nujoma, die Weißen hätten die Homosexualität erfunden, um die Schwarzen auszurotten), doch gehören diese ebenso zum „Programm" wie die ausländerfeindlichen, sprich anti-weißen Parolen, die bislang ohne Folgen blieben.

Schwule und Lesben können ohne Probleme durch Namibia reisen, wenn sie einige Regeln beachten. **Zurückhaltung in der Öffentlichkeit**, was den Austausch von Zärtlichkeiten anbelangt, ist angebracht. Öffentliches Küssen oder an den Händen halten kann ebenso aggressive Reaktionen provozieren wie betont schwules Auftreten. Auch Ohrringe und Piercings bei Männern sind in der Öffentlichkeit, besonders in den Städten, nicht unbedingt angezeigt. Zwar hat es bisher keine Übergriffe auf homosexuelle Touristen gegeben, wohl aber auf einheimische Schwule und Lesben. In den Unterkünften und Geschäften, in denen Touristen verkehren, haben Homosexuelle keine Diskriminierung zu befürchten. Ian Swartz, Projektkoordinator des leider nicht mehr existierenden Rainbow Projektes, nennt als wichtigsten Ratschlag für homosexuelle Touristen: „Don't appear too gay."

Sicherheit

Namibia ist ein sicheres Reiseland – es gilt als eines der sichersten afrikanischen Länder. Leider hat die Kriminalität in den vergangenen Jahren jedoch auch in Namibia dramatisch zugenommen. Vergehen gegen Touristen kommen vergleichsweise selten vor. Hauptsächlich sind Touristen von Taschendiebstählen in den Städten betroffen. Vermeintliche Ruhe und Sicherheit führen häufig zu Unachtsamkeit. Die für alle Länder der Dritten Welt angebrachte Vorsicht, Wachsamkeit und der gesunde Menschenverstand sollten auch in Namibia nie erlahmen. Vorsicht geboten ist grundsätzlich an Bankautomaten, in Einkaufszentren und auf Souvenirmärkten sowie an Tankstellen. Sollte es ortsspezifische unsichere Gegenden geben, ist dies in den entsprechenden Ortskapiteln vermerkt.

Diebstahl und Überfälle

In Windhoek und Swakopmund gibt es einige, mitunter wechselnde Gegenden, in denen Gangsterbanden Touristen auflauern. So kommt es immer wieder zu Zwischenfällen mit vermeintlichen Zeitungsverkäufern, vor allem im Zentrum Windhoeks. Wer nur eine einzige Zeitung in der Hand hält, ist kein Zeitungsverkäufer, hat also andere Absichten. Unterkünfte und Souvenirläden können über die jeweils gefährlichen Gebiete Auskunft geben.

Die Polizei hat an den Orten, wo es häufig zu Übergriffen kommt, die Zahl der Polizisten verstärkt und Überwachungskameras eingesetzt. In den Geschäftszentren gibt es viel uniformiertes Sicherheitspersonal.

Es gibt jedoch keine sogenannten *no-go areas* wie beispielsweise in Südafrika oder Zimbabwe. Gerade in Katutura und anderen Townships werden die Reisenden freundlich behandelt. Trotzdem empfehlen sich Touren dorthin nur organisiert.

Achtung bei Taxis: Generell sollte nur in telefonisch vorbestellte Taxis gestiegen werden. Am besten nutzt man einen Shuttle Service (S. 110).

Neben den üblichen **Vorsichtsmaßnahmen**, wie auf mögliche Diebesbanden zu achten und gefährliche Plätze (auf die in den Ortsbeschreibungen eingegangen wird) zu meiden, gelten dieselben Grundregeln wie überall auf der Welt:

- angesichts der immensen sozialen Unterschiede nicht noch zusätzlich Neid wecken;
- so wenig Bargeld wie möglich dabeihaben;
- notwendiges Bargeld und wichtige Dokumente unter der Kleidung in einem Geldgürtel tragen;
- nie Bargeld im Hotelzimmer lassen (im Hotelsafe verschließen);
- wertvollen Schmuck und Uhren zu Hause lassen;
- Taschen und Rucksäcke mit doppelter Umhängesicherung tragen, damit diese nicht runtergerissen werden können;
- Kamerataschen nicht achtlos am Boden stehen lassen, wenn gerade das spektakulärste Urlaubsbild gemacht werden soll;
- Gepäck und Einkäufe nie unbeaufsichtigt stehen lassen;
- nie einen voll beladenen Mietwagen stehen lassen, und sei es auch nur für eine Minute;
- besonders an Tankstellen auf das Gepäck im Wagen und auf die Handtasche achten – im Gewühl stiehlt es sich leicht, auch bettelnde Kinder greifen schnell mal ins Fahrzeug;
- nicht an Geldautomaten an der Straße oder im Einkaufszentrum Geld abheben, sondern lieber in eine Bankfiliale gehen.

An den Rastplätzen entlang der großen Verbindungsstraßen ist es in jüngerer Vergangenheit vermehrt zu Überfällen gekommen. Insbesondere an den Rastplätzen in der Nähe größerer Ortschaften (Okahandja und Otjiwarongo sind hier besonders negativ aufgefallen) lauern Banden Ruhe suchenden Touristen auf. Daher für Pausen lieber die Rastplätze in großer Entfernung von

Sicherheitshinweise zu Namibia

Deutschland (Auswärtiges Amt)
www.auswaertiges-amt.de/DE/Laender informationen/00-SiHi/NamibiaSicherheit.html
Schweiz (Eidgenössisches Departement für auswärtige Angelegenheiten)
www.eda.admin.ch/eda/de/home/travad/hidden/hidde2/namibi.html
Österreich (Außenministerium)
www.bmeia.gv.at/aussenministerium/buergerservice/reiseinformation/a-z-laender/namibia-de.html

Notruf

Die **Notfallnummer** für ganz Namibia ist die 10111. Hier wird man zur nächsten Polizeistation vermittelt, die alle weiteren Helfer informiert.

den Städten aufsuchen oder besser noch Rastplätze vollständig meiden und sich zwischendurch ein eigenes Plätzchen suchen.

Falls es doch zu einem Diebstahl kommt, sollte dieser bei der nächsten Polizeistelle angezeigt werden. Die Polizei wird nichts mehr bewirken können, aber schon die Art und Weise, wie das Protokoll gefertigt wird, ist ein Erlebnis der besonderen Art. Es ist jedoch wichtig, alles zu melden, um die Behörden auf derartige Vorfälle aufmerksam zu machen.

Das Protokoll verdient diesen Namen nicht, für die Schadensforderung bei der Reisegepäckversicherung muss entweder vom Reiseveranstalter oder von der Unterkunft noch ein Protokoll geschrieben werden. Im Notfall schildert man selbst den Hergang.

Der namibische Reiseveranstalterverband bittet um Informationen über alle kriminellen Vorkommnisse, auch kleinere Delikte wie Diebstahl im Hotelzimmer, um kriminelle Verhaltensmuster zu erstellen und entsprechende Warnungen zu verfassen: **Tour and Safari Association (TASA)**, ✆ 061-238423, ✉ info@tasa.na, 💻 www.tasa.na. Widerfährt einem ein solches Vorkommnis in Windhoek, wird dieses nicht bei der TASA, sondern direkt bei der City Police, Mr. Kellermann, ✆ 061-2903566, ✉ jck@windhoekcc.org.na, gemeldet.

In Windhoek gibt es inzwischen eine eigene, recht effektive Stadtpolizei, die solche Fälle weiterverfolgt.

Polizei

In Namibia gibt es häufig Straßensperren. An den Zufahrtsstraßen nach Windhoek (auch an den Hauptrouten vom Osten/Flughafen, vom Norden/Okahandja und vom Süden/Rehoboth) sind permanente Verkehrskontrollen eingerichtet, außerdem vor Walvis Bay, Swakopmund und anderen größeren Städten. Die Straßensperre nördlich des Etosha Park bei Oshivelo hat schon lange Tradition. Hier werden an der sogenannten Roten Linie, einem Veterinärzaun, der quer durch Namibia von West nach Ost verläuft, tierärztliche Kontrollen durchgeführt.

Im Allgemeinen sind die Beamten entweder sehr freundlich oder aber desinteressiert. In einzelnen Fällen kommt es jedoch zu langwierigen Kontrollen. Dann müssen alle Gepäckstücke aus dem Fahrzeug geladen werden, Koffer werden geöffnet, oder es wird gar die Weiterfahrt ohne Angabe von Gründen verweigert – das ist jedoch die absolute Ausnahme. Außerdem gab es Vorfälle, bei denen Touristen entweder unverblümt zur **Bestechung** aufgefordert oder gar gleich abkassiert wurden. Hier sollte man sich nicht provozieren lassen, sondern freundlich und bestimmt auftreten, sich unbedingt den Namen des Beamten aufschreiben, außerdem die genaue Uhrzeit und Datum und dies unverzüglich bei der nächsten Polizeidienststelle melden. Auch bei diesen Vorfällen ist es für die hiesige Tourismusindustrie von großem Wert, wenn sie der TASA, ✆ 061-238423, ✉ info@tasa.na, 💻 www.tasa.na, gemeldet werden.

Wilde Tiere

Alle Tiere können gefährlich werden, wenn man sich nicht angemessen verhält. Daher sollte man vor allem ausreichenden Abstand halten, das gilt auch bei vermeintlich zahmen Tieren auf den Farmen. Hinweise zum Verhalten gegenüber wilden Tieren im Abschnitt Verhaltenstipps.

Sport und Aktivitäten

Die Auswahl an Aktivitäten, die in Namibia angeboten werden, ist sehr groß. **Tierbeobachtungen** stehen bei vielen Namibiareisenden sicherlich ganz oben auf der Wunschliste – dafür bietet sich natürlich der Etosha Park an, aber auch viele Lodges und Gästefarmen. Die Aktivitäten, die von Lodges und Gästefarmen offeriert werden, sind entweder im Übernachtungspreis eingeschlossen oder separat zu zahlen. Üblich sind zwei Arten von Rundfahrten: Bei den *Game Drives* (am ehesten mit „Wildbeobachtungsfahrten" zu übersetzen) gilt es, große und kleine Tiere zu entdecken. Bei den *Scenic Drives* (Fahrt auf landschaftlich schöner Strecke) lässt man sich von der Landschaft verzaubern.

Es lohnt sich, rechtzeitig bei den Unterkünften anzukommen, um an den Rundfahrten teilnehmen zu können. In der namibischen Winterzeit beginnen diese meist um 15 Uhr, im Sommer um 16 Uhr. Auf einigen Lodges werden geführte Wanderungen unternommen, bei denen man vieles über die kleinen und großen Dinge im Busch erfährt *(guided nature walks)*. In anderen Unterkünften kann man sich auf angelegten Wanderwegen nach langen Fahrten die Beine vertreten.

Bei den Lodges im Kavango und Caprivi kommen Aktivitäten auf den Flüssen hinzu, Bootspirschfahrten, *Sundowner Cruises* (Bootsfahrten zum Sonnenuntergang) und Angeltouren. Bei einer Fahrt im *Mokoro*, dem Einbaumboot der Einheimischen, ist die Schönheit der Wasserwelt ganz in Ruhe zu genießen.

Für Abenteuerlustige bieten Swakopmund und Walvis Bay das breiteste Angebot (s. Regionalkapitel). Windhoek und Umgebung hat diesbezüglich ebenfalls einiges zu bieten.

Die Unterkunft mit dem breitesten Aktivitätsangebot ist die **Kunene River Lodge**, sie liegt 61 km westlich der Ruacana Falls und 100 km östlich der Epupa Falls am Ufer des Kunene. Hierher fährt man, um etwas zu erleben, die Unterkunft an sich ist eher einfach. Die Hauptattraktion ist Rafting auf dem Kunene. Außerdem werden Sundowner Cruises, Kanutrips, Angeltrips, Mountain Biking und mehr angeboten. Kontakt: Kunene River Lodge, ✆ 065-274300, ✉ kunene@resdest.com (für Buchungen), 💻 www.kuneneriverlodge.com, bei Swartbooisdrift am Kunene. Anfahrt in der Trockenzeit mit einem Pkw möglich, Geländewagen vorteilhaft, in der Regenzeit ein Muss!

Wellness ist auch in Namibia im Kommen. Zwar bezeichnen manche Lodges schon einen Swimmingpool und Massagen als Wellness, doch gibt es andere, die mit einem richtigen Spa und Komplettprogramm aufwarten, S. 100.

Tagestouren und Ausflüge

Insbesondere für diejenigen, die Namibia allein im Mietwagen erkunden, sind Tagestouren eine sehr gute Möglichkeit, in kurzer Zeit viel über das Land und seine Bewohner zu erfahren. Auch wer einen guten Reiseführer hat, kann ihn doch nicht immer von A bis Z lesen – so ist ein Gespräch mit erfahrenen Einheimischen oft äußerst aufschlussreich.

Zu den Ausflügen gehören die oben genannten Rundfahrten auf den Lodges und Gästefarmen. Hier kann man Glück haben und einen bewanderten Guide erwischen. Auf vielen Lodges werden die Rundfahrten jedoch von sehr jungen Mitarbeitern durchgeführt, die zwar engagiert, aber eben nicht so erfahren sind. Auf Überraschungen kann man dennoch immer gespannt sein.

Bei Tagestouren von den Städten aus gilt es Dinge zu entdecken, die abseits der eigenen Route liegen. Informationen und Veranstalter sind in den jeweiligen Ortskapiteln zu finden.

Der kundige Reiseleiter Tom Breckwoldt, ✆-Handy 081-1298105, bietet im Gebiet um **Windhoek**, hauptsächlich am Avis Dam, **Birdwatching-Touren** an, N$300 p. P., Dauer 2 Std. Im NamCrafts Centre hat er einen kleinen Stand, wo über diese Tour sowie über die Windhoek City Tour Näheres zu erfahren ist.

An dieser Stelle seien die Touren von Georg Erb in Swakopmund erwähnt. Mit seiner **Swakop Tour Company**, ✆ 064-404088, ✆-Handy 081-1242906, ✉ proverb@mweb.com.na, 💻 www.swakoptour.com, hat sich der erfahrene Reiseleiter, der jahrelang Touren durch das ganze Land begleitet hat, selbstständig gemacht. In Swakopmund aufgewachsen, wollte er nunmehr intensive Kurztouren für interessierte Landesbesucher anbieten. Seine umweltbewussten, von ihm persönlich begleiteten Wüstentouren werden in kleinen Gruppen durchgeführt, was Individualität garantiert. Da bleibt dann auch Raum für Fragen, die sich während der Reise angesammelt haben. Georg Erb kann auf individuelle Wünsche und Interessen eingehen und fährt abseits der normalen, für Selbstfahrer zugänglichen Pfade. Die 5-stündige „Klippspringer-Tour" in die Wüste kostet

Spannender Ausflug: Die Wüste lebt

Eine spannende Halbtagestour zum Leben in den Dünen südlich von Swakopmund bietet Chris von **Living Desert Adventures**, ✆ 064-405070, ✆-Handy 081-1275070, ✉ nature@iafrica.com.na, 🖳 www.livingdesertnamibia.com. Die Tour steht unter dem Motto „Lebenskreislauf der Namib-Wüste". Dank seines umfangreichen Wissens kann Chris viel Interessantes über das Leben in der ältesten Wüste der Welt erzählen. Chris, der mit Leib und Seele Naturschützer ist, bemüht sich um den Erhalt der Dünenwelt. Eine Spur vom Quadbike oder Allradfahrzeug wird im Dünensand schnell verweht, kann jedoch für die darunter wohnenden Lebewesen das Ende bedeuten. Von den Geröllflächen verschwindet eine solche Spur wahrscheinlich nie. Deshalb benutzt Chris auf seiner Tour ausschließlich die bestehenden, ausgefahrenen Spuren.

An einer der ersten Dünen eröffnet sich ein überraschend komplexes Ökosystem, das ein anschauliches Beispiel für die wechselseitige Abhängigkeit allen Lebens bietet. Was nach unverwertbaren Pflanzenresten aussieht, bildet zusammen mit dem Feuchtigkeit spendenden Nebel die Nahrungsgrundlage in den Dünen. Gefressen wird dieses „Wüstenmüsli" unter anderem von den Silberfischen, die den nächsten Baustein der Nahrungskette darstellen.

Chris taucht buchstäblich in den Sand, um eine *white lady* zu präsentieren. Diese Spinne purzelt bei Gefahr Rad schlagend mit Hochgeschwindigkeit die Düne hinunter. Unten angekommen, nimmt sie blitzartig ihre Verteidigungsstellung ein. Diese trug ihr das Attribut „tanzende Radspinne" ein, da man den Eindruck gewinnt, sie würde im Tanz innehalten.

Anhand von feinsten, nur für Profis zu erkennenden Spuren findet Chris die Behausung eines Palmato-Geckos. Das transparent wirkende Wesen ist in schönsten Pastellfarben gezeichnet. Die Zehen sind mit Schwimmhäuten ausgestattet, was dem Palmato das Leben in den Dünen ermöglicht. Es ist herzerwärmend zu beobachten, wie sich der Gecko wieder mit allen vier Füßchen in den Sand eingräbt.

Das Namaqua-Chamäleon sieht richtig urzeitlich aus. So langsam, wie es sich über die Flächen bewegt, hält es doch den Geschwindigkeitsrekord in seiner Art. Anders als seine Artgenossen, die auf Bäumen leben, hat es weite Strecken auf heißem Boden zurückzulegen.

Die Sandviper, *sidewinding adder*, ist viel kleiner als erwartet. Wie Chris die beiden Augen, die als einziges Körperteil der Schlange aus dem Wüstensand ragen, erkennen kann, bleibt ein Rätsel.

Der Gedanke, dass diese und noch viele weitere Tiere ausschließlich auf diesem kleinen Fleckchen Erde leben, ist ehrfurchtgebietend. Kosten N$650 p. P., Kinder bis 12 Jahre N$325.

Ein weiterer, erfahrener Veranstalter einer solchenTour ist **Tommy's Tours and Safaris**, ✆ 064-461038, ✆-Handy 081-1281038, ✉ tommys@iway.na, 🖳 www.livingdeserttours.com.na.

N$750 p. P.; die 2 1/2-stündige „Dunes-of-the-Namib-Tour" (N$550 p. P.) führt in die Dünen außerhalb Swakopmunds, um dort das Licht- und Schattenspiel der untergehenden Sonne zu erleben.

Eine der ungewöhnlichsten Aktivitäten nahe Swakopmund wird vom Deutschen Henrik May angeboten: **Dune-Skiing**, ✆-Handy 081-4720343, ✉ henrik@ski-namibia.com, 🖳 www.ski-namibia.com. In den Dünen von Swakop bietet er Abfahrtski und Skilanglauf an. Seit Juli 2003 kann jeder Skibegeisterte die 160 m lange Abfahrtsfläche hinuntersausen. Wie oft man an einem Tag die Düne herunterfährt, hängt von der eigenen Fitness ab, denn der Aufstieg erfolgt zu Fuß. Ski, Schuhe sowie Beratung sind im Preis inbegriffen. Kosten 100 € p. P.

Erlebnisse ganz anderer Art versprechen Touren in die Townships Katutura (Windhoek) und Mondesa (Swakopmund). Hier begegnet man Einheimischen unterschiedlicher Herkunft und erhält Einblicke in das Leben mit- und nebeneinander sowie in Kultur und Traditionen.

Hata-Angu Cultural Tours, ✆ 064-461118, ✆-Handy 081-1246111, ✉ hata-angu@mail.na, 🖳 www.hata-angu.com und 🖳 www.cultural

activities-namibia.com, ist in Swakopmund ansässig. Michelle und Raymond Inichab unternehmen einen Spaziergang durch Mondesa, bei dem verschiedene Aspekte des Alltags thematisiert werden. Im Lumbumbashi Restaurant wird eine traditionelle Ovambo-Mahlzeit serviert. Der Besuch eines Kindergartens steht auf dem Programm der Vormittagstour, am Nachmittag versprühen die OB Street Dancing Girls viel Lebensfreude bei der Aufführung traditioneller Ovambo-Tänze. Ein Großteil des Tourpreises von N$500 p. P. fließt der Gemeinde zu.

Hata-Angu bietet inzwischen auch Sandboarding im „African Style" an, vormittags mit leichtem Mittagessen am Strand oder nachmittags mit Sundowner und Snacks, N$400 p. P. Wer nicht so fit ist, kann mit einem Quadbike auf die Düne gefahren werden, N$150.

Wer den Wüstenelefanten, -löwen und schwarzen Nashörnern einen Besuch abstatten möchte, bucht über **Ondjamba Safaris**, ✆ 064-461068, ✆-Handy 081-1294643, ✉ ondjamba@ondjamba.com.na, 💻 www.ondjamba.com.na, eine Tour mit Dieter Risser. Diese beginnt in Swakopmund und beinhaltet drei Nächte Camping in der Nähe des Kunene. Die Route richtet sich dabei ganz nach den Tieren, es gibt keine festen Campingplätze. Im Jahr gibt es für dieses Abenteuer im Allgemeinen neun feste Termine. Aufgrund der nur geringen Teilnehmerzahl (zwei bis zehn Personen) empfiehlt sich eine frühzeitige Buchung. Der Preis richtet sich nach Teilnehmerzahl und Route.

Wandern

Gibt es eine bessere Möglichkeit, ein Land hautnah zu erleben und kennenzulernen, als es zu Fuß zu durchstreifen? Namibia bietet mit fast immerwährendem Sonnenschein und seinem trockenen Klima ausgezeichnete Wanderbedingungen. Als Herausforderung für Wanderlustige gilt die viertägige Wanderung im Fish River Canyon. Beim Besteigen der Dünen im Sossusvlei geht einem im wahrsten Sinne des Wortes die Puste aus. Viele Veranstalter haben Wanderreisen im Programm. Die Palette reicht von leichten Spaziergängen auf angelegten Wanderwegen über lange Wanderungen ohne angelegten Wanderweg bis zu hartem Trekking. Im Allgemeinen wird auf diesen Touren gezeltet, um Wandern in abgelegenen Gebieten zu ermöglichen. Für diejenigen, die nicht gern zelten, aber trotzdem wandern möchten, gibt es ausgezeichnete Lodge-Wandertouren. Hierbei ist die Kenntnis des Veranstalters entscheidend. Bei jeder Wanderung ist ausreichend Trinkwasser mitzunehmen. Eine Selbstverständlichkeit sollte es sein, nirgends Abfall liegen zu lassen. Wer auf eigene Faust eine Wanderung unternimmt, meldet sich ab und wieder zurück. Nur dann wird man im Fall des Verlaufens vermisst und kann gesucht werden.

Alle Wanderungen sollten in bequemen, am besten knöchelhohen Wanderschuhen unternommen werden – neue Schuhe, die irgendwo drücken, könnten einem die Wanderung gründlich verderben. Sonnencreme, Insektenschutzmittel und ein Hut sind unentbehrlich. Kontaktlinsen sind in der sandigen und trockenen Wüste ungeeignet, lieber eine (Sonnen-)Brille tragen.

Wanderrouten

In Namibia gibt es in einigen Nationalparks feste Wanderrouten, *Hiking Trails*, die in mehreren Tagen, begleitet oder unbegleitet, zurückgelegt werden. Diese Wanderungen müssen bei Namibia Wildlife Resorts, Central Reservations (Adresse S. 120) vorgebucht werden. Die Kosten liegen zwischen N$150 und N$300 p. P.

Bei allen mehrtägigen Wanderungen erhält man bei der Buchung (manchmal auch erst bei Bezahlung) ein Formular für ein medizinisches Gutachten, das von einem Arzt ausgefüllt werden muss. Vor Beginn der Wanderung gibt man das Gutachten im Büro am Ausgangspunkt ab. Das Gutachten darf nicht älter als 40 Tage sein. Eine Erklärung, dass man die Wanderung auf eigene Verantwortung unternimmt, muss hier ebenfalls unterschrieben werden *(indemnity form)*.

Die Campingausrüstung muss mitgebracht werden. Wasser ist dabei das Wichtigste, Nahrungsmittel und eine Notfallapotheke müssen ebenfalls mit. Wer dann noch Kraft hat, nimmt Schlafsack, Zelt und Sonstiges mit. Idealerweise sollte das Gepäck nicht mehr als 10 kg wiegen, variabel nach körperlicher Kondition.

Die bekannteste Wanderroute Namibias ist der rund 85 km lange **Fish River Canyon Hiking Trail** durch den Fish River Canyon (S. 280). Der Trail beginnt beim Hauptaussichtspunkt, 10 km entfernt von Hobas, und endet in Ai-Ais. Der Abstieg in den Canyon über loses Geröll ist die erste große Herausforderung. Danach heißt es: durchhalten. Vier bis fünf Tage werden im Allgemeinen für die Strecke durch eines der größten Naturwunder Afrikas benötigt. Die ersten 16 km bis Palm Springs sind am schwierigsten, da man zum Teil über große Felsen klettern muss. Gleichzeitig ist dieser Teil landschaftlich am schönsten. Daher lohnt es sich, dafür genügend Zeit einzuplanen. Im Canyon wird es selbst in den Wintermonaten sehr heiß, Wasser steht nur bedingt in Form von schlammigen Pfützen zur Verfügung.

Der Trail ist nur in der kalten Jahreszeit, vom 1. Mai bis zum 15. September, geöffnet. Die Wandergruppe muss aus mindestens drei und maximal 30 Personen bestehen. Kinder unter zwölf Jahren dürfen nicht mit. Die Wanderung ist sehr beliebt und muss deshalb lange im Voraus gebucht und bezahlt werden.

Vor der Wanderung übernachtet man am besten auf dem Hobas Campingplatz oder im nahe gelegenen Cañon Roadhouse. Der Transport zum Hauptaussichtspunkt muss selbst organisiert werden, ebenso der Rücktransport von Ai-Ais. Das Roadhouse ist gegen Bezahlung dabei behilflich. Jegliche Verpflegung und Ausrüstung muss vom Wanderlustigen selbst mitgenommen werden. Wasser, Sonnenschutz und Hut dürfen keinesfalls vergessen werden, ein Zelt ist dagegen nicht unbedingt nötig. Es ist streng verboten, den Abstieg in den Canyon ohne die nötigen Papiere zu unternehmen. Zu vielen Touristen ist schon etwas passiert, von Dehydrierung bis zum Herzinfarkt.

Im Gondwana Park im nördlichen Teil des Fish River Canyons kann auch ohne das Tragen schweren Gepäcks gewandert werden. Bei Mule Trails Namibia übernehmen Maulesel das Tragen des Gepäcks und der Ausrüstung während des Trails. Ein ausgebildeter Guide erklärt unterwegs Geologie, Flora und Fauna des Fish River Canyon. Je nach Wunsch wird in Zelten oder unter freiem Himmel übernachtet. Es gibt zwei verschiedene Wanderungen – Fish Eagle und Klipspringer Trail – von vier und fünf Tagen. Diese finden ab zwei Teilnehmern zwischen April und September statt. Die Preise liegen zwischen N$5500 und N$6500 p. P. Beide Trails können einschließlich des Transfers von Windhoek gebucht werden. Buchungen bei Gondwana Travel Centre, ✆ 061-230066, ✆-Handy 081-1292424, ✉ info@mule-trails-namibia.com, 💻 www.gondwana-collection.com/the-fish-river-canyon-experience/activities/canyon-mule-trekking.

Die Fish River Lodge bietet ebenfalls eine fünftägige Wanderung im Canyon oberhalb des Fish River Canyon Park an. Die erste und letzte Nacht wird in der Lodge übernachtet, die drei Nächte zwischendrin im Zelt. Der fröhliche Wanderer hat einzig und allein sich selbst und sein Wasser zu tragen, für alles andere wird gesorgt, sogar bekocht wird er unterwegs. Zeitraum: April bis September, Infos und Buchungen bei ✉ reservations@fishriverlodge.com.na, 💻 www.fishriverlodge-namibia.com.

Im **Naukluft-Gebirge** (S. 318), das zum Namib-Naukluft Park gehört, gibt es kurze und lange Wanderrouten. Ausgangspunkt ist immer der Naukluft-Campingplatz. Je nach Zeit und Fitness kann hier der passende Wanderweg gewählt werden. Das Gebiet besticht durch tiefe Schluchten, Höhlen und sprudelnde Quellen. Hier leben verschiedene Antilopen, Besonderheit des Parks ist jedoch das Hartmann (Berg-) Zebra.

Der gesamte **Naukluft Hiking Trail** ist 120 km lang und dauert acht Tage. Besonders die zweite Hälfte des Trails ist recht anspruchsvoll. Wer zu wenig Zeit hat oder sich nicht zu sehr verausgaben möchte, macht nur die halbe, viertägige Tour und lässt sich von Freunden bei Tsams-Ost (etwa auf halber Strecke) abholen. Der Trail ist vom 1. März bis zum dritten Freitag im Oktober geöffnet. Die Gruppengröße beträgt mindestens drei und maximal zwölf Personen. Die Wanderungen dürfen nur dienstags, donnerstags und samstags während der ersten drei Wochen des Monats gestartet werden. Unterwegs gibt es Campingplätze und Wasser.

Es gibt außerdem zwei kürzere Wanderwege, die ganzjährig begehbar sind. Diese Wanderungen sind im Campingplatzpreis eingeschlossen und stehen auch Tagesbesuchern offen. Der Waterkloof Trail (= Wasserschlucht) ist 17 km lang. Man braucht dafür 6–8 Stunden. Der Weg ist mit gelben Fußspuren markiert. Der Olive Trail ist 10 km lang und mit weißen Farbklecksen gekennzeichnet. Die schöne Wanderung, die eher etwas für den geübten Wanderer ist, führt auf das Plateau und durch die Köcherbaumschlucht. Dafür muss man 4–5 Stunden einplanen. Am Ende ist ein kurzes Stück anspruchsvoller und erfordert Schwindelfreiheit: Hier hangelt man sich an einer Kette am Fels entlang.

Weniger bekannt ist die Wanderung im **Ugab Rivier** an der Südgrenze des Skeleton Coast Park. Diese dauert drei Tage, erstreckt sich über 50 km und wird immer von einem Beamten des Ministry of Tourism begleitet. Die Wanderung startet von April bis Oktober an jedem zweiten und vierten Dienstag im Monat bei einer Mindestteilnehmerzahl von sechs und maximal acht Personen. Es wird empfohlen, die Nacht vor der Wanderung auf dem Campingplatz von Meile 108 zu verbringen. Neben der ungewöhnlichen Landschaft können mit etwas Glück Zebras, Springböcke, Oryx-Antilopen, Nashörner und Löwen (!) beobachtet werden.

Am **Waterberg Plateau Park** gibt es mehrere Wanderwege. Der Waterberg Wilderness Trail wird von einem Beamten begleitet, ist 50 km lang, dauert vier Tage und startet jeden zweiten, dritten und vierten Donnerstag des Monats von April bis November. Der Waterberg Trail ist unbegleitet, nimmt ebenfalls etwa vier Tage in Anspruch und führt über 42 km zum Teil an der Steilkante des Berges entlang und zwischen einmaligen Sandsteinformationen hindurch. Die Wanderung kann nur im Zeitraum von April bis November, beginnend am Mittwoch, unternommen werden. Empfohlen wird eine Gruppengröße von mindestens drei, maximal zehn Wanderern. Der Mountain View Trail ist ein kurzer Kletterpfad zur Kante des Waterbergs. Mit mittlerer Kondition braucht man etwa eine Stunde reine Wanderzeit für den Auf- und Abstieg.

Schöne Wanderwege gibt es im **Daan Viljoen Game Park**, nur 24 km außerhalb Windhoeks (S. 252). Der Sweet Thorn Trail ist 32 km lang und kann in zwei Tagen bewältigt werden. Er führt durch ein Gebiet, das sonst nicht besucht werden kann. Eine willkommene Abwechslung zu den vielen Stunden, die während einer Namibiareise im Auto verbracht werden, ist der 9 km lange Red Bushwillow / Rooibos Trail. Er führt über den höchsten Punkt des Parks, von dem aus man einen schönen Blick auf das im Tal liegende Windhoek hat. Einfacher ist der nur 3 km lange Buffalo Thorn / Wag'n Bietjie Trail. Er führt entlang eines historischen Damara-Friedhofs bis zum Stengel Dam.

Eine begleitete dreitägige Wanderung durch die Dünenwüste im privaten NamibRand Nature Reserve (S. 314) macht **Tok Tokkie Trails**, Buchungen bei Unlimited Travel, ✆ 061-264521, ✉ toktokkie@toktokkietrails.com, 💻 www.toktokkietrails.com. Kosten einschließlich der Mahlzeiten ab etwa N$3000 p. P. pro Nacht, je nach Saison. Da diese Wanderung sehr beliebt ist, empfiehlt sich eine frühzeitige Buchung. Von Dezember bis Februar werden aufgrund der Hitze keine Wanderungen durchgeführt.

Der Veranstalter Safaris Unlimited (im selben Büro wie Unlimited Travel), ✆ 061-264521, ✉ hiking@mweb.com.na, 💻 www.trailhopper.com, bietet unter dem Namen **Trail Hopper** verschiedene mehrtägige Wandertouren an, die sich auch gut als Baustein eignen. Die Wanderungen werden nur in den kühleren Wintermonaten durchgeführt, von Mitte September bis Mitte April werden die Touren nicht angeboten. Aktuelle Preise und Abfahrtszeiten sind auf der Website zu erfahren.

Marathonlauf

Marathonläufe werden in Namibia ebenfalls veranstaltet. Ansprechpartner für Teilnahme und Termine ist Frank Slabbert, ✆ 064-405788, ✆ Handy 081-2403383, ✉ fatslab@iafrica.com.na. Es finden mehrere Marathonläufe über verschiedene Distanzen statt, beispielsweise zwischen Swakopmund und Walvis Bay, an der Spitzkoppe sowie am Fish River.

Im Gebiet des Sossusvlei gibt es jährlich ein sportliches Highlight: 100 km of Namib Desert, ein Lauf durch die Namib-Wüste. **ZITO-WAY Sport & Adventure**, ✆ 0039-059-359813, 💻 www.100kmofnamibdesert.com, veranstaltet jedes Jahr diesen Wettbewerb, der vier Tage dauert und sich über eine Distanz von etwa 100 km erstreckt. Eine der Tagesetappen umfasst die klassische Marathondistanz von 42,195 km. Jeder Läufer führt aufgrund der extremen klimatischen Verhältnisse und schwierigen Streckenbedingungen einen Rucksack mit 1 l Wasser und einem Notfallset mit sich. Außerdem werden auch Triathlon, Duathlon und Half Iron veranstaltet; Informationen unter 📧 swakop@otbsport.com.

Klettern

In Namibia gibt es einige Stellen, an denen man sich in der Kletterkunst üben kann. Fast jeder Berghang lädt zum Erklimmen ein, von oben hat man meist einen herrlichen Blick in die unendliche Weite.

Das ultimative Kletter-Eldorado Namibias ist die **Spitzkoppe**, auch „Matterhorn Namibias" genannt. Dieser Berg aus Granit steht einsam in der Landschaft und wird daher als Inselberg bezeichnet. Die Spitzkoppe bietet Ungeübten kleine Hügel, die relativ einfach zu besteigen sind. Von oben kann man den faszinierenden Ausblick auf die Namib genießen. Erfahrene Kletterer haben auf Sportkletterrouten und auf klassischen großen Routen die Möglichkeit, ihr Können zu erproben. Für die Spitzkoppe gibt es ein Routenbuch: *Spitzkoppe & Pontoks, a Climbers Guide by Eckhardt Haber*. Das Buch ist allerdings immer mal wieder vergriffen. Informationen zu Klettermöglichkeiten in Namibia erhält man beim Mountain Club South Africa, Namibia Section, 📧 secretary@mcsa.org.za, 💻 http://cen.mcsa.org.za.

Südlich von Windhoek hat der Mountain Club ein eigenes Sportklettergebiet eingerichtet, den Harmony Crag. Das Gebiet und weitere Kletterwände liegen auf privaten Farmen, daher ist immer erst mit dem Mountain Club Kontakt aufzunehmen, der seinerseits Verbindung zum Farmer aufnimmt. Außerdem gibt es einige weitere kleine Sportklettergebiete im Erongo-Gebirge wie beispielsweise auf der Ameib Ranch und Omandumba West.

Eine noch größere Herausforderung ist der **Brandberg**. Namibias höchster Gipfel, der Königstein im Brandberg, kann nur auf einer mehrtägigen Tour bezwungen werden. Eine genaue Kenntnis der wenigen Wasserstellen ist Voraussetzung für diese Wanderung, weshalb man sie nur unter fachkundiger Führung unternehmen sollte.

Die **Vingerklip** soll nicht unerwähnt bleiben – auch wenn sie leider auf Verfügung der Farmerin nicht mehr bestiegen werden darf. Sie ist ein Sandsteinkonglomerat im Tal der Ugab-Terrassen, mit einem Umfang von 44 m und einer Höhe von 35 m. Die Vingerklip ist eine Herausforderung für jeden erfahrenen Kletterer. Erstbesteigung war 1970, und 1973 bezwang Udo Kleyenstuber sie im *freeclimbing*.

Caving (Höhlenwandern)

In Namibia gibt es nahezu 100 Höhlen. Die meisten liegen auf privaten Farmen und sind nicht öffentlich zugänglich. Nur wenige sind inzwischen für Touristen geöffnet, und auch in diesen gibt es noch keine angelegten Wege, Bahnen oder Beleuchtungen. So braucht man zum Höhlenwandern etwas Mut und ein bisschen Fitness. Alte Kleidung, eine sehr gute Taschenlampe und feste Wanderschuhe sind ebenfalls erforderlich.

Die bekannteste Höhle Namibias ist die **Arnhem-Höhle** außerhalb Windhoeks. Sie ist die längste (4,5 km) und tiefste (110 m) Höhle und relativ einfach zu begehen. Eine Buchung ist erforderlich. Kontaktadresse: Arnhem-Höhle & Rest Camp, ✆ 062-581885, ✆-Handy 081-1290580, 💻 www.namibian.org/travel/lodging/private/arnhem.htm, 124 km von Windhoek an der C 1506.

Etwas schwieriger, dafür jedoch durch viele Stalaktiten interessanter, ist die **Ghaub-Höhle** bei Otavi. Diese ist mit 2,7 km die drittlängste Höhle in Namibia. Kontaktadresse: Gästefarm Ghaub, ✆ 067-687244, ✆-Handy 081-1297723, 📧 ghaub@iway.na, bei Kombat an der D 3022.

Wasseraktivitäten

... und das im Wüstenland Namibia. Das Angebot beschränkt sich auf den Atlantik und die ständig Wasser führenden Grenzflüsse, vom Baden im Pool mal abgesehen.

Baden

In Namibia ist Baden fast ausschließlich in Swimmingpools möglich. In einigen Lodges und Gästefarmen gibt es ausreichend große Pools, um richtig schwimmen zu können, bei den meisten Unterkünften reichen die Pools gerade zum Erfrischen. Einige Gästefarmen haben nur Wasserspeicher (Bassins).

Die kalte Benguela-Strömung im Atlantik sorgt für sehr kaltes Badewasser. Im Winter sind die Fluten manchmal 10 °C kalt, im Sommer schon mal 19 °C, durchschnittlich liegen die Temperaturen des Atlantiks bei 12–14 °C. Die Strömung im Atlantik ist sehr stark. Wer sich trotz Kälte ins Wasser traut, sollte daher immer in der Nähe des Ufers bleiben.

Auch die wenigen immer Wasser führenden Flüsse an der Nord- und Südgrenze Namibias bieten kein optimales Badevergnügen. An der Nordgrenze sind alle Flüsse von Krokodilen bevölkert. Im Kunene sind die Krokodile am aggressivsten, weil sie schlicht zu wenig zu fressen bekommen. In den Pools (natürliche Becken im Fluss) an den Epupa Falls gibt es im Allgemeinen keine Krokodile, dafür ist die Strömung sehr gefährlich. Im Kwando ist das Wasser ziemlich seicht, großartig schwimmen lässt sich hier eh nicht. Zambezi und Chobe sind voller Krokodile. Im Oranje, dem Grenzfluss zu Südafrika, gibt es zwar keine Krokodile, aber meist eine reißende Strömung. Sie wirbelt den Sand auf, was die schlammige, orangene Farbe verursacht. Zum Baden eignen sich Buchten, in denen das Wasser ruhig ist. Baden kann man auch in den großen Stauseen Namibias, beispielsweise im Hardap Dam bei Mariental und im Von Bach Dam bei Okahandja.

Angeln

Die **Küste Namibias** ist ein Anglerparadies. Die kalte, planktonreiche Benguela-Strömung sorgt für ausgesprochenen Fischreichtum. Als touristisches Anglerziel ist Namibia für Europäer noch weitgehend unbekannt. Bei den Einheimischen und Südafrikanern ist das Angeln dafür ein richtiger Volkssport. Die Südafrikaner pilgern regelrecht an Namibias Küste zum Angeln, leicht zu erkennen an den vielen meterlangen Angelruten, die meist vorn oder hinten am Fahrzeug aufrecht stehend angebracht sind.

Das Brandungsangeln und Meeresgrundangeln ist an der Küste von Walvis Bay bis zum Ugab Rivier an verschiedenen ausgewiesenen Plätzen möglich. Viele dieser Angelplätze nördlich von Swakopmund, wo zum Teil auch gecampt werden darf, sind nach der Entfernung von der Stadt benannt (Meile 4, Meile 108). Andere haben sich zu festen Orten entwickelt, wie Wlotzkasbaken und Hentiesbaai. Selbst im Skeleton Coast Park kann man angeln. Torra Bay (mit Campingplatz) ist nur in den namibischen Schulferien vom 1. Dezember bis zum 31. Januar geöffnet. Der Platz ist bei Namibiern und Südafrikanern beliebt und dementsprechend total überlaufen. Terrace Bay ist ganzjährig geöffnet, dort gibt es ein staatliches Camp, zu buchen bei NWR (S. 120). Ein weiteres beliebtes Anglergebiet ist Paaltjies südlich von Walvis Bay. Will man wie ein echter Südafrikaner zum Angeln direkt an das Wasser fahren, braucht man ein Allradfahrzeug.

Eine der häufigsten **Fischarten**, die von Anglern gefangen werden, ist der Kabeljau. Auch der *Catfish* (Katzenkreuzwels oder Seebarbel) beißt sehr häufig an. Die Stacheln des *Catfish* sind giftig, das Gift kann zu Entzündungen und Atembeschwerden führen, daher muss man mit diesem Fisch sehr vorsichtig umgehen. Der *Galjoen* ist ein guter Speisefisch, der jedoch geschützt ist. Er darf geangelt, aber nicht gewerblich vertrieben werden. Außerdem beißen *Snoek* (Schlangenmakrele, besonders geräuchert sehr lecker), *Steenbras*, *Hake* (Seehecht) und Rochen, *Dassies* und verschiedene Haie. Die Haie im Atlantik sind für Menschen ungefährlich, noch nie wurde an der Küste Namibias ein Mensch von einem Hai angefallen. Der Bronzehai kann bis zu 120 kg schwer werden. Kenner empfehlen, diesen vor dem Zubereiten erst einmal einzufrieren, dadurch verliert sich der Ammoniakgeschmack. Mehr Informationen zu Fischen S. 48.

Die genannten und weitere Fische, etwa der *Angelfish* (englisch auszusprechen), sind auch beim Hochseeangeln mit etwas Glück an der Leine. Verschiedene Veranstalter organisieren Halb- oder Ganztagestouren mit dem Boot. Entweder ist das ein richtiger Ausflug eigens für Touristen, oder aber man begleitet die Fischer. Wer kein eigenes Angelzeug mitgebracht hat, kann dieses bei den entsprechenden Veranstaltern leihen (auch für das Brandungsangeln). Die Trips können lange im Voraus oder auch kurzfristig gebucht werden. Die Durchführung ist jedoch immer wetterabhängig, denn bei Nebel und Sturm fährt niemand raus. Anbieter und Adressen s. unten bei Bootstouren und in den Regionalkapiteln.

Das **Angeln von Süßwasserfisch** ist in den Grenzflüssen Namibias sowie in einigen Stauseen möglich. Besonders ertragreich ist das Angeln im Zambezi. Der begehrteste Fang hier ist der **Tigerfisch**. Er ist für Schnelligkeit und Aggressivität bekannt und stellt daher eine besondere Herausforderung für Angler dar. Fast alle Unterkünfte im Caprivi liegen am Wasser und bieten gute Angelmöglichkeiten. Die Ausrüstung kann bei den guten Lodges geliehen werden.

Für das Angeln in den Stauseen muss eine eigene Rute mitgebracht werden, oder man besorgt sich eine in Windhoek. Vor Ort gibt es keinen entsprechenden Verleih. Der Hardap Dam bei Mariental, größter Stausee Namibias, sowie der Von Bach Dam in der Nähe von Okahandja bieten gute Angelmöglichkeiten.

Ein paar **Regeln**, formuliert vom Fischereiministerium, sind beim Angeln zu beachten:

- Ein Angelschein ist grundsätzlich erforderlich. Veranstalter und Lodges kümmern sich in der Regel darum. Nur wer auf eigene Faust angeln geht, muss sich selbst ein Permit besorgen. Für die Stauseen werden die Permits auch im Büro der Naturschutzbehörde vor Ort ausgestellt.
- Würmer dürfen nicht als Köder verwendet werden.
- Am Cape Cross darf nicht geangelt werden.
- Der tägliche Fang darf zehn Fische nicht überschreiten. Einzig der Catfish hat einen geringen Marktwert und unterliegt daher keinen Auflagen.
- Es darf nicht mehr als eine Angelrute oder Leine benutzt werden.

Bootstouren

Zu den beliebtesten Aktivitäten an der Küste gehören die Bootsfahrten in der Bucht von Walvis Bay und auf dem Atlantik. Es gibt sehr viel zu sehen, zu erleben und viel Neues zu erfahren.

Bei der „Dolphin Cruise" (je nach Veranstalter N$450–N$600 p. P.) handelt es sich um eine drei- bis vierstündige Fahrt im Katamaran ab/bis Walvis Bay zu einer großen Robbenkolonie am Pelican Point. Unterwegs wird ein Snack aus frischen Atlantikaustern, belegten Brötchen und südafrikanischem Sekt gereicht. Diese Tour ist auch für Kinder gut geeignet. Es können Robben und verschiedene Seevögel beobachtet werden, außerdem oft Delphine, die neben oder unter dem Boot schwimmen. Benguela-Delphine sind fast immer zu sehen, die Großen Tümmler und die Duskys seltener. Von September bis November sind immer häufiger Wale zu beobachten – es heißt unter Einheimischen: „Die Wale kommen wieder nach Walvis Bay." Nach und nach kehren die Buckelwale, die Zwergwale und die Glattwale zurück, die einst der Bucht ihren Namen gaben, aber mehr als 80 Jahre lang hier nicht mehr gesichtet wurden. Nur von Dezember bis Februar und auch nur, wenn die Wassertemperatur über 18 °C steigt, sind die *Mola molas* (riesige, flache Mondfische von bis zu 2 m Durchmesser) und manchmal sogar Lederrnackenschildkröten zu bewundern. Die Lederrnackenschildkröten schwimmen um die ganze Welt und kehren nach etwa 40 Jahren zu dem Platz zurück, wo sie aus dem Ei geschlüpft sind, um selbst ihre Eier abzulegen.

Der bekannteste und größte Veranstalter in Walvis Bay ist **Mola Mola**, ✆ 064-205511, ✆-Handy 081-1272522, ✉ info@mola-namibia.com, 🖳 www.mola-namibia.com, der auch Allrad-Trips am Strand organisiert.

Wassersport

In Walvis Bay bietet die Lagune ideale Bedingungen für Wassersport. Viele Einheimische fahren hierher zum Windsurfen, Kiteboarden und Segeln. In der Urlaubssaison im Dezember und Januar werden Regatten und Surfwettbewerbe veranstaltet.

Kitesurf-Kurse bieten Andreas und Nicole Hübner an, ✆-Handy 081-3739402, ✉ jibemann.namibia@gmx.de, gegenüber dem Raft Restaurant in der Lagune. Wirklich erfahrene Kiter können die Eigentümer sicherlich schnell von ihrem Können überzeugen – dann kann auch Kitesurf-Ausrüstung geliehen werden. Für das Windsurfen wird die komplette Ausrüstung verliehen. Rainer Eimbeck von Element Riders, ✆-Handy 081-6666599, ✉ info@element-riders.com, bietet ebenfalls Kurse an und ist der richtige Ansprechpartner sowohl für Anfänger als auch für fortgeschrittene Kiter. Element Riders hat für Adrenalin-Junkies auch noch anderes wie z. B. Skydiving und Paragliding im Programm.

Wer etwas Ruhigeres vorzieht, für den ist **Kajakfahren** das Richtige: Jeanne Meintjes von Eco Marine Kayak Tours, ✆ 064-203144, ✆-Handy 081-1293144, ✉ emkayak@iway.na, 💻 www.emkayak.iway.na, bietet Kajakfahrten durch die Lagune von Walvis Bay und (noch besser) ab Pelican Point bis zum Hafen an. In herrlicher Ruhe kann man hier das einmalige Vogelparadies genießen, manchmal sogar in Begleitung von Robben und Delphinen. Die Pelican Point Tour kostet N$600 p. P. Eingeschlossen sind Kajaks und Paddel, Schwimmwesten, wasserfeste Bekleidung, Neopren-Schuhe, Spritzschutz, trockene Behältnisse für Kameras, Wasserflaschen und Erfrischungen. Die Kajakfahrten sind nur für Kinder geeignet, die schon selbst paddeln können. Für die Kleinen ist es trotz Schwimmwesten nicht ungefährlich und vor allem nach einer Weile langweilig.

Für **Raften** ist Namibia nicht unbedingt berühmt – es gibt nichtsdestotrotz sehr gute Rafttouren auf dem Oranje und Kunene. Vergleichbar mit dem White Water Rafting in Victoria Falls sind diese nicht, die Stromschnellen dort sind schon eine Klasse für sich. Dennoch: Spaß bringt es allemal. Und ganz Rafting-Verrückte können eine Tour vom Oranje (Kanu) zum Kunene und weiter nach Victoria Falls zum Raften unternehmen.

Ein angenehmes Erlebnis ist eine **Kanufahrt** auf dem Oranje. Namibian River Adventures (Namibia-Abteilung von Felix Unite), Carlos Peres, bieten Tages- und 4-Tages-Touren an. Kontakt: ✆ 063-297161, ✉ reservations@felix.co.za, 💻 www.felixunite.com.

Für ein lohnendes Rafting-Erlebnis auf dem Kunene ist die fraglos beste Adresse die Kunene River Lodge bei Swartbooisdrift, ✆ 065-274300, ✉ kunene@resdest.com (Buchungen), 💻 www.kuneneriverlodge.com. Die Lodge bietet inzwischen auch viertägige Rafting-Trips zu den Epupa Falls an.

Tipp

Für alle Aktivitäten auf dem Wasser, vor allem in der Lagune von Walvis Bay, gilt: Morgens ist es meist sehr frisch und nebelig, oft stürmisch, auch in den Hochsommermonaten Dezember und Januar. Daher unbedingt immer eine dicke Jacke mitnehmen. Sonnenschutz bitte ebenfalls nicht vergessen, auf dem Wasser kann man auch bei dickstem Nebel einen bösen Sonnenbrand bekommen.

Reiten

Viele **Gästefarmen und Lodges** halten Pferde. Dabei ist jedoch zu beachten, dass Farmpferde im Busch aufwachsen und daher selten zahm und fügsam sind. Zu empfehlende Unterkünfte mit Reitmöglichkeiten sind **The Desert Homestead** in der Nähe vom Sossusvlei, ✆ 063-683103, ✉ reservations@homestead.com.na, 💻 www.deserthomestead-namibia.com, und **River Crossing Lodge**, ✆ 061-246788, ✉ reservations@rivercrossing.com.na, 💻 www.rivercrossing.com.na, 3 km außerhalb von Windhoek an der B 2 Richtung Flughafen, sowie die **Onjala Lodge** 75 km östlich von Windhoek, ✆ 061-259432, ✉ res@onjala.com, 💻 www.onjala.com. Die Gästefarm **Omburo-Ost**, Stephanie & Hendrik Reitz, ✆ 081-2404719, im Tal der Ugab-Terrassen, bietet Drei-Tages-Ausflüge zu Pferd an.

Equitrails Namibia, 15 km nördl. von Windhoek auf Elisenheim an der D 1473, ✆-Handy 081-3380743, ✉ sam@equitrails.org, 💻 www.equitrails.org, eignet sich auch für Anfänger.

Von Reitunterricht über einstündige Ausritte bis zu Sundowner- und zweitägigen Ausritten mit Übernachtung in einer Lodge oder Gästefarm ist alles im Angebot.

Okakambe Trails, Katrin Schäfer-Stiege, ✆ 064-402799, ✆-Handy 081-1246626, ✉ okakambe@iway.na, 💻 www.okakambe.iway.na, bietet Ponyritte für Kinder und normale Ausritte für Erwachsene, stunden- und tageweise, und liegt südlich der B 2 nach Swakopmund am Swakop Rivier.

Dort ist auch die **Camel Farm** von Elke Erb zu finden, einer interessanten, klassischen „Südwesterin“. Die Kamelfarm ist täglich von 14 bis 17 Uhr für Besucher geöffnet, neben den Kamelen gibt es dort Esel und ein Zesel (Kreuzung aus Zebra und Esel). Ein schönes Ausflugsziel von Swakopmund aus, vor allem mit Kindern. Elke Erb organisiert auch Feste – das wäre etwas für einen besonderen Kindergeburtstag.

Namibia Horse Safari bietet mehrtägige Touren durch die Namib-Wüste, ins Damaraland und auf dem Fish River Canyon Trail. Weitere Informationen und Termine sind unter 💻 www.horse-trails-namibia.com zu finden.

Golfen

Niemand wird Namibia allein wegen seiner Golfplätze besuchen. Wer gern golfen geht, dem wird es in der ungewöhnlichen Umgebung jedoch besonders gefallen. Regelrechte *Greens* wird man in Namibia, wen wundert's, weniger finden. Sandige Wüstenplätze entsprechen dem Land und seinem Klima auch eher.

Der 18-Loch-Golfplatz des Windhoek Country Club Resort gehört zu den grüneren Anlagen. Buchungen im Voraus unter ✆ 061-2055224 oder 2055911 (Country Club). Verlassen kann man sich auf eine Zusage leider nicht, örtliche Turniere gehen immer vor. Ausrüstung kann gemietet werden.

Bei Swakopmund liegt der Rossmund Golf Course, ✆ 064-405644, ✆-Handy 081-2957098, ✉ rossmund@iafrica.com.na, ebenfalls ein 18-Loch-Platz. Hier gibt es neben sehr schönen Rasenflächen und Palmen sogar Wasserhindernisse.

Namibia aus der Luft

Namibia ist des schönen Wetters, der optimalen Thermik und der hervorragenden Sichtverhältnisse wegen ein ideales Flugland. Das Bild Namibias aus der Luft ist im wahrsten Sinne des Wortes atemberaubend. Wer kennt nicht die Szene aus dem Film *Jenseits von Afrika*, als Dennis Finch-Hatton Karen Blixen das erste Mal im Flugzeug mitnimmt und ihr nur noch zu sagen bleibt: „Jetzt verstehe ich… so war's gemeint.“

Der Flugmöglichkeiten gibt es viele. Für den Flugspaß muss man generell tief in die Tasche greifen. Die Kapazitäten sind in allen Sparten begrenzt, daher ist eine Anmeldung einige Tage vor dem Wunschtermin am Erfolg versprechendsten. Dass der Flug jeweils wetterabhängig ist, versteht sich von selbst.

Das vielfältigste Angebot hat Swakopmund. Von hier werden **Rundflüge** in Cessnas mit fünf Sitzplätzen über die Wüste und Tagesflüge in alle Richtungen unternommen. Der Preis pro Person hängt davon ab, wie viele Teilnehmer gefunden werden. **Nicht vergessen**: Unbedingt vor dem Einsteigen ins Flugzeug noch mal auf die Toilette gehen; dort oben zu müssen, kann einem den ganzen Spaß verderben.

Die Veranstalter haben eine große Auswahl an Rundflügen im Programm. Der Top-Favorit ist der **Rundflug „Sossusvlei“**, der auch für diejenigen ein einmaliges Erlebnis ist, die vorher die Dünen schon von unten bestaunt haben. Der Flug dauert ungefähr 2 1/2 Std. Zunächst geht es über die Namib-Wüste und das meist trockene Kuiseb Rivier, das die natürliche Grenze zwischen der südlichen Sandwüste und der nördlichen Geröllwüste bildet. Der Kontrast der beiden ist nur aus der Luft so deutlich zu sehen. Über das Tsondabvlei geht es weiter zum

Tipp

So richtig spannend wird der Flug, wenn man die oft dramatischen Geschichten der unterwegs zu sehenden menschlichen Spuren kennt, beispielsweise Sandwich Harbour und die *Eduard Bohlen* (S. 333) sowie die Rettungsaktion der *Dunedin Star* (S. 376).

Sesriem und zum Sossusvlei. Anschließend geht es über drei alte Diamantenlager bis zur Küste nach Conception Bay. Die Schiffswracks des 1909 gestrandeten Passagierdampfers *Eduard Bohlen* und des 1976 gestrandeten amerikanischen Fischkutters *Shaunee* sind unterwegs zu bestaunen. Bedingt durch Sandablagerungen der Benguela-Strömung befinden sich die Wracks im südlichen Teil der Küste inzwischen kurioserweise inmitten des Wüstensandes. Über Sandwich Harbour muss eine Mindestflughöhe von 1500 Fuß (ca. 450 m) eingehalten werden, da es sich um ein Naturschutzgebiet handelt. Die flache, versandete Lagune von Sandwich Harbour ist Heimat einer Vielzahl von Flamingos und anderer Vogelarten, auch Robben leben hier. Über die Lagune und den Hafen von Walvis Bay geht es zurück nach Swakopmund. Dieser Rundflug kostet zwischen N$3150 und N$7880, je nachdem, ob zwei oder fünf Passagiere in der fünfsitzigen Maschine mitfliegen.

Einen erlebnisreichen Tag verspricht der „**Ganztagesflug zu den Ovahimba**". Frühmorgens geht es vom Swakopmunder Flugplatz los, am majestätischen Brandbergmassiv vorbei über das Damaraland. Es folgt eine Landschaft von herber Schönheit – das Kaokoveld. Landung in Opuwo, der Distrikthauptstadt des Gebiets. Mit einem Englisch sprechenden Himba-Führer wird ein Ovahimba-Dorf besucht. Nach dem Mittagessen in Opuwo Rückflug über das alte Fort Sesfontein, anschließend über das Uniab Rivier auf der Suche nach Wüstenelefanten, Giraffen, Oryx-Antilopen und anderen Wildarten. Entlang der legendären Skelettküste, über Schiffswracks, das Cape-Cross-Robbenschutzgebiet und Hentiesbaai geht es zurück nach Swakopmund.

Anbieter in Swakopmund sind:

Sossusvlei Scenic Flights & Flying Safaris
✉ admin@sossusvleiscenicflights.com
💻 www.sossusvleiscenicflights.com

Pleasure Flights & Safaris
✆ 064-404500
✉ redbaron@iafrica.com.na
💻 www.pleasureflights.com.na

Scenic Air
✆ 064-403575, ✆-Handy 081-1270534
✉ swakopmund@scenic-air.com
💻 www.scenic-air.com

Auch für das **Paragliding** bietet Namibia ideale Bedingungen. Die kalte Benguela-Strömung und die am Tag immer heißer werdende Wüste schaffen einen auflandigen Wind, der im Verlauf des Tages zunimmt und an den Dünen für gleichmäßigen Auftrieb sorgt. So kommen alle, vom Anfänger bis zum Profi, auf ihre Kosten. Bei Namibgliding, ✆-Handy 081-2080678, ✉ mario@paraglidingnam.com, 💻 www.namibgliding.com, in Swakopmund können sich auch Neulinge leichten Herzens in die Luft begeben.

Fallschirmspringen ist in Swakopmund sehr beliebt und bringt noch mehr Adrenalin als das Paragliding. Ground Rush Adventures in Swakopmund, ✆-Handy 081-1245167, ✉ freefall@iafrica.com.na, 💻 www.skydiveswakop.com.na, bietet Tandemsprünge für N$2100 an. Einfach vorher anrufen, am besten ein paar Tage im Voraus. Erfahrung ist nicht erforderlich, Mut schon eher. Man ist insgesamt ungefähr eine halbe Stunde in der Luft und kommt dabei noch gleich in den Genuss eines Rundfluges über die Dünen und über Swakopmund.

Ballonfahren ist sicher die teuerste Möglichkeit, Namibia aus der Luft zu bewundern. Man muss wirklich begeistert sein, um für eine ein- oder auch nur halbstündige Fahrt bis zu N$3950 auszugeben. Die Vorstellung, leise dahinzugleiten, trifft übrigens nur bedingt zu, da der Brenner immer wieder mal faucht, um die Luft im Ballon anzuwärmen. Nur in der kalten Zeit, wenn die Außentemperatur niedrig ist, reicht eine kurze Brennphase. Je kälter, desto ruhiger also. In Swakopmund unternimmt African Adventure Balloons, ✆ 064-403455, ✆-Handy 081-2429481, ✉ flylo@iway.na, 💻 www.africanballoons.com, Ballonfahrten über die Dünen. Die Preise hier sind mit beispielsweise N$3300 für das „Overland Special" vergleichsweise niedrig. Am Sossusvlei fährt Namib Sky Balloon Safaris, ✆ 063-683188, ✆-Handy 081-3042205, ✉ info@namibsky.com, 💻 www.namibsky.com, für N$4950 im Ballon über die Dünen. Am Brandberg bietet Hot Air Ballooning, Ralf Matthäi, ✆-Handy

Ultraleicht-Flieger: Abenteuer kombiniert mit Sightseeing, um die Dünen der Namib zu erleben

081-1299565, hot.air.Ballooning@gmail.com, www.petras-gaestehaus.com, Ballonfahrten für N$2900 und bei Camp Kipwe über Twyfelfontein für N$3600.

Im Süden, östlich von Mariental, gibt es die Bitterwasser Lodge & Flying Centre, 063-265300, bitterwa@mweb.com.na, www.bitterwasser.eu. Deren Besonderheit neben üblichen Lodgeaktivitäten ist das **Segelfliegen**. Bitterwasser bezeichnet sich selbst als Leistungszentrum für thermische Langstreckenflüge. Wer die magische 1000-km-Grenze schafft, darf eine Palme pflanzen. In der Segelflugsaison von November bis Ende Januar werden manchmal Gastflüge angeboten, 60 Min. kosten N$1100 bis N$2400, je nach Anzahl der Passagiere.

Offroad-Fahrten

Neben den „normalen" Schotter- und Sandpisten in Namibia gibt es einige wirklich extreme Allradstrecken, die einem Offroad-Fahrer alles, was er an Können und Mut aufbringen kann, abverlangen. Für eine Tour in den Kaudom sind zwei Geländewagen nötig, auch das Kaokoveld ist in seiner Ganzheit nur mit selbigen zu erleben. Der Van Zyl's Pass im Kaokoveld ist legendär – schon manch einer konnte in der Nacht vor der Abfahrt nicht schlafen. Wer diese Tour im eigenen Fahrzeug versuchen möchte, sollte sich gründlich vorbereiten (s. auch Kasten im Kapitel Kaokoveld, S. 390/391).

Besser ist es, sich einer begleiteten Selbstfahrer-Tour anzuschließen. Da immer ein Extrafahrzeug plus Fahrer mit allen anfallenden Kosten gezahlt werden muss, ist diese Variante zwar sicherer, aber nicht ganz billig. Daher ist es günstig, sich zu einer größeren Gruppe zusammenzuschließen.

Ein sehr empfehlenswerter Veranstalter ist hier der Deutsche Ralf Moeglich mit seiner Firma Gravel Travel, www.gravel-travel.de, wo man mit gemieteten Toyota Land Cruisern fährt.

4x4 Trails

Eine gute Möglichkeit, mit dem gemieteten Geländewagen auch auf einer normalen Rundreise einmal an die Grenzen von Fahrer und Fahrzeug zu gehen, bieten die sogenannten 4x4 Trails. Das sind anspruchsvolle Rundfahrten über das Gelände einer oder mehrerer Farmen, die an einem oder mehreren Tagen zu bewältigen sind.

Wer seinen Wagen also ausprobieren möchte, kann sich hier versuchen. Einfach abseits der Straßen zu fahren, ist dagegen aus Rücksicht auf Flora und Fauna streng verboten.

Jeder, der einen Geländewagen gemietet hat, möchte natürlich die letzten 5 km vom 2x4-Parkplatz bis zum Sossusvlei selbst zurücklegen. Diese sind nicht zu unterschätzen, schon manch einer ist hier im dicken Sand stecken geblieben (die Luft aus den Reifen zu lassen hilft immer! Nur muss man sie nachher wieder aufpumpen ...). Da man beim Sossusvlei selten allein ist, findet man jedoch recht schnell Hilfe.

Wer Interesse hat, die Umgebung von Lüderitz, Walvis Bay (z. B. das Kuiseb Delta) und Swakopmund im eigenen Geländewagen zu erkunden, kann sich einer geführten Selbstfahrer-Tour anschließen. Das bieten einige Unternehmen an, die auch Quadbike-Touren oder andere Allradausflüge machen. Adressen der Anbieter sind im Praktischen Teil der beiden Orte zu finden.

Weiter nördlich, bei Hentiesbaai, gibt es inzwischen ausgewiesene 4x4 Trails, die die Tourism Information Henties Bay, ✆ 064-501143, ✉ info@hentiesbaytourism.com, 💻 www.hentiesbaytourism.com/index.php/4x4routes, zusammengestellt hat. Dort gibt es auch nähere Infos dazu. Die eine Tour führt zum Messum Krater, die andere zum Brandberg West. Bei beiden besticht die Landschaft durch karge, raue Schönheit und Einsamkeit. In der näheren Umgebung von Hentiesbaai gibt es kurze 4x4 Trails.

Der Isabis 4x4 Trail (S. 321) ist auch unter den Einheimischen einer der beliebtesten 4x4 Trails. Das liegt zum einen an der eindrucksvollen Landschaft, zum anderen daran, dass hier der Geländewagen insbesondere in den Schluchten des Gaub Riviers schon mal zeigen muss, was alles in ihm steckt. Und es gibt das „Busch-Erlebnis" unweit Windhoeks. Hier leben die seltenen Bergzebras, auch Leoparden wurden schon gesichtet. Es gibt einen kleinen Campingplatz in schöner Lage an einer Felswand. Mindestens zwei Tage kann man hier getrost einplanen. Nur mit Campingausrüstung und Zeltübernachtung möglich; Wasser und Feuerholz vorhanden. Kontakt: Joachim Cranz, ✆ 062-572133, ✆-Handy 081-1245588, ✉ info@isabis4x4.com, 💻 www.isabis4x4.com.

Eine noch größere Herausforderung stellt der Naukluft 4x4 Trail dar. Dieser Trail liegt im Naukluft-Gebirge (S. 318), also im Namib-Naukluft Park, und ist 73 km lang. Dafür braucht man mindestens zwei Tage. Geröll, steile Hänge und Schluchten verlangen einiges an Konzentration, auch das Material ächzt. In der Trail-Karte, die man im Büro vor Ort bekommt, sind 15 gut markierte Punkte erklärt, wo es Interessantes zu sehen gibt. Der 4x4 Trail muss bei NWR (S. 120) vorgebucht werden, Kostenpunkt N$250 pro Fahrzeug mit vier Personen, eine Gruppe darf max. vier Fahrzeuge umfassen.

Etwas wirklich Einmaliges für Abenteurer und Allrad-Freaks sind die **Wüstentrips in das ehemalige Sperrgebiet** nördlich von Lüderitz. Diese Trips sind nur als geführte Selbstfahrer-Tour – ein Fahrzeug mit Guide fährt vorneweg, Gäste im eigenen Fahrzeug hinterher – zu erleben. Die Strecken führen über Geröllflächen, am Strand entlang, über kleinere und über ganz große Dünen. Neben einer Portion Furchtlosigkeit ist Vertrauen in die Anweisungen des Guides eine Grundvoraussetzung. Die Guides schaffen es wirklich, jeden durch diese Herausforderungen zu schleusen, es sei denn, der Wagen geht zu Bruch. Der Adrenalinkick beim Bewältigen der Dünen ist aber nur ein Teil des Erlebnisses. Den anderen Teil bilden legendäre und sagenumwobene Orte wie Saddle Hills und Spencer Bay, Conception Bay sowie Schiffwracks und anderer Schrott in der Wüste. Übernachtet wird jeweils in einfachen Camps, Getränke und Lebensmittel werden selbst mitgebracht.

Es müssen mind. 12 Personen teilnehmen, Kosten je nach Länge der Tour; eine 3-Tages-Tour schlägt z. B. mit ca. N$3750 p. P. zu Buche.

Veranstalter sind:

Desert Magic, Volker und Daggie Janke
✆ 063-202824, ✆-Handy 081-2794522
✉ desertmagic@iway.na
💻 www.desertmagictours.com.na

Coastways Tours Lüderitz
✆ 063-202002, ✆-Handy 081-1229336
✉ lewiscwt@iway.na
💻 www.coastways.com.na

Uri Adventures
064-220571
uri@uriadventures.com
www.uriadventures.com

Offroad Tours & Safaris, Harry Kirchner
061-237935, -Handy 081-1242855
info@offroadtours-namibia.de

Fahrsicherheitstraining bietet die Safety Driving & Offroad Academy auf der Farm Ababis, Kathrin & Uwe Schulze Neuhoff, 063-683080, info2@ababis-gaestefarm.de, www.offroad-experience.com, die sich an die Richtlinien des ADAC halten. Sinnvollerweise beginnt man bei Interesse die Reise auf Ababis oder legt hier einen Stopp ein, bevor es in die Offroad-Gebiete geht.

Quadbike-Touren

Wegen des hohen Spaßfaktors immer beliebter, aus ökologischer Sicht jedoch sehr umstritten, sind Quadbikes, einfach übersetzt: vierrädrige Motorräder, mit denen hauptsächlich über die Dünen bei Swakopmund gefahren wird. Da das befahrene Gebiet jedoch begrenzt ist, verursacht man zumindest nur begrenzte Schäden, sofern man sich wirklich an dieses Gebiet hält (was leider nicht alle Fahrer tun). In Swakopmund gibt es mehrere Veranstalter, einer davon ist das Desert Explorers Adventure Centre, -Handy 081-1292380, info@namibiadesertexplorers.com, www.namibiadesertexplorers.com, Nathaniel Maxuilili Rd, am Ortsausgang von Swakopmund Richtung Walvis Bay.

Vorsorge für Unfälle

Empfehlenswert ist es, seine engsten Angehörigen als solche erkennbar im Handy zu speichern. Dies erleichtert Notärzten und Ambulanzfahrern, die im Notfall zu kontaktierende Person zu erreichen. Empfohlen wird, dafür das international anerkannte Pseudonym **ICE** (In Case of Emergency) zu benutzen. Kennzeichnet man mehrere Telefonnummern entsprechend, markiert man dies mit ICE1, ICE2, ICE3.

Go-Kart Fahren

Namibias erste Go-Kart-Bahn in der Nähe des Swakopmunder Flughafens: R & R Karting Namibia, -Handy 081-3502723, info@kartingnamibia.com, www.kartingnamibia.com. Zehn Go-Karts wurden aus Deutschland importiert und können maximal 70 km/h fahren. Die Strecke ist 520 m lang. Für Kinder im Alter von 3–9 Jahren gibt es Pedal Go-Karts. Es werden verschiedene Renn-Pakete angeboten, sodass man auch als Gruppe von bis zu 30 Personen viel Spaß haben kann.

Wellness

Auch in Namibia liegt diese Branche stark im Trend – Wellness und Wildnis sind eine zugkräftige und reizvolle Verbindung. Saubere Luft, reines Wasser und Stille in der Natur gibt es abseits der Ortschaften gratis. Immer mehr Lodges entdecken den Wellness-Bereich für sich und rüsten ihr Programm entsprechend auf. Nachdem vor zwei, drei Jahren vielerorts Wellness angeboten wurde, beginnt sich inzwischen bereits die Spreu vom Weizen zu trennen.

Die **Thermalbäder** in den staatlichen Resorts wie Ai-Ais im Fish River und Gross Barmen bei Okahandja gab es schon vor der Wellness-Welle. Ai-Ais ist schon renoviert und bietet Massagen an. Gross Barmen wurdekomplett saniert und im Dezember 2014 wiedereröffnet.

In Windhoek sind den größeren Hotels Spas angegliedert, die auch Tagesbesuchern offenstehen. So beispielsweise das **Oukolele Day Spa im Safari Court Hotel**, 061-227763, info@oukoleledayspa.com.na, www.oukoleledayspa.com.na, oder das **Spa** des **Hilton Windhoek Hotel**, 061-2962929, WDHHI.reservations@hilton.com.

Das **Gocheganas Nature Reserve and Wellness Village** (S. 239) bietet neben luxuriösen Bungalows und Wellness-Behandlungen, die internationalen Standards entsprechen, Namibia-Typisches wie Game Drives, Lagerfeuer und natürlich die namibische endlose Weite. Physiotherapeutische Behandlungen in freier Natur entsprechen dem Hauptgedanken der Betreiber,

Wellness und Natur miteinander zu verbinden – und sind ein besonderes Erlebnis. Kontakt: Gocheganas Nature Reserve, 061-224909, reservations@gocheganas.com, www.gocheganas.com.

Jagen

Die Jagd ist Bestandteil des Lebens im südlichen Afrika. Dazu gehört auch die Trophäenjagd (Kasten S. 142), die sich zu einem wesentlichen Wirtschaftsfaktor innerhalb der Farmerei entwickelt hat. Informationen zur Jagd gibt es bei Napha, Namibia Professional Hunting Association, 061-234455, napha@mweb.com.na, www.napha-namibia.com.

Jagdanbieter in Deutschland, die Touren nach Namibia anbieten, findet man samt Anschrift zu Dutzenden in den einschlägigen Zeitschriften.

Staub

Staub und Sand gehören zum Wüstenland Namibia dazu. Trotzdem ist beides unter Umständen ärgerlich. Sowohl hochelektronische Kameras mit Autofocus und automatischer Rückspulfunktion als auch Videokameras verabschieden sich beim kleinsten Sandkörnchen. Beide sollten mehrfach in Plastikhüllen eingewickelt werden.

Das Gepäck staubt bei langen Fahrten ebenfalls regelmäßig ein. Ein wenig Abhilfe schafft hier, eines der hinteren Fenster einen Spalt weit zu öffnen, um kein Vakuum entstehen zu lassen. Wer Staub auf dem Gepäck ganz vermeiden möchte, kauft in den Supermärkten große Müllsäcke.

Telefon

Namibia hat für seine Größe und geringe Bevölkerungsdichte ein sehr gutes Fernmeldenetz. Seit der Unabhängigkeit wurden große Anstrengungen unternommen, das Fernmeldenetz weiter auszubauen. Inzwischen haben selbst die meisten Farmen direkte Anschlüsse über Funktelefon und können nach Herzenslust, aber mit viel Geduld, im Internet surfen. Handvermittelte Anschlüsse, die vorher gang und gäbe waren, sind heute selten. Die Telecom Namibia, die das Festnetzmonopol innehat, hat ihre eigene Satellitenstation und ein eigenes internationales Fernsprechamt. Trotz allem ist das Netz noch immer nicht auf dem gleichen Niveau wie in Deutschland. Ein paar der seltenen Regentropfen können ganze Dörfer für Tage lahmlegen. Auch der in ganz Afrika übliche Kupferkabelklau ist immer noch ein Problem.

Möchte man von Deutschland nach Namibia telefonieren, wählt man die **Landesvorwahl Namibias 00264**, dann folgt die Vorwahl der Stadt (ohne Null) und dann die eigentliche Telefonnummer. Ab 0,04 € pro Minute kann man von Deutschland nach Namibia telefonieren. In die Gegenrichtung kostet es bis zu 0,45 € pro Minute. Informationen über die günstigsten Verbindungen gibt es bei www.teltarif.de und www.billiger-telefonieren.de.

Alle europäischen Länder sind von Namibia aus im Selbstwählverfahren zu erreichen. Münztelefone sind inzwischen selten, **Kartentelefone** sind sicherer und auch praktischer für Ferngespräche, da man nicht ständig nachwerfen muss. Kartentelefone gibt es in allen Städten.

Telefonkarten (Telecards) gibt es in vielen Supermärkten, in Tankstellen und natürlich auch in den Postämtern; sie sind im Wert N$20 und N$50 erhältlich.

Tipp

Wer mit GPS nach Namibia reist, dem sei die Digitale Straßenkarte Namibia Ausgabe 2014 mit Nachbarregionen in Botswana und Südafrika empfohlen. Die Plug & Drive Straßenkarte ist für Garmin® GPS-Geräte geeignet und kann vor, während oder nach der Reise einfach am PC oder Mac genutzt werden. In Deutschland bekommt man die GPS-Karte für 29,95 € über das Namibiana-Buchdepot, www.namibiana.de/de/namibia/landkarten/gps-karten.html oder im Buchhandel, ISBN 978-3-941602-46-5.

Vorwahlen und Telefonnummern

Die Vorwahlen von Namibia		Wichtige Telefonnummern	
nach Deutschland	**0049**	Auskunft national	**1188**
nach Österreich	**0043**	Auskunft international	**1193**
in die Schweiz	**0041**	Polizei	**10111**
nach Südafrika	**0027**	Notrufnummer der Polizei für Frauen und Kinder („Woman and Child Protection Unit")	**061-2095-375, -226**
nach Botswana	**00267**	„G4S Namibia" (privater Notruf)	**93111**
nach Zimbabwe	**00263**	Ambulance	**061-211111**
nach Zambia	**00260**	ISOS	**061-230505**
nach Angola	**00244**	Feuerwehr	**061-211111**

Im namibischen Telefonbuch sind die Vorwahlnummern für alle Länder sowie für deren wichtigste Städte aufgelistet.

Das Telefonieren von den Unterkünften ist immer teurer als vom Postamt oder vom Kartentelefon.

Die **Kosten** für einen Anruf von Namibia nach Deutschland (Vorwahl 0049) belaufen sich tagsüber auf N$4,14 pro Minute, von 19 bis 7 Uhr auf N$3,52 pro Minute. In die Schweiz (Vorwahl 0041) kostet der Anruf tagsüber N$5,04 pro Minute, nachts N$4,13, und nach Österreich (Vorwahl 0043) tagsüber N$6,67, nachts N$5,38.

Skypen von und nach Namibia klappt gut. Die Internetverbindung ist allerdings oft sehr langsam, die beste Zeit zum Skypen ist daher abends und nachts, die Kamera für die Videoübertragung lässt man bei schlechter Verbindung am besten ausgeschaltet.

Mobiltelefon

Namibias Mobilfunknetz ist noch nicht landesweit ausgebaut. Es gibt jedoch in allen größeren Städten und bei einigen touristischen Anlaufpunkten, beispielsweise den Camps in Etosha, Handy-Empfang (Übersichtskarte S. 103). Die deutschen Mobilfunknetze, wie T-Mobile, Vodafone usw., funktionieren auch hier. Allerdings muss das Handy vom Mobilfunkanbieter für Roaming in Namibia freigeschaltet sein – in der Regel gilt dies für Langzeitverträge, nicht jedoch für Prepaid-Karten.

Will man also mit einem deutschen Handy eine namibische Unterkunft anrufen, muss die gesamte Landesvorwahl gewählt werden. Speichert man die Nummer auf dem Handy, trägt man am besten anstelle der „00" ein „+" ein, also „+264...", dann ist der Eintrag international gültig und funktioniert beispielsweise auch von Südafrika aus.

Außerhalb des Funkradius um die Städte funktioniert das Handy (in Namibia *Cellular Phone*, kurz: *Cell* genannt) nicht.

Günstig, insbesondere für längere Aufenthalte, ist es, das eigene Handy mitzubringen und in Namibia eine Guthabenkarte zu kaufen. In Namibia heißt diese Karte Tango card und ist vergleichbar mit der deutschen Callya-Karte. Dabei ist darauf zu achten, dass das eigene Handy nicht von einem Vertrag in Europa gesperrt ist. Die SIM-Karte wird von MTC, Mobile Telecommunications, 💻 www.mtc.com.na verkauft. Eine Zweigstelle befindet sich schräg gegenüber der Hauptpost in Windhoek, neben dem Internet-Café. Das Starterpack kostet N$19,95, davon sind N$19 Startguthaben. Anschließend müssen nur noch die einfachen Tango-Karten zum Aufladen gekauft werden. Diese gibt es zu unterschiedlichen Preisen (N$15–N$849) und mit unbegrenzter Gültigkeit bei mindestens einem Anruf oder einer SMS innerhalb von drei Monaten in allen Tankstellen und vielen Supermärkten. Mit der Tangokarte

Handyempfang (MTC)

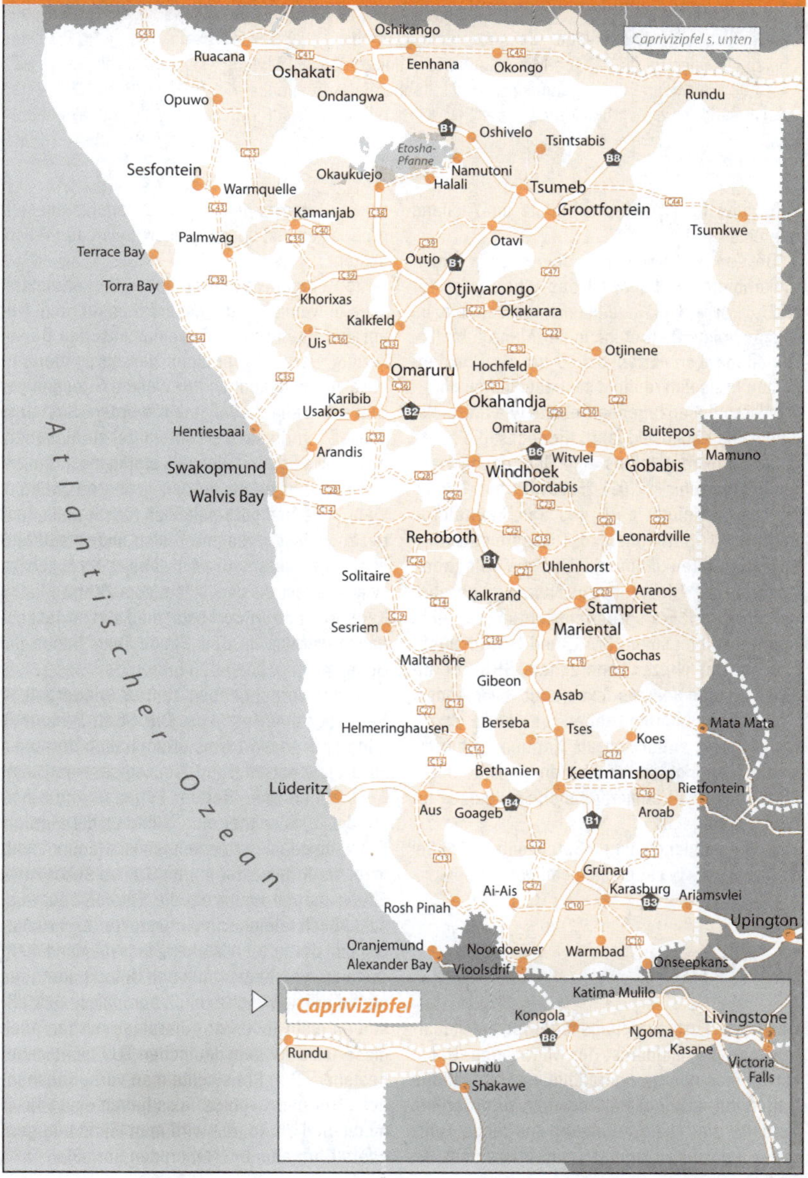

€ Günstig nach Europa telefonieren

Wer längere Telefonate nach Europa plant, sollte eines der Sprachpakete *(International Voice Bundles)* von MTC buchen. Sie werden in Einheiten zu 30, 50, 100, 200 oder 300 Minuten verkauft und bieten erhebliche Abschläge gegenüber dem Normaltarif. 100 Gesprächsminuten in die EU sind beispielsweise für N$2,49 pro Minute zu haben; bucht man 300 Minuten, sinkt der Preis sogar auf N$ 1,98 pro Minute. Im Angebot sind auch verschiedene Datenpakete, z. B. 200 MB für N$25. Alle Pakete können gleich beim Erwerb der SIM-Karte oder auch nachträglich unter ✆ *682# gebucht werden.

kann man für N$8,40 pro Minute ins Ausland telefonieren.

Bei Leo, 🖳 www.leo.na, dem zweiten Mobilfunkanbieter im Land, ist das Starterpack für N$21,66 erhältlich. Zweigstellen gibt es u. a. im Gustav Voigts Centre und in der Maerua Mall in Windhoek. Leo verlangt rund um die Uhr denselben Preis und rechnet sekundengenau ab.

Wer in die entlegenen Gebiete wie beispielsweise das Kaokoveld fährt, für den ist die Miete eines Satellitentelefons eine Überlegung wert. Radio Electronic, ✆ 061-258231, ✉ info@recc.com.na, vermietet z. B. das Satellitentelefon INMARSAT iSatPhone Pro. Dieses bietet tragbare Satellitenkommunikation mit folgenden Optionen an: Bluetooth zur Nutzung von handelsüblichen Freisprecheinrichtungen, eine Sprachmailbox sowie SMS- und E-Mail-Nachrichten. Der Nutzer kann zudem GPS-Koordinaten abrufen oder als Textnachricht versenden.

Die Tagesmieten liegen bei etwa N$80, N$1000 sind außerdem als Kaution zu hinterlegen, Telefongebühren werden am Ende beglichen. Viele 4x4-Vermieter haben Sat-Phones zur Miete im Angebot.

In Deutschland können Satellitentelefone bei Satfon, 🖳 www.satfon.de, gemietet werden.

Transport

Das beste Fortbewegungsmittel für Individualreisende in Namibia ist der Mietwagen. Damit kommt man nahezu überall hin, nur für manche Gegenden ist ein Geländewagen erforderlich. Mitunter sind viele Kilometer und lange Fahrzeiten in Kauf zu nehmen, um von einem Ort zum anderen zu gelangen, da Namibia ein sehr großes Land ist und zu weiten Teilen aus Wüste besteht.

Von einem Netz öffentlicher Verkehrsmittel kann in Namibia nicht gesprochen werden. Nur auf den Hauptrouten der einheimischen Bevölkerung werden öffentliche Verkehrsmittel eingesetzt. Somit können nur wenige Strecken per Bus und Bahn zurückgelegt werden. Sich ausschließlich dieser Verkehrsmittel zu bedienen, würde das Erlebnis Namibia stark einschränken.

Taxis gibt es nur in den größeren Städten. Viele Taxis sind ausschließlich für spezielle Routen zugelassen, fungieren also eher als öffentliches Verkehrsmittel. Auf diesen Strecken (in Windhoek ist dies vor allem vom Zentrum nach Katutura und zurück) kostet die Fahrt im Taxi genauso viel wie im Bus. Einige Taxis haben die Genehmigung, überall zu fahren.

In der Vergangenheit kam es wiederholt zu Raubüberfällen in Taxis. Die Stadt Windhoek und das Transportministerium haben daraufhin 2009 die Kontrolle und Neuregistrierung aller Taxis angeordnet. Bei der Registrierung erhalten die Taxis seither eine Nummer, die auf dem Fahrzeug deutlich zu erkennen ist. Dadurch hofft man, die Kriminalität in den Griff zu bekommen. Es gilt jedoch weiterhin die Empfehlung, ausschließlich telefonisch vorbestellte Taxis zu nutzen und darauf zu bestehen, dass niemand mehr zusteigt. Alle Restaurants und Unterkünfte rufen gern ein Taxi, welches nach europäischen Maßstäben nicht teuer ist. Allerdings dürften auch diese Taxis vor dem deutschen TÜV nicht immer bestehen. Den Preis sollte man vorher aushandeln. Nur ganz wenige Taxis haben einen Taxameter, und als Tourist wird man leicht und gern übers Ohr gehauen. Neben den normalen Taxis gibt es auch einige gehobene Taxi-Services mit sehr guten Fahrzeugen, die allerdings auch ein Mehrfaches des üblichen Tarifs verlangen.

Mit einem Überlandtaxi (meist ein Kleinbus) der Einheimischen zu fahren, ist etwas für die ganz Abenteuerlustigen. Auf den 7–9 Sitzplätzen tummeln sich nicht selten 20 Personen und mehr, das Gepäck ist turmhoch auf dem Dach festgebunden. Um die Verkehrsteilnehmer zu sicherem Fahren anzuhalten, stehen an vielen Straßen große Schilder mit der Mahnung „Don't overload, Don't speed, Don't drink and drive" (nicht überladen, nicht rasen, kein Alkohol am Steuer). Zumindest die ersten beiden Aufrufe werden von Taxi- und Busfahrern meist komplett ignoriert.

Bei einer geführten Rundreise gilt in diesem Fall: Fährt der Reiseleiter zu schnell oder generell unverantwortlich, hat man das Recht und sich selbst gegenüber die Pflicht, ihn darauf aufmerksam zu machen und um eine umsichtigere Fahrweise zu bitten. Im Notfall sollte man sich sogar mit dem Veranstalter in Verbindung setzen.

Wegen der weiten Entfernungen in Namibia kommen Kleinflugzeuge bei Betuchten mit wenig Zeit oft und gern zum Einsatz.

Mietwagen

Namibia hat ein hervorragendes Straßennetz. Insgesamt 27 Städte und Gemeinden sind über ein 42 238 km langes Straßennetz zu erreichen. Davon sind 5477 km geteert. Dies ist für ein Land wie Namibia in der Tat eine Menge, wird doch der Gegenwert für die Teerstraßen vom Transportministerium mit immerhin N$5 286 388 000 (in Worten: 5,2 Mrd.) angegeben.

Asphaltierte Straßen nach Südafrika wurden schon in den 70er-Jahren gebaut. Neu sind der asphaltierte Trans-Kalahari-Highway nach Botswana und Südafrika (in Namibia die B 6) sowie der Trans-Caprivi-Highway (in Namibia die B 8) durch den Caprivi nach Botswana und Zimbabwe. Mit der Brücke über den Zambezi westlich von Katima Mulilo ist seit Mai 2004 nun auch Zambia an diesen Highway angebunden.

Der Zustand der **Schotterstraßen** (im Folgenden verwenden wir für alle nicht geteerten Straßen den Begriff Schotterstraße) wechselt je nach (mangelnder) Wartung ständig. Vor allem der Zustand der Schotterstraßen in den Nationalparks lässt stark zu wünschen übrig, was einem Streit darüber geschuldet ist, wer für die Wartung der Parkstraßen zuständig sei: Bis heute schieben sich das Transportministerium und das Ministerium für Umwelt und Tourismus hier gegenseitig den Schwarzen Peter zu. Nach Rechtslage ist es eindeutig Aufgabe des Transportministeriums. Darunter zu leiden haben die Besucher.

> **Tipp**
>
> Grundsätzlich sollten ein zweiter Reservereifen und ein Verbandskasten mitgenommen werden, am besten ebenfalls schon von zu Hause aus gebucht, damit beides bei Ankunft auch verfügbar ist.

Wellblech beschreibt den Straßenzustand, bei dem die Straßenoberfläche viele kleine Dellen hat, die eben wie ein Wellblech aussehen. Es entsteht durch die Schwingungen der Reifen. Bei schnellem Fahren fliegt man sozusagen über die Unebenheiten hinweg. Das ist jedoch gefährlich, da die Bodenhaftung stark reduziert ist. Außerdem wird der Wellblecheffekt dadurch noch verstärkt. Fährt man langsam, nimmt man jede Delle mit und spürt sie entsprechend.

Starke Regenfälle können den Schotterstraßen ziemlich zusetzen. Die Auswirkungen gehen von kleinen Verspülungen bis zur völligen Unpassierbarkeit. Je nachdem, wie lange und in welchen Gebieten es stark geregnet hat, kann es Tage bis Wochen dauern, ehe die Straße wieder repariert ist.

Übrigens: Die Deutschsprachigen in Namibia sagen zu Straßen **Pads** (ganz Deutsch mit a ausgesprochen). Dieser Begriff umfasst alle Straßenarten. Will man sich genauer ausdrücken, spricht man von der Teerpad (Asphalt), Sandpad (Schotter oder Sand) oder Farmpad (zweispuriger Weg). Dann gibt es noch die Elefanten- oder Zebrapads (Pfad) und die Beesterpads (Rinderpfade). Spricht man vom Zustand der Straße, wird zwischen einer guten oder schlechten

Pad unterschieden. Der Abschiedsgruß für den Reisenden heißt: Gute Pad!

Erst seit dem 16. April 1997 gibt es in Namibia **bleifreies Benzin**. Im November 2005 begann landesweit die Umstellung auf ausschließlich bleifrei, seit April 2006 ist kein verbleites Benzin mehr erhältlich.

Bei der **Wahl der Mietwagenfirma** sollte man neben dem Preis vor allem auf den Service achten. Hier gibt es einige Fallen. Die größeren örtlichen Mietwagenunternehmen sind im Verein CARAN organisiert. Jedoch ist CARAN kein Gütesiegel. Die Regeln des Vereins (auf deren Einhaltung leider nur bedingt geachtet wird) schreiben u. a. vor, dass die Mitglieder mindestens fünf Fahrzeuge haben müssen, die nicht älter als 2,5 Jahre sein dürfen oder deren Laufleistung 100 000 km nicht überschreiten darf (bei Geländewagen sind 150 000 km Laufleistung erlaubt). Außerdem müssen sie ausreichend versichert sein und regelmäßig gewartet werden. Im Falle einer Panne oder eines Unfalls wird versprochen, das Fahrzeug innerhalb von 24 Stunden zu reparieren oder es durch ein Neues zu ersetzen. Alle Mietwagenfirmen haben jedoch in ihren Verträgen eine Klausel, die besagt, dass bei **Fahrlässigkeit** *(negligence)* kein Versicherungsschutz besteht. Gegen Extrakosten wird ein *waiver* angeboten – eine Verzichtserklärung des Vermieters, im Schadensfall Ersatz zu verlangen.

Der Begriff Fahrlässigkeit ist sehr dehnbar – und wird von den Firmen immer in ihrem Sinne ausgelegt. Ist die Kupplung kaputt, hat man sie fahrlässig im Sand schleifen lassen und muss sie bezahlen. Ist der Reifen kaputt, ist man fahrlässig über einen Stein gefahren und muss den Reifen bezahlen (Reifen und Windschutzscheiben sind nur bei wenigen Mietwagenfirmen versichert). Kommt man vom Weg ab, kann dies zu einem *underbody damage* (Unterbodenschaden) führen, und man muss das ganze Auto bezahlen. Überschlägt man sich mit dem Fahrzeug, ist es ein *single car accident* – kein anderes Fahrzeug ist in den Unfall involviert, also kann keine andere Versicherung die Kosten tragen. In diesem Fall ist man sowieso fahrlässig gefahren und muss den Totalschaden bezahlen. Hier kommen schnell mal 30 000 € zusammen.

Es gilt also wie üblich: Umsichtig fahren und Unfälle unter allen Umständen vermeiden!

Die international bekannten Firmen Avis, Europcar und Hertz sind auch in Namibia vertreten. Vorteil dieser Firmen ist, dass es auch eine Filiale in Deutschland gibt, an die man sich bei Streitfragen wenden kann (wenn auch erst im Nachhinein). Außerdem kann durch die große Fahrzeugflotte im Notfall schnell ein Ersatzfahrzeug gestellt werden. Reservierungen ab Deutschland:

Avis, ✆ 01805-217702
💻 www.avis.de
Europcar, ✆ 01805-8000
💻 www.europcar.de
Hertz, ✆ 01805-333535
💻 www.hertz.de

Bei der **Wahl des Mietwagens** ist die geplante Route entscheidend– und natürlich das Budget. Für die ganz kleinen Wagen der sogenannten Kategorie A oder B spricht einzig und allein der geringe Mietpreis. Auch wenn man die üblichen Strecken mit diesen Fahrzeugen bewältigen kann, sind sie für die namibischen Schotterstraßen völlig ungeeignet. Die kleinen Reifen werden sehr schnell von den zum Teil messerscharfen Steinen zerschnitten. Die viel zu geringe Bodenfreiheit behindert das Vorankommen: Um Steine auf der Straße muss man herumfahren, bei Bodenwellen kann man nur sehr langsam fahren, mitunter setzt man sogar auf.

Gut für die Straßenverhältnisse geeignet sind Fahrzeuge mit hoher Bodenfreiheit, am besten ein Geländewagen (Allrad). Dieser ist für die Hauptrouten nicht unbedingt erforderlich, jedoch die sicherste und komfortabelste Variante. Unverzichtbar ist er für die abgelegenen Gebiete im Kaokoveld und Kaudom sowie für die letzten 5 km zum Sossusvlei. Dort gibt es jedoch auch einen Shuttle, oder aber man läuft die Strecke. Diese Fahrzeuge haben meist Reifen, die den Schotterstraßen gewachsen sind, und den für einen bequemen Urlaub wichtigen geräumigen Innenraum.

Größere Bodenfreiheit und einen angemessen großen Innenraum bieten auch die sogenannten *SUV* (*Sport Utility Vehicle*, Sportnutzfahrzeug), dies sind etwas größere, sportliche Fahrzeuge, die jedoch nicht über Allradantrieb verfügen. Fast alle Autovermieter bieten als Geländewagen die 4x4 (heißt: Allradantrieb) *Single Cabs*, Einzelkabine, und die 4x4 *Double Cabs*, Doppelkabine, an. Bei den *Single Cabs* ist der Innenraum sehr eingeschränkt, die Sitze sind nicht verstellbar. Die Fahrzeuge sind eigentlich schon für zwei Personen zu klein, es gibt keinen Platz für Kamera und Trinkwasser.

Die vergleichsweise gute Straßenlage des Geländewagens verleitet zu überhöhter Geschwindigkeit, was wiederum häufig zu Unfällen führt. Die Geländewagen werden auch mit Campingausrüstung angeboten. Zu Geländewagen s. auch „Offroad-Fahrten" im Abschnitt Aktivitäten in diesem Kapitel.

Die **Konditionen der Mietwagenfirmen** unterscheiden sich nur geringfügig voneinander. Die Mietwagenverträge sind grundsätzlich in Englisch abgefasst, da dies in Namibia die Amtssprache ist.

Es werden unterschiedliche **Versicherungsarten** angeboten: Beim *standard cover* ist der Wagen teilversichert. Es muss bei Übernahme des Mietwagens eine Kaution (Selbstbeteiligung, *excess*) hinterlegt werden. Die Höhe der Kaution unterscheidet sich bei den einzelnen Verleihern ganz erheblich; bei den einen handelt es sich um 10 %, bei den anderen um bis zu 50 % des Wagenneuwertes. Die Kaution für das Fahrzeug ist mit Master-, Diners- oder Visa-Karte zu hinterlegen (nicht in bar!). Der Betrag wird nicht abgebucht, sondern auf dem Kartenkonto eingefroren. Nach schadensfreier Rückgabe des Fahrzeugs am Ende der Reise wird der Kautionsbetrag wieder freigegeben. Im Falle eines Unfalls wird der Mieter maximal in Höhe der Kaution belastet (es sei denn, es handelt sich um Fahrlässigkeit).

Schäden an Reifen, Glas, Scheinwerfern und Lack (etwa bei Sandstürmen) sind bei der Teilversicherung nicht eingeschlossen und werden mit der Kreditkarte bezahlt. Der Mieter sollte unbedingt sein Kreditkartenunternehmen über den geplanten Namibia-Urlaub und die Höhe der Kaution informieren, um die Abwicklung in Windhoek zu vereinfachen.

Bei der nächsten Versicherungsoption *(super cover)* ist bei manchen Autoverleihern gar keine, bei anderen eine reduzierte Kaution bei Übernahme des Fahrzeugs zu hinterlegen. Reifen und Windschutzscheiben sind meist auch bei dieser Versicherungsart nicht eingeschlossen. Die internationalen Mietwagenfirmen bieten eine Vollkaskoversicherungsoption an, verlangen im Falle eines Unfalls jedoch eine „Schadensabwicklungsgebühr" (außer im Fall von Fahrlässigkeit). Die Konditionen der Mietwagenfirmen sind allerdings ständig im Wandel begriffen, langfristig gültige, konkrete Aussagen lassen sich daher kaum machen.

Die **Preise für Mietwagen** sind in Namibia relativ hoch. Dies ist vor allem auf die starke Belastung der Fahrzeuge auf den Schotterstraßen und den damit einhergehenden Materialverschleiß zurückzuführen. Die hohe Unfallquote trägt ebenfalls zu den stolzen Preisen bei. Unbegrenzte Freikilometer sind bei den meisten Anbietern in den Preisen eingeschlossen.

Bei Preisvergleichen muss man immer die sichtbaren Leistungen beachten, also Freikilometer, Höhe der Kaution, Versicherungen und Zusatzleistungen. Was man leider nicht sieht, sind Alter und Zustand des Wagens.

In den schnellen Zeiten des Internet sind Preiskämpfe häufiger denn je, Preise und Konditionen sind selten länger als einen Monat gültig und extrem schwer zu vergleichen. Auch deshalb lohnt der Weg über einen seriösen Reiseveranstalter.

Inklusive Freikilometer und Vollkasko und abhängig von der Mietdauer liegen die Preise in Namibia in etwa pro Tag bei N$400–N$500 für einen Kleinwagen ohne Klimaanlage, N$500–N$700 für einen Kleinwagen mit Klimaanlage, N$1200 für einen Hyundai I35X/Nissan X-Trail, N$1500–N$1800 für einen Geländewagen (Toyota Hilux), N$1650–N$1850 für einen Geländewagen mit Campingausrüstung und N$1750–N$1950 für einen VW-Bus/Toyota Quantum. Einige dieser Autos werden neu in Südafrika hergestellt.

Die deutschen Veranstalter vermitteln alle Mietwagen. Meist hat jeder seinen Vertragspartner, mit dem er die besten Erfahrungen gemacht hat. Adressen einiger Verleiher vor Ort sind im praktischen Teil im Kapitel Windhoek zu finden.

Die Preise können abhängig vom jeweiligen Kurs stark variieren. Fällt der Rand (an dessen Wohl und Wehe der Namibia Dollar geknüpft ist) innerhalb einer laufenden Saison, kann es günstiger sein, bei Veranstaltern vor Ort zu buchen oder aber bei kleinen Veranstaltern in Deutschland, die direkte Verbindungen zu den Firmen in Namibia haben.

Steigt der Rand, wird es wahrscheinlich billiger, wenn das Fahrzeug über einen Großveranstalter gebucht wird, der in großen Mengen Rand sichert und die Fahrzeuge so länger zum günstigen Tarif anbieten kann.

Bei Mietwagenübernahme vor Ort sind folgende Dinge zu beachten:

- Zeit mitbringen! Die Fahrzeugübernahme dauert, und die Zeit sollte man sich auch nehmen. Ein paar an dieser Stelle gesparte Minuten können am Ende teuer werden.
- Immer vor der Unterzeichnung alle im Mietwagenvertrag angegebenen Punkte am Mietwagen selbst kontrollieren.
- Werkzeug und vor allem den Wagenheber sollte man sich vom Vermieter vorführen lassen. Dann weiß man erstens, ob er funktioniert, und zweitens wie.
- Unklare Punkte im Vertrag vom Vermieter erklären lassen.
- Eventuelle Schäden am Fahrzeug wie Beulen, abgefahrene Reifen und Steinschläge in der Windschutzscheibe schriftlich festhalten und sich bestätigen lassen. Sonst wird man nachher für Dinge zur Kasse gebeten, die man nicht verschuldet hat.
- Bremsen und Reifen müssen auf Zuverlässigkeit überprüft werden.

Ist man überhaupt nicht zufrieden mit dem Wagen, etwa wenn die bestellte Klimaanlage kaputt ist oder Türen nicht richtig schließen, hat man durchaus das Recht, ihn zurückzugeben. In der Hochsaison kann es jedoch passieren, dass der Vermieter keinen Ersatzwagen zur Verfügung hat. Je nach Sachlage muss man entscheiden, ob man den Wagen, vielleicht mit einem Preisnachlass, doch nimmt oder aber längere Wartezeiten für einen anderen in Kauf nimmt. Im Vertrag oder auf einem extra Blatt müssen Notrufnummern stehen. Im Falle jeglicher Probleme, eines Unfalls oder mehrerer Reifenpannen ist immer die nächste, örtliche Vertretung des Verleihers zu verständigen.

Auf **Fußgänger und Radfahrer** wird in Namibia selten Rücksicht genommen. Man muss größte Vorsicht walten lassen. So darf man sich nie darauf verlassen, dass die Autos schon halten oder einen Bogen um einen machen werden. Manche Fahrer machen sich einen Spaß daraus, besonders nahe heranzufahren.

Wer sich als Radfahrer auf die Schotterstraßen wagt, sollte trotz Hitze und Staub einen Helm mit Steinschlagschutz tragen. Die vorbeifahrenden Fahrzeuge schleudern Steine auf, die mit hoher Geschwindigkeit durch die Luft fliegen. Trifft einen ein Stein, kann es zu schweren Verletzungen kommen. Das Tragen eines Helmes ist beim Radfahren in Namibia gesetzlich vorgeschrieben.

Die **Taxifahrer**, besonders in Windhoek, sind ein regelrechtes Sicherheitsrisiko. Verkehrsregeln scheinen ihnen oft gänzlich unbekannt zu sein. Ob ihre verbeulten Autos noch eine weitere Beule dazubekommen, ist vielen egal. Ein langsam fahrendes Taxi kann von einer Sekunde auf die andere unvermittelt stehen bleiben, um einen potenziellen Fahrgast anzuhupen. Sind Taxis in der Nähe, muss man besonders vorausschauend fahren und für den anderen mitdenken.

Eisenbahn

Kaum ein Mensch fährt in Namibia mit der Eisenbahn. Seit 2008 ging es mit TransNamib, dem staatlichen Unternehmen, das für die Eisenbahnverbindungen im Lande zuständig ist, stetig bergab. Zeitweise gab es überhaupt keine intakten Loks mehr. Für manche Strecken existiert kein Fahrplan, andere Bahnverbindungen wurden ganz gestrichen, da die Verkehrssicherheit nicht mehr gewährleistet ist. Die Strecken, die noch intakt sind, werden für den Güterverkehr genutzt. Wartung an der Strecke ist so zu beobachten: 20 Mann in blauen Anzügen stehen über Schaufeln gebeugt auf den Schienen und grübeln über den Sinn des Lebens.

Die wichtigste Eisenbahnstrecke Namibias erstreckt sich über 2382 km – von Keetmanshoop im Süden bis Walvis Bay im Wes-

Bus- und Bahnverbindungen

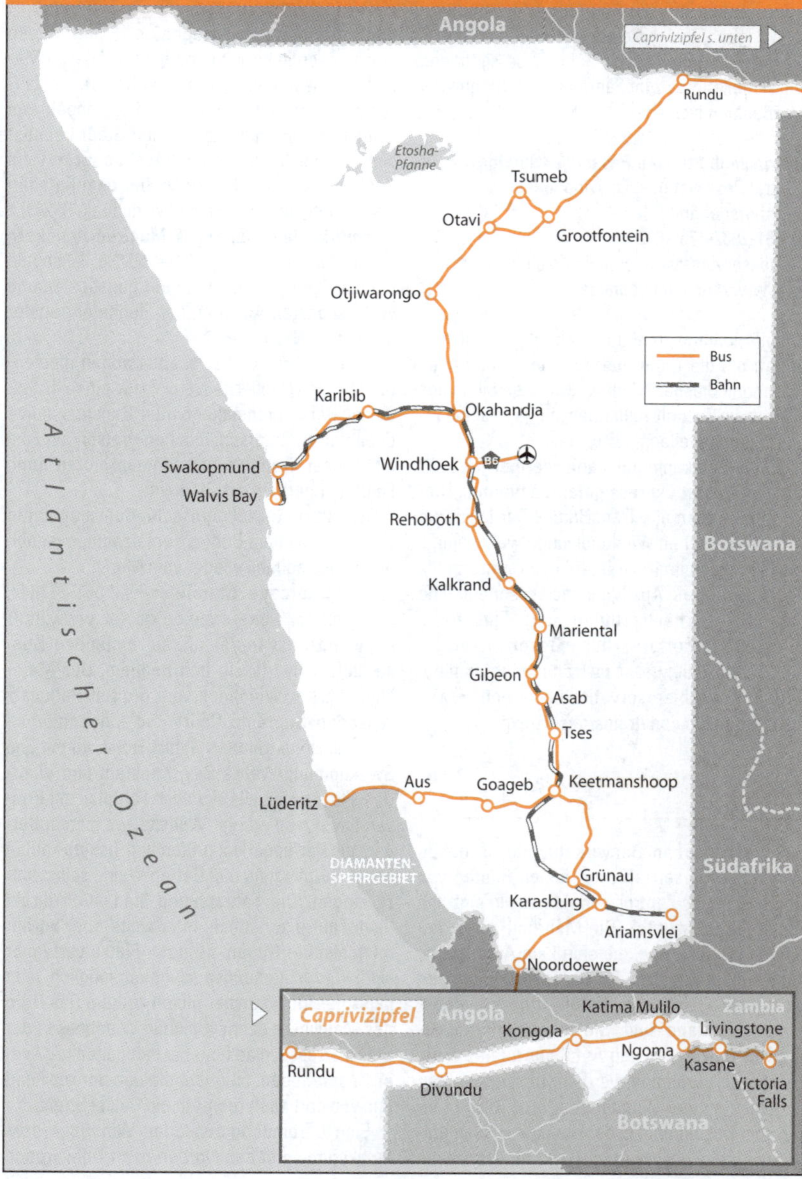

ten. Zweigstrecken gibt es nach Lüderitz und Gobabis. Weiter als das begrenzte Eisenbahnnetz führt der Busverkehr von TransNamib. Die Busse sehen meist sogar aus wie umgebaute Waggons, nur mit einem Lkw an der Spitze. Sie werden daher auch „Bahnbusse" genannt. Für aktuelle Infos zum Fahrplan und Buchungen wendet man sich an:

TransNamib StarLine Passenger Service
Central Reservations, im Windhoeker Bahnhofsgebäude
061-2982-175, -032
paxservices@transnamib.com.na
www.transnamib.com.na

Falls jemand genügend Abenteuerlust mitbringt, um die Bahn auszuprobieren und allen Reisenden diesbezüglich im wahrsten Sinne des Wortes die Zukunft zu bahnen, möge er seine Erfahrungen mitteilen.

Nach Swakopmund kann viermal im Jahr mit dem **Desert Express** gefahren werden. Dieser gehört ebenfalls TransNamib. Der Luxuszug verkehrt zwischen Windhoek und Swakopmund, die Fahrzeugmitnahme ist möglich. Unterwegs findet jeweils ein Ausflug in die Wüste und eine Fahrt zur Tierbeobachtung statt. Eine frühe Buchung ist erforderlich: **Desert Express**, 061-2982600, dx@transnamib.com.na, www.namibiareservations.com oder www.luxurytrainclub.com/trains/desert-express.

Busse

Einen städtischen Busverkehr gibt es nur in Windhoek. Dieser fährt auf festen Routen von Katutura in das Zentrum, von da aus in einzelne Stadtteile und zurück. Die Mehrheit der arbeitenden Bevölkerung, die sich kein Auto leisten kann, lebt in Katutura. Für die Fernstrecken gibt es private Kleinbusse, die oft in bemitleidenswertem Zustand sind. Sie fahren unregelmäßig von Tankstellen und Autobahnzufahrten ab. Fernbusse verbinden die dicht besiedelte Four O Region mit der Hauptstadt. Diese Busse fahren vom Busbahnhof in der Mandume Ndemufayo Avenue, Höhe Wernhil Park, ab. Dort kann man auch die genauen Abfahrtszeiten erfahren. Daran wird sich allerdings wenig gehalten.

Private Linienbusse

Vom Internationalen Flughafen Hosea Kutako fahren nach jeder Landung einer größeren Maschine Busse nach Windhoek. Umgekehrt fahren zu jedem Abflug Busse von Windhoek zum Flughafen. Die Haltestelle in der Stadt befindet sich auf der Independence Avenue, Ecke Fidel Castro Street, schräg gegenüber dem Kalahari Sands Hotel (s. auch Kapitel Windhoek, S. 249).

Shuttle Namibia, Evy & Manfred Henckert, 061-302007, -Handy 081-1228888, shuttlenamibia@iway.na, ist einer der günstigsten und verlässlichsten Anbieter, der Flughafentransfer kostet hier N$200 p. P.

Andere Taxis und Busse verlangen momentan um die N$250–N$-300 p. P. für einen Transfer, die Reiseveranstalter bieten Transfers individuell und zu unterschiedlichen Preisen an. Fast alle dieser Transferunternehmen bieten auch Fahrten innerhalb der Stadt an.

Transferunternehmen schießen momentan wie Pilze aus dem Boden, verschwinden jedoch oft ebenso schnell wieder vom Markt.

Der **Intercape Mainliner**, 061-227847, whkbook@intercape.co.za, www.intercape.co.za, ist teurer als die einfachen Busse, dafür zuverlässig und bequem. Der Mainliner fährt in Windhoek vom großen Parkplatz zwischen Supreme Court und Independence Avenue, Höhe Kalahari Sands Hotel, ab mit Ziel Swakopmund/Walvis Bay, Kapstadt und Victoria Falls (den jeweils aktuellen Fahrplan mit Preisen findet man auf der Website, wo man außerdem die Verfügbarkeit prüfen und Tickets kaufen kann). Verpflegung und Getränke sind selbst mitzubringen. Die Fahrscheine sind auch direkt beim Fahrer erhältlich, man sollte aber vorher telefonisch erfragen, ob noch Plätze verfügbar sind. Vorausbuchungen sind nicht möglich, man muss das Ticket immer gleich kaufen. Das Büro des Mainliners befindet sich in Windhoek in der Galilei Street 2, man fährt die Independence Avenue nach Süden, biegt auf die Jan Jonker Road und von dort nach rechts in die Galilei Street.

Eine Verbindung zwischen Windhoek bzw. Swakopmund in den Norden nach Otjiwarongo

Autofahren in Namibia

Jedes Jahr verunglücken Touristen in Namibia im Mietfahrzeug, einige davon tödlich. Die Ursache ist fast immer **unangepasstes Fahrverhalten**. Handys funktionieren nur begrenzt, Hilfe kann weit entfernt sein. Da bleibt nur: Unfälle gänzlich vermeiden!

Wer die folgenden Hinweise aufmerksam liest und einhält, wird das Erlebnis Autofahren in Namibia ungetrübt genießen.

Eine **vorausschauende Fahrweise** ist Vorbedingung. Ein gedankliches Gefahrentraining (wie reagiere ich, wenn ein Reifen platzt, plötzlich ein Tier auf der Straße steht, der Wagen ins Schleudern gerät) hilft, in Gefahrensituationen schnell und angemessen handeln zu können.

1. Linksverkehr! Faustregel: Fahrer/in sollte sich immer in der Straßenmitte befinden. Gefährliche Situationen entstehen beim Rechtsabbiegen und auf den langen, einsamen Strecken ohne Gegenverkehr. An das Schalten mit links gewöhnt man sich relativ schnell.

2. Anschnallpflicht Extrem wichtig vor allem auf den Schotterstraßen, auch wenn hier keiner kontrolliert. Die Anschnallpflicht gilt sinnvollerweise auch für die hinteren Sitze, wenn dort Gurte vorhanden sind.

3. Beide Hände ans Steuer! Gerade längere Fahrten verleiten dazu, eine Hand vom Steuer zu nehmen. Aber nur wenn beide Hände am Steuer sind, kann das Fahrzeug in einer Gefahrensituation – plötzliches Auftauchen von Wild oder ein geplatzter Reifen – unter Kontrolle gehalten werden. Dann heißt es: Lenkrad festhalten, nicht ruckartig gegensteuern!

4. Vorfahrt Die Vorfahrt ist in Namibia immer durch Schilder oder Haupt- und Nebenstraßen geregelt. Ausnahme sind Kreuzungen, an der jede Partei ein Stoppschild vor der Nase hat *(4-way-stop)*: Man verständigt sich mit den anderen Fahrern, wer als Nächster fährt. Im Allgemeinen fährt der als Erstes, der zuerst an der Kreuzung war.

5. Geschwindigkeit Geschwindigkeitsbeschränkung!! In den Orten 60 km/h und auf asphaltierten Landstraßen 120 km/h. Geschwindigkeitsüberschreitungen werden übrigens auch in Namibia inzwischen unbarmherzig geahndet, Strafzettel zwischen N$1500 und N$10 000 je nach Höhe des Vergehens sind dabei gang und gäbe.

Auf den Schotterstraßen sollte man sich nicht durch die zeitweilig gute Oberfläche und das Fahrverhalten der Einheimischen täuschen lassen und nicht schneller als 80 km/h fahren. Die Bodenhaftung ist immer begrenzt. Wellblech, Schlaglöcher und Verspülungen können völlig überraschend und unerwartet auftreten. Die Einheimischen fahren die Strecke meist mehrfach wöchentlich und kennen sie genau.

6. Die Hinweisschilder für Kurven unbedingt beachten: Bei einem gekrümmten Hinweispfeil sind maximal 60–70 km/h empfohlen, bei einem rechtwinkligen 40–50 km/h. Das Gleiche gilt für die Hinweisschilder für Riviere (Trockenflussbetten). Wenn es hier mal geregnet hat, verwandeln sich die Riviere in reißende Flüsse und sollten nie durchfahren werden. Ist der Fluss nur noch ein Rinnsal, läuft man vorher durch, um Untiefen zu entdecken. Die Schotterstraßen werden nach dem Regen glitschig wie eine Schlittschuhbahn. Bei einer Vollbremsung kommt das Fahrzeug sehr schnell ins unkontrollierbare Rutschen.

7. Faustregel: Auf Schotterstraßen sollte wie auf einer schneebedeckten Bundesstraße sehr, sehr umsichtig gefahren werden.

Wer einen Hügel zu schnell hochfährt, erschrickt womöglich vor der sich dahinter auftuenden Ebene – und tritt reflexartig auf die Bremse. Dadurch kann der Wagen ins Schleudern geraten.

8. Nie eine Vollbremsung machen, sei die Situation auch noch so schwierig. Immer gefühlvoll bremsen. Abrupte Ausweichmanöver führen sehr schnell zum Überschlagen.

9. Lichter einschalten! In der Staubwolke des Vordermanns, im Gegenverkehr und in der Dämmerung unbedingt Lichter einschalten, damit man vom Gegenverkehr erkannt wird.
Beim Überholen und durch Gegenverkehr kann es zu **Steinschlag** kommen. Ist man darauf gefasst, kann einen das nicht aus der Bahn bringen.
10. Reifen Bei jedem Tankstopp den Reifendruck laut Herstellerangabe kontrollieren und bei *jedem* Stopp visuell. Die scharfen Steine zerschneiden auch die besten Reifen, und ein geplatzter Reifen ist eine häufige Unfallursache.
11. Rückspiegel Immer wieder reinschauen, auch wenn seit Tagen nichts mehr gesichtet wurde. Sollte ein Fahrzeug hinter einem auftauchen, bitte links blinken, noch langsamer fahren und überholen lassen.
12. Vorsicht: Eine äußerst gefährliche Gewohnheit hier im Land ist, mit **Rechtsblinken** dem nachfolgenden Fahrzeug bedeuten zu wollen, dass man überholt werden kann. Natürlich wird auch rechts geblinkt, wenn man rechts abbiegen will. Eine doppelte Bedeutung, die schon zu bösen Unfällen geführt hat. Wer rechts abbiegen will, muss unbedingt erst kontrollieren, ob man nicht falsch verstanden wurde und beim Abbiegen gerade überholt wird. Falls jemand vor einem rechts blinkt, weiß man nicht, ob dieser nun überholt werden will oder ob derjenige rechts abbiegen möchte. Daher darf man sich niemals dieser Unsitte anschließen.
13. Farmtore Die Gatter auf den Straßen werden grundsätzlich so verlassen, wie man sie angetroffen hat. Ein verschlossenes Tor wird nach der Durchfahrt wieder verschlossen, ein offenes Tor bleibt offen. Rolltore (Viehroste) sollten mit Vorsicht (60 km/h) überfahren werden. Vor und hinter den Rolltoren können gefährliches Wellblech oder Stufen sein.
14. Auf den Straßen und Wegen bleiben Die endlos erscheinenden Flächen der Namib verlocken gerade die Allradfahrer, mal richtig offroad zu fahren. Abgesehen davon, dass man auch mit einem Allrad stecken bleiben kann, werden Insekten, Vogelnester, Flechten und andere Pflanzen zerstört. Die Fahrzeugspuren bleiben in diesem regenarmen Gebiet oft Jahrhunderte erhalten. Offroad-Fahren ist daher streng verboten! Auf den normalen Schotterstraßen sollte wegen der besseren Straßenlage immer mit eingeschaltetem Allrad gefahren werden. Zu überprüfen ist zuvor, ob das Fahrzeug noch mit Freilaufnarben (engl. *4x4 hubs*) ausgestattet ist und wie diese festzustellen sind.
15. Abgelegene Gebiete: Kaokoveld & Kaudom An die Offroad-Gebiete im Kaokoveld und Kaudom sollte man sich nur mit einer kompletten Safari-Ausrüstung und einem zweiten Fahrzeug heranwagen. Im Kaudom und auch in Teilen des Bwabwata Parks sind zwei Allradfahrzeuge in Kolonne sogar von der Parkverwaltung vorgeschrieben. Für ausgedehnte Touren in das Kaokoveld und auch in das Okavango-Delta sind die Dienste eines lokalen Guides von unschätzbarem Wert, zum einen was die Orientierung angeht, zum anderen was den Umgang mit der lokalen Bevölkerung betrifft. Und nicht zuletzt trifft auch hier das Sprichwort zu: Was man nicht weiß, sieht man nicht.
16. Wasser Auch mit dem besten Fahrzeug ist eine Panne nicht auszuschließen. Deshalb sollte immer genügend **Trinkwasser** für mehrere Tage mitgeführt werden. Ein zweiter Ersatzreifen, gefüllte Reservekanister und Werkzeug sind sehr empfehlenswert. Kann mit dem defekten Fahrzeug nicht mehr weitergefahren werden, bittet man Vorbeifahrende, beim Verleiher anzurufen und Hilfe zu

und Tsumeb bietet **Sunshine Tours**, ✆ 064-402299, ✆-Handy 081-1278388, ✉ sales@sunshine.com. Abfahrt So–Fr von Swakopmund, Sam Nujoma Drive, gegenüber von Pick'n Pay, um 11 Uhr, Abfahrt So–Fr von Windhoek, Mandume Ndemufayo Ave, Southport Showroom, um 12.30 Uhr; Abfahrt am selben Tag von Tsumeb, Engen Gateway Service Station, um 7 Uhr, sowie von Otjiwarongo, Puma Service Station, um 11 Uhr. Kosten einfache Fahrt: N$220 p. P. Zur Sicherheit vorher die Abfahrtszeiten telefonisch bestätigen lassen.

Eine weitere Verbindung zwischen Windhoek und Swakopmund bietet der **Town Hoppers** Shuttle Service, ✆ 064-407223, ✆-Handy 081-2103062, ✉ townhoppers@iway.na, 💻 www.

holen. Lieber nimmt man ein paar Stunden Wartezeit in Kauf, als stundenlang in der Hitze umherzuirren. Besonders in abgelegenen Gebieten sollte man nie einfach drauflos laufen.

17. Riviere Gibt es in der Regenzeit sintflutartige Niederschläge, „laufen" die Riviere (oder Omiramba). In diesen eher seltenen Momenten ist ganz besondere Vorsicht angebracht. Die Tiefe eines laufenden Riviers ist kaum einzuschätzen, häufig gibt es Verspülungen. Durch ein Wasser führendes Rivier sollte man daher immer erst hindurchlaufen (auf der einen Spur hin, auf der anderen zurück), bevor man es durchfährt. Übersteigt das Wasser Kniehöhe, heißt es: warten. Gleiches gilt für reißende Strömung und Schaumkämmen auf den Wellen. Ansonsten riskiert man, dass Wasser in das Fahrzeug läuft oder es sogar weggespült wird. In diesem Fall wäre die Kaution fällig, wahrscheinlich sogar noch mehr.

18. Fahrzeiten Faustregel: Für 100 km Schotterstraße braucht man zwei Stunden. 500 km Tagesetappe sollten die äußerste Grenze sein.

19. Nur bei Tageslicht fahren! In der Dämmerung blendet die tief stehende Sonne, die Tiere sind um diese Tageszeit besonders aktiv. Fahrten in der Dunkelheit sind unbedingt zu vermeiden. Wegunebenheiten sind schlecht zu erkennen, Hindernisse nicht einzuschätzen, und die Tiere am Wegesrand übersieht man u. U. komplett.

20. Kein Alkohol am Steuer! Nach genossenem Sundowner kann man zwar noch in die Pension fahren – bis 0,8 Promille, also in etwa zwei Bier, sind erlaubt (in Südafrika sind es 0,24 Promille). Wer jedoch mit mehr erwischt wird, verbringt mindestens eine Nacht im Gefängnis und erscheint später vor Gericht. Die Bekanntschaft mit einer afrikanischen Gefängniszelle sollte man sich unbedingt ersparen. Generell ist zu bedenken, dass in der neuen und gewöhnungsbedürftigen Umgebung ein herabgesetztes Reaktionsvermögen wenig hilfreich ist.

Tipp: Gerade bei Fahrten auf den Schotterstraßen ist am Ende des Tages alles mit Staub gepudert. Dies ist unvermeidlich und gehört zum Afrika-Erlebnis unbedingt dazu. Öffnet man hinten im Fahrzeug ein Fenster (bei Fahrzeugen mit separater Gepäckkabine ebenda), wird das Staub anziehende Vakuum vermieden, es staubt deutlich weniger.

Sicherheitshinweis: Nie sollte man irgendwelche Sachen, die einem lieb sind, in einem unbeaufsichtigten Fahrzeug liegen lassen – sie könnten anschließend verschwunden sein.
In den Städten gibt es auf fast allen öffentlichen Parkplätzen **Parkwächter**. Die meist jungen Männer sind erkennbar an einer orangefarbenen oder auch blauen Weste, auf der *car watch, car guard* oder *donation vehicle protection* steht. Mitunter fehlt diese Weste aber auch. Die Frage, ob sie auf das Fahrzeug aufpassen und dafür ein Trinkgeld erwarten dürfen, wird mangels Englischkenntnissen oft auf Afrikaans gestellt („Kan ek op die kar oppas?" oder nur „oppas?"). Hier kann man also die Frage getrost bejahen. Obwohl manch ein Einheimischer die Effektivität der Parkwächter anzweifelt, halten sie mögliche Einbrecher schon allein durch ihre Präsenz in Schach. Außerdem haben die jungen Männer eine Aufgabe und verdienen etwas, müssen sich also nicht andere Wege zur Geldbeschaffung suchen. Tagsüber sind N$3, nachts N$5 Trinkgeld üblich.

namibiashuttle.com. Das Büro befindet sich in Swakopmund, Sam Nujoma Drive, Nedbank Arcade, Shop 1. Abfahrt täglich von Swakopmund vor dem Eingang zur Brauhaus Arcade um 8 Uhr, Ankunft in Windhoek, Independence Avenue, Windhoek Tourisminfo, gegenüber dem Kalahari Sands Hotel um 12.30 Uhr, Abfahrt am selben Tag von Windhoek um 14.30 Uhr, Ankunft in Swakopmund um 18.45 Uhr. Kosten einfache Fahrt: N$270 p. P. Auch hier ändern sich Fahrplan und Preise mitunter, also zur Sicherheit vorher die Abfahrtszeiten telefonisch bestätigen lassen.

Overlander Trucks

Overlander Trucks sind große Lkw mit einfachen Sitzbänken im hinteren Teil. Die Verkleidung besteht meist aus Planen, die hochgerollt werden können. Die Trucks folgen den Routen zu den Sehenswürdigkeiten und gondeln meist im ganzen südlichen Afrika herum. In früheren Jahren hatten die Overlander ein gewisses Schmuddel-Image. Inzwischen ist die Organisation jedoch erheblich professioneller geworden. Bei manchen Overlandern kann zu- und ausgestiegen werden, wie es einem gerade beliebt. Man zahlt einen festen Tagessatz in Landeswährung oder US-Dollar. Oder aber es werden feste Routen angeboten, dann zahlt man für den ganzen Trip. Für drei Wochen sind rund N$7500 zu veranschlagen, einschließlich Transportkosten sowie Eintritte. Für das Essen wird ein sogenanntes *food kitty*, eine Gemeinschaftskasse, eingerichtet. Die Overlander werden vorrangig von Australiern und Neuseeländern frequentiert, die nie Langeweile aufkommen lassen.

Flug

In Namibia gibt es elf Flughäfen. Fünf davon sind **Internationale Flughäfen** (Windhoek Hosea Kutako, Eros-Flughafen in Windhoek, Walvis Bay, Keetmanshoop und Mpacha bei Katima Mulilo).

Der Internationale Flughafen Windhoek Hosea Kutako befindet sich 45 km östlich der Stadt. Windhoek liegt in einem Talkessel, große Flugzeuge haben hier nicht genug Auftrieb.

Erst so weit außerhalb Windhoeks fand sich eine geeignete Ebene, um einen großen Flughafen zu bauen. Die Entfernung erklärt auch die relativ hohen Kosten für den Transfer nach Windhoek.

Tipp

In der Vergangenheit wurde man am Flughafen regelrecht von Helfern belagert, die sich um das Gepäck stritten. Dadurch kam es zu unübersichtlichen Situationen, in denen sich kein ankommender oder abfliegender Namibia-Besucher wohlfühlt. Infolgedessen hat die Namibia Airports Company überall Schilder aufgestellt, denen zufolge die Mitarbeiter des Flughafens gern behilflich seien, jedoch kein Trinkgeld gegeben werden sollte.

Flüge von Air Namibia

Hosea Kutako INT – Lüderitz – Oranjemund – Lüderitz – Hosea Kutako INT	3x wöchentl. (Di, Do, Sa)
Eros – Ondangwa – Eros	So–Fr 2x tgl., Sa nur 1x
Eros – Mpacha (Katima) – Eros	5x wöchentl. (Mo, Di, Mi, Fr, So)
Eros – Rundu – Eros	tgl. außer Sa
Hosea Kutako INT – Maun – Victoria Falls – Maun – Hosea Kutako INT	tgl.

Außerdem gibt es Flüge von Windhoek (tgl.) und Walvis Bay (tgl. außer So) nach Kapstadt und Johannesburg; Mo, Mi, Do, Fr und So nach Luanda; tgl. nach Lusaka, Mo, Mi, Fr und So nach Harare; Di, Do und Sa nach Gaborone.

Nationale Flughäfen gibt es in Oranjemund, Lüderitz, Swakopmund, Grootfontein, Ondangwa und Rundu. Zusätzlich existieren über 600 private Landebahnen im ganzen Land.

Air Namibia verbindet Namibia mit Südafrika, Botswana, Zimbabwe, Zambia und Angola sowie Deutschland. Da sich der Flugplan ständig ändert, beschränken sich die folgenden Angaben auf die innerafrikanischen Ziele und Flugtage der Air Namibia, zum Teil in Zusammenarbeit mit der Chartergesellschaft COMAV, ✆ 061-2996024, 🖂 centre@airnamibia.aero.

Die SAA fliegt täglich von Johannesburg und Kapstadt nach Windhoek und wieder zurück. British Airways fliegt täglich nach Johannesburg. Die Adressen der Fluggesellschaften sowie privater Chartergesellschaften befinden sich im Praktischen Teil der Kapitel Windhoek und Swakopmund.

Trinkgeld

Wem gibt man Trinkgeld, wann und wie viel? Eine Pauschalregel gibt es dafür nicht. Trinkgeld wird zwar oft, vor allem im Tourismussektor, erwartet, aber nicht eingefordert. Es ist nicht vorausgeplanter Teil des Gehaltes. Trinkgeld heißt in Namibia übrigens **Tip** (engl.). Allem zugrunde liegt natürlich die Tatsache, dass nur der ein Trinkgeld gibt, der sich zufrieden für eine gebotene Leistung bedanken möchte. Die folgenden Vorschläge sind als Anhaltspunkte zu verstehen.

- Einfache „Dienstleister" auf der Straße: Aufpasser auf den Parkplätzen und Träger bekommen N$3–N$4, in Ausnahmefällen (beispielsweise wenn der Parkwächter einen ganzen Tag lang oder abends während des Dinners auf das Fahrzeug aufpasst) auch N$5, Autowäscher bekommen ebenfalls etwa N$5. Es gibt jedoch auch in diesem Bereich Leistungen, für die ein Trinkgeld ungewöhnlich ist. Dem Ranger gibt man für das Öffnen der Schranke zum National Park sicherlich kein Trinkgeld (nichtsdestotrotz würde er es gern annehmen); Polizisten, wenn auch nicht vom Korruptionsverdacht gänzlich frei, gibt man generell kein Trinkgeld.
- Der **Kellner im Restaurant** erhält etwas mehr. Hier entscheidet, wie gut Essen und Bedienung waren, bis zu 10 % gerundet sind auch in Namibia normal. Eine Besonderheit ist jedoch die Vorgehensweise: Bei der Bezahlung wird der Kellner, auch wenn man sagt: „Stimmt so", das gesamte Wechselgeld zurückbringen. Dazu werden die Kellner in Namibia angehalten, um Missverständnissen vorzubeugen. Erst anschließend lässt man das Trinkgeld auf dem Tisch oder in der Rechnungsmappe zurück. Bei Zahlung mit der Kreditkarte kann auch das Trinkgeld per Karte gegeben werden, Bargeld wird jedoch vorgezogen, da der Empfänger das Trinkgeld gleich erhält, außerdem muss ja sonst auch auf das Trinkgeld eine Bankgebühr gezahlt werden.
- In **Lodges, Gästefarmen und Hotels** gibt es fast immer eine *tip box*, in die bei der Abreise für alle gemeinsam ein Obolus entrichtet werden kann. Die Höhe des Trinkgeldes richtet sich nach der Leistung, aber auch nach der Länge des Aufenthaltes. Prozentuale Angaben sind hierbei nur schwer zu machen, 10 % sind auf jeden Fall zu hoch. Um einen Anhaltspunkt zu geben: N$5–N$10 p. P. pro Tag, in besonderen Fällen auch mal bis zu N$20. Ein Ranger, der morgendliche und nachmittägliche Pirschfahrten begleitet und die Gäste persönlich betreut, bekommt N$100 am Tag. Da können bei einem längeren Aufenthalt einer Familie in einer außergewöhnlichen Lodge auch schon mal N$400 zusammenkommen. Ehrliche Dankesgesten und echte Freundlichkeit beweisen oft die Zufriedenheit schon mit einem kleinen Trinkgeld, da es ja immer auch um die moralische Anerkennung der Leistung geht.

Trinkwasser

Das Leitungswasser in Namibia kann fast überall getrunken werden. Ausnahme sind die Unterkünfte an den Flüssen im Norden. Dort wird das Flusswasser, meist gefiltert, zur Wasserversorgung genutzt. In den Städten, vor allem in Windhoek und Swakopmund, schmeckt das stark gechlorte Wasser nicht gut. Die Farmen und Lodges decken ihren Wasserbedarf aus Brunnen. Dieses Wasser ist hervorragend und schmeckt ausgezeichnet. Wer dennoch Bedenken hat, kann das Wasser abkochen. Vor Ort gibt es in allen Supermärkten und Unterkünften Trinkwasser in Flaschen zu kaufen. Wasser aus der freien Natur, besonders aus stehenden Gewässern, ist mit Vorsicht zu genießen. Hier empfiehlt sich die chemische Reinigung des Wassers, beispielsweise mit Micropur.

Trockenheit

Die viel zitierte Trockenheit Namibias stellt sehr hohe Ansprüche an die **Haut**, tagsüber kommt die Sonne noch hinzu. Gesichtscreme, Bodylotion, Sonnencreme und After Sun Lotion sind daher unbedingt notwendig. Vor Ort gibt es ein breites Angebot an Kosmetika, jedoch sind nicht alle Produkte des deutschen Marktes erhältlich. Die namibische Firma Fabupharm aus Otjiwarongo hat speziell für die sonnig-trockenen Verhältnisse eine Feuchtigkeitscreme entwickelt, die Aqueous Cream. Diese preisgünstige Creme ist parfümfrei und riecht etwas nach Apotheke. Neben der wohltuenden Wirkung für die Haut unterstützt man damit zugleich die lokale Wirtschaft. Wer unter sehr trockener Haut leidet, dem ist die Körpercreme von Eulactol zu empfehlen, erhältlich in lokalen Apotheken.

Sehr beliebt ist das in Namibia produzierte Marula-Öl, das aus den Kernen des Marulabaumes gewonnen wird. Der Marulabaum wächst im Norden Namibias. Dort sammeln die einheimischen Frauen die Nüsse und gewinnen aus dem Inneren eine stecknadelkopfgroße Menge des ölhaltigen Nussfleisches, alles in Handarbeit. Das sehr wertvolle Öl wird ohne Zusatzstoffe kalt gepresst. Wer den Film *Die lustige Welt der Tiere* kennt, wird sich an die Elefanten und Paviane erinnern, die, von den gegorenen Marula-Früchten betrunken, durch die Gegend torkeln.

Die Füße werden in Namibia ebenfalls sehr beansprucht. Hirschtalgcreme bietet einen guten Schutz vor dem Aufplatzen der Fersen. Von den namibischen Produkten hilft Heel Balm am besten (erhältlich in gut sortierten Apotheken).

Problematisch ist für viele die Austrocknung der Schleimhäute. Sie werden schon durch die Klimaanlage im Flugzeug stark beansprucht, was manchmal sogar zu Nasenbluten führen kann. Nasenöl von Weleda kann Abhilfe schaffen; ebenfalls sehr bewährt hat sich der Nasenbalsam von Wala. In namibischen Apotheken gibt es Chamiflor, ein Nasenspray aus Salzwasser und Kamille. Es dient der Pflege der Schleimhäute, schützt vor Austrocknen und ist auch für Kinder gut geeignet. Auch die Augen können durch die Trockenheit gereizt werden, reagieren oft mit Jucken, Brennen und Rötungen, unterwegs kommt der Staub erschwerend hinzu. Tränenersatzflüssigkeit, praktisch in Einmal-Ampullen verpackt, und Tränengel (Vidisic) wirken lindernd. Ähnliche Produkte gibt es auch in Namibia, sie sind vor Ort jedoch um einiges teurer.

Übernachtung

Die Übernachtungsmöglichkeiten in Namibia sind breit gefächert, für jeden Geschmack und Geldbeutel ist etwas dabei. Das Niveau innerhalb der einzelnen Kategorien, ob Campingplatz, Gästehaus oder Hotel, variiert sehr stark. Dabei ist nicht einmal der Preis ein geeignetes Indiz. Teuer ist nicht immer gut, dafür gibt es einige Unterkünfte in der mittleren Preisklasse, die wirklich exzellent sind.

Der 2000 gegründete Namibia Tourism Board (NTB) verabschiedete im gleichen Jahr neue **gesetzliche Vorschriften**, u. a. für die Klassifizierungen der Unterkünfte. Diese richten sich nach den Vorgaben der RETOSA, des Tourismusverbandes der SADC-Länder (Southern African Development Community). Bis Februar 2005 mussten sich sämtliche Tourismusunternehmen neu registrieren lassen. Geändert hat sich allerdings seither nichts Erkennbares. So ist auch jetzt an der Namensgebung nicht immer die Art der Unterkunft abzulesen. Es gibt Gästefarmen, die mit 22 Zimmern eher Hotelcharakter haben, und Lodges, die im Stil einer Gästefarm gehalten sind.

Bei **Preisvergleichen** sind die eingeschlossenen Leistungen mit einzubeziehen: Welche Mahlzeiten sind im Preis enthalten, sind vielleicht sogar Getränke dabei, welche Aktivitäten werden angeboten? Saisonale Preisunterschiede gibt es in Namibia bislang leider nur bei einigen wenigen Lodges.

In diesen Fällen gilt die Nebensaison *(low season)* im Allgemeinen von Anfang November oder Dezember bis Ende Juni, Hochsaison *(high season)* ist von Anfang Juli bis Ende Oktober oder November. In Swakopmund ist zusätzlich von Mitte Dezember bis Mitte Januar, wenn viele Namibier dort Urlaub machen, Hochsaison.

Entscheidend für die **Routenwahl** ist für jeden Reisenden sicherlich das Ziel, also der Ort oder die Sehenswürdigkeit. Einfluss nehmen werden auch die verfügbaren Unterkünfte – nicht in jedem Ort gibt es die ganze Bandbreite. Der Reiz einiger Gegenden Namibias wird gerade durch das Fehlen jeglicher touristischer Infrastruktur (d. h. gut gewarteter Straßen und fester Unterkünfte) bestimmt. Wer keinen Spaß am Zelten hat, wird auf den Besuch ebendieser Gegenden verzichten müssen. In manchen Gebieten wiederum kann die einzige Unterkunftsmöglichkeit eine teure Lodge sein. Dann gibt es noch die Lodges, die einen ganz eigenen Erlebniswert

Preise

Die jährliche Preissteigerung bei Mietwagen, Unterkünften, Eintritten etc. liegt bei 10–20 %. Um dennoch eine Preisvorstellung zu vermitteln, sind die Unterkünfte in den Ortskapiteln in **Kategorien** eingeteilt.

❶	bis N$650
❷	bis N$950
❸	bis N$1300
❹	bis N$1700
❺	bis N$2500
❻	bis N$4000
❼	bis N$7500
❽	über N$7500

Die Preisangaben gelten für ein Doppelzimmer inkl. Frühstück. Preise außerhalb dieser Kategorien sowie Zusatzleistungen werden angegeben.

Wer allein reist, zahlt einen Einzelzimmerzuschlag: Der Preis für das Doppelzimmer wird halbiert und der Einzelzimmerzuschlag addiert. Die Mehrwertsteuer (VAT) muss per Gesetz in allen veröffentlichten Preisen enthalten sein.

Seit Mai 2005 wird auch in Namibia eine sogenannte *tourism levy* erhoben. Diese Gebühr, die dem Namibia Tourism Board zufließt, beträgt 2 % des Preises pro Person für Übernachtung und Frühstück und ist bei den meisten Unterkünften im Preis enthalten.

Einige Lodges erheben eine *conservancy levy*, die im Allgemeinen zwischen N$30 und N$60 liegt, mitunter jedoch auf N$200 klettern kann. Diese Gebühr, die entweder der örtlichen Gemeinde zukommt oder aber Naturschutzprojekte im Gebiet der Lodge finanziert, ist manchmal im Übernachtungspreis enthalten, meist wird sie jedoch vor Ort abgerechnet.

haben. Hier lohnt es sich unter Umständen sogar für diejenigen, die ansonsten lieber campen, etwas mehr auszugeben, um einzigartige Namibia-Erlebnisse nicht zu versäumen.

In vielen Unterkünften spricht wenigstens einer der Gastgeber Deutsch, zum Teil gibt schon der Name der Unterkunft darüber Auskunft. Die im Kasten (s. oben) aufgeführten Beschreibungen der Kategorien dienen als Richtlinie, was im Allgemeinen bei den Unterkünften erwartet werden darf.

Übernachtung in den Parks

Die Übernachtungsmöglichkeiten in den staatlichen Parks sind eine Kategorie für sich. Das südafrikanische Regime hat die schönsten Plätze des Landes mehr oder weniger beschlagnahmt und entsprechend den Bedürfnissen weißer Südafrikaner bebaut. Die Camps wurden Ende der 60er-, Anfang der 70er-Jahre nach immer gleichem Schema vom Staat erbaut und lange direkt verwaltet. 2000 übertrug man die Verwaltung einem neu gegründeten staatlichen Unternehmen, Namibia Wildlife Resorts (NWR). Die Camps werden seither nach und nach renoviert. Mentalität und Servicebereitschaft sind nicht mit dem Standard in privaten Unterkünften zu vergleichen.

Die Bungalows kosten zwischen N$1500 und N$8000, die Campingplätze zwischen N$250 und N$450. Mit der Bezahlung eines Campsites (so steht es auf der Quittung) erwirbt man das Recht, diesen mit acht Personen und einem Fahrzeug zu nutzen. Reisen vier Personen mit zwei Fahrzeugen (oder ähnliche Konstellationen), müssten theoretisch zwei Campsites gebucht und bezahlt werden, allerdings wird das vor Ort nicht kontrolliert. Zusätzlich muss in allen Parks ein Eintritt pro Person und pro Fahrzeug bezahlt werden. Eine Unterkunftsbuchung ist für den Zutritt zu den Parks nicht zwingend erforderlich, der begrenzten Kapazität wegen jedoch empfehlenswert (besonders in der Hochsaison von August bis November). Gebuchte Bungalows und Campingplätze sind grundsätzlich im Voraus zu bezahlen, sonst verfällt die Buchung. Das Zahlungsdatum steht auf dem Buchungsbescheid *(deposit due date)*. Die Eintritte sind jeweils vor Ort zahlbar. Einzige Ausnahme ist die „Namib Section" (Welwitschia, Mondland-

Unterkünfte mit Charakter

In Namibia gibt es einige **Lodges mit eigenem Erlebniswert** – da ist die Lodge das eigentliche Ziel. Diese Unterkünfte können in der Nähe bekannter Sehenswürdigkeiten liegen oder aber völlig abseits der gewöhnlichen Routen. Da auch hier gilt: „Was man nicht weiß, sieht man nicht" oder fährt daran vorbei, hier einige Tipps:

① **Cañon Roadhouse**, S. 283
Urige Unterkunft an der Grenze zum Fish River Canyon, witzig und fantasievoll mit altem Autoschrott dekoriert.

② **Klein-Aus Vista**, S. 285
Endlose Weite an der Grenze zum Sperrgebiet. Von hier fällt die Namib von einer Höhe von etwa 1500 m auf Meeresspiegelniveau bei Lüderitz ab. Die legendären Wüstenpferde von Garub leben wenige Kilometer entfernt.

③ **Bagatelle Kalahari Game Ranch**, S. 266
Zeitlos schöne Dünenwelt der roten Kalahari – für viele das Synonym Afrikas schlechthin. Beim Sundowner Drive ist genau dies physisch erlebbar. Komfortable Bungalows und herzliche Gastfreundschaft.

④ **Wolwedans Dunes Lodge**, NamibRand Nature Reserve, S. 316
Wüste pur! NamibRand ist mit 1720 km² ha eines der größten privaten Naturschutzgebiete im südlichen Afrika. Grasbewachsene Flächen und aprikotfarbene Dünengürtel wechseln sich mit Gebirgsketten ab.

⑤ **Solitaire Guestfarm**, S. 320
Herzliche Atmosphäre im Sossusvlei-Gebiet auf einer Gästefarm mit ursprünglichem Charakter. Vor dem Farmhaus liegt eine weite, von Kameldornbäumen bestandene Ebene, in der Ferne sind Berge und bereits Dünen zu erkennen.

⑥ **Onjala Lodge**, S. 239
Wunderschöne Hügellandschaft unweit des Flughafens, ideal zur Erholung nach der Ankunft oder am Ende der Reise, schön zum Wandern und Tiere entdecken, Reiten und Entspannen. Im Mini-Spa gibt's Verwöhnung, die Küche ist sehr gut, die Betten bequem – was will man mehr.

⑦ **Hochland Nest**, S. 237
Der ideale Ort, um sich nach einem langen Flug zu erholen oder aber die Namibiareise ausklingen zu lassen. Die kleine, stilvolle Lodge liegt unweit des Friedenau Dam, rund 60 km westlich von Windhoek. Ein richtiges kleines Juwel im Khomashochland.

⑧ **Sam's Giardino Hotel**, S. 342
Ein sehr persönlich gehaltenes, kleines Hotel in Swakopmund, gemütlich, mit exzellentem Abendessen und durch Kamin und Heizplatten auch kuschelig, wenn mal wieder richtiges „Swakop-Wetter" herrscht.

⑨ **Mowani Mountain Camp**, S. 382
In der zeitlosen Landschaft des südlichen Damaralandes inmitten gigantischer Granitmurmeln, im Stil eines afrikanischen Dorfes erbaut. Einfach ein tolles Camp.

⑩ **Vreugde Guest Farm**, S. 419
Sehr herzliche Atmosphäre in der Nähe des Etosha Park – hier gehört jeder Gast sofort zur Familie; der herrliche Garten stellt nach staubigen Etosha-Tagen eine echte Erholung dar.

⑪ **Gelukspoort Gästefarm**, S. 404
Bislang noch ein Geheimtipp: Fröhliche Gastgeber, die sich hier einen Traum vom Farmleben mit vielen zahmen und wilden Tieren erfüllt haben. Versteckt und eingekuschelt zwischen den Bergen liegt die „Glückspforte". Auf Gelukspoort lässt sich echte namibische Gastfreundschaft im besten Sinne erleben. Auch für Familien mit Kindern ideal.

⑫ **Frans Indongo Lodge**, S. 452
Atmosphäre zum Wohlfühlen, geschmackvoll mit traditionellen Gebrauchsgegenständen der Ovambo dekorierte Lodge. Die großzügige Terrasse mit Blick in den Sonnenuntergang und auf die viel frequentierte Wasserstelle im Wildpark der Farm lädt zu längerem Aufenthalt ein.

⑬ **Susuwe Island Lodge**, S. 485
Luxus inmitten absolut unberührter, einsamer afrikanischer Wildnis. Den Kontrast zu den riesigen Leberwurst- und Ahnenbäumen bildet das weite Überflutungsgebiet des Kwando im Caprivi.

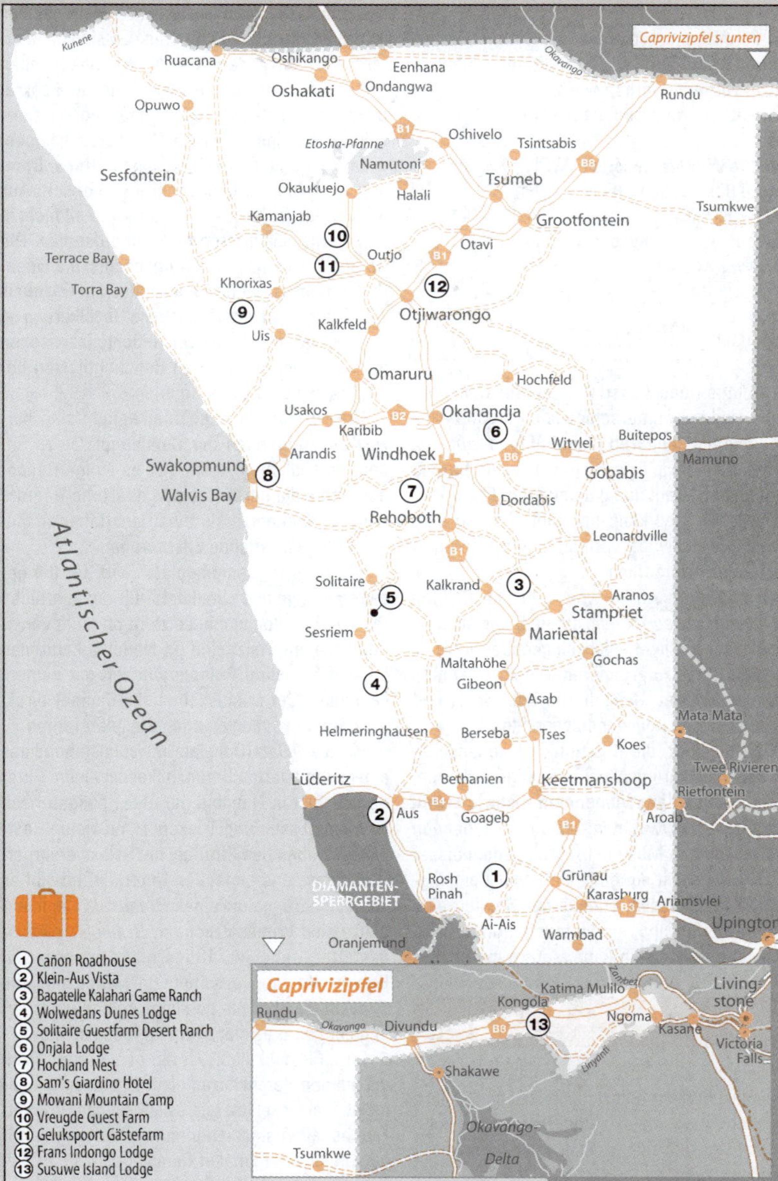
Caprivizipfel s. unten
Kunene
Ruacana
Oshikango
Eenhana
Oshakati
Ondangwa
Okavango
Rundu
Opuwo
Etosha-Pfanne
Oshivelo
Tsintsabis
Namutoni
Sesfontein
Okaukuejo
Halali
Tsumeb
Grootfontein
Tsumkwe
Kamanjab
Otavi
Terrace Bay
Outjo
Torra Bay
Khorixas
Otjiwarongo
Uis
Kalkfeld
Omaruru
Hochfeld
Usakos
Okahandja
Karibib
Witvlei
Buitepos
Arandis
Windhoek
Mamuno
Swakopmund
Gobabis
Walvis Bay
Dordabis
Rehoboth
Leonardville
Atlantischer Ozean
Solitaire
Kalkrand
Aranos
Stampriet
Sesriem
Mariental
Maltahöhe
Gochas
Gibeon
Asab
Mata Mata
Helmeringhausen
Berseba
Tses
Koes
Twee Rivieren
Lüderitz
Bethanien
Keetmanshoop
Rietfontein
Aus
Goageb
Aroab
Grünau
Rosh Pinah
Karasburg
Ariamsvlei
DIAMANTEN-SPERRGEBIET
Ai-Ais
Warmbad
Upington
Oranjemund
B1
B2
B3
B4
B6
B8
1 Cañon Roadhouse
2 Klein-Aus Vista
3 Bagatelle Kalahari Game Ranch
4 Wolwedans Dunes Lodge
5 Solitaire Guestfarm Desert Ranch
6 Onjala Lodge
7 Hochland Nest
8 Sam's Giardino Hotel
9 Mowani Mountain Camp
10 Vreugde Guest Farm
11 Gelukspoort Gästefarm
12 Frans Indongo Lodge
13 Susuwe Island Lodge
Caprivizipfel
Rundu
Okavango
Divundu
Kongola
Katima Mulilo
Zambezi
Livingstone
Ngoma
Kasane
Victoria Falls
Shakawe
Linyanti
Okavango-Delta
Tsumkwe

schaft, Blutkuppe etc.) im Namib-Naukluft Park. Da es hier kein Eingangstor mit Schlagbaum und auch kein Büro gibt, in dem Eintritt gezahlt werden könnte, muss das Permit für die „Namib Section" (und auch für die dortigen Campingplätze) vorher erworben werden.
Informationen und Buchungen bei:

Namibia Wildlife Resorts (NWR)
Central Reservation Office
☏ 061-2857200
✉ reservations@nwr.com.na
💻 www.nwr.com.na

Campingplätze

Die Anlagen und Ausstattungen der Campingplätze sind sehr unterschiedlich. Maßstab sind vor allem die sanitären Einrichtungen *(ablution blocks)*. Campingplätze auf privaten Farmen sind oft schön angelegt und gut gewartet. Einige dieser Anlagen sind klein und bieten daher eine gewisse Exklusivität. Vorbuchungen sind unter Umständen erforderlich.

Im südlichen Afrika wird sehr viel für den *Community Based Tourism* getan. Damit soll den Einheimischen die Möglichkeit gegeben werden, vom Tourismus zu profitieren. Die sogenannten kommunalen Gebiete gehören dem Staat und werden von den Kommunen verwaltet.

Eine tolle Art, die traditionellen Lebensweisen der Bevölkerung Namibias kennenzulernen, ist ein Besuch der sogenannten **Historic Living Villages**, 💻 www.lcfn.info, also der lebenden bzw. lebendigen Museen (S. 143). Jedem dieser *Living Villages* ist ein ganz einfacher Campingplatz angeschlossen, sodass der Besuch eine wirkliche Erfahrung, ein Eintauchen in die einheimische Kultur sein kann, sofern man bereit ist, sich ein wenig Zeit dafür zu nehmen. Alles was man als Europäer an Komfort im Busch so braucht, wie Nahrungsmittel und Toilettenpapier, ist dabei mitzubringen. Buchungen sind nicht erforderlich. Die in den Ortskapiteln angegebenen Preise sind nur ungefähre Angaben, auf konkrete Preise möchte sich niemand festlegen lassen, schließlich könnte dies das Geschäft schädigen.

Tipp

Gerade bei staatlichen und kommunalen Campingplätzen steht oftmals kein Toilettenpapier zur Verfügung, da zu selten jemand danach schaut. Also unbedingt immer einen Vorrat mitnehmen.

Im Gegensatz zu früher ist **wildes Campen** nicht mehr uneingeschränkt möglich. Aus Sicherheitsgründen sollte man sein Zelt nicht in Sichtweite der großen Straßen aufstellen. Die Höflichkeit gebietet es, wenn möglich die Eigentümer oder Bewohner des Landes um Erlaubnis zum Campen zu bitten. Auch die Bevölkerung im Damaraland und Kaokoveld möchte inzwischen die Gäste lieber auf ihren Campingplätzen begrüßen, um etwas zu verdienen.

Hinweis: In den Regionalkapiteln sind kurze Beschreibungen der Campingplätze zu finden. Im südlichen Afrika gibt es einige Besonderheiten, die durch gängige deutsche Begriffe nur unzureichend erklärt werden. Daher an dieser Stelle eine knappe Erläuterung:

Der Begriff „Campingplatz" wird für die gesamte Anlage und „Stellplatz" für den einzelnen Platz verwendet, wobei Letztere oft nicht voneinander abgegrenzt sind. In Namibia kann man auf nahezu allen Campingplätzen mit seinem Fahrzeug oder auch Wohnmobil/Camper direkt auf oder neben den eigenen Stellplatz fahren.

Ein *Braaiplatz* (Grillplatz, meist bestehend aus einem gemauerten Betonsockel mit einem Gitter darüber) ist in Namibia geradezu obligatorisch (s. auch „Essen und Trinken"). Auf vielen Rastplätzen neben den Straßen, bei Selbstversorger-Bungalows und einfachen Unterkünften gibt es vor jedem Bungalow einen *Braaiplatz*. Campingplätze sind grundsätzlich mit *Braaiplätzen* ausgestattet, daher wird dies nicht extra in den Beschreibungen erwähnt. Entweder sind die *Braaiplätze* über die gesamte Anlage verstreut angelegt oder es gibt einen für jede Einheit.

Mit „Picknickplatz" ist ein gemauerter Tisch mit einigen Betonklötzen als Sitzgelegenheit gemeint. Picknickplätze gibt es auf einigen Rastplätzen, bei allen staatlichen sowie bei einigen privaten und kommunalen Campingplätzen. In den Beschreibungen der Campingplätze findet sich

Übrigens

Viele der Unterkünfte in Namibia nutzen das englische Deckensystem: Ein zweites Laken dient als Zudecke, darüber kommt je nach Jahreszeit eine einfache (leider oft kratzige) oder bessere Wolldecke. Die wirklich guten Unterkünfte ziehen auch diese Überdecke in einen Bezug oder nutzen gleich eine richtige Stepp- oder Daunendecke.

ein Hinweis zum Picknickplatz, der wohl v. a. für diejenigen interessant ist, die nur mit dem Nötigsten, zumindest ohne Stühle und Tische, reisen.

Viele Campingplätze in abgelegenen Gebieten haben weder Telefon- noch Internetverbindung. Eine zeitnahe Aktualisierung von Preis- und anderen Angaben ist daher oft nicht möglich, eine Buchung (außer an den in diesem Buch ausgewiesenen Stellen) nicht nötig. Die Preisspanne reicht von N$50 bis N$250 p. P., je nach Lage, Ausstattung und Betreiber, manchmal auch nach Laune des Betreibers.

Backpackers

Diese Unterkünfte sind in Namibia wie überall auf der Welt: Es gibt Schlafsäle mit bis zu acht Betten (dormitories) und etwas teurere, einfache Zweibettzimmer; einige Backpackers haben auch kleine Campingplätze. Die Preise liegen zwischen N$100 und N$170 p. P. Backpackers gibt es hauptsächlich in Windhoek und Swakopmund, vereinzelt auch in kleineren Ortschaften, einige bieten Frühstück an. Fast alle Backpackers in Windhoek organisieren einfache Campingtouren. Kontakte zu Overlandern sind hier leicht zu knüpfen. Ideal für junge Menschen.

Bed & Breakfast, Guesthouses, Pensionen, Hotels garnis

Diese Bezeichnungen sind häufig Bestandteil der Namen der Unterkünfte, aber keine eindeutige Kategorie. Die B&Bs bieten, wie der Name schon sagt, Übernachtungen mit Frühstück und sind oft kleinere Häuser mit bis zu fünf Zimmern und familiärer Atmosphäre.

Das Guesthouse ist im Allgemeinen etwas größer, 5–9 Zimmer, hat einen extra Frühstücksraum, und in der Rezeption ist auch abends jemand anwesend, also ist spätes Einchecken möglich.

Die Pensionen und Hotels garnis sind private Hotels mit 10–20 Zimmern, in denen immer noch eine persönliche Atmosphäre herrscht. Ein Swimmingpool ist meist vorhanden, einige haben eine Bar und bieten Abendessen an.

Diese Art von Unterkünften kostet N$700–N$1700 pro Doppelzimmer für Übernachtung und Frühstück.

Hotels

Die meisten Hotels entsprechen internationalen Standards und Erwartungen. In Namibia unterscheidet man sogenannte Landhotels mit bis zu 50 Zimmern und Hotels ab 50 Zimmer. Diese großen Hotels gibt es in Windhoek (4), Swakopmund (1), Lüderitz (1) und in Ondangwa (1). Einige Hotels haben auf dem Namensschild am Eingangsportal Sternchen hinter ihrem Namen. Die Sternevergabe orientiert sich zwar an internationalen Richtlinien der Hotelkategorisierung, ist jedoch nicht sehr aussagekräftig.

Die Kosten für Übernachtung und Frühstück belaufen sich meist auf N$1200–N$3500 pro Doppelzimmer.

Gästefarmen

Die Gästefarmen sind eine sehr angenehme Erscheinung in Namibia. Bei einigen erinnert der Aufenthalt auch heute noch an einen Urlaub auf dem Bauernhof. Als der Tourismus ins Rollen kam, wollten sich auch Farmer etwas dazuverdienen und bauten einige Zimmer in ihren Häusern zu Gästezimmern um. So konnten sie zahlende Gäste aufnehmen, die dadurch in den Genuss authentischer Farmküche kamen und Einsicht in den Alltag des Farmlebens erhielten. In früheren Jahren erwirtschaftete eine Gästefarm etwa 80 % ihrer Einnahmen aus der landwirtschaftlichen Tätigkeit, die restlichen 20 % mit dem Tourismus. Inzwischen gibt es viele Gästefarmen, die ausschließlich vom Tourismus leben und bis zu zehn Zimmer haben.

Die persönliche Betreuung bleibt weiterhin Merkmal und Markenzeichen einer guten Gästefarm. Die Mahlzeiten werden aus Farmprodukten (eigene Milch, selbst gezogenes Obst und Gemüse, selbst gebackenes Brot) zubereitet – meist aus ökologischem Anbau. Das Essen wird mit allen Gästen und den Gastgebern gemeinsam an einem Tisch eingenommen. Die Gastgeber sind oft interessante Charaktere und können Insider-Wissen vermitteln. Mitunter muss man sich an ein paar Eigenheiten gewöhnen. Viele Farmer führten ein sehr abgeschiedenes Dasein, bis der Tourismus in ihr Leben trat – mit sich selbst als alleinigem Herrscher über Land und Tier, ohne Kompromisse machen oder auf andere eingehen zu müssen. Das ist einigen noch heute anzumerken, was sehr spannend, aber auch schwierig sein kann. Von anderen Meinungen lassen sich zumindest die älteren Farmer kaum überzeugen. Auch heute ist der Großteil der Farmer weiß – bislang gibt es nur ganz wenige schwarze Farmer, die ein touristisches Unternehmen führen (diese lassen ihre Lodges von Managern betreiben, beispielsweise die Frans Indongo Lodge).

Die Preise liegen zwischen N$1000–N$2500 pro Doppelzimmer; normalerweise sind Abendessen, Übernachtung und Frühstück darin enthalten, manchmal auch eine Farmrundfahrt und das Mittagessen.

Die Gesinnung einiger Gästefarmer

Gästefarmen sind eine namibische Besonderheit. Hier haben Landesbesucher die Möglichkeit, viel über Land und Leute zu erfahren und Einheimische kennenzulernen. Neben der täglichen landwirtschaftlichen Arbeit werden Gäste betreut, die am Alltagsleben einer Farm teilhaben. Diese Farmer sind also keine jovialen Hoteliers, sondern oft raue Kerle, die keine Kompromisse schließen, andere Meinungen nicht annehmen und mit der eigenen politischen Meinung nicht hinterm Berg halten. Da diese Meinung oft konträr zur Einstellung aufgeschlossener, weltgewandter Reisender ist, ist es am besten, in diesem Fall nichts dazu zu sagen. Der Versuch, den Farmer von der eigenen Meinung zu überzeugen, ist bislang noch immer fehlgeschlagen.

Viele Gästefarmen und Lodges haben einen für europäische Verhältnisse unzureichenden Versicherungsschutz. Aktivitäten werden grundsätzlich auf eigene Gefahr unternommen. Meist darf man gleich bei Ankunft eine sogenannte *indemnity form* unterschreiben – ein Formular, mit dem man die Unterkunft von jeder Haftung befreit.

Auf manchen Gästefarmen wird jegliche Zusatzleistung, auch der Kaffee am Nachmittag, extra berechnet, ohne gesondert darauf hinzuweisen. Fragt man vorher nach den Kosten, werden böse Überraschungen bei Rechnungsbegleichung vermieden.

Lodges und Camps

Die Bezeichnung Lodge stammt aus den Zeiten Hemingways in Kenya und beschrieb damals eine einfache Jagdhütte. Damit haben die meisten der heutigen Lodges nichts mehr gemein. Die Bezeichnung Lodge ist dehnbar und wird ebenso für kleine Unterkünfte mit Gästefarm-Charakter verwendet wie für große 90-Zimmer-Hotels. Wer auf persönliche Betreuung Wert legt, sollte bei der Buchung die Zimmeranzahl erfragen oder einfach den Beschreibungen und Empfehlungen in den jeweiligen Ortskapiteln folgen.

Lodges mit 5–15 Zimmern werden oft von den Besitzern geführt, die ein besonderes Ambiente schaffen und manchmal exzellente Küche bieten. Einige der Lodges in Namibia werden eher wie eine Gästefarm betrieben, Herzlichkeit geht vor Professionalität. Selbst sehr große Lodges können einen eigenen Charakter aufweisen, wenn auch nicht gerade persönliche Betreuung. Es gibt ganz einfache, rustikale Lodges und äußerst luxuriöse – mit Kamin und CD-Player in jedem Zimmer.

Die Lodges bestehen im Allgemeinen aus einzelnen Bungalows mit ein oder zwei Zimmern, jeweils mit einem Bad, und sind großzügig angelegt. Das Essen wird in der *Lapa* oder *Boma* eingenommen, einem meist runden, zum Teil auch offenen Platz. Außer einem Schwimmbad gibt es vielerorts Wanderwege, außerdem werden Aktivitäten wie Rundfahrten oder geführte Wanderungen angeboten. Bei den Camps gibt es oft anstelle der Bungalows große und geräumige Hauszelte mit Bad, manchmal unterscheiden sie sich aber auch durch nichts von einer Lodge.

Die Preise variieren ganz erheblich; sie fangen meist bei über N$1200 für Übernachtung und Frühstück pro Doppelzimmer an und steigen bis N$15 000 *all inclusive*, also mit Mahlzeiten, Getränken (auch Alkohol) und Aktivitäten. Es gibt einige Lodges, vor allem jene in Botswana, die im Preis sogar noch deutlich darüber liegen. Diese bieten dann aber auch Luxus pur, etwa Little Ongava am Etosha Park. Namibia ist das erste Land, welches den Umweltschutz in seine Verfassung aufgenommen hat. Deshalb zeichnet das Ministerium für Umwelt und Tourismus seit 2005 besonders umweltfreundliche Unterkünfte mit dem „eco award Namibia" aus. Näheres dazu im Kapitel „Umwelt", S. 141.

Zeltsafaris

Viele Veranstalter vor Ort bieten geführte Zeltsafaris an. Diese können von Deutschland aus gebucht werden, dann braucht man sich vor Ort um nichts mehr zu kümmern. Wer etwas mehr Zeit hat und flexibel ist, kann sich in Windhoek oder Swakopmund einer solchen Campingtour anschließen. Es gibt sehr preiswerte Touren, für die Zelt, Kochgeschirr und sonstige eigene Ausrüstung selbst mitgebracht werden müssen. Für das Essen wird ein *food kitty*, eine Gemeinschaftskasse, eingerichtet.

Manche Anbieter stellen die gesamte Ausrüstung, von den Teilnehmern wird Mithilfe bei allen anfallenden Arbeiten erwartet. Bei exklusiven, teuren Zeltsafaris wird ein Begleitfahrzeug vorausgeschickt, sodass bei Ankunft am Ziel das Camp bereits aufgestellt und das Abendessen vorbereitet ist.

Vorteil jeglicher Zeltsafari, egal ob preiswert oder teuer, ist die Möglichkeit, Gegenden zu besuchen, in denen es keine Unterkünfte gibt, wie zum Beispiel das Kaokoland, wo dann im Marienthal unterhalb des Van Zyl's Pass oder im Hartmann Valley gecampt wird. Eine teure Campingtour auf der klassischen Route lohnt dagegen nicht unbedingt.

Overlander-Camping-Trips

Namibia ist ohne Zweifel ein verhältnismäßig teures Reiseland. Campingtrips im gemieteten Geländewagen mit Dachzelt zehren heftig am Reisebudget. Günstigste Alternative sind die Overlander-Camping-Trips. Hier fahren bunt zusammengewürfelte Gruppen aus Jungen und Junggebliebenen in umgebauten Bussen und Lkw mit Allradantrieb campend durchs Land. Die Tourpreise beinhalten praktisch alle Kosten.

Verhaltenstipps

Annäherung an ein afrikanisches Land

Die Kluft zwischen Arm und Reich ist im südlichen Afrika gewaltig. In Namibia haben die inzwischen zwei Jahrzehnte Unabhängigkeit nicht viel daran ändern können. Auch wenn es inzwischen viele Schwarze zu Wohlstand gebracht haben und es auch eine stabile schwarze Mittelschicht gibt, ist die Mehrheit der Schwarzen bitterarm, insbesondere im Vergleich zu den meisten Weißen. Aus diesem Grund wird man als weißer Tourist automatisch als sehr reich angesehen.

Reisende können jedoch ihren Teil dazu beitragen, bestehende Vorurteile abzubauen – einfach durch ehrliches Aufeinanderzugehen, durch Achtung und Respekt voreinander.

Mit Offenheit und Freundlichkeit lernt man ein Land und seine Bewohner sowieso am besten kennen. Zurschaustellung wertvoller Gegenstände wie Kameras, Schmuck und technischem Schnickschnack ist dabei im Allgemeinen eher hinderlich. Beim Besuch eines Dorfes ist es hilfreich, sich in die Lage der Bewohner zu versetzen. Wie würde man selbst reagieren, wenn plötzlich Heerscharen von Touristen in das eigene Schlafzimmer stürmten, um sich einmal umzuschauen?

Ob und wie man der häufig auftretenden Bitte nach **Geschenken** nachkommt, muss jeder selbst entscheiden. Man wird vor allem in den abgelegenen, von der Zivilisation der westlichen Welt noch weniger berührten Gebieten wie dem Damaraland und dem Kaokoveld damit konfrontiert. Wenn kleine Kinder mit großen Kulleraugen herzerweichend um *„Leckers"* oder *„sweets"* bitten, wird man schwer Nein sagen können. Aus erzieherischer Sicht sollte man nur dann Geschenke geben, wenn eine Gegenleistung erbracht wurde, und sei es nur das Öffnen eines Tores. Sonst hilft man mit, die Menschen zum Betteln zu erziehen. Es gab bereits Fälle, wo im Kaokoveld Fahrzeuge von Touristen, die keine Geschenke verteilten, mit Steinen beworfen wurden.

Auch die Frage nach **Arzneimitteln** wird häufig gestellt. Mütter bringen ihre Kinder mit verklebten Augen, mit Nabelbrüchen und auch Schlimmerem und erwarten medizinische Wunder. Das kann natürlich niemand leisten. Der Hinweis, sie sollten doch lieber zum Doktor gehen, ruft in den ganz abgelegenen Gebieten mitunter Unmut hervor, da das nächste Krankenhaus mehrere Hundert Kilometer entfernt liegt. Bei erkennbar schweren Erkrankungen ist dies jedoch das einzig Richtige. Antibiotika sollte man nicht verteilen, unsachgemäßer Gebrauch ist vorprogrammiert, oftmals werden sogar alle Tabletten auf einmal genommen.

Bettler gibt es nur in den Städten; die Frage, ob man etwas geben soll, ist wie überall auf der Welt schwierig zu beantworten.

Auch das Verhalten gegenüber den weißen Einheimischen ist manchmal problematisch. Gerade die Älteren sind im Apartheidstaat groß geworden, die entsprechende Erziehung sitzt noch immer. Obwohl sich die Zeiten und Verhältnisse geändert haben, fällt es manchen Weißen schwer, sich dem anzupassen. So viel ist sicher: Umstimmen wird man diese Leute nicht. Daher ist Zuhören und nach Hintergründen fragen einfacher. Auf ein Streitgespräch sollte man sich jedoch lieber nicht einlassen.

Verhalten beim Campen im Busch

Im Busch gibt es eine Grundregel: Man verlasse ihn so, wie man ihn vorgefunden hat.

Für die Toilette im Busch wird ein Loch gegraben, Toilettenpapier wird darin verbrannt, anschließend schüttet man das Loch wieder zu. Abfall wird selbstverständlich mitgenommen, Vergraben hilft hier nicht, denn Paviane und Schakale würden alles wieder ausgraben.

Für das **Feuer** sollte eine Mulde gegraben werden, damit nach dem Zuschütten nicht ein riesiger Hügel zurückbleibt. Mit dem Feuer muss generell sehr vorsichtig umgegangen werden, es ist nicht unter Bäumen oder im Gras zu entzünden. Buschbrände sind gefährlich und lebensvernichtend. Weht ein starker Wind, steigt man besser auf den Gaskocher um.

Feuerholz gibt es gebündelt in Supermärkten und Tankstellen zu kaufen. Nach Möglichkeit sollte es nicht gesammelt werden, da man das Holz nicht kennt (bestimmte Holzsorten dürfen nicht zum Grillen verwendet werden, da Vergiftungsgefahr besteht, etwa bei den Wolfsmilchgewächsen). Außerdem sehen gerade in der Trockenzeit viele Äste tot aus, die aber nur trocken sind und im nächsten Frühjahr wieder ausschlagen könnten. Ist einem das Holz ausgegangen, fragt man am besten Einheimische, wo trockenes Mopane- oder Kameldornholz zu finden ist.

Grundsätzlich ist es empfehlenswert, in einem **Zelt** zu schlafen. Der Sternenhimmel, der Sonnenaufgang und all das, was die afrikanische Nacht so besonders reizvoll macht, sind eh nur in wachem Zustand zu erleben. Ein Zelt schützt im Schlaf vor Moskitos, Skorpionen, Schlangen und ähnlichem Getier (Zelt und die Zeltgaze immer, auch tagsüber, verschlossen halten), aber auch vor den Dangerous Six und weiteren Raubtieren. Durch Füttern und herumliegenden Müll verlieren gerade in den Parks und auf den Campingplätzen die Tiere ihre Scheu vor den Menschen. Im September 2003 wurden auf dem Sesriem Campingplatz zweimal schlafende Besucher von einer Hyäne ins Gesicht gebissen und dabei gefährlich verletzt (das Gesicht war das Einzige, was aus dem Schlafsack ragte). Die Hyäne wurde von Wildhütern erschossen. Jedoch gibt es keine Garantie, dass es nicht wieder zu solchen Zwischenfällen kommt – egal wo. *Im* Rivier sollte man niemals campen, schon gar nicht in der Regenzeit. Fangen Riviere an zu laufen, gibt es mitunter eine richtige Flutwelle, was lebensgefährlich werden kann. Wenn, dann campt man am Rand, also am Flussufer.

Wilde Tiere

Afrikas Tierwelt lebt in freier Natur und ist mit allen Instinkten ausgestattet, die für ein Überleben in der Wildnis erforderlich sind. Diesem Umstand muss Rechnung getragen werden, wenn man sich ihr nähert. Gefährlich werden Tiere vor allem in Situationen, in denen sie sich bedrängt fühlen. Eine Oryx-Antilope in den Sanddünen des Sossusvlei kann durch Trockenheit, Hitze und Hunger schon etwas gereizt sein; kommen dann noch Menschen zu nahe, werden die langen Hörner umgehend zu gefährlichen Waffen.

Gnus heißen auf Afrikaans *Wildebeest* – so führen sie sich auch auf. Sie tollen so wild im Busch umher, dass es mitunter fast ein bisschen verrückt aussieht. Geraten die Gnus in Bedrängnis, können sie angreifen.

Eine andere Liga sind die **Big Five**: Löwe, Leopard, Elefant, Büffel und Nashorn. Zusammen mit dem Hippo (Flusspferd) bilden sie die **Dangerous Six**, die gefährlichen Sechs. Bei diesen ist größte Vorsicht geboten. Wenn **Löwen** das Gefühl haben, leichte Beute machen zu können, werden sie es tun. Im Etosha Park sollte sich niemand freiwillig als Löwenfutter anbieten und aus dem Fahrzeug steigen. Die Beutetiere des **Leoparden** sind kleiner. Er wird nur dann gefährlich, wenn er gereizt wurde. Sein besonderes Merkmal ist seine Schlauheit: Der Leopard ist als einziges Tier in der Lage, dem Menschen eine Falle zu stellen, in dem er vor ihm herläuft, dann einen Haken schlägt, um von hinten anzugreifen. Leoparden sind nachtaktive Tiere, man bekommt sie leider nur sehr selten zu Gesicht.

Betritt ein **Elefant** die Bühne, verschwinden mitunter sogar Löwen von der Bildfläche. Auch hier heißt es: Sicherheitsabstand wahren, Drohgebärden wie Schütteln des Kopfes, Ohrenschlagen und Trompeten ernst nehmen und sofort den Abstand vergrößern. Zu Unfällen mit Elefanten kommt es immer dann, wenn auf diese Vorwarnungen, etwa wegen eines guten Schnappschusses, nicht entsprechend reagiert wird. Ist der Elefant sehr nahe, beispielsweise im Etosha Park direkt am Weg, lässt man den Motor laufen, um schnell reagieren zu können (Achtung: nicht aus Panik abwürgen). Dann fährt man ganz langsam an ihm vorbei, wenn die Lage entspannt aussieht. Will eine Elefantenkuh mit ihren Jungen über den Weg, hat sie natürlich Vorfahrt. Ähnliches gilt für Nashörner.

Von den vegetarischen **Hippos** heißt es, dass sie mehr Menschenleben auf dem Gewissen hätten als jedes andere Tier. Das liegt vor allem daran, dass sie als Gefahr oft unterschätzt werden. Ein Biss genügt, um einen Menschen zu zermalmen. So behäbig, wie sie aussehen, sind sie mitnichten, einen Menschen können sie schnell einholen. Hippos werden jedoch nur dann angreifen, wenn sie sich bedrängt und bedroht fühlen. Besonders auf dem Land (wohin sie nachts zum Grasen kommen) sind sie sehr leicht zu irritieren. Ist der Fluchtweg ins Wasser abgeschnitten, greifen sie an.

Ein Wort zu den „**halb zahmen**" Tieren, die es auf einigen Farmen gibt: Auch hier sollte man die übliche Vorsicht walten lassen. Die Tiere sind eben nur halb zahm, also sind sie auch halb wild. Instinkte und angeborenes Verhalten sind uneingeschränkt vorhanden. Ein vermeintlich zahmer, schnurrender Leopard kann sich von einer Sekunde auf die andere in das gefährliche Raubtier verwandeln, das er eigentlich ist. Besonders Kinder überschreiten leicht die Toleranzgrenze der Tiere. Sie müssen daher zu ihrer eigenen Sicherheit aufgeklärt und beobachtet werden.

Bei keinem Tier ist eine Gefahr für den Menschen ganz auszuschließen. Bei vorsichtigem und angemessenem Verhalten wird sich jedoch jeder Reisende ohne Einschränkungen an Namibias wunderbarer Tierwelt erfreuen können.

Versicherungen

Die großen Versicherungsunternehmen bieten eine verwirrende Vielzahl von Versicherungspaketen an, die Reiserücktritts-, Unfall-, Gepäck- und Auslandskrankenversicherung einschließen können. Letztlich liegt es im Ermessen jedes Einzelnen, was alles versichert werden soll. Die einzig unabdingbare Urlaubsversicherung ist die **private Auslandskrankenversicherung**, die den Krankenrücktransport einschließt.

Reiserücktrittskosten-versicherung

Bei einer pauschal gebuchten Reise ist eine Rücktrittskostenversicherung meist im Preis inbegriffen (zur Sicherheit sollte man nachfragen). Wer individuell plant, muss sich selbst darum kümmern. Reisebüros bieten meist Versicherungen an oder vermitteln den Abschluss.

Viele Reiserücktrittskostenversicherungen müssen kurz nach der Buchung abgeschlossen werden (in der Regel bis 14 Tage danach). Bei Krankheit oder Tod eines Familienmitglieds oder Reisepartners ersetzt die Versicherung die Stornokosten der Reise. Die Reiseunfähigkeit aufgrund einer Krankheit muss ärztlich nachgewiesen werden.

Die Kosten der Versicherung richten sich nach dem Preis der Reise und der Höhe der Stornogebühren. Sie liegen in der Regel zwischen 20 und 100 € p. P., teilweise gibt es eine Selbstbeteiligung.

Eine Neuerung bei den Reiserücktrittsversicherungen ist die Reiseabbruchversicherung. Damit wird der Versicherungsschutz mit einem meist nur geringen Aufpreis bis zum Ende der Reise verlängert.

Reisegepäckversicherung

Viele Versicherungen bieten die Absicherung des Verlustes von Gepäck an. Allen Versicherungen ist gemein, dass die Bedingungen, unter denen das Gepäck abhandenkommen „darf", sehr eng gefasst sind. Deshalb ist es wichtig, die Versicherungsbedingungen genau zu lesen. So ist bei vielen Versicherungen beispielsweise das Gepäck in unbewacht abgestellten Kraftfahrzeugen zu keinem Zeitpunkt versichert. Kameras oder Fotoapparate dürfen wegen möglicher Mopedräuber nicht über die Schulter gehängt werden, sondern müssen am Körper befestigt sein, sonst zahlt die Versicherung nicht (so Gerichtsurteile). Ohnehin sind Foto- und videotechnische Geräte meist nur bis zu einer bestimmten Höhe oder bis zu einem bestimmten Prozentsatz des Neuwertes versichert, auch Schmuck unterliegt Einschränkungen, ebenso Bargeld.

Entscheidet man sich für eine Reisegepäckversicherung, ist darauf zu achten, dass sie Weltgeltung hat, die gesamte Dauer der Reise umfasst und in ausreichender Höhe abgeschlossen ist. Wer eine wertvolle Fotoausrüstung mitnimmt, kann darüber nachdenken, eine Zusatzversicherung abzuschließen.

Tritt ein Schadensfall ein, muss der Verlust sofort bei der Polizei gemeldet werden. Eine **Auflistung** aller Gegenstände mit Wertangabe ist dabei hilfreich.

Ansonsten sollte alles, was nicht ausreichend versichert ist, im Handgepäck transportiert werden.

Kameraversicherung

Um hochwertige Fotoausrüstungen abzusichern, kann es sinnvoll sein, eine zusätzliche Versicherung abzuschließen. Diese ist zwar relativ teuer, aber die Geräte sind so gegen alle möglichen Risiken versichert. Hierbei sollte man darauf achten, dass auch Sandschäden, die häufigste Ursache für Kamera-Defekte in Namibia, abgedeckt sind. Die Kosten richten sich nach dem Wert der Ausrüstung und der Versicherungssumme.

Auslandskrankenversicherung

Ohne eine Auslandskrankenversicherung mit Rücktransport abgeschlossen zu haben, sollte niemand sein Heimatland verlassen. Bei Krankheit – speziell Krankenhausaufenthalten – kann sehr schnell eine erhebliche Summe zusammenkommen, die aus eigener Tasche bezahlt werden müsste. Versicherte können die Kosten dagegen nach Einreichen der Rechnungen bei der Versicherung geltend machen. Einschränkungen gibt es natürlich auch hier, besonders bei Zahnbehandlungen (nur Notfallbehandlung) und chronischen Krankheiten (Bedingungen durchlesen).

Die später bei der Versicherung einzureichende **Rechnung** sollte folgende Angaben enthalten:

- Name, Vorname, Geburtsdatum
- Behandlungsort und -datum
- Diagnose
- Erbrachte Leistungen in detaillierter Aufstellung (Beratung, Untersuchungen, Behandlungen, Medikamente, Injektionen, Laborkosten, Krankenhausaufenthalt)
- Unterschrift des behandelnden Arztes
- Stempel

Wer im Ausland schwer erkrankt, wird nur zu Lasten der Versicherung heimgeholt, wenn er plausibel darlegen kann, dass am Urlaubsort keine ausreichende Versorgung gewährleistet ist. Dann geht es mit Linienmaschinen oder auch mit eigens losgeschickten Ambulanzflugzeugen nach Hause. Die meisten Versicherungen haben inzwischen den Passus „wenn medizinisch notwendig" in das Kleingedruckte aufgenommen. Aber gerade die medizinische Notwendigkeit ist nicht immer leicht zu beweisen. Ist der Passus „wenn medizinisch sinnvoll und vertretbar" formuliert, kann man wesentlich besser für eine Rückholung argumentieren.

Auslandskrankenversicherungen werden von nahezu allen großen Versicherern und auch von einigen Kreditkartenorganisationen angeboten. Sie sind meistens für ein Jahr gültig, decken jedoch nur Reisen von jeweils bis zu 42 Tagen, manche bis acht Wochen ab. Es empfiehlt sich der Abschluss eines Jahresvertrages. Wer länger als sechs Wochen verreisen möchte, sollte nach Langzeittarifen fragen.

Die HUK-Coburg beispielsweise versichert Reisende für ein Jahr auf allen Reisen (auch Geschäftsreisen), die nicht länger als 42 Tage dauern, zu einem Preis von 10 € p. P. bzw. 30 € ab einem Eintrittsalter von 70 Jahren. Die DEVK bietet Auslandskrankenversicherungen bis zu 42 Tagen ab 10 € p. P. an; 61- bis 70-Jährige zahlen 20 €; ab 71 Jahren kostet es 27 €. Der Auslandsschutzbrief des ADAC für Reisende bis 65 Jahre kostet für 45 Tage 15 €, Nichtmitglieder bis 65 Jahre zahlen 17,50 € jährlich. Weitere Anbieter sind DKV und Europa.

Versicherungspakete

Die Europäische Reiseversicherung, Allianz Global Assistance/Elvia, HanseMerkur und andere bieten Versicherungspakete an, die neben der Reisekrankenversicherung eine Gepäck-, Haftpflicht-, Unfall- und Rat & Tat-Versicherung einschließen. Mit der Rat & Tat-Versicherung erhält man über eine Notrufnummer Soforthilfe während der Reise. Krankenhauskosten werden sofort von der Versicherung beglichen, und bei ernsthaften Erkrankungen übernimmt sie auch den Rücktransport. Ist der Versicherte nicht transportfähig und muss länger als zehn Tage im Krankenhaus bleiben, kann eine nahestehende Person auf Kosten der Versicherung einfliegen. Auch beim Verlust der Reisekasse erhält man über den Notruf einen Vorschuss.

Die Pakete sind jedoch, ebenso wie die günstigeren Krankenversicherungsangebote, auf maximal fünf bis acht Wochen begrenzt. Da bei längeren Reisen bis zu einem Jahr nur Einzelversicherungen möglich sind und der Versicherungsschutz sehr teurer wird, sollte man in diesem Fall die Leistungen verschiedener Unternehmen vergleichen.

Bei Allianz Global Assistance/Elvia kostet beispielsweise ein Versicherungspaket für eine Reise, die nicht teurer als 2500 € sein darf, rund 175 €.

Visa

Touristen aus Deutschland, Österreich und der Schweiz benötigen für die Einreise nach Namibia **kein Visum**; Gleiches gilt für die Einreise nach Botswana und Südafrika. Für die Einreise

Kopien

Von seinem Pass und dem Flugticket sollte man unbedingt Kopien anfertigen und bei jemandem zu Hause hinterlegen, der diese im Notfall per Fax senden kann. Im Falle eines Verlustes sind die Kopien eine sehr große Hilfe bei der Beschaffung von Ersatz. Ein zweiter Kopiensatz sollte getrennt von den Originalen mitgeführt werden. Geht der Pass verloren, wendet man sich schnellstmöglich an die zuständige Botschaft oder ein Generalkonsulat.

nach Zimbabwe und nach Zambia wird jeweils ein Visum verlangt; Näheres unter „Weiterreise", S. 129.

Bei der Ankunft in Namibia wird eine Aufenthaltsgenehmigung von **bis zu 90 Tagen**, je nach Laune des Grenzbeamten, in den Pass gestempelt (Touristenvisum). Es empfiehlt sich, gleich bei Einreise den Stempel zu kontrollieren. Fehler später auszubügeln ist eine langwierige, nervenaufreibende und mühsame Prozedur. Der Pass muss noch mindestens sechs Monate über den geplanten Ausreisetag hinaus gültig sein. Außerdem sollte er genug freie Seiten für die Ein- und Ausreisestempel enthalten. Für eine reine Namibiareise ist eine Doppelseite ausreichend.

Reist man noch weiter nach Zimbabwe und Botswana, sind vier freie Seiten das Minimum. Kinder benötigen einen eigenen Reisepass. Reisen sie allein, brauchen sie zusätzlich einen polizeilich beglaubigten Begleitbrief der Eltern.

Touristen dürfen sich maximal 90 Tage pro Jahr in Namibia aufhalten. Verlängerungen sind schwer zu bekommen, können theoretisch aber mit ausreichender und vor allem plausibler Begründung unter folgender Adresse beantragt werden:

Ministry of Home Affairs
Cohen Gebäude, Windhoek, Kasino St,
Ecke Independence Ave
✆ 061-2922111

Die einst gängige Praxis, bei Ablauf der Aufenthaltsgenehmigung einfach in ein Nachbarland auszureisen, ein paar Tage (oder Stunden) zu bleiben und sich bei der Wiedereinreise erneut 90 Tage in den Pass stempeln zu lassen, funktioniert leider nicht mehr.

Spezielle Visa (Studentenvisa, Arbeitsgenehmigungen etc.) sollten von Deutschland aus mit Hilfe der namibischen Botschaft organisiert werden. Diese steht auch für allgemeine Fragen zur Verfügung.

Weiterreise

Namibia grenzt im Norden an Angola und Zambia, im Osten an Zimbabwe sowie Botswana und im Süden an Südafrika. Für die Weiterreise in die Nachbarländer gibt es verschiedene Bestimmungen. Noch immer ist es schwierig, nach Angola einzureisen – und in Anbetracht der Minenfelder sollte man über einen Besuch auch nur mit besonderer Vorbereitung nachdenken. Bei der Einreise sind die jeweiligen Visavorschriften zu beachten.

Nach Botswana

Für die Einreise nach Botswana wird kein Visum verlangt. Die Beamten an den Grenzübergängen nach **Botswana** sind nicht immer freundlich und zuvorkommend. Wenn jedoch alle Unterlagen (Pass, Fahrzeugpapiere) ordnungsgemäß vorgezeigt werden und die Besucher selbst freundlich sind, ist der Grenzübertritt völlig problemlos. An der Grenze ist eine Straßennutzungsgebühr zwischen 110 und 160 Pula (je nach Hubraum) zu entrichten. Die Quittung sollte unbedingt aufgehoben werden, damit es bei der Ausreise keine Probleme gibt. Die Währung Botswanas, der Botswana Pula, ist in Namibia schwer zu bekommen (nur nach längerfristiger Vorbestellung), daher ist es am günstigsten, die Kreditkarte und ein paar US-Dollar für Notfälle dabeizuhaben. Mit Namibia Dollar (P1 = N$1,20, Stand Januar 2015) kann in Botswana nicht ge-

Hinweis

An Geldautomaten (ATMs) in Zambia kann ausschließlich mit einer Visa-Card Geld abgehoben werden, alle anderen Kreditkarten wie MasterCard und sonstige Cirrus-Karten sind dort wertlos. In vielen Fällen muss in Zambia und Zimbabwe damit gerechnet werden, dass bei Zahlung mit der Kreditkarte ein Zuschlag von 5 % erhoben wird. Diese Praxis ist zwar illegal, es nutzt einem jedoch wenig, hier auf seinem Recht zu beharren.

zahlt werden. Die Einfuhr von tierischen Produkten nach Botswana ist wegen des Risikos der Verbreitung der Maul- und Klauenseuche u. Ä. nicht erlaubt, auch mit Obst gibt es wegen der Obstfliegen neuerdings Probleme. Die Beamten schauen grundsätzlich in die Kühlbox. Da auch Trommeln mit Tierfell bespannt sind, sollten sie zumindest zugedeckt werden. Für den Eintritt in die Parks in Botswana sind etwa 120 Pula p. P. pro Tag plus 50 Pula für das Fahrzeug zu berappen. Der Eintritt muss in bar gezahlt werden, am besten vorab per Kreditkarte, ✉ dwnp@gov.bw, oder vor Ort in einem der Büros des Department of Wildlife and National Parks Botswana. Eine Zahlung am Eingangstor ist nicht möglich.

Nach Zimbabwe

Für die Einreise nach **Zimbabwe** wird ein Visum verlangt. Ein Einmalvisum *(single entry visa)* ist für US$30, ein Zweifachvisum *(double entry visa)* für US$45, ein Mehrfachvisum *(multiple entry visa)* für US$55 an den jeweiligen Grenzübergängen erhältlich. Das Visum kann alternativ auch in Euro, Rand oder Botswana Pula, nicht jedoch in Namibia Dollar gezahlt werden. Unabhängig von der gewählten Währung empfiehlt es sich, kleinere Scheine parat zu haben, da die Beamten an den Grenzübergängen nie wechseln können oder wollen.

Der **Grenzübertritt** ist im Allgemeinen unproblematisch. Die Mietwagenfirma muss vorher über den Abstecher informiert werden. Es ist außerdem vorab zu klären, ob der Autovermieter einen Zimbabwe-Ausflug zulässt. An der Grenze ist neben der Visumsgebühr auch eine Straßennutzungsgebühr (zwischen US$20 und US$45) zu entrichten. Quittungen sollten unbedingt aufgehoben werden, damit es bei der Ausreise keine Probleme gibt.

Aufgrund der rasanten Inflationsrate des Zimbabwe-Dollars wurde die Landeswährung Zimbabwes 2009 abgeschafft. Als Währungen werden US-Dollar und südafrikanische Rand (ZAR) genutzt. Bei sämtlichen touristischen Angeboten, seien es Unterkünfte, Aktivitäten oder Sonstiges, werden schon seit Langem die Preise in US-Dollar oder Rand angegeben und abkassiert.

Wer also nach Zimbabwe reisen möchte, sollte unbedingt US-Dollar oder Rand mitnehmen, jedoch möglichst keine US$100-Noten. Da in der Vergangenheit bisweilen viele Blüten im Umlauf waren, werden diese mitunter nicht angenommen. Bei der Ausreise ist zu beachten, dass nicht mehr als U$1000 ausgeführt werden dürfen. Wer deutlich mehr ein- und ausführt, muss dies bei der Einreise beim Zoll deklarieren – die Zollbescheinigung muss dann unbedingt aufgehoben werden.

Die Akzeptanz von Kreditkarten in Zimbabwe ist im Allgemeinen gering, ausreichend US-Dollar oder Euro in bar sind deshalb unbedingt mitzubringen. Immerhin können seit 2012 die meisten Aktivitäten wieder per Kreditkarte gezahlt werden, und auch alle größeren Hotels akzeptieren Kreditkarten. Mit der MasterCard und der Visa-Card kann bei Geldautomaten der Barclays Bank Bargeld abgehoben werden (entweder US-Dollar oder Rand). Die Eintrittspreise in die Parks in Zimbabwe liegen bei US$40 pro Person.

Des Weiteren ist zu beachten, dass es aufgrund der politischen Lage manchmal zu Lebensmittelknappheit in den Läden kommt sowie Tankstellen manchmal das Benzin ausgehen kann. Deshalb immer schon in Botswana Vorräte kaufen und volltanken.

Vor einer Einreise nach Zimbabwe sollten die aktuellen Sicherheitshinweise des Auswärtigen Amts beachtet werden: 💻 www.auswaertiges-amt.de/DE/Laenderinformationen/00-SiHi/ZimbabweSicherheit.html.

Nach Zambia

Für die Einreise nach Zambia wird ebenfalls ein Visum verlangt, welches an der Grenze ausgestellt wird. Das Visum ist ausschließlich bar in US-Dollar zu bezahlen. Es kostet US$50, als *double* und *multiple entry visa* US$80. Wer nur für einen Tagesbesuch nach Zambia einreist, um die Victoria Falls zu sehen, bezahlt US$20.

Eine Autoversicherung wird ebenfalls fällig. Nicht alle Autovermieter lassen einen Zambia-Ausflug zu (vorher klären).

Die **Währung** in Zambia ist der Zambian Kwacha. Da die Währung einer starken Inflation unterliegt, werden alle tourismusrelevanten Preise in US-Dollar angegeben und kassiert.

Interessante **Informationen** aller Art zu Zambia sind auf der Website des Zambia National Tourist Board, 💻 www.zambiatourism.com, zu finden. Wer weiter als Ngonye und Livingstone fahren möchte, dem sei der Reiseführer Reisen in Zambia und Malawi von Ilona Hupe und Manfred Vachal empfohlen (s. Bücherliste).

Zeit und Kalender

Abhängig von der Sommer- und Winterzeit in Deutschland und in Namibia gibt es eine Stunde Zeitunterschied zwischen beiden Ländern. Etwa ein halbes Jahr lang (zur deutschen Winterzeit) liegt Namibia eine Stunde vorn, die andere Hälfte des Jahres hinkt Namibia eine Stunde hinter Deutschland her, in den Übergangsphasen gibt es einige Wochen, in denen keine Zeitverschiebung besteht.

Am ersten Sonntag im April werden die Uhren in Namibia von Sommer- auf **Winterzeit** umgestellt (West Africa Time, WAT: MEZ) und am ersten Sonntag im September wieder auf Sommerzeit (West Africa Summer Time, WAST: MEZ+1). Die Winterzeit wurde erst nach der Unabhängigkeit eingeführt. Vorher galt ganzjährig die jetzige Sommerzeit (WAST), die auch in Südafrika und Botswana gilt. Über die Gründe wurde viel spekuliert, so wurden beispielsweise Unabhängigkeitsbestrebungen vermutet. Offizielle Erklärung war u. a., den Kindern den Start in den Tag zu erleichtern, da die Schulen im Allgemeinen schon um 7 Uhr beginnen.

Einige der alten Farmer ignorieren die Winterzeit bis heute und leben das ganze Jahr über nach der „alten Zeit". Im Caprivi, dessen Einwohner sich Botswana und Zimbabwe (wo es keine Winterzeit gibt) näher fühlen als Zentral-Namibia, wird ganzjährig an der Sommerzeit festgehalten, nur die Behörden richten sich nach der offiziellen Windhoek-Zeit. Die jeweils aktuelle Tageszeit ist unter 💻 www.uhrzeit.org/weltzeit.php zu finden. Zum Umrechnen der Zeitzonen eignet sich momentan am besten 💻 www.timeanddate.com/worldclock/converter.html.

Zoll

Zollfrei sind, wie allgemein üblich, Dinge des persönlichen Gebrauchs sowie 1 l Spirituosen oder andere hochprozentige alkoholische Getränke, 2 l Wein, 50 ml Parfüm, 250 ml Eau de Toilette und 250 g Zigaretten oder Pfeifentabak.

Andere neue oder gebrauchte Gegenstände sind zollfrei, wenn sie einen Wert von insgesamt N$3000 nicht überschreiten. Diese Summe sollte man im Kopf haben, wenn man von den Zollbeamten gefragt wird, wie viel dieses und jenes wert sei und ob es für den persönlichen Gebrauch bestimmt ist oder nicht. Ansonsten unterliegt alles, ob Mitbringsel oder Lebensmittel, strengen Zollbestimmungen und kann bei der Einfuhr viel Geld kosten.

Fleischwaren bleiben lieber gleich zu Hause, denn die werden unter Umständen abgenommen. Wer Geschenke mitbringt, die zollpflichtig sind – beispielsweise Computer und andere elektronische Geräte, die man nicht als Gegenstand des persönlichen Gebrauchs deklarieren kann –, benötigt eine Quittung. Die Zollgebühren müssen generell gleich vor Ort in bar, ausschließlich in Namibia Dollar, gezahlt werden.

© PETER PACK

Land und Leute

Geografie

Namibia erstreckt sich von Ost nach West zwischen dem 12. und dem 22. östlichen Längengrad, mit dem Caprivi bis fast zum 26. Längengrad, und von Nord nach Süd zwischen dem 17. und 29. südlichen Breitengrad. Der Wendekreis des Steinbocks liegt nahe der Mitte des Landes.

Namibia grenzt im Norden an Angola und Zambia und im Nordosten an Zimbabwe, im Osten an Botswana, im Südosten und Süden an Südafrika, und im Westen wird es vom Atlantik begrenzt. Im Inneren des Landes gibt es keinen einzigen Fluss, der das ganze Jahr über Wasser führt. Nur an den Grenzen gibt es große **Ströme**: Im Süden, grenzbildend zu Südafrika, der nach Westen in den Atlantik fließende Oranje; an der Nordgrenze zu Angola der ebenfalls westlich

Sterne

Bis zu 300 Sonnentage im Jahr bedeuten auch ebenso viele sternenklare Nächte. Da die Luftfeuchtigkeit gering ist (durchschnittlich 16 %) und es keine Industrie und damit verbundene Luftverschmutzung sowie nur wenige hell erleuchtete Städte gibt, wird der Blick in den nächtlichen namibischen Himmel zu einem unvergesslichen, beeindruckenden Erlebnis.

Planeten und ISS (International Space Station) verändern ihre Position ständig. Ihren jeweiligen genauen Stand kann man aktuellen Tafeln entnehmen oder aber bei www.heavens-above.com herausfinden.

Von den zehn hellsten Fixsternen sind acht am südlichen Himmel zu sehen. Unter ihnen ist **Alpha Centauri**, der hellste Stern des Bildes Zentaur, einem Fabelwesen aus der griechischen Mythologie, halb Pferd und halb Mensch. Gleich daneben das **Kreuz des Südens**, das kleinste aller 88 Sternbilder und immer „am Ende" der Milchstraße zu finden. Bevor hochtechnische Hilfsapparate diese Funktion übernahmen, war das Kreuz des Südens eine nächtliche Navigationshilfe: Die Mittelachse des Kreuzes fünfmal verlängert zeigt zum Himmels-Südpol. Am Punkt auf der Erde genau darunter liegt die Südrichtung. **Sirius**, der bekannteste und hellste Stern am Firmament, ist nur 8,7 Lichtjahre von uns entfernt. Er ist 1,8-mal größer als die Sonne. Nach dem Sonnenuntergang taucht er als Erster auf (nur manchmal vom Planeten Venus, dem Abendstern, überstrahlt). Er gehört zum Sternbild Großer Hund, das einfach zu erkennen ist. Gleich daneben das wohl eindrucksvollste Sternbild: **Orion**, der große Jäger oder Krieger. Mit Beteigeuze, Schulter des Riesen, und Rigel, linkes Bein des Riesen, vereint es gleich zwei der zehn hellsten Sterne. Auch die drei hellen Sterne des Gürtels sind sehr leicht am Himmel zu finden. Der griechischen Sage nach wehrt Orion mit seinem Schild nach Westen hin den Stier Taurus ab. Orion kämpft jedoch nicht nur mit wilden Tieren und Menschen, sondern interessiert sich auch für schöne Mädchen. So eilt er ständig den **Plejaden**, den sieben Töchtern des Riesen Atlas, nach, die ihm bei der Drehung des Himmels von Osten nach Westen vorauseilen. Auch die Göttin Artemis wurde einst von Orion belästigt, woraufhin die Götter den **Skorpion** sandten, um Orion zu töten. Anschließend schickten sie beide an den Himmel, und damit sie sich dort nicht begegnen, stehen sie am Himmel genau gegenüber. Wenn also Orion im Westen untergeht, geht der Skorpion im Osten auf.

Das Kreuz des Südens ist von Februar bis September am Abendhimmel zu sehen, mit dem höchsten Stand im Juni. Von Oktober bis Januar ist es nur am Morgenhimmel zu sehen. Die Milchstraße ist von April bis September am Abendhimmel zu beobachten, Stier, Orion und Sirius von November bis April, Skorpion und Schütze von April bis Oktober.

Der von der Nordhalbkugel gut bekannte Große Wagen ist nur zwischen Januar und April auf dem Kopf flach über dem Nordhorizont zu sehen. Übrigens: Die Fixsterne funkeln und verändern ihre Position im Himmelbild nicht, die Planeten dagegen funkeln nicht und verändern täglich ihre Position zu den Sternen.

fließende Kunene sowie die nach Osten fließenden Flüsse Okavango, Kwando und Zambezi, wobei der Letztgenannte die Grenze zu Zambia und Zimbabwe bildet.

Diverse periodische Flüsse, die nur nach heftigen Regenfällen Wasser führen und in Namibia Riviere genannt werden, sind wesentlicher Bestandteil der Wasserversorgung. Sie füllen die lebenswichtigen Stauseen.

Von West nach Ost wird das Land in drei große **Naturräume** unterteilt: Namib, Randstufe und Kalaharibecken. Die Namib an der Westküste ist die älteste und wahrscheinlich auch die trockenste Wüste der Welt. Viele Jahrhunderte hinderte dieser unwirtliche Streifen die Kolonialisten daran, sich auch dieses Land einzuverleiben. Die südliche Namib ist ziemlich flach, Geröll und Sand bestimmen das Bild. Im mittleren Teil ist eine Fläche von 34 000 km^2 mit feinstem Sand bedeckt, beim Sossusvlei türmt sich dieser zu den vielleicht höchsten Dünen der Welt auf. Der nördliche Teil der Namib ist wiederum flache Geröllwüste mit herausragenden Inselbergen wie die Spitzkoppe und das Brandbergmassiv. Der Königstein im Brandberg ist mit 2574 m der höchste Gipfel Namibias. Die Namib-Wüste steigt steil bis zur Randstufe, dem sogenannten *Escarpment*, an. Die Randstufe verläuft parallel zur Küste und ist vor allem im Süden bei den Tsaris- und Naukluftbergen deutlich sichtbar, aber auch im mittleren Landesteil beim Gamsberg und dem Khomashochland. Im Norden ist die Randstufe erodiert und geht fließend in das Zentralplateau über. Das Zentralplateau liegt zwischen 900 m und 1800 m über dem Meeresspiegel.

Im Norden weist es unterschiedliche Strukturen auf, während der Süden aus monotonen Ebenen besteht, nur unterbrochen vom zweitgrößten Canyon der Welt, dem Fish River Canyon, in dem der gesamte Regen des Südens abfließt.

Das weiter östlich liegende Kalahari-Becken befindet sich 1000–1200 m über dem Meeresspiegel und besteht aus flachen, sandigen Ebenen, zum Teil zu Dünen aufgeworfen, ohne irgendein herausragendes Merkmal. Weitere geologische Highlights sind die Etosha-Pfanne, einer der größten Eisen-Meteoriten der Welt,

Höhenlage

... einiger Orte in Namibia

Aus	1446 m
Gobabis	1444 m
Grootfontein	1463 m
Katima Mulilo	960 m
Keetmanshoop	1001 m
Khorixas	1000 m
Lüderitz	11 m
Mariental	1098 m
Maltahöhe	1330 m
Namutoni	1084 m
Okahandja	1342 m
Omaruru	1214 m
Otjiwarongo	1460 m
Ondangwa	1097 m
Rehoboth	1386 m
Rundu	1095 m
Swakopmund	14 m
Tsumeb	1279 m
Usakos	876 m
Windhoek	1654 m

Die Höhe eines Ortes wird immer am Bahnhof gemessen; so erklärt sich, dass die Höhenlage der Küstenorte Lüderitz und Swakopmund dennoch mit einigen Metern über dem Meeresspiegel angegeben ist.

... der wichtigsten Berge in Namibia

Brandberg (Königstein)	2574 m
Auasberge	2483 m
Gamsberg	2347 m
Erongo-Gebirge	2320 m
Omatako	2289 m
Otaviberge	2134 m
Mount Etjo	2086 m
Khomashochland	2047 m
Naukluft	1973 m
Waterberg	1930 m
Tirasberge	1867 m
Spitzkoppe	1728 m
Brukkaros	1586 m

die beiden Seen Otjikoto und Guinas, der größte unterirdische See – das Drachenhauchloch, heiße Quellen, versteinerte Wälder und Dinosaurierspuren. Namibia ist das geologische Eldorado schlechthin.

Flora und Fauna

Der regenreiche Norden Namibias wird größtenteils von **Baumsavanne** bestimmt: Akazien und Mopane, dazwischen auch besondere Bäume wie Baobabs (Affenbrotbäume) oder Leberwurstbäume.

Direkt nördlich der Etosha-Pfanne dominieren *oshanas* (sprich: oshonas; flache Senken, in denen sich zur Regenzeit das Wasser knöcheltief sammelt) und Makalanipalmen das Bild.

Der mittlere Landesteil besteht aus verschiedenen Arten **Dornbuschsavanne**, hauptsächlich Akazien. Herausragend im buchstäblichen Sinne sind die Kameldornbäume.

Wo Überweidung und Verbuschung noch nicht überhandgenommen haben, gibt es herrliche, silbrig-gelbe **Grasfelder** – Nahrung für die meisten Antilopen, aber auch für Rinder, Ziegen und Schafe.

Der Westen, Südwesten und Süden Namibias ist **Wüste** und Sukkulenten-Steppe mit einer Vielzahl besonderer Pflanzen wie Welwitschia, Nara, Köcherbaum und Halbmensch.

Kultivierte Pflanzen sind nur sehr spärlich zu finden. An der Nordgrenze wird Mahango, die afrikanische Hirse, von Kleinbauern angebaut. Lediglich im regenreichen Otavidreieck wachsen u. a. Mais, Baumwolle und Futterhirse im Trockenackerbau. Im Süden des Landes werden am Hardap und Naute Dam sowie im grundwasserreichen Stampriet-Gebiet sonnenintensive Früchte wie Melonen, Sultana-Weintrauben (Rosinen) und Datteln angebaut. Am Oranje gibt es außerdem ganz besondere Tafeltrauben: Sie erreichen etwa 14 Tage vor allen anderen Trauben in der südlichen Hemisphäre die Erntereife – sind also die ersten, die in Europa zur Weihnachtszeit verkauft werden.

Einstige Zitrus- und Papaya-Plantagen wurden während der südafrikanischen Verwaltungszeit stillgelegt und bis heute nicht wieder aufgebaut.

Von Rehoboth nach Nordosten werden überwiegend Rinder für die Fleischproduktion gezüchtet. Vorherrschende Rassen sind Simmentaler und Brahmanen. Futterintensive Milchbetriebe gibt es wiederum im Otavidreieck. Im Süden des Landes wurde bis Ende der 70er-Jahre erfolgreich mit Karakulschafen gefarmt. Von den einstmals 5 Mio. Schafen sind noch 200 000 im Land. Heute sieht man, wenn überhaupt, fast nur noch Ziegen oder Dorperschafe im Süden.

In Namibia gibt es eine Vielzahl verschiedener **Antilopen**, am häufigsten die wüstenangepassten Springböcke und Oryx-Antilopen. Auch die genügsamen Strauße leben hier.

In den Parks im Nordosten sind die **Big Five** zu finden: Löwe, Leopard, Elefant, Nashorn und Büffel. Die ersten vier haben sich auch in erstaunlicher Weise den harschen Lebensbedingungen an der Westküste in der Namib-Wüste angepasst. Büffel gibt es nur im Waterberg Park und im Caprivi, nicht jedoch im Etosha National Park. Giraffen sind besonders häufig im Etosha Park, jedoch auch in der Wüste, viele Kilometer vom nächsten Baum entfernt, anzutreffen.

Unzählige **Reptilien** leben in Namibia, vom Krokodil bis hin zu Besonderheiten wie dem durchsichtigen Palmatogecko in den Dünen der Namib. In der Namib gibt es noch weitere endemische Tiere, etwa den Maulwurf, der durch den Dünensand schwimmt, die Käfer, die im Morgennebel einen Handstand machen, um das am Körper kondensierende Wasser zu trinken, oder die Sandviper, die sich seitlich über die Dünen windet. Natürlich gibt es auch Mambas, Kobras, Puffottern und vieles mehr.

Vögel aller Art leben in Namibia; manche bekommt man leicht zu Gesicht, andere muss man dagegen geduldig suchen. Die Riesentrappe und der Sekretär sind groß und leicht zu erkennen. Andere zeichnen sich durch besonders auffälliges Gefieder aus, wie die Rosenpapageien oder die Rotbauchwürger, die in Namibia wegen der schwarzweißroten Zeichnung auch Reichsvögel genannt werden. Greifvögel sind häufig zu sehen; im Gegensatz zum Kampf- und Raubadler ist der Gaukler sehr farbenfroh; sehr präsent ist der graue Singhabicht.

Vogelbeobachtung in Namibia

© PETER PACK

Von Stefan Rust

Vogelbeobachtung, international auch als „birdwatching" bezeichnet, ist das rücksichtsvolle Beobachten frei lebender Vögel in ihrem natürlichen Lebensraum. Die Vogelbegeisterten lernen, verschiedene Spezies der Vogelwelt zu identifizieren, und erkunden Größe, Farbe, Flugmuster sowie Verhalten der Vögel. Zum Verhalten zählen u. a. Nahrungsgewohnheiten, Wanderungen, Paarung, Brut und Kükenaufzucht.

660 verschiedene Vogelarten wurden bislang in Namibia identifiziert. Nicht nur sind die namibischen Vögel schön anzusehen – es gibt über jede Art mindestens eine interessante Geschichte zu erzählen. Mit einem Fernglas der Stärke 8x42 (generell gut geeignet für Tierbeobachtungen) können z. B. die nachfolgend genannten Arten unproblematisch beobachtet werden.

Windhoek und Umgebung

Ein am Morgen und Abend ans Ohr dringender Laut ist der Ruf der **Kapturteltaube**: *kuk-KOORR-ru* (10–40 mal wiederholt). Übersetzt man den Ruf morgens ins Englische, dann ruft sie: *work HArder, work HArder*. Am Abend übersetzt ruft sie: *drink LAger, drink LAger*.

Hört man am Abend jemanden die Tonleiter rauf und runter pfeifen, handelt es sich um den **Perlkauz.** Dieses als kleinste Eulenart geltende Käuzchen sieht im Scheinwerferlicht aus, als hätte es auch am Hinterkopf ein Augenpaar. Die zwei dunklen Farbtupfer sollen dem Feind täuschend weismachen, dass der kleine Perlkauz tatsächlich in die entgegengesetzte Richtung schaut.

Kalahari

Kaum aus Windhoek raus, fallen die auf den Telefonmasten aufrecht sitzenden, großen Greifvögel auf. Beim Betrachten durch das Fernglas kommen die kräftigen Farben des **Weißbürzel-Singhabichts** zur Geltung.

Nach weiterer Fahrt fallen einem „Grasballen" in den Telefonmasten und in den kräftigen Kameldornbäumen auf, unter denen braune, spatzengroße Vögel emsig hin und her fliegen. Das sind die **Siedelweber**, Erbauer dieser weltgrößten Vogelnester.
Oft wohnt in diesen sogenannten „Vogelhotels" einer der kleinsten Raubvogelarten der Welt, der **Zwergfalke**, bei den Siedelwebern zur Untermiete. Dieser nur amselgroße Falke wird von den Siedelwebern geduldet, weil er – klein, aber zickig – die Kolonie erfolgreich gegen Feinde verteidigt.

Fish River Canyon

In weiter Entfernung sieht man in den weiten, endlos erscheinenden Flächen öfter einen oder mehrere schwarze Punkte, welche sich beim Näherkommen als **Strauße** entpuppen. Dieser weltgrößte Vogel ist auch heute noch von großem Nutzen für die Menschen: Die Federn dienen als Modeschmuck und als Staubwedel, das Leder zur Herstellung von Taschen, Schuhen und Ähnlichem und das magere Fleisch zum Verzehr. Straußeneier, die früher als Wasserbehälter dienten, werden heute für Dekorationszwecke genutzt, aus den zersplitterten Schalen wird Schmuck hergestellt. Aus dem Ei-Inhalt lässt sich vorzüglich schmeckendes Rührei zubereiten oder ein köstlicher Straußeneierlikör herstellen. Mehr zum Strauß S. 396.

Lüderitz

An der Küste bei Lüderitzbucht begegnet man der größten Möwe des südlichen Afrika. Trotz einer Flügelspannweite von bis zu 132 cm Länge ist die **Dominikanermöwe** ein eleganter Flieger. Mit erstaunlicher Treffsicherheit lässt sie Muscheln aus der Luft auf eine harte Oberfläche fallen, um durch den Aufprall die Schale zu knacken.
Wenigen Besuchern ist bekannt, dass Namibia auch Pinguine vorweisen kann: den **Brillenpinguin** auf den Inseln vor Lüderitz. Während der 20-tägigen Mauser ist ihr Federkleid nicht wasserdicht, weshalb sie während dieser Zeit ans Land gebunden sind.

Naukluft

Der **Maskenbülbül** ist bei Farmern des südlichen Afrika ein willkommener Mitbewohner, denn er warnt mit aufgeregten Rufen, sobald sich eine gefährliche Schlange oder ein anderes Raubtier nähert.
Der wie ein Torpedo an den steilen Felswänden des Naukluft-Gebirges vorbeisausende **Rosenpapagei** transportiert Grashalme oder Stöckchen für den Nestbau nicht im Schnabel, auch nicht in den Krallen, sondern in den für diesen Zweck mit Widerhaken versehenen Rumpffedern.

Namib-Naukluft Park

Beobachtet man die unterschiedlichen an einem Tierkadaver versammelten Geierarten, sticht ein großer, dunkel gefärbter Geier mit einem roten, federfreien Kopf ins Auge. Weil die Haut am Kopf faltig ist und an den Seiten Lappen formt, die wie Ohren aussehen, wird er **Ohrengeier** genannt.
Während eines Picknicks beim Sossusvlei ist Wachsamkeit geboten. Hier gibt es einen tückischen Dieb, der keine Spuren im Sand hinterlässt. Dem Unachtsamen nähert sich der **Schildrabe** aus der Luft und stibitzt im Flug die Brotstulle oder Ähnliches aus dem Picknickpaket. Die Beute wird dann erst in sicherer Entfernung im Boden versteckt, um sie vor seinen piratisierenden Artgenossen abzusichern.

Walvis Bay und Swakopmund

Komisch anzuschauen sind die **Flamingos** während der Nahrungsaufnahme in der flachen Lagune von Walvis Bay. Den Kopf wie ein Anker im Wasser stillhaltend und kreisend herumtretend, lösen sie Mikroorganismen und Algen aus dem Boden, die sie mithilfe ihres mit feinen Lamellen versehenen Schnabels aus dem Wasser herausfiltern. Ökologen haben gemessen, dass Riesenschwärme von Flamingos auf diese Weise täglich ungefähr 550 t Algen verzehren können.

Zwischen Walvis Bay und Swakopmund ragt eine 1700 m^2 große Holzplattform unweit des Strandes aus dem Meer. Auf dieser künstlichen Guanoinsel rasten und brüten u. a. **Kapkormorane, Weißbrustkormorane, Rosapelikane, Dominikanermöwen, Hartlaubmöwen, Flamingos** und **Kaptölpel**. Mehr zu Guano S. 328.

Damaraland und Kaokoveld

Selbst inmitten der größten Einöde könnte man jemanden auf Afrikaans nach einem Glas Wein rufen hören: Hierbei handelt es sich um ein gackerndes **Namaflughuhn**. Übersetzt lautet der Ruf: „Kelkie wyn, kelkie wyn" (Kelch Wein, Kelch Wein). Das Namaflughuhn besitzt speziell entwickelte Brustfedern, die es während des Trinkens ins Wasser taucht, damit sie sich mit Wasser vollsaugen können. Dieses Wasser können die Vögel über eine Flugdistanz von 80 km halten und so zu ihren Küken transportieren.

Mindestens ebenso klug wie ein Papagei ist der **Trauerdrongo**. Schon seit Jahrhunderten nutzen Himba-Hirten spezielle Pfeiftöne für bestimmte Befehle für ihr Vieh. Über diesen Zeitraum haben einige dieser kleinen schwarzen Vögel gelernt, wie sie recht mühelos an Beute gelangen können. Hat der Drongo Hunger, sucht er eine Tierherde auf. Stößt er auf eine unbemannte ruhende Rinderherde, dann pfeift er im wahrsten Sinne des Wortes zum Aufbruch. Die Tiere geraten in Bewegung und scheuen dadurch Insekten auf, welche der die Herde begleitende Drongo nun problemlos aus dem Flug heraus erhaschen kann.

In einem bekannten Film wird das Verhalten des **Graulärmvogels** sehr schön wiedergegeben. Hatten sich die Buschmänner gerade mühevoll in stundenlanger Kleinarbeit an die Beute herangepirscht, machte der Graulärmvogel mit einem einzigen „kwääh"-Warnruf alles zunichte. Die erbosten Jäger richteten sich auf und schrien „go away bird" (geh weg Vogel!).

Etosha National Park

Eine häufige Assoziation vieler Besucher beim Anblick des **Helmperlhuhns** ist das vorzügliche Perlhuhnfleisch aus Europa. Aber Vorsicht, das Fleisch des hier wild lebenden *Numida meleagris* ist sehr zäh. Die lateinische Bezeichnung *meleagris* bezieht sich auf einen Helden der griechischen Mythologie. Laut der Sage stammen die weißen Punkte auf den dunkelgrauen Federn des Perlhuhns von den Tränen der Schwestern, die um Meleager trauerten, nachdem er während einer Wildschweinjagd ums Leben kam.

Der Name des **Waffenkiebitzes** bezieht sich auf die durch Federn verdeckten Sporen an seinen Flügeln. Nähert sich ein Feind seiner Brut, wird er mit wagemutigen Sturzflügen attackiert, wobei die Sporen sichtbar werden. Physisch einsetzen kann der Waffenkiebitz sie allerdings nicht, denn das würde seinen Absturz bedeuten.

So klein, wie der **Kronenkiebitz** ist, gelingt es ihm doch, eine große Elefantenherde zu vertreiben. Sieht er sein Nest durch die Elefantenfüße bedroht, nimmt er eine Drohhaltung auf seinem Bodennest ein. Dabei macht er sich durch Flügelspreizen, Schwanzfedern fächern und Schnabel aufsperren so auffällig wie möglich. Gleichzeitig gibt er einen an eine Schlange erinnernden Zischlaut von sich. Da Elefanten nicht sonderlich gut sehen können und einen Heidenrespekt vor Schlangen haben, weichen sie diesem vermeintlichen Reptil sorgfältig aus und die Brut ist gerettet.

Die verlängerten Federn am Hinterkopf des **Sekretärvogels** erinnern an die Schreibfedern, die sich früher die Sekretäre hinters Ohr steckten. Die langen starken Beine des größten am Boden lebenden Greifvogels eignen sich vorzüglich zum Zertrampeln von Schlangen, die er dann vertilgt.

Grootfontein und Umgebung

Als einer der farbenprächtigsten Vögel des südlichen Afrika gilt die **Gabelracke**. Obwohl sie schon im Sitzen schön anzusehen ist, kommen ihre imposanten Farben im Flug erst richtig zur Geltung.

Getreidelandwirte locken **Schleiereulen** auf ihre Felder, indem sie Schleiereulennistkästen anbringen. Somit halten sie auch gleich die Mäuse im Zaum. Die Eulen sind selbstregulierend, d. h., sie legen so viele Eier, wie Futter vorhanden ist. Gibt es viele Mäuse, kann eine Brut aus bis zu acht Küken bestehen. Schleiereulen sind perfekte Jäger, sie können 300-mal besser hören als Tauben und haben Dank gezackter, einem Kamm ähnelnder Flugfedern einen lautlosen Angriffsflug.

Rundu

Selbst der **Wiedehopf** ist in Namibia anzutreffen. Er ist dem europäischen Wiedehopf ähnlich. Wegen seiner unhygienischen Nisthöhlen wird er auch Stinkhahn genannt. Um sich im Kükenalter trotz der unhygienischen Zustände im Nest sauber zu halten, hat der Wiedehopf eine geschickte Strategie entwickelt. Die heranwachsenden Federn der Küken bleiben bis kurz vor dem Verlassen des Nests in den Federschächten. Selbst der Gestank des Nests hat seinen Zweck, hält er doch die Feinde fern.

Caprivi

Am Himmel kreisend ist der prachtvolle **Gaukler** zu sehen. Dass dieser Greifvogel im südlichen Afrika von der Jagd weitestgehend verschont geblieben ist, hat er einzig und allein dem Glauben vieler zu verdanken, dass Gott diese Vogelart als Botschafter benutzt. Deshalb arbeiten die Menschen besonders tüchtig, wenn sich ein Gaukler in Sichtweite befindet, damit er Gott nicht von ihrer Faulheit berichtet.

Zwischen dem **Rot**- und **Gelbschnabelmadenhacker** und einigen großen Wildtieren besteht eine Symbiose. Dank spezieller Krallen und steifer Schwanzfedern ist der Madenhacker fähig, sich an Giraffen, Büffeln, Hippos, Impalas und ähnlichen Tieren festzuhalten und sie von Parasiten zu befreien. Die Gastgebertiere profitieren durch die Reinigungsaktionen und haben obendrein ein kostenloses Frühwarnsystem auf erhöhtem Posten installiert.

Otjiwarongo und Umgebung

Zu **Kapgeier** und „Geierrestaurant“ S. 455, zum **Toko** S. 413

Der **Südliche Maskenweber** macht seinem Namen als Weber alle Ehre. Längere Pflanzenfasern verwebt er miteinander an einem geeigneten Ast zu einer prachtvollen, am Ast hängenden Nestkugel. Nach Vollendung hängt das knallgelb gefärbte Männchen mit dem schwarzen Gesicht flügelschlagend an der Nestunterseite am Eingangsloch und lockt durch dieses auffällige Verhalten interessierte Weibchen an. Erst wenn das Nest ihrem Belastungstest standgehalten hat, kann sich das Männchen entspannen. Ansonsten heißt es: neu bauen.

Mindestens genauso interessant ist der **Mahaliweber**. Diese weniger attraktiv gefärbte, dafür umso lieblicher zwitschernde Weberart erinnert an einen Sperling. Eine Kolonie, bestehend aus bis zu zwölf Mitgliedern, erbaut mehrere Nester in einem Baum. Nur das dominante Weibchen paart sich mit dem dominanten Männchen und legt seine Eier auch nur in eines der Nester. Die restlichen Nester unterscheiden sich insofern von dem Brutnest, als sie zwei Eingänge haben – im Unterschied zu nur einem Eingang beim Brutnest. Diese Nester haben zwei Funktionen: Zum einen dienen sie als Schlafnester für die Koloniemitglieder und zum anderen sollen sie vor Feinden schützen. Mittels der „leeren“ Nester versucht der Mahaliweber, einem Feind vorzutäuschen, dass in dieser Kolonie keine Eier oder Küken zu holen sind.

Stefan Rust ist in Namibia geboren und auf einer Farm in der Nähe von Windhoek aufgewachsen. Stundenlang durch den Busch zu stromern und immer neue Pflanzen, Tiere und vor allem Vögel zu entdecken, entwickelte sich schon früh zu seiner Leidenschaft. Heutzutage überträgt er diese Begeisterung auf seine Gäste, wenn er als Reiseleiter Gruppen durch Namibia führt.

Insekten begegnet man fast täglich. Fliegen und Moskitos sind vor allem in der Regenzeit lästig. Termiten sind selten zu sehen, ihre Spuren sind jedoch allgegenwärtig, meist als große oder kleine Hügel neben dem Weg.

Mehr zur Tierwelt im südlichen Afrika u. a. im Safari Guide, im Spezialteil „Vogelbeobachtung in Namibia" (S. 135) und im Abschnitt Etosha National Park.

Umwelt

Eine Wüste gibt dem Land den Namen, aber es gibt in Namibia nicht nur die Namib-Wüste, sondern im Osten auch noch die Kalahari. An **Wasser** mangelt es überall. Regen ist selten, meist kommt er als heftiger Gewitterniederschlag, der in kürzester Zeit trockene Rinnen in reißende Flüsse verwandelt. Niederschläge treten zwischen Oktober und März auf. Rund 83 % des Wassers verdunsten unmittelbar nach dem Niederschlag. 14 % werden von der Vegetation aufgenommen. Lediglich 1 % trägt dazu bei, die arg strapazierten Grundwasserreserven aufzufüllen. Rund 2 % können durch Staudämme gehalten und für den menschlichen Verbrauch nutzbar gemacht werden. Die Wasserversorgung des Landes wird durch 18 größere und 500 kleinere Stauseen (45 % des Wasserbedarfs) sowie rund 80 000 Bohrlöcher gedeckt – 55 % des benötigten Wassers kommen aus dem Grundwasser!

Jährlich werden mehr als 300 Mio. m³ Wasser benötigt. Davon verbrauchen die landwirtschaftlichen Bewässerungsprojekte den größten Anteil. Es folgen Viehzucht, die städtische Versorgung, der Konsum der Bewohner der ländlichen Gebiete und die Bergbauindustrie. Nach langfristigen Lösungen für den immer akuteren Wassermangel wird noch gesucht. Durch die außergewöhnlich guten Regenzeiten seit 2006 entspannte sich die Lage zumindest etwas, da das ganze Land reichliche Niederschläge erhielt. Das Wasser im Von Bach Dam, dem Wasserspeicher Windhoeks, überstieg 2011 zum fünften Mal, seit der Dam 1970 gebaut wurde, die Marke von 100 %. Auch beim Hardap Dam wurden mehrfach die Schleusen geöffnet. Namibia erhielt 2011 die höchste Niederschlagsmenge seit Beginn der Wetteraufzeichnungen. In Windhoek wurden 1027 mm gemessen, fast 35 % mehr als der alte Rekordwert von 762 mm aus dem Jahr 1934. Der Durchschnittswert für den Jahresniederschlag in Windhoek liegt bei nur 352 mm. 2011 lief das Klein Windhoek Rivier ebenso wie viele andere Riviere des Landes ein halbes Jahr lang. Sogar ein Hammerkopp-Pärchen, sonst für das Okavango-Delta typisch, verirrte sich hierher. (Der freundliche Leser möge den Autoren an dieser Stelle die Begeisterung über Zahlen bzw. Regenmengen vergeben. Die Einheimischen können sich stundenlang über ebenjene ereifern und für eben diese Einheimischen seien die Zahlen hier festgehalten.)

Das zweitgrößte ökologische Problem Namibias nach dem Wassermangel ist die Überweidung. Rinder, Ziegen und Schafe sind Nahrungskonkurrenten für das Wild. In abgelegenen, besonders trockenen Gebieten wie dem Süden und dem Nordwesten fallen dem Besucher die vielen Ziegen auf, die sich scheinbar von Plastiktüten und Cola-Dosen ernähren – Statistiken belegen, dass in Namibia weit mehr Ziegen als Menschen leben! Jedes kleinste bisschen Grün wird sofort weggefressen, mit verheerenden Folgen für den Boden: Das Gras kann nicht nachwachsen, dadurch wachsen mehr Büsche. Kommt der Regen, kann er nicht in den harten Boden einsickern – Überflutungen und weitere Erosion sind die Folge.

Durch Überweidung, Strapazierung der Wasserreserven, Verbuschung und Abholzung ist der Prozess der Desertifikation („Verwüstung" im eigentlichen Sinne des Wortes) unaufhaltsam geworden. Die Einzäunung der Farmen und

Einige Zahlen zur Wasserversorgung

- **Größter Stausee:** Hardap Dam mit 300 200 000 m³ Fassungsvermögen
- **Gesamtlänge der Rohrleitungen zur Wasserversorgung:** 3000 km
- **Durchschnittsniederschlag pro Jahr:** Namib 0–50 mm; Windhoek 350 mm; Caprivi 650 mm

Die Teufelskralle

Eine der bedeutendsten Heilpflanzen Namibias ist die Teufelskralle, deren botanische Bezeichnung *Harpagophytum procumbens* auf eine nach unten gerichtete, krallen- und widerhakenartige Form der Früchte hinweist.

Bereits im Jahr 1845 hatte sie in einer systematischen Pflanzenübersicht eine erste wissenschaftliche Deutung erfahren. Die vielseitige Eignung der Teufelskralle zu Heilzwecken wurde jedoch erst 1904 vom deutschstämmigen Farmer G. H. Mehnert erkannt. Er beobachtete, dass die Einheimischen mittels Tee aus den getrockneten, zerkleinerten Wurzeln der Pflanze sowie durch Benutzung verschiedener selbst zubereiteter Salben eine ganze Reihe von Erkrankungen erfolgreich bekämpften. 1953 wurde die Teufelskralle erstmals nach Europa exportiert, seitdem erfreut sie sich weltweit ständig wachsender Beliebtheit und wissenschaftlicher Anerkennung.

Die an ihren rötlich-violetten, trompetenförmigen Blüten zu erkennende Pflanze ist nur vereinzelt zu finden. Zu Heilzwecken werden ausschließlich die Knollen genutzt, die sich 10–30 cm unter der Erde befinden. Die Gewinnung der Heilsubstanz ist dadurch aufwendig, zumal 100 kg Harpaknollen nur etwa 15 kg getrocknete Substanz ergeben.

Das kostbare Gut wird stückweise erst längs, dann quer in fingerdicke Scheiben geschnitten, kommt zum Trocknen in die afrikanische Sonne und wird nach gewissenhafter Säuberung schließlich zu Schrot zerkleinert oder zu Pulver zermahlen. Zahlreiche wissenschaftliche Tests haben den **Heilwert der Teufelskralle** nachgewiesen, gleichzeitig wurde bestätigt, dass die Pflanze ungiftig ist. Die einheimischen Völker in Namibia weisen jedoch darauf hin, dass das Heilmittel nur in Maßen eingesetzt werden sollte. Entscheidende Bedeutung kommt nach bisherigen Erkenntnissen drei verschiedenen Bitterstoffen in der Teufelskralle (sogenannten Glykosiden) zu. Die Pflanze entgiftet den ganzen Organismus. Sie kann bei allen rheumatischen Erkrankungen, Magenkatarrhen sowie Funktionsstörungen der Verdauungsorgane, Allergien und allgemeinen Alterserscheinungen heilend und lindernd wirken. Auch Nieren- und Gallensteine werden durch den Reinigungsvorgang angegriffen und können bei regelmäßiger Anwendung der Teufelskralle völlig verschwinden.

Anwendung: Einen gestrichenen Teelöffel Pulver oder einen leicht gehäuften Teelöffel Schrot (ca. 2 g) in 1/2 l kochendes Wasser geben. Den Tee sofort vom Feuer nehmen und dann 8–12 Stunden stehen lassen, sodass sich die Wirkstoffe lösen. Man trinke jeweils eine Tasse vor jeder Mahlzeit. Der herb-bittere Tee schmeckt kalt am wenigsten unangenehm. Er wirkt am besten, wenn er über einen Zeitraum von 3–4 Monaten angewendet wird. Besonders wirkungsvoll ist die Kur, wenn sie mit einer fett- und zuckerarmen Diät verbunden wird. Die Teufelskralle ist in ausgesuchten Apotheken erhältlich.

damit die Unterbrechung der alten Migrationsrouten des Wildes haben dazu ebenfalls beigetragen.

In der namibischen Verfassung ist die nachhaltige Nutzung (*sustainable use* – bedeutet, dass der Natur nur so viel entnommen wird, wie in derselben Zeit nachwachsen kann) der natürlichen Ressourcen festgehalten. Es gibt ein gemeinsames Ministerium für Umwelt und Tourismus – beides lässt sich ideal verbinden.

Viele Einnahmen aus dem Tourismus werden für den **Umweltschutz** verwendet, Parks schützen Flora und Fauna und bieten Touristen gleichzeitig herausragende Sehenswürdigkeiten.

Selbst die Trophäenjagd hat beim Naturschutz ihren Stellenwert: Mit vom Ministerium kontrolliertem Abschuss werden die Wildherden zahlenmäßig im Gleichgewicht gehalten, und mit den Summen, die die Trophäen einbringen, werden neue Naturschutzprojekte finanziert.

Leider werden die fast immer scheinende Sonne und der an der Atlantikküste fast immer wehende Wind aus Kostengründen kaum zur Energiegewinnung genutzt. Lediglich ein paar

Eco awards Namibia

2005 wurde das „eco awards Namibia programme" ins Leben gerufen. Initiatoren waren das Ministerium für Umwelt und Tourismus, die Namibia Nature Foundation (NNF) und das Namibia Development Tourism Programme (NTDP) der EU. Ausgezeichnet werden besonders umweltfreundliche Übernachtungsmöglichkeiten, die beispielsweise Wasser sparen, Solarenergie nutzen oder Müll vermeiden. Gerade der Tourismus ist abhängig von den natürlichen Gegebenheiten wie Landschaft und Tierwelt, die geschützt werden müssen. Die Zerstörung der Umwelt trifft nicht nur unmittelbar die lokale Bevölkerung, sondern hat auch Auswirkungen auf die Wirtschaft des Landes, da die Touristen ausbleiben könnten. Die Kriterien des „eco awards Namibia", die die Grundlage der Bewertung bilden, sind in sieben Kategorien unterteilt: Naturschutz, Wasser, Abfall- und Abwasserentsorgung, Energie, soziale Verantwortung, Wohl und Ausbildung der Mitarbeiter, nachhaltige sowie angemessene Bauweise und Landschaftsplanung.

„Eco awards Namibia" ist an das Qualitäts-Benotungssystem mit Sternen angelehnt: Bis zu fünf „eco awards Namibia"-Blumen werden verliehen. Ähnlich der Kennzeichnung mit den Sternen können die ausgezeichneten Einrichtungen ihre Blumen am Eingang, in ihren Prospekten und auf ihrer Website darstellen. Gewinner und mehr Infos zu „eco awards Namibia" unter: 💻 www.ecoawards-namibia.org. Hier ist auch das „Good practices handbook" mit Tipps und Tricks zum Umweltschutz zu finden (Kategorie „Downloads").

Inzwischen gibt es auch den „eco media awards Namibia" für Journalisten und Herausgeber. Damit werden herausragende Umweltberichterstattungen gewürdigt. Vor allem soll die Auszeichnung das Wachstum des Umweltbewusstseins in allen Bereichen der namibischen Gesellschaft unterstützen.

wenige Gästebetriebe nutzen die Sonne zur Warmwasseraufbereitung.

Der *Community Based Tourism* bindet die lokale Bevölkerung in den Tourismus ein und fördert so das Bewusstsein für den Erhalt der Natur.

Vielerorts sind in Namibia Straßenschilder zu sehen, auf denen eine **Conservancy** angezeigt wird. Dies ist eine relativ neue Entwicklung – die erste Conservancy wurde 1992 gegründet. In einer Conservancy sind eine Anzahl kleiner Gebiete zur gemeinschaftlichen Pflege und nachhaltigen Nutzung der natürlichen Ressourcen zusammengeschlossen. Die Grundidee ist, dass ein größerer Landstrich bessere Möglichkeiten zur Bestandserhaltung der Wildarten und zur Schonung der Vegetation eröffnet. Noch vor 100 Jahren konnte sich das Wild frei in Namibia und den angrenzenden Ländern bewegen. Heutzutage ist alles eingezäunt, ehemalige Migrationsrouten sind unterbrochen, der Lebensraum der Tiere ist stark eingeschränkt, natürliche Feinde fehlen zum Teil. Es gibt inzwischen 23 kommerzielle, 59 kommunale Conservancies und 13 kommunale Wälder. Die Südwester (deutschstämmige Namibier) benutzen gern den deutschen Begriff „Hegegebiet". Conservancies in Namibia haben u. a. dabei geholfen, Anreize für die lokale Bevölkerung zu schaffen, Wildtiere und natürliche Ressourcen nachhaltig zu verwalten, das wirtschaftliche Potenzial von Wildtieren, Land und Tourismus in kommunalen Gebieten zu erschließen sowie die kommunale Selbstverwaltung zu fördern. Der Conservancy-Ansatz hat sich inzwischen als Naturschutz-Strategie bewiesen, was sich beispielsweise am Wachstum des Tierbestandes in vielen kommunalen Gebieten Namibias erkennen lässt. Gleichzeitig ist er eine wirksame Strategie für die ländliche Entwicklung, da er Einkommen für lokale Gemeinschaften generiert, Arbeitsplätze schafft und für die Vermittlung neuer Fähigkeiten sorgt.

Die Conservancies haben inzwischen ihren eigenen Interessensverband gegründet: die Conservancy Association of Namibia, CANAM. Weitere Infos unter 💻 www.nacso.org.na.

Übrigens: Die großen Touristenbusse sind aus ökologischer Sicht nicht so verwerflich, wie es scheint, hinterlassen doch 40 Leute in einem Bus im Allgemeinen weniger Spuren als 40 Leute in 20 Mietwagen.

LAND UND LEUTE

Jagd

Die Jagd ist fester Bestandteil des Lebens im südlichen Afrika – auch die Trophäenjagd, die heute ein wichtiger Wirtschaftsfaktor ist. Informationen gibt es bei der NAPHA, Namibia Professional Hunting Association, ✆ 061-234455, ✉ napha@mweb.com.na, 🖳 www.napha-namibia.com.

In den vergangenen drei Jahrhunderten wurde durch die Jagd im südlichen Afrika sehr viel Schaden angerichtet. Heute dagegen wird mit dem Geld, das durch die Jagd eingenommen wird, Naturschutz finanziert. In Südafrika gibt es nahezu keine Wildbestände auf den privaten Farmen, abgesehen von den privaten Wildparks. Sämtliche Wildbestände waren Staatseigentum – da dieser die Bestände jedoch unmöglich ständig und überall kontrollieren konnte, waren die Tiere im wahrsten Sinne des Wortes Freiwild. In Namibia wurde das sinnlose Gemetzel nur über einen relativ kurzen Zeitraum von 1920 bis 1968 betrieben. Ab 1968 wurde die Wildnutzung in Namibia wieder den Landeigentümern übertragen (anders als in den angrenzenden Ländern). Per Gesetz schuf man die Kategorien „jagdbares Wild", „geschütztes" und „besonders geschütztes Wild" sowie „wilde Tiere". Die Tiere in der Kategorie „wilde Tiere" können bis heute mit allen Mitteln (Gift, Selbstschussanlagen, Schlageisen) und zu jeder Zeit getötet werden. „Jagdbares Wild" hatte plötzlich einen Wert und wurde nicht mehr nur als schädlicher Weidevertilger angesehen. Wildfleisch konnte verkauft werden – ein gern gesehenes Zubrot. Die bezahlte **Trophäenjagd** begann sich zu entwickeln. So waren die Farmer denn auch an der Vermehrung des Wilds interessiert. Heute lebt in Namibia rund 80 % des Wilds außerhalb der staatlichen Parks, während es in anderen afrikanischen Ländern nur etwa 20 % sind. Die Einkommensmöglichkeiten für Farmer durch die Trophäenjagd sind wesentlich höher als die durch Rinder- oder Schafzucht. Der Jäger zahlt für die Trophäe, obendrein kann der Farmer das Fleisch verwerten oder verkaufen. Die Preise für Trophäen variieren und werden ausschließlich in Euro oder US-Dollar angegeben und kassiert. Für einen Kudubullen, eine der begehrtesten Trophäen, blättert der Jäger beispielsweise etwa 900 € hin, eine Oryx-Antilope kostet etwa 440 €. Auch die Big Five werden in Namibia bejagt, die Preise sind deutlich höher und werden individuell ausgehandelt.

Der „normale" Tourist wird in Namibia selten auf einen Jäger treffen. Die reinen Jagdfarmen akzeptieren meist nur Buchungen von Jägern, die meisten Gästefarmen trennen fein säuberlich. Zu oft gab es hitzige Diskussionen über Sinn und Unsinn der Jagd. Ganz ohne die Jagd geht es jedoch nicht. Eingegrenzte Lebensräume und das Fehlen natürlicher Feinde führen zu einem ökologischen Ungleichgewicht. Der Mensch muss, mit welchen Methoden auch immer, dieses wieder ausgleichen. Mit wenigen Ausnahmen wird in Namibia nur auf privaten Farmen oder in kommunalen Gebieten gejagt. 20 % der kommerziellen Farmen sind eingetragene Jagdfarmen. Es wird zwischen Jagdführern und Berufsjägern unterschieden. Jagdführer begleiten Jäger nur auf dem eigenen oder gepachteten Land, während Berufsjäger auch in anderen Gebieten mit Erlaubnis des Eigentümers führen dürfen.

Zur Bestandserhaltung werden Tiere lebend eingekauft, meist auf Versteigerungen. In Namibia gibt es drei bis vier **Wildversteigerungen** im Jahr. Dabei wird zwischen einer normalen Versteigerung, bei der die Tiere vorher im Gatter begutachtet werden können, und der Katalogversteigerung unterschieden. Bei Letzterer wird das Tier in einem Katalog beschrieben, erst nach der Versteigerung gefangen und direkt geliefert. Das ist deutlich stressfreier für die Tiere, jedoch nicht immer für den Farmer. Die Preise für ein Tier lagen bei der Versteigerung im Juni 2009 beispielsweise bei N$150 000 für Breitmaulnashörner, Impala kosteten rund N$2200, Kudus N$4000, Burchells-Zebra N$8000, Oryx-Antilopen N$1650 und Giraffen N$12 000.

Leider wurden auch viele Antilopen, die es zuvor nur im Caprivi gab, auf den Farmen angesiedelt, z. B. Lechwes, Wasserböcke und Tsessebes. Dadurch werden die Bestände unnatürlich verändert. Und neuerdings versuchen einige Jagdanbieter, wieder Büffel in Zentral-Namibia anzusiedeln. Dies scheitert jedoch am Widerstand der Rinderzüchter, die der Meinung sind, dass Büffel die Rinderpest in die seuchenfreie Zone Namibias bringen.

Bevölkerung

Knapp die Hälfte der 2,1 Mio. Einwohner Namibias gehört den Ovambo an, die überwiegend im Norden des Landes leben. Neben zahlreichen weiteren afrikanischen Völkern wie den Herero und Nama sowie den Völkern der Kavango-Region gibt es rund 100 000 weiße Einwohner, die verschiedenen Nationalitäten angehören. Die letzte Volkszählung fand 2011 statt, davor wurde zuletzt 2001 gezählt.

Die Hauptstadt Namibias, Windhoek, ist mit 16 % der Gesamtbevölkerung das größte Ballungszentrum des Landes. Hier leben nach offiziellen, 2013 veröffentlichten Angaben 333 100 Menschen. Die nächstgrößere Stadt ist Rundu mit 81 400 Einwohnern (Stadtzentrum und Umgebung), gefolgt von Walvis Bay mit 62 400 Einwohnern (Stadtzentrum und Umgebung), dann folgen Swakopmund mit 44 700, Oshakati mit 46 900, Ondangwa mit 36 800 und Otjiwarongo mit 31 300 Einwohnern.

In Namibia gibt es einen interessanten Mix unterschiedlichster Sprachen, die europäischen oder afrikanischen Ursprungs sind. Seit 1990 ist Englisch die offizielle Landessprache. Allerdings sprechen nur etwa 2 % der namibischen Bevölkerung Englisch als Muttersprache.

Lingua franca ist dagegen das aus Südafrika stammende Kapholländisch, Afrikaans. Es ist die Muttersprache von etwa 80 000 Namibiern. Deutsch wird in Namibia ebenfalls gesprochen, vor allem an touristischen Orten wie Hotels, Gästefarmen und Geschäften. Aber auch Deutsch wird insgesamt nur von etwa 1 % (20 000) der namibischen Bevölkerung als Muttersprache erlernt. Eine weitere europäische Sprache, die vereinzelt gesprochen wird, ist Portugiesisch.

Neben den Sprachen europäischen Ursprungs werden in Namibia etwa zehn afrikanische Sprachen gesprochen. Dazu gehören zum einen die Bantu-Sprachen, von denen Herero und Oshivambo die bekanntesten sind. Außerdem gibt es die sogenannten Khoisan-Sprachen, zu denen Khoikhoi (Nama), Damara und die verschiedenen San-Dialekte zählen.

Charakteristisch für die Khoisan-Sprachen sind ihre ganz eigentümlichen Schnalz- und Klicklaute, die das Erlernen dieser Sprachen für Nicht-Muttersprachler so schwer machen.

Die beste Möglichkeit, traditionelle Lebensweisen der Bevölkerung Namibias zu erleben, ohne den Menschen dabei zu nahe zu treten, ist ein Besuch der **Historic Living Villages**, also der lebenden bzw. lebendigen Museen. Die Living Culture Foundation Namibia, 💻 www.lcfn.info, hat das Ziel, jeder einheimischen Bevölkerungsgruppe ein Museum zu widmen.

Das erste Historic Living Village entstand 2004 und stellt die Ju/'Hoansi San vor (S. 466).

Weitere Museen gibt es über die Mafwe bei Kongola (S. 485), die Damara bei Twyfelfontein (S. 382) und die Ju/'Hoansi San im „The Hunter's Museum of the Ju/'Hoansi San" bei Tsumkwe. 2011 eröffnet wurde das „Living Museum of the Mbunza" bei Rundu (S. 473).

San

Die San gelten als die Ureinwohner Namibias. Umgangssprachlich sind sie unter der grob verallgemeinernden Bezeichnung „Buschmänner" bekannt – ein Begriff, der aufgrund der Verwendung in der Vergangenheit heute immer weniger benutzt wird. Erste Vorläufer der San lebten schätzungsweise schon vor 20 000 Jahren in kleinen Nomadengruppen im ganzen südlichen Afrika. Abgesehen von Steinwerkzeugen, Feuerstellen sowie Felsgravuren und -malereien gibt es jedoch keine eindeutigen Zeugnisse aus dieser Zeit – klare Belege für die Existenz der San im südlichen Afrika reichen nur rund 300 Jahre zurück.

Mit zunehmender Besiedlung, vor allem durch Europäer und Bantu sprechende Völker aus Nordostafrika, wurden die als Nomaden umherziehenden San in ihrem **Lebensraum** immer weiter eingeschränkt, bis ihnen schließlich nur die nahezu wasserlose Kalahari blieb. Heute leben sie in zerstreuten Gruppen hauptsächlich im

Stämme oder Gruppen?

Für Europäer mag es heute diskriminierend scheinen, wenn im Zusammenhang mit afrikanischen Volksgruppen oftmals von „Stämmen“ die Rede ist. Diese Bezeichnung ist jedoch für die Gesellschaftsstrukturen Namibias und ganz Afrikas durchaus sinnvoll.

Ein Stamm im engeren Sinne ist eine ethnische Gemeinschaft, die ein institutionalisiertes Führungsorgan besitzt – ob dies nun eine einzelne Person (meist ein Häuptling) und/oder ein ganzes Gremium (ein Stammesrat) ist. Somit unterscheiden sich die eigentlichen Stämme von anderen, eher „lose“ organisierten Gemeinschaften (etwa den früheren Damara), die kein derartiges Führungsorgan besitzen und im Folgenden allgemeiner als „Gruppe“ oder „Gemeinschaft“ bezeichnet werden. Die Strukturen der Stämme und Gruppen sind meist in der Vergangenheitsform beschrieben, da sich viele der Traditionen nicht bis heute fortsetzen konnten. Dies bedeutet jedoch nicht, dass die Traditionen und Stammesgefüge komplett aufgelöst sind, einiges hat sich bis heute halten können.

Osten, Nordosten und Norden Namibias. Mit etwa 45 000 Menschen stellen die San etwa 3 % der Gesamtbevölkerung des Landes.

Die **Sprache** der San wird offiziell der Khoekhoegowab-Gruppe (Khoekhoe-Sprache) zugeordnet. Charakteristisch für diese Sprachgruppe sind Schnalz- und Klicklaute.

Es bestehen eine Anzahl unterschiedlicher San-Völker nebeneinander, von denen die !Xu die größte Gruppe sind (das „!“ ist hier übrigens kein Druckfehler, sondern das Zeichen für einen der Schnalzlaute dieser Sprache).

Neid und so etwas wie „Eigentumsrecht“ sind den San völlig fremd. Auch den Wunsch, Reichtümer zu horten, kennen sie nicht. Gegenseitiges Geben und Nehmen ist vielmehr eines der Hauptmerkmale ihrer Kultur. Gerade hier ist der moderne Begriff der „nachhaltigen Nutzung“ *(sustainable use)* Realität. So wird beispielsweise nach der Jagd die Beute ganz selbstverständlich immer mit allen Mitgliedern einer Gruppe geteilt. Wegen ihrer Fähigkeit zu teilen hatten es die San nie nötig, sich untereinander zu streiten oder Krieg gegen andere Stämme zu führen.

Festgelegte **Hierarchien** und Führungsorgane gibt es bei den San nicht. Die San-Völker bestehen traditionell aus sogenannten Jagdscharen, bei denen alle Gruppenmitglieder gleichberechtigt sind. Es gibt zwar einen Stammesführer, dessen einziges Privileg jedoch darin besteht, den besten Wohnplatz aussuchen zu dürfen. Seine Hauptaufgabe ist die Überwachung des Sammelns von *Veldkost* sowie des Wasserverbrauchs seiner Gruppe. Außerdem muss er Eindringlinge fern halten, die sich ohne Verwandtschaftsbeziehungen seiner Gruppe anschließen wollen. Entscheidungen trifft der Führer einer Jagdschar nicht im Alleingang; Probleme werden in der ganzen Gruppe so lange besprochen, bis ein Konsens erreicht ist.

Die **Familie** bildet die grundlegende soziale Einheit der San. Zu den traditionellen Pflichten eines jungen San-Mannes gehört es, sich um seine Eltern, Geschwister und sonstige Verwandte zu kümmern. Schließt er sich einer fremden Jagdschar an, wird er deshalb oftmals von seiner ganzen Familie in die neue Jagdschar begleitet.

Neben der „Blutsverwandtschaft“ verbindet auch die Namensverwandtschaft die San untereinander. Die Erbfolgeregeln in San-Gemeinschaften sind nicht strikt festgelegt.

Jede San-Gruppe hat ihr eigenes **Territorium** mit Wasserlöchern und *Veldkost*-Vorkommen. Die Grenzen der Jagdreviere dagegen sind weniger festgelegt: Das Wild gehört demjenigen, der es erlegt hat. Genau dieses ungeschriebene Gesetz der San war die Ursache fast aller Konflikte der San sowohl mit den anderen afrikanischen Völkern als auch mit den Europäern.

Die großen Zusammenkünfte, die jedes Jahr dort stattfinden, wo sich die San jahres- und wetterabhängig gerade aufhalten, garantieren den Fortbestand ihrer Gesetze auch außerhalb der eigenen Gruppen und Clansysteme.

Über Jahrhunderte haben die San bewiesen, wie man von der Natur leben kann, ohne sie zu zerstören. Die San sorgen als Jäger und

Sammler für ihren **Lebensunterhalt**. Während die Frauen für das Sammeln zuständig sind, ist die Jagd die ausschließliche Aufgabe der Männer. Das Sammeln von *Veldkost* ist für die San wichtiger als die Jagd wilder Tiere, da die gesammelten Pflanzen die meisten ihrer Nahrungsbedürfnisse stillen und ihnen in den langen Trockenheitsperioden die lebensnotwendige Feuchtigkeit liefern. Wie sehr sich die San an ihre spezifische Umgebung angepasst haben, ist erstaunlich, leben sie doch in einer der wasserärmsten Regionen der Welt. Im riesigen Gebiet der Kalahari gibt es, abgesehen vom Okavango-Delta, kein Oberflächenwasser – für Mensch und Tier normalerweise lebensnotwendig.

Die San dagegen verstehen es, ihren Flüssigkeitsbedarf u. a. mit verschiedenen Pflanzenarten zu decken. Sie sammeln mehr als 80 essbare Pflanzen, Nüsse, Früchte, Zwiebeln und Knollen.

Außerdem jagen und essen sie so ziemlich alle Tiere, die in der Kalahari leben – bis auf den Maulwurf (der kostbare und leicht zugängliche Zwiebelvorräte anlegt) und die Hyäne (die als Aasfresserin grundsätzlich nicht angerührt wird). Gejagt wird mit unterschiedlichen Methoden: Die San legen Schlingen, bauen Fallgruben, erlegen Großwild zu Fuß durch Hetzjagd und verwenden Waffen wie Speere, Keulen, (Gift-) Pfeile und Bögen. Die erlegten Tiere werden nicht nur als Nahrung genutzt, sondern auch für die Herstellung unterschiedlichster Geräte, die für ihren Lebensalltag unverzichtbar sind. So werden Sehnen und spitze Knochen beispielsweise zu Jagdgeräten wie Pfeil und Bogen verarbeitet. Für die Herstellung von Ledertaschen oder Wasserbehältern werden kleinere Felle oder Tiermägen verwendet.

Die San kennen eine „gute Gottheit" namens !Khutse und eine „böse Gottheit" namens Gaua. Sie glauben jedoch, dass diese beiden Wesen keinen direkten Einfluss auf ihr Schicksal ausüben. Ahnenverehrung und der Glaube an die Geister von Verstorbenen sind wichtige Bestandteile in der **Religion** der San. Je nachdem, ob ein San eines „guten" oder eines „schlechten" Todes gestorben ist, kann ein Totengeist seinen lebenden Nachfahren sehr unerfreuliche Erfahrungen verschaffen. Außerdem glauben die San an eine allgemeine magische Kraft, die überall gegenwärtig ist. Die negativen Mächte dieser Kraft sollen durch verschiedene rituelle Verbote und Zeremonien eingeschränkt werden. Daneben hat auch der Mond eine gewisse religiöse Bedeutung und wird von vielen San fast wie ein Gott verehrt. So wird der Neumond bei manchen San-Gruppen mit freudigen Festen gefeiert.

Das heutige Problem der San-Minderheit in Namibia liegt vor allem im Verlust ihres Landes und damit ihrer Selbstständigkeit und Würde. Die San haben aufgrund ihrer Kultur, die sich so vollständig von der westlichen Kultur unterscheidet, Schwierigkeiten, zu politischen Entscheidungen beizutragen. Sie sind in ihrer Sprache und ihren Traditionen und damit in ihrer Existenz sehr stark bedroht und das am meisten verdrängte und verarmte Volk im Land. Bisher sind die San leider weit davon entfernt, von der Regierung als traditionelle Gruppe mit eigener Kultur und eigenem politischem Bewusstsein anerkannt zu werden.

Die San werden in ihren Bemühungen, ihre Kultur zu erhalten und gleichzeitig den Sprung in die moderne Gesellschaft zu schaffen, von verschiedenen Organisationen (meist NGOs) unterstützt. 2004 gab ein ganz besonderes Ereignis zu Feierlichkeiten bei den San Anlass: Der erste San wurde an der University of Namibia immatrikuliert.

Nama (Khoikhoi)

Die Nama sind einer der wichtigsten Stämme der Khoikhoi. Die Khoikhoi wurden von Europäern früher als „Hottentotten" bezeichnet, was jedoch einen stark abwertenden Beiklang enthält und deshalb nicht mehr gebräuchlich ist. Die Khoikhoi haben viel Ähnlichkeit mit dem Volk der San, mit dem sie höchstwahrscheinlich eng verwandt sind.

Beide Völker gehören der gleichen Sprachgruppe an, die durch Klicklaute charakterisiert ist. Deshalb werden San und Khoikhoi heute oft als Khoi-San zusammengefasst.

Die Nama sind die einzigen in Namibia lebenden Khoikhoi. Die ersten Nama besiedelten schon vor etwa 2000 Jahren den Südwesten Afrikas und damit auch Teile des heutigen Namibia. Um 1800 ist eine als Oorlam-Nama bekannte Gruppe aus Südafrika vor der dort zunehmenden Besiedlung durch die Weißen in Richtung Norden nach Namibia ausgewichen. Um 1840 herum wurde das Nomadentum für sie immer schwieriger, sodass die Nama schließlich sesshafter wurden. Seitdem sind die einzelnen Nama-Stämme an den gleichen Orten geblieben.

Anfang des 19. Jhs. gerieten die Nama mit den deutschen Kolonialherren in einen schweren Konflikt (S. 171), welcher mit dem Tod des bekannten Nama-Häuptlings Hendrik Witbooi seinen Höhepunkt erreichte.

In Namibia gibt es **14 Nama-Stämme**: Bei Hoachanas z. B. lebt die Red Nation, tief im Süden bei Warmbad haben sich die Bondelswarts niedergelassen, bei Rooibank im Kuiseb Rivier die Topnaar, bei Sesfontein im Nordwesten die Gomen-Topnaar und in Windhoek die Afrikaner. Weitere Stämme sind die Witboois, die Swartboois, die Velskoendraers, die Bethanier und die Bersebaner. Die Gesamtbevölkerung der Nama umfasst derzeit rund 80 000 Menschen. Obwohl jeder Nama-Stamm mit einem bestimmten Gebiet Namibias verbunden ist, ist der Besitz eigener Wasserstellen für sie sehr viel wichtiger als die Einhaltung fester Grenzen.

Im 19. Jh. entwickelten sich bei den meisten Nama-Stämmen feste **Stammeszentren**. Diese Zentren bildeten den Sitz des Häuptlings und der Stammesregierung. Der Stammesrat wird von den Nama gewählt und besteht hauptsächlich aus älteren Männern, in letzter Zeit wird eine wachsende Zahl jüngerer Männer mit dieser Aufgabe betraut.

In jedem Nama-Stamm gibt es **Sippen**, die jeweils auf einen gemeinsamen Stammesvater zurückgehen. Die Nama kennen drei verschiedene Sippenarten. Bei blutsverwandten Sippen stammen alle Mitglieder in väterlicher Linie von der Häuptlingssippe ab. Sie bilden den eigentlichen Kern des Stammes. Zugewanderte Sippen haben sich dagegen von ihrem früheren Nama-Häuptling getrennt und einem neuen Stamm angeschlossen, mit dem sie aber keine unmittelbare Blutsverwandtschaft verbindet. Seltener gibt es die dritte Art der Sippen, nämlich die fremdvölkischen (Nicht-Khoi-) Sippen. Dies sind meist kleinere Herero- oder Damara-Gruppen, die in einen Nama-Stamm integriert wurden.

Die Nama konnten früher mit mehreren Frauen verheiratet sein, leben heute aber im Allgemeinen monogam, eine Folge der zunehmenden Christianisierung. Traditionelle Hochzeitszeremonien verlieren immer mehr an Bedeutung.

Nama-Familien wohnen mit ihren Kindern (bis diese heiraten) in kleinen bienenkorbförmigen Mattenhütten, die früher ausschließlich aus Binsen angefertigt wurden. Heute verwenden die Nama oftmals Eisenblech, Säcke, Segeltuch oder auch Plastik als Deckmaterial für ihre Hütten. Geselligkeit und ein ausgeprägtes Sozialleben sind den Nama sehr wichtig. Vor allem abends sitzen sie zusammen, um ausgiebig miteinander zu reden oder sich gemeinsam an traditioneller Musik und Tänzen zu erfreuen.

Die Nama haben ihren **Lebensunterhalt** seit jeher hauptsächlich durch Viehzucht bestritten. Über die Jahrhunderte hinweg sind sie zu „Experten" für die Rinder-, Schafs- und Ziegenzucht in extremen Randgebieten geworden. Einen Teil ihrer Nahrung erhielten sie zudem durch die Jagd, die für sie einen hohen Stellenwert hatte. Wie die San jagten auch die Nama mit Pfeil und Bogen. Sie besaßen außerdem ein beachtliches Wissen über die Nahrung im Busch, denn das Sammeln von *Veldkost* war für sie absolut lebensnotwendig. So war und ist beispielsweise die Nara ein wichtiger Nährstoff- und Flüssigkeitslieferant (Kasten S. 309).

Neben der *Veldkost* bildeten Fleisch und Milch die Hauptnahrung für die Nama. Auch das Meer lieferte den Nama-Stämmen am Meer (die Topnaar in Walvis Bay und die !Aman in Lüderitzbucht), einen beträchtlichen Teil ihrer Nahrung.

Ackerbau betrieben die Nama als nomadisches Hirtenvolk ursprünglich nicht. Mit zunehmender Sesshaftigkeit jedoch gewann Garten- und Ackerbau an Bedeutung. Um für ihren Lebensunterhalt aufzukommen, sahen sich viele

Nama in der jüngeren Vergangenheit allerdings gezwungen, auf Farmen oder in Städten Arbeit zu suchen. Ähnlich wie den San ging es den Nama nie darum, möglichst viel oder möglichst wertvollen Besitz anzuhäufen. Wichtig war für sie vielmehr das, was sie unbedingt für ihr Leben als Hirtennomaden benötigten. Die Binsenhütten, in denen sie lebten, konnten leicht von Ort zu Ort transportiert werden.

Die meisten Nama sind heute Christen, die sich verschiedenen Konfessionen angeschlossen haben, vor allem der Evangelisch-Lutherischen Kirche (ELK). Die religiösen Bräuche und Vorstellungen der Nama wurden erst gegen Ende des 19. Jhs. infolge der intensiven Christianisierung des südlichen Afrika immer mehr in den Hintergrund gedrängt. Trotzdem bestehen manche der traditionellen Ansichten und Praktiken bis heute fort, sodass es zu einer ganz eigentümlichen Vermischung dieser beiden **Religionen** kommt. Traditionellerweise stellten sich die Nama vor, dass zwei einander entgegengesetzte Gottheiten, eine gute und eine böse, das Schicksal der Menschen und den Verlauf der Geschichte bestimmen. Die gute Gottheit nannten sie Tsui-Goab. Tsui-Goab wohnt im „roten" Himmel, also dem östlichen Himmelspart, in dem die Sonne aufgeht. Er ist für alles Gute auf der Erde verantwortlich und wurde als Schöpfergott verehrt. Die Nama beteten zu ihm und brachten Opfer dar. Die böse Gottheit namens Gaunab ist das Gegenteil von Tsui-Goab. Gaunab wohnt im westlichen Teil des Himmels, in dem die Sonne untergeht. Er bewirkt alles Böse, das den Nama und in der Natur geschieht, und wurde sowohl für Krankheiten, Unglücksfälle und Tod als auch für schlechte Lebensbedingungen wie lange Dürreperioden verantwortlich gemacht. Die Nama versuchten, seinen ungünstigen Einfluss durch magische Praktiken abzuwehren.

Ein dritter, weniger bedeutender Gott ist der Naturgott Haitsi Aibeb. Die Nama glaubten, dass er in Gräbern und Höhlen wohnt, und riefen ihn vor allem dann an, wenn sie ihn um Erfolg beim Jagen oder Sammeln bitten wollten.

Eine wichtige Rolle spielen bei den Nama außerdem die Ahnengeister, die durch ihre übernatürlichen Kräfte positiv oder negativ in das Leben ihrer Nachfahren eingreifen können. Auch die eigentlich „wohlwollenden" Ahnengeister konnten den Menschen übel mitspielen, aber dies hatte – so glaubten die Nama – einen „züchtigenden" Sinn, da der Betreffende durch ein Fehlverhalten diese Bestrafung „verdient" hatte.

Damara

Zusammen mit den San und einigen Nama-Gruppen gehören die Damara zu den frühesten Einwohnern Namibias. Die genaue Herkunft der Damara ist allerdings unbekannt, da es keine Zeugnisse über ihre Ursprünge gibt.

Die **Sprache** der Damara gehört mit ihren Klicklauten der Khoisan-Sprachfamilie an und ähnelt insbesondere dem Nama.

Über einen langen Zeitraum waren die Damara mit den Herero und den Nama sehr verfeindet, weil sie deren Vieh stahlen. Bei den Herero waren sie außerdem unbeliebt, weil sie immer wieder große Weidegebiete niederbrannten, um sich bessere Jagdbedingungen zu schaffen. Da in der Folge die Damara von den Herero und Nama zeitweise unterdrückt und verfolgt wurden, zogen sie sich in ihre Verstecke in unbewohnten Gebieten zurück. Hauptsächlich lebten sie in entlegenen Bergregionen wie in den Bergen bei Otavi, am Brandberg, an der Spitzkoppe, in der Gegend um Khorixas, bei Sesfontein im Kaokoveld oder im Khomashochland. Dies brachte ihnen auch den Beinamen Bergdamara (und abwertend: Klipkaffer) ein. Viele Herero und Nama hielten die Damara für minderwertig und betrachteten sie als ihre Diener und Sklaven.

Erst gegen Ende des 19. Jhs. änderten sich die Lebensbedingungen für die versklavten Damara grundlegend. Damals machten sich deutsche Missionare dafür stark, dass die Damara von den Herero ein genau umrissenes

Falsche Zöpfe

Die wunderschön geflochtenen Haare der einheimischen Frauen in Namibia sind, bis auf ganz wenige Ausnahmen, nicht echt. Von Natur aus wachsen die Haare der Frauen und Männer nur wenige Zentimeter. Lange Haare sind in stundenlangen Prozeduren eingeflochten. Nur die Baster und Coloureds haben längere Haare.

Gebiet zugewiesen bekamen, damit sie sich hier in Frieden ansiedeln konnten.

Dieses als Okombahe bekannte Gebiet wurde 1906 von der deutschen Kolonialverwaltung zum Damara-Reservat erklärt. 1964 befahl die südafrikanische Administration im Zuge des Odendaal-Plans die Schaffung eines eigenen Homelands für die Damara. Dafür kaufte die Regierung bis zum Jahr 1973 über 200 Farmen auf, die zum „Damara Homeland" zusammengefügt wurden. Dieses Gebiet grenzte im Westen an den Skelettküstenpark.

Heutzutage stellen die schätzungsweise 130 000 Damara in Namibia rund 8 % der Gesamtbevölkerung. Die Mehrheit der Damara lebt mittlerweile weit verstreut in den städtischen Zentren oder auf Farmen in ganz Namibia.

Anders als viele andere afrikanische Stämme hatten die Damara lange Zeit keine eigenen Häuptlinge. Die Damara-**Gemeinschaften** waren nur lose organisiert und hatten – bis auf den Stamm der Gobanin – in vorkolonialer Zeit keine festen Führungsgruppen oder -personen. Gab es Probleme oder Konflikte untereinander, wurde ein angesehenes Familienoberhaupt um Rat gefragt. Erst nachdem Missionare den Damara vorgeschlagen hatten, das Häuptlingsamt einzuführen, wurde Kornelius Goreseb zum ersten Häuptling der Damara von Okombahe ernannt. Später wurde Goreseb zum ersten Oberhäuptling aller Damara gewählt, wobei der Begriff „Oberhäuptling" etwas irreführend ist, da die anderen Damara-Gruppen bislang noch gar keine Häuptlinge hatten. Wichtig war diese Oberhäuptlingsschaft dennoch, weil sie das bislang kaum vorhandene Einheitsgefühl der Damara beträchtlich stärkte. Die Damara hatten nun erstmals einen gemeinsamen „Repräsentanten", der für ihre Belange eintreten konnte. Diese Entwicklung setzte sich 1974 mit der Gründung einer eigenen politischen Partei fort.

Das **soziale Gefüge** der Damara basiert traditionell auf der Großfamilie, die grundlegende Einheit einer Dorfgesellschaft ist. Der Mann als Familien- und Dorfoberhaupt stand an der Spitze seiner Großfamilie und besaß die oberste Autorität. Zu seiner Großsippe gehörten seine Frau oder Frauen (Vielehen waren unter den Damara durchaus üblich), die noch nicht verheirateten Kinder sowie die Familien der bereits verheirateten Söhne. Die Hütten, in denen die Damara wohnten, bildeten einen Kreis um einen großen „Dorfbaum" herum. Dieser Dorfbaum stellte das Zentrum der Dorfgemeinschaft dar, die Eingangstüren aller Hütten wiesen in seine Richtung. Das Dorfoberhaupt wohnte in regelmäßiger Reihenfolge entweder bei der „Großfrau" oder bei einer seiner „Nebenfrauen".

Der traditionelle Aufbau innerhalb einer Damara-Dorfgemeinschaft hat sich im letzten Jahrhundert grundlegend verändert. Die Hütten werden nur noch selten in ihrer vormals typischen „Rundform" angebaut, sondern liegen meist in einer langen Reihe nebeneinander.

Auch das Leben in Großfamilien gibt es nicht mehr häufig bei den Damara. Dies ist vor allem eine Folge wirtschaftlicher Veränderungen, da viele Männer aus Arbeitsgründen ihren Wohnort wechseln mussten und nur ihre Frauen und Kinder, nicht aber die gesamte „Sippschaft" mitnehmen konnten.

So wie die San und die Nama waren auch die Damara ursprünglich ein Volk der Jäger und Sammler. Mit zunehmender Sesshaftigkeit bildete Kleinviehhaltung die Hauptquelle für ihren **Lebensunterhalt**. Als Wild und *Veldkost* gegen Ende des 19. Jhs. knapper wurden, versuchten die Damara sich zusätzlich in der Landwirtschaft und bauten beispielsweise Tabak, Weizen und unterschiedliche Gemüsesorten an. Wenig später fanden viele Damara in städtischen Zentren, in Minen oder auf Farmen Arbeit.

Die traditionelle **Religion** der Damara ist in der Zeit der Unterdrückung durch die anderen Völker stark in den Hintergrund gerückt. Als die Damara unabhängiger wurden, schlossen sich die meisten von ihnen unter dem Einfluss europäischer Missionare dem Christentum an.

In ihrem ursprünglichen Glauben spielten Ahnengeister eine wichtige Rolle. Die Damara glaubten, dass die Geister von Verstorbenen zurückkehren konnten, um die Lebenden in ihre Totenwelt zu entführen. Deshalb setzten sie viel daran, die Totengeister an ihrer Rückkehr zu hindern: Die Toten wurden in einer Hock-Position mit Riemen zusammengebunden und möglichst weit vom Dorf entfernt begraben. Die Gräber wurden anschließend mit großen schweren Steinen bedeckt. Damit der als Geist zurückkehrende Tote die gesamte Dorfgemeinschaft gar nicht erst wiederfand, wurde oftmals sogar das ganze Dorf verlegt.

Die höchste Gottheit in der traditionellen Religion der Damara hieß Gamab. Gamab wurde von den Damara sowohl als Gott des Lebens als auch als Gott des Todes angesehen. Als Gott des Lebens herrschte er über die gesamte Natur und war damit für das Wohlergehen der Damara verantwortlich. Gleichzeitig war Gamab als Gott des Todes auch derjenige, der die Menschen zu sich holte, indem er von seinem Himmelsort aus einen seiner „Todespfeile" abschickte.

Fühlte sich ein Damara von Gamabs Todespfeil getroffen, gab er seinen Lebenswillen auf und ergab sich seinem Schicksal. Auch von seinen Verwandten wurde er komplett aufgegeben. Die Damara fürchteten, dass Gamab es als Widerstand deuten würde, wenn sie um einen Sterbenden trauern oder versuchen würden, ihm zu helfen. Deshalb zeigten sie bei Krankheiten oder beim Tod selbst engster Familienangehöriger kaum eine Gefühlsregung – nur demonstrative Gleichgültigkeit.

Nach dem Tod leben die Seelen der Verstorbenen, egal ob gut oder böse, im Himmel weiter, den die Damara „Gamabs Dorf" nennen. Das Leben in Gamabs Dorf ist dem Leben der Damara auf der Erde sehr ähnlich. Der einzige Unterschied ist der, dass in Gamabs Dorf alles wesentlich einfacher und besser ist: Das Jagen ist immer von Erfolg gekrönt, und die *Veldkost* ist üppig und vielfältig. In der Mitte von Gamabs Dorf brennt das Heilige Feuer, um das sich Gamab, der Dorfälteste, und die anderen Ältesten versammeln. Sie alle ernähren sich bevorzugt von Menschenfleisch. Dies war für die Damara die Erklärung dafür, dass sich in den Gräbern von Verstorbenen nach einiger Zeit nur noch Skelette befinden. Wenn nicht mehr genug Menschenfleisch vorhanden war, sandten Gamab oder einer der anderen Ältesten wieder einen ihrer todbringenden Pfeile auf einen Menschen aus.

Ein wichtiger Bestandteil der traditionellen Damara-Religion war das Heilige Feuer. Dieses Feuer brannte im Zentrum des Dorfes an der Ostseite des Dorfbaumes. Die Ältesten saßen um das Feuer herum, aßen und beratschlagten sich an diesem heiligen Ort. Das Heilige Feuer durfte niemals erlöschen und wurde sorgsam von einem Standort zum nächsten transportiert.

Herero

Die Bantu sprechenden Herero stellen heute rund 8 % der Gesamtbevölkerung Namibias. Sie sind mit den Damara die drittgrößte ethnische Gruppierung Namibias (nach den Ovambo und den Kavango).

Die Herero stammen ursprünglich aus Ostafrika und zogen als nomadische Hirten durch Angola in das südliche Afrika. Mitte des 16. Jhs. kamen sie über den Kunene ins Kaokoveld. Eine kleine Gruppe blieb in diesem Gebiet und wurde dort zum Volk der Himba. Die Hauptgruppe der Herero setzte gegen Mitte des 18. Jhs. wegen Überweidungsproblemen und der anhaltenden Trockenperiode ihre Wanderung in Richtung Süden fort. Knapp ein Jahrhundert später erreichte diese Herero-Gruppe die Quellen in Okahandja und Windhoek. In dieser Region blieben sie, und ein Teil von ihnen lebt noch heute dort. Die Mbanderu (oder Ostherero) trennten sich wiederum von der Hauptgruppe und zogen weiter nach Osten in Richtung Botswana. Die Zeraua-Herero leben im Westen im Gebiet um Omaruru.

Ein Großteil der Herero siedelte sich also in Zentral-Namibia an. Dadurch kam es zu lang andauernden und schweren **Auseinandersetzungen** mit den dort bereits lebenden Oorlam-Nama mit ihrem Oberhaupt Jonker Afrikaner. Friedensverträge wurden jeweils nur für kurze Zeit eingehalten (s. Geschichte Windhoeks).

Die Lage änderte sich 1884 mit der Ankunft der Deutschen in Angra Pequeña (das spätere Lüderitzbucht). Die Deutschen wollten mit den Herero und den Nama möglichst schnell Schutzverträge abschließen, um ihr neu erworbenes Land vor Überfällen zu schützen. Dabei machten sie sich die Streitereien unter den Stämmen zunutze und versprachen den einzelnen Stämmen Schutz vor den jeweils anderen – ein Versprechen, dass sie nicht einhielten.

Mehr als zehn Jahre herrschte Frieden im Land. Zu Beginn des 20. Jhs. waren die Herero an neuen schweren Kriegen beteiligt – diesmal gegen die Deutschen. Bei den Herero-Aufständen gegen die deutsche Kolonialmacht 1904 unter der Führung ihres Häuptlings Samuel Maharero wurden mehr als 150 Deutsche getötet. Die darauf folgenden deutschen Vergeltungsmaßnahmen führten im August 1904 schließlich zu den Kämpfen auf Hamakari beim Waterberg. Resultat dieses blutigen Massakers: Generalleutnant von Trotha gab am 2. Oktober 1904 den Befehl, die Herero auszulöschen. Interessanterweise flohen aber bereits vor diesem Befehl die meisten der überlebenden Herero in die Kalahari. Dem dort herrschenden Wassermangel fiel ein großer Teil des Stammes zum Opfer. Viel Zeit zum Verfolgen hatten die Deutschen nicht, da die Nama unter Hendrik Witbooi den Deutschen am 4. Oktober 1904 den Krieg erklärten.

Samuel Maharero kam schon Ende August im sicheren Exil in Botswana an. Noch im gleichen Jahr wurde alles Land der Herero von den Deutschen beschlagnahmt. Die Herero feiern seit 1923 am Todestag Samuel Mahareros Ende August den „Herero-Tag". An diesem Feiertag versammeln sie sich alljährlich in Okahandja und gedenken der Herero-Aufstände von 1904 und ihrem Führer Samuel Maharero.

Als Namibia nach dem Ersten Weltkrieg als C-Mandat von Südafrika übernommen wurde, beeilte sich Südafrika, die Politik der Rassentrennung, die ja schon von den Deutschen begonnen worden war, fortzusetzen und auszuweiten. Für die in Namibia verbliebenen Herero wurden mehrere „Reservate" geschaffen, in denen sie leben sollten. Zu diesen Reservaten gehörten u. a. Otjituuo, Ovitoto, Aminuis, Epukiro und ein Teil der Kunene-Region. Viele dieser Herero-Reservate wurden zusammen mit einigen weiteren Gebieten zum sogenannten „Hereroland" zusammengefügt. Dies geschah im Rahmen des Odendaal-Plans von 1964–66, der die schönfärberisch „getrennte Entwicklung" genannte Apartheidpolitik Südafrikas in Südwestafrika umsetzen sollte. Das Homeland war knapp 45 000 km^2 groß und lag hauptsächlich in der nördlichen Kalahari. Etwa 50 000 Einwohner lebten hier. Das Hauptproblem dieses Gebiets ist der Mangel an Oberflächenwasser. Viele Herero lebten aber auch außerhalb dieser ländlichen Gebiete, vor allem in den städtischen Zentren wie Windhoek, Karibib, Okahandja, Omaruru oder Gobabis – daran hat sich bis heute wenig geändert.

Etwa 5000 der Herero-Nachkommen, die zur Zeit der Aufstände nach Botswana geflohen waren (auch Baherero genannt), kehrten gegen Mitte der 90er-Jahre mit etwa 50 000 Stück Vieh nach Namibia zurück. Diese Rücksiedlungsmaßnahme wurde von der namibischen Regierung initiiert und 1993 begonnen. Da MKS in Botswana zu dieser Zeit ein akutes Problem war, schleppten die Baherero mit all ihren Rindern diese Tierkrankheit nach Namibia ein. Es kam zu einem kurzzeitigen MKS-Ausbruch.

Bemerkenswert und typisch für Herero-**Gemeinschaften** ist die sogenannte doppelte Abstammungsrechnung, die sich für Außenstehende ziemlich verwirrend darstellt. Die materiellen, „beweglichen" Besitztümer (in der Hirtengemeinschaft der Herero vor allem Rinder) werden ausschließlich über die mütterliche Linie vererbt. Die Ausübung der Religion und auch die Machtfrage innerhalb der Familie richten sich dagegen nach patrilinearen Erbprinzipien.

Die nomadisch lebenden Herero waren traditionell **Rinderzüchter**. Der Besitz von Rindern war (und ist zum Teil noch heute) ein sehr wichtiges Statussymbol, das stellvertretend für Ansehen und Reichtum stand. Heute nutzen viele Herero ihre Fertigkeiten auf kommerziellen Farmen.

Wiedergutmachung

Bis heute fühlen sich die Herero in mehrfacher Hinsicht benachteiligt: Im Zusammenhang mit den Herero-Aufständen und der Vernichtung ihres Volkes zu Beginn des 20. Jhs. fordern sie von der deutschen Regierung **Entschädigungen**. Deutschland wird für seine „unnachgiebige Versklavung und für völkermordartige Vernichtung des Herero-Stammes" angeklagt. Die Bundesregierung lehnte die Forderungen bislang ab und verwies auf die hohen Summen, die bereits an Namibia gezahlt worden seien. Der damalige deutsche Botschafter Wolfgang Massing nannte bei der Grundsteinlegung für das Kultur- und Tourismuszentrum in Okakarara (Distrikthauptstadt der Region, in der die meisten Herero leben) im März 2004 die Summe von 500 Mio. €, die seit der Unabhängigkeit allen Menschen des Landes zugutegekommen seien. Doch die Herero möchten Reparationszahlungen, die sich ganz explizit und ausschließlich an ihr Volk richten.

Im für Herero und Deutsche historisch besonderen Jahr 2004 gab es neuerliche Verhandlungen. Diese mündeten in ein Aufsehen erregendes **Schuldbekenntnis** der damaligen deutschen Entwicklungsministerin Heidemarie Wieczorek-Zeul während der Gedenkfeier zum 100. Jahrestag der Herero-Aufstände. Verbunden damit wurde die Bitte um Vergebung. Reparationszahlungen explizit an die Herero jedoch werden weiterhin abgelehnt.

Von der namibischen Regierung fühlen sich die Herero benachteiligt, da sie die als Entwicklungshilfe bereitgestellten Gelder nicht ihnen, sondern nahezu ausschließlich den ovambosprachigen Völkern zukommen lasse. Die Regierung kümmere sich nicht um die Belange der Herero und habe bislang nichts unternommen, um die Armut und die Landlosigkeit unter den Herero zu verbessern, so der Vorwurf.

Die vor wenigen Jahren vom damaligen obersten Herero-Führer Kuaima Riruako ins Leben gerufene Hosea-Kutako-Stiftung wurde eigens gegründet, um die Interessen der Herero bei der deutschen und der namibischen Regierung durchzusetzen.

Ende 2007 wurde bei deutsch-namibischen Regierungsverhandlungen eine sogenannte Namibia-Initiative gegründet. 20 Mio. € sollen zur Verbesserung der Lebensbedingungen in den Siedlungsgebieten derjenigen Volksgruppen dienen, die besonders von der deutschen Kolonialherrschaft betroffen waren. Hierzu gehören auch die Herero, die in wirtschaftlichen, sozialen und kulturellen Kleinprojekten finanziell unterstützt werden sollen.

Nachdem im Jahr 2008 bekannt geworden war, dass in deutschen wissenschaftlichen Sammlungen, u. a. in der Berliner Charité, **Schädel von Angehörigen der Nama und Herero** aus der Kolonialzeit lagern, kam es im September 2011 zu einem weiteren Schritt auf dem Weg der Vergangenheitsbewältigung. In einem Festakt in der Berliner Charité wurden einer 73-köpfigen namibischen Delegation, bestehend aus traditionellen Führern, Regierungsbeamten und Journalisten, 20 Schädel zur Rückführung in ihre Heimat übergeben. Für die Herero war dies ein wichtiger Teil des Heilungsprozesses. Aufgrund großer Erwartungshaltungen bei den Herero war die Übergabezeremonie jedoch von Unmut und Enttäuschung vieler Delegationsmitglieder überschattet – zumal deutlich wurde, dass für die Herero auch weiterhin keine Reparationszahlungen von deutscher Seite zu erwarten sind. Hinzu kamen diplomatische Unstimmigkeiten im Protokoll und Buhrufe während der Rede von Staatsministerin Cornelia Pieper – was ein versöhnlicher Höhepunkt werden sollte, verwandelte sich in einen Eklat.

Auf namibischem Boden sollen rituelle Zeremonien absolviert werden, um die Wunden weiter zu schließen und die Ahnen zu ehren. Die zurückgegebenen Schädel befinden sich nun im neuen Unabhängigkeitsmuseum in Windhoek.

Gegen Ende des 19. Jhs. wurden die Herero in ihrer Kultur und ihren Traditionen sehr stark durch europäische Missionare beeinflusst. Dieser Einfluss ist bis heute auch in der typischen **Kleidung** der Herero-Frauen zu erkennen. Den ursprünglichen Kleidungsstil der Herero, den die

Medizinmänner – Wahrsager – Schwarzzauberer

In allen afrikanischen Völkern spielten und spielen Medizinmänner eine entscheidende gesellschaftliche Rolle.

Medizinmänner im engeren Sinne sind traditionelle Doktoren und Heiler. Sie verfügen über uraltes Wissen über die unterschiedlichen Heilkräuter und ihre Wirkung auf Menschen. Eine zusätzliche, sehr wichtige Komponente beim traditionellen Heilen sind die übersinnlichen Kräfte.

Die Ausbildung zum Medizinmann ist langwierig und mühsam. Traditionellerweise erlernt der Sohn diese Tätigkeit vom Vater. Grundlagen und Praktiken des afrikanischen Doktors unterscheiden sich weitgehend von denen westlich orientierter Schulmediziner. So sind dem traditionellen afrikanischen Doktor Anatomie und Physiologie des menschlichen Körpers nur wenig bekannt. Er behandelt nicht die Ursachen einer Krankheit, sondern deren Symptome. In seine Praxis gehören spezifische Geräte für die verschiedenen physikalischen Anwendungen, beispielsweise ein kleines scharfes Messer für Hautritzungen und ein Kuhhorn für Einläufe.

Neben den traditionellen Heilern oder Medizinmännern gibt es die Wahrsager oder Hellseher. Aufgabe des Wahrsagers ist es, durch Orakelbefragung die Ursache eines Unglücks, einer Krankheit oder eines Todesfalles herauszufinden. Ist diese Ursache, etwa eine Tabuübertretung, aufgedeckt, wird anschließend die Therapie, z. B. die Besprechung eines kranken Körperteils, eingeleitet.

Sowohl traditionelle Heiler als auch Wahrsager dienen dem Wohle der Menschen und genießen innerhalb ihres Stammes hohes Ansehen.

Anders dagegen die Schwarzzauberer – diese werden allgemein als „Unheilbringer" gefürchtet. Sie verfügen über magische Fähigkeiten, mit deren Hilfe sie anderen Menschen Unheil, Krankheit, Siechtum und Tod bringen. Für ihre Tätigkeit rufen sie die Ahnengeister um Mithilfe an und benutzen traditionelle Kräuter oder magisch behandelte Gegenstände. Der auf diese Art „verhexte" Mensch gibt sich seinem Schicksal hin und stirbt nicht an dem Zauber selbst, sondern an seinem gelähmten Lebenswillen.

Gemeinsame Grundlage für die afrikanischen Heiler ist der Glaube an die positiven und negativen Einflüsse der übersinnlichen Welten. An übergeordneter Stelle steht für alle Afrikaner eine dem Menschen wohlgesinnte Gottheit. Die Seelen der Verstorbenen dagegen können im Guten wie im Bösen in das Leben des Menschen eingreifen. Sie müssen durch Opferhandlungen gnädig gestimmt werden. Und schließlich gibt es den dunklen und bedrohlichen Bereich der bösen Geister und Dämonen. Viele kultische Handlungen dienen der Abwehr dieser unheimlichen Wesen.

Himba bis heute weiter führen, sahen die deutschen Missionare (insbesondere deren Frauen) als „Halb-Nacktheit" an und hielten ihn deshalb für anstößig. Aus diesem Grund führten sie die für Herero-Frauen charakteristischen Kleider im viktorianischen Stil ein: kopftuchartige Hauben und mehrere Schichten von Röcken übereinander. Zu dieser Tracht werden etwa 12 m Stoff benötigt, was die Kleidung recht voluminös erscheinen lässt. Diese Tracht ist zwar vereinzelt auch bei den Nama zu finden, jedoch ziehen diese weniger Röcke übereinander, die Haube ist längst nicht so ausladend. Allerdings tragen die jungen Herero-Frauen heute zunehmend moderne westliche Kleidung.

Spuren hinterlassen haben die Europäer, genauer gesagt das deutsche Militär, auch in anderer Hinsicht: Seit dem Beginn der deutschen Kolonialzeit versuchten manche Herero deutsche Militärstrukturen zu imitieren. So wurden militärische Ränge verteilt, die in Anlehnung an deutsche Bezeichnungen beispielsweise *ohaupmana* (Hauptmann) oder *oloitnanta* (Leutnant) genannt wurden. Auch deutsche Uniformen wurden getragen (heutzutage am Herero-Tag in Okahandja zu sehen).

Eine geregelte **politische Ordnung** besitzen die Herero erst, seitdem sie feste Wohnsitze haben. Die Anführer erhielten ihre Positionen nicht durch Vererbung, da dies durch die doppelte Abstammungsrechnung sehr kompliziert zu regeln gewesen wäre. Sie wurden in ihr Amt gewählt. Da eine Führung der Herero auch auf nationaler Ebene erforderlich war, wurde Mitte des 19. Jhs. das Amt des Oberhäuptlings eingeführt. Seine Aufgabe war es, die Interessen und Belange des gesamten Herero-Volkes angemessen zu vertreten und zu repräsentieren. Der erste, allerdings nur von den Herero im zentralen Teil des Landes anerkannte Oberhäuptling der Herero war Tjamuaha.

Der Herero-Oberhäuptling hat keine alleinige Entscheidungsgewalt, sondern muss bei Entscheidungsfragen die Meinung und Zustimmung des Herero-Rates berücksichtigen. Dieser Rat setzt sich aus Häuptlingen, *headmen* und anderen wichtigen Männern der Herero-Gemeinschaften zusammen. Er ist es auch, der den Oberhäuptling der Herero wählt. Die *headmen* sind jeweils für einen fest umrissenen kleineren Distrikt zuständig. Zu ihrem Aufgabenbereich gehören insbesondere Rechtsfragen und -streitigkeiten.

Die einzelnen Herero-Gruppen sind untereinander noch immer sehr zerstritten. Dementsprechend schwierig ist es, die Interessen aller Herero mit einer gemeinsamen Führungsspitze abzudecken und das „kränkelnde" Einheitsgefühl der Herero zu stärken. Erst vor wenigen Jahren kam es zu Ereignissen, die die Herero aufs Neue spalteten. Der langjährige Oberhäuptling der Herero, Kuaima Riruako, wurde im Oktober 2005 vom Herero-Rat aufgrund politischer Differenzen abgesetzt. Er hatte zuvor *headmen*, die ihn nicht als Präsident seiner NUDO-Partei unterstützten, ihres Amtes enthoben. Riruako hatte das Amt des Oberhäuptlings 1978 nach der Ermordung Clemens Kapuuos übernommen. Nach den intensiven Missionsarbeiten europäischer Missionare sind heutzutage die meisten Herero Christen. Allerdings haben sie sich viele heidnische Riten und Bräuche aus ihrer traditionellen **Religion** bis heute bewahrt. Besonders das Heilige Feuer spielte in der ursprünglichen Herero-Religion eine große Rolle. Für dieses Feuer, das immer am Brennen gehalten werden muss, wird im Kaokoveld hauptsächlich Mopaneholz verwendet. In den zentraleren Landesteilen Namibias benutzen die Herero das Holz der Hakendornakazie *(Acacia mellifera)*.

Im Jahr 1955 gründeten die Herero eine eigene unabhängige Kirche, die sie Ongereki Yevangeli Yoruuano nannten – abgekürzt ist sie als Oruuano bekannt. Diese Kirche vereinte urchristliche Bestandteile mit afrikanischen Elementen wie der Ahnenverehrung oder magischen Praktiken. Die Oruuano verlor jedoch schnell an Bedeutung, sodass die Herero heute mehrheitlich der Evangelisch-Lutherischen Kirche oder anderen christlichen Glaubensgemeinschaften angehören. Die traditionelle Religion der Herero wird noch heute von den Himba ausgeübt, die zu den Herero gehören. Sie findet deshalb im nachfolgenden Unterkapitel eine ausführlichere Darstellung.

Himba (Ovahimba)

Das Kaokoveld liegt im Nordwesten Namibias. In diesem unwirtlichen Gebiet leben die Himba, auch Ovahimba genannt. Die Himba leben wegen der Kargheit dieser Region in kleinen Clans sehr weit verstreut voneinander. Sie sind Hirten und Halbnomaden und besitzen hauptsächlich Rinder, aber auch Ziegen und Schafe.

Während die Hauptgruppe der Herero um 1850 herum ihren Zug nach Süden fortsetzte, blieb eine kleinere Herero-Gruppe im Kaokoveld zurück. Im 19. Jh. (1850–70) überfielen Nama (Topnaar und Swartboois) die Kaokoveld-Herero und raubten ihnen die meisten ihrer Rinder. Da diese nach den Raubzügen auf andere Weise für ihren **Lebensunterhalt** sorgen mussten, wurden sie abwertend Tjimba oder Tjimba-Herero genannt. Tjimba bedeutet übersetzt „Erdferkel" und spielt darauf an, dass diese verarmten Herero keine Rinder mehr besaßen und deshalb gezwungen waren, „wie die Erdferkel" im Boden „herumzuwühlen", um so an *Veldkost* zu gelangen. Die Kaokoveld-Herero waren den nach Norden strebenden Nama weit unterlegen, da sie keine europäischen Waffen besaßen. Als die Raubüberfälle nicht enden wollten, flüchtete um 1870 ein großer Teil dieser Herero über den Kunene nach Angola. Dort lebten andere Herero-Völker, die sie aufnahmen. Da sie nichts mehr besaßen, mussten sie sich in Angola anfangs die lebensnotwendige Nahrung erbetteln. Daraufhin gab man ihnen eine Bezeichnung, die sie von nun an behielten: *Himba* – Bettler. Viele Himba kehrten später aus Angola über den Kunene ins Kaokoveld zurück.

Die Zahl der Himba schätzt man heute in Namibia auf 5000, und in Angola leben noch etwa 3000. Die Himba im Kaokoveld besitzen schätzungsweise 60 000 Rinder.

Während die anderen Herero-Stämme unter kolonialem Einfluss christianisiert wurden, konnten sich die Himba ihre ursprüngliche **Lebensweise** bisher weitestgehend bewahren. Die herkömmlichen Traditionen werden in Kleidung, Schmuck und Haartracht sichtbar, die meist rituelle Bedeutung haben. Vor der Kolonialzeit folgten noch alle Herero diesen Traditionen. Dass die Himba bis heute an alten Traditionen festhalten konnten, liegt zum einen an der Abgeschiedenheit des Kaokoveld, zum anderen an der hermetischen Abrieglung dieses Gebietes durch die südafrikanische Armee bis zur Unabhängigkeit Namibias.

Die Frauen spielen bei den Himba eine zentrale Rolle. Die **Gesellschaft** ist vorrangig matrilinear. So wie bei den anderen Herero-Gruppen gibt es aber auch bei den Himba das Prinzip der doppelten Abstammungsrechnung, das beim Abschnitt über die Herero bereits beschrieben wurde. Im Glauben der Himba erbt man das Blut von der Mutter und die spirituellen Eigenschaften vom Vater.

Ein Himba-**Dorf** besteht aus mehreren kreisrunden Hütten. Sie werden aus gestampftem Lehm und Kuhdung gebaut, wobei der Boden meist mit Fellen ausgelegt ist. Männer sind tagsüber kaum im Dorf zu sehen. Sie sind auf der Suche nach Weidegründen und Wasser oder als Hirten mit ihren Herden unterwegs. Manchmal entfernen sie sich auch tage- und wochenlang von ihren Familien, wenn sie auf der Suche nach Nahrung für ihre Herden bis an den Rand der Namib ziehen müssen.

Die Hauptnahrung der Himba ist heute Maismehl gekocht mit Sauermilch. Zu besonderen Anlässen wird eine Ziege geschlachtet, in ganz seltenen Fällen eine Kuh.

Alles, was in den Augen der Himba unrein ist, wird aus dem Dorf verbannt und nach draußen verlegt. Zu diesen „Unreinheiten" gehören nicht nur das Töten eines Tieres, sondern auch Beschneidungszeremonien und die erste Blutung eines Mädchens. Von diesem Zeitpunkt an wird ein Mädchen bei den Himba für heiratsfähig gehalten. Auch Geburten finden außerhalb des Dorfes an einem wenige hundert Meter außerhalb gelegenen Platz statt. Nach der Geburt werden Mutter und Neugeborenes ins Dorf zurückgebracht, wo sie etwa eine Woche unter einem Windschutz neben der Haupthütte leben. In einer rituellen Feierstunde stellt der Häuptling das Kind am Heiligen Feuer den Geistern seiner Vorfahren vor. Anschließend wird ein Ochse geschlachtet. Bevor dieses Ritual zelebriert wurde, darf der Vater sein Kind nicht anfassen.

Die Himba haben wie die Herero schwarze Hautfarbe. Die rotbraun glänzende Farbschicht stammt von zerstoßenen, ockerfarbenen Steinen (Roteisenstein). Das Pulver wird mit Tierfett zu einer Hautcreme vermischt und von Männern und Frauen am ganzen Körper aufgetragen. Diese Creme schützt sie vor Sonnenbrand und Austrocknen und dient zugleich als Moskitoschutz.

Je nach Geschlecht und Alter feiern die Himba verschiedene **Zeremonien** und durchlaufen unterschiedliche Initiationsriten. Manche äußeren Merkmale der Himba weisen außerdem auf einen bestimmten Status hin. So entsprechen die unterschiedlichen Haartrachten bestimmten sozialen Stufen wie der Pubertät, dem heiratsfähigen Alter oder dem Status als verheiratete Frau oder verheirateter Mann. Jungen haben zunächst einen Tonsurhaarschnitt und anschließend einen eingeflochtenen Zopf.

Die Kopfbedeckung des verheirateten Mannes wird *ondumbo* genannt. Das Haar, in welches Gras und andere „füllende" Substanzen eingeflochten werden, wächst unter der Kopfbedeckung, einem kunstvoll gebundenen Tuch, weiter. Der sich vergrößernde Kopfschmuck bringt mit zunehmendem Alter Ansehen und Würde. Die Kopfbedeckung der verheirateten Frau heißt *erembe*. Auch ihre Haartracht durchläuft vorher verschiedene Stufen mit jeweils eigenständiger Bedeutung.

Ein Ereignis von großer religiöser und sozialer Bedeutung im Leben eines Himba ist das Ausschlagen der vier unteren Schneidezähne. Dies geschieht im Alter von zehn bis zwölf Jahren. Vor diesem Ritual schlafen die Kinder in der Haupthütte, wo sie durch die Ahnengeister besonderen Schutz erhalten. Am nächsten Morgen wird am Heiligen Feuer zunächst gebetet, danach werden die Zähne mit einem speziellen Holzspan ausgeschlagen. Die ausgeschlagenen Zähne werden in die Richtung des Geburtsortes geworfen. Anschließend werden die Blutungen am verletzten Zahnfleisch mit Mopaneblättern gestillt. Für die Jungen ist zudem die rituelle Beschneidung ein wichtiger Einschnitt.

Die höchste den Himba bekannte **Gottheit** ist Ndjambi Karunga, der auch Mukuru genannt wird. Mukuru wird als Schöpfergott angesehen. Die Himba haben jedoch keine genauen Vorstellungen von dieser Gottheit. Die Ahnengeister sind dagegen in ihrem Glauben viel konkreter und lebendiger. Die Himba glauben, dass Mukuru die Ahnengeister befähigt, ihr Leben zu beeinflussen. Deshalb stellen die Ahnen die Verbindung zu Mukuru her. Das Heilige Feuer der Himba heißt *okuruwo* und ist das wichtigste Element der Himba-Religion. Es bildet den Mittelpunkt des öffentlichen Lebens und muss vom Dorfoberhaupt am Brennen gehalten werden. Sein Platz ist immer in der Mitte zwischen der Hütte des Häuptlings und dem zentralen Kälberkral. Am Heiligen Feuer können die Himba mit den Geistern ihrer Ahnen in Verbindung treten, sie durch Gebete und Opfer verehren und sie in wichtigen Angelegenheiten um Rat bitten.

Einen Einblick in Kultur und Tradition der Himba gibt das 2004 in englischer Sprache erschienene Buch mit CD von Minette Mans, *Discover Musical Cultures in the Kunene Region – A Guide to the Living Music and Dance in Namibia,* ISBN 99916-637-2-X.

Ovambo (Wambo)

Das Gebiet des Ovambolandes liegt im Norden Namibias nördlich der Etosha-Pfanne. Nach der Unabhängigkeit wurde es in vier Regionen unterteilt – Omusati, Oshana, Ohangwena und Oshikoto – und als „Four O Region" bezeichnet. Diese Region wird von acht verschiedenen Ovambo-Stämmen bewohnt. Diese acht **Stämme** sind (nach Größe geordnet): Kwanyama, Ndonga, Kwambi, Ngandjera, Mbalanthu, Kwaluudhi, Kolonkadhi und Eunda. Einige andere Ovambo-Stämme wohnen in den südlichen Teilen des benachbarten Angola. Alle Ovambo-Stämme in Namibia stellen zusammen mit schätzungsweise 900 000 Menschen knapp 50 % der Gesamtbevölkerung und sind damit die mit Abstand größte Volksgruppe Namibias. Das Ovamboland ist daher auch das am dichtesten besiedelte ländliche Gebiet Namibias. Die Ovambo sprechen eine Bantu-Sprache, Oshivambo. Jeder Stamm hat seinen eigenen Bantu-Dialekt, wobei alle diese Dialekte eng miteinander verwandt sind.

Die Ovambo stammen ursprünglich vermutlich aus den östlichen Regionen Zentralafrikas. Nachdem sie bei ihrer Wanderung in den Südwesten Afrikas den Kavango überschritten hatten, kam es zu ersten Streitigkeiten untereinander. Daraufhin bildeten sich verschiedene Gruppen mit einem jeweils eigenen Führer. Bedingt durch weitere Konflikte entstanden in der Mitte des 16. Jhs. schließlich mehrere völlig eigenständige Ovambo-Stämme. Diese Stämme siedelten sich nördlich der Etosha-Pfanne in jeweils separaten Gebieten an und waren auch politisch voneinander unabhängig.

Mitte bis Ende des 19. Jhs. kamen die Ovambo-Stämme erstmals mit Europäern in Berührung, vor allem durch die intensive Missionsarbeit finnischer Missionare. Während der deutschen Kolonialzeit blieben die Ovambo politisch größtenteils unabhängig. Auch unter südafrikanischem Mandat blieb das Ovamboland vom Rest Namibias weitestgehend getrennt (Kasten „Die Rote Linie", S. 426).

Die **Abstammungsrechnung** der Ovambo ist matrilinear. Gruppen von Blutsverwandten bilden sich somit nicht über den Vater, sondern ausschließlich über die mütterliche Linie. Materieller Besitz wird bei den Ovambo ausschließlich matrilinear vererbt. Auch Macht wird matrilinear weitergegeben, jedoch (natürlich) an die männlichen Familienmitglieder. In den letzten Jahren entwickelte sich innerhalb der Ovambo-Stämme jedoch die Tendenz, den Einfluss der Männer mehr zu betonen und sich von den bisherigen eindeutig matrilinearen Traditionen abzuwenden. Dadurch entstehen zahlreiche Streitigkeiten bei Erbangelegenheiten.

Ein Ovambo-Stamm wird von einem Häuptling angeführt, der sein Amt (noch) nach matrilinearen Prinzipien erbt. Der Häuptling steht nicht allein an der Spitze eines Ovambo-Stammes, sondern wird von einem Rat unterstützt. Im November 2005 wurde erstmals eine Frau traditionelle Führerin (*Ohamba* – Königin) des größten Stammes der Ovambo, der Kwanyama.

Traditionell leben die Ovambo in runden Hütten, die von einem Schutzwall aus spitzen Pfählen umgeben sind. Mehrere Hütten bilden ein **Gehöft**, auf dem das Familienoberhaupt mit seiner Familie wohnt. Zu diesem Gehöft gehören spezielle Räume (etwa ein Besucherraum, ein Versammlungsraum, ein Schlachtraum, ein Vorratsraum und gar ein Warteraum), und auch die unterschiedlichen Viehkräle befinden sich auf diesem großen Grundstück. Das ganze Gehöft, das für Außenstehende labyrinthartig wirkt, ist als Schutz gegen Kriege und Raubzüge von einem Zaun umgeben.

Eines der Markenzeichen des Ovambolands sind die *oshanas* – flache Pfannen unterschiedlichen Ausmaßes, die nach der Regenzeit in Angola, also etwa ab Januar, voller Wasser sind. Die relativ hohen Regenfälle dort sorgen mehrere Monate lang für gute Bedingungen für Ackerbau und Viehhaltung. Die Ovambo besitzen große Viehherden, vor allem Rinder, die in Ovambo-Gemeinschaften hoch geschätzt werden. Daneben betreiben sie Ackerbau. Die Viehzucht dient ausschließlich ihrem eigenen **Lebensunterhalt** und zielt nicht auf den Verkauf außerhalb ihrer Gemeinschaften ab. Die Ovambo haben eine traditionelle Arbeitsteilung: Die Männer arbeiten als Hirten und entfernen sich auf der Suche nach guten Weideplätzen oft weit von ihren Dörfern, und die Frauen kümmern sich um den Ackerbau und arbeiten auf den nahe gelegenen Feldern. Das Hauptnahrungsmittel der Ovambo ist Hirse, daneben ernähren sie sich von Mais, Kürbissen und Melonen. Auch durch Fischfang, Jagen und das Sammeln von *Veldkost* erhalten die Ovambo wertvolle Nahrung.

In den vergangenen Jahrzehnten hat sich für die Ovambo kultureller und wirtschaftlicher Hinsicht so manches verändert. Viele Ovambo arbeiten mittlerweile in industriellen Gebieten oder auf Farmen. Durch die Einführung des westlichen Kapitalismus entdeckten die Ovambo ihren Sinn fürs Geschäfte machen und handeln und gründeten eigene Läden oder bieten seitdem selbst produzierte Waren zum Verkauf an. Viele leben auch nicht mehr in den traditionellen Hütten, sondern wohnen in rechteckigen Häusern in einem der größeren Dörfer, die sich in der Nähe von Hauptstraßen bilden.

Auch die **Religion** der Ovambo wurde von europäischen Normen und Wertvorstellungen beeinflusst, sodass die traditionelle Religion immer mehr in den Hintergrund rückte. In der traditionellen Religion gibt es einen Schöpfergott als höchste Gottheit. Die Ovambo nennen ihn Kalunga, haben jedoch kein konkretes Bild von ihm und glauben, dass er sich für die Geschicke der Menschen nicht sehr interessiert. Wichtiger waren bestimmte magische Praktiken, mit denen Zauberei bekämpft wurde, sowie die Verehrung der Ahnengeister, die das Leben ihrer Nachkommen im Positiven wie im Negativen beeinflussen können. In jeder Ovambo-Gemeinschaft gibt es auch heute noch Wahrsager und Kräuterdoktoren.

Durch den Einfluss der europäischen Missionare seit Ende des 19. Jhs. wandte sich ein Großteil der Ovambo dem Christentum zu. Die Ovambo gründeten die unabhängige Evangelisch-Lutherische Ovambo-Kavango-Kirche, die 1985 in Evangelisch-Lutherische Kirche in Namibia (ELCIN) umbenannt wurde.

Der erfolgreiche Aufstieg der **Swapo** ist untrennbar mit dem Volk der Ovambo verbunden. Nahezu alle Ovambo wählen die Swapo. Die Swapo hat sich die Umbruchsphase in der Ovambo-Gesellschaft und die daraus resultierende Offenheit hinsichtlich neuer kultureller, politischer und wirtschaftlicher Ideen zunutze gemacht und sich selbst als Verfechter all dieser Modernisierungsprozesse und zugleich als nationale Befreiungsbewegung etabliert.

Die Partei wurde im Jahr 1957 als Ovamboland People's Congress (OPC) gegründet und 1958 in Ovamboland People's Organisation (OPO) umbenannt. Ihr politischer Einfluss war zunächst auf das Ovamboland und dessen Stämme begrenzt. Später dehnte der damalige Präsident der OPO, Sam Nujoma, die politische Basis weiter aus und konstituierte seine Partei neu als South West Africa People's Organisation. Die Swapo setzte sich beispielsweise für die Gründung von Gewerkschaften und für die Belange der Arbeiter ein – und fand den entsprechenden Zulauf unter den Ovambo, von denen sich viele dem Arbeitsmarkt außerhalb des Ovambolandes zugewandt hatten. Auch religiöse Thesen der Befreiungstheologie nutzte die Swapo zur Unterstützung ihres eigenen Befreiungskampfes. Als Folge dieses Engagements erhielt die Swapo bei den Unabhängigkeitswahlen 92 % aller Ovambo-Stimmen und konnte so mit 57 % aller namibischen Stimmen einen eindeutigen Sieg verbuchen.

Kavango

Auf mehr als 400 km bildet der Okavango im Nordosten Namibias die Grenze zu Angola. An den Ufern des Okavango leben die verschiedenen Kavango-Stämme. Geschätzte 150 000 Kavango und damit etwa 9 % der Gesamtbevölkerung Namibias sind heute an der südlichen Seite des Okavango ansässig.

Die Kavango-Stämme kamen wie die Ovambo ursprünglich von den großen Seen in Ostafrika. Sie ließen sich bei ihrem Zug in Richtung Südwesten zunächst in der Nähe des Kwando/Quando-Flusses in Angola nieder. Auf der Flucht vor angolanischen Sklavenhändlern zogen sie jedoch weiter südwärts. Zwischen 1750 und 1800 überquerten sie den Okavango und siedelten sich am südlichen Ufer an. In diesem Gebiet lebten bisher die Kxoe-San, die !Kung und die Yeyi. Die Kavango waren ihnen jedoch überlegen und versklavten ihrerseits die San und die Yeyi. Der Sklavenhandel hielt bis 1923 an.

Heute bestehen die Kavango aus fünf **Stammesgruppen**, die Gemeinsamkeiten aufweisen, sich jedoch kulturell und sprachlich voneinander unterscheiden. Von Westen nach Osten heißen diese fünf Stämme: Kwangali, Mbunza, Shambyu, Gciriku und Mbukushu. Die vier Erstgenannten sind miteinander verwandt und haben Verbindungen zu den Ovambo, da alle vorher am Oberlauf des Okavango gelebt hatten.

Vor allem die Kwangali und Mbunza ähneln sich untereinander, sowohl hinsichtlich ihrer Sozialstrukturen als auch bezüglich des gemeinsamen Dialekts. Die Kwangali standen lange Zeit unter der Herrschaft und dem Einfluss der Ovambo. Heute breiten sie sich von allen Kavango-Stämmen am stärksten aus.

Die Shambyu und Gciriku weisen ebenfalls eine enge Verwandtschaft auf. Ihre Sprachen sind sehr ähnlich und enthalten viele San-Elemente. Grundverschieden jedoch sind die Mbukushu, die im östlichen Teil der Kavango-Region ansässig sind. Sie stehen den Stämmen im Ost-Caprivi und Barotse-Land (dem heutigen Zambia) nahe und unterscheiden sich in sozialer, ethnologischer und sprachlicher Hinsicht stark von den vier anderen Kavango-Stämmen. Sie standen erst unter der Herrschaft der Lozi/Barotse, dann der Tswana und schließlich der deutschen Kolonialregierung. Viele von ihnen sind durch Feindschaft untereinander und durch den Sklavenverkauf in verschiedene Gebiete verstreut. Heute gehören die Mbukushu nicht mehr zur Kavango Region, sondern wurden im Zuge der regionalen Neuordnung nach der Unabhängigkeit Namibias der Administration des 320 km entfernten Katima Mulilo (Caprivi-Region) unterstellt.

Der in Angola entspringende Okavango führt als einer der wenigen Flüsse Namibias das ganze Jahr über Wasser. Der Fluss bildet die wichtigste Lebensgrundlage für die Kavango, seine Ufer sind sehr fruchtbar. Hier betreiben hauptsächlich die Frauen Landwirtschaft. Das Wirtschaftssystem der Kavango ähnelt dem vieler anderer Völker Namibias. Sie erwerben ihren **Lebensunterhalt** durch eine Kombination aus Ackerbau und Viehwirtschaft (vor allem Rinder und Ziegen) und ergänzen dies durch Fischfang, Jagd und das Sammeln von *Veldkost*. Sie produzieren nur so viel, wie sie für ihren eigenen Lebensunterhalt innerhalb des nächsten Jahres benötigen. Wenn kleinere Familien landwirtschaftliche Arbeiten nicht allein bewältigen können, gründen sie eine Art Arbeitskollektiv, mit dessen Hilfe Arbeiten wie die Rodung des Landes geschafft werden können – wer Arbeitskräfte benötigt, muss für diese Hilfeleistung lediglich eine Vergütung in Form von genug Bier und Fleisch bereitstellen. Ein weiterer wichtiger Wirtschaftszweig der Kavango sind ihre traditionellen Holzschnitzereien, die an Straßen und in Souvenirläden verkauft werden.

Kavango-Stämme bilden **politisch** unabhängige Einheiten, die von einem Häuptling und den ihn unterstützenden *headmen* geführt werden.

Die Ähnlichkeit mit anderen Stämmen zeigt sich auch in der **Sozialordnung** der Kavango, denn auch sie sind nach matrilinearen Prinzipien organisiert. Höchst untypisch für afrikanische Stämme ist jedoch, dass in Kavango-Gemeinschaften mitunter auch die Männer an der Feldarbeit teilnehmen, zumindest an den körperlich schweren Arbeiten wie Pflügen und Ernten. Die Position in der Kavango-Gemeinschaft und das damit verbundene Ansehen hängen vor allem von der Lebenssituation ab, in der sich der Betreffende befindet.

Durch die Einführung der Geldwirtschaft und andere westliche Einflüsse befinden sich die Kavango-Gemeinschaften derzeit in einer kulturellen Umbruchsphase, die aber bislang nicht so stark ausgeprägt ist wie etwa im Ovamboland.

In der **Religion** der Kavango gibt es eine höchste Gottheit, die Karunga oder Nyambi genannt wird und im östlichen Himmelsteil wohnt. Nyambi ist weniger „verschwommen" als die in anderen afrikanischen Religionen oft sehr abstrakte höchste Gottheit. Mit Hilfe der Sonne und des Mondes schützt Nyambi die Menschen und leitet sie. Er zeigt sich im Wind und kann seinen Zorn auf die Menschen über Stürme ausdrücken, mit seinem Wind aber auch „gute" Wolken und damit den lebenswichtigen Regen bringen. Allerdings ist es nicht Nyambi, der angebetet wird, sondern die Ahnengeister stellen die Verbindung zu ihm her und müssen durch Gebete gnädig gestimmt werden. Auch zum Guten wie zum Schlechten eingesetzte magische Praktiken von Wahrsagern, Medizinmännern und anderen traditionellen Zauberern stellen einen wichtigen Teil des religiösen Alltags der Kavango dar. Manche Kavango-Stämme glauben außerdem, dass ein böses Wesen namens Shadipinyi genauso mächtig ist wie Nyambi und den Menschen den Tod und überhaupt alles Böse schickt. Dazu gehört auch das Bier (!), das Shadipinyi auf die Welt gebracht hat, um mit diesem „Werkzeug" die Menschen betrunken zu machen und sie in eine möglichst streitlustige Stimmung zu versetzen. Shadipinyi ähnelt mit seinen Hörnern und dem roten Schwanz in seiner äußeren Gestalt auffällig den Teufelsvorstellungen in der westlichen Welt. Typisch für die Kavango-Religion ist der Glaube, dass auch der Häuptling Zugang zur übernatürlichen Welt oder sogar selbst übernatürliche Kräfte hat. Er ist maßgeblich für das Wohlergehen seines Stammes verantwortlich, weshalb ihm besonders viel Achtung und Respekt entgegengebracht wird.

Caprivianer

Im Caprivizipfel, dem schmalen Landstreifen zwischen Angola, Zambia und Botswana, leben ca. 4 % der namibischen Bevölkerung. Die Caprivianer sind kulturhistorisch und ethnografisch nicht mit der übrigen Bevölkerung verwandt.

Der Caprivi wurde in der Vergangenheit von verschiedenen Völkern okkupiert. Dadurch wurden die Caprivi-Stämme in ihrer Kultur stark beeinflusst, da jede dieser Besatzungsmächte ausgeprägte „Spuren" hinterließ.

Vor der Kolonialisierung stand das zum nördlichen Kalahari-Becken gehörende Caprivi-Gebiet unter der Herrschaft des aus Zambia kommenden Lozi-Stammes (Barotse). Die Lozi wurden zwischenzeitlich von den nach Norden ziehenden Bafokeng besiegt, die aus dem heutigen Oranjefreistaat in Südafrika kommend am Oberlauf des Zambezi das Königreich der Kololo gründeten. Im Jahr 1864 kam es jedoch zu einem Aufstand der Lozi, der die Kololo-Periode beendete. Aber auch das zweite Lozi-Reich war nicht von langer Dauer, da 1908 die Deutschen durch Hauptmann von Streitwolf im Caprivi Präsenz zeigten. Die Lozi trieben all ihr Vieh und auch das anderer Stämme zusammen und zogen ins heutige Zambia. Bis 1915 stand das Gebiet unter der Herrschaft der deutschen Kolonialregierung. 1915 übernahm die südafrikanische Regierung die Herrschaft.

Die meisten Caprivianer leben an den Ufern der Flüsse Kwando, Linyanti, Chobe und Zambezi. Wenn die großen Flüsse im Caprivi nach der Regenzeit überflutet sind, steht ein großer Teil des Gebietes unter Wasser. Zu dieser Jahreszeit benutzen sie ihre Mokoros, Einbaum-Kanus aus Holz oder heute umweltschonend aus Fiberglas, um die Wege zurückzulegen, die sie normalerweise zu Fuß oder mit Fahrzeugen bewältigen.

Obwohl heute die Caprivianer eigene Stämme bilden, zu denen Mafwe, Subia, Mayeyi und Mbukushu gehören, ist Lozi immer noch Lingua franca der Caprivi-Stämme. Als europäische **Sprache** wird Englisch genutzt, im Gegensatz zum restlichen Namibia, wo Afrikaans gesprochen wird. Im Caprivi leben auch San, die zu der Zeit, als diese Region zum Kriegsschauplatz wurde, als Fährtensucher von der südafrikanischen Armee eingesetzt wurden.

Die Caprivianer sind überwiegend Subsistenzfarmer. Die traditionelle **Mischwirtschaft** besteht aus Viehhaltung und Ackerbau. Letzterer liefert ihnen wichtige Nahrungsgrundlagen wie Mais, Kürbisse, Bohnen, Kartoffeln und Hirse. Abwechslung bringen Fischerei und Jagd. Viele ihrer Produkte verkaufen die Caprivianer auf der Straße oder auf Märkten. Da der Caprivi weit entfernt vom zentralen Landesteil liegt, ist es schwierig, Arbeitsplätze außerhalb der traditionellen Arbeitsfelder zu schaffen. Nach Abzug des südafrikanischen Militärs trägt nun allmählich der Tourismus dazu bei, das Einkommen der Caprivianer aufzubessern.

Der Häuptling eines Caprivi-Stammes besitzt in der **Gemeinschaft** eine umfassende Führungsstellung und trifft alle wichtigen Entscheidungen.

Er hat jedoch keine absolute Macht, sondern wird durch zahlreiche Ratgeber seines Stammes unterstützt und auch in seiner Arbeit überprüft. Der Häuptling muss aus dem Häuptlingshaus stammen und wichtige Führungsqualitäten für dieses Amt mitbringen.

Durch die langen Perioden der Lozi- und Kololo-Herrschaft wurden die Caprivi-Stämme in ihren Traditionen stark beeinflusst. So entwickelte sich beispielsweise die ursprünglich rein matrilineare **Sozialordnung** der Caprivi-Stämme durch die patrilinear ausgerichteten Lozi und Kololo zu einer gemischt patrilinear-matrilinearen Gesellschaftsform.

Wichtigster Kernpunkt der ursprünglichen **Religion** der Caprivi-Stämme ist die Verehrung der Ahnengeister. Die Ahnengeister können mit dem Schöpfergott Verbindung aufnehmen und dienen deshalb als Vermittler. Auch magische Praktiken nehmen einen großen Stellenwert in ihrem traditionellen Glauben ein.

Rehobother Baster und Coloureds

Die Rehobother Baster (s. Bild) sowie die Coloureds („Farbigen") stammen ursprünglich aus der südafrikanschen Kapregion. Sie sind Nachfahren von Khoikhoi-Frauen und weißen Siedlern, die im 17. Jh.

dort ankamen. Da sich die Kinder dieser Verbindungen sowohl von der weißen als auch von der schwarzen Bevölkerung abgelehnt und nirgends völlig zugehörig fühlten, blieben sie als Gemeinschaft zusammen. Sie sprechen als Muttersprache Afrikaans.

Die Rehobother Baster zogen unter Führung von Hermanus van Wyk 1869 nach Norden über den Oranje, um Konflikte mit weißen Siedlern zu vermeiden. 1870 ließen sie sich im Gebiet von Rehoboth nieder und richteten hier ihre eigene Regierung ein. Sie gründeten Farmgemeinschaften und entwickelten eigene soziale und kulturelle Strukturen, die stark von westlichen, also christlichen Traditionen geprägt sind. Ihre Unterstützung der deutschen Kolonialmacht während der Aufstände afrikanischer Stämme brachte ihnen später Schutz und manche Privilegien ein.

Nach langjährigen Unabhängigkeitsbemühungen wurde dem Rehobother Gebiet 1970 von der südafrikanischen Administration die Selbstverwaltung zugestanden, passte dies doch zur Apartheidpolitik.

Heute sind die schätzungsweise 40 000 Baster, die diesen Namen stolz und selbst gewählt tragen, eine relativ kleine Volksgruppe in Namibia (2 % der Gesamtbevölkerung). Die meisten von ihnen leben noch immer in dem Gebiet um Rehoboth und arbeiten vor allem in der Landwirtschaft. Sie betrachten sich aufgrund ihrer speziellen Geschichte und ihrer eigenständigen Kultur als unabhängige Gemeinschaft und grenzen sich stark von anderen Völkern ab, auch von den Coloureds.

Die etwa 60 000 Coloureds sind erst später mit den Südafrikanern als Arbeitskräfte ins Land gekommen. Die meisten leben heute in den städtischen Zentren Namibias.

Die Weißen

Neben den rund 20 000 Deutschen gibt es 20 000 englisch- und etwa 60 000 afrikaanssprachige Weiße in Namibia. Die Englisch- und Afrikaanssprachigen kamen ab 1914 mit verschiedenen Funktionen ins Land. Vor allem die afrikaanssprachigen Weißen betrachten sich als Afrikaner und weisen jede Verbindung zu Europa weit von sich. Anders als bei den anderen beiden weißen Gruppen gibt es tatsächlich weder sprachliche noch familiäre Verbindungen zu Europa.

Ihre Sprache ist Afrikaans, die einzige Sprache germanischen Ursrungs, die in Afrika entstanden ist. Afrikaner oder Buren sehen sich selbst als weissen Stamm Afrikas.

Die Deutschen

Die Deutschen in Namibia werden heute gern als eine eigene Spezies oder zumindest Sub-Spezies dargestellt. Seit 1883 sind sie im Südwesten Afrikas mehr oder weniger präsent. Inzwischen gibt es Bücher und diverse Fernsehfilme über sie. Meist werden sie als konservativ bis rückständig, „ewig-gestrig" und deutschtümelnd beschrieben. Wie jede Pauschalisierung tut auch diese den meisten Deutschen in Namibia unrecht. Die Deutschen in Namibia und anderswo sind keine homogene Gruppe mit einer kollektiven Verhaltensweise. Das Suchen nach dem eigenen Platz in der namibischen Gesellschaft gestaltet jeder ganz individuell. Die Bandbreite reicht von totaler Ignoranz über Nicht-Wahrhaben-Wollen des jetzigen Entwicklungsstandes bis hin zu aktiver politischer Mitgestaltung.

Da gibt es die Zugereisten, die im deutschen Reisepass einen *Permanent-residence*-Stempel haben. Sie sind in Deutschland geboren und aus irgendeinem Grund in Namibia geblieben. Und es gibt die, die in Namibia geboren wurden, einen namibischen Pass haben und mit Stolz verkünden: „Wir leben hier in der fünften Generation!"

In diesem langen Zeitraum hat das Land auch die Sprache geprägt. Vor allem der Einfluss des Afrikaans ist unüberhörbar. Eine sehr amüsante Erläuterung der sprachlichen Eigenheiten der „Südwester" liefert Joe Pütz in *Das Große Dikschenärie*. Ein witziges Beispiel: in Namibia sagt man nicht, „der ist gestorben", sondern „der ist tot gegangen".

Die Bezeichnung „Südwester" für Deutschsprachige in Namibia war bis zur Unabhän-

Michelle McLean Children Trust (MMCT)

Michelle McLean ist für alle Namibier, egal welcher Hautfarbe, eine ganz besondere Frau: 1992 wurde sie zur Miss Universe gekürt und hat damit das Nationalgefühl der Namibier beträchtlich gestärkt.

Ihr Hauptengagement gilt seitdem jedoch einer Welt fernab von glamourösen Miss-Wahlen. 1992 hat sie den Michelle McLean Children Trust (MMCT) ins Leben gerufen. Die unterschiedlichen Projekte dieser Wohltätigkeitsorganisation helfen namibischen Kindern, die sich in Notsituationen befinden. Der MMCT unterstützt kranke Kinder, denen die finanziellen Mittel für eine dringende medizinische Versorgung fehlen. Auch dort, wo es an Kleidung und Essen mangelt, versucht der MMCT zu helfen. Ausbildungsbedingungen für Kinder und Jugendliche zu verbessern, ist ebenfalls Schwerpunkt des MMCT. So war der MMCT maßgeblich an der Gründung der Michelle McLean Primary School beteiligt. Nähere Informationen gibt es unter 💻 www.mmct.org.na.

gigkeit gang und gäbe, wird heute allerdings eher als augenzwinkernde Vergangenheitsbeschreibung gebraucht, ähnlich wie „Ossi" und „Wessi" in der Bundesrepublik.

Es spricht für die junge Republik Namibia, dass sie die sprachlich-kulturelle Identität der Deutschen respektiert, allenfalls Straßennamen ändert und die deutschen Kolonialdenkmäler höchstens mal umsetzt, aber im Allgemeinen nicht anrührt. Das ist auch besser für den Tourismus. Deutsches in Afrika ist einfach exotisch.

Die „DDR-Kinder"

Selbst im vom Deutschen nicht eben unberührt gebliebenen Namibia werden Reisende mehr als erstaunt sein, wenn sie im Buchladen in Windhoek, im Restaurant oder auf einer der Lodges von einem jungen schwarzen Mann oder einer jungen schwarzen Frau in perfektem Deutsch angesprochen werden – und zwar so, wie es von Muttersprachlern gesprochen wird.

Höchstwahrscheinlich handelt es sich dann um eines der „DDR-Kinder", eine Bezeichnung, die aufgrund der spezifischen Vergangenheit dieser Namibier geläufig, aber natürlich inzwischen veraltet ist, da erstens die DDR schon lange nicht mehr existiert und zweitens die Kinder keine Kinder mehr sind. Sie waren Kinder des Swapo-Befreiungskampfes und lebten in der DDR im Exil.

Die südafrikanische Armee überfiel im Mai 1978 das Swapo-Lager in Cassinga/Angola, mehr als 600 Menschen starben. Überlebende wurden ins nächstgelegene Lager Kwanza Sul gebracht, unter ihnen waren viele Babys und Kleinkinder, die durch den Angriff zu Waisen geworden waren. Swapo-Präsident Sam Nujoma bat die internationale Staatengemeinschaft um Hilfe – die DDR war eines der Länder, die konkrete Hilfe anboten.

So kam im Dezember 1979 die erste Gruppe, bestehend aus 80 drei- bis siebenjährigen Kindern, mit ihren Betreuern im Swapo-Kinderheim im Ort Bellin bei Güstrow (Mecklenburg-Vorpommern) an. Diese 80 sehen sich übrigens als „Kern der DDR-Kinder".

In den folgenden Jahren folgten weitere Gruppen, sodass am Ende der DDR 1989 mehr als 400 namibische Kinder in Bellin und in Staßfurt (Schule der Freundschaft) bei Magdeburg lebten.

Die später gekommenen Kinder hatten ihre Eltern zwar meist noch, doch diese waren im Befreiungskampf der Swapo aktiv oder studierten im Ausland und wollten den Kindern eine gute Ausbildung ermöglichen. Der Lehrplan für die namibischen Kinder war genauso aufgebaut wie der für die deutschen Kinder. Jedoch wurde in den einzelnen Fächern Wert darauf gelegt, Namibia mit einzubeziehen, beispielsweise wurde in Biologie auch auf die Flora und Fauna in Namibia eingegangen.

Als die ältesten Kinder gerade in der 9. Klasse waren, ereigneten sich die Umbrüche in den beiden Ländern, mit denen sie verbunden waren: In Namibia fanden im November 1989

Die HIV/Aids-Problematik

Aids ist die Todesursache Nummer eins in Namibia. 2013 betrug die Aids-Rate 14,3 %. Das Land zählt gleichauf mit Südafrika zu den fünf Ländern der Welt, die am stärksten von der Krankheit heimgesucht sind. Ein Leben *mit* der Seuche (als das wird Aids im südlichen Afrika bezeichnet) ist inzwischen normaler als ein Leben ohne sie. Jeder Bewohner des Landes ist direkt oder indirekt von der Krankheit betroffen. Wirtschaftsexperten sagen Probleme in der Industrie voraus, da immer mehr junge, qualifizierte Fachkräfte an Aids leiden. Nach offiziellen Angaben ist innerhalb der arbeitenden Bevölkerung (19–49-Jährige) jeder vierte Namibier mit dem HI-Virus infiziert. Schätzungen zufolge wäre die durchschnittliche Lebenserwartung im Jahr 2013 ohne Aids auf 65 Jahre gestiegen, durch die Seuche ist sie auf 49 Jahre gefallen.

Die rasante Ausbreitung von HIV/Aids

In Afrika wird die Aids-Krise durch die extreme Armut verschärft. In den Städten Namibias gelten 22 % der Haushalte als verarmt, in den ländlichen Gebieten erschreckende 60 %. Begünstigend auf die Ausbreitung der Seuche wirken sich außerdem die instabilen Familienverhältnisse aus, die durch die immer noch weit verbreitete Spaltung der Familien hervorgerufen werden: Die Frauen bleiben mit den Kindern in den Dörfern, während die Männer versuchen, in den Städten Arbeit zu finden. Nur durchschnittlich zweimal pro Jahr können sie ihre Familien besuchen. Hinzu kommen Alkoholismus und eine offizielle Arbeitslosenquote von 51 %, all dies fördert Promiskuität und Prostitution.

Hauptursache der erschreckend schnellen Ausbreitung des HI-Virus ist jedoch die mangelnde Aufklärung. Laut der Unicef-Studie zum Aids-Gipfel 2001 weiß die Hälfte aller Mädchen in Entwicklungsländern nicht, dass ein gesund aussehender Mensch HIV-infiziert sein kann. Gemäß der Unicef-Länderstatistik von 2009 verfügt nur etwa 62 % der Bevölkerung Namibias über ausreichende Kenntnisse hinsichtlich der Krankheit sowie der Ansteckungswege und Behandlungsmöglichkeiten. Nur 31 % der 15- bis 24-jährigen Frauen wissen, wie sie sich vor HIV schützen können.

Vielen Namibiern sind die Übertragungswege des Virus und die Möglichkeiten, sich davor zu schützen, nach wie vor unbekannt. Der Zusammenhang zwischen ungeschütztem Sex und der Ausbreitung der Krankheit wird teilweise noch nicht verstanden. Dadurch fallen Mystifizierungen und Scharlatanerie auf fruchtbaren Boden. Exemplarisch ist die tragische Geschichte eines elfjährigen Mädchens, das von einem Aids-Kranken vergewaltigt wurde. Ein Medizinmann hatte dem Täter gesagt, dass er, wenn er mit einer Jungfrau Geschlechtsverkehr hätte, von allem Übel reingewaschen würde. Ähnliche Geschichten hört und liest man in Abwandlungen immer wieder, dieser Glaube scheint erschreckend weit verbreitet zu sein.

Die steigende Anzahl der Aids-Waisen ist eine besonders traurige Auswirkung der verheerenden Krankheit. 2005 hatten bereits 14 % (rund 150 000) der Kinder unter 15 Jahre einen oder beide Elternteile durch Aids verloren. Laut Unicef-Sprecherin Namibias, Khin-Sandi Lwin, werden 2020 ein Drittel aller namibischen Kinder Aids-Waisen sein, wenn es nicht gelingt, die Seuche vorher in den Griff zu bekommen. Viele der Kinder sind selbst infiziert.

Therapie und Aufklärung

Das Stigma, mit dem HIV/Aids auch in Afrika behaftet ist, wirkt sich verheerend sowohl auf die Neuinfektionsrate als auch auf die Betroffenen aus. An Aids Erkrankte werden mitunter sogar von ihren Familien verstoßen.

Namibia ist jedoch eines der Länder, in denen die Regierung vergleichsweise offen mit der Aids-Problematik umgeht. Insbesondere das Gesundheitsministerium arbeitet sehr eng und konstruktiv mit NGOs (non-governmental organisations), Kirchen und gemeinnützigen Organisationen zusammen. In den letzten Jahren wurden flächendeckende Programme zur Bekämpfung der Seuche initiiert.

Das Gesundheitsministerium hat beispielsweise 2001 die HIV/Aids-Medienkampagne *take control!* gestartet. In fast jeder Tageszeitung finden sich seitdem Anzeigen, in denen für *Safer Sex* geworben wird. An vielen Teerstraßen, besonders auf der Hauptroute in den Norden, weisen große Plakate auf die Notwendigkeit des Gebrauchs von Kondomen hin. Kondome sind vielerorts kostenlos erhältlich.
Seit 2003 gibt es in fast allen Krankenhäusern die **antiretrovirale Therapie** (HAART – „Highly Active Anti Retroviral Therapy"). Die Einführung dieser entscheidenden, lebensverlängernden Therapie auf breiter Ebene wurde erst möglich durch die finanzielle Unterstützung mehrerer kirchlicher Organisationen und einiger Industrieländer, beispielsweise Deutschland, sowie die Senkung der Preise für die ARV-Medikamente auf dem internationalen Markt. Bislang kommt die Therapie allerdings nur Aids-Kranken im Endstadium kostenlos zugute. Außerdem müssen die Betroffenen versichern, die Therapie lebenslang durchzuhalten und sich um einen gesunden Lebenswandel (dazu zählen für Europäer so normale Dinge wie das Essen von Obst und Gemüse) zu bemühen, denn ansonsten hilft das beste Medikament nichts. Bildungs- und Aufklärungsprogramme stehen weiterhin an erster Stelle. Namibia ist auf Hilfe der internationalen Gebergemeinschaft angewiesen.

Erste Erfolge in der Aids-Behandlung

2006 konnten erste Erfolge der Regierungsprogramme verzeichnet werden. Zwar ist die Durchseuchungsrate noch nicht signifikant gesunken, es kann jedoch von einer „Stabilisierung" gesprochen werden. Waren um die Jahrtausendwende offiziell 23,5 % der namibischen Bevölkerung HIV-positiv, lag dieser Wert 2008 bei etwa 17,7 %; 2010 war er wieder leicht gestiegen auf nunmehr 18,8 %. Schätzungen zufolge beläuft sich die Zahl der Neuinfektionen auf rund 18 000 pro Jahr. Die Dunkelziffer dürfte allerdings weit höher liegen, weil sich noch immer nur etwa 25 % der Bevölkerung zum Test wagen. Es gibt inzwischen knapp 50 Testzentren, in denen sowohl der freiwillige Test als auch die Beratung vor und nach dem Test kostenlos angeboten werden. Die Zahlen zur Durchseuchungsrate stammen von Tests bei Schwangeren (also sexuell Aktiven), die hochgerechnet wurden.
Auch für schwangere Frauen ist der HIV-Test freiwillig, jedoch gehen diese eher mal zum Arzt und sind auch eher zu überzeugen. Es gibt außerdem gesonderte Programme zur Verhinderung einer Übertragung der Ansteckung von der Mutter auf das Kind (wird das Kind per Kaiserschnitt zur Welt gebracht und nicht gestillt, stehen die Chancen gut, dass es nicht infiziert wird), sodass schwangere Frauen noch umfassender aufgeklärt und betreut werden.
Das HAART-Projekt konnte soweit ausgebaut werden, dass eine HIV-Infektion **kein zwingendes Todesurteil** mehr darstellt. Wurden zu Beginn des Programms nur knapp 1200 Aids-Kranke (0,5 % der Erkrankten) kostenlos mittels ARV therapiert, waren es 2006 schon 8800 Kranke. Bis 2009 wurden bereits über 64 000 Aids-Kranke (84 % der Erkrankten) mit Hilfe von ARV therapiert.
Das Stigma, das der Krankheit anhaftet, ist allerdings so groß wie eh und je. Die panische Angst vor einer Ansteckung mündet oftmals nicht in Wissensdurst und Prävention, sondern in eine Negation der Erkrankung. Die gesetzliche Tabuisierung von HIV/Aids zum Schutz der Erkrankten – so darf am Arbeitsplatz zwar dazu angeregt werden, sich testen zu lassen, jedes weiterführende Gespräch jedoch ist untersagt – ist zwar gut gemeint, verstärkt aber diesen Effekt noch.
Deshalb sind aufsehenerregende Aktionen wie die des Südafrikaners André van Zijl so wichtig im südlichen Afrika: Er zeigt aller Welt ohne Scheu, dass man auch mit HIV leben kann, und zwar gut und fit. Van Zijl ist bereits seit fast 30 Jahren (seit 1984) mit dem Virus infiziert. Mitte 2010 machte sich der 61-Jährige mit seinem Fahrrad in Südafrika auf den Weg und durchquerte Swaziland, Mozambique, Botswana und Namibia. Pünktlich zum Welt-Aids-Tag am 1. Dezember 2011 kam er wieder zurück in sein Heimatland. Dies ist nur eine seiner bislang 39 außergewöhnlichen Aktionen, die vielen Menschen Mut machen und mit deren Einnahmen van Zijl verschiedene Aids-Projekte unterstützt.

Weiße Landschaft

Schneeweiße Landschaft, fast so wie Zucker, wohin die großen, dunkelbraunen Kulleraugen blicken. Wo bin ich hier nur gelandet? Dass die schöne Schneelandschaft nicht aus Zucker bestand, hatte ich vor zwei Wochen erfahren müssen.
Sobald wir aus dem Kinderheim durften, blickten wir alle erstaunt auf das weiße, puderartige Etwas, das zu unseren Füßen lag. Es war wie wahr gewordenes Schlaraffenland. Wie die anderen Kinder stürzte ich mich auf den „Zucker". Ich stellte jedoch zu meiner Riesenenttäuschung fest, dass der „Zucker" eiskalt, überhaupt nicht süß war und auf der Zunge sowie an den Zähnen schmerzte. Da ich mir jedoch den Spaß und den Geschmack am Schnee nicht nehmen lassen wollte, suchte ich einen kleinen abgebrochenen Ast und stopfte mir den „Zucker" darauf. Lutschend setzte ich meinen Spaziergang fort. Tage später lag ich mit einer fieberhaften Erkältung im Bett, neben mir noch ein paar andere Schneelutscher aus Namibia.
Mein drittes bis neuntes Lebensjahr verbrachte ich in Mecklenburg-Vorpommern, und nachdem der Vertrag zwischen der damaligen SED-Regierung und der Swapo um mehrere Jahre verlängert worden war, lebte ich bis zum 14. Lebensjahr in Sachsen-Anhalt. Dort wuchs ich wie ein „normales" deutsches Kind ohne Eltern auf.
Es ist erstaunlich, wie einen das durch das ganze Leben begleitet. Die Leute nennen mich noch heute „eines der DDR-Kinder", da ich mit 79 weiteren namibischen Kindern aus dem südlichen Afrika in die ehemalige DDR kam.
Seit 1990 lebe ich in Namibia. Es war anfangs eine große Umstellung, und noch heute fühle ich mich zwischen zwei Welten hin- und hergerissen. Hier bieten sich mir, anstelle von grünen Wiesen im Sommer und Schnee im Winter, beige- und graufarbene Weiten. Und ich lernte bald, dass das schönste Geschenk zu Weihnachten – so wie in Deutschland der Schnee – in Namibia der Regen ist.
Naita Hishoono

die ersten freien Wahlen statt, am 21. März 1990 wurde das Land unabhängig; im November 1989 fiel die Berliner Mauer, die beiden deutschen Staaten verhandelten über die Wiedervereinigung, der Ostblock brach zusammen. Die namibische Regierung beschloss, die Kinder im August 1990 nach Namibia zurückzuholen.

Der Neubeginn war für die Kinder und Jugendlichen hektisch, chaotisch und eine Zeit großer Ungewissheit. Wer in feste, wohlhabende Familiengefüge (in eigene oder Gastfamilien) in Windhoeks reichere Stadtviertel kam, hatte Glück; wer nach Katutura (Windhoeks Viertel der unteren Einkommensschicht) zog, hatte es schwerer, und wer nach Norden in die Dörfer der Familien ging, hatte das Gefühl, die Zeit habe sich ein oder zwei Jahrhunderte zurückgedreht.

Die Kinder und Jugendlichen waren nicht auf das Leben in Namibia und ihren Platz, ihre Identität dort vorbereitet. Sie haben den schwersten Stand, der sich denken lässt: Sie sind Deutsche, mit der deutschen Kultur und Sprache aufgewachsen. In Namibia selbst werden sie von den dortigen Deutschen jedoch aufgrund ihrer Hautfarbe nicht als ihresgleichen angesehen. Von den Schwarzen werden sie auf der anderen Seite ebenfalls nicht als gleichwertig anerkannt, da sie die jeweilige Stammessprache nicht immer perfekt beherrschen, die Bräuche nur bedingt kennen und eben doch in einer ganz anderen Kultur groß geworden sind.

Das resultierte bei vielen Kindern und Jugendlichen in einer großen Identitätskrise. Während die erste Gruppe ziemlich lange in der DDR weilte, dadurch einige Jahre stabil aufwuchs und so gefestigter war, sind es besonders die Kinder, die später (und dadurch nur für kurze Zeit) in die DDR kamen, die heute große Probleme haben. Die Aufmerksamkeit, die ihnen aufgrund ihrer Vergangenheit zuteilwurde, bekam nicht jedem von ihnen gut; zu leicht wurden sie in eine Opferrolle gedrängt, aus der sie nur schwer wieder herauskamen. Drogen und Alkohol sind leider verbreitet, große psychische Instabilität ist bei vielen bis heute die Folge.

Deutschland war und ist der größte Geldgeber, finanzierte über Kirchen und NGOs die Schule, die dazugehörige Ausrüstung und Transportkosten für die Kinder, später übernahm TUCSIN (The University Centre for Studies in Namibia) die Betreuung.

Die meisten der inzwischen erwachsenen „DDR-Kinder" leben und arbeiten heute in Namibia, viele sind im Tourismus tätig, hat dieser doch große Entwicklungsmöglichkeiten, außerdem kommt ihnen ihr Deutsch dort besonders zugute. Ein Teil ist zurück nach Deutschland gegangen.

Es ist zu wünschen, dass die „DDR-Kinder" sich ihrer einzigartigen Möglichkeiten mehr bewusst werden. Als Botschafter zwischen zwei Kulturen und Welten hätten sie einiges zu tun.

Ein von allen Seiten (auch von den DDR-Kindern selbst) anerkanntes Buch hierzu ist *Die DDR-Kinder von Namibia – Heimkehr in ein fremdes Land* von Constance Kenna, Klaus Hess Verlag. Es ist leider zurzeit vergriffen; in den Buchläden sind mitunter noch englische Exemplare zu finden.

Noch erhältlich ist die Autobiografie von Lucia Engombe, *Kind Nr. 95, Meine deutsch-afrikanische Odyssee*, in der sie sehr offen, anrührend und herausfordernd die Geschichte der „DDR-Kinder" aus eigenem Erleben heraus beschreibt. Das Buch gibt außerdem einen Einblick in das heutige, pulsierende Namibia – wirklich eine empfehlenswerte Lektüre.

Geschichte

Die namibische Archäologie steckt noch in den Anfängen, daher ist es kaum möglich, Namibias Urgeschichte umfassend zu beschreiben.

Die Geschichte der vorkolonialen Ära Namibias existiert nur in mündlich überlieferter Form. Dabei hat jeder Stamm seine eigenen Überlieferungen und seine eigene, lange Geschichte. Die wenigen historischen Schriftstücke aus dieser Zeit sind widersprüchlich und aus europäischer Sicht geschrieben.

Die koloniale Geschichtsschreibung ist, vor allem in der deutschen Zeit, sehr ausführlich, jedoch werden vordergründig die Interessen der Weißen thematisiert. Die Geschichte der namibischen Völker findet darin kaum Beachtung – wenn überhaupt, werden die Afrikaner als „Objekte" dargestellt, selten als Mitgestalter namibischer Geschichte. Erst nach der Unabhängigkeit begann man, die Geschichtsschreibung entsprechend zu erweitern und teilweise zu korrigieren.

Frühzeit und vorkoloniale Ära

Der etwa 12 Mio. Jahre alte Kieferknochen eines *Otavipithecus namibiensis*, der in der Kombat-Mine bei Otavi entdeckt wurde, ist die älteste Ausgrabung auf namibischem Gebiet. Die Herzen der Namibier schlugen nach der Veröffentlichung dieses aufsehenerregenden, uralten Fundes sogleich höher – ist Namibia vielleicht doch die Wiege der Menschheit?

Erste Zeugnisse menschlicher Existenz in Namibia sind die Felszeichnungen in der Apollo-

ZEITLEISTE

12 Mio. Jahre v. Chr.

Der Prähominide *Otavipithecus namibiensis* lebt im Südwesten Afrikas im Gebiet des heutigen Namibia.

26 000 Jahre v. Chr.

In einer Grotte in den Hunsbergen im Süden Namibias entstehen Felsmalereien, die heute zu den ältesten Kunstwerken Afrikas zählen.

11-Grotte (so benannt, weil die Forschungsarbeiten dort während der Landung der Apollo 11 auf dem Mond stattfanden) in den Hunsbergen, die auf 26 000 v. Chr. datiert wurden.

Frühe Hinweise auf Schaf- und Ziegenhaltung gehen etwa 1500 Jahre zurück. Vor 500 Jahren (vielleicht sogar schon früher) wanderten bantusprachige Gruppen aus Zentralafrika in den Norden des heutigen Namibia ein. Die Nama kamen etwas später aus der Kapregion und aus dem heutigen Botswana, sie siedelten sich im Süden an.

Als der erste **Europäer**, Diego Cão, 1486 seinen Fuß auf den Boden im Südwesten Afrikas setzte, lebten in Namibia bereits zahlreiche afrikanische Völker. Cão errichtete ein *Padrão* bei Cape Cross, dieses Kreuz aus Stein war die damals übliche „Visitenkarte". Bartolomeu Dias (häufig findet sich die Schreibweise *Bartholomeus Diaz*, die wahrscheinlich von den Holländern geprägt wurde, die korrekte portugiesische Schreibweise jedoch ist die oben stehende) hinterließ 1488 sein *Padrão* in der Angra Pequeña, jener Bucht, die heute den Namen Lüderitz trägt. Die Portugiesen verloren recht schnell das Interesse an diesem unwirtlichen Landstreifen, wo es weder Trinkwasser noch Holz gab, hatten sie doch mit Angola schon das Filetstück Afrikas.

Dann kamen die Holländer. 1652 landete Jan van Riebeck am Kap – ein Ereignis mit weitreichenden Folgen für das gesamte südliche Afrika. Zwei Schiffe wurden in den 70er-Jahren des 17. Jhs. von Kapstadt nach Norden geschickt: erst die *Grundel* und dann die *Bode*, die immerhin bis zur Kuiseb-Mündung gelangte. Ihr Auftrag lautete: Erforschung von Küste und Hinterland. Wo kann Ackerbau betrieben werden? Wo sind die einheimischen Stämme, die so viele Rinder haben sollen? Nachdem beide Expeditionen nicht den erhofften Erfolg brachten und sogar in Gefechte mit den Nama verwickelt wurden, verlor der Verwaltungsrat (die *Here XVII*) der East Indian Company das Interesse an der Südwestregion.

Inzwischen kamen die Herero aus dem Norden ins Kaokoveld, wo sie ungefähr zwei Jahrhunderte lang lebten. Lang anhaltende Trockenheit zwang die Herero weiterzuziehen, nur die Himba blieben im Kaokoveld zurück. Die Mbanderu zogen in das Gebiet, das heute als Gobabis District bekannt ist, eine andere Gruppe zog direkt nach Süden, wo sie 1750 am Swakop Rivier auf die Nama trafen.

Erst 1739 erhielt die **Erforschung des Landesinneren** einen neuen Anstoß, als der Gariep, wie der Oranje damals genannt wurde, das erste Mal von einer Expedition nach Norden überquert wurde. In den folgenden Jahren gab es mehrere solcher Expeditionen, die vor allem

Südwestafrika – Namibia

Die Bezeichnung „Deutsch-Südwestafrika" entstand in den Anfängen der deutschen Kolonialzeit. 1920 wurde der Zusatz „deutsch" gestrichen. Der Name „Namibia" wurde Anfang der 60er-Jahre geprägt, bereits 1968 wurde diese Bezeichnung von der Uno angenommen. Innerhalb des Landes blieb es jedoch bei Südwestafrika. Kurz vor der Unabhängigkeit wurde der Doppelname Südwestafrika-Namibia eingeführt. Erst mit der Unabhängigkeit 1990 wurde der Name „Namibia" offiziell. Bei vielen der Deutschsprachigen im Land heißt es auch heute noch „Südwest", mal liebevoll, mal bedauernd und manchmal auch am Wandel der Zeit vorbei.

1486 n. Chr.	1488	1500
Der Portugiese Diego Cão setzt als erster Europäer seinen Fuß auf südwestafrikanischen Boden und errichtet am Cape Cross ein Steinkreuz.	Cãos Landsmann Bartolomeu Dias erreicht die Angra Pequeña (Lüderitz) und hinterlässt ebenfalls ein Kreuz.	Aus dem Norden setzt die Einwanderung der Bantu ein.

eines zum Ziel hatten: die sagenumwobenen Rinderherden der Einheimischen zu entdecken.

Ab 1784 wurden mehrere Schiffe nach Norden gesandt, um im Auftrag der Holländer Küstenteile zu annektieren und das Hinterland zu erforschen. Dem holländischen Entdeckungsdrang wurde 1795 durch die erste Machtübernahme der Briten am Kap vorerst ein jähes Ende gesetzt.

Missionare und Entdecker

Wie überall in Afrika spielten die Missionare bei der Entdeckung des „dunklen Kontinents" für die Weißen auch in Namibia eine entscheidende Rolle. Den Kolonialmächten England und Holland ging es bei der Entsendung von Missionaren weniger um die „Rettung der Seelen" als um Einflussnahme auf die Bevölkerung durch Bildung und eine neue Spiritualität. Die Missionare selbst waren dagegen oft wahrhaftige Visionäre, denen ehrlich an den Menschen Afrikas gelegen war, auch wenn sie diese nicht unbedingt als gleichwertig ansahen.

1795 wurde die Londoner Missionsgesellschaft gegründet, ihr folgte 1799 die Rotterdamer Missionsgesellschaft. 1840 wurden alle Rechte der Londoner Missionsgesellschaft der Rheinischen Missionsgesellschaft übertragen.

Die vom Kap kommenden Oorlam-Nama, die schon Pferde und Gewehre besaßen und Afrikaans sprachen, flüchteten vor der Regierung am Kap, die sie unterdrückte und hohe Steuern zahlen ließ. Die bekannteste Gruppe darunter waren die Afrikaner unter Jager Afrikaner; sie siedelten später, 1840, unter dessen Sohn Jonker Afrikaner bei /Ae//gams, den heißen Quellen von Windhoek.

Die Oorlam waren schon am Kap mit **Missionaren** in Berührung gekommen und baten diese, ihnen in den Norden zu folgen. Die Brüder Albrecht aus Berlin errichteten 1805 das erste Lehmhaus Namibias in Warmbad. Der 1811 in Bethanien stationierte Johann Heinrich Schmelen aus Bremen baute das erste Steinhaus Namibias. Er heiratete ein Nama-Mädchen, gemeinsam übersetzten sie das Neue Testament ins Nama.

Franz Heinrich Kleinschmidt und Hugo Hahn wirkten ab 1842 unter Jonker Afrikaners Oorlam in Windhoek. Hugo Hahn zog weiter nach Norden, erst zu den Herero bei Okahandja, dann nach Otjimbingwe. In der Folgezeit unternahm er viele Entdeckungsreisen in den Norden des Landes, er sah Etosha und die Kupfermine in Tsumeb, die in den Händen der San war, und kam sogar bis in das Ovamboland.

Die wichtigsten und bekanntesten **Abenteurer** und Entdecker im Südwesten Afrikas waren Francis Galton und Charles Andersson. Sie waren ab 1850 auf der Suche nach dem legendären Lake Ngami, von dem erzählt wurde, dass er ein riesiger Binnensee mit üppiger Vegetation und unzähligen Fisch- und Tiervorkommen sei. Unterwegs erforschten sie das Ovamboland von Etosha bis zum Kunene und knüpften erste Kontakte mit den dort lebenden Menschen, deren Freundlichkeit sie beeindruckte. Andersson erreichte 1853 mit einer zweiten Expedition den Lake Ngami im heutigen Botswana, wo ihn jedoch nur Krokodile und Tsetse-Fliegen erwarteten. Der See ist heute völlig ausgetrocknet.

Zur gleichen Zeit fand in der Landesmitte ein andauernder **Kampf** um Weideland und Jagdgründe **zwischen Nama und Herero** statt. Die aus dem Norden heranziehenden Herero waren der Meinung, dass das Land, auf dem ihre Rinder grasten, ihnen gehörte. Die aus dem Süden kommenden Nama beanspruchten die Gebiete

1652	1840	1868
Die Holländer errichten ihre erste Niederlassung in der Kapregion mit weitreichenden Folgen für das gesamte südliche Afrika.	Die Afrikaner, die bedeutendste Gruppe der Oorlam-Nama, lassen sich unter Jonker Afrikaner bei Windhoek nieder.	Die ursprünglich aus der südafrikanischen Kapregion stammenden Baster siedeln sich bei Rehoboth an.

für sich, denn ihrer Ansicht nach gehörte ihnen das Land, auf dem sie gerade jagten. Die Ansprüche beider Stämme führten in der zweiten Hälfte des 19. Jhs. wiederholt zu Kampfhandlungen um die Vorherrschaft in den Gebieten um Windhoek und Okahandja. Friedensverträge wurden geschlossen, nur um sie wenig später zu brechen.

Maharero war seitens der Herero derjenige, der sich im Laufe der Jahre zur Hauptfigur dieses Kampfes entwickelte, sein Nachfolger wurde sein Sohn Samuel Maharero; auf der Seite der Nama waren es Jonker Afrikaner und später sein Sohn Jan Jonker (s. auch Geschichte Windhoeks).

Da die Sicherheit der deutschen Missionsstation durch die Kämpfe wiederholt gefährdet wurde, baten die Missionare das Deutsche Reich 1880 um Schutz. Reichskanzler Otto von Bismarck zeigte jedoch zu Beginn seiner Amtszeit wenig Interesse an kolonialen Erwerbungen und lehnte das Ersuchen vorerst ab.

Die deutsche Kolonialzeit

Nach der Aufteilung Afrikas unter den Kolonialmächten stellte Deutschland fest, dass es nicht allzu viel „vom Kuchen abbekommen" hatte. Es gab nur noch wenige „weiße" Flecken auf der Karte Afrikas – u. a. den unwirtlichen, wüsten Streifen im Südwesten Afrikas, den bis dahin kein anderes Land haben wollte. Die Frage ist: War es Mut, Naivität, Größenwahn oder alles zusammen, was die Deutschen antrieb?

Der Bremer Kaufmann **Adolph Lüderitz** meinte Ende des 19. Jhs., eine Ausdehnung seines Tabakhandels auf Afrika sei der Schlüssel zu seinem noch fehlenden Glück. Er sandte 1883 zunächst Heinrich Vogelsang, um im Südwesten Afrikas Land von den dort lebenden Nama zu kaufen, was dieser bei Angra Pequeña nach Kräften tat. Dabei nutzte er in vorsätzlicher Weise den Umstand zu seinem Vorteil, dass die Nama nur die sehr viel kleinere englische Meile (1,609 km) kannten, er aber im Vertrag die Deutsche Geografische Meile (7,149 km) einsetzte. Im Oktober 1883 kam Lüderitz selbst, um seine neuen Besitztümer in Augenschein zu nehmen. Er bat wenig später um den Schutz des Deutschen Reiches. Bismarck hatte seine Ansichten bezüglich der Kolonialpolitik inzwischen aufgrund gewandelter außenpolitischer Bedingungen, insbesondere Sticheleien mit England, geändert und stellte im April 1884 die neu erworbenen Gebiete unter Reichsschutz.

In den folgenden Jahren wurde neues Land für die Ansiedlung von Europäern erworben. Der inzwischen zahlungsunfähige Lüderitz verkaufte 1885 seine Besitztümer an die **Deutsche Kolonialgesellschaft**. 1886 unternahm er eine letzte Expedition und wollte, auf der Suche nach Diamanten und anderen Schätzen, mit einem Faltboot den Oranje hinunter und im Atlantik zurück nach Angra Pequeña segeln. Dort kam er jedoch nie an. Der Ort wurde zu seinen Ehren in „Lüderitzbucht" umbenannt.

Die Deutsche Kolonialgesellschaft forcierte den Abschluss von Schutzverträgen mit den einheimischen Völkern. Doch den in den Verträgen versprochenen Schutz vor anderen Stämmen konnten die Deutschen mangels Soldaten und Polizei nicht bieten. Die Herero fühlten sich im Krieg gegen die Nama um Hendrik Witbooi zu Recht allein gelassen und erklärten den Schutzvertrag deshalb 1888 für null und nichtig. Maharero unterzeichnete später, 1890, den Schutzvertrag erneut. Nur Hendrik Witbooi bestand auf der Unabhängigkeit seines Nama-Volkes und war der einzige Führer, der in dieser

1878	1883	1884
Um den Seeweg nach Indien zu sichern, annektiert Großbritannien das Gebiet um die Walvis Bay.	Die Deutschen Heinrich Vogelsang und wenig später Adolph Lüderitz treffen in Angra Pequeña ein.	Die von Lüderitz neu erworbenen Ländereien werden offiziell unter deutschen Schutz gestellt.

Zeit keinen Schutzvertrag mit den Deutschen unterzeichnete. Dafür schloss er wenig später, im Jahr 1892, mit seinen früheren Feinden, den Herero, einen Friedensvertrag ab.

1889 erreichte die **erste Schutztruppe**, bestehend aus immerhin 21 Soldaten unter dem Befehl von Curt von François, die Küste bei Walvis Bay. Sie sollte zwischen den Stämmen vermitteln und Frieden stiften. Zugleich war dies ein entscheidender Schritt auf dem Weg zur Errichtung der formellen Kolonialherrschaft. Nachdem Bismarck Anfang 1890 das Deutsche Schutzgebiet zur Kolonie erklärt hatte, waren die Briten über mögliche Expansionsbestrebungen der Deutschen besorgt und stellten flugs Betschuanaland (das heutige Botswana) unter britisches Protektorat, um einen Zusammenschluss von Deutsch-Südwestafrika und Deutsch-Ostafrika zu verhindern.

Grenzziehung Südwestafrikas

Die Briten hatten bereits 1878 Walvis Bay, den einzigen Tiefseehafen an der südwestafrikanischen Küste, annektiert und unter die Verwaltung der Kapkolonie gestellt. Allerdings wurde Walvis Bay erst mit den Schutzverträgen des Deutschen Reiches ab 1884 per Gesetz zu einem Teil der Kapkolonie und dadurch später zur Enklave Südafrikas an der namibischen Küste.

In der **Berliner Konferenz** 1884/85 wurde die westliche Grenze Südwestafrikas von der Mündung des Oranje im Süden bis zur Mündung des Kunene im Norden unter Auslassung von Walvis Bay festgeschrieben. 1886 akzeptierte Portugal die Nordgrenze der Deutschen Kolonie.

Die Süd- und Ostgrenze wurde im Deutsch-Englischen Abkommen von 1890 festgelegt, als Südgrenze bestimmten die Briten das Nordufer des Oranje (dies ist bis heute Anlass zu Auseinandersetzungen mit Südafrika). Teil dieses Vertrages war auch der Caprivi-Handel. Die Deutschen wollten Zugang zum Zambezi, um eine Verbindung von Deutsch-Südwestafrika zu Deutsch-Ostafrika zu ermöglichen. Allerdings hatten sie, wie sich später herausstellte, ihre Hausaufgaben nicht gemacht und die Unmöglichkeit des Schiffsverkehrs über die 110 m hohen Victoria-Wasserfälle nicht in ihre Überlegungen einbezogen.

Für den Caprivizipfel, so benannt nach dem Nachfolger Bismarcks, Reichskanzler von Caprivi, und das für Kaiser Wilhelm wichtige Helgoland „gaben" die Deutschen den Briten Gebiete in Uganda, Wituland und Zanzibar. „Wir zogen Linien auf Landkarten von Gebieten, in die ein weißer Mann noch nie seinen Fuß gesetzt hatte. Wir schoben uns gegenseitig Gebirge, Flüsse und Seen zu", beschrieb Großbritanniens Premier Lord Salisbury, wie Europas Kolonialmächte um Afrika feilschten.

Die Anfangsjahre der deutschen Kolonie

1890 verlegte Curt von François den Hauptsitz der Kolonie von Otjimbingwe nach Windhoek. Er begann sofort mit dem Bau einer Festung, die heute als „Alte Feste" bekannt ist.

Um Siedler ins Land zu locken, brauchte man Frieden. Der jedoch wurde erheblich von **Hendrik Witbooi** gestört, der sich erbittert gegen die Besatzer zur Wehr setzte. Weder in den Kämpfen auf Hoornkranz östlich des Gamsbergs noch in der Naukluft (s. Ortskapitel) konnten die Deutschen Witbooi, der sich im zerklüfteten Gelände sehr gut auskannte, wirklich besiegen. Der Nachfolger von François, Theodor Leutwein, dem großes diplomatisches Geschick nachge-

1885	1889	1. Juli 1890
Gründung der „Deutschen Kolonialgesellschaft für Deutsch-Südwestafrika".	Die erste deutsche Schutztruppe erreicht Deutsch-Südwestafrika, wo sie zwischen den Stämmen vermitteln und Frieden stiften soll.	Im Caprivi-Handel, Teil des Deutsch-Englischen Abkommens, regeln die beiden Kolonialmächte ihre afrikanischen Besitzansprüche.

Die Postträger von DSWA

Um Nachrichten, Informationen und auch Persönliches zu übermitteln, liefen vor über 100 Jahren Postträger von Walvis Bay nach Windhoek. Am 16. Juli 1888 wurde die erste Postdienststelle in Otjimbingwe eingerichtet. Die Postgebühr betrug damals 20 Pfennig je 15 g. 1891 wurde die Dienststelle nach Windhoek verlegt, Curt von François ließ die Post erst mit Dromedaren, dann mit Reitochsen befördern. Diese legten 4 km in der Stunde zurück, somit brauchte die Post 13 Tage von Walvis Bay nach Windhoek. Schneller waren die Postträger: Mit einem Stab über der Schulter, vorn Wasser und Proviant, hinten die Post, brauchten sie für diese Strecke nur zwölf Tage, und das zu Fuß! Als später in Otjimbingwe die Träger gewechselt wurden, konnte die Zustelldauer auf acht Tage reduziert werden. Das Postnetz wurde rasant ausgebaut, 1895 gab es schon zehn Postagenturen, sogar eine in Cape Cross.

Die Rinderpest, die 1897 ausbrach, hatte auch auf die Post verheerende Auswirkungen – es blieben zum Posttransport nur noch die Träger. Beim Bau der Eisenbahn wurde gleichzeitig die Telegrafenleitung gebaut. 1899 wurde diese an das Unterwasserkabel Angola-Kapstadt und somit an die Welt angeschlossen.

1907 konnte erstmalig von Swakopmund über Windhoek nach Lüderitz telegrafiert werden. 1910 wurde die Kapkolonie an das Netz angeschlossen. Im selben Jahr wurde mit dem Bau von Heliografenstationen begonnen, um Nachrichten auch in die entlegensten Winkel des Landes übermitteln zu können.

Um unabhängig vom britischen System zu werden, plante das Deutsche Reich ein eigenes Weltfunksystem. Im Februar 1912 wurde in Swakopmund bei Nacht eine „Telefunken"-Küstenfunkstation mit einer Reichweite bis zu 3100 km errichtet.

Der Turm wurde im September 1914 beim Angriff eines englischen Kreuzers zerstört, die Ankerhäuschen stehen noch heute hinter der Pension Adler in Swakopmund.

1913 wurde die Großfunkstation in Windhoek gebaut. Als erste Botschaft kam aus Kamina/Togo am 5. August 1914 die Nachricht vom Ausbruch des Ersten Weltkriegs und damit das Aus für Deutsch-Südwestafrika.

sagt wurde, konnte jedoch im September 1894 nach der Schlacht in der Naukluft einen Friedensvertrag mit Witbooi aushandeln, dem sich Witbooi zehn Jahre lang fügte. Nun konnten die Siedler kommen: Das Deutsche Reich verteilte großzügig Land an die ehemaligen Soldaten der Schutztruppe, so hatte man denn auch gleich Reservisten für den Notfall; junge Siedler aus Deutschland konnten Land für nur 30 Pfennig pro Hektar erwerben. 1894 waren bereits rund 1200 europäische Siedler im Land.

Einen herben Rückschlag erlitt die junge Kolonie mit dem Ausbruch der Rinderpest 1897, die von Betschuanaland nach Südwestafrika kam und im ganzen Land außer im Süden wütete. Trotz Impfung starben 30 % der Rinder der Siedler. Die Herero traf es noch schlimmer. Sie verloren rund 50 % ihrer Herden, da sie den Deut-

18. Oktober 1890	1894	1897
Grundsteinlegung für die „Alte Feste" in Windhoek durch Curt von François.	Nach der Schlacht in der Naukluft zwischen Deutschen und Witbooi handeln die beiden Parteien einen Friedensvertrag aus.	Ausbruch der Rinderpest, der 30 % der deutschen Rinder und 50 % der Herero-Herden zum Opfer fallen.

schen misstrauten und ihre Rinder nicht impfen ließen. Die Folgen der Rinderpest waren ebenso schwerwiegend wie herausfordernd: Die Rinderpreise stiegen dramatisch und der gesamte Transport, der sich bis dato auf Ochsenwagen beschränkte, kam zum Erliegen. Um die Situation im Transportwesen zu verbessern, wurde schnell der Bau einer Eisenbahn genehmigt und unverzüglich mit dem Bau begonnen. Von Berlin aus überwachten Baron Oswald von Richthofen und der Kommandeur der Eisenbahnbrigade, Generalleutnant Nous von Rössing, den Bau. Nach Letzterem wurden übrigens später der Berg östlich von Swakopmund und der nahe gelegene größte Uran-Tagebau der Welt benannt. Am 19. Juni 1902, also fünf Jahre und 4 Mio. Mark später, traf der erste Zug aus Swakopmund in Windhoek ein. Die Bahn brauchte damals zwei Tage für die Strecke – ein gewaltiger Fortschritt im Vergleich zu den drei bis sechs Wochen, die der Ochsenwagen dafür benötigte.

In den folgenden Jahren wurde am Aufbau der Kolonie gearbeitet. Die erste Schule wurde 1894 in Windhoek eröffnet, bis 1905 kamen fünf weitere in anderen Städten hinzu – für Weiße selbstverständlich. Die Ausbildung der schwarzen Kinder lag allein in den Händen der Missionare, schwarze Lehrer wurden im Augustineum in Okahandja ausgebildet. Eine Schulpflicht gab es nicht. Farmer importierten Rinder, Pferde und Schafe aus Deutschland. Pferde wurden bei Nauchas gezüchtet. Im Süden fanden erste Versuche mit der Schaffarmerei statt.

Die Herero- und Nama-Aufstände

Der Unmut unter den Herero und den Nama über die Landpolitik der Weißen wuchs seit deren Ankunft beständig. Die Einheimischen wurden arrogant behandelt, teilweise unterdrückt und ausgebeutet, es gab bereits Anfänge einer Reservatspolitik. Hinzu kamen die weißen Händler, die mit einem betrügerischen Kreditsystem viele Einheimische ins Unglück stürzten, ihnen aber gleichzeitig Waffen verkauften.

Ende 1903 gab es kriegerische Auseinandersetzungen zwischen den Deutschen und den Bondelswarts (Nama) im Süden. Auch mit den Herero gab es unüberwindbare Meinungsverschiedenheiten. Ein Händler hatte zahlungsunfähige Herero im Streit getötet, was für Samuel Maharero, den Führer der Herero, Beweis der schlechten Gesinnung der Weißen war. Die Aggression unter den deutschen Siedlern und die Unfähigkeit, mit Maharero in Dialog zu treten, schürten das Feuer weiter. Als dann noch das Gerücht aufkam, dass der den Herero wohlgesinnte Leutwein tot sei, gab Maharero allen Herero-Führern den Befehl, die Waffen gegen die Deutschen zu erheben. Er ordnete weiter an, das Leben der Baster, Damara, Nama und Buren zu schützen und auch deutsche Frauen, Kinder und Missionare zu schonen. Leutwein schätzte später, dass die Herero Anfang 1904 etwa 6000 bewaffnete Männer in ihren Reihen hatten.

Der Herero-Aufstand war gekennzeichnet durch einzelne große Kämpfe, die immer an Wasserstellen stattfanden. Nach jedem Kampf zogen sich die Herero zum Waterberg zurück, der ihnen als Basisstation diente. Ungefähr 6000 bewaffnete Herero hielten sich an diesem zerklüfteten Berg auf, von dem aus sie alle Bewegungen der Deutschen beobachten konnten. Der Nachfolger des für seine Zeit eher sanften Leutwein war General von Trotha, ein unnachgiebiger, harter Militär. Er stellte zusätzliche Truppen auf, um die Herero endlich zu bezwingen. Nachdem es den Deutschen gelang, die

1902	1904–07	1908
Nach der Fertigstellung der neu gebauten Eisenbahnlinie trifft am 19. Juni der erste Zug aus Swakopmund in Windhoek ein.	Der Unmut unter den Herero und den Nama über die Fremdherrschaft verschafft sich in Aufständen Luft.	Bei Lüderitz wird der erste Diamant gefunden. In den folgenden fünf Jahren werden in dem Gebiet Diamanten im Wert von 52 Mio. Mark gefördert.

Nordseite des Waterbergs zu erklimmen und dort einen Heliografen aufzustellen, konnten die einzelnen Truppenverbände, die um den Berg verteilt waren, ihre Aktivitäten koordinieren.

Am 11. August 1904 fand die blutige Schlacht bei Hamakari statt – die Herero flüchteten in die Weite der Omaheke, das wasserlose Kalahari-Becken (s. auch Herero, S. 149).

Unter den Überlebenden befand sich Samuel Maharero, der in Botswana Asyl erhielt. Noch heute erheben die Herero Reparationsforderungen an die Deutschen wegen des damaligen Genozids an ihrem Volk. Die Zahlen, wie viele Herero im Kampf, auf der Flucht oder später als Kriegsgefangene starben, schwanken ganz erheblich (und werden nie mit Gewissheit zu klären sein); die Deutschen gaben damals um die 6000 an, die am besten belegte Zahl scheint 10–14 000 zu sein, es sind auch Angaben von 40–60 000 zu finden.

Kaum hatten sich die Deutschen etwas erholt, brach im Oktober 1904 unerwartet eine Nama-Rebellion unter Hendrik Witbooi im Süden los. Im Gegensatz zum Herero-Aufstand, der auf für die Deutschen bekanntem Gebiet stattfand, war der Nama-Aufstand territorial schwieriger und daher nicht so leicht niederzuschlagen. Sie kannten die wenigen Wasserstellen im Süden nicht, die Soldaten litten unter Wassermangel, es gab keine Eisenbahnverbindung für die Versorgung, und der Transport musste allein von Ochsenwagen bewerkstelligt werden. Witbooi starb in einem Kampf im Oktober 1905. Wenig später verließ von Trotha das Land und wurde durch von Lindequist ersetzt. Die Kämpfe zogen sich jedoch noch bis zum März 1907 hin, als dann der Aufstand für offiziell beendet erklärt und Schutzverträge unterzeichnet wurden. Man spricht von 10 000 Nama, die in den drei Jahren der Rebellion ums Leben gekommen sein sollen.

Die Zeit nach den Aufständen

Nach der Niederschlagung der Aufstände stellte das Deutsche Reich 500 Mio. Mark zur Verfügung, um die Verluste der Farmer auszugleichen und die Wirtschaft anzukurbeln. Obwohl schon Leutwein auf die riesigen Rinderherden der Herero hingewiesen hatte, kümmerte sich niemand um das Vieh, das in der Folge herrenlos verendete. Teure Rinder aus Deutschland mussten importiert werden (insgesamt 300 000 sollten es werden), um die Bestände aufzufrischen und den Soldaten, die nach dem Aufstand im Land geblieben waren, einen günstigen Start zu ermöglichen. Außerdem wurden die ersten Karakulschafe importiert. Das Land wurde in neue Verwaltungseinheiten aufgeteilt.

Das einschneidende Ereignis der Postrebellionszeit war jedoch der **Fund des ersten Diamanten** bei Lüderitz 1908 (s. Kapitel Lüderitz). Schlagartig wurde Lüderitzbucht zu einer florierenden Stadt, der Handel lebte auf, Kultur und Unterhaltung blühten, und es wurde gebaut, was das Zeug hielt. Die Regierung erklärte das Land um Lüderitzbucht zum Sperrgebiet. Von 1908–13 wurden Diamanten im Wert von 52 Mio. Mark gefördert, was zwei Drittel des Bruttosozialproduktes ausmachte. Die Regierung erhielt 66 % des Profits, 16,3 Mio. Mark, und konnte in andere Projekte investieren. Der Urbarmachung des trockenen Landes kam höchste Priorität zu – es gab neue Wetterstationen und Bohrlöcher, ab 1911 wurden erste Durchführbarkeitsstudien für Staudämme erstellt.

Die Otavi Minen und Eisenbahn Gesellschaft (OMEG), die u. a. Kupfer bei Tsumeb förderte, baute 1906 die Eisenbahnschiene von Swakop-

1914–1915

Ausbruch des Ersten Weltkriegs und Kapitulation Deutschlands in Namibia im Juli 1915; Beginn der 75-jährigen südafrikanischen Herrschaft in dem Gebiet.

1917

Rebellion der Kwanyama (Ovambo) und Tod ihres Häuptlings Mandume.

1919

Durch den Versailler Vertrag verliert Deutschland seine Kolonien.

mund nach Tsumeb. 1910 wurde diese von der Regierung aufgekauft, im gleichen Jahr wurde die Eisenbahnlinie von Lüderitz nach Keetmanshoop in Richtung Windhoek ausgebaut.

Das Ende der deutschen Verwaltung in Südwestafrika

Im August 1914 begann der Erste Weltkrieg. Obwohl die deutsche Regierung unverzüglich telegrafierte, dass die Kolonien außer Gefahr und die Farmer zu beruhigen seien, erwies sich dies als Fehleinschätzung. Bei der Aufteilung Afrikas unter den europäischen Mächten 1884/85 war zwar übereinstimmend erklärt worden, dass Zwistigkeiten und Kriege zwischen diesen Mächten nicht nach Afrika transportiert werden sollten, doch das Abkommen wurde von den Briten schnell gebrochen.

Die Briten wiesen Südafrika an, die wichtigsten Städte in Südwestafrika zu besetzen, um den Funkkontakt zu den deutschen Kriegsschiffen zu unterbinden. Die südafrikanische Armee bestand zu dieser Zeit aus 50 000 freiwilligen Weißen und 33 000 Farbigen und Schwarzen. Die Deutschen in Südwestafrika konnten mit Mühe und Not 6000 Männer mobilisieren. Anders als in Ostafrika gab es in Südwestafrika keine schwarzen Soldaten auf deutscher Seite.

Nun waren ja viele der Burengeneräle den Deutschen freundlich gesinnt, da Wilhelm II. die Buren im Burenkrieg um 1900 gegen die Briten unterstützt hatte. Es kam deshalb zu einer Rebellion in der südafrikanischen Armee, die von Louis Botha jedoch unterdrückt wurde.Von September 1914 bis Juni 1915 wurden die Deutschen immer weiter nach Norden getrieben. Im April 1915 mussten sie Windhoek räumen und nahmen alles an Gold, Diamanten und Waffen mit nach Norden, was sie tragen konnten. Zumindest einen Teil davon versenkten sie kurz vor der Kapitulation am 9. Juli 1915 im Otjikotosee (s. Kapitel Norden). Gouverneur Dr. Theodor Seitz und Oberst Viktor Franke ergaben sich in Khorab bei Otavi dem südafrikanischen General Botha. Ein Pressekommentar dazu: „Der erste britische Sieg im Krieg, gewonnen von einem Burengeneral." 3500 Soldaten wurden gefangen genommen und in südafrikanische Camps und in das Kriegsgefangenenlager bei Aus im Süden gebracht.

Mit der Ansiedlung von weißen Südafrikanern in Südwestafrika wurde sofort begonnen, am Anfang waren dies vor allem südafrikanische Soldaten. Die verbleibende Zeit bis zum Ende des Ersten Weltkrieges herrschte Kriegsrecht in Südwestafrika.

Die südafrikanische Herrschaft

Am 28. Juni 1919 wurden Deutschland im Versailler Vertrag alle Kolonien entzogen. Schon vor der Unterzeichnung des Vertrages begann die Ausweisung von 4000 Deutschen aus Südwestafrika. Deutsch verlor seinen Status als offizielle Landessprache, Englisch und Holländisch wurden nunmehr Amtssprachen, nach 1925 ersetzt durch Afrikaans, nachdem dieses sich als eigenständige Sprache etabliert hatte. Die deutschen Schulen wurden konfisziert und teilweise geschlossen. Die verbliebenen Deutschen mussten sich für oder gegen eine englisch-südafrikanische Staatsbürgerschaft entscheiden, allerdings ohne Treueschwur zur Krone.

Die Südafrikaner wollten sich Südwestafrika als fünfte Provinz einverleiben. Dies verhinderte US-Präsident Wilson, der sich gegen eine Annexion aussprach. Der südafrikanische Präsident General Smuts formulierte als Kompromiss das

1921	1948	10. Dezember 1959
Südwestafrika wird vom Völkerbund zum C-Mandat erklärt und integraler Bestandteil Südafrikas.	Die Nationale Partei von Südafrika gewinnt die Wahlen; Einführung der formalen Apartheidpolitik in Südafrika und Südwestafrika.	Aufstand der Schwarzen in Windhoeks „Alter Werft" gegen die Vertreibung aus ihren Wohnungen und Häusern; Zwangsumsiedlung in die Township Katutura.

Mandatssystem, das vom Völkerbund so anerkannt wurde. Südafrika war übrigens ebenso Gründungsmitglied des Völkerbundes wie 1945 der Uno. Smuts und seine Regierung hatten allerdings die radikale Meinung, dass die deutschen Kolonien von unselbstständigen, der Selbstverwaltung unfähigen Barbaren bewohnt wurden. Diese Haltung sollte die Politik Südafrikas gegenüber Südwestafrika und den deutschen Verbliebenen bis hin zur Unabhängigkeit bestimmen.

Südwestafrika wurde vom Völkerbund zum C-Mandat erklärt, es wurde integraler Teil Südafrikas (im Gegensatz dazu wurden Togo und Tanzania A- bzw. B-Mandate, die von Frankreich bzw. Großbritannien verwaltet wurden, jedoch ihre eigenen Gesetze hatten). Das Mandat wurde auf 25 Jahre festgelegt. Südafrika musste dem Völkerbund, der als Treuhänder fungierte, jährlich Rechenschaft über die Entwicklung in den Bereichen Wirtschaft, Gesundheitswesen und Bevölkerung der ehemaligen Kolonie erstatten. Dem kam Südafrika bis 1939 nach.

Die Struktur der kolonialen, deutschen Administration wurde weitestgehend beibehalten. Kontrolle und restriktive Politik wurden nur noch verschärft, Landpolitik wurde auch in der Zukunft zugunsten der Weißen (Südafrikaner) entschieden.

Im Londoner Abkommen zwischen Südafrika und Deutschland vom 20. Oktober 1923 wurde den Deutschen in SWA die Doppelstaatlichkeit zugebilligt – innerhalb des Landes sollten sie als Briten gelten, außerhalb als Deutsche. Außerdem wurde festgelegt, dass die Deutschen in den kommenden 30 Jahren nicht zum Militärdienst für Südafrika einberufen werden konnten. Dies verhinderte die vollständige Annexion SWAs durch Südafrika.

Unter den Weißen in SWA gab es viele Sympathisanten des Dritten Reiches. Die Propagandamaschinerie Hitlers reichte bis ins südliche Afrika, wo Deutsches unter den Deutschen seit jeher als heimatlich verklärt wurde.

Südafrika setzte seine Siedlungspolitik fort und siedelte vor allem arme Buren in den Notweidegebieten am Namibrand an.

Apartheid

1948 zog die damals ultrarechte Nationale Partei der Buren ins südafrikanische Parlament ein. Nur die Weißen in Südafrika und Südwestafrika hatten wählen dürfen, 90 % der Bevölkerung waren also von den Wahlen ausgeschlossen.

Die neue Regierung stellte ihr Programm der schönfärberisch umschriebenen „getrennten Entwicklung der einzelnen Bevölkerungsgruppen" vor. Demnach sollte jedes im Land lebende Volk Erziehung und Bildung in der jeweils passenden Art und Weise erhalten. Was passend war, entschieden natürlich die Buren. Die Zeit der Apartheid (Afrikaans für „Trennung") und des totalitären Regimes begann. Die hervorstechendsten und gleichzeitig absurdesten Merkmale dieser Politik waren:

- Passzwang und beschränktes Reiserecht für Schwarze
- Verbot von Mischehen oder auch nur intimen Kontakten über die Rassenschranke hinaus (Prohibition of Mixed Marriages Act and Immorality Act – hier wird wieder einmal die Idiotie der ganzen Apartheidideologie deutlich, denn Schwarze und Coloureds durften beispielsweise durchaus heiraten, weil sie in den Augen der Buren ohnehin minderwertig waren; nur die Weißen mussten „rein" bleiben und durften sich nicht mit Nichtweißen „vermischen")

1960	1964–66	26. August 1966
Gründung der Swapo, der South West Africa People's Organisation, als Anlaufstelle für alle unterdrückten Einwohner Südwestafrikas.	Südafrika setzt den Odendaal-Plan um und führt in Namibia die Homeland-Politik ein.	Die Swapo nimmt den militärischen Kampf für die Unabhängigkeit auf.

- getrennte öffentliche Einrichtungen für Schwarze und Weiße, beispielsweise getrennte Toiletten, getrennte Schalter in Post und Banken, getrennte Eingänge zu öffentlichen Gebäuden, ja sogar getrennte Ambulanzen
- getrennte Schulen und unterschiedlicher Zugang zu Bildung

Diese **Rassenpolitik** wurde in SWA ebenso rücksichtslos und vollständig durchgesetzt wie in Südafrika. Ende der 1950er-Jahre begann dann das politische Bewusstsein unter den Schwarzen zu erwachen. Sam Nujoma gründete die OPO (Ovamboland People's Organisation) und wurde Führungsmitglied der ersten nationalen Bewegung SWANU (South West Africa National Union).

Ein einschneidendes Datum war der 10. Dezember 1959 (der heutige Feiertag Human Rights Day), als die Schwarzen gegen die Vertreibung aus ihren Wohnungen und Häusern auf der „Alten Werft" im heutigen Hochlandpark in Windhoek West revoltierten. Elf Menschen wurden damals getötet, 44 verletzt. Der erste Präsident Namibias, Sam Nujoma, der beim Aufstand dabei war, wurde als Folge davon verhaftet und ins Exil gezwungen. 1960 benannte Nujoma in New York die OPO in **Swapo** (South West Africa People's Organisation) um – als Anlaufstelle für alle unterdrückten Einwohner SWAs.

Von 1964–66 setzte Südafrika die neue Landordnung nach dem **Odendaal-Plan** durch. Die damals 500 000 Einwohner wurden nach von den Buren aufgestellten ethnischen Aspekten in elf Bevölkerungsgruppen aufgeteilt, denen jeweils ein Landabschnitt zugewiesen wurde (Homeland-Politik). Die Kriterien waren äußerst widersprüchlich. So wurden die Baster und die Farbigen als zwei Gruppen definiert, obwohl sie den gleichen Ursprung haben und die gleiche Sprache sprechen (Afrikaans). Alle Weißen, egal ob Deutsch, Englisch oder Afrikaans, wurden dagegen als eine Gruppe zusammengefasst. Alle Ovambo, obwohl sie aus acht einzelnen Stämmen bestehen, wurden ebenfalls als eine Gruppe angesehen. Die weißen Politiker bestimmten, was für die schwarzen Einwohner gut und richtig sein sollte. Umwelt, Ahnengräber, Stammesgebiete – all dies war für die Rassenpolitiker völlig uninteressant. Die Infrastruktur wurde im Rahmen der Homeland-Politik enorm ausgebaut.

Die wenigen Selbstbestimmungsrechte, die den Deutschen in SWA in der 25-jährigen Mandatszeit verblieben waren, wurden für nichtig erklärt. Ende der 60er-Jahre war die Annexion Südwestafrikas durch Südafrika de facto Realität. Die Wirtschaft in SWA wurde systematisch zerstört, um SWA vollständig von Südafrika abhängig zu machen.

Der Weg zur Unabhängigkeit

Der gescheiterte Völkerbund hatte bei seiner Auflösung kein „Testament" gemacht. So meinte Südafrika, SWA gänzlich dem Einfluss der neu gegründeten Uno entziehen zu können. Es erneuerte nach dem Zweiten Weltkrieg sogar seine Annexionsbestrebungen – was von der Uno sofort zurückgewiesen wurde.

Das Gerangel um Südwestafrika war in vollem Gange: die Uno auf der einen Seite, Südafrika auf der anderen Seite, mittendrin die Swapo und die Einwohner Südwestafrikas. Mit zunehmendem internationalem Druck auf Südafrika in den folgenden Jahren wuchs auch der

1968	1971	1973
Südwestafrika wird durch den UN-Sicherheitsrat in Namibia umbenannt.	Der internationale Gerichtshof in Den Haag erklärt Südafrikas Präsenz in Namibia für illegal.	Die Swapo erhält als „authentischer Repräsentant des namibischen Volkes" einen Beobachterstatus bei der Uno.

Einfluss der Swapo – was schließlich 1990 in die Unabhängigkeit mündete. Es war ein steiniger und zum Teil blutiger Weg.

Von 1950–71 war Südwestafrika immer wieder Gegenstand der Verhandlungen des Internationalen Gerichtshofes in Den Haag. Die Uno forderte Südafrika wiederholt auf, ihr das Treuhandsystem für SWA zu überlassen. 1965 lehnte die Uno-Vollversammlung in einer Resolution den Odendaal-Plan Südafrikas ab. Ein Jahr später sprach sie Südafrika endgültig das Recht als Mandatsmacht ab und beanspruchte die direkte Verantwortung für Südwestafrika. Zwar hatte die Entscheidung keine rechtliche Auswirkung – von Südafrika wurde sie schlicht ignoriert –, jedoch weitreichende politische Folgen. Die Swapo gründete einen militärischen Arm, die PLAN (People's Liberation Army of Namibia). 1967 errichtete die Uno-Vollversammlung einen UN-Rat für Südwestafrika, eine Art „Exilregierung". Am 26. August 1966, dem heutigen Feiertag „Heroe's Day", fand der erste militärische Schlagabtausch zwischen der südafrikanischen Polizei und der Swapo bei Ongulumbashe im Ovamboland statt. Südafrika erließ strikte Sicherheitsgesetze und formulierte ein neues Terrorgesetz, das es den Behörden noch leichter machte, Aufsässige zu inhaftieren. Immer mehr Regimegegner in Südafrika und SWA wurden „gebannt" (die südafrikanische Apartheid-Variante des Hausarrests, bei der die Betroffenen ihr eigenes Haus nicht verlassen durften und vielen anderen Einschränkungen unterlagen) oder landeten gleich auf Robben Island, einem Hochsicherheitsgefängnis für politische Häftlinge vor Kapstadt. Dieses Schicksal traf beispielsweise Andimba Toivo ya Toivo, der nach der Unabhängigkeit Minister wurde (im namibischen Ministerroulette wechseln die Kompetenzen ja auch immer mal, Toivo ya Toivo war u. a. Minister für Arbeit und am Ende seiner Amtszeit bis zum Präsidentenwechsel im März 2005 Minister für Justizvollzug und Resozialisierung). Danach rief die Swapo zum bewaffneten Kampf gegen die Fremdherrschaft auf. In den folgenden Jahren kam es, besonders nach 1981, auch zu Menschenrechtsverletzungen in den eigenen Reihen. Die Swapo hatte Angst, vom Apartheidsregime infiltriert worden zu sein.

1968 benannte der UN-Sicherheitsrat Südwestafrika „auf Wunsch der Bevölkerung", wie es in der Erklärung hieß, in Namibia um. Ab 1970 gab es umfassende, weltweite Sanktionen gegen das Apartheidregime. Ein Jahr später formulierte der Internationale Gerichtshof seine historisch entscheidende Weisung: Die südafrikanische Administration in Namibia ist illegal. Damit gab es im Unabhängigkeitskampf auf einmal eine legale Komponente, was ihm enormen Aufschwung verlieh; der internationale Druck auf Südafrika wuchs ebenfalls.

Während vor 1975 der Fluchtweg aus dem südafrikanisch beherrschten Namibia über Gobabis nach Botswana und von dort nach Tanzania und Ägypten führte, wurde mit der angolanischen Unabhängigkeit 1975 Angola das Hauptziel der Flüchtlinge, zumal sich die kriegerischen Auseinandersetzungen zwischen PLAN-Kämpfern und der südafrikanischen Armee im Ovamboland ausweiteten. Bis 1988 haben rund 50 000 Namibier Zuflucht in Angola gesucht.

Die angolanische Grenze zu Namibia wurde ein Austragungsort des Großmächtekampfes: Die USA unterstützten über Pretoria die UNITA (União Nacional para a Independência Total de Angola), während die Sowjetunion mit Hilfe von Kuba der MPLA (Movimento Popular de Libertação de Angola) zur Seite stand. Angola ver-

1975	1978	4. Mai 1978
Angola wird unabhängig und zum neuen Hauptziel der Flüchtlinge aus Namibia.	Der UN-Sicherheitsrat verabschiedet die Resolution 435, die einen friedlichen Übergang Namibias zur Unabhängigkeit vorsieht.	Die südafrikanische Armee greift das Swapo-Lager Cassinga in Angola an und tötet dabei 600 Menschen.

sank im Bürgerkrieg, Tausende Schwarze und Weiße flüchteten nach Namibia. Die Swapo, die zuerst mit der antikolonialen UNITA sympathisierte, schlug sich wenig später auf die Seite der kommunistischen MPLA, da sie sich ja schlecht auf einer Seite mit den USA und damit mit Südafrika befinden konnte.

Die Südafrikaner verstärkten in der Folge ihre militärischen Aktionen im Norden des Landes, um von hier aus Swapo-Lager in Angola zu bombardieren. Der grausamste Luftangriff auf ein solches Lager fand am 4. Mai 1978 auf Cassinga, ein Swapo-Lager 250 km von der namibischen Grenze entfernt, statt. 600 Menschen, darunter Frauen und Kinder, starben. Der 4. Mai ist heute ein Feiertag in Namibia.

Die Turnhallenkonferenz

Unter zunehmendem internationalem Druck musste Südafrika den Namibiern nach und nach ein gewisses Maß an Selbstbestimmung zugestehen. Dies sollte jedoch nur in separaten geografischen und ethnischen Homelands geschehen, um den politischen Einfluss der namibischen Bevölkerung so gering wie möglich zu halten und eine Opposition nicht erstarken zu lassen. Pretoria rief 1975 eine konstitutionelle Versammlung in Windhoek im Turnhallengebäude des alten Sportklubs ein. Die Delegationen wurden strikt aus den elf ethnischen Gruppen nach dem Odendaal-Plan gebildet. Dies war das allererste Mal, dass Weiße und Schwarze gemeinsam an einem Tisch saßen, um über die Zukunft Namibias zu beraten. Die Delegierten wurden von Südafrika allerdings derart bevormundet, dass sich ein Teil abspaltete, in der **Demokratischen Turnhallen-Allianz** (DTA) formierte und (seither) als Oppositionspartei auftrat.

Die Konferenz legte trotzdem einen Entwurf zur Verwaltung vor, der sich jedoch an die absurden Vorgaben des Odendaal-Plans hielt und von südafrikanischer Politik ganz allgemein stark beeinflusst blieb. Als logische Konsequenz lehnte die Uno diesen Entwurf ab, stattdessen legte im Jahre 1978 die sogenannte Westliche Kontaktgruppe, bestehend aus Delegierten aus Großbritannien, Kanada, Frankreich, der Bundesrepublik Deutschland und den USA, den Vereinten Nationen einen Lösungsplan für Namibia vor.

1978 gab es die ersten gemischtrassigen Wahlen, aus denen die DTA als stärkste Partei hervorging. Swapo und SWANU (South West African National Union) boykottierten die Wahl; die Westliche Kontaktgruppe erklärte die Wahlen für null und nichtig, da sie nicht unter Uno-Aufsicht stattfanden. Bis 1989 regierten mehrere Interimsregierungen das Land, die alle von Südafrika eingesetzt wurden. Die Ironie der Geschichte lag darin, dass der UN-Rat für Namibia zwar die legale Autorität war, jedoch keinen Zugriff auf Namibia hatte, während die reale südafrikanische Administration in Namibia jenseits der Landesgrenzen keine Legalität besaß.

Die UN-Resolution 435

Seit 1977 führten die fünf oben genannten Westmächte Vermittlungsgespräche zwischen Südafrika, der Uno, der Swapo, deren Führer sich immer noch im Exil befanden, und einigen lokalen Parteien, etwa mit der DTA.

Das Ergebnis war ein Entwurf zu einem Lösungskonzept für Namibia, der vom UN-Sicherheitsrat 1978 angenommen und in der Resolution 435 formuliert wurde – im Wesentlichen war dies ein detailliertes und zeitlich abgestimmtes Programm, das einen friedlichen Übergang zur

1. April 1989	7.–11. November 1989	21. März 1990
Beginn der Umsetzung der UN-Resolution 435 mit Unterstützung der United Nations Transition Assistance Group (UNTAG).	Die ersten freien Wahlen für eine verfassungsgebende Versammlung finden statt. Die Swapo erhält 57% der Stimmen.	Tag der Unabhängigkeit Die erste Regierung Namibias unter Präsident Sam Nujoma nimmt ihre Arbeit auf.

Unabhängigkeit vorsah, mit freien, fairen Wahlen zu einer verfassungsgebenden Versammlung unter Aufsicht der Vereinten Nationen. Der Plan wurde von Südafrika, der Swapo, den Frontlinienstaaten und den meisten internen Parteien akzeptiert. Südafrika schaffte daraufhin die ersten Apartheidgesetze ab.

Die Schwerpunkte der Resolution 435 waren:

- Friedenserhaltung im Land
- Freilassung aller politischen Häftlinge
- Aufhebung aller rassistischen und restriktiven Gesetze, die die Wahlen beeinflussen könnten (so durften bis dato Schwarze nicht wählen)
- Registrierung aller Wahlberechtigten
- Überwachung der südafrikanischen Armee und Rückzug selbiger aus Namibia
- Wiedereinbürgerung der namibischen Exilanten (45 000 sollten in der Folge nach Namibia zurückkehren)

Durch die Wahl Ronald Reagans zum Präsidenten der Vereinigten Staaten und das folgende SDI-Programm (Strategic Defense Initiative) kam der gesamte Unabhängigkeitsprozess jedoch zum Stillstand. Pretoria zögerte die Umsetzung der Resolution 435 hinaus, wollte mit eigenen Wahlen das Problem von innen heraus lösen, um sich dadurch den Zugriff auf Namibia zu erhalten.

1982 wurde auf Betreiben von Südafrika mit Unterstützung der USA das „kubanische Junktim" *(Cuban linkage)* formuliert, das besagte, dass freie Wahlen in Namibia erst dann durchgeführt werden dürften, wenn die Kubaner sich aus dem benachbarten Angola zurückgezogen hätten.

Letzte Schritte und Hindernisse

1988 war ein entscheidendes Jahr im Unabhängigkeitskampf: Die USA, nunmehr geführt von George Bush senior, und die UdSSR unter Michail Gorbatschow versuchten sich anzunähern und die weltweiten regionalen Konflikte zu lösen. Andere Länder sollten nicht länger Schauplatz ihrer Machtkämpfe sein.

Die Supermächte fungierten als Überwacher und Berater bei Gesprächen zwischen Südafrika, Angola und Kuba. Dies wurde überhaupt erst möglich durch den Waffenstillstand zwischen Südafrika und Angola und durch den Rückzug der Kubaner aus Angola. Südafrika stellte freiwillig alle Kriegshandlungen ein, wenig später erklärte auch die Swapo den Waffenstillstand. Außerdem verabschiedete die Uno im Februar 1989 die **Resolution 632**, die eine praktische Handlungsanleitung zur Implementierung der Resolution 435 darstellte.

Die Durchsetzung der Resolution 435 in Namibia begann am 1. April 1989. Der von Südafrika eingesetzte Generaladministrator, Advokat Louis Pienaar, war während des Übergangs für die Verwaltung des Landes verantwortlich, und Martti Ahtisaari, der Sonderbeauftragte des Generalsekretärs der Vereinten Nationen und Friedensnobelpreisträger von 2008, überwachte die Durchführung der Resolution mit der Unterstützung der United Nations Transition Assistance Group (UNTAG). Die UNTAG, deren Angehörige aus 109 Ländern stammten, bestand aus 4426 Soldaten, 1500 Polizisten und 437 Zivilpersonen.

An der UNTAG waren auch die Bundesrepublik Deutschland und die DDR beteiligt. Die UNTAG-Operation in Namibia war mit annähernd US$400 Mio. eines der aufwendigsten UN-Engagements überhaupt.

1991

In einer Nationalkonferenz zur Landreform soll die durch Kolonial- und Apartheidpolitik ungerechte Landverteilung korrigiert werden.

1992–93

Eine neue Regional- und Kommunalverwaltung löst die Reservatsgliederung der Apartheidpolitik ab. Es entstehen 13 gleichberechtigte, frei zugängliche Regionen.

15. September 1993

Die Einführung des Namibia Dollar als Landeswährung unterstreicht die Loslösung von Südafrika.

Die von der UdSSR beeinflusste Swapo führte bis dahin ein totalitäres Regime unter den eigenen Leuten: Abweichende Meinungen wurden nicht zugelassen, Andersdenkende inhaftiert und gefoltert. Bis heute fehlt in Namibia eine Aufarbeitung dieser Verbrechen, immer wieder wird die Forderung nach einer Wahrheitskommission ähnlich der in Südafrika laut.

In dem Moment, da die UNTAG in Namibia ihre Arbeit aufgenommen und die südafrikanischen Truppen sich aus dem Ovamboland zurückgezogen hatten, kamen rund 1600 bewaffnete PLAN-Kämpfer aus Angola über die namibische Grenze. Dies gefährdete den gesamten Unabhängigkeitsprozess, denn die Resolution 435 sah vor, dass die PLAN-Kämpfer zunächst nördlich des 16. Breitengrades, also weit in Angola, verbleiben sollten. Die PLAN hätte die Waffen abgeben und sich dem legalen Wiedereinbürgerungsprozess unterziehen müssen. Die Südafrikaner machten unverzüglich eine Kehrtwendung – der Krieg war wieder in vollem Gange. Es gab hohe Verluste auf beiden Seiten, jedoch fielen auf der PLAN-Seite, wie in der Vergangenheit auch, deutlich mehr Kämpfer.

Die Swapo geriet ins Kreuzfeuer der internationalen Kritik. Zudem begann eine lang anhaltende Kontroverse über die Auslegung der Resolution 435 bezüglich der PLAN-Kämpfer: Wie hatte man sich überhaupt mit dieser Problematik auseinanderzusetzen, wie würde die Zukunft der „arbeitslosen" PLAN-Kämpfer aussehen? Und was sollte mit den Gefangenen der Swapo in den Lagern in Angola geschehen?

Es wurde eine Sondersitzung der gemeinschaftlichen Kommission, bestehend aus Vertretern aus Südafrika, Angola und Kuba unter Aufsicht der USA und UdSSR einberufen, die am 8. und 9. April 1989 in der Mount Etjo Safari Lodge stattfand. Es galt, den Unabhängigkeitsprozess zu retten. Die PLAN-Kämpfer sollten unter Aufsicht der Uno zurück nach Angola ziehen; der Frieden konnte wiederhergestellt werden.

Im Juli begann offiziell der Wahlkampf in Namibia, Swapo und DTA stellten ihre Wahlprogramme vor. Zum Teil gab es gewalttätige Auseinandersetzungen zwischen Anhängern beider Parteien, die jedoch von der UNTAG aufgelöst werden konnten.

Nicht alle Südafrikaner begrüßten den Wandel in Namibia. Ultrarechte mühten sich nach Kräften, den Unabhängigkeitsprozess zu stören, es gab sogar Versuche, das Wasser in den Lagern für zurückkehrende Exilanten mit Cholerabakterien zu vergiften.

Nichtsdestotrotz fanden vom 7. bis 11. November 1989 die Wahlen für die verfassungsgebende Versammlung unter Aufsicht der UNTAG statt. Die Wahlbeteiligung betrug 97 %. Die Swapo erhielt 57 % der Stimmen und damit 41 von 72 Sitzen in der verfassungsgebenden Versammlung, die DTA schaffte es mit 28 % und 21 Sitzen immerhin, die Zweidrittelmehrheit der Swapo zu verhindern. Die restlichen Sitze gingen an viele kleine Parteien: Die United Democratic Front erhielt vier Sitze, die Action Christian National drei Sitze und die Federal Convention of Namibia, die Namibia National Front und die National Patriotic Front je einen Sitz.

Swapo-Präsident Sam Nujoma, der im September 1989 aus dem Exil zurückgekehrt war, erklärte, keinen Einparteienstaat gründen zu wollen, er sei vielmehr bereit, mit der Opposition beim Aufbau eines neuen Staates zusammenzuarbeiten.

Eine Woche nach der Wahl, die vom Uno-Sonderbeauftragten Martti Ahtisaari als „frei

1994

„Eingliederung" von Walvis Bay und bislang der Republik Südafrika zugehörigen Atlantikinseln; die Swapo erhält bei den Parlamentswahlen eine Zweidrittelmehrheit.

1995

In Windhoek wird die erste namibische Universität, die University of Namibia (UNAM), eröffnet.

1998

Nambia entsendet Soldaten in den Bürgerkrieg in der Demokratischen Republik Kongo.

und fair" bezeichnet wurde, nahm die verfassungsgebende Versammlung ihre Arbeit unter Anleitung der Westlichen Kontaktgruppe auf. Am 9. Februar 1990 wurde die **Verfassung der Republik Namibia**, die als eine der besten der Welt gilt und in Rekordzeit fertiggestellt wurde, einstimmig von den 72 Mitgliedern der verfassungsgebenden Versammlung verabschiedet. Darin sind verankert:

- Machtaufteilung in Legislative, Exekutive (vergleichbar Bundestag und Bundesrat) und unabhängige Gerichtsbarkeit
- grundlegende Menschenrechte
- Abschaffung der Todesstrafe
- Schutz der verschiedenen Sprachen und Kulturen Namibias
- Pluralismus und Mehrparteienprinzip
- „Affirmative Action", Bevorzugung früher Benachteiligter (als Ausgleich zur Apartheidpolitik)
- bewahrende Nutzung der Natur („sustainable use of ecosystems")

Im Februar 1990 wurde Sam Nujoma einstimmig von der verfassungsgebenden Versammlung (dem künftigen Parlament) zum Präsidenten Namibias gewählt.

Die unabhängige Republik Namibia

Am 21. März 1990 war es soweit: Nach 105 Jahren Fremdherrschaft, über 40 Jahren Konfrontation und 20 UN-Resolutionen zum Thema Namibia wurde das Land endlich unabhängig. Uno-Generalsekretär Javier Péres de Cuéllar vereidigte Sam Nujoma als ersten Präsidenten der unabhängigen Republik Namibia. Das Land wurde unverzüglich das 160. Mitglied der Uno, außerdem trat es der Southern African Development Community (SADC) bei, der Organisation of African Unity (OAU; im Juli 2002 durch die Nachfolgeorganisation AU, African Union, ersetzt), dem Commonwealth of Nations, der World Bank und einigen weiteren Institutionen und Verbänden. Namibia blieb weiterhin Mitglied der Zollunion des südlichen Afrika.

Die **Beziehungen zu Südafrika** erhielten mit dem Umbruch in Südafrika natürlich eine neue Dimension. So konnten einige noch offene Konflikte beigelegt werden. Walvis Bay, der einzige Tiefseehafen an der Küste Namibias, das auch nach der Unabhängigkeit Namibias noch immer zu Südafrika gehörte, wurde von Südafrika am 28. Februar 1994 zusammen mit den Atlantik-

Namibias Nationalhymne

NAMIBIA land of the brave
Freedom fight we have won
Glory to their bravery
Whose blood waters our freedom

We give our love and loyalty
Together in unity
Contrasting beautiful Namibia
NAMIBIA our Country

Beloved land of savannahs
Hold high the banner of liberty

Refrain:
NAMIBIA our Country
NAMIBIA Motherland
WE LOVE THEE

1999	2000	2001
Präsident Nujoma tritt seine dritte Amtszeit an. Im selben Jahr kommt es im Caprivi zu Unruhen.	Der „Kongo-Ausflug" der namibischen Soldaten wird beendet.	Die Herero strengen unter Führung von Riruako in Columbia, USA, eine Klage gegen Deutschland wegen Völkermords während des Herero-Aufstands 1904 an.

inseln an Namibia übergeben. Die häufig zu findende und von der namibischen Regierung benutzte Bezeichnung „Wiedereingliederung" oder „Rückgabe" ist irreführend, da Walvis Bay, seit es Grenzen gab, de facto nie zu Südwestafrika und Namibia gehört hatte.

Über **Grenzverläufe** gibt es jedoch nach wie vor Uneinigkeit, und immer wieder brechen Konflikte auf. Mitte 1993 fanden Verhandlungen über den Grenzverlauf Südafrika–Namibia am Oranje statt: Bis dato beharrte Südafrika auf der von den Briten 1889 festgelegten Nordgrenze des Oranje, Namibia verwies auf die international übliche Flussmitte als Grenzverlauf. Es gab zwar eine stille Übereinkunft nach diesem Treffen, den Grenzverlauf auf den sogenannten „Thalweg des Flusses", also die jeweils tiefste Stelle, festzulegen. Zumindest hat Namibia das Ergebnis dieses Treffens so gedeutet. Als jedoch im Jahr 2000 weitere Diamantenvorkommen am Oranje entdeckt wurden, brach der Konflikt wieder auf.

Der Grenzkonflikt mit Botswana um die Insel Kasikili (Namibia)/Sedudu (Botswana) im Chobe wurde im Dezember 1999 vom Internationalen Gerichtshof in Den Haag beigelegt: Die Insel wurde Botswana zugesprochen. Im Anschluss beriefen Namibia und Botswana eine gemeinsame Kommission ein, die sämtliche Streitfragen um die Grenzverläufe klären soll. Erst im April 2003 hat das namibische Kabinett die internationale Demarkation für den Grenzverlauf zwischen Namibia und Botswana entlang der Flussverläufe des Kwando, Chobe und Linyanti endgültig akzeptiert.

Namibia befand und befindet sich nach wie vor wirtschaftlich in großer Abhängigkeit von Südafrika – ein Ergebnis jahrelanger systematischer Zerstörungspolitik seitens der weißen Südafrikaner. Der erste Schritt der Loslösung war die Einführung einer eigenen Währung, des **Namibia Dollar** am 15. September 1993. Der Namibia Dollar ist jedoch bis heute 1:1 an den südafrikanischen Rand gekoppelt, in Namibia sind beide Währungen gleichwertiges Zahlungsmittel.

Im November 1994 gab es die ersten regulären **Wahlen**, in der die Swapo eine Zweidrittelmehrheit erlangte. Von 72 Sitzen der Nationalversammlung gingen 53 an die Swapo, 15 an die DTA, zwei an die UDF und je einer an die DCN und MAG.

1998 brach in der **Demokratischen Republik Kongo** der **Bürgerkrieg** aus, nachdem Kabila zuvor das Mobutu-Regime gestürzt hatte. Enttäuschte Anhänger Kabilas, vor allem die Tutsi, die maßgeblich zum Sturz Mobutus beigetragen hatten und vergebens auf ihre Anerkennung warteten, wandten sich nun gegen ihn. Namibia entsandte 2000 Soldaten in die Region – ein Schritt, der im Land und auch international auf heftige Kritik stieß. Die SADC wurde tief gespalten, Kabila wurde von Angola, Zimbabwe und Namibia aktiv unterstützt, während die Rebellen Beistand von Uganda und Ruanda erhielten. Südafrika verurteilte die Einmischung Namibias aufs Schärfste, vor allem weil dadurch der Friedens- und Entwicklungsprozess im gesamten südlichen Afrika stark beeinträchtigt wurde. Mindestens 30 namibische Soldaten starben im Kongo.

1999 gab es gleich zweimal **Unruhen im Caprivi**. Im August 1999 überfielen Rebellen mehrere strategisch wichtige Orte in Katima Mulilo. Ziel des Aufstandes war es, die Unabhängigkeit des Caprivi von Namibia zu erlangen. Innerhalb weniger Tage wurde der Aufstand durch Armee- und Polizeieinheiten niedergeschlagen. 14 Menschen starben bei den Un-

Januar 2002

Das Gericht in Columbia befasst sich mit dem Fall der Herero und weist die Klage im Juni 2003 ab.

22. Februar 2002

Tod des militanten UNITA-Führers Savimbi, damit Ende des Bürgerkriegs und Stabilität in Angola sowie an den nördlichen Grenzen Namibias.

Oktober 2003

Deutschlands Außenminister Joschka Fischer besucht Namibia, lehnt aber eine „entschädigungsrelevante Entschuldigung" bei den Herero ab.

ruhen. Erst durch ein Gerichtsurteil Mitte 2002 wurde den Angeklagten das Recht auf Rechtsbeistand richterlich zugesagt. Im August 2003 trat Amnesty International (AI) auf den Plan und sprach in einem 25-seitigen Sonderbericht von „verweigerter Justiz". AI drohte mit einer Intervention von UN-Sonderbeauftragten, sollte sich die namibische Regierung nicht in der Lage zeigen, den Prozess zügig und fair abzuschließen. Der Hauptprozess wurde 2004 eröffnet und dauerte auch Anfang 2015 noch an. Immerhin hat das Gericht eine Urteilsverkündung für das laufende Jahr in Aussicht gestellt. Zwischenzeitlich wurden bereits 57 von 122 Angeklagten mangels Beweisen freigesprochen.

Im Dezember 1999 erlaubte die namibische Regierung der angolanischen MPLA-Regierung, von namibischem Boden aus gegen die Rebellenorganisation UNITA militärisch vorzugehen. Panzer und Soldaten wurden nach Rundu geflogen und griffen von dort aus die UNITA-Stellungen in Angola an. Seit Savimbis Tod 2002 und dem Ende des Bürgerkriegs in Angola ist es wieder ruhig im Caprivi.

Namibia nach dem Ende der Ära Nujoma

1998 entbrannte der Disput über die dritte Amtszeit Nujomas: Das Grundgesetz sieht vor, dass der Präsident Namibias nur zweimal gewählt werden darf. Auf einer außerordentlichen Sitzung ihres Zentralkomitees beschloss die regierende Swapo 1999, dass der Präsident für die erste Amtsperiode nicht gewählt, sondern von der verfassungsgebenden Versammlung eingesetzt worden sei und dass er aufgrund dieser Tatsache eine dritte Amtszeit antreten könne. Mit ihrer Zweidrittelmehrheit im Parlament setzte sie diese Auffassung und damit die kleine Verfassungsänderung durch.

Ende 2001 gab Sam Nujoma bekannt, dass er für eine vierte Amtszeit nicht zur Verfügung stehe. Dennoch wurde er 2002 wieder zum Vorsitzenden der Swapo gewählt, doch sollte auf einem außerordentlichen Parteikongress im Mai 2004 ein neuer Parteichef gewählt und damit gleichzeitig ein Swapo-Kandidat für das Amt des Präsidenten bei der Wahl im November 2004 benannt werden. Bislang galt es als ungeschriebenes Gesetz, dass der Präsident der Partei automatisch für das Amt des Staatsoberhauptes kandidiert. Der Kongress fand wie geplant statt – Vorsitzender der Swapo blieb jedoch weiterhin Sam Nujoma, während als Präsidentschaftskandidat in demokratischer Abstimmung Hifikepunye **Pohamba**, damaliger Minister für Ländereien und Neusiedlung, nominiert wurde.

Zur Wahl standen noch zwei weitere hochrangige Swapo-Mitglieder, wobei Pohamba klarer Favorit Nujomas war. Ein innerhalb der Partei beliebter Bewerber, Hidipo Hamutenya, wurde kurz vor den Präsidentschaftswahlen seines Amtes als Außenminister enthoben – erstes drastisches Anzeichen einer drohenden autokratischen Diktatur. Da Pohamba von vielen als verlängerter Arm Nujomas angesehen wurde, sprach die Opposition angesichts seiner Wahl enttäuscht von einer „vierten Amtszeit für Nujoma durch die Hintertür".

Aus den Wahlen im November 2004 ging die Swapo mit 76,4 % der Wählerstimmen wieder als klarer Sieger hervor. Pohamba übernahm die Regierungsgeschäfte am 21. März 2005.

Im Oktober 2005 bat Pohamba die Oppositionsführer zu Gesprächen. Diese für Namibia

Januar 2004	April 2004	Mai 2004
Namibia entsendet 1500 Soldaten nach Liberia zur Unterstützung der UN-Friedenstruppe.	Präsident Sam Nujoma hält seine 14. und letzte Rede zur Lage der Nation.	Hifikepunye Pohamba wird Swapo-Kandidat für das Amt des Staatsoberhaupts und gewinnt die Wahl im November.

durchaus untypische Geste sollte die Zusammenarbeit aller für das Land und seine Bewohner bestärken.

Diese Zusammenarbeit ist auch nötig, denn die wichtigste Oppositionspartei **DTA** hat über die Jahre immer mehr an Schlagkraft eingebüßt. Schon bei der Wahl 1999 verlor sie etwa die Hälfte der Stimmen an die damals neu gegründete Partei CoD (Congress of Democrats). Nach der Abspaltung zweier Gruppen unter Führung von Henk Mudge und dem damaligen Herero-Oberhäuptling Kuaima Riruako, die beide neue Parteien gründeten, droht die DTA nun in die politische Bedeutungslosigkeit zu versinken. Das Traurige an diesem Parteienzank ist, dass die einzige, für namibische Verhältnisse schon traditionsreiche Oppositionspartei von der Bildfläche verschwinden wird und die Swapo noch weniger regulative Kritik fürchten muss.

Die DTA erreichte bei der Wahl 2004 nur noch vier Sitze im Parlament, der CoD fünf, die NUDO (National Unity Democratic Organisation) unter Henk Mudge drei Sitze. Dabei hätte Namibia wahrhaftig eine starke Opposition nötig. 2003 entwarf die namibische Regierung die **„Vision 2030“**, die das Ziel formuliert, „das namibische Volk in eine gesunde Nation mit genügend Nahrung, hoher Lebensqualität und guter Ausbildung zu verwandeln“, so der damalige Premierminister Theo-Ben Gurirab. Einer der Schwerpunkte der „Vision 2030“ ist die Bekämpfung von HIV/Aids. Die „Vision 2030“ setzt Richtlinien für namibische Unternehmen bezüglich der Geschäfts- und Personalpolitik. Im November 2005 wurde wieder der Wunsch nach der Einrichtung einer Wahrheitskommission in Namibia laut, nachdem kurz zuvor im Caprivi Massengräber gefunden worden waren. Sowohl auf Seiten der PLAN-Kämpfer als auch auf südafrikanischer Seite gelten viele der Opfer des Unabhängigkeitskampfes noch immer als vermisst. Die Regierung fürchtete um die nationale Politik der Versöhnung und rief zur Vergebung auf.

Bei den Präsidentschaftswahlen von 2009 wurde Präsident Hifikepunye Pohamba wieder mit großer Mehrheit (75,25 % der Wählerstimmen) in seinem Amt bestätigt. Da die namibische Verfassung keine dritte Amtsperiode erlaubt, trat Pohamba bei den Wahlen im November 2014 nicht mehr an. Die Parlamentswahlen gewann erwartungsgemäß erneut die Swapo, mit einer überwältigenden Mehrheit von über 80 %. Seit der Unabhängigkeit 1990 hat die Swapo somit jede Wahl klar für sich entschieden. Die DTA erhielt lediglich 4,8 % und die Rally for Democracy and Progress (RDP) 3,5 % der Stimmen. Zum neuen Präsidenten wurde Hage Geingob gewählt. 87 % der Wähler entschieden sich für das 73-jährige Swapo-Mitglied. Geingob trat sein Amt am 21. März 2015 an.

Das Land in den ersten 25 Jahren der Unabhängigkeit

Der neue Staat musste in der Post-Apartheidzeit komplett umstrukturiert werden, größte Erblast war eine durch die Apartheid extrem deformierte Wirtschafts- und Sozialstruktur – eine große Herausforderung für die junge Regierung.

Die ethnischen **Verwaltungseinheiten** der ehemaligen Homelands wurden aufgelöst, stattdessen wurden neue Verwaltungseinheiten gebildet, die auf zentraler, regionaler und lokaler Ebene ethnische und wirtschaftliche Besonderheiten jeder Region berücksichtigten.

11. August 2004	21. März 2005	November 2005
Bundesentwicklungsministerin Heidemarie Wieczorek-Zeul bittet die Herero bei der Gedenkfeier der Herero-Aufstände vor 100 Jahren um Vergebung.	Hifikepunye Pohamba wird als neuer Präsident vereidigt.	Antrittsbesuch Pohambas bei Bundeskanzlerin Merkel. Altpräsident und Noch-Vorsitzender der Swapo Sam Nujoma erhält per Gesetz den Titel „Father of the Nation“.

Article 89

Zum Schutz der Grundrechte sieht die Verfassung im Artikel 89 einen auf Empfehlung der Kommission für das Gerichtswesen eingesetzten Ombudsmann vor, der der Exekutive und der Gerichtsbarkeit über Unregelmäßigkeiten oder Verletzungen der Grundrechte durch Staatsorgane oder Privatinstitutionen berichtet.
Die 1997 ernannte Ombudsfrau, Bience Gawanas, wurde im September 2003 als AU-Sonderbeauftragte nach Addis Abeba entsandt. Im Juli 2004 ernannte der damalige Präsident Sam Nujoma den Rechtsanwalt J. R. Walters zum neuen Ombudsmann. Er folgte damit der Empfehlung der Rechtskommission. Walters bekleidet das Amt bis heute.

(2) The Ombudsman shall be independent and subject only to this Constitution and the law.
(3) No member of the Cabinet or the Legislature or any other person shall interfere with the exercise of his or her functions and all organs of the State shall accord such assistance as may be needed for the protection of the independence, dignity and effectiveness of the Ombudsman.

Die neuen Verwaltungseinheiten haben allerdings geringe Handlungsfreiheit, politische Macht und Entscheidungsbefugnis bleiben in den Händen der Regierung. Ein großer Vorteil Namibias im Vergleich zu anderen durch ethnische Konflikte gebeutelten afrikanischen Staaten ist die absolute Überlegenheit einer Volksgruppe – der Ovambo. Alle anderen Volksgruppen sind sehr viel kleiner, nur wenn sich alle zusammenschlössen, wären sie zahlenmäßig den Ovambo ungefähr ebenbürtig. Da aber zwischen diesen einzelnen Volksgruppen selten Einigkeit besteht, ist ein solcher Zusammenschluss höchst unwahrscheinlich (s. das Beispiel der DTA). Stammeskriege und Machtgerangel zwischen den Volksgruppen sind in Namibia daher bedeutungslos.

Der Nachteil der zahlenmäßigen Überlegenheit der Ovambo, und damit auf Regierungsebene der Swapo, ist ein demokratischer „Einparteienstaat". Die Swapo hat eine Zweidrittelmehrheit im Parlament, kann also nach Gutdünken die Verfassung ändern. Die Opposition ist gespalten und schlicht zu schwach, um eine kontrollierende Funktion auszuüben. Dies führt zu autoritärem Herrschaftsverhalten, Machtmissbrauch, Willkür, Korruption und leider auch Intoleranz gegenüber Andersdenkenden und ethnischen Minderheiten (San und Himba). Beobachter glauben, dass diesem Trend nur eine Opposition innerhalb der Swapo Einhalt gebieten kann. Erste Versuche, etwa die Gründung des CoD unter Führung des ehemaligen Swapo-Mitglieds Ben Ulenga, brachten bislang jedoch nicht die gewünschten Erfolge. Bei der Wahl 1999 erhielten Ulenga und der CoD immerhin knapp 10 % der Stimmen, die jedoch gingen nicht der Swapo, sondern der Opposition DTA verloren, die dadurch noch mehr geschwächt wurde. Die Regierung Nujoma verweigerte dem CoD jegliche Zusammenarbeit, Anhänger sahen sich zum Teil Repressionen ausgesetzt. Der zweite Präsident Pohamba schlug einen versöhnlicheren Weg ein.

Als besorgniserregend wurde von Oppositionsmitgliedern und Teilen der Bevölkerung Namibias, aber auch auf internationaler Ebene, die enge Freundschaft Nujomas zu Zimbabwes Präsident Mugabe eingeschätzt. Mugabe for-

2006
In der Nahib wird bei Trekkopje nahe der Blutkuppe ein drittes Uranvorkommen entdeckt.

27. März 2006
Zur Bekämpfung der Korruption wird eine unabhängige und unparteiische Anti-Korruptionskommission ernannt.

Mai 2006
Die Herero erneuern ihre Forderung einer Entschädigung von Deutschland.

derte Nujoma in der Vergangenheit unverhohlen zu einer Nachahmung seiner Landpolitik auf (Landreform, S. 194).

Nach der Wahl Pohambas zum Präsidenten wurde Altpräsident Sam Nujoma per Gesetz zum „Father of the Nation" erklärt. Ein Titel, den ihm das Volk geben sollte, findet die Opposition, und der nicht per Gesetz verordnet werden könne.

Trotz vielfacher Kritik an der unter einem schleichenden Erosionsprozess leidenden Demokratie (begünstigt durch die Zweidrittelmehrheit der Swapo) erfüllt Namibia nach wie vor die Kriterien eines pluralistischen Rechtsstaates.

Im Gegensatz zu allen anderen afrikanischen Staaten wurde die Infrastruktur in Namibia seit der Unabhängigkeit deutlich verbessert. Das Straßennetz wird stetig repariert und erweitert. Das Telekommunikationsnetz weist einen hervorragenden Standard auf. Trotz der riesigen Entfernungen und der geringen Bevölkerungsdichte ist das Mobilfunknetz nahezu flächendeckend. Schulen, Krankenhäuser und andere Sozialeinrichtungen sind für afrikanische Verhältnisse auf hohem Niveau, die Korruption dagegen ist vergleichsweise gering.

Wirtschaftlich stand die Bevorzugung früher Benachteiligter *(affirmative action)* an erster Stelle der Notwendigkeiten nach der Unabhängigkeit. Die Swapo verfolgt eine marktwirtschaftlich orientierte Politik, jedoch sind eigene Entwicklungsschritte aufgrund der hohen außenpolitischen Abhängigkeit nur bedingt möglich. Die Herausforderung bleibt bestehen, *affirmative action* ausreichend zu betreiben, ohne die **Wirtschaft** zu schwächen. Das unabhängige Namibia konnte angesichts der wirtschaftlichen Abhängigkeit von Südafrika nur bedingt auf eine eigene Wirtschaftsstruktur zurückgreifen. Der Bergbau, die Fischerei und der Tourismus sind tragende Säulen der heutigen Wirtschaft. Die Industrie konnte dagegen kaum ausgebaut werden, auch das Kleingewerbe blieb bislang hinter den Erwartungen zurück. Durch anhaltende Trockenperioden und sinkende Marktpreise kämpft die kommerzielle Farmerei mit wachsenden Problemen, die kleinbäuerliche Landwirtschaft (Subsistenzfarmerei) in den kommunalen Gebieten kann dagegen einen leichten Aufschwung verzeichnen.

Die **Landfrage** ist und bleibt auch in Namibia ein sehr heikles Thema. Die Entwicklung in Zimbabwe hat denjenigen Stimmen mehr Gewicht verliehen, die sich für Landaufteilung unter den Landlosen (besonders unter den ehemaligen PLAN-Kämpfern) stark machen. Die Landgesetzgebung erkennt an, dass eine Wiederherstellung der ursprünglichen Land- und Nutzungsverhältnisse der vorkolonialen Zeit heute weder politisch noch wirtschaftlich denkbar wäre. Erschwerend kommt in Namibia hinzu, dass weite Teile des Landes Wüste, also schlichtweg zu trocken für eine wirtschaftliche Nutzung sind. Der Staat versucht, günstige Farmen aufzukaufen, um sie an Kleinbauern zu verteilen. Außerdem befinden sich viele ungenutzte Ländereien in Staatsbesitz, wo jedoch das Geld zur Erschließung fehlt. Hier bittet die namibische Regierung verstärkt die Staatengemeinschaft um Hilfe mit dem Hinweis (manche fassen diesen als Drohung auf), nicht erst Milliarden zu spenden, wenn es zu spät ist und das Land wie Zimbabwe in Chaos und Armut versinkt. An die deutsche Bundesregierung werden hohe Forderungen mit der Begründung gestellt, dass Deutschland eine besondere Rolle in der Kolonialisierung und Landnahme spielte.

Deutschland weist diese Forderungen mit dem Argument zurück, dass es ohnehin der

4. September 2006	November 2009	September 2011
Die Regierung verbietet die United Democratic Party (UDP), die für eine Abspaltung des Caprivi-Zipfels eintritt.	Aus den Präsidentschaftswahlen geht mit großer Mehrheit erneut Hifikepunye Pohamba hervor.	Deutschland übergibt 20 Schädel von Angehörigen des Nama- und des Herero-Volkes an eine namibische Delegation zur Rückführung in die Heimat.

größte Geldgeber Namibias sei (mehr als 500 Mio. € seit der Unabhängigkeit). Der Regierungssprecher der namibischen Regierung hat aufgrund anderslautender Befürchtungen erklärt, die Landfrage nur in Übereinstimmung mit der Verfassung zu behandeln.

Dass das Wirtschaftswachstum im ersten Jahrzehnt der Unabhängigkeit unter die Rate des Bevölkerungswachstums fiel, liegt weniger an politischen Fehlentscheidungen, sondern ist eher bedingt durch Witterungseinflüsse und durch die Preisentwicklung für Rohstoffe auf dem Weltmarkt. Das Wirtschaftswachstum lag in Namibia 2013 bei 4,2 % und damit etwas niedriger als in den beiden Vorjahren (5 % bzw. 4,8 %). Die weltweite Rezession hat natürlich auch Namibia nicht unberührt gelassen. Erschwerend dazu kam die verheerende Dürre, die 2012 und 2013 im Norden des Landes herrschte, mit katastrophalen Folgen für Menschen, Tiere und Landwirtschaft.

Eine Steigerung der Produktivität und eine Verbesserung der Ausbildung der Arbeiter konnten bislang nicht erreicht werden. Die steigende Arbeitslosigkeit und damit verbunden die ständig wachsende Kluft zwischen Arm und Reich sind reale Probleme, die das politische Klima im Land erheblich beeinflussen.

Die größten **sozialen Probleme** des Landes sind nach wie vor die Ungleichheit der Lebensverhältnisse und der Einkommensverteilung, Defizite im Bildungsbereich, die hohe Arbeitslosigkeit und die in ihren Konsequenzen noch gar nicht überschaubare HIV/Aids-Epidemie (S. 162/163). Das Programm der namibischen Regierung zur Lösung der sozialen Probleme seit der Unabhängigkeit gilt jedoch als beispielhaft. So gibt es eine staatlich finanzierte Grundrente für Alte und Behinderte, durch Gesetzesänderungen wurden in großen Teilen der Wirtschaft die Arbeitsbedingungen verbessert.

Es bleibt zu hoffen, dass die Regierung trotz kritisierter Fehlleitung von finanziellen Mitteln diesen Kurs durchhalten kann. Energische Anstrengungen wurden unternommen, die Infrastruktur in den ärmeren Gebieten auf dem Lande und in der Stadt zu verbessern. Neue Straßen, verbesserte Stromversorgung und medizinische Versorgung, Anbindung an das Telefonnetz, Schaffung von Wohnraum und Zugang zu sauberem Wasser sind reale Erfolge dieser Programme.

In der **Bildungspolitik** war die vorrangigste Aufgabe, die durch die rassistische Politik verursachten Unterschiede an den Schulen aufzuheben. Damit einhergegangen ist leider vielerorts ein Absinken des allgemeinen Bildungsniveaus. So hieß es in einem Bericht im Februar 2004, dass sich zwar das Niveau der Schüler seit Einführung des neuen Prüfungssystems IGCSE (International General Certificate of Secondary Education) 1995 erheblich verbessert habe, aber dennoch die überwiegende Mehrheit der Bewerber den Anforderungen der Universitäten nicht gerecht werden konnte. Um dem entgegenzuwirken, wurden einige Privatschulen eröffnet – was wiederum die Kluft zwischen Arm und Reich verstärkt.

2004 war ein besonderes Jahr für Namibias einzige Universität: Die erste Post-Apartheid-Generation, die „Pflanzen der Unabhängigkeit", wie Bildungsminister Angula sie bezeichnete, wurde immatrikuliert. Die jungen Leute also, die 1990 eingeschult wurden und als Gradmesser für die Anstrengungen der jungen Republik Namibia gelten. Große Hoffnungen werden in diese Generation von Studenten gesetzt, will

2012	November 2014	21. März 2015
Nördlich der Etosha-Pfanne werden gigantische Wasservorräte in 300 m Tiefe bestätigt. Sie werden die Trinkwasserversorgung der nächsten 400 Jahre sichern.	Die Swapo gewinnt mit über 80 % der abgegebenen Stimmen die Wahlen – die ersten elektronischen Wahlen in Afrika. Zum neuen Präsidenten wird Hage Geingob gewählt.	Hage Geingob wird als dritter Präsident Namibias vereidigt.

Namibia doch bis 2030 den Status eines Entwicklungslandes endgültig ablegen. Dies sind nicht nur leere Worte: Auch im Staatshaushalt 2014/15 hat das Ministerium für Erziehung und Bildung – wie in den vergangenen Jahren – mit knapp 30 % bzw. 13,1 Mrd. N$ mit Abstand das größte Budget bekommen.

Die **Gesundheitspolitik** hat das Gesundheitswesen dahingehend verändert, dass der Schwerpunkt nunmehr auf einer präventiven medizinischen Versorgung liegt. Insbesondere in Anbetracht der HIV/Aids-Problematik war dieser Schritt der einzig denkbare. Ein entscheidender Schritt war die Einführung der kostenlosen ARV-Therapie im Jahr 2003. Das in der „Vision 2030" formulierte Ziel der Gesundheitspolitik ist, die HIV/Aids-Durchseuchung unter epidemische Ausmaße zu senken und die gewaltigen Auswirkungen der Erkrankung für Betroffene und ihre Familien, aber auch für Kommunen und Wirtschaftssektoren zu minimieren.

Erfolge konnten bereits bei der gleichmäßigeren regionalen Verteilung der medizinischen Versorgung erreicht werden, wenn auch nicht überall auf hohem Standard.

Regierung und Politik

Die Verfassung Namibias sieht eine Mehrparteiendemokratie vor, in der Grundrechte und -freiheiten garantiert werden und die die Entwicklung auf allen Gebieten fördern soll. Außerdem wird in der Verfassung eine Gewaltenteilung zwischen der Exekutive, der Legislative und einer unabhängigen Justiz festgelegt.

An der Spitze der **Exekutive** steht der Präsident, dem das Kabinett mit zurzeit 26 Ministern (die Bundesrepublik hat 15 Minister!) beisteht. Der Präsident wird direkt von der Bevölkerung gewählt und kann nach einer Amtszeit von fünf Jahren für eine weitere Amtszeit gewählt werden. Der erste Präsident Namibias wurde von der verfassungsgebenden Versammlung eingesetzt, für die zweite und dritte Amtsperiode wurde Sam Nujoma vom Volk mit großer Mehrheit wiedergewählt. Ab März 2005 war Hifikepunye Pohamba dann zwei Amtsperioden lang Präsident. Im März 2015 löste ihn Hage Geingob als Präsident ab.

Die Legislative besteht aus zwei Kammern: der Nationalversammlung, deren 96 Mitglieder für einen Zeitraum von fünf Jahren gewählt werden (die Swapo hat mit 77 Sitzen die Zweidrittelmehrheit inne), und dem Nationalrat, der aus je drei Vertretern der festgelegten geografischen Regionen besteht. Bis 2015 bestand die Nationalversammlung aus nur 72 Mitgliedern; die Swapo hat jedoch vor den Parlamentswahlen von 2014 eigens die Zahl der Abgeordneten per umstrittener Verfassungsänderung erhöht, um altgediente männliche Kader vor der Rente zu bewahren – die neu eingeführte 50-prozentige Frauenquote auf der Swapo-Kandidatenliste hätte diese treuen Parteigenossen sonst ihr Amt gekostet. Natürlich platzt das historische Parlamentsgebäude, der Tintenpalast, nun aus allen Nähten, sodass er über kurz oder lang durch einen neuen Prestigebau abgelöst werden dürfte.

Der **Nationalrat** überprüft die von der Nationalversammlung erlassenen Gesetze und schlägt die Gesetzgebung zur Regelung regionaler Angelegenheiten vor. Die 42 Mitglieder des Nationalrates werden für eine Amtsperiode von sechs Jahren aus den 13 Regionalräten gewählt.

Die **Gerichtsbarkeit** Namibias ist unabhängig und untersteht nur der Verfassung und den Gesetzen. Für die Rechtsprechung sind das Berufungsgericht, das Oberlandesgericht und mehrere Land- und Amtsgerichte zuständig.

Die **Regional- und Lokalbehörden** setzen sich aus gewählten Regional- und Lokalräten zusammen, die die örtlichen Vertretungen der Regierung darstellen.

Hinsichtlich der Nutzung und Verwaltung kommunalen Bodens steht dem Präsident der **Rat traditioneller Führer** bei, der gesetzlich eingesetzt wird. Dies führt teilweise zu Zwistigkeiten in den Stämmen, da die gesetzlich ernannten Führer nicht unbedingt mit den herkömmlich gewählten identisch sind.

Die traditionellen Führer werden als Wächter des kulturellen Erbes angesehen, deren Hauptaufgabe es ist, das friedliche Miteinander der verschiedenen Völker Namibias zu fördern. Sie dienen als Ratgeber bei der Lösung von Konflikten zwischen einzelnen Völkern.

Die Verfassung ermächtigte das Parlament, Armee und Polizei Namibias zu gründen. Die jeweiligen Befehlshaber werden vom Präsidenten ernannt.

Mehrere gesetzliche Körperschaften beraten den Präsidenten in verschiedenen Staatsangelegenheiten. Dazu gehören u. a. die Kommission für das Gerichtswesen, die Kommission für den Öffentlichen Dienst, die Sicherheitskommission und die Nationale Planungskommission.

Armee

Die Namibian Defence Force (NDF) ist die Armee Namibias (**Namibian Army**). Es ist eine reine Berufsarmee mit heute ca. 9000 Soldaten. In Namibia besteht keine Wehrpflicht. Die NDF wurde offiziell nach der Unabhängigkeit 1990 gegründet. Sie ist eine Erfolgsgeschichte, die sich mit den Worten „Wie aus Feinden Freunde wurden" beschreiben lässt (so der Titel eines Buches über Versöhnungsgeschichte in Südafrika unter Mandela): In der NDF fanden ehemalige PLAN-Kämpfer ebenso wie alte Soldaten und Offiziere der South West African Territorial Force eine neue Aufgabe. Beide Lager sind in der NDF zusammengewachsen; Schwarze und Weiße arbeiten hier heute einträchtig miteinander. Die NDF trat ein relativ reiches Erbe an, hinterließ doch die südafrikanische Armee zahlreiche gut ausgebaute Armeestationen und einiges an Ausrüstung. Das heutige Problem ist deren Wartung, die hohe Kosten verursacht. Die Armee hat zuvorderst die Aufgabe der Verteidigung der Landesgrenzen; sie übernimmt Aufgaben im Rahmen der UNO, wird jedoch auch zur Unterstützung bei zivilen Aufgaben eingesetzt, z. B. bei den jährlich auftretenden Überflutungen im Ovamboland und im Caprivi.

Die **namibische Luftwaffe** wurde erst 2005 formal gegründet und ist verhältnismäßig klein. Dritte und kleinste Teilstreitkraft der NDF mit nur 500 Mann Besatzung ist die **namibische Marine**, die 2004 formal gegründet wurde, jedoch schon seit 1994 im Einsatz ist. Ihre Aufgabe ist vorrangig der Schutz des namibischen Hoheitsgebietes der 24-Seemeilen-Zone und damit auch der namibischen Fischgründe.

Kritische Stimmen in Opposition und breiter Bevölkerung meinen, der Erhalt dieser Prestige-Armee werde den Staat noch Kopf und Kragen kosten. Im Jahr 2013 machte der Verteidigungshaushalt 3,2 % des Bruttoinlandsprodukts aus. Bei einer Staatsverschuldung von 23,9 % (Stand: 2014) stellt sich in der Tat die Frage, ob denn ein solcher Etat für eine Armee, die sich im Zweifelsfall gegen die Übermacht der Nachbarstaaten, vor allem Südafrika, sowieso nicht verteidigen könnte, gerechtfertigt oder sinnvoll ist.

Frauen in der Politik

In Afrika bilden die Frauen das Rückgrat der Gesellschaft und leisten den Löwenanteil der Arbeit. Auf politischer und privater Ebene sind sie jedoch weit von der Gleichstellung entfernt. Vieles hängt auch hier mit der mangelnden Bildung zusammen. Sobald die Frauen eine abgeschlossene Schulausbildung haben, zweifeln auch sie althergebrachte Rollenverteilungen an und beginnen, um ihre Rechte zu kämpfen.

Die Frauenorganisationen **Sister Namibia** und die **WAD** (Womens Action for Development) haben vor einigen Jahren einen Gesetzesvorschlag zur Quotenregelung im Parlament eingereicht. Darin wird eine 50-prozentige Beteiligung von Frauen in der Politik gefordert. Die Swapo kam dieser Forderung mit einer entsprechend quotierten Kandidatenliste bei den Parlamentswahlen von 2014 entgegen. Im Moment sind auf kommunaler Ebene immerhin 50 % Frauen vertreten, im Parlament 45 % (und damit liegt Namibia weit vorn, in Europa sind es im Durchschnitt nur 13 %) und auf regionaler Ebene 12 %. Im März 2015 wurde die frühere Finanzministerin Saara Kuugongelwa-Amadhila zur ersten Premierministerin Namibias ernannt.

Weitere von der Frauenorganisation eingereichte Gesetzesvorlagen betreffen Gewalt in der Familie, den Unterhalt und den Schutz von Kindern. Ein Gesetzentwurf zur Abtreibung, die zumindest für HIV-positive und für vergewaltigte Frauen erlaubt sein soll, wurde bislang vom Parlament abgelehnt; hier kämpfen die Frauen um die Wiederaufnahme des Gesetzentwurfes in die Debatte.

Wirtschaft

In den Zeiten südafrikanischer Mandatsherrschaft gab es de facto nur eine „weiße" Wirtschaft, die sich natürlich auf die Arbeitskraft der Schwarzen stützte. Einzig in der Landwirtschaft gab es auch einen „nichtweißen" Bereich, jedoch war der Beitrag der Subsistenzfarmer zum Bruttoinlandsprodukt mit 3–4 % verschwindend gering. Durch die Homeland-Politik wurden die Entwicklungsmöglichkeiten der zum Teil überbevölkerten Subsistenzwirtschaften noch einmal stark eingeschränkt.

Das Hauptproblem vor und auch nach der Unabhängigkeit war/ist die starke **Abhängigkeit** der Wirtschaft – die sich auf die Nutzung der natürlichen Ressourcen konzentriert – von unbeeinflussbaren Faktoren wie Niederschlagsmenge (Landwirtschaft) oder Rohstoffpreisen auf dem Weltmarkt (Bergbau) und die Abhängigkeit von der Markt- und Preisentwicklung in Südafrika einschließlich der Wechselkurs-Entwicklung des Rand. Die verarbeitende Industrie machte vor der Unabhängigkeit nur 5 % der Wirtschaft aus, daran hat sich bis heute nicht viel geändert.

Der **Außenhandel** spielt eine wesentliche Rolle in der namibischen Wirtschaft – das Land produziert fast ausschließlich für den Export und muss nahezu alles, was es verbraucht, importieren. Die Ausfuhr unverarbeiteter Rohstoffe und Einfuhr fast aller Konsumgüter ist die Regel.

Die Voraussetzungen für ein gesundes wirtschaftliches Wachstum waren jedoch zum Zeitpunkt der Unabhängigkeit gegeben: Namibia war immer marktwirtschaftlich orientiert, es gab nahezu keine Preiskontrollen oder starke Subventionen, der Außenhandel unterlag keinen Einschränkungen.

Das Transport- und Verkehrsnetz war schon zur Unabhängigkeit eines der am besten entwickelten in Afrika und wurde seither stetig verbessert.

Die **soziale Lage** war allerdings infolge der Apartheidpolitik verheerend – eine sehr geringe Alphabetisierungsrate, fehlende berufliche Ausbildung, steigende Arbeitslosigkeit und Wohnungsnot sowie eine ungleiche Verteilung des Einkommens und der medizinischen Versorgung sind nur einige der schwerwiegenden Folgen. Die ungleiche Bevölkerungsverteilung (50 % der Bevölkerung leben an den Grenzflüssen im Norden), zum Teil durch die klimatischen Bedingungen im Land verursacht, zum Teil wiederum durch die Homeland-Politik, war ein weiteres schweres Erbe für den namibischen Staat.

Nach der Unabhängigkeit 1990 verbesserten sich die wirtschaftlichen Aussichten, da das Land als international anerkannter, souveräner Staat mehr ausländische Kapitalanlagen erwarten und neue Exportmärkte suchen konnte. Die im Befreiungskampf eher marxistisch-sozialistisch ausgerichtete Swapo hat sich nach dem wirtschaftlichen Versagen des Sozialismus und dem Zusammenbruch des Ostblocks hin zu einer marktwirtschaftlichen Politik in einer gemischten Wirtschaft umorientiert: Öffentliches und privates, ausländisches und lokales sowie kooperatives und privates Eigentum bestehen nebeneinander.

Der Privatsektor wurde in seiner entscheidenden Rolle als treibende Kraft der namibischen Wirtschaft noch gestärkt. Staatsmonopole wie NamPost (1992), Telecom (1992), NamPower (1994), NamWater (1998) und Namibia Wildlife Resorts (2000) wurden umstrukturiert. Sie sind jetzt wirtschaftlich ausgerichtete Unternehmen, alleiniger Aktionär ist jedoch der Staat (parastaatlich).

Das unabhängige Namibia konnte auf eine entwickelte **Wirtschaftsstruktur** zurückgreifen; die Überwindung der Folgen der Apartheid auch in der Wirtschaft stellte jedoch eine immense Aufgabe dar, die bis heute noch nicht gelöst ist. Vorrangige Ziele waren und sind die Bekämpfung der Armut, Arbeitsplatzbeschaffung sowie eine gerechtere Einkommensverteilung. Bislang zeichnet sich jedoch ab, dass sich die wirtschaftlichen Probleme seit der Unabhängigkeit eher verstärkt denn verbessert haben. Der primäre Wirtschaftssektor (Landwirtschaft, Fischerei und Bergbau) mit seiner unmittelbaren Abhängigkeit von äußeren Faktoren stellt auch heute noch den größten Teil der Wirtschaft. Die Abhängigkeit von der Wirtschaft Südafrikas insgesamt ist bestehen geblieben. Das relativ hohe Lohnniveau ist bei einer eher rückläufigen Produktivität eines der großen Probleme des Landes. Mehr als die Hälfte der Bevölkerung lebt an oder unter der Armutsgrenze. Nur ein kleiner (nicht mehr ausschließlich weißer) Teil genießt europäischen Lebensstandard, Einkommen und Vermögen sind weiterhin extrem ungleich verteilt. Etwa die Hälfte der Bevölkerung lebt unterhalb der Armutsschwelle, fast 24 % in extremer Armut. Die Arbeitslosigkeit liegt nach neuesten statistischen Erhebungen bei rund 27 %. Die deutschstämmigen Namibier haben den höchsten Lebensstandard, die San dagegen den niedrigsten. Das durchschnittliche **Pro-Kopf-Einkommen** der Namibier lag 2013 bei rund US$5840 jährlich. Damit zählt Namibia zu den Ländern mit „oberem mittlerem Einkommen" – allerdings bei sehr ungleicher und allgemein als höchst unfair empfundener Einkommensverteilung. Das Land ist mit natürlichen Reichtümern gesegnet und hat nur 2 348 000 Einwohner (2014), etwas mehr als halb so viel wie Kapstadt. Eigentlich sollte eine gerechtere Wohlstandsverteilung möglich sein.

Das **Wirtschaftswachstum** stieg zunächst in den ersten Jahren nach der Unabhängigkeit. Infolge der weltweiten Wirtschaftsflaute nach dem 11. September 2001 und durch den Wertverlust des Rands fiel das Wirtschaftswachstum im selben Jahr auf 2,5 % und damit unter die vorherige Durchschnittsrate von 3,5 %. Im Jahr 2007 verzeichnete vor allem die Bergbaubranche einen starken Aufschwung und hob das gesamte Wirtschaftswachstum auf 4,6 % an. Das Wirtschaftswachstum wurde 2011 mit 4,8 %, 2012 mit 5 % und 2013 mit 4,2 % angegeben.

Nach der Unabhängigkeit gab es drei entscheidende Schritte, die Namibia halfen, sich aus der wirtschaftlichen Abhängigkeit von Südafrika zu lösen: die Gründung der Börse im Oktober 1992, die Schaffung der eigenen Währung im September 1993 und die Verabschiedung des Gesetzes von 1995, das eine Rückführung von Fonds aus dem Ausland vorschreibt. Lebensversicherungen und Pensionsfonds müssen 35 % ihrer in Namibia erhaltenen Prämien im Land anlegen und mussten bis zum 30. Juni 1995 N$2 Mrd. aus Südafrika zurückführen.

Die eigene Währung, der Namibia Dollar, ist noch immer direkt an den südafrikanischen Rand gebunden. Der Rand ist nach wie vor gleichzeitig gültiges Zahlungsmittel, selbst in Münzform.

Die Bank of Namibia, mit Sitz in Windhoek, ist die Zentralbank des Landes. Die größten Banken Namibias sind die Bank Windhoek, Nedbank (Commercial Bank of) Namibia, First National Bank of Namibia und Standard Bank of Namibia. Namibia wurde zum Internationalen Währungsfond und zur Weltbank zugelassen.

Durch die Anbindung des Namibia Dollar an den südafrikanischen Rand muss die Bank of Namibia der **Zinspolitik** der südafrikanischen Zentralbank folgen. Der Leitzinssatz für Kredite, die *Prime Rate*, lag 1998 bei stolzen 24,2 %. Danach ging der Trend nach unten, 2001 lag die *Prime Rate* bei 14,25 %, 2003 sank sie auf 12,5 %, und 2015 hatte sie 9,25 % erreicht. Nach einer Studie der Nedbank müssen Haushalte mittleren und hohen Einkommens rund 70 % des Nettogehaltes für Zins- und Tilgungszahlungen aufbringen – was natürlich das Wirtschaftswachstum negativ beeinflusst.

Die **Namibian Stock Exchange** (Börse) wurde von 36 Mitgliedern gegründet. Anfang 1994 wurden an der Börse Anleihen für die Regierung Namibias und für sieben Unternehmen geführt, Ende September 1995 wurden schon 10,8 Mio. Aktien im Wert von N$200 Mio. gehandelt, gegenüber 2,6 Mio. Aktien mit N$30 Mio. Umsatz im gesamten Jahr 1994. Hochgerechnet hat sich der Umsatz innerhalb eines Jahres verzehnfacht, und in den 17 Jahren bis 2011 verzehnfachte er sich erneut. Seit Börsengründung hat sich der Aktienindex fast verdoppelt. Nur drei Werte werden ausschließlich in Windhoek notiert, die anderen auch in Johannesburg und einer gar in Vancouver. Seit März 1997 ist der De-Beers-Konzern an der NSE gelistet. Damit ist der Wert aller an der NSE gehandelten Unternehmen von N$85 Mrd. auf N$145 Mrd. gestiegen, 1999 waren es schon N$178,8 Mrd. Zum 10. Geburtstag im Oktober 2002 wurde ein Aktienwert von N$393 Mrd. angegeben, bis 2011 war dieser weiter auf N$1,1 Billionen gestiegen. Die NSE wurde Anfang 1997 in einem in US-Dollar gewerteten Vergleichstest der „International Finance Corporation" aus 78 Börsen auf den sechsten Platz gewählt. Sie ist nach Johannesburg/Südafrika die größte Börse Afrikas.

Das südafrikanische Parlament hat im Februar 1997 Namibia die ausstehenden **Schulden** in Höhe von 1,2 Mrd. Rand erlassen. Damit wurde eine neue Ära der regionalen Zusammenarbeit eingeleitet.

Im November 2000 wurde GST (General Sales Tax) durch VAT (Value Added Tax) abgelöst, einem Mehrwertsteuer-System ähnlich wie in der Bundesrepublik.

Das **Haushaltsdefizit** betrug nach der Unabhängigkeit zunächst durchschnittlich 3,5 % im Jahr, es stieg dann durch die militärischen Aktionen im Kongo und im Caprivi auf über 4 %. Im Jahr 2001 lag es gar bei 5,3 % (N$1,47 Mrd.). In ihrer Vorstellung des Haushalts 2006/07 im März 2006 veranschlagte die damalige Finanzministerin Saara Kuugongelwa-Amadhila 42,1 % der verfügbaren Mittel allein für die Personalausgaben des Staates. Der namibische Staat beschäftigt 4,3 % aller Angestellten und Arbeiter – damit liegt das Land weit über dem afrikanischen Durchschnitt von 2,1 %.

Ein Übereinkommen ermöglicht es dem Land, Mitglied der Südafrikanischen Zollunion (SACU) zu bleiben, solange es dies wünscht. Die Regierung bezieht im Moment fast 32 % ihrer Einnahmen aus der SACU. Für die Zukunft werden aufgrund des Freihandelsabkommens zwischen der EU und Südafrika rückläufige Einnahmen vorausgesagt.

Landwirtschaft

Die Landwirtschaft ist die zweitwichtigste Wirtschaftsbranche in Namibia. Obwohl dieser Sektor nur etwa 8–9 % zum Bruttoinlandsprodukt und 15 % zum Export beiträgt, sind 70 % der Bevölkerung direkt oder indirekt von der Landwirtschaft abhängig. Erst im November 2002 wurden gesetzlich festgeschriebene **Mindestlöhne** für Farmarbeiter von N$2,20 pro Stunde bzw. N$429 im Monat eingeführt. 2009 wurde dieser gesetzliche Mindestlohn auf N$2,87 pro Stunde bzw. N$494 im Monat angehoben, 2014 gab es eine weitere Anhebung auf N$3,70 pro Stunde bzw. N$888 pro Monat. Für den auf der Farm lebenden Arbeiter und seine Familie müssen Unterkunft, sanitäre Anlagen und ein Wasseranschluss gestellt werden. Entweder müssen Viehhaltung und Ackerbau zur Selbstversorgung ermöglicht werden oder aber ausreichend Nahrungsmittel zur Verfügung gestellt oder aber ein Aufschlag von N$400 pro Monat gezahlt werden. Im Durchschnitt verdienen Farmarbeiter heute monatlich N$1450.

Etwa 12,65 Mio. ha der gesamten Landfläche von 82,3 Mio. ha sind nicht landwirtschaftlich nutzbar. Solche Gebiete sind meist Naturschutzgebiete oder unwirtliche Gegenden. Das größte Hindernis zur Steigerung der landwirtschaftlichen Produktion ist das trockene Klima des Landes. Schätzungen des Landwirtschaftsministeriums gehen davon aus, dass es in Namibia nur in vier von zehn Jahren ausreichend oder überdurchschnittlich regnet. Die anderen Jahre sind Dürrejahre. Überweidung, Verbuschung, Bodenerosion und damit verbundene Desertifikation schwächen die Landwirtschaft zusätzlich und nachhaltig.

Kommerzielle **Farmbetriebe** nehmen 40 % der Gesamtfläche ein, gehören 3800 Landwirten, den Stadtverwaltungen, Kirchen und dem Staat. Die Kommunalgebiete, wo in den erschlossenen Teilen etwa 900 000 Personen Subsistenzwirtschaft betreiben, erstrecken sich über 46 % der Landesfläche. Laut Schätzungen können in diesen Gebieten ungefähr 60 % des Nahrungsmittelbedarfs, vor allem an den Grundnahrungsmitteln Mais und Hirse, produziert werden. In der Viehhaltung dominieren Rinder und Ziegen. In den kommunalen Gebieten ist die Überweidung noch gravierender als bei den kommerziellen Farmen, detaillierte Regierungsprogramme sollen künftig eine bessere Weidewirtschaft bewirken.

Viehzucht ist der wichtigste Zweig der kommerziellen Landwirtschaft. Namibia exportiert hauptsächlich Rind- und Schaffleisch, als Nebenprodukte Häute und Felle (vor allem Karakulfelle) sowie Merino-, Karakul- und Mohairwolle.

Ungefähr die Hälfte der Jahresproduktion an Rindern wird exportiert, hauptsächlich in die EU (im Rahmen internationaler Abkommen zunehmend zollfrei). Die andere Hälfte wird im Land verarbeitet. Namibia kann sich zumindest mit Rindfleisch ausreichend selbst versorgen, das Fleisch unterliegt strengen Veterinärkontrollen entsprechend europäischen Standards.

Die Farmerei

Farmer sind ein besonderer Menschenschlag. Geprägt von Sonne, Einsamkeit und dem täglichen Existenzkampf, haben viele ihre ureigensten Vorstellungen vom Leben und vom Verlauf der Welt. Sie stehen meist vor Sonnenaufgang auf und haben die Vorbereitungen für ihr Tageswerk schon erledigt, wenn die Arbeiter kommen. Der Farmer ist von früh bis spät unterwegs, oft sogar allein, ohne Arbeiter. In seinem riesigen Reich kann er schalten und walten, wie er will. Er allein entscheidet, wo er einen Zaun ziehen oder einen Weg bauen wird, ob er ein Rivier staut und wann er welche Tiere kauft oder verkauft.

Im klassischen Farmbetrieb kümmert sich die Ehefrau um den Haushalt, einschließlich des Gartens und der Hühner, und natürlich um die Kinder. Vor allem wird sie sich um ein harmonisches Familienleben bemühen.

Natürlich gibt es auch viele fortschrittliche Farmer, die ihre Farmen nach modernen betriebswirtschaftlichen Grundregeln betreiben, mit genauer Kostenkalkulation und -analyse. Diese Farmer optimieren ihre Einnahmen durch weitere, parallel betriebene Tätigkeiten, meistens im Bereich Jagd oder Gästebetreuung. Oder auch, indem sie zusätzlich einen handwerklichen Betrieb betreiben oder ganz im Sinne der heutigen Zeit Bio-Produkte anbieten.

Wasser pumpen und Zäune ziehen

Durch die teilweise großen Entfernungen von den Ortschaften müssen Farmer sich in vielen Belangen selbst zu helfen wissen. Gearbeitet wird am Haus und in der Werkstatt, die meisten Arbeiten fallen jedoch draußen im Veld an. **Hauptaufgabe des Farmers** in Namibia ist die Instandhaltung des Wassersystems, dessen wichtigste Bestandteile diverse Windmotoren und Kraftmotoren sind. Ein Windmotor, der jedem Namibia-Besucher unterwegs auffällt, besteht aus einem einfachen Hubsystem mit zwei Ventilen. Die Kraftmotoren dagegen, die mit Diesel betrieben werden, funktionieren mittels eines Schraubsystems. Dieses wird zunehmend auch für Solar- oder elektrische Pumpen genutzt. Das Wasser wird in gemauerte Speicher (von den Südwestern „Bassins" genannt), die zunehmend durch Plastiktanks ersetzt werden, gepumpt. Mit Hilfe von Plastikrohren und weiteren Pumpen wird das Wasser dann über die gesamte Farm verteilt.

Das zweite Großprojekt auf einer Farm ist die allgegenwärtige Einzäunung. Diese ist erforderlich, um das Land zu parzellieren. Einzelne Stücke (Kamps) müssen ungenutzt bleiben, damit sich die Vegetation erholen kann. Je mehr Kamps vorhanden sind, desto länger kann ein Stück brachliegen. Der Standardzaun bei einer Rinderfarm ist 1,10 m hoch und besteht aus fünf Stahldrähten. Alle 30 m steht ein Pfahl, dazwischen hängen Schwebepfähle, die Droppers genannt werden. Für Schafe wird Maschendraht verwendet und für Wild muss der Zaun mindestens 2 m hoch sein.

Die Tierhaltung ist ebenfalls ein enorm arbeitsintensiver Bereich der **Farmerei**, wie das Bewirtschaften einer Farm in Namibia genannt wird. Rinder werden enthornt, Bullkälber kastriert, alle Tiere werden gefüttert, geimpft, kontrolliert und sortiert. Auf modernen Farmen bekommen die Kälbchen inzwischen gleich nach der Geburt einen Chip ins Ohr, auf dem fortan alles, was mit dem Tier zu tun hat, gespeichert wird. Der Farmer läuft dann durchaus auch mit dem Laptop im Kraal herum.

Außerdem werden Milchwirtschaft, Geflügel- und Schweinezucht betrieben. Im Kommen sind Wild- und Straußenfarmerei (hauptsächlich für den Export) sowie die Produktion von Holzkohle (um der Verbuschung wenigstens einen guten Aspekt abzugewinnen).

Ackerbau ohne künstliche Bewässerung beschränkt sich fast ausschließlich auf den Norden des Landes. Die wichtigsten Erzeugnisse sind Mais, Hirse, Obst und Gemüse. Ackerbaumöglichkeiten bestehen vor allem in den nordöstlichen Teilen des Landes, im Caprivi

Die **Farmen** sind im Allgemeinen 5000 ha groß (50 km^2), nur in Gebieten mit deutlich höherem Niederschlag gibt es kleinere Farmen, während die Farmen im Süden deutlich größer sind.

Die Farm als Hobby?

Am Anfang der Besiedlung des Landes durch die Weißen war die Farmerei ein einträgliches Geschäft. Der Boden war unverbraucht, die Tragfähigkeit (Tiere pro Hektar) deutlich höher als heute und es gab noch keine billige Massentierhaltung. Während der südafrikanischen Herrschaft änderte sich das zwar bereits, doch wurden die Farmer durch immer neue Subventionen beglückt. Es gab Subventionen für den Bau der Zäune, für Wasserleitungen, für den Kauf von Heu, Mais und anderem Futter sowie für den Transport der Tiere, außerdem verbilligte Kredite von der staatlichen Landbank, der heutigen AgriBank.

Die neue Regierung hat 1990 sämtliche Subventionen gestrichen, zumindest für weiße Farmer. Das ist zwar auf der einen Seite völlig verständlich, jedoch muss man sich vor Augen halten, dass in fast allen Ländern der Welt die Landwirtschaftsbetriebe subventioniert werden (müssen).

Der Beitrag der schwarzen Farmer zu den landwirtschaftlichen Erträgen ist auch 25 Jahre nach der Unabhängigkeit noch unbedeutend. Die meisten wirtschaften ausschließlich für den Eigenverbrauch.

Ein paar Zahlen zur **Wirtschaftlichkeit der Farmerei**: 1978 kostete ein Hektar Land in der Nähe Windhoeks N$20, ein Ochse brachte N$120 in die Kasse. Folglich entsprach der Wert eines Ochsens dem Preis von 6 ha Land. Dieses Verhältnis hat sich mittlerweile deutlich verschlechtert: Ein Hektar Land nahe Windhoek kostete 2011 etwa N$4000, ein Ochse brachte etwa N$7000 ein, also den Gegenwert von 1,75 ha.

5000 ha Land kosten bei durchschnittlich N$4000 pro Hektar N$20 Mio. Eine solche Farm kann maximal 400 Rinder verkraften, der Wert entspricht bei N$5000 pro Rind (Durchschnittswert aus Ochsen, Kühen, Färsen, Kälbern, wobei eine Kuh heute ca. N$10 000, ein ca. sechs Monate altes Kalb N$4500, ein guter Zuchtbulle ungefähr N$30 000 kostet) also N$2 Mio. Für die Anlagen auf der Farm (Wasserpumpen, Zäune etc.) müssen mindestens N$800 000 gerechnet werden, ein guter Gebrauchtwagen zu etwa N$200 000 ist unabdingbar. So liegt der Wert für eine Farm bei mindestens N$3 Mio.

Müsste man diesen Betrag über 25 Jahre bei einer Verzinsung von 10 % zurückzahlen, bräuchte man allein dafür N$330 000 pro Jahr. Im Idealfall bringt eine Rinderherde 25 %, bei 400 Rindern wären das 100 zu verkaufende Tiere à N$5000, das entspricht einer jährlichen Einnahme von N$500 000. Selten tritt der Idealfall ein.

Erschwerend kommen äußere Faktoren hinzu: Der Rinderbestand ist durch unzureichenden Niederschlag in Namibia von einst 2 Mio. auf nur noch 800 000 Tiere gesunken. Die weltwirtschaftliche Lage und der erstarkte Rand verursachten außerdem Einbußen bei den Exporteinnahmen, weil beispielsweise Fleisch aus Namibia dann teurer ist.

Eine Farm betreiben kann daher heute im Grunde nur, wer sie geerbt oder auf andere Weise geschenkt bekommen hat oder wer sich die Farm als Hobby leisten kann. Wer wirklich die Farm bezahlen muss, ist darauf angewiesen, sich zusätzliche Einnahmequellen wie die Jagd oder den Tourismus zu erschließen.

und Kavango, wo momentan mit Baumwolle und Zuckerrohr experimentiert wird. Kleinere Bewässerungsprojekte, wie z. B. in der Nähe des Hardap Dam bei Mariental und am Oranje, aber auch im Otavidreieck, liefern hauptsächlich Weizen, Luzerne, Mais und Weintrauben. 50–80 % des Getreidebedarfs müssen jährlich importiert werden, Hauptlieferant ist Südafrika. Ob Namibia sich je mit Grundnahrungsmitteln wird selbst versorgen können, so wie es sich die Regierung vorstellt, ist angesichts der klimatischen Bedingungen mehr als fraglich.

BSE – Maul- und Klauenseuche – Milzbrand

Tierkrankheiten wie BSE und MKS sind auch in Namibia bekannt, spielen hier jedoch eine vergleichsweise unbedeutende Rolle. Dagegen stellt die Milzbrandbakterie in bestimmten Regionen Namibias ein echtes Problem für die Tierwelt dar.

Maul- und Klauenseuche (MKS)

Der erste MKS-Ausbruch in Namibia wurde 1934 im Gobabis-Bezirk registriert. Zum wirtschaftlich ernsten und bislang größten Ausbruch kam es 1961. Im Jahr 2000 hatte Namibia einen lokalen Ausbruch der MKS im Ost-Caprivi zu verzeichnen.

Der vom Internationalen Tierseuchenamt in Paris zuerkannte „MKS-freie" Status ist die Voraussetzung für den uneingeschränkten weltweiten Handel mit Klauentieren und den von ihnen stammenden Produkten. In Namibia gilt der MKS-freie Status für genau umschriebene Bereiche. Die MKS-freie Zone befindet sich südlich, die MKS-Risikozone nördlich des Veterinärkontrollzaunes. Dieser zieht sich quer durch ganz Namibia von Palgrave Point im Westen bis an die Grenze zu Botswana im Osten. Die Gefahr einer Ansteckung wird für den Menschen als äußerst gering eingestuft.

Milzbrand (Anthrax)

Im südlichen Afrika ist Milzbrand (Anthrax) besonders in Gegenden mit kalkhaltigen Böden verbreitet. In der Trockenheit verkapselt sich die Milzbrandbakterie und ist so gegen Hitze und sogar Formaldehyd unempfindlich. Die verkapselte Bakterie hat eine Lebensdauer von bis zu 60 Jahren. Erst in der Regenzeit bildet sich die Milzbrandspore, dann kommt es zu Milzbrandepidemien unter den Tieren.

Verbreitet wird die Bakterie durch Wind, vor allem aber durch Wasser und durch Überträgertiere wie Löwen, Hyänen, Geier und Fliegen. Im Etosha National Park wurde die Milzbrandbakterie erstmalig 1964 nachgewiesen. Der extrem kalkhaltige, alkalische Boden um die Etosha-Pfanne hat einen pH-Wert von 9,0 – das sind optimale Lebensbedingungen für die Milzbrandbakterie. In Etosha ist Milzbrand inzwischen die Ursache für 62 % aller registrierten Todesfälle bei Tieren. Die Raubtiere im Etosha Park haben eine Immunität gegen Milzbrand entwickelt. Andere Tiere dagegen, vor allem Zebras, Gnus und auch Elefanten, sind besonders anfällig für diese Erkrankung.

Für Besucher der Nationalparks besteht jedoch keine Gefahr – es ist nicht bekannt, dass sich in den letzten Jahrzehnten Menschen mit der Milzbrandbakterie infiziert hätten. Allerdings sollte man die Verordnung, nicht im Park auszusteigen, befolgen, und keine Körperteile von Tieren (Gehörn o. Ä.) aufsammeln.

Landreform

Die Landfrage birgt in Namibia wie in allen ehemaligen Kolonien ein enormes Konfliktpotenzial. Es ist fast unmöglich, diesen Konflikt so zu lösen, dass alle Parteien zufrieden sind.

Die Problematik wird auch in Namibia zunehmend als Ventil politischer Machtkämpfe genutzt, das Beispiel Zimbabwes hat hier doch einige Sympathisanten. Der Swapo-Parlamentarier Ya France drückte es so aus: „Es ist nicht tragbar, dass 4000 Weiße über 26,3 Mio. ha Farmland verfügen, während die Mehrheit von 90 % der Bevölkerung zusammen nur etwa 33,5 Mio. ha Land besitzt."

Diese Sichtweise ist eindeutig gefärbt, denn bei den genannten 90 % sind auch alle Einwohner mitgezählt, die nichts mit der Landwirtschaft zu tun haben.

Die Weltbank betonte dagegen, dass die einzig wirksame Strategie einer Landreform darin bestünde, die kommunalen Farmgebiete zu kommerzialisieren (ergo: ertragreicher zu machen) und vor allem die bislang brachliegenden, riesigen Landreserven zu erschließen und nutzbar zu machen. Hierbei handelt es sich um 10 Mio. ha Weideland, 10 000 ha Ackerland und 30 000 ha bewässerbares Land an den Nordflüssen. 1000 ha Land im Norden können für nur N$400 pro Hektar erschlossen werden. Kommerzielle Farmen werden mit N$2000–N$6000 pro Hektar gehandelt.

Zurzeit besitzen 3800 kommerzielle Farmer 6300 Farmen und beschäftigen 28 000 Arbeiter. Diese leben zusammen mit ihren Angehörigen auf dem Farmland, das sind insgesamt weit über 200 000 Menschen. 3000 der Farmer sind weiß, 700 Farmen sind inzwischen im Besitz von schwarzen Politikern, Staatsbeamten und hoch gestellten Funktionären, nur 100 Farmen gehören schwarzen Nichtpolitikern. Wenn die Regierung alle 6300 Farmen aufkaufen und auf jeder Farm fünf Familien von je sechs Personen ansiedeln würde, könnten 190 000 Personen neu angesiedelt werden. Fragt sich nur, was dann aus den 200 000 Menschen wird, die bereits auf dem kommerziellen Land leben. Auf dieses Problem weisen auch die Vereinten Nationen in ihrem Entwicklungsbericht (UNPD) hin. Diesem Bericht zufolge sollte die bislang auf Farmen lebende Anzahl von Menschen nicht überschritten werden, denn mehr würde die Natur nicht verkraften.

Zusätzlich problematisch für die Erschließung des Landes und die Entwicklung der Landwirtschaft ist die Tatsache, dass es bislang zu wenig ausgebildete schwarze Landwirte gibt, die in der Lage sind, einen großen Farmbetrieb zu führen. Die namibische Entwicklungsgesellschaft (NDC – Namibia Development Corporation) versucht hier mit verschiedenen Ausbildungsprojekten Abhilfe zu schaffen. So wurden im „Etunda"-Projekt im Norden 80 Kleinbauern zu Landwirten ausgebildet. Weitere Projekte laufen am Hardap Dam sowie in Orib.

Die **Landgebungskonferenz** 1991 hielt fest, dass eine Wiederherstellung der ursprünglichen Land- und Nutzungsverhältnisse der vorkolonialen Zeit heute weder politisch noch wirtschaftlich denkbar wäre. Außerdem garantiert die Verfassung Namibias die Wahrung der Eigentumsrechte. 1995 verabschiedete die Regierung ein Gesetz, das ihr die Möglichkeit zur Enteignung gibt für den Fall, dass Land brachliegt oder der Farmer über exzessiven Landbesitz verfügt. Das Gesetz sieht eine Entschädigung des Farmers zum Marktpreis vor. Außerdem wird dem Staat das Vorkaufsrecht bei zum Verkauf stehenden Farmen eingeräumt. Um dies zu umgehen, wurden in der Folge viele Farmen in Kapitalgesellschaften umgewandelt, womit das Eigentum übertragbar ist. 2003 wurde das Gesetz entsprechend angepasst – auch bei Umwandlung einer Farm in eine Gesellschaft muss selbige nun zuerst der Regierung angeboten werden.

Innerhalb der ersten 13 Jahre nach der Unabhängigkeit wurden 130 Farmen mit einer Gesamtfläche von mehr als 829 486 ha vom Staat nach dem propagierten Prinzip „williger Verkäufer – williger Käufer" erworben. 1509 Familien (9054 Personen) wurden neu angesiedelt.

Seit 1992 erhalten ehemals benachteiligte Namibier (im Rahmen von *affirmative action*) Vorzugsdarlehen für den Landerwerb. Die Darlehen sind auf 25 Jahre mit niedrigem Zinssatz festgeschrieben, außerdem bürgt der Staat für 35 % des Kaufpreises und gibt Zuschüsse für den Transport. Inzwischen haben mithilfe dieser staatlich subventionierten Vorzugsdarlehen der AgriBank 563 Farmen mit einer Fläche von 3,2 Mio. ha den Besitzer gewechselt. Kommunale Farmer können ebenfalls Kredite für Saatgut und technische Hilfsmittel aufnehmen. In den vergangenen zehn Jahren wurden N$26 Mio. hauptsächlich an die Farmer im Norden vergeben.

Ein neuer Schritt in Richtung Landumverteilung war die Einführung der Bodensteuer 2003, die eigentlich schon im April 2002 in Kraft treten sollte. Die Berechnung dieser Bodensteuer beruht auf den Empfehlungen des damaligen Ministers für Ländereien und Neusiedlung und späteren Präsidenten Hifikepunye Pohamba. Sie orientiert sich ohne Rücksicht auf die Infrastruktur der Farm am Niederschlag und an der Bodenqualität, vor allem aber erhöht sie sich prozentual mit steigenden Hektarzahlen (ab 5000 ha). Damit soll wiederum exzessivem Landbesitz Einhalt geboten werden. Der Farmarbeitergewerkschaft Nafwu, die ganze 100 Mitglieder hat, gehen die bisherigen Schritte der Regierung nicht weit genug. Sie fordert, „von anderen verfassungsmäßigen Mitteln Gebrauch zu machen", radikale Enteignungen werden verlangt.

Den weißen Farmern wird vorgeworfen, die Landpolitik der Regierung und damit auch die Geduld der Bevölkerung zu missbrauchen. Anfang März 2004 verkündete der damalige Premierminister Theo-Ben Gurirab in einer Fernsehansprache, dass die Landreform mit dem Prinzip „williger Verkäufer – williger Käufer" viel zu langsam vorangehe und auch zu teuer sei. Die Regierung werde daher von der **verfassungsrechtlichen Option der Enteignung** Gebrauch machen und Enteignungsschreiben an ausgewählte Farmbesitzer schicken. Nach Erhalt müssten diese einen Entschädigungsanspruch beim Ministerium geltend machen. Die Regierung werde die Farm schätzen und ein Gegenangebot unterbreiten. Dabei sei lediglich der gegenwärtige Nutzwert relevant. Der Eigentümer könne vor Gericht klagen oder das Landtribunal anrufen.

Im Mai 2004 erhielten einige Farmer außerhalb Windhoeks entsprechende, gefürchtete Briefe. Pohamba wies alle Spekulationen zurück, mit dieser Enteignungskampagne seine Position aufwerten zu wollen. Auffällig ist jedoch, dass ausschließlich Farmer, die in den letzten Jahren einen Disput mit der Gewerkschaft Nafwu hatten, ein solches Schreiben erhielten.

Die erste Farmerfamilie wurde im November des Jahres 2005 enteignet. Es handelt sich dabei um die in einen politischen Konflikt geratene Familie Wiese von der Farm Ongombo West. Als Entschädigung erhielt die Familie marktgerechte N$3,7 Mio. Hilde Wiese, in deren Familienbesitz sich die Farm seit 1907 befand, engagierte zwei unabhängige Sachverständige, die einen Wert der Farm von N$9 Mio. errechneten. In dieser Summe sind jedoch Infrastruktur und die laufende Produktion enthalten – Posten, die für das Ministerium nicht relevant waren. Auch auf dem freien Markt hätte niemand diese Summe bezahlt. Allerdings hätte die Familie die Farm auf dem freien Markt auch nicht angeboten.

Eine andere Problematik von bedeutender Tragweite ist die illegale Einzäunung und damit Kommerzialisierung von kommunalem Land durch wohlhabende Schwarze. Die traditionellen Autoritäten der Stämme fördern dies oder lassen es zumindest geschehen (gehen sie doch dabei nicht leer aus). Das Weideland der kommunalen Kleinbauern wird dadurch noch mehr beschnitten, oft bleibt nur der schlechter erschlossene Teil übrig.

Eine Übergangsregelung der Regierung sind die PTO (Permission to Occupy), eine Art Erbpacht, bei der im Einvernehmen von Regierung und traditionellem Führer Unternehmern die Möglichkeit gegeben wird, Land für einen festgelegten Zeitraum (im Allgemeinen 15–30 Jahre) gegen Entrichtung einer Gebühr zu nutzen. Auf solchen PTO befinden sich beispielsweise viele Lodges im Damaraland und an den nördlichen Grenzflüssen, wo es kein Privatland gibt.

Fischerei

Die Gewässer vor der Küste Namibias gehören zu den besten Fischgründen der Welt, und Namibia ist seit 2011 eine der zehn größten Fischfangnationen weltweit. Die Fischerei ist der große Hoffnungsträger der namibischen Wirtschaft; in den ersten Jahren nach der Unabhängigkeit war diesem Sektor ein Großteil des gesamtwirtschaftlichen Wachstums zu verdanken. Vor der Anerkennung der exklusiven Wirtschaftszone von 200 Seemeilen hielten sich Fischfangflotten aus aller Welt in diesen Gewässern auf und fingen jährlich etwa 1 Mio. Tonnen Fisch. Unter anderem dadurch sind die Fischressourcen instabil geworden. Der Sonderstatus von Walvis Bay als südafrikanische Enklave bis 1994 spielte ebenfalls eine Rolle in der Entwicklung der Fischereiwirtschaft.

Schonende **Fangpolitik** ist eines der wichtigsten Ziele in dieser Branche seit der Unabhängigkeit. Zur Nutzung und für den Erhalt dieser wichtigen natürlichen Ressource wurde eigens das Fischereiministerium (Ministry of Fisheries and Marine Ressources) eingerichtet. Dieses entwarf kurz darauf erste Gesetze zur Regulierung der Fischereiaktivitäten und richtete Forschungszentren ein. Schwerpunkte sind die Praxis der Erteilung von Fangkonzessionen und ausgefeilte Kontrollmaßnahmen.

Die Maßnahmen der Regierung zeigten sogar schneller Erfolge als erwartet, der jährliche Fang wurde während der ersten drei Jahre um fast 50 % gesteigert. Jedoch ist auch die Fischereiwirtschaft äußeren Faktoren ausgesetzt. So erwärmte sich das Küstengewässer als Folge von El Niño, wodurch es planktonärmer wurde, was in einer Abnahme des Fischbestandes resultierte. Ab 1998 erholten sich die Bestände aber wieder.

2005 kam es erneut zu einem Rückgang der Bestände, der vor allem auf Überfischung zurückgeführt wird. Das Fischereiministerium hat daraufhin ein Regelwerk zum Schutz der Meeresressourcen erstellt, welches die Reduzierung der Fangflotte sowie die Proklamation von Schutzgebieten vorsieht.

Rund 120 Unternehmen beliefern die hiesige **Fischereiindustrie**, die inzwischen etwa 15 000 Arbeitnehmer beschäftigt und 10–15 % zum Haushalt beiträgt. Die namibischen Fischprodukte werden zu 98 % exportiert und stellen damit mehr als ein Viertel der Gesamtexporte Namibias. Die Fischereiwirtschaft ist inzwischen zur zweitwichtigsten Devisenquelle (nach der Diamantenindustrie) geworden. Eine hohe, internationalen Maßstäben entsprechende Qualität ist daher zwingend. Die EU-Staaten sind Namibias wichtigster Absatzmarkt für Fisch und Fischprodukte.

Von den 300 Schiffen, die in namibischen Gewässern fischen, sind 80 % in namibischem Besitz. Zwei Drittel der Besatzungsmitglieder auf den Booten sind Namibier. Insgesamt 15 Fabriken sind an der Fischverarbeitung beteiligt. Hauptstandort der Fischereiindustrie ist Walvis Bay, die meisten hiesigen Unternehmen arbeiten in Kooperation mit ausländischen Unternehmen, vor allem des qualifizierten Personals wegen.

Namibia wird momentan von mehreren Ländern bei Studien über die pelagischen (d. h. in der Tiefsee vorkommenden) Fischressourcen vor der Küste unterstützt. Einige haben Ausbildungspersonal und Ausrüstung zur Überwachung der Küste bereitgestellt.

In den Salzwerken Walvis Bays und der Lagune in Lüderitzbucht werden Austern gezüchtet. In dem frischen Wasser der kalten, planktonreichen Benguela-Strömung brauchen die Austern nur neun Monate, um die marktgerechte Größe von 80 g zu erreichen.

Bergbau

Aufgrund der Vielfalt seiner **Mineralvorkommen** ist Namibia eines der wichtigsten Bergbauländer Afrikas – gleichzeitig ist der Bergbau eine der Hauptsäulen der namibischen Wirtschaft. Unter anderem werden Uran, Diamanten, Buntmetalle (Kupfer, Zink, Blei, Zinn), Edelmetalle (Gold, Silber), Granit, Marmor, Kadmium, Salz und eine Vielzahl Halbedelsteine (Turmaline, Achate, Amethyste, Rosenquarze und andere) abgebaut.

Bisher sind 200 Mineralien bestimmt worden, von denen 30 nur in Namibia vorkommen. Namibia hat 40 aktive Minen und Steinbrüche und fördert 35 Mineralien. In der Zukunft soll das Land geologisch noch besser erschlossen werden, weitere Mineralienvorkommen werden vermutet.

Insgesamt trägt der Bergbau rund 25 % zum BIP (2013) bei, davon entfallen allein 10 % auf Diamanten; er stellt 50 % der Exporte (Diamanten 40 %) und liefert 8–10 % der Einnahmen des Staates. Da jedoch die Minen zum Teil in den Händen multinationaler Unternehmen sind, ist die Zahl der Beschäftigten eher rückläufig.

Hoffnungsträger der Buntmetallindustrie war von Anfang an die **Scorpion-Zinkmine** westlich von Rosh Pinah ganz im Süden des Landes. Mit einem Zinkanteil von 10,9 % versprach die Mine, die 2002 ihre Produktion aufnahm, besonders gute Erträge. 2003 wurde hier das erste hochwertige Zink produziert und von Lüderitz aus exportiert. Im Dezember 2010 übernahm das indische Unternehmen Sterlite Industries (India) Limited die Mine.

Die **Salzgewinnung** bei Walvis Bay bewegt sich ebenfalls tendenziell aufwärts, besonders die Produktion von raffiniertem Feinsalz konnte aufgrund steigender Nachfrage erheblich ausgebaut werden.

Der schon bislang sehr lukrative **Uranbergbau** ist weiter im Wachstum begriffen. In den Gebieten um Swakopmund, Erongo und Mondlandschaft werden immer mehr Minen eröffnet.

Am 27. Mai 2010 wurde die erste Bergbau-Messe in Namibia eröffnet. Bergbauanalystin Luise Nakatana von Investment House Namibia prognostiziert, dass sich die Uranproduktion bis 2015 vervierfachen werde, der Beitrag zum Bruttoinlandsprodukt (BIP) durch Exporterlöse dürfte sich dabei verdoppeln. Der Preis von Uranoxid hat sich seit 2003 fast verfünffacht. 2010 stand der Preis bei rund US$42 pro Pfund. 2009 trug die Uranindustrie 5,6 % zum BIP bei.

Damit hat sich die Uranindustrie zum Zugpferd der namibischen Wirtschaft entwickelt – eine Entwicklung, die nur von einer Minderheit innerhalb der Bevölkerung kritisch gesehen oder gar aktiv bekämpft wird. Dabei wären Sicherheitsbedingungen in den Minen durchaus zu hinterfragen – was dort in der Wüste passiert, weiß eigentlich niemand so richtig.

Hoffnungen auf Erdölvorkommen vor der Küste Namibias haben sich bislang noch nicht erfüllt, es wird jedoch höchst eifrig weiter prospektiert. 2012 werden vor der Küste Namibias (offshore) weitere Explorationsbohrungen durchgeführt. Grundlage dafür seien laut Bergbauminister Isak Katali die seismischen 3D-Daten aus den vergangenen Jahren. Vor der Nordküste erwartet der optimistische Minister rund 12 Mrd. Barrel Öl (1 Barrel = 159 l). Erfüllt sich diese Erwartung, könnte Namibia ab 2016 ein ölförderndes Land sein.

Das große Erdgasvorkommen, das „Kudu-Gasfeld" vor der Küste im Süden Namibias ist schon länger bekannt (S. 199).

Diamanten

Die Förderung von Diamanten konnte nach der Unabhängigkeit sogar noch gesteigert werden. Namibia ist mit 8 % der Weltproduktion der neuntgrößte Diamantenproduzent der Welt. 2007 wurden beispielsweise Diamanten im Umfang von 2 Mio. Karat, 2010 im Umfang von 1,6 Mio. Karat gefördert. 2013 konnte Namibia aufgrund gestiegener Nachfrage und Preise, trotz geringerer Förderung, höhere Gewinne erzielen.

1994 wurde die Gesellschaft Namdeb gegründet, an der der namibische Staat zur Hälfte beteiligt ist, die andere Hälfte gehört dem südafrikanischen Großkonzern De Beers. Die Gesellschaft übernahm alle Diamantenguthaben und Gebäude der De-Beers-Tochter CDM (Consolidated Diamond Mines) in Windhoek. Das Halbscheid-Abkommen (die Sperrgebietregelung) von 1923 wurde damit hinfällig, die Hälfte des Sperrgebiets ist an den Staat zurückgegeben worden. Namdeb wird weiterhin nur an die zentrale Verkaufsorganisation (CSO) verkaufen. Langfristige Abbaulizenzen sichern De Beers/Namdeb noch bis 2019 alle Schürfrechte auf dem Land und zur See. Im Jahr 2007 wurde die Firma Namibia Diamond Trading Company (NDTC) zur Verarbeitung und Vermarktung von Namibias Diamanten gegründet. Der Staat und De Beers sind wiederum jeweils zu 50 % beteiligt.

Die Vorkommen auf dem Land sind lange erforscht und inzwischen rückläufig, die Offshore-Diamantengewinnung nimmt dagegen mehr und mehr an Bedeutung zu. Die offshore gewonnenen Steine sind im Allgemeinen größer als die auf dem Land gewonnenen Steine, haben zu 98 % (!) Schmuckqualität und werden mit Rekordsummen auf dem Weltmarkt gehandelt. Der Durchschnittswert für einen Diamanten aus Namibia lag 2014 bei US$450 pro Karat. Mit großem Abstand folgen Kanada (US$195,30/Karat) und Südafrika (US$131,65/Karat). Die Prognosen für die Offshore-Diamantengewinnung sind äußerst positiv. 2013 wurden Diamanten im Umfang von 1,76 Mio. Karat gefördert. So werden die Diamanten weiterhin ein Rückgrat des namibischen Bergbaus und damit der namibischen Wirtschaft sein.

Energieversorgung

Namibias Wirtschaft ist energieintensiv, allein auf den Bergbau entfallen 30 % des Energiebedarfs. Der wichtigste Energiekonsument mit über 50 % ist das Transportwesen, bedingt durch die Weite und die dünne Besiedlung des Landes.

Im ländlichen Bereich müssen noch mehr als die Hälfte der Haushalte auf Holzkohle als Energiequelle zurückgreifen – dies stellt in einigen Teilen des Landes eine schwerwiegende Umweltbedrohung dar. Erdölprodukte werden zu 100 % importiert, davon kommen zwei Drittel aus Südafrika. Namibias Stromverbrauch liegt bei durchschnittlich 370 MW pro Tag. Das größte Kraftwerk ist das Ruacana-Wasserkraftwerk am Kunene (max. 240 MW Kapazität pro Tag). Die Wasserführung des Kunene ist jedoch aufgrund beschädigter Dämme in Angola unzuverlässig. Bei Bedarf wird in der Windhoek Power Station (das alte Van-Eck-Kohlekraftwerk) in Windhoek (max. 80 MW pro Tag) Strom erzeugt. Das Defizit bei der Stromerzeugung wird durch Stromimporte aus Südafrika, Zimbabwe und Zambia ausgeglichen: Schon 1982 wurde zur Sicherung der Stromversorgung eine Hochspannungsleitung nach Südafrika gebaut. Die preiswerten Stromimporte von Eskom aus Südafrika decken seither mehr als die Hälfte des Verbrauchs. Nun hat jedoch Südafrika selbst akute Versorgungsprobleme aufgrund des erhöhten Eigenbedarfs. Daher wird nach neuen Lösungen gesucht. Seit 2008 gibt es eine 350 kV-Hochspannungsleitung von den Victoria Falls auf der zambischen Seite bis nach Katima Mulilo. Damit ist zumindest die Stromversorgung für die Bewohner des Caprivi gesichert. NamPower, das namibische Staatsunternehmen, installierte in der ersten Jahreshälfte 2012 eine vierte Turbine im Wert von rund N$400 Mio. beim Ruacana-Wasserkraftwerk, die 80 MW pro Tag an Strom erzeugen soll. Zusätzlich soll Strom aus Mozambique und der Demokratischen Republik Kongo importiert werden. Schätzungen zufolge soll der Strombedarf bis 2030 auf jährlich 1500 MW steigen.

Wind- und Sonnenenergie haben für Namibia großes Potenzial, da fast immer die Sonne scheint und der „Südwester" meist kräftig bläst. Bislang stellen erneuerbare Energien jedoch nur 0,3 % der Energieversorgung. Die Anlagen sind sehr teuer, der Wartungsaufwand sehr hoch. Dennoch gab es schon ermutigende Entwicklungen: Im November 2005 wurde das erste Windrad an das Netz angeschlossen. Die Turbine östlich von Walvis Bay kann bis zu 220 KW erzeugen und damit etwa 50 Haushalte mit Strom versorgen. Hauptziel des bislang N$1,5 Mio. schweren Projektes ist jedoch, Daten in der Testphase zu liefern und den Anfang für einen kompletten Windpark zu machen. Weitere Entwicklungen gab es seither auf dem Gebiet der Windenergie leider nicht.

In der kleinen, abgelegenen Ortschaft Tsumkwe kurz vor dem Kaudom Game Reserve im Nordosten Namibias entstand ein anderes Projekt für erneuerbare Energien: Tsumkwe ist bislang nicht an das landesweite Stromnetz angeschlossen, auch in Zukunft scheint dies zu teuer. Stattdessen suchte 2005 das Ministerium für Bergbau und Energie nach alternativen Möglichkeiten zur Stromversorgung in Tsumkwe sowie zu deren Finanzierung. Das Projekt wird gemeinschaftlich von der Desert Research Foundation Namibia (DRFN), NamPower und dem Regionalrat der Otjozondjupa-Region umgesetzt; finanziell unterstützt wird es von der Europäischen Union. Grundidee der im September 2011 in Betrieb genommenen 200 KW Solar-Diesel-Hybrid-Anlage ist die optimale und effiziente Nutzung von erneuerbaren und herkömmlichen Energien. Inzwischen gibt es in Tsumkwe 80 Solarpaletten für Heißwasserboiler; 80 elektrische Öfen wurden gegen Gasöfen ausgetauscht und Glühbirnen durch Energiesparbirnen ersetzt.

Das Kudu-Gasfeld

Das bereits 1974 entdeckte Kudu-Gasfeld liegt rund 150 km vor der Küste Namibias zwischen Lüderitz und Oranjemund in einer Tiefe von etwa 4500 m unterhalb der dortigen Meerestiefe von 170 m. Die Vorkommen sollen sich nach wiederholt revidierten Schätzungen auf 15 Billionen m³ Gas belaufen – damit könnte es das bedeutendste Erdgasvorkommen Afrikas sein. Die Kapazitäten sind ausreichend, um ein 800 MW produzierendes E-Werk über einen Zeitraum von 25 Jahren und mehr zu betreiben.

2004 kam Bewegung in den bis dato schleichenden Prozess: Der Energieminister erklärte das Kudu-Gasfeld zum „Projekt von nationaler Bedeutung". Die Energiekonzerne Energy Africa, Namcor und NamPower schlossen sich zusammen, um das Gasfeld zu erschließen. Der südafrikanische Stromversorger Eskom sagte sowohl Hilfe beim Management des geplanten Kraftwerks als auch den Kauf des zu produzierenden Stroms zu. Dies ist eine zwingende Voraussetzung für die Wirtschaftlichkeit des Kraftwerks. In der Diskussion stehen momentan zwei Standorte: entweder ein Offshore-Kraftwerk im Atlantik direkt über dem Gasfeld oder aber Rohrleitungen für das Gas bis nach Rosh Pinah, wo das Kraftwerk errichtet werden könnte.

Nach weiteren jahrelangen Diskussionen ist das Kudu-Gasprojekt Mitte 2007 mit der Unterzeichnung eines Investitionsvertrages in greifbare Nähe gerückt. Dabei erhält Namcor (National Petrolium Corporation of Namibia) 10 %, die restlichen Anteile teilen sich die britische Energiefirma Tullow Oil und der japanische Konzern Itochu. Die Investoren verpflichten sich, das Gas an Land zu bringen und es hier dem staatlichen Energieversorger NamPower zu übergeben, der die weitere Verteilung übernimmt. Als Standort für ein Gaskraftwerk sind Oranjemund und Walvis Bay im Gespräch. Geplant ist nun, 2017 ans Netz zu gehen.

Bis tatsächlich Strom ins Netz gespeist werden kann, werden wohl noch einige Jahre oder Jahrzehnte ins Land gehen.

Verarbeitende Industrie

Die verarbeitende Industrie ist nach wie vor sehr schwach entwickelt, Hauptbereiche sind die Getränkeindustrie (Namibia Breweries) und die Verarbeitung von Landesprodukten, insbesondere Fischverarbeitung. Nur dieser ist es zu verdanken, dass der Anteil der verarbeitenden Industrie am BIP auf 15 % gestiegen ist.

Als Gründe für den kleinen Anteil der verarbeitenden Industrie am BIP werden die hohen Transportkosten, die geringe Bevölkerungsdichte und damit die sehr schwache Kaufkraft, aber auch ungünstige Bedingungen für Investoren wie niedrige Produktivität, schlechte Ausbildung sowie die großen Schwierigkeiten bei der Erteilung von Arbeitsgenehmigungen genannt.

Mit Sonderwirtschaftszonen, Freihandelszonen und den sogenannten EPZ (Export Processing Zones) versucht die Regierung, neue Anreize für Investoren zu schaffen.

Handel

Namibia führt mehr ein, als es ausführt, und ist abhängig von äußeren Faktoren wie Währungsschwankungen und Rohstoffpreisen auf dem Weltmarkt. Als Mitglied der südafrikanischen Zollunion muss Namibia teilweise Produkte zu höheren Preisen als auf dem Weltmarkt aus Südafrika einführen.

Die Importe Namibias erstrecken sich zum größten Teil auf Maschinen (für den Bergbau), Chemikalien (für die Landwirtschaft) und Konsumgüter (bis zu einem Viertel der Importe). Die Importe stammen bis zu 90 % aus Südafrika. Diamanten stellen das wichtigste Exportgut dar. Es folgen Uran und Schlacht- sowie Lebendvieh. Die wichtigsten Bestimmungsländer für die Ausfuhren Namibias sind die westlichen Industrieländer (etwa 70 %) und die Länder im Gebiet der südafrikanischen Zollunion (etwa 25 %).

Investoren aus dem Ausland unterliegen keinerlei Devisenbeschränkungen hinsichtlich der Einfuhr von Kapital nach Namibia, ebenso ist es ihnen möglich, Investitionskapital, Zinsen und Dividenden wieder ins Ausland zu bringen.

Tourismus

Die Tourismusindustrie hat sich seit der Unabhängigkeit enorm entwickelt und stellt inzwischen mit 15,7 % (2013) den zweitgrößten Anteil am BIP in der Privatindustrie (nach dem Bergbau). Die Bruttodeviseneinnahmen liegen bei N$12 Mrd. im Jahr, Tendenz steigend. Damit ist der Tourismus der zweitgrößte Devisenbringer. Ungefähr 100 000 Menschen sind direkt oder indirekt in der Tourismusindustrie beschäftigt, was deren Bedeutung für Namibias Wirtschaft noch unterstreicht.

Jährlich werden die **Besucherzahlen** bekannt gegeben. 1997 überstieg die Besucherzahl eine halbe Million. 2007 besuchten über 1 Mio. Touristen das Land, was vor allem auf den günstigen Wechselkurs des Namibia-Dollar gegenüber dem Euro zurückzuführen ist. 2009 gingen die Besucherzahlen infolge der Weltwirtschaftskrise leicht zurück, 2010 haben 980 173 Personen Namibia besucht, davon kamen 81 974 aus Deutschland.

Es reisten mehr Besucher (etwa 36 %) aus Angola ein als aus Südafrika (etwa 22 %). Meist handelt es sich dabei aber um Besuche von Verwandten oder Geschäftsreisenden. Die Südafrikaner sind ebenfalls keine finanzkräftigen Touristen – es kommt selten vor, dass Südafrikaner in einer Lodge übernachten, sie machen im Allgemeinen Campingurlaub. Von anderen Kontinenten kommen 23,2 % der Touristen, aus Europa allein 17 %, davon inzwischen 47,2 % aus Deutschland. Die Auslastungsrate der Gästezimmer liegt zwischen 46 % und 56 %, abhängig von der Region.

Der Tourismusboom wird allerdings nur von Dauer sein, wenn die Einmaligkeit und Ursprünglichkeit Namibias erhalten bleibt. Daher wird auf den Naturschutz besonderen Wert gelegt. Er ist in der Verfassung verankert, es gibt zahlreiche Naturreservate und Parks. Die Gesamtoberfläche aller Naturschutzgebiete nimmt 15 % der Landesoberfläche ein, das größte Naturschutzgebiet ist mit 49 768 km² der Namib-Naukluft Park.

Zukunftsschwerpunkte im Tourismus sind die noch stärkere Einbindung der einheimischen Bevölkerung, die Erschließung touristisch unterentwickelter Regionen sowie eine Verbesserung der Ausbildung und des Servicestandards des Personals. Zur besseren Strukturierung des Tourismussektors wurde im Jahr 2000 das Namibia Tourism Board gegründet (mehr dazu im Kapitel „Praktische Tipps", Übernachtung).

Arbeitsmarkt

Hauptprobleme des namibischen Arbeitsmarktes sind die hohe Arbeitslosigkeit (offizielle Zahl 2013: 27 %) auf der einen und der Mangel an ausgebildeten Fachkräften auf der anderen Seite. Unter Hinzurechnung der Unterbeschäftigten wird die Arbeitslosenquote deutlich höher geschätzt. Da das Wirtschaftswachstum zu gering ist, um solche Zahlen aufzufangen, wird die Arbeitslosigkeit in Namibia als unlösbares Problem angesehen. So etwas wie das Arbeitslosengeld der Bundesrepublik gibt es in Namibia nicht. Ein weiteres, in seinen Konsequenzen noch unabsehbares Problem ist die HIV/Aids-Epidemie. Der öffentliche Dienst und der Landwirtschafts- und Bergbausektor sind die größten Arbeitgeber. Der wirtschaftlich aktive Teil der Bevölkerung wird auf 600 000 geschätzt, etwa 200 000 Personen sind im formalen Wirtschaftssektor beschäftigt.

Die Anzahl der Angestellten im öffentlichen Dienst ist von 42 500 vor der Unabhängigkeit auf aktuell 78 000 gestiegen. Die Personalausgaben verschlingen 47 % des namibischen Haushalts (zum Vergleich: In Großbritannien sind es 11 %).

Die Landwirtschaft beschäftigt direkt 40 % aller Arbeitskräfte und ist damit der größte Arbeitgeber des Landes. Namdeb, die Tochtergesellschaft von De Beers und des namibischen Staates, ist der größte private Arbeitgeber in Namibia. Frauen arbeiten überwiegend in privaten Haushalten, im Gesundheits- und Sozialwesen sowie im Dienstleistungsbereich.

Entwicklungshilfe

Nach der Unabhängigkeit ist Namibia besonders großzügig von der „Ersten Welt" unterstützt worden (Hauptgeber nach der Konferenz in New York 1990 waren Deutschland, Schweden, Finnland und Norwegen). Die zugesagten Hilfen wurden mehrheitlich projektgebunden vergeben, was eine Herausforderung für die neue Regierung darstellte, die aus Unerfahrenheit eher frei verfügbare Zuschüsse erwartet hatte.

Namibia hat, gemessen an seiner Einwohnerzahl, in den ersten zehn Jahren nach der Unabhängigkeit mit rund US$100 pro Kopf pro Jahr mehr Entwicklungshilfe erhalten als jedes andere Dritte-Welt-Land. Dies waren im Schnitt 5 % des BIP bzw. 15 % der Regierungsausgaben jährlich. Finanziert wurden davon unter anderem die Verbesserung der Infrastruktur, der Bau von Schulen und Krankenhäusern, der Anschluss ganzer Dörfer ans Stromnetz, die Verbesserung der Wasserversorgung, vor allem aber eine Vielzahl von Ausbildungsprojekten in verschiedenen Bereichen.

Aufgrund der historischen Geschehnisse fühlt sich Deutschland gegenüber Namibia bis heute besonders in der Pflicht. Namibia erhält von der Bundesrepublik mit 35 € die höchste Pro-Kopf-Entwicklungshilfe aller afrikanischen Länder. In den vergangenen Jahren waren dies insgesamt 12 Mio. € pro Jahr, 2007 wurde die Summe sogar auf 20 Mio. € erhöht. Während der ersten 14 Jahre nach der Unabhängigkeit hat Deutschland insgesamt über 500 Mio. € an technischer und finanzieller Hilfe an Namibia vergeben. Unter anderem wurden ein Wasserversorgungsprojekt im Caprivi, der Trans-Caprivi-Highway, der Ausbau der Infrastruktur des Hafens in Walvis Bay, Low-Cost-Housing in Windhoek sowie ein Programm zur Bekämpfung der Desertifikation finanziert. Schwerpunkt der Arbeit vieler Institutionen (darunter die Kreditanstalt für Wiederaufbau, Deutsche Gesellschaft für Internationale Zusammenarbeit, Bundesanstalt für Geowissenschaften und Rohstoffe, Kirchen) ist die Verbesserung der Lebenssituation der Menschen in Namibia, die Bekämpfung der Armut und die Bekämpfung von HIV/Aids (Kasten S. 162/163). Aktive Hilfe bieten zusätzlich immer noch die vielen deutschen Stiftungen.

Der Trend für die Entwicklungshilfe in der Zukunft ist rückläufig, die Geberländer legen nunmehr stärkeres Gewicht auf Handelsbeziehungen und regionale Hilfsprogramme. Beeinflussende Faktoren sind dabei auch die viel kritisierte Politik der namibischen Regierung (etwa der Bau vieler Prestigeobjekte wie des Supreme Court und des neuen Staatshauses in Windhoek, die Kongo-Politik und die Menschenrechtsverletzungen im Caprivi).

Religion

Die Verfassung Namibias garantiert die Glaubensfreiheit. Etwa 80 % der Bevölkerung sind Christen, die Evangelisch-Lutherische Kirche Namibias ist die größte Kirche im Land. Dieser Kirche gehören etwa 80 % der Ovambo und ein Großteil der Kavango an. Neben dem christlichen Glauben pflegen fast alle Völker Namibias gleichzeitig noch ihre alten Bräuche und Traditionen. So wenden sie sich bei Krankheiten und psychischen Problemen häufig an ihren Medizinmann (s. Bevölkerung).

Aus der Missionsgeschichte des Landes stammen drei lutherische Kirchen, die sich über die gemeinsame Konfession hinaus um größere strukturelle Einheit bemühen: Die Evangelisch-Lutherische Kirche in Namibia (ELCIN) im Norden des Landes entstammt der früheren finnischen Mission, die Evangelisch-Lutherische Kirche der Republik Namibia (ELCRN) hat ihren Ursprung in der Rheinischen Missionskirche, und die Deutsche Evangelisch-Lutherische Kirche (DELK) ist aus vereinzelten deutschsprachigen Siedlergemeinden entstanden. Ungefähr 57 % der namibischen Bevölkerung gehören der lutherischen Konfession an.

Der Rat der Kirchen in Namibia, eine Dachorganisation mit sieben vollwertigen Mitgliedern und zwei Mitgliedern mit Beobachterstatus, ist die größte kirchliche Organisation im Land. Dieser Rat verwaltete 1989 die Wiedereinbürgerung von 45 000 Flüchtlingen und Exilanten.

Nur 1 % der Bevölkerung sind Moslems. Erst seit 1993 gibt es eine Moschee in Windhoek.

Ein beachtenswertes Buch ist *History of the Church in Namibia – An Introduction* von G.L. Buys & S.V.V. Nambala (ISBN 99916-0-490-1, Gamsberg Macmillan 2003, nur in Englisch). Es ist nicht nur das erste Buch über die Geschichte der Kirchen aller Konfessionen in Namibia, sondern ist von der Herangehensweise geradezu einzigartig. Die beiden Autoren stammen aus zwei sich zu Apartheidzeiten bekriegenden Lagern, nämlich den Ovambo (stärkste Front in der Swapo) und Buren (Afrikaaner, also die damals in Südafrika herrschende weiße Klasse). Mit ihrem Werk überwanden sie Gräben, die auch heute noch gegenwärtig sind – und mussten sich dafür von den eigenen Reihen beschimpfen lassen. Die Versöhnung der beiden Lager ist denn auch eines der wichtigsten Anliegen dieses Buches. Nambala und Buys fügten die gegensätzlichen Ansichten über die Kirchengeschichte Namibias zusammen und schufen so eine chronologische Abhandlung (1805 bis 1990), die sowohl die Geschichte Namibias als auch die verschiedenen Völker beleuchtet. Geschildert werden die Situation im Land vor Ankunft der Missionare, die Entwicklung der verschiedenen Konfessionen sowie die Verquickung von Apartheid auf der einen und Befreiungstheologie auf der anderen Seite mit der christlichen Lehre. Die Autoren möchten mit ihrem Werk einen Beitrag zur Versöhnung und zu einer einheitlichen „afrikanischen christlichen Weltanschauung" leisten.

Kunst und Kultur

Einen „Kunst"-Begriff als solchen gibt es im traditionellen Afrika nicht. „Kunst" ist ein Konzept des Westens. Das, was wir als Kunst bezeichnen, war und ist in Afrika Teil des Alltagslebens, nämlich Gebrauchsgegenstände, Spiritualität, Musik, Tanz und vieles mehr. Das kulturelle Erbe der Völker Namibias ist unmittelbar an ihre Traditionen geknüpft – **Traditionen** sind Säulen der Gesellschaft in Afrika. Obwohl jeder Stamm seine eigenen Rituale und Traditionen ausübt, gibt es doch viele Gemeinsamkeiten. An erster Stelle steht die Großfamilie, die bei allen afrikanischen Völkern eine zentrale Rolle spielt.

Im Leben des Einzelnen ist das Initiationsritual das erste gesellschaftlich bedeutsame Ereignis. Bei einigen Stämmen ist die männliche **Beschneidung** Teil dieser Tradition, bei den Herero z. B. ist sie ein Muss, jedoch wird sie inzwischen bei den Aufgeklärteren von einem Arzt unter Narkose vorgenommen. Bei keinem Volk in Namibia ist es üblich, die Mädchen der grausamen und gefährlichen Beschneidungszeremonie zu unterwerfen, die in weiten Teilen Afrikas immer noch üblich ist (sehr interessant und erschreckend hierzu das Buch der Somalierin Waris Dirie *Die Wüstenblume*).

Die **Hochzeit** ist ein weiterer Meilenstein in der individuellen Entwicklung. Insbesondere auf dem Lande gilt es auch heute als normal, mehrere Ehefrauen zu haben. So kann ein Mann Vater von 20 und mehr Kindern sein. Allerdings fehlt oft der finanzielle Spielraum, dann auch allen Kindern Kleidung, eine entsprechende Ausbildung und Entwicklungsmöglichkeiten zu bieten. **Viehherden**, hauptsächlich Rinder, spielen bei vielen Völkern eine große Rolle als Prestigeobjekt – reich ist, wer große Rinderherden sein Eigen nennen kann. **Religion**, Ahnenkult und übernatürliche Kräfte bestimmten den Alltag, den Jahres- und Lebensrhythmus (s. Bevölkerung und Sprachen).

Die Ankunft der Weißen im südlichen Afrika verursachte einen Bruch in den Traditionen der einheimischen Völker. Seither verfallen mit zunehmender **Verwestlichung Afrikas** die alten Werte immer mehr. Zum Beispiel wurden die Männer von den Weißen als Arbeitskräfte in die sich entwickelnden Städte gelockt, die Frauen blieben mit den Kindern in den Dörfern zurück. Die Familienstruktur zerfiel. Die Apartheidpolitik verstärkte diese Tendenzen erheblich und unterdrückte auch sonst nach Kräften alles, was mit Kultur und Tradition der Schwarzen zusammenhing. Ganze Dörfer wurden zerstört, die Bewohner von den Stätten ihrer Ahnen vertrieben. Die mündlich überlieferte Geschichtskette, die jahrhundertelang von Generation zu Generation weitergegeben wurde, riss zum Teil ab.

Hinzu kommt, dass es für gesellschaftliche Entwicklungsschübe immer einer Zeit der Anpassung bedarf. Die fehlt heute in Afrika oft, da sich die Dinge einfach zu schnell ändern. Orientierungslosigkeit ist eine Folge davon. Eine andere sind die neuen Chancen, die für Künstler entstehen; neue Richtungen in der Kunst, wo Neues mit Altem, Traditionelles mit Westlichem verbunden wird. Viele Afrikaner bezeichnen sich lieber als schöpferisch tätige Menschen denn als Künstler, weil dies weniger eingrenzend ist als das kommerzialisierte, westliche Kunstverständnis.

In Namibia ist deutlich zwischen der Kunst vor der Unabhängigkeit, die mehr eine Kunst des Widerstandes im Untergrund war, und der nach der Unabhängigkeit zu unterscheiden. Es wird von eurozentrischer Kunst vor der Unabhängigkeit gesprochen, denn die bekannten und ausstellenden Künstler waren fast ausschließlich Weiße. Erst seit der Unabhängigkeit haben Künstler das Recht, sich frei zu äußern. Der Aufschwung im Tourismus nach der Unabhängigkeit gibt vielen Künstlern die Möglichkeit, sich mit ihrer Kunst ein Einkommen zu schaffen.

Für den Aufbau der namibischen Nation sind Kunst und Kultur wesentliche Faktoren. Es geht daher in der zeitgenössischen Kunst Namibias um die Entwicklung des Landes, um das Selbstverständnis und das Selbstbild seiner Bewohner, aber auch um das Ringen um eine kulturelle Identität. Vor allem aber ist die Kunst von der vielseitigen Landschaft Namibias geprägt, von der herben, spröden Schönheit, den einmaligen Lichtverhältnissen, dem manchmal schweren Lebenskampf, der Magie und Spiritualität und der Lebensfreude aller Lebewesen hier.

Und natürlich spiegelt auch die Kunst das Mit- und Nebeneinander der vielen verschiedenen Völker Namibias und von Schwarz und Weiß wider. Man kann jedoch nicht von einer einheitlichen Kunst Namibias sprechen, dafür ist das Land mit seinen vielen Völkern und deren jeweiliger Kultur und Geschichte zu vielschichtig.

Felsgravuren und -malereien

Namibias besonderes und einzigartiges Kulturerbe sind die vielen tausend Felsgravuren und -malereien, nicht nur wegen ihres Alters von 2000–4000 Jahren. Wissenschaftler heben vor allem die gute Qualität der Gravuren und Malereien hervor.

Die Felsgravuren und -malereien sind oftmals einziges Zeugnis eines Zeitalters, in dem Geschichte noch nicht aufgeschrieben wurde. Genaues Alter und Bedeutung dieser Kunstwerke, aber auch die Herkunft der Künstler und ihre Stammeszugehörigkeit sind nach wie vor ein Rätsel. Auch wenn angenommen wird, dass es San waren, die diese Zeugnisse vergangener Zeiten hinterließen, gibt es dafür keinen eindeutigen Beleg – und die heutigen Nachkommen der San verfügen leider über keine diesbezüglichen Überlieferungen.

Felskunst kommt fast überall in Namibia vor, besonders an der Grenze der Namib und im Damaraland (u. a. an der Spitzkoppe, am Brandberg und natürlich auch bei Twyfelfontein). Die Malereien sind in Höhlen und an Felshängen zu finden, wo sie vor Erosion geschützt waren und wo Wasserstellen in der Nähe waren, die von Menschen und Tieren gleichermaßen genutzt wurden. Zum Malen verwendeten die Künstler aus Tier- und Menschenhaar hergestellte Pinsel sowie Spachtel aus Knochen. Als Farben dienten Ocker, Magnesium, Gips und Kohle, die mit Blut, Eiweiß oder Knochenmark gemischt wurden. Für die mit Stein- und Knochensplittern gefertigten Gravuren wurden hauptsächlich hervorstehende, aufgerichtete, glatte Steine und Felsplatten genutzt.

Die ersten Felsmalereien wurden schon 1876 von Palgrave in der Nähe von Keetmanshoop entdeckt. Die Giraffen in der Apollo-11-Grotte in den Hunsbergen ganz im Süden Namibias wurden auf 26 000 v. Chr. datiert – sie zählen zu den ältesten bekannten Kunstwerken Afrikas.

Ein Drittel der **Felsmalereien** stellen Tiere dar. An erster Stelle steht die Giraffe und dann kommt der Springbock. Der Springbock gilt als Metapher für die Intaktheit der Natur, für ihren Reichtum, für das harmonische Leben in und mit der Natur. Als wiederkehrende Besonderheit tritt die Schlange mit Ohren auf. Eindeutig sind auch die zwei verschiedenen Nashörner zu erkennen.

Die Tiere sind meist sehr realistisch dargestellt, während die Menschen, die in zwei Drittel der Malereien vorkommen, immer stilisiert wurden. Weniger Jagdszenen sind es, die den Großteil der Malereien von Menschen ausmachen, sondern Frauen und Männer beim Tanz und bei der Ausführung anderer Rituale. Häufig wird die Gleichheit und Gemeinschaft der Menschen mit Hilfe eines geschlechtslosen menschlichen Wesens dargestellt.

Unter anderem am Brandberg, der höchsten Erhebung Namibias, boten zahlreiche Überhänge den Menschen Zuflucht, die sich auch hier mit Felsmalereien verewigten. Über 48 000 Felsmalereien wurden bislang im Brandbergmassiv gefunden. Die bekannteste Malerei, die „Weiße Dame", ist heute vergittert, da Besucher ihr schon sehr zusetzten. Die „Weiße Dame" wurde von Reinhard Maack Ende des Jahres 1917 entdeckt, als er durch die Tsisab-Schlucht den Königstein bestieg. 1947 meinte der Franzose Abbé Breuil eine Verwandtschaft zu den weiblichen Figuren auf Kreta und in Ägypten zu erkennen und prägte den falschen Namen, denn Wissenschaftler sind sich heute einig, dass die dargestellte Figur eindeutig ein männliches Wesen ist. Der Forscher Denninger datierte die „Weiße Dame" 1965 mit Hilfe der chromatografischen Bindemittelanalyse (Messung des Halbzeitwertes des Bindemittels) auf ein Alter von 1500 plus/minus 300 Jahren.

Vor allem der Archäologe Harald Pager hat sich um die Erforschung der Malereien am Brandberg verdient gemacht. Der 1985 verstorbene Forscher hat jahrelang in dem 600 km^2 großen Gebiet gelebt, um eine Dokumentation der Felsmalereien zu erstellen. Akribisch genau hat er Malerei um Malerei samt Umfeld auf insgesamt 5000 Folien übertragen. Nach seinem Tod wurden die Folien in der Universität Köln ausgewertet und zur Veröffentlichung vorbereitet. Sechs Bildbände sind bislang erschienen, sieben sollen es insgesamt werden. Im April 2005 wurden die Folien zurück nach Namibia gebracht, auch Pagers Tagebücher und Fundortzeichnungen hat die Uni Köln Namibia übergeben. Seitdem werden die historischen Dokumente im Nationalarchiv in Windhoek aufbewahrt, wo sie auch der Öffentlichkeit zugänglich sind.

In der Gegend von Helmeringhausen ist die einzige Abbildung eines Schiffes zu finden. Bei dieser weißen, mit einem Alter von etwa 300 Jahren relativ jungen Malerei handelt es sich um einen holländischen Dreimaster. Im Gegensatz zu den Malereien wurden bei den **Gravuren** hauptsächlich Tiere stilisiert, Menschen sind kaum zu finden. Die über 2500 Felsgravuren und -malereien in den Sandsteinformationen von Twyfelfontein sind die bekanntesten prähistorischen Zeugnisse Namibias. Mehr dazu im entsprechenden Ortskapitel.

Bildende Künste

Körbe und Töpfe sind im Alltag auf dem Dorf unentbehrlich. Fast immer werden sie von den Frauen selbst hergestellt. Dabei verwenden diese oft kunstvolle Muster und Farben. Generell ist bei allen Gebrauchsgegenständen in Afrika eine ästhetische Komponente zu entdecken, in der sich die Persönlichkeit des Herstellenden ebenso wiederfindet wie sein kulturelles Erbe. **Holzskulpturen** haben ihren Ursprung in der spirituellen Welt der Völker Afrikas. Sie wurden als eine Art geheimnisvolles Heiligtum geschaffen. Sie stellen Ahnen, Götter, Dämonen und Fetische dar, sie werden verehrt, angebetet, gefürchtet oder auch um Rat gefragt, sie werden zur Magie genutzt, um jemanden mit einem Fluch zu belegen oder aber diesen aufzuheben.

Auch das **Jagd- und Kriegsmaterial** hat heute eine Aufwertung als Kunstgegenstand erfahren. Wurfspieße, Pfeil und Bogen, Keulen und andere Jagdgegenstände geben einen Einblick in die Kultur der einzelnen Stämme und werden dadurch erst interessant. Kunstvolle **Stickereien** und kreative **Webkunst** sind beste Beispiele der zeitgenössischen, funktionellen Kunst Namibias.

Einen Überblick über die bildenden Künste und das kulturelle Erbe Namibias bietet die **National Art Gallery** in Windhoek in der John Meinert Street, Ecke Robert Mugabe Avenue. Neben wechselnden Ausstellungen verschiedener Künstler aus dem In- und Ausland, die Namibia immer in irgendeiner Form thematisieren, gibt es die Dauerausstellung, die seit 1965 beständig anwächst. Dabei sind alle Sparten vertreten, die Namibias bildende Künste ausmachen: von Malerei, Druck und Grafik über Fotografie bis hin zu Skulpturen, Schnitzereien und Kunsthandwerk im weitesten Sinne.

John Muafangejo war der erste einheimische Künstler, der schon zu Apartheidzeiten Einzug in internationale Galerien hielt. Er ist gleichzeitig Namibias bekanntester Künstler. Durch seinen frühen Tod 1987 kam er weder in den Genuss des eigenen Erfolges, noch konnte er den gesellschaftlichen Wandel, den er durch seine Kunst unterstützt hat, miterleben. Seine schwarzweißen Linolschnitte waren richtungweisend für eine ganze Künstlergeneration. Heute sieht man schwarzweiße Linolschnitte überall in Namibia, in öffentlichen Gebäuden ebenso wie in privaten Häusern. 1994 wurde zu seinen Ehren das **John Muafangejo Art Centre** errichtet, wo heute eine neue Generation von Künstlern unter der Schirmherrschaft der National Art Gallery eine Ausbildung erhält. Es ist heute Teil des Katutura Community Art Centre in Windhoek (S. 234). Der bekannte namibische Maler Joe Madisia hatte dieses Kunstzentrum in der Anfangsphase geleitet. Joe Madisia hat übrigens aus Muafangejos Linolschnitt den Pappdruck *(cardboard print)* entwickelt: Pappe und Kartons sind billiger und überall erhältlich.

Ein erklärender Begleiter der ständigen Ausstellung und das einzige Buch, das einen Überblick über die bildende Kunst Namibias gibt, ist *Art in Namibia* von Adelheid Lilienthal; das leider nur in Englisch erschienene Buch gibt es in der National Art Gallery. Adressen von Museen und Galerien in den Regionalkapiteln.

Darstellende Künste

Das Zentrum der darstellenden Künste Namibias ist Windhoek, hier ist das **National Theatre of Namibia** (NTN) gleich neben der National Art Gallery in der Robert Mugabe Avenue zu finden. Im NTN kommen ebenso traditionelle und klassische Theaterstücke wie auch neue Produktionen zur Aufführung. Sinfoniekonzerte und Opern bestreitet das nationale Sinfonieorchester, das aus Amateuren besteht, oft mit internationalen Solisten.

Selbst Ballettaufführungen gibt es, beispielsweise mit den Schülern des College of the Arts, der Kunst- und Musikschule Windhoeks.

Lokale Musikproduktionen und Shows werden regelmäßig von der Namibia Music Factory live aufgenommen und auf CD gebrannt. Die Namibia Music Factory ist ein Projekt der Brauerei, eines lokalen Musikstudios, Radio 99 und des NTN. Vom NTN gehen sehr viele Impulse in der Kunstszene aus. So hat das NTN eine Initiative zur Verbreitung der darstellenden Künste angeregt. Ziel dieses überwiegend von der EU finanzierten Projekts, das über 5–15 Jahre laufen wird, ist die Errichtung eines Netzwerkes von 13 Theatern landesweit – eines für jede Region Namibias.

Diese regionalen Aktivitäten und Initiativen des NTN werden vor allem von Brot für die Welt, von der finnischen und der niederländischen Botschaft, von privaten Sponsoren und von dem Franco-Namibischen Kulturzentrum (S. 210) finanziell unterstützt. Die Zusammenarbeit mit diesem Kulturzentrum beschränkt sich jedoch nicht auf die Finanzen, sondern umfasst auch zahlreiche gemeinsame Projekte und Aufführungen.

Auf die Bildung und Förderung der Jugend legt das NTN ganz besonderen Wert. Im Rahmen eines Jugendtheater-Projektes des NTN entstanden elf Theatergruppen mit mehr als 120 Schauspielern. Außerdem werden periodisch Workshops und Kurse für Schauspieler und Bühnentechniker veranstaltet.

Das *Namibian Plays Volume one* ist das erste Buch über Namibias darstellende Künste, es ist direkt beim NTN erhältlich.

Das **Backstage Dinner Theatre** ist das erste Theater in Namibia, das die Idee eines gemütlichen Abendessens mit der Idee von Theatervorstellungen verbindet.

Eine feste Einrichtung ist inzwischen das jährliche **Filmfestival** im Franco-Namibischen Kulturzentrum geworden, wo namibische Spiel-, Dokumentar- und Werbefilme gezeigt und gekürt werden.

Zum Pan African Film & Arts Festival (PAFF) in Los Angeles 2008 war erstmalig eine namibisch-amerikanische Koproduktion nominiert. In Charles Burnett's *Namibia: The Struggle for Liberation* wird das Leben von Ex-Präsident Sam Nujoma porträtiert. Der Film gilt als erste professionelle Spielfilmproduktion des Landes und wurde tatsächlich gleich mit dem PAFF Vision Award ausgezeichnet.

Viele künstlerische Impulse gehen vom Katutura Community Art Centre in Windhoek aus, S. 234.

Afrikas Musik

Die Vorstellung von Afrika ist immer auch mit der Vorstellung afrikanischer Musik verbunden. Meist mit der Vorstellung einer zeitlosen Trommelmusik am Feuer unter dem afrikanischen Sternenhimmel – wird doch Afrika auch als Kontinent der Trommeln bezeichnet.

In Afrika ist Musik allgegenwärtig. Und die Musik ist immer an Bewegung gebunden, wird also nie nur konsumiert, sondern immer aktiv mitgestaltet. So bedeutet in vielen Bantu-Sprachen das Wort *ngoma* gleichzeitig „Trommel" und „Tanz". Afrikanische Musik ähnelt einem dicht gewobenen Netz, es ist ein dreidimensionaler Raum aus Noten, Bewegung und Gefühlen. Jedes Ereignis im Leben eines Afrikaners, von der Geburt bis zum Tod, wird von Musik begleitet, das Alltagsleben wäre undenkbar ohne Musik. Und die Musik gilt immer auch der Spiritualität, der direkten Verbindung zu den Göttern. Eine wesentliche Komponente afrikanischer Musik stellt der Ruf-Antwort-Gesang, sozusagen der musikalische Dialog, dar. Ein anderes Merkmal ist die Zweckgebundenheit der Musik – bei den täglichen Arbeiten auf dem Lande, wie dem Maisstampfen, wo die Arbeitswerkzeuge zu Instrumenten werden.

Die afrikanische Musik ist breit gefächert, Stile und Interpretationsweisen ändern sich von Region zu Region. Die Verbindung traditioneller Musik auf dem Lande mit neuer, moderner Musik und Musiktechnik der Neuen Welt ist eine der spannendsten Entwicklungen in der Musik überhaupt.

Rasseln verschiedener Art bestimmen mit den Trommeln die afrikanische Musik.

Afrikas wichtigstes und vielseitigstes Musikinstrument ist der menschliche Körper – singend, tanzend, klatschend, stampfend und trommelnd macht er die afrikanische Musik aus. Die anderen Instrumente sind wieder von der jeweiligen Region geprägt – die etwa bestimmt, was für Pflanzen für die Herstellung der Instrumente genutzt werden können. Neben Trommeln und anderen Perkussionsinstrumenten sind die Mbira, das Daumenklavier Zimbabwes, und die Marimba, das Xylophon des südlichen Afrika, auch aus der namibischen Musik nicht wegzudenken. Die Gitarre kam durch die Portugiesen aus Europa nach Afrika und erwies sich als derart anpassungsfähig und für afrikanische Musik geeignet, dass sie *das* Instrument Afrikas geworden ist, oft auch in Form des Banjos. Das Akkordeon hielt ebenfalls Einzug in die afrikanische Musik, wenn sein Einfluss auch nicht so groß wurde.

Eine völlig eigenständige **namibische Musik** gibt es nicht. Wie auch, bei dieser Völkervielfalt und den vielen verschiedenen Einflüssen, die auf Namibia wirkten und noch immer wirken. Die namibische Musik wird vor allem von südafrikanischen und amerikanischen Stilen wie Kwaito, Rhythm & Blues, Reggae, Rap und Hip-Hop bestimmt.

Das NTN hat 2001 ein Projekt ins Leben gerufen, das unter den Musikern Namibias bis heute breiten Anklang findet: Die Band **Sidadi** (Nama für „Es ist unserer Eigenes“) will einen eigenen Musikstil kreieren, der traditionelle namibische Musik und moderne Musikrichtungen zu Unverwechselbarem vereint. 20 namibische Musiker machen bei diesem Projekt mit. Bezeichnenderweise wurde Sidadi in der Gründungsphase bei Komposition und Arrangements vom Senegalesen Pape Dieye unterstützt. Seither ist dieser gemeinsam mit Willie Mbuende, einem der führenden Musiker Namibias, musikalischer Direktor von Sidadi und kommt jeweils für Proben und Auftritte nach Namibia. Zu jeder Auftrittsserie werden außerdem Gastmusiker aus den verschiedenen Regionen Namibias hinzugebeten, die ihrerseits Neues in die Sidadi-Musik einfließen lassen. 2005 machte die Band unter Leitung ihrer beiden Direktoren wieder von sich reden, als sie ihre erste Tournee durch das südliche Afrika antrat.

Filmkulisse Namibia

Anfang 2002 fühlten sich die Namibier besonders geehrt, als die Gegend um Swakopmund als Drehort (Namib und Rössing Berg) für einen Paramount-Film ausgewählt wurde. Ein Teil der Geschichte des Flüchtlingsdramas *Beyond Borders* mit Angelina Jolie spielt in Äthiopien, konnte dort jedoch aufgrund der unsicheren Lage nicht gedreht werden. Der Film kam im Januar 2004 auch in Namibia in die Kinos. Nur im ersten Drittel des Films dient Namibia als Kulisse der Handlung, allerdings ist von der namibischen Landschaft kaum etwas zu erkennen. Und Gott sei Dank gibt es solch geballtes Elend in Namibia nicht.

Namibia mausert sich weiterhin als Filmkulisse. Im November 2003 kam Dennis Quaid, um hier in *Flight of the Phoenix* die Hauptrolle zu mimen. Die Dünen südlich von Swakopmund bilden den Hintergrund der Geschichte, die sich eigentlich in der Wüste Gobi ereignet hat.

Große Aufregung herrschte in Namibia in der ersten Jahreshälfte 2006, als **Angelina Jolie**, nach Dreharbeiten im Land offensichtlich dem Namibia-Virus verfallen, sich gemeinsam mit ihren Kindern und ihrem Lebenspartner **Brad Pitt** mehrere Monate an der Küste in Langstrand aufhielt. Sie bereiteten sich auf die Geburt des ersten gemeinsamen Kindes vor, für die sie das Cottage Private Hospital in Swakopmund ausgewählt hatten. Das Mädchen mit dem klangvollen Namen Shiloh Nouvel kam schließlich am 28. Mai zur Welt. Angelina Jolie besuchte zuvor mehrfach den Swakopmunder Stadtteil Mondesa in ihrer Funktion als Unicef-Botschafterin.

Der Hollywood-Film *10000 BC* von Roland Emmerich wurde hauptsächlich in Namibia, in der Gegend der Spitzkoppe, gedreht.

Auch deutsche Produktionen drehen immer öfter in Namibia. Anfang 2007 reisten Cosma Shiva Hagen und Olivier Sitruk für den Dreh eines Abenteuerfilms ins Swakoptal. Außerdem liefen im deutschen Fernsehen einige Reportagen über Auswanderer, Praktikanten auf Farmen sowie ein dreiteiliges Melodram mit Christine Neubauer, welches auf einer Farm südlich von Windhoek gedreht wurde.

Einer der bekanntesten namibischen Musiker war **Jackson Kaujeua** – gern als Guru der traditionellen Musik bezeichnet –, der 15 namibische Sprachen bzw. Dialekte sprach. Seine Lieder handeln von Ahnen und Legenden, aber auch von Freiheitskämpfen. Am 27. Mai 2010 verstarb Jackson Kaujeua im Alter von 56 Jahren. Der Sänger lebte 18 Jahre im politischen Exil und hatte sich mit Hilfe seiner Lieder für die Unabhängigkeit Namibias und die Gleichberechtigung der Menschen stark gemacht. Mit seinem Klassiker „Winds of Change", in dem Kaujeua 1976 den Wunsch nach politischer Veränderung in Namibia ausdrückte, erlangte er auch internationale Aufmerksamkeit. Tony Figueira vom Studio 77 sagte in einem Interview mit der *AZ*: „Jackson war einer von diesen Menschen, die unerschütterlich für ihre Überzeugungen und die Freiheit ihres Landes eintraten. Seine Lieder, seine Musik und seine charakteristische Stimme werden für immer bei uns bleiben."

Andere bekannte Musiker und Bands sind Ras Sheehama, Shemyetu, Willie Mbuende, die Sunshine Kids, die Mighty Dreads und die Black Cowboys, um nur einige zu nennen.

Einige der oben genannten und andere namibische Musiker sind mit je einem Song auf der CD **A Hand-Full of Namibians** vertreten. Verschiedenste Stilrichtungen in verschiedenen Sprachen ermöglichen einen Einblick in die aktuelle lokale Musikszene. Anfang 2004 erschienen, ist diese CD das ideale Souvenir – als Untermalung des eigenen Videos, als Geschenk oder einfach nur als Urlaubserinnerung.

Auch eine Rockszene gibt es in Namibia. Traditionell ist diese Art Musik nicht von afrikanischer Musik beeinflusst, und so ist es auch nicht verwunderlich, dass sowohl in den Bands als auch im Publikum die Afrikaner in der Minderheit sind.

In den letzten Jahren hat sich die namibische Musikbranche sehr positiv entwickelt. Immer mehr namibische Musiker sind bei der Nami-

Im November und Dezember 2011 wurde *Whispers of the Desert (Die Wüstenärztin)* u. a. im Dünengürtel bei Swakopmund produziert. Der Fernsehfilm mit Esther Schweins und Hannes Jaenicke in den Hauptrollen wurde 2012 von der ARD ausgestrahlt.
Die Vorstellung des Films *Geliebtes Leben (Life, above all)*, ein bewegendes **Aids-Drama** des südafrikanischen Regisseurs Oliver Schmitz, löste 2011 beim Premieren-Publikum der Internationalen Filmfestspiele in Cannes große Begeisterung aus. Oliver Schmitz erzählt in seinem Drama von der zwölfjährigen Chanda, die um das Leben und die Würde ihrer an Aids erkrankten Mutter kämpft: Alle im Ort wissen, dass Chandas Mutter infiziert ist, doch keiner spricht darüber – Aids ist ein Tabuthema. Der Film, der in Südafrika spielt, erzählt nicht nur vom Kampf gegen Aids, sondern handelt vielmehr von Ausgrenzung, Aberglaube, Würde und Verantwortung. Angenehm und berührend dabei ist, dass das Werk ganz ohne die üblichen Klischees von Armut und Hunger auskommt. Der Film ist an Originalschauplätzen mit Laienschauspielern gedreht worden.
Zwischen Juli und November 2012 wurde in Swakopmund und Umgebung *Mad Max: Fury Road* mit einem Budget von US$150 Mio. gedreht. 30 Jahre nach dem letzten Mad-Max-Film konnte Regisseur George Miller allerdings Mel Gibson nicht mehr davon überzeugen, die Rolle von Max zu übernehmen. Das tat dann Tom Hardy und ihm zur Seite stand der südafrikanische Superstar Charlize Theron als Imperator Furiosa – mit Kurzhaarschnitt. George Miller wollte den vierten Teil eigentlich wie die vorigen drei in Australien drehen. Aber unerwartete Regenfälle verwandelten die sonst ausgedorrte, staubige Gegend um Broken Hill in ein Blütenmeer. Definitiv keine Kulisse für ein wasserarmes Endzeit-Spektakel. Da bot sich Namibia als Location an. Der Film war bei lokalen Umweltschützern nicht unumstritten, vor allem wegen der – *nomen est omen* – abenteuerlichen Mad-Max-Vehikel. Aber die 800-köpfige Crew brachte einiges an Geld ins Land. Der Film lief im Mai 2015 in den Kinos an.
www.madmaxmovie.com.

bian Society of Composers & Authors of Music (NASCAM) gemeldet. Die Jugend Namibias hört mehr und mehr namibische Musik von Künstlern wie beispielsweise Ees, Lady May, Elemotho, Nianell, Gazza und The Dogg.

Der Anteil internationaler Musik im Radio hat ganz eindeutig zugunsten einheimischer Sänger abgenommen. Auch für Werbespots werden immer häufiger namibische Künstler engagiert.

Chöre haben Tradition in Namibia. Es gibt einen nationalen Kinderchor und Jugendchor. Cantare Audire ist über die Landesgrenzen hinaus bekannt – die Verbindung westlicher und afrikanischer Chormusik ist das Hauptmerkmal des Chores.

Literatur

Literatur nach europäischem Verständnis gab es im traditionellen Namibia nicht. Das **Geschichtenerzählen** gehört nach wie vor für die Völker Afrikas zum täglichen Leben. Geschichten werden mündlich von Generation zu Generation weitergegeben. Meist sind es Märchen und Fabeln, von denen die Jugend jeder Generation lernen kann, wann welcher König regiert hat, wer Heldentaten vollbrachte, wer die Feinde waren und sind und welche Wunder der Medizinmann bewirkt hat. So hat dann auch jeder Stamm seine ganz eigenen Märchen und Erzählungen. Im Buchhandel sind einige Märchensammelbände aus Namibia erhältlich. Die mitunter düsteren und zum Teil auch recht brutalen Geschichten erschrecken Europäer oftmals, sie sind jedoch ein realistischer Ausdruck des harten Lebens in Afrika.

Nach der Unabhängigkeit erfuhr die Literatur der Einheimischen einen Aufschwung. Bücher vor allem politischen Inhalts gibt es inzwischen einige, so auch eine Autobiografie des Altpräsidenten Sam Nujoma. Belletristische Werke sind dagegen eher rar, Kurzgeschichten und Erzählungen kommen der Tradition näher und sind

Ausländische Kulturzentren

Die verschiedenen Kulturzentren ausländischer Vertretungen mit Sitz in Windhoek haben unterschiedliche Ausrichtungen. So befasst sich das British Council hauptsächlich mit der Förderung der Bildungsarbeit. Die Namibisch-Deutsche Stiftung, die das Goethe-Zentrum Namibias betreibt, legt ihren Schwerpunkt auf Sprach- und Kulturaustausch. Das Franco-Namibian Cultural Centre (FNCC) fördert französische und namibische Künstler in Form von Ausstellungen und Konzerten. Die finanziellen Mittel des FNCC sind im Verhältnis zur namibischen Bevölkerungszahl sehr hoch. Das American Cultural Centre betreut ein breites Themenspektrum, von Kampf gegen Aids bis zur Demokratiearbeit. Die Förderung des gegenseitigen kulturellen Verständnisses steht jedoch bei allen Zentren im Vordergrund.

daher weiter verbreitet. Bekannte Autoren sind **Zephaniah Kameeta** und **Mvula Ya Nagola**. Beide thematisieren hauptsächlich Namibias langen Kampf um die Unabhängigkeit. Nagola war der erste namibische Dichter und Schriftsteller, der auf Englisch veröffentlichte. Seine Werke sind von der afrikanischen Tradition des Geschichtenerzählens geprägt, wobei er vor allem Wert auf Einfachheit und Anschaulichkeit legt.

Joseph Diescho rührt in seiner Novelle *Troubled Waters* an einem schwierigen Thema: der Liebe zwischen einem schwarzen Mädchen und einem weißen südafrikanischen Soldaten in der Zeit des Unabhängigkeitskrieges.

Dorian Haarhoff, Dozent an der Uni Windhoek, ist bekannt für seine Erzählungen, auch Kindergeschichten, in afrikanischem Kontext.

Giselher Hoffmann ist als Deutsch schreibender Schriftsteller Namibias auch über die Landesgrenzen hinaus bekannt. Sein großes Wissen über die einzelnen Völker Namibias schlägt sich in seinem Werk nieder – jedes seiner bislang sechs Bücher ist einem anderen Volk gewidmet. Seit Kurzem schreibt der Swakopmunder in Berlin, wo auch sein größter Absatzmarkt liegt.

Der Verlag New Namibian Books wurde eigens zur Förderung der neuen namibischen Literatur gegründet. Auch der Klaus Hess Verlag hat sich um die Verbreitung jeglicher namibischer Literatur, vorrangig in deutscher Sprache, verdient gemacht. Die Bandbreite reicht von Erzählungen aus der Schutztruppenzeit über wissenschaftliche Aufsätze und Werke, vor allem über die Flora und Fauna Namibias, bis hin zu Kinder- und Reiseliteratur.

Zwar gibt es kein breites Angebot an typisch namibischer **Kinderliteratur**, jedoch sind in den vergangenen Jahren einige sehr schöne Kinderbücher mit Geschichten des namibischen Alltags erschienen, die häufig wunderbar illustriert sind. Einige sind von der deutschen Art des Geschichtenerzählens und von der Erlebniswelt deutscher Farmer in Namibia geprägt, beispielsweise *Die Kinderfarm* von Ludwig Kramer.

Andere bringen den Kindern die Traditionen anderer Völker nahe, wie *Naro und seine Sippe* von Fritz Metzger, eine Geschichte über die San. Manche interessante Kinderbücher sind leider nur in Englisch erhältlich. Weitere Tipps zu Kinderbüchern s. Bücherliste.

Ein besonders schönes Buch ist *Benni, Der kleine Elefant* von Almut Heddenhausen, Illustrationen von Michelle Klink. Eine anrührende afrikanische Geschichte, gespickt mit Wissenswertem über die afrikanische Tierwelt, und zwar sowohl in Deutsch als auch in Englisch, so gibt es gleich noch etwas Englischunterricht nebenbei. Und es ist ein Buch zum Ausmalen, sodass Wartezeiten in den Restaurants damit wunderbar gefüllt werden können. Die Beschreibung auf dem Titel trifft es genau: ein Lese-, Lern-, Mal-, Spiel- und Spaßbuch. Inzwischen gibt es zwei weitere Bände der Benni-Geschichte.

Die Buchläden in Windhoek und Swakopmund (s. Ortskapitel) zeichnen sich durch ein breites Angebot an deutscher und englischer Literatur aus. Was vergriffen ist, gibt es eventuell noch in der Nationalbibliothek oder bei der Wissenschaftlichen Gesellschaft Namibias, beide in der Robert Mugabe Avenue in Windhoek.

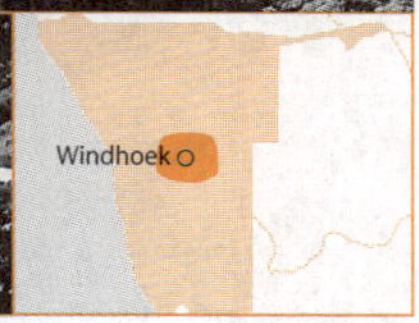

Windhoek und Umgebung

1 HIGHLIGHT

Stefan Loose Traveltipps

Stadtbummel Der historische Kern Windhoeks mit Tintenpalast, Christuskirche und Independence Avenue lässt sich gut zu Fuß erkunden. S. 230

Erholung pur vor den Toren der Stadt Zur Entspannung am Anfang oder Ende der Reise bietet sich eine der Lodges außerhalb Windhoeks an, z. B. Hochland Nest oder Onjala Lodge. S. 237 und S. 239

Namibia Craft Centre Kultur, Einkauf und Café – alles unter einem Dach. S. 243

Daan Viljoen Park Der kleine Park eignet sich für eine kurze Wanderung. Antilopen und Giraffen sind hier häufig zu beobachten. S. 252

Windhoek
N
0
1000 m
Übernachtung:
1 Monte Bello Guesthouse
2 Londiningi Guesthouse
3 Rivendell Guest House
4 The Cardboard Box Backpackers
5 Villa Verdi
6 Vondelhof Guesthouse
7 Kashima Bed & Breakfast
8 Gästehaus Tamboti
9 Terra Africa House
10 Safari Hotel/Safari Court Hotel
11 Jordani Bed & Breakfast
12 Windhoek Country Club Resort
s. Detailplan Zentrum S. 220/221
Okahandja
Windhoek Powerstation Van Eck-Kraftwerk
Hosea Kulako Dve
Dortmund St
Western Bypass
LAFRENZ NORTH
Hans Dietrich Genscher St
Katutura Community Art Centre
Swapo-Hauptquartier
NORTHERN INDUSTRIAL AREA
Sheffield St
Robert Mugabe Ave
Independence Ave
Paramount Health Care Centre
Medicity
Amasoiel St
Akwamanyn St
Eros Rd
EROS PARK
Heliodoor St
Olof Palme St
Etna St
General Murtala Muhammed Ave
Eros
Khan St
EROS
Nelson Mandela Ave
Kuiseb
Promenaden Rd
Uhland St
Schanzen Rd
Robert Mugab
Indepen
Bahnhof
Anna St
Meije St
WINDHOEK NORTH
Hosea Kulako Dve
Oeliwar St
Johan Albrecht St
Ghandi St
Harvey St
Van Rhijn St
Johan Albrecht
WINDHOEK WEST
Florence Nightingale St
Pasteur St
Jenner St
Best St
Bach St
Mahatma
Monte Christo Rd
Kandovasu St
Sam Nujoma Stadion
Katutura-Friedhof
Claudius
Shanghai St
Willibald Kapuenene St
Hostel St
Independence Ave
Mungunda St
Mahatma Rand St
Ghandi St
Mercedes St
Zwarts Rd
Western Bypass
Moses //G
Andrew Kloppers St
David Bezuidenhout St
Komalyn St
Sukkot St
KATUTURA
OKURYANGAVA
Ongava St
Penning St
Shanghai St
Sabbat St
Brug St
Shanghai St
Kannas St
Krisante St
Mashego St
Abraham
Soweto-Markt
Mungunda St
Abraham Mashego St
Rand St
KHOMASDAL
Protea St
Moses //Garoëb St
Visarend St
Kransswael St
Omungwindi St
Etetewe St
Caesar St
Caesar St
Gladiola St
Visarend St
Hofsanger St
WANAHEDA
Brug St
Gladiola St
Low Cost Housing-Projekt Oshatotwa
Omongo St
Independence Ave
Kandovasu
Tugela St
City St
Claudius
Monte Christo Rd
HAKAHANA
GOREANGAB
Eveline St
Otjomuise Rd
Eveline St
Goreangab Dam
Otjomuise Rd
Moses //Garoëb St
Beijing St
Bonn St
OTJOMUISE
Bonn St
Stockholm St

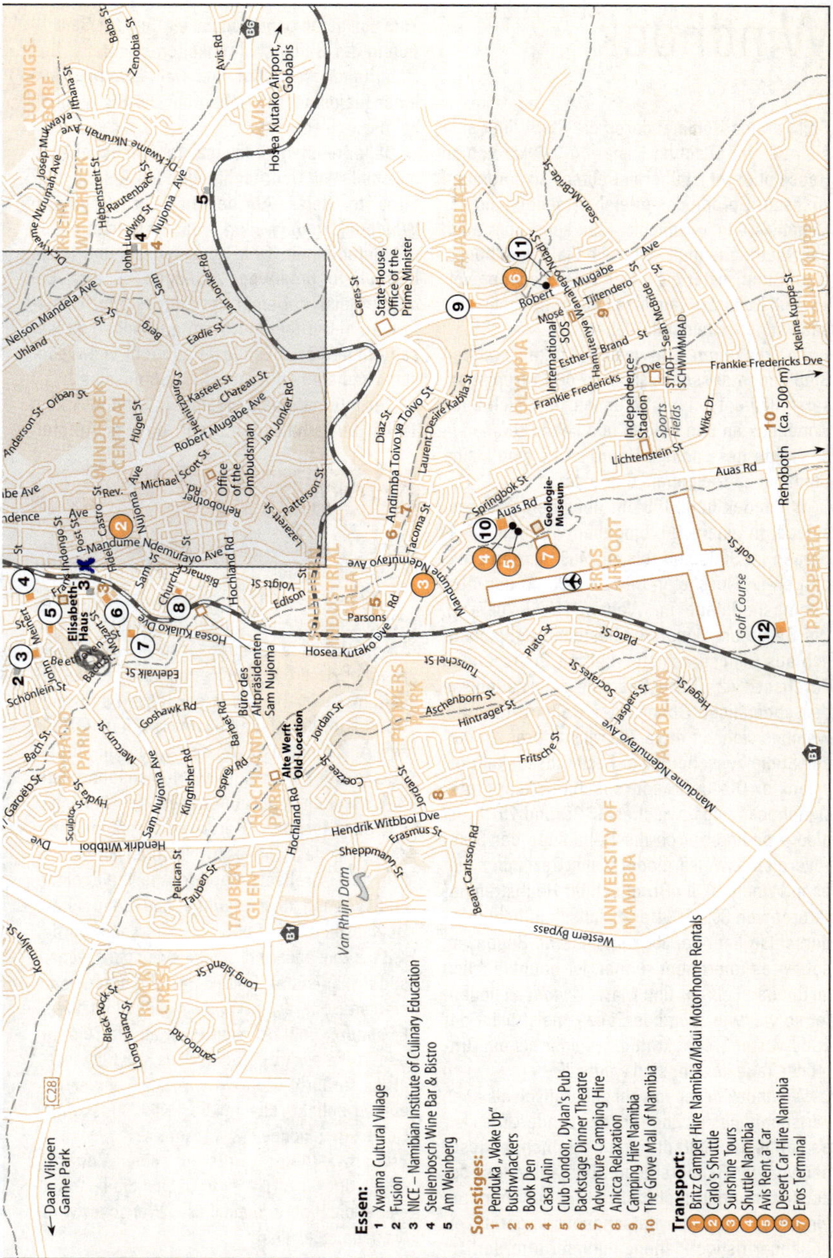
Essen:
1 Xwama Cultural Village
2 Fusion
3 NICE – Namibian Institute of Culinary Education
4 Stellenbosch Wine Bar & Bistro
5 Am Weinberg
Sonstiges:
1 Penduka „Wake Up"
2 Bushwhackers
3 Book Den
4 Casa Anin
5 Club London, Dylan's Pub
6 Backstage Dinner Theatre
7 Adventure Camping Hire
8 Anicca Relaxation
9 Camping Hire Namibia
10 The Grove Mall of Namibia
Transport:
1 Britz Camper Hire Namibia/Maui Motorhome Rentals
2 Carlo's Shuttle
3 Sunshine Tours
4 Shuttle Namibia
5 Avis Rent a Car
6 Desert Car Hire Namibia
7 Eros Terminal
Daan Viljoen Game Park
Hosea Kutako Airport, Gobabis
Rehoboth (ca. 500 m)
LUDWIGSDORF
KLEIN WINDHOEK
AVIS
WINDHOEK CENTRAL
AUASBLICK
OLYMPIA
KLEINE KUPPE
SOUTHERN INDUSTRIAL AREA
EROS AIRPORT
PROSPERITA
PIONIERS PARK
ACADEMIA
UNIVERSITY OF NAMIBIA
DORADO PARK
HOCHLAND PARK
TAUBEN GLEN
ROCKY CREST
State House, Office of the Prime Minister
Office of the Ombudsman
Elisabeth-Haus
Büro des Altpräsidenten Sam Nujoma
Alte Werft Old Location
Geologie-Museum
Independence-Stadion
STADT-SCHWIMMBAD
International SOS
Sports Fields
Golf Course
Van Rhijn Dam

Windhoek

Beim ersten Bummel durch die Stadt fühlt man sich wie im falschen Film – 10 000 km von zu Hause entfernt ist überall Deutsch zu hören und zu lesen! Gerade das erleichtert jedoch die Akklimatisierung in Namibia. Man spürt aber auch ganz stark das multikulturelle Flair Windhoeks, einer Stadt, in der die vielen verschiedenen Völker und Kulturen Namibias neben- und teilweise auch schon miteinander leben.

Im trockenen Südwesten Afrikas konnten Siedlungen ausschließlich an den raren Wasserstellen entstehen. So entwickelte sich auch Windhoek an den heißen und kalten Quellen in der Mitte des Landes. Heute ist es eine kleine Stadt mit ganz eigenem Charakter.

Windhoek liegt 1654 m über dem Meeresspiegel in einem Tal, umgeben von den Auasbergen im Südosten (bis zu 2483 m), den Erosbergen im Nordosten (bis zu 1890 m) und dem Khomashochland im Westen (1800–2047 m). Die Berge um Windhoek bestehen hauptsächlich aus Glimmerschiefer, der mit Quarzgängen durchsetzt ist. Diese Gesteine sind Zeugnisse des ehemaligen Bodens des Damara-Meeres, welches sich vor etwa 750 Mio. Jahren an dieser Stelle zwischen zwei Festlandssockeln erstreckte. Die Jahresdurchschnittstemperatur Windhoeks liegt zwischen 15 °C und 25 °C, ist also – bedingt durch die Höhenlage der Stadt – vergleichsweise moderat. Im Dezember gibt es in Windhoek im Durchschnitt Höchsttemperaturen von 30,6 °C. Der durchschnittliche Niederschlag liegt bei 360 mm im Jahr. Regenzeit, sofern es überhaupt regnet, ist hauptsächlich im Januar, Februar und März. *Windhoek* bedeutet so viel wie „windige Ecke“, meist bläst der „Südwester“ recht kräftig, weniger als ein Drittel der Tage im Jahr sind windstill.

Windhoek bildet sowohl geografisch als auch wirtschaftlich das Zentrum des Landes. Die kleine Landeshauptstadt hat sich jedoch, abgesehen von der Bandbreite an Übernachtungsmöglichkeiten, noch nicht so richtig auf Touristen eingestellt. Das Aktivitätsangebot ist gering, eine längerfristige Planung mitunter erforderlich. Zum Einkaufen genügt meist ein Tag, zur Besichtigung der Sehenswürdigkeiten ebenfalls. Das Unterhaltungsangebot entspricht allenfalls dem einer Kleinstadt, so richtig auf die Piste gehen kann man hier nicht.

Daher reichen für die meisten Besucher eine, maximal zwei Übernachtungen am Anfang oder Ende der Reise. Am besten ist, zu Beginn in Windhoek zu verweilen – dann hat man gleich die Gelegenheit, Geld zu tauschen und letzte Einkäufe für unterwegs zu tätigen – und am Ende die Reise auf einer der Lodges oder Gästefarmen außerhalb der Stadt ausklingen zu lassen. Viele dieser Lodges sind nicht viel weiter vom Flughafen entfernt als die Stadt selbst.

Der Internationale Flughafen Windhoek liegt 45 km außerhalb der Stadt, da das Aufstei-

Hosea Kutako

Hosea Kutako, 1872 geboren und mütterlicherseits mit Samuel Maharero verwandt, wurde 1915 der Vormann und Sprecher der Herero Windhoeks. Wenig später ernannte ihn der im Exil lebende Samuel Maharero zum Führer aller Herero in Südwestafrika. 1925 wurde er zum Senior-Häuptling der Herero und zum Oberhaupt des Häuptlingsrates ernannt. Dieses Amt bekleidete er bis zu seinem Tode. Kutako war der einzige, der den andauernden Streit zwischen den Herero Zentral-Namibias und den Mbanderu (Herero im Osten des Landes) zumindest zeitweise schlichten konnte.

Mit der Durchsetzung der Apartheidpolitik in SWA und dem wachsenden politischen Bewusstsein der Schwarzen im Land wurde Kutako zum erklärten, stimmgewaltigen Gegner südafrikanischer Politik und zu einem der stärksten Führer des Widerstandes im Lande. Er sandte mehrere Petitionen an die Uno, in denen er den Abzug Südafrikas aus Südwestafrika forderte. Kutako war dabei immer für eine friedliche Lösung des Konfliktes ohne Gewaltanwendung.

Er starb 1970 und wurde auf seinen Wunsch neben Jonker Afrikaner in Okahandja beerdigt – über die Hintergründe dieses Wunsches wird bis heute spekuliert.

gen großer Flugzeuge aus dem Windhoeker Talkessel nach Süden nicht möglich ist. Erst so weit außerhalb, östlich der Stadt, wurde eine große, ebene Fläche auf etwa 1900 m ü. M. gefunden, die den Anforderungen genügt. Der Flughafen wurde 2000 in Hosea Kutako International Airport umbenannt.

Die Straße vom Flughafen in die Stadt führt durch hügelige Hochland-Dornbuschsavanne – ein ganz typisches Bild für Namibia. Mitunter begrüßen Paviane am Straßenrand die ankommenden Besucher. Avis und Klein Windhoek, die ersten Stadtteile, die Besucher vom Flughafen kommend durchfahren, wirken wie kleine beschauliche Vororte. Hinter der Kuppe des langgestreckten Bergrückens, der Klein Windhoek und Windhoek teilt, öffnet sich das weite Tal. Man sieht vor sich die Hauptstraße, die Independence Avenue, mit den wenigen hohen Gebäuden Windhoeks, und rechts in der Ferne das sich ewig hinziehende Katutura.

Geschichte

Die ergiebigen Quellen in der Mitte des Landes zogen schon seit Ewigkeiten Menschen an. Erste Zeugnisse menschlicher Existenz wurden in Form von Werkzeugen im Gebiet des heutigen Zooparks gefunden. Ihr Alter wird auf 5000 Jahre geschätzt. Im Laufe der Jahrhunderte wurden die Quellen immer wieder von Menschen aufgesucht, beispielsweise von den San, Damara, Nama und ab dem 18. Jh. auch von den Herero. Und immer wieder gab es bittere und blutige Auseinandersetzungen um die Quellen und das angrenzende Gebiet.

Als erster Weißer berichtete der Jäger und Abenteurer Willem van Reenen von diesen Quellen, die er 1791 entdeckte: Es sei ein „wüstes Niemandsland und die Damara (gemeint sind Herero, die zu dieser Zeit verwirrenderweise auch als Damara bezeichnet wurden) und ihre Erzfeinde, die Nama, hätten beide darauf Anspruch gemacht". Diese Nama dürften freilich noch nicht vom Stamm Jonkers gewesen sein.

Jonker Afrikaner, der mit seinen Oorlam hier um 1837 ankam und sich niederließ, gilt nach heutiger Geschichtsschreibung als der eigentliche Gründer Windhoeks.

Es scheint, dass Jonker Afrikaner bereits 1825 erstmalig in der Gegend von Windhoek gewesen ist. Jonkers Vater war Jager Afrikaner, der um die Jahrhundertwende in das Gebiet am Oranje kam. Nach dem Tode seines Vaters ließ Jonker seine Brüder am Oranje zurück, um einem Hilferuf der Häuptlingsfrau Games der im heutigen Namibia ansässigen „Roten Nation" (Nama) im Kampf gegen die Herero zu folgen. Die aus Südafrika kommenden Oorlam waren den anderen Stämmen in Namibia, auch den Herero, durch den Besitz von Gewehren überlegen. So konnte sich Jonker Afrikaner 1840 als oberster Herrscher über Zentral-Namibia etablieren. Er war für den Bau der ersten Kirche, die Schießscharten statt Fenster hatte, verantwortlich. Steinhäuser und sogar Schanzen soll er angelegt haben, um seine kleine Ortschaft verteidigen zu können.

Windhoek entwickelte sich zum Handelszentrum und zu einer aufblühenden Ortschaft mit kultiviertem Land – die Felder wurden tatsächlich bewässert. Jonker ließ außerdem die ersten Straßen nach Süden über die Auasberge bauen sowie den „Baaiweg" (= Küstenweg) nach Walvis Bay.

Anfangs hielt Jonker selbst die Predigten in der Kirche, die bis zu 600 Menschen fasste. Wenig später übernahmen dies die Missionare Hahn und Kleinschmidt, die auf seine Einladung hin nach Windhoek gekommen waren. Um den Rinderhandel aufrechtzuerhalten, aber auch um seine wachsenden (Trink-)Schulden bei den Händlern zu bezahlen, brauchte Jonker Afrikaner mehr Rinder, als er hatte. So fing er an, kleine Raubzüge zu unternehmen. Als die deutschen Missionare diese Praxis tadelten, wurden sie 1844 von Jonker weiter in Richtung Okahandja geschickt. Die Wesleyan Mission Society war offensichtlich nicht so kritisch und durfte die Missionsarbeit in Windhoek übernehmen.

Die Raubzüge weiteten sich mit der Zeit immer mehr aus. Jonker Afrikaner hatte es vor allem auf die großen Herden der Herero abgesehen, wobei er sich Zwistigkeiten unter den Herero-Gruppen zunutze machte. Er griff allerdings nie den Herero-Führer **Tjamuaha** an, der zwischen Windhoek und Okahandja hin- und herzog. Beide hatten einen Friedens- und

Namensgebung

Brigitte Lau schreibt in ihrem Buch *Three views into the past of Windhoek* über die Namen der Stadt Folgendes: Erstmals erscheint eine der Namensvarianten in einem Brief von Jonker Afrikaner an die Wesleyan Mission Society, den er dem Missionar Tindall diktiert und selber unterschrieben hatte. Im Briefkopf heißt es „Wind Hoock, 12 August 1844".
In den nachfolgenden 20 Jahren benutzten die Nama und Herero den Namen „Windhoek" in ihrer diplomatischen Korrespondenz in vielen Varianten (Went Hoek, Windhoek, Windhoeken, Windhoekt, Wienhoek). Eine der Geschichten über die Entstehung besagt, Jonker Afrikaner hätte diesen Ort nach der Ursprungssiedlung der Oorlam Sippe genannt, Winterhoecken im Kap (oder Winterhoekberge bei Tulbagh). Eine solche Schreibweise taucht jedoch nie auf. Die Sippe verließ ca. 100 Jahre vor Jonker Afrikaners Geburt dieses Gebiet, daher ist dieser Hintergrund der Namengebung sehr unwahrscheinlich.
Die Nama nannten diesen Platz mit den heißen Quellen */Ae//gams* (Feuerwasser), und der Otjiherero-Name ist *Otjimuise* (Platz des Rauchs) und der Klein Windhoeks *Okongava*. James Alexander, der britische Abenteurer, nannte es, als er wahrscheinlich um 1837 dort war, „Queen Adelaide's Bath". 1842 gaben Hugo Hahn und Heinrich Kleinschmidt, die rheinischen Missionare, der Stadt dann den Namen „Barmen" nach ihrem Hauptsitz in Wuppertal. Klein Windhoek nannten sie „Elberfeld". Als sie auf Befehl Jonker Afrikaners Windhoek verlassen mussten, tauften sie es auf Elberfeld-Esek um, laut Bibel ein Ort des Streits. Die Wesleyans nannten es wiederum „Concordiaville". Außerdem tauchte noch die europäische, falsch geschriebene Variante des Nama-Namens */Ae//gams* „Eikhams" auf. Seit ca. 1870 wird nur noch „Windhoek" benutzt. Die Zusätze Groß und Klein Windhoek erscheinen erstmalig um 1875 in den Dokumenten. 1884 korrigierte Hugo Hahn in seinen Tagebüchern mit einem Rotstift Barmen und Elberfeld in Windhoek und Klein Windhoek. 1910 wurde aufgrund der Tatsache, dass Windhoek mit „u" gesprochen wird, die deutsche Schreibweise auf Windhuk angepasst. 1920 hat die Mandatsverwaltung das „oe" wieder eingeführt und auch den Zusatz Groß gestrichen, während Klein Windhoek bestehen blieb. Seitdem gibt es eine andauernde Diskussion: Konservative und auch die Bundesregierung mit der deutschen Botschaft beharren auf der deutschen Schreibweise, in Namibia selbst verwenden alle, einschließlich *Allgemeine Zeitung*, NaDS / Goethe-Zentrum Windhoek und Konrad-Adenauer-Stiftung die ortsübliche Schreibweise. Frisch Eingereiste outen sich, wenn sie die Hauptstadt als „Windhök" aussprechen.

Freundschaftsvertrag geschlossen. 1861 lebten Jonker Afrikaner und Tjamuaha in Okahandja, im gleichen Jahr erlagen die beiden großen Führer einer schweren Erkrankung. Bei Jonker wird vermutet, dass es Malaria war, da er kurz zuvor einen Raubzug ins Ovamboland – Malaria-Risikogebiet – unternommen hatte.

Nachdem Tjamuaha gestorben war, übernahm sein Sohn **Maharero** die Führung der Herero im zentralen Teil Namibias. Jonker Afrikaner hatte die Führung der Nama seinem Sohn Christiaan übergeben, der jedoch wenig später in einer Schlacht bei Otjimbingwe fiel. **Jan Jonker** war nunmehr rechtmäßiger Nachfolger Jonker Afrikaners. Die beiden jungen Männer lebten zunächst im Gedenken an ihre Väter in stillschweigendem Einverständnis nebeneinander. Ab 1862 jedoch bekriegten sie sich fast ununterbrochen, bis 1870 ein Friedensvertrag geschlossen wurde. 1880 brach Maharero den Vertrag und überfiel Jan Jonker in Windhoek.

Die Stadt war inzwischen mehr und mehr verwahrlost, die Menschen flohen vor den nicht enden wollenden Kämpfen, Jan Jonker selbst hielt sich mehr im Osten auf als in Windhoek selbst. Als der Missionar Schröder 1871 von Keetmanshoop nach Windhoek kam, beklagte er, dass heidnisches Leben und Trunksucht alle Anfänge der Missionsarbeit zerstört hätten. Dies bestätigte Hahn, der 1873 wieder in Windhoek weilte. Die florierenden Felder, die einst die gesamte Bevölkerung Windhoeks ernährt hatten, lagen brach.

Doch die Auseinandersetzungen wurden fortgesetzt, zusätzlicher Gegenspieler zu Maharero wurde Hendrik Witbooi, der sich als Anführer der Nama in Süd- und Zentral-Namibia etablierte.

1883 kam Lüderitz im Südwesten Afrikas an, 1884 wurden die ersten Schutzverträge mit den Einheimischen geschlossen. Das Deutsche Reich stellte Lüderitz' Erwerbungen unter seinen Schutz. Als der Botaniker Hans Schinz 1885 im Rahmen einer von Lüderitz ausgerüsteten Expedition nach Windhoek kam, fand er die Gegend menschenleer vor.

Maharero unterzeichnete 1885 einen Schutzvertrag mit den Deutschen – wahrscheinlich vor allem, weil er sich Schutz gegen Witbooi versprochen hatte. 1888 erklärte er den Schutzvertrag für null und nichtig, da seine Erwartungen nicht erfüllt worden waren.

Die erste Schutztruppe des Deutschen Reiches, bestehend aus 21 Mann, einem Leutnant, Hugo von François, und einem Offizier, dem älteren Bruder Curt von François, traf am 24. Juli 1889 in Walvis Bay ein. Sie marschierten durch die Wüste zunächst nach Otjimbingwe. Hier war seit 1885 der Sitz des Kolonialrepräsentanten Göring, jedoch wurde der Ort inzwischen von Maharero und Witbooi unsicher gemacht. So ging es gleich weiter zur weiter südlich gelegenen Station Tsaobis. Curt von François ließ hier sofort die Wilhelmsfeste bauen.

Göring suchte nach einem geeigneteren Platz für den Verwaltungssitz. Er hatte Windhoek im Auge, um das jedoch wegen der Besitzansprüche Jan Jonkers auf der einen und Mahareros auf der anderen Seite ständig gekämpft wurde. Jan Jonker wurde von seinem unehelichen Sohn Phanuel am 9. August 1889 bei Streitigkeiten um die Führung der Nama mit Hendrik Witbooi ermordet. Phanuel war auf Witboois Seite.

In einer großen Ratsversammlung aller Herero wurde am 20. Mai 1890 der Schutzvertrag mit den Deutschen vom 21. Oktober 1885 von allen Seiten gebilligt und als rechtsgültig anerkannt. Sie stellten sich damit unter die Herrschaft der Deutschen, die diesmal explizit Schutz gegen Witbooi versprachen. Für diesen Schutz sagte Maharero den Deutschen auch die Nutzung irgendeines unbewohnten Platzes in seinem Gebiet als Verwaltungssitz zu. Dass Windhoek zu dieser Zeit nicht bewohnt war, passte sehr gut ins deutsche Konzept.

Am 7. Oktober 1890 starb Maharero. Die Zeit der Trauer der Herero nutzte Curt von François, um schnellstmöglich nach Windhoek zu gelangen. Er fürchtete eine erneute Nichteinhaltung des Schutzvertrages. Curt von François legte am 18. Oktober 1890 den **Grundstein zur Alten Feste** (und war damit nach alter, kolonialer Geschichtsschreibung der Gründer Windhoeks). Kurz darauf forderte der neue Herero-Führer Samuel Maharero, Sohn des verstorbenen Maharero, von François auf, Windhoek zu verlassen. Als ihm seine Leute jedoch von der sich entwickelnden Feste berichteten, erklärte er sich mit der Anwesenheit der Deutschen einverstanden. Das Symbol der Präsenz der Deutschen hatte seine Wirkung nicht verfehlt.

Die Zivilverwaltung zog erst am 7. Dezember 1891 von Otjimbingwe unter dem neuen Kommissar Köhler nach Windhoek. Die Stadt wurde zum administrativen und militärischen Mittelpunkt und zum Handelszentrum der Kolonie. In Klein Windhoek wurde wieder Ackerbau betrieben. Unter Gouverneur Leutwein (mit dem Samuel Maharero gut auskam) wurden viele Regierungsgebäude errichtet. Die Stadt entwickelte sich rasant.

Die Schwarzen lebten in und um Windhoek in sogenannten „Werften" von Anfang an von den Weißen getrennt. Während die weiße Bevölkerung Windhoeks ein Mitspracherecht in Verwaltungsangelegenheiten erhielt, wurde der schwarzen Bevölkerung kein Einfluss auf die Geschicke der Stadt zugestanden. 1909 erhielt Windhoek Stadt-Status, erster gewählter Bürgermeister wurde Gustav Voigts. Peter Müller nahm sein Amt als Bürgermeister Windhoeks 1913 auf. Am 12. Mai 1915 musste Peter Müller die Stadt an den südafrikanischen General Louis Botha übergeben.

1920 übernahm Südafrika das Mandat für Südwestafrika mit **Windhoek als Hauptsitz der Mandatsadministration**. Als erster ziviler Administrator wurde 1926 Hofmeyr eingesetzt. Der weiße Landesrat tagte wieder im Tintenpalast, Schwarze waren weiterhin von jeder Regierungstätigkeit ausgeschlossen. Nach dem Ersten Weltkrieg waren die Schwarzen zunächst froh, dass die Deutschen die Kolonie verloren hatten, nicht ahnend, was da auf sie zukommen sollte. Die Mandatsadministration beeilte sich, die von den Deutschen eingeführte Bevormundung der Schwarzen durch Gesetze festzuschreiben und auszubauen. In Windhoek wurden die Schwarzen von einer Werft zur nächsten umgesiedelt. Zunächst wohnten sie in Klein Windhoek nahe den alten Quellen, dann mussten sie in das Gebiet zwischen dem heutigen Hosea Kutako Drive und der Bismarckstraße ziehen, bis sie abermals weiter westlich umgesiedelt wurden in die *old location* (der heutige Stadtteil Hochland Park). Die *old location* hatte zwar eine Verwaltung mit Vorsitz von Bowker, diese besaß jedoch keinerlei Entscheidungsbefugnis.

Von 1920 bis zum Depressionsjahr 1929 wuchs die Stadt unter dem damaligen Stadtverwalter George Kerby sehr schnell. Straßen entstanden, Bohrlöcher wurden geschlagen, ein Elektrizitätswerk, ein Schlachthof und Kühlhäuser wurden gebaut.

Nach der Machtübernahme der Nationalen Partei in Südafrika 1948 wurde die **Apartheidpolitik** zunehmend auch in Windhoek durchgesetzt. Der Bau der neuen Werft (Katutura) begann 1958 unter Windhoeks Bürgermeister Snyman. Die schwarze Gemeinschaft lehnte die erneute Umsiedlung aus mehreren guten Gründen ab: In der *old location* konnten sie Grundstücke und Häuser besitzen und ihr eigenes Leben führen. Dort waren ihr Friedhof, ihre Kirche, ihre Schule. Sie lebten nahe dem Stadtzentrum, konnten zur Arbeit und zu den Geschäften laufen. In Katutura dagegen mussten sie Häuser von der Stadt mieten. Es gab fast keine Geschäfte und Schulen. Katutura ist so weit vom Zentrum entfernt, dass die Stadt bis heute Busunternehmen mit rund N$13 Mio. jährlich subventionieren muss.

Die Spannungen erreichten ihren Höhepunkt am 10. Dezember 1959, als viele Schwarze gegen die Vertreibung aus ihren Wohnungen und Häusern auf der „Alten Werft" demonstrierten. Die Polizei schoss in die Menge, elf Menschen wurden getötet, 44 verletzt. Dieses traurige Ereignis bedeutete jedoch auch einen Neuanfang: Der Widerstand begann sich zu organisieren. Nichtsdestotrotz mussten alle Bewohner der *old location* ab 1960 nach Katutura umziehen, die letzten erst 1967.

Die Durchsetzung der Apartheidpolitik Südafrikas in Namibia nach dem Odendaal-Plan bedeutete einen enormen Verwaltungsaufwand. Die Infrastruktur der Hauptstadt wurde ausgebaut, mehrere Gebäude, etwa das heutige Office of the Prime Minister, das Staatshospital für Weiße und für Schwarze, das Gerichtsgebäude (High Court) und das Van Eck Kraftwerk, wurden errichtet.

Weiße und Schwarze hatten außerhalb der Arbeit überhaupt keine Berührungspunkte mehr, sie lebten wirklich getrennte Leben.

Der Befreiungskampf, der mit der Revolte in der *old location* 1959 begann und sich drei Jahrzehnte lang hinzog, hinterließ auch in Windhoek Spuren. Viele Verhandlungen wurden hier geführt, beispielsweise die Turnhallenkonferenz 1975. Die Umsetzung der UN-Resolution 435 wurde von Windhoek aus überwacht, als Resultat fanden im November 1989 die Wahlen für die verfassungsgebende Versammlung statt. Am 21. März 1990 wurde Namibia unabhängig, als Sitz der neuen Regierung wurde Windhoek festgelegt.

Seither hat sich einiges in der Stadt getan, insbesondere in Katutura. Die Infrastruktur wurde enorm ausgebaut, Straßen, Supermärkte, Schulen und Verwaltungsgebäude entstanden, Wasseranschlüsse wurden gelegt, Häuser errichtet. Die Bundesrepublik finanzierte übrigens mehrere Bauprojekte in Katutura, so auch das *Low-cost-housing*-Projekt Oshatotwa.

Im Stadtzentrum gab und gibt es Neuerungen. Straßen wurden umbenannt, teilweise nach noch lebenden Personen, normalerweise eine Besonderheit von totalitären Regimes. So gibt es die Nelson Mandela Avenue, den Sam Nujoma Drive und die Robert Mugabe Avenue. Das auffälligste neue Gebäude ist der Supreme Court, der in der kleinen beschaulichen Stadt, die Windhoek noch immer ist, mit seinen monumentalen Ausmaßen leicht deplatziert wirkt.

Bevölkerung

Die Windhoeker Bevölkerung nahm in den vergangenen Jahren um 5,4 % jährlich zu (landesweit beträgt das Bevölkerungswachstum 2,8–3,5 %). 1975 lebten in Windhoek 74 349 Menschen. Im Jahre 1985 waren es 97 000, sechs Jahre später 147 000; 2001 lebten schon 200 000 Menschen in der Stadt. Den Ergebnissen der Volkszählung von 2011 zufolge ist die Khomas Region, also Windhoek und Umgebung, mit 340 900 Menschen das am dichtesten besiedelte Gebiet des Landes. 2014 lebten geschätzte 380 000 Menschen in Windhoek.

Die meisten Zugereisten kommen aus den nördlichen Gebieten. Pro Monat nimmt die Stadt durchschnittlich 1650 Zuwanderer auf. 1991 lebten etwa 500 Menschen ohne festen Wohnsitz in Windhoek, inzwischen leben mindestens 200 000 Menschen in wilden Siedlungen um Katutura.

36 % der städtischen Bewohner des Landes und damit 9 % der Gesamtbevölkerung leben in Windhoek. Sie gliedern sich ungefähr wie folgt auf: 30 % Weiße, 20 % Ovambo, 18 % Mischlinge, 16 % Damara, dann folgen Herero, Baster und Nama.

Windhoek erstreckt sich über 8000 ha bebauten Landes. Im Windhoeker Tal stehen noch weitere 5000 ha zur Verfügung. Sind auch diese bewohnt, wird sich Windhoek nach Norden in Richtung Okahandja ausdehnen.

Orientierung

Windhoek ist klein, das Stadtzentrum wird von den Einheimischen liebevoll als „Dorf" bezeichnet, und entsprechend leicht fällt die Orientierung. Die geänderten Straßennamen und das schnelle Wachstum der Stadt lassen Stadtpläne allerdings überdurchschnittlich schnell veralten.

Vom Internationalen Flughafen kommend fährt man von Osten in die Stadt hinein. Die B 6 wird zum Sam Nujoma Drive, der die Stadt von Ost nach West durchquert, im Westen geht es dann durch das Khomashochland in Richtung Küste. Von Süden führt die B 1 in die Stadt hinein, der Western Bypass umfährt Windhoek westlich nach Norden, wobei es dann auf der B 1 weiter nach Norden Richtung Okahandja geht.

Im Osten der Stadt liegen die Stadtteile der höheren Einkommensschichten wie Klein Windhoek und Ludwigsdorf, im Norden liegen Katutura und andere Viertel der unteren Einkommensschichten. Im Westen, beispielsweise in Hochland Park, ist die Teilung nicht mehr so krass, die Bevölkerung ist bunt gemischt. Die Hauptstraße Windhoeks ist die Independence Avenue, die am Ausspannplatz im Süden beginnt und sich durch ganz Katutura nach Norden bis fast zum Goreangab Dam zieht. Im Zentrum links und rechts der Independence Avenue liegen die wenigen hohen Häuser Windhoeks. Von fast allen Punkten nahe dem Zentrum ist das Kalahari Sands Hotel eine gute Orientierungshilfe, da der Schriftzug „Kalahari Sands", der in großen schwarzen Lettern oben am Dach steht, weithin zu sehen ist. Schräg gegenüber dem Kalahari Sands, in dessen unterem Teil sich das Gustav Voigts Centre befindet, liegt an der Ecke Independence Avenue / Fidel Castro Street ein Straßenmarkt, darüber auf dem großen Parkplatz ist die Bushaltestelle des Mainliners. Ein Stück weiter östlich befindet sich der Supreme Court, und ebenfalls nicht zu übersehen ist die Christuskirche.

Der Ausbau einer der großen Straßen Windhoeks ist inzwischen abgeschlossen: Die Robert Mugabe Avenue wurde zwischen Innenstadt und nördlichem Gewerbegebiet (Northern Industrial Area) verlängert und vergrößert. So wird die Independence Avenue Richtung Norden (Katutura und Okahandja) entlastet.

Im Gebiet des immer größer werdenden Shopping-Komplexes Maerua Mall wurde die Jan Jonker Road deutlich ausgebaut.

Sehenswertes

Die **Independence Avenue** ist die Hauptstraße Windhoeks. Zu Beginn der deutschen Kolonialzeit wurde sie von den ersten Einwohnern Windhoeks zunächst Store Straße (Ladenstraße) genannt und hieß bis 1990 offiziell Kaiserstraße.

Das **10-Mann-Haus**, südlich des Supreme Courts in der Rev. Michael Scott Street, wurde von dem Architekten Gottlieb Redecker entworfen und gebaut, um zehn Wohnungen für unverheiratete Beamte zu schaffen. Die H-Form war wohl eher untypisch für den deutschen Stil der damaligen Zeit. Es gingen Gerüchte um, dass die Hausherrin, da ebenfalls unverheiratet, bestens über alle Qualitäten und Vorzüge der Beamten Südwestafrikas informiert gewesen sei. Auch heute, nach mehrmaligen Ausbesserungen,

Windhoek Zentrum

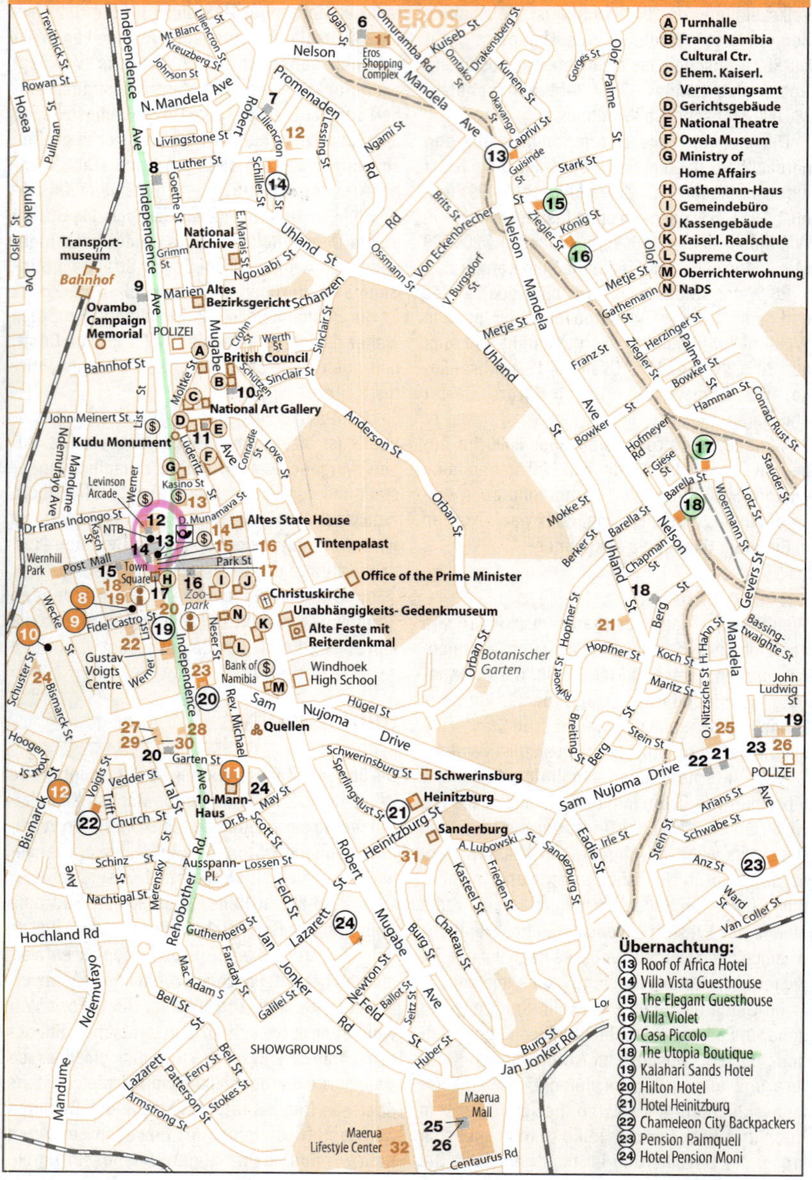

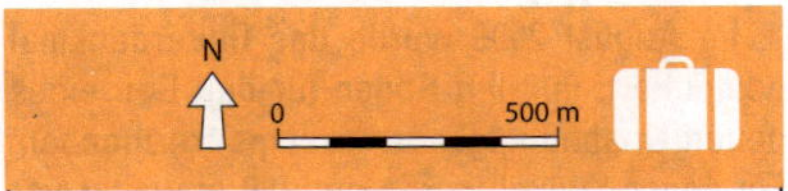

Essen:

6 Joe's Beerhouse
7 Fresh'n Wild
8 Paguel International Restaurant
9 Le Marmite Royale
10 Blue Frog Restaurant
11 Garlic & Flowers Restaurant
12 Café Schneider
13 Mugg & Bean
14 The Gourmet Restaurant & Beergarden
15 Ocean Basket
16 Café Balalaika
17 Gathemann Restaurant
18 Cicada Café
19 Andy's Lecker-Locker-Lustig
20 Paul's Brasserie & Coffee Shop
21 Biltong & Bites
22 Pasteleria Lua de Mel
23 Sardinia Blue Olive Restaurant, Pizzeria
24 The Wine Bar
25 Caffee Brazza
26 Primi Piatti

Sonstiges:

11 Fountain of Health
12 Dr. Eric Müller
13 Adrian & Meyer The Jeweller Shop
14 Thomas Cook Wechselstube
15 Namib Pharmacy
16 Namibia Wildlife Resorts – Central Reservations
17 Luisen Apotheke, Bushman Art, Rogl Souvenirs
18 Cymot
19 Zenso-Lounge, United VAT Consultants
20 Deutsche Botschaft
21 Green Market
22 Leder Chic
23 El Cubano
24 Dr. Schünemann
25 International Pharmacy
26 Bicycle Hire (Fahrradverleih)
27 99fm Playhouse Theatre
28 Windhoeker Buchhandlung
29 Diamond Works
30 Namibia Craft Centre, Omba-Galerie, Orumbonde Books
31 Dr. Elga Drews
32 Lifestyle Pharmacy

Transport:

8 South African Airways
9 Air Namibia
10 Namib Contract Haulage
11 Budget Rent a Car
12 Europcar

beherbergt das 10-Mann-Haus Beamte des Transportministeriums.

Direkt am Sam Nujoma Drive, Ecke Robert Mugabe Avenue befindet sich die alte **Oberrichterwohnung**. Dieses Gebäude wurde 1905/06 ebenfalls von Gottlieb Redecker errichtet, kurz nachdem er aus einem Deutschlandurlaub zurückgekommen war. Dort hatte er die sogenannte „Putzarchitektur" kennengelernt, die er bei diesem Bau und noch sehr vielen folgenden anwendete. Bei diesem Stil werden andersfarbige, oft rote Backsteine in Mustern in die Wände eingearbeitet, um die Monotonie der Wände zu durchbrechen. In diesem Doppelhaus wohnten der Oberrichter und sein erster Referent. Es wurde von der SWA-Regierung restauriert und beherbergte zeitweilig das Office of the Ombudsman, unter diesem Namen ist es noch der Bevölkerung Windhoeks geläufig.

Nach kolonialer Geschichtsschreibung gründete der erste Befehlshaber der Deutschen Schutztruppe, Curt von François, die Stadt Windhoek, als er 1890 den Grundstein zur **Alten Feste** legte. Die Feste, ✆ 061-276800, Robert Mugabe Avenue, sollte hauptsächlich dazu dienen, den Herero unter Samuel Maharero zu imponieren und ihnen zu bedeuten, dass es keinen Sinn hätte, sich mit den Deutschen anzulegen. Diesen Zweck erfüllte die Alte Feste vorerst auch. Das Gebäude wurde von Curt von François selbst entworfen (Brigitte Lau schreibt, dass er die Pläne wahrscheinlich auf dem Weg nach Windhoek auf dem Rücken seines Pferdes erstellt habe). Die Feste wurde als 45 x 20 m großes Rechteck erbaut, an jeder Ecke befindet sich ein Turm. Die Mauern waren zwischen 1,5 m und 4,5 m hoch, außen aus gebranntem, innen aus sonnengetrocknetem Lehm gefertigt. Zu diesem Zweck wurde eine Lehmbrennerei im Gebiet des heutigen Eros Airport eingerichtet. Die Lehmbacksteine wurden per Ochsenwagen zur Feste transportiert. Gleichzeitig ließ von François die Erosfeste und Sperlingslust errichten, beide als Vorposten der Alten Feste. In den folgenden Jahren wurde die Feste ständig erweitert. 1912 gab es darin bereits 54 Räume. Jedoch waren die Baumaterialien, insbesondere die ungebrannten Lehmsteine, nicht haltbar, sodass sie im Laufe der Zeit durch moderne Materialien ersetzt wurden.

Die Alte Feste war das Hauptquartier der Schutztruppe, bis die Deutschen 1915 den Krieg gegen die Südafrikaner verloren. Dann wurde sie Hauptquartier der südafrikanischen Truppen. Ab 1935 beherbergte die Feste Klassenräume der Windhoek High School. Seit 1962 ist dort die historische Ausstellung des Nationalmuseums von Namibia zu sehen. Gezeigt werden kulturgeschichtliche Stücke und die Verbindung von afrikanischen und europäischen Traditionen sowie eine Kollektion von Kunstwerken, die den Weg in die Unabhängigkeit Namibias darstellen. ⌚ Sommerzeit Mo–Fr 8–18 Uhr, Sa, So 10–12.30 Uhr und 15–17 Uhr, Winterzeit Mo–Fr 8–17 Uhr, Sa, So 10–12.30 Uhr und 15–17 Uhr, an Feiertagen geschlossen; Eintritt frei.

Gegenüber befindet sich die ehemalige **Kaiserliche Realschule**. Mit der wachsenden Kolonie wurde eine Schule für die Kinder nötig. 1907 öffnete die Bürgerschule, eine Grundschule, ihre Pforten. Nachdem sich die Verhältnisse geändert hatten und sich die Schülerzahl vergrößerte, wurde die Schule 1909 zur Kaiserlichen Realschule, einer Oberschule. Nach 1915 wurde sie als südafrikanische Regierungsschule in Emma Hoogenhout Primary School umbenannt, 1975 in Deutsche Oberschule Windhoek, und seit 1987 beherbergt das Gebäude das Verwaltungsbüro der Nationalmuseen.

Das **Reiterdenkmal** wurde von Adolf Kürle auf Anregung des damaligen deutschen Befehlshabers Oberst von Estorff entworfen, in Gladbeck bei Berlin gebaut und am 27. Januar 1912 zum Geburtstag Wilhelm II. enthüllt. Auf der Platte wird der 1749 Toten der deutschen Schutztruppe gedacht, die während des Herero-Aufstandes ihr Leben verloren. Auf Seiten der Herero gab es ungleich mehr Tote. Einige deutschsprachige Namibier, unterstützt von der Namibisch-Deutschen Stiftung, der Kirchenleitung der DELK und der deutschen Botschaft, sind Initiatoren einer zusätzlichen Gedenkplatte auf einem Obelisk in unmittelbarer Nähe des Reiterdenkmals, auf der aller Opfer der Kriege bis zur Unabhängigkeit gedacht werden soll. Es wurden ausreichend Spenden gesammelt, die Vorschläge für den Stein samt Beschriftung dem Nationalen Denkmalrat vorgelegt, und seitdem wartet man mit afrikanischer Geduld auf eine Entscheidung.

Im August 2009 wurde das Reiterdenkmal demontiert, um den Boden für den Bau eines neuen Unabhängigkeitsmuseums freizugeben. Ein neuer Sockel wurde nur 100 m weiter vor dem Eingang zur Alten Feste errichtet. Im März 2010 wurde der Reiter dort wieder aufgestellt. Im Dezember 2013 wurde er allerdings in einer umstrittenen Nacht-und-Nebel-Aktion in den Burghof gebracht. Im Juli zuvor hatte die Regierung dem Reiterstandbild bereits den Denkmalstatus entzogen. Der Reiter ist nun ein Museumsexponat und steht von Eisenstangen seitlich gestützt auf dem Rasen im Innenhof.

Am 21. März 2014 wurde das futuristisch anmutende **Unabhängigkeits-Gedenkmuseum** (Independence Memorial Museum) zwischen Christuskirche und Alter Feste feierlich eröffnet. Eine Statue von Sam Nujoma steht nun genau da, wo früher das Reiterstandbild war. Der N$60 Mio. teure Monumentalbau und die Statuen wurden von einer nordkoreanischen Firma errichtet, ohne Einbeziehung der Öffentlichkeit oder Beteiligung lokaler Firmen oder Künstler.

Die **Christuskirche** ist das Gotteshaus der evangelisch-lutherischen Gemeinde, die 1896 von Pastor Siebe von der Rheinischen Mission gegründet wurde. Sie wurde nach einem Entwurf von Redecker und unter seiner Leitung erbaut. Auf die Grundsteinlegung am 11. August 1907 folgte am 16. Oktober 1910 die Einweihung. Die Mauern der Kirche sind aus Quarzitsandstein, der in der Nähe Windhoeks gebrochen wurde. Das Säulenportal besteht aus italienischem Carrara-Marmor. Schwierigkeiten beim Bau führten zur Verdoppelung der ursprünglich geschätzten Kosten auf 360 000 Mark. Die Kirche ist vorwiegend im neuromanischen Stil gehalten. Der 42 m hohe Turm trägt einen spitzen gotischen Turmhelm. Das geschweifte Giebelprofil zeigt den Einfluss des allgegenwärtigen Jugendstils. An der Seitenempore ist das ehemalige Altarbild angebracht worden. Es ist eine Kopie der *Auferweckung des Lazarus* des flämischen Meisters Rubens. Die Kopie wurde von der Berliner Malerin Clara Berkowski angefertigt und der Gemeinde kurz vor dem Ersten Weltkrieg von der Gattin des Gouverneurs Seitz gestiftet. Das Original verbrannte 1945 bei einem Bombenangriff auf die Berliner Kunstgalerie.

© PETER PACK

Hinter dem modernen Supreme Court in Windhoeks Zentrum ragt die Christuskirche auf.

Spenden ermöglichten, dass das Gemälde im November 2003 zur dringend notwendigen Restaurierung in die Universität Stellenbosch geschickt wurde. Fast N$25 000 der veranschlagten N$70 000 kamen nach Spendenaufrufen in Namibia zusammen, den Rest spendete die Deutsche Botschaft. Im Februar 2004 konnte das Gemälde schließlich wieder in der Kirche aufgehängt werden. Nach heftigen Diskussionen des Gemeinderates über die Platzierung – am „alten" und ihm ursprünglich zugedachten Ort im Altarraum oder an seinem Stammplatz an der Seitenempore – entschied man sich vorläufig für die linke Seite des Altarraums. Die Diskussionen halten allerdings noch an.

Die glasgemalten Fenster des Altarraums der Christuskirche wurden zu Beginn des 20. Jhs. von Kaiser Wilhelm II. gestiftet. In den Jahren 1998–2000 wurden die Fenster aufwendigen Restaurierungsarbeiten unterzogen. Grund dieser Arbeiten: Beim Bau der Kirche vor gut 90 Jahren waren die Kirchenfenster fälschlicherweise mit der bemalten Seite nach außen statt nach innen eingesetzt worden. Das zweite Problem war das Blei zwischen den einzelnen Glasteilen, das nur eine begrenzte Lebensdauer hat. Deshalb wurden die Fenster herausgenommen, komplett neu verbleit und wieder eingesetzt. Außerdem wurden zerbrochene Teile repariert. Die Restaurierung verschlang N$500 000, die hauptsächlich durch Spenden aufgebracht wurden. Nun können Besucher der Christuskirche die Fenster endlich so bewundern, wie sie gedacht waren: in voller Schönheit mit ihrer „richtigen" Seite nach innen.

Wenn kein Gottesdienst stattfindet, ist die Christuskirche verschlossen. Man kann sich jedoch beim Gemeindebüro, ✆ 061-236002, 12 Fidel Castro Street, nur wenige Meter unterhalb der Kirche, den Schlüssel unter Hinterlegung eines Pfands ausleihen. 🕒 8–13 Uhr.

Das **Office of the Prime Minister** war das Gebäude des Landrates für Weiße von SWA. Die Einweihung fand am 14. Mai 1964 statt. In dem Gebäude sollte sich die Wesensart des Landes (aus damaliger Sicht) in künstlerisch gestalteten Motiven widerspiegeln: sein Reichtum an wild lebenden Tieren, seine einzigartige Pflanzenwelt, Naturwunder und Landschaften, seine Industrien und Erzeugnisse, Mineralien, Marmor und Holz. Beim Bau wurden, soweit möglich, hiesige Materialien verarbeitet. Im Erd-

Windhoeks Wasser

In einem Wüstenland wie Namibia ist Wasser immer und überall knapp. Erst recht gilt dies in der Hauptstadt, die zwar verhältnismäßig klein ist, aber nach namibischen Maßstäben eine nahezu untragbare Menschenansammlung darstellt – und das mit stetig steigender Tendenz.
Der tägliche Wasserverbrauch liegt bei 135 l pro Einwohner und somit etwas unter dem Durchschnittsverbrauch einer europäischen Stadt. Lag der Gesamtbedarf Windhoeks lange bei 15 Mio. m^3 Wasser im Jahr, so ist er mittlerweile auf 20 Mio. m^3 gestiegen, Tendenz ebenfalls steigend.
Die bestehenden Wasservorräte der Stadt sind begrenzt, die Verwaltung diskutiert fieberhaft über die Erschließung neuer Wasserquellen. Die außergewöhnlich guten Niederschläge in der Regensaison 2011 haben immerhin die Grundwasserreserven und Stauseen etwas aufgefüllt, wodurch sich die Lage erst einmal wieder etwas entspannt hat.

Wasserquellen

Windhoek bezieht 78 % des Wassers aus dem **Von Bach Dam** in der Nähe von Okahandja und den dort angeschlossenen Stauseen Swakoppoort und Omatako. Es ist somit vollständig vom Niederschlag abhängig, der obendrein sehr unregelmäßig fällt. In den **Stauseen**, aber auch in den vielen Windhoeker Swimmingpools, sinkt der Wasserspiegel jährlich um drei Meter allein wegen Verdunstung. Um mehr Wasser in die Stauseen zu leiten, wurden 1996 in der stillgelegten Berg Aukas Mine nördlich von Grootfontein starke Pumpen installiert und ein Kanal samt Rohrleitung vom dortigen grundwasserreichen Karstgebiet bis zum Von Bach Dam gebaut. Die Berg Aukas Mine gilt seither als Wasserreserve Windhoeks, auf die im Fall einer extremen Trockenheit zurückgegriffen werden kann.
Als weitere mögliche Wasserressource für Windhoek wird das Karstgebiet um Tsumeb genannt. Es könnte Windhoek drei Jahre lang mit jährlich 12 Mio. m^3 Wasser versorgen. Dann allerdings bräuchte das Wasserreservoir des Karstgebietes eine zwölfjährige Erholungspause.
10 % der Wasserversorgung entstammt dem Grundwasser, das aus 46 nahegelegenen Bohrlöchern gefördert wird. Die heißen Quellen lieferten nur bis 1950 Wasser, und durch das verstärkte Abpumpen

geschoss sind der Mineralienreichtum und die zahlreichen, jahrtausendealten geologischen Formationen dargestellt. In abstrakter und wirkungsvoller Form sind die geologischen Schichten in den verschiedenen namibischen Granit- und Marmorarten ausgeführt. Auf den roten Marmorflächen sind die Mineralien, die bis 1964 gewonnen wurden, symbolisch in Blattgold dargestellt. Im ersten Stockwerk sind die Gänge der reichen Fischindustrie gewidmet. Die verschiedenartige und faszinierende Welt des Planktons und der Meeresorganismen, die Vielfalt der Fische, Muscheln und Krebstiere, die in der kalten Benguela-Strömung des Atlantischen Ozeans im Westen Namibias vorkommen, werden durch Darstellungen in Emaille, die in die Wand eingelassen worden sind, wiedergegeben. Das zweite Stockwerk ist der Landwirtschaft gewidmet. Das Wild, die Rinder und die Karakulschafe des Landes wurden von der in Döbeln bei Dresden geborenen Künstlerin Ruth Wolter in Dolfholz geschnitzt. Sie war 1950 mit ihrer Mutter nach Südwestafrika ausgewandert.

Das von Kobus Esterhuyzen geschaffene Wandgemälde bildet das Kernstück der Darstellung von SWA. Es schildert die Geschichte und die Eigenart des Landes bis 1964. Zunächst sind die Landschaftsregionen geografisch dargestellt: rechts oben das Kaokoveld, darunter die Skelettküste und dann die Namib. Rechts unten befinden sich typische Landschaften des Südens und rechts oberhalb davon die Kalahari; weiterhin die Tier- und Pflanzenwelt der verschiedenen Regionen, auf die Wildherden des Etosha National Park als Mittelpunkt harmonisch abgestimmt. Von der einen zur anderen Seite des Gemäldes sind Personen abgebildet, die zur Entdeckung und Entwicklung des Landes beigetragen haben: Seefahrer, Walfänger, Missionare, Abenteurer, Jäger, Händler, Prospek-

liegt der Wasserspiegel heute weit unterhalb der Erdoberfläche (die Wassertemperatur in den Bohrlöchern beträgt heute übrigens etwa 78 °C).

Neue Ansätze zur Wasserversorgung

Keine neue Wasserquelle, jedoch die Möglichkeit, das bestehende Wasser besser zu nutzen und zu erhalten, verspricht das in diesen Ausmaßen weltweit einzigartige Projekt der **Grundwasseranreicherung**. Indem das Wasser unter der Erdoberfläche „gelagert" wird, lässt sich die Verdunstung verringern – zwar spart man auf diese Weise keine immensen Mengen, aber im ariden Namibia zählt jeder Tropfen. Laut Hydrologen ist das Grundwasserbecken für Windhoek sehr wichtig. Es deckt zurzeit ein Zehntel des Wasserbedarfs. Außerdem stellt es eine geologische Besonderheit dar: ein Felsenbecken, oben und unten von wasserundurchlässigem Gestein umgeben, das somit als natürliche Staumauer wirkt. Da das Becken auch nach Norden hin durch eine Felswand abgeschlossen ist, sammelt sich hier das Grundwasser. So sind übrigens auch seinerzeit, als sich noch genügend Wasser anstaute, die Windhoeker Quellen entstanden.

Schon 1969 war Windhoek die erste Stadt der Welt, die **aufbereitete Abwässer** nutzte. Bis 2002 hat die Wiederaufbereitungsanlage am Goreangab Dam der Stadt jährlich etwa 1,5 Mio. m³ Wasser geliefert, das hauptsächlich zu Bewässerungszwecken genutzt wurde. Im Dezember 2002 wurde eine neue Wiederaufbereitungsanlage eingeweiht. Die moderne Anlage, die rund N$112 Mio. gekostet hat, reinigt Abwässer in zehn Stufen, sodass am Ende Trinkwasser herauskommt, das den internationalen Normen der Weltgesundheitsorganisation entspricht. Das wiedergewonnene Wasser deckt 35 % des täglichen Wasserbedarfs Windhoeks. In den kommenden Jahren soll die Anlage noch mehr Wasser produzieren, um auch das Grundwasser anzureichern. Dabei werden Hydrologen darauf achten, dass der Grundwasserspiegel auf nicht mehr als 30 m unter der Erdoberfläche ansteigt, da er sonst Quellniveau erreichen würde. So weit kommt es aber wahrscheinlich noch lange nicht: Das Grundwasserbecken hat ein geschätztes Volumen von 100 Mio. m³ Wasser, bislang zugänglich sind nur 1,7 Mio. m³.

toren und Forscher. Danach folgt die Darstellung der britischen Annexion von Walvis Bay, die Landung der Deutschen in Lüderitzbucht, das Schmelenhaus in Bethanien, das erste Wohnhaus in Windhoek, die Missionsstation in Otjimbingwe und die deutschen Truppen und Forts. Dann folgt der Übergang zu anderen historischen Etappen in der Entwicklung des Landes: die Übergabe der deutschen Truppen an General Botha im Jahre 1915, die Entdeckung des ersten Diamanten bei Kolmanskop und sogar die Einrichtung eines Postdienstes. Südwestafrika in seiner damaligen Gestalt wird wieder lebendig durch seine Industrien, seine Hauptstadt und seine Menschen.

An der gegenüberliegenden Wand enthüllte der damalige Premierminister Hage Geingob am 30. August 2000 ein neues Wandgemälde. Es stellt ebenfalls die Geschichte des Landes dar, diesmal jedoch bis in die heutige Zeit und aus der Sicht der Schwarzen (der bis zur Unabhängigkeit Unterdrückten). Hier hängen somit alte und neue Geschichtsschreibung anschaulich nebeneinander, besser gesagt: gegenüber. Fünf Künstler haben an dem Werk mitgewirkt, die bekannteren sind E. Mtota und J. Madisia.

Auch dieses Gemälde ist von links oben nach rechts unten zu lesen: Nicht immer ganz chronologisch ist vor allem die Geschichte des Unabhängigkeitskampfes in einzelnen Bildern in sieben Reihen dargestellt. Es beginnt mit den Kriegsgefangenen der Herero- und Nama-Aufstände 1903–07, die auf der Haifisch-Insel unter unwürdigen Bedingungen arbeiten mussten. Dann folgen einige herausragende Führungspersönlichkeiten, die allesamt gegen die Weißen gekämpft haben: Morenga (Bondelswarts), Witbooi (Witbooi-Nama) und Mandume (Kwanyama). Auf der rechten Seite wird das Gemälde durch herausragende Merkmale der namibischen Landschaft wie Oryx-Antilope, Welwitschia und Sossusvlei-Dünen begrenzt. In der zweiten Reihe sind u. a. Hosea Kutako und Clemens Kapuuo, die bedeutenden Herero-Führer, dargestellt. Beherrschendes Thema dieses Abschnitts ist die Zwangsumsiedlung der Schwarzen von der *old location* nach Katutura. Die dritte Reihe thematisiert den Freiheitskampf und zeigt die ersten inhaftierten Swapo-Führer, wie Toivo ya Toivo und den heutigen Oppositionsführer Ben Ulenga (CoD). Dies setzt sich in der vierten Reihe fort. Außerdem folgt die Darstellung der Swapo-Camps im inzwischen unabhängigen Angola, der Women's League, auch heute ein wichtiger Teil der Swapo, sowie einiger Oppositionsparteien. Ganz präsent in der Mitte des Gemäldes ist die Swapo-Führungsriege nach der Unabhängigkeit. Die fünfte Reihe greift wieder das Thema des bewaffneten Unabhängigkeitskampfes auf: der Überfall auf Cassinga und Kämpfe im Ovamboland. Bilder von Sam Nujoma und Hage Geingob, von Martti Ahtisaari, dem UN-Sonderbeauftragten, sowie vom Tod Anton Lubowskis, des weißen, deutschstämmigen Anwalts, der sich für die Sache der Swapo einsetzte und aus demselben Grund kurz vor der Unabhängigkeit ermordet wurde, schließen sich an. Mit der sechsten Reihe ist man bereits am Ende des Jahres 1989, als die verfassungsgebende Versammlung tagte. Außerdem werden die verschiedenen Völker Namibias, wichtige PLAN-Kämpfer sowie die Nationalversammlung und der Nationalrat gezeigt. Die siebte und abschließende Reihe würdigt die Entwicklungen und Erzeugnisse im Lande seit der Unabhängigkeit in verschiedenen Bereichen: die besonderen Tafeltrauben vom Nordufer des Oranje, die früher als alle anderen Trauben der südlichen Hemisphäre reif werden, den Ausbau des Stromnetzes, die Fischereiindustrie, den 1997 gebauten Supreme Court, die Diamanten als Säule der Wirtschaft und das 1999 fertiggestellte Gebäude des Regional Courts in Katutura. Namibia ist durch seine Menschen, ihren Freiheitswillen und ihre Lebensfreude zu dem geworden, was es heute ist.

Das Office of the Prime Minister ist im Allgemeinen für Besucher geöffnet (die Sicherheitsschleuse ist beeindruckend), nur bei großen oder wichtigen Versammlungen und Tagungen wird manchmal der Zutritt verwehrt.

Der **Tintenpalast** wurde als Regierungsgebäude erbaut und verdankt seinen landläufigen Namen dem überdurchschnittlichen Verwaltungsaufwand der deutschen Kolonialbeamten und dem damit verbundenen hohen Tintenverbrauch.

Mit dem wirtschaftlichen Aufschwung Südwestafrikas und dem Anstieg des Regierungs- und Verwaltungsaufwandes war der Bau eines Regierungsgebäudes möglich und nötig geworden. Gouverneur von Schuckmann setzte 1909 eine Kommission ein, die einen passenden Standort finden sollte. Nach langen Diskussionen wurde der Platz auf dem Hügel hinter der Christuskirche ausgewählt. Die Bevölkerung kritisierte diese Wahl scharf, war der Platz doch fernab der Stadt, denn damals spielte sich alles um die Kaiserstraße (heutige Independence Avenue) herum ab. Redecker war einmal mehr für die Architektur verantwortlich, jedoch hatte auch von Lindequist, Staatssekretär und früherer Gouverneur von Deutsch-Südwestafrika, einigen Einfluss auf die Gestaltung des neuen Regierungssitzes. Die Company Sander und Kock machte das preiswerteste Angebot für den Bau mit einer Summe von 415 000 Mark. Für das Fundament nutzte man Quarzitsandstein, der vom Gebiet des heutigen Avis Dam per eigens gebauter Eisenbahn herangeschafft wurde. Verwendet wurden außerdem erstmalig in einer einheimischen Fabrik hergestellte Zementbacksteine und Holz aus Kamerun für die Innenausstattung, das Dach wurde mit dem typischen Wellblech gedeckt.

Das Gebäude besteht aus zwei Stockwerken, der Sitzungssaal ist in der Mitte, rundherum 42 Büros. Richtfest war am 12. April 1912, Mitte November wurde der Bau bezogen. Die Bevölkerung ignorierte das weitestgehend, nur die *Keetmanshooper Zeitung* kommentierte wie folgt: „Eines ist sicher, zum Vergnügen wird gewiss niemand in die Wolken steigen, dort wo die Götter thronen. Und vor allzu großem Zudrang der Bevölkerung werden die Governmentsbehörden dort sicher sein."

In der Folgezeit gab es einige Um- und Anbauten: 1962 wurde ein neuer Bürokomplex neben dem Tintenpalast fertiggestellt. Dort ist heute die Computerabteilung der Regierung untergebracht. 1964 fand die Eröffnung eines weiteren Gebäudes zwischen Tintenpalast und neuem Bürokomplex statt, das Office of the Prime Minister. Der Sitzungssaal hatte im Unabhängigkeitsprozess eine große Bedeutung: 1989 und 1990 saßen hier die gewählten Vertreter aller Parteien und entwarfen die Verfassung der Republic of Namibia.

Nach der Unabhängigkeit wurden einige Änderungen am Gebäude vorgenommen. Der alte Sitzungssaal wurde 1990–92 vom Architektenbüro Klaus Brandt erneuert und rekonstruiert. Dort tagt jetzt die National Assembly (Nationalversammlung, in der Funktion vergleichbar mit dem Bundestag). 1992 begann ein weiterer wesentlicher Anbau: Im Hof des Tintenpalastes wurde ein neues dreistöckiges Gebäude errichtet. Der National Council (Nationalrat, in der Funktion vergleichbar mit dem Bundesrat), der vorher in der Turnhalle untergebracht war, tagte dort zunächst, bevor er 2001 in das neue Gebäude nördlich des Tintenpalastes zog.

Steht man vor dem Eingang des Tintenpalastes und blickt auf den Garten, sieht man seit 2002 vor sich drei **Statuen**, in der Mitte sitzend Hosea Kutako, der charismatische Herero-Führer, der eine entscheidende Rolle im Befreiungskampf Namibias spielte, links steht Hendrik Samuel Witbooi (Enkel des legendären Nama-Oberhauptes Hendrik Witbooi, der sich als erster gegen die Weißen erhob), und rechts steht Theophilus Hamuntubangela, ein Priester der Ovambo, der entscheidend an der Entstehung eines politischen Bewusstseins der Schwarzen und der Formierung der Befreiungsbewegung der Ovambo in den 60er-Jahren beteiligt war. Übrigens gab es fast drei Jahre lang nur die Statue von Hosea Kutako – jedoch verhüllt. Kurz vor der feierlichen Enthüllung machte ein Herero-Abgeordneter im Parlament eine rassistische Bemerkung (in dem Sinne, dass die Herero die eigentlichen Befreier seien), woraufhin Hosea erstmal unter der Plane verblieb, bis beschlossen wurde, ihm Befreiungshelden anderer Völker an die Seite zu stellen.

Der wunderschöne **Garten** des Tintenpalastes wurde 1931/32 von den Architekten Zirkler und Kerby angelegt, nachdem 1930 der Avis Dam gebaut worden war, um Windhoek vermeintlich endgültig von seinen Wassersorgen zu befreien. Neben dem Zoopark stellt der Tintenpalastgarten die einzige öffentliche Grünanlage Windhoeks dar. Auf dem Rasen im Schatten der großen Bäume lässt es sich wunderbar verweilen, hier ist es etwas ruhiger als im belebten Zoopark. Im September/Oktober blühen die weiß- und lilafarbenen Jakarandabäume.

Das **Ludwig von Estorff Haus** in der Fidel Castro Street unterhalb der Christuskirche stammt aus dem Jahre 1898. Es wurde als Messe für die Schutztruppe errichtet und später als Wohnhaus umgebaut. Benannt ist es nach dem Generalmajor und Oberkommandierenden der Schutztruppe, von Estorff, der hier von 1902 bis 1910 lebte, wenn er nicht gerade im Busch war. Ab 1984 beherbergte das Gebäude die Nationalbibliothek, und heute ist dort der Sitz der Namibisch-Deutschen Stiftung, ✆ 061-225700, 🖂 reception@nads.org.na, 🖳 www.goethe.de/windhoek, die Betreiberin des Goethe-Zentrums ist.

Das **Kassengebäude** an der Lüderitz Street, Ecke Fidel Castro Street ist eines der ältesten Gebäude Windhoeks. Es wurde 1892 von der Regierung gebaut und war viele Jahre lang das Steueramt. Massive Beschwerden aus der Bevölkerung wurden laut: Es sei absolut inakzeptabel, ja ein gesundheitliches Risiko, diesen Berg zu besteigen, um dem Staat Steuern zu zahlen. Zurzeit befindet sich im Kassengebäude die Farmerberatungsstelle des Ministeriums für Landwirtschaft und ländliche Entwicklung.

Das **Alte Bezirksgericht** (1898) im nördlichen Teil der Robert Mugabe Avenue wurde einst als Wohnsitz für den Staatsarchitekten Gottlieb Redecker erbaut, jedoch gleich nach der Fertigstellung als Gericht „missbraucht". Heute befindet sich hier das Hauptquartier der Veterinärabteilung des Landwirtschaftsministeriums.

Der **High Court** (Obergericht, Magistrat) in der Lüderitz Street wurde 1960 erbaut und 1976 und 1986 erweitert. Nach 1990 musste ein neues Gerichtsgebäude her, welches die Unabhängigkeit Namibias demonstrieren sollte. Das Architektenbüro Effi Lentin entwarf das Gebäude, das vom chinesischen Bauunternehmen China Jiantsu International in drei Jahren erbaut wurde. Die Kosten betrugen N$26 Mio.

1997 wurde der **Supreme Court of Namibia** eingeweiht. Darin befinden sich acht Gerichtssäle sowie Büroräume. Es ist der erste Regierungskomplex, in dem ein Garten mit ausschließlich einheimischen Pflanzen angelegt wurde.

Zwischen der Christuskirche und dem alten State House befand sich früher das Office of the Ombudsman, es wurde 2005 in das **Büro des Altpräsidenten Sam Nujoma** umgewandelt.

Das **Office of the Ombudsman** befindet sich seither im Gebäude Feld Street, Ecke Lossen Street. Der „Ombudsmann" ist eine schwedische Erfindung. Er soll den Dialog zwischen Volk und Regierung aufrechterhalten und nötigenfalls vermitteln. Er untersucht Beschwerden des Volkes hinsichtlich des Fehlverhaltens von Beamten, etwa Korruption, sowie Anzeigen über Missbrauch natürlicher und/oder unwiederbringlicher Ressourcen und Zerstörung der Schönheiten Namibias (um nur einige zu nennen). Mehr dazu im Kapitel Geschichte, S. 184 und als jüngstes Beispiel im Kasten Robben, S. 360.

Das **alte State House** in der Robert Mugabe Avenue wurde 1959 anstelle des 1892 gebauten Gouverneurshauses errichtet. Nach der Fertigstellung diente es als Residenz für den Generaladministrator Südafrikas und wurde nach der Unabhängigkeit Sitz und Wohnung des ersten Präsidenten von Namibia, Sam Nujoma. Vor seinem Einzug wurde das State House umfassend renoviert und erweitert.

Im September 2002 wurde südlich des Zentrums mit dem Bau des **neuen State House** auf einem 26 ha großen Gelände begonnen, das östlich der Robert Mugabe Avenue liegt. Dieser Bau war sowohl unter Politikern als auch in der Bevölkerung heftig umstritten. Inoffiziellen Schätzungen zufolge hat der Bau des gesamten Komplexes zwischen N$400 Mio. und N$600 Mio. gekostet. Die Opposition sprach von Großmannssucht und prangerte an, dass dem Projekt jegliche Transparenz fehle. Spätestens seit der Enteignung (mit Mindestausgleich) von 50 umliegenden Hausbesitzern „aus Sicherheitsgründen" wurden auch die Proteste in der Bevölkerung immer lauter.

Der damalige Präsident Hifikepunye Pohamba wies jede Kritik von sich – das neue Staatshaus sei für Namibia unverzichtbar, denn bislang habe es keine staatliche Residenz vorzuweisen, die sich am Weißen Haus messen könnte. Er betonte, dass es sich um „nationales Vermögen" handele. Warum zur Errichtung des nationalen Vermögens nicht namibische Arbeiter, sondern nordkoreanische Bauarbeiter herangezogen werden, bleibt jedoch im Dunkeln. Zumindest kann es nicht an der Annahme liegen, dass die nordkoreanischen Bauarbeiter effizienter seien – die Fertigstellung des gesamtes Komplexes, ursprünglich für 2005 vorgesehen, zog sich bis 2010 hin.

Warum dann auch noch nordkoreanische Ornamente in den Zaun – das einzig wirklich sichtbare Element des Baus – eingearbeitet wurden, kann bislang nur vermutet werden: Stolze Namibier erkennen darin, offensichtlich mit extrem viel Fantasie, die *Welwitschia mirabilis*. Im neuen Amtssitz des Präsidenten übt nun auch der Premierminister sein Amt aus und leitet hier die Kabinettssitzungen.

Das neue Wohnhaus des Präsidenten auf dem Areal wiederum wurde ausschließlich von chinesischen Baufirmen gebaut, hierfür trug China die Gesamtkosten. Am 4. Juni 2010 zog Staatspräsident Pohamba in die neue Präsidentenresidenz ein.

Das **Owela Museum** in der Robert Mugabe Avenue / Lüderitz Street (der Eingang ist von beiden Seiten erreichbar) bietet einen Überblick über Naturgeschichte und Völkerkunde Namibias sowie wechselnde Ausstellungen über die hiesige Kunst, etwa Bushman Art. ✆ 061-276822, ⌚ Sommerzeit Mo–Fr 9–17 Uhr, Sa, So 10–12.30 und 15–17 Uhr, ⌚ Winterzeit Mo–Fr 8–17 Uhr, Sa, So 10–12.30 und 15–17 Uhr, Eintritt frei.

Das **National Theatre of Namibia** in der Robert Mugabe Avenue wurde mit Hilfe von Spendengeldern von der Kunstvereinigung gebaut. Zuvor hatte diese ein Komitee gegründet, welches Möglichkeiten und Notwendigkeiten für ein Theater diskutieren sollte. Als Architekt wurde Pieter Odendaal berufen. 1973 fand die feierliche Eröffnung mit einer Galavorstellung von Giacomo Puccinis *Madam Butterfly* statt.

Bis heute finanziert sich das Theater selbst, durch Spenden, Zuwendungen und Einnahmen, ohne Subventionen. Unter ✆ 061-374406 kann man den Spielplan erfahren. Siehe auch Kunst und Kultur im Kapitel „Land und Leute".

Daneben in der John Meinert Street steht die 1947 eröffnete **National Art Gallery**, die größte und bedeutendste Galerie Namibias. Die permanente Ausstellung zeigt zeitgenössische Kunst aus Namibia und Südafrika, u. a. von Namibias bedeutendstem Künstler John Muafangejo. Außerdem werden Ausstellungen moderner europäischer Maler und Bildhauer organisiert. Unter 💻 www.nagn.org.na gibt es Infos zu den Ausstellungen und Projekten der Galerie. ⌚ Mo–Fr 8–13 Uhr und 14–17 Uhr, Eintritt frei.

Das **Kaiserliche Landesvermessungsamt** wurde 1902 erbaut, war bis Juli 2002 das Buchungsbüro von Namibia Wildlife Resorts und beherbergt heute die Verwaltung von SACU (South African Customs Union).

Das **Kudu Monument** wurde der Stadt Windhoek von E. Behnsen gestiftet, sein Freund Prof. Behn aus München hat die Statue entworfen und gefertigt. In den 1960er-Jahren wurde die Statue vor dem Obergericht aufgestellt.

Die **Turnhalle** wurde 1913 vom „Turnverein Windhoek" eingeweiht und Anfang der 50er-Jahre an die Regierung verkauft (vom Erlös wurde der SKW Sport Klub Windhoek gebaut). 1975 wurde die Halle zu einem Versammlungsraum umgebaut, in der die Turnhallenkonferenz stattfand. Seit November 2005 kommt der Turnhalle die ehrenvolle Aufgabe zu, den SADC-Gerichtshof zu beherbergen. Zuvor hatte die namibische Regierung das Gebäude auf eigene Kosten renovieren lassen. Das neue Tribunal der Entwicklungsgemeinschaft des Südlichen Afrika (SADC) besteht aus zehn Richtern aus den verschiedenen Mitgliedsstaaten und soll Dispute sowohl zwischen den Regierungen als auch zwischen Privatpersonen der Länder klären. Grundlage der Rechtsarbeit ist der Vertrag der SADC.

Der **erste Zug** kam im Juni 1902 in Windhoek an. Durch den Ausbruch der Rinderpest 1897 kam der bis dahin mit Ochsenwagen betriebene Transport zum Erliegen, es musste eine Alternative geschaffen werden. So wurde die staatliche Schmalspurbahn erbaut. Der **Windhoeker Bahnhof**, der sich an der gleichen Stelle wie die heutige Station in der Bahnhofstraße befand, war zu dieser Zeit eine einfache Wellblechhütte. Da sich das Zentrum des Lebens und Handels am Ausspannplatz befand, wurde eine Straßenbahn (!) vom Bahnhof zum Ausspannplatz eingerichtet. Die Pläne für den Bahnhof wurden wahrscheinlich vom Bachstein-Koppel-Eisenbahnkonsortium aus Deutschland angefertigt. 1918 wurde der erste Anbau errichtet – das genaue Spiegelbild des bis dahin bestehenden Gebäudes. 1929 platzte das Bahnhofsgebäude wieder aus den Nähten, der rechte Flügel wurde von der Südafrikanischen Eisenbahngesellschaft angebaut. Dabei folgte man strikt dem Stil und Charakter der ersten Flügel, sodass der hinzugefügte Flügel kaum von den anderen zu unterscheiden ist. Später wuchs der Verwaltungsaufwand, ein separates Bürogebäude (TransNamib, Bahnhof Street) wurde gebaut.

In der ersten Etage des Bahnhofs ist heute das **Transportmuseum** zu finden, ✆ 061-2982186, ✉ Konrad.Schullenbach@transnamib.com.na, in dem die Geschichte der Eisenbahn von der deutschen Kolonialzeit bis zur Gegenwart nachvollzogen werden kann. Die Idee dazu kam von Walter Rusch, einem ehemaligen Lokführer. Er richtete das Museum 1993 ein und führte es lange Jahre sehr engagiert. Heute ist Konrad Schüllenbach verantwortlich, der auf Wunsch gern geführte Touren anbietet. ⌚ Mo–Fr 8–13 und 14–17 Uhr, Eintritt N$5.

Direkt in der Einfahrt zum Bahnhof steht zwischen herrlichen Palmen das **Ovambo Campaign Memorial**. Es wurde zur Erinnerung an die neun gefallenen und 13 verwundeten südafrikanischen Soldaten im Kampf mit König Mandume Ndemufayo und seinen Leuten im Februar 1917 aufgestellt. Ihm zu Ehren wurde die angrenzende ehemalige Talstraße in Mandume Ndemufayo Avenue umbenannt (zu Mandume s. Kapitel Der Norden S. 426).

Ähnlich wie der Tintenpalast erhielt das **Elisabeth-Haus** sofort nach der Fertigstellung 1908 seinen Spitznamen: „Storchennest"; es hat einen Storch auf dem Dach, steht in der Storch Street, und der Storch war in der Geschichte des Hauses immerhin 12 669 Mal zu Besuch. Das Entbindungsheim wurde von Gottlieb Redecker gebaut. Es wurde nach der Gattin des Vorsitzenden der Deutschen Kolonialgesellschaft,

Kleiner Rundgang

Der Kern Windhoeks ist gut zu Fuß auf einem kleinen Rundgang zu erkunden, für den man 3–4 Stunden benötigt.
Am besten beginnt man beim **Kalahari Sands Hotel**. Am Hintereingang des Hotels in der Werner List Street gibt es ein großes, sicheres Parkhaus. Gegenüber, beim Straßenmarkt, halten viele Taxis und Shuttle-Busse.
Vom Vordereingang des Kalahari Sands blickt man auf den Turm mit dem Wahrzeichen Windhoeks, die Windhoek-Aloe *(Aloe littoralis)*, und auf den **Supreme Court**. Es geht nun erst nach rechts auf der Independence Avenue bis zur nächsten Ampel, dort nach links in den Sam Nujoma Drive. Zur Rechten sieht man das Gebäude der Stadtverwaltung, davor die **Statue von Curt von François**.
Nach Überqueren der nächsten Kreuzung läuft man am neuen Gebäude der Nationalbank vorbei den Berg hoch, eventuell mit kleinem Abstecher rechts in die Rev. Michael Scott Street zum **10-Mann-Haus**. Nun biegt man in die Robert Mugabe Avenue nach links und läuft geradewegs auf die **Christuskirche** zu. Dominiert wird die Kulisse nun allerdings vom 2014 eröffneten Monumentalbau des Independence Memorial Museums, rechts daneben steht die **Alte Feste** mit dem Reiterdenkmal im Innenhof. Nur ein paar Meter weiter befindet sich der Eingang zum **Tintenpalastgarten**, in dem sich angenehm verschnaufen lässt. Man läuft zunächst zum alten **Office of the Prime Minister**, links daneben befindet sich der **Tintenpalast**, beide dürfen in der Regel (wenn nicht gerade große Staatsakte stattfinden) besichtigt werden. Nach der Besichtigung am besten zum gleichen Eingang hinaus. Unterhalb der Christuskirche befinden sich ebenfalls ein paar historisch interessante Gebäude, beispielsweise das Estorff Haus. Dann die Robert Mugabe Avenue hinunter am alten **State House** vorbei. Oder aber im Tintenpalastgarten hinten herum nach rechts, dann kommt man ein Stück weiter unterhalb bei der Robert Mugabe Avenue heraus. Auf dieser geht es nach Norden bis zur Kreuzung mit der John Meinert Street, links auf der Ecke befinden sich das **Nationaltheater** und die wirklich sehenswerte **Nationalgalerie**. Anschließend läuft man die John Meinert Street entlang bis zur Independence Avenue. Gegenüber auf der anderen Straßenseite befindet sich das alte **Kaiserliche Landesvermessungsamt** (dieser Schriftzug ist vorn auf dem Gebäude zu sehen). Schräg gegenüber steht der Kudu auf dem Sockel.
Zum Bahnhof biegt man rechts in die Independence Ave und die nächste links in die Bahnhof Street. Rechts geht es zum **Turnhallengebäude**.
Nun geht es auf der Independence Avenue (zurück) Richtung Süden. Auf Höhe der Hauptpost, die auf der linken Seite steht, ist man beim Kernstück der Hauptstraße angekommen. Gegenüber der Post ist der Eingang zur **Levinson Arcade**, hier befinden sich einige Geschäfte und Cafés. Ein Stück weiter südlich ist rechts der Uhrturm zu sehen, der den Eingang zur **Post Street Mall** kennzeichnet, einer Fußgängerzone mit Straßenmarkt und vielen Geschäften. Schön ist hier der kleine Innenhof der alten Kaiserkrone, wo sich ebenfalls ein paar Geschäfte und ein Restaurant befinden. Dann geht es weiter die Independence Avenue nach Süden; links ist der **Zoopark**, rechts viele Geschäfte, etwa Bush-

Elisabeth zu Mecklenburg, benannt. Mehrere Anbauten folgten später, u. a. von Willi Sander. Nach dem Ersten Weltkrieg übernahm das Rote Kreuz für Deutsche im Ausland die Verwaltung. 1981 wurde es an die University of Namibia, die damals offiziell noch „Academy of Namibia" hieß, verkauft. Geplant war ein Neubau an gleicher Stelle, nach heftigen Protesten wurde das Elisabeth-Haus jedoch unter Denkmalschutz gestellt. Der Neubau der Uni wurde daneben errichtet, dieser gehört heute wiederum zum Polytechnikum, einer Berufsschule.

Das **Gathemann-Haus** wurde 1913 vom Architekten Sander erbaut. Das Haus erhielt schräge Dächer, weil Herr Gathemann sich wie zu Hause fühlen wollte. Heute befindet sich in der ersten Etage ein gut geführtes Restaurant.

Der **Zoopark** war früher tatsächlich einmal ein Zoo, heute ist davon eine der wenigen schönen, grünen Parkanlagen der Stadt übrig geman Art und das Buchungsbüro von *Namibia Wildlife Resorts*, bis man wieder beim Kalahari Sands ankommt.

Lohnend ist als krönender Abschluss der Abstecher zum **Namibia Craft Centre** (s. Einkaufen), das ein nettes Café beherbergt; vom Kalahari Sands wiederum die Independence Avenue nach Süden bis zur Kreuzung mit dem Sam Nujoma Drive, hier nach rechts und an der nächsten Kreuzung mit der Tal Street nach links, wo sich das Craft Centre befindet.

Sicherheit

Beim Rundgang durch Windhoek sind die üblichen Sicherheitsvorkehrungen zu treffen. Gerade dort, wo sich viele Touristen aufhalten, lungern Straßenräuber und Taschendiebe herum. Papiere und Geld am besten unsichtbar im Geldbeutel am Körper tragen oder im Hotelsafe lassen (nicht im Zimmer!). Nur die Kamera mitnehmen, den Rucksack möglichst im Zimmer lassen, ansonsten nur über eine Schulter tragen und mit einer Hand zusätzlich festhalten. Nicht auf der Straße den Geldbeutel hervorholen, um eine Zeitung zu kaufen oder gar Geld zu wechseln. Und vor allem: Augen offen halten, unübersichtlichen Situationen aus dem Weg gehen, und falls man irgendwie bedrängt wird, sofort laut um Hilfe rufen.

Gefährliche Gebiete

Der sogenannte „Lovers Hill" am Wasserturm, von dem man einen schönen Ausblick auf ganz Windhoek hat (vom Zentrum kommend vom Sam Nujoma Drive links in die Hügel Street oder von der Sinclair Street nach rechts in die Andersson Street) sowie der Aussichtspunkt in der Werth Street sind die gefährlichsten Gebiete in Windhoek. Hier kam es neben Taschendiebstählen zu ernsthaften Körperverletzungen; immer wieder machen organisierte Banden die Gegend unsicher.

Auch auf dem Hofmeyr-Wanderweg zwischen Sinclair Street und Schanzenweg ist es schon zu Zwischenfällen gekommen.

Unterhalb der Heinitzburg, im Bereich Robert Mugabe Avenue, Heinitzburg Street und Lazarett Street ist es ebenfalls mehrfach zu Überfällen gekommen, hier nimmt man lieber Mietwagen oder Taxi.

In der Gegend der Christuskirche und der Alten Feste lungern des Öfteren Taschendiebe herum. Einer der Tricks: Einer der Reisenden wird zum Fahrzeug gebeten, um zu schauen, ob noch alles vorhanden ist – es sei etwas Verdächtiges bemerkt worden. Wenn das Opfer dann das Fahrzeug aufgeschlossen hat und auf der einen Seite nachsieht, wird auf der anderen alles herausgenommen.

Die City Police ist jedoch effizienter geworden und reagiert auf Zwischenfälle mittlerweile sehr schnell. Auch darum ist es so wichtig, diese immer zu melden, ✆ 061-2903566. In der Innenstadt operiert eine Sondereinheit von 20 Polizisten in Zivil, die die Sicherheit für Besucher gewährleistet. Möchte man einen persönlichen Schutz, kann man bei der *City Police* um Begleitung bitten.

blieben. Bei Umbauten 1962 entdeckte ein Herr Bause prähistorische Werkzeuge und Tierknochen, sogar einige von prähistorischen Elefanten. Reste davon sind heute im Owela Museum zu sehen.

Um an die Vorgeschichte Windhoeks zu erinnern, stellte die Stadt die von der bekannten Bildhauerin Dörte Berner geschaffene Skulptur *Relics of prehistoric Elephant* („Reste des prähistorischen Elefanten") auf.

Das Nama-Denkmal erinnert an die gefallenen deutschen Soldaten vor 1897.

Das Café am Zoo im gleichnamigen Park wurde 2001 wiedereröffnet, nachdem das alte Café bei Umbauten in den 60er-Jahren abgerissen worden war. Momentan heißt es nach diversen Besitzerwechseln **Café Balalaika Restaurant**, ✆ 061-223479, ⌚ Mo–Fr 10–22 Uhr, Sa, So 9–22 Uhr. Es hat eine wunderschöne – und für Windhoek ungewöhnliche – Lage im „Grünen" und ist das einzige Café der Stadt, das auch am Wochenende geöffnet ist.

Das **Mageci-Garden Café** befindet sich im Zoopark gegenüber der Tribüne und ist daher bei Veranstaltungen entsprechend besucht. Neben Kaffee, Kuchen und nicht alkoholischen Getränken werden Souvenirs angeboten.

Der **Botanische Garten** in der Orban Street wurde bereits 1969 zum Naturschutzgebiet erklärt, fiel jedoch mangels finanzieller Mittel der Verwahrlosung anheim. Erst als das National Botanical Research Institute (NBRI) 1990 in die angrenzenden Gebäude einzog, wurde das Gebiet als Botanischer Garten entwickelt. Heute können Besucher hier vieles über die namibische Pflanzenwelt auf Wanderwegen unterschiedlicher Länge erfahren. Große Abschnitte des Gartens wurden in ursprünglicher Form belassen und mit Informationstafeln bestückt. Das Wahrzeichen Windhoeks, die *Aloe littoralis*, ist in großer Zahl vertreten. Auch Köcherbäume und Flaschenbäume sind hier zu bewundern. Im Desert House ist einiges über die Namib Flora in Erfahrung zu bringen. National Botanical Garden, 8 Orban Street, 💻 www.nbri.org.na, 🕒 Mo–Fr 8–17 Uhr und jeder 1. Sa im Monat 8–11 Uhr, Eintritt frei.

Die Burgen

Die **Schwerinsburg** wurde 1913 erbaut. Schon 1890 nutzte von François die Bergspitze als Aussichts- und Überwachungspunkt über das Klein-Windhoek-Tal. Als der Architekt Sander nach Windhoek kam, baute er hier eine kleine Kneipe und nannte diese Sperlingslust. 1904 verkaufte er das Grundstück an den als Sekretär für Gouverneur Leutwein eingewanderten Graf von Schwerin und baute in seinem Auftrag die Burg.

Die **Heinitzburg** in der gleichnamigen Straße wurde 1914 ebenfalls von Sander erbaut, Graf von Schwerin schenkte diese seiner Frau, einer geborenen von Heinitz. 1996 wurde die Burg zu einem schönen, edlen Hotel umgebaut. Wer dort nicht übernachten kann oder möchte, sollte sich zumindest einen Sundowner mit wunderbarem Blick über Windhoek gönnen.

1917 fing Willi Sander an, sich eine eigene Burg zu bauen, die **Sanderburg**. Da er jedoch kurz darauf das Land verlassen musste, kam er nicht mehr in den Genuss, darin zu wohnen.

Katutura

Im Gegensatz zu vielen südafrikanischen Townships ist es kein Problem, sich Katutura anzuschauen. Die Kriminellen lauern meist dort, wo es etwas zu holen gibt – also nicht unbedingt hier. Die wenigen weißen Besucher, die in diesen Stadtteil kommen, werden meist freundlich begrüßt. Natürlich sollte man die übliche Vorsicht walten lassen und es einem Gelegenheitsdieb nicht leicht machen. Wer dennoch lieber mit Begleitung nach Katutura fahren möchte, kann sich einer der Stadtrundfahrten der Reiseveranstalter anschließen. Dank des Enthusiasmus einer jungen Dame, Anna Mafwila von KatuTours (S. 245), besteht inzwischen die Möglichkeit, Katutura auch per Fahrrad zu erkunden.

Um nach Katutura zu gelangen, fährt man die Independence Avenue immer geradeaus nach Norden. Der Stadtteil macht einen relativ gepflegten Eindruck, erst zum Ende der Independence Avenue, hin zum Goreangab Dam und Penduka, fallen die *squatters* (wilden Siedler) in ihren mehr schlecht als recht zusammengenagelten Wellblechhütten auf.

Früher wohnte die schwarze Bevölkerung Windhoeks im Gebiet des heutigen Hochland Park. Im Zuge des Odendaal-Plans musste sie nach Katutura ziehen. Bis auf den Namen selbst ist Katutura eine **Erfindung der Apartheidpolitiker**. Es war ausschließlich für die schwarze Bevölkerung „reserviert", wobei Katutura selbst noch in einzelne Abschnitte für die jeweiligen Stämme untergliedert wurde. Die Häuser wurden nach dem immer gleichen Schema gebaut: einfaches Haus mit zwei Zimmern, die Toilette im Hof. An der Tür war der erste Buchstabe der ethnischen Gruppe angebracht, so beispielsweise D für Damara und H für Herero (diese alten Häuser sieht man auch heute noch, wenn man nach Katutura hineinfährt).

Von 1960–67 wurden die Menschen zwangsweise von der *old location*, deren Gemeinschaft in mehr als 50 Jahren gewachsen war, nach Katutura umgesiedelt. Hier durften sie weder Land noch Haus besitzen, sondern mussten beides von der Stadt mieten. Der Weg zur Arbeit war endlos weit und konnte nicht zu Fuß zurückgelegt werden – Gleiches galt für die Geschäfte.

Berg- oder Windhoek-Aloe

Die Berg- oder Windhoek-Aloe, *Aloe littoralis*, wächst überall in Namibia, meist in trockenen Gebieten an steinigen Hügeln. Im Ovamboland wächst diese Aloe in einer stammlosen Form. Der botanische Name „die am Strand [oder] am Ufer Wachsende" entspricht also nicht ganz der Realität. Auch diese Pflanze wurde 1854 erstmalig vom Botaniker Welwitsch beschrieben. Er entdeckte sie am Uferhang eines Sees nördlich von Luanda und benannte sie nach diesem Standort.

Der Zeitpunkt der Blüte variiert in dem ausgedehnten Verbreitungsgebiet erheblich und hängt wahrscheinlich vom Regen ab. In Windhoek sind die Aloen an den rot leuchtenden Blüten meist um Ostern herum gut zu erkennen (die Windhoek-Aloe ist übrigens das Wahrzeichen Windhoeks), im Osten Namibias blühen sie etwas später. Die Blüten werden von vielen Tieren gefressen. Die San gewinnen aus der Blüte eine weiche, klebrige Masse, die sie zu einem kleinen flachen Kuchen formen. Die Blüte enthält Vitamine und Mineralien, der Nektar ist eine Zuckerquelle und soll verjüngend wirken. Die Aloe dient einer Vielzahl von Lebewesen als Nahrungsquelle und Lebensraum.

Die Entwicklung einer eigenen Infrastruktur in Katutura wurde unterbunden. Genehmigungen für Geschäfte, Metzgereien, Bäckereien und dergleichen gab es nicht. Erst 1975 wurde diese Praxis leicht geändert, ab 1985 wurden nach und nach Genehmigungen erteilt, auch schwarze Bewerber wurden nicht mehr grundsätzlich abgewiesen. Jedoch entstand erst ab 1990, nach der Unabhängigkeit, eine richtige Infrastruktur. Nördlich und westlich von Katutura gibt es heute viele neue Stadtteile der unteren Einkommensschicht, etwa Wanaheda (ein künstliches Wort aus *Wa*mbo, *Na*ma, *He*rero und *Da*mara), Hakahana (= schnell), Goreangab (nach dem gleichnamigen Stausee) und Okuryangava (= dort wird Hirse gegessen). Im allgemeinen Sprachgebrauch in Windhoek werden all diese Stadtteile als Katutura zusammengefasst. Der Name *Katutura* bedeutet sinngemäß „der Ort, wo wir nicht leben wollen". Er wurde der Stadtverwaltung von der schwarzen Bevölkerung für den neuen Stadtteil vorgeschlagen. Die weißen Herren der Verwaltung nahmen ihn an – ohne zu wissen, was er bedeutet oder auch nur danach zu fragen.

Als Postapartheid-Township ist Katutura heute mit den gleichen Problemen konfrontiert wie alle Townships im südlichen Afrika, nämlich Arbeitslosigkeit, Überbevölkerung, Wohnungsnot, schlechte Lebensbedingungen, Zuwanderung (aufgrund der Landflucht) und Kriminalität.

Das weltweite Problem der **Landflucht** ist auch in Namibia gravierend. 68 % der Zuwanderung nach Windhoek seit der Unabhängigkeit konzentriert sich auf Katutura. Drei Viertel der Bevölkerung Katuturas sind in den vergangenen zehn Jahren zugewandert. Fast 40 % der Haushalte der neuen Viertel sind keine festen Häuser, sondern sogenannte *informal houses* oder *squatters*. Arbeitslosigkeit und schlechte Lebensbedingungen – viele der Haushalte haben nicht einmal einen Wasseranschluss – sind in diesen wilden Siedlungen noch gravierender als woanders.

Die Zuwanderer, hauptsächlich Ovambo aus dem Norden, versprechen sich vom Umzug vor allem Arbeit und Geld, erst in zweiter Linie Bildung, eine bessere medizinische Versorgung und überhaupt ein besseres Leben als auf dem Land. Viele wissen zwar um die Schwierigkeit, Arbeit zu bekommen, nehmen dies jedoch in Kauf. Die Aussicht auf eine Tagesarbeit dann und wann reicht, denn mit einem Tag Arbeit innerhalb von 14 Tagen bringen sie mehr Geld nach Hause als mit zwei Wochen harter Arbeit in der Subsistenzfarmerei. Oft gehen nur die Männer in die Stadt und lassen ihre Familien in den ländlichen Gebieten zurück, wo sie mitunter noch Land und Vieh besitzen. Durchschnittlich zweimal im Jahr besuchen die Männer ihre Familien. Im Sozialgefüge der Familien und Stämme verursacht dies große Probleme (Kasten S. 162/163 zur HIV/Aids-Problematik).

Bei der alteingesessenen Bevölkerung Katuturas ist die Alphabetisierungsrate seit der Unabhängigkeit auf 90 % gestiegen, die Chance auf einen Job steigt dadurch natürlich beträchtlich.

Unter den Zuwanderern ist das Analphabetentum leider immer noch sehr verbreitet, die Zahl der Arbeitslosen ist entsprechend hoch.

In der Zukunft wird das überdurchschnittliche Wachstum der Stadt Windhoek und insbesondere des Stadtteils Katutura beträchtliche Herausforderungen an die Stadtverwaltung stellen, der Bedarf an Wasser, Wohnungen und sozialer Infrastruktur wächst täglich.

Sehenswertes in Katutura

Am 10. Dezember 1995 eröffnete der damalige Präsident Sam Nujoma das neue **Swapo-Hauptquartier**. Es befindet sich im Herzen der Hauptstadt (in Katutura) östlich der Independence Avenue.

Das ehemalige **Katutura Community Centre** wurde zu einem Einkaufszentrum mit 10 000 m² Geschäftsfläche umgebaut, viele große Geschäftsketten haben sich hier eingemietet. Zwei Einheiten des Community Centre werden als Museum ausgebaut.

Das **Katutura Community Art Centre and Schoolnet Namibia**, ✆ 061-277300, in der Auala Street wurde 2003 offiziell eröffnet. Das Kunstzentrum eröffnet äußerst interessante Einblicke in die Geschichte Katuturas. Wegen seiner Gebäude hat es eine besondere symbolische Bedeutung. Es ist im Kesselhaus und Küchengebäude eines ehemaligen Lagers für etwa 6000 „Kontraktarbeiter" untergebracht (S. 425, Four O Region). „Was einst ein Symbol der Unterdrückung war, ist heute ein Zufluchtsort für kreative Menschen", sagte der damalige Premierminister Theo-Ben Gurirab bei der Eröffnungsfeier. Das Arbeitslager war 1979 gebaut worden, mit nur einem, stets bewachten Eingang. Widerstandsveteranen meinen, es sei nichts anderes gewesen als ein Konzentrationslager. Auf jeden Fall ist es eines der abschreckendsten Beispiele der Unterdrückung in der Apartheid-Ära. Gleichzeitig oder gerade deswegen spielte es wenig später eine entscheidende Rolle im Befreiungskampf Namibias.

N$4 Mio. hat die namibische Regierung für den Umbau und die Renovierung aufgebracht. Der erste Leiter des KCAC, der Maler Joe Madisia, hat das Zentrum engagiert und ambitioniert geführt. Madisia schaffte es, aus dem Zentrum ein lebendes Museum zu machen – neben den allgegenwärtigen Spuren der Vergangenheit klären Informationstafeln und Fotos über die Geschichte der Gebäude auf, die nun zu einem Begegnungsort aller Menschen (egal welcher Hautfarbe und Stammeszugehörigkeit) werden sollen. Im Kunstzentrum gibt es Musik- und Schauspielunterricht, Kurse in afrikanischem Tanz und vieles mehr. Außerdem beherbergt es das John Muafangejo Art Centre und die John Muafangejo Art Gallery, für deren Innenausstattung das NaDS / Goethe-Zentrum aufgekommen ist.

Im Zentrum können Schüler bei Schoolnet den Umgang mit dem Internet lernen, und es gibt Behinderten die Möglichkeit, sich künstlerisch zu verwirklichen. Am günstigsten ist ein Besuch am Vormittag, wenn viele Kurse abgehalten werden und das Zentrum richtig lebendig ist. Während der namibischen Schulferien wird nicht das volle Programm geboten.

Das alte **Fußballstadion** Katuturas, Andrew Mogalie Street, Ecke Claudius Kandovasu Street, wurde innerhalb von drei Jahren umgebaut und 2005 als **Sam Nujoma Stadium** neu eröffnet. Das Stadion, das nun 8000 Zuschauern Platz bietet, soll das zentrale Fußball-Mekka des Landes werden.

Der **Markt** an der Independence Avenue, Ecke Abraham Mashego Street besteht aus 256 Ständen, von denen 44 monatlich und die restlichen täglich oder wöchentlich vermietet werden. Das geschäftige Treiben kann man sich hier durchaus auch zu Fuß anschauen.

Der **Goreangab Dam** war früher ein beliebtes Ausflugsziel der Weißen, die dort sogar einen Jachtclub unterhielten. Die Häuser der Schwarzen waren damals noch weit weg, heute erstrecken sie sich bis fast ans Ufer des Stausees; der Jachtclub wurde Mitte der 80er-Jahre aufgegeben. Die Stadtverwaltung kaufte den Club, um ihn Penduka zur Verfügung zu stellen.

Die Wiederaufbereitungsanlage des Goreangab Dam ist eine der modernsten ihrer Art und stellt derzeit rund 35 % des täglichen Wasserbedarfs Windhoeks.

Penduka „Wake Up", ✆ 061-257210, 💻 www.penduka.com, ist ein Selbsthilfeprojekt für Frauen am Goreangab Dam in Katutura. Im Craftshop werden Tischdecken, Bettüberwürfe, Rucksäcke und andere Artikel im Ethnolook angeboten. Besonderheit von Penduka ist, dass man den Frauen bei der eigentlichen Arbeit zuschauen kann. Penduka engagiert sich außerdem in verschiedenen anderen Projekten, beispielsweise dem Tuberkulose-Programm. Die Frauen arbeiten dabei eng mit dem Gesundheitsministerium zusammen, um Bedürftigen Nahrung, Medikamente und Ausbildung in verschiedenen Handarbeitstechniken zukommen zu lassen.

Momentan befindet sich ein Montessori-Kindergarten im Aufbau, der dann auch interessierten Besuchern offenstehen soll.

Von der Café-Terrasse blickt man auf den Goreangab Dam. Hier gibt es außerdem einfache Übernachtungsmöglichkeiten.

ÜBERNACHTUNG

Windhoek wartet mit einer großen Bandbreite an Unterkünften auf – von richtig billig bis richtig teuer. Die Preise sind im Unterschied zum Rest des Landes aussagekräftig: Wer mehr zahlt, darf auch mehr erwarten. Im Zimmerpreis sind generell nur Übernachtung und Frühstück enthalten, mitunter auch nur Übernachtung. Außer den Hotels bieten jedoch auch einige Pensionen Abendessen an.

Die Unterkünfte, die nicht in der Nähe des Stadtzentrums liegen, haben entweder einen Shuttle-Service in die Stadt eingerichtet oder nutzen immer ein bestimmtes Taxiunternehmen, auf das dann auch Verlass ist. Alle Unterkünfte haben einen mehr oder weniger großen Hof, auf dem Mietwagen sicher geparkt werden können. Die guten, günstigen Unterkünfte sind in der Hochsaison schnell ausgebucht, wer etwas Bestimmtes im Auge hat, sollte daher lieber reservieren.

Obwohl Unterhaltung, Kultur und Nachtleben nach europäischen Maßstäben nicht eben hauptstädtisch sind, kommen Erlebnishungrige in Windhoek (und Swakopmund) noch am ehesten auf ihre Kosten.

Stadtzentrum

Untere Preisklasse

Penduka, ☎ 061-257210, ✉ info@penduka.org, 💻 www.penduka.com, Karte S. 212/213, Selbsthilfeprojekt für Frauen am Goreangab Dam in Katutura, s. oben. Preiswerte und einfache Rundhütten (N$600–700) direkt am Stausee. 2 Dorms (N$140 p. P.) mit Gemeinschaftsküche. Wer nicht selbst kochen will, geht einfach ins Penduka-Restaurant (keine regulären Öffnungszeiten). ❶

Campingplatz N$85 p. P. Du/WC, Strom-/Wasseranschluss.

The Cardboard Box Backpackers, ☎ 061-228994, ✉ cbbox@iway.na, 💻 www.cardboardbox.com.na, 15 Johann Albrecht St, Windhoek West, Karte S. 212/213. Trubeliges Backpackers mit netter Bar (tgl. geöffnet), Restaurant (oft Grillabende) und Campingplatz, gut zur weiteren Reiseplanung und zum Kennenlernen anderer Reisender. Bett im Dorm ab N$120 p. P.; DZ gibt es auch, Übernachtung und Pancake-Frühstück. ❶

Chameleon City Backpacker Lodge, ☎ 061-244347, ✉ chamnam@mweb.com.na, 💻 www.chameleonbackpackers.com, 7 Voigts St, Windhoek Central, Karte S. 220. Schönes, farbenfrohes Backpackers mit kleiner hausinterner Bücherei, Pool und Travel Centre (Chameleon Safaris, s. Touren), fast direkt im Zentrum. Wasser wird hier mit Sonnenenergie geheizt, Duschwasser recycelt und für den Garten genutzt, es gibt einen Kompost und Mülltrennung. Dorm-Bett ab N$150 p. P., Zimmer verschiedener Preiskategorien. ❶

Kashima Bed & Breakfast, Jeanette Swart, ☎ 061-257254, ☎-Handy 081-1292204, ✉ kashima@africaonline.com.na, 💻 www.kashima-namibia.com, 1 Chopin St, Windhoek West, Karte S. 212/213. Nur 3 Zimmer, familiäre Atmosphäre, zentrale Lage, Internetzugang. Keine Kreditkartenzahlung. ❶

Casa Piccolo, Claudia Horn, ☎ 061-221155, ✉ casapiccolo@iafrica.com.na, 💻 www.natron.net/tour/casapiccolo, 6 Barella St, Klein Windhoek, Karte S. 220. Geräumige, geschmackvoll eingerichtete Zimmer, herzliche, persönliche Betreuung, freundliche, offene Atmosphäre und gutes kontinentales Frühstück. WLAN. Alles ebenerdig, Badezimmer für Rollstuhlfahrer groß genug. ❷

Hotel Pension Moni, ☎ 061-228350, ☎-Handy 081-1270112, ✉ info@monihotel.com, 💻 www.

monihotel.com, 7 Rieks van der Walt St, Windhoek Central, Karte S. 220. Ruhige, aber dennoch zentrale Lage, angenehme Atmosphäre. Die Innenstadt kann von hier aus bequem zu Fuß erreicht werden. 2 behindertengerechte Zimmer. ❷

Gästehaus Tamboti, Sigi & Wolfgang Pack, ✆ 061-235515, ✉ tamboti@mweb.com.na, 🖳 www.tamboti-namibia.com, 9 Kerby St, Windhoek Central, Karte S. 212/213. Kleine Pension, behindertengerecht gebaut, persönliche Betreuung, s. auch „Reisende mit Behinderungen" (S. 82). ❷

Rivendell Guest House, ✆ 061-250006, ✉ rivendell@infotour-africa.com, 🖳 www.rivendellnamibia.com, 40 Beethoven St, Windhoek West, Karte S. 212/213. Nette, persönliche Unterkunft. Als günstige Variante auch Zimmer mit Gemeinschaftsbad. Angeschlossen ist die Africa Tourist Info. ❷–❸

Londiningi Guesthouse, ✆ 061-242378, ✆-Handy 081-1281017, ✉ londiningi@mweb.com.na, 🖳 www.londiningi.com, 11 Winterberg St, Windhoek Eros, Karte S. 212/213. Ruhige Lage, sehr schöner Garten, enthusiastische Gastgeber. Gutes Frühstück. Internetzugang. Ausstattung kommt teilweise von Penduka. Abendessen wird angeboten, hauptsächlich frz. Küche. Haben die Peri-Naua-Initiative zur Unterstützung eines Kindergartens in Otjiwarongo ins Leben gerufen. ❷

Jordani Bed & Breakfast, ✆ 061-220141, ✆-Handy 081-1240090, ✉ jordani@iway.na, 🖳 www.jordanistay.com, 55 Hamutenya Wanehepo Ndadi St, Windhoek Olympia, Karte S. 212/213. Ruhige Lage im hügeligen Süden der Stadt. 5 komfortable Zimmer, persönliche Atmosphäre. Internetzugang. Abendessen auf Wunsch zwischen 18 und 20 Uhr. ❷

Mittlere Preisklasse

Hotel Pension Palmquell, ✆ 061-234374, ✆-Handy 081-2686765, ✉ hotel.palmquell@iafrica.com.na, 🖳 www.palmquell.com, 60 Jan Jonker Rd, am Wasserberg in Klein Windhoek, Karte S. 220. Üppiger Garten mit riesigen Palmen, temperiertes Schwimmbad. Restaurant à la carte. ❸

Vondelhof Guesthouse, Yvonne Schadee, ✆ 061-248320, ✉ reservations@vondelhof.com, 🖳 www.vondelhof.com, 2 Puccini St, Karte S. 212/213. Angenehmes Ambiente, interessante Architektur, familienfreundlich. ❸

Villa Violet, ✆ 061-256141, ✆-Handy 081-4756379, ✉ villaviolet@iway.na, 🖳 www.villaviolet.net, 48 Ziegler St, Klein Windhoek, Karte S. 220. Ruhige, entspannte Atmosphäre, Internetzugang. Leckeres Frühstück mit Farmprodukten. ❸

Monte Bello Guesthouse, ✆ 061-224045, ✆-Handy 081-1415559, ✉ montebelloguesthouse1@gmail.com, 🖳 www.villa-moringa-montebello.com, 30 Akwamaryn St, Windhoek Eros, Karte S. 212/213. Moderne, helle Zimmer, WLAN. Pool. ❸

The Elegant Guesthouse, ✆ 061-301934, ✉ info@the-elegant-collection.com, 🖳 www.the-elegant-collection.com, 56 Ziegler St, Klein Windhoek, Karte S. 220. 6 moderne, gemütlich eingerichtete Zimmer mit TV, AC, Telefon und WLAN, Pool. ❹ 1700 NAD

Villa Vista Guesthouse, Koos & Fransette Vollgraaff, ✆ 061-222602, ✉ villavista@iway.na, 🖳 www.villavista.com.na, 5 Luther St, Karte S. 220. WLAN. Pool und Sauna. Auch Selbstversorger-Option. ❹

Terra Africa House, ✆ 061-252100, ✉ reservations@terra-africa.com.na, 🖳 www.terra-africa.com, 6 Kenneth McArthur St, Windhoek Olympia in der Nähe von Maerua Mall, Karte S. 212/213. Freundliche Atmosphäre, gepflegter Garten mit Palmen und Blumen. WLAN. ❹

Hilton Windhoek Hotel, ✆ 061-2962929, ✉ WDHHI.reservations@hilton.com, 🖳 www.windhoek.hilton.com, Reverent Michael Scott St, Ecke Sam Nujoma Ave, Karte S. 220. Wellness-Bereich, WLAN, 4 behindertengerechte Zimmer. ❹

Safari Hotel und Safari Court Hotel, ✆ 061-2968000, ✉ reservations@safarihotelsnamibia.com, 🖳 www.safarihotelsnamibia.com, Aviation Rd, am Eros Airport, Karte S. 212/213. Das Safari Hotel ist eine preiswerte Herberge. Das Court ist ein typisches, großes Stadthotel für Geschäftsleute. Großer Pool und Gartencafé, Restaurant, Internetzugang, behindertengerechte Zimmer. Kostenloser Shuttle-Bus in die Stadt. Das *Oukolele Day Spa* steht auch Tagesbesuchern offen. ❹

The Utopia Boutique, ✆ 061-211299, ✉ info@utopiaboutique.com, 🖳 www.utopiamedispa.org, 64 Nelson Mandela Ave, Klein Windhoek, Karte S. 220. Elegante Apartments auf dem Gelände des Utopia Medi-Spa, das Wellness und verschiedene Gesundheitsbehandlungen anbietet. So praktizieren hier u. a. ein Chiropraktiker, ein Biokinetiker und ein Zahnarzt. Voranmeldungen sind jedoch notwendig. Hier gibt es außerdem ein gemütliches Café unter großen, alten Kameldornbäumen. ❺

Roof of Africa Hotel & Travel Centre, ✆ 061-254708, ✉ info@roofofafrica.com, 🖳 www.roofofafrica.com, 124–126 Nelson Mandela Ave, Windhoek Eros, Karte S. 2210. Größere, rustikale Unterkunft, Bar, Restaurant, für Rollstuhlfahrer eingeschränkt geeignet. Internetzugang, Telefon. Zimmer in mehreren Preiskategorien. Nutzen wiederaufbereitetes Wasser für den Garten und Solarenergie für das Warmwasser. ❺–❻

Kalahari Sands Hotel & Casino, ✆ 061-2800000, kalahari.reservations@za.suninternational.com, 129 Independence Ave, Gustav Voigts Centre, Windhoek Central, Karte S. 220. Großes Hotel mit Kasino und Restaurant mitten im Stadtzentrum. Schwimmbad auf dem Dach, Fitnessraum, Wellness-Bereich, Internetzugang. ❺

Obere Preisklasse

Villa Verdi, ✆ 061-221994, ✉ res3@leadinglodges.com, 4 Verdi St, Windhoek West, Karte S. 212/213. Nur 5 Min. von der Innenstadt, geräumige Zimmer, schöner Garten. Das Restaurant King Kauluma Gardens steht auch Tagesbesuchern offen. ❹–❻

Windhoek Country Club Resort, ✆ 061-2055911, ✉ windhoek@legacyhotels.co.za, 🖳 www.legacyhotels.com, Western Bypass, Windhoek Pionierspark, Karte S. 212/213. Großes Hotel am Rande der Stadt mit Kasino und Golfplatz; sehr schöner Pool und Garten. Ein behindertengerechtes Zimmer. Internetzugang. Gym. Das Kokerboom Restaurant bietet sowohl Essen à la carte als auch Buffet an. ❻

Hotel Heinitzburg, ✆ 061-249597, ✉ heinitzburg@heinitzburg.com, 🖳 www.heinitzburg.com, 22 Heinitzburg St, Windhoek Central, Karte S. 220. Bezauberndes Burghotel (S. 232, Sehenswertes), luxuriös eingerichtet. Besonderheit ist der schöne Ausblick über Windhoek. Edles Restaurant mit Terrasse und Weinkeller. ❻–❼

Außerhalb der Stadt

Wer am Ende der Namibiareise nicht noch einmal in Windhoek übernachten möchte, kann zu einer der Lodges und Gästefarmen außerhalb der Stadt fahren. Viele Reisende empfinden es außerdem als angenehm, nach dem langen Flug aus Deutschland zunächst zu einer nahe gelegenen Lodge zu fahren. Bei manchen reichen eine oder zwei Übernachtungen, bei anderen lohnt ein längerer Aufenthalt. Einige Lodges und Gästefarmen haben Stellplätze zum Campen, reine Campingplätze gibt es relativ wenig.

In Windhoeks Umgebung gibt es mehrere Unterkünfte, auf deren Gelände Großkatzen leben und die sich daher für einen Tagesausflug eignen.

Im Westen

Hochland Nest, ✆ 061-257006, ✉ hochlandnest@iway.na, 🖳 www.hochlandnestnamibia.com, ca. 50 km von Windhoek an der D 1418. Westlich von Daan Viljoen, idyllische Lage am Ufer eines kleinen Stausees, 6 einladende, kreativ gestaltete Chalets, gute Wandermöglichkeiten, kleines Elektroboot für Fahrten auf dem Stausee. Perfekt zum Entspannen oder für besondere Anlässe wie beispielsweise eine Hochzeit. ❺

Camping N$100 p. P. Du/WC, Rasenplätze. Mahlzeiten und Aktivitäten können bei der Lodge gebucht werden.

Sun Karros Lifestyle Safari Lodge im Daan Viljoen Park, s. Die Umgebung von Windhoek.

Im Norden

Okapuka Lodge, ✆ 061-257175, ✉ okapuka@iafrica.com.na, 🖳 www.okapuka-ranch.com, 30 km nördlich von Windhoek an der B 1. Im privaten 12 000 ha großen Wildschutzgebiet leben Antilopen und Nashörner, im Stausee gibt es sogar Krokodile. Tagesbesuche möglich,

Rundfahrten starten erst ab 4 Pers., aber da immer gut besucht, finden diese meist statt. ❹

€ **Gästefarm Elisenheim**, Christina & Andreas Werner, ✆ 061-264429, ✆-Handy 081-1244373, ✉ awerner@mweb.com.na, 💻 www.natron.net/tour/elisenheim, www.natron.net/tour/elisenheim-camping, 15 km nördlich von Windhoek, bei Brakwater von der B1 auf die D 1473 abbiegen. Preiswert. Angenehme Farmatmosphäre, schöne Lage am Fuße der Otjihaveraberge. Die luxuriöse Berghütte (extra zu buchen) bietet einen tollen Ausblick auf den Windhoeker Talkessel. Obwohl die Farmerei nicht mehr im großen Stil betrieben wird, können hier Kinder echtes Farmleben mit Pferden und Kühen erleben. ❷ Campingplatz N$100 p. P.; Du/WC, Strom-/Wasseranschluss, Rasen, Picknickplätze, Hängematten.

Windhoek Game Camp, ✆-Handy 081 2721594, ✉ info@windhoekgamecamp.com, 💻 www.windhoekgamecamp.com, bei Brakwater an der D 1491. Selbstversorger-Zeltbungalows, Internetzugang. ❸

Immanuel Wilderness Lodge, Sabine & Stephan Hock, ✆ 061-260901, ✉ office@immanuel-lodge.de, 💻 www.immanuel-lodge.de, 20 km nördlich von Windhoek an der D 1474. Familienfreundlich, Reiten, Spielplatz und Streichelzoo für Kinder. ❷

Düsternbrook Safari Gästefarm, Johann Vaatz, ✆ 061-232572, ✉ info@duesternbrook.net, 💻 www.duesternbrook.net, 45 km nördlich von Windhoek an der D 1499. Tagesbesucher willkommen. Leoparden- und Gepardenfütterung 14.30 Uhr Winterzeit, 15.30 Uhr Sommerzeit. Recycling von Wasser und Müll, Naturschutz sowie Ausbildung und faire Bezahlung und Behandlung der Angestellten. ❹ Campingplatz N$ 135–165 p. P., Du/WC, Licht, Strom-/Wasseranschluss.

In Richtung Osten / Flughafennähe

Eningu The Clayhouse Lodge, ✆ 062-581880, Buchungen bei Logufa, ✉ logufa@mweb.com.na, 💻 www.eningulodge.com, rund 65 km südlich des Flughafens an der D 1471. Sternbeobachtung, Wanderwege mit Informationstafeln. Abendessen inkl. WLAN. Die wunderbar in die Natur integrierte Lodge hat 2008 drei Wüstenblumen im „Eco Award"-Wettbewerb gewonnen (Recycling von Wasser und Müll, Nutzung von Solarenergie, Naturschutz sowie faire Behandlung der Angestellten). ❸

Guesthouse Voigtland, Gaby & Stephan Voigt, ✆ 062-540419, ✆-Handy 081-2597430, ✉ voigtland@iway.na, 💻 www.voigt-land.com, an der C 23, kurz hinter dem Abzweig von der B 6. Familiäre Atmosphäre, 3 stilvoll eingerichtete DZ und 4 Selbstversorger-Bungalows, Pool, Internetzugang. ❹

Hohewarte Gästefarm, ✆-Handy 081-4261893, ✉ info@hohewarte.com, 💻 www.hohewarte.com, 15 km auf der C 23 Richtung Dordabis. Schönes Gebäude, einst Polizeistation der Schutztruppe. Sundowner-Platz mit Rundumblick. ❹

Amkela Lodge, ✆ 061-256528, ✆-Handy 081-7503441, ✉ info@amkela-namibia.com, an der MR 53, 500 m von der B 6. Geräumige Zimmer, rollstuhlgerecht, Internetzugang. Restaurant à la carte. ❹

Etango Ranch, Carmen & Robert Grellmann, ✆ 062-540451, ✆-Handy 081-2569017, Buchungen bei Reservation Destination, ✉ reservations@resdes.com.na, 💻 www.etangoranch.com, gegenüber dem International Airport. Ideal am Ende der Reise, wenn der Abflug frühmorgens angesetzt ist, lohnt aber auch einen mehrtägigen Aufenthalt. Auch für Familien bestens geeignet. Nette junge Gastgeberfamilie. Abendessen inkl. ❹

Ibenstein Jagdsafaris und Gästefarm, ✆ 062-573535, ✉ rkrafft@mweb.com.na, 💻 www.ibenstein.com, in Dordabis. August Stauch, der dank seines Arbeiters Zacharias Lewalas die Diamanten bei Kolmanskop entdeckt hat, erwarb Ibenstein Anfang des 20. Jhs. Auch die heutigen Eigentümer, Ilona und Rene Krafft, stammen von diesem berühmten Pionier Südwestafrikas ab. Pool, Reit- und Wandermöglichkeiten sowie die einmalige Chance, in einem Ultraleichtflugzeug die Welt von oben zu sehen.

Kiripotib Gästefarm, Claudia & Hans Georg von Hase, ✆ 062-581419, ✆-Handy 081-2432628, ✉ hans@kiripotib.com, 💻 www.kiripotib.com, ca. 160 km südöstlich von Windhoek an der

D 1448. Besonderheit sind die zu besichtigenden Farmwerkstätten des Anin-Stickerei-Projekts. Sternbeobachtungen, Segelfliegen. ❹–❺

Midgard Country Estate, ✆ 062-503888, 💻 www.midgardcountryestate.com, 85 km nordöstlich von Windhoek an der D 2102. Große Lodge auf schöner Farm, Freizeitangebote wie 4x4 Trail, Tennis, Badminton, Volleyball, Fitnessraum, Schwimmbad und Spielplatz mit Planschbecken. Internetzugang. Tagesbesucher willkommen. 1 behindertengerechtes Zimmer. ❺

Onjala Lodge, ✆ 061-259432, ✆ 081-1227171, ✉ res@onjala.com, 💻 www.onjala.com, bei Seeis an der M 53. 45 km nordöstlich vom International Airport. Gebäude aus Naturstein, erinnern im Stil fast an maurische Bauten. Restaurant, Bar und rustikaler Aufenthaltsbereich. Wasserwiederaufbereitungsanlage, Mülltrennung, Naturschutz. Zahlreiche Aktivitäten wie Wildbeobachtung, Ausritte, Rundfahrten in offenen Geländefahrzeugen am Tage und bei Nacht, geführte Wanderungen, Vogelbeobachtung, Sundowner-Fahrten, Sternbeobachtung. Außerdem exklusive Panorama-Suiten, ideal für die Flitterwochen oder für andere ganz besondere Anlässe. ❺–❼

Trans Kalahari Inn, ✆ 061-222877, ✉ grimm@transkalahari.com, 💻 www.transkalahari-inn.com, zwischen Windhoek und Flughafen an der B 6. Preiswert, nur Übernachtung, Restaurant, Bar, Werkstatt, Internetzugang. ❷ Campingplatz N$50 p. P. plus N$100 für den Rasenplatz; Du/WC, Licht, Stromanschluss.

Vineyard Country B&B, ✆ 061-224144, ✉ info@vineyardcountrystay.com, 💻 www.vineyardcountrystay.com, 2 km außerhalb von Windhoek an der B 6 Richtung Flughafen. Tolle Lage, schöner Ausblick. 8 Gästezimmer, TV. Wäscheservice, Weinkeller, Internetzugang, Safe. ❷

River Crossing Lodge, ✆ 061-401494, ✆-Handy 081-1484807, ✉ reservations@rivercrossing.com.na, 💻 www.rivercrossing.com.na, 3 km außerhalb von Windhoek an der B 6 Richtung Flughafen. 20 Chalets. Ausritte, Wildbeobachtungsfahrten. ❹

Na'ankuse Lodge & Wildlife Sanctuary, ✆ 081-8594608, 💻 www.naankuse.com, auf der B6 24 km nach Osten fahren, an der Kapps Farm links auf die M 53 abbiegen und dem Hinweisschild zur Lodge folgen. Die Lodge bietet in sechs afrikanisch eingerichteten Häuschen nicht nur wunderbaren Luxus im Busch, sie ist vielmehr eine gemeinnützige, nachhaltige Ökotourismus-Destination. Alle Gewinne werden in beteiligte Projekte investiert, etwa für Tierschutz oder zur Unterstützung der lokalen Sangemeinde. Highlight für Besucher ist das Wildlife Sanctuary, wo verletzte und verwaiste Leoparden, Löwen, Geparden, Wildhunde, Luchse und Paviane gepflegt werden. Zum Angebot gehören auch interessante Wanderungen mit San. Angelina Jolie und Brad Pitt sind regelmäßige Gäste auf der Lodge und unterstützen Na'ankuse aktiv. Direkt vor dem Gebäude hat der Otjihase River einen beeindruckenden Canyon in die Landschaft gefräst. DZ mit Frühstück ab N$2500. ❻

Im Süden

Gocheganas Nature Reserve and Wellness Village, ✆ 061-224909, ✉ reservations@gocheganas.com, 💻 www.gocheganas.com, südöstlich von Windhoek an der D 1463. Schöne, luxuriöse Bungalows, einer davon behindertengerecht, Wellness-Programme, Game Drives, verschiedene Massagen in freier Natur. Internetzugang. Abendessen inkl.; S. 100. ❼

Monteiro Self-Catering & Camping, Hannelie Swanepoel, ✆-Handy 081-1291172, ✉ monteiro@iway.na, 💻 www.monteironamibia.com, 11 km südlich von Windhoek an der B 1. Schöner und ordentlicher Campingplatz N$100 p. P., Du/WC, Licht, Strom-/Wasseranschluss, Abwaschküche, Kochgelegenheit, Picknickplätze, Rasen, Schatten, Swimmingpool; außerdem Safarizelte mit Betten und Bettwäsche sowie 2 Selbstversorger-Bungalows. Frühstück und Abendessen können bestellt werden. Keine Kreditkartenzahlung. ❶

ESSEN

Windhoek bietet eine breite Auswahl an Restaurants. Die Portionen sind im südlichen Afrika im Allgemeinen etwas größer als in Europa, nur die „feinen" Restaurants achten auf Übersichtlichkeit. Die Restaurants mit traditioneller Küche kochen für den afrikanischen Geschmack, die mit internationaler Küche eher für den europäischen, jedoch mit namibischen Zutaten wie beispielsweise Antilopenfleisch. Da es vorkommen kann, dass am Wunschtag entweder geschlossen ist oder aber alle Tische reserviert sind, empfiehlt sich für Restaurants eine telefonische Anmeldung. Die angegebenen Öffnungszeiten beziehen sich auf die Küche.

Internationale Küche

Leo's at the Castle, ✆ 061-249597, 22 Heinitzburg St, 💻 www.heinitzburg.com, 🕒 ab 18.30 Uhr. Ein edles Restaurant in der Heinitzburg mit sehr guter Küche und großem Weinkeller, hauptsächlich mit Auktionsweinen aus Südafrika bestückt. Preise liegen weit über dem üblichen Niveau in Windhoek, besonders der Wein lässt die Rechnung in die Höhe schnellen. Auf der Terrasse mit grandiosem Ausblick über Windhoek werden auch tagsüber Getränke sowie Kaffee und Kuchen angeboten. Einen Sundowner kann man sich hier ruhig gönnen.

Gathemann Restaurant, ✆ 061-223853, 175 Independence Ave, 🕒 Mo–Sa 12–22 Uhr. Namibische Spezialitäten, Austern aus Lüderitz, Wildgerichte, vegetarische Gerichte, übersichtliche Portionen. Vom Balkon aus ist das Treiben in der Hauptstraße zu beobachten. Touristenpreise.

The Gourmet – Café und Restaurant in der Kaiserkrone, ✆ 061-232360, Post St Mall, 🕒 Mo–Sa 7.30–21.30 Uhr. Traditionsreiches Restaurant in schönem Garten unter großen Palmen. Unterteilt in drei Bereiche: Innen gediegenes Restaurant mit angenehmem Ambiente; im schattigen Innenhof gibt es süße und herzhafte Pfannkuchen, Waffeln, Pizza & Pasta und gängiges Mittagessen (von Wild bis Fisch); die Espresso Bar serviert Kaffee in allen Sorten und Varianten. Mit Rampen für Rollstuhlfahrer ausgestattet.

Joe's Beerhouse, ✆ 061-232457, 💻 www.joesbeerhouse.com, Nelson Mandela Ave, am Eros Shopping Centre, 🕒 Mo–Do 16.30–23, Fr–So 11–23 Uhr. Sehr beliebter Biergarten. Rustikal und gemütlich eingerichtet, mit Fundstücken aus der Gründerzeit, Schrott, alten Schildern und Hunderten von leeren Flaschen dekoriert – vor allem jene grünen, viereckigen. Streng nach dem Motto „Our house wine is Jägermeister". Frisches Bier vom Fass und viele Wildgerichte, wie Kudu-, Springbock, Straußen- und Krokodilfleisch; ordentliche, namibische Farmer-Portionen.

Am Weinberg, ✆ 061-236050, 💻 www.amweinberg.com, 13 Jan Jonker Rd, 🕒 tgl. 12–21.30 Uhr. Kleines Restaurant am Wasserberg in Klein Windhoek, interessantes Gebäude, schöne Aussicht, gute Küche. In der „Beach Bar" gibt es Cocktails zum Sonnenuntergang.

Stellenbosch Wine Bar & Bistro, ✆ 061-309141, 78 Sam Nujoma Drive, 💻 www.thestellenboschwinebar.com, Bougain Villas. 🕒 Mo–Sa 12–15 Uhr und 18–22 Uhr. Gehobenes Restaurant, internationale Küche, Tischreservierung empfehlenswert.

Dunes Restaurant, ✆ 061-2800011, im Kalahari Sands Hotel, Independence Ave, 🕒 tgl. 6–9.30 Uhr, Sa, So 6–10 Uhr, 12.30–14.30 Uhr und 18–22 Uhr. Reichhaltiges Buffet (auch zum Frühstück), von der Terrasse Blick auf die Hauptstraße.

Sardinia Blue Olive Restaurant, ✆ 061-258183, Klein Windhoek, Schoemans Building, Ecke Sam Nujoma Drive/Nelson Mandela Ave, 🕒 Mo, Mi–Sa 9–22.30 Uhr, So 9.30–22.30 Uhr. Gute italienische Küche, einschließlich Pizza, immer gut besucht, auch Take away.

Ocean Basket, ✆ 061-253507, 💻 www.oceanbasket.com (Speisekarte), Town Square, Post St Mall, 🕒 Mo–Do 11–20 Uhr, Fr 11–22 Uhr, Sa, So 11–16 Uhr. Südafrikanische Kette, gutes Fischrestaurant mit Steakhouse-Charakter. Eine weitere Filiale gibt es im Maerua Lifestyle Centre, ✆ 061-241652, 🕒 Mo–Sa 11–22 Uhr, So 11–21 Uhr.

NICE – Namibian Institute of Culinary Education, ✆ 061-300710, ✉ info@nice.com.na, 💻 www.nice.com.na, Hosea Kutako Drive, Ecke Mozart St. 🕒 Mo–Fr 12–14 und 18–22 Uhr, Sa, So 18–22 Uhr. Initiative der Betreiber der Wolwedans Lodges / NamibRand. Hier haben Köche, die gerade ausgelernt haben, die Möglichkeit zum Praxistraining unter Anleitung erfahrener Kollegen. Kreatives Essen und bemühter Service. Behindertenfreundlich. Die gut besuchte Bar hat eine eigene Speisekarte. Außerdem gibt es eine separate Sushi-Bar (tgl. geöffnet).

Paguel International Restaurant, ✆ 061-240786, 416 Independence Ave, 💻 www.paguel restaurant.com, 🕒 Mo–Sa 12–24 Uhr. Gute Kombination von namibischer und portugiesischer Küche, für jeden Geschmack ist etwas dabei.

Garlic & Flowers Restaurant, ✆ 061-233095, ✆-Handy 081-2382847, 💻 bei Facebook „Garlic & Flowers" eingeben, Robert Mugabe Ave, Ecke John Meinert St, 🕒 Mo–Sa 10.30 Uhr bis spät. Afrikanische, internationale und vegetarische Küche, man kann alles bestellen – selbst persönliche Sonderwünsche, die nicht auf der Speisekarte zu finden sind, werden berücksichtigt. Auch kulturell wird einiges geboten: Livebands, Comedians und Gedichtlesungen. Bei Redaktionsschluss stand das Restaurant vor dem Umzug an einen neuen Standort.

Andy's Lecker-Locker-Lustig, ✆ 061-401516, ✆-Handy 081-3355200, ✉ andy.suedwest@yahoo.com, 💻 bei Facebook „Andy's Pub lecker locker lustig" eingeben, 324 Sam Nujoma Drive, 🕒 Di–So 11–23 Uhr. Currywurst, Steak, Pizza, rustikale Atmosphäre, mit Bar. Hier werden alle Sportsendungen wie Fußball und Formel 1 gezeigt, beliebter Treffpunkt der Südwester.

Restaurant der Okapuka Lodge, ✆ 061-257175, 30 km nördlich von Windhoek an der B 1, 🕒 tgl. 12–14 Uhr (So Lunchbuffet) und 18–21 Uhr. Nettes Ausflugsziel (s. auch Übernachtung außerhalb), hell und groß, mit einer offenen Front zum Rasen hinaus. Falls es kalt ist, wird die Glasfront geschlossen. Einheimische Wild- und Fischgerichte. Es geht hier recht gemächlich zu, also viel Zeit mitbringen.

Primi Piatti, ✆ 061-303050, 💻 www.primiworld.com, Maerua Mall, Jan Jonker Road, Ship Nr. 65, 🕒 tgl. 9–22 Uhr. Filiale eines der coolsten Kettenrestaurants Südafrikas. Italienisch angehauchte Gerichte. Pizza aus dem Holzofen, leckere Pasta und Burger, Bier vom Fass und entspannte, ganz in Orange gekleidete Bedienung.

Traditionelle Küche

Fusion, ✆-Handy 081-2148404, 💻 www.letseat.at/fusionnamibia, Beethoven St, Ecke Simpson St. 🕒 Mo–Fr 12–21 Uhr, Sa 17–21 Uhr. Afrikanische Küche. Interessante Geschichte der Betreiberin, die bereits mit 8 Jahren anfing, für ihre Familie zu kochen, und dies später zu ihrer Passion entwickelt hat. Sehr vielseitige Speisekarte, von sehr afrikanisch bis gemäßigt europäisch, es darf sich hier getrost jeder hinwagen.

€ **Xwama Cultural Village & Traditional Restaurant**, ✆ 061-210270, ✆-Handy 081-1242363, ✉ xwamaculturalvillage@gmail.com, 💻 www.xwama.com, Independence Ave, Ecke Omongo St, Katutura. 🕒 Mo–Do 10–21 Uhr, Fr, Sa 10–22 Uhr, So 10–19 Uhr. Originelles kleines Restaurant, teils unter freiem Himmel. Neben einheimischer Küche wird eine Einführung in Kultur und Geschichte verschiedener Völker Namibias geboten, u. a. durch traditionelle Tänze, Maisstampfen und Marula-Öl-Herstellung. Im „Basket Centre" sieht man, wie Körbe hergestellt werden. Diese Produkte können im angegliederten Shop gekauft werden.

La Marmite Royale, ✆ 061-240306, ✆-Handy 081-1445353, 383 Independence Ave, 🕒 tgl. 12–23 Uhr. Angenehmes, kleines afrikanisches Restaurant mit Spezialitäten v. a. aus Westafrika – der engagierte Koch ist Kameruner. Ungezwungenes, gemischtes Publikum, sehr angenehme Atmosphäre.

Leichte Mahlzeiten

Craft Café, ✆ 061-249974, 💻 www.craftcafe-namibia.com, im Namibia Craft Centre (NamCraft), Tal St, 🕒 Mo–Fr 8–18 Uhr, Sa, So 9–15 Uhr. Café mit besonderer Atmosphäre – ein MUSS beim Windhoek-Aufenthalt. Guter Cappuccino, selbst gebackener Kuchen, frisch gepresste Säfte, Milchshakes, Sandwiches und knackige Salate. Internet gibt es gleich um die Ecke. Craft Centre S. 243.

Paul's Brasserie & Coffee Shop, ✆ 061-307176, in der alten Brauerei, Zugang über Garten St, 🕒 Di–Sa 9–18 Uhr. Wurde vom NDDT (Namibian Disability Development Trust) ins Leben gerufen, einer Initiative, die sich um die Ausbildung von Menschen mit Behinderungen sowie deren (Re-)Integration in die Arbeitswelt kümmert. Als Servicepersonal sind ausschließlich Menschen mit körperlichem Handicap angestellt. Es gibt eine große

Auswahl an frischen Säften und vegetarischen Gerichten.

Café Balalaika Restaurant, ✆ 061-223479, im Zoopark, Independence Ave, ⌚ Mo–Fr 10–22 Uhr, Sa, So 9–22 Uhr. Schöne Lage und das einzige Café in Windhoek, das auch am Wochenende geöffnet ist. Frühstück, Mittag- und Abendessen à la carte, russische, deutsche, französische und italienische Küche, außerdem leichte Mahlzeiten sowie Snacks, Kaffee und Kuchen.

Cicada Café, ✆ 061-272632, 41 Berg St, in der Gärtnerei „Wilde Eend", ⌚ Mo–Fr 8–17 Uhr, Sa 8–13 Uhr, Sommerzeit So 9–13 Uhr, Winterzeit So 10–13 Uhr. Frühstück, Salate, vegetarische Gerichte, Sandwiches, täglich wechselnder Mittagstisch. Klein und gemütlich, direkt im Grünen.

Caffeé Brazza, ✆ 061-247123, in der Maerua Mall, ⌚ Mo–Fr 7–18 Uhr, Sa 8–14 Uhr, So 9–13 Uhr. Eines der wenigen Cafés in Windhoek, wo man einfach sitzen und das geschäftige Treiben beobachten kann.

Mugg & Bean, ✆ 061-248898, im Town Square, Post St Mall, ⌚ Mo–Sa 7–17.30 Uhr, So 8–15 Uhr, So 9–14 Uhr. Besonders schön sitzt man hier auf dem Balkon, mit Blick auf die Fußgängerzone. Guter Kaffee, Kuchen, leichte Mahlzeiten. Weiteres Café dieser südafrikanischen Kette in der Maerua Mall.

Blue Frog Restaurant, ✆ 061-254094, 118 Robert Mugabe Ave, neben dem FNCC. ⌚ Mo, Di, Do 8–17 Uhr, Mi und Fr 8–21 Uhr, Sa 8–14 Uhr. Namibische und französische Küche, täglich wechselnder Mittagstisch, WLAN.

Café Schneider, ✆ 061-226304, Levinson Arcade, Independence Ave, ⌚ Mo–Fr 7–17 Uhr, Sa 7–13 Uhr. Beliebter Treff zum Mittagessen bei den Einheimischen, v. a. Deutsche, preiswert, Hausmannskost wie Wiener Schnitzel, belegte frische Brötchen u. Ä.

Fresh 'n Wild, ✆ 061-240346, Robert Mugabe Ave, Ecke Liliencron St, ⌚ Mo–Fr 7–17 Uhr, Sa, So 7.30–13 Uhr. Schönes Café in Garten, mit wunderbar frischer und gesunder Küche, Frühstück, Süßes und Herzhaftes, Gebackenes und Desserts. Coole, freundliche Bedienung. Ein echtes Highlight in Windhoek, das auch mitten im trendigen Kapstadt stehen könnte.

Pastelaria Lua de Mel, ✆ 061-308183, ✉ past luademel@iway.na, 23 Sam Nujoma Drive, Elsa Building, Shop 4, ⌚ tgl. 7–22 Uhr. Frühstück, Salate sowie leckere Snacks und Gebäck, auch zum Mitnehmen für unterwegs. Leider eher gelangweilte und nicht sehr freundliche Bedienung.

UNTERHALTUNG

Der aktuelle **Veranstaltungskalender** Windhoeks ist unter 💻 www.whatsonwindhoek.com zu finden.

Bars und Clubs

Die Bars sind ab 18 Uhr gut besucht, während in den Clubs erst gegen 23–24 Uhr die Party beginnt.

Joe's Beerhouse, S. 240, Essen.

The Wine Bar, ✆ 061-226514, 3 Garten St, 💻 www.windmill-wines.com, ⌚ Mo–Sa 16–23 Uhr. Gemütliche Weinbar. Schöne Aussicht von der Terrasse, Snacks, leichtes Abendessen.

Zenso-Lounge, ✆ 081-6894575, Am Gutenbergplatz (Town Square Parking Level 3), ⌚ Mo–Do 8–22 Uhr, Fr 8–23 Uhr, Sa 9–2 Uhr, freitags oft Liveband oder DJ, mit Restaurant. Hier finden teilweise richtig gute Konzerte mit bekannten namibischen und internationalen Künstlern statt.

Dylan's Pub, ✆-Handy 081-1287664, Nasmith St, neben Club London, ⌚ Mo–Fr 16–2 Uhr, Sa 19–5 Uhr, oft Livemusik, v. a. Country, Do Karaoke.

Club London, 4 Nasmith St, Southern Industrial. Angesagte Disco, gemischtes Publikum. Aktuelle Pophits, öfter Livemusik, sicheres Parken.

El Cubano @ Hilton, ✆-Handy 081-2917192, Independence Ave, Ecke Sam Nujoma Drive, ⌚ Mo–Sa 20–2 Uhr. Fr und Sa mit DJ, dann N$50 Eintritt für Frauen, N$100 für Männer.

Kinos

Ster-Kinekor, ✆ 061-249267, 💻 www.sterkinekor.com, Maerua Mall und The Grove Mall of Namibia. Die beiden Filialen der südafrikanischen Kinokette sind die einzigen Kinos in Windhoek. Hauptsächlich aktuelle Kinohits.

EINKAUFEN

Supermärkte und Einkaufszentren

The Grove Mall of Namibia, ✆ 061-243603, 💻 www.thegrovemallofnamibia.com, Frankie

Fredericks Drive. Ende 2014 eröffnete im südlichen Stadtteil Kleine Kuppe (unweit der B 1 Richtung Rehoboth) Namibias größte Mall mit 126 neuen Shops, Restaurants und Kinos. ⌚ Mo-Sa 9–19 Uhr, So 9–17 Uhr.

Maerua Mall, Jan Jonker Rd. Großes Einkaufszentrum im Osten der Stadt, mit verschiedenen Shops für Bekleidung, Lebensmittel, Geschenke, Schmuck etc., Kino, Restaurants. ⌚ Mo–Fr 9–17.30 Uhr, Sa 9–16 Uhr, So 9–14 oder 17.30 Uhr (einzelne Shops sind am Wochenende nicht geöffnet).

Maerua Superspar, ✆ 061-383000, Centaurus Rd, Maerua Lifestyle Centre. Sehr gut sortierter Supermarkt mit vielen deutschen Produkten; gute Bäckerei und Metzgerei. ⌚ Mo–Sa 7.30–19.30 Uhr, So 7.30–18 Uhr.

Ausrüstung

Cymot, ✆ 061-2957000, ✉ info@cymot.com, 💻 www.cymot.com.na, 60 Mandume Ndemufayo Ave. Alles fürs Campen, auch komplette Ausrüstungen für Geländewagen. Für Einkaufserschöpfte gibt es jetzt sogar einen Coffeeshop. Cymot unterhält Filialen in allen größeren Orten Namibias.

Bushwhackers, ✆ 061-258760, ✉ bushwhackers@iway.na, 32 Rhino St, Rhino Park. Alles fürs Campen, Angeln und sonstige Freiluftaktivitäten.

Brot

Gutes Schwarzbrot bekommt man bei Woermann & Brock und beim Superspar im Maerua Lifestyle Centre (neben Maerua Mall).

Bücher und Landkarten

Windhoeker Buchhandlung, ✆ 061-225216, 💻 www.windhoekerbuchhandlung.com, 69–72 Independence Ave.

Englische Namibia-Literatur, Bildbände und Karten gibt es in den **CNA**-Filialen (die in jeder größeren Stadt zu finden sind), etwa im Wernhil Park, Mandume Ndemufayo Ave, und in der Maerua Shopping Mall.

Book Den, ✆ 061-239976, Puccini St, Ecke Hosea Kutako Ave. Gute Auswahl verschiedener afrikanischer und namibischer Bildbände etc. Keine deutschen Bücher.

Ein Highlight nicht nur für Shopping-Fans

Die Adresse schlechthin für den Souvenirkauf oder auch nur zum Stöbern und Staunen ist das **Namibia Craft Centre (NamCraft)** mit angeschlossener Omba-Galerie und dem Craft Café, 40 Tal St. Traditionelles namibisches Kunsthandwerk wie Weberei, Lederarbeit, Schmuck, Stickerei, Schnitzerei, Arbeiten aus Naturalien, Ton- und Korbwaren, Stoffmalerei, traditionelle Techniken und anderes kann hier besichtigt und gekauft werden. Im Hof sind weitere interessante Läden zu finden, u. a. Diamond Works und das Studio 77. Mehr Infos S. 244.

Orumbonde Books, ✆-Handy 081-1488462, ✉ orumbonde@mtcmobile.com.na, am Namibia Craft Centre in der alten Brauerei, Zugang über Tal St. Mit Antiquariat.

Kunsthandwerk / Souvenirs

Die meisten Märkte und Souvenirläden befinden sich in der Independence Ave, so auch: **Bushman Art and African Museum**, ✆ 061-228828, ✉ bushmanart@iafrica.com.na, 187 Independence Ave. Souvenirs von guter Qualität und Museum mit San-Artefakten.

Fast gleich daneben ist **Rogl Souvenirs**, ✆ 061-225481, 177 Independence Ave. U. a. afrikanische Kleidung, die auch Europäer tragen können.

Adrian & Meyer – The Jeweller Shop, ✆ 061-236100, ✉ jeweller@diamondnamibia.com, 💻 www.diamondnamibia.com, Carl List Mall, Independence Ave, Ecke Fidel Castro St. Schöner, qualitativ hochwertiger Schmuck, bei dem hiesige Halbedelsteine und Edelsteine, sogar geschliffene Diamanten und afrikaspezifische Rohstoffe wie Straußeneier, Elefantenhaar und Stachelschweinborsten verarbeitet werden, was dem Schmuck die besondere Note verleiht. Auch auf Bestellung nach persönlichen Wünschen. 2012 hat Adrian & Meyer die exklusive, namibische Serie „Atlantis“ entwickelt: Diamanten, die aus Namibias Minen stammen und hier verarbeitet wurden, erhalten diese spezielle Signatur per Laser.

© PETER PACK

Straßenmarkt in Windhoek

Eine weitere Filiale gibt es in der Maerua Mall: **A&M – The Trend Shop**, 061-223635, trend@diamondnamibia.com. Hochwertiger Modeschmuck, Marken wie Thomas Sabo u. v. m.

Leder Chic, 061-234422, Carl List Mall, Independence Ave, Ecke Fidel Castro St. Lederwaren u. a. aus Straußenleder.

The Diamond Works, 061-229049, info@thediamondworks.co.za, www.thediamondworks.co.za, in der alten Brauerei, Zugang über Garten St. Mo–Fr 9–18 Uhr, Sa, So 9–14 Uhr. Interessante Tour durch die Diamantschleiferei, Führung beginnt mit einem Glas Sekt, Erklärung zur Verarbeitung von Diamanten und den „Four Cs" (S. 299), Verkauf.

Casa Anin, 061-256410, info@anin.com.na, www.anin.com.na, Bougain Villas, 78 Sam Nujoma Drive. Mo–Fr 9–17 Uhr, Sa 9–13 Uhr, So nach Vereinbarung.

Außerhalb

Peperkorrel House of Sculptures, 062-581581, doerte.berner@gmail.com, www.doerte-berner.com, etwa 65 km südl. des Flughafens an der D 1471. Die Künstlerin und Bildhauerin Dörte Berner stellt in ihrem Farmstudio Peperkorrel ihre außergewöhnlichen Skulpturen aus. Hier bietet sie auch Workshops im Zeichnen, Modellieren, der Herstellung von Gipsformen und der Steinbearbeitung an. Da sie nicht immer auf der Farm weilt, sollten Interessierte vorher per Mail oder telefonisch Kontakt aufnehmen.

Namibia-typische Snacks

Biltong & Bites, 061-272990, biltong@mweb.com.na, Sam Nujoma Drive (Nähe Kreuzung mit der Nelson Mandela Ave), Klein Windhoek. Neben dem traditionellen Biltong der Buren, das sich durch eine zentimeterdicke Fettschicht auszeichnet, werden auch die

Windhoeker Biomarkt

Green Market, 061-239555, -Handy 081-1242764, 3–5 Uhland St, Sa 8–12 Uhr. Wer bei seinem Besuch in Namibia auf Bioprodukte nicht verzichten möchte, hat einmal wöchentlich die Möglichkeit, ökologisch angebaute Lebensmittel zu kaufen. Auf dem Vorplatz der Stephanus-Kirche bieten einheimische Farmer und Händler Obst, Gemüse, Fleisch, Käse, Eier, Brot u. Ä., aber auch ökologische Putzmittel und Kleinkunstwerk an. Ein Café im Freien mit selbst gebackenem Kuchen und belegten Brötchen lädt zum Verweilen ein.

leckeren „Bites" produziert. Diese bestehen aus fettfreiem Fleisch, das in ganz feine Streifen geschnitten wird. Unterschiedlich gewürzt – „Ranger" und „Safari" traditionell mit Koriander, dagegen Chili und Mexican Pepper angenehm scharf – sind die „Bites" zum Sundowner mit einem (oder mehreren) Tafel Lager eine richtige namibische Delikatesse. Auf Vorbestellung wird das Biltong auch vakuumverpackt für den sicheren Transport nach Deutschland. Das ist natürlich nicht erlaubt, aber gegen eine kleine Taschenration hat sicherlich niemand etwas einzuwenden. Und falls doch, tut der Verlust nicht eigentlich weh.

AKTIVITÄTEN

Eine große Auswahl an Aktivitäten hat Windhoek nicht zu bieten. An erster Stelle stehen **Tagestouren** zu den umliegenden Lodges, die beispielsweise Großkatzen auf dem Gelände haben (s. Übernachtung außerhalb und Tourenanbieter).

Eine hilfreiche Informationsquelle für Besucher wie Einheimische ist die privat betriebene Website **WhatsOn Namibia**, 💻 www.whatsonnamibia.com, die einen Überblick über nahezu alle Veranstaltungen, Ausstellungen und sonstige Aktivitäten in Windhoek und darüber hinaus bietet.

Birdwatching

Tom Breckwoldt Birding & Nature Trail, ✆-Handy 081-1298105, tgl. 7–9 Uhr, auf Wunsch auch nachmittags. Transfer von und zur Unterkunft kann gebucht werden. Vogeltouren am Avis Dam.

Fahrrad

KatuTours, Anna Mafwila, ✆ 081-3032856, 💻 www.katutours.com. Fahrradtouren durch Katutura für N$350 p. P., Di–So 8.30–12.30 Uhr, ca. 8 km, Treffpunkt ist bei Penduka am Goreangab Dam. Auch Fahrradverleih.

Golf

Neben dem Windhoek Country Club Resort befindet sich der **Golf Course**, ✆ 061-258498 oder 2055911 (Country Club), Ausrüstung kann man leihen. Buchungen sind nur bedingt Erfolg versprechend; sobald kurzfristig ein Turnier stattfindet, ist die Buchung null und nichtig.

Wandern und Caving

Wandern kann man am besten im Daan Viljoen Park und Caving in der Arnhem-Höhle (S. 254).

TOUREN

€ **Chameleon Safaris Namibia**, ✆ 061-247668, ✉ info@chameleon.com.na, 💻 www.chameleonsafaris.com. Im Chameleon Backpackers, preiswerte Camping- und Lodge-Touren mit fast täglichen, garantierten Abfahrten, vernünftig organisiert und ausgeführt (im Gegensatz zu einigen anderen Billiganbietern). Empfehlenswert ist der Sossusvlei Express.

Pack Safari, ✆ 061-275800, ✉ abenteuer@packsafari.com, 💻 www.packsafari.com. Ausführliche Beratung durch die Autoren dieses Buches und ihr Team. Auf den maßgeschneiderten Touren – allein im Mietwagen oder mit Deutsch sprechender, ortskundiger Begleitung – sind einzigartige Naturerlebnisse und behutsame Begegnungen mit Menschen und Kulturen möglich. Die detaillierten Weg- und Reisebeschreibungen sind zuverlässige Begleiter und zugleich Reisetagebuch für Zuhause. Die von Pack Safari empfohlenen Unterkünfte in Namibia wurden mehrfach vom Team persönlich besucht.

Equitrails Namibia, 15 km nördl. von Windhoek auf Elisenheim an der D 1473, ✆-Handy 081-3380743, ✉ info@equitrails.org, 💻 www.equitrails.org, S. 95.

Sense-of-Africa, ✆ 061-275300, ✉ info@sense-of-africa.com.na, 💻 www.senseofafrica-namibia.com. Geführte Busrundfahrten aller Größen und Arten zu festen Abfahrtszeiten.

Gondwana Four Deserts Tour, ✆ 061-275300, 💻 www.gondwana-collection.com. Alle 2 Wochen bietet die Gondwana Collection eine 4-Wüsten-Tour an mit Kalahari, Nama-Karoo, Sukkulenten-Karoo und Namib. Geführte 9-tägige Tour, Übernachtung in Unterkünften der Gondwana Collection.

Skeleton Coast Safaris, ✆ 061-224248, ✉ scs@iway.na, 💻 www.skeletoncoastsafaris.com. Exklusive Fly-In-Safaris zur Skelettküste, inzwischen nur noch in US$ zu bezahlen, traditionelles Familienunternehmen (S. 378).

Nature Friend Safaris, ✆ 061-234793, ✉ info@naturefriendsafaris.com, 🖳 www.naturefriendsafaris.com. Individuelle Touren und Flugsafaris, hauptsächlich zum NamibRand Nature Reserve, da gleicher Inhaber. Obere Preisklasse.

Gravel Travel, ✆ 061-257053, ✉ namibia@gravel-travel.de, 🖳 www.gravel-travel.de. Pionier auf dem Gebiet organisierter Enduro-Touren ist Ralf Möglich mit seiner Firma. Bei ihm kommen modifizierte Yamaha XT 600 zum Einsatz, es wird nach Roadbook gefahren und mit Begleitfahrzeug, zumeist innerhalb von Namibia, aber auch von Windhoek bis nach Kapstadt.

Namib Enduro Tours, ✆ 061-246165, ✉ namibiaenduro@namibnet.com, 🖳 www.namibia-enduro-tours.com. Motorradtouren, S. 39.

African Extravaganza, ✆ 061-372100, ✉ afex@afex.com.na, 🖳 www.african-extravaganza.com. Sossusvlei Shuttle von Windhoek und Katalogtouren mit regelmäßigen Abfahrtszeiten.

SWA Safaris, ✆ 061-221193, ✉ swasaf@swasafaris.com.na, 🖳 www.swasafaris.de. Katalogtouren mit regelmäßigen Abfahrtszeiten in großen Bussen, daher vergleichsweise günstig. Bemühen sich, auch Rollstuhlfahrern gerecht zu werden.

Springbok Atlas, ✆ 061-215943, ✉ namtours@springbokatlas.com, 🖳 www.springbokatlas.com, Bustouren mit regelmäßigen Abfahrtsterminen.

Pasjona Safaris, ✆ 061-254606, ✉ info@pasjona-safaris.com, 🖳 www.pasjona-safaris.com. Individuelle Touren, auch Camping.

Hello Namibia Safaris, ✆ 061-238118, ✆-Handy 081-1287954, ✉ hellonam@iway.na, 🖳 www.hello-namibia-safari.com. Tagestouren, organisierte Touren und Township-Touren nach Katutura.

Sunbird Tours, ✆ 061-272090, ✉ office@sunbirdtours.com, 🖳 www.sunbirdtours.com. Bieten auch rollstuhlfreundliche Touren durch Namibia.

Arifu-Tours, ✆ 061-226690, ✆-Handy 081-2041945, ✉ info@arifu-tours.com, 🖳 www.arifu-tours.com. In Deutschland ✆ 06104-9536141. Bieten sanften Tourismus mit Schwerpunkt Kultur, Natur, Wandern und auch mal Fliegenfischen. Kleingruppen bis max. 6 Personen mit deutschsprachiger Reiseleitung. Große Lodges werden gemieden.

Offroad Tours & Safaris, Harry Kirchner, ✆ 061-237935, ✆-Handy 081-1242855, ✉ info@offroadtours-namibia.de, 🖳 www.offroadtours-namibia.de.

€ **Yellow Tree Safaris**, ✆ 081-2449835, 🖳 http://yellowtreesafaris.com. Sehr gute Katutura-Township-Touren mit netten, einheimischen Guides, bequemes Fahrzeug, tgl. 9–12 oder 14–17 Uhr, N$250 p. P., Kinder N$195, mindestens 2 Pers.

SONSTIGES

Apotheken

International Pharmacy, ✆ 061-248195, /Ae//gams Mall, Sam Nujoma Drive, Klein Windhoek. ◷ Mo–Fr 8–19 Uhr, zusätzlich eingeschränkt auch Sa und So geöffnet. In der Apotheke wird Deutsch gesprochen, homöopathische Produkte, auch entsprechende Beratung.

Luisen Apotheke, ✆ 061-236302, ✆-Handy 081-1294422 (24 Std. Notruf), 181 Independence Ave. Deutsch, auch homöopathische Produkte, Notfallapotheke.

Namib Pharmacy, ✆ 061-237103, 195 Independence Ave. Vormittags arbeitet hier eine Deutsch sprechende Homöopathin.

Lifestyle Pharmacy, ✆ 061-303814, ✆-Handy 081-1477357, Centaurus Rd, Maerua Lifestyle Centre.

Ausrüster

Camping Hire Namibia, ✆ 061-252995, ✉ camping@iafrica.com.na, 🖳 www.natron.net/tour/camping/hired.html, 78 Mosé Tjitendero St. Vermietung von Campingausrüstung aller Art.

Adventure Camping Hire, ✆ 061-242478, ✉ adventur@iway.na, 🖳 auf Facebook „Adventure Camping Hire & Sales“ eingeben, 74 Laurent Desiree Kabila St.

Autovermietungen

Europcar, Flughafen ✆ 062-540041, Stadtbüro ✆ 061-385100, ✆-Handy 081-1240364, ✉ info@

europcar.co.za, www.europcar.co.za und Stadtbüro in der 24 Bismarck St.

Budget Rent a Car, 061-228720, res. namibia@budget.co.za, www.budget.co.za, Stadtbüro in der 15 Garten St. Büro am Flughafen 062-540160.

Avis Rent a Car, 061-233166, namreserv@avis.co.za, www.avis.co.za. Büro am Flughafen und Stadtbüro in der Aviation Rd neben dem Safari Court Hotel.

Desert Car Hire Namibia, 061-259309, -Handy 081-1295556, deco@mweb.com.na, www.desert-carhire.com, 49 Hamutenya Wanehepo Ndadi St. Vermieten auch Mitsubishi Pajero und Campingausrüstung.

Britz Camper Hire Namibia / Maui Motorhome Rentals, 061-250654, admin@britz.com.na, www.britz.co.za, www.maui.co.za, 24–26 Nguni St. Voll ausgerüstete Geländewagen und Wohnmobile, deren kleine Reifen jedoch für Namibias Schotterstraßen nicht gut geeignet sind.

Namibia Car Rental, 061-249239, -Handy 081-1222500, info@NamibiaCarRental.com, www.namibiacarrental.com, Hosea Kutako Drive, Ecke Pettenkofer St. 4x4 und Campingfahrzeuge.

Diplomatische Vertretungen

Deutsche Botschaft, 061-273100, germany@iway.na, www.windhuk.diplo.de, Sanlam Centre 6. Etage, 154 Independence Ave. Mo–Fr 9–12 Uhr, Mi 14–16 Uhr, ansonsten nach Vereinbarung; außerhalb der Öffnungszeiten werden Notrufnummern durch einen Anrufbeantworter angesagt.

Österreichisches Generalkonsulat, 061-222159, info@austrian-consulate.com, www.austrian-consulate.com, 1 Schäfer St.

Schweizerisches Generalkonsulat (nur für Notfälle), Urs Gamma, 061-223853, -Handy 081-6507075, windhoek@honrep.ch. 175 Independence Ave, Gathemann Building.

Fahrradverleih

Bicycle Hire im Cycletec Adventure Centre, 061-244324, cycletec@iafrica.com.na, 324 Sam Nujoma Ave. Veranstalten auf Anfrage auch Fahrradtouren.

Feste

Windhoeker Karneval, flexibel im April.

Namibia Tourism Expo, Ende Mai / Anfang Juni, auf dem Messegelände in der Jan Jonker Rd.

Oktoberfest, flexibel im Oktober, meist nach der Windhoek Show.

Windhoek Show, Ende September / Anfang Oktober, auf dem Messegelände in der Jan Jonker Rd.

Geld

Alle Banken (Bank Windhoek, Nedbank, Standard und First National Bank) haben ihren Hauptsitz in oder nahe der Independence Ave. Kurs und Konditionen unterscheiden sich nur unwesentlich.

Bank Windhoek, 061-2991200, info@bankwindhoek.com.na, 262 Independence Ave (nördlich der Hauptpost).

Nedbank, 061-2952222, serviceplus@nedbank.com, 12–20 Dr Frans Indongo St (Seitenstraße der Independence Ave), in Höhe der Hauptpost. Eine weitere Filiale befindet sich direkt neben dem Gustav Voigts Centre.

Namibia Bureau de Change (Thomas Cook), Susan van der Westhuizen, 061-229667, f353@nbdc.com.na, 193 Independence Ave, Levison Arcade, Mo–Fr 8–17 Uhr, Sa 8.30–13 Uhr. Filiale am Internationalen Flughafen, 062-540013, von der Ankunft des ersten Flugzeugs morgens bis zum Abflug des letzten Flugzeugs abends.

Informationen

Sowohl bei den Touristeninformationen in der Stadt (etwa in der Post St Mall) als auch bei den Buchungsbüros (etwa NWR) liegen Unterkunftsverzeichnisse aus, in denen mehr oder weniger vollständig die Unterkünfte des Landes mit aktuellen Preisen aufgeführt sind.

Namibia Wildlife Resorts – Central Reservations, 061-2857200, reservations@nwr.com.na, www.nwr.com.na, 189 Independence Ave, im Erkrath-Gebäude gegenüber dem Zoopark, Mo–Fr 8–17 Uhr. Buchungen für die staatlichen Parks.

NTB – Namibian Tourism Board, 061-2906000, info@namibiatourism.com.na, www.namibiatourism.com.na, 39 Post St

Mall, Channel Life Building M 1, 2. Etage. Das NTB ist inzwischen die oberste Kontrollbehörde der namibischen Tourismusindustrie und daher die beste Adresse, wenn man Anmerkungen oder Beschwerden jeder Art anbringen möchte.

Internet

Viele der Backpackers (s. Übernachtung) und einige Reisebüros (s. Touren) haben ein eigenes kleines Internet-Café, und in allen Städten gibt es in den Shopping Malls Internet-Cafés.
Internet Café M.A.A.S, Wernhil Park, ein weiteres im Craft Centre.

Kulturinstitute

Katutura Community Art Centre and Schoolnet Namibia, ✆ 061-277300, in der Auala St, s. o. (Abschnitt Katutura). ⌚ Mo–Fr 8–13 Uhr und 14–17 Uhr, vormittags ist hier am meisten los, während der Schulferien geschlossen. Beherbergt auch das John Muafangejo Art Centre, S. 234.
Museum in der Alten Feste, ✆ 061-276800, Robert Mugabe Ave, ⌚ Sommerzeit Mo–Fr 8–18 Uhr, Sa, So 10–12.30 Uhr und 15–17 Uhr, Winterzeit Mo–Fr 8–17 Uhr, Sa, So 10–12.30 Uhr und 15–17 Uhr, an Feiertagen geschlossen; Eintritt frei. Ausstellung des namibischen Nationalmuseums.
Owela Museum, ✆ 061-276822, Robert Mugabe Ave/Lüderitz St, ⌚ Sommerzeit Mo–Fr 9–18 Uhr, Sa, So 10–12.30 und 15–18 Uhr, ⌚ Winterzeit Mo–Fr 9–17 Uhr, Sa, So 10–12.30 und 15–17 Uhr, Eintritt frei.
National Theatre of Namibia, ✆ 061-374400, Robert Mugabe Ave. S. unter Sehenswertes sowie im Abschnitt Kunst und Kultur.
National Art Gallery, ✆ 061-231160, 💻 www.nagn.org.na, John Meinert St, ⌚ Mo–Fr 8–13 Uhr und 14–17 Uhr, Eintritt frei. Siehe unter Sehenswertes sowie Kunst und Kultur.
NaDS, Namibisch-Deutsche Stiftung für kulturelle Zusammenarbeit, ✆ 061-225700, ✉ reception@nads.org.na, 💻 www.goethe.de/windhoek, im Estorff Haus, Fidel Castro St. Betreibt das Goethe-Zentrum Windhoek. Ab 19.15 Uhr Kulturangebote (Ausstellungen, Filme, Konzerte), schönes Café im Innenhof.
British Council, ✆ 061-274800, 116 Robert Mugabe Ave.
Franco Namibia Cultural Centre (FNCC), ✆ 061-225672, ✉ communication@fncc.org.na, 118 Robert Mugabe Ave. Veranstaltet viele Kultur-Events, oft in Zusammenarbeit mit dem National Theatre.
Geologie Museum, ✆ 061-2848242, 💻 www.gsn.gov.na/museum.htm, 1 Aviation Rd, im Geological-Survey-Gebäude. ⌚ Mo–Fr 8–13, 14–17 Uhr, Eintritt frei. Archäologische Funde und historische Ausgrabungen.
National Archive, Ministry of Education, ✆ 061-2935211, 1 Eugene Marais St (Nähe Kenya House). ⌚ Mo–Fr 10–17 Uhr, Lesesaal geöffnet während der Mittagszeit, jedoch keine Nachforschung nach Dokumenten zwischen 13–14 Uhr.
Backstage Dinner Theatre, ✆ 081-2774212, 20 Andimba Toivo ya Toivo St. Vorstellungen Fr und Sa, Restaurant ⌚ 17–23 Uhr. Das Bistro, ⌚ Mo–Do ab 18 Uhr, bietet ein internationales Menü à la carte.
99fm Playhouse Theatre, ✆ 061-402253, 48 Tal St. Ist das alte Warehouse, das renoviert und aufgemöbelt wurde. Theatervorstellungen, Konzerte und gleichzeitig Kunstgalerie und Kulturzentrum. Angeschlossen sind ein i-Cafe, ⌚ tgl. 9–17 Uhr, und ein Bistro, ⌚ tgl. 12–14.30 Uhr und ab 18.30 Uhr, Cocktails und Snackplatters.

Medizinische Hilfe

International SOS, ✆ 061-230505, ✆-Handy 081-707 (Alarm-Centre), Hamutenya Wanehepo Ndadi St. Flugrettungsdienst und Giftzentrale.
Mediclinic / Medi City, ✆ 061-4331000, Heliodoor St, Windhoek Eros. Privatkrankenhaus, bei Aufnahme ist eine Anzahlung bzw. Kaution zu hinterlegen, deren Höhe sich nach der Behandlung richtet. Eingang zur rund um die Uhr geöffneten Notaufnahme in der Akwamaryn St.
Dr. Marita Schünemann, ✆ 061-400476, 49 Bismarck St. Deutschsprachige Zahnärztin.
Dr. Eric Müller, ✆ 061-235792, ✆-Handy 081-1275792, 4 Luther St. Allgemeinmediziner, spricht Deutsch.
Im **Paramount Health Care Centre**, ✆ 061-2871103, Etna St, Ecke General Murtala

Muhammed Ave, praktizieren mehrere Allgemeinmediziner.
Dr. Elga Drews – Natural Health Clinic, ✆ 061-245677, 35 Chateau St. Homöopathin und Chiropraktikerin, spricht Deutsch, daran angegliedert ist der „Root to Health"-Shop.

Polizei

Namibian Police, ✆ 10111 (Notruf), 061-2095-375, -226 (Women and Child Protection Unit), 2094111 (Serious Crime Unit), Bahnhof St, Ecke Independence Ave. Da in Afrika mitunter selbst der Notruf der Polizei nicht besetzt oder aber keine Fahrzeuge zur Verfügung stehen, ist es im Ernstfall besser, die private Sicherheitsfirma **G4S**, ✆ 93111, anzurufen.

Post

Hauptpost in der Independence Ave, Ecke Daniel Munamawe St.

Visumsangelegenheiten

Ministry of Home Affairs, ✆ 061-2922111, Kasino St, Ecke Independence Ave. Für Visumsverlängerungen.

Wäschereien

Im Untergeschoss vom Gustav Voigts Centre, Independence Ave, befindet sich **Lana Dry Cleaners**, weitere Filialen im Wernhil Park und in Maerua Mall, auch normale Wäsche, aber nicht zum Selbstwaschen. Einige Backpacker bieten Waschmaschinen-Nutzung an. Was nicht gebügelt werden muss, kann man auch schnell mit der Hand waschen – in Windhoek trocknet die Wäsche im Normalfall in maximal zwei Stunden (wenn es nicht regnet).

Wellness & Gesundheit

Anicca Relaxation, ✆ 061-225346, ✆-Handy 081-4355587, ✉ anicca@iway.na, 💻 auf Facebook „Annicca Relaxation Centre" eingeben, 55 Schlettwein St. Bieten gewöhnliche Massagen, Thai-Flex-Massagen, Bowen-Therapie u. v. m.
Fountain of Health, ✆ 061-252115, im Eros Shopping Centre, Nelson Mandela Ave, 🕒 Mo–Fr 8–17 Uhr, Sa 8.30–13 Uhr. Massagen, Sauer–stoff-Behandlungen und Verkauf von Vitaminen, homöopathischen Mitteln etc.

NAHVERKEHR

Öffentliche Verkehrsmittel gibt es in Windhoek fast gar nicht. Der **Busdienst** von/nach Katutura ist der einzige seiner Art. Zentrale Haltestelle ist neben dem Wernhil Park in der Mandume Ndemufayo Ave. Einen festen Fahrplan für die Strecken innerhalb der Stadt gibt es nicht. Die einfache Fahrt vom Zentrum nach Katutura kostet N$7 p. P. Weiße sieht man in diesen Bussen nie, es heißt jedoch, dass die Busse weitaus sicherer seien als die normalen Straßentaxis, die auch nur auf den Katutura-Routen fahren, meist zum gleichen Preis übrigens.
Minibus-Taxis gibt es in Windhoek gar nicht, man sieht nur einige auf den Strecken in den Norden.
Die normale **Taxi**-Fahrt vom Zentrum in einen der Stadtteile Windhoeks kostet tagsüber rund N$20 pro Strecke, abends meist das Doppelte. Taxi-Fahrten werden auch in Namibia pro Person abgerechnet. Die folgenden Anbieter sind deutlich teurer, dafür aber sicher, bequem und in der Regel auch zuverlässig.
Dial-A-Cab, ✆ 061-240557, ✉ k-dial-a-cab@iway.na.
Express Radio Taxis, ✆ 061-239739, ✆-Handy 081-1242457.
Transfer Excellence, ✆ 061-244949, ✆-Handy 081-1220584, ✉ transfer@mweb.com.na. Transfers und Taxi-Dienste.
Shuttle Namibia, Evy & Manfred Henckert, ✆ 061-302007, ✆-Handy 081-1228888, ✉ shuttlenamibia@iway.na, 💻 www.shuttlenamibia.com. Transfers innerhalb von Windhoek und zum Flughafen (N$200 p. P. einfache Fahrt bei mind. 2 Pers., 1 Pers. N$250).

Vorsicht Täuschungsmanöver

In jüngster Vergangenheit hat sich bei den Taxifahrern die Unsitte eingebürgert, Touristen am Flughafen anzusprechen und ihnen zu erzählen, dass die Firma, bei der sie den Transfer gebucht hätten, oft einfach nicht komme. Dieser Aussage sollte man keinen Glauben schenken.

Busse

Die einfachen Fernbusse fahren alle von der **zentralen Haltestelle** neben dem Wernhil Park in der Mandume Ndemufayo Ave und vom Soweto Market in Katutura ab, dort findet man jeweils auch die häufig wechselnden Fahrpläne für die Busverbindungen, vor allem in den Norden (Four O Region). Private Kleinbusse fahren unregelmäßig von Tankstellen und Autobahnzufahrten ab.

Die großen **gelben Busse** fahren regelmäßig (Di u. Fr), sind nicht so überfüllt und gelten als sicher. Den Fahrschein sollte man mindestens einen Tag vorher bei Namib Contract Haulage, ☏ 061-234164, 68 Bismarck St, besorgen.

Intercape Mainliner, ☏ 061-227847, ✉ whkbook@intercape.co.za, 💻 www.intercape.co.za, 2 Galilei St (Querstraße zur Jan Jonker Rd.). Klimatisierter Luxusbus für Touristen und Einheimische; Haltestelle ist auf dem Parkplatz vor dem Supreme Court, gegenüber dem Kalahari Sands (Independence Ave). Von Windhoek in den Süden bis nach Kapstadt, an die Küste nach Swakopmund und Walvis Bay sowie nach Victoria Falls. Reservierung nur mit sofortiger Bezahlung, Buchungen und Verfügbarkeitsprüfung auch per Internet, S. 110

Town Hoppers Shuttle Service, mit Sitz in Swakopmund, ☏ 064-407223, ☏-Handy 081-2103062, ✉ townhoppers@iway.na, 💻 www.namibia-shuttle.com. Tgl. Shuttle zwischen SWAKOPMUND und WINDHOEK, Kosten einfache Fahrt N$300 p. P. (häufig Preisänderungen), S. 112.

Sunshine Tours, ☏ 064-402299, ☏-Handy 081-1278388, ✉ sales@sunshine.com. 💻 www.sunshinenam.com. Busse ab WINDHOEK und SWAKOPMUND in den Norden nach OTJIWARONGO und TSUMEB, S. 112

Carlo's Shuttle & Tours, ☏ 064-205537, ☏-Handy 081-4195886, ✉ carloshuttle@iway.na, 💻 www.carloshuttlenamibia.com.na, 33 Lagoon St. Shuttle zwischen WALVIS BAY und WINDHOEK. Einfache Strecke N$230 p. P., S. 331.

Eisenbahn

Desert Express, ☏ 061-2982600, ✉ dx@transnamib.com.na, 💻 www.namibiareservations.com oder www.luxurytrainclub.com/trains/desert-express/. Der Luxuszug Desert Express fährt viermal im Jahr von Windhoek nach Swakopmund und zurück. Unterwegs sind jeweils ein Ausflug in die Wüste und eine Tierbeobachtungsfahrt sowie ein Abendessen im Preis eingeschlossen.

TransNamib Starline Passenger Service, Reservierungen ☏ 061-2982175, ✉ paxservices@transnamib.com.na, 💻 www.transnamib.com.na (bei Redaktionsschluss war die Website in Bearbeitung), im Bahnhofsgebäude, Bahnhof St.

Der Eisenbahnverkehr liegt in Namibia zurzeit praktisch brach, da die Eisenbahnschienen immer mehr verfallen und viele Strecken geschlossen werden mussten.

Flüge

Der Internationale Flughafen **Windhoek Hosea Kutako** liegt 45 km östlich von Windhoek. Bei Ankunft und Abflug großer Maschinen pendeln viele Shuttle-Busse, etwa der von **Shuttle Namibia**, ☏ 061-302007, ☏-Handy 081-1228888, ✉ shuttlenamibia@iway.na, einfache Fahrt N$200 p. P. (mind. 2 Pers., 1 Pers. N$250). Die Shuttles halten in der Stadt im Allgemeinen gegenüber vom Kalahari Sands Hotel oder nach Vereinbarung. Weitere Anbieter im Abschnitt „Transport", S. 114.

Viele Taxis bieten ihre Dienste an, jedoch sind die Fahrzeuge oft von minderer Qualität – die Shuttle-Busse sind eindeutig vorzuziehen. Bei den organisierten Touren ist der Transfer immer eingeschlossen.

Die großen Autovermieter haben ein Büro am Flughafen, wo man das Fahrzeug direkt übernehmen kann. Viele kleinere lokale Autovermieter bieten den Transfer vom Flughafen in die Stadt als kostenlosen Service an.

Der **Flughafen Eros** liegt in der Stadt neben dem Safari Court Hotel (Aviation Rd), von hier fliegen viele Chartermaschinen ab. Bei Charterflügen ist wiederum der Transfer eingeschlossen.

Air Namibia, ☏ 061-2996333, ✉ call.centre@airnamibia.aero, 💻 www.airnamibia.com.na, „Town office" Fidel Castro St, Ecke Werner List St. Neben dem Flug nach Deutschland viele

innerafrikanische Ziele, etwa nach Victoria Falls und nach Kapstadt über Walvis Bay.

South African Airways, ✆ 061-273340, 💻 www.flysaa.com, Fidel Castro St, Ecke Werner List St.

Air Berlin, ✆ 061-302220, ✉ wdh@sisatravel.com, 💻 www.airberlin.com, Gustav Voigts Centre, Independence Ave.

British Airways – ComAir, ✆ 061-248528, 💻 www.comair.co.za, 4 Eadie St.

Condor, 💻 www.condor.com. Die Condor fliegt seit 2014 in Zusammenarbeit mit Air Namibia ganzjährig zweimal pro Woche von Frankfurt nach Windhoek.

Die Umgebung von Windhoek

Windhoeks Umgebung hat viel zu bieten. Alle Besichtigungsziele sind jedoch nur per Fahrzeug (Mietwagen, Taxi oder im Rahmen einer geführten Tour) zu erreichen. Wer nicht selbst fahren will, kann auch Tagesausflüge bei den Windhoeker Veranstaltern buchen (s. Touren).

Der Avis Dam an der östlichen Stadtgrenze eignet sich für eine kleine Wanderung und zur Vogelbeobachtung. Die Windhoeker gehen hier gern mit ihren Hunden spazieren.

In der Umgebung Windhoeks gibt es zwei Lodges (Düsternbrook und Na'ankuse), die

Großkatzen auf dem Gelände beherbergen. Gerade Leoparden sind in freier Natur nur sehr selten zu sehen.

Gen Süden und Osten bieten Lodges wie Onjala, Na'ankuse, Hochland Nest und Gocheganas, um nur einige zu nennen, wunderbare Landschaften und schöne Bungalows und sorgen damit für einen stimmigen Anfang oder Abschluss der Reise.

Daan Viljoen Game Park

Eingebettet in die weite Berglandschaft des Khomashochlands, rund 24 km westlich von Windhoek an der C 28, liegt der Daan Viljoen Game Park.

Schon lange haben in diesem Gebiet die Damara gesiedelt. Bis 1915 gehörte das Gelände zum Augeigas Reserve. Danach wurde es dem bereits seit 1907 eigenständigen „Fürstenwald Reserve" angegliedert. Beide sogenannten Reservate für Damara wurden schließlich 1932 offiziell proklamiert und umfassten eine Fläche von 13 873 ha. Seit 1930 gab es dort eine Missionsstation, der eine Schule für ungefähr 80 Kinder angeschlossen war. Infolge der schweren Dürre im Jahr 1932 mussten Brunnen und Stauseen gebaut werden, so auch der Augeigas Dam. Er wurde 1933 mit einer 21,5 m hohen Staumauer fertiggestellt. 1956 mussten die Bewohner im Rahmen des Odendaal-Plans zwangsweise umsiedeln. 1961 teilte man das Gebiet dann in Farmen auf – bis auf einen kleinen Teil, wo der Boden sich von der Überweidung erholen sollte. Diese 1200 ha wurden zu einem Wildpark entwickelt. Der südafrikanische Administrator im damaligen Südwestafrika, Daan T. du Plessis Viljoen (ausgesprochen „wiljun"), hatte eine der Farmen erworben. 2700 ha dieser Farm gliederte er dem Park in Form einer Schenkung an und sicherte sich somit die Ehre, dass der Park 1966 nach ihm benannt wurde. Erstaunlicherweise hat sich die Namensgebung nach dem Erzrassisten und südafrikanischen Statthalter während der übelsten Apartheidzeit, Daan Viljoen, bis heute gehalten, während andere Namen der Kolonialzeit, etwa der des moderaten Leutwein, schnellstens ersetzt wurden. Im neuen Namibia würde Augeigas Park sicher besser klingen als Daan Viljoen Park.

Flora im Daan Viljoen Game Park

Nr.	Lateinisch	Deutsch
168.	*Acacia erioloba*	Kameldornbaum
164.	*Acacia erubescens*	Birkenrindenakazie
170.	*Acacia hebeclada*	Kerzenakazie
171.	*Acacia hereroensis*	Bergdornakazie
176.	*Acacia mellifera*	Hakendornakazie
188.	*Acacia tortilis*	Ringelhülsenakazie
172.	*Acacia karroo*	Weißdorn
181.	*Acacia reficiens*	Rotrindenakazie
150.	*Albizia anthelmintica*	Wurmrindenbaum
122.	*Boscia albitrunca*	Weißstamm
676,1.	*Catophractes alexandri*	Schwarzdorn-Silberbusch, Klapperbusch
532.	*Combretum apiculatum*	Kudubusch
190.	*Dichrostachys cinerea*	Farbkätzchenstrauch
471.	*Dombeya rotundifolia*	Südwester Schneeballstrauch
51.	*Ficus cordata*	Herzblattfeige
53.	*Ficus ilicina*	Kletterfeige
459,1.	*Grewia flava*	Rosinenstrauch
386.	*Rhus lancea*	Karee
389,2.	*Rhus marlothii*	Bitterkaree
447.	*Ziziphus mucronata*	Wart-ein-bisschen
	Aloe littoralis	Windhoek-Aloe
	Aloe hereroensis	Herero-Aloe

Da es im Park keine gefährlichen Tiere gibt, kann er wunderbar zu Fuß erkundet werden. Besucher haben gute Chancen, Kudus, Springböcke, Oryx-Antilopen, Elands, Gnus, Kuhantilopen und Giraffen sowie Bergzebras, Schakale und andere Tiere zu sehen. Auch für seinen Vogelreichtum ist der Wildpark berühmt – mehr als 200 Vogelarten wurden hier bereits gesichtet. Drei Wanderwege stehen zur Aus-

DAAN VILJOEN GAME PARK

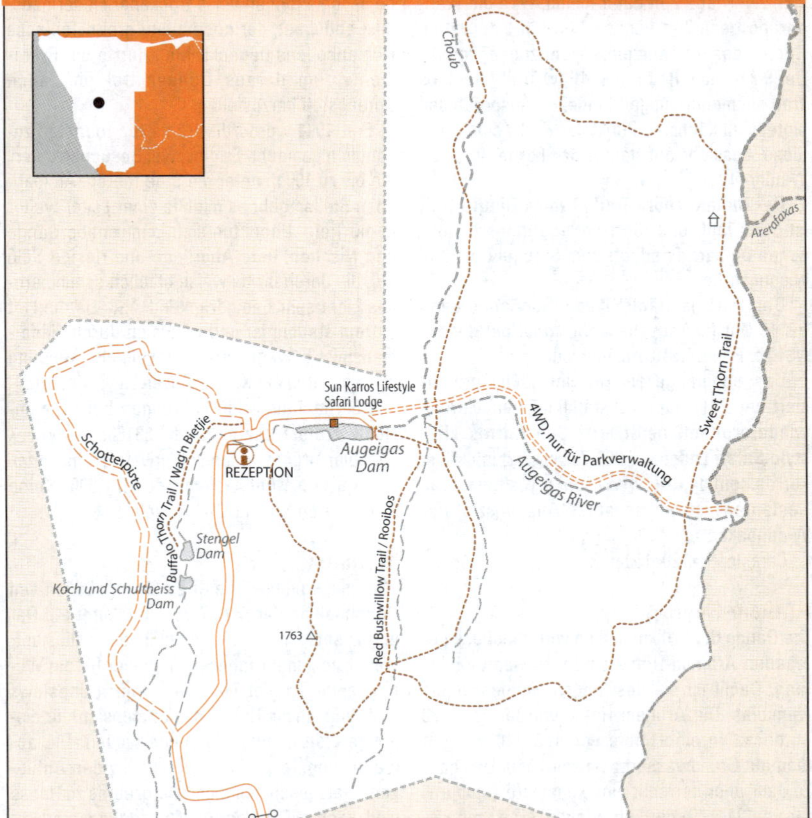

wahl. Für die beiden kürzeren sind in den verschiedenen Broschüren jeweils zwei Namen im Umlauf.

Die Einstiege zu den Wanderwegen sind im Daan Viljoen Park gut ausgeschildert. An den Wegen sind einige Bäume und Büsche mit grünen Schildern gekennzeichnet. Eine kurze Liste der häufigsten Pflanzen Kasten.

Der **Sweet Thorn Trail** ist 32 km lang. Wer sich zwei Tage Zeit dafür nimmt, wird die Wanderung genießen können. Sie führt durch ein Gebiet, das für Fahrzeuge nicht zugänglich ist. Der 9 km lange **Red Bushwillow Trail / Rooibos Trail** nimmt nur einige Stunden in Anspruch und bietet vom höchsten Punkt des Parks eine grandiose Aussicht auf das in der Ferne liegende Windhoek.

Der **Buffalo Thorn Trail / Wag'n Bietjie Trail** ist 3 km lang und führt entlang eines historischen Damara-Friedhofs zum Stengel Dam und wieder zurück.

Der Park ist täglich von Sonnenaufgang bis 18 Uhr für Tagesbesucher geöffnet, Eintritt N$40 p. P. und N$10 pro Fahrzeug.

Das ehemalige NWR-Camp, 2009 privatisiert und 2011 nach vollständiger Renovierung wiedereröffnet, heißt jetzt Sun **Karros Lifestyle Safari Lodge**, ✆ 061-232393, ✉ info@sunkarros.com.na, 💻 www.sunkarros.com. Das Restaurant ist ein beliebtes Ausflugsziel der Windhoeker. ❻

Camping N$120–160 p. P.

Arnhem-Höhle

Die Gänge der 120 km östlich von Windhoek gelegenen Arnhem-Höhle sind insgesamt 4,5 km lang. Damit ist sie das längste Höhlensystem Namibias. Die Arnhem-Höhle wurde erst 1930 entdeckt. In einer Tiefe von 100–110 m stößt man auf Grundwasseransammlungen. Das ganze Jahr über herrscht eine konstante Temperatur von 24,5 °C, die Luftfeuchtigkeit ist mit 67–93 % sehr hoch.

Mit ihrem warmen und feuchten Klima bietet die Arnhem-Höhle Tausenden von Fledermäusen einen idealen Unterschlupf. Sechs verschiedene Arten wohnen hier, und dies strikt voneinander getrennt – jede Art beansprucht einen Teil der Höhle für sich. Neben den Fledermäusen leben hier auch verschiedene andere Tiere, wie etwa Spitzmäuse, winzige Spinnen und Käferarten, schwanzlose Skorpione und sogar eine kleine Garnelenart. Wie einige ausgetrocknete Kadaver zeigen, haben sich auch schon Stachelschweine vereinzelt in die Höhle verirrt.

In den Jahren 1931–40 wurde in der Arnhem-Höhle tonnenweise trockener Fledermausmist abgebaut, der noch heute große Teile des Höhlenbodens bedeckt. Man nutzte die Exkremente, um daraus Düngemittel und auch Sprengstoff herzustellen.

Erst 1994 wurde die Höhle für Touristen zugänglich gemacht. Es gibt zwei Besucherrouten, die bis zu 100 m unter die Erde führen. An manchen Stellen geht es mithilfe einer Leiter weiter in die Tiefe. Dabei tun sich immer neue Gänge und Nischen, tiefe Abgründe und riesige Säle auf, die durch ihr teilweise bläulich schimmerndes Licht sehr beeindruckend sind. Da die Luft extrem staubig ist und man sich durch Fledermausmist bewegt, ist es sinnvoll, alte Kleidung zu tragen und auf Kontaktlinsen zu verzichten.

Übernachtung und Führungen bei Arnhem-Höhle & Rest Camp, ✆ 062-581885, 💻 www.namibian.org/travel/lodging/private/arnhem.htm, 124 km von Windhoek an der D 1506. Keine Kreditkartenzahlung. Campingplatz. ❸

Krumhuk

„Sarima Krumhuk" heißt es 25 km südlich von Windhoek an der B 1. *Sarima* bedeutet auf Damara „entspannen, sich wohlfühlen" – dies entweder bei einem Tagesausflug oder für ein Wochenende. Es gibt Selbstversorger-Bungalows (auf Wunsch mit Halb- oder Vollpension) für diejenigen, die länger verweilen wollen. Die abwechslungsreiche Landschaft, in der Antilopen, Warzenschweine und Bergzebras zu Hause sind, kann auf markierten Wanderwegen erkundet werden. Neben dem Wildmanagement und dem Gästebetrieb wird biologisch-dynamische Landwirtschaft betrieben und besonderer Wert auf das multikulturelle Gemeinschaftsleben gelegt – 80 Menschen leben und arbeiten hier einträchtig zusammen. Die Produkte werden samstags auf dem Biomarkt in Windhoek angeboten oder sind direkt auf der Farm zu erstehen. Auch bei Tagesausflügen bitte telefonisch anmelden. Krumhuk, Familie Ahlenstorf, ✆ 061-234085, ✉ sarima@krumhuk.com.na, 💻 www.krumhuk.de. ❹

© PETER PACK

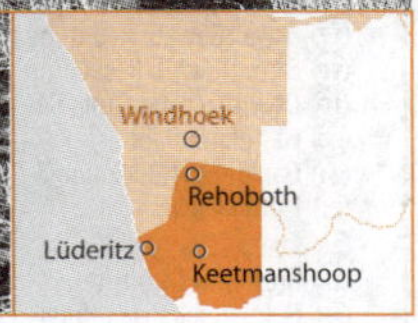

Der Süden

Stefan Loose Traveltipps

2 **Kalahari** Rote Sanddünen, breite Dünentäler, Akazien und Riviere – dies ist das klassische Bild, das mit dem Begriff „Kalahari" assoziiert wird, dabei zeigt sie sich in ganz unterschiedlichen Facetten. S. 263

Oranje Eine Kanufahrt auf dem Grenzfluss zu Südafrika verspricht ein besonderes Abenteuer. S. 274

3 **Fish River Canyon** Trocken, gewunden und faszinierend – er gilt als zweitgrößter Canyon der Welt. S. 280

Lüderitz Das ehemalige Einfallstor der Deutschen im Südwesten Afrikas ist heute ein Open-Air-Museum des Jugendstils. S. 288

Tirasberge Einmalige Landschaft am NamibRand. S. 298

DER SÜDEN

Übernachtung:

1. Lake Oanob Resort
2. Bitterwasser Lodge and Flying Centre
3. Hoachanas Campsite
4. Zebra Lodge, Camelthorn Lodge, Suricate Tented Camp
5. Kalkrand Rest Camp & Tea Garden
6. Bagatelle Kalahari Game Ranch
7. Kalahari Anib Lodge
8. Bastion Farmyard B&B
9. Kalahari Farmhouse
10. Hardap Rest Camp
11. Lapa-Lange
12. Maltahöhe Hotel
13. Campingplatz & Backpacker am Oahera Art Centre
14. Auob Lodge
15. IIKhai-Sores Campsite & Ditsa Craft
16. Goamus Campsite
17. /Awa /Gowab Red Dune Camp und B&B
18. Farm Duwisib Rest Camp
19. Duwisib Castle Camp Site
20. Gästefarm Dabis
21. Ganigobes Hot-Spring & Campsite
22. Farm Kanaan
23. Camp 707
24. Brukkaros Campsite
25. Helmeringhausen Hotel
26. Mesosaurus Fossil Camp
27. #Nudi Campsite
28. Namtib Desert Lodge im Namtib Biosphere Reserve
29. Farm Tiras
30. Garas Quiver Tree Park & Rest Camp
31. Quivertree Forest Rest Camp
32. Farm Gunsbewys
33. Gulbrandsdalen Campsite
34. Bahnhof Hotel Aus
35. Klein-Aus Vista
36. Alte Kalköfen
37. Steinfeld Garage
38. Vogelstrausskluft Lodge
39. Naute Dam
40. Goibib Mountain Lodge
41. Farm Hoas
42. Savanna Gästefarm
43. Cañon Roadhouse
44. White House Guest Farm
45. Cañon Village
46. Fish River Lodge
47. Cañon Lodge
48. Hobas Camp Site
49. Cañon Mountain Camp
50. Amica Guesthouse
51. /Ai-/Ais Lodge
52. Felix Unite River Lodge - Camp Provenance & Namibian River Adventures

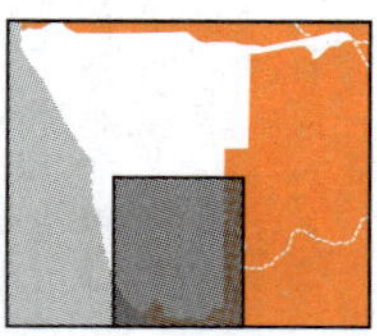

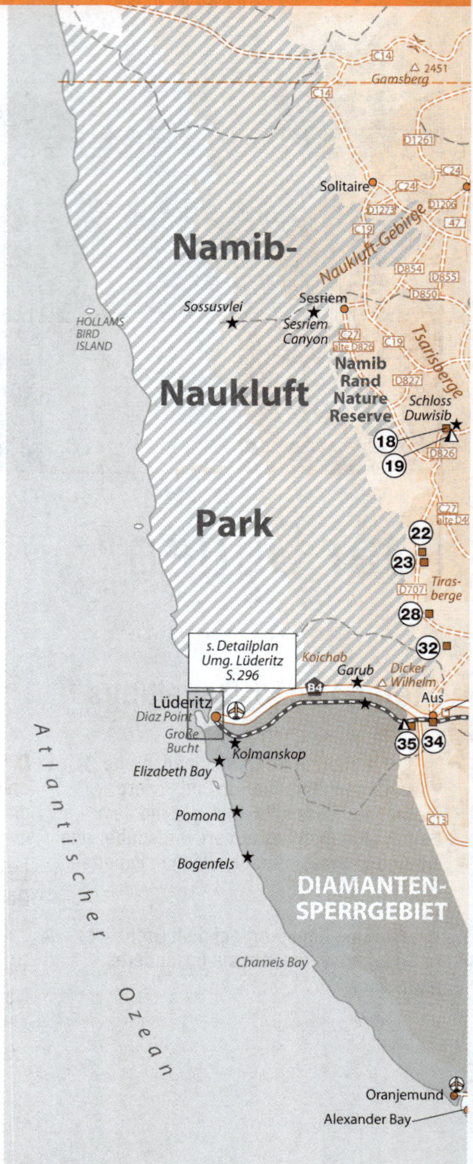

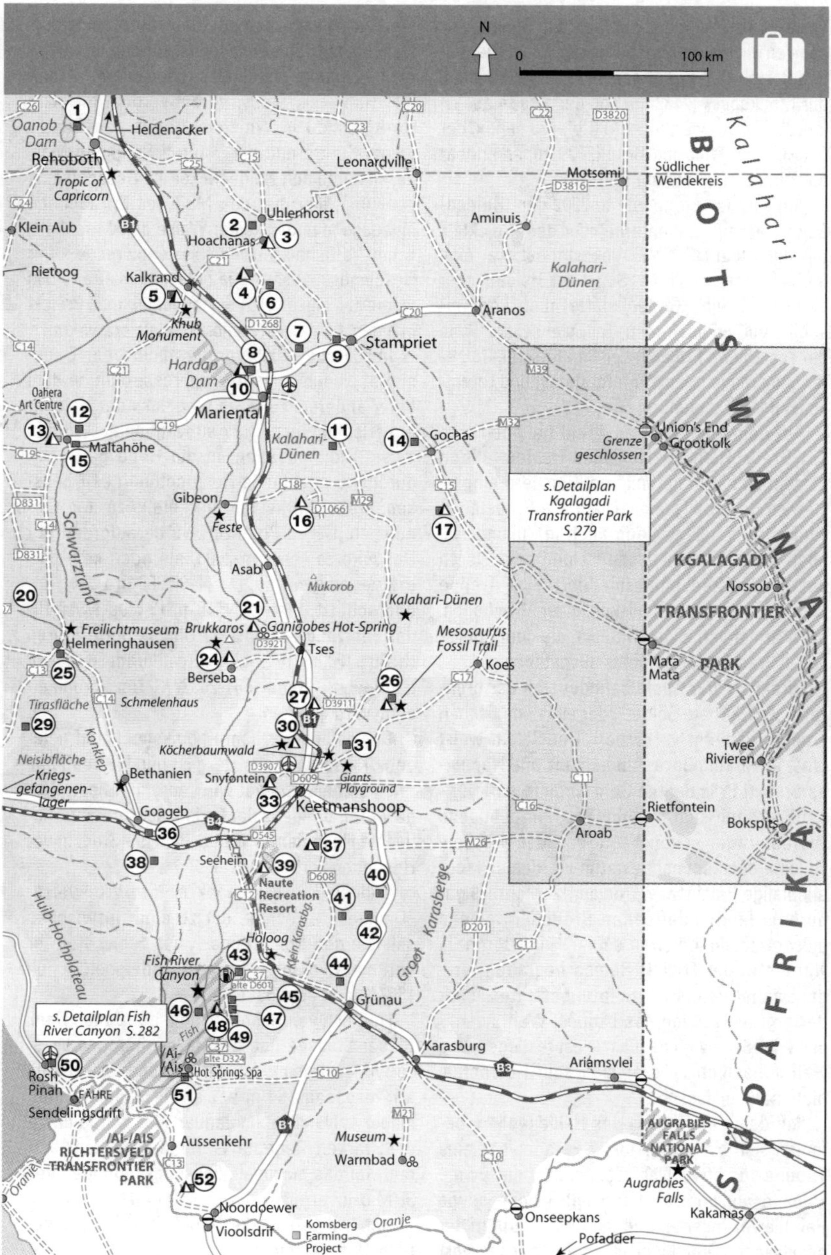
N
0
100 km
Oanob Dam
Heldenacker
Rehoboth
Tropic of Capricorn
Leonardville
Motsomi
Südlicher Wendekreis
Kalahari
BOTSWANA
Klein Aub
Uhlenhorst
Hoachanas
Aminuis
Rietoog
Kalkrand
Kalahari-Dünen
Khub Monument
Aranos
Stampriet
Hardap Dam
Mariental
Oahera Art Centre
Maltahöhe
Kalahari-Dünen
Gochas
Union's End
Grootkolk
Grenze geschlossen
s. Detailplan Kgalagadi Transfrontier Park S. 279
Gibeon
Feste
Schwarzrand
Asab
Mukorob
KGALAGADI TRANSFRONTIER PARK
Nossob
Kalahari-Dünen
Freilichtmuseum
Brukkaros
Ganigobes Hot-Spring
Mesosaurus Fossil Trail
Helmeringhausen
Tses
Koes
Mata Mata
Berseba
Tirasfläche
Schmelenhaus
Konklep
Köcherbaumwald
Twee Rivieren
Neisibfläche
Kriegsgefangenenlager
Bethanien
Snyfontein
Giants Playground
Keetmanshoop
Goageb
Rietfontein
Aroab
Bokspits
Seeheim
Naute Recreation Resort
Huib-Hochplateau
Klein Karasbg.
Groot Karasberge
Holoog
Fish River Canyon
Fish
Grünau
s. Detailplan Fish River Canyon S. 282
/Ai-/Ais
Hot Springs Spa
Karasburg
Ariamsvlei
Rosh Pinah
FÄHRE
Sendelingsdrift
/AI-/AIS RICHTERSVELD TRANSFRONTIER PARK
Aussenkehr
Museum
Warmbad
AUGRABIES FALLS NATIONAL PARK
Augrabies Falls
SÜDAFRIKA
Oranje
Noordoewer
Vioolsdrif
Komsberg Farming Project
Onseepkans
Pofadder
Kakamas

Verlässt man Windhoek in Richtung Süden, versperren die hohen Auasberge den Weg. Hier befindet sich der zweithöchste Gipfel Namibias, der Moltkeblick (2483 m). Von der Straße aus ist im Westen der vierthöchste Gipfel zu sehen, der Großherzog-Friedrich-Berg (2339 m), erkennbar am Fernsehturm auf der Spitze.

Am Fuß der Berge wurde 2002 der „**Heldenacker**" erbaut. Bauunternehmer des Projektes, das den Staat N$61 Mio. gekostet hat, war eine nordkoreanische Firma. So ist der Heldenacker denn auch eine Gedenkstätte nach koreanischem Vorbild geworden, „nur viel besser", wie der zuständige Projektleiter Ben Kasindi, Sekretär beim Ministerium für Information und Öffentlichkeitsarbeit, bemerkte.

Auf dem eingezäunten Areal befinden sich 174 Grabstätten für Namibias Helden, alle in schwarzem Marmor, mit von Künstlern eingraviertem Bild und Namen. Nicht alle Grabstätten sind bereits belegt, denn auch in Zukunft soll noch Platz für namibische Helden sein. Durch die Grabstätten hindurch führt eine Treppe hinauf zum weißen Obelisken, einer 15 m hohen, mit Marmor verkleideten Säule, die dem Obelisken in Washington in nichts nachstehen soll.

Direkt vor der Säule befindet sich der bronzene „bewaffnete Soldat", der alle namibischen Freiheitskämpfer verkörpert. Der Soldat weist eine unverkennbare Ähnlichkeit mit Namibias erstem Präsidenten Sam Nujoma auf. Übrigens streiten sich traditionelle und politische Würdenträger schon heute darüber, wo Sam Nujoma denn einmal bestattet werden soll (der ehemalige Präsident wurde am 12. Mai 1929 geboren). Jahrhundertealten Bräuchen folgend müsste er eigentlich in seiner Heimaterde im Norden in der Four O Region begraben werden, andererseits ist er ja unbestritten einer der größten Helden des Landes. Wahrscheinlich wird Sam Nujoma dies selbst festlegen, und wahrscheinlich wird er sich sein Heldentum nicht nehmen lassen.

Auf dem unteren Teil des Heldenackers befinden sich ein gepflasterter Paradeplatz, eine Tribüne für etwa 5000 Zuschauer, die Ewige Flamme am unteren Ende der Treppe sowie Parkplätze, Toiletten und ein Restaurant. In der namibischen Öffentlichkeit wurde dieses Projekt stark kritisiert – pompös und reine Selbstdarstellung der Regierung sei es, schrieb die *Allgemeine Zeitung.* Windhoeks renommierter Architekt Hans-Erik Staby, verantwortlich für viele Großprojekte in Windhoek, etwa das Gustav Voigts Centre und die Maerua Shopping Mall, bezeichnete den Heldenacker als Geschmacksverirrung, die über das Maß des Erträglichen hinausgehe und in keiner Weise den wirtschaftlichen Verhältnissen Namibias entspreche. Über Geschmack lässt sich ja bekanntlich streiten, in jedem Fall muss solch ein monumentales Projekt in einem Land wie Namibia deplatziert wirken.

Im Oktober 2005 veröffentlichte der Denkmalrat Namibias seinen Jahresbericht, in dem unter anderem zu lesen war, dass der Heldenacker schon jetzt stark subventioniert werden muss. Die Ausgaben, in die Höhe getrieben durch die nächtliche Beleuchtung des Obelisken, stehen in keinem Verhältnis zu den Einnahmen. Deren Potenzial wurde aufgrund der Besucherzahlen von 2003, als noch kein Eintritt verlangt wurde, mit N$98 000 pro Jahr arg überschätzt. Eintritt N$15 p. P. plus N$10 für das Fahrzeug. 🕒 tgl. 8–17 Uhr, geführte Touren (N$30 p. P.) bis 16 Uhr. Das Restaurant ist täglich geöffnet, ✆-Handy 081-2632973. Um Voranmeldung wird gebeten.

Der östlich vor dem Khomashochland gelegene Kaiser-Wilhelm-Berg ist nur 1997 m hoch. Khomas heißt so viel wie „bergig". Diese Berge waren übrigens der Grund, dass der internationale Flughafen so weit östlich der Stadt in der Hochebene erbaut wurde.

Südlich von Windhoek ist der Wegweiser „Oamites" zu sehen, der zu einer inzwischen stillgelegten Kupfermine weist. Hier hatte der berühmte Forscher Charles Andersson schon 1857 Kupfer abgebaut.

Nördlich von Rehoboth liegt der **Oanob Dam**. Dieser Stausee und das dazugehörende Wasserwerk wurden zwischen 1986 und 1990 erbaut. Mit insgesamt 54 m hat er die höchste Staumauer in Namibia. Im Januar 1997 wurde durch die starken Regenfälle der Saison zum ersten Mal das maximale Fassungsvermögen von 35 Mio. m^3 erreicht.

Schön ist das Lake Oanob Resort, s. Rehoboth, Übernachtung.

Rehoboth

Die Quelle bei Rehoboth hatte wie alle Quellen im mittleren Landesteil einen Nama- und einen Herero-Namen. Die Nama nannten den Platz *IAnis*, was „Rauch" bedeutet. Von der Quelle stiegen vor allem im Winter Rauchwolken auf. Die Herero nannten sie *Otjiomeva momutumba*, „Wasser zwischen den Dünen". An dieser Quelle lebten die Swartboois mit dem Missionar Kleinschmidt. Bei den wechselnden (Raub-) Zügen der Herero nach Süden und der Nama unter Jonker Afrikaner nach Norden wurde ihre Siedlung wiederholt geplündert. Aus diesem Grund mussten die Swartboois den Ort 1864 mit ihrem Missionar verlassen. Auf dem Weg nach Otjimbingwe wurden sie jedoch von Jan Jonker überfallen. Ihre zur Verteidigung gebildete Wagenburg hatte keine Chance, als Jan Jonker das umliegende Gras in Brand stecken ließ. Viele Menschen, vor allem Frauen und Kinder, kamen dabei um. Kleinschmidt starb Tage später in Otjimbingwe. Die überlebenden Swartboois zogen weiter und leben heute u. a. bei Fransfontein nördlich von Khorixas, in der Gegend um Sesfontein sowie am Kunene (Swartbooisdrift) und in Angola.

Eine Gruppe von etwa 500 Baster (90 Familien) zog 1870 in das inzwischen verlassene Rehoboth. Sie verhandelten mit den abgezogenen Swartboois um das Gebiet und vereinbarten als jährliche Pacht ein Pferd. Die Baster behaupteten später, sie hätten das Land von den Swartboois für 100 Pferde und 54 Ochsenwagen gekauft. Die Swartboois meinen hingegen noch heute, sie hätten weder eine Pacht nach dem ersten Pferd noch einen Kaufpreis erhalten, und das Land gehöre daher nach wie vor ihnen.

1885 schloss der damalige Baster-*Kaptein* (Afrikaans für Kapitän/Oberhaupt) einen Schutz- und Freundschaftsvertrag mit den Deutschen ab. Die Baster behielten die volle Gerichtsbarkeit, mögliche Streitigkeiten sollten zwischen beiden „Regierungen" ausgehandelt werden. Das Rehobother Gebiet wurde somit als Staat im Staate anerkannt. 1895 wurde dieser Vertrag um einen Militärvertrag ergänzt. Nach dem Tod von Hermanus van Wyk wurde 1905 sein Sohn Cornelius *Kaptein*.

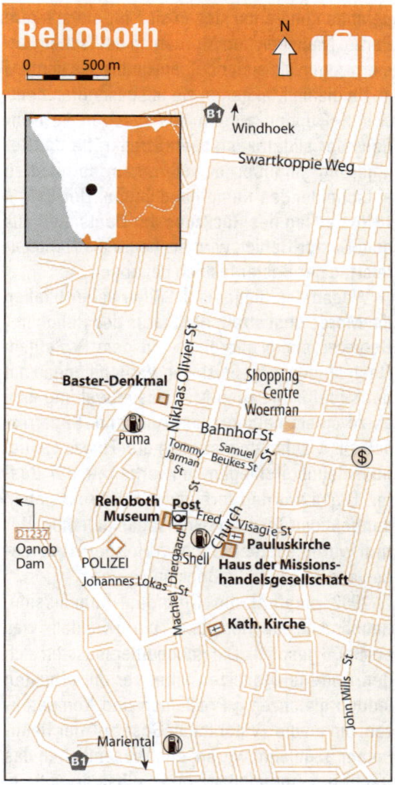

Während des Ersten Weltkriegs weigerten sich die Baster, den Vertrag zu erfüllen und gegen die Südafrikaner zu kämpfen. Sie wollten nicht am Krieg der Weißen beteiligt sein. Eine Abordnung wurde zum Gouverneur gesandt; es wurde vereinbart, dass die Baster die Kriegsgefangenen der Deutschen in einem Lager in Uitdraai bei Rehoboth bewachen sollten. Die gefangenen Südafrikaner, die hier Kameldornholz für die Eisenbahn sägen mussten, drohten den Bewachern, alle aufzuhängen, wenn erst die Unionstruppen das Land übernommen hätten. Oberstleutnant Franke, der zu weiteren Verhandlungen nach Rehoboth gefahren war, drohte daraufhin, alle Baster als Kriegsdienstverweigerer an die Wand zu stellen. Die Baster sahen sich zwischen zwei mächtigen Fronten gefangen und entschieden sich für die stärkere Partei. Nach etlichen Morden an deutschen Farmern zogen sie sich bei Tsamkhubis zusammen.

Da die im Mai gegen sie ausgesandten deutschen Truppen wegen des raschen Vordringens der südafrikanischen Streitkräfte die Belagerung aufgeben mussten, kam es nicht zu entscheidenden Kampfhandlungen. Der 8. Mai 1915, der Tag des Rückzugs der Deutschen aus dem Baster-Gebiet, wird bis heute als Nationalfeiertag der Baster festlich begangen.

Wegen des Sieges der Südafrikaner blieben die Morde ungestraft, der Status des Rehoboth-Gebietes stand allerdings auf dem Prüfstand. Nach langen, ergebnislosen Verhandlungen mit der südafrikanischen Mandatsverwaltung kam es zu einem halbherzigen Aufstand. Südafrika ließ zur Machtdemonstration drei Flugzeuge tief über Rehoboth fliegen und verhaftete 637 Baster. Diese wurden in einem Kral direkt neben der heutigen Teerstraße gefangen gehalten. Der Kral wurde später mit einem Holzgerüst versehen und ist heute ein Denkmal.

1962 empfahl die Odendaal-Kommission, Rehoboth in ein „Homeland" umzuwandeln, was erst 1976 geschah. Die Rehobother mussten sich den Apartheidgesetzen unterwerfen, erhielten jedoch gleichzeitig Privilegien und Kompetenzen, die an die „Väterlichen Gesetze" der Rehobother angelehnt waren – im Wesentlichen das Recht auf Bodenbesitz und Selbstverwaltung. Außerdem gestanden ihnen die Südafrikaner die finanziellen Mittel für den Aufbau einer Infrastruktur zu. Es wurden Straßen, Kanalisation, das Reho Spa und vieles mehr gebaut. Hans Diergaardt wurde zum *Kaptein* gewählt.

Mit der Unabhängigkeit Namibias hob die neue namibische Regierung das südafrikanische Gesetz auf. 100 000 ha Rehobother Land gingen wieder in Staatseigentum über. Danach klagte die Gemeinde gegen diese Entscheidung. Im April 1996 mussten die Rehobother die Klage vor dem Internationalen Gerichtshof in Den Haag wegen der hohen Kosten zurückziehen. Für das vor dem namibischen Obergericht laufende Appellationsverfahren betrug der Rechtskostenaufwand bereits N$2,6 Mio. *Kaptein* Diergaardt ist 1997 verstorben, als neuer *Kaptein* wurde John McNab gewählt. Anfang 2000 besuchte Namibias damaliger Premierminister Hage Geingob Rehoboth und konnte die Konflikte zwischen der Regierung und den Rehobother Baster lösen. Sam Nujoma besuchte die Baster am 8. Mai 2002 zu deren Gedenktag und verkündete die richtungsweisenden Worte: „Wir müssen uns alle immer zuerst als Namibier bezeichnen." Zwar betrachten sich die Baster noch immer als eigenständige Minderheit (John McNab bat den Präsidenten anschließend erneut, das Rehoboth-Gebiet als selbstständige Region anzuerkennen), sie sehen sich aber dennoch auch als Teil Namibias.

Sehenswertes

Die **Pauluskirche** wurde vom Baumeister Diehl erbaut und 1908 eingeweiht. Die freitragende Dachkonstruktion stammt aus Deutschland. Finanziert wurde die Kirche durch Spenden der Gemeinde. Überhaupt ist Rehoboth die Stadt der Kirchen – mehr als 40 größere und kleinere Gotteshäuser sind hier zu finden.

Das **Haus der Missionshandelsgesellschaft** wurde 2000 renoviert. Es ist das einzige Haus in Rehoboth mit einem runden Dach.

Das **Rehoboth Museum** neben der Post besteht seit Mitte der 80er-Jahre und wurde im April 1996 in erweiterter und renovierter Form neu eröffnet. Ausgestellt sind heimatkundliche, archäologische und naturwissenschaftliche Objekte in übersichtlicher Anordnung; ein Schwerpunkt liegt auf der Geschichte der Baster. Das Museum zählt zu den deutschen Förderprojekten zur Kulturerhaltung und wurde von der Bundesregierung mit N$120 000 bedacht. Das Museum ist im ehemaligen Haus der Post- und Polizeiangestellten untergebracht. Eine Führung ist empfehlenswert, Anmeldung unter ✆ 062-522954, 💻 www.rehobothmuseum.com, Ansprechpartnerin Vera Tune. 🕒 Mo–Fr 8–12.30 und 14–16.30 Uhr; Eintritt N$25.

Die alte **Post**, die 1907 von Redecker entworfen und von Diehl gebaut wurde, befand sich an der Stelle, wo heute die neue Post steht. Das alte Gebäude wurde von den Südafrikanern gegen den erklärten Willen der Baster und des Denkmalrats abgerissen.

ÜBERNACHTUNG

Lake Oanob Resort, ✆ 062-522370, ✉ reservations@oanob.com.na, 💻 www.oanob.com.na, ca. 10 km westlich von Rehoboth, Zufahrt von der B 1, Karte S. 256/257. Das Rest Camp am Ufer des Oanob Dam verfügt über schöne Selbstversorger-Bungalows mit zwei Doppelbetten, in denen auch mehr als 4 Pers. übernachten können, wenn noch eigene Matratzen mitgebracht werden. TV, Mikrowelle und Standard-Küchenausrüstung sind vorhanden, außerdem Wanderwege, Boots- und Kanuverleih, Wasserski, Reitmöglichkeiten, Golfplatz, Restaurant, ein Souvenirshop mit Telefon und Internetzugang für Besucher. ❸
Der Campingplatz liegt zum Teil am Wasser und zum Teil im Busch; Du/WC, Licht, Strom-/Wasseranschluss, Rasenfläche. Preis N$90–N$150 p. P.

Von Rehoboth nach Keetmanshoop

Südlich von Rehoboth kündigt ein großes Straßenschild die Überquerung des **Tropic of Capricorn** (Wendekreis des Steinbocks) an, das immer einen Fotostopp wert ist.

Kurz vor Kalkrand werden neben der Straße Springbock-Decken verkauft. Dies ist für die Einheimischen oft die einzige Einnahmequelle (die Ausfuhr aus Namibia bzw. Einfuhr nach Deutschland ist erlaubt). Diese Decken werden *Karos* (Betonung auf der zweiten Silbe) genannt. Ein *Karos* ist ein Dreieckstuch aus Tierfell, das den Nama früher als Lendenschurz diente.

Hinter Kalkrand an der C 21 liegt östlich des Fish River auf einer kleinen Kuppe das Khub Monument. *//Khub* ist Nama für „Dorn". Dieses Schutztruppenlager wurde am 22. November 1904 von Hendrik Witbooi mit 300 Mann angegriffen. Die Schutztruppe konnte mehrere Angriffe abwehren, bis ihnen eine Kompanie zu Hilfe kam.

Der **Hardap Dam** ist der größte Stausee Namibias. Er staut den Fish River, hat eine Oberfläche von 24 km^2 und kann 300 Mio. m^3 Wasser speichern. In der Regensaison 2001 kam es zur Überflutung Marientals, da die Schleusen zu spät geöffnet wurden. 2006 wurden die Schleusen zwar rechtzeitig geöffnet, jedoch war der Zulauf so stark, dass es kein Halten mehr gab – Mariental stand erneut unter Wasser. Um weitere Überflutungen zu verhindern, soll die Staumauer um 10 m erhöht werden. Bis dies jedoch geschehen ist, soll das namibische Wasserversorgungsunternehmen NamWater während der Regenzeit den Wasserpegel des Stausees auf maximal 70 % des jetzigen Fassungsvermögens begrenzen. Außerdem wurden Messgeräte in den Rivieren installiert, um auf Flutwellen vorbereitet zu sein. Diese Politik hat sich bereits bewährt – Mariental blieb bislang von weiteren Überflutungen verschont.

Am Hardap wird intensive Landwirtschaft mit Bewässerung betrieben. Hier finden sich vor allem Futter-Luzerne sowie Sultanus-Weinstöcke, deren Trauben zu Rosinen getrocknet werden. Die D 1103 führt von der Hardap-Staumauer durch das Anbaugebiet direkt nach Mariental. Der empfehlenswerte kleine Schlenker bietet ein ganz anderes, nämlich richtig grünes Namibia-Bild. Am östlichen Ufer des Stausees liegt das Hardap Camp, das allerdings bei Redaktionsschluss noch wegen Renovierungsarbeiten geschlossen war (S. 256). Den aktuellen Stand erfährt man auf der Website von NWR, 💻 www.nwr.com.na.

Mariental hat sich seit 1962 mit der Fertigstellung des Hardap Dam entwickelt, auch als Umschlagplatz der landwirtschaftlichen Produkte aus dem Gebiet Stampriet/Gochas, wo es sehr starke artesische Quellen gibt. In beiden Gebieten werden hauptsächlich Wein, Melonen und Luzerne angebaut.

Immer gut besucht ist die Engen-Tankstelle am südlichen Ortseingang von Mariental. Die Toiletten sind (meist) sauber, außerdem gibt es einen guten Shop und eine der wenigen Wimpy-Bars Namibias.

Der kleine Ort **Gibeon** liegt am Fish River an einer Quelle, die von den Nama *Kachazus* genannt wurde. Erstmalig wurde die Quelle 1862 vom deutschen Missionar Knauer mit einigen Nama besiedelt. Eine Pockenepidemie bereitete der Siedlung jedoch schon zwei Jahre später ein Ende. Nach den Kämpfen in der Naukluft gegen

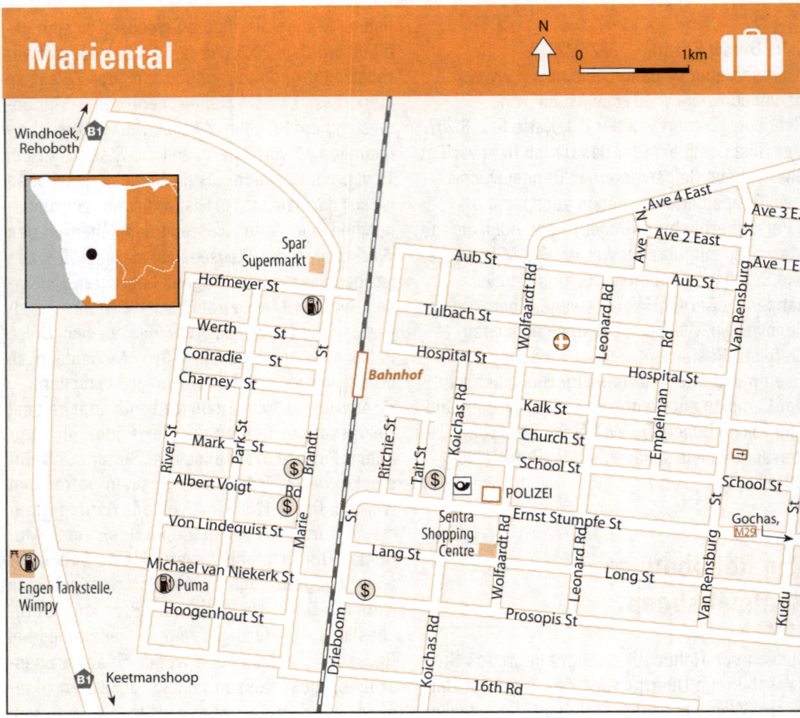

Hendrik Witbooi 1894 versuchten die Deutschen Witbooi und seine Anhänger hier unter ihrer Aufsicht anzusiedeln. Kirchen und Verwaltungsgebäude wurden gebaut, bereits 1900 gab es eine Regierungsschule. Im Nama-Aufstand 1904 wurden die Kirche und Witboois Haus gesprengt, damit sich dieser dort nicht verschanzen konnte. Heute ist zwischen den Hütten nur noch die alte Feste im Osten auf einem Hügel zu sehen.

Der **Brukkaros**, ein mächtiger Explosionskrater von mehr als 3 km Durchmesser im Inneren, ist 1586 m hoch und liegt 550 m über der Ebene. In Form und Beschaffenheit einem Vulkan ähnlich, gab er den Geologen zunächst Rätsel auf, da keine vulkanischen Gesteine wie z. B. Basalt gefunden werden konnten. Als letzte Folge des Auseinanderbrechens des Urkontinents Gondwana (vor etwa 80 Mio. Jahren) stieg Magma u. a. hier bei Berseba auf, welches die Erdkruste jedoch nicht durchstieß, sondern sie nur aufwölbte. Das heiße Magma heizte das Grundwasser bis zum Siedepunkt auf, Überdruck und schließlich die Explosion des Berges waren die Folgen. Zurück blieb der Krater, der heute noch zu sehen ist. Von Süden aus betrachtet sieht er wie eine Hose, afrikaans *bruk*, aus. *Karos* ist das Nama-Äquivalent zur Hose, ein Lendenschurz. Wer hier übernachten möchte, fährt zum Brukkaros Campsite (S. 266). Hier werden auf Anfrage auch lokale Guides für Wanderungen am Brukkaros vermittelt. Etwa einen halben Tag nimmt die Wanderung auf dem deutlich erkennbaren Weg durch einen Taleinschnitt in das Kraterinnere in Anspruch. Eine besondere Herausforderung stellt die Besteigung des Kraters dar, was am besten vom Innental aus gelingt.

Der **Mukorob**, eine auch „Finger Gottes" genannte Felssäule, war bis zu seinem Einsturz im Dezember 1988 eine der großen touristischen Attraktionen im Süden. Der Einsturz hatte vermut-

Quiver Camping Trail – Begegnungen mit den Einheimischen

Um den Gemeinden im Süden eine Einkommensmöglichkeit im Tourismussektor zu ermöglichen und gleichzeitig Besuchern diese recht abgelegenen Dörfer nahezubringen, hat der Namibia Development Trust den Quiver Camping Trail ins Leben gerufen. Der Trail verläuft von Rehoboth bis kurz vor Keetmanshoop östlich bzw westlich der B 1. Angeschlossen sind sieben Campingplätze, die jeweils von der lokalen Gemeinde verwaltet werden, zwei Informationscenter und zwei Craft Center. Der Trail verspricht Erlebnisse abseits der touristischen Trampelpfade sowie Kontakt mit der lokalen Bevölkerung und bietet dennoch relativ leicht erreichbare Ziele.
Weitere Informationen gibt es beim **Namibia Development Trust** in Mariental, ✆ 063-223572, oder Keetmanshoop, ✆ 063-240790. Buchungen sind nicht erforderlich, einfach offen sein und hinfahren. Freundlicher Empfang darf überall erwartet werden. Es wird extra darum gebeten, bettelnden Kindern nichts zu geben, sondern sie im Zweifelsfall um kleine Gefallen zu bitten und dafür dann zu belohnen. Die Campingplätze kosten etwa N$80–100 p. P. Trinkwasser, Essen, Holz und ein voller Tank gehören zur Grundausstattung. Für einige Campingplätze ist ein Geländewagen erforderlich. Die Campingplätze sind im Folgenden aufgelistet und werden zum Teil weiter unten an den jeweiligen Orten beschrieben.

Campingplätze und Info Center

- Rehoboth Info Center
- Hoachanas Campsite
- IIKhai-Sores Campsite and Ditsa Craft
- Gibeon Folk Art
- Goamus Campsite
- Asab Info Center
- Ganigobes Hot-Spring & Campsite
- Brukkaros Campsite
- #Nudi Campsite
- Gulbrandsdalen Campsite

lich natürliche Ursachen, auch wenn die Plötzlichkeit dieses Ereignisses zunächst Anlass zu wildesten Spekulationen gab. Wahrscheinlich brach er unter seinem eigenen Gewicht von 450 t zusammen. Die Ausläufer des großen Erdbebens in Armenien, das am 6. Dezember 1988 Tausende Menschen das Leben kostete, könnten einen letzten Anstoß gegeben haben. Der Mukorob war ca. 30 m hoch und bestand hauptsächlich aus Sandstein. Sein Sockel wurde von Tonsteinen gebildet. Genau an der Grenze der beiden Schichten ist dann auch der obere Teil abgerutscht. Heute ist dort nur noch ein Haufen Steine zu sehen.

2 HIGHLIGHT

Die Kalahari

Im Allgemeinen als Wüste bekannt, wird die Kalahari inzwischen als **Halbwüste** eingestuft. In einigen Gebieten fallen im Jahr 150–300 mm Regen, im Nordosten Botswanas sogar bis zu 600 mm, dies jedoch sehr unzuverlässig und nur auf kleine Gebiete beschränkt. Wer die Kalahari während der zehn Monate dauernden Trockenzeit besucht, wird sie zweifelsfrei als Wüste erleben.

Wohin das Auge blickt: **Sand**, heißer, meist rötlicher Sand, zu grob und kiesig, um das Regenwasser zu speichern. Die Kalahari ist als größte zusammenhängende Sandfläche bekannt – sie ist ungefähr 1,2 Mio. km² groß und erstreckt sich über neun Länder. In Namibia reicht sie vom äußersten Südosten, wo die roten Sanddünen den typischen Kalahari-Eindruck vermitteln, über den mittleren Osten bis in den Nordosten (Kaudom), und sogar das Etosha-Gebiet zählt geologisch mit zum Kalahari-Becken. Weite Teile der Kalahari sind durch Sandflächen, die mit Gras und vereinzelten Akazien bedeckt sind, charakterisiert, oftmals unterbrochen von Lehmpfannen *(Vleis)* unterschiedlicher Größe.

Die **Kalahari-Dünen** kommen vor allem im Südwesten der Kalahari vor. Sie sind Längsdünen, das heißt, sie verlaufen parallel zur vorherrschenden Windrichtung. Im Gegensatz zu den Dünen in der Namib wandern die Kalahari-Dünen nicht mehr. Sie sind meist 10–30 m hoch und mit Gras und Akazien bewachsen. Zwischen den Dünen befinden sich breite Dünentäler. Die außergewöhnliche rote Farbe wird durch einen dünnen Film Eisenoxyd, der jedes einzelne Sandkorn umhüllt, verursacht. Dort, wo die sandige Oberfläche nur dünn ist, kann der darunterliegende, dichtere Boden Baumwurzeln Halt geben. Der größte Teil der Kalahari ist jedoch mit Gras und Busch bedeckt.Die Temperaturen sind oft so extrem hoch, dass Regentropfen verdunsten, ehe sie die heiße Erde erreichen. Oberflächenwasser gibt es gar nicht. Im Winter drücken eisige Winde die Temperaturen nachts manchmal weit unter den Gefrierpunkt. Nur im Hochsommer (Dezember und Januar) gibt es ein kurzes Aufatmen. Dann ist während weniger Wochen die erbarmungslose Sonne von grauen Wolken bedeckt, und mit viel Glück regnet es sogar.

Das riesige Ausmaß und die Unwirtlichkeit der Kalahari haben ihre Erforschung erschwert. Wo wenig konkretes Wissen vorhanden ist, gibt es reichlich Stoff für **geheimnisvolle Geschichten**. Eine dieser Geschichten, die die Fantasie sämtlicher Abenteurer seit 1885 immer wieder angeregt hat, ist die Legende der „Verlorenen Stadt". Man vermutete sie in einem der unwirtlichsten Teile der Wüste, einem trockenen Flussbett im Südwesten, in der Nähe des ebenfalls trockenen Nossob Riviers. 1956 brach der Schriftsteller Alan Paton gemeinsam mit anderen Abenteurern in die Kalahari auf, um eben diese Stadt zu suchen. Nicht nur verrückt und wahnwitzig, wie der Autor selbst meinte, sondern auch streng geheim war diese Expedition. Seine Reisebeschreibung war aus diesem Grunde bis vor Kurzem unter Verschluss. 1988 starb Paton, 2005 wurde der Bericht „Lost City of the Kalahari" von der University of KwaZulu-Natal posthum veröffentlicht, ISBN 1-86914-066-4 (nur auf Englisch). Immer wieder wurden Expeditionen ausgerüstet, später wurden Luftaufklärungen angeordnet – alles ohne Erfolg. Heute, im Zeitalter von GPS und Satellitenaufklärung, weiß man, dass es eine solche Stadt oder ihre Überreste nicht gibt. Die Frage bleibt, ob die „Verlorene Stadt" vom Winde verweht worden ist oder einfach nur ein Fantasiegebilde erfolgloser Abenteurer war. Weitere Legenden ranken sich um Statuen in der Wüste oder San, die ihre Pfeilspitzen aus Edelsteinen herstellten – nichts davon wurde jemals nachgewiesen.

Die **Reichtümer der Kalahari** liegen woanders: Die Wüste selbst ist ein Schatz. Denn für wilde Tiere bietet sie einen der letzten ungestörten Lebensräume, die in der modernen Welt verblieben sind.

In der Kalahari gibt es keinen Kompromiss, keinen Mittelweg, nur **Extreme**. Extreme Hitze und Trockenheit, extreme Kälte, extreme Entfernungen, extremen Hunger und Durst. Selbst der Regen kann extrem sein, wenn er endlich nach Monaten der Trockenheit einsetzt. Manchmal stürzen solche Wassermassen vom Himmel, dass es sich anhört, als donnerte ein Wasserfall in die Tiefe. Das Wunder der Wüste ist, dass Pflanzen, Tiere und auch Menschen imstande sind, sich diesen Extremen anzupassen.

Pflanzen haben einfallsreiche Methoden entwickelt, um die langen Perioden der Trockenheit zu überdauern. Der große Affenbrotbaum (Baobab), der in den nördlichen Teilen der Kalahari zu finden ist, sammelt z. B. Feuchtigkeit in seinem massiven Stamm, der bis zu 10 m Durchmesser erreichen kann. Sein schwammiges Holz speichert außerordentliche Mengen Wasser, die durch eine weiche, rötliche, ledrige Borke vor Verdunstung geschützt sind. Viele Wüstenpflanzen lösen das Problem, indem sie zum größten Teil unterirdisch wachsen. Sie treiben riesige Wurzeln, um darin Wasser zu sammeln, während sie gleichzeitig an der Oberfläche nur wenige Blätter bilden, gerade so viele, um am Leben zu bleiben. Andere Bäume und Büsche bewahren auf andere Weise die geringen Mengen an Feuchtigkeit, die ihre Wurzeln aufsaugen können. Der Kameldornbaum und der Wart-ein-Bisschen-Busch, *Ziziphus mucronata,* so genannt, weil seine vielen Dornen an Fell und Kleidung zu zerren scheinen, werfen während langer Trockenzeiten die Blätter ab und ziehen die Lebenssäfte in die Wurzeln zurück. Die Zweige werden trocken und spröde, als wären sie abgestorben. Aber wenn der Regen kommt, strömt der Saft zurück in die Äste, die Blätter

Kameldornbaum

Der Kameldornbaum, *Acacia erioloba*, ist überall in Namibia anzutreffen und an seiner weit ausladenden Krone leicht zu erkennen. Die Bäume werden bis zu 16 m hoch und sind lebenswichtige Schattenspender in der glühenden, erbarmungslosen Sonne der Kalahari und der Namib. Im September und Oktober verzaubern die Blüten – kleine, goldgelbe Bällchen mit lieblichem Duft – die trockene Landschaft. Aus der Blüte reifen halbmondförmige, grau-grüne samtige Schoten heran, die von Februar bis Mai von den Bäumen fallen. Sie sind nahrhaft und werden von vielen Tieren gefressen. Der Baum besteht aus sehr festem, schwerem Holz, das als gutes Feuerholz gilt, da es lange brennt und wenig Rauch produziert. Der Stamm wird außerdem für die Herstellung von Zaunpfählen (Droppers) genutzt. Der Baum wird oft Hunderte von Jahren alt und kann durch seine langen Wurzeln, die bis zu 40 m tief in das Grundwasser reichen, auch in sehr trockenen Gebieten überleben. In der Namib stehen oft Springböcke und Oryx-Antilopen unter den Bäumen, erholen sich im Schatten und warten auf die herunterfallenden Schoten. Die **Giraffe**, *Giraffa camelopardalis*, liebt die Blätter, Dornen und Schoten des Kameldornbaumes ganz besonders, ist sie doch von allen Tieren am besten in der Lage, diese direkt aus dem Baumgipfel zu fressen. Die Buren nennen die Giraffe, dem lateinischen Namen folgend, Kameelperd und daraus folgend den Baum Kameeldoringboom. Die frühere botanische Bezeichnung des Kameldornbaumes war denn auch *Acacia giraffa*. Später wurde er in *Acacia erioloba* umbenannt, was sich auf das ohrenförmige Aussehen der Schoten bezieht. In alten deutschen Büchern wird der Baum noch als Giraffenakazie bezeichnet, später wurde auch im Deutschen der landesübliche Name Kameldornbaum übernommen.

sprießen und der Baum erlebt eine Zeit wilden Wachstums.

Die **Tiere** können sich fortbewegen, um Wasser zu suchen. Sie mussten sich dennoch anpassen: Giraffen können ähnlich wie Kamele in ihrem Körper Wasser speichern. Antilopen und Zebras können es lange ohne Wasser aushalten, wenn das Gras, das sie weiden, frisch und saftig ist. Die Löwen, die im Laufe der Jahrhunderte des Lebens in der Kalahari eine dunkle Mähne ausgebildet haben, können gewöhnlich mit dem Blut ihrer Beutetiere auskommen.

Einige kleine Nagetiere können sogar ihr ganzes Leben lang ohne Flüssigkeit auskommen. Ihre kleinen Körper sind so gut ausgerüstet für das Leben in der Wüste, dass sie von dem Minimum an Feuchtigkeit leben können, das sich beim Verdauungsprozess bildet.

Doch der **Mensch** kann nicht wie die kleinen Nager der Wüste ausschließlich von dem leben, was sein Körper an Flüssigkeit aus der Nahrung zieht. Er braucht auch etwas zu trinken. Wahrscheinlich ist kein Geschöpf der Erde so geschickt darin, Wasser aufzuspüren, wie die San (Buschmänner). Natürlich bevorzugen auch die San Wasserlöcher, aber es scheint fast so, als wären sie nicht darauf angewiesen. Wie die Löwen trinken die San die Körpersäfte ihrer Beutetiere. Eine gut gebaute Antilope liefert einer Familie für eine ganze Woche genug Flüssigkeit. Eine noch bessere Quelle sind Pflanzen. Die Tsama ist die wichtigste aller wasserhaltigen Früchte. Diese glänzenden, grün gestreiften Melonen von der Größe kleiner Kürbisse reifen im Frühsommer, wenn die Trockenzeit ihren Höhepunkt erreicht hat und die Wasserlöcher fast oder ganz ausgetrocknet sind. Es gibt aber auch andere Pflanzen, die etwas Flüssigkeit spenden. Zerquetscht man wildwachsende Rüben und Gurken, ergeben sie einen Mundvoll Saft.

ÜBERNACHTUNG

Westlich der B 1

Hardap Rest Camp, ✆ 063-240381, Buchungen bei NWR in Windhoek, ✆ 061-2857200, ✉ reservations@nwr.com.na, 💻 www.nwr.com.na, ca. 20 km nördlich von Mariental an der B 1, Karte S. 256/257. Camp mit kleinem Wildpark, in dem gewandert werden kann. Hier leben einige der bedrohten Spitzmaulnashörner. Eintritt in den Park N$40 p. P. und Tag sowie N$10 für das Fahrzeug. ❶
Achtung: Das Camp einschließlich Campingplatz ist momentan wegen Bauarbeiten

geschlossen, der Park steht Tagesbesuchern aber weiterhin offen.

Kalkrand Rest Camp & Tea Garden, ✆ 063-264166, ✆-Handy 081-2453125, 💻 http://kalkrandrestcampandteagarden.wheretostay.na, an der B 1 bei Kalkrand, hinter der Shell-Tankstelle, Karte S. 256/257. Klassischer Übernachtungsstop: schlichte Selbstversorgerzimmer, Swimmingpool, kleiner Shop, auch leichte Mahlzeiten. Telefonische Reservierung erwünscht. Internetzugang. ❶ Camping N$100 p. P., Du/WC, Stromanschluss.

Bastion Farmyard B&B, ✆ 063-240827, ✆-Handy 081-2745574, ✉ bastion@iway.na, 💻 www.bastionfarmyard.com, 14 km nördl. von Mariental an der B 1, Karte S. 256/257. Rustikale Zimmer, Obst- und Gemüsegarten, kleiner Farmshop, Bar und Teegarten; WLAN. ❶ Camping N$120 p. P. Du/WC, Wasseranschluss, Abwaschküche.

Ganigobes Hot-Spring & Campsite, Karte S. 256/257. Blick auf den Brukkaros, Wandermöglichkeiten, 4x4 Trail, Du/WC, N$100 p. P., Teil des Quiver Camping Trail.

Brukkaros Campsite, an der D 3904 von Berseba Richtung Brukkaros, Karte S. 256/257. Sehr einfacher Campingplatz (N$100 p. P.) am Fuß des Kraters in unberührter Gegend; eigenes Trinkwasser und am besten auch Holz sind mitzubringen. Du/WC, Licht, Strom-/Wasseranschluss, Schattennetze. Nur zum Erreichen der Einzelstellplätze in den Schluchten ist ein Geländewagen erforderlich. Lokale Guides stehen zur Verfügung. Teil des Quiver Camping Trail.

Gulbrandsdalen Campsite, direkt am Fish River in der Nähe von Snyfontein, Karte S. 256/257. Du/WC, Touren in das umliegende Gebiet werden angeboten. N$100 p. P. Teil des Quiver Camping Trail.

Östlich der B 1

Im Kalahari-Gebiet östlich der B 1 gibt es mehrere Lodges. Die beiden nachfolgend genannten Unterkünfte können beim Gondwana Travel Centre, ✆ 061-230066, ✆-Handy 081-1292424, ✉ reservations@gondwana-collection.com, 💻 www.gondwana-collection.com, gebucht werden, s. Kasten oben.

Vorreiter im Umweltschutz

Bei den Unterkünften der **Gondwana Collection** wird Umweltfreundlichkeit und Nachhaltigkeit großgeschrieben: aktiver Naturschutz und Forschung, die Mitglieder der lokalen Kommunen werden über die Bereitstellung von Arbeitsplätzen hinaus mit eingebunden und ausgebildet, Wasser wird recycelt und im Garten wiederverwendet. Die Self Sufficiency Centres werden umweltfreundlich betrieben, hier werden Küchenabfälle wiederverwertet und eigene Lebensmittel für die Lodges produziert. Der Gondwana Cañon Park ist nach NamibRand das zweitgrößte private Naturschutzgebiet Namibias.

€ 🌳 **Kalahari Anib Lodge**, 34 km östlich von Mariental an der C 20, Karte S. 256/257; Notfallnummer der Lodge: ✆ 063-240529. Größere, preiswerte Unterkunft am Rande der Kalahari; gute Küche. Auf der Fahrt über die Dünen sind Springböcke, Oryx- und andere Antilopen sowie Strauße zu sehen. ❹ Exklusiver Campingplatz mit nur 4 Plätzen mit jeweils eigenem Bad, Licht, Strom-/Wasseranschluss; N$150 p. P. Vorbuchung erforderlich. Camper können die Mahlzeiten und Aktivitäten der Lodge buchen.

🌳 **Kalahari Farmhouse**, bei Stampriet, 53 km nordöstlich von Mariental, Karte S. 256/257; Notfallnummer der Lodge: ✆ 063-260259. Das Farmhouse ist wirklich ein Erlebnis. Urige Zimmer im Stil eines alten Farmhauses, plätscherndes Wasser, schöner Garten und Schwimmbad. Das SSC (Self Sufficiency Centre) kann besichtigt werden: Hier wird allerlei Gemüse und Obst angebaut sowie erstklassige Milch, Käse, Quark und Wurst produziert. ❹

Bagatelle Kalahari Game Ranch, ✆ 063-240982, Buchungen bei Reservation Destination, ✉ bagatelle@resdest.com, 💻 www.bagatelle-kalahari-gameranch.com, von der C 20 links auf die D 1268, dann ca. 20 km, Karte S. 256/257. Liegt in den roten Dünen der Kalahari, unerwarteter Komfort in der Wüste: große Bungalows, teilweise mit breiter Veranda; freundlicher, guter Service und gute Küche; Internet-

zugang. Die zusätzlich angebotene Rundfahrt verspricht besonderes Afrika-Erlebnis: Kalahari-Dünen, breite Täler, rote Erde, gelbes Gras, grüne Kameldornbäume und hier und da Springböcke, Oryx-Antilopen und Strauße. ❻
Campingplätze mit je eigenem Bad, Wasseranschluss, N$165 p. P. Vorbuchung erforderlich.
Die beiden nachfolgend genannten Unterkünfte können über Intu Afrika, ✆ 061-375300, 💻 www.intuafrika.com, gebucht werden:

Zebra Lodge & Camelthorn Lodge, Reservierungen ✆ 061-375300, 💻 www.intu-afrika.com/lodges, Intu Afrika Kalahari Game Reserve, östlich von Kalkrand an der D 1268, Karte S. 256/257. Inmitten der schönen Welt der Kalahari. Bushman-Walks u. Ä. werden von den auf dem Gelände der Lodge lebenden San angeboten. ❻

Suricate Tented Camp, Reservierungen ✆ 061-375300, 💻 www.intu-afrika.com/lodges, Intu Afrika Kalahari Game Reserve, östlich von Kalkrand an der D 1268, Karte S. 256/257.
12 Luxuszelte auf einer Düne errichtet mit Blick auf Lehmpfannen und umliegende Dünen. Abendessen inkl. ❻

Bitterwasser Lodge & Flying Centre, ✆ 063-265300, ✆-Handy 081 3217671, 📧 bitterwa@mweb.com.na, 💻 www.bitterwasser.eu, an der C 15 zwischen Uhlenhorst und Hoachanas, Karte S. 256/257. Lodge mit der größten Palmenallee der Kalahari. Besonderheit ist von Nov–Jan das Segelfliegen, in Namibia herrscht dann eine besonders gute Thermik. Die alte Tradition, jeden Segelflug über 1000 km mit einer extra gepflanzten Palme zu ehren, wird auch heute weitergeführt. Gäste, die lieber festen Boden unter den Füßen haben, können an Farmrundfahrten teilnehmen. Die Lodge unterstützt den „Hoachanas Children Fund", der u. a. eine ausgewogene Ernährung für bedürftige Kinder finanziert. ❹

Hoachanas Campsite, Karte S. 256/257. Du/WC, kleiner Kiosk, hier fährt hin, wer sich auf einen Schwatz mit der lokalen Bevölkerung einlassen möchte. Teil des Quiver Camping Trail. N$80 p. P.

Lapa-Lange Boutique Lodge, Ems de Lange, ✆ 063-240610, ✆-Handy 081-1283445, Buchungen bei Exclusive Reservation, 📧 reservations@exclusive.com.na, 💻 www.lapalange.com, ca. 35 km östlich von Mariental an der M 29, Karte S. 256/257. Rustikale Chalets um ein großes Wasserloch, wo sich verschiedene Wildarten einfinden. Typisch namibische Küche; verschiedene Aktivitäten wie Wandern, Wildbeobachtungs- und Sundowner-Fahrten, Gepardenfütterung; WLAN. ❸
Campingplatz (N$175 p. P) mit Du/WC, Licht, Strom-/Wasseranschluss, Abwaschküche, Kochgelegenheit, Kochgeschirr, Picknickplätze, Rasen, Schatten. Alles sehr sauber und gut in Schuss. Abendessen wird angeboten.

Auob Lodge, ✆ 061-374750, ca. 6 km nördlich von Gochas an der C 15, Karte S. 2546/257. Einfach. ❷
Campingplatz N$80 p. P., Du/WC, Licht, Strom-/Wasseranschluss, Abwaschküche, Kochgelegenheit, Rasen, Schatten.

Goamus Campsite, Karte S. 256/257, Geländewagen erforderlich. Das hiesige Gelände war das Versteck des legendären Nama-Führers Hendrik Witbooi. Geführte Touren zu den Gräbern und zu den ungewöhnlichen geologischen Kalkformationen werden angeboten. Du/WC, N$95 p. P., Teil des Quiver Camping Trail.

/Awa /Gowab Red Dune Camp und B&B, Marieta & Pieter Liebenberg, ✆ 063-250164, ✆-Handy 081-2756164, 📧 reddunecamp@iway.na, 💻 www.reddunecamp.com, Farm Tranendal, ca. 35 km südlich von Gochas an der C 15, Karte S. 256/257. 2 Zimmer im Farmhaus sowie Luxuszelte, WLAN, sehr nette, zuvorkommende Gastgeber. 4x4 Trail über die Dünen. ❶
Camping am Farmhaus oder auf den roten Kalahari-Dünen N$85 p. P.; Du/WC, Licht, Strom-/Wasseranschluss, Abwaschküche, Picknickplätze, Rasen, Schatten.

#Nudi Campsite, im !Khob !Naub Canyon, 40 km nördlich von Keetmanshoop an der D 3911, Karte S. 256/257; Antilopen und Strauße können hier auf Wanderungen beobachtet werden. Du/WC, N$95 p. P., außerdem 2 Hauszelte. Teil des Quiver Camping Trail.

Keetmanshoop

Die kleine Stadt im Zentrum des Südens hieß früher *Swartmodder*, schwarzer Schlamm. 1866 baute die Rheinische Missionsgesellschaft mit finanzieller Unterstützung des deutschen Kaufmanns Johann Keetman eine Kirche und nann-

Hinweis

Im kleinen Keetmanshoop sind die meisten Straßen nur nummeriert, und selbst diese Straßennummern gibt es oft schon nicht mehr, Hausnummern fehlen ganz. Die Orientierung fällt nur entlang der Hauptstraßen leicht; wer sich nicht zurechtfindet, kann jederzeit Passanten ansprechen. Die Straßennamen im Text sind erwähnt, damit man anhand der Karte abschätzen kann, wo sich ungefähr was befindet.
Vor allem an den Tankstellen treiben Kindergangs ihr Unwesen, daher nie das Auto unbeaufsichtigt lassen, immer beide Seiten des Fahrzeugs im Auge behalten; am besten immer alle Türen verschlossen halten.

te den Ort fortan Keetmanshoop (zu deutsch „Keetmans Hoffnung").

Als 1890 das Swartmodder Rivier einmal richtig „lief", das heißt nach einem guten Regenguss ordentlich Wasser führte, wurde die alte **Kirche** weggespült. Die neue Kirche wurde aus handbehauenem Bruchstein auf einer Anhöhe gebaut. Der Turm verjüngt sich nach oben von einem Viereck zu einem Achteck, wobei die Natursteine ohne Mörtel aufgeschichtet wurden.

Seit 1960 durfte diese Missionskirche auf Anordnung der Südafrikaner nicht mehr genutzt werden. Sie lag mitten im „weißen" Siedlungsgebiet. 1978 wurde die Kirche, auch Klipkerk genannt, unter Denkmalschutz gestellt und restauriert. Inzwischen ist darin das **Museum Keetmanshoop**, ✆ 063-221256, Sam Nujoma Ave, untergebracht, in dem es naturkundliche Sammlungen, Exponate zur Stadtgeschichte und zur Kultur der Nama, eine kleine Kunstgalerie, einen Garten mit interessanten Pflanzen und eine Nama-Hütte zu sehen gibt. ⌚ Mo–Do 7.30–12.30 Uhr und 13.30–16.30 Uhr, Fr 7.30–12.30 Uhr und 13.30–16 Uhr. Eintritt frei, Spende erwünscht.

1894 errichteten die Deutschen das Lokal- und Bezirksverwaltungsamt, ein Jahr später eine Feste. Das **Kaiserliche Postamt**, Hampie Plichta Ave, wurde 1910 vom Regierungsarchitekten Redecker entworfen und 1987 unter Denkmalschutz gestellt. Heute ist darin die leider wenig effiziente Touristeninformation zu finden.

1908 erreichte die Bahn von Lüderitz Keetmanshoop. Im Ersten Weltkrieg befanden sich hier das südliche Hauptquartier der deutschen Truppen und ein Eisenbahnknotenpunkt. Der deutsche Bahnhof brannte 1918 nieder. Erst zehn Jahre später wurde der heutige Bahnhof erbaut.

ÜBERNACHTUNG

In Keetmanshoop gibt es einige empfehlenswerte Unterkünfte:

€ **Gessert Guesthouse**, Zelna & Hendrik Knouds, ✆ 063-223892, ✉ gesserts@iafrica.com.na, 💻 www.natron.net/gessert, 138 13th St. Kleine, preiswerte Pension mit persönlicher Atmosphäre. 7 DZ, Swimmingpool in schönem Garten, Internetzugang. Keine Kreditkartenzahlung. ❷

Bird's Mansion, 6th Avenue, ✆ 063-221711, 💻 www.birdsaccommodation.com. 23 nett eingerichtete Zimmer, Internet-Café und Pool. Hier bietet sich im grünen Innenhof auch ein Lunch-Stop für Durchreisende an. ❷

Bird's Nest B&B, 16 Pastorie St., ✆ 063-222906, 💻 www.birdsaccommodation.com. Zentral gelegenes B&B, 10 Zimmer mit Klimaanlage, TV und Telefon, Bar im Haus. ❷

Außerhalb

Steinfeld Garage (Landrover) & Campingplatz, Johann Strauss, ✆ 063-225083, von Keetmanshoop auf der B 1 Richtung Grünau/Südafrika, nach 6 km rechts auf die D 608, Karte S. 256/257. Nach weiteren 54 km liegt Steinfeld auf der rechten Seite. Der Land-Rover-Freak Namibias schlechthin hilft bei allen anfallenden Problemen, auch bei den neueren LR; mit Campingplatz und einfachen Zimmern. Herr Strauss spricht ein wenig Deutsch, besser Englisch, Muttersprache ist Afrikaans. Keine Kreditkartenzahlung.

Farm Hoas, ✆ 063-683133, ✉ hoas@iway.na, 💻 www.hoasnamibia.com, an der D 608, 25 km südlich von Steinfeld, Karte S. 256/257. Schöne Lage am Rande der Karasberge, 5 DZ in extravagantem Farmhaus, herzliche Gastgeber, gute Farmküche. Hier wird auf Umweltverträglichkeit geachtet. Abendessen inkl. Keine Kreditkartenzahlung. ❺

ESSEN

Eigenständige Restaurants gibt es in Keetmanshoop nicht, zum Abendessen kann man die Restaurants der Hotels oder der Gästehäuser nutzen, z. B. das Canyon Hotel am Ortseingang oder das Schützenhaus in der Pastorie St (deutsche Küche, allerdings nur von 18–19 Uhr), oder man kauft sich bei Spar Brot und Aufschnitt. Die Gastgeber von Gessert, Bird's Nest und Bird's Mansion sind bei der Auswahl behilflich.

SONSTIGES

Geld

First National Bank, ✆ 063-228000, 76 Hampie Plichta Ave.

Informationen

Tourism Information Keetmanshoop, ✆ 063-221211, Hampie Plichta Ave. Büro der Stadtverwaltung, nicht sonderlich effizient. ⌚ Mo–Fr 8.30–12.30 Uhr und 13.30–16.30 Uhr.

Internet

Namibnet Internet-Café, im Canyon Hotel in der Lobby, 5th Ave, am südlichen Eingang von Keetmanshoop.

Medizinische Versorgung

Das **State Hospital Keetmanshoop**, ✆ 063-2209000, liegt von Norden auf der B 1 kommend 1 km vor Keetmanshoop auf der linken Seite. Ein blockartiges Hochhausgebäude, von der Straße aus zu sehen (der Beschilderung folgen).

Dr. Oberholzer, **Dr. Jacob**, **Dr. Dausab**, ✆ 063-226111, ✆-Handy 081-1285753, 7 5th Ave. Allgemeinmediziner in Gemeinschaftspraxis, sprechen nur Englisch.

Dr. Smith, ✆ 063-226155, Luchtenstein St, Ecke 5th Ave. Zahnarzt, spricht kein Deutsch.

Polizei

✆ 10111, Sam Nujoma Ave, Stadtmitte.

Post

✆ 063-223211, 5th Ave.

TRANSPORT

Busse

Der **Intercape Mainliner** hält in Keetmanshoop an der Engen-Tankstelle Lafenis, auf dem Weg von Windhoek nach Kapstadt und Upington (Südafrika) und in umgekehrter Richtung.

Die Umgebung von Keetmanshoop

Nördlich von Keetmanshoop befinden sich zwei **Köcherbaumwälder**. Meist stehen die Bäume einzeln, nur auf Gariganus und //Garas bei Keetmanshoop sind viele Bäume beieinander, was die Einwohner liebevoll zum Wald erklärten. Mit einem europäischen Wald sind beide nicht vergleichbar.

ÜBERNACHTUNG

//Garas Park Rest Camp, ✆ 063-223217, ✉ marian.hulme.z@gmail.com, ca. 21 km nördlich von Keetmanshoop an der B 1, Karte S. 256/257. Einfacher Campingplatz im Köcherbaumwald, liebevoll mit witzigen, selbst gemachten Figuren gesäumt; N$100 p. P.; Du(kalt)/WC, Wasseranschluss. Eintritt (auch für Tagesbesucher) N$30 p. P., Fahrzeug N$35.

Quivertree Forest Rest Camp, Ingrid & Coenie Nolte, ✆ 063-222835, ✉ quiver@iafrica.com.na, 💻 www.quivertreeforest.com, ca. 15 km nordöstlich von Keetmanshoop an der C 17, Karte S. 256/257. Der „altbekannte" Köcherbaumwald Gariganus und „Giants Playground" (Spielplatz der Riesen), eine Ansammlung interessanter Granitformationen. Eintritt N$55 p. P. Zimmer teilweise in gewöhnungsbedürftigen Iglus, auch Selbstversorgeroption. ❹

Der weitläufige, schöne Campingplatz (N$100 p. P.) liegt direkt neben den Köcherbäumen, 10 Min. zu Fuß vom Rest Camp entfernt; Du/WC, Licht, Strom-/Wasseranschluss, Abwaschküche, Picknickplätze. Für Kinder spannend: Es gibt Erdmännchen, ein Warzenschwein und Geparden. Um 17 Uhr ist Gepardenfütterung.

Mesosaurus Fossil Trail Camp, Giel & Hendrik Steenkamp, ✆ 063-683641, ✉ info@mesosaurus.com, 💻 www.mesosaurus.com, an der C 17 Richtung Koës, Karte S. 256/257. Auf der Farm gibt es viele Köcherbäume und Fossilien vom Mesosaurus, geführte Wanderungen werden angeboten, außerdem Hiking- und 4x4 Trails. 4 strohgedeckte, rustikale Chalets; die Natursteine, aus denen sie gebaut sind, stammen von der Farm. Dank Solarenergie gibt es 24 Stunden am Tag Licht; in den Chalets gibt es jedoch keine Steckdosen. Mahlzeiten nur bei vorheriger Buchung. ❷

Campingplatz (N$100 p. P.); Du/WC, Strom-/Wasseranschluss, Abwaschküche. Keine Kreditkartenzahlung.

Von Keetmanshoop nach Süden und Westen

Von Keetmanshoop aus gibt es viele Möglichkeiten, die Reise fortzusetzen. Die klassische Route verläuft über den Fish River Canyon nach Lüderitz, oder, wenn Lüderitz ausgelassen werden soll, vom Fish River wieder nach Norden Rich-

DAS ORANJE-FLUSSSYSTEM

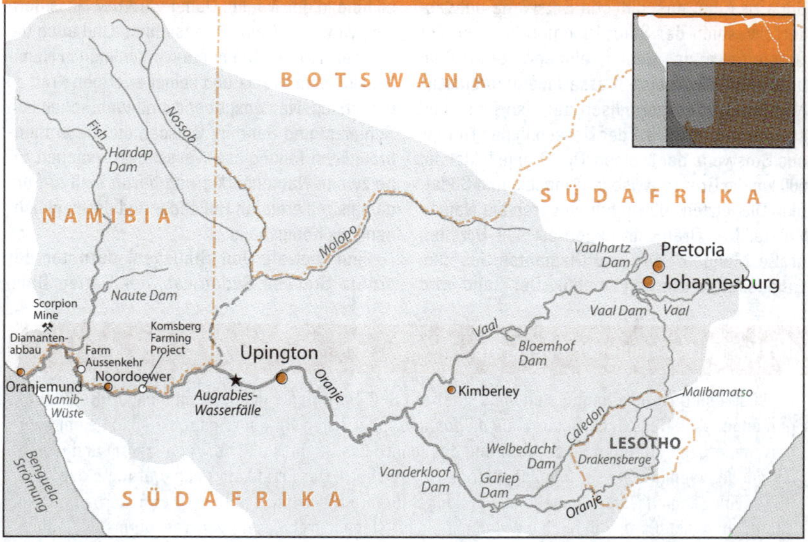

tung Sossusvlei (zum Fish River und Lüderitz S. 288). Oder man fährt weiter nach Südafrika.

Wer genügend Zeit hat, kann vor dem Aufenthalt am Fish River Canyon einen Stopp bei Grünau einlegen (etwa in der Savanna Gästefarm) und einen Trip durch die **Karasberge** unternehmen. Die Gegend ist touristisch noch völlig unerschlossen, daher gibt es dort auch keine Unterkunftsmöglichkeiten. Sanft geschwungene Hügel und Kalahari-Dünen dominieren das Landschaftsbild. Während der Fahrt bieten sich immer wieder neue Ausblicke. Die Strecke führt von Keetmanshoop über die C 16 bis Aroab, dann auf der C 11 nach Karasburg und schließlich auf der B 3 bis Grünau oder nach Savanna rechts auf der D 203. Der Trip – über 450 km – ist jedoch für einen Tag sehr lang. Entweder verkürzt man (ab Keetmanshoop die B 1 nehmen und dann auf die Route 26) oder fährt direkt bis Savanna für zwei Übernachtungen und macht von dort einen Tagesausflug.

Der kleine Ort **Warmbad**, eine 3700 Einwohner große Gemeinde der Bondelswarts, liegt ganz im Südosten Namibias, etwa 35 km südlich von Karasburg. Schon im 17. Jh. sollen Menschen an der Quelle gesiedelt haben. 1805 errichteten hier die Brüder Christian und Abraham Albrecht aus Berlin, Missionare der Londoner Missionsgesellschaft, die erste Missionsstation auf dem Gebiet des heutigen Namibia. Reste davon sind noch heute zu sehen.

Der mächtige **Oranje** (engl. *Orange River*) ist der Grenzfluss zu Südafrika. Er entspringt im Hochland von Lesotho, 193 km vom Indischen Ozean entfernt, in einer Höhe von 3000 m über dem Meeresspiegel, und fließt über 2200 km in westlicher Richtung durch die Drakensberge bis in den Atlantik. Sein Auffanggebiet ist rund 1 Mio. km² groß. Er entwässert 77 % der südafrikanischen Landfläche. 38 % des Auffanggebietes liegen außerhalb Südafrikas in Namibia, Botswana und Lesotho. Die jährliche Niederschlagsmenge beträgt im Quellgebiet 2000 mm im Jahr, im Bereich der Mündung sind es dagegen nur noch magere 40 mm. Im Quellgebiet friert der Fluss im Winter regelmäßig zu, kurz vor der Mündung kann im Sommer das Thermometer schon mal auf 55 °C klettern. Sehr starken Zulauf erhält der Oranje durch den Vaal, der das nördliche Südafrika und das südliche Botswana entwässert. Westlich der Stadt Upington hat sich der Oranje tief in das Gestein eingegraben und die berühmten Augrabies-Wasserfälle geformt. Aus Namibia fließen periodisch der Fish River und selten – zuletzt 1970 – der Nossob in den Oranje, aus Botswana der Molopo. Der Oranje bildet auf 600 km die Grenze zwischen Namibia und Südafrika. Die letzten 100 km führen durch die Namib-Wüste. Der Oranje transportiert seit Urzeiten große Mengen Sand und Diamanten aus dem Landesinneren in den Atlantik. Der Sand wird durch die Benguela-Strömung und den ständigen Südwestwind an die namibische Küste getrieben – dies ist der Ausgangspunkt der Dünenbildung in der Namib. Daher wird der Fluss gern als „Vater der Namib" bezeichnet. Und auch die ehemals reichen Diamantenvorkommen in Namibia sind dem Oranje und seiner enormen Kraft zu verdanken. Namensgebend sind wahrscheinlich Schlamm und Sand im Wasser, die die orangebräunliche Tönung des Wassers verursachen. Eine zweite Namenserklärung beruft sich auf die damals regierenden Holländer und deren gleichnamiges Königshaus.

Eine Vielzahl von Stauseen, darunter der größte Stausee Südafrikas, der Gariep Dam,

Der Köcherbaum und die Euphorbie

Im Südwesten Afrikas haben sich viele Pflanzen und Tiere den klimatisch einmaligen Bedingungen angepasst. Der Köcherbaum, *Aloe dichotoma,* schützt sich vor dem Austrocknen mit einer sehr harten, pergamentartigen Rinde, während das Innere des Stamms und der Äste faserig und weich ist, um das wenige Wasser möglichst lange zu speichern. Der Erzählung nach wurden diese Äste früher von San und Nama ausgehöhlt, um Köcher für ihre Pfeile herzustellen. Der Köcherbaum kann auch schon mal bis zu 7 m hoch werden mit einem Stammdurchmesser von 1 m, normal ist jedoch eine Höhe bis zu 3 m.

Die größten Bäume sind 200–300 Jahre alt. Sie blühen im Winter (Juni/Juli) mit einer verästelten, bis zu 30 cm langen, hellgelben Blüte. *Dichotoma* heißt „die Zweigeteilte". Der Stamm gabelt sich und jeder Ast gabelt sich weiter, pro Gabelung gehen 30 Jahre ins Land. Das blaugrüne Blatt der Aloe ist bis auf die Ränder dornenlos, und Blätter wachsen nur an den Enden der Zweige. In den gabeligen Ästen des Köcherbaums bauen unscheinbare **Siedelweber** gern ihre einzigartigen, gigantischen Nester. Der Siedelweber ist in Namibia weit verbreitet und lebt in Schwärmen von sechs bis 300 Vögeln. Die Nester werden aus Gras in Bäumen und auf Telefonmasten gebaut. Sie haben dicke Wände, die das Nest, ähnlich wie beim Strohdach einer Lodge, gut isolieren und vor Temperaturschwankungen schützen. Jedes Nest beherbergt eine Vielzahl von Vogelpaaren, die in einzelnen Gängen leben. Schlüpfen die Küken, werden die Nester vergrößert. Die Nester werden auch gern von anderen Vögeln, wie Rosenpapagei und Zwergfalke, bewohnt. Das Gezwitscher der Großfamilien am und im Nest hört man oft schon von Weitem.

Die äußerlich einem Kaktus sehr ähnliche **Euphorbia virosa** ist weit verbreitet (Kakteen gibt es übrigens im südlichen Afrika nicht, nur in manchen Gärten sieht man diese aus Amerika eingeführten Pflanzen). Diese Euphorbie treibt einen kurzen Hauptstamm, aus dem kurze, dicke, fünf- bis achtkantige, völlig blattlose Äste wachsen. Dadurch wird, wie bei der Nara, die Verdunstung auf ein Minimum reduziert. Die Fotosynthese wird einzig und allein durch den Stamm und die Äste betrieben. Die Pflanze hat Dornen, die in Paaren auf den Kanten der Äste wachsen. Dazwischen entstehen im April/Mai sogenannte Scheinblüten (kaum erkennbar, ohne einzelne Blütenblätter), die sich zu kugeligen Kapseln, der Frucht, entwickeln.

Der milchige Saft der Pflanze, die zu den Wolfsmilchgewächsen gehört, ist hochgiftig. Er verursacht Hautirritationen und kann zur Erblindung führen. Trotz ihres hohen Giftgehaltes wird die Pflanze manchmal von Spitzmaulnashörnern geäst. Oryx-Antilopen fressen die reifen Früchte.

sowie die Katse-Talsperre in Lesotho, der Vaal Dam und der Vaalhartz Dam, der Welbedacht Dam und einige mehr bilden die Grundlage für eine ausgedehnte und erfolgreiche Bewässerungslandwirtschaft sowohl in Südafrika als auch in Namibia. Das Wasser ist reguliert und fließt stetig, es gibt keine Überschwemmungen und keine Dürreperioden mehr. Namibia, insbesondere die Farm Aussenkehr und andere Bewässerungsgebiete sowie die Scorpion Mine, sind vom Oranje-Wasser abhängig. Auch der Großraum Johannesburg bezieht sein Trinkwasser aus dem Oranje. Die Katse-Talsperre am Malibamatso, einem Seitenarm des Oranje in Lesotho, ist übrigens mit 185 m Höhe die höchste Talsperre in Afrika. Sie wurde 1997 fertiggestellt.

Die Oranje-Flussmündung ist ein international anerkanntes Feuchtgebiet, in dem seltene Tiere wie die Fruchtfledermaus, der Weißwangenotter und der Wasserleguan sowie zehntausende Seevögel vorkommen. Die Mündung liegt im Sperrgebiet und kann daher nicht von Touristen bereist werden. 2002 gaben die südafrikanische und die namibische Regierung eine gemeinsame Studie zur weiteren Nutzung des Wassers des Oranje in Auftrag. Geprüft wurde auch die Errichtung eines zusätzlichen Stausees im Grenzabschnitt. Im Mai 2006 vereinbarten schließlich die Landwirtschaftsminister der beiden Länder den Bau eines Stausees bei Noordoewer/Vioolsdrif.

Die Stadt **Oranjemund** („Oranje-Mündung") entstand nur durch und für den Diamantenabbau und gehörte bislang der Diamantgesellschaft Namdeb. Namdeb war für die Infrastruktur und Versorgung verantwortlich. Um die wirtschaftliche Entwicklung in der Region voranzutreiben und Oranjemund auch über den Diamantenabbau hinaus lebensfähig zu machen, wurde Oranjemund im August 2011 offiziell als unabhängige und eigenständige Stadt proklamiert. Nun können hier Grundstücke erworben und bebaut werden – zunächst jedoch nur von den Einwohnern, die auch für Namdeb arbeiten, da Oranjemund noch immer zum Sperrgebiet gehört.

Die Straße von Rosh Pinah bzw. von Bogenfels nach Oranjemund ist weiterhin für Privatfahrzeuge gesperrt, man braucht eine spezielle Genehmigung, um die Stadt zu besuchen. Air Namibia fliegt Oranjemund inzwischen dreimal wöchentlich an, was Touristen ebensowenig nutzt. Bei Interesse wendet man sich an die Veranstalter in Lüderitz oder Windhoek, die die entsprechenden Permits besorgen.

Namibia hat also seine Diamanten dem Oranje zu verdanken. Er hat sie in Jahrmillionen von Kimberley und von den Vorkommen in Botswana ins Meer getragen. Von dort wurden sie an die namibische Küste gespült. Im Jahre 2000 wurden am und im Oranje neue Diamantenvorkommen entdeckt, woraufhin mit eifrigen Prospektierarbeiten begonnen wurde. Sie konzentrieren sich vor allem auf die Farm Aussenkehr, eine jener Farmen westlich von Noordoewer, auf denen die berühmten Tafeltrauben des Oranje angebaut werden. Damit gibt es reichlich Konfliktstoff in diesem Gebiet. Auch der uralte Grenzkonflikt ist wieder aufgeflackert.

Die Deutschen hatten 1889 die von den Briten festgelegte Grenze am Nordufer des Flusses akzeptiert. Nach der Unabhängigkeit berief sich Namibia auf die international übliche Regelung der Flussmitte. Bei den Grenzverhandlungen 1993 wurde zwar vermeintlich eine Einigung zugunsten Namibias erzielt, nach den neuen Diamantenfunden erwies sich diese jedoch als null und nichtig. Es gilt also weiterhin die alte Grenze. Die Farm **Aussenkehr** war eine der ersten Farmen in Namibia am Oranje, die Tafeltrauben für den Export produzierte. Heute wird der Name für das gesamte Weinanbaugebiet verwendet, das nördlich des Oranje etwa 40 km westlich von Noordoewer liegt und an den /Ai-/Ais-Richtersveld Park angrenzt. Seit 1995 gibt es hier einen 593 ha großen staatlichen Komplex, der vom Landwirtschaftsministerium verwaltet wird. Außerdem haben sich neun private Agrarunternehmen eingekauft, sodass die Berieselungsflächen am Oranje etwa 1000 ha einnehmen. Dabei sind die Bedingungen eine wirkliche Herausforderung: Die Tagesdurchschnittstemperatur beträgt 38 °C. Im Sommer werden über Wochen Höchsttemperaturen um 47 °C erreicht und im Winter gibt es nachts Frost. Regen fällt nur spärlich (als Winterregen, das heißt vom Kap heraufziehend), die Verdunstung ist durch die Hitze extrem hoch. Doch die

Tafeltrauben, Dattelpalmen und Mangostöcke gedeihen erstaunlich gut, wenn die entsprechenden Zusatzbedingungen wie Berieselung und Düngung geschaffen werden. Sie vertragen den brackigen Boden, sind hitzeresistent und vor allem: Sie reifen im November/Dezember, wenn auf der Nordhalbkugel Winter ist und es dort kein Obst gibt. Und noch besser: Sie reifen vor allen anderen Obstsorten in den Anbaugebieten der Südhalbkugel. Durch unterschiedliche Berieselung der Trauben kann sogar eine zeitversetzte Ernte bewirkt werden. Ein weiterer Pluspunkt ist die Tatsache, dass es wegen der oben genannten Bedingungen (Trockenheit, Hitze) nahezu kein Ungeziefer gibt, einzig vor Viren müssen die Pflanzen geschützt werden.

Mittlerweile leben im Aussenkehr-Gebiet etwa 15 000 Menschen – immerhin ein Fünftel der Gesamtbevölkerung der ariden Karas Region. Diese 15 000 Menschen leben nicht etwa an einem Ort mit sozialer Infrastruktur, sondern in einer wilden Siedlung; sie sind sogenannte *squatters*. Die Arbeiter, die mit ihren Familien hauptsächlich aus dem Norden – der Four O, der Kavango und der Caprivi Region – gekommen sind, haben sich hier ihre traditionellen Hütten gebaut.

Das dafür erforderliche Ried wächst am Oranje ebenso wie an den Flüssen im Norden. Dennoch mutet die nordnamibische Siedlung mitten in der Wüste eigenartig an. Der Haupteigentümer der Farm Aussenkehr hat der Regierung 644 ha seines Landes für die Gründung einer Ortschaft überlassen. Das wurde von der Regierung wohlwollend als Geste sozialer Verantwortung entgegengenommen. Im Ministerium für Kommunalverwaltung wird bereits an einem städtebaulichen Entwurf gearbeitet, dann sind Wasser- und Stromanschlüsse zu verlegen und Wohnungen zu bauen. Die Arbeiter verdienen mit durchschnittlich N$1000 pro Monat für namibische Farm-Verhältnisse relativ gut. So geht das Ministerium davon aus, dass sie die Mieten und die Wasser- und Stromrechnungen auch werden bezahlen können.

Ein weiteres staatliches Tafeltraubenanbaugebiet, das 26 000 ha große Komsberg Farming Project, liegt östlich von Noordoewer am Oranje. Es ist eine der größten landwirtschaftlichen Unternehmungen im Süden des Landes. Der staatliche Stromversorger NamPower investiert N$25 Mio. in das Projekt, das langfristig 7200 Menschen Arbeit geben soll. Auch hier wird vor allem für den Export angebaut.

Eine interessante Strecke folgt dem Oranje bis zur C 13, die über Rosh Pinah, einen kleinen Minenort, zur B 4 nach Lüderitz führt. Dafür benötigt man zumindest einen Wagen mit hoher Bodenfreiheit. Man muss sich also auf jeden Fall vorher, am besten bei einer der nachfolgenden Unterkünfte, über den Zustand der Pad informieren.

Ein tolles Erlebnis ist die viertägige **Kanufahrt** auf dem Oranje mit Felix Unite / Namibian River Adventures, Carlos Peres, ✆ 063-297161, ✉ reservations@felix.co.za, 💻 www.felixunite.com (s. auch Aktivitäten, S. 94). Der Ausgangspunkt am Oranje liegt 10 km westlich der B 1 an der C 13 bei der Felix Unite River Lodge. Die Betreiber sind auch auf die Bedürfnisse behinderter Reisender eingestellt. Entlang der Kanu-Route hat Namibian River Adventures eigene Campingplätze. Buchung empfehlenswert, die Tour ist sehr beliebt. Gestartet wird im Allgemeinen donnerstags, zurück ist man montags vormittags, N$2995–3650 p. P., je nach Saison, min. 6 Pers. Man kann auch ein Kanu nur für einen Tag mieten, N$550.

ÜBERNACHTUNG

Auf dem Weg von Keetmanshoop nach Südafrika gibt es einige Unterkünfte:

€ **White House Guest Farm**, Kinna & Dolf de Wet, ✆ 063-262061, ✆-Handy 081-2856484, ✉ withuis@iway.na, 💻 www.withuis.iway.na, an der B 1, 11 km nördlich von Grünau, Karte S. 256/257. Historisches Gebäude von 1912; auf der Farm gibt es eine alte Rosenquarz-Mine, die besichtigt werden kann. Küche für Selbstversorger vorhanden. Es werden auch Grill-Pakete *(braai packs)* angeboten oder man probiert das sehr leckere Bio-Lamm (Dinner N$100 p. P.). ❷
Campingplatz N$80 p. P.; Du/WC, Licht, Wasseranschluss.

Savanna Gästefarm, Zelda von Schauroth, ✆ 063-683127, ✉ savannagf@gmail.com, 💻 www.savanna-guestfarm.com, 40 km

Tipps für die Weiterfahrt nach Kapstadt

Ein Aufenthalt in Kapstadt ist für viele der Höhepunkt einer Reise ins südliche Afrika. Da die südafrikanische Westküste landschaftlich reizvoll ist, besonders in der Blumensaison von August bis Mitte Oktober, lohnt sich die Fahrt mit dem Auto von Namibia bis nach Kapstadt – erst endlose Weite und zum Abschluss das pulsierende Leben in der „mother city" des südlichen Afrika. Für den umgekehrten Weg (von Kapstadt nach Namibia) sprechen die günstigeren Preise für Mietwagen in Südafrika und der mitunter günstigere Flug nach Kapstadt.

Der südafrikanische Rand ist dem Namibia Dollar gleichwertig, in Südafrika kann jedoch nicht mit Namibia Dollar gezahlt werden. Ansonsten unterscheiden sich die Verhältnisse in den beiden Ländern kaum (s. Kapitel Traveltipps von A bis Z). An Tankstellen kann ebenfalls nur bedingt mit der Kreditkarte gezahlt werden, davon abgesehen ist die Karte auch hier das sicherste Zahlungsmittel. Südafrika ist deutlich größer als Namibia und hat mehr Einwohner; daher ist die Infrastruktur, auch die touristische, wesentlich besser. Benzin kostet in beiden Ländern ungefähr gleich viel, insgesamt ist das Preisniveau in Südafrika etwas niedriger als das in Namibia, was sich aus der Tatsache erklärt, dass Namibia sehr viel aus Südafrika importiert.

Der **Grenzübergang** Noordoewer ist rund um die Uhr geöffnet, die Beamten, vor allem die südafrikanischen, sind freundlich und arbeiten meist zügig. Die Mietwagenfirma muss vorher über den Abstecher informiert werden, am besten bucht man den Wagen gleich mit Einwegmiete *(one way rental)*, um ihn in Kapstadt abgeben zu können. Spezielle Papiere sind nicht erforderlich.

Auskünfte über die gesamte Region erteilt das Cape Info Africa Travel & Tourism Centre, ✆ 0027-21-4256463, ✉ info@capeinfoafrica.co.za, 💻 www.capeinfoafrica.co.za.

Der nächste größere Ort in Südafrika ist **Springbok** im **Namaqualand**, 80 km von der Grenze entfernt. Springbok ist auch für diejenigen, die vom Kgalagadi Transfrontier Park oder vom Augrabies National Park nach Kapstadt fahren, die erste Anlaufstelle. Informationen gibt es unter 💻 www.springbokinfo.com, dort landet man auch gleich beim Annie's Cottage Guesthouse.

Die nächste Besonderheit der Westküste sind die **Cederberge**, die mit skurrilen Granitformationen aufwarten. Infos gibt es beim Clanwilliam Tourism Bureau, ✆ 0027-27-4822024, ✉ cederberg@lando.co.za, 💻 www.clanwilliam.info.

Südlich der Berge an der N 7 liegt Citrusdal. Wanderfreunde können von hier aus Ausflüge in die Cederberge unternehmen. Mehr Informationen beim Citrusdal Tourism Bureau unter 💻 www.citrusdal.info.

Als nächster Stopp vor Kapstadt bietet sich das kleine, beschauliche Langebaan an (allerdings nicht in den langen südafrikanischen Ferien im Dezember und Januar, da gleicht der Ort einem Ameisenhaufen). Die Langebaan-Lagune ist auch als Kite-Surf-Paradies bekannt – die über dem glitzernden Wasser tanzenden Kites geben ein tolles Bild ab.

Die Lagune von Langebaan ist besonders schön vom **West Coast National Park** zu betrachten. Neben dem azurblauen Wasser auf der einen und den schäumenden Wogen des Atlantiks auf der anderen Seite machen die vielen Seevögel, vor allem die Zugvögel, den Park zu einer kleinen Besonderheit. Auch hier präsentiert sich der Frühling (August bis Oktober) besonders blütenreich. Der Park bietet sich als kleiner Ausflug von Langebaan an, Eintritt R128 p. P. pro Tag, Kinder R64 p. P.; außerhalb der Blumensaison nur R64/32.

Von hier aus sind es nur noch zwei Stunden Fahrt bis nach Kapstadt. Ein Stopp in **Bloubergstrand** ist auf dem Weg ein Muss. Von hier hat man einen einmaligen Blick auf den Tafelberg und die davor liegende Tafelbucht.

Kapstadt wartet mit einer derartigen Vielfalt an Übernachtungsmöglichkeiten auf, dass es den Rahmen dieses Reiseführers sprengen würde, auch nur einige aufzuführen.

Weitere Auskünfte gibt das Cape Town & Western Cape Information Centre, ✆ 0027-21-4874800, 💻 www.capetown.travel.

nördlich von Grünau an der B 1, Karte S. 256/257. Angenehme Gästefarm, als Übernachtungsstation auf dem Weg nach Kapstadt oder zum Fish River, bei 2 Übernachtungen kann man von hier eine Rundfahrt durch den Südosten Namibias – Karasberge und Kalahari – machen. Das Farmhaus wurde während der Schutztruppenzeit kurz nach der Jahrhundertwende als Außenstation für die Soldaten erbaut. Gastfreundlich, gute Küche, auch für Kinder gut geeignet. ❹

Goibib Mountain Lodge, ✆ 063-683130, Buchungen bei Reservation Destination, ✉ goibib@resdest.com, 💻 www.goibibmountainlodge.com unmittelbar an der B 1 zwischen Keetmanshoop und Grünau, Karte S. 256/257. 7 Zimmer im schönen alten Farmhaus mit TV, Radio, AC, Internetzugang. Familiäre Atmosphäre, deftige Farmküche, Pool. ❸ Camping N$115 p. P., Du/WC, Strom-/Wasseranschluss, Abwaschküche. Das Restaurant und der Pool der Lodge können genutzt werden.

Felix Unite River Lodge – Camp Provenance, ✆ 063-297161, Buchungen unter ✆ 0027-21-7029400, ✉ reservations@felix.co.za, 💻 www.felixunite.com, 10 km westl. von Noordoewer an der C 13 am Oranje River, Karte S. 256/257. 17 Cabanas und 10 Standardzelte, nur Übernachtung, alle Mahlzeiten im Restaurant, Bar, 24-Std. Internet-Café. Die Betreiber sind auch auf die Bedürfnisse behinderter Reisender eingestellt. Bieten Kanu-Touren auf dem Oranje an. ❷

Kgalagadi Transfrontier Park

Wer auf seiner Namibiareise noch ein paar Tage Zeit hat, dem sei der Abstecher zum Kgalagadi Transfrontier Park empfohlen. Der Park entspricht mit seinen roten Sanddünen exakt dem Bild, das sich viele inzwischen durch Film und Fernsehen von der Kalahari gemacht haben. Bekannt wurde die Kalahari u. a. durch das Buch *The lost world of the Kalahari* (1958) von Laurens van der Post.

Der Park liegt in Südafrika und Botswana direkt an der Grenze zu Namibia und ist über den Grenzübergang Rietfontein zu erreichen (von Keetmanshoop bis zur Grenze Aroab/Rietfontein sind es etwa 210 km und dann noch einmal 150 km bis zum Park, einige Streckenteile davon in sehr schlechtem Zustand). Unterkünfte sind im Park vorhanden. Für den Besuch des Parks ist zumindest ein Fahrzeug mit ausreichender Bodenfreiheit, am besten jedoch ein Geländewagen nötig.

Der Grenzübergang **Mata-Mata** (🕒 SA-Zeit 8–16.30 Uhr) ist **kein offizieller Grenzübergang**, sondern nur eingeschränkt passierbar. Er steht nur den Parkbesuchern offen. Reisende aus Namibia nach Südafrika (oder umgekehrt) dürfen den Grenzübergang nur dann nutzen, wenn sie nachweislich zwei Nächte im Park verbringen. Eine vorherige Reservierung und Bezahlung ist erforderlich.

Achtung: Die Ausreiseformalitäten für Südafrika müssen bereits in Twee Rivieren erledigt werden, es gibt keinen südafrikanischen Grenzposten in Mata-Mata. Der Grenzübergang steht Tagesbesuchern aus Namibia offen, wenn sie in Mata-Mata ein- *und* wieder ausreisen. Dafür übernachtet man beispielsweise in der Terra-Rouge Gästefarm (S. 278) oder sogar eine Nacht im Park.

In Afrika, insbesondere im südlichen Afrika, wird viel über grenzübergreifenden Naturschutz gesprochen, und es bestehen bereits verschiedene Modelle wie das „Peace Parks Project". Der 38 000 km² große Kgalagadi Transfrontier Park war der erste grenzübergreifende Park in Afrika. Am 9. April 1999 wurde der Zusammenschluss des Kalahari Gemsbok Park (Südafrika) und des Gemsbok National Park (Botswana) von beiden Ländern besiegelt. Sieben Jahre gemeinsamen Managements waren dem Zusammenschluss vorausgegangen; die Grenzmarkierung, die entlang des Nossob Rivier verläuft, hatte schon damals nur aus weißen Steinen bestanden. Offizielle Eröffnung des grenzübergreifenden Kgalagadi Transfrontier Park war am 12. Mai 2000.

Der 9590 km² große ehemalige Kalahari Gemsbok Park im äußersten Norden Südafrikas zwischen Namibia und Botswana wurde 1931 errichtet. Der angrenzende ehemalige Gemsbok National Park in Botswana umfasst 28 400 km² und wurde 1938 geschaffen.

Durch die Zusammenlegung ist eine der letzten Regionen im südlichen Afrika (wenn nicht der Welt) entstanden, in denen noch große

Wildmigrationen möglich sind. Durch seine Unwirtlichkeit blieb das Gebiet weitgehend unberührt. Zwar versuchten weiße Farmer früher, hier Rinder zu züchten. Nachdem sie jedoch herausgefunden hatten, dass das Gebiet dafür denkbar ungeeignet ist, wurde es zunächst schwarzen Farmern zugewiesen. Wenig später wurde beschlossen, hier ein Wildreservat einzurichten. (Der Versuch, der Kalahari eine funktionierende Farm abzutrotzen, ist sehr interessant im Roman *Die Erstgeborenen* von Giselher Hoffmann beschrieben, s. Literaturliste.)

Der Kgalagadi Transfrontier Park liegt am südlichen Rand des Kalahari-Beckens. Durch den geringen Niederschlag (durchschnittlich 200 mm im Jahr) wird das Eisenoxyd, mit dem die Sandkörner umhüllt sind, kaum ausgespült. Das verursacht die rote Färbung der Dünen.

Die bis zu 30 m hohen Dünen (die übrigens fast ausschließlich im südafrikanischen Teil des Parks vorkommen) sind alle nach Nordwesten ausgerichtet, was dafür spricht, dass der „Südwester" für ihre Bildung verantwortlich war. Neben den Dünen gibt es zahlreiche Salzpfannen, die sich in außergewöhnlich guten Regenjahren mit Wasser füllen können.

Es gibt kein permanentes Oberflächenwasser im Park. Die beiden Trockenflüsse, die sich durch das Gebiet ziehen, haben ihren Ursprung in Namibia. Der Auob begrenzt den Park im Westen, der Nossob bildet weiter östlich die Grenze zu Botswana. Es muss jedoch sehr stark regnen, ehe diese Riviere so viel Wasser führen, dass sie es bis zur Kalahari schaffen. Das geschah im vergangenen Jahrhundert nur insgesamt drei Mal.

Der Grundwasserspiegel in den Rivieren ist allerdings auch in Trockenzeiten sehr viel höher als im umliegenden Gebiet, sodass hier die Bohrlöcher des Parks geschlagen wurden.

Wie in allen Wüsten schwanken die Temperaturen in der Kalahari sehr stark. Die Tagestemperaturen können im Sommer tagsüber bis zu 40 °C betragen, in den Winternächten fallen sie zum Teil weit unter 0 °C.

Flora und Fauna

Wahrscheinlich wurden die Dünen erst in den letzten 5000 Jahren durch Pflanzenwuchs befestigt. Ohne die spärliche Trockensavanne würde sich die Kalahari zu einer reinen Sandwüste entwickeln. Auffallend sind der Weißstamm *(Boscia albitrunca)* und Akazien wie der Kameldornbaum *(Acacia erioloba)* und die Hakendornakazie *(Acacia mellifera)*.

Im Kgalagadi Transfrontier Park sind Oryx-Antilopen (Gemsbok), Gnus, Steinböckchen, Kuhantilopen und die seltenen Elands (größte Antilope der Welt) zu finden. Die Giraffen, die vor allem im Gebiet des Auob Riviers zu sehen sind, wurden 1990 aus dem Etosha National Park (wieder-)eingeführt. Auch Löwen, Leoparden, Geparden, Tüpfelhyänen, Honigdachse und Schakale sind hier zu Hause.

Die Braune Hyäne ist wie kaum ein anderes Raubtier an die wasserlose Kalahari angepasst. In Namibia ist sie nur in der ebenfalls trockenen Namib zu finden. Die Braune Hyäne lebt in kleinen Clans (Rudeln) in bis zu 300 km² großen Territorien. Obwohl sie nachtaktiv ist, sieht man sie tagsüber manchmal an den Wasserlöchern.

Die sogenannten Kalaharilöwen sind keine besondere Art oder Subspezies, sie sind nur besonders gut an die Wüstenverhältnisse angepasst. Wenn es sein muss, können sie mehrere Monate lang ohne Trinkwasser auskommen. Im offenen Gelände müssen sie geschickter bei der Jagd vorgehen, die Beute fällt oft geringer aus als in anderen Gebieten. Eine hohe Welpensterblichkeit ist die Folge. Stachelschweine machen einen großen Teil ihrer Beute aus. Im Park gibt es 350–420 Löwen.

Die Vogelwelt ist sehr vielfältig, insgesamt wurden 291 Arten identifiziert. Etwa ein Drittel

Öffnungszeiten der Parktore	
Jan/Feb	6–19.30 Uhr
März	6.30–19 Uhr
April	7–18.30 Uhr
Mai	7–18 Uhr
Juni/Juli	7.30–18 Uhr
Aug	7–18.30 Uhr
Sept	6.30–18.30 Uhr
Okt	6–19 Uhr
Nov/Dez	5.30–19.30 Uhr

davon lebt ganzjährig in diesem Gebiet, die anderen sind Zugvögel. Neben Raubvögeln wie Adlern, Falken und Geiern sind die Siedelweber sehr auffällig, die an jedem der wenigen Kameldornbäume ihre Nester bauen. Des Weiteren leben die an die Wüste angepassten Strauße, Trappen und Lerchen in der Kalahari.

ÜBERNACHTUNG UND INFORMATIONEN

Nur im **südafrikanischen Teil** des Parks gibt es drei Wege, die für normale Pkw geeignet sind: von Camp Twee Rivieren nach Mata Mata, von Twee Rivieren zum Nossob Camp sowie eine Querverbindung, der „Dünenweg", von Mata Mata zum Nossob Camp. Die Wege sind aber in schlechtem Zustand. Der Eintritt in den Park kostet R264 p. P. pro Tag, Kinder R102 p. P.
Twee Rivieren, ✆ 0027-54-5612000, ist das größte der 3 Camps und das administrative Zentrum des Parks. Neben Bungalows unterschiedlicher Größe (bis 6 Pers., ein Bungalow für Rollstuhlfahrer) mit Küche und ordentlichen Plätzen zum Zelten gibt es ein Restaurant, einen Shop, Tankstelle, Swimmingpool und das Informationsbüro. Der Name Twee Rivieren (= zwei Flüsse) bezeichnet den Zusammenfluss von Nossob und Auob. Rundfahrten (Abfahrtszeiten im Büro erfragen) und Wanderungen werden angeboten. ❷
Mata Mata ist einfacher und nur für Selbstversorger, Bungalows und Campingplatz, Shop und Tankstelle vorhanden. ❷
5 km vom Camp liegt auf einer der Dünen das kleinere **Kalahari Tented Camp**. ❸
Nossob ist ebenfalls einfach und nur für Selbstversorger; Bungalows und Campingplatz, Shop und Tankstelle. Von hier startet der Nossob 4x4 Eco Trail. Außerdem werden Nachtfahrten (Abfahrtszeiten im Büro erfragen) und Tageswanderungen angeboten. ❷
Das **Bitterpan Camp** ist nur mit einem Geländewagen durch tiefen Sand von Nossob aus zu erreichen. Das Gelände ist nicht umzäunt, daher sind die Anweisungen der Ranger unbedingt zu beachten. Kinder unter 12 Jahren sind hier nicht erlaubt. Trinkwasser ist mitzubringen. ❸
Das kleine **Grootkolk Dune Camp** (4 DZ) liegt ganz im Norden des Parks im sogenannten Unions End, dem Dreiländereck von Namibia, Südafrika und Botswana. Keine Kinder unter 12 Jahren. Trinkwasser ist mitzubringen. ❸
Buchungen für alle Camps bei South African National Parks, ✆ 0027-12-4289111, ✉ reservations@sanparks.org, 💻 www.sanparks.org. Die Aktivitäten können nur jeweils vor Ort bei Ankunft gebucht werden. Vor Ort ist eine interessante Informationsbroschüre, herausgegeben vom South African National Parks Board, erhältlich.
Auf die andere **Parkseite in Botswana** kommt man entweder über den Grenzposten Gemsbok/Bokspits, 60 km südlich von Twee Rivieren, oder über Two Rivers Gate, genau gegenüber von Twee Rivieren. Der Pass ist erforderlich, ein Visum nicht. Innerhalb des Parks kann man mit einem Geländewagen von einer Seite zur anderen fahren, man muss den Park aber wieder in dem Land verlassen, wo man hineingefahren ist.
Auf der botswanischen Seite gibt es eine interessante und anspruchsvolle 4x4-Strecke, den Polentswa Trail (263 km lang, man benötigt dafür 3 Tage; Erw./Kinder 200/100 Pula) und 3 einfache Campingplätze: **Rooiputs**, **Two Rivers** und **Polentswa**. Buchungen müssen beim Botswana Parks Board vorgenommen werden, was sich in der Praxis jedoch oft als schwierig bis unmöglich erweist, da man entweder nicht durchkommt oder aber an wenig hilfsbereite Beamte gerät. Sämtliche Ausrüstung sowie Essen und Wasser sind selbst mitzubringen. Gebucht werden kann der Trail beim Department of Wildife and National Parks (DWNP), Tel. 00267-3971405, 💻 www.mewt.gov.bw/DWNP.
Noch in Namibia, nur 45 km vor dem Kgalagadi Transfrontier Park, Mata-Mata-Tor, befindet sich die **Terra-Rouge Gästefarm**, ✆ 063-252031, Buchungen bei Reservation Destination, ✉ terrarouge@resdest.com, 💻 www.terrarougefarm.com, an der C 15, 47 km von Mata Mata. Hier gibt es 3 Zimmer im Farmhaus und 2 separate Bungalows. Rundfahrten, Wanderungen, Vögelbeobachtung oder Schwimmen im kleinen Stausee der Farm. ❸
Campingplatz mit Du/WC, N$100 p. P.

KGALAGADI TRANSFRONTIER PARK

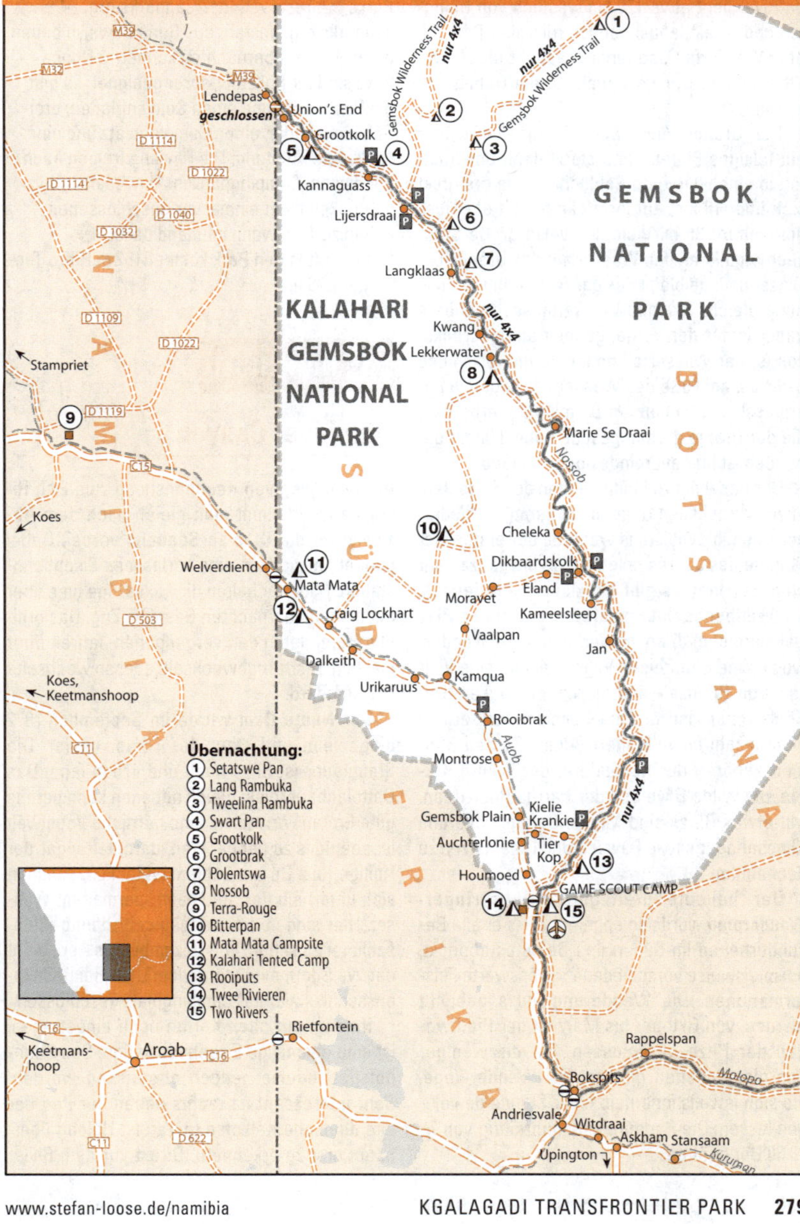

Augrabies Falls National Park

Der Augrabies Falls National Park am Orange River liegt etwa 120 km westlich von Upington und ist ein landschaftlich reizvoller Park mit dem Wasserfall und einer Schlucht als Hauptattraktionen. Der Park umfasst ein Gebiet von 280 km^2.

Der Orange River oder Oranje fließt über ein felsiges Plateau und stürzt dann unvermittelt in eine 60 m tiefe Schlucht. Diese erstreckt sich über 18 km, auf ihrer Länge fällt der Fluss um weitere 35 m. Viele, teilweise große Stauseen regulieren den Wasserlauf des Oranje. Die Wassermenge bleibt das ganze Jahr hindurch in etwa gleich. Tosende Wassermassen gehören daher leider der Vergangenheit an, eindrucksvoll ist der Wasserfall dennoch. Im Volksmund heißt es, am Fuße des Wasserfalls liege ein unermesslicher Schatz an Diamanten verborgen, die der Oranje dorthin gespült habe. Fündig geworden ist hier allerdings noch niemand.

Der Park liegt zu beiden Seiten des Flussufers in einer trockenen Gegend mit geringen Niederschlägen, die meistens während der ersten vier Monate des Jahres fallen. Er ist das ganze Jahr über geöffnet. Es gibt ein kleines Straßennetz für Wildbeobachtungsfahrten (normaler Pkw ist ausreichend) sowie verschiedene Wanderwege. Eine artenreiche Vogelwelt und eine Vielzahl von Pflanzen sind hier zu entdecken. Der Köcherbaum ist im Park heimisch, außerdem gibt es zahlreiche weitere Aloen. Zu den Bäumen gehören der Kameldorn, der Weiße Karree, die Wilde Olive und der Karroo Boer-Bean. Mit etwas Glück sind Kudus, Springböcke und Klippspringer sowie Paviane und Meerkatzen zu beobachten.

Der beliebte dreitägige **Klippspringer-Wanderpfad** wurde so angelegt, dass er alle Besonderheiten im Süden des Gebietes abdeckt, beispielsweise verschiedene sehenswerte Felsformationen. Die Wanderung muss gebucht werden, von Oktober bis März ist der Pfad wegen der Hitze geschlossen. Für die weniger Energiegeladenen gibt es drei Wanderwege, die sich jeweils innerhalb einer Stunde bewältigen lassen. Die Parktore sind ganzjährig von 7–18.30 Uhr geöffnet.

ÜBERNACHTUNG UND INFORMATIONEN

Das **Augrabies Falls Rest Camp**, ✆ 0027-54-4529200, Buchungen bei South African National Parks, ✉ reservations@sanparks.org, 💻 www.sanparks.org, besteht aus Bungalows, in denen bis zu 4 Pers. übernachten können. 2 Bungalows sind für Rollstuhlfahrer geeignet. Es gibt ein Restaurant und einen Souvenirladen, drei Schwimmbäder, einen Campingplatz und eine Tankstelle. Achtung: Die Paviane treiben auch auf diesem Campingplatz ihr Unwesen und schrecken nicht einmal vor geschlossenen Zelten zurück, wenn niemand da ist. ❷
Der Eintritt in den Park kostet R152 p. P. pro Tag, Kinder R76 p. P.

3 HIGHLIGHT

Fish River Canyon

Auf dem Weg von Keetmanshoop zum Fish River Canyon kommt man gleich nach dem Abzweig auf die C 12 an **Seeheim** vorbei. Dabei handelt es sich um eine verlassene Eisenbahnstation. Mitunter halten die Luxuszüge hier, aber auch dann übernachten Gäste im Zug. Das örtliche Hotel hat in den vergangenen Jahren öfter mal den Besitzer gewechselt, ebenso wechselte der Standard.

Der **Naute Dam** wurde im September 1972 eingeweiht und staut das Löwen Rivier. Die Staumauer ist 37 m hoch und 470 m lang. Das Dattelanbauprojekt gleich nebenan kann bereits gute Ernten vorweisen. Eine herrliche Vogelwelt ist ebenfalls zu beobachten, darunter sogar der Heilige Ibis. Da die Schleusen lecken, sammelt sich unterhalb der Staumauer permanent Wasser. Hier sind in den Hängen sehr häufig Klippschliefer zu sehen. Von Dezember bis April blüht der Weißdorn mit betörendem Duft. Bei Redaktionsschluss war der Campingplatz geschlossen.

Holoog, auf alten Karten noch eingetragen, ist eine ehemalige Eisenbahnstation. Das Bahnhofsgebäude ist jedoch abgerissen worden. Sehr interessant ist rechts neben der Pad der alte deutsche Kalkofen (daran ist Holoog überhaupt erst zu erkennen). Direkt vor dem Rivier

Der Fish River Canyon ist der drittgrößte Canyon der Welt.

befinden sich Gräber von Angehörigen der Schutztruppe. Ein Schild weist fälschlicherweise auf das Holoog Rivier hin. Es handelt sich dabei jedoch um das Gaap Rivier.

Der **Fish River Canyon** ist seit 1968 ein Park. Da die von der südafrikanischen Regierung hier angesiedelten Buren nichts mit der kargen Landschaft anfangen konnten, kaufte der Staat das Land zurück und machte ein Naturschutzgebiet daraus.

Im Juli 2003 unterzeichneten die Staatsoberhäupter Namibias und Südafrikas, Sam Nujoma und Thabo Mbeki, eine „historische Vereinbarung", die die Gründung eines weiteren *Transfrontier-* (grenzübergreifenden) Parks vorsah. Fish River Canyon Park in Namibia und Richtersveld National Park in Südafrika wurden zum /Ai-/Ais-Richtersveld Transfrontier Park zusammengeschlossen.

Seit Oktober 2007 sind die beiden Parkteile durch einen Grenzübergang bei Sendelingsdrift miteinander verbunden, was Geländewagenfahrern langwierige Umwege erspart und den Tourismus in den beiden Ländern deutlich bereichert hat. Per Fähre, die zwei Geländewagen (R150 pro Auto, hin und zurück R250) transportieren kann, überquert man nun seither den Oranje. Zuvor war die Fährverbindung fast 20 Jahre lang, nämlich seit 1988, unterbrochen. Die Fähre kann ein Gewicht bis maximal 6 t transportieren, 🕒 tgl. 8–16 Uhr, wetterabhängig. Weitere Informationen unter 📞 0027-27-8311506.

Der gigantische Canyon des Fish River ist bis zu 27 km breit und bis zu 549 m tief. Über die Länge gibt es verschiedene Angaben: Meist wird sie mit 161 km angegeben. Hierbei handelt es sich um den typischen Canyon, eine Schlucht mit stufenförmigen Hängen, die sich V-förmig nach unten verjüngt. Dieser deutlich ausgeprägte Canyon beginnt südlich von Seeheim und endet kurz vor /Ai-/Ais.

Der Fish River entspringt im östlichen Naukluft-Gebirge und legt bis zu seiner Mündung in den Oranje eine Strecke von 650 km zurück. Da er der Entwässerungsgraben des gesamten südlichen Namibia ist, können nach gewaltigen Wolkenbrüchen, die in der Regenzeit häufig vorkommen, meterhohe Flutwellen durch den Canyon schießen.

Das Eingangstor zum Park und der staatliche Campingplatz befinden sich bei **Hobas**, einer ehemaligen Schaffarm. Der Eintritt pro Tag

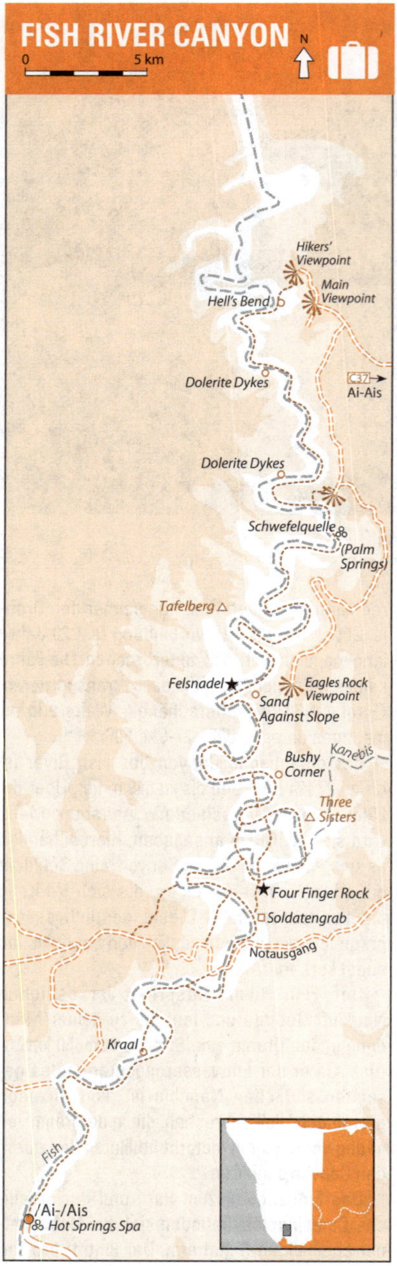

– N$80 p. P., N$10 pro Fahrzeug – gilt für den gesamten Fish River Canyon Park einschließlich /Ai-/Ais. Hobas bedeutet „kleine Quelle im Sand". Außer einem Campingplatz und einem kleinen Shop, in dem man manchmal auch etwas kaufen kann, gibt es hier nichts.

Vom **Hauptaussichtspunkt** und dem weiter westlich gelegenen Hikers' Point hat man einen eindrucksvollen Blick hinab auf die Höllenkurve (Hell's Bend), das imposanteste Beispiel des gewundenen Canyon-Laufes. Die am gegenüberliegenden Hang deutlich erkennbaren waagerechten Linien sind Ablagerungen eines ehemaligen, flachen Meeres, welches sich vor 650 Mio. Jahren an dieser Stelle gebildet hatte. Die Schichten bestehen aus Kalksteinen, Schiefer, Konglomeraten und Quarziten. Darunter befinden sich Gneise, die zu den ältesten Gesteinen in Namibia gehören. Ihre Bildung begann vor mehr als 1 Mrd. Jahren. Die dunklen, quer verlaufenden Linien in den Gneisen entstanden vor 900 Mio. Jahren, als Magma entlang von Rissen in Gängen aufstieg und bereits unterhalb der Erdkruste erstarrte. Vor etwa 350 Mio. Jahren bildete sich entlang eines alten Bruchs ein Graben – das Nord-Süd-Tal der heutigen Schlucht entstand. Die Ränder dieses Grabens sind heute durch die mehr als 20 km auseinanderliegenden, obersten Kanten des Canyons gekennzeichnet.

Eine langsame Erosion entfernte die obersten Schichten im Graben und führte zu den weitläufigen, gut sichtbaren Flussschlingen. Während der Dwyka-Eiszeit vor etwa 300 Mio. Jahren vertieften nach Süden ziehende Gletscher das Tal. Eine weitere Vertiefung begann vor 120 Mio. Jahren. Als Gondwana auseinanderbrach und sich die Randstufe bildete, erhöhte sich das Fließgefälle und damit die Erosionskraft des Flusses.

In den nun folgenden Jahrmillionen fraß sich das Wasser auf seinem Weg in den Atlantik immer tiefer in das Gestein.

In unterirdischen Gängen zirkuliert Grundwasser, das bei /Ai-/Ais und Palm Springs (Schwefelquellen) als Heißwasserquellen an die Oberfläche tritt.

Palm Springs ist eine mineralhaltige Quelle, die viele Felswannen speist. Das Wasser der heißen Quellen, das reichlich Fluoride, Chloride

Fotografieren am Fish River Canyon

Der Fish River Canyon verläuft von Norden nach Süden. Der zentrale Aussichtspunkt liegt am Osthang. Mit Sonnenaufgang ist der gesamte Canyon im Schatten, er wird erst 2–3 Stunden nach Sonnenaufgang voll ausgeleuchtet. Das ist die beste Zeit zum Fotografieren. Am schlechtesten sind die Lichtverhältnisse zum Sonnenuntergang. Dann hat man Gegenlicht, und der Canyon liegt schon wieder im Schatten. Nichtsdestotrotz ist der Fish River Canyon immer gut für spektakuläre Sonnenuntergänge. In den Zeiten dazwischen, wenn die Sonne noch oder schon tief steht und dadurch Teile des Canyons im eigenen Schatten liegen, können ebenfalls interessante, kontrastreiche Aufnahmen gemacht werden.

und Sulfate enthält, kommt aus 1000 m Tiefe und fließt mit einem Volumen von 30 l pro Sekunde. Die Wassertemperatur beträgt etwa 57 °C.

Über den Ursprung der hiesigen Palmen gibt es verschiedene Theorien. Einige davon:

- Sie sind von allein hier gewachsen.
- Die Palmen sind verzauberte Wanderer, die zu viel an Palmwein gedacht haben.
- Die Palmen sind nicht wirklich da, sondern eine Fata Morgana um die Quellen.
- Im Ersten Weltkrieg sind zwei deutsche Gefangene aus dem Lager in Aus geflohen und hatten Datteln im Marschgepäck.

/Ai-/Ais kommt aus dem Nama und bedeutet so etwas wie „siedend heiß". Die Wassertemperatur der Thermalquellen beträgt 60 °C. Das Camp /Ai-/Ais wurde am 6. März 1971 eröffnet und ein Jahr später weggespült. Von 1898–1902 kämpften hier die Nama gegen die Deutschen. Im Canyon ist das Grab von Leutnant Thilo von Trotha, dem Neffen des Generalmajors Lothar von Trotha, zu besichtigen, der hier 1905 fiel.

Die etwa 85 km lange **Wanderung im Fish River Canyon** (ausführlich beschrieben bei Aktivitäten, S. 90) ist im Reservierungsbüro von Namibia Wildlife Resorts anzumelden. Nur im Rahmen der gebuchten Wanderung, für die ein medizinisches Gutachten vorgelegt werden muss, ist der Abstieg in den Canyon erlaubt (dies auch nur in der kühlen Jahreszeit vom 15. April bis zum 15. September). Ansonsten ist der Abstieg streng verboten und sollte wirklich unterlassen werden. Es gab schon einige Todesfälle durch Hitzschlag und Herzversagen. Selbst in den kühleren Wintermonaten können tagsüber Temperaturen von über 40 °C im Canyon herrschen. Der Rettungshubschrauber ist nur vom 10 km entfernten Hobas zu rufen und muss dann noch aus Windhoek oder Südafrika anfliegen. Der nächste Arzt ist 300 km bzw. zehn Stunden entfernt. Die Kosten für eine solche Rettungsaktion müssen selbst oder aber von Verwandten getragen werden. Die jüngste Rettungsaktion im September 2005, die leider obendrein erfolglos verlief, da der Vermisste nicht gefunden wurde, verursachte Kosten von 30 000 €.

Als organisierte Tour ab/bis Windhoek kann die Fish-River-Wanderung bei Unlimited Travel – Trail Hopper, ✉ hiking@mweb.com.na, 💻 www.trailhopper.com, gebucht werden. Den nördlichen Teil kann man auf den sogenannten *Mule Trails* leichtfüßig durchwandern, Maulesel übernehmen das Gepäck (ebenfalls ausführlich beschrieben bei Aktivitäten, S. 90), Buchungen bei Gondwana Travel Centre.

ÜBERNACHTUNG

Die ersten vier der nachfolgend genannten Unterkünfte können über Gondwana Travel Centre, ✆ 061-230066, ✆-Handy 081-1292424, ✉ reservations@gondwana-collection.com, 💻 www.gondwana-collection.com, gebucht werden (zu den Verdiensten von Gondwana beim Umweltschutz s. Kasten S. 266).

Der beste Ausgangspunkt für den Besuch des Canyons ist das

€ 🌳 **Cañon Roadhouse**, am Fish River Canyon an der C 37, 12 km vor Hobas, Karte S. 256/257. Notfallnummer der Lodge: ✆ 063-266031. Sehr gute, preiswerte Unterkunft mit 24 geschmackvoll eingerichteten Zimmern; gemütliches Restaurant mit einer rustikalen Bar und richtig witziger Deko, im Stil einer alten Autowerkstatt, mit einem Haufen uralter Farmautos, Lkw usw. Das „Canyon Infor-

mation Centre“ beantwortet alle Fragen zu Flora, Fauna, Geschichte und Geologie des Canyons. Schönes Schwimmbad mit Aussicht. ❹
Der Campingplatz liegt schön im Rivier unter schattigen Kameldornbäumen. Du/WC, Wasseranschluss, Abwaschküche, N$150 p. P. mit max. 8 Pers., Tankstelle vorhanden.

Cañon Lodge, am Fish River Canyon an der C 37, Karte S. 256/257. Notfallnummer der Lodge: ✆ 063-693014. Lodge in sensationeller Kulisse, persönliche Atmosphäre geht angesichts der Größe der Lodge etwas unter. Restaurant und Rezeption befinden sich im schönen alten Farmhaus von 1910, die 30 in die Landschaft integrierten Bungalows sind schlicht und rustikal aus Naturstein gebaut. Die Lodge bietet Wanderungen, Ausritte und Fahrten im offenen Landrover in dem privaten Gebiet an. ❻

Cañon Mountain Camp, etwa 6 km von der Cañon Lodge entfernt, Karte S. 256/257. Notfallnummer der Lodge: ✆ 063-693014. Preiswerter als die anderen Unterkünfte am Canyon. 9 Zimmer, nur Übernachtung, Gemeinschaftsbäder, Gemeinschaftsküche. Wer nicht selber kochen möchte, geht ins Restaurant der Cañon Lodge (vorher anmelden). ❶

The Cañon Village, am Fish River Canyon an der C 37, Karte S. 256/257. Notfallnummer der Lodge: ✆ 063-693025. 42 strohgedeckte Zimmer, im kapholländischen Stil vor riesigen Granitkuppen gebaut. Teilweise wurden die Fels- zu Zimmerwänden. ❹

Fish River Lodge, ✆ 063-683005, ✉ reservations@fishriverlodge.com.na, 💻 www.fishriverlodge-namibia.com, an der D 463, am westlichen Rand des Fish River Canyon, Karte S. 256/257. Im Canyon Nature Park, bietet 20 luxuriöse Chalets und vielfältige Aktivitäten wie Rundfahrten durch den Canyon Park und geführte Wanderungen, darunter auch eine 5-tägige Wanderung. ❻

Vogelstrausskluft Lodge, ✆ 063-683086, ✉ reservations@vogelstrausskluft.com, 💻 www.vogelstrausskluft.com, etwa 60 km südwestlich von Keetmanshoop an der D 463, Karte S. 256/257. 24 Zimmer, Swimmingpool, Internetzugang. Bieten Ausflüge zum Canyon als Ganztagestrip oder mit 2 Übernachtungen im Bushcamp. ❺
Campingplatz mit eigener Bar, N$150 p. P., Du/WC, Stromanschluss. Mahlzeiten und Aktivitäten können bei der Lodge gebucht werden.

Hobas Camp Site, ✆ 063-266028, 10 km vor dem Hauptaussichtspunkt am Fish River Canyon an der C 37, Karte S. 256/257. Staatlicher Campingplatz; Du/WC, Strom-/Wasseranschluss. Anlage an sich schön, allerdings sehr heruntergekommen; durch den Generator wird jegliche Stille zerstört; kleiner Shop. Kosten N$120 p. P., für max. 8 Pers. und 1 Fahrzeug.

/Ai-/Ais Hot Springs Spa, ✆ 063-262045, am Fish River Canyon am Ende der C 10, Karte S. 256/257. Staatliche Unterkunft mit Restaurant und Wellness-Bereich an den heißen Quellen. Hier endet der „Fish River Hiking Trail“. ❸
Campingplatz über die gesamte Anlage verteilt, meist schöne Rasenplätze. Bei voller Belegung sind Privatsphäre und Ruhe kaum vorhanden. Du/WC, Licht, Strom-/Wasseranschluss, Picknickplätze. N$130 p. P.

Buchungen für beide Camps im Park sowie für die Wanderung durch den Canyon (S. 90) bei NWR, ✆ 061-2857200, ✉ reservations@nwr.com.na, 💻 www.nwr.com.na.

Vom Fish River nach Lüderitz

Bethanien

Bethanien liegt nördlich der B 4 Richtung Lüderitz an der C 14. Die Nama nannten den Ort *Uigantes*, was ungefähr „Quelle, die mit einem Stein nicht zu verschließen war“ bedeutet. Dann hieß er in direkter Übersetzung „Klipfontein“, bevor der Missionar Johannes Heinrich Schmelen aus Bremen von der Londoner Missionsgesellschaft dorthin geschickt wurde und den Ort Bethanien nannte.

Hier wurde das erste Steinhaus des Landes gebaut, das **Schmelenhaus**, das 1950 unter Denkmalschutz gestellt wurde. Es beherbergte lange ein kleines Museum, die wertvollen Exponate sind jedoch nach und nach in das Museum in Lüderitz gebracht worden, sodass das Haus heute nur noch für Historiker interessant ist (kein Telefon; die Tür steht manchmal offen, wenn nicht, ist ein Besuch nicht möglich; Eintritt frei). Von hier aus erkundete Schmelen das Land und heiratete in Bethanien eine Nama-Frau. Mit ihrer Hilfe versuchte er, Nama zu lernen und die Sprache in Lautschrift zu transkribieren.

Schmelen missionierte nur bis 1822, weil ihm ständige Auseinandersetzungen unter den Nama die Arbeit unmöglich machten. Er gab die Missionsrechte an die Rheinische Missionsgesellschaft ab, die 1842 ihren Vertreter Hans Knudsen nach Bethanien sandte.

Bethanien war auch der schicksalhafte Ort, in dem der dort lebende Nama-Älteste, Joseph Fredericks, das Küstengebiet an den Bremer Kaufmann Lüderitz verkaufte. 1884 wurde der Schutzvertrag abgeschlossen. Das **House of Joseph Fredericks** steht seit 1951 ebenfalls unter Denkmalschutz.

ÜBERNACHTUNG

Alte Kalköfen, ✆ 063-683415, ✆-Handy 081-1290621, ✉ stay@altekalkofen.com, 💻 www.altekalkofen.com, ca. 90 km westlich von Keetmanshoop an der D 462, Karte S. 256/257. Die Lodge ist nach den zwei alten Kalköfen, die sich auf der Farm befinden, benannt. In den Kalköfen wurden Anfang des 20. Jhs. Steine zum Häuserbau gebrannt. Neben den üblichen Attraktionen wie Wanderungen und Rundfahrten gibt es auf dem Gelände die größte Ansammlung von *Lithops* (lebenden Steinen) im südlichen Namibia. ❹

Aus

Aus befindet sich auf dem Weg nach Lüderitz am Rande der Huibberge und liegt 1446 m über dem Meeresspiegel.

Etwa 2 km östlich des Orts, an der Straße nach Rosh Pinah, befindet sich das ehemalige **Kriegsgefangenenlager**. In diesem Lager mitten in der Wüste, in dem es im Sommer siedend heiß sein kann und im Winter auch mal schneit, waren 1552 deutsche Kriegsgefangene untergebracht, nachdem sich die Deutschen am 9. Juli 1915 bei Khorab den überlegenen Südafrikanern ergeben mussten.

Die Gefangenen lebten zunächst in Zelten. Wegen der extremen klimatischen Bedingungen erkrankten und starben viele von ihnen. Aus diesem Grund errichteten sie sich mit viel Fantasie selbst ein festes Lager, erbaut aus ungebrannten Ziegeln, mit Wasserleitungen und Bohrlöchern. Bereits nach einem Jahr konnten alle in die Häuser umziehen. Sogar kleine Gärten wurden angelegt, in denen die Gefangenen vor allem Gemüse anpflanzten. Die Frauen schickten „Care-Pakete“. Erst nachdem der Friedensvertrag von Versailles am 28. Juni 1919 unterzeichnet worden war, wurden die Gefangenen nach nunmehr vier Jahren freigelassen und konnten nach Deutschland zurückkehren.

ÜBERNACHTUNG

Sehr schöne Übernachtungsmöglichkeiten bietet **Klein-Aus Vista**, Willem & Piet Swiegers, ✆ 063-258116, ✉ reservations@klein-aus-vista.com, 💻 www.gondwana-collection.com, 2 km westlich von Aus an der B 4, Karte S. 256/257. Liegt an der Grenze des Sperrgebietes; von hier fällt die Namib von 1500 m auf Meeresspiegelniveau bei Lüderitz ab. Am Hauptgebäude (mit Lounge und Restaurant) gibt es schöne Gästezimmer und Bungalows im Jugendstil; 7 km entfernt befindet sich das „Eagles Nest“, 7 individuell aus Naturstein in den Hang gebaute Zimmer mit einmaligem Ausblick. Für Honeymooner stehen besondere Bungalows zur Verfügung. WLAN. Solarenergie, Wasserwiederaufbereitungsanlage. ❹–❺

Außerdem gibt es in der Geisterschlucht ein Häuschen für Backpacker. ❶

Der Campingplatz (N$100 p. P.) mit Du/WC, Licht, Wasseranschluss, Abwaschküche, Schatten ist toll angelegt und mit Windschutz versehen. Lohnend sind die Rundfahrten auf der Farm, besonders zum Sundowner. Klein-Aus Vista ist als Eldorado für Hiker bekannt. Es bietet sich auch als Ausgangspunkt für einen Tagesausflug nach Lüderitz und Kolmanskop an – für diejenigen, die sich eine Übernachtung in Lüderitz sparen möchten.

Bahnhof Hotel Aus, ✆ 063-258091, 💻 www.bahnhof-hotel-aus.com, 20 Lüderitz St., Karte S. 256/257. Das geschichtsträchtige Bahnhofshotel wurde wunderbar restauriert. Erhalten geblieben sind die alten Holzfußböden und die Bar, deren Fußreling aus alten Eisenbahnschienen besteht. Es gibt 25 Zimmer, eines davon rollstuhlgerecht, Restaurant à la carte, täglich frisch gebackenes Brot, Kuchen und eine unerwartet gute Küche, WLAN. Sonnenuntergangsfahrten *(sundowner drives)* sowie historische Touren in die Umgebung von Aus werden angeboten. ❹

Rosh Pinah und Scorpion-Zinkmine

Der kleine Ort Rosh Pinah liegt zwischen Aus und dem Oranje. Einst als Ortschaft neben einer alten Zinkmine (die noch immer in Betrieb ist) entstanden, kommt Rosh Pinah heutzutage durch die nahe gelegene Scorpion-Zinkmine einiges an Bedeutung zu. Die Mine liegt etwa 5 km westlich im Sperrgebiet und ist einer der großen Hoffnungsträger – nicht allein für die Buntmetallindustrie, sondern für die ganze Nation. Mit dem Projekt wurde erst 2000 begonnen, 2002 gab es erste Probeläufe. Im September 2003 eröffnete der damalige Präsident Sam Nujoma offiziell die Mine, die Ende 2004 ihre volle Produktionskapazität von durchschnittlich 150 000 t im Jahr erreicht hat. Mit einem Zinkanteil von 10,9 % ist sie besonders ertragreich, außerdem ist der Abbau vergleichsweise günstig. Es heißt, dass Scorpion die größte Investition (rund N$3,4 Mrd.) in die namibische Wirtschaft seit der Unabhängigkeit ist. Die Mine gehörte zunächst Anglo American plc, einem südafrikanisch-englischen Bergbau-Riesen, und wurde im Dezember 2010 vom indischen Unternehmen Sterlite Industries (India) Limited aufgekauft.

Die Mine bedeutet einen enormen Entwicklungsschub für die gesamte Region. 600 Arbeiter, mehrheitlich Namibier, sind direkt bei der Mine angestellt. In das angeschlossene Ausbildungszentrum wurden N$35 Mio. investiert. Außerdem gibt es 250 Subunternehmer, hinzu kommen Versorgungs- und andere Dienstleistungen.

Das erste Zink wurde im Mai 2003 über den Hafen von Lüderitz (der vor allem der Mine wegen zu einem Tiefseehafen ausgebaut wurde) exportiert. Die Afrikanische Entwicklungsbank (ADB) hat Mitte 2003 der namibischen Regierung einen Kredit von N$25 Mio. für den Ausbau der Straße von Aus nach Rosh Pinah gewährt. Seit 2007 ist dieser Abschnitt der Straße nun geteert.

ÜBERNACHTUNG

Amica Guesthouse, ✆ 063-274043, ✉ aguesthouse@skorpionzinc.com.na, Roterkam St, Rosh Pinah, Karte S. 256/257. Maximal 20 Gäste. Hauseigenes Café, Cocktail-Bar und Restaurant. ❷

Garub und die Wüstenpferde

Der Bahnhof und die Wasserstelle Garub haben eine ganz besondere Geschichte: Während der Herero- und Nama-Aufstände in der deutschen Kolonialzeit wurde ab 1905 eine Eisenbahnlinie von Lüderitzbucht nach Aus gebaut, um die Schutztruppe im Süden des Landes mit Waffen und Vorräten zu versorgen. Am 12. September 1906 war die Eisenbahnlinie bis Garub, 104 km östlich von Lüderitzbucht, fertiggestellt.

Dort war inzwischen ein Bohrloch geschlagen worden. Dieses wurde zur wichtigsten Wasserversorgungsstation für Lüderitz, das selbst keine eigenen Wasserquellen besaß (woran sich bis heute nichts geändert hat) und bis dato Trinkwasser per Schiff aus Kapstadt importierte. Das Wasser von Garub wurde in Fässern mit einer Draisine, einem mit Muskelkraft betriebenen Schienenfahrzeug (eines steht heute vor dem Windhoeker Bahnhof als Ausstellungsstück), vom Bohrloch zum Bahnhof transportiert und von dort mit der Eisenbahn nach Lüderitz gebracht. Trotz der beschwerlichen und zeitaufwendigen Arbeit wurde dadurch der Wasserpreis in Lüderitz von 20 auf 16 Mark pro Kubikmeter gesenkt.

Um 1911 waren in Garub bereits ein Rangierbahnhof, Lagerhallen, Gebäude und eine Sodawasser-Abfüllanlage entstanden. Das Garub-Gebiet umfasste etwa 26 ha. Die Deutschen unterhielten hier eine Militärstation. Auf einem nahe gelegenen Berg, dem „Dicken Wilhelm“, wurde eine Heliografenstation errichtet.

Am 18. September 1914 wurde Lüderitzbucht von den südafrikanischen Truppen besetzt, die auch sogleich die Kontrolle über die Eisenbahn übernahmen.

1920 wurde wieder nach Wasser gebohrt, Garub 2 entstand.

Das Garub-Gebiet fiel unter das Sperrgebiet Nr. 2, das 1986 dem Namib Naukluft Park angegliedert wurde. Seither sind verschiedene Instanzen zuständig.

Die Herkunft der legendären Wüstenpferde bei Garub ist bis heute ungeklärt.

1990 wurde der Bahnhof Garub von der Eisenbahngesellschaft TransNamib aufgegeben und sollte abgerissen werden. Natur- und Denkmalschützer konnten erreichen, dass die Gebäude erhalten blieben. Für die Wasserstellen war fortan das Ministerium für Umwelt und Tourismus zuständig.

Im Gebiet um Garub leben die legendären **Wüstenpferde**. Die Parkverwaltung kümmert sich trotz des großen Besucherinteresses bislang kaum um sie, da es letztlich keine einheimischen Tiere sind.

Der Ursprung der Pferde konnte über lange Zeit nicht sicher geklärt werden. Farmer aus dem Süden bezeugen, dass die Pferde mindestens schon seit 90 Jahren in der Wüste leben. Einer Theorie zufolge wurden die ersten Pferde auf einem Ende des 19. Jhs. südlich der Oranje-Mündung gestrandeten Frachter eingeführt. Eine Gegentheorie besagt, dass die Pferde aus der Zucht von Baron von Wolf stammen, der auf Duwisib eine Zucht mit mehr als 300 reinrassigen Pferden unterhielt. Einige seiner Pferde seien demnach ausgebrochen und zur 150 km südwestlich gelegenen Wasserstelle Garub gelaufen.

Gegen beide Theorien spricht jedoch, dass Pferde im Allgemeinen von allein keine weiten Strecken wandern. Hinzu kommt, dass den Büchern von Schloss Duwisib zufolge bis Ende der 1930er-Jahre keine Pferde verloren gegangen sind.

Die Biologin Telané Greyling stellte im November 2005 ihre Doktorarbeit über die Wüstenpferde vor, die vom Ministerium für Umwelt und Tourismus sowie von Klein-Aus Vista und der Gondwana Collection unterstützt wurde. Sie beobachtete die Pferde und untersuchte Abstammungsmerkmale sowie die Anpassung der Tiere an die Wüste. Greyling kam zu dem Schluss, dass die Tiere wahrscheinlich von Pferden der deutschen Schutztruppe und der südafrikanischen Armee aus der Zeit des Ersten Weltkriegs abstammen. Die Pferde der Deutschen waren in Aus, die der Südafrikaner bei Garub stationiert. Über Garub flog ein deutscher Bomber, die Tiere wurden versprengt. Zum Einsammeln hatten die Südafrikaner keine Zeit, weil sie die Deutschen verfolgen mussten. Vielleicht hatte es dabei auch Pferde aus einer Zucht bei Kubub südlich von Aus hierher verschlagen. Die heutigen Wüstenpferde weisen einige Merkmale auf, die darauf schließen lassen. Im Schutze des Sperrgebietes Nr. 2 entwickelten sich die Pferde 90 Jahre lang sehr isoliert, sodass Experten heute sogar von einer eigenen Pferderasse sprechen.

Mit dem Ende des Sperrgebietes kam die Frage auf, was mit diesen Tieren passieren sollte. Einige Umweltschützer befürchteten durch die Pferde verursachte Schäden am einheimischen Pflanzenbestand und dadurch einen Futtermangel für die einheimischen Tiere wie Springbok und Oryx-Antilope. Die Biologin konnte diese Vermutungen in ihrer Studie widerlegen: Es gibt in Vergleichsgebieten einen etwa ähnlich großen Artenreichtum, auch die Anzahl der Pflanzen unterscheidet sich nicht.

1991 wurden bei Garub 276 Pferde gezählt. Nach den großen Dürren von 1991/92 sowie 1998/99 konnte die Versorgung nicht mehr für alle Pferde gewährleistet werden. Daher entschloss sich das Ministerium für Umwelt und Tourismus, einen Teil der Pferde zu fangen und zu verkaufen. Außerdem wurde ein drittes Bohrloch geschlagen.

Seit 2000 gibt es im Garup-Gebiet überdurchschnittlich guten Niederschlag und dadurch exzellente Weide. Die Zahl der Pferde ist seither um etwa 13 pro Jahr gestiegen. 2012 leben etwa 235 Pferde bei Garup, davon sind 45 % weibliche und 55 % männliche Tiere.

Das Wort „Garub" kommt übrigens aus der Nama-Sprache *(!Garo-hab)* und bedeutet „Wüstenpferde". Auch der Begriff *Karoo* (die Wüste in Südafrika) soll von dem Wort *!Garo* abstammen.

Lüderitz

Auf der Fahrt von Aus an die Küste geht es stetig bergab. Kommt man in den Bereich des Dünengürtels, ist Lüderitz nicht mehr weit. Oft steht der Nebel wie eine Wand in den Dünen, mitunter gibt es Sandstürme (in diesem Fall möglichst anhalten und abwarten, es sind schon Fahrzeuge gänzlich ohne Lack aus einem Sandsturm gekommen). Lüderitz, der kleine Ort mitten in der Einöde, macht einen ziemlich verschlafenen Eindruck, was vor dem Hintergrund seiner Geschichte nur allzu verständlich ist. Und nur die Geschichte macht Lüderitz wirklich interessant. Die Bewohner des Ortes haben vor ein paar Jahren damit begonnen, sich ernsthaft für die touristische Entwicklung des Ortes zu engagieren.

Geschichte und Sehenswertes

Als erster Europäer erreichte Bartholomeus Diaz (die korrekte portugiesische Schreibweise ist Bartolomeu Dia*s*) am 25. Juli 1488 das heutige Lüderitz. Um seinen Besuch für die Nachwelt zu dokumentieren, ließ er ein **Padrão** errichten. Das originale Kreuz soll Mitte des 18. Jhs. von Schatzsuchern vernichtet worden sein, die darunter Reichtümer vermuteten. Nach dem Kreuz wurde lange gesucht. Ein Kapitän Carew von der Insel Sankt Helena hatte 1855 vier Stücke des Padrãos nach Kapstadt gebracht. Ein Teil befindet sich dort im Museum, ein anderer in Australien.

Die Brücke zur kleinen Anhöhe mit den Kreuzen wurde 1911 gebaut, um das dortige Nebelhorn zu erreichen. Bei einer Sturmflut 1977 wurde das Nebelhorn weggespült. Das erste (kleine) Gedenkkreuz wurde 1929 in Karibib aus grauem Marmor gehauen und an der Stelle des alten Padrãos errichtet. Das zweite, etwas größere Gedenkkreuz daneben wurde zur 500-Jahr-Feier 1988 aufgestellt.

Der **Diaz-Point-Leuchtturm** wurde 1910 erbaut und 1993/94 renoviert. Der Leuchtturm wird seit 2004 ganz zeitgemäß und modern von Solarpaletten mit Strom für sein Lichtsignal versorgt. Jedoch wird er vermutlich, wie alle Leuchttürme dieser Welt, schon bald überflüssig sein.

Im April 1786 segelte das englische Erkundungsschiff *Nautilus* die Küste entlang und berichtete über Landungsmöglichkeiten in der Bucht, die damals noch den portugiesischen Namen Angra Pequeña trug. 1866 besuchte die britische Fregatte *Victorious* die Küste und stellte wegen der reichen Guano-Vorkommen alle Inseln unter die Oberhoheit der britischen Krone. Von 1867–1993 wurden sie von Kapstadt bzw. Südafrika aus verwaltet.

1883 begann die deutsche Epoche, als Heinrich Vogelsang, der Gesandte des Bremer Kaufmanns Franz Adolf Eduard Lüderitz, eintraf. Er

Lüderitz

N
0
200 m
Lüderitz-Denkmal
ALTER LEUCHTTURM (Lüderitz Shark Island Resort)
HAIFISCH-INSEL
Robert-hafen
NAUTILUS
BENGUELA
HAFEN
Lüderitz Waterfront
Achatstrand
State Hospital Lüderitz
Springbrunnen
Historisches Museum
Woermann-Haus
ehem. Karl-Friedrich-Schätzlein-Heim
POLIZEI
Felsenkirche
Goerke-Haus
Kreplin St
Insel St
Industrial St
Tal St
Hafen St
Troost St
Kieler St
Bremer St
Hamburger St
Stettner St
Kortstraat
Cons St
Hoof St
Moltke St
Bahnhof St
Ring St
Lindquist St
Francois St
Lübecker St
Liberia St
Schinz St
Klippenweg
Nachtigal St
Diaz St
Berg St
Bismarck St
Hohe St
Kirch St
Diamantberg St
Mabel St
Brücken St
Woermann St
Vogelsang St
Noah St
Kakoro St
Zeppelin St
Bay Rd
Stauch St
Bülow St
Werft St
Schuckmann St
Wagenbauer St
Lüderitz St
Diaz Point, Große Bucht, Radford Bay
Keetmanshoop
B4
Übernachtung:
1 Island Cottage
2 Lüderitz Shark Island Resort
3 Protea Seaview Hotel Zum Sperrgebiet
4 Kratzplatz
5 Zum Anker
6 The Nest Hotel Lüderitz
Essen:
1 Shear Water Oyster Bar
2 Ritzi's Seafood Restaurant
3 Seabreeze
4 Diaz Coffee Shop
Sonstiges:
1 OK Supermarkt
2 Spar Supermarkt
3 Apotheke
4 Dr. Marais, Dr. Petzer
5 Cymot
Transport:
1 Ghost Town Tours
2 Lüderitz Safaris & Tours
3 Budget Rent a Car
4 Air Namibia
5 Coastways Tours Lüderitz, Desert Magic

Barchane

Die sichelförmigen Dünen neben (und manchmal auch auf) der Straße nach Lüderitz heißen Barchane. Die Sichelform entsteht dadurch, dass der nur aus einer Richtung wehende Wind den Sand schneller über die niedrigen Enden der Düne bläst als über ihren Mittelteil. Barchane wandern 2–70 m im Jahr. Bei Lüderitz sind alle Dünen nordöstlich ausgerichtet, der westliche Arm ist immer länger als der östliche. Barchane haben verschiedene Farben. Manche sind mit schwarzem Magnetit bedeckt, andere haben einen kastanienbraunen Belag aus Granat und Magnetit. Die großen Barchane im Norden Namibias brummen, wenn der auf den Dünenrücken getürmte Sand, bedingt durch Schwerkraft, die Innenwand hinunterrutscht. Die Dünen brummen umso häufiger, je größer und wärmer sie sind. Eine der Theorien besagt, dass die Sandkörner durch ihre extreme Trockenheit beim Aneinanderreiben statische Elektrizität erzeugen, die sich durch Geräusche unterschiedlicher Tonhöhe und Lautstärke entlädt.

kaufte ein Gebiet von fünf Meilen im Umkreis der Bucht vom Nama-Häuptling Joseph Fredericks. Der Preis war 10 000 Mark und 260 Gewehre.

1884 wurde das ganze Gebiet unter deutsche Verwaltung gestellt. Lüderitz verkaufte 1885 sein Land an die Deutsche Kolonialgesellschaft und unternahm mit dem Erlös im August 1886 eine Expedition. In Bethanien stellte er noch einige Nama als Gehilfen ein und schlug sich dann zum Oranje durch, wo er mehrere große „Berthonsche Kanvas Boote" bei Nanasdrift ins Wasser setzte. Sie schafften es in 27 Tagen bis Ariesdrift und mussten dabei 52 Stromschnellen überwinden. Am 19. Oktober 1886 waren sie in Port Nolloth. Von dort sandte Lüderitz einen Brief nach Kapstadt und segelte mit Steuermann Steingröver an der Küste entlang nach Norden. Am 22. Oktober waren sie noch in Alexandrabaai. Seitdem sind sie verschollen. Angra Pequeña wurde in „Lüderitzbucht" umbenannt.

1894 wurde die erste Militärstation mit immerhin vier Mann besetzt. Die Deutsche Kolonialgesellschaft errichtete 1897 eine kleine Landungsbrücke.

Zur Wassergewinnung wurden Sonnenkondensatoren gebaut, bei denen sich verdunstetes Seewasser am Glasdach absetzte und aufgefangen wurde. Die Produktion war jedoch unzuverlässig und wenig ertragreich. Daher wurde das Wasser per Schiff aus Kapstadt und später mit der Bahn von Garub, Aus und Keetmanshoop herangeschafft.

Diejenigen, die mit Diamanten reich wurden, zogen es vor, in Sekt zu baden, statt das teuerste Wasser der Welt zu verschwenden. 1961 wurde eine moderne Entsalzungsanlage in Höhe des heutigen E-Werks in der Diaz Street gebaut, die 600 m^3 Wasser täglich produzierte. Als der Kessel dieser Anlage schon 1964 zerplatzte, war klar, dass eine Alternative gefunden werden musste. Zunächst stand eine Rohrleitung vom Oranje nach Lüderitz zur Debatte. Man entschied sich jedoch, das Grundwasser aus der wesentlich näheren Koichab-Ebene nach Lüderitz zu pumpen. Seit Dezember 1968 wird Lüderitz nun mit diesem 7000 Jahre alten Wasser versorgt. Zum Symbol dieser neuen Entwicklung wurde der Springbrunnen in der Diaz Street, der am 5. Mai 1969 vom südafrikanischen Administrator van der Wath feierlich eingeweiht wurde.

Der Springbrunnen fällt noch heute auf, mitten im Kreisel Bismarck und Diaz Street, jedoch ist er ohne Wasser und ziemlich verwahrlost.

1904 änderte sich durch die Herero- und Nama-Aufstände die Entwicklung dramatisch. Gab es zu Beginn des Jahres nur zehn weiße und 150 schwarze Einwohner, lebten hier am Ende des Jahres schon 800 Menschen. Rund 1600 Gefangene wurden von den Deutschen auf der Haifisch-Insel in einem Lager zusammengepfercht.

Die Eisenbahn wurde 1905 bis Aus geführt und 1908 weiter bis Keetmanshoop. Die Woermannlinie (Schifffahrt) war aufgrund der Bedeutung des Truppentransportes der große Gewinner der Herero- und Nama-Aufstände. 1906 wurde mit dem verdienten Geld das imposante **Woermann- Haus** in der Vogelsang Street erbaut. Es hatte wegen des chronischen Wassermangels zwei Leitungssysteme, eines mit Trinkwasser und eines mit Meerwasser. Das Gebäude ist ein Musterbeispiel des Jugendstils, der sich ab 1900 in Deutschland entwickelte. Selbst in Deutschland gibt es wohl keinen Ort, der so von diesem Stil geprägt wurde wie Lüderitz, da sämtliche Bauaktivitäten von 1904 bis 1914 stattfanden.

Ein weiteres Beispiel dafür ist die Deutsche Afrika Bank in der Bismarck Street. Das Gebäude wurde 1907 auf einem Bruchstein-Sockel im „Wilhelminischen Stil“ erbaut. Heute ist die Nedbank dort untergebracht.

1908 wurde die erste Schule eröffnet.

Im April 1908 fand der Arbeiter Zacharias Lewala den ersten Diamanten, den er seinem Aufseher August Stauch brachte. Um den ausbrechenden Diamantrausch unter Kontrolle zu halten, erklärte die Reichsregierung in Berlin nur ein halbes Jahr später den gesamten Küstenstreifen zum Sperrgebiet und unterstellte ihn der eigens gegründeten Deutschen Diamantengesellschaft (DDG). Lüderitzbucht blühte auf, in Kolmanskop entstand eine große Förderanlage.

Ebenfalls im schmucken Jugendstil erbaut ist das **Goerke-Haus** auf dem Diamantberg. Herr Goerke kam als Proviantamtsmann der Schutztruppe nach Lüderitz und wurde schnell Geschäftsführer zweier Diamantengesellschaften. Er baute das Haus von 1909/10 für 70 000 Mark, kehrte aber nach nur zwei Jahren nach Berlin zurück. Von 1912–20 stand das Haus leer und wurde dann von der neu gegründeten CDM (Consolidated Diamond Mines) für 52 000 Mark gekauft. Bis 1944 wohnte der jeweilige Chefingenieur im Haus, danach war es bis 1981 Magistratswohnung, um dann wieder von der CDM für nur noch 17 000 Rand gekauft zu werden. Es wurde renoviert und steht heute zur Besichtigung offen. Eine Besonderheit ist die schöne Sonnenuhr. 🕒 Mo–Fr 14–16 Uhr, Sa, So 16–17 Uhr, Eintritt N$25 p. P.

Die deutsche evangelisch-lutherische Kirche, die **Felsenkirche**, ✆ 063-202381, 🕒 Sommerzeit Mo–Fr 17–18 Uhr, Winterzeit 16–17 Uhr, Höhe St, Ecke Kirch St, wurde im neugotischen Stil vom Architekten Albert Bause für 48 000 Goldmark erbaut. Die Glocken stammen aus der Glockengießerei Franz Schilling und Söhne aus dem thüringischen Apolda, die auch die Glocken für die Christuskirche in Windhoek lieferte. Eröffnet wurde die Kirche am 4. August 1912 von Pastor Alexander Metzner.

Von 1914–20 herrschte kriegsbedingter Stillstand. Die DDG und alle weiteren Schürfunternehmen wurden von Sir Ernest Oppenheimer, dem Vorsitzenden der Anglo American Corporation, aufgekauft. Er gründete die Consolidated Diamond Mines of South West Africa (CDM). Der CDM wurden bereits nach drei Jahren mit dem Halbscheid-Abkommen die alleinigen Diamantenschürfrechte zugesprochen.

1922 wurden die ersten beiden Langustenfabriken erbaut. Heute werden 97 % der gefangenen Langusten nach Japan exportiert. Die Ja-

Austern

An der Küste Namibias herrschen wegen der kalten, planktonreichen Benguela-Strömung und dem sauberen Meerwasser im Atlantischen Ozean ideale Bedingungen für die Austernzucht. Seit 1992 gibt es in Lüderitz in der Radfordbucht (benannt nach einem 1858 hier weilenden Engländer) drei große Floßinseln, auf denen Austern gezüchtet werden. Arbeiter sind damit beschäftigt, die „Austern-Saat“, fingernagelgroße Muscheln, in Siebsäcke zu füllen und diese vertikal an die Flöße zu hängen. Nach einigen Monaten sind die Austern groß genug, um in die Netzsäcke umgepackt zu werden. Die Säcke mit Austern werden täglich kontrolliert und nach unterschiedlicher Größe sortiert. Die Austern werden in vier Kategorien – Cocktail, Medium, Large und Jumbo – eingeteilt. Sie wachsen im Allgemeinen neun Monate, bis sie Cocktailgröße erreicht haben, zur Jumbogröße brauchen sie 18–22 Monate. Die monatliche Produktion von Lüderitz Mariculture beläuft sich auf durchschnittlich 5 t und muss für die meist südafrikanischen Großkunden gewaschen, von Seetang und Seegras befreit, nach Größe sortiert und verpackt werden. Es wird mit zwei Sorten gefarmt: mit der flachen, weißen *Ostrea edulis* und der bekannten *Crassostrea gigas*. Beide sind dem Feinschmecker von Welt als besondere Delikatesse ein Begriff.

Deutsch anmutendes Kleinstadt-Ambiente herrscht in Lüderitz.

paner schätzen die roten Langusten wegen ihrer symbolischen Bedeutung in der Hochzeitsnacht.

Ab 1944 ging es mit Lüderitz bergab. Die CDM wurde nach Oranjemund verlegt. Seit 1991 ist die CDM wieder in Elisabeth-Bucht tätig. Die Arbeiter wohnen alle in Lüderitz. 1974 wurde das Kudu-Gasfeld im Atlantik gefunden, an der Erschließung wird gearbeitet. Seit 1980 werden 1500 t Agar-Agar-Seetang im Jahr nach Japan und in die USA exportiert.

Mit dem Ausbau des Roberthafens von 6,5 m auf 10 m Tiefe, sprich der Nutzbarmachung für die internationale Schifffahrt, und der Errichtung der **Lüderitz Waterfront** sollte der Entwicklung der Stadt ein Jahrhundert nach ihrer Blütezeit wieder ein neuer Anstoß gegeben werden. Im Februar 2002 bezogen die ersten Mieter ihre Geschäfts- und Büroräume am Harbour Square. Am Market Square auf der anderen Seite der Hafenstraße wurden Wohnungen gebaut. Der Jachtclub, der sich bislang auf der Haifisch-Insel befand, wurde ebenfalls in den Hafen verlegt.

Das sehenswerte **Historische Museum Lüderitz**, ✆ 063-202532, Diaz St, wurde 1966 gegründet und zeigt mehr als 5000 Exponate. Schwerpunkte sind die Geschichte des Strandes, die umliegende Namib-Wüste, der Diamanten-Bergbau, die Mineralien, das Leben der einheimischen Bewohner und Lokalgeschichte. ⌚ Mo–Fr 15.30–17 Uhr, Eintritt N$15; Sondervereinbarungen für Besuche außerhalb der Öffnungszeiten bei Frau Gisela Schmidt-Scheele, ✆ 063-202346, um rechtzeitige Voranmeldung wird gebeten.

Das deutsche **Karl-Friedrich-Schätzlein-Heim** in der Stettener St, Ecke Woermann St, wurde im Dezember 1995 vom Deutschen Schulverein Lüderitzbucht an die namibische Regierung verkauft. Damit wurde eine knapp 30-jährige Schuldenlast beglichen. Zwischen 1962 und 1966 wurde der große Gebäudekomplex für 2,4 Mio. Mark mit Hilfe der Bundesregierung gebaut. Wegen allgemeiner Abwanderung mussten das Heim und die Schule 1972 geschlossen werden. Von 1991 bis 1995 war das Gebäude an das Ministerium für Jugend und Sport vermietet. Die namibische Regierung wird die Kaufsumme von rund 2 Mio. Mark in 20 Jahren an die Bundesregierung abzahlen.

Die **Haifisch-Insel** wurde durch einen aufgeschütteten Erdwall mit dem Festland verbunden.

Heute befinden sich dort der Campingplatz und das Lüderitzdenkmal.

Nördlich von Lüderitz liegt der **Achatstrand**. Einst war der Strand übersät mit riesigen Achaten, heute gehören mehr als Glück und Ausdauer dazu, noch einen einzigen winzigen Achat zu finden. Diesen mitzunehmen ist natürlich verboten.

ÜBERNACHTUNG

Untere Preisklasse

Lüderitz Shark Island Resort, ✆ 063-202752, Buchungen bei NWR, ✆ 061-2857200, ✉ reservations@nwr.com.na, 💻 www.nwr.com.na, auf der Haifisch-Insel in Lüderitz. Beliebt als Übernachtungsmöglichkeit ist der Leuchtturm, 2 DZ (N$ 400–500 gesamt), muss daher früh gebucht werden. Nur Übernachtung. Camping N$100 p. P. (max. 8 Pers., 1 Fahrzeug). Eintritt N$40 p. P. plus N$10 für das Fahrzeug.

Hinweis: In Lüderitz ist es immer windig, kalt und morgens oft neblig. Beim Zelten sind daher starke Nerven gefragt. Erschwerend kommt der Felsboden hinzu, in den man keinen Hering bekommt.

Island Cottage, Retha & Pierre Calitz, ✆ 063-203626, ✆-Handy 081-2922984, ✉ retha.c@mweb.com.na, auf der Haifischinsel. Nur 3 Cottages mit je einem Schlafzimmer und einer gut ausgestatteten Küche, toller Meerblick. ❶

€ **Zum Anker**, ✆ 063-202948, ✆-Handy 081-1294390, ✉ randd@iway.na, 💻 www.zumanker-luderitz.com, 299 Bulow St. Gepflegte, helle und geräumige Selbstversorger-Apartments für bis zu 5 Personen. ❶

€ **Kratzplatz**, ✆ 063-202458, ✆-Handy 081-1292458, ✉ kratzmr@iway.na, 💻 www.kratzplatz.info, 5 Nachtigal St. Eines der ältesten Gebäude von Lüderitz aus dem Jahre 1900 wurde erweitert und in fröhlichem Rot gestrichen. Die kleine Kneipe „Barrels" im Haus, die deftiges Abendessen anbietet, ist momentan der angesagte Treffpunkt für Einheimische und Besucher. ❷

Mittlere Preisklasse

Protea Seaview Hotel Zum Sperrgebiet, ✆ 063-203411, 💻 www.proteahotels.com/hotels/Pages/protea-hotel-sea-view-zum-sperrgebiet.aspx, Woermann St. Kleines Hotel in der Nähe der Waterfront mit solarbeheiztem Innenschwimmbad, Bar und Restaurant. Die 22 Zimmer sind klein, haben jedoch fast alle einen Balkon mit Blick auf den Hafen. Internetzugang. ❺

🌳 **The Nest Hotel Lüderitz**, ✆ 063-204000, ✉ nesthotel@iway.na, 💻 www.nesthotel.com, 820 Diaz St. Allerweltshotel direkt am Strand, alle Zimmer mit Blick auf den Atlantik. 3 behinderten- und rollstuhlgerechte Zimmer. Restaurant mit Seafood und leichten Mahlzeiten. WLAN. Das Hotel hat 2008 den 1. Preis im Wettbewerb um das energieeffizienteste Unternehmen im Tourismussektor gewonnen. ❹

> **Unkonventioneller Rastplatz**
>
> Am **Leuchtturm am Diaz Point** gibt es die Möglichkeit zu übernachten. Neben einem Campingplatz mit Du/WC stehen zwei Häuser mit jeweils großer Küche und Badezimmern zur Verfügung, in denen größere Gruppen schlafen können. Mountain Bikes können gemietet werden, außerdem wird eine Bootsfahrt um die Insel Halifax angeboten.
>
> Das kleine Café ein Haus weiter bietet u. a. selbstgebackenen Kuchen an. Sonntags werden auf Vorbestellung zum Mittagessen frische Austern serviert. Insgesamt also ein lohnenswerter Stopp während der Buchtenrundfahrt. Buchung und Informationen beim Bay View Hotel, ✆ 063-202288, ✉ bayview@iway.na, 💻 www.diaz-point.com, 🕒 tgl. 8–18 Uhr. Keine Kreditkartenzahlung.

ESSEN

Internationale Küche

Ritzi's Seafood Restaurant, ✆ 063-202818, ✆-Handy 081-1243353, an der Waterfront. Beliebtes Seafood-Restaurant mit schönem Blick auf den Hafen (Reservierung erforderlich), 🕒 Di–Sa 8–22 Uhr. Auch außer Haus.

Leichte Mahlzeiten

Seabreeze, an der Waterfront in Lüderitz. Leichte Mahlzeiten.

Diaz Coffee Shop, ✆ 063-203147, Bismarck St, Ecke Nachtigal St. Kaffee und Kuchen, leichte Mahlzeiten, Außer-Haus-Verkauf.

Shear Water Oyster Bar, ✆ 063-204031, ✉ kolmans@iafrica.com.na, Insel St, Lüderitz Boat Yard. Tgl. um 12 und 15 Uhr interessante Tour durch die Austernzucht, als Abschluss gibt es Austern zum Probieren und dazu Wein oder Sekt.

Barrels (im Kratzplatz), ✆ 063-202458, 5 Nachtigal St. Gemütliche Kneipe, Abendessen wird angeboten; kleine, wechselnde Karte.

AKTIVITÄTEN

Lüderitz hat in puncto Aktivitäten nicht übermäßig viel zu bieten, jedoch immerhin das eine oder andere typisch Lüderitz'sche:

Die **Buchtenrundfahrt** (s. Karte) mit Besuch des Diaz-Kreuzes kann man gut in Eigenregie unternehmen, sie nimmt mindestens 3 Std. in Anspruch. Leider ist nicht mehr jeder Aussichtspunkt besuchbar. Ausgeschildert sind nur noch Diaz Point und Große Bucht. Die alten Betonwegweiser zu den anderen Aussichtspunkten, z. B. Fjord, stehen zwar teilweise noch am Wegrand, sind aber kaum noch leserlich. Die Straßen dorthin werden nicht mehr gepflegt und sind teilweise mit einem normalen Fahrzeug nicht mehr befahrbar. Zur Sturmvogelbucht kommt man gar nicht mehr. Am Diaz Point gibt es inzwischen auch ein kleines Café. Es muss strikt darauf geachtet werden, auf den Wegen zu bleiben, da die Gefahr besteht, dass die stabil aussehende Salzkruste nicht hält.

Ein Besuch der Geisterstadt **Kolmanskop** ist ein Muss für jeden Lüderitz-Besucher (s. Umgebung).

Ein Erlebnis ist die **Fahrt mit der Sedina** (Gaffelschoner), Lüderitz Safaris, ✆ 063-202719, ✉ ludsaf@africaonline.com.na. Die Segelbootsfahrt führt am Diaz Point vorbei bis zur Insel Halifax, auf der Pinguine leben. Unterwegs sind Delphine und Robben zu sehen. Mit der Sedina haben Manfred und Gaby Wedell einst die Welt umsegelt, sind dann in Lüderitz „gestrandet" und haben hier mit den morgendlichen Bootsfahrten nach Halifax begonnen. Nach dem Tod ihres Mannes hat Gaby Wedell den Gaffelschoner verkauft. Abfahrt (wetterabhängig) um 8 Uhr morgens, 2 1/2 Std., ab N$350 p. P., Kinder unter 12 Jahren frei, bitte unbedingt sehr warme und auch wetterfeste Kleidung mitnehmen. Die Rückkehr ist rechtzeitig für die Kolmanskop-Tour um 11 Uhr, sodass sich beide Touren gut miteinander verbinden lassen.

Abenteuer pur

Desert Magic, Volker und Daggie Janke, ✆ 063-202824, ✆-Handy 081-2794522, ✉ desertmagic@iway.na, 💻 www.desertmagictours.com.na, und **Coastways Tours Lüderitz**, ✆ 063-202002, ✆-Handy 081-1229336, ✉ lewiscwt@iway.na, 💻 www.coastways.com.na, bieten einen 3-Tages-Trip mit eigenem Geländewagen im Sperrgebiet Nr. 2 bis Spencer Bay und Saddle Hill an. Bis spätestens 14 Tage vor Abfahrt müssen die leserlich fotokopierten Reisepässe mit eingereicht werden. Der Hit und Adrenalin pur ist die lange Tour von Lüderitz nach Walvis Bay an der Küste entlang. Beim Cruisen über die Dünen wird Fahrer und Fahrzeug einiges an Können abverlangt. Desert Magic achtet auf umweltschonendes Dünenfahren, nutzt immer die gleichen Spuren, nimmt seinen Müll stets mit und hält sich streng an die Auflagen des Ministeriums. Gleichzeitig fungiert Desert Magic als verlängerter Arm des Ministeriums, schließlich sind sie viel öfter draußen in der Wüste als die Beamten selbst. S. auch Aktivitäten S. 99.

Oliver Morgan, ✆-Handy 081-1288622, bietet eine ähnliche Tour zur Insel Halifax mit seinem **Motorboot Hannah**. Dauer ca. 2 Std., Abfahrt (wetterabhängig) 8 Uhr, Kosten ca. N$300 p. P.

Mit dem **Katamaran Zeepaard**, Diane & Heiko Metzger, ✆-Handy 081-6042805, ✉ zeepaardboattours@gmail.com, startet (wetterabhängig) die Halifax-Tour ab 4 Pers. ebenfalls um 8 Uhr morgens (ab N$350 p. P.); die Nachmittagstour ist eine Kombination Halifax plus Trip zur Austernfarm, wo es Sekt und Austern gibt (ab N$450 p. P.); und am Abend wird ein einstündiger Sundownercruise zur Pinguin-Insel angeboten (N$250 p. P.).

TOUREN

Lüderitz Safaris & Tours, Marion Schelkle, ✆ 063-202719, ✆-Handy 081-1297236, ✉ ludsaf

@africaonline.com.na, Bismarck St. Vermittlung von Tagestouren und Unterkünften in und um Lüderitz; Permits für Kolmanskop können erworben werden. Wer Infos benötigt, dem wird hier ebenfalls geholfen. Mit Souvenirshop.
🕒 Sommerzeit Mo–Fr 8–12.30 und 13.30–17 Uhr, Winterzeit 7.30–12.30 und 13.30–16.30 Uhr, So 9.30–10 Uhr und nach Absprache.
Ghost Town Tours, ✆ 063-204031, ✉ kolmans@iafrica.com.na, 💻 www.kolmanskuppe.com. Kolmanskop-Führungen und Touren ins Sperrgebiet.

SONSTIGES

Ausrüstung

Cymot, ✆ 063-203855, 4 Nachtigal St.

Autovermietungen

Budget Rent a Car, ✆-Handy 081-2515835, Bahnhof St, bei M & Z.

Einkaufen

Einkaufen kann man in kleinen Shops in der Stadt. Der Souvenir Shop von Lüderitz Safaris & Tours ist eine gute Adresse für alles Nötige und Unnötige: namibische Bücher, afrikanische Souvenirs, Postkarten einschließlich Briefmarken und Telefonkarten.

Feste

Lüderitzbuchter Karneval (LÜKA), jedes Jahr in der ersten Septemberwoche.

Geld

First National Bank, ✆ 063-202077, 12 Bismarck St.

Informationen

Lüderitz Safaris & Tours, S. 294.

Medizinische Hilfe

State Hospital Lüderitz, ✆ 063-202446, auf dem Weg zum Township Nautilus, ausgeschildert.
Dr. Marais, Dr. Petzer, ✆ 063-202515, Schinz St. Allgemeinmediziner in Gemeinschaftspraxis, Dr. Petzer spricht Deutsch.
Einen Zahnarzt gibt es in Lüderitz nicht, für die Einheimischen kommt einmal in der Woche einer von außerhalb.

Polizei

✆ 10111, Brücken St, ausgeschildert.

Post

✆ 063-202200, Bismarck St.

TRANSPORT

Air Namibia fliegt Lüderitz Di, Do und Sa an. Der Flughafen ist 11 km außerhalb; wer keinen Transfer gebucht hat und kein Taxi findet, ruft am besten Lüderitz Safaris & Tours an.
Air Namibia, Stadtbüro, ✆ 063-202850, ✉ luderitz.reservations@airnamibia.aero, Bahnhof St, im TransNamib-Gebäude, am Flughafen ✆ 063-202045.

Die Umgebung von Lüderitz

Kolmanskop und das Diamanten-Sperrgebiet

Als der Arbeiter Zacharias Lewala im April 1908 bei Grasplatz mal wieder die Dünen von der Eisenbahnschiene schaufelte, fand er einen sonderbaren Stein, den er sofort seinem Aufseher brachte. August Stauch ließ den Stein unverzüglich überprüfen. Als erwiesen war, dass es sich tatsächlich um einen **Diamanten** handelte, wurde strikte Geheimhaltung vereinbart. Stauch schaffte es in den folgenden zwei Monaten, diverse Claims abzustecken, schon bestehende zu übernehmen und Kapital aufzutreiben.

Als der große Diamantenrausch mit der darauf folgenden Proklamierung des Sperrgebiets anfing, war Stauch mit seiner Kolonialen Berggesellschaft bestens vorbereitet. Hauptquartier wurde **Kolmanskop**. Schöne Häuser wurden gebaut, alle Materialien aus Deutschland importiert. Ab 1911 gab es elektrischen Strom. In einer Eisfabrik wurde Stangeneis produziert, das jeder Haushalt gratis bekam. Das erste Röntgengerät Afrikas wurde in Kolmanskop aufgestellt.

Stauch verkaufte die Gesellschaft 1920 an die CDM. Diese beließ alles beim Alten. Das Kasino wurde erst 1927–28 gebaut, wiederum mit aus Deutschland importierten Materialien einschließlich einer Kegelbahn. Als dann 1929 die wesentlich größeren Diamanten bei Oranje-

UMGEBUNG LÜDERITZ

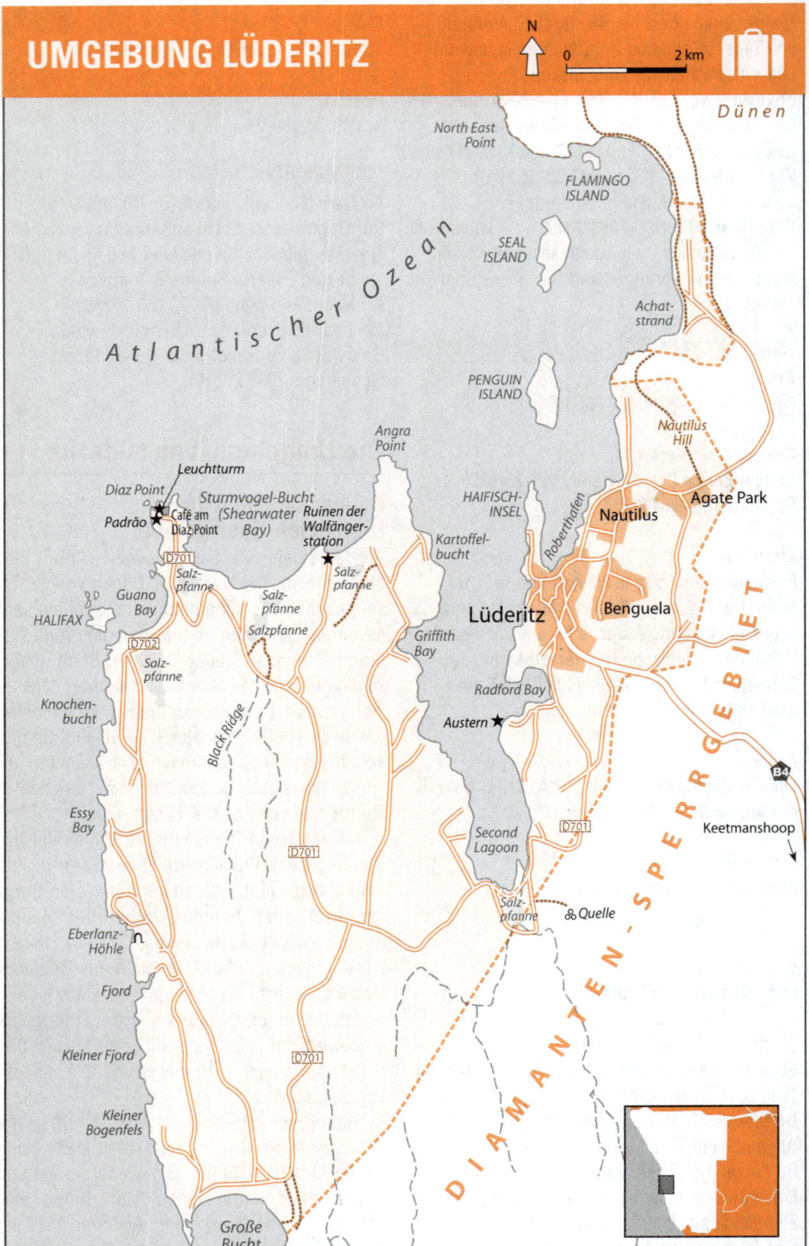

mund entdeckt wurden, war das baldige Ende Kolmanskops besiegelt. 1938 wurden die Förderanlagen stillgelegt und 1944 die Verwaltungsbüros nach Oranjemund verlegt. 1956 verließ der letzte Einwohner Kolmanskop. Die Stadt fiel im wahrsten Sinne des Wortes der „Verwüstung" anheim.

Heute ist Kolmanskop eine Geisterstadt. Da sie im Sperrgebiet liegt, kann sie nur zu begrenzten Zeiten im Rahmen von Führungen besichtigt werden, ⌚ Mo–Sa 9.30 und 11 Uhr, So nur 10 Uhr. Außerhalb dieser Zeiten gibt es zu höheren Preisen andere Optionen, zu erfragen und buchen bei Ghost Town Tours, ✆ 063-204031, ✆-Handy 081-1284336, ✉ kolmans@iafrica.com.na.

Das Permit für Kolmanskop kostet N$65 und kann entweder bei Lüderitz Tours & Safaris erworben werden oder direkt vor Ort. Im Anschluss an die Führungen kann man selbst auf dem Gelände herumlaufen und die Geisteratmosphäre genießen, anschließend lädt das Restaurant Ghost Town Tavern, ⌚ Mo–Sa 9–14 Uhr, ✆ 063-204033, mit angeschlossenem Souvenirshop in Kolmanskop zum Verschnaufen ein. Hier gibt es außerdem ein Informationszentrum über die Braunen Hyänen, in dem die Projektleiterin des *Brown Hyena Research Projects*, Ingrid Wiesel, einiges über diese vom Aussterben bedrohten Tiere zusammengestellt hat, 💻 www.strandwolf.org.

Das **Diamanten-Sperrgebiet** ist genauso sagenumwoben wie die Skelettküste im nördlichen Teil Namibias. Bei der Proklamierung 1908 wurde es in Diamanten-Sperrgebiet Nr. 1 südlich der Bahnlinie und Diamanten-Sperrgebiet Nr. 2 nördlich der Bahnlinie aufgeteilt. Das nördliche Sperrgebiet Nr. 2 wurde 1986 dem Namib Naukluft Park angegliedert.

Das heutige Diamanten-Sperrgebiet (Nr. 1) ist 26 000 km^2 groß. Es wird im Süden vom Oranje, im Norden vom 26. Breitengrad (in etwa Teerstraße Lüderitz – Keetmanshoop), im Westen vom Atlantik und im Osten von einer rund 100 km parallel zur Küste verlaufenden Linie begrenzt und ist faktisch im Alleinbesitz der Namdeb, Nachfolgerin der CDM.

Über dieses wüste und raue Gebiet erzählt man sich folgende Geschichte: Als Gott die Erde schuf, musste er den übrig gebliebenen Bauschutt irgendwo loswerden. Das Ergebnis sah so furchtbar aus, dass die Engel weinten. Die Tränen fielen als Diamanten auf den Schutthaufen und dies so reichlich, dass von 1908 bis zum ersten Produktionsstopp 1914, also in sechs Jahren, mehr als eine Tonne Diamanten, das entspricht über 5 Mio. Karat, aufgesammelt wurden.

Legendär sind die Erzählungen von Stauch und dem von ihm zur fachlichen Unterstützung aus Deutschland geholten Bergbauingenieur Scheibe, die auf der Suche nach weiteren Diamantenfeldern ins Märchental gelangten, der reichsten Diamantenablagerungsstätte überhaupt. Es war in einer der wenigen sternklaren Nächte zu Silvester 1908. Im Mondschein glitzerten und funkelten die vielen Diamanten unübersehbar, sodass die beiden sie nur aufzusammeln brauchten. In den folgenden 20 Monaten kamen eine Million Karat zusammen.

Ebenfalls legendär sind die Fotos aus dem Idatal, benannt nach Stauchs Frau, auf denen Arbeiter abgebildet sind, die in Reihen am Boden entlangkriechen und mit der Pinzette die Diamanten in einen Tabakbeutel sammeln. Neben Kolmanskop entstanden Elisabeth-Bucht, weiter südlich Pomona und die Ortschaft Bogenfels. Als der letzte Diamant aufgesammelt worden war, zogen auch hier die Bewohner weg. Die Mine in Elisabeth-Bucht wurde 1989 wieder eröffnet. Dank neuer Fördertechniken und aufgrund von Industriebedarf wird nun auch der kleinste Diamant gefördert. Seit 1991 ist die CDM wieder in Elisabeth-Bucht tätig. Ursprünglich hieß es, die Diamantenmine werde in etwa zehn Jahren erschöpft sein. 2004 jedoch investierte Namdeb N$400 Mio. in die Modernisierung der Mine. Sie ist auch 2015 noch in Betrieb.

Auch in Oranjemund sind fast alle Steine abgebaut. Einzig die sogenannte Offshore-Gewinnung fördert noch gute Steine zutage. Dabei wird der Meeresboden abgesaugt, auf dem Schiff sortiert und der Schutt wieder auf den Boden gepumpt.

Einen spektakulären Fund gab es dabei im Jahre 2008: die Entdeckung des gut erhalten gebliebenen Wracks der *Bom Jesus*, die unglaubliche Schätze an Bord hatte, Kasten S. 372/373.

Die Region gehört zum **Winterregengebiet**. Hier fallen pro Jahr nur rund 100 mm Niederschlag. Der Oranje ist weit und breit das einzige Wasserreservoir und hält viele Tiere und Pflanzen am Leben. Durch den Nebel, der nahezu jeden Morgen über die Wüste zieht, wird das Wachstum von Sukkulenten, Flechten und Gräsern ermöglicht. An der Küste leben Brillenpinguine und Kaptölpel, die nur im südlichen Afrika vorkommen. Am Bogenfels, einer der berühmtesten geologischen Formationen, brütet die Wahlbergscharbe *(Crowned Cormorant)*, ein vom Aussterben bedrohter Vogel. 40 % aller Zwergpelzrobben leben im Sperrgebiet. Eine weitere Besonderheit ist der „Rote Kamm" – ein Krater von 2,5 km Durchmesser und mehreren hundert Meter Tiefe, der vor 3–4 Mio. Jahren durch einen Meteoriteneinschlag entstand.

Im immer wieder erneuerten Halbscheid-Abkommen hat der Staat der Namdeb die Schürfrechte bis 2020 zugesichert. Wissenschaftler haben jetzt bereits Ideen zur Weiterentwicklung dieser Region. Diese wurden im Buch *Das Sperrgebiet* von J. Pallet veröffentlicht:

- Suche nach weiteren Diamantenvorkommen und anderen Mineralien
- Kontrollierter Tourismus in diesem unberührten und ökologisch sensiblen Gebiet
- Proklamation eines nationalen oder internationalen Schutzgebietes
- Nutzung der Region für Forschung und Entwicklung
- Elektrizitätserzeugung durch Windkraftanlagen und/oder Erschließung des Kudu-Gasfeldes

Ausschlaggebende Faktoren bei der Umsetzung jedweden Entwicklungsplanes sind jedoch der geringe Niederschlag und die begrenzte Wasserversorgung durch den Oranje.

Tiras

Der Insider-Tipp für Wanderlustige, Naturliebhaber und solche, die einfach nur in toller Umgebung entspannen möchten, sind die **Tirasberge**. Sie liegen nördlich von Lüderitz, westlich der C 13 zwischen der D 707 und Helmeringhausen. Das Granitmassiv erhebt sich hoch über die Ebene, und wer es erklimmt, genießt einmalige Aussichten auf die Tiras-Fläche und die Weite der Namib. Das Gebiet steht noch am Anfang der touristischen Entwicklung, höchster Standard darf daher nicht erwartet werden, dafür aber Einsamkeit und Einmaligkeit.

ÜBERNACHTUNG

Farm Tiras, ✆ 063-683048, Buchungen unter ✉ kidogo@iway.na, 💻 www.kidogo-safaris.com, an der C 13 zwischen Helmeringhausen und Aus, Karte S. 256/257. Anita (Daudi) Kochs Leidenschaft sind die großen und kleinen Wunder der Gegend, die sie jedem Besucher auf Rundfahrten anschaulich nahezubringen weiß: einzigartige Sukkulenten wie Lithopse (lebende Steine) und Buschmannkerzen, Köcherbäume, Felsmalereien von Buschmännern, Felsskulpturen oder der alte Ochsenkarrenweg von Lüderitz ins Landesinnere. Die Farm bietet gute Wandermöglichkeiten. ❶

Camping (N$135 p. P.; Du/WC, Picknickplatz), auf einem Platz auf der anderen Seite der C 13 an einem Hügel mit Blick in die Weite, dort auch 2 einfache, preiswerte Zimmer (N$203 p. P. ohne Bettzeug, N$253 p. P. mit Bettzeug, nur Übernachtung).

Farm Gunsbewys, Gertrud Gräbner, ✆ 063-683053, Buchungen unter ✉ kidogo@iway.na, 💻 www.kidogo-safaris.com, an der D 707, Karte S. 256/257. Ein kleines, sehr einfaches Gästehaus mit 4 Betten sowie Campingplatz. Gute Wandermöglichkeiten, Fahrten mit einem 4x4 in die Dünen werden angeboten. Keine Kreditkartenzahlung. Camping N$110 p. P. ❶

Namtib Desert Lodge im Namtib Biosphere Reserve, Thorsten Theile & Linn Maulhardt, ✆ 063-683055, ✉ contact@namtib.com, 💻 www.namtib.net. 120 km nördlich von Aus an der D 707 gelegen, Karte S. 256/257. Traditionsreiche, schlichte Gästefarm in den malerischen Tirasbergen am Rande der Namib. Ganzheitliche Farmerei und umweltfreundlicher Tourismus sind das Motto der Besitzerfamilie Theile. Als Gast kann man dem Farmalltag folgen und zwischendurch echte Entspannung finden. Thorsten und Linn

Diamanten – „A girl's best friend"

90 % aller Schmuckdiamanten der Welt kommen aus Namibia. Diamanten bestehen aus gewöhnlichem Kohlenstoff, das Besondere an ihnen ist ihr hoher Schmelzpunkt, der zweieinhalb Mal höher ist als der von Stahl: Erst bei einer Temperatur von 3550 °C beginnen Diamanten zu schmelzen. Ihre Entstehung in kochendem Magma gut 150 km im Erdinneren wird auf 3,5 Mrd. Jahre zurückdatiert. In der Folgezeit wurden die Diamanten durch vulkanische Eruptionen nach oben befördert. Sie kühlten in sogenannten Kimberliten ab. Diese sind seltene, meist röhrenförmige Tiefengesteine, die nach der berühmten Diamantmine in Kimberley, Südafrika, benannt wurden. Die heute noch ergiebigen Minen im südlichen Afrika schlachten ebenjene Kimberlite aus. Namibia ist da eine Besonderheit: Hier gibt es zwar Kimberlite, beispielsweise nördlich des Brukkaros, jedoch wurden noch keine Diamanten darin gefunden. Die namibischen Diamanten stammen alle von Kimberliten aus Südafrika und Botswana und wurden vom Oranje ins Meer gespült und dann vom „Südwester" wieder an Land getragen. Wind und Wetter haben also die eigentliche Minenarbeit schon übernommen, die Steine müssen „nur" noch gefunden und aufgelesen werden. Sind die Diamanten gefördert, werden sie nach den sogenannten **„Four C's"** sortiert, die die Qualität und damit den Wert eines Diamanten bestimmen:

1. Cut: Die Bruchflächen im Diamanten machen sein Funkeln aus. Je gleichmäßiger und proportionierter diese Bruchflächen sind, desto besser reflektiert der Diamant das Licht.
2. Colour: Die Farbskala von Diamanten reicht von Gelb über Braun bis hin zu Pink, Blau und Grün. Die wertvollsten Diamanten sind die „Weißen", also die durchsichtigen, die weiß erscheinen.
3. Clarity: Die meisten Diamanten haben kleine Einschlüsse anderen Materials, mitunter sind diese noch nicht einmal mit bloßem Auge zu erkennen (daher gehört die Lupe zu den wichtigsten Utensilien jedes Schmuckhändlers). Je weniger Einschlüsse ein Diamant hat und je kleiner diese sind, desto „klarer", sauberer und wertvoller ist er.
4. Carat: Ein Karat ist unterteilt in 100 Punkte und wiegt etwa 0,2 g. Nach dem Sortieren wird jeder Stein individuell bearbeitet. Diamantenliebhaber sagen, dass Diamanten wie Menschen sind – keiner gleicht genau dem anderen. Den Bruchflächen folgend wird geschnitten, wobei nur ein Diamant einen Diamanten schneiden kann. Beim Polieren (mit einer gusseisernen Scheibe mit sandpapierartiger Oberfläche) gehen ungefähr 50 % des Steines verloren – noch ein Grund, warum Schmuckdiamanten so teuer sind.

schaffen hier eine perfekte Symbiose aus Farmerei und Gästebetrieb und haben dadurch immer viel zu erzählen. Auf dem weitläufigen Farmgelände ziehen zahlreiche Tiere umher. Auf verschiedenen Wanderwegen kann man sich die Beine nach langen Autofahrten vertreten, auch anspruchsvollere Wanderungen sind auf dem bergigen Gelände möglich. Dabei lassen sich bizarre Granitformationen und weite, gelbe Grasflächen bewundern – und immer leuchten im Hintergrund die roten Dünen der Namib, was zum Sonnenuntergang ein eindrucksvoller Anblick ist. Auf der Rundfahrt erklärt Thorsten die nachhaltige Farmerei in diesem ariden Namibrand-Gebiet, die er in Übereinstimmung mit der Unesco-Definition des Biosphären-Reservats betreibt. Keine Kreditkartenzahlung. ❹

Der wunderschön gelegene Campingplatz heißt „Little Hunters Rest", N$100 p. P., Du/WC, Wasseranschluss, Abwaschküche, Schatten. Abendessen mit Voranmeldung.

Farm Kanaan, ✆ 063-683119, ✉ hermi@kanaannamibia.com, 💻 www.kanaannamibia.com, an der D 707, Karte S. 256/257. Rustikales namibisches Farmhaus in wunderbarer Landschaft am Rande der Namib, abends ruhige Farmatmosphäre ohne lauten Generator. Abwechslungsreiche Landschaft – ideal für Fotografen. Abendessen inkl., keine Kreditkartenzahlung. ❺

Auch Camping, 14 km vom Farmhaus entfernt: **Camp 707**, N$150 p. P. plus N$300 pro Platz.

Helmeringhausen

Der Ort, der sich auf der gleichnamigen Farm befindet, wurde von einem Soldaten der Schutztruppe aus Westfalen so benannt. Hier war einst das Zentrum der Karakulzucht (s. Kasten). Dies lässt sich heute kaum nachvollziehen, wenn man das verloren wirkende Dörfchen erreicht. Im kleinen **Freilichtmuseum Helmeringhausen** gibt es alte Werkzeuge u. Ä. zu sehen. Den Schlüssel bekommt man im Helmeringhausen Hotel.

ÜBERNACHTUNG

Gästefarm Dabis, Michelle & Jörg Gaugler, ✆-Handy 081-3108902, ✉ gaugler@farmdabis.com, 🖳 www.farmdabis.com, nördlich von Helmeringhausen an der C 14, Karte S. 256/257. Familiäre Gäste- und Schaffarm, freundliche Gastgeber. Familie Gaugler farmt in der 4. Generation auf Dabis – etwas, worauf man in Namibia stolz ist. Auf Farmrundfahrten erfährt man viel über die Farmerei in diesem trockenen Gebiet. Abendessen inkl., keine Kreditkartenzahlung. ❺

Karakul

Auf Betreiben der Leipziger Küsterfamilie Thorer wurden am 24. September 1907 die ersten **Karakulschafe** nach Südwestafrika importiert. Zwei Karakulböcke und acht Mutterschafe erwarb Albert Voigts und legte damit den Grundstein für die legendäre Zucht auf Voigtsgrund. Weitere Schafe wurden auf die Farmen Duwisib und Ongeama sowie auf die staatlich verwaltete Farm Fürstenwalde im Norden verteilt. Die aus Bokhara, Asien, stammenden Schafe sind wahrscheinlich nach dem Ort Karakul in Afghanistan benannt (evtl. war es auch umgekehrt). Später wurde der Sammelbegriff „Persianer" für die aus Namibia und Asien stammenden Pelze dieser Art verwendet. In der besten Karakulzeit um 1970 gab es mehr als 5 Mio. Schafe in Namibia, und fast 4 Mio. Fellchen wurden produziert bzw. exportiert. Die arbeitsintensive Karakulfarmerei sicherte die Existenz vieler tausend Menschen in Gebieten, in denen es sonst keine Einkommensmöglichkeiten gab. Nur durch die widerstandsfähigen Karakulschafe ließ sich das wüstenähnliche Gebiet südlich von Windhoek in produktives Land verwandeln. Mit der „Rose der Wüste" oder dem „Schwarzen Diamanten", wie das Karakul auch bezeichnet wurde, konnten die Farmer ein Vermögen machen.

Mit der Marke SWAKARA wurde ein Begriff für einen einzigartigen, unverwechselbaren Pelz geschaffen. Massenware, die beispielsweise als Innenfutter von Lederjacken diente, war verpönt und wurde vom Markt verdrängt. Dies rächte sich, als Mitte der 70er-Jahre Pelze jeglicher Art unmodern und Pelzträgerinnen mit Eiern beworfen wurden. Die Persianer wurden angeprangert, weil sie von Lämmern stammen, die schon am Tag nach der Geburt geschlachtet werden. Lederjacken blieben von der Ächtung verschont, sind sie doch auch ökologischer als Goretex-Jacken.

Heute gibt es nur noch etwa 200 000 Karakulschafe, die Karakulfarmerei scheint sich jedoch zu erholen. 2001 wurde ein Durchschnittspreis von N$210 pro Fellchen erzielt. Bei diesem Preis ist die Karakulfarmerei durchaus wirtschaftlich, sodass kurzzeitig Hoffnung für die Farmer bestand. Letztlich hängt dieser Wirtschaftszweig jedoch so stark von äußeren Faktoren wie dem Wetter und dem jeweiligen Kurs des Rand ab, dass er heute als alleinige Einkommensquelle für die Farmer ein zu großes Risiko darstellt. 2003 beispielsweise sank der Erlös für ein Fellchen auf durchschnittlich N$130. 2005 erholte sich der Markt; der Durchschnittspreis für ein Fellchen betrug N$255, der Höchstpreis N$667,74. Im Jahr 2006 kletterte der Durchschnittspreis aufgrund gestiegener Nachfrage auf N$404, der Rekordpreis bei Auktionen lag damals bei N$1250. Durch den erstarkten Rand/Namibia Dollar wurde 2008 ein neuer Rekordpreis von N$1396,04 erzielt.

Viele ehemalige Karakulfarmer schlitterten seinerzeit mit dem Zusammenbruch des Pelzmarktes in die Pleite. Einige der Farmen wurden in Naturparks umgewandelt, etwa das NamibRand Nature Reserve. Etliche Farmer sind in die Tourismusbranche gewechselt. Andere Farmer versuchten es mit Fleischschafen und Rindern. Da diese Tiere anspruchsvoller als Karakulschafe sind, züchten nun einige Farmer „steinfressende Beester".

Helmeringhausen Hotel, ✆ 063-283307, ✉ info@helmeringhausen.com, 💻 www.helmeringhausennamibia.com, Karte S. 256/257. Katja und Björn Basler haben vor ein paar Jahren die Farm gekauft und betreiben das Hotel in Helmeringhausen mit seinen 22 Zimmern mit viel Enthusiasmus. Genutzt wird ausschließlich Wind- und Solarenergie, das Wasser kommt aus einem solarbetriebenen Bohrloch und fast alles wird wiederverwertet. Das Essen im Restaurant ist gut, im Biergarten gibt es eiskaltes Windhoek Lager und der immer frisch gebackene Apfelkuchen ist der beste im Land. Swimmingpool. Naturrundfahrten werden angeboten. ❸ Campingplatz N$200 p. P., Du/WC, Rasen.

Schloss Duwisib

Das Schloss Duwisib wurde im neuromanischen, wilhelminischen Stil inmitten der afrikanischen Dornbuschsavanne errichtet. Hansheinrich von

Für ihr schlechtes wirtschaftliches Auskommen geben die Farmer oft leichtfertig der Trockenheit die Schuld. Für die Berechnung der Anzahl der Tiere auf einer Farm (Rinder, Schafe und Ziegen) wird der durchschnittliche Regenfall zu Grunde gelegt. Da allgemein bekannt ist, dass es auch längere Perioden mit weniger Regenfall gibt, müsste man sich bei der Planung jedoch am unteren Viertel orientieren.
Alles Darüberliegende sollte als Geschenk der Natur betrachtet werden, die so dafür sorgt, dass sich der Grasbewuchs wieder erholen kann.

Die Farm Dabis bei Helmeringhausen

Insbesondere anhand der Niederschlagszahlen von 2006/07 und 2007/08 wird deutlich, mit welchen Extremen die Farmer im Süden rechnen müssen.
Auf Dabis hat die Familie Gaugler den Balanceakt zwischen Schafzucht und Gästebetrieb sehr gut hinbekommen. Wurde früher mit Karakulschafen gefarmt, liegt heute der Schwerpunkt auf der Züchtung einer besonders robusten und genügsamen Schafrasse. Bei einer Farmrundfahrt wird diese spezielle Farmerei in ariden Gebieten erklärt.

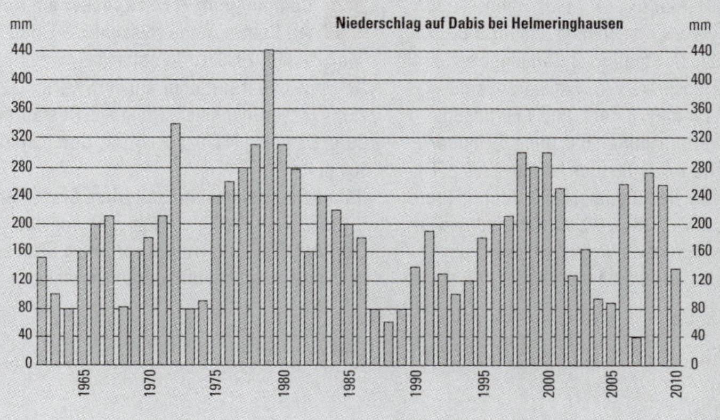

DER SÜDEN

Wolf, Offizier der Deutschen Schutztruppe, und seine reiche amerikanische Ehefrau Jayta kauften die Farm 1907. Jayta wurde in Summit (New Jersey, USA) geboren. Nach dem Tod ihres Vaters heiratete ihre Mutter den in Dresden amtierenden amerikanischen Konsul, wo Jayta Baron von Wolf kennenlernte. Sie hatte ein Vermögen vom Großvater geerbt und war Millionärin. Das Schloss wurde 1908 vom Architekten Wilhelm Sander erbaut. Es hat 22 Zimmer und umfasst 900 m². Nach dem Zukauf mehrerer Farmen erstreckte sich das Anwesen schließlich auf insgesamt 55 000 ha. Hier züchtete von Wolf Pferde, Rinder und Schafe.

Das Ehepaar lebte nur von 1909 bis 1914 auf dem Anwesen. 1914 traten die Wolfs eine Reise nach England an, während der sie die Nachricht vom Ausbruch des Ersten Weltkrieges erreichte. Von Wolf meldete sich als Offizier bei der Deutschen Armee und fiel 1916 in der Schlacht an der Somme in Frankreich.

Seine Frau kehrte nie mehr nach Namibia zurück und machte keine Besitzansprüche geltend. Sie verstarb 1964 in den USA.

Die Farm wurde 1920 verkauft. 1979 erwarb die Regierung das Schloss (nur das Gebäude) und richtete es als Museum her. ⌚ von Sonnenauf- bis Sonnenuntergang, Eintritt N$60 p. P., Kinder unter 16 Jahren frei.

ÜBERNACHTUNG

Duwisib Castle Camp Site, Buchungen bei NWR, ✆ 061-2857200, ✉ reservations@nwr.com.na, 💻 www.nwr.com.na, an der D 826, Karte S. 256/257. Staatlicher Campingplatz direkt vor dem Schloss; Du/WC, Wasseranschluss; N$110 p. P. für max. 8 Pers. und 1 Fahrzeug. Seit 2014 werden im Schloss auch 5 Zimmer vermietet (DZ mit Frühstück N$800–1200 p. P.).

Farm Duwisib Rest Camp, Lilly & Jochen Frank-Schultz, ✆ 063-293344, ✉ info@farmduwisib.com, 💻 www.farmduwisib.com, direkt am Schloss Duwisib südlich von Maltahöhe an der D 826, Karte S. 256/257, Haupteingang ist hinter dem Schloss beim Café. Schlichte Zimmer, einfaches, gutes Essen, angenehme Gastgeber. 4-Bett-Zimmer für Selbstversorger. Guter Stopp am gleichnamigen Schloss, mit kleinem Café und Souvenirshop. Abendessen inkl. Keine Kreditkartenzahlung. ❹
Camping N$95 p. P.; Du/WC, Strom-/Wasseranschluss, Picknickplätze.

Maltahöhe

Maltahöhe wurde von Hauptmann von Burgsdorf als Station der Schutztruppe errichtet und nach seiner Frau Malta benannt. Heute gibt es hier wenig außer einer Tankstelle, einem kleinen Supermarkt und dem Maltahöhe Hotel.

Wenn man hier ist, lohnt der Besuch des Oahera Art Centre am westlichen Ortsausgang Richtung Sesriem an der Hauptstraße, ⌚ tgl. 8–17 Uhr. Souvenirshop und Craft Centre (in dem Souvenirs hergestellt werden) mit kleinem Café, Internetzugang und Red Stone Restaurant. Guter Einblick in das Leben der Nama.

ÜBERNACHTUNG

Maltahöhe Hotel, ✆ 063-293013, ✉ info@maltahoehe-hotel.com, 💻 www.maltahoehe-hotel.com, 4 Post St, Karte S. 256/257. Einfache Zimmer, Dorms, Bar, Restaurant, Biergarten, Internetzugang, Souvenirshop. ❷

€ **Campingplatz & Backpacker am Oahera Art Centre**, Anne Gyselinck & Brian Padwick, ✆ 063-293028, ✉ oaheraa@iway.na, 💻 www.oaheraart.com, Du/WC, Karte S. 256/257. Wasseranschluss, Grillplatz, Restaurant u. Café; Camping N$70 p. P., Dorm-Bett N$140–160 p. P.

IIKhai-Sores Campsite and Ditsa Craft, Karte S. 256/257. Du/WC, ca. N$80 p. P., Teil des Quiver Camping Trail. Die Frauen von Ditsa Craft zeigen gern ihre Produkte und deren Herstellung.

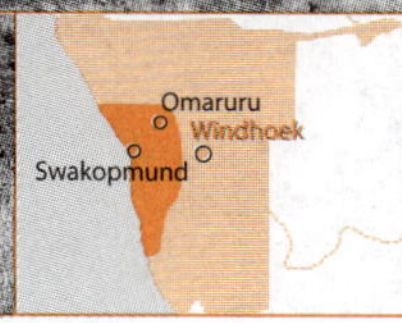

Der Westen

Stefan Loose Traveltipps

4 Sossusvlei Von Tiefrot über Orange bis Hellgelb – die Farbskala der Sandberge ist wahrhaft beeindruckend. S. 309

5 Lagune von Walvis Bay Neben Flamingos, Pelikanen, Kormoranen und anderen Wasservögeln gibt es in der Lagune Robben, Delphine und manchmal auch Wale zu bewundern. S. 327

6 Swakopmund Gut zum Bummeln durch den Stadtkern mit seinem kolonialen Charme, für einen Spaziergang am Meer oder für eine der zahlreichen angebotenen Aktivitäten. S. 334

Blutkuppe, Spitzkoppe und Erongo Bizarre Granitformationen. S. 357 und S. 365

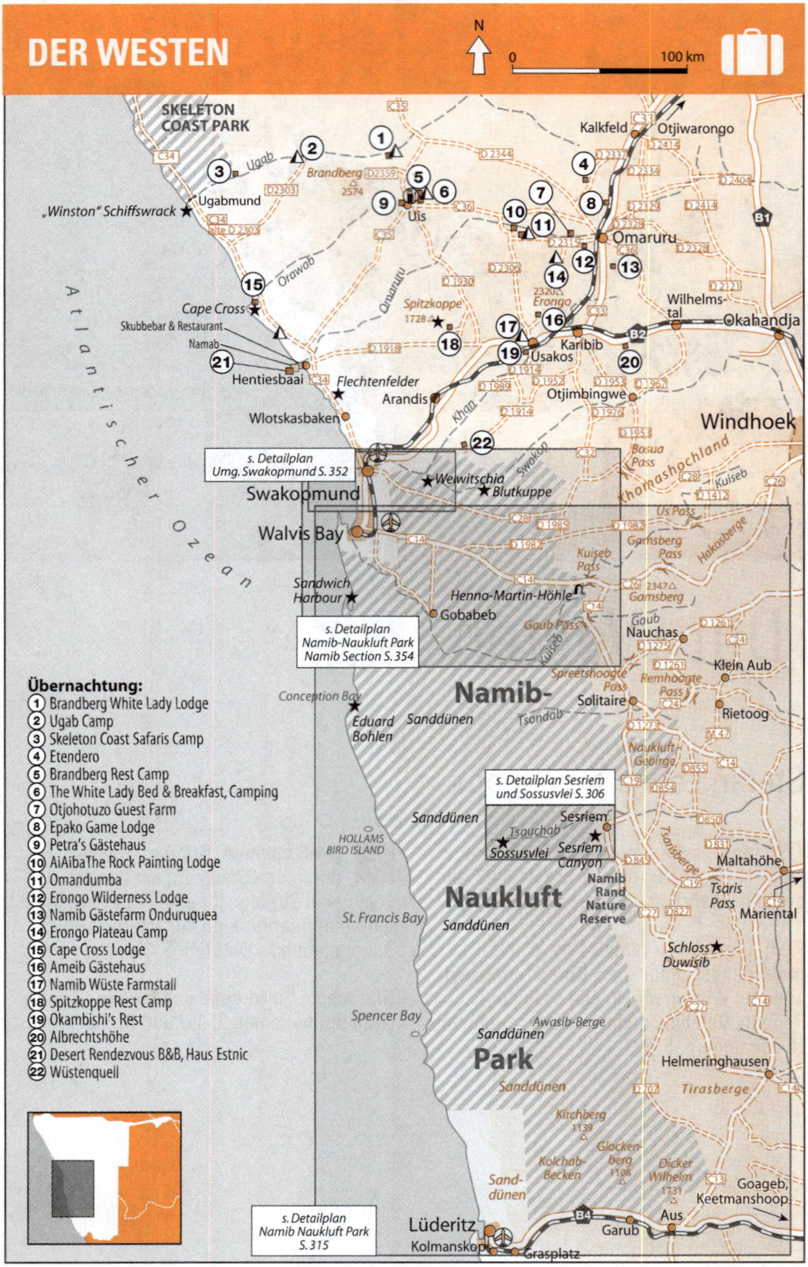
DER WESTEN
N
0
100 km
SKELETON COAST PARK
Ugabmund
„Winston" Schiffswrack
Ugab
Brandberg
2574
Uis
Orawab
Omaruru
Kalkfeld
Otjiwarongo
Omaruru
Spitzkoppe
1728
2320
Erongo
Wilhelmstal
Okahandja
Karibib
Usakos
Cape Cross
Skubbebar & Restaurant
Namab
Hentiesbaai
Flechtenfelder
Arandis
Otjimbingwe
Wlotskasbaken
Khan
Windhoek
Atlantischer Ozean
s. Detailplan Umg. Swakopmund S. 352
Swakopmund
Welwitschia
Blutkuppe
Swakop
Bosua Pass
Khomashochland
Kuiseb
Us Pass
Walvis Bay
Gamsberg Pass
Hakosberge
Kuiseb Pass
2347
Gamsberg
Sandwich Harbour
Henno-Martin-Höhle
Gobabeb
Gaub Pass
Gaub
Nauchas
s. Detailplan Namib-Naukluft Park Namib Section S. 354
Spreetshoogte Pass
Remhoogte Pass
Klein Aub
Conception Bay
Namib-
Solitaire
Rietoog
Eduard Bohlen
Sanddünen
Tsondab
Naukluft-Gebirge
s. Detailplan Sesriem und Sossusvlei S. 306
Sesriem
Tsauchab
Sossusvlei
Sesriem Canyon
Sanddünen
HOLLAMS BIRD ISLAND
Tsarisberge
Maltahöhe
Namib Rand Nature Reserve
Tsaris Pass
Naukluft
Mariental
St. Francis Bay
Sanddünen
Schloss Duwisib
Spencer Bay
Awasib-Berge
Sanddünen
Park
Helmeringhausen
Sanddünen
Tirasberge
Kirchberg
1139
Glockenberg
1108
Kolchab-Becken
Dicker Wilhelm
1731
Sand-dünen
Goageb, Keetmanshoop
Aus
Lüderitz
Garub
Kolmanskop
Grasplatz
s. Detailplan Namib Naukluft Park S. 315
Übernachtung:
1 Brandberg White Lady Lodge
2 Ugab Camp
3 Skeleton Coast Safaris Camp
4 Etendero
5 Brandberg Rest Camp
6 The White Lady Bed & Breakfast, Camping
7 Otjohotuzo Guest Farm
8 Epako Game Lodge
9 Petra's Gästehaus
10 AiAibaThe Rock Painting Lodge
11 Omandumba
12 Erongo Wilderness Lodge
13 Namib Gästefarm Onduruquea
14 Erongo Plateau Camp
15 Cape Cross Lodge
16 Ameib Gästehaus
17 Namib Wüste Farmstall
18 Spitzkoppe Rest Camp
19 Okambishi's Rest
20 Albrechtshöhe
21 Desert Rendezvous B&B, Haus Estnic
22 Wüstenquell

Namib-Naukluft Park

Mit fast 50 000 km² Fläche ist der Namib-Naukluft Park Namibias größtes Naturschutzgebiet. Der wüstenartige Park erstreckt sich zwischen Swakopmund und Lüderitz. Highlight der Region sind die gewaltigen Sanddünen, vor allem die berühmten Dünen von Sossusvlei. Das ehemalige Diamantensperrgebiet zwischen Oranjemund und Lüderitz wurde 2009 in den Namib-Naukluft Park eingegliedert.

Sesriem und Sossusvlei

Sonne, Wind und Wasser haben die Geschichte der Namib geschrieben. In rund 80 Mio. Jahren veränderte sich das Klima hier nur von hyperarid zu semi-arid. Allerdings sind sowohl Spuren gewaltiger Ströme als auch ewig langer Trockenperioden auszumachen.

Das Sossusvlei mit seinen riesigen Dünen, die im wechselnden Tageslicht mit verschiedenen Farbnuancen beeindrucken, ist eine der schönsten und auch bekanntesten Sehenswürdigkeiten Namibias. Einsame Stunden wird man hier nur außerhalb der Hochsaison (die etwa von August bis November währt) genießen können; im Dezember und Januar jedoch ist es in den Dünen oft schon am Morgen brütend heiß.

Die meisten Besucher fahren zum Sonnenaufgang ins Vlei. All die Fotos mit gestochen scharfen, aprikotfarbenen Dünen vor tiefblauem Himmel wurden morgens gemacht. Der Sonnenuntergang ist jedoch genauso schön, die Farbspiele währen dann auch etwas länger, und es herrscht ein besonderer Friede in der Wüste. Das Licht ist allerdings durch den tagsüber aufgewirbelten Staub diffuser.

Öffnungszeiten der Parktore

Das Eingangstor zum Park vor Sesriem ist nur von Sonnenauf- bis Sonnenuntergang geöffnet. Im Juni und Juli, also im namibischen Winter, geht die Sonne etwa um 6.30 Uhr auf und um 17 Uhr unter, während sie im Sommer (Dezember/Januar) schon um 6 Uhr auf und erst gegen 20 Uhr untergeht. Da die Zeiten des Sonnenauf- und Sonnenuntergangs immer leicht variieren und die genauen Öffnungszeiten des Tores vom Parkbeamten festgelegt werden, sollte man sich vorher erkundigen, wann das Tor geöffnet wird (in der Unterkunft oder am Parktor). Der Eintritt beträgt N$80 pro Person und N$10 für das Fahrzeug.

Reisende, die außerhalb des Parks übernachten, haben bislang keine Möglichkeit, zum Sonnenauf- oder Sonnenuntergang in den Dünen zu sein. Wer zeitig genug aufsteht, um mit Sonnenaufgang in den Park zu fahren, kann erst einmal einen Abstecher zur Elimdüne machen. Die Düne ist nur eine Viertelstunde mit dem Auto vom Tor entfernt. Zum Vlei selbst fährt man hingegen länger als eine Stunde. Ehe man dort ankommt, ist der Zauber schon vorbei.

Innerhalb des Park gibt es nur den Sesriem Campingplatz und die Sossus Dune Lodge, beide von NWR betrieben. Wer hier übernachtet, hat den Vorteil, etwa eine Stunde früher durch das innere Parktor fahren zu dürfen und damit früher in den Farbzauber der Dünen einzutauchen.

Sesriem Campingplatz

Der Sesriem Campingplatz (S. 312) liegt 65 km vom Sossusvlei entfernt, direkt hinter dem großen Parkeingang zum Sesriem und Sossusvlei. Da der Campingplatz im Park liegt, darf man bereits eine Stunde früher zum Sossusvlei fahren und eine Stunde später zurückkommen. Von hier aus gelingt es daher meist, bei Sonnenaufgang zumindest am 2x4-Parkplatz zu sein.

Auf dem Campingplatz begrüßen Schildraben die Besucher. Diese anpassungsfähigen Allesfresser behaupten sich erfolgreich südlich der Sahara. Schatten verschafft hier hauptsächlich der Kameldornbaum (S. 312). Auf einigen Kameldornbäumen leben Misteln *(Tapinanthis)*. Diese bekommen die Feuchtigkeit von ihren Wirtspflanzen, betreiben die Fotosynthese jedoch über die eigenen Blätter. Typisch sind die leuchtend roten Blüten. Gelegentlich ziehen ein paar Oryx-Antilopen (von den Einheimischen „Gemsbok" genannt) durch das Lager. Auch Springböcke sind anzutreffen. Sand und Pflanzenreste werden an niedrigen Büschen und Grasbüscheln angeweht und bilden so eine Heimat für eine kleine Gemeinschaft verschiedener Tiere. Vögel, Eidechsen, Schlangen, Skorpione,

SESRIEM UND SOSSUSVLEI

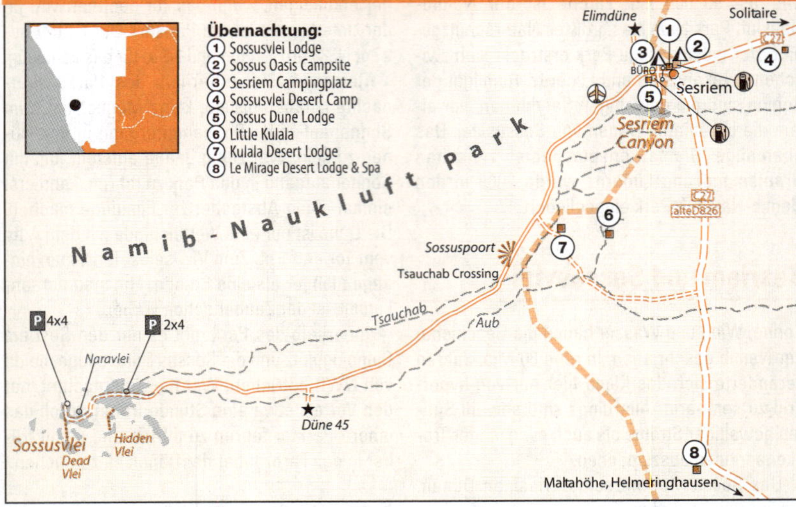

Geckos und viele Insekten leben hier. Nördlich und westlich haben sich Strauchbüscheldünen an den Kerzendornakazien *(Acacia hebeclada)* geformt. Die Kerzendornakazie wird hier bis zu 7 m hoch, die namensgebenden Schoten (4–15 cm lang) stehen aufrecht wie Kerzen am Weihnachtsbaum.

Die eingegrenzten Stellplätze sind oft ausgebucht, eine frühzeitige Reservierung ist daher erforderlich. Die Sanitäreinrichtungen sind nicht immer sauber. Auf der Anlage befinden sich eine Tankstelle, ein kleiner Shop (in dem es Holz, die notwendigsten Dinge und manchmal auch Brot gibt), ein kleiner Pool und das Nationalparkbüro, jedoch kein Restaurant. Es ist hier vorzuziehen, *im* Zelt zu schlafen (Verhaltenstipps, S. 124).

Sesriem Canyon

Nachdem man das Eingangstor zum Park passiert und rechterhand im Büro den Eintritt gezahlt hat, gelangt man auf dem Weg, der dem Büro gegenüberliegt, nach wenigen Fahrminuten zum Sesriem Canyon.

Der 30 m tiefe Sesriem Canyon ist das Ergebnis eines langen Erosionsprozesses, bei dem sich das Tsauchab Rivier in die Ebene gegraben hat.

Von seinem Einzugsgebiet oberhalb der Randstufe *(Escarpment)* fließt der Tsauchab westwärts und endet (heute) im Sossusvlei.

Das Rivier führt nur ein paarmal in einer Dekade Wasser, in der Tiefe des Canyon gibt es jedoch fast immer Tümpel. Die ersten Siedler mussten sechs Ochsenwagenriemen (afrikaans *ses riem*) zusammenbinden, um das Wasser von den Tümpeln hochzuziehen.

Die hohen Wände des Canyon legen sichtbares Zeugnis von der Geschichte dieser Region ab. Die Ablagerung des Konglomerats begann vor rund 30 Mio. Jahren. Schichten mit großen gerundeten Steinen lassen auf Perioden schließen, in denen sich das Wasser mit großer Geschwindigkeit und enormer Kraft fortbewegte. Dazwischen gibt es Lagen aus Kies und Sand. Diese wurden durch Kalk, das durch die Verdunstung des karbonathaltigen Tsauchab-Wassers entstand, verbunden. So kam es über die Jahrtausende zur Bildung des heute vorliegenden Konglomerats. Als in Europa vor 2 Mio. Jahren die Eiszeit begann, sank der Meeresspiegel. Damit erhöhte sich die Fließgeschwindigkeit und Erosionskraft des Flusses aufgrund des nun stärkeren Gefälles. Der Fluss fraß sich nach und nach in das Gestein.

Zwei sehr ähnliche Schwarzkäfer bewohnen den sandigen Boden des Canyon. *Physosterna cribripes* ist ein großer, tagaktiver Käfer mit kleinen Hubbeln auf dem Rücken. *Physadesmia globosa* ist etwas runder, weicher und weniger glänzend. Er bewegt sich relativ langsam. Häufig folgen ein oder mehrere Männchen dicht dem sichtbar größeren Weibchen. Guineatauben mit deutlich rotem Kreis um die gelben Augen sind häufig ruhend auf den hohen Kanten des Canyon zu sehen. Ein oft anzutreffender Bewohner ist der Bergstar, ein ziemlich großer, schwarzer, schlanker Star mit weißen Flügelspitzen, die man allerdings nur erkennt, wenn er fliegt. Der Canyon stellt mit seinen Löchern und Felsspalten noch für viele andere Tiere einen idealen Lebensraum in der Wüste dar.

Elimdüne

Einfach zu erreichen und schön anzusehen, ist die Elimdüne eine gute Einführung in das Ökosystem der Dünen und ihrer Bewohner. Sie ist die erste große Düne auf der rechten Seite, wenn man vom Eingangstor Richtung Sossusvlei fährt.

Elim ist eine Sterndüne mit einer pyramidalen Spitze und drei ausfallenden Armen. Die meisten Sterndünen der Namib sind jedoch wesentlich komplexer als die Elimdüne. Häufig sind sie miteinander verbunden und haben einen einzelnen beherrschenden Arm. Das Namib-Sandmeer hat seinen Ursprung in den Schlammmassen, die der Oranje einst weiter südlich in den Atlantik spülte. Von der Benguela-Strömung wurden sie an den Strand getragen und vom Wind nach Nordosten geweht. Dieser Prozess setzt sich noch immer fort. Der Sand lagert sich vor allem an Hindernissen wie kleinen Büschen ab, und so bekommt die Düne ein „Fundament" und kann wachsen. Die vom Wind geformten Dünen werden von Pflanzen weiter modifiziert und befestigt.

Die Elimdüne ist von einer Vielzahl von Gräsern und anderen Pflanzen bewachsen. Viele von ihnen sind endemisch – sie wachsen also nur hier im Dünengebiet. Verschiedene Tiere haben sich in den Namib-Dünen eingelebt. Die meisten fallen nur durch ihre Spuren im Sand auf. Um der sengenden Hitze zu entkommen, vergraben sie sich und werden erst nach Sonnenuntergang aktiv. Die auffälligsten Spuren hinterlassen die Sandviper (lat. *Bitis peringueyi*, engl. *sidewinding adder*) und der Goldene Maulwurf *(Eremitalpa granti namibiensis)*. Die „S"-förmige Spur der Viper ist vielen bekannt, der blinde Maulwurf hingegen schwimmt direkt unter der Oberfläche durch den Sand und hinterlässt eine deutlich erhabene Spur. Der Maulwurf verlässt sich ausschließlich auf seinen hoch

Geckos und Eidechsen

Es gibt verschiedene Geckoarten in Namibia. Ein ganz besonderes Exemplar ist jedoch der bellende Gecko (engl. *common barking gecko,* mitunter auch als *Lärmgecko* übersetzt). Geckos werden erst kurz vor Sonnenuntergang so richtig munter und gehen auf Nahrungssuche. Vor allem während der Paarungszeit geben sie ein überraschend lautes Klickgeräusch in kurzer Frequenz von sich.

Die bräunliche Farbschattierung auf dem Rücken verändert sich je nach Umgebung, der Bauch ist dagegen immer weiß. Nur der männliche Gecko hat ein dunkelgelbes, herzförmiges Mal auf dem Hals. Die Geckos sind wegen ihrer hervorragenden Tarnfarben schwer zu erkennen. Droht Gefahr oder lauern sie auf Beute, erstarren sie mitten in der Bewegung.

Die in der Wüste lebenden Eidechsen (die *Meroles*-Arten) haben sich anders an die ariden Bedingungen angepasst: Eine helle Körperfarbe reflektiert die heißen Sonnenstrahlen. In der Hitze des Tages rasen sie förmlich über den Wüstensand von einem Busch zum anderen. Oder sie führen ihren „Tanz" auf: Sie berühren den Boden nur mit zwei Füßen diagonal und wechseln in schnellen Abständen (vorne links, hinten rechts und dann umgekehrt). Dadurch können die Eidechsen den Körperkontakt mit dem glühenden Wüstensand auf ein Minimum reduzieren und sich innerhalb weniger Sekunden abkühlen.

entwickelten Gehörsinn, um seine Beute und Feinde zu orten. Er kann kleinste Vibrationen im Sand über mehrere Meter hinweg wahrnehmen. Kleiner Vergleich: Würde der Mensch so gut hören wie der *Golden Mole*, bräuchte er so große Ohren wie ein Elefant.

Die Namib ist berühmt für ihre Vielzahl verschiedener Tenebrioniden (Schwarzkäfer oder Tok-Tokkie-Käfer). Mehr als 200 Arten bewohnen diesen schmalen ariden Gürtel, einige sind endemisch – so auch die einzigen bekannten weißen Schwarzkäfer der Erde.

Zum Sonnenuntergang ist meist das stakkatoartige Geräusch der bellenden Geckos *(Ptenopus garrulus)* zu hören. Klein und gesprenkelt mit gelber Kehle ist der bellende Gecko wohl das lauteste Reptil auf der Erde (Kasten S. 307).

Düne 45

Auf dem Weg von der Elimdüne zum 2x4-Parkplatz bietet sich als nächster Stopp die sogenannte Düne 45 an. Manch einer, dem die Fahrt bis zum eigentlichen Vlei zu weit ist, fährt nur bis hierher. Das einzig Besondere an dieser Düne ist, dass ein kleiner Abzweig direkt dorthin führt, man also nah an sie heranfahren kann. Der Seitenarm der Düne, auf den man zufährt, ist nicht sehr hoch und eignet sich zum Klettern.

2x4-Parkplatz

Vom Eingangstor des Parks führt eine Teerstraße in das Dünengebiet. Rund 60 km düneneinwärts befindet sich der Parkplatz für normale Pkw (= 2x4, im Gegensatz zum Allrad = 4x4). Ab hier darf und kann man nur noch mit einem Geländewagen weiter ins Vlei fahren. Im Park gilt ein Tempolimit von 60 km/h. Wer ein Geländefahrzeug hat, schaltet am Parkplatz auf Allrad um und darf bei den älteren Modellen das Feststellen der Freilaufnaben nicht vergessen – das ist eine häufig vorkommende „Touristenfalle", die die Einheimischen immer wieder belustigt. Wer keinen Geländewagen hat, läuft die letzten 5 km bis ins Vlei. An genügend Trinkwasser denken, Hut nicht vergessen und so früh wie möglich aufbrechen – dann ist es noch nicht so heiß, außerdem ist der Sand durch die Morgenfeuchtigkeit noch härter.

Wer weder Geländewagen hat noch laufen möchte, kann den Shuttle von NWR nutzen. Die Geländewagen sind am 2x4-Parkplatz stationiert. Die Guides fahren ins Vlei, sobald genügend Leute beisammen sind. Preis pro Person N$110.

Der abgelagerte Schlamm im Gebiet um den Parkplatz beweist, dass der Tsauchab früher breiter und stärker gelaufen ist. Heute schafft es das Wasser selten bis zum Parkplatz und noch seltener weiter bis zum heutigen Vlei. Nach elf wasserlosen Jahren strömte im Januar 1997 eine gigantische Flutwelle das Rivier hinab und erreichte den Parkplatz. Das Wasser staute sich über die gesamte Breite des Tales 2,5 m hoch und durchbrach dann die aus großen Sandwällen bestehende Barriere, spülte diese komplett weg und überflutete das Sossus- und Naravlei meterhoch. Dadurch konnte sich eine sehr viel kleinere Flutwelle Anfang 2000 viel müheloser ihren Weg bahnen. Danach schaffte es der Tsauchab erst 2006 wieder bis in das Vlei, wobei allerdings nur eine kleine Pfütze entstand. Sehr viel größere Wassermassen wälzten sich 2011 den Tsauchab hinab, auch 2012 stand wieder Wasser im Vlei.

Für das Entstehen kleiner Dünen sind oft Pflanzen verantwortlich. Die Brackbüsche *Salsola spp.* binden den Sand zu großen Haufen. Der Salsola ist ein perennierender kleiner Strauchbusch, der mit Spinat und Rüben verwandt ist. Dieser hitze- und salzresistente Strauch ist dicht verzweigt und wird zwischen 15 cm und 1 m hoch. Die einzelnen Pflanzen erscheinen durch die abgestorbenen Äste und Zweige oft sehr alt. Sie tragen nur wenige Blätter, die ganz dicht beisammen an den Zweigen stehen. Die Farbe reicht von Graugrün bis Braun. Kleine papierähnliche Blumen am Ende der kurzen Äste werden zu flachflügeliger Saat. Die größten Sandhügel formen sich um die Nara und den stinkenden Weißstamm. *Mesembryanthemum crystallinum*, eine Sukkulente mit großen fleischigen Blättern und rosa Blüten, steht oft Seite an Seite mit der Nara, wenn auch ihre Überlebensstrategie eine andere ist. Obwohl die Blätter sehr viel Wasser enthalten, werden sie wegen des hohen Salzgehaltes selten abgefressen. Strauße leben hier in Schwärmen bis zu 40 Vögeln, sofern sie nicht brüten.

4 HIGHLIGHT

Sossusvlei

Die Dünen am Sossusvlei bilden ein dynamisches, sich ständig veränderndes System. Mit einem Farbspiel von Goldgelb und Ocker bis zu Orange, von kastanienfarben bis zu intensivem Ziegelrot, das je nach Tageszeit blasser oder kräftiger ist, bilden diese Dünen im ersten und letzten Tageslicht eines der beliebtesten Fotomotive der Welt. Die Kameras sollten allerdings gut vor dem feinen Sand geschützt werden. Schon manch ein Besucher hat hier die letzten Fotos der Reise gemacht. Es muss besonders stark regnen, damit das Wasser die Sandbarrieren, die sich immer wieder östlich vom Vlei aufbauen, überwindet und seinen Weg zum Sossusvlei („Sossus" wird exakt so ausgesprochen, wie es geschrieben wird, bei „Vlei" liegt die Betonung auf dem „e", wie bei „beige") finden kann. Wenn sich das Vlei mit Wasser füllt, verändert sich die ganze Landschaft. Das offene Wasser kann bei ausreichendem Regen über Jahre stehen, sodass Enten, Gänse und Säbelschnäbler plötzlich einen Teil der Dünentierwelt bilden. Meist jedoch versiegt der Tsauchab 5 km östlich des Vleis am 2x4-Parkplatz.

Was aber passiert, wenn die Sandwälle, die langsam am Westende des sandfreien Dünentals entstehen, einmal so dick sind, dass das Wasser östlich vom Sossusvlei zurückgehalten wird? Das heutige Vlei würde kein Wasser mehr bekommen, Kameldornbäume und Naras wür-

Nara

Die Nara, *Acanthosicyos horridus*, ist ein endemisches Kürbisgewächs mit langen Pfahlwurzeln, die bis in das Grundwasser reichen. Man findet sie besonders häufig um das Sossusvlei sowie im unteren Teil des Kuiseb und des Swakop Rivier. Sie ist einfach zu erkennen – ein Gewirr aus hellgrünen, vertikal gestreiften, dornigen Stämmchen. Sich den Wüstenbedingungen anpassend, verzichtet die Nara auf Blätter, um die Verdunstung zu minimieren. Die Fotosynthese findet bei ihr über die Äste und Speichen statt.

Die Nara ist diözisch, es gibt männliche und weibliche Pflanzen. Die blassen, hellgrünen Blüten werden bis zu 12 mm lang. Die weibliche Blüte ist deutlich an der dicken geschwollenen Basis, aus der die Frucht wächst, zu erkennen. Kleine Auswüchse bedecken den Fruchtknoten, der direkt unter den Blütenblättern sitzt. Die hellgrünen, dornigen Früchte werden blassorange, wenn sie reif sind. Jeder Busch bildet ein einzelnes Mini-Ökosystem und bietet einer großen Tiergemeinschaft Schutz. Neben den vielen kleinen Insekten, die die Nara als Nahrung und Behausung nutzen, wird sie gern von Oryx-Antilopen gefressen. Strauße äsen die Spitzen der ansonsten harten Stämme.

Doch nicht nur für viele Insekten und Säugetiere ist die Nara eine wichtige Nahrungs- und Feuchtigkeitsquelle, sondern auch für die Menschen. Für die Topnaar (Nama), die heute im unteren Kuiseb Rivier leben, ist die „!Nara" so wichtig, dass sich der Begriff „Besitz" für sie nur auf den Besitz von Nara-Pflanzen und -Feldern bezog. Die Nara-Pflanzen wurden nach strengen Regeln weitervererbt. Ansonsten kannten die Topnaar überhaupt keine Form von Besitz.

Die Nara wird auch als „Brot der Wüste" bezeichnet, es heißt, dass die Topnaar ohne die Nara nicht hätten überleben können.

Eine wichtige Proteinquelle sind die cremefarbenen Samen, die im orangegelben Fruchtfleisch wachsen. Der Geschmack der Kerne erinnert an Nüsse. Aus den Samen wird außerdem Öl gewonnen (S. 346). Das Fruchtfleisch wird zur Reifezeit roh gegessen und ist wegen seines hohen Wassergehalts ein wichtiger Feuchtigkeitsspender. Außerdem hat es einen hohen Eisengehalt. Für die Trockenzeit legen die Topnaar große Vorräte an getrocknetem Fruchtfleisch und Kernen an.

In der englischsprachigen Publikation *!Nara – Fruit for Development of the !Khuiseb Topnaar* der Desert Research Foundation of Namibia (ISBN 99916-40-33-9) wird die Nara und ihre besondere Bedeutung für die Topnaar intensiv beleuchtet.

den eingehen und vielleicht würde sich ein neues Vlei beim heutigen Parkplatz bilden. Das erscheint zwar schier unmöglich, wäre aber lediglich Teil einer sich wiederholenden Geschichte.

Ein Stückchen südwestlich vom Sossusvlei befindet sich das Deadvlei. Dort stehen noch vertrocknete Kameldornbäume, deren Alter auf 500–900 Jahre geschätzt wird. Weiter im Westen gibt es mehrere alte Vleis, die inzwischen vom Sand verdeckt sind. Es wird angenommen, dass der Tsauchab vor 60 000 Jahren das letzte Mal den Atlantik erreicht hat.

Sossusvlei ist das Gebiet mit den „höchsten Dünen der Welt". Das ist ohne Zweifel eine gewagte Aussage, da ihre absolute Höhe umstritten ist. Denn von wo aus soll diese Höhe gemessen werden? Vom Bett des Tsauchab Rivier aus, in den einige der Dünenarme hineinreichen, oder von den höheren Sandsteinufern des Tsauchab? Der größte Sandteil liegt auf dieser Sandsteinschicht. Oder sollten diese Dünen, wie auch Berge und Städte, vom Meeresspiegel aus gemessen werden? Das Vlei selber liegt 570 m über dem Meeresspiegel und die Kämme der umliegenden Dünen ragen bis zu 1000 m heraus. Dann sind auch viele andere Dünen in der Namib mit bis zu 1400 m über dem Meeresspiegel wesentlich höher. Im Vergleich dazu: Die höchsten Dünen im südlichen Iran und in der Arabischen Wüste sind 200 m hoch.

Wie auch immer, ob nun 280 m oder 384 m (laut *Geological Survey of Namibia*), so ein Sandberg verdient schon Respekt, spätestens nachdem der Versuch unternommen wurde, ihn zu besteigen. Am besten läuft es sich ohne Schuhe, aber mit Socken, denn der Sand kann sehr, sehr heiß werden. Die Tiere, die in den Dünen leben, suchen im Allgemeinen durch die für sie starken Erschütterungen, die ein menschlicher Fuß beim Auftreten auf den Sand hervorruft, sofort das Weite.

Neben der Nara sind inzwischen verschiedene „fremde" Pflanzen anzutreffen. Die Samen wurden wahrscheinlich von den Fluten angeschwemmt oder von den Vögeln mitgebracht. Erstaunlich, wie schnell sich diese Pflanzen hier angepasst haben, ja dass sie hier überhaupt überleben können. Der wilde Tabak beispielsweise kommt aus Argentinien und ist giftig, ebenso der Stechapfel. Die Ansammlungen von Dosen, Plastik und anderem Müll sowie die

Die Geier

Geier sind im afrikanischen Ökosystem unersetzlich. Innerhalb kürzester Zeit vertilgen sie selbst riesige Kadaver wie den eines Elefanten. Fliegen und andere Insekten haben dadurch keine Chance, sich zu vermehren.
Bei den Weißrückengeiern kann der namensgebende Kontrast zwischen der weißen unteren Rückenpartie und den dunklen Flügeln nur von oben gesehen werden, beispielsweise aus dem Flugzeug. Beim Fressen und in der Nähe des Nestes geben die Geier zischende Laute oder lautes Gackern von sich. Oft ist zu beobachten, wie die Vögel die Thermik ausnutzen und über die Baumsavannen segeln, um den Boden nach Kadavern abzusuchen. Sie schlafen und ruhen in Bäumen, die sie mit der ersten Thermik nach Sonnenaufgang verlassen. Sie segeln mit ca. 60 km/h, können allerdings im Sturzflug bis zu 120 km/h erreichen. Die Geier folgen Gauklern, aber auch Löwen und Hyänen auf der Suche nach Aas. Als Nest wird eine große Plattform aus groben Stöcken in hohen Baumspitzen gebaut. Auch die Ohrengeier nisten und ruhen in Baumkronen, entweder einzeln oder in kleinen Kolonien. Die bekannteste Brutstätte ist am Tsondab, dem Vlei nördlich vom Sossusvlei in der Namib-Wüste. Auch am Sossusvlei waren früher Brutkolonien, inzwischen ist es den Ohrengeiern dort jedoch zu unruhig geworden. Sie sind wesentlich größer als die Weißrückengeier. Die Ohren und das Gesicht sind rot und federlos, was ihnen ein unheimliches Aussehen verleiht. Im Flug sind sie an den weißen Oberschenkeln und den weißen Streifen, die sich wie Bänder über den Körper ziehen (vor allem vorn an den Unterflügeln), zu erkennen. Alle Geierarten sind bedroht, vor allem weil es immer noch Farmer gibt, die Tierkadaver vergiften, um Schakale und anderes Raubwild zu töten. An einem solchen vergifteten Kadaver können leicht einige hundert Geier sterben.

vielen Spuren von Geländewagen deuten auf die Anwesenheit des rücksichtslosen *Homo sapiens*, eines Neulings in dieser antiken Wunderwelt, hin. Es sollte daher alles unternommen werden, um die eigenen Hinterlassenschaften so weit wie irgend möglich zu beschränken.

Nördlich des Sossusvlei mündet der Tsondab in das Tsondabvlei. Dieses ist jedoch nur von der Luft aus zu bewundern (Tipp: Rundflug über das Sossusvlei von Swakopmund aus). Es ist bekannt als eine der letzten Brutstätten der Ohrengeier und für schöne alte Kameldornbäume.

Eine weitere Besonderheit nördlich des Sossusvlei sind die Versteinerten Dünen. Gut zu sehen sind diese von der Namib Desert Lodge aus.

ÜBERNACHTUNG

Viele Lodges und Gästefarmen sind in den letzten Jahren östlich des Eingangs zum Namib Naukluft Park entstanden. Es gibt einige sehr teure, wenige preiswerte gute und viele mittelmäßige Unterkünfte. Da diese zum Teil bis zu 100 km vom Eingangstor entfernt liegen, ist das Für und Wider von Entfernung und Standard der Unterkunft jeweils genau abzuwägen. Die nachfolgende Liste ist nicht geordnet, zählt aber erst Unterkünfte südlich von Sesriem, dann beim Sesriem und schließlich nördlich von Sesriem auf.

Südlich von Sesriem

Zebra River Lodge, ✆ 063-693265, ✉ bookings @zebra-river-lodge.com, 💻 www.zebra-river-lodge.com, an der D 850 nahe dem Naukluft-Gebirge gelegen (zwischen D 854 und D 855), etwa 90 km von Sesriem entfernt, Karte S. 315. Gute Möglichkeiten zum Wandern. Rundfahrten durch die Schluchten der Tsarisberge werden angeboten. WLAN. ❺

Neuras Na'ankuse Wine & Wildlife Estate, ✆ 063-293417, ✉ neuras@naankuse.com, 💻 www.neuraswines.com, an der D 850 am Naukluft-Gebirge, Karte S. 315. Eine der wenigen Weinfarmen Namibias. Seit 1997 werden auf Neuras Weintrauben angebaut. Weintour N$400 p. P. (auch für Tagesbesucher). Seit Na'ankuse die Weinfarm 2012 übernommen hat, finden auch hier Geparden, Leoparden und Wildhunde, die nicht mehr in der Wildnis ausgesetzt werden können, ein neues Zuhause. Internetzugang. ❺

Tsauchab River Camp, Nicky & Johan Steyn, ✆ 063-293416, Buchungen bei Logufa, ✉ logufa@mweb.com.na, 💻 www.tsauchab.com, an der Kreuzung von D 854 und D 850, Karte S. 315. Beste Camping-Alternative zu Sesriem, witzig mit altem Farmschrott dekoriert, kleine Bar, Lunchpaket u. Ä. auf Bestellung, die Einzelplätze im Tsauchab Rivier sorgen für Privatsphäre und eine ruhige Nacht. N$110 p. P. plus N$150 pro Platz, mit jeweils eigener Du/WC. Außerdem 3 strohgedeckte Chalets, etwas entfernt davon das Eagle Family Hideout, alles mit Liebe zum Detail eingerichtet. Tented Camp mit 6 festen Zelten. Gute Wandermöglichkeiten. Farmrundfahrten, Sundowner-Fahrten und Bush Dinner werden angeboten. Pool. Engagieren sich sehr für die Ausbildung der lokalen Bevölkerung. ❹

Capricorn Restcamp, Karsten Sodmann, ✆ 063-682118, ✉ capricorn@iway.na, 💻 www.capricorn-naukluft.com.na, an der MR 47, 23 km von Rietoog, Karte S. 315. Engagierter freundlicher Besitzer. Einfache Bungalows. Umweltfreundlich mit Nutzung von Solar- und Windenergie, nur einheimische Pflanzen. ❷ Camping N$80 p. P., Du/WC, Wasseranschluss, schattige Plätze, Mahlzeiten können beim Camp vorgebucht werden.

Tismaree Guestfarm, ✆-Handy 081-3792318, ✉ tismaree@iway.na, 💻 www.tismaree.iway.na, an der MR 47, 400 m von der Kreuzung mit der C 14, Karte S. 315. 5 Chalets, 1 Dorm N$150 p. P. Restaurant und Bar. Farmshop, wo selbst Flickzeug u. Ä. erhältlich ist. Internetzugang. Eignet sich als Zwischenstopp zur Mittagspause. ❶ Camping N$70 p. P. Du/WC, Wasseranschluss.

Hoodia Desert Lodge, ✆ 063-683221, Buchungen bei Exclusive Reservations, ✉ hoodia@exclusive.com.na, 💻 www.hoodiadesertlodge.com, an der C 19 ca. 20 km von Sesriem, am Tsauchab Rivier, Karte S. 315. 12 geschmackvoll eingerichtete Bungalows mit eigener Veranda und Außendusche. Kleiner Pool. WLAN. Verschiedene Rundfahrten, u. a. geführter Sossusvlei-Ausflug. ❻

The Desert Homestead, ✆ 063-683103, ✉ reservations@homestead.com.na, www.deserthomestead-namibia.com, 31 km südlich von Sesriem an der C 19, Karte S. 315. 20 rustikale Bungalows mit Blick in die weite Ebene. Besonderheit: Ausritte in die Dünen zum Sonnenuntergang. ❹

A Little Sossus Lodge, Le Roux, Pierre und Jandré Germishuizen, -Handy 081-1555512, Buchungen bei Logufa, logufa@mweb.com.na, www.littlesossus.com.na, ca. 35 km südlich von Sesriem an der Abzweigung der D 854 von der C 19, Karte S. 315. Rustikale Bungalows aus Naturstein. Da die Lodge direkt neben der Straße liegt, ist sie eher als Stopp für eine Nacht geeignet. Eine gewisse Toleranz für amerikanische Country-Musik vom Band, die hier viel zu hören ist, sollte man mitbringen. Sundowner- und Sossusvlei-Touren werden angeboten. WLAN. ❺

Camping N$120 p. P., Du/WC, Wasser- und Stromanschluss, Abwaschküche. Restaurant und Pool sind den Lodge-Gästen vorbehalten.

Le Mirage Desert Lodge & Spa, 063-683019, info@mirage-lodge.com, www.mirage-lodge.com, 20 km südlich von Sesriem an der C 27, Karte S. 306. Gehört zu Leading Lodges, exklusiv, mit Wellness-Programm. Maurisch inspirierte Architektur, innerhalb der Gemäuer mit Pool und plätschernden Wasserfällen bekommt man nicht mehr viel von der Wüste draußen mit, etwas unwirklich. „Öko-Quadbike-Touren" (Eigenwerbung) für N$650 p. P., Dauer ca. 2 Std. Abendessen inkl. ❼

Die folgenden beiden Unterkünfte gehören zu **Wilderness Safaris Namibia**. Die Wilderness-Lodges zeichnen sich durch einen gehobenen Standard und ihre wirklich schöne Lage aus. Die Atmosphäre hängt sehr von den jeweiligen Managern ab und ist von Lodge zu Lodge verschieden. Die Preise der Lodges liegen ausnahmslos im oberen Segment. Buchungen für beide unter enquiry@wilderness.co.za, www.wilderness-safaris.com.

Kulala Desert Lodge, 063-683025, südlich des Sesriem Canyons an der C 27, Karte S. 306. Ein „Kulala" ist eine Unterkunft, die extremen Wüstenverhältnissen angepasst ist. Abendessen inkl., es gibt auch einen *All-inclusive*-Preis. Der private Eingang zu Sossusvlei kann nur im Rahmen der geführten Tour genutzt werden. ❼

Little Kulala, (kein Telefon in der Lodge), südlich des Sesriem Canyons an der C 27, Karte S. 306. Strohgedeckte, sehr geräumige Chalets mit Zeltwänden, je eigenem kleinen Pool und Hochterrasse über dem Bad. Ausflug zum Sossusvlei durch einen eigenen, privaten Eingang. Ab N$7125 p. P. Keine Kinder unter 6 Jahren.

Am Sesriem

Sesriem Campingplatz, 063-693247, Buchungen bei NWR, 061-2857200, reservations@nwr.com.na, www.nwr.com.na, im Namib Naukluft Park, direkt hinter dem großen Sesriem-Parkeingang, Karte S. 306. Einziger NWR-Campingplatz, bei dem die Stellplätze mit einem kleinen Mäuerchen eingegrenzt sind, meist um einen Schatten spendenden Kameldornbaum herum. Es steht also nur eine vorgegebene Anzahl von Plätzen zur Verfügung, weswegen eine Vorabreservierung (und Bezahlung) für Sesriem selbst in der Nebensaison notwendig ist. Beschreibung der Anlage S. 305. N$154 p. P. für max. 8 Pers. und 1 Fahrzeug; Du/WC, Wasseranschluss.

Sossus Dune Lodge, Buchungen bei NWR, 061-2857200, reservations@nwr.com.na, www.nwr.com.na, direkt hinter dem Parkeingang zum Sesriem und Sossusvlei, Karte S. 306. Von hier aus sind eine frühere Anfahrt zum Sossusvlei und eine spätere Rückkehr möglich. 25 Chalets im „Afro-Village-Stil" mit schönem Ausblick auf die Dünen. Abendessen und Parkeintritt inkl. Eine „staatliche" Lodge, die den Privaten in nichts nachsteht. Perfekt für Fotografen, die bis zum Sonnenuntergang in Sossusvlei bleiben wollen. Eine geführte Tour nach Sossusvlei von der Lodge aus kostet N$500 p.P. ❼

Sossusvlei Lodge, Reservierung über 061-9304564, info@sossusvleilodge.com, www.sossusvleilodge.com, am Parkeingang zum Sesriem und Sossusvlei, Karte S. 306. Einmalige Lage direkt am Parkeingang (die wird mitbezahlt); fügt sich farblich schön in die Landschaft ein. Große Luxuszelte mit festem Bad, Blick auf die Dünen. Die Lodge wird ihrer Vorreiterrolle hier am Parkeingang gerecht und achtet auf minimalen Wasser- und Energieverbrauch, Mülltrennung und Naturschutz; 2 Wüstenblumen. Behindertengerechte Zimmer. Das Restaurant steht auch Besuchern zur Verfügung. Abendessen inkl. 7

Zur Sossusvlei Lodge gehört das 4 km entfernte **Sossusvlei Desert Camp**, www.desertcamp.com, Karte S. 306. Deutlich preiswerter, ebenfalls tolle Lage, gleicher Stil wie die Lodge, 20 Selbstversorger-Chalets (mit Zeltwänden) mit Küchenecke, nur Übernachtung. Umweltfreundliches Camp, ohne AC und lärmende Generatoren. Das Restaurant der Lodge kann genutzt werden. 2 behindertengerechte Zimmer. 4

Für Selbstversorger interessant ist **Sossus Oasis Campsite**, 063-293632, www.sossus-oasis.com, Karte S. 306. Tankstelle, Take away und kleiner Laden, der besser bestückt ist als der Laden beim Parkeingang. Internetzugang, Pool.

Campingplatz N$175 p. P. Du/WC, Strom-/Wasseranschluss; Mahlzeiten und Aktivitäten können bei der Sossusvlei Lodge gebucht werden.

Nördlich von Sesriem

Namib Desert Lodge, Buchungen beim Gondwana Travel Centre, 061-230066, info@gondwana-collection.com, www.gondwana-collection.com, nördlich vom Sesriem an der C 19, Karte S. 315; Notfallnummer der Lodge: 063-683152, am Fuße der Versteinerten Dünen – einmalig schöne Landschaft. Super nicht nur für Fotografen: Die spannende Rundfahrt verdeutlicht den Kontrast zwischen den etwa 18 Mio. Jahre alten versteinerten Dünen und den etwa 2–3 Mio. Jahre alten Sanddünen. Naturschutz, Wasserwiederaufbereitung, Mülltrennung. 5

Namib Dune Star Camp, eine kurze, geführte Wanderung von der Namib Desert Lodge durch die grandiose Sandlandschaft, dann sieht man bereits die 9 idyllischen Holzhäuschen des Dune Star Camp. Und wenn das Naukluft-Gebirge lila im letzten Licht des Tages leuchtet, ist Zeit für eine Nacht unter dem einzigartigen Sternenhimmel der Wüste. Das Namib Dune Star Camp ist das jüngste Abenteuer der Gondwana Collection. In völliger Abgeschiedenheit verschmelzen die Häuschen des Öko-Camps in einem langgezogenen S mit der Natur. Toll ist der Blick von der Restaurant-Terrasse des Haupthauses. Die einfachen, aber komfortabel ausgestatteten Unterkünfte bieten jedem Gast sein eigenes Häuschen mit Solardusche, rollbarem Doppelbett, zusätzlichem Einzelbett für Kinder oder Freunde und als exklusivem Novum eine erhöhte Terrasse für die Sternennacht. Wer in der Namib Desert Lodge übernachtet, kann eine Nacht im Dune Star Camp buchen (DZ mit Frühstück N$1200 p. P.).

Namib Naukluft Lodge, 063-693381, Buchungen bei African Extravaganza, trixem@afex.com.na, www.namib-naukluft-lodge.com, bei Solitaire an der C 19, Karte S. 315. Blick in die Weite, behindertengerechte Zimmer. Geführte Sossusvlei-Touren im Geländewagen sowie ein Shuttle-Service von und nach Windhoek werden angeboten. 5

Camping N$250 pro Platz, Du/WC, Wasseranschluss, Schatten.

Auf der gleichen Farm, im privaten Naturreservat befindet sich das **Soft Adventure Camp** (gleiches Buchungsbüro) für Selbstversorger. Die Chalets liegen in einer Ebene mit Granithügeln. Gemeinschaftsküche, kleines Schwimmbad. Auf Vorbestellung kann man an den Mahlzeiten und Aktivitäten der Namib Naukluft Lodge teilnehmen. 4

Weltevrede Guestfarm, 063-683073, aswarts@mweb.com.na, www.weltevredeguestfarm.com, an der C 19, Karte S. 315. Von 3 Seiten vom Namib Naukluft Park umgeben, bietet sich als Ausgangspunkt für den Besuch von Sesriem und Sossusvlei an. Die Bungalows sind individuell gestaltet, zusätzlich stehen Zimmer im Haupthaus zur Verfügung. Camping N$120 p. P., jeder Platz hat eine eigene Dusche und Toilette. 4

Agama River Camp, 063-683245, -Handy 081-1270177, agama@resdest.com, www.agamarivercamp.com, 35 km südlich von Solitaire an der C 19, Karte S. 315. 10 großzügige, komfortable Chalets, bei schönem Wetter kann man auf der Dachterrasse schlafen. Pool. 4

Camping N$130 p. P., Du/WC, Wasseranschluss, Abendessen kann beim Camp vorgebucht werden.

Tsondab Valley Desert Farm, Kristin & Hans Schreiber, ✆ 061-681030, ✉ africanbluesky@iafrica.com.na, 💻 www.tsondab.com, an der C 14, 8 km nördlich von Solitaire, Karte S. 315. Geniale Landschaft, Pool; interessante, runde Bungalows mit Dachterrasse, auf der auch übernachtet werden kann – einmaliger Blick in den Sternenhimmel. Rundflüge über die Dünenwelt werden angeboten. Abendessen inkl. Keine Kreditkartenzahlung. ❹

3 Campingplätze mit Dünenblick, Wasseranschluss N$220 p. P.

AKTIVITÄTEN

Marathonlauf

Einmal im Jahr findet im Gebiet des Sesriem/Sossusvlei der Mega-Marathon-Lauf *100 km of Namib Desert* statt (S. 91).

NamibRand

Das wohl größte private Naturschutzgebiet im südlichen Afrika mit gut 1720 km² liegt südlich des Sossusvlei, parallel zum Namib Naukluft Park. Die Landschaft wechselt hier von aprikotfarbenen Dünen über Schotterflächen und Gebirgsketten bis zu grasbewachsenen Ebenen und Dünengürteln.

Auf dem heutigen Gebiet von NamibRand lagen früher mehrere Farmen, die erst ab 1950 vermessen wurden, um hier mittellose Buren anzusiedeln. Diese versuchten, Viehzucht zu betreiben, was in dem niederschlagsarmen Gebiet jedoch scheitern musste. Durch permanente Überweidung wurde der Natur ein Schaden zugefügt, dessen Auswirkungen noch heute sichtbar sind.

Einen Ausweg für die Farmer bot nur die Jagd auf das dort lebende Wild, das dadurch fast ausgerottet wurde – eine empfindliche Störung des ökologischen Gleichgewichts.

Albi Brückner, ein Geschäftsmann und Naturliebhaber aus Windhoek, erwarb 1984 die Farm Gorrasis. Er hatte sich in die Landschaft verliebt und wollte sie erhalten. Es kamen zwei Farmen hinzu, und die Idee, ein Naturreservat zu schaffen, wurde geboren. Weitere Farmen wurden gekauft und eine Stiftung gegründet, um den Naturschutz finanzieren zu können. Aus diesem Grunde hat man sich auch entschieden, hier eine Art sanften Tourismus zuzulassen.

Heute haben sich Flora und Fauna durch aktiven Naturschutz erholt. Auf NamibRand leben viele Antilopenarten, Zebras, Strauße und sogar Leoparden. Mehr als 120 Vogelarten wurden identifiziert. Bei Wanderungen und Geländefahrten kann die einmalig schöne Landschaft in fast ursprünglicher Form bewundert werden.

Wolwedans wird von Albi Brückners Sohn Stephan betrieben und besteht aus vier hochpreisigen, voneinander getrennten Unterkünften. Gemein ist allen, dass man mit dem eigenen Fahrzeug auf dem Gelände (der Eingang befindet sich ca. 80 km südlich von Sesriem an der C 27) bis zum Farmhaus fährt und dort in ein Allradfahrzeug umsteigt, das einen über die Dünen zur Unterkunft bringt. Nur auf Wolwedans besteht die Möglichkeit, direkt in den Dünen zu übernachten, um bei Sonnenauf- und -untergang die besten Fotos zu machen. Mindestens zwei Übernachtungen sind empfehlenswert, um die einmalige Landschaft in Ruhe genießen zu können. Wer nur eine Übernachtung plant, sollte am frühen Vormittag, spätestens jedoch zur Mittagszeit anreisen, um wenigstens an einer Fahrt teilnehmen zu können. Wolwedans ist als Ausgangspunkt zum Sossusvlei nicht geeignet. Die Lage in den Dünen macht den Anfahrtsweg zum Sesriem sehr langwierig, und für das ganze NamibRand-Erlebnis würde keine Zeit mehr bleiben. Gleiches gilt für Tok Tokkie.

Auf NamibRand ist außerdem der Namib Desert Environmental Education Trust (NaDEET) zu Hause. Diese Stiftung wurde 2003 gegründet, um Namibiern aller Altersklassen einen verantwortungsbewussten Umgang mit der Natur und ihren Ressourcen nahezubringen. Ganze Schulklassen kommen für fünf Tage in die Wüste, um Interessantes über die Namib, die Ökologie der Wüste, über das Wassersparen und anderes mehr zu erfahren. Besucher werden gern empfangen und durch das „Camp" geführt. Eine Spende ist willkommen. Das Büro befindet sich beim Farmhaus von Tok Tokkie Trails. Informatio-

NAMIB-NAUKLUFT PARK

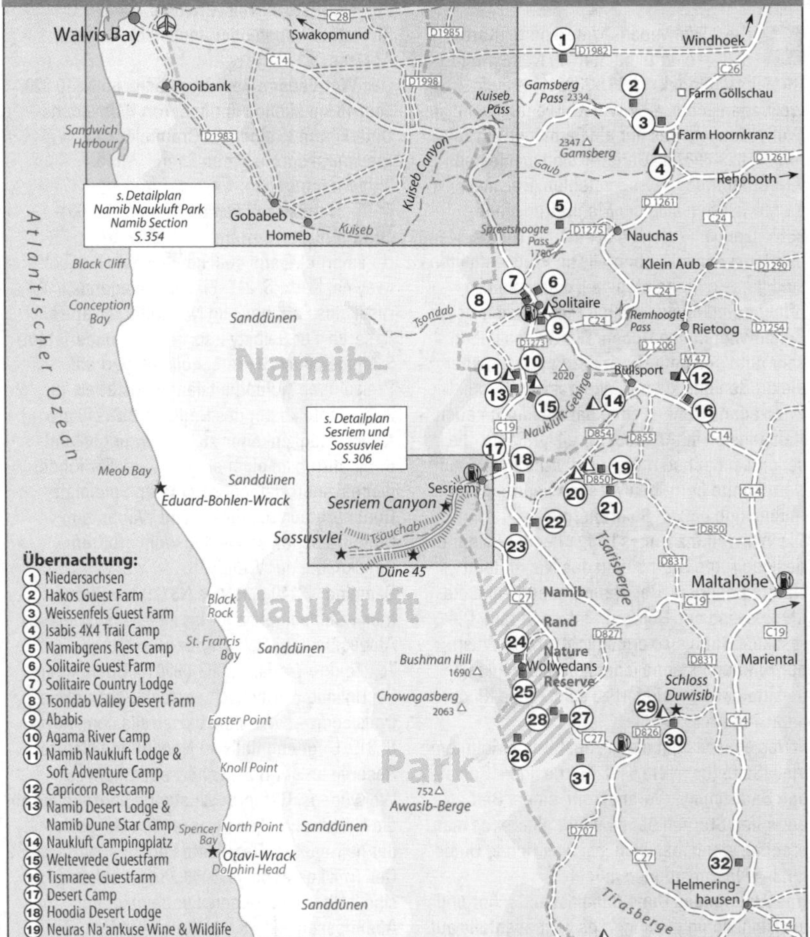

nen unter 063-693012, admin@nadeet.org, www.nadeet.org.

ÜBERNACHTUNG

Die 4 Wolwedans-Unterkünfte (Karte S. 315) sind zu buchen im NamibRand-Büro in Windhoek, 061-230616, info@wolwedans.com, www.wolwedans.com; auf Wolwedans gibt es nur am Farmhaus ein Telefon, 063-693730. Generell sind mindestens 2 Übernachtungen zu empfehlen. Bei allen 4 Unterkünften sind die Mahlzeiten eingeschlossen, am Abend gibt es ein 3-Gänge-Menü mit Hauswein inkl. Ebenfalls im Preis enthalten sind ganz- oder halbtägige Exkursionen im offenen Geländewagen mit Mittagsimbiss oder Sundowner in den Dünen. Die Guides geben sehr gute und detaillierte Informationen über die großen und kleinen Wunder der Wüste. Die Wolwedans Dunes Lodge hat als Einzige auch Halbpension im Angebot für eilige Gäste, die schon am nächsten Tag wieder abreisen. Alle Unterkünfte betreiben Wasserwiederaufbereitung und nutzen Solarenergie.

Die **Wolwedans Dunes Lodge** liegt auf einer der riesigen roten Sterndünen des NamibRand Nature Reserves. Das Hauptgebäude und die Chalets sind aus Holz auf Stelzen erbaut. Die rustikale Bauweise ermöglicht es, die Wüste pur zu erleben, ohne jedoch den Extremen unmittelbar ausgeliefert zu sein. Keine Kinder unter 7 Jahren. 8

Etwas abseits liegt die dazugehörige Mountain View Suite (ca. N$12 840). Mit riesigem Schlaf- und Badezimmer, Veranda und einem Bett unter den Sternen hat man hier alles, was man braucht, wenn man sich mal was richtig Gutes für 3–4 Nächte gönnen möchte.

Das **Wolwedans Dune Camp** ist einfacher und ein klein wenig günstiger; es liegt ebenfalls auf einer Düne und besteht aus Zelten, die auf Holzplateaus stehen. Die etwas abgelegenen Bäder sind jeweils durch einen Steg mit dem Zelt verbunden. 8

Mit dem **Wolwedans Private Camp**, ab N$9420, hat man ein ganzes Haus für sich allein, mit 2 großen Schlaf- und einem Wohnzimmer in geschmackvoller Einrichtung. Das Camp liegt ganz abgelegen am Fuß der Dünen. In der gut ausgestatteten Küche kann man sich selbst versorgen (Verpflegung wird gestellt) oder per Funkgerät einen Koch kommen lassen, der die Gäste stilvoll verwöhnt. Idealer Ort für Flitterwochen oder ähnlich besondere Anlässe. 8

Das **Wolwedans Boulders Camp**, ab N$10 020, liegt 45 km südlich der anderen Wolwedans-Unterkünfte in einer mit Granitblöcken *(boulders)* durchsetzten Ebene. Mind. 2 Übernachtungen. 8

NamibRand Family Hideout, 061-226803, -Handy 081-1272957, ambruck@afol.com.na, www.hideout.iway.na, Karte S. 315. Einsam gelegenes, rustikales Farmhaus im NamibRand Nature Reserve. Für Selbstversorger, voll eingerichtet, 3 Zimmer, max. 10 Pers., rollstuhlgerecht. Preise nach Aufenthaltslänge gestaffelt, für 2–3 Nächte kostet das Haus ca. N$1270 pro Nacht. Möglichkeiten zu Wanderungen und Rundfahrten im eigenen Fahrzeug. Für Kinder gibt es einen kleinen, schattigen Spielplatz, Dünenbretter (zu mieten) und Wachs zum Dünenrutschen sowie den wohl größten Sandkasten der Welt.

Camping N$140 p. P. plus N$120 pro Platz (nur 1 Campingplatz für bis zu 8 Pers.), Du/WC, Abwaschküche, Wasserloch.

Tok Tokkie Trails, 063-693010, Buchungen bei Unlimited Travel, toktokkie@toktokkietrails.com, www.toktokkietrails.com, Karte S. 315. Liegt ebenfalls im NamibRand Nature Reserve an der C 27, gehört aber nicht zu Wolwedans. Geführte Wüstenwanderung durch die Namib und die angrenzenden Berge. In der heißen Zeit (Dez–Mitte Feb) geschlossen. Der Trail kostet ca. N$6068, eingeschlossen sind 2 Übernachtungen, Lunchpaket und Abendessen inkl. (S. 91). Keine Kinder unter 8 Jahren.

Greenfire Desert Lodge, Buchungen unter 0027-11-8881160, drifters@drifters.co.za, www.drifters.co.za, etwa 100 km südlich von Sesriem an der C 14 im NamibRand Nature Reserve, Karte S. 315. Zimmer sind einfach und zweckmäßig eingerichtet. Pool. Mahlzeiten und Scenic Drives inkl. 6

Camping N$140 p. P., Du/WC.

Hexenringe – Feenkreise – Fairy Circles

Wer auf NamibRand durch die Landschaft fährt, wird sich über die häufig auftretenden runden, roten, vegetationslosen Flächen wundern. Auch im Kaokoveld, vor allem im Marienfluss und in der Giribis-Fläche, fallen diese gleichmäßig runden Kreise auf. Der Sage nach tanzten hier zu mitternächtlicher Stunde die Hexen – deswegen werden sie auch Hexenringe oder Feenkreise genannt. Die sandigen Kreise haben im Allgemeinen einen Durchmesser von 1–8 m, der Rand wird aus dicht stehenden Grasborsten gebildet. Über die Entstehung gab es lange Zeit wilde Spekulationen: Meteoriten-Schauer seien hier niedergegangen, Außerirdische in ihren Ufos gelandet, Zebras hätten sich hier gewälzt u. v. m.

Schon 1860 beschrieb Thomas Baines die *fairy circles.* Nach dem Regen stiegen aus den kleinen Löchern in den Kreisen **Termiten** in Millionenzahl auf. Wer dieses Schauspiel einmal im Licht der untergehenden Sonne beobachtet hat, kann gut nachvollziehen, dass Thomas Baines kleine Feen zu sehen wähnte. So kam es zur Übersetzung „Feenkreise".

Lange hielt sich die Theorie, dass an diesen Stellen Euphorbien gewachsen seien, die den Boden vergiftet hätten, sodass keine anderen Pflanzen mehr wachsen konnten. Dagegen sprach allerdings, dass in den Gegenden, in denen die Hexenringe vorkommen, nahezu keine Euphorbien zu sehen sind.

Im Jahr 2000 führte die Universität Köln eine Studie zu den Hexenringen durch. Ergebnis: Termiten sollen es sein, die die Kreise schaffen. Die Grasschneidetermite *Hodotermes mossambicus* kommt in der Vornamib von Angola bis zum Oranje vor, also in regenarmen Gegenden mit einem durchschnittlichen Jahresniederschlag von 50–100 mm. Die Kreise sind jedoch besonders im Kaokoveld und auf NamibRand zu sehen, weil dort nur eine Grasart *(Stipagrostis uniplumis)* wächst, die die Lieblingsspeise dieser Termite ist. In anderen Gebieten siedeln sich dagegen schnell andere Pflanzen auf den kahlgefressenen Stellen an. Die Termite ist sehr klein und daher kaum zu sehen. Das Nest des Stammes liegt 5–7,5 m unter der Erdoberfläche, von dort reicht ein weit verzweigtes System teilweise bis an die Oberfläche, wo die Termiten um die Futterlöcher herum systematisch das Gras ernten. Ab einer bestimmten Entfernung zum Loch wird es zu anstrengend – das Futterloch wird verschlossen. Bei Kreisen, die kleiner als der übliche Durchmesser sind, ist die Termite wahrscheinlich einer Raubameise *(Ocymyrmex)* oder Spinne zum Opfer gefallen. Der dichte Bewuchs um die Kreise herum ist mit der fehlenden Nahrungskonkurrenz für die dortigen Pflanzen zu erklären (das gleiche Phänomen ist an Wegrändern zu beobachten).

2004 gab es eine neue Studie, diesmal durchgeführt von südafrikanischen Botanikern unter Anleitung Gretel van Rooyen von der University of Cape Town. Erklärtes Ziel der Studie war es, die Ergebnisse der Kölner Wissenschaftler zu überprüfen. Die südafrikanischen Forscher konnten keinerlei Beweise für die Termitentheorie finden. Das ist insofern erstaunlich, als es kaum möglich erscheint, dass sich Wissenschaftler derartige Theorien einfach ausdenken. Oder wollten die Südafrikaner nur den Mythos wiederbeleben? Sie tendieren nun wieder zu der Theorie, die besagt, dass die Kreise aufgrund von Giften anderer, unbekannter Pflanzen entstanden sind.

Seither gab es weitere Studien und neue Theorien. Inzwischen sollen z. B. Erdstrahlungen für die Hexenringe verantwortlich sein oder in Blasen austretendes Gas. Jedoch ist auch diese letzte, 2012 wieder von Gretel von Rooyen veröffentlichte Theorie nur zu 90 % gesichert. Die Kreise sind und bleiben ein Mysterium und die Feen tanzen hoffentlich weiterhin vergnügt beim Mondschein.

Die „umgekehrten" Hexenringe in der Gegend der Blutkuppe in der Namib (dort gibt es dicht mit Gras bewachsene Kreise inmitten kahler Wüste) haben offensichtlich überhaupt nichts mit den Hexenringen zu tun. Die Wüste hat in diesem Gebiet eine dichte Kalkkruste, die die Gräser nicht durchdringen können. Der häufig vorkommende Salsola-Busch kann dies jedoch und scheidet obendrein eine Säure aus, die den Kalk auflöst. Stirbt der Busch, können sich Gräser ansiedeln.

Das Naukluft-Gebirge

Die Naukluft liegt östlich des Sossusvlei, der Eingang zum Park befindet sich an der D 854. Namensgebend für die Naukluft ist die quellenreiche, enge Tsondabschlucht (afrikaans *nou kloof*) im zentralen Teil des Gebirges. Das Plateau steht fast 1000 m über der Ebene und besteht hauptsächlich aus Dolomit und Kalkstein, die durch Erosion über Jahrtausende aufgelöst wurden. Die Naukluft ist ein sogenanntes Deckengebirge. Das Grundgebirge ist an der Westseite zu sehen. Es besteht aus vulkanischem Gestein, Gneisen und Graniten, die zwischen 1000 und 2000 Mio. Jahre alt sind. Die darüber liegenden Nama-Schichten, die hauptsächlich aus schwarzem Kalkstein bestehen, wurden vor etwa 600 Mio. Jahren in einem flachen Meer (Damara-Meer) abgelagert. Vor 500–550 Mio. Jahren stießen zwei Landmassen aufeinander.

Die südliche Platte, auf dem sich auch das Damara-Meer befand, tauchte unter die nördliche Platte, dabei bildete sich das Damara-Gebirge. Während dieses Prozesses wurden riesige sogenannte Gesteinspakete bis 100 km nach Südwesten verschoben – die Gesteine der Naukluft kommen tatsächlich aus dem Gamsberg-Gebiet. Das Naukluft-Massiv weist heute eine Ausdehnung von rund 2100 km² auf.

Das weit verzweigte unterirdische Abflusssystem entstand im Anschluss an diese Erdbewegungen in einem feuchteren Klima durch Verkarstungsvorgänge. In den tief eingeschnittenen Schluchten tritt das Wasser in einer Vielzahl von Quellen und Wasserfällen wieder hervor.

Überall dort, wo es Wasser gibt, ist Leben. Steinartefakte und Malereien belegen, dass die Region schon sehr früh besiedelt wurde. Zeugnis der jüngeren Geschichte ist das Grab eines deutschen Schutztruppen-Soldaten oberhalb der Campingstelle.

Um die damals gefährdeten Hartmann-Bergzebras zu schützen, kaufte die Regierung 1966 die Farm Naukluft. 1971 wurden weitere 14 Farmen im umliegenden Gebiet erworben. Nach Verhandlungen um einen Teil des Diamanten-Sperrgebiets Nr. 2 mit der CDM (Consolidated Diamond Mines; damaliger Konzessionsinhaber) wurde 1979 der Namib Naukluft Park (unter diesem Namen) proklamiert. Im September 1986 wurde ein weiterer Teil des Diamanten-Sperrgebiets hinzugefügt, und der Namib Naukluft Park wuchs auf rund 50 000 km² an. Eintritt N$80 p. P. und N$10 pro Fahrzeug.

ÜBERNACHTUNG

Der **Naukluft Campingplatz** (Karte S. 315) besteht aus 4 Campingplätzen mit Sanitärgebäude. Es gibt verschiedene Wandermöglichkeiten (S. 90). Die beiden Tageswanderungen erfordern keine Vorausbuchung, die 4- und 8-tägigen Wanderungen müssen im Voraus gebucht und bezahlt werden. Campingplatz N$120 p. P. für max. 8 Pers. und 1 Fahrzeug; Du/WC, Picknickplätze. Buchungen bei NWR, ✆ 061-2857200, ✉ reservations@nwr.com.na, 💻 www.nwr.com.na.

Nördlich des Sossusvlei

Solitaire

Solitaire macht seinem Namen alle Ehre – ein paar Häuser an einer Straßenkreuzung mitten im Nichts. Aber es ist ein wichtiger Orientierungspunkt, der auf jeder Karte zu finden ist: Hier zweigt die C 19 von der C 14 ab, und in Solitaire muss man zumindest einmal angehalten haben.

Es gibt eine Tankstelle – bei der man sich allerdings nicht darauf verlassen kann, dass es Benzin gibt – sowie einen kleinen Shop und eine reetgedeckte Cafeteria. Dort ist immer frisch gebackener Apfelkuchen zu haben. Der Kaffee wird allerdings wenig stilecht im Pappbecher serviert, der Kuchen in einer Styroporschale.

Spreetshoogte

Oberhalb des Spreetshoogte Pass (D 1275) auf der Hochebene gibt es einige Gästefarmen, die sich als Zwischenstation auf dem Weg vom oder zum Sossusvlei anbieten. Fährt man diesen Pass hinunter, hat man eine wahrhaft spektakuläre Aussicht in die Namib. Aber selbst wer das nicht möchte, sollte einen Abstecher zum Beginn des Passes unternehmen. Seit die schwierigsten Kurven und steilsten Abschnitte gepflastert sind, kann man den sehr steilen Pass auch hochfahren. Es gibt jedoch auch leichtere Rou-

Die Schlacht in der Naukluft

Im Jahr 1894 kam es in der Naukluft zu Kämpfen zwischen der kaiserlichen deutschen Schutztruppe und einem Nama-Stamm, der von seinem Häuptling Hendrik Witbooi angeführt wurde. Vorgeschichte dieser Auseinandersetzung war, dass Witbooi durch zahlreiche Raubzüge gegen andere afrikanische Stämme – beispielsweise die Herero – sowie gegen die Schutztruppe den Frieden in dieser Region gefährdete.
Der Schutztruppe war daran gelegen, einen Schutzvertrag mit Witbooi abzuschließen, um auch in diesem Gebiet eigene Leute ansiedeln zu können.
Nachdem es weder Hauptmann von François noch Reichskommissar Göring gelungen war, einen Friedensvertrag abzuschließen, und Witbooi seine teilweise sehr kühnen Raubzüge fortsetzte, sollte Major Theodor Leutwein die Verhandlungen mit Witbooi zu einem erfolgreichen Abschluss bringen. Aber auch Leutweins Bemühungen waren nicht von dauerhaftem Erfolg gekrönt, sodass er schließlich die Unterwerfung der Witbooi als letzten Ausweg sah, die Unruhen schnellstmöglich zu beenden. Deshalb begann er am 27. August 1894 seinen Angriff auf die Witbooi-Stellungen im zerklüfteten Naukluft-Gebirge. Leutwein wähnte sich zunächst siegessicher und meinte, Witbooi innerhalb von wenigen Tagen besiegen zu können. Ganz so schnell ging es dann doch nicht – Witbooi leistete hartnäckigen Widerstand, die Kämpfe zogen sich bis Mitte September 1894 hin. Witbooi hatte sich mit seinem ganzen Stamm in die Naukluft zurückgezogen, wo er sich bestens auskannte und diesen Vorteil strategisch geschickt zu nutzen verstand. Den deutschen Truppen war dagegen diese unwegsame Region vollkommen unbekannt. Entsprechend schwierig war es, Witbooi in dieser unübersichtlichen Gegend aufzuspüren: Meistens wussten die Deutschen gar nicht, wo er sich gerade befand. Kleine Gruppen Witboois verschanzten sich außerdem in Wassergräben entlang des Weges und zogen sich zurück, ohne dass sie irgendwelche sichtbaren Spuren hinterließen.
Ende August führte Landeshauptmann Theodor Leutwein dann eine Attacke gegen Hendrik Witboois Lager an der Kreuzung der Naukluft und der Oniabschlucht.
Am 15. September wurde Witbooi von den Deutschen in den Naukluftbergen besiegt.
Wenig später sah er sich schließlich gezwungen, das ihm bei Tsams vorgelegte Abkommen zu unterzeichnen – nicht zuletzt aufgrund des Drucks seiner eigenen Leute, die teilweise sehr gelitten hatten. Eine der Bedingungen dieses Schutzvertrags war, dass sich Witbooi und sein Stamm nur in einem begrenzten Gebiet bei Gibeon aufhalten durften. Seine Waffen konnte er behalten. Eine deutsche Garnison wurde nach Gibeon verlegt, um den Frieden dauerhaft zu sichern. Zudem mussten sich die Witbooi zum Beistand der deutschen Schutztruppe verpflichten.
Die Schlacht in der Naukluft ist ein historisches Beispiel dafür, welche Überlegenheit bei einem Krieg durch Ortskenntnis in unübersichtlichen Gebieten entstehen kann.
Für Fremde – selbst wenn sie militärisch bestens ausgestattet sind – kann es somit schnell in eine nahezu aussichtslose Suche nach der berühmten Nadel im Heuhaufen ausarten, in einer solchen Region eine bestimmte Person zu finden.

ten (etwa für den Fall, dass es regnet): Von Süden kommend ist der Remhoogte Pass (D 1261) einfacher, von Norden (beispielsweise von Swakopmund) der Gamsberg Pass (C 26).

ÜBERNACHTUNG

€ **Solitaire Country Lodge**, ✆ 063-693021, gehören zur Solitaire Gästefarm, ✉ reservations@solitaireguestfarm.com, 💻 www.solitairecountrylodge.com, in Solitaire, Karte S. 315. Einfach und rustikal, wird hauptsächlich von großen Reisegruppen angesteuert. Tankstelle und coole Dekoration im Eingangsbereich mit Farmschrott und alten Autowracks. Cafeteria im Freien unter einem Strohdach, wo es den berühmten Apfelkuchen der Solitaire Moose McGregor Bakery gibt. Auch einige Jahre nach dem Tod des ursprünglichen

Bäckers wird dieser weiterhin gebacken. WLAN. ❷
Campingplatz (N$120 p. P.), wo meist Overlander übernachten, Camper können Restaurant und Pool nutzen; Du/WC, Strom-/Wasseranschluss.

Solitaire Guestfarm Desert Ranch, Simone & Walter Swarts, 062-572024, reservations@solitaireguestfarm.com, www.solitaireguestfarm.com, nördlich von Solitaire an der C 14, Karte S. 315. Herzliche, sehr gastfreundliche deutsch-burische Besitzer. Angenehme Gästefarm-Atmosphäre, schlichte, helle Zimmer. Pool, Rundfahrten, Wandermöglichkeiten. Auf der Farm wurden im Rahmen des Naturschutzprojektes von Na'ankuse (S. 311) Geparden angesiedelt, die auf Touren verschiedener Länge aufgesucht werden können. Ein Selbstversorger-Bungalow. ❹
Campingplatz N$120 p. P., jeder Platz hat private Du/WC, Licht, Strom-/Wasseranschluss, Abwaschküche, Schatten; Mahlzeiten im Farmhaus auch für Camper.

Gästefarm Ababis, Kathrin & Uwe Schulze Neuhoff, 063-683080, info2@ababis-gaestefarm.de, www.ababis-gaestefarm.de, bei Solitaire an der C 14, Karte S. 315. Eine der ersten Farmen Namibias; 80 km nördlich des Eingangs zum Sossusvlei. Sundowner- und Sossusvlei-Touren werden angeboten. Abendessen inkl., Pool. Kleines, einfaches Berghaus für Selbstversorger, etwa 20 km vom Farmhaus entfernt, gute Wandergegend, Geländewagen erforderlich, Transfer auch vom Farmhaus möglich. WLAN. Auf Ababis wird außerdem ein Fahrsicherheitstraining angeboten, S. 100. ❺
Camping N$100 p. P., Du/WC, Wasseranschluss, Schatten.

Namibgrens Rest Camp, Jeanie & John Rabie, 061-304051, namibgrens@netfin.info, www.namibgrens.com, an der D 1275, Karte S. 315. Gästefarm oberhalb des Spreetshoogte Pass. Kein Deutsch. Einfache Zimmer sowie komfortabel eingerichtete „Klipspringer Villen", Mahlzeiten und Aktivitäten wie Farmrundfahrten auf Wunsch. Keine Kreditkartenzahlung. ❸–❹
Schöner Campingplatz N$160 p. P., geschickt in die Granitfelsen integriert, mit Felsen-Pool; Du/WC, Picknickplätze.

Rostock Ritz Desert Lodge, 064-694000, reservations@rostock-ritz-desert-lodge.com, www.rostock-ritz-desert-lodge.com, an der C 14 zwischen Walvis Bay und Sossusvlei in der Nähe des Gaub Canyon, Karte S. 354. Interessante Bauweise, 20 Bungalows in Iglu-Form, 2 davon rollstuhlgerecht. Restaurant à la carte, mit Weinkeller, WLAN. ❺
Campingplatz N$128 p. P., Du/WC, Wasseranschluss, Abwaschküche. Camper können die Mahlzeiten und Aktivitäten bei der Lodge buchen.

Gamsberg

Der Gamsberg ist mit 2347 m der dritthöchste Berg Namibias. Dieser Tafelberg ist weithin zu sehen, ob man nun von Windhoek nach Süden oder an die Küste fährt oder aber aus dem Süden kommt. „Gamsberg" leitet sich vom Nama-Wort *gamsxuis* ab und heißt so viel wie „flacher Berg".

1972 kaufte das Max-Planck-Institut das Plateau des Berges vom damaligen Farmer für nur neun Rand pro Hektar. In den 70er-Jahren wurde dort eine Einrichtung für die Untersuchung von Himmelserscheinungen gebaut. In der Folgezeit kam das Unternehmen jedoch zum Erliegen, da das Max-Planck-Institut eine Sternwarte in Chile errichtete. Das Institut wollte diesen hervorragenden Standort – das Plateau zählt neben Chile und Hawaii zu den drei besten Standorten für optische Weltraumteleskope – trotzdem nicht aufgeben und stellt ihn nun Amateurastronomen zur Verfügung. Das Observatorium hat das leistungsfähigste Amateurteleskop im südlichen Afrika.

Auf das Plateau des Gamsberges kommt man nur zu Fuß, mit Campingübernachtungen auf einer der Farmen am Fuß des Berges, beispielsweise Isabis oder aber in der Weissenfels Guest Farm. Oben wird der Blick in die unendliche Weite der Namib frei. Auf dem Plateau kann eine Wanderung an der Westkante unternommen werden.

Auf der Farm **Göllschau**, 30 km vor dem Gamsberg Pass, wurde ein weiteres Projekt realisiert: Hier errichteten 70 Wissenschaftler aus Europa, Südafrika und Namibia unter Federführung des Max-Planck-Institutes die größte Teleskopanlage der Welt. Das H.E.S.S. (High Energy Stereoscopic System) wurde nach dem Entdecker der kosmischen Höhenstrahlung, Victor Hess, benannt und soll deren Ursprung genauer erforschen sowie die Gesamtvorgänge im All besser erkennen und aufklären. Nach Abschluss der ersten Phase des H.E.S.S.-Projektes im September 2004, die 6 Mio. Euro verschlang, waren vier hochmoderne Teleskope einsatzbereit. Schwerpunkte sind das Aufspüren von Gammastrahlung, die auf gewaltige kosmische Kräfte hinweist, und damit auch die Erforschung des „Schwarzen Lochs" im Zentrum der Milchstraße. Die Laufzeit des Projektes ist zunächst auf zehn Jahre festgelegt. Zwei Jahre nach Beginn der Forschungsarbeiten haben die 100 Wissenschaftler bereits sieben Galaxien mit schwarzen Löchern und 15 Reste von Sternenexplosionen entdeckt. In der zweiten Phase kam im Juli 2012 ein fünftes, noch leistungsfähigeres Teleskop mit 25 m Durchmesser hinzu. Die Anlage ist im Allgemeinen nicht der Öffentlichkeit zugänglich, Interessierte können sich unter 💻 www.mpi-hd.mpg.de/hfm/HESS/ informieren, mitunter sind Führungen möglich.

Die Farm **Isabis** liegt östlich des Gamsbergs an der D 1265 zwischen Windhoek und Sossusvlei. Ursprünglich wurde hier mit Schafen und Rindern gefarmt, doch aufgrund des fehlenden Regens der letzten Jahre wurde die Schafzucht völlig und die Rinderzucht nahezu aufgegeben. Der Name *Isabis* kommt aus dem Nama und bedeutet „schön für das Auge", was sich auf die Schlucht mit dem Wasserfall bezieht. Die Familie Cranz farmt hier seit 1925, jetzt bereits in der dritten Generation. Alle Wege und Straßen wurden mit Spaten und Picke gefertigt. Hier gibt es die seltenen Bergzebras, auch Leoparden wurden schon gesichtet.

Ein kleiner, exklusiver Campingplatz, *Isabis 4X4 Trail Camp*, liegt an einem alten Viehposten. Dorthin führt einer der beliebtesten **4x4 Trails** Namibias. Für Abenteurer mit einem Allradwagen bietet dieses Gebiet aufregende Fahrten, bizarre Landschaften und ein wahrhaftiges „Busch"-Erlebnis.

Das **Gaub Rivier** entspringt im Khomashochland und fließt in den Kuiseb. Der Oberlauf „kommt nahezu jedes Jahr ab", soll heißen: Er führt nach heftigem Niederschlag kurz Wasser. Wenn der Regen aufhört, bleiben kleine Pools zurück, die lebenswichtig für das Wild sind.

Die an Isabis grenzende Farm ist die geschichtlich bedeutende Farm **Hoornkranz**. Hier fand 1898 eine entscheidende Schlacht der Witbooi-Nama gegen die Schutztruppen unter Curt von François statt. Die Deutschen gewannen. Nahe dem Farmhaus sind die Gräber zu finden.

Von Swemgat kann man den kleinen Aussichtspunkt, den die Witbooi zum Beobachten des Wilds und später der Deutschen genutzt hatten, erkennen.

ÜBERNACHTUNG

Am Fuß des Gamsberges gibt es einige Übernachtungsmöglichkeiten:

€ **Isabis 4X4 Trail Camp**, Joachim Cranz, ✆ 062-572133, ✆-Handy 081-1245588, ✉ info@isabis4x4.com, 💻 www.isabis4x4.com, Karte S. 315. Nur mit Geländewagen und Campingausrüstung möglich. Dusche (kalt), WC, Wasseranschluss; Feuerholz vorhanden; N$50 p. P. pro Tag plus N$80 für das Fahrzeug. Keine Kreditkartenzahlung.

Weissenfels Guest Farm & Vortex Natural Health Centre, ✆ 062-572112, ✆-Handy 081-1241818, ✉ info@weissenfelsnamibia.com, 💻 www.weissenfelsnamibia.com, an der C 26 am Gamsberg Pass, Karte S. 315. Freundliche Gastgeber, burische Küche. Wellness- und esoterische Angebote wie Meditation, Musikbett, Pendeln o. Ä. müssen vorab gebucht werden. Abendessen im Zimmerpreis inkl. ❹
Campingplatz mit Du/WC, Licht, Strom-/Wasseranschluss, Abwaschküche, Rasen, Schatten, N$150 p. P.

Hakos Guest Farm, ✆ 062-572111, ✉ info@hakos-astrofarm.com, 💻 www.hakos-astrofarm.com, 135 km von Windhoek an der C 26 nach Walvis Bay, Karte S. 315. Beliebt bei Hobby-Astronomen; 2 eigene Sternwarten und diverse Teleskope. Gamsbergtouren. ❸
Campingplatz N$120 p. P.; Du/WC, Wasseranschluss.

Niedersachsen Gästefarm, Familie Ahlert, ✆ 062-572200, ✉ sachsen@iway.na, 💻 www.farmniedersachsen.com, weiter nördlich

Literaturtipp

Ideale Lektüre für den Aufenthalt in der Namib-Wüste ist das Buch *Wenn es Krieg gibt, gehen wir in die Wüste* von **Prof. Dr. Henno Martin.**

Henno Martin wurde 1910 in Freiburg i. Br. geboren. Als frisch promovierter Geologe kam er 1935 nach Südwestafrika, um Nazi-Deutschland zu entfliehen und sich zugleich intensiv seiner Forschung zu widmen. Die ersten Jahre seines Forscherlebens in Namibia verbrachte Martin im Gebiet der Naukluft. Während des Zweiten Weltkriegs zog er sich gemeinsam mit seinem Freund Hermann Korn in ein Versteck am Kuiseb Canyon zurück, um der drohenden Internierung zu entgehen: „Wir wollten keinen Teil haben an dem Selbstmord zivilisierter Völker".

Nach 2 1/2 Jahren mussten sich die beiden jedoch im September 1942 aus Krankheitsgründen den Behörden stellen. Martin konnte schon bald darauf als Geologe weiterarbeiten. Nach dem Krieg arbeitete er zunächst in Südwestafrika und Südafrika. 1965 wurde er dann als Direktor ans Geologisch-Paläontologische Institut in Göttingen berufen. Für seine wissenschaftlichen Leistungen wurden ihm höchste Auszeichnungen zuteil. Prof. Martin starb 1998 in Göttingen.

Die Jahre der Isolation in der Wüste hat er in seinem autobiografischen Bericht *Wenn es Krieg gibt, gehen wir in die Wüste, Eine Robinsonade in der Namib* dargestellt. Dieser Bestseller erschien erstmals 1956 und hat über einen Zeitraum von nunmehr 50 Jahren nichts von seiner Popularität eingebüßt.

unterhalb des Us Pass an der D 1982, Karte S. 315. An der Grenze zum Namib Naukluft Park, das Kuiseb Rivier verläuft durch die Farm, Ausflüge zum Unterschlupf von Henno Martin und Hermann Korn werden unternommen. C8-Teleskop. Abendessen im Zimmerpreis inkl., Internetzugang. Keine Kreditkartenzahlung. ❸ Ein Campingplatz in der Nähe des Hauses, der zweite in den Bergen 11 km vom Haus entfernt, nur mit Geländewagen zu erreichen, N$100 p. P.; Du/WC, Wasseranschluss, Schatten.

Kobo Kobo Hills, Kirsten Behrens, ✆-Handy 081-1274712, ✉ info@kobokobo.com.na, 💻 www.kobokobo.com.na, zwischen Windhoek und Swakopmund an der D 1985, Karte S. 354. Rustikale Gästefarm, harmonisch in die Landschaft integrierte Bungalows aus Naturstein, Felsen-Pool. Gut für Wanderungen, außerdem werden Aktivitäten wie Game Drives, aber auch Abseiling und Yoga angeboten. Mind. 2 Übernachtungen oder mind. 6 Pers. Mittag- und Abendessen inkl. ❻

Kuiseb

Das Auffanggebiet des Kuiseb liegt im Khomashochland. Er kommt fast jedes Jahr ab, hat jedoch in den letzten 130 Jahren nur 15 Mal den Atlantik erreicht. Experten schätzen, dass der Kuiseb im guten Regenjahr 1963 16 Mio. m³ Sand in den Atlantik geschwemmt hat. Aus dem Grundwasser des Kuiseb Rivier bezieht Walvis Bay sein Wasser.

Auf Satellitenbildern wird deutlich, dass der Kuiseb die Grenze zwischen der Roten Namib (Sanddünen) und der Geröll-Namib bildet.

Im **Kuiseb Canyon** lebte der Autor von *Wenn es Krieg gibt, gehen wir in die Wüste,* Prof. Dr. Henno Martin, mit seinem Gefährten Hermann Korn. Die Höhlenwohnung der beiden kann besichtigt werden. Sie befindet sich am nördlichen Canyon-Rand und östlich des Aussichtspunktes „Kuiseb Canyon" (Permit für die „Namib Section" erforderlich). Biegt man von der C 14 nach Süden zum Kuiseb-Aussichtspunkt ab, erreicht man selbigen nach rund 6 km. Dort geht es noch einmal nach links zur „Henno Martin Shelter". Vom Parkplatz sind es noch etwa 15 Minuten zu Fuß. Wer vom offiziellen Kuiseb-Aussichtspunkt weiter nach rechts fährt, kommt nach etwa drei Minuten in den Genuss einer noch schöneren Aussicht. Im Canyon sind Damara-Schiefer (Überbleibsel des Damara-Meeres, S. 318), Konglomerate und Sandstein zu sehen.

Die Wüstenforschungsstation **Gobabeb**, ein in Namibia viel beachtetes Projekt, liegt in der Namib am Kuiseb und steht Besuchern, Studenten und Forschern offen. Wer Interesse an diesem Projekt hat, kann jederzeit unter ✆ 064-

694199, ✉ gobabeb@gobabebtrc.org, 🖳 www.gobabebtrc.org, genaue Informationen erhalten. Selbstversorger-Unterkünfte stehen ebenfalls zur Verfügung.

Camping N$140 p. P., Du/WC, Strom-/Wasseranschluss, Kochgelegenheit.

Die Namib

Die Namib-Wüste erstreckt sich über 2000 km als langer, schmaler Streifen entlang der afrikanischen Westküste, vom Carajamba-Fluss in Angola bis hinunter zum Olifants Rivier in der südafrikanischen Kap-Provinz. Sie bedeckt die gesamte namibische Küste.

Auf dieser Strecke variiert das Klima von warm mit sommerlichen Regenfällen im Norden bis kühl mit Winterregen im Süden. Die Übergangszone liegt irgendwo im Dünenmeer zwischen Walvis Bay und Lüderitz.

Nirgends ist die Namib breiter als 200 km, doch die Klimaunterschiede von West nach Ost sind ebenso erstaunlich wie die von Nord nach Süd. Die Küste ist kühl und neblig mit einer durchschnittlichen Niederschlagsmenge von weniger als 20 mm jährlich, während im wärmeren Landesinneren um die 100 mm pro Jahr fallen.

Die **Sanddünen** der Namib nehmen ein Gebiet von nur 34 000 km² ein. Die Dünen an der Küste sind fast weiß, während die Sterndünen im Osten der zentralen Namib aprikotfarben leuchten. Der Sand wird zum Landesinneren hin immer feiner und röter. Da er vom Wind transportiert wird, schaffen es nur die kleinsten Körnchen von der Küste bis an den Rand der Namib. Die im Sand enthaltenen Eisenpartikel beginnen zu rosten und färben die Dünen rot.

Die Küstendünen sind im Allgemeinen eher klein und beweglich (Wanderdünen), sie treten entweder als Barchane (sichelförmige Dünen) oder als Querdünen auf. Letztere sind südlich von Lüderitz zu finden, zwischen Walvis Bay und Swakopmund und in den kleineren, nördlich gelegenen Dünenfeldern der Skelettküste. In der Forschungsstation Gobabeb wurde

Die Sanddünen in der Namib-Wüste gelten als die höchsten der Welt.

eine Wandergeschwindigkeit der Dünen von 7 m pro Jahr ermittelt, an der Küste ist sie noch höher.

Die **Sterndünen** am Sossusvlei sind unbeweglich und werden als die höchsten Dünen der Welt bezeichnet, gemessen vom Fuß der Düne zur Spitze (s. auch entsprechender Abschnitt am Anfang dieses Kapitels).

Strauchbüschel-Dünen sind zumeist kleine Dünen, die sich um eine Pflanze bilden. Die Pflanze hält die angewehten Sandkörner und rettet sich vor dem Ersticken, indem sie ihre Wurzeln ausdehnt. Dünen bilden sich sehr häufig um den Brack-, Salz-, Gannabusch *(Salsola nollothensis)* und auch um Grasbüschel und Nara-Pflanzen. Die Düne ist für die Pflanzen wichtig, weil sie die Nebelfeuchtigkeit absorbiert und bewahrt und es somit der Pflanze ermöglicht, das ganze Jahr über neue Triebe hervorzubringen. Gerade der Brackbusch (s. 2x4-Parkplatz, S. 308) ist eine sehr wichtige Feuchtigkeitsquelle für Wüstentiere wie die Oryx-Asntilope und den Springbock.

Die zentrale Küstenregion

Das Gebiet der zentralen Küste reicht vom nördlichen Namib-Naukluft Park (Namib Section) bis zur Robbenkolonie am Cape Cross und umfasst auch die beiden Städte Walvis Bay und Swakopmund. Eine gut 34 km lange Teerstraße, die zwischen Atlantik und dem Sandmeer der Namib verläuft, verbindet die beiden Orte. Die Adrenalin-Hauptstadt Swakopmund, auch das südlichste Nordseebad genannt, ist sicher der attraktivere Übernachtungsort. Aber auch von Walvis Bay bieten sich einige sehr schöne Naturtrips an, vor allem die Allrad-Tour zum Sandwich Harbour.

Walvis Bay

Die riesige Bucht, deren Ausmaß einmalig an der namibischen Küste ist, bot noch im vergan-

Delphine in den Gewässern von Walvis Bay

© PETER PACK

genen Jahrhundert Walen Schutz – allerdings nicht vor den Menschen. Jahrzehntelang war es eine absolute Ausnahme, wenn sich mal ein Wal in die Bucht verirrte.

Seit 2002 werden jedoch immer wieder im September und Oktober Wale gesichtet. Unter den Einwohnern Walvis Bays heißt es hoffnungsvoll: „Die Wale kehren zurück in die Bucht". Einen idealen Lebensraum finden hier auch Zugvögel, Wasservögel und Fische.

Das Kuiseb Rivier, das bei Walvis Bay in den Atlantik mündet, musste sich im Laufe der Jahrhunderte immer neue Wege durch die Dünen suchen. Aus der Luft sind vier Arme erkennbar. Im Jahr 2000, als es wieder so viel regnete, dass das Wasser es bis zum Atlantik schaffte, mündete der Kuiseb bei der Lagune ins Meer.

Der einzige Tiefseehafen der namibischen Küste einschließlich der vorgelagerten Inseln wurde erst am 1. März 1994 von Südafrika an Namibia übergeben (s. auch Geschichtskapitel S. 180). Die eigenständige Geschichte wird schon beim ersten Anblick der Stadt, die so ganz anders aussieht als das nur 30 km entfernte Swakopmund, deutlich.

Walvis Bay ist eine reine Industriestadt. Sie wurde von südafrikanischen Planern am Reißbrett mit geometrisch angeordneten Straßen entworfen. Den Charme kleiner Küstenstädte wird man hier vergeblich suchen. Die hier ansässige Fischereiindustrie ist bei entsprechendem Wind deutlich zu riechen. Durch die exponierte Lage der Stadt (s. Namibia-Karte) lichtet sich der Nebel schneller als in Swakopmund, und der „Südwester" bläst öfter und heftiger, auch die Sonne scheint häufiger. Es ist hier jedoch wie überall an der namibischen Küste kühler als im Landesinneren.

Seitdem Walvis Bay zu Namibia gehört, hat sich in der Stadt viel getan und entwickelt, auch der Tourismus befindet sich im Aufschwung. Durch die sehr schöne Lagune, die auch als Vogelparadies bekannt ist, besitzt Walvis Bay eine besondere touristische Attraktion und kann dadurch auch mit einem großen Angebot an Aktivitäten aufwarten. Kajakfahren in der Lagune, begleitet von Robben und Delphinen, oder eine Bootsfahrt bis zum Pelican Point sind zwei der beliebtesten Ausflugsmöglichkeiten.

Geschichte

Walvis Bay ist heute die offizielle Schreibweise der Stadt. Es ist der Kompromiss aus der afrikaansen Schreibweise Walvisbaai und der englischen Walfish Bay. Auch die deutsche Schreibweise Walfischbucht ist noch ab und zu anzutreffen.

Der Ort wurde wirklich der Wale wegen gegründet. Die Portugiesen gaben der Bucht ihren Namen (*Baía das Baleas* = „Bucht der Wale"). Es war wiederum Bartolomeu Dias, der die Bucht 1486 als erster Europäer „entdeckte". In der nachfolgenden Zeit wurde die Bucht von englischen, französischen und amerikanischen Walfängern aufgesucht, die hier kleine Siedlungen errichteten. 1796 hisste Kapitän Alexander inoffiziell die britische Flagge in Walvis Bay und erklärte sämtliche Wal- und Robbenbestände vor der südwestafrikanischen Küste zu britischem Besitz.

Erst am 12. März 1878, als Großbritannien die Ausweitung der Kolonialbestrebungen anderer europäischer Länder befürchtete, wurde Walvis Bay offiziell vom britischen Kommandeur Dyer annektiert. Das eingegrenzte Gebiet umfasste 1124 km^2. Bald darauf stellte man jedoch fest, dass es hier kein Wasser gibt. Flugs wurde eine Quelle im Hinterland bei Rooibank (im Kuiseb) beschlagnahmt. Da der Weg durch die Dünen jedoch zu beschwerlich war, blieb die Quelle bis 1923 ungenutzt. Walvis Bays Wasser wurde in Fässern von Kapstadt per Schiff geliefert. Ab 1899 wurde das Meerwasser durch eine Kondensierungsanlage in Trinkwasser umgewandelt. Dieses Verfahren war jedoch aufwendig und teuer.

Mit der Erschließung des Landes gewann Walvis Bay als Hafen nach und nach an Bedeutung. Mitte des 19. Jhs. begann der Kupferabbau in einer Mine im oberen Kuiseb-Lauf. Bei Ankunft der Deutschen im Südwesten Afrikas fand bereits ein reger Warenaustausch (Waffen, Munition und Lebensmittel gegen Rinder, Felle und Elfenbein) statt.

Die Deutschen brauchten natürlich einen eigenen Hafen und bauten Swakopmund aus. Walvis Bays Bedeutung als Hafen ging von 1900 bis 1914 mehr und mehr zurück.

Mit dem Ausbruch des Ersten Weltkrieges änderte sich das schlagartig. Der Hafen wur-

Walvis Bay

N
0
1000 m
Atlantischer Ozean
HAFEN
Lagune
KUISEBMOND
YACHTCLUB
Atlantic St
Bahnhof
Museum
POLIZEI
Welwitschia Private Hospital
Je Harries Park
Golfplatz
Diaz Circle
Dune 7
Swakopmund
Sandwich Harbour
B2
C14
Nangolo Mbumba Dr
Sam Nujoma Ave
Hage Geingob St
Theo-Ben Gurirab
Rikumbi Kandanga Rd
Hidipo Hamutenya St
Kavambo Nujoma Dr
Union St
Fifth Rd
18th Rd
Circumferential Rd
Esplanade
Station St
New Western
Overstone St
Ben Amathila St
Rooibank Ave
Gobabeb Ave
Gamsberg Ave
Green Valley Rd
Grand Rd
Conradie Rd
Hofmeyer Rd
Gorges Rd
Marconi Rd
Hertz Rd
Morse Rd
Gauss Rd
Lagoon St
Scheppman St
Oasis St
Main Rd
Park St
Riebeeck Circle
Patrysberg St
Etosha Rd
Alaska Rd
Kunene Rd
Drommedaris Rd
Blesbok St
Church St
8th Rd West
Übernachtung:
1 Shifting Whispering Sands B&B
2 Lagoon Lodge
3 Spindrift Guest House
4 Egumbo Lodge
5 Amjicaja Guesthouse
Essen:
1 Lyon des Sables
2 Mola Mola Coffeeshop
3 BonAroma
4 Raft Restaurant
5 Steve's Take-Away & Pizzeria
Sonstiges:
1 Walvis Bay Tour Guides
2 Walvis Bay Kite Surf Centre
3 Super Laundrette
4 Cymot
5 Walvis Bay Tourism Centre & Travellers Bistro
6 Kuiseb Delta Adventures
Transport:
1 Anlegestelle für Levo Dolphin Tours
2 Anlegestelle für Katamaran-, Motorboot- und Kayaktouren
3 Europcar Walvis Bay
4 Budget Rent a car
5 Air Namibia
6 Haltestelle Intercape Mainliner, Carlos' Shuttle

de zu einer wichtigen Militärbasis. Schon 1915 bauten die Südafrikaner eine Eisenbahnlinie von Walvis Bay nach Swakopmund, der Hafen wurde stetig ausgebaut, Kühl- und Schlachthäuser wurden errichtet. Erst 1931 wurde Walvis Bay zur Stadt erklärt. Die Stromversorgung erfolgte zunächst über Generatoren, 1943 entstand das erste E-Werk, das den Anforderungen des Hafens und insbesondere der Fischereiindustrie jedoch nicht lange gewachsen war. So wurde 1955 ein neues E-Werk in Betrieb genommen, das im darauf folgenden Jahrzehnt weiter ausgebaut wurde. 1975 entstand ein weiteres E-Werk.

Die Schotterstraße östlich der Dünen von Walvis Bay nach Swakopmund wurde 1938 gebaut. Erst 1959 entstand die heutige, westlich der Dünen verlaufende Teerstraße.

Mit der Eingliederung Walvis Bays und der vorgelagerten Inseln in namibisches Staatsgebiet im März 1994 wurde eine neue Epoche eingeleitet. Zur Verwaltung des Hafens wurde das parastaatliche Unternehmen Namport gegründet. Pro Jahr legen seitdem durchschnittlich 1000 Schiffe im Hafen von Walvis Bay an. Namport ist eines der dynamischsten Unternehmen des Staates.

Die Stadt ist inzwischen eines der wichtigsten Industriegebiete Namibias. Die bedeutendste Rolle kommt der Fischereiindustrie zu (Küstenfischerei und Fischverarbeitung). Produziert wird hauptsächlich für den Export, größter Abnehmer ist die Europäische Union.

Neben der Fischereiindustrie und den Zulieferbetrieben spielt die Salzgewinnung eine bedeutende Rolle in der Industrie Walvis Bays und Namibias.

Die Einrichtung der Wirtschaftssonderzone (Export Processing Zone, EPZ) schuf neue Anreize für Investoren. Die EPZ ist eine festgelegte Zone, innerhalb derer Firmen der Verarbeitungsindustrie steuerbegünstigt produzieren dürfen. Voraussetzung ist, dass die Produkte zum Export bestimmt sind.

Mit der Ansiedlung weiterer Firmen in Walvis Bay ging der Ausbau der Infrastruktur einher. Die Vollendung des Trans-Kalahari-Highway eröffnete zusätzliche Handelsmöglichkeiten mit Südafrika.

5 HIGHLIGHT

Die Lagune

Die als Vogelparadies bekannte Lagune von Walvis Bay ist sicherlich für Touristen die eigentliche Attraktion der Stadt.

Die Lagune ist das wichtigste Feuchtgebiet im südlichen Afrika. Tausende von Zugvögeln überwintern hier, die Lagune ist eine der größten Brutstätten für See- und Landvögel weltweit. Flamingos dominieren das Bild. Sie finden beste Futterbedingungen. Die leuchtend rosarote Färbung der Flügel wird übrigens durch die karotinhaltigen Algen und Krill (marine Kleinlebewesen, Kleinkrebse) hervorgerufen, beides Hauptnahrung der Flamingos. Zum Brüten ziehen Flamingos sich jedoch ins Landesinnere zurück, z. B. in die Etosha-Pfanne, wenn diese nach dem Regen voll Wasser ist. Daher sieht man von Mitte April bis Mitte Juli weniger Flamingos in der Bucht.

In der Zeit der südafrikanischen Verwaltung war die Lagune ein Naturschutzgebiet. Die namibische Regierung hat diesen Status bei der Übergabe von Walvis Bay an Namibia leider aufgehoben. Naturschutzorganisationen versuchen nun verstärkt, die Regierung davon zu überzeugen, dieses einmalige Feuchtgebiet nachhaltig zu schützen und zu bewahren. Denn die Lagune wird nicht nur vom Menschen bedroht – die Versandung und Verschlammung, bedingt durch den „Südwester" (Wind), durch die Meeresströmung und auch durch die Salzgewinnungsanlagen, stellen ein echtes Problem dar. Der Lebensraum für Vögel und Meerestiere schrumpft dadurch stetig. Motorboote, Windsurfer und tief fliegende Flugzeuge irritieren die Vögel zusätzlich. Die Naturschützer befürchten, dass sich die Einschränkung des Lebensraumes und die abnehmenden Nahrungsquellen negativ auf die körperliche Verfassung der Vögel auswirken könnten. Das wäre insbesondere für die Zugvögel bedenklich.

Das geplante Naturschutzgebiet soll in mehrere Zonen aufgeteilt werden, um den Ansprüchen der Vögel, des Tourismus und der Industrie gerecht zu werden. Außerdem wird nach Möglichkeiten gesucht, die Versandung auf-

Guano

Guano wurde Ende des 19. Jhs. als „Weißes Gold" bezeichnet. Es war und ist ein vor allem in Europa gefragtes Düngemittel, wobei die Nachfrage heute etwas gesunken ist, da viele Düngemittel mittlerweile chemisch hergestellt werden.

Guano wird als Mineral klassifiziert, in Namibia untersteht es jedoch nicht dem Bergbau-, sondern dem Fischereiministerium. Alle der Küste vorgelagerten Inseln fallen unter das Fischereigesetz.

Guano ist ein indianisches Wort und bedeutet Seevogeldung. Kot, Kadaver, Federn und Eierschalen einer Brutkolonie lassen unter wüstenähnlichen Klimabedingungen eine Guano-Ansammlung entstehen. Die drei wichtigsten Guano produzierenden Seevögel an der namibischen Küste sind der Brillenpinguin, der Kaptölpel und der Kapkormoran.

Allein dem südlichen Teil der namibischen Küste sind 14 Inseln vorgelagert, die größten Brutkolonien befinden sich auf Mercury, Pomona, Possession und Ichaboe, der bekanntesten Insel. Hier gibt es die größte Anzahl von Nistplätzen. Bis zu neun verschiedene Seevogelarten brüten auf diesen Inseln, jährlich können 2000–3000 t Guano abgebaut werden.

Der amerikanische Kapitän und Robbenjäger Benjamin Morrel berichtete bereits 1824 von der Insel Ichaboe, die nördlich von Lüderitz liegt, und ihren Guanoablagerungen von bis zu 12 m Höhe.

Erst 1842 begann ein Handelsschiff aus Liverpool mit dem Abbau. In den Glanzzeiten des Guanoabbaus waren auf der 40 ha großen Insel 4000 Arbeiter beschäftigt, 600 Schiffe lagen zum Abtransport vor Anker. Nach nur zwei Jahren waren 300 000 t Guano abgebaut, die Insel war leer gefegt.

Ab 1950 standen die Inseln unter staatlichem Schutz. Dadurch konnte sich der Bestand der Kaptölpel und Kormorane erholen. 1987 wurden die 14 vorgelagerten Inseln zum Naturschutzgebiet erklärt. Mit der Übergabe der Inseln und Walvis Bays an Namibia 1994 fiel dieser Schutz weg. Für den Guanoabbau wurden zusätzlich hölzerne Plattformen errichtet, an die Schakale, Hyänen und auch Menschen nicht herankommen können. Die Vögel brüten in der Zeit von September bis April, der Abbau beginnt nach der Brutsaison.

Die bekannteste Holzplattform, „Bird Rock", liegt nördlich von Walvis Bay. Die Plattform wurde Anfang der 50er-Jahre von Adolph Winter erbaut und wenig später durch eine Drahtseilbahn mit dem Festland verbunden, was den Abbau enorm erleichterte. Sie ist die einzige frei im Meer stehende Guanoplattform der Welt und umfasst eine Fläche von 1,7 ha. Da es hier keinen Sand gibt, ist der Guano besonders rein. Auf dieser Plattform brütet hauptsächlich der Kapkormoran, außerdem nisten hier Rosapelikane, Flamingos und Weißbrustkormorane.

Von den Folgen der kommerziellen Überfischung in der Vergangenheit bis zur Unabhängigkeit sind vor allem Kaptölpel und Brillenpinguine betroffen, die es immer schwerer haben, die richtige Nahrung zu finden. Besonders der Pinguinbestand ist seit den 50er-Jahren stark zurückgegangen. Durch die leer gekratzten Guanoinseln finden sie kaum noch Nistplätze, die vor Raubtieren geschützt sind. Die Robben entwickelten eine Vorliebe für das leicht erreichbare Pinguinfleisch. Heute gibt es verschiedene, weltweite Organisationen, die sich für den Schutz der Pinguine einsetzen.

zuhalten. Mit Windbrechern und der Bepflanzung der Dünen wird schon jetzt experimentiert.

Bei guten Wetterverhältnissen sieht man weit draußen im Meer den Leuchtturm stehen. Er markiert den nordwestlichsten Punkt der Lagune. Der gusseiserne Leuchtturm wurde 1912 in Deutschland für einen Hafen in Japan gegossen. Als das Transportschiff jedoch zu seinem Bestimmungsziel unterwegs war, brach der Erste Weltkrieg aus. Die Südafrikanische Armee beschlagnahmte das Schiff samt Leuchtturm 1915 von Walvis Bay aus. Die Südafrikaner freuten sich über ein so gutes Stück und stellten den Leuchtturm nach Mandatsübernahme unverzüglich an seine heutige Stelle.

Hinweise zu Aktivitäten in der Lagune im Praktischen Teil.

ÜBERNACHTUNG

Die Gastgeber in Walvis Bay sprechen (wegen der Geschichte der Stadt) fast alle Englisch oder Afrikaans. Wer Wert auf deutschsprachige Gastgeber legt, ist in Swakopmund besser aufgehoben.

Untere Preisklasse

€ **Spindrift Guest House & Art Studio**, 22 Main Rd., Liz & Cees Visser, ✆ 064-206723, ✆-Handy 081-1293940, ✉ spindrift@namibnet.com, 22 Main Rd. Herzliche Gastgeber, originelles Guesthouse mit schönem Garten und Pool. ❷

Shifting Whispering Sands B&B, ✆ 064-205348, ✆-Handy 081-1275124, ✉ shifwhispsands@iway.na, 82 Sam Nujoma Ave. Mahlzeiten auf Wunsch, Internetzugang. ❷

Mittlere Preisklasse

Amjicaja Guesthouse, ✆ 064-200237, ✉ reservations@amjicaja.com.na, 💻 www.amjicaja.com, 8 Temple Rd, Meersig. Elegantes Gästehaus, beheiztes Hallenbad, WLAN, schöner Garten. ❸

Lagoon Lodge, Hélène Meiller, ✆ 064-200850, ✉ french@lagoonlodge.com.na, 💻 www.lagoonlodge.com.na, 88 Kowambo Nujoma Drive. Schöne Unterkunft in mediterranem Stil, direkt an der Lagune, mit Pool. Atmosphäre entspricht der Vorstellung vom „Urlaub an der See". Individuell dekorierte Zimmer mit TV und Telefon, alle mit Blick auf die Lagune. WLAN. Nette französische Gastgeber (sprechen ein wenig Deutsch), exzellente Küche, Abendessen wird angeboten, eine Vorbestellung ist erforderlich. ❹

Egumbo Lodge, ✆ 064-207700, ✉ info@egumbolodge.com, 💻 www.egumbolodge.com, 42 Kowambo Nujoma Drive. Edle Lodge im Kolonialstil, luxuriöse, beheizte Zimmer, beheizter Pool, großer Weinkeller, Restaurant mit mediterraner Küche. WLAN. ❻

Außerhalb

In **Langstrand**, dem Feriendorf zwischen Walvis Bay und Swakopmund an der B 2 (Karte S. 352):

Crayfish Creek Lodge, ✆ 064-221440, ✆-Handy 081-3172613, ✉ crayfishcreek@iway.na, 💻 www.crayfishcreek.com, 98 Kuiseb Ave. Am Langstrand. 6 Self-Catering-Einheiten für je max. 6 Pers., Wohnzimmer und voll ausgestattete Küche. ❷

Protea Hotel Long Beach Lodge, ✆ 064-218820, ✉ longbeachlodge@iway.na, 💻 www.proteahotels.com/longbeachlodge. Gut geeignet für Familien mit Kindern, direkt am Strand, große Zimmer, beheizter Pool, WLAN, Coffeeshop. ❸

Protea Hotel Burning Shore, ✆ 064-207568, ✉ reception@burningshore.na, 💻 www.proteahotels.com/the-burning-shore.html, 152 4th St. 12 stilvoll eingerichtete Zimmer, Gym, Internetzugang, sehr gutes Restaurant. Geeignet für Hochzeiten am Strand oder auch einfach nur zum Kaffeetrinken oder Sundowner. ❺

ESSEN

Internationale Küche

Restaurant des Burning Shore, Langstrand (s. o.)

Raft Restaurant, ✆ 064-204877, ✆-Handy 081-2723654, Esplanade. ⌚ Mo–Sa 12–15 Uhr und 18–22 Uhr, Bar und Bistro 11–24 Uhr. Auf Stelzen in die Lagune hinaus gebaut, abends sind meist Delphine zu beobachten.

Lyon des Sables, ✆ 064-221220, ✉ lyondessables@gmail.com, an der Lagune, neben dem Jachtclub, ⌚ Mo–Fr 12–14.30 Uhr und 17.30–21.30 Uhr, Sa 12–21.30, So 12–16 und 17.30–21.30 Uhr. Gehobenes, exzellentes Restaurant. Spezialisiert auf französische Küche, sehr gute Fisch- und Fleischgerichte, dazu gibt es hervorragenden Wein.

Bon Aroma, ✆ 064-220226, 133 Sam Nujoma Ave, ⌚ tgl. 12–14.30 und 17.30–21.30 Uhr. Herkömmliches Restaurant mit Fisch- und Fleischgerichten, Pizza, Salate etc. Jeden Mittwoch und Samstag Seafood-Specials.

Leichte Mahlzeiten

Steve's Take-Away & Pizzeria, ✆ 064-205384, im Shopping Centre, 89 Theo-Ben Gurirab St. ⌚ Mo–Sa 8–21.30 Uhr, auch kleines Restaurant.

Coffeeshop von Mola Mola, ✆ 064-205454, in der Lagune, Esplanade St, Ecke Atlantic St. ⌚ Mo 7–12 Uhr, Di–Sa 7–15 Uhr, So 7–14 Uhr. Das beste Café in Walvis Bay, guter Kaffee in allen Variationen und die üblichen Café-Mahlzeiten.

AKTIVITÄTEN

Alle Aktivitäten sind im Kapitel „Traveltipps von A bis Z" näher beschrieben (S. 94), die Veranstalter sind unten bei „Touren" aufgeführt.
Es gibt verschiedene Möglichkeiten, die **Lagune** zu erkunden. Ein Spaziergang auf der Esplanade ist wunderschön, oder man setzt sich einfach auf eine der Bänke und schaut dem Treiben der Vögel zu.
Wer Stille und Wasser liebt, wird das **Kajakfahren** in der Lagune am schönsten finden – begleitet von Robben und Delphinen kann man so die Vogelwelt beobachten.
Lauter und schneller geht es beim Dolphin Cruise durch die Lagune im **Motorboot** zu.
Beim **Angeln** gibt es zwei Optionen: das Brandungsangeln und das Hochseeangeln. Für das Brandungsangeln benötigt man eigenes Angelzeug, manche Veranstalter vermieten dies auch. Beim Hochseeangeln fährt man mit den Booten der Fischer hinaus, es ist also ein authentisches Erlebnis, auch wenn immer mehr Trips eigens für Touristen organisiert werden. Swakopmund bietet ebenfalls gute Angelmöglichkeiten.
Touren auf **Quadbikes** (vierrädrige Motorräder) in den Dünen sind beliebt, jedoch wegen der ökologischen Auswirkungen sehr umstritten. Seit 2007 sind daher derartige Touren zwischen Walvis Bay und Swakopmund nicht mehr ohne Permit möglich.
Die Lagune bietet mit flachem Wasser und stetigem Wind ideale Kitesurf-Möglicheiten.
Walvis Bay Kite Surf Center, Nicole & Andreas Hübner, ✆-Handy 081-3739402, ✉ jibemann.namibia@gmx.de, 🖳 www.namibiakite.com, Esplanade St. Kitesurf-Unterricht und Verleih von Kite- und Windsurfausrüstung, keine Kreditkartenzahlung, S. 94.
Element Riders, Rainer Eimbeck, ✆-Handy 081-6666599, ✉ info@element-riders.com, Ansprechpartner sowohl für Anfänger als auch für fortgeschrittene Kiter. Element Riders hat für Adrenalin-Junkies auch noch anderes wie Skydiving, Paragliding etc. im Programm.

TOUREN

Obwohl es inzwischen einige Veranstalter an der Küste gibt, sind die Kapazitäten begrenzt. Wer Wert auf eine bestimmte Aktivität legt, sollte daher einige Tage im Voraus buchen. Alle Touren an der Küste sind wetterabhängig, bei Sturm und starkem Nebel können keine Ausflüge gemacht werden. Generell nie den Sonnenschutz vergessen!
Mola Mola Safaris, ✆ 064-205511, ✆-Handy 081-1272522, ✉ info@mola-namibia.com, 🖳 www.mola-namibia.com, Büro in der Lagune, Atlantic St. Motorbootfahrten im Schnellboot oder Katamaran in der Lagune, Hochseeangeln, Brandungsangeln, Touren nach Sandwich Harbour.
Catamaran Charters, ✆ 064-200798, ✆-Handy 081-1295393, ✉ seawolf@iway.na, 🖳 www.namibiancharters.com.
Dolphin Tours, ✆ 064-203033, ✉ Info@dolphintours.com.na, 🖳 www.dolphintours.com.na, bieten ebenfalls das gesamte Lagunenprogramm.
Sun Sail Charters, ✆-Handy 081-1245045, ✉ fun@mweb.com.na, 🖳 www.sailnamibia.com. Sundowner-Segeltouren sind ebenfalls möglich.
Eco Marine Kayak Tours, Jeanne Meintjes, ✆ 064-203144, ✆-Handy 081-1293144, ✉ emkayak@iway.na, 🖳 www.emkayak.iway.na, 17 Theo-Ben Gurirab St. Kajakfahrten in der Lagune für Anfänger und Fortgeschrittene. Buchung mind. 3 Tage im Voraus.
Namyak Namibia, ✆-Handy 081-2296307, ✉ namyak@africaonline.com.na, 🖳 www.namibiakayaktours.com. Kajaktouren mit Guide in der Lagune von Walvis Bay und zum Pelican Point in Einer- und Zweierkajaks. Auch für Anfänger. Ausrüstung wird gestellt.
Levo Tours, ✆ 064-207555, 🖳 www.levotours.com, 32 3rd St. Boot-Trips in die Lagune, zur Delfin- und Robbenbeobachtung.
Kuiseb Delta Adventures, Fanie du Preez, ✆ 064-202550, ✆-Handy 081-1282580, ✉ kda@iway.na, 🖳 www.kuisebonline.com, 8th Rd West, Querstraße des Nangolo Mbumba Drive, in der Nähe der Lagune. Wer Quadbike fahren will, dem sei diese Adresse ans Herz gelegt. Der „Historian" führt in unberührte Gebiete in den Dünen, wo es Urzeitliches (Dino-Spuren) zu entdecken gibt. Der „Dune Run" ist laut Eigenaussage etwas für Adrenalinjunkies und nichts für Angsthasen. Außerdem gibt es geführte Touren im Geländewagen, z. B. nach Sandwich

Harbour oder zur Topnaar-Gemeinde bei Rooibank im Kuiseb. Buchung erforderlich. Keine Kreditkartenzahlung.

€ **Sandwich Harbour 4x4**, ✆ 081-1473933, ✉ indo@sandwich-harbour.com, 💻 www.sandwich-harbour.com, Büro in der Lagune. Geführte Geländewagentour zum Sandwich Harbour sowie Kajaktouren am Pelican Point (auch als Kombination buchbar).

Walvis Bay Tour Guides, Fried Fredericks, ✆ 064-200436, ✉ walvisbaytour@iway.na, 💻 www.walvisbay-eco-tourism.com, Atlantic Rd, Waterfront. Bieten Township-Touren mit Besuch des Marktes, eines Community Center und eines HIV/AIDS-Projekts, den Abschluss der Tour bildet ein traditionelles Buffet.

INFORMATIONEN

The Walvis Bay Tourism Centre & Travellers Bistro, ✆ 064-200606, ✉ bookings@walvis-info.com, 💻 www.walvisbaycc.org.na, Union St, Ecke 5th Rd. 🕒 Mo–Fr 8–17 Uhr, Sa 9–13 Uhr und 15–17 Uhr, So 9–13 Uhr. Kleines Bistro mit Souvenirshop, Internetzugang. Hier können außerdem Buchungen für Dolphin Cruises mit Levo Tours und für die Selbstversorger-Bungalows von Levo in Langstrand getätigt werden.

SONSTIGES

Ausrüstung

Cymot, ✆ 064-271400, Sam Nujoma Ave, Ecke 18th Rd. Campingausrüstung.

Autovermietungen

Europcar, ✆ 064-207391, ✆ Handy 081-1278110, im Pelican Bay Hotel, direkt an der Lagune.

Budget Rent a Car, ✆ 064-204128, ✆-Handy 081-1286900, ✉ walvisbay@budget.co.za, 10th Rd, Ecke Sam Nujoma Ave, in der Protea Lodge.

Geld

First National Bank, ✆ 064-2018111, 138 Sam Nujoma Ave.

Medizinische Hilfe

Walvis Bay Medipark, Rikumbi Kandanga Rd. Darin befinden sich:

Welwitschia Private Hospital, ✆ 064-218911

Dr. Roberts, ✆ 064-202912, Medipark Nr. 14

Dr. Rautenbach, ✆ 064-206918, Medipark Nr. 7, beide Allgemeinmediziner, sprechen nur Englisch.

Dr. Kock, ✆ 064-205118, Zahnarzt, spricht nur Englisch.

Museum

Walvis Bay Stadtmuseum, ✆ 064-2013111, Civic Centre, Nangolo Mbumba Drive. Geschichte der Stadt und ihre besondere Verbindung zum Meer. Eingang in der Bücherei, 🕒 Mo–Fr 9–17 Uhr, Eintritt frei.

Polizei

✆ 10111, 13th Rd, Ecke Nangolo Mbumba Drive.

Post

✆ 064-204150, 14 Sam Nujoma Ave, Stadtmitte.

Wäscherei

Laundry for Africa, ✆ 064-202679, 229 Theo-Ben Gurirab St.

TRANSPORT

Busse

Intercape Mainliner, ✆ 061-227847, ✉ whkbook@intercape.co.za, 💻 www.intercape.co.za, Haltestelle in Walvis Bay beim Spur Restaurant und in Swakopmund in der Hendrik Witbooi St beim Talk Shop. Mo, Mi, Fr, So nach WINDHOEK, von hier aus ggf. weiter nach KAPSTADT oder VICTORIA FALLS.

Carlo's Shuttle & Tours, ✆ 064-205537, ✆-Handy 081-4195886, ✉ carloshuttle@iway.na, 💻 www.carloshuttlenamibia.com.na, 33 Lagoon St. Tgl. nach WINDHOEK um 8 und 14 Uhr, zurück um 8 und 15 Uhr. Einfache Strecke N$230 p. P.

Flüge

Der Flughafen von Walvis Bay ist der zweitwichtigste im Land. Er liegt 12 km außerhalb der Stadt an der C 14, Taxis sind meist vor Ort.

Air Namibia, Town Office, ✆ 064-203102, ✉ walvisbay.reservations@airnamibia.aero, im Old-Mutual-Gebäude 11th Rd; am Flughafen, ✆ 064-202867, fliegt tgl. außer Sa von WIND-

HOEK nach Walvis Bay und macht außerdem auf einigen innerafrikanischen Flügen einen Zwischenstopp in Walvis Bay, so z. B. auf manchen Flügen nach Kapstadt.

Die Umgebung von Walvis Bay

Langstrand

Langstrand (oder Long Beach) heißt das kleine Feriendorf am Atlantik, das an der B 2 etwa in der Mitte zwischen Swakopmund und Walvis Bay liegt. Es ist vor allem bei den Einheimischen sehr beliebt und daher in der Ferienzeit im Dezember und Januar total überfüllt. Es gibt einen großen Campingplatz, eine Reinigung, ein gutes Restaurant im Burning Shore Hotel und einen kleinen Laden. Gegenüber von Langstrand in den Dünen wird u. a. Sandboarden veranstaltet. Administrativ gehört Langstrand zu Walvis Bay, daher alle Adressen im dortigen Praktischen Teil.

Sandwich Harbour

Sandwich Harbour, etwa 50 km südlich von Walvis Bay, war im 19. Jh. ein Fischereihafen und Anlaufpunkt für Abenteurer und Walfänger. Hier gab es einfache Fischverarbeitungsfabriken, Anlagen zur Zerlegung der Wale, Vorrichtungen zur Umwandlung von Guano in Düngemittel (eine dazu benötigte Pflanze wurde hier sogar angebaut) und eine Robbenzucht. Jonker Afrikaner versah sogar seinen „Baaiweg" (von Windhoek nach Walvis Bay) mit einem Abzweig nach Sandwich Harbour. Schier unglaublich klingt die Geschichte eines abenteuerlustigen Geschäftsmannes, der seine Rinderherden Ende des 19. Jhs. aus dem Landesinneren über die Dünen nach Sandwich Harbour trieb, um sie dort schlachten und direkt verschiffen zu lassen. Die Ruinen des Schlachthauses an der südlichsten Spitze der Bucht gehören zu den wenigen Spuren, die von dem kleinen Ort übrig geblieben sind. Es ist überliefert, dass 1898 das letzte Schiff in Sandwich Harbour einlief.

Wie bei vielen Orten, die durch unwirtliche Bedingungen isoliert und für Abenteurer nur schwer zu erreichen sind, ranken sich auch um Sandwich Harbour Geschichten und Legenden. Durch die Landschaft – Sanddünen nahezu ohne sichtbare Vegetation auf der einen, kaltes, dunkles Meerwasser auf der anderen Seite – wird die unheimliche Atmosphäre noch verstärkt. Um 1750 soll hier ein britisches Schiff gesunken sein, das auf dem Weg von Indien nach England war. Die Ladung bestand aus Kostbarkeiten, die ein Lord Clive vom damaligen Großmogul Delhis konfisziert hatte. Gold, Elfenbein, ein Thron, Juwelen, seltene Steine, Schwerter und andere Schätze sollen an Bord gewesen sein, als das Schiff sank. Mr. Thompson, ein Überlebender, behauptete später, dass die Mannschaft einen Teil des Schatzes unter den Dünen bei Sandwich vergraben habe. Bislang wurden jedoch trotz intensiver Suche weder Spuren des Schatzes noch das Schiffswrack gefunden.

Der Ursprung des Namens Sandwich ist nicht geklärt. Es wird angenommen, dass der ehemalige Hafen nach dem britischen Walfänger Sandwich benannt wurde, der sich um 1780 in dieser Region aufhielt. Eine andere Theorie besagt, dass „Sandwich" einfach nur die englisch ausgesprochene Variante des deutschen „Sandfisch" ist – und Sandfische, eine Haifischart, gibt es an der Küste zuhauf. Übrigens taucht auch die Bezeichnung „Sandwich Bay" auf (etwa im New Namibian School Atlas), was angesichts der Tatsache, dass der Hafen schon lange nicht mehr als Hafen dient, nicht verwundert.

Sandwich Harbour hat das gleiche Problem wie die Lagune bei Walvis Bay: Die Elemente, insbesondere der „Südwester" und die Wellen des Atlantischen Ozeans, verändern die Bucht drastisch. Große Teile des Strandes und der Sandbank wurden abgetragen und zum Teil an anderen Stellen wieder abgelagert. Schiffbar ist Sandwich schon lange nicht mehr. Heutzutage ist die einstmals tiefe Bucht eher eine Lagune. Wie die Lagune bei Walvis ist auch Sandwich einer der wichtigsten Brutplätze für Seevögel und eine Futterstelle für Flamingos.

Im Oktober 1995 fiel ein im Sand stecken gebliebenes Fahrzeug den Wellen zum Opfer, woraufhin das Ministerium für Umwelt und Tourismus Sandwich Harbour erst einmal sperrte. Inzwischen kann man wieder mit einem Allradfahrzeug dorthin fahren. Da sich jedoch dort schon genügend Geländewagen festgefahren

Eduard Bohlen

Eine besondere Attraktion, die leider nur während einer Flugsafari kurz bewundert werden kann, ist das Wrack der *Eduard Bohlen.* Im dichten Nebel war der Dampfer der Woermannlinie am Morgen des 5. September 1909 10 km südlich von Conception Bay (Empfängnisbucht) auf eine Sandbank gelaufen. Kapitän Parow und sein 2. Offizier waren auf der Brücke, als sich die *Eduard Bohlen* der Küste näherte. Das Lot zeigte noch 27 Faden (50 m) Wassertiefe, doch zwei Schiffslängen weiter krachte das Schiff 100 m vom Strand entfernt auf die Sandbank. Versuche, den Dampfer aus eigener Kraft rückwärts wieder freizubekommen, schlugen fehl. Um zu verhindern, dass die Brandung das Schiff weiter auf die Sandbank schob, wurde der vordere Anker nach hinten ausgebracht, doch wegen der starken Brandung riss die Ankerkette. Die *Eduard Bohlen* wurde weiter auf die Sandbank getrieben. Zu allem Unglück kam Sand in das Saugrohr für die Kühlvorrichtung. Die Maschine lief heiß und konnte nicht mehr volle Kraft leisten.

Am nächsten Tag kam der Frachter *Otavi* zu Hilfe. Er konnte jedoch nicht nah genug an die *Eduard Bohlen* herankommen, da sich 500 m vom Strand entfernt eine weitere Sandbank befand, über die das Schiff am Tag zuvor unbemerkt gefahren war. Durch die hohe Brandung wurde eine Leine zur *Eduard Bohlen* gebracht, um eine schwere Stahltrosse einzuholen. Als die *Otavi* mit voller Kraft versuchte, die *Eduard Bohlen* freizuschleppen, riss das Stahlseil. Jede Welle hob das Schiff und ließ es wieder hart auf die Sandbank aufsetzen. Da keine Gefahr für Mannschaft und Passagiere bestand, stellte Kapitän Parow den 30 Passagieren frei, an Bord zu bleiben oder an Land zu gehen. An Land wurde ein Lager mit Zelten, Decken und Proviant aufgeschlagen. Zwei Tage nach dem Unglück waren alle Passagiere von Bord und begaben sich nach Conception Bay (man beachte die Entfernungen, wenn man darüber fliegt). Die Post und ein Teil des Gepäcks wurden von Arbeitern nach Conception Bay gebracht. Ein großer Teil der Ladung wurde über Bord geworfen, um das 150 000 Mark teure Schiff leichter zu machen – vergeblich. Als klar wurde, dass die *Eduard Bohlen* nicht mehr seetüchtig werden und die Fahrt nicht fortzusetzen sein würde, nahm die *Otavi* die Passagiere und die Post in Conception Bay an Bord und fuhr nach Swakopmund.

Der Dampfer *Eduard Bohlen* war von Swakopmund nach Kapstadt unterwegs und hatte Diamantensiebe und Vorräte für Conception Bay geladen. Kapitän Parow beendete nach der Katastrophe seine Karriere. Die Ausrüstung und das Inventar der *Eduard Bohlen* wurden versteigert und ein großer Teil der Möbel und des Bestecks im damaligen Swakopmunder Hotel Bismarck genutzt.

1920 wollte der Ingenieur George Austin einen 100 m langen Kanal graben, um die *Bohlen* wieder ins Wasser zu bekommen. In den 30er-Jahren diente sie Kontraktarbeitern einer Diamantengesellschaft als Unterkunft. Heute liegt das Schiff 200 m vom Strand entfernt im Landesinneren, inmitten der weiten Sandwüste. Die Benguela-Strömung und der „Südwester" (Wind), die den Verlauf des Strandes ständig verändern, haben in knapp 100 Jahren 300 m Sand an den Strand getragen.

haben, sollte man nicht selbst hinfahren, sondern besser eine Tour dorthin buchen (z. B. mit Mola Mola Safaris oder Sandwich Harbour 4x4).

Der Küstenstreifen südlich von Sandwich Harbour und nördlich von Lüderitz wurde im September 1908 zum **Diamanten-Sperrgebiet Nr. 2** erklärt. Zuvor hatten, nachdem im April 1908 aus Lüderitz die Kunde kam, dass dort Diamanten entdeckt worden waren, zahlreiche Abenteurer versucht, südlich von Swakopmund ebenfalls Diamanten zu finden. Sie legten die rund 150 km von Swakopmund nach Conception Bay zu Fuß zurück, die Ausrüstung wurde mit Eselskarren transportiert. Der Abschnitt zwischen Sandwich Harbour und Conception Bay war der gefährlichste, hier konnte die Küste auf einer Länge von 12–15 km nur bei Ebbe passiert werden. Dies ist die sogenannte „Lange Wand", das Meer kommt bei Flut direkt bis an den Fuß der hohen, steil abfallenden Dünen.

Die „Lange Wand" kann vom Flugzeug aus, beispielsweise bei einem Flug von Swakopmund zum Sossusvlei, besichtigt werden. Einzige Alternative dazu ist die Allradtour von Walvis Bay nach Lüderitz (S. 99).

In Conception Bay entwickelte sich eine fieberhafte Geschäftigkeit, als dort tatsächlich Diamanten entdeckt wurden. Zunächst gehörte jeder Stein dem Finder selbst. Wenig später jedoch wurde das Sperrgebiet Nr. 2 proklamiert. Es gab neue Vorschriften, denen zufolge der freie Verkauf von Diamanten verboten wurde, das Abbaurecht musste spätestens vier Wochen nach dem ersten Fund beantragt werden. Ab Oktober 1909 waren 1400 Steine abgeliefert worden. 1919 wurde die CDM (Consolidated Diamond Mines) gegründet; in ihr vereinigten sich alle bis dahin operierenden Diamantgesellschaften (bis auf Kolmanskop, Stauch verkaufte seine Gesellschaft erst 1920 an die CDM). Die CDM bekam 1923 mit dem Halbscheid-Abkommen die alleinige Konzession für das Sperrgebiet.

6 HIGHLIGHT

Swakopmund

Ein Stück Deutschland am Rand der Wüste – so wird das kleine Küstenstädtchen häufig beschrieben. In Swakopmund ist sehr viel von der deutschen Atmosphäre erhalten geblieben. Eine große Anzahl von Häusern und Gebäuden sind im Jugendstil erbaut, der während der Kolonialzeit sehr beliebt war.

Wer Swakopmund von der Wüste her ansteuert, muss mit plötzlich auftretendem, dichtem Nebel rechnen. Doch selbst wenn sich die Küste nebelfrei präsentiert, ist es am Atlantik meist sehr viel kühler als im Landesinneren.

Swakopmund wird von den Namibiern, insbesondere den deutschsprachigen, heiß und innig geliebt. In den Sommerferien zu Weihnachten ist es daher völlig überlaufen, Unterkünfte müssen weit im Voraus gebucht werden, ohne Tischreservierung findet man oft im Restaurant keinen Platz. Außerhalb der Feriensaison geht es in Swakopmund beschaulich zu. Viele Besucher finden diese Mischung aus Filmkulisse und Legoland recht liebenswürdig. Auf jeden Fall hat Swakopmund einiges für Touristen zu bieten und ist nicht umsonst Teil fast jeder Namibiareise.

Die Bandbreite der Unterkünfte ist groß und das Angebot an Aktivitäten mannigfaltig wie nirgendwo sonst in Namibia. Teil dieser Vielfalt sind auch die in Walvis Bay angebotenen Aktivitäten, die Hafenstadt mit der schönen Lagune ist nur 30 km entfernt.

Geschichte und Sehenswertes

Tsoa Xoub heißt das Rivier bei den Nama. Da die Deutschen dieses Wort nicht aussprechen konnten, machten sie kurzerhand Swakop daraus. Wenn das Swakop Rivier „abkommt", sprich das Wasser nach ausreichenden Regenfällen im Landesinneren endlich fließt, führt es sehr viel Sand, Pflanzenteile, Sträucher und andere „normale" Wüstenartikel wie Plastik, Dosen und Reifen mit sich und „entleert" sich in den Atlantik. Der Mündungsbereich nimmt dann eine braune Farbe an (und dies umschreibt das Nama-Wort).

Das Kanonenboot *Hyäne* bezeichnete am 4. August 1892 eine Landestelle nördlich der Mündung mit zwei Baken. Drei Wochen später erfolgte die erste Landung, als die *Marie Woermann* 120 Mann der Schutztruppe und 40 Siedler mit Ausrüstung und Zuchtvieh an Land setzte. Danach erfolgte die Landung mit Brandungsbooten und „Kruboys", Schwarzen aus Liberia (der Hamburger Adolf Woermann hatte das Monopol für Arbeiter-Export in Liberia). Zehn Jahre lang brachte man alles, was in Deutsch-Südwestafrika gebraucht wurde, in Swakopmund an Land. 1903 wurde die Mole fertiggestellt, die allerdings schon 1904 wieder versandete, als der Swakop wieder richtig „abkam". Ab 1905 ersetzte der Landungssteg aus Holz mit 325 m Länge die Mole, er hielt immerhin bis 1914.

Nach der südafrikanischen Mandatsübernahme wurde Swakopmund nicht mehr als Hafen gebraucht und in Folge des Londoner Abkommens 1923 als Urlaubsort ausgebaut.

1912 begann der Bau der Eisenbrücke, der **Jetty**, mit fünf Kränen und einer Feldbahn. Mit dem Bau wurden die Firmen Grün und Bilfinger aus Mannheim sowie die Flender AG aus Benrath beauftragt. Ursprünglich war ein 640 m lan-

Swakopmund
N
0
1000 m
Übernachtung:
1 Atlantic Villa Guesthouse
2 Beach Lodge
3 Royal Benguela Guesthouse
4 Vogelstrand Guesthouse
5 Sea Breeze Guesthouse
6 Orange House
7 Haus Veronika
8 Intermezzo B&B
9 Beach Hotel Swakopmund
10 The Stiltz
Essen:
1 The Wreck
2 Wurstbude
3 Jetty 1905
Sonstiges:
1 Living Desert Adventures
2 Karakulia Craft Centre
3 African Leather Creations
4 Swakopmund Laundry
5 Desert Explorers Adventure Centre
Atlantischer Ozean
Hentiesbaai
VOGELSTRAND
HAGE HEIGHTS
OCEAN VIEW
VINETA
TAMARISKIA
MONDESA
EXTENSION 10
INDUSTRY
EXTENSION 5
KRAMERSDORF
Jachthafen
Swakopmund Medical Centre, Cottage Family Practice
Cottage Private Hospital
Kabelmesse
GEFÄNGNIS
Alter Bahnhof
Bahnhof
Leuchtturm
BRÜCKE (JETTY)
FRIEDHOF
Aquarium
Planetenweg
Windhoek
Langstrand, Walvis Bay
Swakop River
s. Detailplan Swakopmund Zentrum S. 338/339
Moses //Garoëb St
Nelson Mandela Ave
Sam Nujoma Ave
Theo-Ben Gurirab Ave
Tsavorite St
Palm St
Marigold St
Dr. Eugen Muller St
Nelken St
Vrede Rede Ave
Riesle St
Harder St
Penguin St
Mandume-ya
Ndemufayo
Hidipo Hamutenya Ave
Rakotoka St
August Nangolo Ave
Strand St
Bismarck
Tobias Hainyeko St
Nathaniel Maxuilili St
Windhuker St
Libertina Amathila Ave
Lubowski Ave
River Side Ave
Rhode Allee
Anton
Daniel Tjongarero Ave
Swakop St
Aukas St
Welwitschia St
Woker St
Dr. Boss St
Sculetus St
Ugab St
First Ave
Marshall St
Omeg St
Aldridge St
Schwester Frieda St
Moven St
Seeadler St
Kormoran St
Pelikan St
Fischreiher St
Flamingo St
Turmalin St
Tsavoriet St
Diamond St
Topaas St
Dr. Schwietering St
Aragonit St
Rose quartz St
Emerald St
Onyx St
Sandpiper St
Shearwater St
Plover St
Gannet St
Mmotoka St
Zypressen St
Kwikstertjie St
Neel St
Franziska van Neel St
Ocks Ave
Haup Ave
Franziska
Richt St
Dolphin St
Moses //Garoeb St
Düner Rd
Schlachter St
Berg St
Kraal St
Backer St
Neser St
Hainyeko St
Rakotoka St

ger Steg geplant, doch musste der Bau mit dem Ausbruch des Ersten Weltkriegs bei 262 m eingestellt werden. Die Jetty wurde nie als Landungsbrücke genutzt, jedoch freuten sich Angler und Urlauber über die Möglichkeit, auf das Meer hinauslaufen zu können. Die Jetty, die für viele Einheimische ein Wahrzeichen der Stadt darstellt, fiel jedoch im Laufe der Jahre den Elementen, vor allem Meer, Nebel und Wind, zum Opfer. So kracht die Brandung mit einem von Experten errechneten Gewicht von 50 t pro Quadratmeter auf die Pfeiler.

1983 wurde die Jetty geschlossen, 1985 restauriert, 1986 wiedereröffnet und am 13. März 1998 wieder geschlossen. Bürgerinitiativen („Save the Jetty Fund") und ein Teil des Stadtrats setzten sich dafür ein, die Jetty wieder aufzubauen. 2003 gab die Stadtverwaltung eine Studie in Auftrag, die sich auf die Untersuchung der vorhandenen Bausubstanz konzentrierte. Im Anschluss hieß es, dass nur der erste, dem Land näher gelegene Teil bis zum 17. Brückenpfeiler restauriert werden könne. Der zweite werde abgetrennt und den Elementen anheimgegeben. Die dramatische Überschrift in der *Allgemeinen Zeitung* lautete: „Stadtväter geben vorderen Teil der Jetty auf – Natur gewinnt nach 91 Jahren". 2005 begannen die Restaurierungsarbeiten, für die N$3,8 Mio. veranschlagt wurden. Der 12 m lange und 7 m breite Schienenrahmen wurde in Walvis Bay konstruiert. Auf diesem konnten dann Balken und Betonpfeiler mittels Schiebefahrwerk bewegt werden. Das gesamte rostige Eisengerüst wurde durch eine neue Betonkonstruktion ersetzt. Obenauf gibt es nun zwei Holzwege, einen für Angler und einen für Spaziergänger. Die verspätete Fertigstellung Ende 2006 war Folge der rauen See: Viele Arbeiten mussten von Tauchern erledigt werden, was nur bei ruhiger See – eine Seltenheit in Swakopmund – möglich war. Die Zusatzattraktion seit 2010 ist die Austernbar „Jetty 1905" am Ende der Jetty (s. Restaurants).

Bereits 1900 nahm die erste Bierbrauerei ihren Betrieb auf, 1929 folgte die **Hansa-Brauerei**, die bis heute nach Deutschem Reinheitsgebot braut. Im Oktober 2005 musste die Brauerei geschlossen werden. Nach Reinheitsgebot gebrautes Bier ist in Namibia immer noch erhältlich – die Windhoeker Brauerei produziert weiterhin Windhoek Lager und Tafel Lager (das frühere Hansa Tafel).

Um eine Attraktion reicher, insbesondere sicherlich für Einheimische und Schüler, ist Swakopmund seit der Einweihung des ersten Planetenweges Namibias am 11. September 2005. Hans Fritze initiierte dieses Projekt, das für ihn „Wissensvermittlung beim Spaziergang" darstellt. Der **Planetenweg** beginnt beim Pfadfinderheim (Anton Lubowski Ave, Ecke Aukas St) und führt die Anton Lubowski Avenue hinunter bis zum Atlantik. Unterwegs sind die Planeten in Form von Betonsockeln mit beschrifteten Granitplatten dargestellt.

Der **Bahnhof** wurde 1901 vom Architekten C. Schmidt im lokalen „Wilhelminischen Stil" entworfen. TransNamib und Stocks & Stocks bauten für N$30 Mio. den alten Bahnhof in Swakopmund in ein Hotel und Vergnügungszentrum mit Kasino um. Das Hotel hat 92 Zimmer, ein Restaurant, Touristenläden und ein Konferenzzentrum für 350 Delegierte. Baubeginn war im März 1994, die Einweihung fand im November 1994 statt.

Die **Kabelmesse** war eines der ersten Wohnhäuser Swakopmunds. Ebenfalls von C. Schmidt entworfen und 1902 fertiggestellt, war die Kabelmesse Heim für die Angestellten der Eastern and South African Telegraph Company. 1899 wurde Deutsch-Südwestafrika an das Unterwasserkabel von Angola nach Kapstadt angeschlossen, das etwa 125 Seemeilen vor der Küste lag.

Am 13. April 1899 gab Gouverneur Theodor Leutwein das erste Telegramm auf – eine Grußbotschaft an das „Mutterland". Hatten Telegramme nach Deutschland zuvor auf dem Land- und Seeweg etwa drei Wochen benötigt, war dieses Telegramm schon nach vier Stunden an seinem Ziel. Kurz nach Ausbruch des Ersten Weltkriegs durchtrennten deutsche Offiziere das Kabel, damit es nicht für die Koordinierung des Krieges gegen die Deutschen genutzt werden konnte. Die Kabelmesse diente später als Schülerheim, heute befindet sich darin das Teacher Ressource Centre.

Das **Woermann-Haus** wurde von Friedrich Höft entworfen, gebaut und 1905 vollendet. Das viereckige Gebäude misst 45 x 40 m und umschließt einen Innenhof, der von Arkaden begrenzt wird. In der Nordostecke steht ein fünfstöckiger, 25 m hoher Turm, der Damara-Turm, der erst nach Fertigstellung des Hauses hinzugefügt wurde. Der Stil des Gebäudes entspricht der um die Jahrhundertwende beliebten Mischung verschiedener Stilelemente: außen Fachwerk, im Innenhof Arkaden mit neuromanischen Rundbögen und Jugendstilornamenten im Kachelschmuck.

Die Hamburger Handelsfirma C. Woermann, die auch die bedeutendste Schiffsverbindung von Deutschland nach Deutsch-Südwestafrika unterhielt, gründete gemeinsam mit der South West Africa Company am 1. Oktober 1894 die Firma Damara-Namaqua-Handelsgesellschaft. Der Hauptsitz wurde in Swakopmund eröffnet, und der erste Vertreter, Georg Schluckwerder, kam im Januar 1895 mit Material für Lagerhäuser und einem Brandungsboot an. Die Gesellschaft stellte sich darauf ein, alle Waren zu führen, die im täglichen Leben, vor allem im Landesinneren, benötigt wurden.

Am 17. Juni 1924 verkaufte die Firma Woermann, Brock & Co das Grundstück an die Administration von Südwestafrika. 1971 wurde das Haus unter Denkmalschutz gestellt, ein Jahr später das Schülerheim, das sich bis dato im Gebäude befand, aufgelöst. Nach einer gründlichen Renovierung bezog im Oktober 1976 die Öffentliche Bibliothek die Räume. Im ersten Stock wurde die Kunstgalerie der Kunstvereinigung Swakopmund untergebracht.

Schräg gegenüber an der Bismarck Street, Ecke Dr Sam Nujoma Avenue liegt die **„Ritterburg"**. Sie heißt nicht etwa Ritterburg, weil sie an eine solche erinnert, sondern weil die pompöse Wohnung 1905/06 für den Direktor der Woermann-Linie, Herrn Th. Ritter, gebaut wurde. Sie ging gemeinsam mit dem Woermann-Haus in den Besitz der Administration von Südafrika über, wurde wie das Woermann-Haus ein Schülerheim und ist heute Verwaltungsgebäude des Ministeriums für Umwelt und Tourismus. Hier befindet sich das Buchungsbüro von Namibia Wildlife Resorts (NWR); Öffnungszeiten s. Informationen, S. 349.

Der unübersehbare **Leuchtturm** in der Nähe der Mole hinter dem Museum ist 21 m hoch. Er wurde in zwei Etappen gebaut – die ersten 11 m waren bereits 1902 fertiggestellt, 1910 kamen weitere 10 m hinzu.

Unverkennbar deutsche Elemente kennzeichnen die Architektur in Swakopmund.

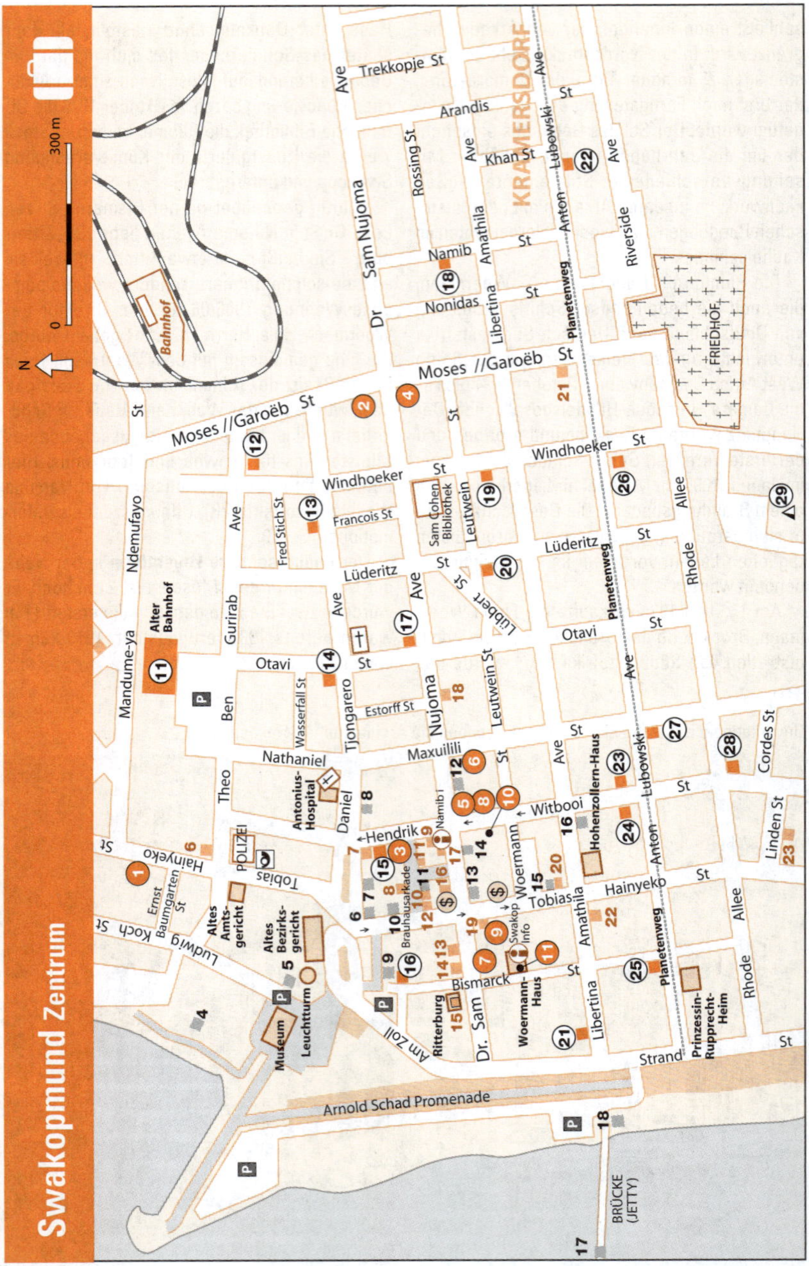
Swakopmund Zentrum
300 m
0
N
Bahnhof
KRAMERSDORF
Trekkopje St
Arandis
Rossing St
Khan St
Lubowski
Ave
Anton
Riverside
Amathila
Namib
Nonidas
Libertina
Planetenweg
FRIEDHOF
Moses //Garoëb St
Dr Sam Nujoma
Windhoeker St
Francois St
Fred Stich St
Sam Cohen Bibliothek
Leutwein
Lüderitz St
Lübbert St
Allee
Rhode
Ndemufayo
Gurirab
Alter Bahnhof
Mandume-ya
Otavi
Ben
Tjongarero
Wasserfall St
Estorff St
Nujoma
Leutwein St
Maxuilili
Nathaniel
Theo
Daniel
Antonius-Hospital
Hendrik
Namib i
Witbooi
Woermann
Hohenzollern-Haus
Cordes St
Linden St
Hainyeko
Tobias
POLIZEI
Ernst Baumgarten St
Ludwig Koch St
Altes Amtsgericht
Altes Bezirksgericht
Brauhausarkade
Swakop Info
Bismarck
Leuchtturm
Museum
Ritterburg
Woermann-Haus
Prinzessin-Rupprecht-Heim
Strand
Am Zoll
Arnold Schad Promenade
BRÜCKE (JETTY)
P

Übernachtung:
- 11 Swakopmund Hotel
- 12 Villa Wiese
- 13 Dunedin Star Guesthouse
- 14 Villa Margherita
- 15 Hansa Hotel
- 16 Hotel Pension Rapmund
- 17 Hotel Eberwein
- 18 PebbleStoneHouse
- 19 Meike's Gästehaus
- 20 Central Guesthouse
- 21 Hotel Pension A la Mer
- 22 Sam's Giardino Hotel
- 23 Cornerstone Guesthouse
- 24 Swakopmund Guesthouse
- 25 Europahof Hotel
- 26 Namib Guesthouse
- 27 Desert Sky Backp. Lodge
- 28 Organic Square Guesthouse & Zen Eatery
- 29 Swakopmund Municipality Rest Camp

Essen:
- 4 The Lighthouse Pub
- 5 22° South Mediterranean Restaurant
- 6 Slowtown Coffee Roasters und Tea Time
- 7 Bojos
- 8 Erich's Restaurant
- 9 Café Anton
- 10 Western Saloon
- 11 Swakopmund Brauhaus
- 12 Fish Deli
- 13 Village Café
- 14 Putensen Bäckerei
- 15 Kücki's Pub
- 16 Ocean Basket
- 17 Jetty 1905
- 18 The Tug

Sonstiges:
- 6 Kristall Galerie
- 7 African Art Jewellers
- 8 Atlanta Cinema
- 9 CNA
- 10 Ondjamba Safaris
- 11 L. Dorado
- 12 Die Muschel
- 13 Adler Apotheke
- 14 Bismarck Medical Centre
- 15 Buchungsbüro f. Namibia Wildlife Resorts
- 16 Swakopmunder Buchhandlg.
- 17 Swakopmunder Apotheke
- 18 Cymot
- 19 Swakopmund i-cafe
- 20 Peter's Antiques
- 21 Ground Rush Adventures
- 22 Kubatsirana Helping Hands
- 23 Tour & Travel Biz

Transport:
- 1 Europcar
- 2 Budget rent a car
- 3 Swakop Tour Company
- 4 Haltestelle Carlo's Shuttle
- 5 Pleasure Flights & Safaris
- 6 Air Namibia
- 7 Bush Bird Adventure Flights & Safaris
- 8 Town Hoppers Shuttle
- 9 Scenic Air
- 10 Haltestelle Intercape Mainliner
- 11 Welwitschia Shuttle Service

Am 17. Januar 2006 feierte die evangelische Gemeinde Swakopmunds ihr 100-jähriges Bestehen. Gegründet wurde sie auf Drängen von Lindequists, der bei einem Besuch Swakopmunds 1905 vom Missionar Heinrich Vedder von der Notwendigkeit einer eigenen Gemeinde überzeugt wurde. Den Grundstein für die schöne **Kirche** in der Theo-Ben Gurirab Avenue legte Pfarrer Johannes Hassenkamp 1910; zwei Jahre später, am 7. Januar 1912, wurde die Kirche eingeweiht.

Ebenfalls 100-jähriges Jubiläum, dies am 5. Juni 2005, feierte das **Hansa Hotel**, gleich um die Ecke in der Hendrik Witbooi Street. In diesem Zeitraum war es nur einmal für vier Tage (während des Ersten Weltkriegs) geschlossen. Die Besitzer wechselten, der gute Ruf des Hauses jedoch hielt sich. Bekannt für gute Küche und effizienten, freundlichen Service ist das traditionsreiche Haus auch heute.

Das **Gefängnis** wurde 1906 vom Leutnant der Reserve und späteren Regierungsbaumeister Otto Ertl entworfen. Der Sockel besteht aus unbehauenem Bruchstein, Walmdächer und die Verzierungen der Fachwerkgiebel lassen wieder den Einfluss des Jugendstils erkennen.

Für den Bau des **Alten Amtsgerichts** mit geschweiftem Doppelgiebel an der Nordfassade und Glockendach am zweigeschossigen Erkervorbau zeichnete ebenfalls Ertl verantwortlich.

Das **Antonius Hospital** entstand 1907 (Bauherr Ertl) im Jugendstil mit geschwungenem Giebel, Fachwerk, Erker mit Glockendach und verglaster Veranda. Heute ist es ein Altersheim mit Eigentumswohnungen.

Das **Hohenzollern-Haus** wurde 1905 in der Art eines Berliner Mietshauses gebaut. Der Atlas, der das Himmelsgewölbe trägt, wurde später durch einen Atlas aus Fiberglas ersetzt.

Das **Prinzessin-Rupprecht-Heim** war nach der Fertigstellung 1901 zunächst ein Lazarett und wurde dann zum Erholungsheim für „Deutsche über See" erweitert. Die Kosten trug der Bayrische Landesverband, dessen Schirmherrin die Frau des Prinzen Rupprecht von Bayern war. Die Leiterin, Oberin Marie Douglas, richtete auch ein Entbindungsheim ein. Heute ist es eine Pension und ein Altersheim.

Das kleine, interessante **Heimatmuseum**, ✆ 064-402046, liegt am Fuße des Leuchtturms in unmittelbarer Strandnähe und wurde 1951 gegründet. Hier werden sowohl die Geschichte und Völkerkunde als auch die Tier- und Pflanzenwelt Namibias anschaulich vermittelt. Das Leben in den beiden Extremen, Namib-Wüste und Ozean, wird in großen Schaukästen gezeigt. Interessant ist auch die Darstellung der deutschen Kolonialzeit, die ebenfalls einen der Schwerpunkte darstellt. Im Museum ist die authentische Rekonstruktion einer Wohnungseinrichtung, wie sie während der Kolonialzeit typisch war, zu sehen. Anlässlich des 50-jährigen Jubiläums des Museums wurde im November 2001 ein neuer Museumsflügel eingeweiht, der den Völkern Namibias gewidmet ist. Hier wird von den Ureinwohnern Namibias bis hin zu den unterschiedlichen Völkern der Gegenwart die kulturelle Vielfalt Namibias verdeutlicht. ⌚ tgl. 10–17 Uhr, Eintritt Erw./Kinder N$25/10. Von hier starten auch dienstags und freitags Stadtführungen durch Swakopmund, S. 346.

Das Swakopmunder **Aquarium** in der Strandstraße, ✆ 064-4101000, bietet faszinierende Einblicke in die kalte Unterwasserwelt der namibischen Atlantikküste. Das einzige Meeresaquarium in Namibia wurde 1995 eröffnet. Besonders beeindruckend ist das große Hauptaquarium, das 350 m³ Meerwasser fasst. In diesem Becken sind die namibischen Brandungsfische zu sehen: Neben Brassen und verschiedenen Rochenarten gibt es den Catfish, Kabeljau und Galjoen. Der Stachelrochen mit seinen gleitenden Bewegungen ist eine der Hauptattraktionen des Aquariums. Und das Beste: Durch das Hauptaquarium führt ein Tunnel, der den Besuchern auch „Panorama-Anblicke“ von Haien, Rochen und anderen namibischen Meerestieren erlaubt – und das aus nächster Nähe. Das ist vor allem dann spannend, wenn sich dienstags, samstags und sonntags um 15 Uhr Taucher in das Hauptaquarium begeben, um die Fische zu füttern. In kleineren beleuchteten Aquarien kann man zahlreiche Meerestiere wie Krebse und Langusten, Seeanemonen sowie unterschiedlichste Muscheln und Schnecken der Küste Namibias bewundern. ⌚ tgl. außer montags 10–16 Uhr, Fischfütterung Di, Sa, So 15 Uhr, Eintritt Erw./Kinder N$25/10.

ÜBERNACHTUNG

Die Anzahl der Unterkünfte in Swakopmund ist schier überwältigend, und ständig kommen neue hinzu. Klimabedingt haben nur wenige Pensionen, Gästehäuser und Hotels einen Swimmingpool. Viele Unterkünfte bieten einen Wäscheservice an, wegen der hohen Luftfeuchtigkeit sollte man in Swakopmund besser nicht selbst waschen.

Untere Preisklasse

Villa Wiese, Tinkie Cornelissen, ✆ 064-407105, ✉ enquiry@villawiese.com, 🖳 www.villawiese.com, Theo-Ben Gurirab Ave, Ecke Windhoeker St, Karte S. 338. Schöner Backpacker mit Atmosphäre in historischem Gebäude. Dorms (N$185 p. P.), DZ vorhanden. Küche kann genutzt werden; Bar, Restaurant, WLAN. Wäscheservice, Buchungen für alle Aktivitäten können ebenfalls hier vorgenommen werden. ❶

€ **Desert Sky Backpackers Lodge**, Betsy Lofty-Eaton, ✆ 064-402339, ✆-Handy 081-2106779, ✉ talital@iway.na, 🖳 www.desertskylodging.com, 35 Anton Lubowski Ave, Karte S. 338. Nur 2 Gehminuten vom Strand und vom Zentrum entfernt, von der Terrasse Blick auf das Meer. Freundlicher Besitzer. Wäscheservice, Bar, gemütlicher TV- und Videoraum (inklusive einer Auswahl an Videos). Auch Touren durch Namibia und die verschiedensten Aktivitäten in und um Swakopmund können hier gebucht werden. Dorm-Bett N$170. Nur Übernachtung möglich. ❶
Campingplatz N$130 p. P. mit Du/WC, Licht, Strom-/Wasseranschluss, Rasenplatz, Abwaschküche, Kochgelegenheit.

Dunedin Star Guesthouse, ✆ 064-407105, ✉ enquiry@dunedinstar.com, 🖳 www.villawiese.com, 50 Daniel Tjongarero St, Karte S. 338. Gleiche Besitzer wie Villa Wiese, ebenfalls Backpacker-Charakter, zentrale Lage. 27 DZ, ein kleines Spa mit Sauna, Massagen werden angeboten. Wäscheservice, WLAN. Buchungen für alle Aktivitäten sind möglich. ❶

Hotel Pension A la Mer, ✆ 064-404130, ✉ alamer@iway.na, 🖳 www.pension-a-la-mer.com, 4 Libertina Amathila St, Karte S. 338. Das alte Hotel Dig By See wurde von Tina und Zulu

Stührenberg zu einer ebenso geschmackvollen, angenehmen Pension umgebaut. Strandnähe. WLAN. ❷

Intermezzo B&B, Carmen & Harald Goldbeck, ✆ 064-464114, ✉ intermezzo@iway.na, 💻 www.swakop.com/intermezzo, 9 Dolphin St, Karte S. 335. Strandnah in ruhiger Wohngegend nördlich des Zentrums. Zimmer sind freundlich und hell. WLAN. ❷

Hotel Pension Rapmund, Sonja Müller, ✆ 064-402035, ✆-Handy 081-1281851, ✉ rapmund@iafrica.com.na, 💻 www.hotelpensionrapmund.com, 6–8 Bismarck St, Karte S. 338. Zentral gelegen, Meeresblick, WLAN. ❷

Swakopmund Municipality Rest Camp, ✆ 064-4104618, ✉ restcamp@swkmun.com.na, 💻 www.swakopmund-restcamp.com, Hendrik Witbooi St, Karte S. 338. Bungalows verschiedener Größen mit oder ohne Ausstattung. Kein Restaurant o. Ä., kein Campingplatz. Behindertengerechte Bungalows vorhanden. ❶–❸

Haus Veronika, Nicole & Hans-Jürgen Sauer, ✆ 064-404915, ✆-Handy 081-2089359, ✉ holiday@veronika-bed-and-breakfast.com, 💻 www.veronika-bed-and-breakfast.com, 5 Dolphin St, Karte S. 335. Gemütliches B&B, Zimmer behaglich und mit afrikanischen Motiven dekoriert. Die herzlichen Gastgeber schaffen eine familiäre Atmosphäre und stehen ihren Gästen mit Rat und Tat zur Seite. Der Strand ist zu Fuß erreichbar. ❷

€ **Orange House**, ✆ 064-405157, ✉ office@orange-house.de, 💻 www.orange-house.de, 22 Richthofen St, Karte S. 335. Ruhige Lage in der Nähe des Strands, nur ca. 20 Min zu Fuß vom Stadtzentrum. Geräumige Zimmer, schlicht und elegant eingerichtet, herzhaftes Frühstück. WLAN. Alex und sein Team schaffen eine individuelle, ruhige Atmosphäre und sind äußerst hilfsbereit. ❷

Meike's Gästehaus, Meike Würriehausen, ✆ 064-405863, ✉ meike@africaonline.com.na, 💻 www.meikes-guesthouse.net, 23 Windhoeker St, Karte S. 338. Kleines und gemütliches Gästehaus mit persönlicher Betreuung. Internetzugang. Hat bei der Umweltstudie für energiesparende Unternehmen im Tourismus (REEECAP) den 2. Platz in der Kategorie Stadtgebiete errungen. ❷

Mittlere Preisklasse

Sea Breeze Guesthouse, ✆ 064-463348, ✉ seabre@iafrica.com.na, 💻 www.seabreeze.com.na, 48 Turmalin St, Karte S. 335. Unweit vom Strand, nördlich des Zentrums, auch Zimmer für Selbstversorger, persönliche Betreuung. WLAN. ❸

Cornerstone Guesthouse, Peter Bassingthwaighte, ✆ 064-462468, ✆-Handy 081-1290026, Buchungen bei Reservation Destination, ✉ reservations@resdes.com.na, 💻 www.cornerstoneguesthouse.com, 40 Hendrik Witbooi St, Karte S. 338. Unweit des Stadtzentrums und auch zum Atlantik sind es nur wenige Schritte. 5 geschmackvoll eingerichtete Zimmer. Internetzugang. Sichere Parkmöglichkeiten sind vorhanden. ❸

Central Guest House, ✆ 064-407189, ✉ info@guesthouse.com.na, 💻 www.guesthouse.com.na, 19 Lüderitz St, Ecke Leutwein St, Karte S. 338. Zentral gelegenes elegantes Gästehaus. 7 DZ mit Mahagoni-Möbeln und extralangen Betten. Internetzugang. ❸

Royal Benguela Guesthouse, Mac & Adie McGregor, ✆ 064-402193, ✆-Handy 081-1242567, ✉ info@royalbenguela.com, 💻 www.royalbenguela.com, 16 Tsavorite St, Karte S. 335. 5 Min. zu Fuß vom Meer entfernt. Persönliche Betreuung, Internetzugang. Garten, sichere Parkmöglichkeiten. Vom oberen Balkon hat man einen tollen Blick auf Wüste und Meer und kann den Sonnenuntergang bewundern. ❸

Rossmund Lodge, ✆ 064-414600, ✉ roslodge@mweb.com.na, 6 km außerhalb von Swakopmund, Karte S. 352. Unterkunft am Golfplatz von Swakopmund, nicht direkt an der Küste, daher weniger Nebel als in Swakop. Pool, Bar, Restaurant, Internetzugang. ❸

Hansa Hotel, ✆ 064-414200, ✉ reservations@hansahotel.com.na, 💻 www.hansahotel.com.na, 3 Hendrik Witbooi St, Karte S. 338. Klassisch-elegantes Hotel, eines der ältesten Gebäude der Stadt aus dem Jahre 1905. Das Hotel ist sehr stilvoll eingerichtet und bekannt für seine ausgezeichnete Küche und seinen individuellen Service. Behinderten- und rollstuhlgerechte Zimmer. WLAN. ❺

Hotel Eberwein, 064-414450, eberwein@iafrica.com.na, www.hotel-eberwein.com, Dr Sam Nujoma Ave, Karte S. 338. Historisches Gebäude „Villa Wille" aus dem Jahre 1910, 16 Zimmer im viktorianischen Stil. Gemütliche Lounge mit kleiner Bar; Zentralheizung. ❸–❹

Namib Guesthouse, 064-5407151, info@namibguesthouse.com, www.namibguesthouse.com, 61 Anton Lubowski St, Karte S. 338. Ökofreundlich und chic präsentiert sich dieses neue, sehr empfehlenswerte Bed & Breakfast in Laufweite zum Zentrum. Zu Recht ein Favorit bei Tripadvisor. ❹

Sam's Giardino Hotel, Samuel Egger, 064-403210, reservation@giardinonamibia.com, www.giardinonamibia.com, 89 Anton Lubowski Ave, Karte S. 338. Wird vom Schweizer Hotelier Sam mit Schweizer Gemütlichkeit geführt. Reichhaltiges Frühstück (bis 11 Uhr); vorzügliches Fünf-Gänge-Menü (bis 17 Uhr buchen), Bar und „Vinothek" sowie „Weindegustation" (vorher anmelden). Sam hilft bei der Auswahl der Aktivitäten und berät in Shopping- und Restaurantfragen. Das Sam's ist durch den Kamin in der Lounge und durch Heizplatten in den Zimmern auch bei Nebel und Kälte (beides in Swakopmund keine Seltenheit) urgemütlich. Internetzugang. ❹

Europahof Hotel, 064-405898, -Handy 081-1490425, info@europahof.com.na, www.europahof.com, 39 Bismarck St, Karte S. 338. Einfach; preiswertes Restaurant. 4 rollstuhlgerechte Zimmer. WLAN. ❹

Swakopmund Guesthouse 064-462008, -Handy 081-1473008, reservations@swakopmundguesthouse.com, www.swakopmundguesthouse.com, 35 Hendrik Witbooi St, Karte S. 338. Ehemals lediglich als privates Feriendomizil genutzt, wurde das Haus von den engagierten Besitzern zu einer schönen und einladenden Unterkunft umgebaut. Zentrale Lage; gutes Frühstück, stilvoll eingerichtete, geräumige Zimmer, die ein Gefühl von „Urlaub am Meer" vermitteln. WLAN. ❹

Organic Square Guesthouse, 064-463979, organicsquare@guesthouse-swakopmund.com, www.guesthouse-swakopmund.com, 29 Rhode Allee, Karte S. 338. 7 elegante, in erdigen Farben gehaltene DZ mit eigenem kleinem Garten, zentrale Lage. Internetzugang. Leckeres Frühstück mit frisch gepressten Säften, Smoothies, Obstsalat und Herzhaftem sowie exzellentem Kaffee. Dem Guesthouse angeschlossen ist **Zen Eatery**, Di–So 18–21.30 Uhr. Hier werden Snacks und wechselnde Tagesgerichte serviert. ❹

PebbleStoneHouse Bed & Breakfast, 064-406702, reservations@terra-africa.com, www.terra-africa.com/pepple_stone/pepple_stone.html, 9 Namib St, Karte S. 338. Gute Mischung aus Strandhaus- und Afrika-Atmosphäre; Zimmer sind beheizt. WLAN. ❹

Villa Margherita, -Handy 081-3324293, info@villamargherita.com.na, www.villamargherita.com.na, 34 Daniel Tjongarero St, Karte S. 338. In einem historischen Gebäude nahe dem Stadtkern. 7 große, dem Alter des Gebäudes entsprechend stilvoll eingerichtete Zimmer, persönliche Betreuung. Internetzugang. In dem Gebäude befindet sich außerdem das Restaurant „Il Tulipano". Hier wird den Übernachtungsgästen jeden Abend von 18–21 Uhr gute italienische Küche serviert. ❹

The Stiltz, 064-400771, -Handy 081-1494979, reservations@thestiltz.com, www.thestiltz.com, am Strand, gegenüber der Alten Brücke, Karte S. 335. Im trockenen Flussbett des Swakop auf Holzplattformen gebaut – schön gelegen zwischen dem Atlantik auf der einen und den Dünen der Namib auf der anderen Seite. Haben eine Wüstenblume im „Eco Award"-Wettbewerb erhalten. Nicht für Kinder unter 12 Jahren geeignet. WLAN. ❹–❺

Beach Lodge Swakopmund, 064-414500, -Handy 081-1273397, operators@beachlodge.com.na, www.beachlodge.com.na, 1 Stint St, Karte S. 335. Liegt nördlich des Zentrums im Stadtteil Vogelstrand direkt am Strand, Zimmer mit Meeresblick. Familienappartements mit Kochgelegenheit. Internetzugang. Restaurant à la carte. ❹–❺

Beach Hotel Swakopmund, Julie & Peter Weichhart, 064-463776, info@beach-hotel-swakopmund.com, www.beach-hotel-swakopmund.com, Südstrand St, Karte S. 335.

Neueres, kleines Hotel, nur 50 m vom Strand entfernt, moderne Architektur mit viel Glas, alle Zimmer mit Balkon; Rundumblick auf Meer, Stadt und Dünen von der Dachterrasse; À-la-carte-Restaurant, Internetzugang. ❹–❺

Swakopmund Hotel, ✆ 064-4105200, ✉ hrswakop@legacyhotels.com, 💻 www.swakopmundhotel.co.za, 2 Theo-Ben Gurirab Ave, Karte S. 338. Siehe Text zum Bahnhof. Großes Buffet. Mit Schwimmbad und Spa. Ein rollstuhlgerechtes Zimmer, die komplette Anlage ist mit Rampen versehen. ❻

Atlantic Villa Guesthouse, ✆ 064-463511, ✉ atlanticvilla@iway.na, 💻 www.atlantic-villa.com, 24 Plover St, Vogelstrand, Karte S. 335. Außerhalb Swakopmunds gelegen, von jedem Zimmer entweder Meerblick oder Blick auf den Küstenstreifen, gehobener Standard, stilvoll und modern eingerichtet. Internetzugang. ❸–❻

Außerhalb

Mile 4 Caravan Park, ✆ 064-461781, ✉ M4swakop@mweb.com.na, 💻 www.mile4swkp.com, an der C 34 Richtung Henties-baai, Karte S. 352. Campingplatz; Du/WC, vor allem bei den Einheimischen beliebt. Preis N$120 p. P.

Sea Side Hotel and Spa, ✆ 064-415900, ✉ info@seasidehotelandspa.com, 💻 www.seasidehotelandspa.com, Dolphin Drive, bei Meile 4, Karte S. 352. Direkt am Strand, mit Restaurant, Internetzugang. Wellness-Angebot von Massagen über Kosmetik bis Friseur. ❻

Boathouse Bed & Breakfast, ✆ 064-463952, ✉ bookings@swakopmundboathouse.com, 💻 www.swakopmundboathouse.com, Seal St, Mile 4, vor dem Caravan Park, Karte S. 352. Modernes B&B mit Blick auf den Ozean, 17 m beheiztes Hallenbad, Gym, Internet-zugang. ❹

Sophia Dale Base Camp, Michaela & Manfred Lütz, ✆ 064-403264, ✉ sophia@mweb.com.na, 💻 www.sophiadale.de, 12 km vor Swakopmund an der B 2 am Swakop Rivier Nonidas, Karte S. 352. 3 Zimmer; preiswerte Unterkunft für Selbstversorger in 2 Bungalows, Restaurant und Biergarten vorhanden. ❷

Campingplatz; Du/WC, Licht, Strom-/Wasseranschluss. Preis N$120 p. P.

ESSEN

Alle Restaurants in Swakopmund bieten lagebedingt Meeresfrüchte an, egal ob es sich um ein elegantes Restaurant, ein Restaurant mit Steakhouse-Charakter oder eine Kneipe handelt. Die Angler fahren fast jeden Tag hinaus und bieten den frischen Fang den Restaurants an (Touristen können sich ihnen anschließen).

Internationale Küche

Hansa Hotel, ✆ 064-414200, 3 Hendrik Witbooi St. ⌚ tgl. 12–14 Uhr und 18.30–21 Uhr. Stilvolles Restaurant, richtig gute Küche, exzellente Fischgerichte. Unbedingt Tisch reservieren.

Swakopmund Brauhaus, ✆ 064-402214, in der Arkade, 22 Dr Sam Nujoma Ave. ⌚ Mo–Fr 10–15 Uhr und 17–22 Uhr, Sa 17–24 Uhr. Rustikal und gemütlich, natürlich gibt es hier neben Bier vom Fass auch typisch deutsche Gerichte wie Schweinshaxe. Deutsch ist hier ohnehin alles, vom Publikum über die Kellner bis zum Fahnen wald an der Decke, u. a. mit den Flaggen sämtlicher Bundesländer..

The Lighthouse Pub & Restaurant, ✆ 064-400894, an der Mole. ⌚ Mo–Do 12–14 Uhr und 17–22 Uhr, Fr, Sa 12–23 Uhr, So 11–21 Uhr. Pub mit Meeresblick, bei schönem Wetter und zum Sonnenuntergang lässt es sich gut auf der Terrasse sitzen. Küche ähnelt der eines Steakhouse, jedoch hauptsächlich Fischgerichte.

Kücki's Pub, ✆ 064-402407, 💻 www.kuckispub.com, 22 Tobias Hainyeko St. ⌚ tgl. 17 Uhr „bis der Letzte gegessen hat". Urige, gemütliche Bar mit Restaurant, deftige Küche.

The Tug, ✆ 064-402356, Beach Front, 💻 www.the-tug.com, ⌚ Mo–Fr 18–22 Uhr, Sa und So 12–15 Uhr und 18–22 Uhr, Restaurant in einem alten Schiffsrumpf an der Jetty. Fischgerichte. Mit Terrasse, schön zum Sonnenuntergang, anschließend Flutlichtbeleuchtung. Im unteren Teil des Schiffsrumpfes befindet sich ein gut ausgestatteter kleiner Souvenirshop (kleines Craft Centre), der bis spätabends geöffnet ist. Bis vor 25 Jahren war die „Danie Hugo" noch als Schlepper vor der südwestafrikanischen Küste im Dienst.

Jetty 1905, ✆ 064-405664, 💻 www.jetty1905.com. Austernbar und Restaurant am Ende der Jetty, ⌚ Mo–Do 12–14 Uhr und 17–22 Uhr,

Fr–So 12–22 Uhr. Mehr als nur Austern – Sushi, Tapas, Fisch in allen Variationen, mit größeren Gruppen darf kein vollendet koordinierter Service erwartet werden, was jedoch durch Lage und Blick wettgemacht wird. Im Mai 2014 durchschlug eine riesige Sturmwelle die Fenster auf der Westseite und flutete den Gastraum. Mittlerweile ist jedoch alles grundsaniert und wieder in Betrieb.

Western Saloon, ✆ 064-403925, 8 Tobias Hainyeko St. ⌚ Mo–Sa 17–21.30 Uhr, So 17–21 Uhr (Küche). Kleine Kneipe, beliebt bei den Einheimischen; beste (und mit um die N$120 auch teuerste) Pizza der Stadt (Steinofen), auch als Take away, vorher anrufen.

€ **Wurstbude**, ✆ 064-405345, 1st Ave, Ecke Vrede Rede Ave, Vineta. ⌚ Mi–Mo 9–21 Uhr. Rustikal; zum draußen Sitzen mit Blick auf den Strand und das Wasser. Gulasch, Pizza, Pita; guter Anlaufpunkt für diejenigen, die etwas nördlich vom Zentrum wohnen.

Erich's Restaurant, ✆ 064-405141, 21 Daniel Tjongarero Ave. ⌚ Mo–Sa 18–21 Uhr. Bekannt für Meeresfrüchte, einige Gerichte auch mal etwas exotisch angehaucht (an indische Küche angelehnt, mit viel Curry).

The Wreck, ✆ 064-414528, 1 Stint St., 💻 www.the-wreck.com, ⌚ Mo–Sa 18–21.30 Uhr. Restaurant im 1. Stock der Beach Lodge. Mit Blick aufs Meer und guter Küche.

22° South Mediterranean Restaurant, ✆ 064-400380, am Leuchtturm an der Mole (Eingang gegenüber dem Museum, Treppe hoch), ⌚ Di–So 11.30–15 Uhr und 18–21.30 Uhr. Angenehmes Ambiente, gute Küche, ideal mit Kindern.

Ocean Basket, ✆ 064-401102, 💻 www.oceanbasket.com, 42 Libertina Amathila Ave. ⌚ tgl. 11–22 Uhr. Rustikales Fischrestaurant.

Leichte Mahlzeiten

Bojos, ✆ 064-400774, 13 Daniel Tjongarero Ave. ⌚ Mo–Fr 7–17 Uhr, Sa, So 9–17 Uhr. Nettes Café, schön zum draußen Sitzen, mit leckeren, selbstgemachten Backwaren.

Putensen Bäckerei – Café Treff, ✆ 064-402034, Dr Sam Nujoma Ave. ⌚ Mo–Fr 6–17 Uhr, Sa 7–13 Uhr. Belegte Brötchen (auch zum Mitnehmen für unterwegs), Tagessuppe, Kuchen.

Café Anton, ✆ 064-400331, Bismarck St. ⌚ tgl. 6.30–19 Uhr. Lebt heutzutage mehr vom Glanz vergangener Zeiten.

Village Café, ✆ 064-404723, 💻 www.villagecafenamibia.com. Dr Sam Nujoma Ave, gegenüber der Standard Bank. ⌚ Mo–Fr 6.30–17 Uhr, Sa 6.30–14 Uhr. Beliebtes und witzig dekoriertes Café, knackige Salate und einfallsreiche Snacks.

Fish Deli, ✆ 064-462979, 29 Dr Sam Nujoma Ave, 💻 www.fishdeli-swakopmund.com, ⌚ Mo, Di, Do 8.30–17 Uhr, Mi 8.30–14 Uhr, Sa 9–13 Uhr. Alles von Fischsuppe (Bouillabaisse) über Fischbrötchen, geräucherte und frische Austern bis zu Klassikern wie Rollmops und Hering. Außerdem gibt es ungewöhnliche kulinarische Mitbringsel wie Kalahari-Trüffel und Wildpasteten sowie Nara-Öl. Ideal auch für Snacks zum Mitnehmen für unterwegs.

Slowtown Coffee Roasters, ✆-Handy 081-1277681, ✉ info@slowtowncoffee.com, 💻 www.slowtowncoffee.com, 9B Altona Haus, Daniel Tjongarero Ave. ⌚ Mo–Fr 8–17 Uhr, Sa 9.30–13 Uhr. Einzige echte Kaffeerösterei Namibias, ein Muss für Kaffeeliebhaber, verschiedene leckere Variationen zum Verkosten oder Mitnehmen.

Tea Time, ✆ 064-406769, 9 Altona Haus, Daniel Tjongarero Ave. ⌚ Mo–Sa 9.30–17.30 Uhr. Netter Teeladen, über 70 verschiedene Teesorten im Angebot, dazu gibt es leckere Kuchen und Brötchen.

UNTERHALTUNG UND KULTUR

Bars und Clubs

Swakopmund Brauhaus, s. Essen. Vor allem bei den „Südwestern" beliebte Kneipe.

The Lighthouse Pub & Restaurant, s. Essen.

Kücki's Pub, s. Essen.

Galerien

Kristall Galerie, ✆ 064-406080, ✉ gems@kristallgalerie.com, 💻 www.kristallgalerie.com, Tobias Hainyeko St, Ecke Theo-Ben Gurirab Ave. Interessante Ausstellung von Mineralien, bereits an dem eindrucksvollen Eingangsportal erkennbar, elegant gestaltet mit Schaukästen und Springbrunnen. Hauptattraktionen ist der größte ausgestellte Kristall der Welt (Experten

sprechen von einer „Kristallstufe", Gewicht 14 t, Alter schätzungsweise 500 Mio. Jahre, die Bergungsarbeiten auf der Farm Otjua bei Karibib dauerten 5 Jahre) und die Kristallhöhle, die allerdings nichts für Leute ist, die sich schnell eingeengt fühlen. Mit Café, einem Geschäft mit Halbedelsteinen und einem Schmuckgeschäft. ⌚ Mo–Sa 9–17 Uhr, Eintritt mit N$20 relativ hoch, zumal die Geschäfte einen Großteil der Galerie ausmachen.
Woermann Haus Galerie, ✆ 064-405837, 32 Bismarck St. ⌚ Mo–Fr 8.30–12 Uhr und 13–16.30 Uhr.
Die Muschel, s. u. (Bücher und Landkarten)
Sam Cohen Bibliothek, ✆ 064-402695, Dr Sam Nujoma Ave. Geschichtliches, v. a. aus der Kolonialzeit. ⌚ Mo–Fr 8–13 Uhr und 15–17 Uhr sowie jeden zweiten Sa vom 9–12 Uhr.

Kasino

Casino, im Bahnhof, Swakopmund Hotel (s. Übernachtung).

Kino

Atlanta Cinema, ✆ 064-402743, in der Arkade. Hollywoodfilme.

EINKAUFEN

Das Zentrum Swakopmunds ist klein und übersichtlich, alle interessanten Geschäfte sowie die Supermärkte befinden sich in der Dr Sam Nujoma Ave oder in den Seitenstraßen, hauptsächlich zur Küste hin, und in der Arkade zwischen Tobias Hainyeko St und Hendrik Witbooi St. Viele Souvenirgeschäfte haben auch samstags und sonntags geöffnet, zumindest stundenweise. Auf dem Parkplatz beim Leuchtturm unterhalb des Café Anton befindet sich ein Straßenmarkt, wo es die üblichen Souvenirs gibt.

Ausrüstung

Cymot, ✆ 064-400318, Dr Sam Nujoma Ave. Campingausrüstung.
L. Dorado, ✆ 064-403393, in der Arkade, neben dem Kino. Lederwaren und Safarikleidung.

Bücher und Landkarten

Swakopmunder Buchhandlung, ✆ 064-402613, 22 Dr Sam Nujoma Ave. ⌚ Mo–Fr 8–18 Uhr, Sa 8–13 Uhr, So 9.30–12.30 Uhr. Gut sortierte Buchhandlung, große Auswahl an Namibia-Literatur in Deutsch und Englisch.
CNA ist in der Hendrik Witbooi St.
Die Muschel, ✆ 064-402874, ✉ muschel@iway.na, 💻 www.muschel.iway.na, in der Arkade Ecke Tobias Hainyeko St. ⌚ Mo–Fr 8.30–18 Uhr, Sa 8.30–13 Uhr und 16–18 Uhr, So 10–18 Uhr. Sehr gut sortiert, große Auswahl an Afrika- und speziell Namibia-Literatur, einschließlich Kinderbüchern. Bilder führender Künstler Namibias und Südafrikas. Hier kann man gut einige Zeit stöbern. Mit Coffeeshop.

Kunsthandwerk und Souvenirs

Karakulia Craft Centre, ✆ 064-461415, ✉ info@karakulia.com.na, 💻 www.karakulia.com.na, 2 Rakotoka St. Mo–Fr Eintritt frei, Sa und So N$30 p. P. Hier ist das Spinnen, Färben und Weben von Teppichen und Wandbehängen aus reiner Karakulwolle zu bewundern. Jenny Carwell hat vor allem Arbeitsmöglichkeiten für Behinderte geschaffen. Da es in Namibia keine Sozialversicherung gibt, sind solche Projekte die einzige Möglichkeit für Behinderte, Geld zu verdienen.
African Art Jewellers, ✆ 064-405566, ✉ info@aajewell.com.na, 💻 www.aajewell.com.na, 1 Hendrik Witbooi St, neben dem Hansa Hotel, und 25 Dr Sam Nujoma Ave. Einer der schönsten Juwelierläden Namibias, mal reinzuschauen lohnt auf jeden Fall, auch wenn man nichts kaufen möchte oder sich das der Preise wegen lieber noch mal überlegt.
Kubatsirana Helping Hands, ✆ 064-404806, 19 Libertina Amathila St. Witziger Souvenirladen, der Frauen aus verschiedenen Regionen unterstützt, schon von Weitem an der Bemalung zu erkennen. Handgefertigte Mitbringsel unterschiedlichster Art, hier findet man immer etwas Originelles. Im Shop werden außerdem alle Nara-Produkte (S. 309) verkauft.
Imke Engelhard Design Studio, ✆ 064-404606, ✉ engel@mail.na, 💻 www.geeart.com/imkeengelhardjewellery. Schmuckgeschäft und kleine Kunstausstellung mit Werken namibischer Künstler und natürlich der Künstlerin selbst. Um Voranmeldung wird gebeten.

Peter's Antiques, ✆ 064-405624, 24 Tobias Hainyeko St. Qualitativ hochwertige Souvenirs und Antiquitäten, interessantes Buchsortiment u. a. mit Büchern aus der Kolonialzeit, kompetente Beratung, allerdings häufig kritisiert wegen des Vertriebs von Artikeln aus dem Dritten Reich.

African Leather Creations, ✆ 064-402633, Herbert Schier, 22 Rakotoka St, NDC-Gebäude. Safarischuhe („Vellis") aus Kuduleder, gegerbte Wildhäute, Souvenir- und Gebrauchsartikel aus Leder. Sonderanfertigungen möglich.

Lebensmittel

!Nara-Öl – desert hills farming & cooking, Stefanie & Volker Hümmer, ✆-Handy 081-1290375, ✉ huemmer@iway.na, 💻 www.nara.com.na, 20 km außerhalb von Swakopmund an der D 1901. Empfehlenswert ist ein Samstagsausflug zu *desert hills* in der Namib – dies ist die Produktionsstätte des !Nara-Öls. Aus den kürbiskerngroßen Nüssen der !Nara (S. 309) wird in Handarbeit im Kaltpressverfahren ein einzigartiges Öl gewonnen. Es hat einen nussigen Geschmack, der Salate richtig abrundet und auch zu Fisch und Fleisch ideal passt. Reich an Omega-Säuren ist dieses sehr wertvolle Öl eine ganz besondere Spezialität und ein einmaliges Souvenir. Mit dem Kauf unterstützt man obendrein die Gemeinde der Topnaar, die die Früchte ernten und die Nüsse trocknen.

Das Farmbistro mit angeschlossenem Hofladen ist jeden Samstag von 11 bis 16 Uhr geöffnet, für größere Gruppen können weitere Öffnungszeiten telefonisch vereinbart werden. Das aus roten Lehmsteinen gebaute Gehöft liegt leicht erhöht mit Blick auf das Swakop-Tal und auf die Mondlandschaft. Interessant und spannend sind Stefanies Erklärungen zur Herstellung des !Nara-Öls, der verschiedenen Naturkosmetikprodukte, die man auch gleich testen kann, zur !Nara-Pflanze und den Topnaar, die im Kuiseb und in der Namib leben. Zusätzlich zu den !Nara-Produkten werden frisch gebackenes Vollkornbrot, Pestos, selbst gemachtes Eis, Marula-Produkte, Teemischungen und andere namibische Spezialitäten angeboten. Im Bistro bereitet Volker ganz frisch verschiedene feine und phantasievolle Gerichte zu, die mit einem Glas Wein oder Bier auf der Terrasse zu genießen sind.

Zu kaufen gibt es die !Nara-Produkte übrigens auch bei **Kubatsirana Helping Hands,** ✆ 064-404806, 19 Libertina Amathila St, **Mokoro Crafts,** ✆ 064-400917, beim Tug Restaurant, sowie in Windhoek bei Superspar.

AKTIVITÄTEN

Die Palette der Aktivitätsangebote ist breit gefächert in Swakopmund. Ob auf dem Wasser, in den Dünen oder in der Luft – langweilig wird es einem hier nicht. Eingehend beschrieben sind viele der Aktivitäten im Kapitel „Traveltipps von A bis Z", S. 86.

Veranstalter von Tagestouren und Flügen sind im Abschnitt Touren aufgelistet.

Nicht zu vergessen sind die Aktivitäten in der Lagune von Walvis Bay (S. 94). Bei einigen Veranstaltern ist der Transfer von Swakopmund nach Walvis Bay im Preis eingeschlossen.

Auch hier finden die Aktivitäten nur bei ausreichend gutem Wetter statt. Nebel und Sturm sowie der in den Wintermonaten gefürchtete heiße Ostwind, der oft in einen Sandsturm ausartet, können die Durchführung der geplanten Touren unmöglich machen. Es ist immer günstig, die Touren im Voraus zu buchen, da die Kapazitäten der Veranstalter begrenzt sind. Gezahlt werden sollte der Wetterabhängigkeit wegen erst vor Ort.

Wer sich einen Überblick verschaffen oder aber gleich alles an einem Ort buchen möchte, geht zum **Desert Explorers Adventure Centre,** ✆ 064-406096, ✆-Handy 081-1292380, ✉ info@namibiadesertexplorers.com, 💻 www.namibiadesertexplorers.com, Nathaniel Maxuilili Rd, am Ortsausgang von Swakopmund Richtung Walvis Bay. Hier läuft auf einem riesigen Bildschirm eine Animation mit nahezu sämtlichen Aktivitäten, die man in Swakopmund und Umgebung unternehmen kann. Mit kleiner Bar.

Stadtführungen

Frau Flamm-Schneeweiß, ✆ 064-461467, ✉ flammschneeweiss@mweb.com.na, 💻 www.swakopmund-stadtfuhrungen.com, bietet jeden Di und Fr um 9.30 Uhr sehr interessante, historische Stadtführungen durch Swakopmund an. Treffpunkt ist am Museum, N$250 p. P.

Ballonfahren

African Adventure Balloons, ✆ 064-403455, ✆-Handy 081-2429481, ✉ flylo@iway.na, 💻 www.africanballoons.com. Vergleichsweise günstige Preise; z. B. Ballonfahrt über die Dünen „Overland Special" N$3300, min. 2 Pers., Sekt und Snacks inkl. (S. 97). Auch für Rollstuhlfahrer.

Paragliding

Namibgliding, Mario Oprandi, ✆-Handy 081-2080678, ✉ mario@paraglidingnam.com, 💻 www.namibgliding.com. Der halbtägige Schnupperkurs je nach Fitnessgrad (Muskelkater vom Dünenklettern garantiert!) mit 4–5 Flügen kostet momentan N$900. Mario vermittelt mit seiner Begeisterung und Erfahrung Sicherheit, nimmt einem dadurch das mulmige Gefühl und macht das Ganze zu einer tollen Erfahrung mit hohem Spaßfaktor.

Fallschirmspringen

Ground Rush Adventures, Matthias Röttcher, ✆-Handy 081-1245167, ✉ freefall@iafrica.com.na, 💻 www.skydiveswakop.com.na. Tandemsprünge u. v. m., nehmen auch Flugbegeisterte mit Behinderungen mit (S. 97). Bequeme Kleidung und Turnschuhe werden empfohlen.

Rundflüge

Die Rundflüge sind ausführlich im Abschnitt Aktivitäten beschrieben, S. 96. Alle genannten Firmen bieten auch Flugsafaris durch das Land an.

Bush Bird Adventure Flights & Safaris, ✆ 064-404071, ✆-Handy 081-2507171, ✉ info@bushbird.com, 💻 www.bushbird.com, 1 Tobias Hainyeko St, gegenüber dem Souvenirmarkt. Jeder Sitzplatz im Flieger ist mit eigenem Kopfhörer ausgestattet, sodass man eher versteht, was einem der Deutsch sprechende Pilot sagen will. Haben in neue Technologie investiert, um Benzinverbrauch und Geräuschbelastung zu minimieren.

Pleasure Flights & Safaris, ✆ 064-404500, ✉ redbaron@iafrica.com.na, 💻 www.pleasureflights.com.na, Dr Sam Nujoma Ave, Ecke Hendrik Witbooi St.

Scenic Air, ✆ 064-403575, ✆-Handy 081-1270534, ✉ windhoek@scenic-air.com, 💻 www.scenic-air.com, Dr Sam Nujoma Ave, gegenüber der Standard Bank.

Golf

Bei Swakopmund liegt der **Rössmund Golf Course**, ✆ 064-405644, ✆-Handy 081-2957098, ✉ lodge@rossmund.com, 💻 www.rossmund.com, 18-Loch-Platz. Hier gibt es neben schönen Rasenflächen und Palmen auch Wasserhindernisse. Gleich nebenan befindet sich die Rössmund Golf Resort & Lodge (s. Übernachtung).

Reiten

Camel Farm, Elke Erb, ✆ 064-400363, ✆-Handy 081-2301758, ✉ erbelke@mweb.com.na, 💻 www.swakopmundcamelfarm.com, am Swakop Rivier, von der B 2 auf die D 1901, dann noch ca. 1 km. Mit Kindern auch ohne das Reiten ein schöner Ausflug. Es gibt auf der Farm neben den Kamelen auch Esel, Zesel, Hühner und Gänse.

Okakambe Trails, Katrin Schäfer-Stiege, ✆ 064-402799, ✆-Handy 081-1246626, ✉ okakambe@iway.na, 💻 www.okakambe.iway.na, südlich der B 2, 14 km außerhalb von Swakopmund am Swakop Rivier. Stundenweise Ausritte, auf Anfrage auch mehrtägige Touren. Für Kinder gibt es Ponys.

Bed & Breakfast (nur für Reiter) und der Campingplatz sind als Ergänzung zum Reiten und zu den Hiking Trails entstanden.

Dune-Skiing

Henrik May Ski Namibia, ✆-Handy 081-4720343, ✉ henrik@ski-namibia.com, 💻 www.ski-namibia.com. Abfahrt und Langlauf, inkl. Skiausrüstung und fachmännischer Beratung, zwei Personen zahlen etwa 45 €, S. 88.

Quadbiken

Mit vierrädrigen Motorrädern über die Dünen, u. a. angeboten vom **Desert Explorers Adven-**

ture Centre, Beschreibung auch unter Aktivitäten, S. 100.

Go-Kart-Fahrten

R & R Karting, ✆-Handy 081-3502723, ✉ info@kartingnamibia.com, 💻 www.kartingnamibia.com, in der Nähe des Flughafens. Namibias erste Go-Kart-Bahn. Verschiedene Pakete buchbar, S. 100. ⏲ Di–Fr 15 Uhr bis zum Sonnenuntergang, Sa, So 10 Uhr bis zum Sonnenuntergang und auf Anfrage. Im Dezember und Januar ist bereits ab 9 Uhr geöffnet. Keine Kreditkartenzahlung.

DER WESTEN

TOUREN

Alle aufgeführten Veranstalter bieten Tagestouren in und um Swakopmund an, z. B. Ausflüge zur Welwitschia, nach Cape Cross, nach Walvis Bay u. v. m. Extra erwähnt sind nur die besonderen Aktivitäten. Einige der Veranstalter bieten außerdem landesweite Touren an.

Swakop Tour Company, Georg Erb, ✆ 064-404088, ✆-Handy 081-1242906, ✉ proverb@afol.com.na, 💻 www.swakoptour.com. Interessante, umweltbewusste Wüstentouren abseits der normalen Pfade, in kleinen Gruppen. Dinner in der Wüste. Aktivitäten, S. 87. Keine Kreditkartenzahlung.

Hata-Angu Cultural Tours, Michelle //Inixas & Raymond //Inichab, ✆ 064-461118, ✆-Handy 081-1246111, info@culturalactivities-namibia.com, 💻 www.culturalactivities-namibia.com. Sehr empfehlenswerte, etwa 4-stündige Tour mit erfahrenen Führern in Swakopmunds Township Mondesa; größtenteils zu Fuß, denn hier hat kaum jemand ein Auto, das Leben spielt sich hauptsächlich auf der Straße ab. Dabei werden Einheimische besucht, man erhält Einblicke in Lebensweise und Gebräuche, und es gibt traditionelles Essen zum Probieren. Start der Touren ist 10 Uhr vormittags und um 15 Uhr nachmittags, bei der Nachmittagstour sind traditionelle Ovambo-Tänze zu erleben. Preis N$550 p. P.

Living Desert Adventures, Chris, ✆ 064-405070, ✆-Handy 081-1275070, ✉ nature@iafrica.com.na, 💻 www.livingdesertnamibia.com, 9 Riesle St. Erlebnisreiche Halbtagestour im Geländewagen in die Dünen südlich von Swakopmund unter dem Motto „Lebenskreislauf der Namib-Wüste", S. 88. Dabei taucht Chris beinahe buchstäblich in den Wüstensand und präsentiert auf humorvolle Art und Weise Kleintiere, die nur in der Namib zu finden sind, wie z. B. den durchsichtigen Palmato-Gecko oder die „white lady"-Spinne. Halber Tag N$650, keine Kreditkartenzahlung.

Tommy's Tours and Safaris, ✆ 064-461038, ✆-Handy 081-1281038, ✉ tommys@iway.na, 💻 www.livingdeserttours.com.na. Veranstaltet die 4x4-Tour „Living Desert". Tommy Collard ist ein richtiger Wüsten-Cowboy – eine spannende Persönlichkeit, er liebt die Namib und weiß viel darüber zu erzählen. Halber Tag N$650, Tagestour N$1050 p. P. Keine Kreditkartenzahlung.

Ondjamba Safaris, ✆ 064-461068, ✆-Handy 081-1294643, ✉ ondjamba@ondjamba.com.na, 💻 www.ondjamba.com.na, Tobias Hainyeko St, Büro in den Brauhaus Arkaden. Bieten Safaris zu Wüstenelefanten und -löwen an, S. 89.

Tour and Travel Biz, Werner de Hilster, ✆ 064-403284, ✆-Handy 081-4386717, ✉ ttb@iway.na, 💻 www.ttbnamibia.com. Bieten u. a. geführte Wanderungen in der Mondlandschaft sowie Halbtagestouren auf den Rössing-Berg.

Mountain Bike Namibia, ✆ 064-402078, ✆-Handy 081-1284900, ✉ andrew@nit.com.na, 💻 www.mountainbikenamibia.com. Verschiedene Mountainbike-Touren (2–18 Tage), z. B. in das Damaraland, das Kaokoveld und in die südliche Namib. Auch individuelle Radtouren.

SONSTIGES

Apotheken

Adler Apotheke, ✆ 064-402652, 14 Dr Sam Nujoma Ave. Deutsche Beratung.

Swakopmunder Apotheke, ✆ 064-402825, 26 Dr Sam Nujoma Ave.

Autovermietungen

Europcar Swakopmund, ✆ 064-400383, ✆-Handy 081-1245548, 32 Libertina Amathila St, Ecke Brücken St.

Budget Rent a Car, ✆ 064-463380, ✆-Handy 081-1286900, 3 Moses //Garoëb St.

Feste

Die meisten Feste in Swakopmund finden in der namibischen Ferienzeit über Weihnachten statt und sind v. a. für die Einheimischen konzipiert.

Swakopmunder Musikwoche, Anfang Dezember.

KÜSKA, Küstenkarneval, flexibel im Juni.

Die Termine der vielen **Sportveranstaltungen** wie z. B. Marathon und Triathlon des **Swakopmund Triathlon Clubs** sind bei **Otb Sport**, ✆ 064-403800, ✉ swakop@otbsport.com oder für Marathon direkt bei **Frank Slabbert**, ✆ 064-405788, ✆-Handy 081-2403383, ✉ Fatslab@iafrica.com.na, zu erfragen.

Geld

First National Bank, ✆ 064-4102111, 16 Tobias Hainyeko St.

Informationen

Namib i Tourism Information Bureau, ✆ 064-404827, ✆-Handy 081-2551513, ✉ namibi@iway.na, Hendrik Witbooi St, Ecke Dr Sam Nujoma Ave. ⌚ Mo–Fr 8–13 Uhr und 14–17 Uhr, Sa, So 9–13 Uhr. Engagiert geführte Touristinfo; wie informativ ein Besuch im Büro ist, hängt vom jeweiligen Mitarbeiter ab.

Swakop Info Expo, ✆ 064-405488, ✆-Handy 081-4497090, ✉ swakop.info.expo@gmail.com, im Woermann-Haus, Bismarck St. ⌚ Mo–Fr 9–17 Uhr, Sa 9–14 Uhr. Angeboten wird Handwerkskunst u. v. m. Kleines Café.

Namibia Wildlife Resorts, ✆ 064-402172 oder 064-402796, in der Ritterburg, Dr Sam Nujoma Ave, ⌚ Mo–Fr 8–17 Uhr, Buchung und Zahlung von NWR-Unterkünften und Campingplätzen.

Ministerium für Umwelt und Tourismus, in der Ritterburg, Dr Sam Nujoma Ave, ⌚ Mo–Fr 8–13 Uhr und 14–17 Uhr, Sa, So 8–13 Uhr. Hier können Permits für die „Namib Section" (Kasten S. 357) erworben werden.

> **Warnung**
>
> Als **gefährliches Gebiet** sind in Swakopmund die Strandpromenade und der Südstrand (zwischen dem Restaurant The Tug und dem Lighthouse) einzustufen. Hier sollte man nicht allein spazieren gehen und vor allem keine Wertsachen und Geld mitnehmen. Ansonsten sind die üblichen Vorsichtsmaßnahmen angebracht, S. 84.

Internet

Internet-Cafés gibt es in Swakopmund inzwischen zuhauf, z. B. das **Swakopmund i-cafe & Coffee Shop**, ✆ 064-464021, Dr Sam Nujoma Ave, Ecke Tobias Hainyeko St, Woermann & Brock Mall.

Medizinische Hilfe

Mediclinic Cottage, ✆ 064-412200, Franziska van Neel St, Tamariskia.

Bismarck Medical Centre, ✆ 064-405000, 17–20 Dr Sam Nujoma Ave. Viele Praxen von Allgemeinmedizinern sowie die Zahnarztpraxen von **Dr. van de Linde** und **Dr. Jürgens**, ✆ 064-405833, beide können Deutsch.

Swakopmund Medical Centre, Cottage Family Practice, ✆ 064-465000, Cottage Rd, auch Sa 8–12 Uhr und 17–18 Uhr, So 10–11 Uhr und 17–18 Uhr geöffnet.

Polizei

✆ 10111.

Post

✆ 064-402222, Tobias Hainyeko St.

Wäscherei

Swakopmund Laundry, ✆ 064-402135, 15 Swakop St.

TRANSPORT

Selbstfahrer

Von **Windhoek nach Swakopmund** (und umgekehrt) stehen mehrere Strecken zur Auswahl: Schnell und bequem ist die Teerstraße; von Windhoek die B 1 nach Norden, in Okahandja nach links auf die B 2, insgesamt ca. 360 km. Durch das hügelige Khomashochland und die Namib-Wüste führt die Schotterstraße über den Gamsberg Pass; von Windhoek die C 26, die im Anschluss an den Gamsberg Pass auf die von Sossusvlei kommende C 14 trifft. Durch den Kuiseb Canyon, danach entweder geradeaus

auf der C 14 durch den Namib Naukluft Park über Walvis Bay nach Swakopmund oder durch die „Namib Section" (Permit erforderlich) zur C 28 und über den Welwitschia Drive nach Swakopmund. Diese Strecke ist rund 400 km lang, landschaftlich sehr reizvoll und nimmt mit Besuch der Sehenswürdigkeiten den ganzen Tag in Anspruch.
Die direkte Route auf der C 28 über den Bosua Pass ist etwas kürzer, die Fahrtzeit ist jedoch fast genauso lang. Den Bosua Pass kann man hinunterfahren. Da er unbefestigt und teilweise sehr steil ist, sollte man ihn jedoch nicht hinauffahren, auf keinen Fall mit einem normalen Pkw. Auch für die Strecke C 26 und D 1982 über den Us Pass braucht man fast den ganzen Tag; die D 1982 wird weniger befahren und weniger gewartet.

Busse

Der **Intercape Mainliner**, ✆ 061-227847, fährt regelmäßig nach Swakopmund. Haltestelle am Bus Terminal in der Hedrik Witbooi St, hinter dem Pick 'n Pay Supermarkt. Mo, Mi, Fr, So nach Windhoek, von hier aus ggf. weiter nach Kapstadt oder Victoria Falls.
Town Hoppers Shuttle Service, ✆ 064-407223, ✆-Handy 081-2103062, ✉ townhoppers@iway.na, 💻 www.namibiashuttle.com. Shuttle von und nach WINDHOEK. Das Büro befindet sich im Sam Nujoma Drive 22, Nedbank Arcade, Shop 1. Abfahrt tgl. von Swakopmund bei der Standard Bank gegenüber Ackermanns um 8 Uhr, Ankunft in Windhoek, Independence Ave, Tourisminfo, gegenüber dem Kalahari Sands Hotel um 12.30 Uhr, Abfahrt am gleichen Tag von Windhoek um 14.30 Uhr, Ankunft in Swakopmund um 18.45 Uhr. Einfache Strecke N$270 p. P.
Welwitschia Shuttle Service, ✆ 064-405105, ✆-Handy 081-2631433, ✉ mandie@afol.com.na, 💻 www.welwitschiashuttle.com, 35 Dr Sam Nujoma Ave. Ebenfalls tgl. Shuttleservice nach WINDHOEK, teilweise bis Flughafen. Abfahrt in Swakopmund um 7 Uhr, kostenlose Abholung vom Hotel. Abfahrt in Windhoek um 14 Uhr. Einfache Strecke N$300 p. P., bis zum internationalen Flughafen N$520 p. P.
Raiwin Shuttle Service, ✆-Handy 081-2739309, ✉ raiwin@iway.na, 💻 www.swakopshuttle.com. Transferunternehmen mit Deutsch sprechenden Fahrern für Transfers in und um Swakopmund sowie von und nach Walvis Bay.

Flüge

Der Flughafen von Swakopmund ist nur für den Charterflugverkehr interessant. Die Charterfluggesellschaften bieten den Transfer zum außerhalb an der B 2 gelegenen Flughafen als Service ohne Extrakosten an.
Air Namibia, ✆ 064-405123, ✉ swakopmund.reservations@airnamibia.aero, 11 Dr Sam Nujoma, im Woermann-Haus. Hat zwar ein Büro in Swakopmund, fliegt jedoch nur nach Walvis Bay.

Die Umgebung von Swakopmund

Die Dampflok Martin Luther

An der B 2 kurz vor Swakopmund erinnert eine kleine Mauer mit einem Sockel davor an *Martin Luther*, eine Kuriosität in der Wüste. Der wohlhabende Leutnant der Reserve, Edmund Troost, erkannte die Transportschwierigkeiten in Deutsch-Südwestafrika und brachte von seinem Deutschlandurlaub 1892 eine mit Dampf betriebene Straßenlokomotive mit, die er in der Maschinenfabrik Dehne in Halberstadt erworben hatte. Schon wenige Meter vom Hafen entfernt begannen die Schwierigkeiten: Das 1,4 t schwere Ungetüm blieb ständig im Sand stecken und konnte nur unter größten Mühen freigeschaufelt werden. Die unzähligen Liter Süßwasser, die zum Antrieb benötigt wurden, mussten von weit hergeholt werden und waren teuer. Troost berichtete: „Um am Sonnabend arbeiten zu können, musste man von Montag bis Freitag Wasser heranfahren. Kein Wunder also, dass diese Promenade (...) durch den Wüstensand ein viertel Jahr in Anspruch nahm."

Als weiteres Hindernis erwies sich die mangelnde Kraft der Maschine, die nur zwei Waggons ziehen konnte, jedoch für eine Fahrt bis nach Jakalswater zwei Waggons Holz verbrauchte. Als Anfang 1897 der Swakop stark abkam, blieb die Lokomotive *troostlos* liegen und

Hinweis

Kommt man aus dem Süden oder dem Osten, beispielsweise vom Sossusvlei oder aus Windhoek, muss man das erforderliche Permit vorher für den entsprechenden Tag erwerben, entweder im Sesriem-Büro oder bereits in Windhoek.
Die Straße C 28 führt von Osten her nach Swakopmund. Ein Schild nach rechts kennzeichnet die **Welwitschia-Route**, die man von hier in umgekehrter Richtung befahren kann. Die Straße war in der Vergangenheit mitunter in sehr schlechtem Zustand.

wurde nicht mehr gewartet. Daraufhin wurde der „Dampfochse" *Martin Luther* getauft: „Hier stehe ich, ich kann nicht anders." Die neue Version bezieht sich auf Martin Luther King: „I had a dream."

Mehr als 100 Jahre Swakopmunder Nebel haben *Martin Luther* zugesetzt, und zwar so stark, dass sich die Stadtväter ernsthafte Sorgen um dieses Denkmal machen mussten. Verschiedene Lösungsansätze wurden von der Stadtverwaltung, dem Nationalen Denkmalrat und dem Swakopmunder Museum diskutiert. Die Idee, *Martin Luther* im alten OMEG-Bahnhof unterzubringen und dort ein Transportmuseum zu eröffnen, wurde ebenso verworfen wie jene, die Dampfmaschine durch eine Perspex-Kuppel vor den Umwelteinflüssen zu schützen.

Mitte 2003 waren durch private Spenden und die großzügige Unterstützung der Deutschen Botschaft endlich genug Mittel vorhanden, um wirklich etwas zu unternehmen. Der Versuch, *Martin Luther* mittels Sandstrahlgebläse in der Firma Mac's Fabricators vom Rost zu befreien, schlug zwar nicht unbedingt fehl – der Rost kam wirklich herunter. Das Fatale war nur, dass die Dampflok aus kaum noch etwas anderem als Rost bestand. Die verbliebenen Teile wurden nach Arandis zum Namibian Institute of Mining und Technology gebracht. Hier haben Studenten des Instituts *Martin Luther* so originalgetreu wie möglich restauriert. Die Originalpläne konnten im Archiv der Firma Dehne ausfindig gemacht werden. Erschwerend kam hinzu, dass *Martin Luther* aus Gusseisen gefertigt worden war – ein Material, das heute nicht mehr gebräuchlich ist. Daher nahmen die Restaurationsarbeiten neun statt der avisierten sechs Monate in Anspruch.

Die restaurierte Dampflok wurde im November 2004 per Kran wieder an ihren angestammten Platz gehievt. Anschließend machte man sich an den Bau des Gebäudes, das *Martin Luther* in Zukunft vor erneuter Verwitterung schützen wird. Das Gebäude, das durch große getönte Glasscheiben auffällt, war im April 2006 fertiggestellt. Es gibt auch einen Shop und ein WC.

Welwitschia Drive

Kurz hinter *Martin Luther* startet rechts von der Teerstraße auf die C 28 abzweigend der **Welwitschia Drive**, eine faszinierende Fahrt durch die Namib. Die Namib ist ein einzigartiger Landstrich von überwältigender Schönheit. Die Fahrt zur Welwitschia-Fläche im Namib Naukluft Park bietet die Gelegenheit, die vielfältigen Eigenschaften dieser einmaligen Wüste selbst zu entdecken. Die Rundfahrt im Auto von Swakopmund aus dauert etwa vier Stunden, wobei genügend Zeit eingerechnet ist, an allen nummerierten Markierungen auszusteigen und die Umgebung zu erkunden. Das Permit zum Besuch des Namib Naukluft Park wird für N$40 pro Person und N$10 pro Pkw vom Ministerium für Umwelt und Tourismus in der Ritterburg in Swakopmund ausgestellt. Camping im Park ist an vorgesehenen Plätzen möglich (S. 357).

Die Straße C 28 führt zunächst durch das Swakop Rivier und dann weiter zum Eingang des Namib Naukluft Park. Nicht weit hinter der Einfahrt kennzeichnet ein Schild nach links den Beginn der Welwitschia-Route. Nach kurzer Fahrt erreicht man die erste der 13 nummerierten, steinernen Markierungen, die links am Straßenrand stehen und auf Wissenswertes am Weg verweisen.

1. **Xanthomaculina convoluta** – Auf den ersten Blick erscheint die Namib trocken und leblos. Wer genauer hinschaut, erkennt, dass Boden und Felsen von einer Vielzahl verschiedener Flechten bedeckt sind. Ihr Fortbestand hängt vom Nebel ab, der nachts vom Meer landein-

wärts zieht. Wie tote schwarze Pflanzenreste sehen die Wanderflechten aus. Sie liegen lose auf der Oberfläche und sammeln sich in Furchen und Rinnen an. Ein kleines Experiment: Man gieße ein wenig Wasser auf die Flechten und warte etwas ab. Innerhalb von wenigen Minuten entfalten sich die Pflanzen und verändern sich farblich.

2. **Talerbusch** – Zwei Arten von Trockengewächsen kommen in der Namib am häufigsten vor: der Taler- oder Dollar-Busch (der aufgrund seiner kreisrunden Blätter diesen Namen erhielt) und der feinblättrige, dürre Tintenbusch. Beide haben sich den kargen Lebensbedingungen ihrer Umgebung bestens angepasst. Die durchschnittliche Niederschlagsmenge beträgt hier in der Namib weniger als 20 mm pro Jahr. Dieser Niederschlag ist meist das Ergebnis eines einzigen großen Regengusses. Häufig bleibt mehrere Jahre lang jeglicher Regen aus.

3. Hier sind neben der Straße immer noch die jahrzehntealten **Spuren von Ochsenwagen** zu sehen. Einst verlief hier der sogenannte Baaiweg, auf dem Waren von der Küste ins Landesinnere befördert wurden. Die alten Spuren sind noch deutlich, weil sich die Flechten, die vor langer Zeit zerstört wurden, noch immer nicht ganz erholt haben. Flechten wachsen extrem langsam – weniger als einen Millimeter im Jahr! Zum Schutz der Ökologie in dieser Region ist es daher sehr wichtig, dass Reisende nicht von den vorhandenen Wegen abweichen.

4. Die Täler des Swakop Rivier bilden eine spektakuläre **Mondlandschaft**. Seit 2 Mio. Jahren frisst sich der Swakop durch das „weiche", erosionsanfällige Gestein. Es sind Granite, die unter dem ständigen Wechsel von Tageshitze und Nachtkühle sowie Nebelfeuchtigkeit schneller verwittern und zu kleinen Krümeln zerfallen. Wenn denn der Swakop mal „abkommt", werden die kleinen Partikel weggespült, das Rivier schneidet sich also auch heute immer noch tiefer in das Gestein. Der seltene Regen tut sein Übriges. Im Hintergrund erhebt sich der Rössing-Berg.

5. **Typische Flechtenarten** – Aufgrund der außergewöhnlichen klimatischen Gegebenheiten in der Namib, zu denen die feuchten, nebligen Nächte gehören, gibt es hier ausgedehn-

tere Flechtenfelder als irgendwo anders auf der Welt. Eine der Flechten kann wegen ihrer Farbe leicht mit dem Erdreich verwechselt werden. Andere wiederum, wie etwa jene mit dem orangenen oder grau-grünen „Schopf", sind einfacher zu erkennen. Die Flechten erfüllen die wichtige Funktion, den Boden zu halten und zu stabilisieren.

6. Noch eine grandiose Aussicht auf die **Mondlandschaft** des Swakop-Tales! Die Furchen im Vordergrund sind durch Erosion entstanden. Die Formung der Mondlandschaft geht unaufhörlich weiter.

7. Auf diesem desolaten Fleckchen Erde zeugen zivilisatorische Überreste überraschenderweise auch von der Anwesenheit des Menschen vor vielen Jahren. 1915 hatten südafrikanische Truppen bei ihrer Verfolgung der deutschen Schutztruppe hier einige Tage lang ihr Lager aufgeschlagen. Neben zerbrochenen Flaschen und verrosteten Dosen ist die Spur eines frühen Vorgängers der Kettenraupenfahrzeuge zu erkennen. Bitte nichts entfernen!

8. Die nächsten Markierungen der Welwitschia-Route findet man, indem man an der T-Kreuzung nach links abbiegt. Links ist ein deutliches Beispiel eines schwarzen **Dolerit-Kammes** zu sehen, der sich über die Erhebung schlängelt. Dolerit ist verwitterungsresistenter als das umliegende Gestein. Deshalb zieht sich der Dolerit wie ein dünnes, schwarzes Band über die Hügelkuppen.

9. Nun führt der Weg durch einen **Dolerit-Streifen**, ein Beispiel von unterirdischem Magmatismus. Magma drang in einen Riss im älteren grauen Granitfels ein und bildet jetzt das Rückgrat des Kammes.

10. **Kameldornbaum** – Verglichen mit der Wüstenebene ist die Vegetation des Swakop Rivier-Tals üppig. Hier gedeihen Kameldornbaum *(Acacia erioloba)*, Anabaum und Tamarisken, die alle Wasser aus dem Fluss ziehen, der unterirdisch verläuft. Zu beachten sind die vielen Schmarotzer, die auf den Bäumen wachsen. Ihre klebrigen Samen werden von den zahlreichen Vögeln weitergetragen, die ins Tal schwärmen.

11. **Welwitschia** – Als der österreichische Botaniker Friedrich Welwitsch diese Pflanze 1859 im südlichen Angola entdeckte, sank er auf die Knie vor dieser „anbetungswürdigen" Pflanze und war sich sicher, etwas ganz Besonderes entdeckt zu haben. Er beschrieb der Botanischen Gesellschaft in London seine Entdeckung, die der Pflanze den Namen *Welwitschia mirabilis* gab.

Zur selben Zeit machte Thomas Baines die gleiche Entdeckung hier in der Ebene am Swakop Rivier, beschrieb sie jedoch erst zehn Jahre später. Die Pflanze wurde neu klassifiziert. Als dieser Irrtum entdeckt wurde, nannte man sie zu Ehren beider Forscher in *Welwitschia bainesii* um. „Botanisches Recht" besagt jedoch, dass eine Pflanze ihren ersten korrekten Namen behält. So heißt sie heute wieder *Welwitschia mirabilis.*

Wenn man diese Pflanze besichtigt, ist es kaum vorstellbar, dass nur zwei Blätter am Stamm wachsen. Diese werden vom Wind zerzaust und in sehr trockenen Jahren von Zebras, Oryx-Antilopen und Nashörnern abgebissen, gekaut und ausgespuckt. Die Blätter wachsen sofort nach, in normalen Regenjahren 10–20 cm pro Jahr, bei gutem Regen kann die Pflanze dieses Wachstum jedoch in einem Monat schaffen.

Die Welwitschia ist diözisch, männliche und weibliche Fortpflanzungsorgane werden auf verschiedenen Pflanzen getragen. Die Blüte der weiblichen Pflanze ähnelt in Form und Größe sehr dem Zapfen einer Kiefer, auf der häufig ein wanzenartiger Käfer anzutreffen ist. Sein Name, *Probergrothius sexpunctatis,* bezieht sich nicht auf die Sexualgewohnheiten, sondern – weniger romantisch – auf die sechs kennzeichnenden schwarzen Punkte auf seinem Körper.

Die „Blüte" der männlichen Pflanze ist 3–4 cm lang. Je nach Niederschlag blüht die Welwitschia von Dezember bis Mai. Einzigartig in der Pflanzenwelt: Die Welwitschia kann die Nebelfeuchtigkeit über ihre Blätter absorbieren und außerdem das an den Blättern geronnene Wasser durch ein sehr feines, flaches, weit verzweigtes Wurzelwerk aufnehmen. Inzwischen gibt es auch eine dem widersprechende Theo-

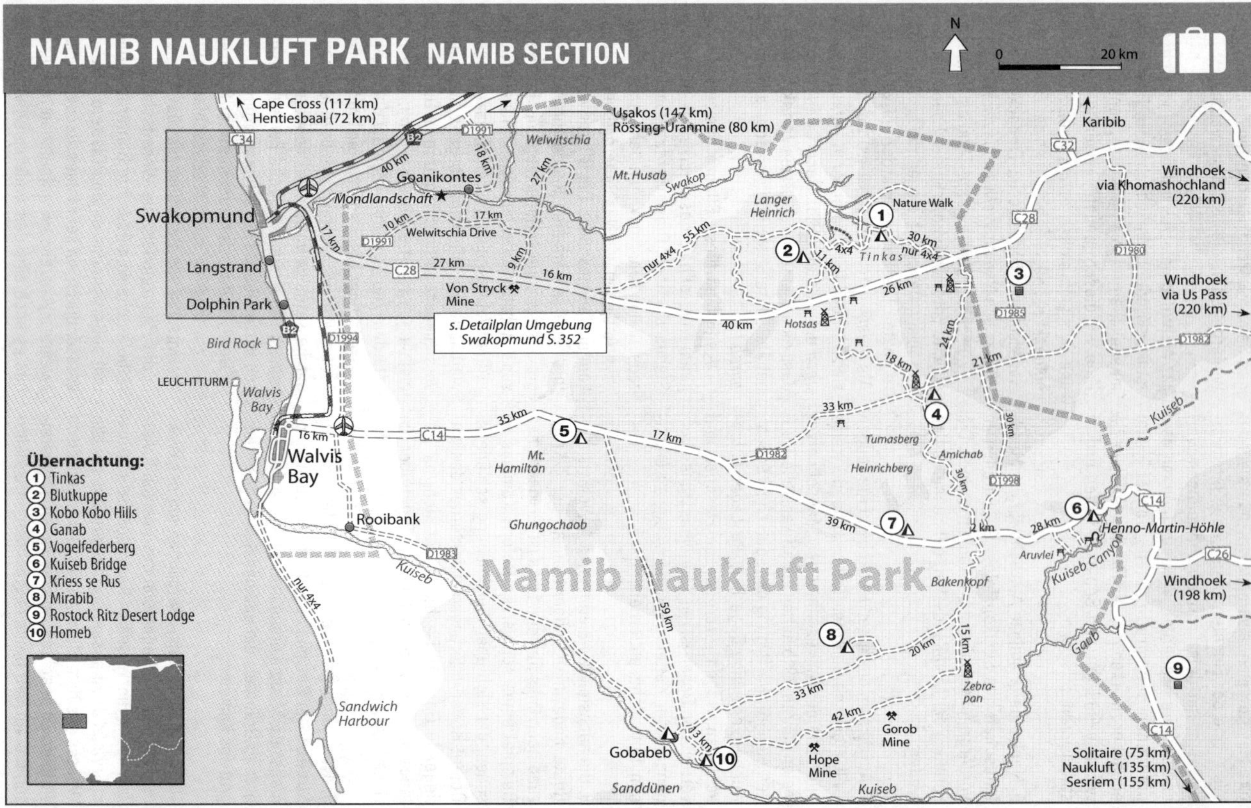
NAMIB NAUKLUFT PARK NAMIB SECTION
N
0
20 km
Cape Cross (117 km)
Hentiesbaai (72 km)
Usakos (147 km)
Rössing-Uranmine (80 km)
Karibib
Windhoek
via Khomashochland
(220 km)
Windhoek
via Us Pass
(220 km)
Windhoek
(198 km)
Solitaire (75 km)
Naukluft (135 km)
Sesriem (155 km)
Swakopmund
Langstrand
Dolphin Park
Bird Rock
LEUCHTTURM
Walvis Bay
Walvis
Bay
Rooibank
Goanikontes
Mondlandschaft
Welwitschia
Welwitschia Drive
Von Stryck
Mine
s. Detailplan Umgebung
Swakopmund S. 352
Mt. Husab
Swakop
Langer
Heinrich
Nature Walk
Tinkas
Hotsas
Tumasberg
Amichab
Heinrichberg
Mt.
Hamilton
Ghungochaob
Namib Naukluft Park
Bakenkopf
Henno-Martin-Höhle
Aruvlei
Kuiseb Canyon
Kuiseb
Gaub
Zebra-
pan
Gorob
Mine
Hope
Mine
Gobabeb
Sanddünen
Sandwich
Harbour
nur 4x4
C34
C28
C32
C14
C26
B2
D1991
D1994
D1980
D1985
D1982
D1998
D1983
40 km
18 km
17 km
10 km
27 km
9 km
16 km
55 km
11 km
4x4
30 km
26 km
24 km
21 km
18 km
33 km
35 km
17 km
39 km
2 km
28 km
59 km
13 km
42 km
33 km
20 km
15 km
Übernachtung:
1 Tinkas
2 Blutkuppe
3 Kobo Kobo Hills
4 Ganab
5 Vogelfederberg
6 Kuiseb Bridge
7 Kriess se Rus
8 Mirabib
9 Rostock Ritz Desert Lodge
10 Homeb

rie, die allerdings nicht sehr wahrscheinlich erscheint: Hinterfragt wird, wie die Pflanze die extreme Hitze (verstärkt durch die dunkelgrünen Blätter) aushält und warum sie nicht austrocknet, verdunstet doch in der Namib bis zu 700-mal mehr Wasser, als durch Nebel und Regen fällt. Eine Erklärung wäre, dass die Welwitschia Flüssigkeit aufnimmt, aber nicht wieder abgibt. Doch wie schafft es die Pflanze dann, in der extremen Hitze nicht zu versengen? Kühlung durch Verdunstung läge nahe – dafür reicht aber die aufgenommene Feuchtigkeit nicht aus. Reichen die Wurzeln doch bis ins Grundwasser? Das hätten Botaniker sicher schon längst entdeckt. Außerdem sind die Blätter in den richtig trockenen Zeiten nicht mehr dunkelgrün, sondern sehen sehr wohl ausgetrocknet aus und nehmen bei zunehmender Hitze einen braunen (versengten) Ton an. Der Nebel im Küstengebiet hebt sich im Allgemeinen erst im Laufe des Vormittags; sengend heiß, wie man es in der Kalahari kennt, wird es in diesem Gebiet nur beim sogenannten Ostwind. Als gesichert gilt die Annahme, dass selbst die Welwitschias auf der Welwitschia-Fläche in Abständen von etwa 30 Jahren einen etwas stärkeren Niederschlag zum Überleben benötigen. Im Gebiet um Khorixas (Versteinerter Wald) sind die Welwitschias beispielsweise stärkerer Hitze ausgesetzt, doch regnet es dort auch sehr viel mehr. Aber die Welwitschia heißt ja nicht umsonst „die Wundersame".

Auch die Befruchtung der Welwitschia war lange umstritten. Es sind wahrscheinlich verschiedene Wespen und Honigbienen dafür verantwortlich. Die Samen der Welwitschia keimen nur unter besonderen Umständen – wenn es in der Namib richtig regnet. Das geschah das letzte Mal 1934, so sind alle kleinen Pflanzen hier aus dieser Zeit. Es gab ein 2000 Jahre altes Exemplar im Messumkrater, das leider von Campern vorsätzlich abgebrannt worden ist.

12. **Große Welwitschia** – Das Alter dieses Prachtexemplars wird auf mehr als 1500 Jahre geschätzt. An dieser Markierung ist der Umkehrpunkt des Rundwegs erreicht.

13. Die letzte Markierung bezeichnet die verlassene **Von Stryk Mine**. Dieses kleine, per Hand ausgeschachtete Eisenbergwerk war in den 50er-Jahren in Betrieb, erwies sich aber als unwirtschaftlich. Nach wie vor ist die Mine in privatem Besitz. Im gesamten Namib Naukluft Park stößt man auf Überreste von Prospektier- und Bergbauarbeiten, größtenteils aus der Zeit vor 1965.

Die Rössing-Uranmine

Die Rössing-Uranmine liegt ungefähr 80 km östlich von Swakopmund in der Namib am Khan Rivier. Sie ist die bislang größte Tagebau-Uranmine der Welt.

Das Uranpecherz wurde schon in den späten 20er-Jahren von Captain Peter Louw gefunden. Erst 1966 hatte jedoch die Firma Rio-Tinto South Africa eine Option auf die Konzession des 1000 km^2 großen Gebietes erstanden. Im März 1976 wurden der Tagebau und die Produktionsanlagen in Betrieb genommen. Der volle Arbeitsbetrieb wurde 1979 zum ersten Mal erreicht. 1986 beschäftigte das Unternehmen 2500 Arbeiter und trug mit 17 % zum namibischen Bruttosozialprodukt bei. In den Jahren 1982–86 war das bei Arandis geförderte Uranoxyd für 34 % des Gesamtwertes der Exporte Namibias verantwortlich.

In den vergangenen Jahren hat die Uranförderung um die 17 % der namibischen Mineralexporte ausgemacht. Die Rössing-Uranmine gehört noch immer dem internationalen Konzern Rio-Tinto-Zinc (RTZ). Der Konzern steht wegen umstrittener Bergbauprojekte in Madagaskar und West Papua international in der Kritik.

Die Mine ist einer der größten Arbeitgeber und Steuerzahler des Landes, aber auch einer der größten Wasserverbraucher. Im Zeitraum von 1967–96 verbrauchte sie 125 Mio. m^3 Wasser.

Die bisher genutzten Süßwasserreserven aus dem Kuiseb und Omaruru Rivier sind begrenzt und in Kürze erschöpft. Der Wasserverbrauch konnte immerhin auf zurzeit 280 l Wasser pro Tonne Urangewinnung reduziert werden. Dennoch wollte Rio-Tinto-Zinc im Khan Rivier eine 110 m lange und 20 m hohe Staumauer errichten. Aufgrund der Finanzkrise bei Rössing ist die Umsetzung dieses Projektes in näherer Zukunft nicht wahrscheinlich. Der geplante Stausee hätte ein Fassungsvermögen von 9 Mio. m^3

und wäre 3,5 km lang. Bisher entnimmt die Mine dem Grundwasser des Khan jährlich 400 000 m³, der Wasserverbrauch soll nach dem Bau des Stausees auf 600 000 m³ steigen. Den Gemüsefarmern im unteren Swakop Rivier (der Khan ist ein wichtiger Zulauf des Swakops) würde damit die Existenzgrundlage entzogen. Wegen der unzureichenden Umweltstudien ist dieses Projekt umstritten. Daten über Wassermengen und Fluten sowie die Isotop-Messung, um den noch vorhandenen Urangehalt zu prüfen (U234 und U238), sind seit 1979 unvollständig. Durch die Grundwasserentnahme der Minen wird die Wasserversorgungslage zusätzlich angespannt. Abhilfe könnte hier die Meerwasserentsalzungsanlage bei Wlotskasbaken schaffen, die jährlich bis zu 20 Mio. m³ Trinkwasser produzieren soll. Auch die Wasserversorgung in Swakopmund soll durch diese Anlage unterstützt werden.

Der gefallene Weltmarktpreis und der erstarkte Rand hätten vor einigen Jahren beinahe zu einer Schließung der Uranmine geführt. Uran wird auf dem Weltmarkt in US-Dollar bezahlt, die laufenden Kosten muss die Mine jedoch in Namibia Dollar bestreiten. 2003 stand es so schlecht um das Unternehmen, dass das Aus bereits für 2007 drohte. Von ehemals 1162 Mitarbeiten (1997) waren 2003 nur noch 833 übrig geblieben. Durch drastische Sparmaßnahmen versuchte die Geschäftsleitung, die Mine so lange über Wasser zu halten, bis der Wechselkurs sich wieder zugunsten des US-Dollars entwickelt hatte. Dies war bereits 2005 der Fall. Nach dem Anstieg des Weltmarktpreises für Uran arbeiteten wieder 1100 Menschen in der Mine.

2011 wurden umfangreiche Bohrungen im eigenen Konzessionsareal vorgenommen, wobei die vorhandenen Ressourcen neu abgeschätzt wurden. Die Uranproduktion verlängert sich damit über das Jahr 2023 hinaus. Die Mine beschäftigt momentan 1500 Vollzeitkräfte.

Arandis, das Minendorf östlich von Swakopmund, entstand 1976 als Unterkunft für die Minenarbeiter, sämtliche Kosten trug die Mine. 1995 wurde Arandis als Stadt proklamiert, dadurch entfiel dieses Privileg, die Stadt musste fortan selbst für Infrastruktur, Strom und Wasser aufkommen. Den Arbeitern war jedoch nicht ersichtlich, warum sie für all diese Leistungen plötzlich zahlen mussten, einige zogen lieber nach Swakopmund. Um zu verhindern, dass eine weitere „Geisterstadt" in der Namib entsteht, laufen Projekte zur Unterstützung des Kleingewerbes im Minendorf.

An jedem ersten und dritten Freitag im Monat (außer an Feiertagen) kann die Mine im Rahmen einer geführten Tour besichtigt werden. Anmeldung unbedingt erforderlich im Museum in Swakopmund, ✆ 064-402046, Kosten N$40 pro Person, die Tour wird von einem Englisch sprechenden Reiseleiter begleitet. Treffpunkt ist um 10 Uhr unten am Café Anton.

Anfang 2008 hat die Uranförderung beim **Langen Heinrich** im Namib Naukluft Park begonnen. Die Mine soll in den nächsten Jahren ausgebaut und die Ertragsmenge vergrößert werden.

Eine weitere Uranmine, **Trekkopje**, ist dem französischen Konzern AREVA 750 Mio. US$ wert. Damit dürfte Trekkopje das größte Investitionsvorhaben seit der Unabhängigkeit werden. Der Abbau hat ebenfalls 2008 begonnen. Weitere Minen sind in der Erongo-Region geplant.

Hentiesbaai

Rund 70 km nördlich von Swakopmund liegt der kleine Ferienort Hentiesbaai am und im alten Flusslauf des Omaruru Rivier. Die heutige Mündung des Omaruru Rivier befindet sich 4 km nördlich der Stadt.

Bei einem Ausflug entdeckte Major Hentie van der Merwe 1922 die kleine Süßwasserquelle im Omaruru am Atlantik. Er befand die Angelmöglichkeiten für exzellent, zudem waren reichlich Treibholz für Feuer sowie Wild als Nahrungsquelle vorhanden. Van der Merwe beschloss, hier künftig mit seiner Familie Urlaub zu machen. Ab 1929 verbrachte die Familie regelmäßig die Weihnachtsferien in Hentiesbaai (Henties Bucht). Bald kamen Freunde aus dem Wohnort Kalkfeld mit, die Zahl der Urlauber und der behelfsmäßigen Hütten erhöhte sich Jahr für Jahr. Es gab nur eine Straße, die dieser Bezeichnung allerdings nicht eigentlich gerecht wurde – von Usakos nach Hentiesbaai

Campingplätze im Namib Naukluft Park – „Namib Section"

In der sogenannten „Namib Section" des Namib Naukluft Park, also dem Gebiet zwischen Kuiseb, Teerstraße B 2 und Küste, gibt es einige schöne Campingplätze (Karte S. 354). Diese preiswerten, oft einsam gelegenen Plätze haben alle keine sanitären Anlagen. Holz und Wasser müssen mitgebracht werden. Alle Campingplätze müssen vorab in einem der Büros von Namibia Wildlife Resorts, ✉ reservations@nwr.com.na, 🖳 www.nwr.com.na, gebucht und bezahlt werden, beispielsweise in Swakopmund in der Ritterburg oder im Sesriem Büro; N$120 p. P. für maximal 8 Personen und ein Fahrzeug pro Tag.
Das Permit für die „Namib Section" von pro Tag N$40 p. P. und N$10 für das Fahrzeug muss ebenfalls vorab erworben werden; Verkauf beim Ministerium für Umwelt und Tourismus, in Swakopmund in der Ritterburg oder im Sesriem Büro.

Blutkuppe Granit-Inselberg mitten in der Wüste, einer der schönsten Campingplätze der Namib, liegt geschützt am Berg. Zum Sonnenauf- und -untergang verfärbt sich die Blutkuppe oft blutrot. Um das Farbspiel zu erleben, muss man ein Stück in die Ebene hinauslaufen. Wer auf den Hügel klettert, hat eine wunderbare Aussicht in die Weite der Namib. Hier lohnen sich durchaus zwei Übernachtungen. Die schönsten Plätze in der Bergnische auf der Nordwestseite sind zu erreichen, indem man um den Berg herum fährt. Während der Woche ist man fast immer allein. Plumpsklos vorhanden.

Mirabib neben der Blutkuppe der empfehlenswerteste Campingplatz: ein großer Granitkegel in der weiten Ebene der Namib. Traumhafte Sonnenauf- und -untergänge; mit Picknick- und Braaiplätzen. Auch für Kinder toll zum Rumklettern und Verstecken. Plumpsklos vorhanden.

Tinkas schöner Campingplatz mit angelegtem Wanderweg bis hin zu einem kleinen Bogenfels.

Ganab einsamer Campingplatz in der Hochebene unter Kameldornbäumen, liegt offen, daher gute Aussicht, jedoch kann es bei Wind unangenehm werden.

Kriess se Rus ähnlich wie Ganab, liegt jedoch wie Kuiseb Bridge und Vogelfederberg direkt neben der großen Schotterstraße C 14.

Kuiseb Bridge an der Durchgangsstraße C 14, der Picknickplatz und das Plumpsklo wurden, als der Kuiseb mal wieder richtig „gelaufen" ist, weggespült. Der Picknickplatz ist nun wieder aufgebaut. Hier zu übernachten kommt sicherlich nur in Frage, wenn man es nicht mehr zu den weiter westlich gelegenen Campingplätzen schafft.

Vogelfederberg Hier gibt es Felsenhöhlen, in denen Beton-Sitzecken eingerichtet wurden. Übernachtung notfalls auch ohne Zelt möglich, jedoch direkt an der Durchgangsstraße.

Swakop River Campsites durch die Nähe zur Küste nachts und morgens oft neblig; inmitten von Tamarisken und Löwenbüschen *(Salvadora persica)*, die unangenehm riechen können; tagsüber staubig.

Homeb liegt direkt am Kuiseb Rivier unter gigantischen Ana- und Kameldornbäumen. Hier leben die Topnaar (Nama), völlig allein ist man deswegen nicht. Touristen verschlägt es jedoch sehr selten in dieses abgelegene Gebiet. Besonders eindrucksvoll ist das Ereignis des „laufenden" Kuiseb Rivier, was nach besonders guten Regenfällen von Januar–März eintreten kann. Leider ist der Platz momentan ziemlich verdreckt.

führte genau eine Spur. Über die Dünen neben dem Rivier mussten sich die Fahrzeuge gegenseitig schleppen, was immer eine gemeinsame Abfahrt aller Urlauber notwendig machte. Erst 1959, der Ferienort erfreute sich zunehmender Beliebtheit, wurde die Spur als Straße proklamiert, ausgebaut, befestigt und geschottert. 1960 vermaß und parzellierte die Landesverwaltung das Gelände. Allerdings wurden die Grundstücke nur verpachtet, feste Häuser durften nicht gebaut werden. Es gab einen kleinen Krämerladen, eine Postdienststelle und immerhin ein Funktelefon.

War bis dato jeder selbst für die Wasserversorgung verantwortlich – das Wasser wurde mittels kleiner Handpumpen aus dem Rivier gewonnen –, wurde nun ein Motor installiert, der das Wasser zu einem Tank auf den Dünen pumpte. 1969 installierte der Staat schließlich einen Wasserturm und ein Leitungssystem. 1965 erhielt Hentiesbaai Ortstatus. Nun durften auch feste Häuser gebaut werden. Der Ort begann sich zu entwickeln, Hotels und Geschäfte entstanden, 1975 wurde eine Kirche gebaut, 1985 die Polizeistation errichtet. Seit 1981 ist der Ort an das staatliche Elektrizitätsnetz angeschlossen. Erst 1997 erhielt Hentiesbaai eine eigene Stadtverwaltung. Es gilt jedoch bis heute landläufig als kleiner Ferienort.

ÜBERNACHTUNG UND ESSEN

Haus Estnic, ✆ 064-501902, ✉ hausestnic@iway.na, 🖳 wwwhouseestnic.com, 1417 Omatako St, Karte S. 304. 3 Zimmer. Keine Kreditkartenzahlung. ❷

Desert Rendezvous B&B, Mariet & Hugo van Niekerk, ✆ 064-500281, ✆-Handy 081-4545546, ✉ desertrendezvous@iway.na, 🖳 www.desertrendezvous.co.za, 238 Strandloper St, Karte S. 304. 2 DZ, 1 Familienzimmer, Internetzugang. Eine adrette kleine Unterkunft. ❷

Skubbebar & Restaurant, ✆ 064-501373, ✆-Handy 081-3678180, ✉ skubbebar@iway.na, hinter der Total Tankstelle, gegenüber dem Ministry of Fisheries gelegen. ⌚ Mo–Sa 10–14 Uhr und 17–21 Uhr, So 11–14 und 18–21.30 Uhr. Sehr rustikal. Von Calamari über Eisbein gibt's hier fast alles. Wenn es allzu spät wird, kann man auch gleich hier übernachten.

SONSTIGES

Geld

Bank Windhoek, ✆ 064-500298, Williane Centre, Jakkalsputz Rd.

Golf

Im alten Flussbett des Omaruru gibt es einen 14-Loch-Golfplatz.

Informationen

Tourism Information Henties Bay, ✆ 064-501143, ✉ info@hbmun.com.na, 🖳 www.hentiesbaytourism.com, Nickey Iyambo Ave, SME Centre. Büro der Stadtverwaltung, ⌚ Mo–Fr 8–13 Uhr und 14–17 Uhr. Haben Allrad-Trails zusammengestellt (Aktivitäten, S. 99), u. a. zum Messumkrater und zum Brandberg-West; Karten mit GPS-Daten gibt es hier im Büro.

Medizinische Hilfe

Benguela Medi Centre, ✆ 064-500423, ✆-Handy 081-1282230, 12 Benguela St, Einfahrt Seemeeu St. Bereitschaftsdienst rund um die Uhr.

Polizei

✆ 10111, blaues Gebäude, liegt direkt an der Eingangsstraße von Usakos aus nach Hentiesbaai.

Post

✆ 064-500006, Jakkalsputz St.

Cape Cross

Der portugiesische Seefahrer Diego Cão (die portugiesische Schreibweise ist Di*o*go) war der erste Europäer, der das Kreuzkap besuchte. Als „Visitenkarte" hinterließ er hier 1486 ein Padrão.

Erst 1893 wurde das Kreuz wiederentdeckt, als das deutsche Stationsschiff der kaiserlichen Marine, der Kreuzer *SMS Falke* (SMS = Seiner Majestät Schiff), die Küste des Schutzgebietes vermaß und nach geeigneten Landeplätzen suchte. Der Kommandant, Korvettenkapitän Becker, beschloss, das Kreuz als kulturgeschichtliches Denkmal nach Deutschland mitzunehmen. Nachdem es in Kiel von Wissenschaftlern untersucht worden war, brachte man es auf Anordnung von Kaiser Wilhelm II. nach Berlin, wo es im Museum für Meereskunde aufgestellt wurde. Das Museum wurde im Januar 1944 bei einem britischen Luftangriff zerstört, das Kreuz überstand den Angriff unbeschadet. Heute kann das Kreuz im Museum für Deutsche Geschichte in Berlin besichtigt werden, es ist jedoch stark verwittert. Wilhelm II. ließ im Jahre 1895 eine neue Wappensäule am Kreuzkap mit dem kaiserlichen Zeichen aufstellen.

Das zweite (kleinere) Kreuz wurde im Januar 1986 vom Nationalen Denkmalrat Namibias anlässlich des 500. Jahrestages der Landung Cãos errichtet. Hergestellt aus verwitterungsresis-

Die Robben am Cape Cross – Regulierung der Bestände

Namibia ist eins der wenigen Länder, das noch „Robbenernte", wie das Robbenschlagen auch genannt wird, betreibt. Es gerät dadurch alljährlich in die internationale Kritik. Tierschutzorganisationen wie beispielsweise der Internationale Tierschutz-Fonds aus Deutschland und die südafrikanische Robbenschutzorganisation *Seal Alert Sa* bezeichnen das Robbenschlagen als „unnötig und grausam". Die namibische Regierung, repräsentiert durch Fischereiminister Esau, sieht im Robbenschlagen einen Beitrag zum Artenerhalt und zur nachhaltigen Nutzung natürlicher Ressourcen. Ohne regulierendes Eingreifen würde die Zahl der Robben auf ein untragbares Maß ansteigen, Fischbestände würden sinken. Da die Tiere dann sowieso stürben, so die Argumentation, sei es besser, sie wirtschaftlich zu nutzen.

Die Robbenpopulation sei von 100 000 Tieren zu Beginn des 20. Jahrhunderts auf 855 000 im Jahre 2007 angestiegen. Die Fischereiindustrie, der viertgrößte Wirtschaftssektor, erleide dadurch großen Schaden. Die Robben fräßen rund 900 000 t Fisch pro Jahr, wobei zwei Drittel dieser Fischarten auch von der Industrie verarbeitet würden. Namibias Flotte fange jährlich nur 600 000 t Fisch. Neben rund 100 Arbeitsplätzen bringe die Robbenindustrie mehr als N$2 Mio. jährlich ein.

Seit 2007 ist die jährliche Quote nahezu unverändert geblieben, es dürfen pro Jahr 80 000 Jungtiere geschlagen und 6000 Bullen geschossen werden.

Die Genitalien der Robbenbullen stellen die größte Einnahmequelle dar. Sie werden zu Potenzmitteln verarbeitet und in Ostasien für rund US$1250 verkauft. Das Robbenfleisch wird in Namibia selbst auf den Markt gebracht. Die Knochen werden gemahlen und zu Düngemittel verarbeitet. Das Robbenleder wird u. a. für die Herstellung von Schuhen *(Vellis)* genutzt.

Nachdem *Seal Alert Sa* 2011 vergeblich versuchte, das Robbenschlagen per Gerichtsbeschluss zu stoppen, nahm sich der Ombudsmann John Walters der Sache an. Als neutrale Instanz musste er beide Parteien anhören, weshalb *Seal Alert* schwere Vorwürfe gegen ihn erhob. Daraufhin entschloss sich Walters, die Ermittlungen einzustellen. Es wurde jedoch zweierlei deutlich: Zum einen argumentieren die Tierschutzorganisationen sehr emotional, was ihrer Sache nicht dient. Auf der anderen Seite fehlen der Regierung wichtige Daten; so liegt die letzte Robbenzählung einige Jahre zurück. Laut Walters habe die namibische Bevölkerung ein Recht darauf zu erfahren, ob es denn nun wirklich zu viele Robben gebe oder ob nur die Fischereiindustrie die Bestände zu sehr ausbeute, ob es andere Methoden der nachhaltigen Nutzung gebe usw.

Es ist jedoch offensichtlich, dass die Robbenpopulation in den vergangenen Jahren deutlich zugenommen hat. 1995 gab es nur die Robbenkolonie am Cape Cross sowie zwei weitere Kolonien südlich von Lüderitz. Inzwischen sieht man Robben überall an der namibischen Küste, sogar in Swakopmund und Walvis Bay.

tentem namibischem Dolerit, steht es genau an der Stelle, an der Cãos Padrão stand. Das Kreuz wurde mit Hilfe von Gipsabdrücken des Originalkreuzes angefertigt, die bereits vor dem Ersten Weltkrieg gegossen worden waren und sich heute im Kulturhistorischen Museum in Kapstadt befinden.

Am 8. März 1895 wurde die erste Eisenbahn der britischen Damaraland Guano Company Limited am Cape Cross in Betrieb genommen. Auf einem rund 20 km langen Schienenstrang von 50 cm Spurbreite schaffte die in England gebaute Dampflok *Prince Edward* Guano von einer südlich gelegenen Abbaustätte heran. Anschließend wurde der Guano per Segelschiff vom Cape Cross abtransportiert. Die Eisenbahn wurde bis zur Stilllegung der Abbaustätte 1903 genutzt.

Im April 2002, nach vier Jahren intensiven Recherchierens, erschien das Buch der renommierten Naturschutzbeamten Peter und Marilyn Bridgeford *Cape Cross – Past and Present*. Der Schwerpunkt des Buches liegt auf der Geschichte von Cape Cross, jedoch wird auch auf die Robben eingegangen.

Die Robbenkolonie

Die Zwergpelzrobben *(Arctocephalus pusillus pusillus)*, auch bekannt als Kap-Pelzrobben (engl. *Cape Fur Seals)* oder Seelöwen, sind eine der drei Robbenarten des südlichen Afrika. Sie gehören zur Familie der *Otariidae*, d. h. zu den Robben, die sich von „richtigen" Robben *(Phocidae)* dadurch unterscheiden, dass sie sichtbare kleine Ohren haben. Daher werden sie auch als Ohrenrobben bezeichnet.

In der Kolonie am Cape Cross leben zurzeit 80–100 000 Tiere. Die Bullen kommen nur zur Paarungszeit Mitte Oktober zur Kolonie und bleiben sechs Wochen. Vor der Paarung legen sie sich reichlich Fettreserven zu und wiegen dann bis zu 360 kg. Nach den sechs „Arbeitswochen" in der Kolonie haben sie wieder ihr Normalgewicht von 187 kg. 5–25 Kühe bilden den Harem eines Bullen. Die Kühe wiegen 75 kg, nach der Geburt eines Jungen werden sie gleich wieder gedeckt.

Das befruchtete Ei verbringt drei Monate im Ruhezustand und braucht dann rund neun Monate, um sich voll zu entwickeln. Geburten sind im November/Dezember. Die Jungen werden mit einem Gewicht von 4,5–7 kg geboren. Bereits eine Stunde nach der Geburt beginnen sie zu saugen und werden dann fast ein Jahr lang gesäugt. Ab dem vierten Monat fressen sie kleine Fische. Wenn eine Robbenmutter im Meer auf Nahrungssuche war, findet sie ihr Junges danach durch Rufe wieder, auf die das Kleine antwortet.

Mehr als 30 % der Robbenjungen sterben, bevor sie ausgewachsen sind: durch Frühgeburten, Verletzungen im Gedränge, Verhungern (wenn ein Junges von der Mutter getrennt wird) oder Ertrinken. Auch Schakale zählen zu den natürlichen Feinden der Kleinen.

Die Robben sind Warmblüter mit einer Körpertemperatur von 37 °C. Die inneren Haare und der Speck bilden die Isolierungsschicht. Fisch macht 50 % ihrer Nahrung aus. Robben fressen täglich 8 % ihres Körpergewichtes, das sind bei 360 kg schweren Bullen 29 kg am Tag.

Das Cape Cross Seal Reserve liegt 53 km nördlich von Hentiesbaai am Atlantik, ⌚ tgl. 10–17 Uhr, nur Tagesbesucher. Eintritt N$50 p. P., N$10 pro Fahrzeug.

Wer geruchsempfindlich ist, kann sich starke Aromaöle, beispielsweise Pfefferminz, unter die Nase reiben, der Geruch hier ist wirklich extrem.

ÜBERNACHTUNG

Einzige Unterkunft in der Umgebung ist die **Cape Cross Lodge**, ✆ 064-694012, Buchungen bei ✉ bookings@capecross.org, 💻 www.capecross.org, ca. 4 km nördlich von Cape Cross, Karte S. 304. 20 Zimmer mit privatem Balkon und Seeblick. Internetzugang. Außerdem Angeln, Quadbike-Trips, Ausflüge ins Inland zum Messumkrater und zum Brandberg. Die Robbenkolonie kann sowohl mit dem Auto als auch zu Fuß oder per Mountainbike besucht werden. Abendessen inkl. ❻
Camping N$350 pro Platz für 2 Pers., N$150 für jede weitere Pers. Du/WC, Strom-/Wasseranschluss.

Die Erongo Region

Kaum zwei Fahrstunden von Swakopmund oder Cape Cross entfernt bietet sich ein buntes Kontrastprogramm zur Küste. Das Gebiet wird dominiert von den wunderbar verwitterten Granitfels-Formationen von Spitzkoppe, Erongo und Brandberg. Hier finden sich auch einige der schönsten Freiland-Galerien der San.

Nordöstlich von Swakopmund

Otjimbingwe

In der Vergangenheit war Otjimbingwe ein wichtiges Handelszentrum, wo sich verschiedene Völker des Landes trafen. Das Dorf lag günstig am Swakop Rivier an der alten Ochsenwagenroute, die das Landesinnere mit der Küste verband (der alte Baaiweg von Jonker Afrikaner).

Otjimbingwe liegt im Gebiet der West-Herero. Bis 1890 war es das Verwaltungszentrum des deutschen Schutzgebietes. Auch Missionare hatten sich hier angesiedelt. Alte Bauten wie z. B. der **Pulverturm** von 1872, das alte **Postamt** und das **Hälbighaus** zeugen von Otjimbingwes ehemaliger Bedeutung.

Karibib

//Garibeb (Nama) heißt so viel wie „essbare Zwiebel" – und die kommt hier häufig vor. Karibib lag im 19. Jh. im Einflussbereich des mächtigen Herero-Oberhauptes Zeraua. Von diesem kaufte 1895 die Firma Hälbig 24 000 ha Land einschließlich einer ergiebigen Quelle. Das Land wurde zunächst zur Viehhaltung genutzt.

Die Rinderpest 1897 machte den Bau einer Bahn erforderlich, die Ortschaft Karibib entstand als Bahnstation an der 1900 erbauten Schmalspurlinie. Am 1. Juni 1900 kam der erste Zug an. Da die Bahn aus technischen Gründen, etwa aufgrund unzureichender Scheinwerfer, nur tagsüber fahren konnte und in Karibib ein Zwischenstopp eingelegt werden musste, entstanden hier in kurzer Zeit sechs Hotels. In einem davon befindet sich heute die Bäckerei, in einem anderen eine Bank.

Als 1907 die neue Bahn mit Kapspurbreite gebaut und der Eisenbahnknoten nach Usakos verlegt wurde, versank Karibib in einen Dornröschenschlaf, aus dem es erst wieder von der Bergbauindustrie geweckt wurde. Neben der Navachab Goldmine und den Edelsteinen sind die Marmorbrüche weltbekannt. Nur hier ist der reine schwarze Marmor zu finden. Des Weiteren gibt es den Zebra-Marmor, Aragonit und Nodidas-Marmor. Auch Omenje- und Güldenrot-Granit werden im Werk verarbeitet. Das Werk befindet sich im ehemaligen Proviantraum der deutschen Schutztruppe. Das Gebäude wurde 1905 als Fertighaus aus Deutschland hierher importiert und aufgebaut.

In Karibib interessant ist das Henckert Tourist Centre, ✆ 064-550700, an der Hauptstraße.

Usakos

Usakos liegt 876 m über dem Meeresspiegel und 500 m tiefer als Karibib. Die **Lokomotive Nr. 40** und der Wasserturm erinnern noch an die Schmalspurbahn der OMEG nach Tsumeb. Die von Henschel und Sohn in Kassel gebaute Lok wurde 1912 nach Südwestafrika gebracht und fuhr noch bis 1960 nach Tsumeb und Grootfontein. Die Strecke wurde erst 1960 von der deutschen Schmalspurbreite 600 mm auf die Kapspurbreite 1067 mm (= 3,5 Fuß) umgerüstet. Usakos war von 1907 bis 1960 Eisenbahnknotenpunkt.

ÜBERNACHTUNG

€ **Wüstenquell**, ✆ 064-530811, ✆-Handy 081-1405987, Buchungen unter ✉ eden@africaonline.com.na, 🖳 www.wustenquell.com, an der D 1914 von Usakos kommend Richtung Südwesten, Karte S. 304. Wunderschöne Landschaft am Rande der Namib-Wüste im Nebelbereich des Ozeans mit bizarren Gesteinsformationen und einigen Quellen. Sowohl Wanderlustige als auch Ruheliebende kommen hier auf ihre Kosten. 4 DZ, Abendessen inkl. ❸ Sehr schön sind die einfachen, individuellen Campingplätze, rund 5 km vom Farmhaus entfernt, mit Du/WC, Wasser-/Stromanschluss, N$150 p. P.

Gästefarm Albrechtshöhe, Ingrid & Paul-Heinz Meyer, ✆ 062-503363, ✉ meyer@iafrica.com.na, 🖳 www.safariwest.de, ca. 35 km östlich von Karibib an der B 2, Karte S. 304. Traditionsreiche Farm mit natürlichen Quellen, die schon ab 1906 zur Dampflok- und Pferdeversorgung genutzt wurden, heute gibt es hier Zitrusplantagen. Bieten auch Jagdausflüge an. Abendessen inkl. Keine Kreditkartenzahlung. ❹

Okambishi's Rest, ✆ 064-530230, ✆-Handy 081-3152808, ✉ okambishi@email.de, 🖳 www.okambishi.com, an der D 1914, 3 km von Usakos am Khan Rivier, Karte S. 304. Schöner Bungalow auf einem separaten Teil der Farm neben dem Geparden-Camp mit Blick auf den Erongo. Hier gibt es 2 Selbstversorger-Apartments, die sich auch für längere Aufenthalte eignen. Auf Anfrage werden Besucher auch von der Bushaltestelle in Usakos abgeholt. Keine Kreditkartenzahlung.

Camping

Namib Wüste Farmstall & Camping, ✆/℻ 064-530283, am westlichen Ortsausgang von Usakos an der B 2 (in Richtung Swakopmund), Karte S. 304. N$100 p. P., Du/WC, Strom-/Wasseranschluss, Rasenplatz, Abwaschküche, Kochgelegenheit. Restaurant, kleiner Souvenir- und Coffeeshop.

Omaruru

Der kleine Ort Omaruru erstreckt sich beiderseits der landesüblichen, langgezogenen Hauptstraße, an der die meisten Geschäfte, Tankstellen und sogar eine Bäckerei mit Café zu finden sind. Omaruru liegt 1214 m über dem Meeresspiegel am Erongo-Gebirge. Das Omaruru Rivier, das bei Hentiesbaai in den Atlantik mündet, ist die Ursache für einen relativ hohen Grundwasserspiegel. Damit geht eine für namibische Verhältnisse üppige Vegetation einher. *Omaruru* bedeutet auf Herero so viel wie „bitter", denn durch den Verzehr des hier häufig vorkommenden Bitterbusches geben die Kühe bittere Milch *(omaere omaruru)*.

Missionare und deutsche Kolonialherren haben in Omaruru ihre Spuren hinterlassen, die herausragenden Persönlichkeiten der Stadtgeschichte sind jedoch die Herero-Oberhäupter Manasse und Zeraua.

Die Gegend um Omaruru gilt seit jeher als klassisches Herero-Gebiet. Mitte des 18. Jhs. zogen viele Herero vom Kaokoveld hierher. Weitere Standorte der sogenannten West-Herero (mitunter ist auch die Bezeichnung „Zeraua-Herero" zu finden) waren Otjimbingwe und Karibib. Überliefert ist, dass das Herero-Oberhaupt Zeraua 1867 mit seinem Gefolge von Otjimbingwe nach Omaruru übersiedelte und dem Ort seinen Namen gab. Zwei Jahre später zog der in Otjimbingwe stationierte Missionar Gottlieb Viehe hinterher. Er begann sogleich, ein **Missionshaus** aus ungebrannten Lehmziegeln zu bauen. Nach der Fertigstellung 1872 ließ Viehe die Missionskirche errichten, die heute jedoch nicht mehr genutzt wird. Seit 1952 hat die Gemeinde Omarurus eine neue Kirche.

Das Missionshaus diente in seiner über 100-jährigen Geschichte u. a. als Missionarswohnung, Schule, Lazarett, Gefängnis und Kaserne. Das Missionshaus kann heute besichtigt werden, der Schlüssel ist wochentags bei der Stadtverwaltung (Municipality), ✆ 064-570028, in der Hauptstraße neben der Polizeistation erhältlich.

Viehe übersetzte das Neue Testament in die Herero-Sprache und konnte bei seiner Missionsarbeit gute Erfolge aufweisen – fast alle Herero traten dem christlichen Glauben bei. So auch Wilhelm Zeraua, der 1876 als erster Herero in einem Sarg auf dem Friedhof neben der Missionskirche beigesetzt wurde. Das Jahr 1876 wird seither bei den Herero als das „Jahr des Sarges" bezeichnet. Der Grabstein der Königsfamilie ist bis heute gut erhalten.

In der Anfangszeit der Deutschen in Südwestafrika spielte Häuptling Manasse, mit dem Leutwein Schutzverträge abschloss, eine bedeutende Rolle. Leutwein stationierte eine Garnison von 20 Mann in Omaruru, ehemalige Schutztruppensoldaten und neu Zugereiste siedelten sich auf Farmen an den Ufern des Omaruru an – der Ort begann sich zu entwickeln.

Die Entwicklung endete jäh mit dem Ausbruch des Herero-Aufstandes. Am 17. Januar 1904 fanden in Omaruru erste Kämpfe statt. Der Ort wurde von den Herero eingeschlossen.

Hauptmann Viktor Franke, der die Kompanie in Omaruru befehligte, war kurz zuvor nach Süden aufgebrochen, um dort die deutschen Truppen im Kampf gegen die Bondelswarts zu verstärken. Kaum in Gibeon angekommen, erreichte ihn die Nachricht vom Herero-Aufstand, woraufhin er umkehrte. Am 4. Februar erreichte Hauptmann Franke Omaruru und besiegte die Herero. Die Gesamtmarschleistung der Kompanie Franke vom Abmarsch aus Omaruru am 30. Dezember 1903 nach Gibeon und zurück am 4. Februar 1904 betrug 900 km in 19,5 Marschtagen. Ausführlich beschreibt H. E. Lenssen in seiner 1953 erschienenen *Chronik von Deutsch-Südwestafrika 1883–1915* die damaligen Ereignisse. Hochinteressant zu lesen, jedoch dem damaligen Zeitgeist entsprechend aus deutscher, kolonialer Sicht geschrieben.

1908 wurde ein Beobachtungsturm errichtet, der Hauptmann Franke zu Ehren **Franke-Turm** genannt wurde. Der Turm kann besichtigt werden, den Schlüssel gibt es beim Omaruru Guesthouse, ✆ 064-570035.

Mit dem Ausbau der OMEG-Eisenbahn ab August 1905 erlebte Omaruru einen neuen Aufschwung. 1909 öffnete die erste Schule ihre Pforten – für Weiße, versteht sich. Während des Ersten Weltkrieges zog Louis Botha mit 25 000 Soldaten am 19. Juni 1915 durch Omaruru, der Ort blieb jedoch von Zerstörungen verschont.

Seit 1936 gibt es in Omaruru elektrisches Licht. Seitdem hat sich nicht viel verändert, und so verwundert es auch nicht, dass der Ort ziemlich verschlafen wirkt.

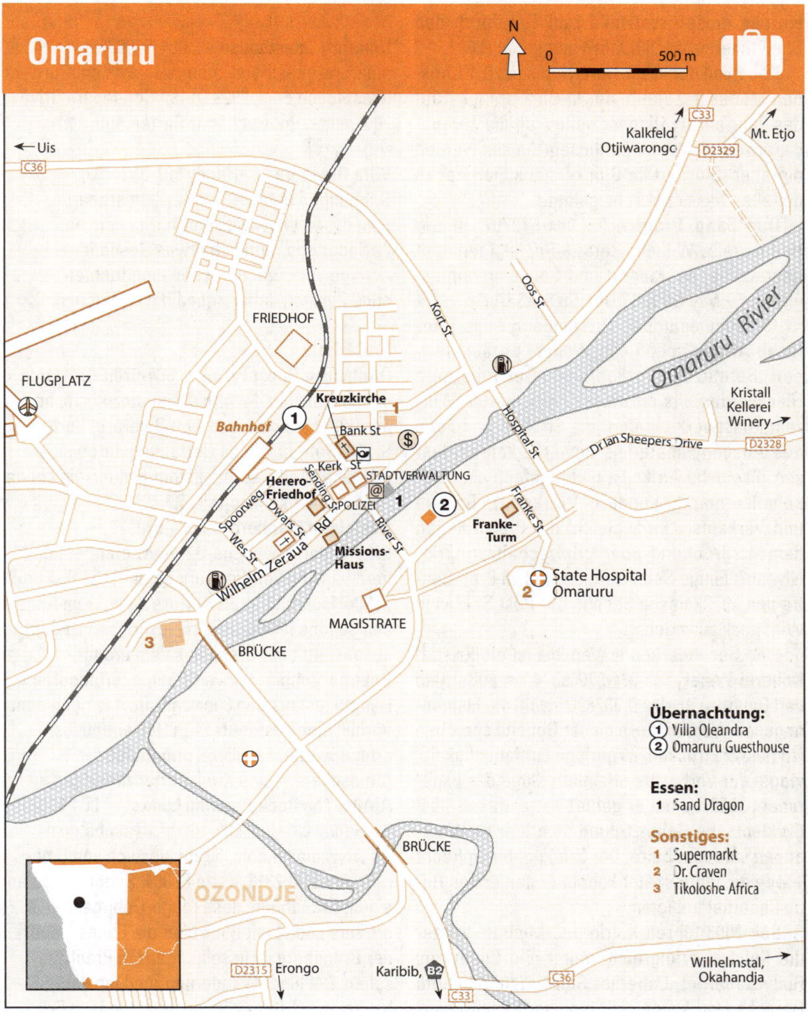

Die **Kreuzkirche** wurde im Juli 1952 von Pastor Esslinger eingeweiht. Geplant war der Bau bereits vor dem Ersten Weltkrieg, namentlich von Missionar Pardey 1909, doch Geldmangel und die beiden Weltkriege verhinderten die Umsetzung mehr als 40 Jahre lang. 1950 gab es eine öffentliche Umfrage. Die Mehrheit der Einwohner Omarurus stimmte für den Bau einer neuen Kirche. Die drei Glocken kamen aus Deutschland. Das mitgelieferte elektrische Läutewerk war nach 50 Jahren nicht mehr funktionstüchtig. Die Herstellerfirma existiert in Deutschland noch immer, so konnten unkompliziert Ersatzteile geschickt werden. Finanziert wurden diese Ersatzteile zum Teil durch den Spendenerlös der 50-Jahr-Feier im Juli 2002.

Häuptling der West-Herero ist seit 2012 Christian Manasse Zeraua, der in Omaruru lebt. Jedes Jahr am 10. Oktober gedenken die Zeraua-Herero ihrer Ahnen. Zu diesem Anlass werden die alten Glocken im Glockenhäuschen neben der alten Missionskirche geläutet.

Das **Sand Dragon**, ✆ 064-570707, in der Hauptstraße Wilhelm Zeraua Rd, ist Touristeninformation, Restaurant und Souvenirshop zugleich. ⌚ Mo–Sa 8–17 Uhr, So 9–15 Uhr.

Am südwestlichen Ortseingang liegt **Tikoloshe Afrika**, schon von Weitem an der riesigen Schnitzerei erkennbar. Besonderheit: Hier werden aus oft uralten, sehr harten Wurzeln Kunstwerke kreiert, die Struktur und Form des Ausgangsmaterials immer erkennen lassen. Tikoloshe Afrika ist nicht einfach ein Holzschnitzermarkt, sondern Werkstatt, Galerie und Verkaufsraum zugleich; die Preise liegen dementsprechend über „Holzschnitzermarkt-Niveau". Einige Schnitzereien sind im Craft Centre und im Tikoloshe Shop in der Post St Mall in Windhoek zu finden.

Eine Besonderheit in Namibia ist die **Kristall Kellerei Winery**, ✆ 064-570083, 4 km außerhalb von Omaruru an der D 2328. Obwohl die Elemente gegen Weinanbau in dieser Gegend sprechen (zu heiß, zu trocken, zu geringe Luftfeuchtigkeit), wagte der Vorbesitzer Helmuth Kluge das Experiment 1992, zumal er gehört hatte, dass selbst die deutsche Schutztruppe sich hier im Weinanbau versucht hatte. Der Erfolg gab ihm Recht – wenige Jahre später konnte er den ersten Ruby Cabernet anbieten.

Seit 2008 führen Katrin und Michael Weder die Kellerei erfolgreich weiter. Ein Cuvet aus Ruby Cabernet, Cabernet Sauvignon und Tinta Barocka (rot) sowie ein Colombard (weiß) werden in der Kellerei hergestellt – echte namibische Weine also. Und sogar selbst destillierten Grappa und Kaktusfeigenschnaps gibt es hier. Dazu bietet die gemütliche Weinstube einen kleinen Imbiss mit namibischen Wild- und Käsespezialitäten. ⌚ Mo–Fr 7.30–16.30 Uhr, Sa 8.30–12.30 Uhr, So nur nach Absprache. Führungen mit anschließender Weinprobe N$40 pro Person.

ÜBERNACHTUNG

Omaruru Guesthouse, ✆ 064-570035, ✉ hello@omaruru-guesthouse.com, 💻 www.omaruru-guesthouse.com, 2329 Dr Ian Scheepers Drive. 20 Zimmer, Pool, schöner Garten, Internetzugang. ❶

Villa Oleandra, ✆-Handy 081-3324293, Buchungen unter ✉ info@villamargherita.com.na, 💻 www.villamargherita.com.na, 22 Spoorweg. Wirklich etwas Besonderes, richtige Villa, wunderschön eingerichtet, nur 2 Zimmer, daher unbedingt vorbuchen. ❹

Außerhalb

Otjohotuzo Guest Farm, ✆ 064-570336, ✉ info@otjohotozu.com, 💻 http://otjohotozu.com, an der D2315, 15 km westl. von Omaruru, Karte S. 304. Sehr herzliche Betreuung durch die Betreiber Andreas und Esther Fellner, die Lodge liegt in toller Landschaft. ❸

Gästefarm Etendero, ✆ 064-570927, ✉ etendero@iway.na, 💻 www.etendero.de, nordwestlich von Omaruru an der D 2337, Karte S. 304. Einfache, preiswertere Zimmer im Altbau und schöne im Neubau mit luxuriösen Bädern, ausgestattet mit Granit aus dem Erongo-Gebirge. Zimmer teilweise behindertengerecht. Haupthaus aus den 30er-Jahren, das nach dem Vorbild eines ostdeutschen Herrenhauses erbaut wurde. Familiäre, angenehme Atmosphäre. Keine Kreditkartenzahlung. ❹

AiAiba The Rock Painting Lodge, ✆ 064-570330, ✆-Handy 081-1285589, ✉ info@aiaiba.com 💻 www.aiaiba.com, 50 km westlich von Omaruru an der D 2315, Karte S. 304. Schöne Lage an einem Granithügel des Erongo-Gebirges, größere Lodge mit Blick über die Ebene, sogar der Brandberg ist in seiner ganzen Pracht zu sehen. Bei einer Wanderung rund um den hauseigenen Berg können verschiedene Felsmalereien entdeckt werden. Internetzugang. ❹

Epako Game Lodge, ✆ 064-570551, ✉ contact@epako.com, 💻 www.epako.com, 20 km nördlich von Omaruru an der C 33, Karte S. 304. Nashörner, Giraffen, Zebras und verschiedene Antilopen sind von der Veranda oder dem Restaurant aus zu beobachten. Im Preis enthaltene Rundfahrten beginnen im Winter (Apr–Sept) um 15.30 Uhr, im Sommer um

16.30 Uhr, wobei man aber nicht unbedingt mehr sieht als von der Veranda. Behindertengerechte Zimmer. Abendessen inkl. ❻

Farm Omandumba, Deike & Harald Rust, ✆ 064-571086, ✉ omandumba@iway.na, 💻 www.omandumba.de, 48 km westlich von Omaruru an der D 2315, am Fuß des Erongo-Gebirges, Karte S. 304. Die skurrilen Granitformationen bieten im letzten Licht des Tages ideale Fotomotive. Auf der Farm gibt es gut erhaltene Felsmalereien. Ein Aufenthalt hier bietet die Möglichkeit, den Alltag auf einer Farm in Namibia zu beobachten sowie eine echte „Südwester-Familie" mit Kindern kennenzulernen. Für Besucher gibt es schlichte Zimmer am Farmhaus mit Außenbad (N$950 p. P. inkl. Vollpension).

Mit dem Lebenden Museum der Ju/Hoansi San hat Omandumba eine weitere Attraktion erhalten. Das Museum wird eigenständig von den hier lebenden San betrieben. Hier werden Besucher in den Alltag der San einbezogen, lernen Feuer zu machen, Pfeil- und Bogen herzustellen, erleben Tänze u. v. m.

Camping (Du/WC) N$120 p. P. Mahlzeiten werden angeboten. Keine Kreditkartenzahlung.

Namib Gästefarm, Onduruquea, Familie Sibold, ✆ 064-570832, ✆-Handy 081-4787505, ✉ sibold@iway.na, 💻 www.namib-gaestefarm.de, ca. 22 km südlich von Omaruru an der C 33, Karte S. 304. Große Farm mit viel Wild in der Nähe des Erongo, geräumige Bungalows, Spa, Internetzugang. ❹

Camping N$125 p. P., Du/WC, Wasser-/Stromanschluss.

SONSTIGES

Medizinische Hilfe

State Hospital Omaruru, ✆ 064-572900, Oterenda St, ausgeschildert.

Dr. Craven, ✆ 064-570033, ✆-Handy 081-2487799, 89 Wilhelm Zerau St, gegenüber Pep Store. Allgemeinmediziner, sprechen kein Deutsch.

Spitzkoppe und Erongo

Die Granitformationen der Spitzkoppe und des Erongo sind äußerst fotogen, Kletterer bezeichnen dieses Gebiet als Kletter-Eldorado (S. 92). Wanderer haben vielfältige Möglichkeiten, die Gegend zu erkunden. An der Spitzkoppe und in den Höhlen des Erongo gibt es Felsmalereien, auch alte Steinwerkzeuge wurden gefunden. Ein Paradies für Fotografen, Geologen, Archäologen und jene, die sich einfach nur an wunderschöner Landschaft erfreuen wollen. Weithin sichtbar ragt die Große Spitzkoppe, ein Granit-Inselberg, 1728 m über die Ebene hinaus. Gleich daneben liegen die Kleine Spitzkoppe und die Pontok-Berge. Besonders eindrucksvoll ist die große Aushöhlung, ein Felsbogen, der auf vielen Fotos von der Spitzkoppe zu sehen ist. Er entstand durch sogenannten Windschliff, eine Erosionsform in der Art eines natürlichen Sandstrahlgebläses. Das Erongo-Gebirge ist ein Granitmassiv. Es liegt 2320 m über dem Meer, ragt 1000 m über die Ebene hinaus und hat einen Durchmesser von etwa 40 km. Vor 130 Mio. Jahren gab es eine Periode vulkanischer Aktivitäten im Zusammenhang mit dem Auseinanderbrechen Gondwanas. Zu dieser Zeit entstand das Erongo-Massiv. Über 20 Mio. Jahre spie der Vulkan Lava und Asche aus. Die darunter gelegene Magmenkammer war nun vollständig leer. Der Untergrund konnte den schweren Vulkan nicht mehr halten und brach in der Mitte des Vulkans zusammen – ein Krater entstand. Mit dieser Bewegung rissen im Umfeld des Erongo große Spalten auf, die wiederum Aufstiegswege für weiteres Magma waren. Diese Magmen erreichten jedoch nicht mehr die Erdoberfläche, und so erstarrten sie zu Graniten, welche heute im Gebiet des Erongo bis hin zum Brandberg zu sehen sind. Die Erongo-Gegend ist reich an Halbedelsteinen, vor allem Turmaline kommen hier häufig vor.

ÜBERNACHTUNG

Direkt an der Großen Spitzkoppe befindet sich das von der Damara-Gemeinde geführte **Spitzkoppe Rest Camp**, 💻 www.spitzkoppereservations.com, an der D 1925, Karte S. 304. Einfache Selbstversorger-Bungalows (ca. N$350 p. P.) und Campingplätze (ca. N$150 p. P.) weitläufig über das Gelände verstreut; Du/WC, eigenes Wasser ist mitzubringen, lokale Führer können gebucht werden, kleine Bar (nicht immer große Getränke-

Geologischer Höhepunkt im Damaraland: die Spitzkoppe

auswahl). Keine Kreditkartenzahlung. Tagesbesucher N$30 p. P.

Ameib Gästehaus, 081-8574639, ameib@erongosafaris.com, www.ameib.com, an der D 1937 in der Nähe von Usakos, am Fuße des Erongo-Gebirges, Karte S. 304. Bekannt für bizarre Granitformationen, etwa die „Bull's Party", sowie die „Philip's Cave" mit den Felszeichnungen. Die Solaranlage versorgt das Gästehaus vollständig mit Strom. Internetzugang, keine Kreditkartenzahlung. ❸
Mit Campingplatz (N$150 p. P.); Du/WC, Licht, Wasseranschluss.

Erongo Plateau Camp/Farm Eileen, 064-570837, eileen@iway.na, www.erongo.iway.na, Karte S. 304, von Omaruru die D 2315 und dann auf die D 2316, nach 9 km links abbiegen bei der Einfahrt Farm Eileen und weitere schwierige 2 km Farmpad bis zum Campingplatz. Schöner Campingplatz mit wunderbarer Aussicht, Du/WC (N$140 p. P.). Außerdem werden Zimmer mit Abendessen und Frühstück im Farmhaus angeboten. Ausflüge in die Umgebung auf Anfrage. Keine Kreditkartenzahlung. ❹

Erongo Wilderness Lodge, 061-239199, info@erongowilderness.com, www.erongowilderness-namibia.com, etwa 10 km westlich von Omaruru an der D 2315, Karte S. 304. Luxuszelte auf Stelzen, die in die Granitkuppen am Erongo-Gebirge gebaut sind. Gut erhaltene Felszeichnungen. Restaurant mit Ausblick auf die riesigen Granitkugeln, die nachts angestrahlt werden. Wegen der sehr steilen Wege ist die Lodge nichts für alte Menschen und Behinderte. Mit Kindern unter 4 Jahren ebenfalls schwierig, da Sturzgefahr. Abendessen inkl. ❼
Zu weiteren Unterkünften in den Ausläufern des Erongo s. Omaruru.

Brandberg

Der Brandberg ist die höchste Erhebung Namibias. Sein herausragender Gipfel, der Königstein, ist 2574 m hoch. Vor 120 Mio. Jahren befand sich hier inmitten einer riesigen Ebene ein Vulkan. Durch Erosion des Lavagesteins wurde das der Verwitterung widerstehende Granitmassiv freigelegt. Auf gleiche Weise entstan-

Save the Rhino Trust

Diese gemeinnützige, private Organisation wurde 1985 von enthusiastischen Wissenschaftlern, Naturschützern, Farmern, Journalisten und Mitgliedern der betroffenen Gemeinden zum Schutz der schwarzen Nashörner gegründet. Hauptgründungsmitglied und Projektleiterin bis zu ihrem Tod im Juni 2005 war Blythe Loutit.
Das wüstenangepasste **Spitzmaulnashorn** in der Kunene Region (Damaraland und Kaokoveld) ist das einzige Nashorn weltweit, das außerhalb von Naturschutzgebieten überlebt hat. Anfang der 80er-Jahre nahm die Wilderei in einem Ausmaß zu, dass diese wild lebenden Nashörner vom Aussterben bedroht waren. Der daraufhin gegründete Save the Rhino Trust konnte bewirken, dass sich die Population der Nashörner bis heute mehr als verdoppelt hat.
Naturschutz in dieser Region ohne offiziellen Schutz-Status kann der Save the Rhino Trust (SRT) nur in enger Zusammenarbeit mit der Regierung, hauptsächlich mit dem Ministerium für Umwelt und Tourismus, und mit den Gemeinden, vor allem deren Oberhäuptern, betreiben. So war denn die Einbeziehung der lokalen Bevölkerung eines der vorrangigsten Ziele der Organisation, denn nur wenn die Menschen vor Ort Vorteile für sich erwarten können, werden sie den Naturschutz aktiv unterstützen. Bis dato wurden Nashörner und Elefanten eher als Eindringlinge und Zerstörer von Feldern gesehen. Die Vorteile für die lokale Bevölkerung liegen zum einen in den Arbeitsstellen, die der SRT geschaffen hat, zum anderen in der Unterstützung von Tourismus-Projekten *(Community Based Tourism)* bzw. der Kombination von Tourismus und Naturschutz (etwa im Hoanib- und Ugab-Gebiet). Das bedeutet direkte Einnahmequellen für die Bevölkerung. Außerdem hat der SRT in Zusammenarbeit mit der NDC, der namibischen Entwicklungsgesellschaft, ein Trainingslager am Ugab zur Ausbildung von Naturschützern und Spurensuchern eingerichtet, das außerdem der lokalen Bevölkerung das Nashorn und seine Lebensweise näher bringen soll.
Es geht dem SRT vor allem um den Schutz der Nashörner und Wüstenelefanten und die Durchführung von Forschungsprojekten zu diesem Zwecke. Die Arbeit vor Ort umfasst sowohl ständiges Beobachten der Nashörner, Patrouillengänge, -fahrten und -ritte (auf Kamelen!) auf den Spuren der Rhinos und die fotografische Dokumentation als auch die Datenanalyse per Computer. Hinzu kommen die Kontrolle und Wartung der natürlichen und künstlichen Wasserstellen. Die fünf Beobachtungsteams observieren ein Gebiet von insgesamt 25 000 km² vom Brandberg bis fast zum Kunene. Eine Maßnahme zum Schutz der Nashörner gegen Wilderer war seit 1989 das Enthornen, denn den Wilderern geht es nur um das Horn (S. 413). Seitdem ging die Wilderei drastisch zurück. Eine weitere Maßnahme ist der „Rhino and Elephant Security Action Plan", bei dem die namibische Polizei (*Protected Resources Unit*, also die Naturschutz-Einheit der Polizei) mit in die Arbeit einbezogen worden ist und in Fällen von Wilderei mit Hubschraubern und Flugzeugen anrückt.
Weitere Informationen bei Save the Rhino Trust, ✆ 064-403829, ✉ srt@rhino-trust.org.na, 🖳 www.savetherhinotrust.org.

Über die Wüstenelefanten hat Blythe Loutit ein wunderschönes Kinderbuch geschrieben, *Der wundersame Elefant der Namib – Ein fast wahres Elefantenmärchen.*

den auch das Erongo-Gebirge sowie die Große und Kleine Spitzkoppe. Die zahlreichen Überhänge boten den San (Buschmänner) Zuflucht, die sich auch hier mit Felsmalereien verewigten. Mehr als 48 000 Felsmalereien wurden bislang gefunden. Die bekannteste, die „Weiße Dame", ist heute vergittert, da sie schon von einigen Besuchern beschädigt wurde. Wer die strapaziöse Wanderung dennoch auf sich nehmen möchte, sollte die insgesamt etwa 5 km (hin und zurück) nur in den kühleren Morgen- oder Abendstunden angehen. Hier kann es extrem heiß werden! Es gibt inzwischen einen ähnlichen „Guide-Zwang" wie bei Twyfelfontein.

Mehr zur „Weißen Dame" und den Felsmalereien S. 204, Kunst und Kultur.

Um den Brandberg herum gibt es viele Mineralienvorkommen, so beispielsweise Quarz in den unterschiedlichsten Variationen (u. a. Bergkristalle, Amethyst).

Der kleine Ort **Uis** liegt südöstlich vom Brandberg. Hier gibt es zumindest eine Tankstelle. Fliegende Händler, die mitunter aufdringlich werden, bieten Halbedelsteine zum Verkauf an. Uis entstand an der ehemaligen Zinnmine, deren weiße Abraumhalden heute noch weithin zu sehen sind. Die Mine wurde 1990 aufgrund schlechter Weltmarktpreise geschlossen. Einige ehemalige Angestellte bauen Zinn und andere Mineralien heute auf eigene Faust ab.

Seit 2004 gibt es in Uis das **Informationszentrum** der kommunalen Tsiseb Conservancy. Hier sind sowohl Infos zu Sehenswürdigkeiten, Touren und Unterkünften erhältlich als auch zu Straßenverhältnissen und was sonst noch für Reisende von Nutzen ist. Im Craft Shop werden Souvenirs, am Kiosk Getränke verkauft. Außerdem kann man Touren mit den **Brandberg Mountain Guides**, ✆ 064-504162, buchen. Sie bieten Führungen am Brandberg an und erläutern Felsmalereien, Flora und Fauna bei Tageswanderungen oder längeren Campingausflügen.

ÜBERNACHTUNG

In Uis befindet sich das **Brandberg Rest Camp**, ✆ 064-504038, ✉ brandberg@africaonline.com.na, 💻 www.brandbergrestcamp.com, mitten im Ort gegenüber der Tankstelle, Karte S. 304. Sehr einfach, war früher die Kantine und das Hotel der Mine und später lange die einzige Unterkunft für Ausflüge zum Brandberg. Mit Campingplatz N$100 p. P., Du/WC, Licht, Strom-/Wasseranschluss, Abwaschküche. Sehr staubig.

The White Lady B & B and Camping, Analene van Dyk, ✆ 064-504102, ✆-Handy 081-1280876, ✉ whitelady@iway.na, 3rd Ave, Karte S. 304. 13 Zimmer, teilweise behindertengerecht, WLAN. ❷
Camping N$120 p. P., Du/WC, Licht, Strom-/Wasseranschluss, Gras, Picknickplätze, Schatten.

Petra's Gästehaus, Petra & Ralf Matthäi, ✆-Handy 081-1299565, Buchungen bei Logufa, ✉ logufa@mweb.com.na, 💻 www.petrasgaestehaus.com, in Uis, Karte S. 304. Witziges kleines Gästehaus, persönliche Betreuung, Pool. ❸

Ausgangspunkt für die Ballonfahrten am Brandberg für ca. N$2900, 💻 www.ballooningnamibia.com.

Die beste Übernachtungsmöglichkeit am Fuß des Brandbergs ist die rustikale **Brandberg White Lady Lodge**, ✆ 064-684004, ✉ ugab@iway.na, 💻 www.brandbergwllodge.com, Karte S. 304, bis fast ans Ende der D 2359, dann rechts runter zum Rivier, das Camp ist noch mit normalem Pkw erreichbar. Ana- und Kameldornbäume bestimmen das Bild im Ugab Rivier, in dem auch die Wüstenelefanten umherziehen. Bungalows mit Bad und voll ausgestattete größere Igluzelte, die etwas prahlerisch „Luxuszelte" genannt werden. Bar und Restaurant. Fahrten auf der Suche nach Wüstenelefanten werden angeboten. Abendessen inkl. ❹
Camping N$100 p. P. und N$30 für das Fahrzeug, die mit Bast verkleideten Freiluft-Duschen und -Toiletten sind ein Abenteuer für sich.

Im Westen des Brandbergs befindet sich das **Ugab Camp**, Karte S. 304, kein Telefon vor Ort, für Infos ✆ 064-403829 (Save the Rhino Trust), ebenfalls im Ugab Rivier, das hier sehr viel karger ist. Zu erreichen ist es, indem man die D 2303 nördlich von Cape Cross bis zum Ugab fährt oder aber von Uis auf der D 2342 und dann nach rechts in die D 2303. Dieser Campingplatz wird von Erica und Bernd Brell geführt und gehört zum Save the Rhino Trust. Bernd Brell bietet Ausflüge im Geländewagen zu den Nashörnern an. Trotz der oftmals vielen Fliegen ein schöner Platz. N$60 p. P. Keine Kreditkartenzahlung.

Der Nordwesten

Stefan Loose Traveltipps

7 Skelettküste Abweisend, nebelig und mystisch – bei einer Fahrt entlang der Skelettküste lässt sich nachempfinden, was die Passagiere der hier gestrandeten Schiffe gefühlt haben müssen. S. 370

8 Twyfelfontein Die Felsgravuren in der zeitlos schönen Landschaft des Damaralandes gehören zum Weltkulturerbe. S. 378

9 Kaokoveld Der raue Landstrich mit seinen abgeschieden lebenden Einwohnern, den Himba, zieht vor allem die Offroad-Freunde an. S. 388

Epupa Die Wasserfälle des Kunene sind wahrhaft malerisch. S. 391

Das Gebiet nördlich von Walvis Bay bis nach Angola besteht vorwiegend aus Geröllwüste, unterbrochen von einigen wenigen Dünenfeldern zwischen Walvis Bay und Swakopmund, zwischen Torra Bay und dem Hoarusib Rivier sowie an der Kunenemündung. Im Nordwesten liegt die Kunene Region, bestehend aus dem Skeleton Coast Park, dem Damaraland und dem legendären Kaokoveld.

Die raue, gebirgige Landschaft ist die Heimat der Himba, die in Kleidung und Lebensweise noch traditionellen Sitten und Gebräuchen folgen. Sowohl das Kaokoveld als auch das Damaraland warten mit einer einzigartigen Fauna und Flora in abwechslungsreicher Wüstenlandschaft auf. Dazu gehören z. B. die hier frei umherziehenden Elefanten und Nashörner, die an das Leben in der Wüste angepasst sind.

7 HIGHLIGHT

Die Skelettküste

Witman se graf, „Grab der Weißen", so wird die Küste im Südwesten Afrikas genannt. Der eigentliche Skeleton Coast Park umfasst allerdings nur den Küstenstreifen vom Ugab bis zum Kunene.

Legenden und Mythen ranken sich um die Skelettküste: um Schätze in gestrandeten Schiffen, etwa den 1750 verschwundenen, mit Rubinen verzierten Thron des Großmoguls von Delhi, um kopflose Skelette, schneeweiße Käfer, die Erdöl anzeigen, und um herumliegende Diamanten, Amethyste und Achate. Lawrence Green und der Film *A Twist of Sand* nach dem Roman von Geoffery Jenkins haben diese Legenden noch untermauert.

Laut Amy Schoeman entstand der Name „**Skeleton Coast**" erst 1939, als der Schweizer Pilot Carl Nauer auf einem Rekordflugversuch von Kapstadt nach London vor der namibischen Küste spurlos verschwand. Sam Davis, ein altehrwürdiger namibischer Journalist und Korrespondent für Reuters und den *Cape Argus,* schrieb da-

DER NORDWESTEN

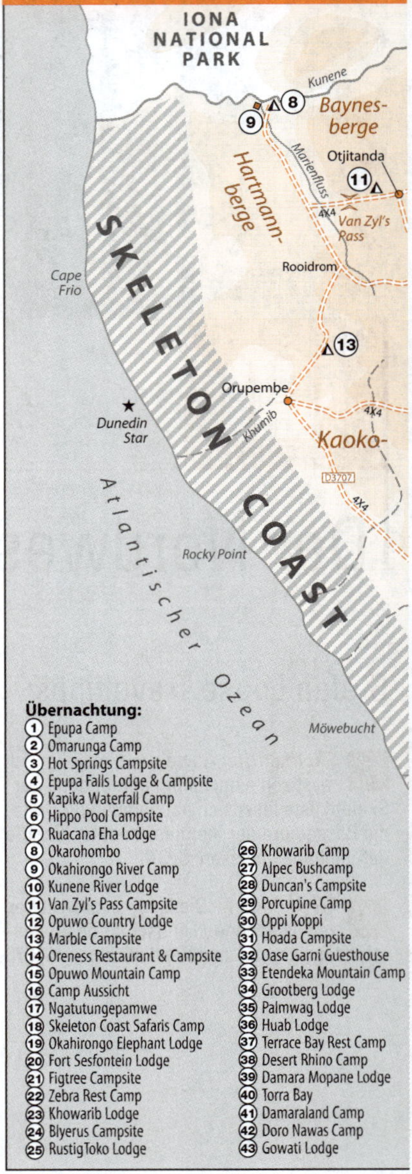

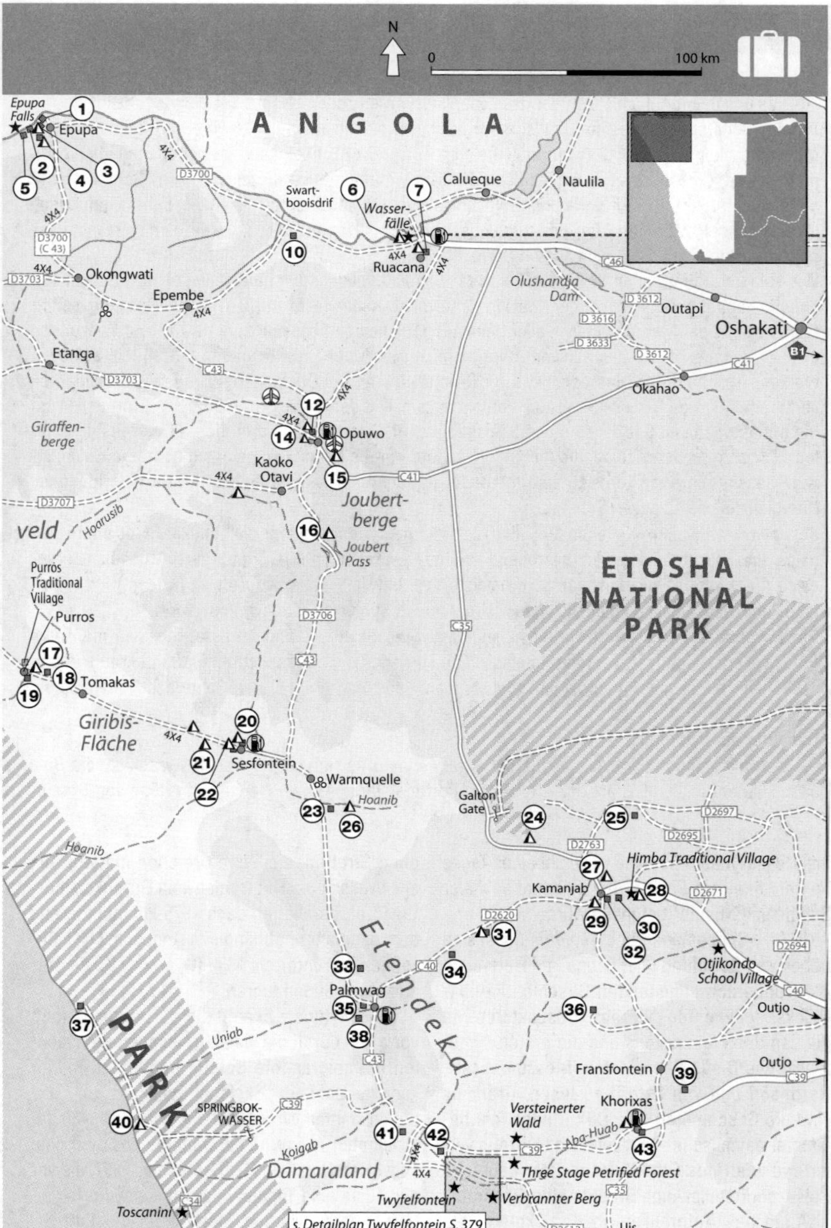
ANGOLA
ETOSHA NATIONAL PARK
PARK
Epupa Falls
Epupa
Swartbooisdrif
Wasserfälle
Ruacana
Calueque
Naulila
Okongwati
Epembe
Etanga
Olushandja Dam
Outapi
Oshakati
Okahao
Opuwo
Kaoko Otavi
Giraffenberge
Joubertberge
Joubert Pass
veld
Hoarusib
Purros Traditional Village
Purros
Tomakas
Giribis-Fläche
Sesfontein
Warmquelle
Hoanib
Galton Gate
Himba Traditional Village
Kamanjab
Otjikondo School Village
Outjo
Etendeka
Palmwag
Uniab
Fransfontein
Khorixas
SPRINGBOKWASSER
Versteinerter Wald
Aba-Huab
Koigab
Damaraland
Three Stage Petrified Forest
Twyfelfontein
Verbrannter Berg
Toscanini
Monrose C145
Huab
Uis
s. Detailplan Twyfelfontein S. 379
100 km

Spektakulärer Fund vor Oranjemund

Was macht einen Fund spektakulär? Die Umstände des Fundes? Der Fundort? Das Alter des Fundstückes und damit Aufschlüsse über das Leben in früheren Zeiten? Oder der Geldwert des Fundes? Auf das Schiffswrack, das im April 2008 vor der Küste Namibias entdeckt wurde, trifft dies alles zu. Mit einem Alter von knapp 500 Jahren begeistert es bereits Archäologen – es geht denen eben doch nicht nur um Dinosaurier. Die Schätze an Bord sind wahrhaftig unermesslich. Dieses Schiff ist nicht nur ein weiteres Opfer der Skelettküste Namibias, sondern das älteste südlich der Sahara gefundene Wrack. Zum ehrwürdigen Alter und den ungeahnten Schätzen gesellte sich hier der Umstand, dass alles in vergleichsweise gutem Zustand war.

Wie kam es zu diesem Fund? Für die Offshore-Diamantengewinnung hatte Namdeb, das halbstaatliche Diamantunternehmen, vor der Küste in Höhe von Oranjemund einen 10 m hohen Wall aufgeschüttet. So konnte der Meeresboden in aller Ruhe nach Diamanten abgesucht werden. Dieser Wall wurde in den vergangenen Jahrzehnten immer weiter hinaus ins Meer geschoben. Am 1. April 2008 sollte ein weiterer Abschnitt des Meeresbodens vor Oranjemund für die Offshore-Gewinnung von Diamanten vorbereitet werden. Was im Sand zum Vorschein kam, ließ den Geologen Bob Burrel sofort den Wüstenarchäologen und Spezialisten des Sperrgebiets, Dr. Dieter Noli, herbeirufen. Es waren nicht einfach nur abgerundete Steine, die hier lagen, sondern uralte Kanonenkugeln und geprägte Goldmünzen. Messingrohre stellten sich als Hinterlader-Kanonen heraus und halbverrottete Holzstücke als Überbleibsel des einstigen Schiffes.

Schnell waren weitere Kollegen aus aller Welt informiert. In Kürze war ein hochkarätiges internationales Spezialistenteam vor Ort, bestehend aus Meeresarchäologe Dr. Bruno Werz, Archäologe Francisco Alves vom portugiesischen Kulturministerium und Dr. Webber Ndoro vom African World Heritage Fund, dem die Leitung des **Projekts „Oranjemund Shipwreck"** übertragen wurde.

Die Bergungsarbeiten waren ebenso mühsam wie aufregend und verliefen so, wie man sich Dinosaurierfreilegungen vorstellt: hochkarätige Forscher, die behandschuht im Sand krabbeln und mit Pinseln in Millimeterarbeit Kleinteile abstauben. Heutzutage wird all dies überwacht von Kameras.

Das Alter des Wracks

Die Untersuchungen der Wissenschaftler ergaben, dass es sich bei dem Schiffswrack um die *Bom Jesus* handelte, die 1533 auf ihrer Reise von Portugal vor der Küste Namibias in Höhe von Oranje-

mals, dass Nauers Gebeine vielleicht eines Tages an der „Skeleton Coast", dem Friedhof so vieler Schiffe und Männer, gefunden würden.

In Amy Schoemans Buch *Skeleton Coast* sind neben den Berichten über Fauna und Flora auch die wunderlich anmutenden Geschichten über Glücksritter wie Ben du Preez, Prospektoren wie die van der Westhuizens und die ersten Abenteurer wie Diego Cão, Captain Messum, Esser, Hartmann und von Estorff zu lesen. Grandios sind die Geschichten, wie Dirk Mudge, ein bekannter namibischer Politiker, sein Flugzeug verlor und wie Hans Otto Meissner, der deutsche Reiseschriftsteller, eine Bruchlandung machte.

Auch das Autofahren an der Skelettküste ist ein Erlebnis der besonderen Art – im Nebel, ohne Straßen, die Dünen reichen mitunter bis ans Wasser, bei Flut ist also kein Durchkommen. Umso erstaunlicher, dass 1975 Flüchtlinge aus dem nunmehr unabhängigen Angola mit 66 Fahrzeugen, darunter ein Mini (!), an der Küste entlang nach Süden fuhren.

Der Mythos „Skelettküste" wurde jedoch vor allem durch die vielen tragischen Geschichten um **gestrandete Schiffe** begründet. Keiner kann die Zahl der „Skelette" zwischen dem ersten bekannten Wrack, der am 1. August 1488 gestrandeten *Naweto dos Mantimentos,* und dem schweren Unfall am 13. September 1997, als vor der Küste eine Tupolew der Bundeswehr mit einem amerikanischen Starlifter in der Luft zusammenprallte, schätzen. Bei diesem Unglück

mund gesunken war. Dies war 47 bzw. 45 Jahre, nachdem Cão 1486 beim heutigen Cape Cross und Diaz 1488 beim heutigen Lüderitz die Küste Südwestafrikas betraten. Es war die **Hoch-Zeit der portugiesischen Seefahrerflotte**.

Anhand des gut erhaltenden Masts ließ sich der Schiffstyp „Não" identifizieren. Das dreimastige, vermeintlich hochseetüchtige Segelschiff mit 250 Besatzungsmitgliedern war auf dem Weg von Lissabon nach Indien. Dort sollten Münzen und das bei den Indern heißbegehrte Kupfer gegen Gewürze, mit denen sich damals ein Vermögen verdienen ließ, eingetauscht werden. Vor Südwestafrika kam das Schiff, wahrscheinlich aufgrund der starken Benguela-Strömung, vom Kurs ab, bis es 140 m vor der Küste auf einen Felsen lief. Das Schiff sank auf den Meeresboden, etwa sieben Meter unter der Wasseroberfläche. Der Oranje spülte bald wieder viel Sand in den Atlantik – ebenjener Prozess, der für die Ablagerung der Diamanten vor der Küste Namibias verantwortlich war (S. 273). Das Schiff wurde durch dicke Lagen von Sand geschützt – nur dadurch lässt sich der gute Zustand erklären. Sonst hätte die Benguela-Strömung das Wrack schnell auseinandergerissen und die Münzen in weite Fernen gespült.

So blieb jedoch ein **unfassbarer Schatz** erhalten: 20 t Kupferbarren, geprägt mit dem Siegel der Fugger, einer berühmten Kaufmannsfamilie aus Augsburg; „Berco"-Kanonen aus der Zeit um 1535 sowie Schwerter (beides nur zur Verteidigung des Schiffes); 67 Stoßzähne aus Elfenbein (mehr als 600 kg); 2194 Goldmünzen (21,15 kg Gold!) – hauptsächlich portugiesische Münzen mit dem Portuguez-Wappen des Königs João III. sowie spanische Münzen mit dem Konterfei des Königspaares Ferdinand und Isabella ; 109 Silbermünzen; 5,5 t Zinn sowie Navigationsausrüstung, u. a. 3 Astrolabien – Sternhöhenmesser und Vorgänger des Sextanten. Der Gesamtwert dieses Schatzes wird momentan auf 70 Mio. Euro geschätzt. Wem dieser Schatz nun eigentlich gehört – Portugal oder den Nachfahren der Fugger oder Namibia, wo es gefunden wurde –, muss noch geklärt werden.

Ebenso wertvoll für die Forscher waren Lederkleidung, Pfannen, Essgeschirr, Läusekämme und weitere Überreste der Ausrüstung der Besatzungsmitglieder, lassen diese doch Rückschlüsse auf das Leben in der damaligen Zeit und insbesondere auf dem Schiff zu. Dr. Webber Ndoro: „Dieses Wrack gewährt uns einen neutralen Einblick in die Welt vor 500 Jahren, in eine Zeit, in der europäische Seefahrer die Südspitze des Kontinents entdeckten und erstmals mit der Bevölkerung in Kontakt traten."

starben alle Insassen, neun Amerikaner und 24 Deutsche. Wrackteile wurden im März 2002 von einem Fischtrawler aus dem Atlantik gefischt.

Ein weiterer tragischer Vorfall ereignete sich am 7. Juni 2002, als das Fischerboot *M.F.V. Meob Bay* der Firma Marco Fishing vor Lüderitz versank. Ein auf dem Meeresboden verankertes Tau hatte sich in der Schraube des Schiffes verfangen, das sich etwa drei Meilen vor Diaz Point befand. Das Heck des manövrierunfähigen Schiffes wurde nach unten gezogen, das Schiff lief voll Wasser und versank nach nur zehn Minuten. Acht Besatzungsmitglieder und der Kapitän Jaques de Kock konnten aus dem eiskalten Wasser gerettet werden, für die restlichen 19 kam jede Hilfe zu spät. Nur einen Monat später traf es die namibische Fischereiindustrie erneut schwer: Der Fischkutter *BR Banks* der Firma Benguella Sea Products mit Sitz in Walvis Bay sank am 10. Juli 2002 in einem schweren Sturm vor Lüderitz. Vier Seeleute starben, sie hielten sich zum Zeitpunkt der Katastrophe im Rumpf auf. Die anderen sieben Besatzungsmitglieder konnten von einem anderen Fischerboot gerettet werden.

Noch bevor das für die Fischereiindustrie „schwarze Jahr 2002" zu Ende ging, ereignete sich ein weiteres Unglück: Der Fischkutter *Marino Primero* der Firma Merlus aus Walvis Bay sank kurz vor Weihnachten nachts bei stürmischer See auf halber Strecke zwischen Walvis Bay und Lüderitz. Die genaue Unglücks-

Louw Schoeman

Als Rechtsanwalt in Windhoek flog Louw Schoeman während der 60er-Jahre öfter mit seinen Mandanten, verschiedenen Prospektoren, an die einsame Küste im Nordwesten, um nach Diamanten und anderen wertvollen Gegenständen zu suchen. Schnell entwickelte er dabei eine besondere Liebe und Passion für dieses einsame, menschenleere Gebiet. Anfangs setzte sich Schoeman dort für den Diamantenabbau, den Bau eines Hafens in Möwebucht und für die Entwicklung der Fischereiindustrie ein. Als jedoch die Umweltschäden immer gravierender und vor allem sichtbarer wurden, wandelte sich seine Einstellung grundlegend – er fing an, dieses fragile Gebiet vor den zerstörerischen Eingriffen der Menschen zu schützen.
1971 wurde auf sein Drängen hin der schmale, „nutzlose" Streifen ganz oben im Nordwesten als Park proklamiert. Die touristische Nutzung wurde in einem eng gesteckten Rahmen erlaubt. Um die Kontrolle zu ermöglichen, sollte nur ein Unternehmen dort tätig sein. 1977 erhielt Louw Schoeman nach einer Ausschreibung die Genehmigung, kleine Gruppen in das Gebiet zu fliegen, was er 16 Jahre lang mit Aufopferung, Liebe und Geduld tat.
Legendär sind die Geschichten, wie Louw Schoeman nach einem anstrengenden, erlebnisreichen Tag mit einem Besen in die viele tausend Quadratkilometer große Wüste schritt, um die Spuren der Autos wegzufegen. Oder wie er die von seinen Gästen weggeworfenen Zigarettenkippen aufsammelte, um sie mit nach Windhoek zu nehmen.
Seit seinen Tod wird sein Unternehmen Skeleton Coast Safaris von seinen fünf Kindern erfolgreich weitergeführt, wenn auch nicht mehr mit alleiniger Konzession.

ursache ist bis heute nicht geklärt, da der Rumpf zu tief für Taucher liegt. 23 Besatzungsmitglieder konnten sich mittels Beibooten und einem Floß retten. Erst 30 Stunden nachdem dem Untergang der *Marino* wurden die Männer geborgen. Der erste Maat jedoch war und blieb vermisst.

Alle drei Fischkutter waren moderne Schiffe mit Stahlrümpfen, sodass sich niemand erklären kann, wie es eigentlich zu den Unglücken kommen konnte. Der Merlus-Manager stellte später fest: „Technisch betrachtet müsste sie [die *Marino*] selbst im Falle eines Lecks wie ein Korken auf dem Wasser schwimmen."

Skeleton Coast Park

1971 wurde der nördliche Abschnitt der Skelettküste, vom Ugab Rivier bis zum Kunene, auf Initiative von Louw Schoeman (s. Kasten) als Skeleton Coast Park proklamiert. Mit 16 390 km² ist er der drittgrößte Park Namibias, nach dem Namib Naukluft und dem Etosha National Park.

Im Juli 2003 trafen sich erstmals die Umweltminister Namibias und Angolas, um die Möglichkeit eines Zusammenschlusses des Skeleton Coast Park und des im Südwesten Angolas gelegenen Iona National Park zu erörtern. Der 15 150 km² große Iona Park erstreckt sich von der Mündung des Kunene bis zu den Epupa Falls und von dort nach Norden bis zum Coroca River, dessen Feuchtgebiete insbesondere im Mündungsbereich von artenreicher Flora und Fauna geprägt sind. Der Kunene bildet auf knapp 40 km die Grenze zwischen beiden Parks. Der zusammengelegte „**Skeleton Iona Park**" würde ein Gebiet von 31 650 km² umfassen. Bis dieses Vorhaben jedoch in die Tat umgesetzt werden kann, steht beiden Ländern, insbesondere Angola, noch einiges an Arbeit bevor. Das Gebiet im Südwesten Angolas ist noch vermint, zudem verhinderte der mehr als 25 Jahre dauernde Bürgerkrieg jede Form von Naturschutz. Ein weiteres Problem sind die rund 5500 Ziegen und 2000 Rinder, die von den Bewohnern der mehr als 460 Siedlungen im Iona National Park gehalten werden.

Sie konkurrieren mit den Wildtieren um Nahrung. Namibia hat Angola Unterstützung bei der Entwicklung des Iona Park zugesagt. Erklärtes Ziel beider Länder ist es, die jeweiligen Gemeinden in den Naturschutz einzubeziehen.

Eines der zahllosen Schiffswracks an der namibischen Skelettküste

Anfahrt und Besichtigung

Es führt nur eine Straße durch den unteren Teil des Skeleton Coast Park, die allerdings meist in schlechtem Zustand ist. Alle jenseits der Straße gelegenen Gebiete sind nur vom Flugzeug aus zu betrachten. Die Faszination des Parks liegt mehr in Geschichten und Legenden begründet als in Sehenswürdigkeiten. Das Landschaftsbild wirkt auf die meisten öde und trostlos, der häufige Nebel sorgt für eine depressive Stimmung.

Wer mit dem eigenen Fahrzeug an der nördlichen Skelettküste unterwegs ist, kann heute noch die Reste der **Winston** kurz vor dem Parkeingang (Achtung: sandige Stellen, schon mancher VW-Bus blieb hier stecken) sowie das Wrack des im Juni 1973 gestrandeten Fischkutters **Monrose C145**, im Park kurz hinter dem Eingang Ugabmund, sehen. Ein Stein am Boden mit der Aufschrift „Wrack" weist den Weg. Südlich von Toscanini liegt ein alter **Bohrturm** – einsames Überbleibsel von Probebohrungen, die Ben du Preez hier in den 70er-Jahren auf der Suche nach Öl durchführte. Nachdem die Bohrungen nicht von Erfolg gekrönt waren, sollte der Bohrturm abgebaut werden, wobei er umstürzte.

Schon in den 60er-Jahren war bei **Toscanini** erfolglos nach Diamanten gesucht worden. Im Jahr 2001 begann die Firma Safuan Resources, erneut den Boden umzuwühlen. Es fehlte jedoch eine Umweltverträglichkeitsstudie, weshalb die Arbeiten für illegal erklärt wurden. Das Ministerium für Bergbau und Energie vergab die Prospektierungslizenz an ein anderes Unternehmen, Trade Line Namibia (TLN), um selbige 2003 wieder an Safuan, das diesmal unter dem Namen Nambib Resources operierte, zurückzugeben. TLN ging sofort in Berufung. Solange das Gerichtsverfahren läuft, ist TLN Inhaber der Lizenzen. Diamanten in größeren Mengen wurden, trotz all des Hin und Hers, nicht gefunden.

Die **Parktore** Ugabmund im Süden des Skeleton Coast Park und Springbokwasser im Osten müssen vor 15 Uhr passiert werden. Wer den Park nur durchqueren und nicht in Terrace Bay übernachten möchte, muss ihn vor 17 Uhr wieder verlassen. Die Zeiten gelten gleichermaßen für Winter- und Sommerzeit. Eintritt N$80 p. P. pro Tag plus N$10 für das Fahrzeug.

ÜBERNACHTUNG

Das **Terrace Bay Camp** war ehemals eine Mine. Es spricht wenig dafür, hier zu übernachten – die Unterkünfte sind in sehr mäßigem Zustand, Essen und Bedienung lassen ebenfalls zu wünschen übrig. Bungalows ab N$1340 inkl. Frühstück. Buchungen bei NWR, ✉ reservations@nwr.com.na, 💻 www.nwr.com.na. Die Tankstelle funktioniert dagegen erstaunlich effizient.

Die Rettungsaktion der Dunedin Star

Eine der verrücktesten Episoden, welche die Geschichte Namibias schrieb, ist die dramatische Rettungsaktion der *Dunedin Star*, die damit zum „Star" der Wracks wurde:
Der 13 000 t schwere britische Passagierdampfer riss sich am Sonntag, den **29. November 1942**, südlich der Kunene-Mündung aus unbekannten Gründen ein Loch in den Rumpf und lief dann 60 Meilen nördlich von Rocky Point auf eine Sandbank. An Bord befanden sich Kriegsmaterial, Post, 21 Passagiere und 85 Besatzungsmitglieder. Über Funk wurde ein Notruf nach Walvis Bay abgesetzt. Von dort erhielten die britische *Manchester Division* und die norwegische *Temeraire* den Befehl, zum Wrack zu fahren. Noch am gleichen Tag machten sich außerdem das südafrikanische Minensuchboot *Nerine* und der Bahnschlepper *Sir Charles Elliot* auf den Weg.
Am nächsten Morgen ließ Captain Lee die *Dunedin Star* räumen, da er befürchtete, dass sie in der rauen See zerbrechen könnte. In drei Fahrten wurden 63 Schiffbrüchige (darunter acht Frauen mit drei Babys sowie eine Schwangere) an die nur 450 m entfernte Küste gebracht, dann zerbrach das motorisierte Rettungsboot. Die Schiffbrüchigen machten sich auf die Suche nach Wasser und Nahrung, doch sie fanden nichts außer Wrackteilen und zwölf kopflosen menschlichen Skeletten.
Am 4. Tag erreichten alle vier Schiffe das Wrack gleichzeitig. Freiwillige der *Temeraire* retteten alle Männer, die sich noch an Bord der *Dunedin Star* befanden, und brachten diese zur *Manchester Division*. Die starke Brandung verhinderte jedoch eine Rettung der bereits an Land befindlichen Schiffbrüchigen. Per Heliograf wurden sie informiert, dass ein Flugzeug Lebensmittel abwerfen und in zwei Tagen eine Rettungsmannschaft mit Fahrzeugen über Land kommen werde. Die *Sir Charles Elliot* hatte gerade noch genug Kohle, um nach Walvis Bay zurückzukehren.
Ein Konvoi, bestehend aus acht Fahrzeugen der südafrikanischen Armee, machte sich unter Befehl des Policecaptain Smith in der Nacht auf den Weg, um die 950 km lange Strecke zu bewältigen. Smith hatte allerdings nicht an eine ausreichende Anzahl von Luftpumpen für alle Fahrzeuge gedacht, sodass alle acht mit nur einer Luftpumpe auskommen mussten. Da in der Wüste aufgrund sandiger Abschnitte ständig Luft abgelassen und folglich auch wieder aufgepumpt werden muss, brachte ihm das den bleibenden Spitznamen „Pumpensmith" ein.
Am 5. Tag flog der Luftwaffenpilot Captain Naude mit einem nagelneuen Lockheed Ventura Bomber zum Wrack. Bei Rocky Point entdeckte er die inzwischen ebenfalls gestrandete *Sir Charles Elliot* 270 m vom Strand entfernt. Drei Männer standen am Strand, 17 waren noch an Bord. Naude funkte nach Walvis Bay und flog weiter zur 100 km entfernten *Dunedin Star*. Dort warf er Wasser und Verpflegung ab und entschloss sich dann zu landen, um einen Teil der Frauen und Kinder mitzunehmen. Beim anschließenden Versuch, die Startposition einzunehmen, versank das 12 t schwere Flugzeug im Sand. Nun warteten drei Crews auf Rettung. Die *Nerine* musste zurück nach Walvis Bay fahren, da auch sie nicht mehr genug Kohle hatte.
Am 7. Tag kam Major Robbs mit einem weiteren Ventura Bomber aus Kapstadt und warf Proviant bei der *Sir Charles Elliot* und der *Dunedin Star* ab.
Am 8. Tag flog Robbs erneut zu den Wracks und suchte aus der Luft vergeblich den Konvoi von Smith. Inzwischen unternahm die Besatzung der *Sir Charles Elliot* einen zweiten Versuch, an Land zu gelangen. Das Dinghy wurde von der See umgeworfen. Drei Matrosen wurden an Land gespült. Matthias Koraseb hatte dabei zu viel Salzwasser verschluckt und verstarb zehn Minuten später. Zwei der Matrosen schafften es zum Wrack zurück. Der erste Matrose, Angus McIntyre, der zur Zeit der Strandung das Kommando innehatte, verschwand für immer im Atlantik. Erst vier Tage später schaffte es die Besatzung der *Sir Charles Elliot*, an Land zu gelangen.
Am 9. Tag warf Major Robbs wieder Proviant ab und suchte nach dem verschwundenen Konvoi. Zwei weitere Bomber unter Major Uys und Captain Joubert kamen nach Walvis Bay. Die *Nerine* fuhr in einem zweiten Versuch zu den Wracks.

Am 10. Tag flogen alle drei Bomber los. Nachdem Uys Vorräte bei der *Dunedin Star* abgeworfen hatte, landete er vier Meilen südlich der *Sir Charles Elliot* bei Rocky Point auf einem 640 m langen und 36 m breiten Grat aus losem Sand, zur einen Seite ein Abhang von 25 m und zur anderen die See. Robbs entdeckte Captain Smith mit seinem vermissten Konvoi, der gerade die Küste erreichte. Vom Bomber wurde die Nachricht abgeworfen, dass sie die Besatzung der *Sir Charles Elliot* nach Rocky Point bringen sollten. Dort war inzwischen auch Joubert gelandet. Die Besatzung wurde nach einem riskanten Start nach Walvis Bay geflogen. Smith machte sich auf nach Norden, um die Leute von der *Dunedin Star* nach Rocky Point zu holen.

Am 11. Tag erreichte die *Nerine* wieder die *Dunedin Star*. Sofort wurde eine weitere dramatische Rettungsaktion gestartet. Vom Wrack aus wurde ein Rettungsboot mit einem Kabel direkt hinter der Brandungslinie verankert. Einer der Männer schwamm mit einem Tau an Land. Das Kabel wurde hinterhergezogen und an Land befestigt. 15 der Schiffbrüchigen schafften es, sich an dem Tau zum Rettungsboot zu ziehen. Dann wurde ein leichtes Rettungsboot am Kabel an Land gezogen, acht Frauen und drei Kinder mit Schwimmwesten eingeladen und zurückgezogen. Die vier stärksten Männer schwammen neben dem Boot. Durch zwei große Brecher gelangten sie zum verankerten Rettungsboot. Als sie gerade umsteigen wollten, kam eine dritte große Welle und riss alle ins Meer. Zwei Frauen konnten noch mit ihren Babys ins Rettungsboot gezogen werden. Die anderen wurden mehr tot als lebendig an Land gespült. Das Rettungsboot kehrte mit 19 Geretteten zur *Nerine* zurück.

Smith schaffte derweil weitere 40 km. Die Fahrzeuge brachen ständig in den Salzpfannen ein. Zeitweilig steckten alle acht Fahrzeuge fest.

Am 12. Tag war die Brandung wieder stark und rau. Am Nachmittag unternahm man trotzdem einen weiteren Rettungsversuch. Das Rettungsboot wurde wieder am Kabel befestigt, elf Männer konnten sich herüberziehen. Als zwei vom Kabel weggerissen und fast ertrunken an Land gespült wurden, musste die Aktion abgebrochen werden. Die *Nerine* kehrte zurück nach Walvis Bay. 26 Menschen waren gerettet.

Am 13. Tag warf Uys Sandmatten und Ersatzfedern für Smith ab. Zwei Meilen vor Erreichen der *Dunedin Star* konnte der Konvoi nicht mehr weiterfahren, Smith ging zu Fuß bis zum Camp. Die meisten Frauen waren jedoch inzwischen viel zu schwach zum Laufen, daher musste doch ein Fahrzeug zum Camp gefahren werden. Die Rückfahrt am Montag begann noch langsamer als die Hinfahrt. Die schwangere Frau wurde auf zwei Matratzen stehend festgebunden. Abends waren nur sechs Meilen geschafft. Uys brachte in zwei Flügen 18 Leute nach Walvis Bay, darunter auch die schwangere Frau. Durch den steilen Landeanflug setzten die Wehen ein, wenig später kam im Krankenhaus ein gesundes Baby zur Welt.

Am 25. Dezember 1942, 27 Tage nach der Strandung, erreichte der Konvoi Windhoek. Alle Passagiere und Besatzungsmitglieder der *Dunedin Star* konnten gerettet werden. Das Wrack der *Dunedin Star* ist heute nicht mehr sichtbar. Einzig Angus McIntyre und Matthias Koraseb, Matrosen der *Sir Charles Elliot*, ließen bei der Rettungsaktion ihr Leben. Das Grab von Matthias Koraseb ist heute noch nördlich von Black Rock zu sehen.

Captain Naude startete mehrere Versuche, sein Flugzeug zu retten. Nach über einem Monat und immensen Kosten war das Flugzeug aus dem Sand gebuddelt und startklar. Am 29. Januar 1943 hob es ab. Kurz darauf qualmte der Steuerbordmotor und setzte aus. Sofort kippte das Flugzeug und stürzte in den Atlantik. Die drei Männer erlitten einen Schock, blieben aber unverletzt. Sie konnten das Land erreichen und wussten, dass ihre einzige Rettung wäre, vor dem nächsten heimfahrenden Konvoi am Khumib River zu sein. Die Männer hatten 52 km zu Fuß zurückzulegen, die Autos nur 112 km, trotzdem kamen die Männer zuerst an.

Wrackteile des Flugzeuges liegen heute noch am Strand verstreut.

TOUREN

Die beste Art, die Geheimnisse der Skelettküste hautnah zu erleben, ist eine Flugsafari von **Skeleton Coast Safaris**, ✆ 061-224248, ✉ info @skeletonsafaris.com, 💻 www.skeletoncoast safaris.com. Dafür muss man allerdings sehr tief in die Tasche greifen (die Standardflugsafari „Safari A", 4 Tage und 3 Übernachtungen, kostet beispielsweise US$7046 p. P.). Schon seit 1977 bietet die Schoeman-Familie Flugsafaris in dieses Gebiet an, die sich inzwischen als Klassiker etabliert haben. Nur vom Flugzeug aus hat man den weiten, eindrucksvollen Blick über die raue Küstenregion und über die wechselnden geologischen Formationen. Bei Fahrten im Geländewagen erfährt man vieles über die Ökologie dieser entlegenen Gebiete, über die Landschaft mit den geheimnisvollen Brummdünen, den ungewöhnlichen Felsformationen am Ugab-Tal; man sieht die vulkanischen Gesteine und die gelben Sandsteinformationen der Huab-Umgebung, uralte Felsgravuren und vieles mehr. Neben verschiedenen Wrackteilen älterer Segelschiffe sind die noch verhältnismäßig gut erhaltenen Wracks der *Monrose*, der *Henrietta* und der *Kaiu Maru* zu sehen. Die Unterbringung erfolgt in 3 rustikalen, komplett eingerichteten Camps, die außerhalb des Parks liegen. Das erste Camp befindet sich im unteren Bereich des Huab Rivier, das zweite unter Kameldornbäumen im Tal des Hoarusib im Kaokoveld und das dritte am Ufer des Kunene. Dort wird eine Bootsfahrt unternommen, um Vögel und Krokodile zu beobachten.

Das Damaraland

Das Damaraland erstreckt sich von Khorixas im Osten bis an die Atlantikküste im Westen. In der Zeit der Apartheid war es das „Homeland" für die Damara, eine namibische Bevölkerungsgruppe. Heute bildet es gemeinsam mit dem Kaokoveld die Kunene Region. Das herausragende Merkmal des Damaralandes sind die vielen Tafelberge, die der abwechslungsreichen, offenen Landschaft ihren ganz eigenen Charakter verleihen.

8 HIGHLIGHT

Twyfelfontein

In den steinigen Hängen von Twyfelfontein ist eine der größten Open-Air-Kunstausstellungen überhaupt zu bewundern. Die Ansammlung der mehr als 2500 Steingravuren (Petroglyphen) gehört zu den größten in Afrika. Twyfelfontein ist zudem eine der wenigen Stellen, an denen Gravuren *und* Malereien zu finden sind – und dies in so guter Qualität, dass alle Tiere eindeutig zu identifizieren sind. Tiere werden am häufigsten dargestellt. Als Besonderheit sind oft die Spuren (Fährten) anstelle der Tatzen, Hufe und Füße abgebildet. Es gibt abstrakte Darstellungen wie Punkte, Kreise, Linien, Vierecke und Halbmonde, während Pflanzen nirgendwo als Motive auftauchen. Am bekanntesten sind die Löwenplatte und der große Elefant.

Über das Alter der Gravuren streiten sich die Experten. Schätzungen liegen zwischen mehreren hundert und mehreren tausend Jahren. Dem Alter der gefundenen Werkzeuge, Töpfe und Feuerstellen nach zu urteilen, leben Menschen bereits seit ein paar tausend Jahren in diesem Gebiet. Die Gravuren konnten bislang jedoch keiner der heute bekannten Bevölkerungsgruppen zugeordnet werden, gemeinhin werden sie den San zugeschrieben. Zweifelsfrei belegt ist, dass die kleine Quelle über Jahrtausende Tiere und Menschen angezogen hat. Jäger konnten von der 50 m über der Quelle gelegenen Terrasse ungestört die Tiere beobachten. Die Damara nannten den Platz */Ui-//ais*, „von Steinen umgeben". 1947 übernahm der Farmer D. Levin das Gebiet und nannte es Twyfelfontein, „die zweifelhafte Quelle", aufgrund des spärlichen Ertrages von ungefähr 1 m^3 Wasser pro Tag. 1952 wurde das Gebiet Twyfelfontein zum National Monument proklamiert und 1964 im Rahmen des Odendaal-Plans (der Apartheid-Umsiedlungsaktion) in das damals geschaffene Damaraland eingefügt.

Erst im April 2004 wurde die Verwaltung des Twyfelfontein-Gebietes dem nationalen Denkmalrat unterstellt. Dem vorausgegangen war die Erweiterung des Denkmalrates zum Rat für Natur- und Kulturerbe. Ende 2005 stellte dieser einen formalen Antrag an die Unesco, Twyfelfontein in das Weltkulturerbe (zu dem beispielsweise auch die Victoria Falls zählen) aufzunehmen. 2007 erhielt Twyfelfontein den offiziellen Titel **„Weltkulturerbe der Unesco"** – worauf die Namibier sehr stolz sind, zumal es die erste derartige Stätte im Land war. Es bleibt zu hoffen, dass Namibia auch dem Anspruch, der sich damit verbindet – diese besondere kulturelle Stätte sorgsam zu pflegen und für die Nachwelt zu erhalten – gerecht wird.

Die Gesteinsblöcke bei Twyfelfontein bestehen aus Sandstein der Etjo-Formation (Zeugnis einer ehemaligen Wüste). Den rötlichen Etjo-Sandstein gibt es auch am Mount Etjo und am Waterberg. Zum Phänomen der „zweifelhaften Quelle" kommt es übrigens, weil das Wasser an einer wasserundurchlässigen Tonschicht gestaut und so an der Grenze Sand-/Tonstein bei genügend hohem Wasserstand regelrecht herausgedrückt wird.

Der durchschnittliche Regenfall beträgt hier nur 100 mm jährlich. Das Gebiet ist geprägt von Mopanebäumen und Akazien. Ein ganz besonderer Baum ist die endemische Brandbergakazie, *Acacia montis-usti*. Sie wächst vor allem an Felshängen und in Spalten und ist meist mehrstämmig. Die langen Blütenstängel bilden papierdünne, rotbraune Hülsen. Ebenfalls endemisch in diesem Gebiet ist die sogenannte Antennenakazie, *Acacia robynsania*. Die frühen Siedler des Landes sollen in die bis zu 9 m hohen Bäume die Antennen ihrer Radios gehängt haben, um den Empfang zu verbessern.

Die Felsgravuren

Zur Besichtigung der Felsgravuren wurde ein **Wanderpfad** angelegt, der sich in zwei Rundwege aufteilt. Die Wege sind keine einfachen Spaziergänge, man muss sich immer noch auf afrikanischen Busch vorbereiten. Solides Schuhwerk, Hut und Trinkwasser sind erforderlich, während des Tages kann es sehr heiß werden. Zu bedenken ist außerdem, dass vom Parkplatz bis zur Rezeption bereits 10 Min. auf holprigem Weg zu laufen sind, von der Rezeption bis zur ersten Platte ebenfalls 20 Min. Je nachdem wie fit man ist und wie lange man schauen möchte, sind für die die Lion Route ab/bis Rezeption 60–90 Min. zu veranschlagen, die Dancing Kudu Route ist etwa ebenso lang. Es besteht keine Verbindung mehr zwischen beiden Wegen. Wer nicht gut zu Fuß ist, wählt am besten die Lion Route und wendet sich gleich nach rechts zur ersten Platte (die Guides gehen meist erst hoch zur 5. Platte). Dann hat man schon mal einen Eindruck gewonnen und kann sich entscheiden, zurückzugehen oder aber weiterzukraxeln. Die Dancing Kudu Route ist insgesamt anspruchsvoller.

Die Gravuren befinden sich am Westhang, sodass einige frühmorgens im Schatten liegen. ⌚ 8–17 Uhr. Die beste Zeit für die Wanderung ist am Nachmittag im Licht der untergehenden Sonne. In der namibischen Winterzeit (Juni/Juli) geht die Sonne hier kurz nach 17 Uhr, im Dezember/Januar kurz vor 20 Uhr unter. Die starren

Öffnungszeiten werden diesem schönen Platz leider nicht gerecht und engen vor allem Fotografen sehr ein.

Die Begleitung durch einen lokalen Führer ist inzwischen gesetzlich vorgeschrieben. Die Guides sind mitunter nicht sehr motiviert; mehr als der Hinweis, welches Tier mit welcher Abbildung gemeint ist, sollte nicht erwartet werden. Es gibt aber auch einige sehr kundige und auskunftsfreudige Guides, man braucht also ein wenig Glück.

Es wird ein Eintritt in Höhe von N$50 p. P. (Kinder N$30) plus N$20 für das Fahrzeug verlangt.

Die einzelnen Platten entlang des Wanderweges sind nummeriert, obgleich die Nummerierungen kaum noch zu erkennen sind.

Die **erste Platte**, die zur Lion Route gehört und aussieht wie eine große, natürliche Steintafel, liegt an der Südseite des Gebietes. Hier sind Tiere, Spuren und geometrische Formen teilweise übergroß dargestellt. Über die Deutung der Zeichen und Anordnung darf sich jeder eigene Gedanken machen, die Künstler selbst sind leider nicht mehr zu befragen.

Links daneben ist auf einer weiteren Tafel eine Giraffe zu sehen, die sehr schön von menschlichen Fußspuren flankiert wird. Fußspuren kommen mehrfach vor, manchmal größer als in natura und auch als einziges Motiv auf einer Tafel. Handspuren sind hingegen sehr selten.

Am Weg zur zweiten Platte gibt es weitere Gravuren zu bewundern. Ungefähr in der Mitte auf der linken Seite sind auf einer Tafel Robben dargestellt. Das ist nicht ungewöhnlich, denn die Küste ist nur knapp 100 km entfernt.

Die **zweite Platte**, die sogenannte „Graffiti-Platte“, ist eine der größten Tafeln mit einer Vielzahl von Tieren und Vögeln, die in allen Richtungen angeordnet sind. Auch hier dominieren Giraffen, Zebras und Nashörner. Der helle Fleck in der Mitte der Tafel ist ein Graffiti aus dem Jahre 1948. Durch den Versuch, das Graffiti zu tilgen, entstand ein richtiger „Schandfleck“. An dem Elefanten links unten ist die Darstellung der Spur anstelle des Fußes besonders deutlich zu erkennen.

Auf der **dritten Platte** ist der berühmte große Elefant von Twyfelfontein zu sehen, ganz allein mit ein paar Antilopen zu seinen Füßen. Eines der existentiellen Probleme dieser Platte ist die Erosion, deutlich erkennbar am Riss durch das

Die Felsgravuren bei Twyvelfontein sind Unesco-Weltkulturerbe.

© PETER PACK

Hinterbein des Elefanten. Es ist nur eine Frage der Zeit, bis die Platte zerbricht. Etwas weiter zum Tal hin sind die beiden großen Nashörner, wieder mit Spuren anstelle der Füße, zu erkennen. Sagen der San erzählen, dass die Giraffen den Regen bringen. So ist es nicht verwunderlich, dass sie am häufigsten dargestellt wurden.

Die **vierte Platte** ist leider für die Öffentlichkeit nicht mehr zugänglich.

Die **fünfte Platte**: Der Löwe, die sicherlich berühmteste Gravur in Twyfelfontein, hat einen ungewöhnlich langen, L-förmigen Schwanz mit einer Spur an der Spitze. Auch er hat Spuren anstatt Tatzen mit mehr als vier Krallen. Es entsteht der Eindruck, dass der Löwe Welpen oder eine Beute schleppt. Nach dem Wissenschaftler Dr. Scherz sind es jedoch zwei Bilder, die entsprechend verwittert sind.

Von hier aus läuft man in der Schlucht zurück zum Parkplatz. Dies ist das Ende der Lion Route.

Die Dancing Kudu Route führt von der Rezeption nach links und weiter durch eine Höhle. Gleich dahinter auf der rechten Seite befindet sich die **sechste Platte**: Hier sind fünf Sanga-Rinder mit den charakteristischen langen Hörnern dargestellt. Aus diesen Bildern wird abgeleitet, dass die Gravuren nicht älter als 2000 Jahre sein können. Wissenschaftler nehmen an, dass die ersten domestizierten Tiere Rinder waren und um die Zeitenwende in das südliche Afrika kamen.

Die **siebte Platte,** deren Gravuren zwei sitzende Männer mit Bogen darstellen, wurde 2012 leider aufgrund erhöhter Empfindlichkeit ebenfalls vom Rundgang ausgeschlossen.

Auf der **achten Platte** ist das Fabeltier oder „dancing Kudu" abgebildet – es ist als einziges nicht ganz eindeutig zu erkennen und erinnert mit den geschwungenen Hörnern an einen Kudu. Das Fabeltier wurde mit einer besonderen Technik graviert: Während bei allen anderen Gravuren ein härterer Stein (beispielsweise Dolerit) mittels eines großen Holzstumpens in die Platten gehämmert wurde (ähnlich der Technik, die Bildhauer anwenden), wurden hier die Konturen in die Platte mithilfe eines Steines eingerieben und gescheuert, hinterher wurde poliert. Auf dieser Platte gibt es außerdem geometrische Formen.

Weitere Sehenswürdigkeiten

Die Basaltsäulen, **Orgelpfeifen** genannt, entstanden, als vor etwa 125 Mio. Jahren Lava in einen „Gang" im Zuge vulkanischer Aktivitäten in den Schiefer der Karoo-Schichten eindrang. Die noch heiße Lava erstarrte von außen nach innen. Da sie sich in einem begrenzten Raum befand, bildeten sich beim Erkalten sogenannte Kontraktionsrisse. Diese hinterließen nach bestimmten, komplizierten Naturgesetzen eben jene sechs- bzw. vieleckigen Säulen.

Der **Verbrannte Berg** entstand etwa zur gleichen Zeit wie die Orgelpfeifen. Es stiegen auch an dieser Stelle Magmen auf, die in den Tonschiefer eindrangen, der hier bereits vorhanden war. Durch die enorme Hitze „verbrannte" das Gestein regelrecht. Die unterschiedlichen Farbnuancen auf dem Gestein werden durch Eisen- und Manganoxyde verursacht. Der Sonnenauf- oder -untergang hat jedoch keinen Einfluss auf die Farbe des Berges.

Der Weg führt weiter nach Brandberg West (Allrad, GPS und Ortskenntnisse erforderlich; s. auch Transport, S. 111–113).

Im **Versteinerten Wald**, auf dem Weg von Twyfelfontein nach Khorixas an der D 2620/C 39, liegen fossile Baumstämme, deren Alter auf 280 Mio. Jahre geschätzt wird. Über die Herkunft gibt es verschiedene Theorien. Wahrscheinlich wurden die urzeitlichen, bis zu 30 m langen Bäume von einer Flutwelle aus dem Norden angespült. Diese Flutwelle kann entstanden sein, als beim Ausklingen der Eiszeit mit dem Abschmelzen der Gletscher die Flüsse anschwollen, möglicherweise durch natürliche Barrieren gestaut wurden, bis die Wassermassen diese Dämme plötzlich durchbrachen. Durch die vom Wasser mitgeführten Sand- und Schlammmassen wurden die Baumstämme luftdicht zugeschüttet.

Die Voraussetzungen für den Prozess der Versteinerung von Holz waren damit gegeben – das Holz konnte nicht vermodern. Über Jahrmillionen füllten sich die Stämme, Zellen, Rinde und alle Löcher und Ritzen mit Kieselsäure auf (Prozess der Verkieselung). Die Kieselsäure härtete aus und machte die Stämme so verwitterungsresistent. Seit etwa 125 Mio. Jahren wurden die Baumstämme durch Erosion wieder freigelegt.

Ein großes Problem ist, dass sich viele Besucher hier Souvenirs mitnehmen. Das ist jedoch Diebstahl – es handelt sich um ein National Monument, das auf diese Art unwiederbringlich zerstört würde.

Der auf der Karte eingezeichnete Versteinerte Wald liegt nördlich der Straße. Von Besuchern wird ein Eintritt von N$40 p. P. plus N$20 für das Fahrzeug verlangt. Mitunter sind die lokalen Guides etwas aufdringlich.

Es gibt einen anderen, schönen Besichtigungsplatz südlich der Straße, westlich des bekannten Versteinerten Waldes, den **Three Stages Petrified Forest**. Hier zahlt man regulären Eintritt von N$30 p. P. und wird dann nicht weiter behelligt. Es geht jedoch vom Parkplatz ein gutes Stück den Hügel hinauf. Da dieser Versteinerte Wald noch nicht lange der Öffentlichkeit zugänglich ist, sind hier noch mehr kleine Holzstücke zu sehen. Inzwischen sind entlang der C 39 noch weitere Besichtigungsplätze der fossilen Wälder entstanden.

Biegt man von der D 2612 in Richtung Twyfelfontein ab, erreicht man **The Living Museum of the Damara**, ✉ contact@lcfn.info, 💻 www.lcfn.info. Dieses „Lebende Museum" zeigt die traditionelle Kultur der Damara, die schon fast in Vergessenheit geraten ist. Anders als die Mafwe (S. 160) oder Ju/Hoansi San (S. 143) lebt fast kein Damara mehr „ursprünglich", und so mussten die Dorfbewohner die traditionellen Fertigkeiten erst wieder neu erlernen. Beim Besuch des Museums erfährt der interessierte Besucher, wie die Damara schmiedeten, ihre traditionelle Kleidung und Schmuck herstellten und wie sie sich mit Nahrung und Medizin aus dem Busch versorgten. Mit N$80 p. P. hilft man, die Kultur zu erhalten und der Gemeinschaft ein geregeltes Einkommen zu ermöglichen.

ÜBERNACHTUNG

€ **Aba-Huab Camp**, Elias Xoagub, ✆ 081-1290410, 💻 www.spitzkoppereservations.com, 5 km vor Twyfelfontein an der D 3254, Karte S. 379. Wunderschön angelegter Campingplatz am Aba-Huab Rivier; hier zeigt sich, wie gut Community Based Tourism funktionieren kann. Nachts laufen oft die legendären Wüstenelefanten um das Zelt herum. Bar, an der auch leichte Snacks erhältlich sind (ohne Garantie!); Freiluft-Duschen (manchmal mit warmem Wasser) und -Toiletten, lokale Führer können gebucht werden. Hier ist oft viel Betrieb; Overlander, Einheimische aus umliegenden Dörfern kommen zur Bar etc. Bitte keine Essensreste in die Mülleimer entsorgen, da Esel und andere Tiere nachts lautstark nach Essbarem suchen. Preis ca. N$70 p. P., Fahrzeug N$20. Keine Kreditkartenzahlung.

Mowani Mountain Camp, ✆ 061-232009, ✉ mowani@visionsofafrica.com.na, 💻 www.mowani.com, bei Twyfelfontein an der D 2612, Karte S. 379. Das Hauptgebäude wurde im Stil eines afrikanischen Dorfes an einem Hang mit Blick über das Aba-Huab Rivier und die Sandsteinformationen dahinter erbaut. Die fantasievoll eingerichteten Gästezimmer stehen einzeln, ohne Sichtkontakt zu den anderen. 2012 komplett renoviert, Gästezimmer vergrößert und neu und hell eingerichtet. ❼

Kleiner **Campingplatz**, (N$80 p. P. plus *conservancy levy;* beides bar bei Ankunft zu zahlen), Buchungen nur direkt beim Camp. Gleicher toller Blick; Du/WC, Wasseranschluss.

Camp Kipwe, ✆ 061-232009, ✉ kipwe@visionsofafrica.com.na, 💻 www.kipwe.com, an der D 2612, gegenüber der Mowani-Einfahrt, Karte S. 379. Liegt am Fuße des „Rag Rock", einer imposanten Granitformation. Jedes der 8 Zimmer hat eine Außendusche sowie eine Veranda. Auf Wunsch werden Farmrundfahrten angeboten. ❼

Twyfelfontein Country Lodge, ✆ 061-374750, Buchungen unter ✉ twyfelfontein@ncl.com.na,

Zwischenstopp Country Lodge

Das Restaurant der Twyfelfontein Country Lodge steht jedermann offen, auch wenn man nicht dort übernachtet. Wer also in der Gegend zeltet, ist in der Twyfelfontein Lodge ein gern gesehener Gast zum Mittag- oder Abendessen. Die Tankstelle der Lodge führt alle Sorten von Benzin und Diesel sowie Campinggas (zum Auffüllen der Gasflaschen). Ideal also auch als Stopp auf dem Weg in den abgeschiedenen Nordwesten.

www.twyfelfonteinlodge.com, direkt bei Twyfelfontein, Karte S. 379. Große 56-Zimmer-Lodge, direkt am Fuß der Twyfelfontein-Sandsteinformationen mit eindrucksvollem Blick in die weite Ebene des Aba-Huab-Tals. Der einmalig schöne Wanderweg an der Quelle Twyfelfonteins ist nur 5 Min. mit dem Auto von der Lodge entfernt. So bietet sich die Möglichkeit, die Wanderung im letzten, farbfrohen Tageslicht zu unternehmen. Tankstelle vorhanden. Rundfahrten, z. B. im Aba-Huab Rivier auf der Suche nach Wüstenelefanten, sowie Ballonfahrten werden angeboten. ❺

Doro !Nawas Camp, 067-687063, Buchungen bei Wilderness Safaris, info@wilderness.com.na, www.wilderness-safaris.com, 5 km links von der C 39 Richtung Palmwag, 25 km von Twyfelfontein entfernt, Karte S. 370–371. Lodge mit großartigem Blick, für Wilderness vergleichsweise preiswert. Rundfahrten auf der Suche nach den Wüstenelefanten werden angeboten. Abendessen inkl. ❼

€ **Aabadi Mountain Camp**, Tamara & Jeroen Verhoef, -Handy 081-3412875, aabadi.mountaincamp@gmail.com, www.aabadi-mountaincamp.com, bei Twyfelfontein an der D 2612, Karte S. 379. Sehr einfache, rustikale Unterkunft, besteht aus Zelten mit Außendusche. Restaurant. Keine Kreditkartenzahlung. ❹

Sauberer, schattiger Campingplatz, Du/WC; N$90 p. P.

Eine weitere gute Übernachtungsmöglichkeit ist die **Damara Mopane Lodge**, s. rechts.

AKTIVITÄTEN

Je nach Windrichtung ist entweder das Mowani Camp oder die Twyfelfontein Lodge Ausgangspunkt für **Ballonfahrten** über Twyfelfontein. Buchungen bei Hot Air Ballooning, -Handy 081-1299565, hot.air.ballooning.namibia@gmail.com, www.ballooning-namibia.com, S. 97.

TRANSPORT

Selbstfahrer

Die Strecken um Twyfelfontein einschließlich der C 39/D 2620 ab Khorixas nach Westen sind sehr kurvenreich, holprig und hügelig, in den Tälern gibt es in der Regenzeit oft Verspülungen. Aufgrund der „Dips" (engl. für Senke, wird in Namibia für steile Täler oder eben Verspülungen verwendet) muss man immer wieder abbremsen. Deshalb liegt auf diesen Strecken die Durchschnittsgeschwindigkeit deutlich unter 80 km/h, entsprechend mehr Zeit muss eingeplant werden.

Khorixas

Khorixas (das „x" wird wie das „ch" in „ach" gesprochen) ist die Distrikthauptstadt des Damaralandes und erhielt den Namen während der Umsiedlungsaktion im Rahmen des Odendaal-Plans. Khorixas ist der Damara-Name für einen Baum aus der Familie der *Salvadoraceae* (Senf- oder Löwenbusch), der hier sehr häufig vorkommt. Bis 1959 hieß der Ort zu Ehren des berühmten Forschers „Welwitschia". Außer einem kleinen, vom Save the Rhino Trust unterstützten Souvenirladen gibt es hier nicht viel zu sehen. Auch an der Tankstelle bieten Händler Souvenirs an. Ein schönes Andenken ist ein geschnitzter Makalani-Kern, auf dem der Name eingeritzt wird. Allerdings nimmt die Belagerung an den Tankstellen manchmal überhand.

ÜBERNACHTUNG

Die **/Gowati Lodge**, 067-331592, igowati@mweb.com.na, www.igowatilodge.com, liegt gegenüber der Engen-Tankstelle in Khorixas, Karte S. 370–371. Halb Khorixas hat am Bau mitgewirkt und alle sind sehr stolz darauf. Strohgedeckte Bungalows, einige behindertengerecht, Internetzugang, Pool, Bar, Restaurant à la carte. ❷

Camping N$70 p. P., Du/WC, Licht, Wasseranschluss, Rasen, Schatten.

Damara Mopane Lodge, Buchungen beim Gondwana Travel Centre, 061-230066, -Handy 081-1292424, info@gondwana-collection.com, www.gondwana-collection.com, 20 km östlich von Khorixas an der C 39, Karte S. 370–371. Gehört zur Gondwana-Gruppe mit den entsprechenden Attributen: gute Preise, individueller Stil (in diesem Fall afrikanische Lehmbungalows, in deren Wände die Motive

DER NORDWESTEN

Die Wüstenelefanten im Damaraland und Kaokoveld

Im Damaraland und Kaokoveld leben die inzwischen berühmten Wüstenelefanten *(Loxodonta africana)*. Der Elefantenspezialist Dr. Malan Lindeque, ehemals Etosha Ecological Institute, ist der Ansicht, dass die Elefanten ihr Wissen seit Jahrhunderten von Generation zu Generation weitergeben. Sie unterscheiden sich von den „normalen" Elefanten ausschließlich durch ihr Verhalten, insbesondere dadurch, dass sie über extrem raues Gelände bis zu 70 km am Tag auf der Suche nach Nahrung zurücklegen (zum Vergleich: Im Krüger Park laufen Elefanten maximal 10 km am Tag). Die Wüstenelefanten können bis zu vier Tage ohne Wasser auskommen. „Normale" Elefanten müssen jeden Tag bis zu 160 l trinken. In der extremen Trockenheit im Kaokoveld von 1977 bis 1982 verendeten 80 % der typischen Wüstentiere wie Oryx und Springbock, aber nicht ein einziger Wüstenelefant. Die Wüstenelefanten reißen keine Bäume um, ein für „normale" Elefanten sehr typisches Verhalten.

Die Elefanten der Kunene Region leben zwischen dem Ugab Rivier und dem Kunene, also in einem sehr ausgedehnten Gebiet. Über ihre Anzahl gibt es bislang lediglich Schätzungen, da nur sehr wenige der Elefanten markiert werden können. Selbst bei Luftzählungen per Hubschrauber sind nicht alle zu entdecken. Es wird angenommen, dass 1975 etwa 300 Elefanten hier lebten, in den 1980er-Jahren ihre Zahl auf unter 50 dezimiert wurde und inzwischen die Elefantenpopulation auf 800 Tiere angestiegen ist.

Die Regierung überlegt, einen Teil der Elefanten zum Abschuss freizugeben. In einer Kabinettserklärung 2001 hieß es, die Elefantenpopulation nehme in einem Ausmaß zu, dass Konflikte mit der Lokalbevölkerung nicht mehr zu vermeiden seien; die natürlichen Ressourcen würden durch beide überstrapaziert.

Trophäenjagd auf Elefanten fand in den vergangenen Jahren auf Farmen im Damaraland bereits statt. 2003 wurde der Elefant „Doetab" im kommunalen Hegegebiet am Huab Rivier von einem Jäger geschossen. Dabei handelte es sich um einen Elefanten mit einem Halsband mit Sender, sein Tod bedeutete einen großen Verlust und Rückschlag für die Naturschützer. Allein 2011 wurden sechs Elefanten illegal erschossen.

Laut Elefantenspezialistin Dr. Betsy Fox, die bis 2008 beim Ministerium für Umwelt und Tourismus tätig war und seither bei EHRA (Elephant Human Relations Aid) nach Lösungen für die Wüstenelefanten sucht, kann Trophäenjagd nicht der Weg zum Schutz der Elefanten sein. Es gibt keine Angaben darüber, wohin die Gelder fließen, wie sie aufgeteilt werden und ob ein Teil der US$7000 (so viel zahlen Jäger für den Abschuss eines Elefanten) wirklich für den Schutz der Elefanten genutzt wird. Da nicht

der Gravuren von Twyfelfontein geritzt sind), großer Swimmingpool, verlässlicher Service und gute Küche sowie großes Umweltbewusstsein und überdurchschnittliches Engagement für die Angestellten. Die 55 Bungalows sind wie ein halbes Labyrinth um das Hauptgebäude angelegt, Privatsphäre wird durch die kleine Mauer garantiert, die jeden Bungalow umgibt. Darin befindet sich ein eigener kleiner Gemüsegarten, aus dem Kräuter und Gemüse für das Abendessen kommen. Die 2 Wanderwege werden von Bewegungshungrigen nach den langen Stunden im Auto gern in Anspruch genommen. ❹

Durch das Damaraland nach Norden

Wer von Twyfelfontein oder der Skeleton Coast kommt, passiert kurz nach dem Abzweig auf die D 3706 die „Rote Linie" – den Veterinärzaun bei Palmwag (Hinweise zum Passieren Kasten S. 426). Die Gegend besticht durch bizarre Berge und ein ständig wechselndes Landschaftsbild. Fast hinter jeder Kurve eröffnen sich neue, wunderbare Aussichten.

Das Gebiet nördlich des Veterinärzauns bis zum Kunene wurde im Zuge der Umsetzung des Odendaal-Plans, der die Schaffung von Home-

bekannt ist, wie viele Elefanten es wirklich gibt, kann von einer Überbevölkerung nicht die Rede sein. Es gibt keine Studien darüber, wie viele Elefanten dieses große Gebiet verkraften kann. Es müssen also dringend andere Wege zum Schutz der Wüstenelefanten gefunden werden. Als ersten Schritt bemüht sich EHRA um Aufklärung der Bevölkerung und Einbeziehung der Gemeinden. Um die Elefanten abzuhalten, werden Steine um Wasserlöcher und Windräder gelegt und alternative Wasserlöcher für die Tiere gebohrt. Bislang sind diese Maßnahmen jedoch mangels finanzieller Mittel buchstäblich Tropfen auf den heißen Stein.

lands in Südwestafrika vorsah, erst von der südafrikanischen „Bantu"-Verwaltung, dann vom südafrikanischen Militär hermetisch abgeriegelt. Nur sehr wenige Besucher wurden zugelassen; wer dorthin reisen durfte, musste sich strikten Kontrollen unterziehen. Nach der Unabhängigkeit änderte sich das schlagartig. Die alten Homeland-Bezeichnungen „Damaraland" und „Kaokoveld" wurden offiziell abgeschafft und durch „Kunene Region" ersetzt. Diese alten Bezeichnungen sind heute zwar auf keiner Karte mehr zu finden, werden jedoch sowohl von den dort lebenden Menschen als auch in allen Bereichen außerhalb der Politik (wie beispielsweise Wirtschaft und Tourismus) nach wie vor genutzt.

Eine positive Folge hatte die Abriegelung: Der gesamte Landstrich wirkt ursprünglich und unberührt – sicher der Hauptgrund dafür, dass die einzigen Nashörner, die außerhalb von Naturschutzparks leben, hier zu finden sind. Die Spitzmaulnashörner halten sich hauptsächlich im Gebiet um Palmwag auf. Die Wüstenelefanten hatten sich in das Gebiet zwischen Hoanib und Hoarusib zurückgezogen, haben jedoch in den vergangenen Jahren langsam ihren Lebensraum wieder über den Huab hinaus bis zum Ugab Rivier ausgedehnt.

Unmittelbar nördlich des Veterinärzauns gibt es einige Unterkünfte, so auch das Desert Rhino Camp, ein mobiles Zeltcamp, das mit den Nashörnern mitzieht. Es wird von der Wilderness-Gruppe in Zusammenarbeit mit dem Save the Rhino Trust betrieben. Hauptattraktion ist die Suche nach einem der Spitzmaulnashörner, auch bekannt als Schwarze Nashörner.

Die **Khowarib-Schlucht** erstreckt sich südlich von Sesfontein. Hier führt der Hoanib ganzjährig Wasser.

Wer hier eine Pause einlegt oder übernachtet, sollte unbedingt ein Stück flussabwärts (also vom kommunalen Campingplatz ins Rivier kommend nach links) laufen, um den kleinen Wasserfall an der Grundschwelle zu sehen.

Ein Stück weiter nördlich befindet sich der **Ongongo-Wasserfall** (bei Warmquelle rechts abbiegen). Hier kann man im natürlichen Pool unterhalb des Wasserfalls schwimmen oder auf den Wanderwegen die Umgebung erforschen. Auch bei Ongongo gibt es einen kleinen kommunalen Campingplatz, der allerdings in den letzten Jahren der Verwahrlosung anheimgefallen ist.

Warmquelle

Warmquelle ist eine heiße Quelle etwa 25 km südlich von Sesfontein. Zu Beginn des Jahrhunderts „entdeckte" der Deutsche Carl Schlettwein die Quelle und erwarb das umliegende Land. Der Bau von Fort Sesfontein war bereits geplant, außerdem wurde von der deutschen Kolonialverwaltung über den Ausbau von Möwebucht zu einem Tiefseehafen nachgedacht (ein Plan, der auch heute noch aktuell ist), sodass ein großer Bedarf an Frischwasser, Obst und Gemüse absehbar war.

Schlettwein schachtete ein Auffangbecken aus, in dem das heiße Wasser der Quelle aufgestaut und vorgekühlt wurde, und errichtete ein 250 m langes Aquädukt, worüber das Wasser zu einem zweiten Abkühlbecken geleitet wurde, bevor es zu den Gemüsebeeten lief. Schlettwein baute erfolgreich Weizen, Mais, Tabak, Gemüse und Obst an.

Mit Beginn des Ersten Weltkrieges wurde Sesfontein als Militärstation aufgegeben, auch die Pläne zum Ausbau von Möwebucht zerschlugen sich. Schlettwein hatte keine Abnehmer mehr für seine Produkte und verließ Warmquelle. Noch heute zeugen die riesigen, inzwischen fast 100 Jahre alten Feigenbäume von den damaligen Bemühungen. Auch Teile des Aquäduktes und das Becken sind noch zu sehen. Ein Teil der Beete wird von den dort lebenden Herero bebaut.

Sesfontein

Sesfontein bedeutet übersetzt „sechs Quellen". Diese Quellen haben schon seit Ewigkeiten Menschen und Tiere angezogen. Bevor die Deutschen hier ankamen, war Sesfontein die Basisstation für die Swartboois (jene Nama, die von Jan Jonker aus dem Rehoboth-Gebiet vertrieben wurden und bis Fransfontein und noch weiter nach Norden zogen). Von hier aus unternahmen sie Raubzüge gegen die Himba.

1901 ließ Oberstleutnant Franke einen Weg von Outjo nach Sesfontein bauen, um dort per Ochsenkarren das nötige Baumaterial für das geplante Fort transportieren zu können. 1902 entstand ein Stationsgebäude, das bis 1906 als Fort ausgebaut wurde.

Die hier angesiedelten Soldaten der Schutztruppe mussten sich nach Möglichkeit selbst versorgen, da Windhoek als Versorgungsstation weit weg und schwierig zu erreichen war. Die Soldaten legten Gärten an, pflanzten Dattelpalmen und sogar Weizen. Da mit Beginn des Ersten Weltkrieges die Station aufgegeben werden musste, verwahrlosten die Gärten, und das Fort verfiel. 1995 wurde das inzwischen restaurierte Fort als Lodge eröffnet.

Wer von Sesfontein weiter nach Norden will, fährt 12 km auf der D 3706 zurück und biegt dann nach Norden auf die C 43. Die auf alten Karten noch eingezeichnete direkte Verbindung D 3705 über Kaoko Otavi nach Opuwo existiert nicht mehr!

ÜBERNACHTUNG

Damaraland Camp, ✆ 061-274500, ✉ info@wilderness.com.na, 💻 www.wilderness-safaris.com, 110 km westlich von Khorixas an der C 39/D 2620, Karte S. 370–371. In der weiteren Umgebung des Huab Rivier mit großräumigen Zelten, Bad und Terrasse. Das Camp arbeitet eng mit der lokalen Bevölkerung zusammen. Manchmal lassen sich hier Wüstenelefanten und Nashörner blicken. Keine Kinder unter 6 Jahren. Abendessen inkl. ❽

Etendeka Mountain Camp, ✆ 061-383870, ✉ info@etendeka-namibia.com, 💻 www.etendeka-namibia.com, in den Etendekabergen im Damaraland, Karte S. 370–371. Der englischsprachige Eigentümer und Betreiber Dennis Liebenberg erklärt auf Wanderungen und Rundfahrten die besondere Flora und Fauna dieses Gebietes, das er wie seine Westentasche kennt. Rustikales Camp, besteht aus Hauszelten, das Abendessen wird am Lagerfeuer eingenommen. Buchung im Voraus erforderlich. Der Zufahrtsweg zur Lodge ist nur im Geländewagen zu bewältigen, daher werden Besucher im Winter um 15.30 Uhr und im Sommer um 16 Uhr am Veterinärzaun abgeholt. Keine Kinder unter 8 Jahren. Alle Mahlzeiten und Aktivitäten inkl. Keine Kreditkartenzahlung. Das Etendeka-Team darf sich zu Recht mit vier Wüstenblumen des Eco Awards schmücken, die es insbesondere für die Zusammenarbeit und Ausbildung der lokalen Bevölkerung sowie für sein Engagement im Umweltschutz bekommen hat. 2012 wurde das Camp komplett renoviert. ❼

Palmwag Lodge, ✆ 067-697012, Buchungen bei Wilderness Safaris, ✉ info@wilderness.com.na, 💻 www.wilderness-safaris.com, im Damaraland an der C 43, direkt nördlich des Veterinärzaunes, Karte S. 370–371. Liegt im Lodge-eigenen Schutzgebiet, das gegen Gebühr befahren werden darf. Tankstelle vorhanden. Abendessen inkl. ❻

Campingplatz sollte im Voraus gebucht werden; Du/WC, Licht, Abwaschküche; Kosten ca. N$120 p. P.

Khowarib Lodge & Campsite, ✆-Handy 081-4965450, Buchungen unter ✆ 064-402779, ✉ reservations@khowarib.com, 💻 www.khowarib.com, südlich von Sesfontein am Hoanib in der Khowarib-Schlucht an der D 3706, 1 km vom Abzweig der C 43, Karte S. 370–371. Hier führt der Hoanib ganzjährig Wasser.

12 auf Stelzen gebaute Hauszelte mit Terrasse, die eine gelungene Mischung aus Komfort und Buscherlebnis bieten. WLAN. Verschiedene Aktivitäten, u. a. Himba-Ausflug, Wanderungen, Rundfahrten sowie Tagesausflüge zu den Wüstenelefanten und Nashörnern des Hoanib. Abendessen inkl. ❼

Schöner, gepflegter Campingplatz unterhalb der Grundschwelle, N$150 p. P.; Du/WC, Strom-/Wasseranschluss.

Grootberg Lodge, ✆ 067-333212, ✉ reservations@grootberg.com, 💻 www.grootberg.com, im Damaraland an der C 40, 90 km westlich von Kamanjab, oben auf dem Grootberg-Plateau, Karte S. 370–371.

11 Bungalows, die sich harmonisch in die Landschaft einfügen, mit schlichter Eleganz eingerichtet. Das Fahrzeug lässt man unten an der Rezeption auf dem bewachten Parkplatz zurück – die letzten 600 m hoch auf das Plateau werden abenteuerlich im Lodge-eigenen Geländewagen zurückgelegt. Der Blick ist im wahrsten Sinne des Wortes atemberaubend – die Weite und ungezügelte Schönheit des Damaralandes werden zu einem echten Erlebnis. Unten im Tal beim Klip River halten sich viele Tiere auf, sogar eine Her-de der legendären Wüstenelefanten ist dann und wann zu sehen. Bleibt man zwei Nächte auf Grootberg, bietet sich ein Tagesausflug ins Tal an. Internetzugang. Abendessen inkl. Der tolle Gesamteindruck wurde zuletzt ein wenig durch die mangelnde Motivation einiger Lodge-Mitarbeiter getrübt. ❻

Bei der Grootberg Lodge kann man auch den **Hoada Campsite** (an der C 40) buchen. Dies ist der Campingplatz der ǂKhoadi //hôas Conservancy (heißt: Ecke der Elefanten). Geführte Wanderungen, u. a. auf das Grootberg-Plateau und Wanderwege. Nur 3 Plätze, jeder mit Du/WC, N$180 p. P. Fahrten ins Hoinab Rivier werden angeboten.

Khowarib Campsite, dies ist der kommunale Campingplatz gleich nebenan. Die Plätze unten am Rivier sind weitaus schöner als die oben, aber nur mit Geländewagen erreichbar.

Kalte Duschen. Insgesamt ist der Campingplatz leider etwas heruntergekommen. Kosten ca. N$90 p. P. Kein Trinkwasser. Keine Kreditkartenzahlung.

Fort Sesfontein Lodge, ✆ 065-685034, ✉ info@fort-sesfontein.com, 💻 www.fort-sesfontein.com, Karte S. 370–371. Wegen der Geschichte und der Architektur des Forts interessant, jedoch leider nicht gepflegt und ständig wechselndes Management. Ausflüge ins Kaokoveld werden organisiert. Tankstelle vorhanden. ❺

Zebra Rest Camp, Limbi Awarab, ✆-Handy 081-6141410, 1 km außerhalb von Sesfontein an der D 3707 nach Purros, Karte S. 370–371. Einfacher Campingplatz. N$70 p. P., per Telefon oft nicht zu erreichen, einfach hinfahren. Rustikale „Eimer"-Dusche und Buschtoilette, engagierter einheimischer Gastgeber. 4x4-Trips in den Hoanib und Eselskarrenfahrten werden angeboten. Keine Kreditkartenzahlung.

Camp Aussicht, Marius Steiner, Buchungen unter ✆ 061-234232, ✉ eden@mweb.com.na, 💻 www.campaussicht.com, an der C 43 zwischen Sesfontein und Opuwo, Karte S. 370–371. Interessantes, uriges Camp, das ursprünglich als Unterkunft für die Arbeiter einer Dioptase-Mine erbaut wurde. 5 DZ, Eimerdusche und Toilette sind draußen, Touren zu Himba-Dörfern werden angeboten. Abendessen inkl. ❸ Camping N$120 p. P. inkl. Holz, Du/WC.

Figtree Campsite, in Sesfontein, Karte S. 370–371, an der Tankstelle vorbei zum Sesfontein Conservancy Büro. Von dort wird man zum Campingplatz geleitet. 4 schattige Campingplätze für je 4 Zelte, mit eigener Du/WC und Abwaschküche; ca. N$80 p. P. Keine Kreditkartenzahlung.

Desert Rhino Camp, ✆ 061-274500, ✆-Handy 081-1243066, ✉ info@wilderness.com.na, 💻 www.wilderness-safaris.com (S. 385), Karte S. 370–371. Keine Kinder unter 6 Jahren. Mahlzeiten und Aktivitäten inkl. Preis für Vollpension einschließlich aller Aktivitäten N$4912–7288 p. P. je nach Saison.

9 HIGHLIGHT

Das Kaokoveld

Nördlich von Sesfontein liegt das Kaokoveld. Das 50 000 km² große Gebiet wird im Norden vom immer wasserführenden Fluss Kunene, im Westen von der Namib-Wüste, im Süden vom Damaraland und im Osten vom Ovamboland begrenzt.

© PETER PACK

Vorsicht Krokodile: Die Reptilien tummeln sich an den Epupa Falls im Kaokoland .

Kaoko steht in Herero für „das Land zur Linken des Kunene". Aus dem offiziellen Sprachgebrauch ist dieser Name, genau wie der ethnische Name Damaraland, verschwunden. Das Gebiet heißt heute **Kunene Region**. Es ist allerdings kaum vorstellbar, dass der klangvolle und geheimnisumwobene Name Kaokoveld jemals aus der Umgangssprache verschwinden wird. Zu viel Wunderbares und Wunderliches wurde schon geschrieben und erzählt, mehr als 200 Bücher zum Thema liegen bei der Wissenschaftlichen Gesellschaft in Windhoek.

In den vergangenen Jahren hat sich das Kaokoveld allerdings zum Eldorado der Offroad-Fahrer entwickelt. Hauptsächlich sind es Südafrikaner, die vor allem in ihren Winterferien im Juni und Juli mit aufgemotzten Geländewagen, ausgestattet mit GPS und Kühlschrank, ziemlich rücksichtslos ständig neue Wege suchen.

Immer wieder werden hier Werbespots mit großem Aufwand gedreht, nicht immer geschmackvoll. Die größte Peinlichkeit leistete sich die Autofirma Landrover, die hinter einem vorbeirasenden Fahrzeug eine Himba-Frau mit fliegenden Brüsten darstellte. Die Werbung verschwand zum Glück schnell wieder aus Printmedien und TV. Die Himba, die zum Teil bis heute ihren alten Traditionen folgen (Bevölkerung, S. 153), werden zunehmend mit diesen „Werten" der europäischen Zivilisation konfrontiert.

Die Spuren dieser Entwicklung sind deutlich zu sehen und zu spüren: Kleine Himba-Mädchen stellen sich mitten auf die Straße und zwingen heranfahrende Fahrzeuge zum Anhalten, um sich für ein fürstliches Entgelt plus Geschenke fotografieren zu lassen. Vorbeifahrende Fahrzeuge werden schon mal mit Steinen beworfen. Bei den Erwachsenen hat sich die einstmalige Sitte der Gastgeschenke in ein sehr forderndes Betteln gewandelt. Gastgeschenke werden mitunter „aufgewertet", indem einfach eine Jacke oder ein Hut oder was sonst noch greifbar ist aus dem Fahrzeug genommen wird.

Wiederholt forderten in der Vergangenheit verschiedene Organisationen, das ganze Kaokoveld in einen Park umzuwandeln, wie es schon einmal mit Unterbrechungen von 1907 bis 1963 der Fall war. Der Gedanke stößt bei der namibischen Regierung allerdings auf wenig Gegenliebe. Es gab einige für europäisches Verständnis erschreckende Formulierungen: Der heutige Präsident, der Damara Hage Geingob, bezeichnete die Himba noch zu seinen Amtszeiten als Premierminister als „primitive Menschen mit nackten Brüsten". Vize-Energieminister Nyamu meinte: „Die sogenannte traditionelle Lebensweise der Himba, die in den westlichen Medien immer so hochgehalten wird, ist aus Armut geboren. Warum haltet ihr in Europa Armut für schützenswert?" Ex-Präsident Sam Nujoma warf Kritikern vor, selbst gewählte afrikanische Entwicklung verhindern zu wollen.

Opuwo

Die Distrikthauptstadt der Kunene Region ist Opuwo (oder Ohopoho, wie es bis 1974 geschrieben wurde). Das bedeutet in Herero so viel wie „es ist genug (für mich)"; man findet aber auch Übersetzungen wie „bis hierher und nicht weiter". Als der südafrikanische Kommissar Hugo Hahn (nicht zu verwechseln mit dem Missionar und Abenteurer Hahn) auf der Suche nach einem Ort für den Sitz der Verwaltung war, wiesen ihm die Himba diesen Ort zu, wo sich das erste, 1938 geschlagene Bohrloch des Kaokoveldes befand. Hahn soll gesagt haben: „Dieser Platz ist genug für mich."

Heute besteht Opuwo aus einer Polizeistation, einem Krankenhaus, Kirchen, einer Lodge, zwei Supermärkten, zwei Tankstellen, die nur noch ganz selten kein Benzin haben, und jede Menge *Shebeens* (kleine lokale Kneipen). Hier ist die letzte Möglichkeit, sich auf dem Weg in abgelegene Gebiete mit Benzin-, Essensvorräten und Ähnlichem zu versorgen.

ÜBERNACHTUNG UND ESSEN

Opuwo Country Lodge, ✆ 064-418661, am nordwestlichen Stadtrand, Buchungen unter ✉ reservations@opuwolodge.com, 💻 www.opuwolodge.com, Karte S. 370–371. Die Lodge liegt etwas außerhalb von Opuwo auf einem Hügel mit tollem Blick auf die raue, ungezügelte Landschaft des Kaokoveldes. Ausflüge in die Umgebung. 40 Zimmer („Luxus" und „Standard", erstere sind geräumig und den etwas höheren Preis unbedingt wert, letztere sehr einfach), Restaurant, Bar. ❺
Campingplatz N$140 p. P., Du/WC, Licht, Strom-/Wasseranschluss, Abwaschküche, Picknickplätze, Rasen, Schatten.

Opuwo Mountain Camp, ✆-Handy 081-3061787, ✉ opuwomountaincamp@yahoo.com, 7 km vor Opuwo an der C 41, Karte S. 370–371. 2 Zimmer, Restaurant und Bar. ❶
Camping N$75 p. P., Du/WC, Picknickplätze.

Das **Oreness Restaurant**, ✆ 065-273572, befindet sich gegenüber der Shell-Tankstelle. Es wird von einem ortsansässigen Himba geführt, der internationale Küche serviert. ⌚ tgl. 7–23 Uhr, Internetzugang.
Hier kann man sich nach dem kleinen **Oreness Camp**, ✆ 065-273572, erkundigen, das nur einige hundert Meter vom Restaurant entfernt ist. Campingplatz N$80 p. P., Du/WC, Stromanschluss. Außerdem Bungalows (mit Bettzeug), nur Übernachtung ab N$350 p. P., keine

Wichtiges für Fahrten ins Kaokoveld

Das Kaokoveld ist ein abgelegener Landstrich, darin liegt u. a. die relative Einsamkeit und Unberührtheit begründet. Diese zu erhalten wird in der Zukunft wohl nahezu unmöglich sein. Jeder Besucher kann jedoch das Seine dazu beitragen.

Wer ins Kaokoveld fährt, sollte sich gut vorbereiten und einige Grundsätze einhalten. Am besten (da schonend für Umwelt und Menschen) ist es, mit einem kundigen Reiseleiter in das Gebiet zu fahren. Dabei gibt es zwei Möglichkeiten: entweder sich fahren zu lassen oder aber eine geführte Mietwagentour zu buchen, bei der ein Reiseleiter die Gruppe im eigenen Fahrzeug begleitet, die Teilnehmer aber selbst fahren. Veranstalter S. 82 sowie Farmen um Kamanjab und die Lodges im Gebiet.

Nur die C 35, C 41 und die C 43 können mit normalen Fahrzeugen befahren werden, jedoch muss man auf ausreichende Bodenfreiheit achten (ein Golf beispielsweise ist ungeeignet, besser sind größere Fahrzeuge mit entsprechender Bodenfreiheit). Eine denkbare Route für normale Pkw wäre, von Twyfelfontein über Palmwag nach Opuwo zu fahren (gerade dieser Abschnitt ist allerdings oft in sehr schlechtem Zustand, auch wenn der Joubert Pass nördlich von Sesfontein inzwischen geteert ist), weiter nach Epupa und dann über Opuwo auf der C 35 zurück Richtung Kamanjab oder aber über Ruacana auf der C 46 ins Ovamboland zu fahren.

Grundsätzlich, insbesondere für die anderen Strecken im Kaokoveld, gilt: Man sollte immer mit zwei oder mehr Allradwagen fahren. So kann man sich gegenseitig aus sandigen Stellen schleppen, und im Notfall kann ein Fahrzeug Hilfe holen.

Praktische Tipps

- Auch wenn heute regelmäßig gewartete Fahrzeuge erstaunlich selten kaputtgehen, ist dies nicht völlig auszuschließen. Und gibt das Fahrzeug tatsächlich den Geist auf, ist guter Rat teuer. Es ist durchaus möglich, tagelang kein anderes Auto auf der Strecke zu sehen. Zudem haben Handys hier kein Netz. Man muss sich also auf eine mögliche Panne vorbereiten und eine Grundausstattung an Werkzeugen und Ersatzteilen mitführen. Dazu gehören zwei, besser drei gute Reservereifen und ein kompletter Satz Reifenflickzeug einschließlich einer guten Luftpumpe; Reservekeilriemen, Abschleppseil, Werkzeugkiste mit einer guten Auswahl an verschiedenen Schrauben, Muttern und Bolzen. Auch Draht und Klebemittel sind immer gut für eine Notreparatur. Außerdem sind funktionstüchtige Feuerlöscher erforderlich. Ausreichend Wasser in Kanistern (pro Tag in der Wildnis ohne Wasserquelle rechnet man zwei Kanister) sowie der gesamte Kraftstoff müssen mitgeführt werden. Dabei ist zu bedenken, dass der Benzinverbrauch auf Allradstrecken wesentlich höher ist als auf normalen Straßen. Ein funktionierender Einfüllstutzen darf ebenfalls nicht vergessen werden. Natürlich sollte man auch wissen, wie man das Mitgeführte benutzt.
- Grundvoraussetzung für eine solche Tour ist es, das Fahrzeug sicher zu beherrschen – was kann das Auto, was nicht etc. Wer schon einmal in tiefem Sand, an steinigen, steilen Hängen und in tiefem Schlamm gefahren ist, bringt gute Voraussetzungen mit.

Kreditkarten. Touren zu einem Himba-Dorf werden ebenfalls angeboten.

TRANSPORT

Selbstfahrer

Die Strecke von **Opuwo nach Epupa** ist relativ gut und einfach zu bewältigen. Nördlich von Okongwati wird die Straße etwas schlechter. Bei Okongwati ist das breite Ombuku Rivier zu durchfahren, was zumindest in der Regenzeit ein schwieriges Unterfangen werden kann. Bitte daran denken: Nie einfach in ein „laufendes" Rivier hineinfahren. Immer erst durchlaufen (auf der einen Spur hin, auf der anderen zurück). Übersteigt das Wasser Kniehöhe, muss man warten, bis der Wasserpegel gesunken ist.

- Anhänger können auf den schweren Strecken nicht verwendet werden, das Gepäck muss also im bzw. auf dem Fahrzeug verstaut werden.
- Man sollte immer in den alten, ausgefahrenen Spuren bleiben und nicht neue Strecken erfinden. Die Spuren der Fahrzeuge bleiben oft jahrelang sichtbar.
- Gezeltet werden sollte möglichst nur auf den vorhandenen Campingplätzen. So verdient die Lokalbevölkerung ein paar Cents, und es fördert das Verständnis für und die Akzeptanz von Touristen.
- Neue Feuerstellen lassen sich nicht restlos tilgen. Häuft man Sand darüber, bleiben der Hügel und die Kohle darunter lange erhalten; lässt man es einfach offen liegen, kann sich schnell ein Buschfeuer entwickeln. Daher möglichst alte Feuerstellen nutzen. Sind keine alten vorhanden, gräbt man ein kleines Loch. Besteht die Gefahr eines Buschfeuers (beispielsweise in hohem Gras), ist der Gaskocher zu bevorzugen.
- Dass man sämtlichen Müll (Dosen, Plastik und anderes) wieder mitnimmt, versteht sich von selbst. Auch auf den Campingplätzen wandert der Abfall nur in das Müllloch direkt hinter dem Platz. Entsorgt werden kann der Müll in den größeren Orten Khorixas und Opuwo.
- Einen Himba-Kral (ein Gehöft) sollte man nicht ohne Erlaubnis bzw. Aufforderung betreten; und keinesfalls quer über den Hof fahren, auch nicht bei unbewohnten Kralen. Die Himba sind Nomaden und ein unbewohnter Kral ist nicht zwangsläufig aufgegeben. Hier ein Horn oder ein Stück Holz mitzunehmen, kommt dem Diebstahl des Fernsehers aus unserer Wohnung während unserer Abwesenheit gleich.
- Möchte man Fotos von Menschen machen, wird vorher eine angemessene Vergütung vereinbart. Bei Süßigkeiten ist zu bedenken, dass die Himba keine Zahnbürsten kennen. Bei Arzneimitteln, die immer wieder gefordert werden, ist ganz besondere Vorsicht angebracht. Aus leicht verständlichen Gründen sollte man keinen Alkohol an die Himba verkaufen oder verschenken (Näheres zum Volk der Himba S. 154).

Wichtige Hinweise

- Bei der Routenplanung sollte man sich nicht von den bestehenden Karten irreführen lassen. Auf vielen sind kaum existierende Spuren mitunter als richtige Straßen eingezeichnet.
- Den berüchtigten Van Zyl's Pass sollte man – wenn überhaupt – nur hinab, also von Ost nach West, fahren. Der Pass wurde seit mehreren Jahren nicht mehr gewartet, sondern im Gegenteil durch ungeübte Allradfahrer weiter zerstört. Die Regenfälle in der letzten guten Regensaison taten mit Verspülungen ihr Übriges.
- Weitere Tipps zur Streckenführung S. 393.
- Wer sich in das Kaokoveld begibt, fährt heute einfach nicht mehr ohne GPS los. Dafür kann man sich dann Tracks4Africa oder die Digitale Straßenkarte Namibia (S. 101) besorgen.

Epupa Falls

Die Epupa Falls liegen im Kunene, dem Grenzfluss zu Angola. Der Kunene ist einer der vier Flüsse Namibias, die das ganze Jahr über Wasser führen. Wer über die staubige Straße von Opuwo anreist und den Hügel erreicht, vor dem sich das grüne Kunene-Flusstal mit der Gischt der Fälle im Zentrum ausbreitet, wird sich für alle Mühsal belohnt fühlen und wissen: Opuwo war ganz bestimmt nicht genug.

Von diesem Hügel führt nach links (Westen) ein kleiner Weg auf die Spitze des Berges, den man hochfahren oder -laufen kann. Von hier hat man eine noch bessere Sicht auf die Fälle (Kamera nicht vergessen). Das sich schlängelnde Band des Kunene und die Epupa Falls mit den hohen Palmen und Affenbrotbäumen sind wahrhaft malerisch, hier lohnt es sich durchaus, zwei oder mehr Tage zu bleiben. Am Flussufer angekommen, kann man sich leider nicht so ohne Weiteres in die verlockenden Fluten stürzen. Die Krokodile hier sind riesig und sehr hungrig, was ob der kargen Landschaft nicht verwundert.

In dem natürlichen Pool oberhalb der Fälle sind normalerweise keine Krokodile, hier wagen sich einige Besucher ins Wasser – auf eigenes Risiko natürlich. Einheimische sieht man nicht baden, aber zumindest Wäsche waschen. Um die Fälle richtig sehen zu können, muss man ein Stück flussabwärts laufen. Größte Vorsicht ist beim Balancieren auf den großen Steinen oberhalb der Fälle angebracht. Beim Versuch, von hier nach unten zu schauen, haben schon einige Touristen das Gleichgewicht verloren und sind in die Tiefe gestürzt.

Der von der namibischen Regierung nach der Unabhängigkeit geplante Bau eines gigantischen Staudamms bei den Epupa Falls ist glücklicherweise ad acta gelegt worden, nachdem die Weltbank sich 2007 dafür entschied, jegliche Unterstützung zu verweigern.

Epupa Trails

Bei den Fällen gibt es die Epupa Trails, ein Projekt verschiedener Tourismusunternehmen und der örtlichen Himba-Gemeinde. Vier Wanderwege wurden gekennzeichnet und können nun mit einem Führer erkundet werden. Der **Kachira's Trail** ist ein Rundweg über die Hügel, der je nach Fitnessgrad und botanischem Interesse 3–5 Stunden in Anspruch nimmt. Schwerpunkt liegt auf der Landschaft, der Flora und Fauna. **Kachira's Himba Trail** schließt zusätzlich den Besuch eines Himba-Dorfes ein. Der **Crocodile Trail** dauert ebenfalls 3–5 Stunden und führt direkt am Kunene entlang.

Der **Epupa Trail** ist ein kurzer Rundweg im direkten Gebiet der Fälle. Da dieser Trail nur etwa 2 Stunden in Anspruch nimmt, eignet er sich gut als Abendspaziergang nach Ankunft an den Fällen. Für mehr Informationen, Anmeldung und Bezahlung (die längeren Trails ca. N$40 p. P., der kurze N$20 p. P.) wendet man sich an das Buchungsbüro. Es befindet sich neben dem kleinen Souvenirshop bei den Fällen.

ÜBERNACHTUNG

Epupa Falls Lodge & Campsite, ✆ 065-695106, ✆-Handy 081-1492840, ✉ koos.cunene@iway.na, 💻 www.epupafalls.com, direkt an den Epupa Fällen, Karte S. 370–371. 5 Bungalows mit Blick auf die Fälle, Toplage. Keine Kreditkartenzahlung. ❸
Der hiesige Campingplatz, N$110 p. P., Du/WC, Wasseranschluss, liegt direkt an den Fällen mit schönen Plätzen unter riesigen Bäumen. Die Himba sind an Besucher gewöhnt: Bettelei gibt es kaum, dafür gute Souvenirstände und sogar 2 Telefone direkt an den Fällen, die oft auch funktionieren. Die nötigen Telefonkarten muss man allerdings mitbringen, es werden weit und breit keine verkauft.
Ist dieser Campingplatz voll, gibt es ein Stück weiter östlich hinter dem Omarunga Camp den **Hot Springs Campsite** ebenfalls für N$110 p. P.
Omarunga Camp, ✆ 065-685039, Buchungen unter ✉ eden@africaonline.com.na, 💻 www.omarungalodge.com, 300 m östlich der Epupa-Wasserfälle direkt am Kunene (mit einem normalen, hochliegenden Pkw bei gutem Straßenzustand erreichbar), Karte S. 370–371. Den 13 geräumigen Zelten sind jeweils ein eigenes kleines Bad mit Waschbecken, Dusche und Toilette sowie eine kleine Veranda angegliedert. Die Betten sind mit Moskitonetzen ausgestattet. Ausflüge zu den umliegenden Ovahimba-Siedlungen werden angeboten, je nach Wasserstand auch River Rafting. Abendessen inkl. ❻
Campingplatz N$110 p. P. Du/WC, Licht, Wasseranschluss, Schatten.
Kapika Waterfall Camp, ✆ 065-685111, Buchungen unter ✉ kapika.epupa@gmail.com, 💻 www.kapikafalls.com, östlich der Epupa-Wasserfälle, Karte S. 370–371. 10 Chalets mit Du/WC, Strom und Moskitonetz. Schwimmbad, Restaurant, Bar. ❺
Epupa Camp, ✆ 065-685053, ✉ reservations@epupa.com.na, 💻 www.epupa.com.na. Camp direkt am Kunene, 700 m östlich der Epupa Falls (mit einem normalen, hochliegenden Pkw bei gutem Straßenzustand erreichbar), Karte S. 370–371, inmitten von Affenbrotbäumen und Palmen. Das Camp wird in Zusammenarbeit mit den lokalen Himba geführt. Es gibt neun Doppelzelte, mit Liebe zum Detail dekoriert.

Abendessen inkl. WLAN. Raften wird ebenfalls angeboten. ❻

Von Epupa zurück nach Sesfontein

Die wirklich beste Allradstrecke durch das Kaokoveld, die auch der Kaokoveld-Experte und Autor Jan Joubert empfiehlt, führt von Epupa zunächst zurück über Okongwati nach Opuwo. Die C 43 zwischen Okongwati und Opuwo wird nur ab und an gewartet. Nach Regenfällen ist sie zeitweise nur mit Geländewagen zu bewältigen.

In Opuwo kann man tanken und dann auf der D 3703 weiter nach Etanga fahren. Diese Strecke hat es bereits in sich und ist eine gute Übung für den Pass. Von Etanga geht es entweder über den Otjihaa Pass weiter nach Orupembe, ggf. empfiehlt sich von dort ein Abstecher in den Marienfluss, oder über den Van Zyl's Pass in den Marienfluss. Von dort fährt man nach Orupembe und weiter über Purros und durch die Giribis-Fläche nach Sesfontein.

Die Strecke von Okongwati über Otjitanda zum Van Zyl's Pass ist fast genauso schlecht wie der Pass selbst. Auch diese Strecke wird immer wieder unterschätzt, sicherlich u. a. deswegen, weil sie auf den Karten eine offizielle Nummer, D 3703, trägt. Da die Pad stark ausgespült ist, werden hier häufig ganze Fahrzeuge kaputtgefahren, zumindest das Differential. Mitunter werden fast rührend anmutende Straßenbauarbeiten von Hand getätigt, die jedoch erstens langsam vonstatten gehen und zweitens vom nächsten Regen wieder zunichte gemacht werden.

Van Zyl's Pass

Der gesunde Menschenverstand rät einem schon beim Anblick des Van Zyl's Pass, umzudrehen. Doch gerade darin liegt vermutlich die magische Anziehungskraft, die der Pass auf alle Allradfahrer ausübt. Man sollte den Pass nur herunterfahren, also von Ost nach West passieren. Früher gab es unten am Pass sogar Hinweisschilder, die ein Hinauffahren verboten. Es wird angenommen, dass sich jemand die Schilder als Souvenir mitgenommen hat.

Abgesehen davon, dass der Pass bergauf fast nicht zu bewältigen ist und sowohl Fahrzeug als auch Pass dabei Schaden nehmen, hat man es mitnichten geschafft, wenn man oben ist. Die zwei schlimmsten Stücke liegen östlich des eigentlichen Passes. Hier hat der Regen sämtlichen Sand und kleine Steine weggespült, sodass man über eine ungleichmäßige „Treppe" fahren muss. Diese Stellen können nur von hochachsigen, starken Fahrzeugen wie dem Unimog bewältigt werden. Die gewöhnlichen Geländewagen müssen mit Vollgas hochgehetzt werden, wobei erstaunlich schnell Federn, Stoßdämpfer, Kardanwellen und Antriebsachsen brechen. Wenn man diese Treppen bergab fährt, sollte man den kleinsten Gang einlegen und ganz langsam runterfahren. Schwere Ausrüstung wie Wasser- und Benzinkanister sollten vom Dach in den Kofferraum gepackt oder ganz abgeladen werden, um eine Toplastigkeit des Wagens zu vermeiden.

Oben am Pass angekommen, kann man sich eine Pause am Aussichtspunkt gönnen (nach rechts abzweigen) und den einmaligen Blick in das Tal des Marienflusses genießen. Danach geht es noch den eigentlichen Pass, ebenfalls im kleinsten Gang, hinunter. Dann hat man es geschafft.

Der Pass wurde von Ben van Zyl gebaut und nach ihm benannt. Er war „Bantu-Kommissar" der südafrikanischen Regierung und lebte von 1949 bis 1981 in Opuwo. Van Zyl musste regelmäßig zu Kontrollen in den Marienfluss fahren. Da ihm die normale Strecke über Orupembe zu lang und langweilig wurde, entschloss er sich, eine Abkürzung über die Berge zu bauen. Van Zyl suchte sich die alten Wege der Elefanten und Zebras, stattete ein paar Himba mit Picke und Schaufel aus und erklärte ihnen, dass der Weg so breit zu sein habe, dass sein Fahrzeug durchpasse. Erstaunlich, dass er die Himba überhaupt zu diesem Bau bewegen konnte, noch erstaunlicher, dass der Bau nach vier Monaten abgeschlossen war. Van Zyl war dann auch als erster so waghalsig, den Pass hinunterzufahren.

Übernachten kann man auf dem **Van Zyl's Pass Campsite**, 💻 www.spitzkoppereservations.com, etwa 20 km östlich des van Zyl's Pass, beim Dorf Otjitanda, Karte S. 370–371. Der Cam-

DER NORDWESTEN

pingplatz wird von der Otjitanda Conservancy geführt. Es gibt drei Plätze mit manchmal funktionierenden Du/WC, Grillplätze und Küchenzeile. Ca. N$100 p. P.

Marienfluss

Unten angekommen, ist man im Marienfluss, einer der schönsten Gegenden Namibias. Nach der Mühsal des Passes wird man hier mit leichten Sandpads durch sanft hügelige Landschaft aus rotem Sand und gelbem Gras, begrenzt von hohen Bergen (von denen man gerade runtergekommen ist), belohnt. Der Name Marien*fluss* ist irreführend, denn es handelt sich hier nicht um einen Fluss oder ein Rivier, das zu einem Fluss anschwellen könnte, sondern um ein lang gezogenes, breites Tal zwischen zwei Bergketten. Den Hinweisschildern, die darum bitten, kein Feuer zu machen, nicht zu campen und nicht von den Wegen abzuweichen, sollte Folge geleistet werden.

Fährt man durch den Marienfluss nach Norden, kommt man wieder beim Kunene an. Hier leben die Himba seit Jahrhunderten. Die einmalige Graslandschaft des Marienflusses weicht am Ufer des Kunene leider der Ödnis, verursacht durch Überweidung. Große Vorsicht muss am Fluss wegen der Krokodile walten, die hier ganz besonders aggressiv sind.

ÜBERNACHTUNG

Okahirongo River Camp, ✆ 065-685018, ✉ info@okahirongo.com, 💻 www.okahirongolodge.com. Luxuriöses, wunderbares Camp im Mariental am Kunene, Karte S. 370–371. 7 Luxuszelte auf Stelzen oberhalb der Stromschnellen, Swimmingpool. Mahlzeiten und Aktivitäten inkl. ❽

Okarohombo Campsite, 💻 www.spitzkoppereservations.com, direkt am Kunene im Marienfluss, Karte S. 370–371. Nur per Geländewagen zu erreichen. Von Himba betrieben, N$80 p. P., sehr einfach, Du/WC, Wasseranschluss, kein Trinkwasser. Feuerholz mitbringen. Keine Kreditkarten.

Orupembe

Fährt man vom Marienfluss wieder nach Süden, kommt man zunächst zum Rooidrom *(red drum)*, einem roten 200-l-Fass. Dort geht es nach rechts, bis irgendwann Orupembe erreicht ist. Unterwegs wandelt sich die Landschaft. Sie wird wieder hügelig und steinig und die Strecke erneut schwieriger.

Konnte man Orupembe früher nur am Wasserbassin mit kleinem Windmotor erkennen, so gibt es heute dort einen kleinen Shop, der eiskaltes Bier und Coke verspricht – und dieses Versprechen meist auch einhält. Wie die junge Frau, die diesen Shop betreibt, es schafft, ihre Waren hierher zu verfrachten und auch noch so kalt anbieten zu können, bleibt ein Rätsel, unterstützenswert ist die Mühe auf jeden Fall.

Hier gibt es eine ausgewiesene Stelle zum Campen (ohne Ausstattung). Die Strecke nach Süden Richtung Purros führt weiter an die Küste heran. Es dominiert schon die typische, nahezu vegetationslose Landschaft der Skelettküste. Umso erstaunlicher ist es, dass hier häufig noch Springböcke, Oryx und vereinzelt sogar Giraffen zu sehen sind. Sieht man einen dunklen Punkt in der Ferne, von dem man meint, es könnte ein Busch sein, handelt es sich bestimmt um einen Strauß.

ÜBERNACHTUNG

Marble Campsite, an der D 3707, 10 km nordöstlich von Orupembe, 23,5 km südwestlich von Red Drum. Schöner, gepflegter Campingplatz bei einer alten Marmormine, Du/WC, Schatten, Küche, N$90 p. P. Keine Kreditkartenzahlung.

Purros

Purros hat eine besondere Attraktion: Hier gibt es permanent Wasser. Im Hoarusib Rivier befinden sich unterirdische Sickerquellen, dadurch wachsen Gras und weit ausladende Anabäume. Giraffen, Springböcke, Oryx-Antilopen und sogar Elefanten streifen hier umher.

Neben dem Campingplatz befindet sich das **Purros Traditional (Himba) Village** mit einem Souvenirshop.

ÜBERNACHTUNG

Purros „Ngatutungepamwe" Campsite, am Zusammenlauf von Hoarusib und Gomatum Rivier, Karte S. 370–371. Schöne, große Zeltplätze unter riesigen Bäumen mit Du/WC,

Wasseranschluss, kein Trinkwasser, N$80 p. P. Geführte Wanderungen werden angeboten. Durch die Nähe zur Küste kann es nachts empfindlich kalt werden. Achtung, abends alles Essbare wegräumen, hier streifen nachts mitunter Elefanten umher. Keine Kreditkarten.

Okahirongo Elephant Lodge, ✆ 065-685018, ✉ info@okahirongo.com, 💻 www.okahirongolodge.com, Karte S. 370–371. Sehr luxuriöse Lodge, 7 Bungalows mit privater Terrasse und wunderbarer Aussicht auf die Landschaft im Hoarusib-Tal. Pool, Internetzugang, Massagen und viele Aktivitäten. ❽

Von Epupa nach Osten und Süden

Wer von Epupa nach Ruacana will, fährt am besten zurück nach Opuwo, dort auf die C 41 und nimmt dann die C 35 nach Norden. Diese Strecke lässt sich im Allgemeinen auch mit normalen Pkw bewältigen. Für Geländewagen und Fahrzeuge mit guter Bodenfreiheit ist auch die D 3701 von Epembe und dann die D 3702 nach Osten eine Option. Die Straße von Epupa nach Swartbooisdrift am Kunene entlang ist extrem schlecht (vergleichbar mit dem Van Zyl's Pass). Häufig muss man sich die Pad hier erst einmal selbst bauen. Das kann im Sommer wegen der extremen Hitze des Kunene-Tales zur Tortur ausarten. Verstärkt wird die Qual noch durch den Anblick des kalten Wassers des Kunene, in den man wegen der lauernden Krokodile tunlichst nicht springen sollte. Führt der Fluss Hochwasser, existiert nicht einmal mehr eine Spur.

Die Strecke D 3702 von Swartbooisdrift nach Ruacana ist zwar etwas besser, jedoch bei Hochwasser ebenfalls nicht passierbar.

ÜBERNACHTUNG

Kunene River Lodge, Hillary & Pete Morgan, ✆ 065-274300, Buchungen unter ✉ info@kuneneriverlodge.com, 💻 www.kuneneriverlodge.com, an der D 3700, 5 km östlich vom Swartbooisdrift am Kunene, 61 km westlich von Ruacana und 100 km östlich der Epupa Falls, Karte S. 370–371. Anfahrt in der Trockenzeit u. U. mit Geländewagen vorteilhaft, in der Regenzeit ein Muss! Es gibt neue größere Bungalows, die älteren sind preiswerter. Restaurant, Schwimmbad, Shop. Die Lodge ist mit 3 Wüstenblumen beim Eco Award ausgezeichnet worden. ❹

Campingplatz; N$150 p. P.; Du/WC, einige Plätze mit Strom, aber nur solange der Generator läuft.

AKTIVITÄTEN

Zur Kunene River Lodge fährt man nicht unbedingt, um eine schöne Lodge am Fluss zu genießen, sondern um etwas zu erleben. Hauptattraktion ist das **Raften** auf dem Kunene. In der Trockenzeit, v. a. im November, ist das Raften am Wochenende wegen des niedrigen Wasserstandes nicht möglich, da dann die Turbinen in Ruacana nicht in Betrieb sind; gegen Ende der Regenzeit (April/Mai) kann der Wasserpegel u. U. zu hoch zum Raften sein.

Außerdem werden Sundowner-Cruises auf dem Fluss, Kanutrips und Angeltrips angeboten. Aktivitäten möglichst im Voraus buchen. 2 Übernachtungen sollten mindestens eingeplant werden.

Ruacana Falls

Die Ruacana Falls im Kunene, rund 160 km östlich von Epupa, sind aufgrund des vorgelagerten Calueque Dam leider meist trocken. Die Schlucht hat jedoch auch ohne Wasser ihren Reiz.

Führen die Ruacana Falls nach besonders starken Niederschlägen Wasser, sind sie fast so beeindruckend wie die Victoria Falls und dazu noch menschenleer. Dieses Naturwunder spielt sich meist um Ostern herum ab.

Wer nur der Fälle wegen hierher fahren und Enttäuschungen vermeiden möchte, fragt kurz vorher noch einmal bei der Lodge nach.

Westlich, unterhalb der Fälle, befinden sich die sogenannten **Hippo Pools**, an dieser Stelle ist der Fluss etwas breiter. Hier gibt es einen kleinen, landschaftlich sehr schönen Campingplatz. Im gleichnamigen **Dorf**, ein Stück die D 3618 nach Süden (die Strecke von den Fällen bis zum Dorf ist asphaltiert), gibt es eine Tankstelle mit einem kleinen Shop.

Strauße

Der Strauß, *Struthio camelus*, ist mit einer Größe von 2,3 m (bis zum Kopf) der größte Vogel der Welt. Ein ausgewachsener Strauß kann ein Gewicht bis zu 150 kg erreichen. Der Strauß nimmt rund 5 kg Nahrung pro Tag zu sich. Zur Unterstützung der Verdauung werden Steine und sonstige harte Gegenstände, selbst Glas, verschluckt.

Der Strauß gilt als **schnellstes Lebewesen auf zwei Beinen** – innerhalb von zwei Sekunden kann er eine Geschwindigkeit von 60 km/h erreichen und dann noch einmal auf 80–100 km/h beschleunigen. Kleine Strauße sind bereits im Alter von sechs Wochen in der Lage, schneller als 60 km/h zu laufen. Der schmale Fuß sowie das große Herz ermöglichen es dem Vogel, sich mit diesen enormen Geschwindigkeiten fortzubewegen. Die Schrittlänge ist mit bis zu 5 m riesig.

Strauße leben vor allem in ariden Gebieten und haben sich den dort vorherrschenden Bedingungen angepasst (deshalb erscheint es geradezu irrwitzig, dass man in Deutschland erfolgreich Strauße züchtet). Sie können sehr lange ohne Flüssigkeit auskommen und sind in der Lage, Feuchtigkeit durch Sukkulenten und in Form von kondensiertem Nebel aufzunehmen.

Straußenhähne verteidigen während der Paarungszeit ein bestimmtes Gebiet, welches sie mit einem tiefen, brummenden Ruf, überraschenderweise dem Löwengebrüll ähnlich, markieren. Die Beine des Straußenhahns färben sich in dieser Zeit feuerrot. Beim Werben um die Dame seines Herzens führt er einen Tanz auf, der seinesgleichen sucht und jedem unvergesslich bleiben wird, der in den Genuss kommt, ihn dabei zu beobachten.

Brutzeit ist von August bis März. Von allen Vögeln legen die Strauße die größten Eier. Jede **Straußenhenne** legt bis zu 15 Eier in ein Nest, das aus einer Vertiefung im Boden besteht.

Das braungraue Gefieder der Hennen dient als Tarnung. Die Hennen sitzen während des Tages auf dem Nest, dann passt sich das Federkleid perfekt dem Wüstenboden an. Umgekehrt ist es bei den Hähnen mit ihren schwarzen Federn, die bei Nacht brüten. Die Strauße sind also den Menschen in der Gleichstellung der Geschlechter haushoch überlegen.

Nach 45 Tagen schlüpfen die Küken und verlassen das Nest einige Tage später. Das steife braune Gefieder, mit dem die Küken aus dem Ei schlüpfen, wird nach etwa zwei Wochen durch flauschige Federn ersetzt. Hennen und Hähne kann man in diesem Alter noch nicht voneinander unterscheiden. Erst nach sechs Monaten bekommen sie das richtige Gefieder.

Von hier kann man entweder der C 46 ins Ovamboland folgen – unterwegs ist das Tsandi Royal Homestead einen Stopp wert – oder aber der C 35 nach Süden, am Westrand des Etosha Parks entlang nach Kamanjab.

ÜBERNACHTUNG

Hippo Pool Otjipahuriro Campsite, ✆ 065-270299, Karte S. 370–371, von den Himba betrieben. Mit Du/WC, kein Trinkwasser, ca. N$100 p. P.; direkt am Fluss unter hohen Bäumen. Manchmal sind hier tatsächlich Hippos zu sehen. Keine Kreditkartenzahlung.

Ruacana Eha Lodge, ✆ 065-271500, ✉ info@ruacanaehalodge.com.na, 🖳 www.ruacanaehalodge.com.na, Springbok Ave, im Dorf Ruacana, Karte S. 370–371. Die alte Unterkunft Nampower Court, wo auch die Angestellten des Wasserkraftwerks wohnten, wurde renoviert und umgebaut. Vom Charakter eher Hotel als Lodge. Zimmer mit TV, AC und Kühlschrank. Das Personal legt hier, weitab der Zivilisation, mitunter reichlich „afrikanische Ruhe" an den Tag. ❸ Camping N$120 p. P., Du/WC, Strom-/Wasseranschluss, Schattenplätze.

Kamanjab

In Kamanjab, 305 km südlich von Ruacana, gibt es eine Polizeistation, eine Tankstelle und einen Supermarkt. Wer sich für **Felsgravuren** interessiert, kann sich beim Oase Garni Guesthouse den Schlüssel zur Peet Alberts Koppie, ca. 2 km entfernt, abholen. Von dieser Granitkuppe hatten schon frühe Jäger einen guten Ausblick in die Weite der Ebene und auf die nahen, natürlichen Wasserreservoirs.

Die Tiere, die sich dort einfanden, wurden auf der Kuppe verewigt. Die Gravuren sind überwiegend gut erhalten. Eintritt N$35 p. P. plus N$30 für das Fahrzeug.

Unweit von Kamanjab, etwa 20 km Richtung Osten auf der C 40, gibt es ein **Himba Traditional Village**, welches man allerdings nur noch als Gast des Oase Guesthouse besuchen kann. Hier lohnt sich vor allem für diejenigen ein Stopp, die nicht ins Kaokoveld fahren. Natürlich ist es vor allem ein Show-Dorf – Kamanjab ist nicht der angestammte Lebensraum der Himba –, jedoch führen die hier ansässigen Himba ein für sie ganz normales, den Traditionen folgendes Leben. Die Himba sind ein nomadisches Volk, das ganze Dorf zieht den Bedürfnissen entsprechend immer mal wieder um. Auf eigene Faust kann man deshalb dort nicht hinfahren. Die geführte Tour ist mit N$350 p. P. nicht ganz billig. Es gibt beim Dorf auch einen kleinen Campingplatz.

ÜBERNACHTUNG

Oase Garni Guesthouse, Marianne Burger, ✆ 067-330032, ✉ oaseguesthouse@iway.na 💻 www.oaseguesthouse.com, Karte S. 370–371. Burisches Guesthouse in Kamanjab mit Bar und Restaurant, Internetzugang. Touren ins Damaraland und Kaokoveld werden angeboten

Achtung Grenze

Die Ruacana Falls befinden sich im Grenzgebiet zwischen Namibia und Angola. Mehrfach wurden Touristen, die sich auf einem Trampelpfad an der Staumauer vorbei Richtung angolanischem Grenzstein bewegten – also unwissend die Grenze übertreten hatten –, von angolanischen Grenzbeamten festgenommen und nur nach langen Verhören und Zahlung einer hohen Geldsumme wieder auf freien Fuß gesetzt. Offensichtlich handelt es sich hier um korrupte Beamte in einem Gebiet ohne Recht und Ordnung, denen man tunlichst aus dem Weg gehen sollte.

Hinweis

Der Westteil des Etosha National Park, d. h. die Strecke durch das Galton Gate bei Otjovasondu Richtung Okaukuejo, darf seit 2014 uneingeschränkt befahren werden. Touristen können sich nun auch den Westteil als Selbstfahrer erschließen. Vorher war das ausschließlich Gästen des staatlichen Dolomite Camp vorbehalten. Die Landschaft ist hier zum Teil hügelig, wirkt unberührter und unterscheidet sich so vom flachen, teilweise überweideten östlichen Bereich in der Nähe der Pfanne.

(Namibia JJ Tours, ✉ bookings@namibiajjtours.com, 💻 www.namibiajjtours.com). ❶

Außerhalb

Duncan's Campsite, ✆-Handy 081-4241114, ✉ bookings@namibiajjtours.com, an der C 40, 20 km Richtung Outjo, Karte S. 370–371, von den Himba im traditionellen Stil erbaut, Campingplatz N$100 p. P. mit Du/WC. Hier zeltet man inmitten der Himba. Der Tourpreis zum Himba Village muss zusätzlich gezahlt werden.

€ **Oppi-Koppi-Restcamp**, Marian Könings & Vital Cardeynaels, ✆ 067-330040, ✉ info@oppi-koppi-kamanjab.com, 💻 www.oppi-koppi-kamanjab.com, am östlichen Dorfrand von Kamanjab, Karte S. 370–371. Urige Unterkunft mit herzlicher Atmosphäre und gutem Preis-Leistungs-Verhältnis. Nette Gastgeber, tolle Gegend, viele Koppies (Bergkuppen) mit großen Bäumen. À-la-carte-Restaurant, Internetzugang. Keine Kreditkartenzahlung. ❷ Weitläufiger Campingplatz, N$100 p. P., Du/WC, Licht, Strom-/Wasseranschluss.

Alpec Bushcamp, ✆-Handy 081-4622933, ✉ alpecbushcamp@gmail.com, 💻 www.alpecbushcamp.com, 7 km nördl. von Kamanjab an der C 35, Karte S. 370–371. Gut ausgestattetes Camp mit Blick auf ein Wasserloch, 1 Bungalow und 5 feststehende Zelte, schöner Swimmingpool, Internetzugang, Boma & Bar; Mahlzeiten und Game Drives können gebucht werden. Die Gastgeber Alene & Peter Pretorius kümmern sich herzlich um ihre Gäste. Keine Kreditkartenzahlung. ❷

Farmschule Otjikondo

Rund 80 km nördlich von Outjo in Richtung Kamanjab ist auf der linken Straßenseite ein schlichtes Holzschild „Otjikondo School Village" zu sehen. Reiner und Gillian Stommel erwarben 1989 die ehemalige Polizeistation Otjikondo und begannen hier ein großartiges Projekt: armen Farmkindern der Region eine gute Schulausbildung zu ermöglichen und ihnen damit eine Lebensperspektive zu verschaffen. Anfangs waren es sechs verwahrloste Gebäude, die im Laufe der letzten Jahre mithilfe von Spendengeldern systematisch zu einer Grundschule ausgebaut wurden. Heute besteht das Schuldorf aus über 20 Gebäuden, einem großen Schulgarten, Spielplätzen für die Kleinsten und verschiedenen Handwerksräumen.

Die Otjikondo-Schuldorf-Stiftung wurde 1991 gegründet und ist eine Internatsschule für 240 Kinder im Alter von sechs bis 14 Jahren. Mit einer Mischung aus guter Schulbildung, dem Erlernen handwerklicher Fähigkeiten und der Vermittlung ethischer Werte ist Otjikondo zu einem Projekt mit Vorbildcharakter geworden. In einem strukturierten Umfeld erwerben die Kinder hier neben fachlichem Wissen auch praktische und soziale Fähigkeiten. Durch liebevolle Zuwendung und Geborgenheit gewinnen sie Selbstvertrauen und werden auf ein verantwortungsbewusstes Leben gut vorbereitet. Das einzigartige, persönliche Engagement von Reiner und Gillian Stommel und der Spenderinnen und Spender aus aller Welt zeigt, wie aus einer kleinen, privaten Initiative Großes entstehen kann. Wer die Schule besuchen möchte, möge sich bitte rechtzeitig zwecks Terminvereinbarung anmelden: ✆ 067-313800, ✉ osdf@mweb.com.na, 💻 www.otjikondo.com.

Michael Schnurr hat die Lebensgeschichte der Stommels und die Gründung der Farmschule Otjikondo in seinem Buch *Aufbruch nach Namibia* beschrieben.

Camping N$140 p. P., Du/WC, Strom-/Wasseranschluss.

Blyerus Campsite, ✆ 081-3210915, 💻 www.blyerus.com, an der C 35, 35 km hinter Kamanjab Richtung Opuwo, Karte S. 370–371. N$75 p. P., Du/WC, Schattenplätze.

Huab Lodge & BushSPA, ✆ 067-312070, ✉ reservation@huab.com, 💻 www.huab.com, im Damaraland am Ende der D 2670 südlich von Kamanjab, Karte S. 370–371. Das 1992 gegründete, private Wildschutzgebiet am Huab Rivier wird zeitweilig von den legendären Wüstenelefanten aufgesucht. Die Bungalows sind großzügig und luxuriös mit jeweils 2 Doppelbetten ausgestattet. Ein Bungalow ist behindertengerecht. Direkt an der Lodge ist eine Thermalquelle. Massagen werden angeboten. Wanderungen und Geländefahrten. WLAN. Abendessen inkl., es gibt auch einen *All-inclusive*-Preis. Huab hat schon 3 der begehrten Wüstenblumen beim Eco Award gewonnen, u. a. für aktiven Naturschutz, Einsatz von Solarenergie, Wasserwiederaufbereitung. ❼

Porcupine Camp, ✆ 067-330274, ✉ info@porcupine-camp.com, 💻 www.porcupine-camp.com, 8 km außerhalb von Kamanjab Richtung Palmwag, Karte S. 370–371. Schöner Campingplatz N$75 p. P., Du/WC, Wasseranschluss, Restaurant, Bar. Täglich frisch gebackener Kuchen, in die Granitsteine gehauener Sitzpool, Wanderwege. Wer kein Zelt dabei hat, für den gibt es feste Zelte. Keine Kreditkartenzahlung. Für N$70 p. P. kann man der Fütterung der Stachelschweine beiwohnen – eine einmalige Gelegenheit, diese nachtaktiven Tiere zu sehen. ❶

Rustig Toko Lodge, ✆ 067-330240, Buchungen unter ✉ rustic@iway.na, 💻 www.tokolodgesafaris.com, am Südwestrand von Etosha an der D 2695, Karte S. 370–371. Angenehme Atmosphäre. Internetzugang. Gute Wandermöglichkeiten mit und ohne Guide, auch zur Wildbeobachtung. Ausflüge ins Kaokoveld werden organisiert. ❹

Campingplatz N$150 p. P., Du/WC, Abwaschküche, Kochgelegenheit; Camper können die Anlagen der Lodge nur nutzen, wenn keine Gäste dort sind. Abendessen kann gebucht werden.

© PETER PACK

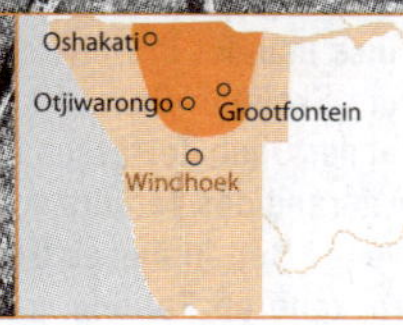

Der Norden

Stefan Loose Traveltipps

10 Ugab-Terrassen Das Tal des heute trockenen Ugab Riviers mit den drei Terrassen und der Vingerklip zählt zu den schönsten Gegenden Namibias. S. 400

11 Etosha National Park Die artenreiche Tierwelt ist in den offenen Savannen besonders gut zu beobachten. S. 404

Four O Region Hier lebt rund die Hälfte der namibischen Bevölkerung. S. 423

Waterberg Durch die Quellen weist der Berg eine einzigartige Flora auf. Auf dem Plateau wurden viele Wildarten angesiedelt. S. 454

10 HIGHLIGHT

Ugab-Terrassen

Fährt man auf der C 39 von Khorixas nach Outjo und biegt nach ungefähr 46 km beim Schild „Vingerklip" rechts auf die D 2743 ab, eröffnet sich nach wenigen Kilometern ein imposanter Ausblick in das Tal der Ugab-Terrassen. Auch wenn man hier nicht übernachten will, lohnt sich ein Abstecher in diese einmalig schöne Landschaft.

Das Auffanggebiet des **Ugab Rivier** liegt in den Bergen des Otavidreiecks. Der (Trocken-) Fluss mündet in Höhe des südlichen Eingangs zum Skeleton Coast Park in den Atlantik. Das Tal der Ugab-Terrassen ist ungefähr 80 km lang. Während des Tertiärs schnitt sich der Ugab ein weites Bett in dieses Gebiet. In der folgenden, trockeneren Periode vor etwa 20 Mio. Jahren füllte der Fluss aufgrund nachlassender Fließgeschwindigkeit sein Bett und das Tal wieder mit Sand und Schotter auf (teilweise bis zu 100 m hoch). Vor 2 Mio. Jahren, einer geologisch gesehen kurzen Zeit, senkte sich der Meeresspiegel im Zuge der Eiszeiten auf der Nordhalbkugel. Die Fließgeschwindigkeit des Ugab nahm zu. Ein feuchteres Klima reaktivierte die Erosion – und der Fluss schnitt sich von Neuem in die Ebene, diesmal in seine eigenen Ablagerungen, wodurch die einzelnen Terrassen entstanden. Die größte Terrasse liegt heute 160 m über dem Flussbett. Der Ugab floss seit jeher durch kalkiges Gestein, deshalb ist sein Wasser sehr kalkhaltig. Trocknen nun einige Bereiche aus, verdunstet das Wasser und nur der Kalk bleibt zurück. Dieser fungiert als Bindemittel, ähnlich wie Zement. So wird aus den lockeren Steinen und Sandkörnern ein festes Konglomeratgestein. Die einzelnen Terrassen zeugen vom jeweiligen Ablagerungsmilieu.

Die **Vingerklip** ist ebenfalls ein Überbleibsel solcher Terrassen. Sie hat einen Umfang von 44 m und eine Höhe von 35 m. Das Alter dieses Konglomeratfelsens wird auf 15 Mio. Jahre geschätzt. 1970 wurde die Vingerklip zum ersten Mal bestiegen, 1973 bezwang Udo Kleyenstu-

DER NORDEN

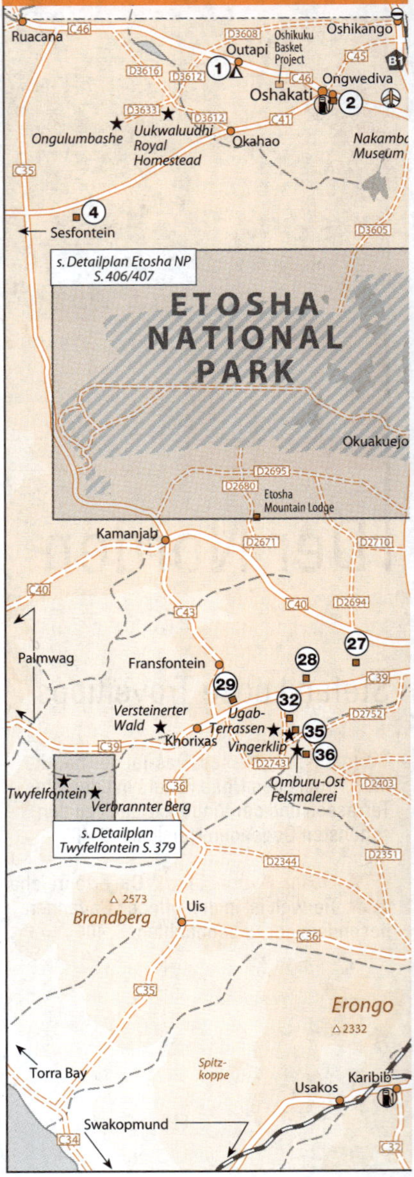

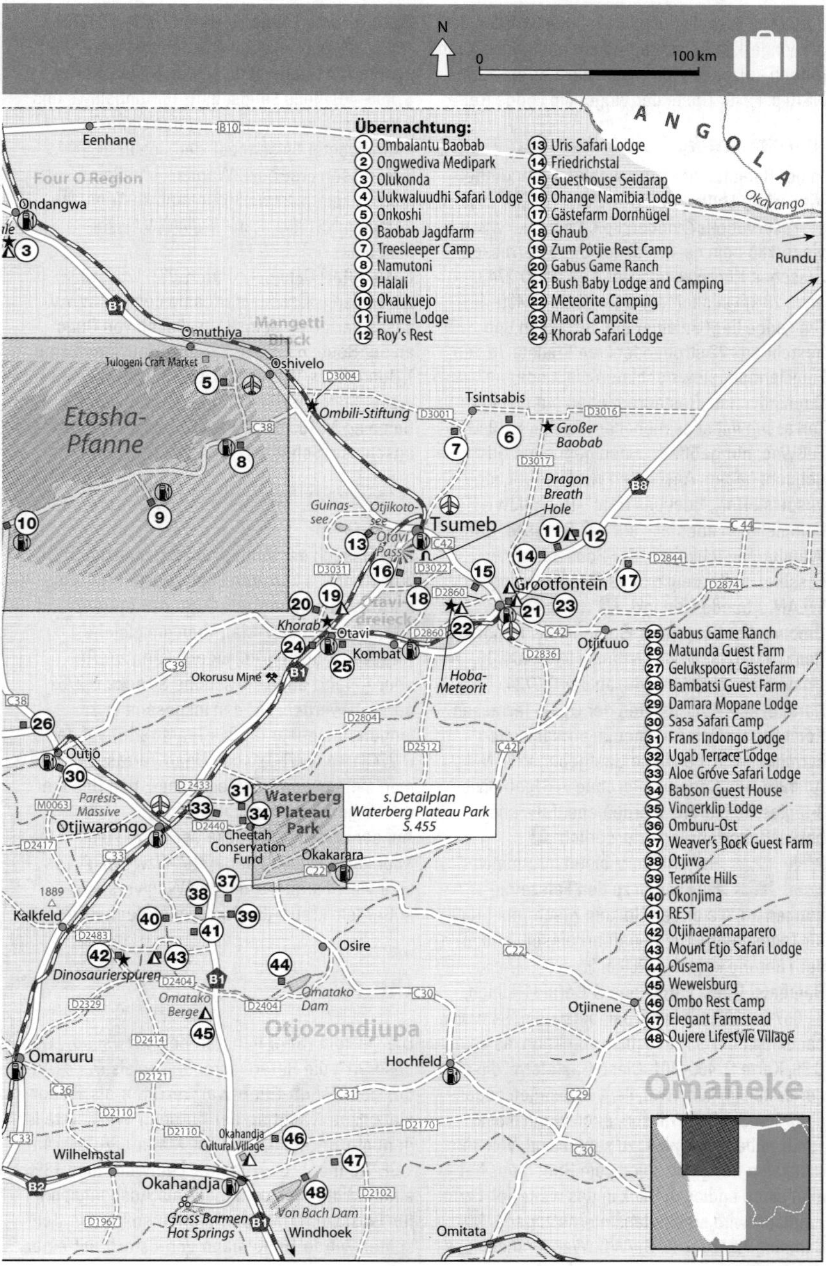
N
0
100 km
ANGOLA
Okavango
Rundu
Übernachtung:
1 Ombalantu Baobab
2 Ongwediva Medipark
3 Olukonda
4 Uukwaluudhi Safari Lodge
5 Onkoshi
6 Baobab Jagdfarm
7 Treesleeper Camp
8 Namutoni
9 Halali
10 Okaukuejo
11 Fiume Lodge
12 Roy's Rest
13 Uris Safari Lodge
14 Friedrichstal
15 Guesthouse Seidarap
16 Ohange Namibia Lodge
17 Gästefarm Dornhügel
18 Ghaub
19 Zum Potjie Rest Camp
20 Gabus Game Ranch
21 Bush Baby Lodge and Camping
22 Meteorite Camping
23 Maori Campsite
24 Khorab Safari Lodge
25 Gabus Game Ranch
26 Matunda Guest Farm
27 Geluksport Gästefarm
28 Bambatsi Guest Farm
29 Damara Mopane Lodge
30 Sasa Safari Camp
31 Frans Indongo Lodge
32 Ugab Terrace Lodge
33 Aloe Grove Safari Lodge
34 Babson Guest House
35 Vingerklip Lodge
36 Omburu-Ost
37 Weaver's Rock Guest Farm
38 Otjiwa
39 Termite Hills
40 Okonjima
41 REST
42 Otjihaenamaparero
43 Mount Etjo Safari Lodge
44 Ousema
45 Wewelsburg
46 Ombo Rest Camp
47 Elegant Farmstead
48 Oujere Lifestyle Village
B10
Eenhane
Four O Region
Ondangwa
B1
Omuthiya
Mangetti Block
Tulogeni Craft Market
Oshivelo
D3004
Ombili-Stiftung
D3001
Tsintsabis
D3016
Großer Baobab
Etosha-Pfanne
C38
D3017
Dragon Breath Hole
B8
Guinas-see
Otjikoto-see
Tsumeb
Otavi Pass
C42
C44
D3022
D3031
D2844
Grootfontein
D2874
D2860
Otavi-dreieck
Khorab
Otavi
Kombat
C42
Otjituuo
D2836
Hoba-Meteorit
C39
Okorusu Mine
D2804
D2512
C42
Outjo
Parésis-Massive
M0063
D2433
Waterberg Plateau Park
s. Detailplan Waterberg Plateau Park S. 455
Otjiwarongo
D2440
Cheetah Conservation Fund
D2417
C33
Okakarara
C22
1889
Kalkfeld
D2483
Osire
Dinosaurierspuren
D2404
Omatako Berge
Omatako Dam
C30
D2329
D2404
Otjozondjupa
Otjinene
D2414
Omaruru
Hochfeld
D2121
C36
C31
D2110
C29
Omaheke
D2110
D2170
C33
Okahandja Cultural Village
Wilhelmstal
C30
B2
Okahandja
D2102
Gross Barmen Hot Springs
Von Bach Dam
D1967
Windhoek
Omitata

DER NORDEN

ber sie im Freeclimbing. Erklommen werden darf die Vingerklip heutzutage nicht mehr, man kann jedoch durchaus drum herum laufen. Eintritt N$10 p. P., für Gäste der Vingerklip Lodge frei.

ÜBERNACHTUNG

In der Region gibt es nur wenige Unterkünfte:
Vingerklip Lodge, Ingrid Techow, ✆ 067-290319, ✉ reservations@vingerklip.com.na, 💻 www.vingerklip.com.na, im Tal der Ugab-Terrassen, zwischen Khorixas und Outjo an der D 2743, etwa 20 km südlich der C 39, Karte S. 400–401. Die Lodge liegt an einer der Terrassen und besteht aus 22 strohgedeckten Chalets. In den Familienbungalows schlafen die Kinder im Dachstövchen. Restaurant oben auf einer der Terrassen mit sensationellem Ausblick, 10 Min. Fußweg, nur geöffnet, wenn genügend Gäste gebucht haben. Ansonsten wird in der Lodge gespeist. Der „Heavens Gate"-Bungalow befindet sich ebenfalls auf der Terrasse. Gute Wandermöglichkeiten. Die Pool-Bar bietet Fassbier, außerdem gibt es einen Whirlpool. WLAN. Abendessen inkl. ❺

Omburo-Ost Gästefarm, Stephanie & Hendrik Reitz, ✆ 067-687208, ✆-Handy 081-2404719, ✉ omburo.ost@arcor.de, an der D 2734, Karte S. 400–401. Inmitten der Ugab-Terrassen. Komfortable Gästezimmer im afrikanischen Farmhaus-Stil, herzliche Gastgeber. WLAN. Ausritte zum Sonnenuntergang im Ugab Rivier; 3-tägige Reitsafaris werden ebenfalls angeboten, Reiterfahrung erforderlich. ❸

Hendrik Reitz bietet informative **Führungen zu den Felszeichnungen** an, die er den Heikom zuschreibt (auch für Tagesgäste). Die Rundfahrt einschließlich der Führung kostet N$200 p. P.

Bambatsi Guest Farm, Inge & Gerald Hälbich, ✆ 067-313897, ✉ info@bambatsi.com, 💻 www.bambatsi.com, 55 km östlich von Khorixas an der C 39, Karte S. 400–401. Diese Gästefarm, die eine der ersten im Land war, liegt sozusagen gegenüber den Ugab-Terrassen, auch wenn diese von Bambatsi aus nicht zu sehen sind. Von den rustikalen Bungalows und vom Haupthaus hat man einen endlosen Blick in das weite Tal. Farmrundfahrt wird angeboten. Internetzugang. ❹
Camping N$120 p. P., Du/WC, Wasseranschluss.

Ugab Terrace Lodge, ✆-Handy 081-1400179, ✉ info@ugabterracelodge.com, 💻 www.ugabterracelodge.com, an der D 2743, Karte S. 400–401. Tolle Landschaft, 16 Bungalows und 8 Hauszelte mit Ausblick auf das Ugab-Tal. Interessanter Felsenpool, der sich über 3 Terrassen erstreckt. Wander- und Reitmöglichkeiten sowie Mountainbike-Trips. ❺
Camping N$130 p. P. mit Du/WC, Wasseranschluss.

Sasa Safari Camp, ✆-Handy 081-1290658, ✉ bookings@sasasafaricamp.com, 💻 www.sasasafaricamp.com, 9 km südlich von Outjo an der Route 63, Karte S. 400–401. Uriges Camp, 7 Bungalows, WLAN; Volleyballplatz, Wanderwege. Schöner Blick über das Ugab-Tal. ❷
Camping N$100 p. P.; Du/WC, Strom-/Wasseranschluss, Schatten.

TRANSPORT

Selbstfahrer

Zum Besuch der Vingerklip fährt man die D 2743 (von Khorixas kommend den zweiten Abzweig der D 2743 nehmen, von Outjo den ersten) rund 20 km nach Süden. Man kann die gleiche Strecke zurückfahren, jedoch kann zur An- oder Abfahrt auch die schöne Strecke D 2752 gewählt werden. Für den insgesamt 86 km langen Abstecher (ab/bis Teerstraße) auf der D 2743 und D 2752 zu den Ugab-Terrassen muss man mindestens 3 Std. einplanen, den Besuch der Vingerklip eingeschlossen.
Auf der ersten Teilstrecke der D 2743 (von Khorixas kommend der erste Abzweig) gibt es sehr viele Farmtore, die den Weg versperren; außerdem kreuzt die Straße mehrfach Riviere.

Outjo

Die Heikom (San) nannten den Ort *Tsuub*, „der böse Ort", die Herero sprachen es als *Outjo* (Autjo) aus. Tsuub-Outjo war verrufen als Fieberplatz. Eine Nacht an der dortigen Wasserstelle genügte oft schon, um an Malaria zu erkranken. Dennoch begründete Leutwein hier 1896 einen Militärstützpunkt, der als Ausgangspunkt für Einsätze im Norden dienen sollte. Ein Jahr später wurde Hauptmann von Estorff mit einer

Truppe in Outjo stationiert, hauptsächlich um eine weitere Ausbreitung der Rinderpest zu verhindern (kein Rind durfte die Ost-West-Linie passieren). In dieser Zeit wurden ein Fort, eine Kaserne und ein Wohnhaus für den befehlshabenden Kommandeur gebaut. Farmer siedelten sich in diesem Gebiet an, Händler eröffneten Läden, und Outjo wuchs zu einem kleinen Örtchen heran. Der 1900 erbaute Turm ist jedoch ausnahmsweise kein Fort, sondern eine Windmühle.

Major Franke residierte in Outjo nach den Herero- und Nama-Aufständen. Das nach ihm benannte Haus war eines der ersten Steinhäuser des Ortes und stammt aus dem Jahre 1899. Franke unternahm von Outjo aus Erkundungszüge in den Norden ins Ovamboland und konnte bis 1908 Schutzverträge mit der Mehrzahl der Ovambo-Oberhäupter abschließen.

Hinter der Post steht das **Naulila-Denkmal**. Es erinnert an einen Vorfall im Oktober 1914, als deutsche Soldaten nach Naulila in Angola ritten, um über ein Nichtangriffsabkommen zu verhandeln. Einige der deutschen Soldaten wurden von den Portugiesen erschossen, woraufhin Major Franke im Dezember 1914 zu einer Strafexpedition auszog.

Heute liegt Outjos Hauptbedeutung in seiner Funktion als Durchgangsstation zum Etosha National Park.

Kommt man von Etosha und blickt nach Süden über Outjo hinweg, sieht man die beiden in majestätischer Einsamkeit liegenden **Parésis-Massive**. Die /geiodaman (San), die hier in schweren Zeiten Zuflucht suchten, bezeichneten die Massive als „Ehepaar", die Frau „Taree-Parésis" ist mit einiger Fantasie längs liegend vor Outjo zu erkennen, der Mann „Aure-Parésis" hält Wache auf der Kalkfeld-Seite.

ÜBERNACHTUNG UND ESSEN

€ **The Farmhouse Guesthouse & Biergarten**, ✆-Handy 081-2057047, ✆ 067-313444, ✉ bookings@thefarmhouse-outjo.com, 💻 www.thefarmhouse-outjo.com, 8 Hage Geingob St. 3 DZ und 2 Familienzimmer.

Internetzugang. Ansta, ihres Zeichens Damara, spricht Deutsch mit Schweizer Akzent und führt dieses Gästehaus beherzt und sehr erfolgreich. Die selbstgebackenen Kuchen (Schwarzwälder Kirschtorte, Donauwellen, Sachertorte, Apfelkuchen) sind eine regelrechte Überraschung. Dazu gibt es guten Kaffee. Im gemütlichen Biergarten wird deftiges Essen serviert. ❷

Außerhalb

Matunda Guest Farm, Michael Jentzsch, ✆ 081-3402363, ✉ matunda@iway.na, 💻 www.natron.net/matunda. Nördlich von Outjo an der Kreuzung C 40 und C 38, Karte S. 400–401. Nette Gästefarm mit Pool, 5 Zimmer, Farmküche, in der fast ausschließlich biologisch angebaute Produkte verwendet werden. Der komplette Strom für die Farm wird durch ein Solarsystem erzeugt. Swimmingpool, beleuchtete Wasserstelle. Internetzugang. Keine Kreditkartenzahlung. ❷

Gelukspoort Gästefarm, Christa & Frank Glöditzsch, ✆ 067-312025, ✉ info@gelukspoort.com, 💻 www.gelukspoort.com, an der C 39, 50 km hinter Outjo, Karte S. 400–401. Die „Glückspforte", versteckt und eingekuschelt zwischen den Bergen, ist ein echter Geheimtipp – wenn möglich sollte man hier zwei Übernachtungen einplanen. Auf Gelukspoort lässt sich namibische Gastfreundschaft im besten Sinne erleben. Das positive Lebensgefühl der Gastgeber Crissie und Fränkie Glöditzsch überträgt sich schnell auf alle Gäste. Es gibt hier Hühner, Enten, Esel, Kühe, Pferde und einen großen Wildbestand. Die landschaftlich reizvolle Farm kann auf Wanderungen oder Rundfahrten erkundet werden. Der Sundowner-Platz bietet einen grandiosen Ausblick. Ideal auch mit Kindern. Keine Kreditkartenzahlung. Abendessen inkl. ❺

Campingplatz N$150 p. P., Du/WC, Wasseranschluss, Abwaschküche.

EINKAUFEN

Namibia Gemstone, Dieter Langner, ✆ 067-313072, 8 Hage Geingob St. Gut sortierter Souvenirladen und engagierter Besitzer.

11 HIGHLIGHT

Etosha National Park

Etosha ist Namibias berühmtester Nationalpark und zu Recht eines der großen Highlights des Landes – ein Muss für jeden Namibiareisenden.

Zwei Drittel aller Landesbesucher fahren in den Etosha National Park. Leider wurden bisher jegliche Versuche, das Gebiet durch flexible Parköffnungszeiten und exklusive, private Lodges und Campingplätze innerhalb des Parks besser und effektiver zu nutzen, im Keim erstickt.

Von den anderen wildreichen Parks im südlichen Afrika (etwa Krüger, Chobe, Moremi) unterscheidet sich der Etosha Park vor allem durch die großen, weiten Flächen, auf denen das Wild, kaum durch Büsche oder Bäume verdeckt, gut zu beobachten ist. Es gibt jedoch auch in Etosha buschreiche Abschnitte.

Geografie und Geologie

Der Etosha National Park umfasst heute eine Fläche von 22 270 km². Der Park weist ein geringes Gefälle auf, zwischen Okaukuejo und Namutoni beträgt der Höhenunterschied nur 13 m. In der Mitte des Parks liegt eine große, weiße, salzverkrustete **Pfanne**. Sie ist 129 km lang und 72 km breit, und ihre Gesamtfläche aus Ton und Salz beträgt 4760 km² (etwa 23 % des Parks). Mit den 19 kleineren Nebenpfannen, die 3,9 % der Parkoberfläche ausmachen, bilden die Salzpfannen mehr als ein Viertel der gesamten Fläche des Parks.

Die Pfanne liegt 1077–1085 m über dem Meeresspiegel. Die graugrüne Färbung weiter Teile wird vom Tonmineral Glaukonit verursacht, das typisch für salzhaltige Böden ist. Die Etosha-Pfanne liegt im südlichen Ovambo-Becken, einem sogenannten Sedimentationsbecken. Verschiedene Sedimente haben sich im Laufe der Jahrmillionen übereinander abgelagert. Die oberste Sedimentreihe stellt einen Ausläufer des Kalahari-Beckens dar.

Einige Geologen vermuten, dass hier vor 7–3 Mio. Jahren ein großer **See** war, der unter anderem vom Kunene und vom Okavango gespeist wurde. In seinen wasserreichsten Zeiten erstreckte sich dieser See wahrscheinlich über 71 000 km². Durch hohe Verdunstung wurde der See salziger und nahm an Größe ab.

Vor wahrscheinlich 2 Mio. Jahren änderte ein Zulauf des Kunene seinen Lauf, bedingt durch die beginnende Eiszeit auf der Nordhalbkugel; dadurch führte der Kunene erheblich weniger Wasser. Außerdem sank der Meeresspiegel, daher floss der Kunene fortan nur noch in Richtung Atlantik, sodass der See auszutrocknen begann.

In diesem Prozess entstand das sogenannte **Cuvelai-System**, das das Landschaftsbild des Ovambolandes so entscheidend geprägt hat. Es besteht aus *oshanas*, großen, sehr flachen Senken, die in der Regenzeit überflutet werden und durch kleine Riviere verbunden sind. Vom ehemaligen See blieb nur die Etosha-Pfanne übrig, die auch nur noch bei besonders guten Regenfällen voll Wasser läuft. Der Salzgehalt des Wassers ist dann doppelt so hoch wie der des Atlantiks. Die Pfanne hat keinen Abfluss, nur drei große Zuflüsse: den Omuramba Oshigambo und das Ekuma Rivier aus dem Norden und den Omuramba Ovambo aus dem Osten. In den trockenen Monaten wirbelt der Wind den losen Sand und Staub auf. Dieser Erosionsprozess bewirkt ein stetiges Abtragen des Kalaharisandes, der sich im Nordwesten zu großen Dünen auftürmt; die Pfanne vertieft sich also fortlaufend ein wenig.

Am Südrand der Etosha-Pfanne gibt es viele **Quellen**, die den Tierreichtum hier überhaupt erst ermöglicht haben. Von den Karstgebieten der südlichen Umgebung der Pfanne (etwa dem Otavibergland) gelangt das Grundwasser bis an den Südrand der Pfanne. Dort trifft es auf kaum wasserdurchlässige, tonreiche Sedimente. Hier wird das Wasser aufgestaut und führt so zu einem Anstieg des Grundwasserspiegels, der stellenweise die Oberfläche erreicht. Neben diesen Stauquellen gibt es noch artesische Quellen und Schichtquellen. Außerdem sind 90 künstliche Wasserstellen geschaffen worden. 50 Wasserstellen führen ganzjährig Wasser.

Der Name Etosha

Die ausdrucksvollste der vielen Übersetzungen des Namens „Etosha" wurde 1978 von Hu Berry geprägt: „großer Platz des trockenen, weißen Wassers". Steht man in der Hitze am Jahresende kurz vor dem ersten Regen auf einer der kleinen Anhöhen am Rande der Pfanne und blickt hinunter in die Ebene, könnte man schwören, es wäre Wasser, das dort in der Weite steht. Schaut man jedoch durch ein gutes Fernglas, so tut sich die faszinierende Welt endloser Luftspiegelungen auf. Bis zu dem Punkt, wo sich der Horizont im Himmel auflöst, flimmert, schimmert und spiegelt sich alles. Selten genug – nur nach guten Regenfällen – gibt es hier tatsächlich Wasser.
Weitere Übersetzungen von „Etosha" sind „großer, weißer Platz", „Ort der Leere", „der Lauf ins Ungewisse" (geprägt durch einen Jäger, der versucht hatte, die Pfanne zu durchqueren) oder „See der Tränen" (beschreibt den unerträglichen Schmerz einer Heikom-Mutter, deren Kind in Etosha starb).

Geschichte

Als erste Europäer besuchten die Südwestafrikaforscher Charles John Andersson und Francis Galton, ein Vetter von Charles Darwin, 1851 die Pfanne. 1876 lebten die Dorslandtrekker vorübergehend an der Quelle Rietfontein. Reste ihrer Häuser und ihre Gräber sind noch heute dort zu sehen.

Am 22. März 1907 wurde das Gebiet vom Gouverneur der Deutschen Kolonialverwaltung, Dr. F. von Lindequist, zum Nationalpark erklärt und erhielt den Namen „Wildschutzgebiet Nr. 2". Zuvor war hier so exzessiv gejagt worden, dass es keine Elefanten mehr in der Region gab. Erst in den 50er-Jahren wurde wieder eine Herde Elefanten gesichtet, die aus 15–20 Tieren bestand. Es ist nicht geklärt, ob sich der heutige, 2400 Tiere zählende Bestand aus dieser Herde entwickelt hat oder ob weitere Herden hinzugekommen sind. Das Wildschutzgebiet Nr. 2, das viermal so groß war wie der heutige Etosha Park, umfasste 93 240 km² und schloss den Kunene und das Kaokoveld mit ein. Durch die enorme Ausdehnung wurde der Lebensraum der Herero, Nama und San, die hier früher gelebt und gejagt hatten, erheblich eingeschränkt. Ab

ETOSHA NATIONAL PARK

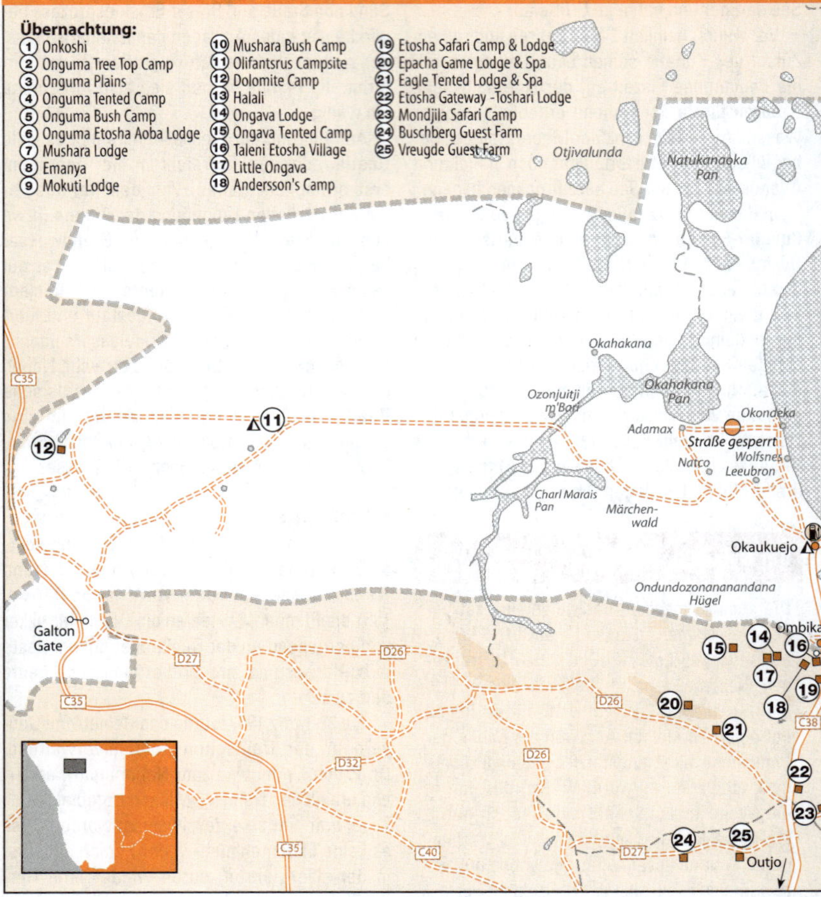

1947 begann die Reduzierung der Parkfläche im Zuge der südafrikanischen Homeland-Politik. Da man aber bald feststellte, dass der Park für die Migration des Wildes zu klein geworden war, fügte man das Gebiet zwischen dem Ugab und dem Hoanib bis zur Skelettküste wieder hinzu. Der Odendaal-Plan, der seit 1963 die Homeland-Politik in Südwestafrika verwirklichte, setzte dem alten Park jedoch 1970 ein Ende: Seine Fläche wurde um 77 % auf ihr heutiges Maß reduziert, u. a., um im Norden das Ovamboland zu schaffen. Zudem wurde ein Zaun rund um die verbliebene Fläche gezogen, um die Wildmigration zu verhindern.

Im Gebiet des heutigen Etosha National Park lebten früher die **Heikom (Hei//om)-San**, die gemischteste aller San-Gruppen. Sie sprechen einen Nama-Dialekt, der nicht als eigene Spra-

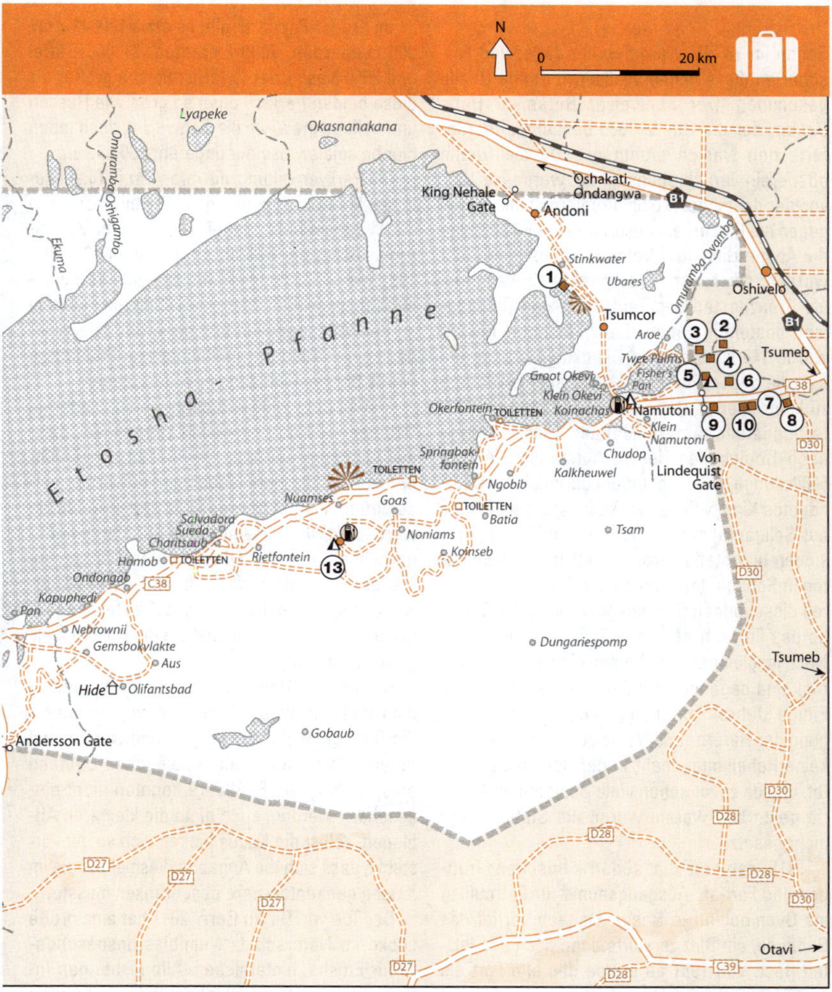

che gilt. Dennoch stellen sie eine eigenständige Volksgruppe dar.

Der Name *Heikom* bedeutet „Baumschläfer" und stammt aus der Zeit, als die Heikom noch in Etosha jagten und auf Bäume flüchteten, wenn sie von wilden Tieren bedroht wurden. Sie schliefen auf rudimentären Baumplattformen. Zur wirksamen Vertreibung von Insekten und insbesondere Moskitos zündeten sie ein Rauchfeuer aus der Rinde des Tambutibaumes an. Der zähflüssige Milchsaft und die ölige Beschaffenheit des Holzes erzeugten einen aromatischen Rauch, der eine ruhige Nacht sicherte.

Moskitos galten im Etosha-Gebiet schon immer als große Plage. Es wurde eine hohe Resistenz der Heikom gegen die meisten Krankheiten festgestellt – außer gegen Malaria. Die Kindersterblichkeit war sehr hoch.

Die Geschichte Namutonis

Schon im 18. Jh. waren weiße Jäger und Forscher an diese immer Wasser führende Quelle gekommen. Der Schweizer Botaniker Hans Schinz, der die Quelle 1886 besuchte, überlieferte den Namen „Amutoni". Da die Quelle obendrein verkehrsgünstig lag, wurde sie 1897 von der deutschen Kolonialregierung als Posten gegen die Rinderpest auserkoren. Von hier sollte die Absperrlinie, der Veterinärzaun, überwacht werden. Nach der Rinderpest blieb Namutoni als Grenzposten der Deutschen zum Ovamboland bestehen. Ein zweiter befestigter Posten wurde 140 km weiter in Okaukuejo erbaut, um dort die andere Route am Westrand der Pfanne zu kontrollieren. Die erste Festung wurde 1903 fertiggestellt. Am 28. Januar 1904, 17 Tage nach Beginn des Herero-Aufstandes, griffen 500 Ndonga (Ovambo) unter Führung ihres Oberhauptes King Nehale Lya Mpingana die Festung aus Solidarität mit den Herero an und hielten die sieben hier stationierten Schutztruppen-Soldaten in Schach. Im Schutze der Dunkelheit konnten diese jedoch flüchten, woraufhin die Ovambo das Fort am nächsten Tag niederbrannten. Noch im gleichen Jahr kamen die Deutschen zurück und begannen mit dem Neubau des Forts. Einige Jahre später, nach der Niederschlagung der Herero- und Nama-Aufstände, wurden keine Rebellionen mehr in der Region befürchtet, und da zuvor schon viele Soldaten an Malaria gestorben waren, wurde die Station nicht mehr besetzt.

1915 nahmen die südafrikanischen Truppen das Fort als Ausgangspunkt für Patrouillen ins Ovamboland in Besitz. Danach verfiel das Gebäude, ein Blitz zerstörte dann noch den letzten Rest. Von 1951 an wurde das alte Fort als Touristencamp wieder aufgebaut und 1957 mit hoher südafrikanischer Polit-Prominenz eröffnet.

Fauna und Flora

Auf der Liste der internationalen Wildparks nimmt Etosha einen ganz besonderen Platz ein. Der Reiz liegt wie überall in Namibia vor allem in der Leere und Weite. Was den Wildbestand angeht, wird der Etosha Park vom Massai Mara National Reserve (Kenya) und dem Krüger National Park (Südafrika) übertroffen.

Im Krüger Park z. B. gibt es etwa 1800 Löwen, 900 Leoparden, 7600 Elefanten, 21 000 Büffel und 2050 Nashörner. Zwar ist Etosha größer als diese beiden Parks – etwa so groß wie Hessen und halb so groß wie die Schweiz –, doch leben hier beispielsweise nur ungefähr 250 Löwen.

Die Parkverwaltung, die ihren Sitz in Okaukuejo hat, kontrolliert in unregelmäßigen Abständen die **Wildbestände**. Dabei gibt es zwei Verfahrensweisen: Die Bestandsaufnahmen 1952 und 1991 waren Zählungen „am Boden": Verschiedene Teams saßen über einen längeren Zeitraum an den Wasserstellen und notierten jede Wildbewegung. Auf der Grundlage dieser Ergebnisse wurde der Bestand dann hochgerechnet.

Erst im Jahr 2000 und dann gleich wieder im Oktober 2002 gab es neue Erhebungen, diesmal vom Flugzeug aus. Bei diesen Luftzählungen werden die Tiere jedoch nur auf vorher festgelegten Abschnitten gezählt. Die Ergebnisse werden auf die Gesamtfläche des Parks hochgerechnet, da nicht jedes im Busch versteckte Tier gesehen und mitgezählt wird. Die Parkverwaltung spricht daher von „geschätzten" Ergebnissen, dennoch bezeichnet sie die Angaben als „ziemlich genau".

Die letzte Zählung fand 2005 statt, wiederum vom Flugzeug aus. Angaben wurden nur für die Tiere gemacht, die gut gesehen wurden und deren Zahlen dem wahrscheinlichen Bestand entsprechen. Die Raubtiere konnten nicht eingeschätzt werden, auch nicht die kleineren Antilopen, selbst die Kudus hielten sich so gut versteckt, dass sich die Angaben diesmal auf die im Kasten genannten Tiere beschränken mussten.

Der Tod von Dr. Hu Berry 2011 hat eine große Lücke im Naturschutz Namibias, insbesondere für Etosha, hinterlassen. Alle bisherigen Informationen zu den Wildbeständen stammten von ihm. Dr. Berry war Mitautor des Büchleins „Bedeutung und Ursprung der Ortsnamen im Etosha National Park".

Bei Redaktionsschluss dieses Buches lagen laut Auskunft des Ministeriums für Umwelt und Tourismus keine aktuellen Zahlen zu den Wildbeständen in Etosha vor. Wenn man jedoch zu den Zahlen von 2005 15 % hinzuaddiere, liege man in etwa richtig. Die Frage, die sich dabei stellt: Wie soll der Park die stetig wachsenden

Afrikanische Märchen

Wie der Schabrackenschakal zu seinem schwarzen Rücken kam

Die Nama erzählen: Eines Tages sah ein Schakal ein kleines, sehr anmutiges Mädchen auf einem Baum sitzen.
„Warum sitzt du hier, schönes Kind?", fragte der Schakal.
„Ich bin müde und muss mich ausruhen", erwiderte das Mädchen.
„Dann komm herunter, ich werde dich nach Hause tragen", sagte der Schakal.
„Ich bin ein Sonnenkind, ich reite nicht auf dem Rücken eines Schakals", war die hochmütige Antwort. Aber der Schakal bettelte und schmeichelte mit einer so süßen Zunge, dass das Mädchen nachgab und vom Baum herabstieg, um sich auf den Rücken des Schakals zu setzen.
Nach einiger Zeit begann sich der Schakal unwohl zu fühlen. Das Mädchen war zwar zierlich und leicht zu tragen, doch strahlte es eine außerordentliche Hitze aus.
„Spring herunter", sagte er, „ich sehe einen schönen Vogel, den ich mit meinem Pfeil und Bogen für dich schießen möchte."
Aber das Mädchen weigerte sich. „Spring runter, spring runter", bettelte der Schakal, diesmal ohne List, denn sein Pelz begann zu versengen. Doch das Sonnenkind weigerte sich noch immer.
„Ich werde mit dir ins Wasser springen. Ich werde dich mit meinem geheimen Stachel stechen!" Sie aber lachte nur und hielt sich fest.
Da hielt es der Schakal nicht mehr aus und sprang mit einem großen Satz in einen dichten Dornbusch, wodurch das Sonnenkind von seinen Rücken gerissen wurde. Versengt und traurig rannte er im offenen Feld davon. Seitdem trägt er die Markierung des Sonnenkindes auf seinem Rücken.

Warum die Hyäne humpelt

Die Hyäne und der Schakal machten gemeinsam einen Spaziergang, als sich am Himmel eine Wolke bildete. Da der Schakal sehr, sehr hungrig war, kletterte er in den Himmel und aß ein Stück von der Wolke, gerade so als wäre es Schmalz.
Als er genug hatte, überlegte der Schakal, wie er wieder herunterkommen sollte. Er rief zur Hyäne: „Meine liebe Schwester, ich möchte wieder runter, bitte fang mich auf."
Und die Hyäne fing den Schakal auf.
Nun war die Hyäne dran. Sie kletterte in den Himmel und als sie genug von der Wolke gegessen hatte und herunterkommen wollte, versprach der Schakal, sie ebenfalls aufzufangen. Er breitete die Arme aus, um zu zeigen, dass er bereit sei. Die Hyäne sprang.
Aber der Schakal, der faul war und sich nicht anstrengen wollte, ging einen Schritt zur Seite und beeilte sich zu sagen: „Oh Schwester, bitte sei mir nicht gram. Ich trat auf einen Dorn, und das tut so weh."
So fiel die Hyäne mit einem dumpfen „Plauz" auf den Boden. Seit diesem Tag humpelt die Hyäne.

Wildbestände verkraften? Schon jetzt wirken die immer größer werdenden, völlig kahl gefressenen Gebiete um die Wasserstellen sowie der generelle Eindruck einer Überweidung des Parks beunruhigend und verheißen für die Zukunft nichts Gutes.

Im August 2013 entschied die namibische Regierung, in den Schutzgebieten des Landes, vor allem in Etosha, Wildtiere in größerer Zahl zu schießen, um die durch eine anhaltende Dürre im Norden hungernden Menschen zu versorgen. Über die Anzahl der geschossenen Tiere wurden keine Angaben gemacht.

Der Bestand der meisten **Säugetiere** innerhalb des Parks hat seit den 50er-Jahren zugenommen. Ausnahmen sind die beiden klassischen Migrationstiere, das Streifengnu und das Steppenzebra. Beide sind bedroht, auch wenn sie nach den Springböcken immer noch am häufigsten vorkommen.

Tierbestände in Etosha

Tier	1952	1991	2000	2002	2005
Elefant	50–60	1750–2000	2018	2417	2611
Gnu (Wildebeest)	7000–10 000	2500–3000	4803	4657	4244
Oryx-Antilope (Gemsbok)	800–1200	2500	7827	6633	5690
Kuhantilope (Hartebeest)	40–60	600	1299	1468	1527
Springbock	5000–7000	10 000–15 000	16 643	20 000–30 000	15 550 [1]
Kudu	600–800	1000	1444	3000–4000 [1]	k. A.
Eland	200–300	250–400	1186	1667	1103
Schwarznasenimpala	0	700–1000	ca. 1500	1500 [1]	k. A.
Burchell-Zebra	10 000–15 000	4500	16 218	17 906	12 982
Hartmann-Zebra	0	900	1166	693	k. A.
Giraffe	100–150	1300	2740	3063	3143
Strauß	300	1050	2773	3246	3345
Spitzmaulnashorn	0	300–350	k. A.	k. A. [2]	k. A.
Löwe	150	200–230	k. A.	260 [1]	k. A.
Hyäne (Braune & Tüpfel)	k. A.	400	k. A.	500 [3]	k. A.
Gepard	k. A.	70–100	k. A.	85 [3]	k. A.
Leopard	k. A.	k. A.	k. A.	k. A. [4]	k. A.

k. A. = keine Angabe

1) Diese Tiere sind gut getarnt und halten sich bevorzugt unter Bäumen und Büschen auf. Bei Kudus und Springböcken wurde 2000 noch eine genaue Zahl angegeben, die Angabe zu den Schwarznasenimpalas war auf Grundlage einer Studie geschätzt worden. Bei den Löwen ging die Parkverwaltung davon aus, dass die Bestände zwischen 1991 und 2000 in etwa gleich geblieben sind. Zusätzlich zur Luftzählung wurde 2002 für einen kurzen Zeitraum jede Sichtung der genannten Tierarten an Wasserlöchern und an den Wegen des Parks notiert und aus allen Ergebnissen ein Durchschnitt errechnet.

2) Die Zahl der Nashörner wird zum Schutz der Tiere vor Wilderern nicht mehr veröffentlicht.

3) Diese Raubtiere sind aus der Luft ebenfalls kaum oder gar nicht zu sehen, zudem sind sie (außer Gepard) nachtaktiv und können daher bei einer Luftzählung nur schwer ausgemacht werden. Die Angaben für 2002 sind geschätzt. Die Hyänen werden dabei sogar unterteilt: Der Bestand der Tüpfelhyänen wird auf 450–500 geschätzt, der der Braunen Hyänen auf 50.

4) Der Leopard ist nachtaktiv, daher war es der Parkverwaltung bislang nicht möglich, einen genauen Bestand anzugeben. Es wird jedoch angenommen, dass sich relativ viele Leoparden im Etosha Park aufhalten.

Bei den Zebras gab es Ende der 70er-Jahre einen regelrechten Einbruch. Die Zahl der Gnus hat bis 1991 dramatisch abgenommen. Hauptursache hierfür sind die durch Zäune unterbrochenen Migrationsrouten: Die für Milzbrand besonders anfälligen Zebras und Gnus können nicht mehr weiterziehen, wenn es während der Regenzeit in dem kalkhaltigen Etosha-Boden ideale Bedingungen für die Milzbrand-Bakterie gibt. Von etwa 1993 bis 2003 war die Niederschlagsmenge in Etosha deutlich geringer als zuvor, daher ging das Milzbrandsterben zurück und die Bestände sind wieder gestiegen. Seit 2004 sind wieder größere Niederschlagsmengen zu verzeichnen. Es gibt Milzbrand-Fälle, bislang jedoch nicht in epidemischen Ausmaß.

Die Raubtiere im Etosha Park haben eine bemerkenswerte Immunität gegen den Milzbrand entwickelt, die in anderen Gebieten nicht beobachtet werden konnte. Eine Ausnahme bilden die Geparden, die kein Aas fressen und dadurch diese langsame Immunisierung nicht durchmachen konnten.

Das hohe Milzbrandsterben unter Zebras, Gnus und auch Elefanten hatte zur Folge, dass am Ende der langen, regenreichen Periode 1982 die **Löwenpopulation** auf 500 Tiere angewachsen war. Durch das herumliegende Aas konnten auch die schwächsten Löwen überleben, die Welpensterblichkeit war minimal. Als sich ab 1982 die Niederschlagsmenge von Jahr zu Jahr reduzierte, wurde die Nahrungssuche für die Löwen wieder schwieriger. Viele von ihnen versuchten ihr Glück daraufhin außerhalb des Parks, wo sie Rinder rissen, was wiederum den Farmern zu schaffen machte. Seit 1978 werden im Durchschnitt jedes Jahr 25 Löwen auf anliegenden Farmen geschossen. 1982 wurden 80 geschossene Löwen gemeldet. Insgesamt wird geschätzt, dass in den vergangenen 40 Jahren mehr als 1000 Löwen getötet wurden.

Der größte Löwe, der je in Etosha gesichtet wurde, war 260 kg schwer. Die Spur war so groß wie eine männliche Hand, der Reißzahn ragte mit 5,6 cm aus dem Maul heraus, insgesamt war er 11 cm lang!

Löwen und Hyänenhunde (auch Afrikanische Wildhunde genannt) wurden im September 1995 endlich zu geschützten Tieren in Namibia erklärt. Sie dürfen zwar immer noch geschossen werden, jedoch nur dann, wenn sie einem Farmer Schaden zugefügt haben oder wenn ein Mensch gefährdet ist. Zuvor waren Löwen als „wilde Tiere" und Hyänenhunde als „Problemtiere" eingestuft und konnten von jedem zu jeder Zeit mit jedem Mittel, auch Gift, getötet werden. Beide Tierarten stehen schon seit langem auf der roten Liste der vom Aussterben bedrohten Tiere. Im ganzen Land gibt es schätzungsweise noch 500–800 Löwen. Diese leben hauptsächlich in den Parks.

Namibia ist jedoch auch eines der wenigen Länder, in denen es noch freilebende Löwen gibt. Deren Zahl wird für ganz Afrika auf immerhin 23 000 geschätzt.

Um die Jahrhundertwende soll es 100 000 **Geparden** in 44 Ländern gegeben haben, heute sind es nur noch 12 000–15 000 in 23 afrikanischen Ländern und rund 200 im Iran. In elf der afrikanischen Länder werden sie wahrscheinlich in naher Zukunft ausgestorben sein, nur in vier Ländern gibt es noch gesicherte Bestände, den größten davon mit etwa 2500 Tieren in Namibia. Die Zahl der Geparden in Etosha, wo sie starke Nahrungskonkurrenz durch Hyänen und Löwen haben und außerdem durch Milzbrand gefährdet sind, wird heute auf unter 100 geschätzt. 95 % der Geparden in Namibia leben auf privatem Farmland, wo sie größtenteils noch immer gejagt werden. Der Gepard ist das schnellste Säugetier der Welt und zählt zur Gruppe der Katzen, obwohl beim Geparden nur der Embryo die Krallen einziehen kann. Sobald ein Gepardenkätzchen geboren wird, kann es die Krallen nur noch ein winziges Stück einziehen. Die Krallen funktionieren bei der Beschleunigung wie Spikes. Die Gepardenkätzchen weisen noch nicht die typisch getüpfelte Zeichnung auf. Wissenschaftler vermuten, dass als Schutz vor anderen Raubtieren das Fell des Honigdachses imitiert wird, der als unerschrockener und gefährlicher Kämpfer bekannt ist. Auch für die schwarzen Streifen um die Schnauze gibt es noch keine gesicherte Erklärung. Eine der Theorien besagt, dass dieser schwarze Streifen das Sonnenlicht absorbiert und so die Augen vor Verbrennung schützt, denn der Gepard ist ein tagaktiver Jäger.

Kangals

Eine sehr wirksame Art und Weise, Geparden und andere Raubtiere im südlichen Afrika zu schützen, besteht darin, Farmer, die Rinder, Ziegen und Schafe halten, mit ostanatolischen Hirtenhunden zu versorgen. Diese Kangals sind extrem intelligente Hunde und verteidigen ihre Herden massiv. Sie gehen sogar Löwen an. Da sie von Weitem aussehen wie Schafe, ist ihr aggressives Auftreten für Raubtiere besonders überraschend. Sobald Kangals Farmtiere bewachen, sinkt die Verlustquote auf null Prozent.

Geparden haben starke Feinde und Konkurrenten. Nicht nur, dass die Jungen von anderen Raubtieren (etwa den Hyänen, wenn sie in Rudeln auftreten) gejagt werden, selbst ausgewachsene Geparden können Opfer von Leoparden werden. Außerdem ist die Nahrungskonkurrenz sehr stark. Wenn der Gepard seine Beute getötet hat, frisst er sehr, sehr schnell. Denn schon bald kommen Löwen und Hyänen, die ihm die Beute streitig machen – meist mit Erfolg. (Interessante Informationen über Geparden und die Möglichkeit, diese Tiere aus nächster Nähe zu sehen, bietet der Cheetah Conservation Fund, S. 448).

Eine Besonderheit des Etosha National Parks sind die Schwarznasenimpalas. Diese Unterart der Impalas kommt fast ausschließlich in Etosha vor (zahlenmäßig häufiger und daher auch bekannter sind die Schwarzfersenimpalas, die vor allem in Südafrika sowie in Kenya und Tanzania vorkommen) und hat sich dort sehr gut etabliert. Sie sind leicht am schwarzen Nasenrücken zu erkennen.

Die **Gnus** (Wildebeester) haben sich auf erstaunliche Weise den afrikanischen Klimabedingungen angepasst. Frühmorgens stehen sie im rechten Winkel zu den Sonnenstrahlen, um sich zu wärmen. Wenn es im Laufe des Tages heißer wird, drehen sie sich so, dass sie den Sonnenstrahlen weniger Angriffsfläche bieten. Um 12 Uhr stehen sie im Schatten der Bäume oder drehen sich in die Windrichtung, um sich den Kopf vom Wind kühlen zu lassen. Gnus brauchen täglich Wasser und bewegen sich daher maximal 15 km von den Wasserstellen weg.

Andere Tiere, die ebenfalls täglich Wasser benötigen, um zu überleben, haben ähnliche oder noch größere Weideradien um die Wasserstellen: Zebras ebenfalls um die 15 km, Kuhantilopen (Hartebeester) 20 km. Bei Oryx-Antilopen und Springböcken sind es sogar 25 km, beide trinken jedoch nur dann regelmäßig Wasser, wenn es zur Verfügung steht, können aber durchaus auch ohne Wasser auskommen.

Oryx-Antilopen können ihren Wasserverbrauch so weit einschränken, dass ihnen die aufgenommene Feuchtigkeit aus Pflanzen, Schoten und Knollen zum Überleben reicht. Außerdem wird die Schweißproduktion, die anderen Säugetieren zur Regulierung der Körpertemperatur dient, bei Wassermangel abgestellt. Während die Körpertemperatur auch bei diesen Antilopen im Normalzustand 34–38 °C beträgt, toleriert ihr Körper in Extremfällen Temperaturen bis zu 43 °C. Das Blut wird dann auf dem Weg zum hitzeempfindlichen Hirn in einem besonderen *carotid rete system* gekühlt. Dabei wird das arterielle Blut in einem feinen Adernetz in der Nasenschleimhaut durch Hecheln und durch das abfließende venöse Blut gekühlt.

Mehr als 100 000 **Kudus** starben in Namibia zwischen 1979 und 1982 an Tollwut. 1981 wurden mehr als 2000 Tiere (Kudus, Oryx-Antilopen, Springböcke) in sogenannter „Nachternte" (schonende Form der Jagd in der Nacht, da die Tiere im Lichtkegel erstarren und dadurch nicht gehetzt werden) erlegt, weil der Bestand zu hoch war.

Der **Elefantenbestand** innerhalb des Parks ist eindeutig zu hoch, die Zerstörung um die Wasserstellen ist deutlich sichtbar, die baumfreien Zonen werden jedes Jahr größer. 1983 und 1985 wurden in zwei Jagdzügen insgesamt 525 Elefanten abgeschossen. Das Fleisch wurde frisch oder in Dosen im Land verkauft. Ein Teil des Elfenbeins wurde 1999 auf dem internationalen Markt veräußert, nachdem vom Komitee des Washingtoner Artenschutzabkommens (CITES) der Handel mit Elfenbein für Namibia, Zimbabwe und Botswana wieder teilweise erlaubt worden war.

Aus ökologischen Gründen wäre eine weitere Reduzierung des Elefantenbestandes in Etosha erforderlich, jedoch wurde nach internationalen Protesten auf einen weiteren Abschuss verzichtet. Umsiedlungen sind nicht finanzierbar, außerdem sind ohnehin zu wenig neue Lebensräume vorhanden. Wahrscheinlich wäre eine Art Geburtenkontrolle die beste Lösung, doch fehlen dafür ebenfalls die finanziellen Mittel. Und scheinbar auch die nötigen Medikamente: Im Krüger National Park werden den Elefantenkühen trotz der hohen Kosten seit einigen Jahren Antibabypillen verabreicht – die Elefantenpopulation ist dennoch weiter gestiegen! Vom Plan, den Krüger Park in Zonen einzuteilen und die Elefanten immer wieder zu versetzen, damit sich die Natur erholen kann, musste we-

Toko (Hornbill)

© PETER PACK

Keine Namibiareise vergeht, ohne dass man einen Toko sieht. Diese farbenfrohen Vögel mit ihren langen, gebogenen Schnäbeln sind im Landschaftsbild sehr auffällig. Es gibt sieben verschiedene Toko-Arten, vier davon in Namibia. Mitunter werden sie auf Deutsch Nashornvogel genannt, ob nun aber der Schnabel mit dem Horn eines Nashorns zu vergleichen ist, sei dahingestellt.

In Namibia werden sie von den Einheimischen als Pfefferfresser bezeichnet, weil sie am liebsten giftige Insekten wie Skolopender (Hundertfüßler), Stinkwanzen, Pferdefliegen und Wespen aller Art vertilgen. Am häufigsten sieht man den Gelbschnabeltoko. Als Nest nutzen diese Vögel Löcher in Baumstämmen. Der Eingang wird vom Männchen von außen versiegelt (auch dies wieder sehr schön im Film *Die lustige Welt der Tiere* zu sehen), während das Weibchen sich innen alle Federn ausrupft, um für die Nachkommenschaft kuschelig weich zu sein. Ohne diese Federn kann sie jedoch nicht fliegen. Deshalb wird lediglich ein kleiner Schlitz in der Größe eines Toko-Schnabels für die Futtereinnahme offen gelassen, durch den der männliche Vogel das Weibchen und die Küken füttert.

Toko-Weibchen legen bis zu sechs Eier. Werden die heranwachsenden Küken zu groß, bricht die Mutter den Eingang auf und verlässt das Nest. Anschließend wird es erneut versiegelt, die Jungen werden von nun an von beiden Eltern gefüttert, bis sie alt genug sind, selbst zu fliegen und sich Nahrung zu suchen.

gen der zu großen Zahl der Tiere Abstand genommen werden. Naturschützer und Wissenschaftler haben bislang leider noch immer keinen Ausweg aus der Misere gefunden.

Paviane, sonst überall im Land in großer Zahl anzutreffen, gibt es im Etosha Park fast gar nicht. Nur im äußersten Westen, bei Otjovasondu, leben einige wenige. Die Gründe hierfür sind bislang nicht geklärt.

Seit der großen Rinderpest 1887 gibt es in ganz Namibia, abgesehen vom Nordosten, keine **Büffel** mehr. 1950 wurde der letzte Büffel auf der Andoni-Fläche in Etosha gesehen. Auf dem Plateau des Waterbergs wurden die Büffel nach Proklamierung des Parks wieder eingeführt.

Die Naturschutzbehörde Namibias hat 1994/95 30 Giraffen aus Etosha gegen eine geheim gehaltene Anzahl Breitmaul- bzw. Weiße **Nashörner** aus dem Krüger Park getauscht.

Da der Nashornbestand in Zimbabwe 1985–89 durch Wilderer von rund 2000 auf 500 Tiere reduziert worden war, drohte die Gefahr, dass Wil-

DER NORDEN

derer nun vermehrt nach Namibia kommen würden, um die dortigen, noch größeren Bestände anzugreifen. Das Ministerium für Umwelt und Tourismus entschloss sich daher, die Nashörner im Westen des Etosha Park, wo sich weniger Touristen und nur wenige Wachen aufhalten, und einen Teil der Breitmaulnashörner im Waterberg Plateau Park zu enthornen (nach dem Motto: lieber ein lebendes Nashorn ohne Horn als ein totes Nashorn, auch ohne Horn). Außerdem wurden die stark bedrohten Nashörner in der Kunene Region (Damaraland und Kaokoveld) enthornt.

Bei der Enthornung wird immer der linke Hinterlauf mit zwei Kerben versehen, sodass Spurensucher sofort erkennen können, ob es sich um ein enthorntes Nashorn handelt. Die Hörner wachsen übrigens, genau wie Haare und Fingernägel, wieder nach, ungefähr in der gleichen Zeitspanne verschwinden auch die Kerben.

Namibia erhielt im Oktober 2004 von der 13. Konferenz des Washingtoner Artenschutzabkommens die Erlaubnis, fünf Spitzmaulnashörner zum Abschuss freizugeben. Begründet worden war der Antrag damit, dass das Verhältnis zwischen Kühen und Bullen nicht ausgewogen sei, dass eben diese Nashörner alte Bullen seien und dass der Abschuss dieser 0,4 % des Gesamtbestandes den Schutz der Nashörner über Jahre finanzieren würde. Die Zahl der Spitzmaulnashörner wird in Namibia auf 1100 geschätzt. Nur in Südafrika leben noch mehr dieser urzeitlichen Tiere.

Der Reiz des Etosha National Parks liegt in seiner artenreichen Tierwelt. Nichtsdestotrotz besitzt der Park auch eine interessante Flora. Es gibt verschiedene **Vegetationszonen**, die sich von Ost nach West erstrecken: Busch- und Baumsavannen, Senken, Lehmpfannen, Grasflächen und, nicht zu vergessen, die große Salzpfanne. Diese Zonen unterscheiden sich in Bodenbeschaffenheit und Klimabedingungen, was sich auch auf den Pflanzenwuchs auswirkt.

In der trockenen **Pfanne** selbst wächst eine Grassorte, die nur auf salzigem Boden gedeiht. Ist die Pfanne mit Wasser gefüllt, wachsen im alkalischen Wasser Algen. Von diesen ernähren sich die Flamingos, die die Pfanne während guter Regenjahre bevölkern.

Grassavannen bestehen aus einer Vielzahl ein- und mehrjähriger Gräser. Außerdem wachsen dort verschiedene Kräuter und kleine Futterbüsche. Auffällig sind die kleinen Salzsträucher, *Salsola etoshensis,* die auf dem brackigen Boden gedeihen. Sie werden hauptsächlich von Springböcken geäst. Übrigens enthält das Gras Etoshas in der Regenzeit bis zu 18 % Protein, die höchste Konzentration in Afrika.

Am Rande der Pfanne, auf kalkigem Boden, überwiegt die **Dornbuschsavanne**. Die Drüsenakazie, *Acacia nebrownii,* ist während der Blütezeit am leichtesten zu identifizieren, wenn sie die grauen Flächen in ein leuchtendes Gelb verwandelt und die Blüten einen angenehm süßlichen Duft verbreiten. Ansonsten verströmt sie einen strengen, bitteren Geruch, der in Etosha sehr dominant ist.

Der Schwarzdorn-Silberbusch, *Catophractes alexandri,* wird auch Trompetenbusch genannt, da seine Blüten an kleine Trompeten erinnern. Häufig anzutreffen ist die Rotrindenakazie, *Acacia reficiens.*

Die **Baumsavanne** besteht zu 80 % aus Mopanebäumen, *Colophospermum mopane.* Auffällig ist, dass es im Westen nur Mopanebüsche gibt, denn hier können die Temperaturen öfter mal auf unter 0 °C fallen. Nach Osten hin wird der Mopane größer und baumartiger, er kann eine Größe von 8 m erreichen. Ein einzigartiges Merkmal des Mopane sind die schmetterlingsförmigen Blätter, die an den dornenlosen Zweigen wachsen. Die neuen Blätter leuchten im Frühling goldbraun. Die Mopaneblätter falten sich während der heißen Tageszeit zusammen, um ihre Oberfläche und dadurch die Verdunstung auf ein Minimum zu reduzieren. Vor allem während der Regenzeit findet man unzählige fette Raupen, die sogenannten Mopanewürmer, auf dem gesamten Baum. Diese werden gern von den Einheimischen gegessen (S. 428).

Der Blutfruchtbaum, *Terminalia prunioides,* ist im ganzen Park verbreitet. Auffällig wird dieser Baum erst, wenn seine zweiflügligen Früchte dunkel- bis braunrot leuchten.

Zur Baumsavanne gehören außerdem die verschiedenen *Combretum*-Arten.

Eine besondere Art ist der Ahnenbaum der Herero, der Omumborombonga, *Combretum imberbe.* Der Sage nach ist dieser Baum der Ursprung der Herero und ihrer Herden. Ahnenbäume wachsen meist zu auffallend großen Bäumen heran. Der Baum besteht aus sehr hartem Holz, das noch dichter ist als das des Kameldorns (der vereinzelt ebenfalls in Etosha vorkommt). Die englische Bezeichnung ist entsprechend auch *Leadwood,* „Bleiholz".

Eine weitere *Combretum*-Art ist der Kudubusch, *Combretum apiculatum.* Alle *Combretum*-Arten erkennt man an den vierflügligen Früchten.

Auch der Farbkätzchenstrauch, *Dichrostachys cinerea,* kommt häufig vor. Er ist leicht auszumachen an den einzigartigen, zweifarbigen Blütenständen, der unfruchtbare Stiel ist rosa-violett und die eigentliche Blüte leuchtet goldgelb. Daraus bildet sich die Frucht, die aus einem Bündel gewundener, rotbrauner Hülsen besteht.

Auf den Dolomithügeln im Westen von Etosha sowie um Halali wachsen Balsambäume, *Commiphora glandulosa,* die im Herbst gelbrot leuchten, bevor sie die Blätter abwerfen.

In und um Namutoni gibt es einige Makalanipalmen, *Hyphaene petersiana.* In den Camps spendet die Ringelhülsenakazie, *Acacia tortilis heteracantha,* Schatten. Aus den hellgelben Kätzchen entwickeln sich die typischen, Korkenziehern ähnlichen Hülsen, die dem Baum ihren Namen gaben. Sie sind eine Unterart der aus Kenya bekannten Schirmakazien und an der offenen, flachen Baumkrone zu erkennen.

Tierbeobachtung an den Wasserstellen

Für Tierbeobachtungen im Etosha National Park gilt die Pareto-Regel: 80 % Glück und 20 % Strategie. In der Trockenzeit kommen die meisten Tiere mindestens einmal am Tag zu einer der Wasserstellen. Es gilt also, viel Geduld mitzubringen und dort zu verweilen. Nachdem der erste Regen gefallen ist, verlassen die Tiere schlagartig die völlig überweideten Gebiete um die Wasserstellen, denn nun gibt es überall Pfützen und Tümpel. Es ist jedoch immer möglich, Tiere zufällig direkt neben der Straße zu sehen (so sieht man Geparden in der Regenzeit häufiger auf den Flächen neben der Straße) – daher immer in Bewegung bleiben.

Zwar ist in der Regenzeit mehr Glück nötig, um Tiere beobachten zu können, doch wartet Etosha dann mit einem ganz eigenen Reiz auf: Die Springböcke begeistern mit verspielter Eleganz, alle Tiere sind voller Elan und tollen umher (während sie in der heißen Trockenzeit oft apathisch unter den Bäumen auf den Abend warten).

Wenn auf den weiten Flächen das Gras sprießt, halten sich hier große Herden von Antilopen und Zebras auf. Nicht zuletzt werden in der Regenzeit die Jungen geboren.

Aufschlussreich kann ein Blick in die Beobachtungsbücher sein, die in den Büros der Camps und zunehmend auch in den Unterkünften außerhalb des Parks ausliegen. In diese Bücher tragen Besucher des Parks ihre Tierbeobachtungen ein. Ist beispielsweise ein Eintrag zu lesen, dass am Abend ein Löwenrudel bei Okondeka gesichtet wurde, stehen die Chancen recht gut, es auch noch am nächsten Morgen dort anzutreffen.

Die drei künstlichen Wasserstellen **Aus, Olifantsbad** und **Gemsbokvlakte** sind für eine Nachmittagstour zu empfehlen, da die Wasserstellen jeweils östlich des Parkplatzes liegen und man morgens Gegenlicht hat, während nachmittags ideale Fotobedingungen herrschen. Alle drei Wasserstellen werden sehr stark von Wild frequentiert, Aus und Olifantsbad bieten ausgezeichnete Möglichkeiten, eventuell Elefanten, Nashörner und sogar Löwen zu beobachten.

Am Olifantsbad können die Besucher auf einem kleinen umzäunten Hügel *(hide)* aus dem Fahrzeug steigen und die Tiere beobachten, allerdings aus einiger Entfernung. Die Büsche zwischen Wasserstelle und Ausguck sind inzwischen ziemlich hoch, es wäre wünschenswert, dass die Parkverwaltung hier etwas im Sinne der Besucher tut.

Werden die Wasserstellen am Nachmittag besucht, ist auf jeden Fall die Fahrzeit zurück ins Camp, das bis zum Sonnenuntergang erreicht werden muss, einzurechnen.

Der **Märchenwald** liegt westlich von Okaukuejo. Die San (Buschmänner) erzählen, dass Gott an den Moringa vorbeiging und sie so hässlich fand, dass er sie wütend herausriss und umgekehrt wieder in den Boden steckte (diese

Geschichte wird in Abwandlung auch vom Baobab, Affenbrotbaum, erzählt). Der *Moringa ovalifolia* kommt nur in Namibia vor. Er ist in östlicher Richtung nur bis Halali zu finden und südlich nur bis zur Naukluft. Der Märchenwald ist die einzige Stelle, wo Moringa in großer Zahl auf einer Fläche wachsen, sonst sieht man sie nur an Berghängen (z. B. bei Halali). Außerdem erreichen sie hier, wenn nicht vorher von Elefanten umgeschubst, eine beachtliche Größe.

2003 entschloss sich die Parkverwaltung, einen Großteil des Gebietes einzuzäunen, um die Bäume vor den Dickhäutern zu schützen.

Rietfontein liegt südlich des Parkplatzes und ist daher den ganzen Tag über zum Fotografieren geeignet. Für gute Fotos ist jedoch ein Teleobjektiv erforderlich, da die Wasserstelle relativ weit vom Parkplatz entfernt ist. Ein kleiner Weg kurz vor dem Parkplatz führt zu den Gräbern der Dorslandtrekker, die Transvaal verlassen hatten, um im Norden eine neue Heimat zu finden.

Die Wasserstelle **Goas** besteht aus zwei Becken. Die Meinungen gehen hier auseinander: Die einen sagen, es sind zwei Quellen, die anderen meinen, es ist nur eine Quelle, die in das zweites Becken überläuft. Die letzte Theorie ist wahrscheinlicher, da das höher gelegene Wasserloch immer voller ist als das untere. Goas ist gut zum Fotografieren geeignet, da der Parkplatz im Halbkreis um die Wasserstellen angelegt ist.

Okerfontein ist eine Schichtquelle und liegt direkt am südlichen Rand der Etosha-Pfanne. Die Wasserstelle befindet sich nördlich des Parkplatzes. Da die Sonne den größten Teil des Jahres im Norden steht, hat man hier fast immer Gegenlicht. Auf die **Pfanne** selbst wagen sich nur Oryx-Antilopen, Springböcke und Strauße.

Kalkheuwel wurde zwischen den natürlichen Wasserstellen Okerfontein, Ngobib und Chudop angelegt und wird von allen Wildarten stark frequentiert. Die Wasserstelle liegt südwestlich des Parkplatzes. Deshalb ist das Fotografieren hier in den Morgenstunden am besten. Häufig sind die seltenen, blaugelben Rüpelspapageien zu beobachten.

Chudop ist immer gut zum Fotografieren geeignet, da die Wasserstelle, auf der eine Riedinsel schwimmt, südlich des Parkplatzes liegt.

Riesentrappe

Besonders in den freien Flächen Etoshas fällt oft ein großer, gemächlich dahinschreitender, graubrauner Vogel auf, die Riesentrappe (engl. Kori Bustard, lat. *Ardeotis kori*). Sie ist zwar im ganzen Land verbreitet, in Etosha jedoch am besten zu sehen. Die Riesentrappe ist der größte fliegende Vogel Namibias. Sie erreicht eine Körpergröße von etwa 1,5 m und wiegt bis zu 19 kg. Der Rücken ist graubraun, und Brust sowie Hals sind dunkel gefärbt. Den langen, leicht gebogenen Schnabel hält der Vogel beim Laufen leicht nach oben. Fühlt er sich verfolgt, rennt er zunächst weg. Kommt der Feind jedoch zu nahe, geht es mit dem Fliegen schneller.

Bei **Klein-Namutoni** und Umgebung sieht man häufig die kleinen Damara-Dikdiks. Sie stehen meist unter den Büschen, nur wenige Meter vom Weg entfernt. Auch die beiden Wasserstellen **Klein** und **Groot Okevi** bieten gute Beobachtungsmöglichkeiten. Klein Okevi liegt südlich des Parkplatzes, während Groot Okevi nördlich des Parkplatzes liegt. Hier betrieben die Dorslandtrekker ebenfalls eine Farm. Die Ruinen des Farmhauses sind noch heute links und rechts der Wasserstelle zu sehen. In der Regenzeit lohnt es sich, nach **Andoni** zu fahren, da sich das Wild gemäß seiner natürlichen Migrationsroute nach Nordosten begibt.

Bis zur Eröffnung des Dolomite Camp war der **westliche Teil des Etosha Park** 100 Jahre lang nicht der Öffentlichkeit zugänglich. Von Okaukuejo her kommend, ändert sich jenseits des Wasserlochs **Ozonjuitji m'Bari** die Vegetation. Das Grasland geht zunächst in Mopanewald über, ab der Wasserstelle **Nomab** dann in Akazien-Buschland. Am Horizont tauchen nun die Dolomithügel auf, und am Wasserloch **Duineveld** ist man bereits von den zerklüfteten Felsformationen umgeben. Nur hier sieht man Bergzebras, Pferdeantilopen und Paviane, weiter östlich kommen diese nicht vor.

An den Wasserlöchern im verkehrsberuhigten Westen Etoshas sind die Tiere, da weniger an Fahrzeuge gewöhnt, deutlich scheuer – also sehr langsam an die Wasserstellen heranfahren.

Die lohnenswertesten Wasserlöcher im Westen sind **Klippan**, **Rateldraf**, **Dolomietpunt** (vom Dolomite Camp aus zu sehen), **Renostervlei**, **Olifantsrus** (wo sich der neue Campingplatz befindet) und **Tobiroen**.

Parktore und Straßen

Es gibt vier Eingangstore zum Etosha National Park: Die bekannten sind das **Andersson Gate** auf der Südseite des Parks bei Okaukuejo und das **Von Lindequist Gate** auf der Ostseite bei Namutoni. Der westliche Eingang, das **Galton Gate** bei Otjovasondu, durfte seit Eröffnung des Camp Dolomite im Juni 2011 von Gästen, die dort gebucht hatten, benutzt werden, war ansonsten für Individualreisende aber gesperrt. Seit Juni 2014 ist es nun für alle Parkbesucher geöffnet. Seither gibt es mit dem **Olifantsrus Campsite** (s. unten, Übernachtung) auch erstmalig einen reinen (staatlichen) Campingplatz im Park.

Ein weiteres Tor wurde 2003 im Nordosten bei Andoni eröffnet, das Nehale Lya Mpingana Gate – oder kurz: **King Nehale Gate**. Achtung: Das King Nehale Gate liegt nördlich des Veterinärzauns; fährt man durch dieses Tor in den Park, darf man weder Fleisch noch Wurst und nur abgepackte Milchprodukte mitführen.

Die Tore werden mit Sonnenuntergang geschlossen und erst bei Sonnenaufgang wieder geöffnet. Man sollte sich jedoch nicht ausschließlich darauf verlassen, da die Camp-Manager oftmals ihre eigenen Zeiten festlegen. An den Eingangstoren zum Park und zu den Camps sind Uhren angebracht, auf denen die Zeiten, wann die Tore geöffnet bzw. geschlossen werden, angegeben sind. Durch das King Nehale Gate darf man nur bis zu zwei Stunden vor Sonnenuntergang in den Park hineinfahren, um das nächste Camp Namutoni rechtzeitig zu erreichen. Die Ausfahrt ist bis Sonnenuntergang erlaubt. Bei Fahrten im Etosha National Park ist also stets zu bedenken, dass man den Park immer vor Sonnenuntergang verlassen haben bzw. in einem der Camps sein muss.

Die erlaubte Höchstgeschwindigkeit im Park ist 60 km/h und sollte auch um der Tiere willen eingehalten werden. Bei höheren Geschwindigkeiten kommt es außerdem zu sehr viel stärkerer Staubentwicklung, wie man an den weißen Bäumen und Büschen sehen kann. Der Staub bleibt bis zum nächsten Regen auf den Blättern liegen, die dann ihre lebenswichtige Fotosynthese nicht mehr betreiben können.

Außerhalb der Camps darf nicht aus dem Auto gestiegen werden. Die Straßen vom Andersson Gate bis nach Okaukuejo und vom Von Lindequist Gate bis nach Namutoni sind jeweils geteert, alle anderen sind Schotterstraßen. Durch den hohen Kalkgehalt des Belags sind sie sehr hell und blenden äußerst stark – das Tragen einer Sonnenbrille ist in Etosha daher noch wichtiger als anderswo.

ÜBERNACHTUNG

In einigen Monaten, hauptsächlich Aug–Okt, kann es passieren, dass sowohl die Camps im Park als auch die Lodges außerhalb ausgebucht sind. Wer nicht zelten möchte, dem bleibt die Möglichkeit, auf Unterkünfte um und in Outjo oder Tsumeb auszuweichen.

Camps im Park

Die staatlichen Camps in Etosha wurden 2000 „privatisiert". Die Verwaltung der Camps wurde dem neu geschaffenen Unternehmen Namibia Wildlife Resorts (NWR) übertragen, dessen einziger Aktionär das Ministerium für Umwelt und Tourismus ist.
2007 wurden die Camps neu gestaltet und deutlich aufgewertet. Gleichzeitig wurden auch die Preise deutlich angehoben, teilweise um über 100 %. Seither muss bei Übernahme des Schlüssels eine Kaution in Höhe von N$500 hinterlegt werden – eine überzogene und völlig unübliche Maßnahme im Tourismus. Damit sollen eventuelle Schäden abgedeckt werden, jedoch werden die Bungalows von niemandem kontrolliert, die Kaution wird bei Schlüsselabgabe kommentarlos zurückerstattet.
Das Personal ist mit wenigen Ausnahmen freundlich und bemüht. Bei allen fünf Camps merkt man jedoch recht deutlich, dass es sich um staatlich geführte Unterkünfte handelt – niemand fühlt sich für irgendetwas direkt verantwortlich. So machen die Camps leider einen vernachlässigten Eindruck – abgerissene Türklinken, abgebrochene Handtuchhalter und

nicht ausschaltbare Fußbodenheizungen gehören zu den kleinen Schönheitsfehlern. Die beleuchteten Wasserstellen der Camps, die in den trockenen Monaten (Juli–Nov) von allen Wildarten stark frequentiert werden, sind dagegen die große Attraktion. Wenn es geregnet hat, ist allerdings an den Wasserstellen außer ein paar Nachtfaltern nichts zu sehen. Wer eine schöne, stimmige Unterkunft vorzieht, übernachtet immer noch besser in den privaten Lodges außerhalb des Parks.

Buchungen: Alle Camps sind zu buchen bei Namibia Wildlife Resorts, Central Reservations, ✆ 061-2857200, ✉ reservations@nwr.com.na, 💻 www.nwr.com.na. Das Buchungsbüro ist leider noch ineffektiv wie eh und je und wird dem Anspruch der Camps in keiner Weise gerecht.

Okaukuejo, ✆ 067-229800, ist das Camp am südlichen Eingang (Andersson Gate) des Parks. In den trockenen Monaten bietet das beleuchtete Wasserloch in Okaukuejo eine der besten Möglichkeiten, Spitzmaulnashörner, Elefanten und Löwen (mitunter gleichzeitig) zu beobachten. Die Luxusbungalows sind in Okaukuejo nah an der Wasserstelle platziert, daher sind dies die beliebtesten und teuersten Unterkünfte mit N$4800 für Abendessen, Übernachtung und Frühstück. Günstigste Unterkunft ist das DZ mit N$2090 für Übernachtung und Frühstück (2014).

Halali, ✆ 067-229400, ist das Camp in der Mitte zwischen Okaukuejo und Namutoni. Die beleuchtete Wasserstelle wird nicht so häufig von Tieren aufgesucht wie diejenige in Okaukuejo, erfreut sich jedoch in den vergangenen Jahren zunehmender Beliebtheit. Günstigste Unterkunft ist das DZ mit N$1680 für Übernachtung und Frühstück.

Das historische Fort **Namutoni**, ✆ 067-229300, ist das Camp am östlichen Eingang (Von Lindequist Gate) des Parks. Die beleuchtete Wasserstelle ist, im Gegensatz zu Okaukuejo und Halali, auch in den trockenen Monaten nicht allzu stark frequentiert, da es diverse andere Wasserstellen in unmittelbarer Nähe gibt (die allerdings nicht nach Sonnenuntergang besucht werden dürfen). Dafür ist Namutoni die schönste Anlage der drei; sehr weitläufig und grün. Günstigste Unterkunft ist das DZ mit N$1800 für Übernachtung und Frühstück.

Im Zuge der Renovierungsarbeiten gab es auch in Namutoni einige zum Teil fragwürdige Neuerungen: Der Pool darf inzwischen nur noch von Besuchern benutzt werden, die im Camp übernachten. Der Turm im alten Fort ist leider für Besucher gar nicht mehr zugänglich.

Jedes Camp hat auch einen **Campingplatz** (N$121 p. P. plus N$220 pro Platz für max. 8 Pers. und 1 Fahrzeug), alle mit Du/WC, Licht, Strom-/Wasseranschluss, Abwaschküche. Nur wenige Stellplätze sind buchbar, jedoch kann man es hier (im Gegensatz zu Sesriem) wagen, einfach ohne Buchung anzureisen. Der Campingplatz von Namutoni ist mit viel Rasen und Schatten der schönste, in Halali gibt es kaum Schattenbäume, Okaukuejo bietet Sand und ein paar Schattenbäume. Die sanitären Anlagen sind in allen 3 Camps von wechselhaftem Standard, Okaukuejo schneidet am schlechtesten ab.

Das **Dolomite Camp**, ✆ 065-685115, ist das jüngste Camp in Etosha (2011). Die 20 Luxus-Bungalows sind vorwiegend aus Naturstein mit Blick über die Dolomithügel erbaut. Fahrten in den Park werden optional am Tag und auch nachts angeboten. Günstigste Unterkunft ist das Bush Chalet mit N$2700 für Abendessen, Übernachtung und Frühstück.

Seit Juni 2014 gibt es im westlichen Teil des Parks eine weitere Übernachtungsmöglichkeit. 26 km östlich vom Dolomite Camp bietet der **Olifantsrus Campsite** die erste reine Camping-Möglichkeit in Etosha. Neben einem Infozentrum und einem Laden, wo es kleine Gerichte und Getränke zu kaufen gibt, stehen 10 Campsites (max. 8 Pers.) mit Stromanschluss zur Verfügung. N$270 p. P., Kinder von 6–12 Jahren N$135. Tagesbesucher, die den Picknickplatz benutzen wollen, zahlen N$50, dürfen sich aber nur bis 16 Uhr dort aufhalten.

Ausstattung der Camps: Es gibt je einen Swimmingpool, einen Shop und ein Restaurant mit recht begrenzten Öffnungszeiten, die sich auch öfter mal ändern. Im Moment gelten folgende Zeiten:

Rezeption (Nationalparkbüro), Shop, Tankstelle: 🕒 Sonnenaufgang bis -untergang,

Post: ⌚ Mo–Fr 8–13 Uhr und 14–16.30 Uhr, Kartentelefon vorhanden,
Kiosk am Pool: ⌚ 9–12 Uhr, 14–18 Uhr (also immer dann, wenn das Restaurant geschlossen ist).
Restaurant: ⌚ 7–9 Uhr, 12–14 Uhr, 18–22 Uhr, Bestellungen werden jedoch nur bis zu einer halben Stunde vor den Schließzeiten angenommen, auch für das Buffet muss man sich schon vorher im Restaurant befinden, also morgens z. B. bis 8.30 Uhr.
Alle 5 Camps bieten zu folgenden Tageszeiten **Game Drives** an: Winterzeit 5–8 Uhr und 14–17 Uhr, Sommerzeit 6–9 Uhr und 15.30–18.30 Uhr; Preis pro Fahrt inkl. Getränke N$450 p. P.
Nachtfahrt Winterzeit 19–22 Uhr, Sommerzeit 20–22 Uhr, N$550 p. P. inkl. Getränke. Die Nachtsafaris können spannend sein, wenn es vorher nicht geregnet hat.
An der Ostgrenze der eigentlichen Etosha-Pfanne liegt das ebenfalls zu NWR gehörende, **luxuriöse Onkoshi Camp**. Die 15 Chalets mit Blick auf die Etosha-Pfanne sind auf Holzpfeilern mit Zeltwänden erbaut. Das eigene Fahrzeug bleibt in Namutoni stehen, per Transfer geht es nach Onkoshi. N$3800 p. P. für Abendessen, Übernachtung und Frühstück. Die Game Drives (ab N$500 p. P.), auf die man ohne eigenes Fahrzeug ja angewiesen ist, sind vor Ort zu zahlen.

Private Unterkünfte an den Parkeingängen

Beim Andersson Gate

Die beiden nachfolgend genannten Unterkünfte können beim Gondwana Travel Centre, ✆ 061-230066, ✆-Handy 081-1292424, ✉ reservations @gondwana-collection.com, 💻 www.gondwana-collection.com, gebucht werden (zu den Verdiensten von Gondwana Kasten S. 266).

Etosha Safari Camp, ca. 10 km vom Andersson Gate an der C 38, Notfallnummer der Lodge: ✆ 067-687004. Preiswert. Geräumige Safari-Bungalows, teils mit handbemalten Böden oder Wänden. Mit Moskitonetzen, Veranda mit Blick in die Baumsavanne. Gutes Essen im Restaurant. Als Attraktion gibt es ein Shebeen (traditionelle Bar). Fahrten in den Park werden angeboten. ❹
Campingplatz N$150 p. P., Rasen, Schattenbäume, Du/WC, Abwaschküche, Strom-/Wasseranschluss. Mahlzeiten und Aktivitäten können beim Camp gebucht werden.

Etosha Safari Lodge, ca. 10 km vom Andersson Gate an der C 38, Notfallnummer der Lodge: ✆ 067-697101. Weitläufiges Hauptgebäude im kolonialen Stil. 65 geräumige und elegante Chalets mit Veranda. 3 schöne, große Swimmingpools. Gutes Essen im Restaurant. Fahrten in den Park werden angeboten. ❺

Etosha Gateway, ✆ 067-333440, ✉ toshari@iway.na, 💻 www.etoshagateway-toshari.com, 26 km südlich vom Andersson Gate an der C 38. Internetzugang. Fahrten in den Park werden angeboten. ❸–❹
Campingplatz N$125 p. P.; Du/WC, Strom-/Wasseranschluss, Picknickplätze, Abwaschküche.

Mondjila Safari Camp, ✆ 067-333446, 💻 www.mondjilasafaricamp.com, 32 km vor dem Andersson Gate an der D 2779. Zweckmäßig eingerichtete, feststehende Zelte. ❷
Campingplatz N$90 p. P.; Du/WC, Strom-/Wasseranschluss.

Vreugde Guest Farm, Elsie & Danie Brand, ✆ 067-687132, ✉ info@vreugdeguestfarm.com, 💻 www.vreugdeguestfarm.com, 40 km südlich vom Andersson Gate an der D 2710. 30 Min. Fahrt vom Tor entfernt, für diese Gegend ungewöhnlich familiäre und herzliche Gästefarm-Atmosphäre. Herrlicher Garten mit grünem Rasen unter Palmen und anderen Schatten spendenden Bäumen. Wer das eher mäßige Essen in den Etosha Rest Camps meiden möchte und zwei Nächte auf Vreugde verbringt, dem bereitet Elsie ein richtig gutes Picknick zum Mitnehmen. Abendessen inkl. Internetzugang. ❹

Buschberg Guestfarm, Anita & Hannes de Haast, ✆ 067-312143, ✆-Handy 081-2795667, ✉ info@buschberg.com, 💻 www.buschberg.com, 20 km westlich der Teerpad an der D 2710; insgesamt 75 km südlich vom Andersson Gate. 7 einfache Zimmer. Freundliche, burische Gastgeber, Farmküche. Keine Kreditkartenzahlung. ❸
Camping N$150 p. P., Du/WC, Licht, Strom-/Wasseranschluss, Rasen, Schatten.

Ongava Wilderness Reserve, direkt vor dem Andersson Gate. Ongava gehört zu Wilderness Safaris Namibia, die sich nicht nur für den Naturschutz im eigenen Gelände engagieren, sondern viel in die Ausbildung der eigenen Leute investieren und mit den „children in the wilderness"-Programmen die lokale Bevölkerung unterstützen.
Buchungen für die folgenden vier Unterkünfte: 061-274500, info@wilderness.com.na, www.wilderness-safaris.com. Für alle gilt: Game Drives in Etosha finden morgens statt, im Ongava Reserve nachmittags ab 16 Uhr im Winter und ab 17 Uhr im Sommer. Im Gegensatz zum Etosha Park, den man zum Sonnenuntergang verlassen muss, kann man bei einer Fahrt im Ongava Game Reserve die Tiere auch in der Dämmerung und im Dunkeln beobachten. Die besondere Attraktion sind die Schwarzen und Weißen Nashörner, die hier in großer Zahl angesiedelt wurden. Ein Löwenrudel hält sich ebenfalls fast ständig im Reserve auf, nur gelegentlich wechselt es hinüber in den Park. Daher sind im Reserve keine Kinder unter sechs Jahren zugelassen. Preise wie bei allen Wilderness-Lodges leider sehr hoch.

Ongava Lodge, 067-229603, 14 Chalets aus Naturstein mit AC, Blick von der Veranda auf ein nahe gelegenes Wasserloch. Abendessen inkl. ❽

Ongava Tented Camp, „Busch hautnah" – 8 Hauszelte. Restaurant mit Blick auf die Wasserstelle, die häufig vom Wild, das sich frei im Camp bewegen kann, aufgesucht wird. Preis für Vollpension einschließlich aller Aktivitäten ab N$4587 p. P.

Andersson's Camp, (kein Telefon in der Lodge). Das Hauptgebäude ist im Kolonialstil erbaut und befindet sich an einer offenen Wasserstelle mit einer großen, freien Fläche. 18 rustikal-afrikanische Hauszelte mit Veranda. Abendessen inkl. ❼

Little Ongava, (kein Telefon in der Lodge). Hier wurde das „Namibia-Gefühl" durch Raum, Weite und Farben verwirklicht. Lounge, Schlaf- und Badezimmer, Terrasse, Außendusche und „Sala" (kleiner Pavillon mit großem Bett) – Atmosphäre zum Wohlfühlen. Nur beim kleinen Pool, mit dem jede der 3 Suiten ausgestattet ist, wurde an Größe gespart, um dem Wassermangel in Namibia Rechnung zu tragen. Da Little Ongava (momentan) das Allerteuerste ist, was Namibia zu bieten hat, muss diese Lodge wohl leider für die meisten ein Traum bleiben, All-inclusive-Preis N$8012–13 020 p. P.

Taleni Etosha Village, 067-333413, Buchungen unter info@etosha-village.com, www.etosha-village.com, ca. 1 km vor dem Andersson Gate an der C 38. Dörfchen aus 40 Selbstversorger-Bungalows, die aus Hauszelt mit Bad und Küche bestehen, gleicher Stil wie das Desert Camp am Sossusvlei, mit Restaurant für diejenigen, die sich nicht selbst versorgen möchten. 1 behindertengerechtes Chalet. Verwenden wiederaufbereitetes Wasser für den Garten und Solarenergie zum Heizen für Warmwasser. ❹

Epacha Game Lodge & Spa, 067-697047, www.epacha-lodge.com (Online-Buchung auf der Website möglich), 65 km vom Andersson Gate an der D 2695. Mit der Lodge verwirklichte der belgische Modedesigner Paul van de Vijver seinen Traum von Afrika. 18 geräumige, kostspielig eingerichtete Bungalows inkl. Veranda und Außendusche; weitläufig angelegte Pool-Terrasse mit Bar; Restaurant. Abendessen und Spa (Sauna, Whirlpool) inkl., nicht jedoch die Behandlungen. Nicht als Ausgangspunkt für Fahrten nach Etosha geeignet, bei dem Preis sollte man lieber den Luxus genießen. ❼

Eagle Tented Lodge & Spa, 067-333426, www.epacha-lodge.com (Online-Buchung auf der Website möglich), rund 100 km nördlich von Outjo an der D 2695. Luxuriöses Zeltcamp mit eigenem Spa und grandioser Aussicht. ❻

Beim Von Lindequist Gate

Kempinski Mokuti Lodge, 061-388400, www.kempinski-mokuti.com (Online-Buchung auf der Website möglich), direkt am Tor. Trotz der mit 106 Zimmern für Namibia ungewöhnlichen Größe hat sich die Lodge ihren eigenen Charakter bewahrt. Elegante Zimmer, großes Schwimmbad, Kinderspielplatz, Wanderwege, interessanter Reptilienpark, tgl. morgens und nachmittags geführte Ausflüge in den Etosha Park. Internetzugang. Rollstuhlgerechte Zimmer (2) und Anlage.

Mokuti ist eine gute Option für Familien mit Kindern. ❻

Mushara Lodge, ✆ 067-240020, ✉ reservations @mushara-lodge.com, 💻 www.mushara-lodge.com, 8 km vor dem Von Lindequist Gate. Weitläufige Lodge, 14 Bungalows sind in Form eines Hufeisens um das sehr große Schwimmbad angelegt, z. T. rollstuhlgerecht. Internetzugang. Souvenirshop; Bar mit Weinkeller. ❻

Auf dem gleichen Gelände ist das **Mushara Bush Camp**. Luxuszelte mit eigener Veranda mit Blick in die umliegende Buschlandschaft. Das Hauptgebäude ist strohgedeckt. Familienfreundlich. ❺

Emanya@Etosha Game Lodge, Buchungen unter ✆ 061-222954, ✉ bookings@emanya.com, 💻 www.emanya.com, ca. 20 km vor dem Von Lindequist Gate. 20 hell eingerichtete Bungalows, Swimmingpool und Internetzugang. ❻

Onguma Etosha Aoba Lodge, ✆ 067-229100, ✉ info@etosha-aoba-lodge.com, 💻 www.onguma-aoba.com, insgesamt 20 km vom Von Lindequist Gate entfernt, 10 km auf der Teerstraße und dann noch mal 10 km durch den Busch. Ruhige Atmosphäre in dichtem Tambutiwald, 12 strohgedeckte Bungalows. WLAN. Sundowner Drives, Rhino Drives, Fahrten in die Etosha-Pfanne und Sternegucken mit einem guten Teleskop. ❺–❻

Onguma Safari Camps, ✆ 061-237055, Buchungen unter ✉ reservations@onguma.com, 💻 www.onguma.com, am Von Lindequist Gate. Das *Onguma Plains The Fort*, ✆ 067-687169, ist von Andre Louw, der schon mit Kulala, Mowani und Onguma Tented Camp eindrucksvolle Lodges geschaffen hat, ideenreich, verspielt und imposant erbaut. Vom Turm des Forts bietet sich eine beeindruckende Aussicht über die Fisher's Pan. 12 elegante Suiten, geräumig und geschmackvoll, mit CD-Player und Internetzugang; Abendessen inkl. Keine Kinder unter 12 Jahren. ❼

Das *Onguma Safari Tree Top Camp* besteht aus einzelnen Baumhäusern für max. 8 Gäste, die auf Stelzen gebaut und durch erhöhte Holzstege miteinander verbunden sind. Die Mahlzeiten werden vom eigenen Koch frisch zubereitet – man wird also stilvoll verwöhnt. Alle Mahlzeiten und Aktivitäten inkl. Keine Kinder unter 12 Jahren. ❻

Der Riese unter den Baobabs

Fährt man die D 3016 von Tsintsabis nach Osten und biegt dann rechts auf die D 2855, kommt man zu einem riesigen Baobab, der zum National Monument erklärt wurde. Der Stamm hat einen Umfang von 18,5 m, die Äste sind bis zu 12 m lang!

Das *Onguma Tented Camp* liegt im dichten Busch direkt an einer mit Makalanipalmen bestandenen, natürlichen Quelle. 7 Hauszelte mit eigenem Bad. Vom Bett aus blickt man direkt auf die nachts beleuchtete Wasserstelle. Abendessen inkl. Keine Kinder unter 12 Jahren. ❼

Das *Onguma Bush Camp* wurde um das alte Farmhaus gebaut und besteht aus Bungalows verschiedener Kategorien. Internetzugang. ❺–❻

Schöner Campingplatz mit zwei Stellplätzen (*Onguma Tamboti* und *Onguma Leadwood*), jeder Rasenplatz mit eigener Du/WC, Strom-/Wasseranschluss; Picknickplätze; N$190 p. P.

In der Umgebung des Parks

Baobab Jagdfarm & BB, ✆-Handy 081-2440383, 💻 www.baobab.com.na, an der D 3016 / D 2855, 14 km östlich von Tsintsabis, Karte S. 400–401. Liegt am Omuramba Ovambo, schöne Landschaft mit Makalanipalmen. Jagdfarm. ❹

Treesleeper Camp, ✆ 067-221752, ✉ info@treesleeper.org, an der M 75 bei Tsintsabis, Karte S. 400–401. 10 einfache Bungalows, Restaurant und Swimmingpool. ❶

Der Campingplatz des Tsintsabis Trust wird von der Heikom- und !Kung-San-Gemeinde betrieben, verschiedene Stellplätze für N$60–N$100 p. P., Du/WC, Wasseranschluss. Besonderheit ist das Wohnen unter den San mit Aktivitäten wie traditionelle Tänze, geführte Buschwanderungen und eine Tour zu einem San-Dorf.

TOUREN UND AUSFLÜGE

Ombili-Stiftung, ✆ 067-230050, ✉ ombili@iway.na, 💻 www.ombili.de, 50 km vom Von Lindequist Gate entfernt an der D 3004. Die Familie Mais-Rische

Makalanipalmen

© PETER PACK

Die Makalanipalmen, *Hyphaene petersiana*, sind ein auffälliges Merkmal der Landschaft im Norden Namibias. Sie bevorzugen sandiges Gelände und vertragen keinen Frost. Die Palme hat einen glatten, kahlen Stamm und kann bis zu 15 m hoch und ein paar hundert Jahre alt werden. Sie hat große, graugrüne Fächerblätter, die dicht gedrängt an der Spitze des schlanken Stammes wachsen. Die Blätter werden für kunstvolle Flechtarbeiten verwendet: Wunderschöne Körbe, Teller, Untersetzer und Schalen lassen sich daraus herstellen.

Jeder Baum trägt bis zu 2000 orangerote bis dunkelbraune Früchte, die im Durchmesser 4–5 cm groß sind. Die äußere Schicht besteht aus mehligem Fruchtfleisch, das essbar ist. In der Mitte befindet sich ein harter, weißer **Kern**, der auch als pflanzliches Elfenbein bezeichnet wird. Das dunkelbraune Äußere des Kerns ist jedoch samtig-weich und kann mit feinsten Gravierungen versehen werden. Diese kleinen Kunstwerke sind sowohl bei Namibiern als auch bei Besuchern sehr beliebt. Eingeritzt werden einheimische Tiere sowie kleine Alltagsszenen oder humorvolle Botschaften. Zum Schnitzen der Ornamente verwenden die Kunsthandwerker ein handliches Messer, das so scharf wie ein Skalpell ist. Die verzierten Makalanikerne werden zu Ohrringen, Schlüsselanhängern, Halsketten oder Knöpfen weiterverarbeitet. Der Preis für die originellen Kunstwerke variiert je nach Aufwand und verarbeitetem Material von N$20 am Straßenrand bis N$8000 für goldgefasste, eventuell noch zusätzlich mit namibischen Farbedelsteinen besetzte Schmuckstücke bei den Windhoeker Juwelieren.

Im Norden Namibias verdienen sich viele Kunsthandwerker mit Makalanischnitzereien ihren Lebensunterhalt. Manche der einheimischen Kunsthandwerker werden bei ihrer Arbeit durch Projekte gefördert, wie das Crafts for Conservation Project, das auch bei der Beschaffung des Arbeitsmaterials behilflich ist.

Magische Kräfte werden den **Zwillingsmakalanikernen** nachgesagt. Die aneinander gewachsenen Kerne (Okanakondunga) sollen zur Fruchtbarkeit beitragen. Die Ovambo stellen aus den Zwillingskernen mit Hilfe von Straußeneierschalen, Glasperlen und Eisenperlen kostbare Puppen her. Schenkt ein Mann eine solche Puppe der Dame seines Herzens, gilt dies als Heiratsantrag. Schickt die Frau dem Mann die Puppe, verkündet ihm dies die frohe Botschaft, dass ein Baby unterwegs ist. Die Puppen sind für die Ovambo besonders wertvoll, der Verlust wird als schlechtes Omen für die ganze Familie gewertet. So werden sie beispielsweise als Erstes aus einem Feuer gerettet; bei früheren Stammeskriegen erbrachte eine erbeutete Puppe ebenso viel Lösegeld wie ein Gefangener. Die Puppe und ihre Bedeutung ist eine der letzten wohl behüteten Traditionen der Ovambo. Daher sieht man sie bislang nur in Ausnahmefällen auf Märkten und in Souvenirläden.

hat auf ihrer Farm Hedwigslust mit internationaler Hilfe nach der Unabhängigkeit Namibias 1989 die Ombili-Stiftung gegründet, um den San eine Gelegenheit zu geben, sich auf die heutige Zivilisation einzustellen. Die Farm ist seit 2003 Eigentum der Stiftung.

Etwa 500 San leben im Moment auf Ombili, hauptsächlich aus der Hei//om- und !Kung-Gruppe. 220 Kinder besuchen Kindergarten und Schule; 80 Kinder von den umliegenden Farmen leben im Schülerheim, die anderen bei ihren Eltern im Ombili-Dorf. Gemeinsam mit den San wird Ackerbau und Viehwirtschaft betrieben und so versucht, ihnen die nötige Eigenverantwortlichkeit mitzugeben. Denn allein die Sesshaftigkeit fällt den ehemaligen Nomaden noch immer sehr schwer. Wer auf Ombili lebt, muss sich an Alkoholverbot und Arbeitspflicht halten. Neben der Feldarbeit gibt es verschiedene Handarbeitszentren. Ein Teil der Handarbeiten kann im kleinen Souvenirshop gekauft werden – der Erlös fließt direkt der Stiftung zu. Besonders beliebt und bekannt sind die „Ombili-Mobiles".

Die Stiftung kann Mo–Fr 8–12 und 15–18 Uhr besucht werden, Anmeldung mindestens einen Tag im Voraus ist unbedingt erforderlich. Die Führung dauert ca. 2,5 Std. Anschließend kann man sich bei Kaffee und frisch gebackenem Kuchen stärken.

SONSTIGES

Eintritt

Der Eintritt für den Etosha National Park beträgt N$80 p. P. pro Tag plus N$10 für einen Pkw (2015) und ist in einem der NWR-Büros in den Camps zu bezahlen. Bei der Einfahrt wird nur ein entsprechendes Anmeldeformular ausgefüllt. Bei der Ausfahrt wird die Quittung am Tor kontrolliert. Am Tor selbst darf kein Eintritt verlangt werden. Im Zweifelsfall sollte man eine Quittung verlangen und sich den Namen des Beamten notieren oder ihn am besten gleich selbst unterschreiben lassen.

Einkaufen

In den Shops der staatlichen Camps werden Bildbände und andere Namibia-Literatur preisgünstig verkauft. Außerdem gibt es **Etosha-Karten**, auf denen alle Wasserstellen etc. eingezeichnet sind – eine billigere als Faltblatt und eine etwas bessere in Heftform. Letztere enthält neben dem Kartenmaterial Tier- und Vogelillustrationen, die die Identifizierung erleichtern.

Außerdem gibt es hier auch Getränke und Lebensmittel: Milch, Joghurt, Weißbrot und Fleisch (zum *Braai)* sind fast immer erhältlich, frisches Obst und Gemüse manchmal.

Toiletten

Diese gibt es nur in den Camps und an wenigen ausgewiesenen Stellen im Park (nicht alle auf den alten Karten eingezeichneten Toiletten sind noch vorhanden). Die Toiletten im Park, außerhalb der Camps, sind jedoch sehr oft verschmutzt. Es ist daher empfehlenswert, vor der Fahrt noch einmal das stille Örtchen aufzusuchen.

Ovamboland – die Four O Region

Die Four O Region fasst die Regionen Omusati, Oshana, Ohangwena und Oshikoto zusammen. Zu diesem für namibische Verhältnisse kleinen Gebiet, in dem ungefähr die Hälfte der namibischen Bevölkerung (S. 143) lebt, gehören auch Tsumeb und die umliegenden Farmen. Das Gebiet nördlich von Etosha war bis zur Unabhängigkeit als Ovamboland bekannt. Anfang der 60er-Jahre erklärte es die südafrikanische Verwaltung zum Homeland.

Im Zuge der Umstrukturierung der Verwaltungseinheiten nach der Unabhängigkeit wurde für das gesamte Gebiet die Bezeichnung Four O Region eingeführt, um sämtliche Konnotationen zu vermeiden.

Ähnlich wie „Kaokoveld" kommt der **Name** „Ovamboland" auf den neuen, offiziellen Karten heute nicht mehr vor. In dem Gebiet leben seit mehreren Jahrhunderten die Ovambo. Den Ovambo selbst war der Name „Ovamboland" zunächst nicht geläufig, er wurde lediglich von den benachbarten Herero (und später

Ekipas – Elfenbeinschmuck der Ovambo

Die aus Elfenbein gefertigten Ekipas wurden im frühen 20. Jh. von den Ovambo-Frauen angefertigt und getragen. Sie dienten als Schmuckstücke und waren zudem ein Zeichen von Wohlstand und Reichtum. Über den Ursprung der Ekipas ist nur wenig bekannt. Experten vermuten, dass Ekipas erstmals gegen Ende des 19. Jhs. von den Kwanyama in Südangola getragen wurden. Einer anderen Theorie zufolge verwendeten die Kwanyama sie als Tauschmittel, etwa gegen Lebensmittel.

Es gibt Ekipas in unterschiedlichen Formen mit unendlich vielen Mustern. Die Muster haben keine bestimmte symbolische Bedeutung, drücken aber die Kreativität und Fantasie des Kunsthandwerkers aus. Damit sie ihre typische gelbbraune Farbe erhalten, werden die zunächst noch groben Elfenbeinstücke für mehrere Wochen in Urin getränkter Erde eingegraben. Nach dem Färbevorgang werden die Schmuckstücke geschnitzt, mit Sandstein poliert und mit Aloe-Extrakt und dem ockerfarbenen *Okalula*-Puder eingerieben – bis das Schmuckstück in seiner charakteristischen Farbe glänzt. Die Ovambo-Frauen trugen ihre Ekipas am Oberarm, Hals oder Rücken und bevorzugt an der Taille. Als durch den Einfluss westlicher Missionare jedoch die Freude an traditionellem Stammesschmuck zunehmend verloren ging und die Frauen westliche Kleidung zu tragen begannen, verloren auch die Ekipas mehr und mehr an Bedeutung.

In einigen Spezialgeschäften in Windhoek (u. a. im Crafts Center) und Swakopmund können Ekipas gekauft werden, die teilweise zu edlen Schmuckstücken in Gold- oder Silberfassungen weiterverarbeitet wurden. Seit 1989 der Handel mit Elfenbein verboten wurde, müssen Schmuckliebhaber auf die aus Holz, Knochen oder auch Nilpferd-Zähnen gefertigten Ekipas ausweichen. Ekipas aus Elfenbein dürfen nur noch käuflich erworben werden, wenn diese älter als die im Artenschutzabkommen fest gelegte Zeitspanne von 50 Jahren sind. Das birgt natürlich eine Hürde – wer will das Alter eines Ekipas bestimmen und wer dies überprüfen?

Das Abkommen sieht deshalb Ausnahmen vor: Als Schmuckstück für den persönlichen Gebrauch dürfen Touristen durchaus einen Ekipa erwerben und auch nach Europa einführen (ohne Alterszertifikat). Entscheidend ist, dass es sich nicht um große Mengen handelt, und vor allem dürfen die Schmuckstücke nicht zum Weiterverkauf bestimmt sein.

den Weißen) benutzt. Mit der Zeit übernahmen die Bewohner des Gebietes jedoch ebenfalls diesen Namen und verwenden ihn bis heute ausschließlich. Daher wird das Gebiet nördlich von Etosha und südlich des Kunene auch in diesem Buch als Ovamboland bezeichnet.

Das **Oshivelo Gate**, sozusagen der „Eingang" zu diesem Gebiet, ist ein Kontrollpunkt am Veterinärzaun.

Nördlich des Zauns ist auf der linken Seite (westlich) für etwa 15 km der Etosha-Zaun zu sehen. Ungefähr 90 km nördlich von Oshivelo wachsen die ersten Makalanipalmen – untrügliches Zeichen dafür, nun im eigentlichen Ovamboland angekommen zu sein. Schon vorher fällt jedoch die Struktur des Ovambo-Beckens, die unendlich weite Ebene, auf.

Schilder an den Ortseingängen sind noch nicht gebräuchlich, meist zeigt die Verbreiterung der Straße von zwei auf vier Spuren den Beginn eines Ortes an, so auch in Ondangwa und Oshakati.

Nördlich des Zauns beginnt das quirlige Afrika, wie man es sich gemeinhin vorstellt: keine Zäune, viele Menschen, Hütten und Krale, Ziegen, Hunde, Esel sowie Nguni- und Sangana-Rinder (die typischen afrikanischen Rinder mit den weit ausladenden Hörnern) neben oder auch mal auf der Straße.

Markenzeichen hier sind die *oshanas*, Pfannen und Rinnen unterschiedlichen Ausmaßes, die nach dem Regen, also etwa ab Januar, voll Wasser sind – und damit leider auch ideale Moskito-Brutstellen bilden.

Nördlich von Oshakati beginnt die Omusati Region. Links neben der Straße ist ab und an ein **offener Kanal** zu sehen, der von Ruacana kommt und Ondangwa und Oshakati mit Wasser versorgt. Das Land präsentiert sich hier als endlose Ebene, die durch ein paar Bäume aufgelockert wird.

Unter anderem gibt es hier die ersten Baobabs (Affenbrotbäume). Besonders große Exemplare gibt es bei Tsandi und Outapi. Im Gegensatz zum Kavango/Caprivi und zum Kaokoveld, wo runde oder eckige Hütten aus Ästen mit Lehmdung das Bild bestimmen, überwiegen hier eckige Steinhäuser.

Geschichte

Zwischen dem 15. und 16. Jh. wurde das Gebiet südwestlich des Okavango und nördlich der Etosha-Pfanne von den Ovambo besiedelt. Sie betrieben neben der Viehzucht auch Ackerbau, waren also relativ sesshaft. Zu Handelszwecken begannen sie allerdings schon früh zu reisen. Im Laufe der Jahre entwickelte sich so ein reger Warenaustausch zwischen den Ovambo-Stämmen und anderen Völkern wie den Herero und den Heikom der Etosha-Gegend. Dabei spezialisierten sich die einzelnen Ovambo-Stämme auf eigene Produkte und Gebiete (die Kwanyama handelten beispielsweise mehr im Norden und vor allem mit Eisen, die Ndonga dagegen im Tsumeb- und Etosha-Gebiet mit Kupfer und Salz). Zahlungsmittel waren im Allgemeinen Rinder.

Klimabedingt konnten die Ovambo-Farmer in guten Jahren einen Ernteüberschuss verkaufen und für schlechte Jahre Lebensmittel horten, denn in regelmäßigen Abständen blieb der Regen aus. Statt einfach von der Hand in den Mund zu leben, begannen die Ovambo schon früh, Reserven anzulegen. Ein Ergebnis dieser Entwicklung ist der *Oshigandhi*, ein großer Korb, in dem Mahango und anderes Getreide jahrelang aufbewahrt werden kann.

Durch die hohe Bevölkerungsdichte im Ovamboland entwickelten sich die Menschen anders als im besiedlungsarmen Süden. Zum einen entstand ein Wettbewerb unter den Stämmen, zum anderen erhielten einige Menschen die Möglichkeit, sich zu spezialisieren, neue Fähigkeiten zu erwerben und zu entwickeln, Geschäfte zu eröffnen u. v. m., denn es musste nicht jeder nur um das nackte Überleben kämpfen.

Die ersten europäischen Abenteurer und Entdecker kamen im 19. Jh. ins Ovamboland (damals meist noch Amboland genannt), so beispielsweise Francis Galton und Charles Andersson, die nach ihrer gemeinsamen Reise die Freundlichkeit der Ovambo hervorhoben, und etwas später (1857) auch Hugo Hahn. Kurz darauf trafen auch finnische und deutsche Missionare im Ovamboland ein.

Alsbald folgten Händler, die vor allem Waffen und Munition sowie Kleidung und Pferde gegen Elfenbein und Straußenprodukte tauschten. Damit begann die Zeit der Wilderei in diesem Gebiet. Vom Ndonga-König Shikongo wird berichtet, dass er zwischen 1860 und 1870 rund 2000 kg Elfenbein pro Jahr verkaufte.

Gleichzeitig entwickelte sich auch der Handel mit der Arbeitskraft – der eigenen oder der anderer. Oberhäupter boten ihre Untertanen als Arbeitskräfte an. Diese wurden vielerorts benötigt: auf den Plantagen in Angola, als Träger für die Händler, als Arbeiter auf den Schiffen, im Hafen von Walvis Bay und in der Kupfermine in Tsumeb sowie in den Diamantminen in der Wüste südlich von Lüderitz.

Die in Südafrika schon bekannte „Kontraktarbeit" wurde mit der Ankunft der Deutschen auch im Südwesten Afrikas eingeführt. Bei dieser modernen Form der Sklaverei wurden Männer erst auf ihre Leistungsfähigkeit gemustert und dann für die Arbeit angeheuert. Der König erhielt für jeden Arbeiter eine Prämie. Die Arbeiter blieben eine vereinbarte Zeitspanne (in der Regel zwei bis vier Jahre) auf ihrer Arbeitsstelle und wurden anschließend mit einem Taschengeld wieder nach Hause geschickt. Frauen und Kinder blieben im Dorf und hüteten Haus und gegebenenfalls Land. Erst in der zweiten Hälfte des 20. Jhs. begannen auch die Frauen, das Ovamboland auf der Suche nach Arbeit zu verlassen.

Die Rinderpest von 1897, bei der 90 % aller Rinder im Ovamboland verendeten, sowie eine lange Dürreperiode führten Ende des 19. Jhs. zum fast vollständigen Zusammenbruch der Wirtschaft in der Region. Die Deutschen errichteten in dieser Zeit südlich dieses Gebietes diverse Kontrollposten, vor allem um den Rinderverkehr überwachen zu können. Sie ergriffen jedoch keine Maßnahmen, das Gebiet zu besiedeln oder unter ihre Verwaltung zu stellen.

Major Franke unternahm nach den Herero-Aufständen einige Reisen ins Ovamboland und schloss erst 1908 Schutzverträge mit den Ovambo-Königen.

Auch die Südafrikaner führten nach 1915 vorerst nur Patrouillen im Ovamboland durch. Einschneidend für das Gebiet und die südafrikanische Politik war jedoch der Kampf der Südafrikaner mit König Mandume Ndemufayo. **Mandume Ndemufayo** war noch sehr jung, als er 1911 Oberhaupt (König) des größten Ovambo-Stammes, der Kwanyama, wurde. Das ursprüngliche Gebiet der Kwanyama lag zu zwei Dritteln in Südangola und zu einem Drittel in Nord-Namibia. Schon zur Kolonialzeit hatte sich Mandume der Einmischung der europäischen Großmächte, vor allem der Portugiesen aus Angola, widersetzt. Dabei war es zu mehreren Gefechten gekommen, bei denen Mandume den Portugiesen große Verluste zugefügt hatte, um sich anschließend auf namibischem Gebiet dem Zugriff der Portugiesen zu entziehen. Im Oktober 1916 hatte er von den Portugiesen zwei Maxims-Maschinengewehre, zwei Kraftfahrzeuge, etliche Gewehre und Munition erbeutet und befehligte nun mehr als 2000 sehr gut bewaffnete Männer. Diese Tatsache empfand die britisch-südafrikanische Verwaltung als Bedrohung. Am 5. Dezember 1916 wurde Mandume ein Ultimatum gestellt: Er sollte aufgeben oder mit den Konsequenzen leben. Mandume antwortete: „Wenn die Engländer mich wollen, sollen sie mich holen kommen. Ich bin hier. Ich werde nicht den ersten Schuss abgeben, aber ich bin kein Steinböckchen im Veld. Ich bin ein Mann, keine Frau und ich werde kämpfen, bis ich keine Kugel mehr habe." Anfang Februar 1917 schickten die Südafrikaner 838 Soldaten. Mandume bereitete mehrere Hinterhalte vor, die jedoch von Überläufern verraten wurden, sodass der König überrascht wurde und der südafrikanischen Übermacht nur mit 200–300 Leuten gegenüberstand. Dennoch zog er es vor zu kämpfen. Mandume selbst wurde aus kurzer Entfernung von einem Maschinengewehr getroffen. Mit ihm starben 32 seiner Kämpfer.

Auf südafrikanischer Seite starben neun Soldaten, 13 wurden verwundet. Ihnen zu Ehren wurde wenig später in Windhoek am Bahnhof das Ovambo Campaign Memorial aufgestellt (nach der Unabhängigkeit ließ die neue Regierung das alte Denkmal stehen, benannte jedoch die anliegende Talstraße dem König zu Ehren in Mandume Ndemufayo Avenue um). Colonel de Jager, der Kommandierende der britisch-südafrikanischen Verwaltung, ernannte sich selbst zum neuen Häuptling. Aus dieser Position heraus eignete er sich die 777 Rinder Mandumes an, entwaffnete die Ovambo und schickte sie als „Kontraktarbeiter" in den Süden.

In der Folgezeit wurden die Restriktionen und Kontrollen im Ovamboland verschärft. Eine neue Stufe erreichten sie ab 1964 mit der Einfüh-

Die Rote Linie

Der **Veterinärzaun** durchschneidet Namibia auf einer Länge von 600 km von Ost nach West. Er wird heute noch umgangssprachlich als „Rote Linie" bezeichnet, früher war er sogar unter diesem Begriff auf Landkarten zu finden. Der Zaun wurde kurz nach dem Ausbruch der Rinderpest 1879 errichtet. Kein Fleisch durfte und darf ihn von Nord nach Süd passieren. Nach dem schweren Ausbruch der Maul- und Klauenseuche 1961 wurde der Zaun nochmals verstärkt. Schon zu deutscher Zeit hatte er jedoch noch eine zweite Funktion, nämlich die im Norden lebenden Stämme aus dem „weißen" (D)SWA herauszuhalten.

Die Rote Linie kam auch den Südafrikanern bei der Durchsetzung ihrer Homeland-Politik sehr gelegen. Kein Ovambo oder anderer Schwarzer durfte den Zaun ohne Genehmigung (beispielsweise ein Arbeitsvertrag, „Kontrakt") passieren. Diese Verordnung verlor erst 1977 ihre Gültigkeit.

Heute wird der Veterinärzaun zwar noch an den Toren bewacht, instand gehalten wird er indes nicht. Insbesondere westlich des Palmwag Gate ist kaum noch etwas übrig geblieben. Problematisch wird das nur im Falle des Ausbruchs einer Tierseuche, zumal nach Angola hin faktisch keine Grenze besteht (außer den natürlichen wie Kunene und Okavango).

Weitere Hinweise zum Passieren der Roten Linie S. 384.

rung der Apartheid. Fortan galten die bekannten Apartheidgesetze. So konnten sich auch die Ovambo selbst in ihrem „eigenen" Homeland nicht als freie Bürger bewegen.

Kein anderes Gebiet Namibias wurde so vom **Freiheitskampf** beeinflusst und verändert wie das Ovamboland. Treibende Kraft war die Swapo, deren Vorgängerin OPO eine reine Ovambo-Partei gewesen war. Entsprechend hoch war auch der Einsatz der Ovambo. Tausende ließen ihr Leben. Zehntausende mussten während des Unabhängigkeitskampfes ins Exil flüchten. Allein 1975–88 retteten sich 50 000 nach Angola. Die Entwicklung der Farmerei und die Erschließung des Ovambolandes stagnierten dadurch oder waren gar rückläufig.

Am 26. August 1966 fand der erste militärische Schlagabtausch zwischen der südafrikanischen Polizei und der Swapo bei **Ongulumbashe** statt. Bis zur Unabhängigkeit wurde das Ovamboland zum Hauptschauplatz der Auseinandersetzungen zwischen der PLAN, dem bewaffneten Arm der Swapo, und der südafrikanischen Armee.

Nach der Unabhängigkeit kehrten viele Freiheitskämpfer ins Ovamboland zurück, wo sie als Helden gefeiert und verehrt wurden. Allerdings eröffneten sich ihnen im neuen Namibia nur wenige Arbeitsmöglichkeiten. Einige konnten bei Sicherheitsunternehmen als Nachtwächter unterkommen, die meisten stritten (und streiten) sich jedoch mit der namibischen Regierung um eine Rente und eine Abfindung. Auch das Problem der Landreform und der Neubesiedlung ist eng mit den ehemaligen Freiheitskämpfern verknüpft – denn die ehemaligen Helden sollen und wollen im neuen Namibia auch Landbesitzer sein. Es kann jedoch nur so viel Land verteilt werden, wie zur Verfügung steht. Und wenn der langsame und heikle Prozess der Landumverteilung politisch missbraucht wird, um Wählerstimmen zu bekommen, kann das böse enden, wie Zimbabwe tragisch zeigt.

Die neue namibische Regierung hat ein besonderes Interesse am Aufbau von Infrastruktur und Industrie in der Four O Region. So sind in den vergangenen 16 Jahren einige Fortschritte erzielt worden, beispielsweise beim Ausbau des Strom- und Telefonnetzes sowie bei der Wasserversorgung. Die vergleichsweise hohe Bevölkerungsdichte der Region und die damit nötigen infrastrukturellen Maßnahmen sowie die Versorgung der Menschen wird die Regierung jedoch auch noch in Zukunft vor große Herausforderungen stellen.

Natur und Geografie

Das Ovambo-Becken, von dem bereits bei Etosha die Rede war, ist **geologisch** bestimmend für die ganze Region. Vor 750 Mio. Jahren brach der Superkontinent Rodinia auseinander, wobei sich die Senken mit Wasser füllten. Auf diese Weise wurden der hohe Norden des heutigen Namibia und das Land nördlich davon vom Süden abgetrennt – das sogenannte Damara-Meer entstand. Den Boden dieses großen Sees/Meeres bildete das heutige Ovambo-Becken.

Vor 600 Mio. Jahren drifteten die Platten wieder aufeinander zu. Es kam zu einer Kollision und hohe Berge türmten sich auf, ähnlich der Entstehung der Alpen in Europa. Diese sogenannte Damara-Gebirgsbildung brachte die Otaviberge und das Khomashochland bei Windhoek hervor. Der Superkontinent Gondwana bildete sich. In der Eiszeit gruben Gletscher tiefe Täler in das Ovambo-Becken.

Diesen Tälern folgen heute die Flüsse in Angola und an der namibischen Grenze. Vor 120 Mio. Jahren brach Gondwana auseinander, das Kalahari-Becken entstand.

Das Ovambo-Becken bildete nun einen westlichen Ausläufer dieses riesigen Beckens. Seitdem wird es stetig durch Wasser und Wind mit Sand, Lehm und Schlamm angefüllt.

Vor 7–3 Mio. Jahren entstand hier ein großer See. Er wurde vor allem vom Kunene gespeist, der – ähnlich wie der Okavango noch heute in die Kalahari – in das Ovambo-Becken mäanderte. Warum der Kunene vor 2 Mio. Jahren seinen Lauf änderte, ist unklar. Möglicherweise spielten tektonische Bewegungen eine Rolle. Jedenfalls floss er von da an in den Atlantik, der See trocknete aus. Lehm- und Salzpfannen entstanden – es bildete sich das Cuvelai-System, das das südliche Angola entwässert und aus *oshanas* und kleinen Rivieren besteht.

Das Ovamboland ist eine von Sedimenten aufgefüllte, endlose Ebene ohne Erhebungen. Durch

Mopanewürmer

An den Mopanewürmern scheiden sich im südlichen Afrika die Geister: Die einheimischen Schwarzen lieben sie wegen ihres hohen Proteingehaltes von 65 % (also höher als bei Rind und Huhn), die Weißen (Einheimische ebenso wie Touristen) schütteln sich meist schon bei der Vorstellung, diese Raupen zu essen. Die gelb-schwarz-weißen Mopanewürmer sind die Raupen der farbenfrohen Mopaneschmetterlinge, *Imbrasia belina*. Die Raupen fressen die Blätter des Mopanebaumes, der in den frostfreien Gebieten im Norden häufig vorkommt. In Botswana, Zimbabwe und Südafrika werden die Mopanewürmer kommerziell geerntet und vertrieben, in Namibia wurde bislang eher für den Eigenbedarf gesammelt. Da sich ein Sack Mopanewürmer jedoch bereits für N$800 verkaufen lässt, entwickelt sich auch hier ein reger Handel.

Für die Raupenernte ist Erfahrung erforderlich: Kurz bevor sie sich verpuppen, hören sie auf zu fressen – erst dann sind die Innereien relativ sauber. Die Mopanewürmer werden etwa fünf Minuten lang gekocht, nach Wunsch geröstet und entweder gleich verzehrt oder aber in der Sonne getrocknet. Im Leinensack können sie dann bis zu neun Monate aufbewahrt werden.

das **Cuvelai-System** erhält die Region auch dann Wasser, wenn es hier nicht regnet, denn die Niederschläge im nördlichen Angola fallen wesentlich reicher, häufiger und zuverlässiger. Cuvelai erstreckt sich von Oshikango im Osten bis nach Ruacana im Westen. Im Süden reicht es mit dem Ekuma Rivier bis an die Etosha-Pfanne heran. Nördlich von Etosha befindet sich das Pfannensystem Omadhiya Lakes, dessen bekanntester See der Oponono ist. Natürlich sind auch diese Pfannen trocken, wenn es nicht regnet. Die Seen laufen durchschnittlich nur in acht von 20 Jahren voll, und nur in einem Drittel dieser Fälle schafft es das Wasser bis in die Etosha-Pfanne.

In Angola erstreckt sich das Auffanggebiet des Cuvelai-Systems vom Kunene im Westen bis zum Cubango/Okavango im Osten. Regnet es in Angola besonders stark, erreicht eine große Flutwelle Namibia, *efundja* genannt, die besonders viele Fische – Lebensgrundlage zahlreicher Familien – mit sich bringt.

Im Ovamboland herrscht ein semi-arides **Klima**. Wie überall in Namibia regnet es nur periodisch, unterbrochen von langen Trockenzeiten. Die Unzuverlässigkeit des Regens macht die Landwirtschaft auch hier zu einem riskanten Unterfangen. Wenn es regnet, verdunstet der Niederschlag schnell oder versickert im sandigen Boden. Nur im Cuvelai-System mit seinen lehmigen Senken steht das Wasser oft monatelang knöcheltief. Da die Gegend sich näher am Äquator befindet als die südlicheren Landesteile, gibt es hier nur sehr selten Frost.

Zwar haben Wind und Wasser das Ovambo-Becken mit Sedimenten aufgefüllt, doch ist die **Bodenbeschaffenheit** nicht überall gleich. Das Wasser hat Lehm und Schlamm in das Gebiet gebracht, der Wind war für den Sand verantwortlich. An Stellen mit weniger Wasser überwiegt daher sandiger Boden.

Ein weiterer wichtiger Faktor für die Bodenbeschaffenheit und damit die Nutzbarkeit des Bodens ist auch hier die Trockenheit, denn wo wenig wächst, kann wenig organisch abgebaut werden, also ist die Fruchtbarkeit des Bodens gering.

Im Cuvelai-Gebiet überwiegt natriumhaltiger Boden, der – wenn der Salzgehalt nicht zu hoch ist wie in den tiefen Stellen der *oshanas* der Fall – gute Bedingungen für den Ackerbau bietet. In den *oshanas* ist der Salzgehalt jedoch höher, und in Senken sammelt sich Lehm und Ton. So stellen die *oshanas* eine natürliche Unterbrechung der Felder dar. Westlich und östlich von Cuvelai herrscht der Kalaharisand vor, der im Allgemeinen wenig fruchtbar ist. Die Bäume, die hier zu sehen sind, haben lange Wurzeln, um das Grundwasser zu erreichen. Südwestlich von Cuvelai und um Etosha herum ist sandiger Lehmboden zu finden, auf dem der Mopanebaum sich besonders wohlfühlt. Das Karstveld südöstlich von Etosha ist durch kalkhaltige Tonböden bestimmt.

Häufig vorkommende und auffällige **Bäume** des Ovambolandes sind Mopane, Marula, Mangetti, Wildfeige, Makalani und Baobab. Pflanzen sind eine wichtige Ressource für die Menschen.

DAS CUVELAI-SYSTEM

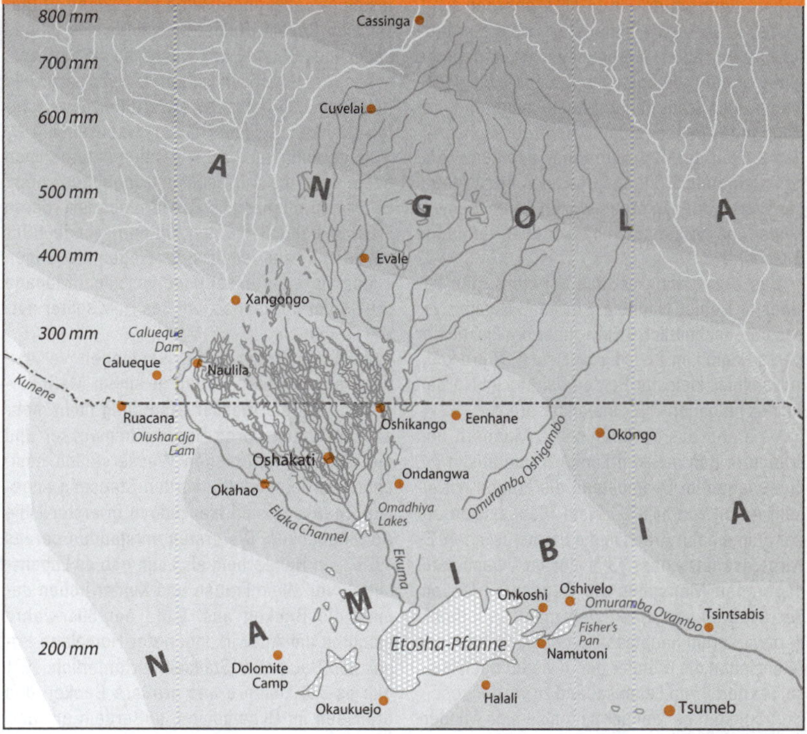

Das Holz wird als Bau- und Heizmaterial genutzt (bevorzugt Mopane), Gräser als Ried für die Dächer und Früchte als Nahrung. Sie werden aber auch für medizinische und kosmetische Zwecke verwendet und – nicht zu vergessen – bilden die Nahrungsgrundlage der Tiere.

Bevölkerung

Im Ovamboland dominieren die acht Ovambo-Stämme, andere Ethnien sind zahlenmäßig gering vertreten. Lebensweise und Traditionen der Ovambo sowie die Struktur ihrer Stämme sind im Kapitel Bevölkerung und Sprachen ausführlich erläutert (S. 156).

Es wird angenommen, dass noch vor 100 Jahren weniger als 100 000 Menschen zwischen der Etosha-Pfanne und der Grenze zu Angola lebten. Heute hat die Four O Region etwa 800 000 Einwohner – fast die Hälfte der Gesamtbevölkerung Namibias. Wie im restlichen Land ist auch hier das Bevölkerungswachstum mit 2,8–3 % recht hoch. Die Kindersterblichkeit und Hungersnöte haben sich im vergangenen Jahrhundert verringert, außerdem erhielt die Region immer wieder Zuwachs aus Angola: 1926, als die Portugiesen dort die direkte Verwaltung übernahmen, flohen 40 000 Menschen nach Südwestafrika, und bis in die späten 50er-Jahre zog es vor allem junge Männer in der Hoffnung auf Arbeit hierher.

Viele Einwohner der Region, die im Unabhängigkeitskampf engagiert waren und flüchten mussten, kehrten kurz vor oder nach der Unabhängigkeit 1990 in die Region zurück. Es gibt keine gesicherten Angaben darüber, wie viele während dieses Kampfes umgekommen sind, Schätzungen gehen von 13 000 Menschen aus.

Das Bevölkerungswachstum ist in den letzten Jahren auf 1 % gesunken. Hauptursache dafür ist die Aids-Epidemie (Kasten S. 162/163). Neben Aids stellt Malaria noch immer eine der Haupttodesursachen dar. Weitere Ursachen für das Sinken des Bevölkerungswachstums sind der steigende Bildungsgrad und der Wandel der Werte. Junge Frauen wollen heute weniger Kinder und wissen auch besser über Verhütung Bescheid.

Das Ovamboland ist das am dichtesten besiedelte Gebiet Namibias. In ganz Namibia leben durchschnittlich 2 Einwohner pro km^2 (in der Karas Region im Süden sogar nur 0,37 pro km^2), in Namibias kleinster Region Oshana im Norden sind es hingegen 25,3 Einwohner pro km^2.

Während das Verhältnis von Männern und Frauen in den meisten Ländern paritätisch ist, überwiegen im Ovamboland die Frauen mit einem Anteil von 54,8 %. Viele Männer sind auf der Suche nach Arbeit in die Städte gezogen. Es wird geschätzt, dass 13 % der im Ovamboland geborenen Menschen die Gegend verlassen, der Großteil von ihnen zieht nach Windhoek, dort wiederum hauptsächlich nach Katutura. Im Alter ziehen die Männer dann wieder nach Hause, um dort ihren Lebensabend zu verbringen.

Arbeitsfähige Männer sind also eine Minderheit im Ovamboland, die anfallende Arbeit lastet daher noch mehr als anderswo auf den Schultern der Frauen. Das Gefälle zwischen Arm und Reich ist auch innerhalb des Ovambolandes sehr groß und die Armut teilweise erschreckend.

Zwei der signifikanten **Probleme der Region** werden durch die hohe Bevölkerungsdichte verursacht: Zum einen die Überweidung, denn große Herden von Rindern und Ziegen stellen eine Absicherung gegen die Auswirkungen der immer wiederkehrenden Dürreperioden dar. Besonders in den kommunalen Gebieten fehlt das Wissen darüber, wie viele Tiere ein Gebiet verkraften kann. Zum anderen die **Abholzung**: 84 % der Häuser werden noch immer aus Holz gebaut, fast alle Zäune sind aus kleinen Baumstämmen gefertigt, und 96 % aller Haushalte nutzen nach wie vor Holz zum Kochen und als Wärmequelle in den kälteren Monaten. Die natürlichen Ressourcen werden in den am dichtesten besiedelten Gebieten am meisten strapaziert. Im Cuvelai-Gebiet beispielsweise gibt es kaum noch Bäume, was wiederum die Kluft zwischen Arm und Reich verstärkt: Wer genug Geld hat, kann sich Holz oder andere Heizmittel kaufen. Wer kein Geld hat, hat das Nachsehen.

In der jüngsten Vergangenheit unternahmen besonders die Farmer Anstrengungen, neue Bäume zu pflanzen (z. B. Marulabäume, deren Früchte genutzt werden können), junge Bäume zu schützen (sodass die Ziegen die jungen Triebe nicht abfressen) und vor allem Mopane regelrecht anzubauen, um das Holz später nutzen zu können.

In der Zeit der südafrikanischen Verwaltung, als die Bevölkerung in einem Maße zunahm, dass die **Wasserversorgung** nicht mehr ausschließlich durch Oberflächenwasser und die wenigen natürlichen Wasserstellen gesichert werden konnte, wurden Stauseen angelegt. Stauseen sind hier jedoch in erster Linie Auffangbecken. Die ersten entstanden bereits 1929/30 in Handarbeit, als Lohn gab es Lebensmittel. Vor allem Frauen und Kinder hoben damals die Becken aus. Ende der 60er-Jahre machten die Auswirkungen der Homeland-Politik den Bau neuer Stauseen erforderlich. 1971 gab es 320 kleinere und größere Becken und Stauseen im Ovamboland, außerdem existierten 65 Bohrlöcher. Da die Wartung jedoch niemanden interessierte, sind inzwischen fast alle verfallen. Heute wird die Wasserversorgung durch neue Bohrlöcher sowie Rohrleitungen vom Kunene sichergestellt.

Der Olushandja Dam wurde 1973 im Etaka Channel gebaut. Der Etaka ist ein natürlicher Graben, der nicht direkt mit dem Cuvelai-System verbunden ist. Es wird jedoch angenommen, dass er früher den Hauptarm des Kunene in den damaligen See bildete. Der Stausee ist 20 km lang und 200 m bis zu 2 km breit. Während des Unabhängigkeitskampfes wurde der Olushandja Dam ebenso beschädigt wie der flussaufwärts gelegene Calueque Dam in Angola, von dem Olushandja abhängig ist. Die Reparaturarbeiten dauern noch immer an, am Pumpensystem zwischen den beiden Stauseen wird ebenfalls gearbeitet. Nichtsdestotrotz tragen die beiden Stauseen derzeit erheblich zur Wasserversorgung der Region bei.

Landwirtschaft

Nur ein kleiner Teil der Four O Region wird von städtischen Regionen und von den privaten Farmen um Tsumeb, die sich zu *Conservancies* zusammengeschlossen haben, eingenommen. Hinzu kommt ein kleiner Prozentsatz an sogenannten *resettlement farms*, also Gebieten, die von der Regierung gekauft wurden, um ehemalige PLAN-Kämpfer anzusiedeln. Der überwiegende Teil der Region wird für die kommunale Landwirtschaft und Subsistenzfarmerei genutzt.

Bis 1979 durften nur Weiße in Namibia Land und damit Farmen besitzen. Von 120 Verkäufen im Gebiet südöstlich von Etosha gingen in den ersten zehn Jahren nach der Unabhängigkeit 13 % an schwarze Farmer. Außerdem wurden schwarze Farmer in diesem Gebiet neu angesiedelt, was den Prozentsatz der schwarzen Farmbesitzer etwas erhöhte (s. dazu auch Landreform, S. 191).

Während in der Gegend um Tsumeb die privaten Farmen überwiegen, gibt es im Ovamboland größtenteils sogenanntes kommunales Farmland, das von den Stammesoberhäuptern verwaltet wird und der Regierung bzw. der Gemeinde gehört. Hier wird hauptsächlich Subsistenzfarmerei betrieben.

Eine Mischung aus beidem ist der sogenannte **Mangetti Block**. Dieses große Gebiet östlich von Etosha (auch östlich der Teerstraße B 1 am Zaun zu erkennen) gehört der Regierung und wird an Farmer verpachtet. Dieses beispielhafte Projekt wurde bereits 1970 von der ENOK, Vorläuferin der NDC (Namibische Entwicklungsgesellschaft), gestartet. Verwaltet wird Mangetti vom Ministry of Agriculture, Water and Rural Development, das auch kostenlos die Wartung der Bohrlöcher und Pumpen übernimmt.

Innerhalb des Mangetti Block gibt es 106 einzeln eingezäunte Farmen. Die Farmen sind in etwa gleich groß, zwischen 1100 und 1300 ha. Farmer haben jedoch die Möglichkeit, mehr als eine Farm zu pachten. Da die Pacht pro Rind errechnet wird, muss die Anzahl der Rinder monatlich beim Ministerium angegeben werden. Dies soll gleichzeitig eine Überpopulation verhindern. Pro Farm sind nicht mehr als 120 Rinder zugelassen, allerdings fehlt es offenbar an Kontrollen, sodass auch im Mangetti Block die Überweidung ein Problem darstellt. Die Vorbildfunktion Mangettis ist sicher einer der Hauptverdienste des Projektes – die Bevölkerung sah und sieht den Nutzen in der maßvollen Urbarmachung des Landes, im Aufbau eines Handelssystems, und nicht zuletzt gelten die Mangettifarmer heute als wohlhabende Mitglieder der Gesellschaft.

Viele Farmen sind um Mangetti herum entstanden, legal und illegal. Besonders seit der Unabhängigkeit nimmt die Zahl der Farmen zu. Das Problem bei der Registrierung ist jedoch die Ungenauigkeit des Gesetzes – wer hat die Autorität, einem Farmer Land zuzuweisen? Sowohl Gemeinde und Stammesoberhäupter als auch Regierung beanspruchen dieses Recht jeweils für sich. Die meisten dieser „illegalen" Farmen sind zumindest von den Oberhäuptern (im Gebiet um Mangetti sind dies die Ndonga-Könige) abgesegnet. Auf der anderen Seite schränkt die Gründung von Farmen und die damit verbundene Einzäunung das kommunale, traditionelle Weideland ein. Mitunter gehen ganzen Dörfern dadurch die raren Wasserstellen verloren. Im gesamten Ovamboland sollen auf diese Weise bislang rund 7900 km^2 Land eingezäunt worden sein.

Fast jede Familie auf dem Land bestellt ein **kleines Stück Boden** um ihr Anwesen herum. Schätzungen belaufen sich auf 85 000 solcher Anwesen in der Four O Region. Diese Grundstücke sind je nach Besiedlungsgrad und natürlichen Ressourcen unterschiedlich groß (meist zwischen 10 und 15 ha). Im Allgemeinen wird auf einem Teil Ackerbau und Viehhaltung betrieben, der andere Teil dient der Holzernte. Auch hier sind die Familien vom Einfluss der Stammesführer abhängig.

Nahezu jeder Farmer im Ovamboland baut **Mahango**, eine Hirseart, an. Dies verwundert nicht, gedeiht doch Mahango bereits mit wenig Wasser und auf relativ nährstoffarmem Boden. Eine andere Hirseart, Sorghum, wird fast ausschließlich für die Herstellung von Bier *(Tombo)* verwendet. Außerdem bauen insbesondere die Kleinfarmer Bohnen, Erbsen, Kürbisse und Nüsse an. Mais wird aufgrund des oft nährstoffarmen Bodens nur von wenigen Farmern angebaut. Die Bestellung der Felder erfolgt bei den Kleinfarmern ohne Maschinen, sozusagen in Handarbeit. Wer Ochsen hat, setzt sie beim Pflügen als Zugtiere ein.

Die **Viehhaltung** nimmt in der Landwirtschaft einen fast ebenso bedeutenden Platz ein. Wer die finanziellen Möglichkeiten hat, legt sich Herden zu. In der Trockenheit, wenn alles Getreide verdorrt, ist das Vieh oft die letzte Nahrungsquelle. 25 % aller Rinder, 43 % aller Ziegen und 70 % aller Esel Namibias (genutzt als Transportmittel) leben im Ovamboland. Die Tiere, insbesondere die Rinder, werden je nach Weidemöglichkeit in verschiedene Gebiete getrieben – einer der Gründe, warum das kommunale, traditionelle Weideland so wichtig für die Kleinfarmer ist.

Der **Verkauf** dieser Tiere bzw. des Fleisches kann nur in der Region selbst erfolgen, da südlich der Roten Linie die MKS-freie Zone liegt und kein lebendes oder totes Tier den Veterinärzaun passieren darf. Allerdings sind viele Farmer auch nicht unbedingt daran interessiert zu verkaufen – sie halten das Vieh vorrangig für den Eigenbedarf. Auch Mahango wird eher für schlechte Zeiten gelagert als verkauft. Denn die Erinnerung an fatale Dürreperioden ist bei allen Bewohnern dieses Gebietes noch immer gegenwärtig. Ob sich Nutzen und Strapazierung der natürlichen Ressourcen bei der Farmerei die Waage halten, ist fraglich. Zudem wird sich in Zukunft der Druck auf die natürlichen Ressourcen durch die anwachsende Bevölkerung und Viehbestände noch verstärken.

Landwirtschaftsprojekte, initiiert von der Regierung oder von NGOs (Non Governmental Organisations – regierungsunabhängige Organisationen, die sich oftmals durch Entwicklungshilfegelder finanzieren), versuchen, hier eine Lösung zu finden. Ansätze gibt es in Form von sogenannten Kooperativen, also den Zusammenschluss mehrerer Farmen zur gemeinsamen Nutzung von Land und Wasser, sowie für Regelungen, die beispielsweise die Anzahl von Vieh pro Bewohner limitieren.

Die Landwirtschaft generiert nur rund 10 % des jährlichen Einkommens der Farmer im Ovamboland – das weitaus größere Einkommen wird durch **Arbeit in den Städten** erwirtschaftet, sei es als Lohnarbeiter oder Ladenbesitzer. Ungefähr 14 600 dieser kleinen Betriebe sind im Ovamboland ansässig. Cuca-Shops machen den Löwenanteil dieser Geschäfte aus – 7000 soll es in der Region geben. Diese Läden sieht man häufig neben der Straße, sie sind hauptsächlich auf Getränke spezialisiert und betreiben meist auch eine kleine Kneipe. „Cuca" ist der Name einer Biersorte, die in Angola noch immer sehr beliebt ist. Vor dem Bürgerkrieg, also bis 1975, hat Angola sehr viel in den Norden Namibias exportiert. Die kleinen Kneipen werden auch „Shebeens" genannt, dahinter verbirgt sich exakt das Gleiche, das Wort kommt aus der südafrikanischen Minensprache. Außerdem gibt es kleine Brauereien, Schlachtereien, Bekleidungsläden u. v. m. Diese Geschäfte haben entweder einen festen Sitz oder sind als Stand auf den Märkten in Ondangwa, Oshakati und anderen größeren Ortschaften zu finden.

Eine neue Einkommensmöglichkeit könnte auch im Ovamboland der **Tourismus** sein. Bislang ist die Region nördlich der Roten Linie touristisch wenig erschlossen. Allerdings fehlen hier auch die Highlights, wie sie an der Südgrenze mit Etosha zu finden sind. Im Ovamboland gilt für Touristen mehr denn je: Der Weg ist das Ziel. Was man hier sieht, ist authentisches, lebendiges Afrika.

Und wer ein „richtiges" Ziel braucht, fährt bis Ruacana.

Orientierung und Transport

Ondangwa und Oshakati sind die größten Städte im Ovamboland. Sie sind in den vergangenen Jahren enorm gewachsen und entwickeln sich stetig weiter. Alle großen Ketten – ob Supermärkte, Tankstellen oder Kaufhäuser – sind inzwischen hier zu finden. Einige Unterkünfte wurden ebenfalls eröffnet. Dabei macht die Vorstellung betroffen, dass die meist jungen Angestellten, die sich so rührend um einen kümmern, in den benachbarten, abgerissen wirkenden Hütten zu Hause sind. Sie sind die besten Ansprechpartner für Tipps, in welchen Cuca-Shop man gehen kann oder welche Gegend eher unsicher ist.

Straßennamen gibt es in der Regel nicht und wenn doch, kennt sie keiner. Auch die Angabe „Main Road" ist mit Vorsicht zu genießen.

Noch ein Wort zum Transport: Die privaten Luxusbusse wie beispielsweise der Intercape Mainliner fahren nicht in diese Region.

Der Ausbau der **Eisenbahnlinie** von Tsumeb nach Oshikango war eine Herzenssache der neuen Regierung nach der Unabhängigkeit. N$630 Mio. wurden für den Bau, der bis 2005 abgeschlossen sein sollte, herausgerückt. Im Juli 2006 konnte immerhin der Hauptteil der Strecke bis Ondangwa eingeweiht werden. Während die Arbeit am ersten Abschnitt von Tsumeb nach Oshivelo hauptsächlich von Maschinen bewerkstelligt wurde, ist der folgende Streckenabschnitt absichtlich arbeitsintensiv angelegt worden, da er durch das am dichtesten besiedelte Gebiet des Landes führt. Der ehemalige Präsident Nujoma hat den Bau zum nationalen Anliegen erklärt und ist sogar zweimal selbst zum Arbeitseinsatz angetreten.

Leider nutzt die schönste Strecke im hohen Norden nichts, wenn die Strecken dorthin nicht gewartet werden. Seit 2009 sind die Bahngleise zwischen Windhoek und Tsumeb teilweise stillgelegt. Sie sind in derart schlechtem Zustand, dass sie als zu unsicher für den Zugverkehr gelten. Wann Reparaturen erfolgen und wann dann die Strecke wieder frei ist, steht in den Sternen.

Der gesamte Transport lag bislang in den Händen kleiner lokaler Unternehmer. Die großen gelben **Busse**, die man auf der Strecke in den Norden sieht, sind die alten Swapo-Transport-Busse. Sie fahren immer dienstags und freitags und damit regelmäßiger als die kleinen Minibusse, sind nicht so überfüllt und gelten als sicher. Für diese Busse sollte man mindestens einen Tag vorher bei Namib Contract Haulage, ✆ 061-234164, 68 Bismarck Street, Windhoek den Fahrschein besorgen.

Fast alle Busse in den Norden fahren vom Busbahnhof in Windhoek in der Mandume Ndemufayo Avenue oder vom Soweto Market in Katutura ab.

Air Namibia fliegt täglich von Windhoek nach Ondangwa, der dortige Flughafen liegt 6 km außerhalb in Richtung Oshakati. Das Büro der Air Namibia befindet sich am Flughafen, ✆ 065-240655, ✉ ondangwa.reservations@airnamibia.aero.

Ondangwa und Umgebung

Ondangwa, rund 210 km nördlich von Namutoni, ist die erste größere Stadt nördlich von Etosha.

Auf dem Weg dorthin, etwa 25 km nördlich des King Nehale Gate bei Omuthiya, befindet sich der **Tulogeni Craft Market** (am Wochenende geschlossen). In diesem kleinen, ansprechenden Souvenirladen werden typische Gebrauchsgegenstände der Ovambo zum Verkauf angeboten.

12 km südwestlich von Ondangwa, im Gebiet der Ndonga-Könige, liegt die historische **Missionsstation Olukonda**. Sie wurde 1870 von finnischen Missionaren gegründet. Heute wird sie von der ELCIN (Evangelical Lutheran Church in Namibia) betrieben und ist seit 1995 ein namibisches Nationaldenkmal.

Herz der Missionsstation ist das große und gut erhaltene Missionshaus, das einstige Wohnhaus des Gründers Martti Rautanen. 1995 wurde es zu einem Heimatkundemuseum umgestaltet, das inzwischen als **Nakambale Museum** bekannt ist. „Nakambale" war der Spitzname der Ndonga für Rautanen und bedeutet: Mann mit Helm/Hut. Martti Rautanen kam 1870 mit neun weiteren finnischen Missionaren ins Ovamboland. Den Anstoß dazu hatte wahrscheinlich Hugo Hahn gegeben, der nach seinem Besuch 1857 der Finnischen Missionsgesellschaft in einem Brief das Ovamboland als Wirkungsfeld nahe gelegt hatte. Rautanen wirkte bis zu seinem Tod 1926 im Ndonga-Gebiet. Er war ein sehr aufgeschlossener Missionar, sprach Finnisch, Deutsch, Ndonga, Otjiherero, Nama, Afrikaans, Englisch und Russisch. Zu seinen bedeutenden Leistungen gehört die Übersetzung der Bibel ins Oshivambo, der Umgangssprache aller Ovambo-Stämme. Wie groß die Akzeptanz seiner Person unter den Ovambo war, zeigt die Tatsache, dass sie ihm einen würdevollen Spitznamen gaben. Die 2002 in Englisch erschienene Biografie *Nakambale – The life of Dr. Martin Rautanen* (ISBN 951-624-298) von Matti Peltola beleuchtet

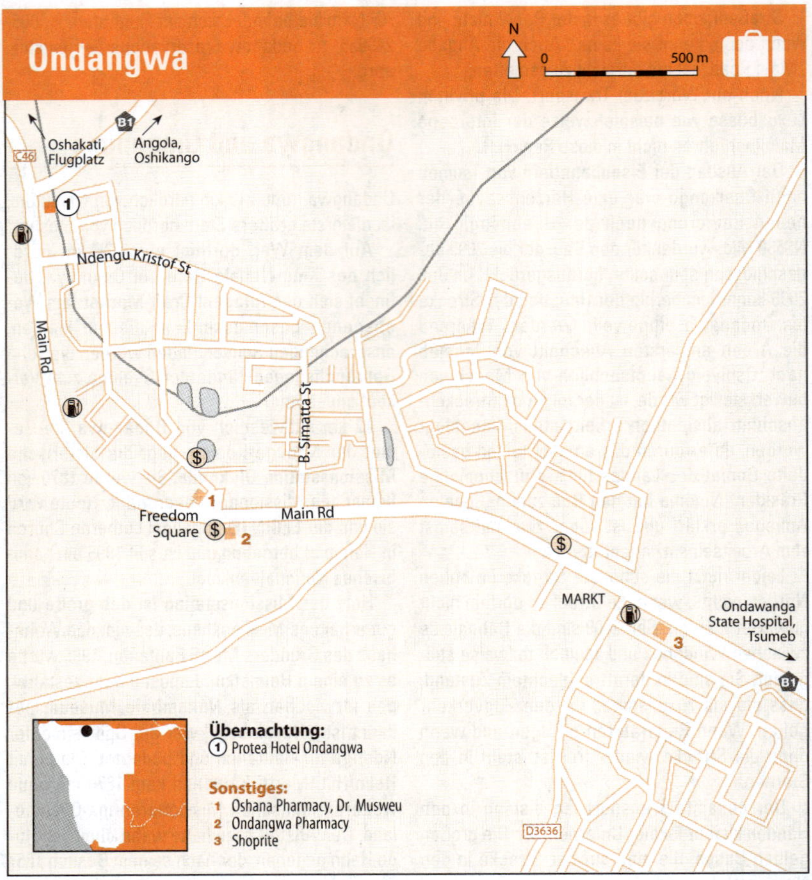

sowohl die Geschichte der Missionsstation als auch die des gesamten Gebietes. Sie beschreibt die Auseinandersetzung zwischen Ovambo und finnischen Missionaren in Kultur und Tradition und bietet Einblicke in das Leben auf Olukonda.

Zahlreiche interessante Ausstellungsobjekte im Inneren des Missionshauses bringen dem Besucher das Leben und Wirken der finnischen Missionare sowie den traditionellen Alltag der Ovambo näher.

Gleich nebenan kann man die große strohgedeckte Kirche besuchen. Die schlichte **Kirche** wurde 1893 erbaut und ist das älteste Gotteshaus in Nord-Namibia. Noch immer werden hier Gottesdienste abgehalten. Außerdem ist auf dem Gelände die Nachbildung einer Ndonga-Siedlung zu besichtigen.

Eintritt für die Missionsstation: Führung etwa N$20 p. P., bitte vorher telefonisch unter ✆-Handy 081-2493108 anmelden; 🕒 Mo–Fr 8–13 Uhr und 14–17 Uhr, Sa 8–13 Uhr, So 12–17 Uhr.

ÜBERNACHTUNG

Protea Hotel Ondangwa, ✆ 065-241900, ✉ gm.ondangwa@proteahotelscom.na, 💻 www.proteahotels.com/ondangwa, an der Main Road beim Abzweig Angola/Oshikango. Afrikanisch eingerichtetes Hotel. Zimmer mit TV, AC, kein Moskitonetz, 2 behindertengerecht, Internetzugang. Kasino ❸

Olukonda Campsite & Nakambale Museum, ca. 12 km südwestlich von Ondangwa an der D 3605, Karte S. 400–401. Ca. N$70 p. P.; Du/WC, kein Trinkwasser, Licht, Gemeinschaftsküche. Übernachtungsmöglichkeit auch in 6 traditionellen Ovambo-Hütten, ca. N$90 p. P., oder im Cottage, ca. N$200 p. P. Das traditionelle Ovambo-Essen sollte man unbedingt probieren. Einheimische Guides können für Ausflüge zum nahe gelegenen Ombuga-Grasland und zum Opononosee gebucht werden – sicher die beste Möglichkeit, eine Innenansicht dieser Region zu bekommen. Keine Kreditkartenzahlung.

SONSTIGES

Apotheken

Ondangwa Pharmacy, ✆ 065-240361, Main Rd, gegenüber der First National Bank.

Oshana Pharmacy, ✆ 065-240144, Kapia Health Centre, Main Rd, neben der First National Bank.

Geld

First National Bank, ✆ 065-2822000, First City Centre, 37 Main Rd.

Medizinische Hilfe

Ondangwa State Hospital, ✆ 065-240305, liegt außerhalb in Onandjokwe östlich des Ortes.

Dr. Musweu, ✆ 065-240056, Oshana Pharmacy Gebäude, Main Rd, Allgemeinmediziner, spricht Englisch.

Polizei

✆ 10111.

Post

✆ 065-240015.

Oshakati und Umgebung

Oshakati liegt 35 km nordwestlich von Ondangwa und ist die größere der beiden Städte. Es gibt einen großen **Markt** an der Hauptstraße, über den zu schlendern sich lohnt. Selbst wer nichts kaufen möchte, bekommt auf jeden Fall sehr viel afrikanische Atmosphäre mit. Das Fahrzeug sollte allerdings in Sichtweite bleiben.

Einblicke in die Kultur der Ovambo ermöglicht das **Uukwaluudhi Royal Homestead** im Dorf Tsandi. Wer Ruacana ansteuert, kann ab Oshakati einen kleinen Umweg über die C 41 und M 123 machen, um dieses Dorf zu besuchen. Es liegt knapp 100 km von Oshakati entfernt. Das Uukwaluudhi Royal Homestead ist die Residenz des Königs der Kwaluudhi (einem der kleineren Ovambo-Stämme). Wenn der König anwesend ist, spricht er gern mit Besuchern. Manchmal werden traditionelle Tänze aufgeführt. Und natürlich gibt es einen kleinen Souvenirshop. Die Uukwaluudhi Safari Lodge (s. unten) bietet organisierte, halbtägige Kulturtrips dorthin an (N$ 713 p. P.). Außerdem wird der Platz westlich von Tsandi besucht, wo Namibias Freiheitskampf begann.

An der C 46 Richtung Ruacana steht der **Ombalantu Baobab** im kleinen Ort Outapi. Im Stamm dieses riesigen Baums befindet sich eine Höhle, die schon als Post, als Kirche und sogar als Kapelle der südafrikanischen Armee diente. Auch der Affenbrotbaum ist Teil der oben erwähnten Kultur-Tour. Heute wartet hier das Ombalantu Baobab Tree Heritage Centre and Campsite auf Besucher. Es gibt vier Stellplätze, Du/WC, kein Trinkwasser, ✆ 081-4384705, 💻 www.spitzkoppereservations.com, Kosten N$60 p. P.

Das Oshakati Country Hotel (s. unten) organisiert Ausflüge zum **Oshikuku Basket Project**. In diesem Selbsthilfeprojekt, das inzwischen über 70 Frauen aller Altersgruppen vereint, wird die alte Tradition der Ovambo aufrechterhalten und weiterentwickelt. Mit wie viel Talent die verschiedensten Körbe gewebt werden, davon kann sich der Besucher hier selbst überzeugen. Weitere Informationen unter ✆-Handy 081-3609390.

ÜBERNACHTUNG

Protea Oshakati Country Hotel, ✆ 065-222380, ✉ namsales@proteahotels.com.na, Robert Mugabe Ave. Das kompakte Strohdach, das von der Hauptstraße Richtung Osten schon zu sehen ist, wirkt mitten in der Stadt leicht deplatziert. Dafür gibt es einen Garten mit Swimmingpool. 45 Zimmer mit TV, AC, Telefon,

Töpferkunst in der Four O Region

© PETER PACK

Die Ovambo im Norden Namibias sind bekannt für ihre jahrhundertealte Töpferkunst. Die Töpfe und Krüge aus dunkelgrauem Lehm werden mit der Hand geformt. Töpferscheiben, wie man sie in europäischen Kulturen verwendet, kennen die Ovambo nicht. Nachdem die Behälter getrocknet sind, werden sie in einem mit getrocknetem Kuhmist ausgelegten Loch in der Erde gebrannt. Der Brennvorgang dauert ein bis zwei Tage. Anschließend haben die unterschiedlich geformten Krüge und Töpfe eine warme, braungelbe Farbe, versetzt mit einigen charakteristischen schwarzen Stellen. Die Ovambo-Frauen benutzen sie hauptsächlich zur Aufbewahrung von Lebensmitteln und kleinen Gebrauchsgegenständen, die dekorativen Töpfe und Krüge lassen sich jedoch auch sehr gut für Blumengestecke verwenden.

Die Töpferwaren werden an den Straßen und auf Märkten verkauft, aber auch im **Oshana Environment and Art Centre**. Dieses Zentrum ist ein Projekt der Nationalgalerie. Es ist vollständig aus leeren, von der Bevölkerung gesammelten Bierflaschen gebaut. Das Zentrum setzt sich für die Erhaltung und Entwicklung der traditionellen Künste ein. Außerdem werben die Mitglieder des Zentrums für umweltverträgliche Arbeitsmethoden und für den Erhalt der natürlichen Ressourcen dieser Region.

Das Oshana Centre liegt in Oshiko, ein paar Kilometer außerhalb von Oshakati. Hier wird neben Krügen auch anderes traditionelles Kunsthandwerk angeboten. ⌚ Mo, Di, Fr, Sa 10–16 Uhr.

afrikanisch-rustikale Einrichtung, Bar und Restaurant à la carte, Transfers vom Flughafen Ondangwa auf Anfrage. ❸

Außerhalb

Uukwaluudhi Safari Lodge, ✆ 064-418661, Lodge ✆ 065-273504, ✉ reservations@uukwaluudhi-safarilodge.com, 💻 www.uukwaluudhi-safarilodge.com, 8 km südlich der C 41, rund 150 km südwestlich von Oshakati, Karte S. 400–401. Übernachtung in 8 Luxuszelten mit Bade-„Zimmer“, Restaurant, Bar, Pool und eine empfehlenswerte, organisierte Kultur-Tour. ❺

SONSTIGES

Apotheke

Oshakati Pharmacy, ✆ 065-220964, 749 Main Rd.

Ausrüstung

Cymot, ✆ 065-220916, Main Rd.

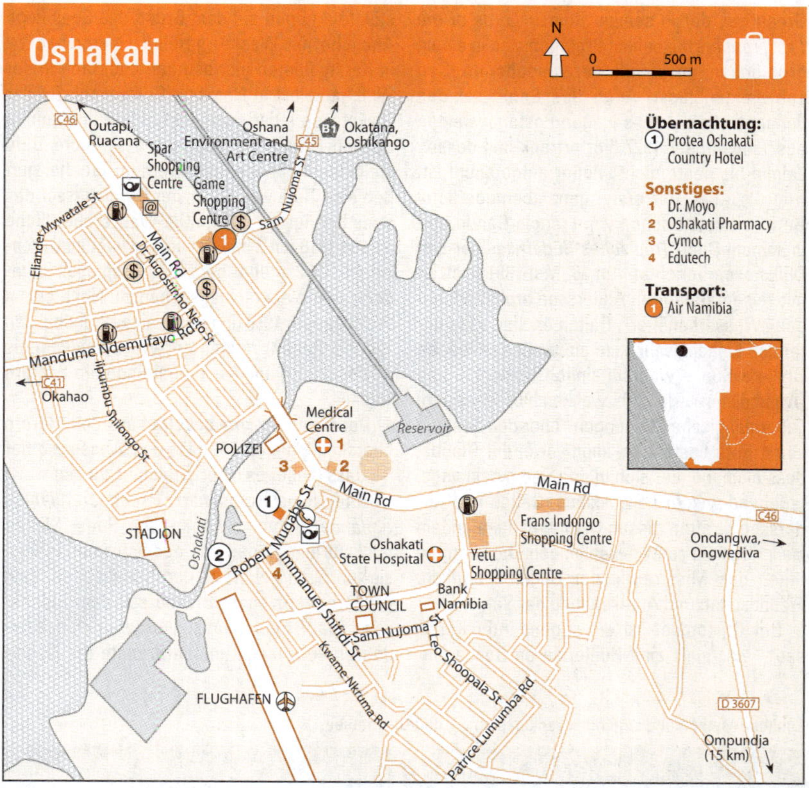

Bücher / Landkarten

Edutech, ✆ 065-222910, im Checkers Gebäude, Robert Mugabe St.

Geld

Bank Windhoek, ✆ 065-220516, Main Rd.

Medizinische Hilfe

Oshakati State Hospital, ✆ 065-2233000, an der ersten Ampelkreuzung (von Süden kommend) nach links und die nächste Straße wieder rechts.
Dr. Moyo, ✆ 065-220958, im Medical Centre neben Continental Bottle Store, Main Rd, Allgemeinmediziner, spricht Englisch.
Ongwediva Medipark (Private Hospital), ✆ 065-232911, ✉ qualitycare@erongomedical.com, Auguste Taanyanda Rd, Ongwediva.

Polizei

✆ 10111, Main Rd.

Post

✆ 065-220407, East St.

Otjikoto

Um keinen anderen Ort in Namibia, vielleicht mit Ausnahme der Skelettküste, ranken sich so viele Geschichten wie um den Otjikotosee. Bodenlos soll er sein, mit einem alles herabziehenden Strudel in der Mitte, mit Ungeheuern und aggressiven Fischen, verzaubertem Wasser und versunkenen Schätzen. Zu diesem Mythos trug im Wesentlichen der Schriftsteller Lawrence

Green bei, der in seinem Roman *Lords of the Last Frontiers* die beiden Protagonisten in einem grundlosen, mystisch verwunschenen See schwimmen lässt. Auch das Schicksal des Johannes Cook, eines jungen Postangestellten aus Tsumeb, der 1927 hier ertrank und dessen Leiche bis heute nicht wieder aufgetaucht ist, trug dazu bei. Der erste, ganz abenteuerliche Bericht stammt schon von Francis Galton, der in seinem Buch *Tropisches Südafrika* über den Otjikotosee berichtet. Am 26. Mai 1851 stieß er mit seinem Gefährten Andersson urplötzlich auf den „Wasserbehälter". Galton erzählt, dass unter den Einheimischen (zu dieser Zeit lebten am Otjikoto San – wahrscheinlich Heikom – und Ovambo, die zu Handelszwecken hierher kamen) „abergläubische Meinungen" über den See und seine Tiefe bestanden, allen voran der Glaube, dass niemand, der sich in den See hineinwage, je lebend wieder herauskäme. Galton und Andersson straften diesen Glauben Lügen, indem sie im Otjikoto schwimmen gingen. Dies brachte ihnen das Misstrauen der Ovambo und die Freundschaft und Anerkennung der San ein.

Der Otjikotosee ist ein sogenannter Karstsee – einstmals eine Höhle, deren Decke einstürzte und nun auf dem Grund des Sees liegt. Ähnliche mit Wasser gefüllte Einsturzbecken in Karstgebieten gibt es noch mehrfach in der Welt, ja selbst in Namibia (Guinassee). Da der Otjikotosee nicht senkrecht abfällt und keinen ebenen Grund hat, konnte die absolute Tiefe bis heute nicht bestimmt werden. Taucher maßen eine Tiefe von 120 m, der Durchmesser des Sees beträgt gut 100 m. Die Wasseroberfläche ist seit 1918 um 2 m gefallen und liegt im Durchschnitt 1192 m über dem Meeresspiegel, ist jedoch sehr niederschlagsabhängig. Nach einem Wolkenbruch 1950 (innerhalb einer Stunde fielen 120 mm Regen) reichte der Wasserspiegel bis an die Straße und sank dann ungefähr 2 m pro Tag ab.

Der Name *Otjikoto* bedeutet aus dem Herero übersetzt sinngemäß, dass das Wasser so tief ist, dass Rinder es nicht erreichen können.

Eine kleine Brassenart, *Pseudocrenilabrus philander,* lebt am Grund des Sees. Sie ist dunkelbraun, genau wie der Schlamm, in dem sie lebt, und gehört zu den Maulbrütern. Eine größere, ganz bunte Brasse aus dem Guinassee, *Tilapia guinasana,* wurde in den 20er-Jahren ausgesetzt und verdrängte die kleine-

Zahllose Mythen und Legenden ranken sich um den Otjikotosee.

© PETER PACK

re Art. 1972 soll es eine Population von 270 000 Fischen gegeben haben, die dann aber von einem 1980 ausgesetzten großmauligen Buntbarsch, *Oreochromis mossambicus,* dezimiert wurde.

Die Umgebung des Otjikotosees diente schon sehr früh als Handelsplatz. San tauschten das Kupfererz von Tsumeb mit den Ovambo gegen Messer, Beile, Speer- und Pfeilspitzen, Töpfe, Körbe sowie Glasperlen, die diese aus Angola mitbrachten. Das Erz wurde von den Ovambo direkt am See verhüttet, indem sie einen Termitenhügel aushoben, das Erz hineinlegten und ein riesiges Feuer darüber entfachten. Der ganze Vorgang fand nachts statt, weil die Ovambo glaubten, dass die Sonne ihnen dabei nicht zusehen durfte. Vielleicht war es ihnen auch einfach nur zu heiß tagsüber.

1907 wurde eine **Dampfpumpe** in Betrieb genommen, die über eine Hochdruckleitung täglich 500 m^3 Wasser ins 19 km entfernte Tsumeb liefern konnte. Die Aufstellung der Pumpe verlief mit Hindernissen, wie Günther Walbaum (ein in Tsumeb stationierter Schutztruppler) amüsant in seinem Tagebuch berichtete. Niemand verstand wirklich etwas von Pumpen: Vermeintlich unnütze Löcher wurden kurzerhand zugelötet, da weder Werkmeister Benninghausen, dessen Qualifikation sich auf zwei Wochen Arbeit in einer Fahrradfabrik beschränkte, noch sein Gehilfe, Maurermeister Tom, erkannten, dass hier noch ein Windkessel montiert werden musste. Der erste Versuch, Wasser zu pumpen, schlug daher fehl. Das Wasser kam mit einer Woche Verspätung zum Silvesterabend in Tsumeb an.

Ende Juni 1915 warfen die Deutschen Kanonen, Munitionswagen und Munition in den See, damit diese nicht den Unionstruppen in die Hände fielen. Günther Walbaum spricht von 30 Kanonen und 400–500 Kisten Munition.

Die Unionstruppen erfuhren jedoch schnell von den Kanonen im See und konnten bis zum Februar 1916 einen Großteil des Kriegsmaterials bergen. Es lag auf einem Felsvorsprung ungefähr 3 m unter der Wasseroberfläche. Dieses Plateau ist ungefähr 10 m breit und zieht sich an der nördlichen Seite des Sees entlang. Von den damals geborgenen Kanonen stehen zwei 7-cm-Gebirgskanonen in der Alten Feste in Windhoek. 1983 wurden zwei Maschinenkanonen und zwei Feldgeschütze C73 geborgen, die heute im Museum in Tsumeb stehen. 19 Kanonen müssten noch im See liegen, zudem ein zugelöteter Panzerschrank mit Gold und Dokumenten der Deutschen. Außerdem gibt es ein Gerücht, demzufolge ein Tabakbeutel voller Rohdiamanten auf dem Grund des Sees liegt, den sein Besitzer aus Furcht vor der Polizei einst hier versenkte.

Entgegen der immer wieder aufgestellten Behauptung ist der **Guinassee**, 40 km südwestlich an der D 3031, nicht unterirdisch mit dem Otjikotosee verbunden. Der Wasserspiegel ist 8 m tiefer als der des Otjikoto.

Das Otavidreieck

Tsumeb, Otavi und Grootfontein sowie die Verbindungsstraßen zwischen diesen Städten bilden ein Dreieck, das viele Besonderheiten aufweist und deshalb einen eigenen Namen erhielt. Die sanfte Hügellandschaft unterscheidet sich drastisch vom sonst eher schroffen Anblick des Landes. Durch den 2100 m über dem Meeresspiegel gelegenen Höhenzug (die Otaviberge) fällt der Niederschlag im Dreieck besonders reichhaltig und schafft damit exzellente Bedingungen für den Ackerbau.

Eine weitere Besonderheit sind die vielen Höhlen in diesem Gebiet. Nicht umsonst wird es von Insidern auch als „**Höhlendreieck**" bezeichnet, denn hier befinden sich mehr als die Hälfte der bekannten (erschlossenen) Höhlen Namibias. Das Otavidreieck ist das Herzstück des grundwasserreichen Karstgebietes südöstlich von Etosha; Otjikoto und Guinas sind sozusagen Ausläufer davon.

Das **Dragon Breath Hole** (Drachenhauchloch) ist eine der interessantesten Höhlen überhaupt. Es liegt auf der 17 000 ha großen Farm Harasib. Der Höhleneingang zu dem unterirdischen See soll tatsächlich erst 1986 entdeckt worden sein – und das, obwohl an kalten Wintermorgen Rauchschwaden langsam aus der Höhle wabern (dieses Phänomen war dann auch namensgebend). Der unterirdische See ist das größte derartige Gewässer der Welt – noch größer als der berühmte Lost Sea in Tennessee (USA) – und als solcher auch im Guinness-Buch der Rekorde verzeichnet. Der Drachenhauch-See liegt 66 m unter der Erde mit einer geschätzten Wasseroberfläche von 2 ha. Die Wassertemperatur beträgt konstant 24 °C. In dem glasklaren Wasser hat sich trotz völliger Dunkelheit Leben entwickelt. Taucher holten Käfer und Krustentiere ans Tageslicht. In der Höhle leben tausende Fledermäuse, u. a. die Sundeville-Blattnasen-Fledermaus. Die Fledermäuse liefern Futter für andere Lebewesen, etwa für eine Spinne, die auf dem schwimmenden Kot der Fledermäuse wohnt, und für eine Garnele, *Trogloleleupia dracospiritus,* die am Boden des Sees von Fledermauskot lebt. Aufgrund des schmalen Einstiegs wurde die Höhle bisher nicht für Touristen zugänglich gemacht. Es wurden jedoch schon Untersuchungen durchgeführt, ob man nicht einen senkrechten Schacht für einen Fahrstuhl bauen könnte. Das Projekt scheiterte bislang an den Kosten.

„**Maisdreieck**" ist ein weiterer bezeichnender Name des Otavidreiecks. Ackerbau ist im trockenen Namibia ja generell eine Besonderheit. Im Maisdreieck, wo sogenannter Trockenackerbau betrieben wird, ist der Boden besonders fruchtbar, die Niederschlagsmenge ist vergleichsweise hoch, die Grundwasservorkommen sind reichlich. Außerdem sinken die Temperaturen hier selten unter 0 °C.

Der Regen ist jedoch auch im Otavidreieck saisonabhängig. Daher muss in der Trockenzeit bewässert werden. Neben Mais werden Cocktail-Tomaten, Paprika, Zitrusfrüchte und Weizen angebaut. Einige Farmer halten zusätzlich Rinder und Schweine.

Die Ackerbau-Farmer des Otavidreiecks, deren Familien hier teilweise schon seit 100 Jahren Mais anbauen und sich daher ein großes Wissen um den Trockenackerbau aneignen konnten, sind davon überzeugt, dass Namibia sich selbst vollständig mit Weizen und Mais versorgen könnte. Dafür müssten jedoch die Kultivierungsmöglichkeiten an den Flüssen im Norden des Landes besser genutzt werden, und vor allem müssten die Preise für Saat und Kunstdünger von Seiten des Staates reguliert (also subventioniert) werden.

Ghaub

Die im Otavidreieck gelegene **Ghaub Gästefarm**, ✆ 067-240188, ✉ ghaub@iway.na, 💻 www.ghaub.com, Karte S. 400–401, ❹, hat einen besonderen geschichtlichen Hintergrund. Von 1895 bis in die 50er-Jahre des 20. Jhs. unterhielt die Rheinische Missionsgesellschaft hier eine Station. Die historischen Gebäude wurden mit viel Aufwand und Liebe restauriert und sechs neue Zimmer in gleichem Stil hinzugefügt. Auch der Garten blüht wieder in alter Pracht. Camping N$160 p. P.; Du/WC, Licht, Strom-/Wasseranschluss, Kochgelegenheit. Camper können Mahlzeiten und Aktivitäten der Lodge mit Voranmeldung nutzen.

Auf der Farm können Wanderungen durch die reizvolle Landschaft sowie zur alten Openair-Kanzlei der Mission unternommen werden. Außerdem werden Scenic Drives, u. a. zu den Felsgravuren auf der Farm, und zweistündige Führungen durch die Tropfsteinhöhle auf Ghaub angeboten (N$160 p. P.). Die Höhle ist mit etwa 2,7 km Länge die drittlängste in Namibia.

Man erreicht Ghaub von der B 1 kommend nach 24 km auf der D 3022, oder man fährt durch die landschaftlich reizvolle Tigerschlucht (hier hat es wohl einmal Leoparden gegeben, die auf Afrikaans auch als Tiger bezeichnet werden – da sag noch einer, es gebe keine Tiger in Afrika!), biegt in Kombat von der B 8 links auf die D 2863 ab und fährt anschließend links auf die D 3022.

Hoba-Meteorit

Ebenfalls im Otavidreieck, an der D 2860, liegt der Hoba-Meteorit, der zu den größten Einzelmeteoriten der Welt gehört. Himmelskörper zerspringen meist beim Eintritt in die Erdatmosphäre und gehen als Meteoritenschauer auf die Erde nieder, wie beispielsweise bei Gibeon im Süden Namibias (Teile des Gibeon-Meteoritenschauers sind übrigens in Windhoek in der Post Street Mall ausgestellt).

Der Hoba-Meteorit, der zu 82 % aus Eisen besteht, wiegt 55 t und ist an der größten Stelle 3 m lang. Trotz seines Gewichtes hat er bei seinem Einschlag vor 80 000 Jahren keinen Einschlagskrater hinterlassen – ein Phänomen, das bis heute ungeklärt ist. Der Hoba-Meteorit wurde 1920 entdeckt und ist heute ein National Monument, für dessen Besichtigung ein Eintritt von N$20 p. P. zu entrichten ist, 🕒 8–17 Uhr. Im kleinen Souvenirshop gibt es auch Getränke.

Meteorite Camping, ✆ 067-242094, ✆-Handy 081-2425456, ✉ malanjn@iway.na, 💻 www.natron.net/meteorite-camping. An der D 2859, 3 km vom Hoba-Meteoriten auf der Farm Venus 6, Karte S. 400–401. N$70 p. P., große Stellfläche, WC, Strom-/Wasseranschluss, Feuerholz erhältlich. Keine Kreditkartenzahlung.

Tsumeb

Im regenreichen Gebiet um Tsumeb gab es einst einen 12 m hohen, 180 m langen und 75 m breiten Felsen, der durch Malachit grün schimmerte und mit helleren, mit Blei gefüllten Gängen durchsetzt war. Der Felsen soll Namensgeber der Stadt gewesen sein – allerdings gibt es viele Geschichten zur Entstehung des Namens. Allein die Stadtverwaltung liefert zwei Varianten. Danach leiteten die Deutschen „Tsumeb" vom Heikom-Wort *Tsomsoub* ab, was so viel wie „ein Loch in weichen Sand graben" bedeutet. Es ist aber auch möglich, dass „Tsumeb" die deutsch ausgesprochene Variante des Herero-Wortes *Otjisume* ist, was übersetzt „Platz eines grünen Frosches" heißt.

Die Stadt verdankt ihre Existenz den reichhaltigen Mineralvorkommen in ihrer Umgebung. Schon am 12. Januar 1893 entdeckte die South West Africa Company – erst ein Jahr zuvor gegründet, um Rohstoffe im Norden zu suchen und abzubauen – den berühmten Erzausriss bei Tsumeb. Die mineralhaltige Zone hat die einzigartige Form eines riesigen Korkenziehers, der in die Erde eindringt.

Zum Abbau wurde am 6. April 1900 die OMEG (Otavi Minen- und Eisenbahngesellschaft) mit Sitz in Berlin gegründet, knappe vier Monate später trafen die ersten 33 Bergleute in der Region ein. Hauptabbauprodukte waren Kupfer und Blei, eine Eisenbahn wurde vorerst allerdings nicht gebaut, da die OMEG vermutete, dass die Vorkommen bereits nach zehn Jahren erschöpft sein würden. Dem Deutschen Reich war der Bau einer Eisenbahn jedoch wichtig, und so wurde als Kompromiss von 1903–06 eine Schmalspurbahn von Swakopmund nach Tsumeb verlegt (s. auch Otavi, S. 446).

Das erste volle Produktionsjahr 1907/08 erbrachte für 25 700 t per Hand abgebautes Erz einen Gewinn von fast 1,3 Mio. Mark. Inzwischen wurden neben Kupfer und Blei auch Silber und Zink gefördert. Später kamen Cadmium, Germanium und viele schöne Kristalle und Edelsteine wie Azurit, Dioptas, Wulfinit hinzu.

Die OMEG betrieb die Mine auch nach 1921 weiter, nachdem sie während des Ersten Weltkriegs geschlossen war. 1946, nach Ende des Zweiten Weltkriegs, wurde die Gesellschaft als „feindliches Eigentum" zerschlagen. Die von Amerikanern gegründete TCL (Tsumeb Corporation Limited) übernahm die Mine von der OMEG. Zeitweilig förderte sie auch in der Matchless-Mine bei Windhoek und in der Khan-Mine bei Swakop. 1963 wurde eine neue Hütte in Betrieb genommen, um Blei, Cadmium, Rohkupfer, Arsentrioxyd und Schwefel abzubauen. In Glanzzeiten beschäftigte TCL 8000 Arbeiter. Bis 1996 produzierte sie 20 % des Weltbedarfs an Germanium, ein Metall, das für Elektronikbauteile und Nachtsichtgeräte benötigt wird.

Nach einem verheerenden und umstrittenen Streik im Jahr 1996, bei dem die Mine nach Abstellen der Wasserpumpen überflutet wurde und die Hütte nahezu unbrauchbar geworden war, wurden einige Teile der Mine 1997 geschlossen. Im April 1998 standen schließlich sämtliche Förderanlagen still. Die TCL hatte Konkurs angemeldet, fast 2000 Kumpel standen auf der Straße. Die Kriminalität nahm in diesem Gebiet sehr stark zu. Die Konkursmasse wurde von der Firma Ongopolo Mining and Processing, die von ehemaligen TCL-Managern und Gewerkschaftern gegründet worden war, übernommen. Der Staat griff durch einen Schuldenerlass auf der einen und direkte finanzielle Unterstützung auf der anderen Seite Ongopolo kräftig unter die Arme.

Im Jahr 2000 gab das Obergericht Ongopolo den Zuschlag, die Produktion wurde in abgespeckter Form wieder aufgenommen. Bereits Anfang 2003 schrieb Ongopolo schwarze Zah-

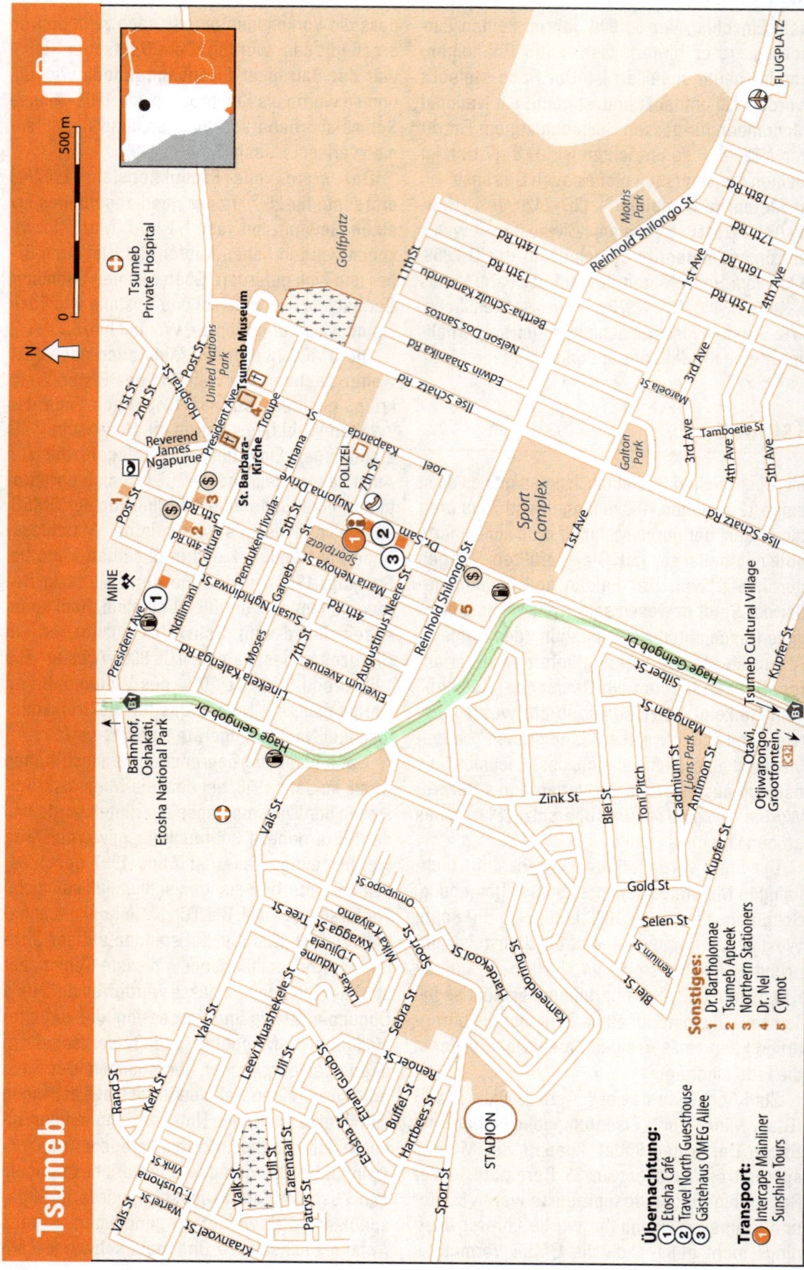
Tsumeb
500 m
N
Tsumeb Private Hospital
Golfplatz
Tsumeb Museum
United Nations Park
St. Barbara-Kirche
POLIZEI
MINE
Sportplatz
Sport Complex
Moths Park
Galton Park
Lions Park
FLUGPLATZ
STADION
Tsumeb Cultural Village
Bahnhof, Oshakati, Etosha National Park
Otavi, Otjiwarongo, Grootfontein,
Hage Geingob Dr
Reinhold Shilongo St
Ilse Schatz Rd
President Ave
Übernachtung:
1 Etosha Café
2 Travel North Guesthouse
3 Gästehaus OMEG Allee
Transport:
1 Intercape Mainliner Sunshine Tours
Sonstiges:
1 Dr. Bartholomae
2 Tsumeb Apteek
3 Northern Stationers
4 Dr. Nel
5 Cymot

len und begann, Expansionspläne zu entwickeln. 20 km westlich von Tsumeb errichtete das Unternehmen die Tschudi-Mine. Im April 2006 erwarb der britisch-australische Bergbaukonzern Weatherly International rund 56 % der Aktien an Ongopolo. Mittels dieser Finanzspritze konnte das Unternehmen weitere Expansionspläne angehen, u. a. den Betrieb einer weiteren Kupfermine bei Kombat, die jedoch Anfang 2008 geschlossen werden musste. 2010 stieg der Metallpreis wieder, sodass zurzeit überlegt wird, den Betrieb in den Minen wieder aufzunehmen.

Tsumeb wird wegen der vielen Grünanlagen auch als **Gartenstadt** bezeichnet. Die Stadt verfügt über reichlich Grundwasser, welches im umliegenden Karstgebiet zirkuliert und wiederum durch die Mine an die Erdoberfläche gepumpt wird. Besonders vor dem Museum in der Hauptstraße fällt der schöne Garten mit den hohen Jakarandabäumen auf.

Das **Tsumeb Museum**, ✆ 067-220447, 613 President Ave, 1975 von Ilse Schatz gegründet, widmet sich der Geschichte der Mine und der Stadt. Es gibt eine Mineraliensammlung, den Otjikoto-Ausstellungsraum und einen Briefmarkenraum. Die Stadt ehrte die Verdienste von Frau Schatz, indem sie eine Straße nach ihr benannte. ◷ Mo–Fr 9–12 Uhr und 14–17 Uhr, Sa 9–12 Uhr, So für Gruppen ab sechs Personen nach Vereinbarung, Eintritt N$30.

Die katholische **St. Barbara-Kirche** wurde 1913 von Rudolf Mann erbaut.

ÜBERNACHTUNG

Tsumeb ist ziemlich klein, sodass sich alles um die Hauptstraße herum abspielt.

Untere Preisklasse

Gästehaus OMEG Allee, Annemarie Essl, ✆ 067-220631, ✉ omegalle@iway.na, Dr. Sam Nujoma Drive. „Bayern in Namibia" – so haben Besucher diese Pension in Tsumeb beschrieben. Herzliche Gastfreundschaft, üppiges Frühstück und was sonst noch zu einer Pension dazugehört. ❸

Etosha Café, Bianca & Dieter Neumann, ✆ 067-221207, ✉ info@etoshacafe.com, 21 President Ave, 💻 auf Facebook „Etosha Cafe & Beergarden" eingeben. Einfache Übernachtungsmöglichkeit, Gemeinschaftsbad, nur Übernachtung. Café s. u. ❶

Travel North Guesthouse, Regine & Johann Cloete, ✆ 067-220728, ✉ info@travelnorthguesthouse.com, 💻 www.travelnorthguesthouse.com, Dr. Sam Nujoma Drive, gegenüber der Telecom. 7 Zimmer, Internetzugang. ❷

Außerhalb

!Uris Safari Lodge, ✆ 067-220248, ✉ info@uris-safari-lodge-namibia.com, 💻 www.uris-safari-lodge-namibia.com, 20 km westlich von Tsumeb, Karte S. 400–401. Weitläufiges Gelände, Bungalows mit Liebe zum Detail eingerichtet, Kupfer ist dabei eines der vorherrschenden Elemente – ganz in der Tradition der Mine. Schöner Swimmingpool; Wanderwege; Quadbike-Touren, Besichtigung der alten Mine, Restaurant, Boma, Spa, Bar, Weinkeller. Familienfreundlich. ❹

Camping N$150 p. P., jeder Campingplatz mit eigener Du/WC, Feuerholzverkauf, Wasseranschluss.

ESSEN

Etosha Café, ✆ 067-221207, 21 President Ave. Ein Muss für jeden, der in Tsumeb eine Pause macht; Eiskaffee, Toast u. v. m. zu günstigen Preisen. Souvenirshop.

EINKAUFEN

Ausrüstung

Cymot, ✆ 067-221161, Reinhold Shilongo St.

Bücher / Landkarten

Northern Stationers, ✆ 067-222800, 77 President Ave.

Kunsthandwerk / Souvenirs

Tsumeb Cultural Village, ✆ 067-220787, ◷ Mo–Sa 8–16 Uhr, Sa, So nach Vereinbarung, am Südende der Stadt. Open-Air Museum über die verschiedenen Völker Namibias, zeigt deren Lebensweisen, Geschichte und handwerkliche Fähigkeiten. Auf Anfrage werden landestypisches Essen serviert und Tänze vorgeführt. Eintritt N$22 p. P. Übernachtung in Chalets möglich (N$220 p. P.). Alles etwas bemüht und je nach anwesender Person unterschiedlich ambitioniert.

SONSTIGES

Apotheke

Tsumeb Apteek, ✆ 067-220455, 72 President Ave.

Geld

First National Bank, ✆ 067-221794, 5th Rd, Ecke President St.

Medizinische Hilfe

Tsumeb Private Hospital, ✆ 067-221001, Rev James Ngapurue St.
Dr. Bartholomae, ✆ 067-220001, 32 Post St, Allgemeinmediziner, spricht Englisch.
Dr. Nel, ✆ 067-221530, 9 Hospital St, Zahnarzt, spricht Englisch.

Polizei

✆ 10111, Joel Kapaanda St.

Post

✆ 067-220212, Post St.

Wäscherei

Sindano Launderette, ✆ 067-222655, Post St, neben Pick 'n Pay.

TRANSPORT

Busse

Der **Intercape Mainliner** macht auf seinem Weg nach Victoria Falls in Tsumeb Engen/Wimpy Gateway im Dr. Sam Nujoma Drive Halt. Hier hält ebenfalls der von **Sunshine Tours** betriebene Shuttle nach Windhoek und Swakopmund. Die gelben Busse Richtung Ovamboland fahren ebenfalls durch Tsumeb.

Grootfontein

Grootfontein bedeutet schlicht „die große Quelle". Den Namen erhielt die Stadt von den Buren, die sich hier auf ihrem Treck in den Norden um 1884 vorübergehend niederließen. Die Herero bezeichneten die Gegend auch als *Otjiwanda Tjongue* – „Leopardenhügel". Die San nannten das Gebiet *Gain//aub*, „große Schlange", was sich auf die Pythonschlangen bezog, die zumindest damals in den sumpfigen Gegenden um die Quelle lebten.

Die Deutschen kamen 1890 im Anschluss an den Caprivi-Handel nach Grootfontein, um einen Vorposten, sozusagen das Tor zum Caprivizipfel, zu errichten. Schon 1895 eröffnete die South West Africa Company hier ihre Hauptverwaltung, 1896 wurde Grootfontein als Posten der Schutztruppe auserkoren. Zu diesem Zweck erbaute der Architekt Redecker ein Fort, das heute als **Museum**, ✆ 067-242456 (nur während der Öffnungszeiten), 💻 www.altefortmuseum.de, dient. Das Gebäude hat eine sehr wechselvolle Geschichte. 1896–1900 diente es mit nur einem kleinen Turm als Unterkunft für Schutztruppen-Soldaten. 1904 wurde der zweite Turm hinzugefügt, 1905 renovierte man das Gebäude und brachte darin das Bezirksamt unter. Nach dem Ersten Weltkrieg wurde es als Schul- und Heimgebäude genutzt. In den 50er-Jahren verwahrloste das Fort, bis es in den 70er-Jahren auf Privatinitiative von Grootfonteiner Einwohnern und Farmern restauriert und unter Denkmalschutz gestellt wurde.

Die Eröffnung des Museums fand im Oktober 1983 mit einer Ausstellung der Vermessungsarbeiten des deutschen Geografen Dr. Georg Hartmann aus den Jahren 1894–1900 statt. Zu den heutigen Exponaten zählen ein sehr interessanter Affenkiefer aus der Kombat-Mine und ein Bericht über die Drachenhauchhöhle. Außerdem gibt es historische Agrargeräte, Ausstellungsstücke der alten Wagenbauerei Deckert u. v. m. zu sehen. 🕒 Mo–Fr 9–12.30 Uhr und 14–16.30 Uhr, im Winter bis 16 Uhr, sonst Besichtigung nach Vereinbarung. Eintritt N$30 p. P.

Die schöne **Baumschule** in Grootfontein wurde bereits von den Deutschen ins Leben gerufen und wird heute vom namibischen Staat weitergeführt.

1904 fand der Militärarzt und spätere Bezirkschef von Grootfontein, Dr. Kuhn, Muße, die **Malaria** zu studieren, die im Sommer das sehr feuchte Gebiet heimsuchte. Er entwickelte wahrscheinlich als erster auf der Welt ein Serum gegen diese Krankheit.

Außerdem ließ er 4 m tiefe Drainage-Kanäle in die Sümpfe Grootfonteins graben, um die Brutstellen der Moskitos auszutrocknen. Die Kanäle sind noch heute beim Campingplatz der Stadtverwaltung zu sehen.

Die Quelle führt heute, im Gegensatz zu vielen anderen großen Quellen des Landes, noch Wasser.

ÜBERNACHTUNG

Bush Baby Lodge & Camping, ✆ 067-243391, ✉ info@bush-babycamping.com, 💻 www.bush-babycamping.com, an der C 42, 8 km von Grootfontein Richtung Tsumeb. Karte S. 400–401. 10 Bungalows, afrikanisch rustikal eingerichtet. Internetzugang. Auf dem Gelände gibt es verschiedene Antilopenarten, Zebras, Gnus, Giraffen und sogar Breitmaulnashörner. Diese können bei den Wildbeobachtungsfahrten oder beim Abendessen am beleuchteten nahen Wasserloch beobachtet werden. Swimmingpool. ❸ Camping N$120 p. P., Du/WC, Stromanschluss, Schattenplätze.

Maori Campsite, Cornelia & Peter Reimann, ✆-Handy 060-8038689, ✉ katpaul@iway.na, ca. 5 km nördlich von Grootfontein an der D 2905, Karte S. 400–401. Einfache Rondavels N$175 p. P., nur Übernachtung, Frühstück auf Wunsch. Camping N$60 p. P., Du/WC (rollstuhlgerecht), Licht, Strom-/Wasseranschluss, Abwaschküche. Keine Kreditkartenzahlung. 2002/03 war Cornelia an dem Aufbau einer Schule für die armen Kinder aus der Nachbarschaft beteiligt. Heute unterstützt sie die Schule sehr engagiert mit allem, was gerade benötigt wird. Interessierte führt sie gern herum und zeigt ihnen, wo geholfen werden kann. 2011 konnte dank der Unterstützung durch verschiedene deutsche Stiftungen hier sogar eine Solaranlage im Wert von 30 000 € errichtet werden. Auf der eigenen Farm betreibt Cornelia neben dem Campsite auch noch einen Kindergarten für 20 bedürftige Kinder.

Etwas weiter weg auf dem Weg in Richtung Caprivi liegen **Gästefarm Dornhügel** und

€ Ein paradiesisches Fleckchen

Guesthouse Seidarap, Silvia & Stephan Lukaschik, ☎ 067-242817, ☎-Handy 081-2404969, ✉ seidarap@seidarap.com, 💻 www.seidarap.com, an der C 42 Richtung Tsumeb, 4 km von Grootfontein entfernt, Karte S. 400–401. Internetzugang. Seidarap, rückwärts gelesen, hält, was es verspricht. Sehr persönliches Gästehaus zum Wohlfühlen, alles in liebevoller Handarbeit gefertigt; schöner Garten mit einigen besonderen Bäumen und einem Farmpool sowie einem „richtigen" Swimmingpool, nette Gastgeber. Da Stephan jahrelange Erfahrung als Reiseleiter hat, weiß er einiges zu erzählen. Ausflüge in die Umgebung werden angeboten. Um Voranmeldung, zumindest telefonisch, wird gebeten. Keine Kreditkartenzahlung. ❸

Roy's Rest Camp, beide sind im Kapitel Nordosten beschrieben, S. 465.
Farm Friedrichstal B&B, ☎ 067-240305, ✉ gaertner@iway.na, 34 km von Grootfontein Richtung Rundu an der B 8. Karte S. 400–401. Kleine Unterkunft mit Farmflair. Farmrundfahrt möglich. Abendessen auf Wunsch. Keine Kreditkartenzahlung. ❷

SONSTIGES

Apotheke
Vobaco Pharmacy, ☎ 067-242728, 19 Hage Geingob Ave.

Geld
Bank Windhoek, ☎ 067-248200, 211 Okavango Rd.

Kunsthandwerk / Souvenirs
Ilala Flowers, Arts & Craft, ☎ 067-242928, Hidipo Hamutenya St.

Medizinische Hilfe
Grootfontein Private Hospital, ☎ 067-240064, Kaptein Lombard St.
Dr. Botha, ☎ 067-243198, 7 Bernhard St, Allgemeinmediziner, sprechen Englisch.
Dr. de Haast, ☎ 067-240280, 19 Hage Geingob St, Zahnarzt, spricht Englisch.

Polizei
☎ 10111, Hage Geingob Ave.

Post
☎ 067-242200, West St.

Wäscherei
Busy Bee Dry Cleaners, ☎ 067-242657, Hidipo Hamutenya St.

TRANSPORT

Busse
Der **Intercape Mainliner** kommt hier 2x wöchentl. auf seinem Weg nach Victoria Falls vorbei, Haltestelle ist bei Maroela Motors (Tankstelle) in der Okavango Rd.

Otavi und Umgebung

Im Gebiet des heutigen Örtchens Otavi gab es früher einmal eine sehr starke Quelle. Diese floss nicht gleichmäßig, sondern pulsierend mit leisen Schmatzgeräuschen. Darauf bezieht sich der Herero-Name *Otavi*: „die Quelle, die schmatzt wie ein Kälbchen beim Saugen". Die Quelle ist heutzutage ausgetrocknet, Pumpen holen noch Wasser aus der Tiefe, um die Bevölkerung zu versorgen. Dr. Vedder, der Kolonialchronist, liefert indes eine andere Erklärung für den Namen: *Ondavi* soll in Herero so etwas wie „der Zweig eines Baumes" bedeuten.

Schon die Dorslandtrekker machten hier 1884 auf ihrem Weg in den Norden Station. Die Deutschen erkoren Otavifontein ein paar Jahre später zu einem Haltepunkt der Bahn, denn hier gab es genügend Wasser für die Lokomotiven. Nachdem 1900 die Kupfervorkommen in Tsumeb für „abbauwürdig" befunden und die OMEG von deutschen und englischen Geschäftsleuten gegründet worden war, wurde der Bau einer Bahn beschlossen. Das Projekt lag jedoch anschließend einige Jahre auf Eis, denn es war unklar, wohin die Bahn eigentlich führen sollte. Mit Portugal wurde darüber verhandelt, die Bahn eventuell über den Kunene bis nach Angola zu bauen. Eine andere Variante sah den Bau bis zur Khumismündung nördlich des Hoarusib vor. Letztlich einigte man sich (auch aufgrund politischer Querelen mit Portugal) auf eine Streckenführung von Swakopmund über Otavi nach Tsumeb, auch wenn es in Swakopmund keinen natürlichen Hafen gab.

Die Firma Koppel erhielt wieder einmal den Zuschlag. Für den Bau der 576-km-Strecke wurden 14,7 Mio. Mark veranschlagt. Die Arbeiten begannen im September 1903. Der Herero-Aufstand legte die Bauarbeiten dann erst einmal lahm, wobei nach der Niederschlagung auch Herero-Gefangene als Arbeiter eingesetzt wurden (deshalb sieht sich die Nachfolgefirma von Arthur Koppel jetzt mit einer Reparationsklage seitens der Herero konfrontiert). Am 25. August 1906 waren die Bauarbeiten abgeschlossen. Bei Fertigstellung der Bahnstrecke und der Telefonleitung waren die Kosten auf 17,6 Mio. Mark gestiegen. Die Einweihungsfahrt startete am 12. November 1906 in Swakopmund, der Zug fuhr über Usakos, Otjiwarongo und Otavi nach Tsumeb, wo er am späten Nachmittag des nächsten Tages planmäßig eintraf. Später wurde auch Grootfontein an die Bahnlinie angeschlossen.

Die Bahn ist noch heute unter dem Namen „Otavibahn" bekannt und hat allen Ortschaften, die an der Strecke liegen, zu einigem Aufschwung verholfen. 1906 gilt heute als Gründungsdatum des Ortes Otavi. Erst 1960 wurde die Otavibahn bis nach Usakos von der deutschen Schmalspurbreite 600 mm auf die im südlichen Afrika üblichen 1067 mm, die sogenannte Kapspurbreite, umgebaut. 2006 wurde das alte Bahnhofsgebäude, im Jahre 1907 erbaut, unter Denkmalschutz gestellt. Hier gibt es heute ein kleines Café.

Khorab

Ein unspektakulärer Gedenkstein erinnert in der Nähe von Otavi an das Aus der Deutschen in Südwestafrika. Nach dem Ausbruch des Ersten Weltkriegs wurden die Deutschen von den Südafrikanern unter General Louis Botha gejagt. Die Südafrikaner waren in der absoluten Überzahl, die Deutschen hatten bereits herbe Verluste hinnehmen müssen (1331 Soldaten waren bis dato gefallen). Am 9. Juli 1915 entschlossen sich Gouverneur Seitz und Viktor Franke, der zu diesem Zeitpunkt Oberstleutnant war, zur Kapitulation. Rund 3500 deutsche Soldaten wurden gefangen genommen und in Kriegsgefangenenlagern untergebracht, die Reservisten durften zu ihren Farmen zurückkehren.

Um das Denkmal zu erreichen, fährt man von Süden kommend durch Otavi hindurch, überquert die Bahnschienen, biegt beim Hinweisschild „Monument" nach rechts ab, zweigt nach einem kleinen Stück am Zaun entlang wieder nach rechts ab, biegt anschließend erneut rechts ab und sieht dann den Stein in einer kleinen Einfriedung. Kein Eintritt.

ÜBERNACHTUNG

€ **Zum Potjie Rest Camp**, Frau E. Küstner, ✆ 067-234300, ✉ info@zumpotjie.com, 💻 www.zumpotjie.com, 8 km nördlich von Otavi an der B 1, Karte S. 400–401. *Potjie* wird der gusseiserne Dreifußtopf (S. 46, Essen) genannt. Zum Abendessen gibt es dann natürlich auch *Potjie*-Gerichte. Einfache Zimmer, Farmatmosphäre. Keine Kreditkartenzahlung. ❸
Campingplatz N$60 p. P., Du/WC, Abwaschküche; Stromanschluss N$35.

Khorab Safari Lodge, ✆ 067-234352, ✉ reservations@khorablodge.com. 💻 www.khorablodge.com, ca. 3 km südlich von Otavi an der B 1, Karte S. 400–401. Eine großzügige Anlage mit schönem Garten, geeignet als Station zwischen Windhoek und Etosha, allerdings ziemlich nah an der B 1. Behindertengerechtes Zimmer. ❸
Campingplatz, jeder Stellplatz mit Du/WC und Picknickplatz, N$120 p. P.

Gabus Game Ranch, Heidi & Heinz Kuehl, ✆ 067-234291, 💻 www.gabusnamibia.com, Buchungen unter ✉ kuehl@mweb.com.na, 10 km von Otavi (Richtung Outjo fahren, dann auf die D 3031 abbiegen), Karte S. 400–401. Jagd- & Gästefarm mit Familienanbindung, Farmküche, Internetzugang. ❹
Campingplatz N$135 p. P., Du/WC. 3 km von der Ranch entfernt, Geländewagen erforderlich.

Ohange Namibia Lodge, Karla & Justus Brits, ✆ 067-234031, 💻 www.ohange.com. Buchungen unter ✉ ohangejk@iway.na, an der B 1, ca. 30 km nördl. von Otavi, Karte S. 400–401. Kleine, persönlich gehaltene Lodge in den Otavibergen, zwischen Marula- und Tambotibäumen. Herzliche Gastgeber, können ihren Gästen viel Wissenswertes über Namibia und seine Fauna und Flora nahe bringen. Farmrundfahrten, geführte Wanderungen und Nachtpirschfahrten werden angeboten. Abendessen inkl. ❺

Einfache Selbstversorger-„Stables" N$300 p. P. ohne eigenes Bad.

Schattiger Campingplatz N$95 p. P., Stromanschluss, Abwaschküche.

AUSRÜSTUNG

Mossi Nets, Judith Hellweg, ✆ 067-240411. Der Laden, der Moskitonetze für das ganze Land produziert, befindet sich in Otavi, Garden St, Ecke Hoogenhout Laan. Dort kann auch die kleine Fabrik besichtigt werden.

Otjozondjupa Region – Land der Kalebassen

Otjiwarongo und Umgebung

Der Name dieser Stadt bedeutet so viel wie „der angenehme Ort" oder „der Platz, wo fettes Vieh weidet". Sie liegt inmitten der Otjozondjupa Region (Herero für „Kalebassen"). Durch die Arbeit mit Geparden auf einigen Farmen in der Umgebung schmückt sich Otjiwarongo heutzutage mit dem stolzen Beinamen „The Cheetah Capital of the World". Es wird auch oft als Gartenstadt bezeichnet; Jakarandabäume und Flambolien bestimmen das Stadtbild. Deutscher Geschichtsschreibung zufolge wurde die Stadt offiziell 1906 im Zuge des Bahnbaus gegründet. Durch die zentrale Lage mauserte sich Otjiwarongo später zu einem Eisenbahnknotenpunkt (was in Namibia allerdings nur heißt, dass eine Eisenbahnlinie eine andere kreuzt). Vor dem Bahnhof steht eine alte **Lokomotive** der Henschelwerke in Kassel. 1912 gebaut, fuhr diese Lok bis 1960 auf der Strecke Swakopmund–Tsumeb.

Wer in Otjiwarongo nur eine Pause machen möchte oder **Informationen** benötigt, dem sei das **Kameldorn Garten Restaurant** in der Hindenburg Street, schräg gegenüber der Shell-Tankstelle empfohlen (s. unten, Essen).

Die **Otjiwarongo Crocodile Ranch**, ✆ 067-302121, auf der Krokodile gezüchtet werden, liegt am Ortsrand, etwa 800 m östlich vom Zentrum, an der Südseite der Hospital St, ein kurzes Stück hinter der Zingel St, nicht weit vom Campingplatz. In den Gehegen leben außer den Panzerechsen noch diverse andere Tiere, also prima für Kinder. Auch die Führungen (teils auf Deutsch) sind gut. 🕒 Mo–Fr 9–16 Uhr, am Wochenende nur morgens. Sehr schöner Garten mit Restaurant, das u. a. auch Krokodilfleisch serviert. Ansonsten wird es von hier an viele Restaurants in Namibia geliefert. Die Häute werden weltweit exportiert.

45 km nordöstlich der Stadt liegt die **Okorusu Mine**, in der qualitativ hochwertiger Flussspat abgebaut wird.

Cheetah Conservation Fund

44 km östlich von Otjiwarongo an der D 2440 befindet sich der Sitz des **Cheetah Conservation Fund** (CCF), das sogenannte CCF Field Centre, ✆ 067-237294, 💻 www.cheetah.org. Der CCF wurde 1990 von Laurie Marker in Namibia gegründet. Inzwischen gibt es Zweigstellen in den USA, in Kanada und Großbritannien, die sich in erster Linie der Öffentlichkeitsarbeit widmen.

Der CCF ist eine international anerkannte Institution, die sich der Erforschung der Geparden verschrieben hat. Vorrangiges Ziel der Organisation ist es, den Lebensraum und das Überleben der Geparden zu sichern. Die Forschung wird dazu genutzt, konkrete Naturschutz- und Bildungsprogramme zu entwickeln. Zurzeit leben etwa 30 Geparden beim CCF auf der Farm Elandsvreugde, einige sind hier aufgewachsen und daher mit Menschen vertraut. Die jungen Geparden sind sehr verspielt und brauchen die stetige Herausforderung, um sich gesund zu entwickeln und ihre Jagd- und Sprintfähigkeiten zu erhalten. Von Zeit zu Zeit wird ein Rennen mit ihnen veranstaltet, wobei die Geparden ein paar Stofffetzen an einem Drahtseil hinterherjagen. Das ist eine einmalige Gelegenheit, die Tiere in voller Geschwindigkeit zu beobachten und zu fotografieren.

Im Jahr 2000 wurde zusätzlich zum Forschungszentrum das Bildungszentrum eröffnet. Das CCF Field Centre ist als einziges Projekt seiner Art für die Öffentlichkeit zugänglich. Hier gibt es das Cheetah-Museum, außerdem wird ein Einblick in die tägliche Arbeit des CCF gewährt (zu Geparden in Namibia s. auch Etosha). ⌚ tgl. 9–17 Uhr, Eintritt N$180 p. P. Fütterung der Geparden Mo–Fr 14 Uhr, Sa/So 12 Uhr (Zeit bei der Anmeldung bestätigen lassen). Wer an der dreistündigen „Bellebeno" Cheetah Safari (N$750 p. P., mind. 2 Pers.), am nachmittäglichen „Little Serengeti" Game Drive (N$530 p. P., mind. 2 Pers.) oder am Gepardenrennen (N$480 p. P.) interessiert ist, bucht bei Exclusive Reservations, ✆ 061-237294, 💻 www.exclusive.com.na, ✉ reservations@exclusive.com.na. Auf dem Gelände des CCF kann man im luxuriösen Babson Guest House übernachten (S. 453, Übernachtung).

Okakarara

Südöstlich von Otjiwarongo, in der Nähe des Waterbergs an der C 22, liegt Okakarara, die Distriktverwaltung der Otjozondjupa Region. Hier leben hauptsächlich Herero. Die 72 km von der B 1 bis nach Okakarara sind asphaltiert. Die WAD (Women's Action for Development) hat 1997 in Okakarara ein Trainings- und Arbeitszentrum eröffnet, vorrangig für die Frauen der Kleinstadt. Ziel des Trainingszentrums ist seither, die Frauen in verschiedenen Gebieten auszubilden und ihnen die Möglichkeit zur Selbstständigkeit zu eröffnen. Heute sind etwa 60 Menschen im Zentrum beschäftigt, sie belegen Computerkurse, lernen etwas über Landwirtschaft oder fertigen Näharbeiten. Auch Familien- und HIV/Aids-Beratung wird angeboten. Finanziert wird das Zentrum vom Hauptförderer der WAD, der Konrad-Adenauer-Stiftung.

Der damalige Deutsche Botschafter in Namibia, Wolfgang Massing, legte im Februar 2004 feierlich den Grundstein zum **Kultur- und Tourismuszentrum**. Es liegt rund 3 km von Okakarara entfernt und grenzt an die private Farm Hamakari, die Hauptschauplatz der Schlacht zwischen der deutschen Schutztruppe und den Herero vor mehr als 100 Jahren war. An der Entwicklung des Kulturzentrums beteiligten sich die Stadt Okakarara, die Deutsche Botschaft und der Deutsche Entwicklungsdienst (ded). Die Eröffnung des Kulturzentrums fand am historisch bedeutsamen Datum des 11. August 2004 statt, also an dem Tag, an dem sich die Schlacht am Waterberg zum 100. Mal jährte. 2008 wurde das Zentrum in eine Stiftung umgewandelt und wird seither von einem namibischen Gremium verwaltet. Deutschland stellt jedoch weiterhin Geld zur Verfügung.

Der Okakarara Community Cultural and Tourism Centre Trust (OCCTC Trust) betreut das Kultur- und Tourismuszentrum mit wechselnden Ausstellungen und Veranstaltungen, dem Café, einem Souvenirgeschäft und einem Campingplatz. Als Begegnungsstätte, aber vor allem als Einnahmequelle für die ortsansässige Bevölkerung, ist das Zentrum eine Bereicherung für Okakarara und die Waterberg-Region.

Interessant ist **Steps for Children**, ✆ 067-317003, ✆-Handy 081-4616808, ✉ info@stepsforchildren.com, 💻 www.stepsforchildren.com. Am Ende der Teerstraße der Straße nach links folgen, ausgeschildert. ⌚ Mo–Fr 9–15 Uhr. Führung durch Okakarara, N$150 p. P., anschließend wird traditionelles Essen der Herero serviert. Im Nähstübchen können Souvenirs erworben werden. Die Einrichtung unterstützt vor allem Aids-Waisen.

Osire

Ungefähr 70 km südlich des Waterbergs an der C 30 liegt **Osire**, bis 1990 ein Kriegsgefangenenlager, in dem die Südafrikaner Swapo-Kämpfer internierten. Heute ist es ein Flüchtlingslager mit rund 12 000 Menschen, hauptsächlich aus der Demokratischen Republik Kongo. Das Lager wird vom UN-Flüchtlingskommissariat, der Shell Company, den USA und Schweden finanziert.

Im Dezember 2002, ein halbes Jahr nach dem Ende des Bürgerkrieges in Angola, traf sich die Regierung Angolas mit Regierungsvertretern der Nachbarstaaten in Luanda und unterzeichnete ein Abkommen zur Repatriierung der insgesamt über 470 000 angolanischen Flüchtlinge. Die Heimkehr, die auf freiwilliger Basis verläuft und vom UN-Hochkommissariat für Flüchtlinge finanziert wird, vollzieht sich in mehreren Phasen und dauert noch an.

REST – Rare Endangered Species Trust

Der Rare Endangered Species Trust, den Maria Diekmann im September 2000 gründete, hat sich dem Erhalt der Geier, besonders der Kapgeier (s. Waterberg, S. 455), verschrieben.

Um die Geier vom Farmland fernzuhalten, wo sie noch immer geschossen oder vergiftet werden, wurde südlich von Otjiwarongo ein „Geier-Restaurant" angelegt: Hier werden die Geier mit

Termiten

Die Termite gilt als das älteste soziale Lebewesen der Erde. In der Kalahari fand man versteinerte Termitenhügel, deren Alter auf 120 Mio. Jahre geschätzt wurde. Weltweit gibt es mehr als 2000 verschiedene Termitenarten, davon 33 in Namibia.

Termiten sind trotz der großen Ähnlichkeit nicht mit Ameisen verwandt. Es gibt zwei verschiedene **Gruppen**: Die Termiten der höheren Ordnung leben direkt von Zellulose. Der Verdauungstrakt der Termiten der niederen Ordnung kann dagegen Zellulose nicht direkt aufspalten. Diese Gruppe züchtet eigene Pilzkulturen, die auf verdauten Holzteilchen im Bau wachsen. Fressen die Termiten die Pilze, wird ihr Verdauungssystem mit Mikroorganismen angereichert, die ihnen die Aufspaltung der Zellulose ermöglichen.

Die einzigartigen, großen Termitenhügel, die man in Namibia hauptsächlich im Norden sieht, werden von einer Art der zweiten Gruppe gebaut – *Macrotermes michaelseni*. Die sichtbaren Hügel bilden nur ein Fünftel des gesamten Termitenbaus. Sie dienen der Luftzufuhr und zum Wärmeausgleich. Die meisten Termitenhügel neigen sich leicht nach Nordwesten, um der Sonne während der heißesten Tageszeit die geringste Angriffsfläche zu bieten.

Die unterirdischen Gänge in einem **Termitenbau** können bis zu 70 m tief sein und reichen bis zum Grundwasser. Dadurch herrscht im Bau immer eine konstante Luftfeuchtigkeit von 95 % und eine Temperatur von 30 °C. Zur Klimaregulierung im Bau werden Gänge geöffnet oder geschlossen. Schäden am Bau werden sofort repariert. Den zentralen Punkt bildet die Königskammer. Um sie herum liegen weitere Kammern, in denen die Termiten ihre Pilzgärten anlegen. Die heranwachsenden **Pilzkulturen**, die wegen der hohen Feuchtigkeit im Bau hervorragend gedeihen, werden regelmäßig gepflegt und klein gehalten. Wenn am Anfang der Regenzeit der erste Regen über Nacht den Boden durchnässt, schwankt die Luftfeuchtigkeit im Bau dramatisch. Die Pilze wachsen dann unwahrscheinlich schnell, bis zu 1,5 m in einer Nacht, und brechen seitlich aus dem Hügel heraus. Sie sind besonders schmackhaft, heißen Omajova und sind hierzulande eine Delikatesse.

Die Regenzeit ist auch die Gründungszeit von neuen **Termitenstaaten**. Nach einem starken Regenguss öffnet sich der Termitenhügel gegen Abend, und Millionen geflügelter Termiten begeben sich auf ihren Hochzeitsflug. Die Königin sondert einen Duftstoff ab, der den König herbeilockt. Sobald sich das Paar gefunden hat, gräbt es sich ein und schützt sich so vor seinen natürlichen Feinden, allen voran den Ameisen. Nach der Paarung beginnt die Königin Eier zu legen, aus denen die ersten Mitglieder einer neuen Familie schlüpfen.

Wahrscheinlich infolge unterschiedlicher Ernährung entwickeln sich die jungen Termiten zu verschiedenen Kasten. Die Mehrheit der Kolonie besteht aus Arbeitern, die im Gegensatz zu den Soldaten klein sind und ein erstaunliches Leistungsvermögen haben.

Termiten spielen eine wichtige ökologische Rolle, da sie mineralienreiche Erde aus der Tiefe holen und den Boden auflockern. Sie stellen außerdem eine wichtige Nahrungsquelle für Mensch und Tier dar.

Fleisch gefüttert. Ähnlich dem Cheetah Conservation Fund legt auch REST großen Wert darauf, in der Öffentlichkeit ein Bewusstsein für die Bedrohung der Kapgeier zu schaffen. Die Fütterung der Vögel ist ein beeindruckendes Erlebnis. Mit ein bisschen Glück ist dabei sogar einer der Kapgeier auszumachen.

REST, Maria Diekmann, ✆-Handy 081-3679425, ✉ rest@iway.na, 💻 www.restafrica.org, an der B 1, 47 km südl. von Otjiwarongo, Richtung Okonjima abbiegen, dann noch 9 km Farmpad. 🕒 Mo–Fr 10–16 Uhr, Sa 10–13 Uhr, um Anmeldung wird gebeten, N$120 p. P., Privattour N$1200 pro Gruppe.

ÜBERNACHTUNG

Bush Pillow B&B, Neville Neveling, ✆ 067-303885, ✆-Handy 081-1285323, ✉ reservations

@bushpillow.hypermart.net, 🖳 www.bushpillow.hypermart.net, 47 Son Rd. Schöne Lage, künstlerisch angehauchte, häusliche Atmosphäre, großer Garten, in dem sich viele Vögel wohlfühlen, Schwimmbad, Kellerbar, Zimmer rollstuhlgerecht, Internetzugang. Die künstlerisch engagierten Betreiber gehören zu den Hauptinitiatoren des Cheetah Arts Festivals. ❷

€ **KaMaKu Guesthouse**, Michaela & Andreas Sindlgruber, 11 Anderson St., ✆ 067-307408, ✆-Handy 081-2745449, 🖂 kamakuguest@iway.na, 🖳 bei Facebook „KaMaKu Guesthouse" eingeben, 11 Anderson St. Kleines, gemütliches, afrikanisch-rustikales Gästehaus, deutsch-österreichisches Gastgeberpaar, Internetzugang, Swimmingpool. Keine Kreditkartenzahlung. ❶

DER NORDEN

Außerhalb

Otjiwa Safari Lodge, ✆ 067-306671, 🖂 info@otjiwalodge.com, 🖳 www.otjiwalodge.com, an der B 1 südl. von Otjiwarongo, Karte S. 400–401. Wildreiche, große Farm; schöne, gepflegte Anlage mit 5 Chalets und 8 Familienbungalows (2 DZ teilen sich 1 Bad) mit Selbstversorgeroption. Tierbeobachtungsfahrten, Rhino Tracking, Mountain Biking. WLAN. ❹
Camping N$130 p. P. Du/WC, Wasseranschluss, Feuerholz eingeschlossen.

Farm Otjihaenamaparero, ✆ 067-290153, dinotracks@afol.com.na, 🖳 www.dinosaurstracks-guestfarm.com, am Mount Etjo an der D 2414, Karte S. 400–401. Auf der Farm gibt es Dinosaurierspuren, Eintritt N$20 p. P.; Campingplatz bei den Abdrücken N$80 p. P., Einsamkeit unter dem Sternenhimmel, auch Bungalows. Keine Kreditkartenzahlung. ❷

Frans Indongo Lodge, Astrid & Alf Walter, ✆ 067-307946, 🖂 indongo@afol.com.na, 🖳 www.indongolodge.com, ca. 18 km von der B 1, an der D 2433 nördlich von Otjiwarongo, Karte S. 400–401. Ideal als Zwischenstopp – auch für mehr als einen Tag – auf dem Weg nach Etosha und als Ausgangspunkt für Touren zum Waterberg und zum Cheetah Conservation Fund. Eines der wenigen Unternehmen im namibischen Tourismus, die einem schwarzen Namibier gehören. Die Lodge ist geschmackvoll mit traditionellen Gebrauchsgegenständen der Ovambo dekoriert und wie ein Kral angelegt, nur viel weitläufiger und grüner. Zimmer und Bungalows sind mit TV, AC, Minibar, Telefon und Fön ausgestattet, eins ist behindertengerecht. Internetzugang. Gute Küche, angenehme Atmosphäre. Schöner Garten, großzügige Terrasse mit Blick in die weite Ebene und auf die nahe gelegene Wasserstelle, an der sich Antilopen, Zebras und Gnus einfinden, manchmal sogar Nashörner. ❹
Abendessen in der Lodge und Game Drives auf Vorbuchung.

Aloe Grove Safari Lodge, ✆-Handy 081-1274103, 🖂 aloegrove@mweb.com.na, 🖳 www.aloegrove.com, 36 km nordöstlich von Otjiwarongo Richtung Otavi, Karte S. 400–401. Internetzugang. Gute Vogel- und Wildbeobachtungsmöglichkeiten. Fütterung von Leoparden und Geparden, Wildbeobachtungs- und Nachtfahrten werden angeboten. ❹

Mount Etjo Safari Lodge, Annette & Jan Oelofse, ✆ 067-290173, 🖂 mount.etjo@iway.na, 🖳 www.mount-etjo.com, auf der Farm Okanjati am Fuße des Mount Etjo, 40 km von der B 1 an der D 2483, Karte S. 400–401. Wildfarm mit Elefanten, Weißen und Schwarzen Nashörnern, Giraffen und Antilopen. *Etjo* bedeutet „Ort der Zuflucht". Hier wurde 1989 mit der Unterzeichnung des Friedensvertrages das neue Namibia begründet (s. Geschichte). Game Drive N$300 p. P., um 16 Uhr (Winterzeit 15 Uhr), Löwenfütterung um 19.30 Uhr (Winterzeit 18.30 Uhr). Internetzugang. Abendessen inkl. ❼
Außerdem gehört das **Camp Dinosaur** zu Mount Etjo. Dieser abgeschieden und sehr schön gelegene Campingplatz befindet sich etwa 3 km von der Hauptlodge entfernt auf einem eigenen kleinen Gelände, in dem verschiedene Antilopen leben. 6 Plätze, jeweils mit Du/WC, Strom-/Wasseranschluss und eigener kleiner Lapa. Verschiedene Wanderwege, einer davon führt in etwa 30 Min. zu Dinosaurierspuren. Anmeldung in der Hauptlodge, dort ggf. auch gleich Abendessen im Restaurant und Game Drive buchen. Kosten N$400 pro Platz für max. 4 Pers., N$100 für jede zusätzliche Person.

Weaver's Rock Guest Farm, ✆ 067-304885, ✆-Handy 081-6421094, 🖂 srtc@iway.na, 🖳 www.weaversrock.com, ca. 28 km vor

Dr. Frans Indongo

Dr. Frans Indongo ist einer der angesehensten und erfolgreichsten Geschäftsmänner Namibias. Die Tatsache, dass er Ovambo ist und damit zu einer einst unterdrückten Bevölkerungsgruppe gehört, macht seinen Erfolg noch bedeutender.
1936 im Ovamboland geboren, wuchs er auf dem kleinen Stück Land seiner Eltern auf. Im Alter von 20 Jahren kam er als Kontraktarbeiter nach Walvis Bay. In seiner Freizeit stellte Frans Indongo Backsteine her, um sein mageres Einkommen aufzubessern. Von diesen Einkünften legte er sich eine Nähmaschine zu. Die geschneiderten Hosen und Hemden verkauften sich sehr gut – er lieferte nicht nur ins Ovamboland, sondern bis nach Oranjemund. 1961 eröffnete er seinen ersten kleinen Laden in Oshakati, in dem Fahrradzubehör und Süßwaren verkauft wurden – genau die Dinge, die am nötigsten gebraucht wurden. 1967 reichte das Geld für ein kleines Einkaufszentrum, anfangs nur mit Bottle Store und Supermarkt, später kamen einige Geschäfte hinzu. Von 1981 an expandierte er, ließ weitere Einkaufszentren bauen und beschränkte sich nicht mehr nur auf Oshakati. Nach der Unabhängigkeit eröffneten sich ihm neue Geschäftsmöglichkeiten. Frans Indongo betätigte sich als Bauunternehmer, in der Farmerei und der Fischereiindustrie.
Heute besitzt er etwa 45 000 ha Land und beschäftigt 1400 Mitarbeiter; sein Investitionsvolumen wird auf N$150 Mio. geschätzt. Das Frans Indongo Gardens in der Dr Frans Indongo Street in Windhoek ist das einzige mehrstöckige Gebäude der Stadt, das einem Einzelbesitzer gehört. Die University of Namibia verlieh Frans Indongo die Ehrendoktorwürde. 2003 wurde eine Querstraße zur Independence Avenue in Windhoek nach ihm (um)benannt – als Dank für seinen Beitrag zum jungen, unabhängigen Namibia. Dr. Frans Indongo lebt heute auf seiner Farm bei Otjiwarongo.

Otjiwarongo an der C 22 Richtung Waterberg, Karte S. 400–401. Tolle Landschaft. Pool, Spielplatz für die Kleinen, Game Drives. Kleines Wellness-Programm wird angeboten. ❷
Camping N$100 p. P. Du/WC, Strom-/Wasseranschluss, Mahlzeiten in der Lodge auf Vorbuchung.

€ **Termite Hills B&B**, Lotti & Werner Dedig, ✆ 067-306222, ✉ reservation@termitehills.com, 💻 www.termitehills.com, auf der Farm Miershoop an der B 1 zwischen Okahandja und Otjiwarongo, Karte S. 400–401. 3 DZ, Internetzugang. Kleiner, persönlicher Gästebetrieb. Hier fährt hin, wer das Leben auf einer Farm mit allen Vor- und Nachteilen kennenlernen möchte, sich nicht an einfachen Zimmern stört und gute Hausmannskost mit frischen Farmprodukten schätzt. Gut geeignet für Familien. ❷

Okonjima & Okonjima Bush Camp, ✆ 067-687032, ✉ info@okonjimalodge.com, 💻 www.okonjima.com, ca. 70 km südwestlich von Otjiwarongo, westlich der B 1, Karte S. 400–401. Wer besonderes Interesse an Großkatzen hat, kann eine oder mehrere Übernachtungen auf Okonjima einplanen. Okonjima ist Heim der Africat Foundation, die sich dem Schutz und Erhalt von Afrikas Katzen verschrieben hat. Leoparden und Geparden in weitläufigen Gehegen, tgl. Fütterung. Verschiedene Trails laden bei mehr als einer Übernachtung zum Wandern ein. Beginn der Aktivitäten sehr pünktlich um 16 Uhr im Sommer und 15 Uhr im Winter. Lockere Atmosphäre. Internetzugang. Keine Kinder unter 12 Jahren. Die verschiedenen Übernachtungsmöglichkeiten in freistehenden afrikanischen Chalets im typischen Lodge-Stil sind sehr exklusiv und luxuriös, daher leider auch recht teuer. Abendessen inkl. ❻–❽
Komfortables Camping mit eigener Dusche auf dem Omboroko Campsite N$250 p. P., Kinder zahlen die Hälfte.

Wer beim Cheetah Conservation Fund (CCF, S. 448) übernachten möchte, kann sich ins luxuriöse **Babson Guest House** einbuchen; 35 km von der B 1 an der D 2440, östlich von Otjiwarongo, Karte S. 400–401. Es gibt ein Chalet mit 3 großzügig und komfortabel ausgestatteten Zimmern mit Terrasse. Internetzugang. Der CCF stellt einen eigenen Guide, man wird in das Forschungsprogramm mit einbezogen und kann jederzeit mit ins Labor. Ein Koch bereitet alle Mahlzeiten frisch zu; Aktivitäten des CCF sind im Preis eingeschlossen. N$6000 p. P. Zu buchen unter visit@ccfnamibia.org.

ESSEN

Kameldorn Garten, ✆-Handy 081-2445967, 💻 bei Facebook „Kameldorn Garten Restaurant" eingeben, Hindenburg St, schräg gegenüber der Shell-Tankstelle. 🕒 Mo 7–17 Uhr, Di geschlossen, Mi 11–21.30 Uhr, Do 7–17 Uhr, Fr 7–15 Uhr und 18–21 Uhr, Sa 8–15 Uhr, So 12–21 Uhr. Lauschiger Garten, in dem die leckeren Gerichte gleich doppelt so gut schmecken. Der ideale Rastplatz auf dem Weg von oder nach Etosha. Keine Kreditkartenzahlung.

Café O. Carstensen, ✆ 067-302326, St Georges St. 🕒 Mo–Fr 6.30–17.30 Uhr, Sa 6.30–13 Uhr. Alte deutsche Dampfbäckerei. Kaffee, Brötchen und Kuchen nach „altbewährten deutschen Rezepten". Gute Brötchen für unterwegs.

SONSTIGES

Ausrüstung

Cymot, ✆ 067-302454, 5 Bahnhof St.

Feste

Cheetah National Arts Festival of Namibia, erstmalig im Juli 2004. Zusammenarbeit von verschiedenen Künstlern, Betrieben und natürlich dem Cheetah Conservation Fund. Jedes Jahr immer Mitte Juli, 3 Tage.

Geld

First National Bank, ✆ 067-308300, 7 St Georges St.

Internet

Compunet Services Internet-Café, ✆ 067-303711, ✉ compu2@mweb.com.na, Hage Geingob St, Ecke Bahnhof St.

Medizinische Hilfe

Mediclinic Otjiwarongo, ✆ 067-303734, Son Rd, Ecke Rikumbi Kandanga St. Eines der besseren Provinzkrankenhäuser.

Dr. Maas, ✆ 067-300234, Pro Health Building, Son Rd, Ecke Hage Geingob St, Allgemeinmediziner, spricht Englisch.

Dr. Profitt, ✆ 067-302677, Son Rd, Ecke Hage Geingob St, Zahnarzt, spricht Deutsch.

Polizei

✆ 10111, Von Riebeck St, blaues Gebäude.

Post

✆ 067-302000, Hage Geingob St.

TRANSPORT

Busse

Der **Intercape Mainliner** macht auf dem Weg nach Victoria Falls in Otjiwarongo, Puma Service Station, in der Hage Geingob St Halt. Hier hält auch der Shuttle von **Sunshine Tours** nach WINDHOEK und SWAKOPMUND.

Waterberg

Vor 200 Mio. Jahren war das ganze südliche Afrika eine riesige Wüste, die von einer 300 m hohen Schicht aus rotem Dünensand bedeckt war. Im Laufe der Jahrmillionen wurde aus Sand Sandstein, der anschließend teilweise erodierte. Übrig blieben einzelne Sandsteinhaufen, wie der Waterberg, der Mount Etjo und Twyfelfontein.

Das Besondere am Waterberg sind seine Quellen. Durch den porösen Sandstein des Berges sickert das Regenwasser, bis es auf kaum wasserdurchlässige Tonsteinlagen trifft.

An der Grenze zwischen Sand- und Tonsteinen tritt das Wasser wieder aus. Herablaufendes Wasser hat ganz erhebliche Abtragungskräfte, wie auch der Fish River Canyon zeigt. So rechnen Geologen damit, dass der Berg in einigen Jahren verschwunden sein wird – in einigen Millionen Jahren immerhin erst.

Durch den Wasserreichtum gibt es hier eine ganz besondere **Flora**. Dazu gehören große Feigenbäume an den Quellen *(Ficus sycamora)*; auf den Flächen sind Ringelhülsenakazien zu finden. Auf den im Park angelegten Wanderwegen sind viele der Pflanzen markiert, außerdem hat man von hier einen wunderschönen Blick in die Weite der Omaheke, des Kalahari-Beckens.

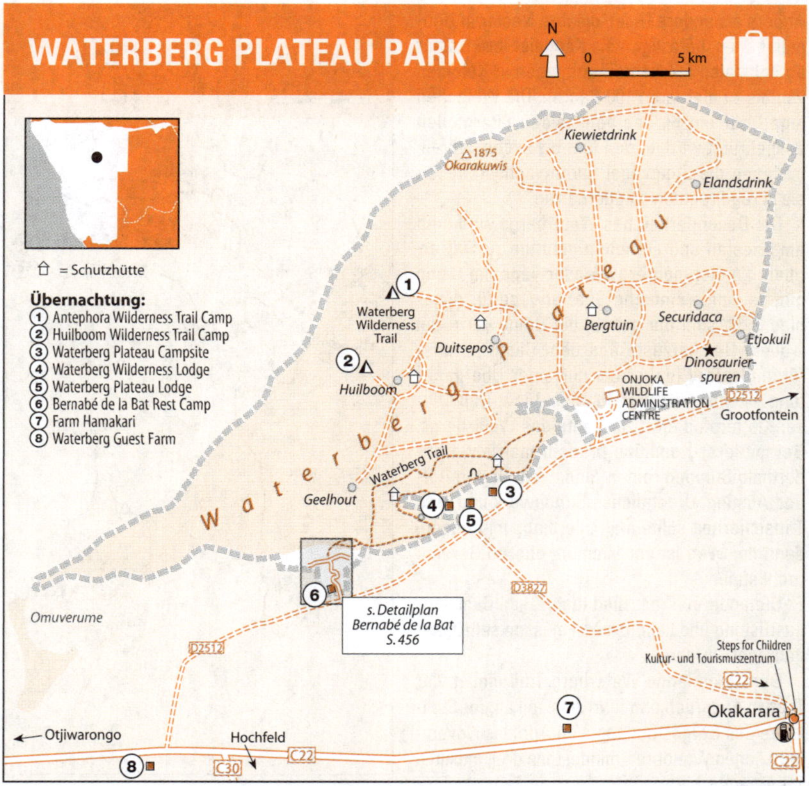

Schon früh müssen die wasserreichen Quellen am Waterberg Menschen angezogen haben – es gibt Felszeichnungen am Berg, die den San zugeschrieben werden. Die ersten Weißen, die das Gebiet erforschten, waren Galton und Andersson, und Mitte des 19. Jhs. wurde der Berg für die Herero zum zentralen Punkt im Gemeinschaftsleben.

Traurige Berühmtheit erlangte der Waterberg durch die **Entscheidungsschlacht zwischen Deutschen und Herero** am 11. August 1904 (s. Geschichte), bei der die Herero geschlagen wurden und infolge des Vernichtungsbefehls von Trothas in die Omaheke flüchteten. Neben dem Camp ist der kleine Friedhof zu finden, wo einige Soldaten der Schutztruppe begraben sind.

Auf dem Waterberg wurde 1972 ein 425 km² großer **Park** geschaffen (Waterberg Plateau Park), um vom Aussterben bedrohte Tierarten zu retten. Verschiedene Wildarten wurden auf dem Plateau ausgesetzt, beispielsweise Breitmaulnashörner, Afrikanische Büffel, Halbmondantilopen *(Tsessebe)*, Rappenantilopen *(Sable)* und Pferdeantilopen *(Roan)*. Zudem gibt es hier „gewöhnlichere" Tierarten wie Antilopen, Giraffen und Warzenschweine. Vogelliebhaber wird der Waterberg ebenfalls begeistern, mehr als 200 Arten wurden hier bereits identifiziert.

Die sehr stark bedrohten **Kapgeier** gibt es nur noch in den Bergen Transvaals und Lesothos sowie in einer kleinen, völlig isolierten Gruppe am Waterberg, die aus nur acht bis elf Vögeln besteht. Der Kapgeier ist der zweitgrößte Geier der Welt mit einer Flügelspannweite von 3 m. Ausgewachsene Kapgeier sind weiß, haben gelbe Augen, und der dicke nackte Hals ist blau.

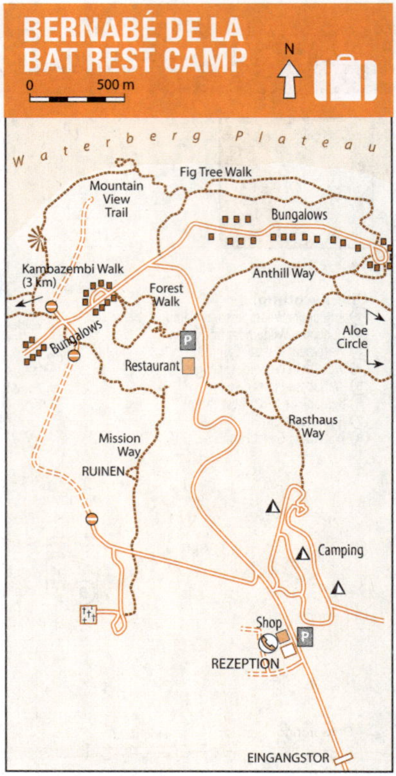

Anders als andere Geier, die ihre Nester in Bäumen bauen, befestigen die Kapgeier ihre Nester an schmalen Felskanten und leben in Kolonien von bis zu mehreren 100 Paaren. Die Weibchen legen nur ein Ei, das von beiden Elternteilen ausgebrütet wird. In den fünf bis sechs Jahren, in denen die Jungvögel heranwachsen, leben sie in regelrechten „Kindergärten".

Die Besonderheit des Waterbergs wird man am ehesten spüren, wenn man ihn zu Fuß erobert. Es gibt mehrere **Wanderwege**: Im Camp gibt es einige einfache Spazierwege für diejenigen, die sich nur einmal die Beine vertreten wollen. Der kürzeste aus dem Camp herausführende Trail (daher bei nur einer Übernachtung machbar) ist der Mountain View Trail. Dieser Kletterpfad führt zur Kante des Waterbergs. Bei mittlerer Kondition braucht man etwa anderthalb Stunden reine Wanderzeit für den Auf- und Abstieg. Ordentliches Schuhwerk und gute Trittsicherheit sollte man allerdings mitbringen, denn der Weg ist vor allem im oberen Bereich recht steil.

Die anderen Trails sind mehrtägig. Campingausrüstung und Lebensmittel müssen selbst mitgebracht werden.

Der 42 km lange Waterberg Trail nimmt vier Tage in Anspruch und führt zum Teil an der Steilkante des Berges entlang. Von April bis November können Wanderer (mindestens drei, maximal zehn) jeden Mittwoch auf eigene Faust loslaufen, sie werden am Samstag im Camp zurück erwartet.

Der 50 km lange Waterberg Wilderness Trail wird von einem Naturschutzbeamten begleitet, dauert vier Tage und startet jeden 2., 3. und 4. Donnerstag im Monat von April bis November. Ausgangspunkt ist eines der Naturschutzbeamten-Camps oben auf dem Plateau, hier gibt es kleine Häuschen mit gemauerten Betten. Mäuse gibt es hier leider auch. Alles an weiterer Ausrüstung ist selbst mitzubringen, auch das Trinkwasser. Auf den Wanderungen wird nur ein kleiner Tagesrucksack benötigt.

Wer die **Pirschfahrt auf dem Plateau** mitmachen möchte, bucht sie spätestens bei Ankunft vor Ort, besser zwei oder mehr Tage vorher. Dafür ruft man direkt beim Waterberg-Büro an, ✆ 067-305001; die Fahrt ist nicht bei NWR buchbar. Theoretisch wird die Fahrt zweimal täglich unternommen (um 6.30 Uhr und 15.30 Uhr). Treffpunkt ist vor dem Büro im Camp. Eine Garantie gibt es leider nicht, oft scheitert die Durchführung an so trivialen Dingen wie einem kaputten Fahrzeug. Oben auf dem Plateau gibt es sehr viel Busch, zu hohe Erwartungen an Tierbeobachtungsmöglichkeiten darf man deshalb nicht haben. Die Kosten belaufen sich auf N$550 p. P.

Mit dem eigenen Wagen kann das Plateau nicht erkundet werden!

ÜBERNACHTUNG

Das **Bernabé de la Bat Camp**, ✆ 067-305001, Buchungen bei NWR, ✆ 061-2857200, ✉ reservations@nwr.com.na, 💻 www.nwr.com.na, ist nach einem der bedeutendsten

Naturschützer Namibias benannt. Bernabé de la Bat arbeitete seit 1953 im Etosha National Park und war später maßgeblich am Aufbau des Waterberg Plateau Park, der Eingliederung bedrohter Arten sowie an der Entstehung des Camps 1975 beteiligt. In den Anfangsjahren des Parks war de la Bat leitender Direktor. Das Restaurant befindet sich in der ehemaligen Polizeistation der Deutschen. Die Bandbreite der Bungalows ist ähnlich wie in Etosha, vom Doppelzimmer bis zum Bush-Chalet. Die Preise bewegen sich zwischen N$550 und N$792 p. P., inkl. Frühstück.
Schöner Campingplatz, Rasen und Bäume, Du/WC, Licht, Strom-/Wasseranschluss, Abwaschküche, N$121 p. P. plus N$110 pro Platz für max. 8 Pers. und 1 Fahrzeug.
Der Eintritt in den Park beträgt N$80 p. P. und N$10 für das Fahrzeug. Die Tore sind von 8 Uhr bis Sonnenuntergang geöffnet, wer im Park übernachtet, darf noch bis 21 Uhr hinein.
Waterberg Wilderness Lodge, Caroline & Joachim Rust, ✆ 067-687018, ✉ info@waterberg-wilderness.com, 💻 www.waterberg-wilderness.com, direkt am Waterberg Plateau Park an der D 2512.
Die Lodge liegt auf der Farm Otjosongombe an der Südseite des Waterbergs. Geräumige, geschmackvolle Zimmer mit Blick auf die Steilkante des Berges, einige rollstuhlgerecht. Internetzugang. Familiäre Atmosphäre, gute Küche aus frischen Farmprodukten. Pool mit Quellwasser. 2 behindertengerechte Zimmer. Eine Besonderheit ist die geführte Wanderung in der Otjosongombe-Schlucht, die Lebensraum einer einzigartigen Flora und einer vielfältigen Tierwelt ist. Die große Wanderung führt auf das Plateau hinauf. Familie Rust arrangiert auch die Teilnahme an der Pirschfahrt. Außerdem werden Wildbeobachtungsfahrten auf dem Gelände der Farm, kulturelle Touren ins Hereroland und Wildbeobachtungen sowie Rhino Tracking zu Fuß angeboten. Abendessen inkl. ❺
Wer Wert auf besondere Unterkunft mit toller Aussicht legt, kann die zur Waterberg Wilderness Lodge gehörige **Waterberg Plateau Lodge** buchen: 8 Bungalows an der Kante des Berges, mit eigenem Restaurant und Pool. Die komplette Anlage erhält Elektrizität durch Solarenergie.
Auch einen Campingplatz gibt es auf Otjosongombe, N$170 p. P., Du/WC, eigene Boma und Pool, Grillpakete können bestellt werden, Holz ist eingeschlossen.
Waterberg Guest Farm, ✆-Handy 081-3581646, Buchungen unter ✉ reservations@waterbergnamibia.com, 💻 www.waterbergnamibia.com, an der C 22, 26 km vom Waterberg entfernt. Die Farm mit dem wohlklingenden Namen Okosongomingo ist bereits seit 1909 im Besitz der Familie Schneider-Waterberg. Auch heute farmt Harry Schneider-Waterberg hier noch mit Rindern und Wild und führt ganz nebenbei die Gästefarm. Das Abendessen (deftige Farmküche) wird in Gästefarm-Tradition mit den Gastgebern gemeinsam eingenommen. Neben vier Bungalows gibt es vier einfache Zimmer im alten Farmhaus. WLAN. ❹–❻
Farm Hamakari, Sabine & Wilhelm Diekmann, ✆ 067-306633, ✆-Handy 081-2497927, ✉ hamakari@iway.na, 💻 www.hamakari.com, an der C 22, südöstlich des Waterbergs. Abendessen inkl. Internetzugang. Geschichtsträchtige Farm, hauptsächlich Jagd. Keine Kreditkartenzahlung. ❺
Camping N$120 p. P., Du/WC, Licht, Strom-/Wasseranschluss, Abwaschküche, Schatten.
Nördlich des Waterbergs befinden sich die Frans Indongo Lodge und die Aloe Grove Safari Lodge und westlich die Weaver's Rock Guest Farm, alle drei sind unter Otjiwarongo, Übernachtung beschrieben, S. 452.

Namibias Triassic Park

1993 wurden die Saurier des Zeitalters vor 213–144 Mio. Jahren durch den Spielberg-Film *Jurassic Park* berühmt. Namibias fossile Funde stammen hauptsächlich aus der älteren Trias-Zeit (vor 270–230 Mio. Jahren). Sie liegen in der Karoo-Sequenz, die fast überall in Namibia vorkommt, vor allem aber im Süden zwischen Mariental und Keetmanshoop und im Norden beim Mount Etjo, dem Waterberg und in der Huab-Region.

Diese Sedimentformationen entstanden in einer Zeit, als sich die Klimabedingungen in

Namibia sehr von den heutigen unterschieden. Afrika und Südamerika waren noch verbunden, Brasilien grenzte an Namibia. Am Anfang der Karoo-Sequenz befand sich Namibia/Gondwana in der Nähe des Südpols – Gletscher breiteten sich aus und formten die Landschaft. Durch plattentektonische Vorgänge entfernte sich Namibia wieder vom Südpol und die Gletscher begannen zu schmelzen. Eine Seen-Landschaft mit üppiger Vegetation entstand. In diesen Seen lebte vor 270 Mio. Jahren das merkwürdige Reptil *Mesosaurus tenuidens*. Es hatte schwere Rippen, einen langen Schwanz und kräftige, aus dem Maul herausragende Zähne. Bei halb geöffnetem Maul bildeten diese Zähne ein Sieb, durch das sich das Reptil seine Nahrung – u. a. kleine, garnelenartige Kreaturen – aus dem Wasser herausfilterte. Diese nur in Namibia, Südafrika und Brasilien gefundene Saurierart ist der erste glaubhafte Beweis, dass Südamerika und Afrika einstmals den Superkontinent Gondwana bildeten, der erst im Kreide-Zeitalter (vor 120 Mio. Jahren) auseinanderbrach.

Vor ungefähr 230 Mio. Jahren erwärmte sich das Klima weiter. Verschiedene Tiere besiedelten in dieser Zeit das Gebiet. In Rivieren und Überflutungsgebieten wurden versteinerte Knochen und Zähne von mindestens neun verschiedenen Kreaturen aus dieser Zeit gefunden. Das größte bekannte Reptil war der 5–6 m lange *Erythrosuchus africanus*. Seine Zähne sahen wie Steakmesser aus, was den Schluss zulässt, dass er ein Fleischfresser war. Die *Proterosuchia*, die Gattung, zu der dieses Reptil zählt, waren die Vorfahren sowohl der Dinosaurier als auch der Krokodile.

Viele andere Kreaturen waren Pflanzenfresser. Die Vegetation bestand aus Gefäßpflanzen und Bäumen, die heute in versteinerter Form bei Khorixas und im Süden bei Tses, Mariental und Keetmanshoop zu finden sind. Die Jahresringe dieser versteinerten Baumstämme lassen auf einen saisonalen Wuchs schließen. Die Sommerringe sind breit und hell, während die Winterringe schmaler und dunkler sind.

Sehr viel später, vor etwa 140 Mio. Jahren, waren große Teile Namibias von einer Sandwüste bedeckt. Zahlreiche Reptilien lebten in den Tälern zwischen den Dünen. Als das Klima jedoch immer trockener wurde, waren sie gezwungen, an den wenigen Wasserstellen zu leben, wo sich das Wasser von spärlichen Regenschauern sammelte.

Die Tiere hinterließen im feuchten Sediment Spuren, die später von Dünensand abgedeckt wurden. Als sich der Sand durch das Gewicht der darüber liegenden Sedimente zu Sandstein verfestigte, blieben die Spuren erhalten und wurden irgendwann durch Erosion wieder freigelegt. Aus dieser Zeit stammen die vielen Dinosaurierspuren des Mount Etjo, Twyfelfonteins und des Waterbergs. Dort hinterließ auf dem Plateau ein riesiger Saurier, der sich auf vier Beinen fortbewegte, Spuren, die an eine Elefantenfährte erinnern.

Auf der Farm **Otjihaenamaparero**, ✆ 067-290153, 💻 www.dinosaurstracks-guestfarm.com, am Mount Etjo an der D 2414, befinden sich zwei deutliche, sich kreuzende Dinosaurierspuren, die aus mehr als 30 Abdrücken bestehen. Die individuellen Abdrücke sind etwa 45x35 cm groß. Die längere der beiden Spuren kann über mehr als 28 m verfolgt werden. Der Abstand zwischen den einzelnen Fußabdrücken beträgt 70–90 cm, die Beine dieser Tiere werden also, wie beim Menschen, etwa einen Meter lang gewesen sein. Alle Spuren bestehen aus Abdrücken mit drei Zehen. Ihre Anordnung lässt darauf schließen, dass sie von den Hinterfüßen eines halbwegs aufrecht gehenden Tieres hinterlassen wurden. Leider wurden in der Gegend bisher keine Knochen dieser Tiere gefunden. Aufgrund von Vergleichen mit anderen Fundstätten nehmen Wissenschaftler jedoch an, dass die Dinosaurier, die ihre Spuren auf Otjihaenamaparero hinterlassen haben, zur Ordnung *Therapoda* zählen, der alle Fleischfresser angehören. Die Ausmaße und die Tiefe der Abdrücke weisen darauf hin, dass die Tiere eine beträchtliche Größe gehabt haben müssen. Es ist gesichert, dass das Klima sich stark zum Nachteil der Tiere veränderte. So kann davon ausgegangen werden, dass sie kurz darauf ausstarben. Der Eintritt zu den Spuren von Otjihaenamaparero kostet N$20 pro Person, außerdem gibt es einen Campingplatz für N$80 pro Person.

Okahandja

So ziemlich jeder Namibiabesucher passiert auf seiner Reise Okahandja. Es liegt nur 75 km nördlich von Windhoek und ist direkt mit der Geschichte der Hauptstadt verbunden. An den zwei großen, regelrecht berühmten **Holzschnitzermärkten** am Süd- und Nordeingang der Stadt kann man einfach nicht vorbeifahren.

Okahandja heißt in Herero so viel wie die „kleine Sandfläche" und bezieht sich auf den schneeweißen Sand des durch Okahandja verlaufenden Okakango Rivier. Hier war seit Anfang des 19. Jhs. traditionell das Zentrum der Herero und ihrer Weideflächen.

Als erster Deutscher kam 1827 der Missionar Schmelen in diesen Ort, der ihn damals Schmelenshoop (Schmelenshoffnung) nannte. Im Laufe der folgenden Jahre versuchten mehrere Missionare, in Okahandja eine Missionsstation zu gründen, 1844 z. B. Kleinschmidt und Hahn sowie 1850 Missionar Kolbe. Sie alle mussten jedoch irgendwann aufgeben, da die sich fortwährend bekämpfenden Herero und Nama keine friedliche Missionsarbeit zuließen. 1870 schlossen das Herero-Oberhaupt Maharero und der Nama-Führer Jan Jonker einen Friedensvertrag, woraufhin die Rheinische Missionsgesellschaft hier eine Missionsstation gründete, deren Leitung Missionar Diehl übernahm. 1876 wurde die **Kirche** eingeweiht.

Okahandja blieb dennoch ein unruhiges Pflaster, woran auch der 1885 geschlossene Schutzvertrag zwischen Maharero und den Deutschen nicht viel änderte. Nur drei Jahre später wurden die Herero des deutschen „Schutzes" überdrüssig und schlossen sich dem englischen Waffenhändler Lewis an. Die Deutschen unter Reichskommissar Göring zogen sich nach Walvis Bay zurück, Missionskirche und -schule wurden geschlossen. Die Missionare blieben jedoch auf Befehl Mahareros, der sich kurz vor seinem Tod 1890 wieder offiziell zu dem abgeschlossenen Schutzvertrag bekannte.

1894 erhielt Okahandja eine Militärstation, was nach deutscher Geschichtsschreibung als Gründungsjahr der Stadt galt. Ende des 19. Jhs. lebten neben den Soldaten bereits einige weiße Zivilisten hier, da sich Okahandja als Vorposten für den Handel mit den Herero entwickelt hatte. Die Bahn brachte ab 1902 zusätzlichen Aufschwung. Während des Herero-Aufstandes 1904 kam jedoch alles zum Erliegen, der Ort wurde geplündert und zerstört. Viele Gräber an der Missionskirche zeugen noch heute von den damaligen Kämpfen. Die meisten Deutschen und die getauften Herero sind direkt an der Kirche begraben.

Am 26. August 1923 wurde der große Herero-Führer Samuel Maharero feierlich in Okahandja beigesetzt. Maharero hatte die Herero nach der Schlacht am Waterberg durch die Omaheke geführt. Er starb am 14. März 1923 im Exil im damaligen Betschuanaland, dem heutigen Botswana. Die Trauerfeierlichkeiten anlässlich seines Begräbnisses waren der Auftakt zum jährlichen Herero-Tag. Die Herero gedenken am vorletzten oder letzten Sonntag im August (der Sonntag, der dem 26. am nächsten liegt) ihrer Ahnen. Wer zu diesem Zeitpunkt in der Nähe ist, sollte sich den Umzug, für den die Frauen festliche, traditionelle Herero-Kleidung und die Männer meist Uniformen tragen, nicht entgehen lassen. Die Uniformen übrigens sind alte deutsche Uniformen, ein interessantes Phänomen, da es sich somit um die Uniformen der Feinde handelt.

Auf einem kleinen **Friedhof** auf der anderen Straßenseite befindet sich das Grab des 1861 gestorbenen Nama-Führers Jonker Afrikaner. 1970 wurde hier das Herero-Oberhaupt Hosea Kutako beerdigt, der den ausdrücklichen Wunsch hatte, direkt neben Jonker Afrikaner beigesetzt zu werden, um so ein Zeichen der Verständigung und der Annäherung von Herero

Gefährliche Gebiete

In der Gegend der Herero-Gräber treiben Banden ihr Unwesen, die die Ahnungslosigkeit der Touristen ausnutzen. Daher sollte das Fahrzeug niemals unbeaufsichtigt gelassen werden. Gleiches gilt für die zwei Holzschnitzermärkte. Auf den Rastplätzen um Okahandja gab es mehrere Raubüberfälle. Man sollte daher auf Pausen an diesen Stellen verzichten.

und Nama zu setzen. Daneben liegt Clemens Kapuuo, der ehemalige Präsident der Turnhallenkonferenz, der 1978 in Katutura ermordet wurde. Die Umstände seines Todes sind bis heute nicht geklärt. Ein Stück weiter im ehemaligen Forstgarten befinden sich die Gräber der Herero-Oberhäupter Tjamuaha (1861), Maharero (1890) und Samuel Maharero (1929).

ÜBERNACHTUNG

Okahandja Lodge, ✆ 062-504299, ✉ okalodge@africaonline.com.na, 💻 www.okahandjalodge.com, am nördlichen Ortseingang an der B 1. Restaurant, Internetzugang. ❸
Campingplatz N$100 p. P. mit Gemeinschafts-Du/WC, Licht, Strom-/Wasseranschluss, Abwaschküche, Picknickplätze. Mahlzeiten können bei der Lodge gebucht werden.

€ **Auberge Omulonga**, ✆ 062-500340, ✉ omulonga@iway.na, 458 Dr Vedder St. 4 einfache Zimmer, Garten mit Pool, familiäre Atmosphäre, französische Küche (Mahlzeiten nur auf Anfrage). Keine Kreditkartenzahlung. ❶

Außerhalb

Das Gebiet um Okahandja ist klassisches Farmgebiet. Die Farmer in dieser Gegend haben früher als andere damit begonnen, Besucher aufzunehmen, zunächst jedoch nur Jäger. Daher sind fast alle diese Farmen, von denen hier nur einige aufgeführt werden, heute gleichzeitig Jagd- und Gästefarmen und auch entsprechend eingerichtet, mit Trophäen an der Wand u. Ä.
Die Gästefarmen zwischen Okahandja und Karibib bei Wilhelmstal sind im Kapitel „Der Westen“ zu finden.

The Elegant Farmstead, ✆ 061-301934, ✉ info@the-elegant-collection.com, 💻 www.the-elegant-collection.com, ca. 20 km östl. von Okahandja an der D 2102, Karte S. 400–401. Interessantes, altes Farmhaus inmitten eines schönen Gartens, der vor allem durch die uralten, großen Bäume beeindruckt. Die stilvollen Gästezimmer sind modern eingerichtet und bilden dadurch einen interessanten Kontrast zum Haupthaus. Wanderwege verschiedener Länge, Rundfahrten. Internetzugang. ❹

Wewelsburg Camping, Annegret & Hans-Jürgen Bahr, ✆ 067-306646, ✉ bahrcamp@mweb.com.na, an der B 1, ca. 90 km nördlich von Okahandja Richtung Otjiwarongo, Karte S. 400–401. Nette Gastgeber, schattiger Campingplatz; Du/WC, Licht, Strom-/Wasseranschluss, Abwaschküche, kleines Schwimmbad; N$90 p. P.; Farmrundfahrten und Wanderungen werden angeboten. Keine Kreditkartenzahlung.

Gästefarm Ousema, Dorothea & Hans-Ludwig Krönke, ✆ 067-306259, ✉ ousema@iway.na, 💻 www.farm-ousema.com, rund 120 km nördlich von Okahandja an der D 2404, 33 km östlich der B 1, Karte S. 400–401. Ousema ist nicht nur eine voll funktionierende Rinderfarm, sondern im Gästebetrieb vollständig rollstuhlgerecht eingerichtet (S. 82). Die Gastgeber können viele Tipps zum Reisen im Rollstuhl geben und stecken mit ihrer positiven Lebenseinstellung so manchen Besucher an. Ein längerer Aufenthalt lohnt sich, denn es können sowohl verschiedene Aktivitäten (Quadbiken, Kanufahren etc.) auf der Farm als auch Ausflüge in die Umgebung unternommen werden. Der Aufbau eines rollstuhlgerechten Campingplatzes ist geplant. Internetzugang. Keine Kreditkartenzahlung. Alle Mahlzeiten eingeschlossen. ❹

Ombo Rest Camp, ✆ 062-502003, ✆-Handy 081-2062791, ✉ omborestcamp@africaonline.com.na, 💻 www.ombo-rest-camp.com, 10 km östlich von Okahandja an der C 31, Karte S. 400–401. 2 Familienbungalows, 2 kleinere Bungalows mit AC und eigenem Bad. Kleiner Shop und Restaurant. Verschiedenste Tiere, darunter Strauße, Gehege für Krokodile. Bett im Dorm ab N$120 p. P. ❶
Camping für Wohnwagen und Zelte, Du/WC und Strom, Abwaschgelegenheit. N$80 p. P.

EINKAUFEN

Kunsthandwerk und Souvenirs

Okahandja Cultural Village, Bertha Mbundu, ✆-Handy 081-1240620, ✉ okavillage@iway.na, 10 km nördl. von Okahandja an der B 1, Abzweig Hochfeld Road. 🕒 tgl. 8–17 Uhr. Das kleine Dörfchen bietet einen guten Querschnitt der verschiedenen Kulturen des Landes. Hier sind Hütten und Lebensweise der Damara, Tswana,

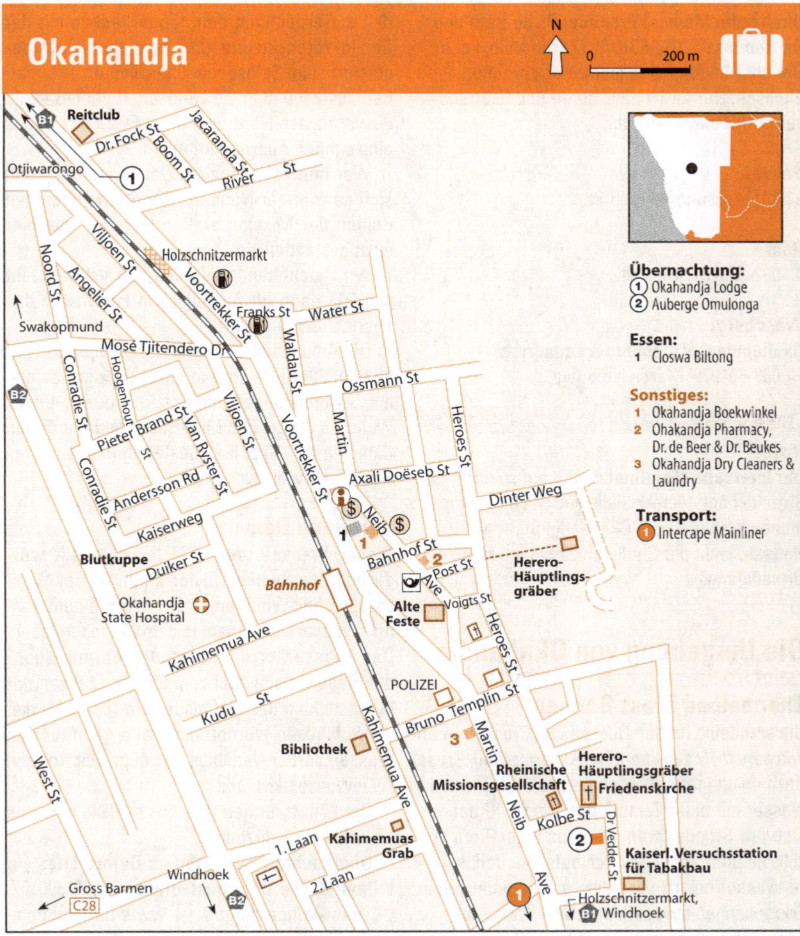

Völker des Caprivi, Himba, Herero, Ovambo und San zu sehen. Interessant dabei ist die direkte Gegenüberstellung, die Unterschiede gut erkennen lässt.
Es gibt hier auch einen Campingplatz, N$130 p. P., Du/WC, Strom-/Wasseranschluss, Schattenplätze.

SONSTIGES

Apotheke

Okahandja Pharmacy, ✆ 062-501632, 261 Martin Neib Ave.

Biltong

Closwa Biltong, ✆ 062-501123, Voortrekker St. Bekannt für gut gemachtes Biltong aus Wildfleisch, ideal als Snack für unterwegs.

Geld

Bank Windhoek, ✆ 062-505000, Martin Neib Ave.

Medizinische Hilfe

Okahandja State Hospital, ✆ 062-503039, Hospital St.

Okahandja Medical Practice, Dr. de Beer und Dr. Beukes, ✆ 062-501078, Martin Neib, Ecke Bahnhof St, Allgemeinmediziner, sprechen Englisch. Nur für Notfälle sonn- und feiertags 10–12 Uhr und 17–18 Uhr.

Polizei

✆ 10111, Bruno Templin St.

Post

✆ 062-503231, Main St.

Wäscherei

Okahandja Dry Cleaners & Laundry, ✆ 062-501979, Martin Neib Ave.

TRANSPORT

Busse

Der **Intercape Mainliner** macht auf seiner Strecke nach Victoria Falls und nach Swakopmund / Walvis Bay in Okahandja Station, Haltestelle an der Shell-Tankstelle am südlichen Ortseingang.

Die Umgebung von Okahandja

Thermalbad Gross Barmen

Die sprudelnd heißen Quellen von Gross Barmen wurden 1976 zum heutigen Thermalbad Gross Barmen umgebaut. Mehr als 6700 l Thermalwasser mit einer Temperatur von 65 °C bahnen sich pro Stunde ihren Weg aus einer Tiefe von 2500 m. Das leicht nach Schwefel riechende, klare Wasser besitzt vor allem bei rheumatischen Erkrankungen eine sehr heilsame Wirkung.

Das Thermalwasser des großen Außenschwimmbads lädt mit einer angenehmen Temperatur von 30 °C zum Baden ein. Kinder werden außerdem von dem Kinderbecken mit der Schildkrötenrutsche und dem Spielplatz begeistert sein. Selbst vom überdachten Thermalbad aus kann man die Landschaft genießen, da die verglasten Nord- und Westseiten des Bades eine schöne Aussicht erlauben.

Wer Interesse an alten Gemäuern hat, kann sich ganz in der Nähe auf die Suche nach den Ruinen der Missionsstation begeben, die hier einst gestanden hat.

Am Wochenende kann es hier voll und laut sein, da dann oft Ausflügler in Partylaune das Thermalbad bevölkern.

Die Anlage wurde komplett renoviert und hat im Juni 2014 ihre Tore in völlig neuem Gewand mit Swimmingpool, Hallenbad, Squash Court, Wellness Center und Mini-Hotel wieder eröffnet. Camping N$ 100 p. P. Neueste Informationen bei NWR, 💻 www.nwr.com.na.

Von Bach Dam

Dieser Stausee, der 1972 fertiggestellt wurde und das Swakop Rivier staut, ist der Wasserspeicher Windhoeks. Er ist von einem kleinen Wildpark umgeben, in dem Antilopen leben. Das Wasser erreichte in der herausragenden Regensaison 2011 zum fünften Mal seit der Fertigstellung der Staumauer die 100-%-Marke, die Schleusen wurden mehrfach geöffnet. Die Wassersportler Namibias vergnügen sich hier in zwei Wasserski-Clubs.

Der Eintritt für den Park kostet N$40 p. P. plus N$10 für das Fahrzeug.

Übernachten kann man im **Oujere Lifestyle Village & The Daw Restaurant**, ✆ 062-500162, ✉ info@tungeni.com, 💻 www.tungeni.com, Karte S. 400–401. Hier gibt es ein kleines Boot für Sundowner-Fahrten. WLAN. ❷–❸

Camping N$100 p. P.

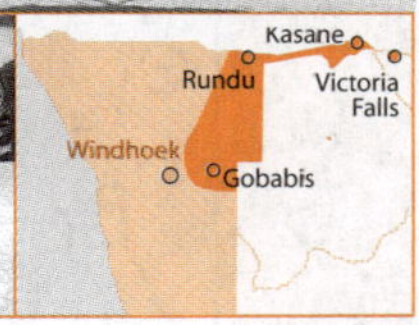

Der Nordosten

Stefan Loose Traveltipps

12 **Kavango und Caprivi Region** Quirliges Afrika fast ohne Zäune, mit vielen kleinen Dörfern, Flüssen und dichter Vegetation. S. 465 und S. 474

San Im Historic Living Village der /XAO-O JU/'HOANSI GA fühlt man sich um Jahrhunderte zurückversetzt. S. 466

Kaudom Game Reserve Abgelegene Kalahari-Landschaft für 4x4-Enthusiasten. S. 469

Tierwelt Im Bwabwata und Chobe National Park sowie im Okavango-Delta. S. 482, S. 492 und S. 509

13 **Victoria Falls** Die tosenden Wassermassen des Zambezi gehören zum Weltnaturerbe der Unesco. S. 497

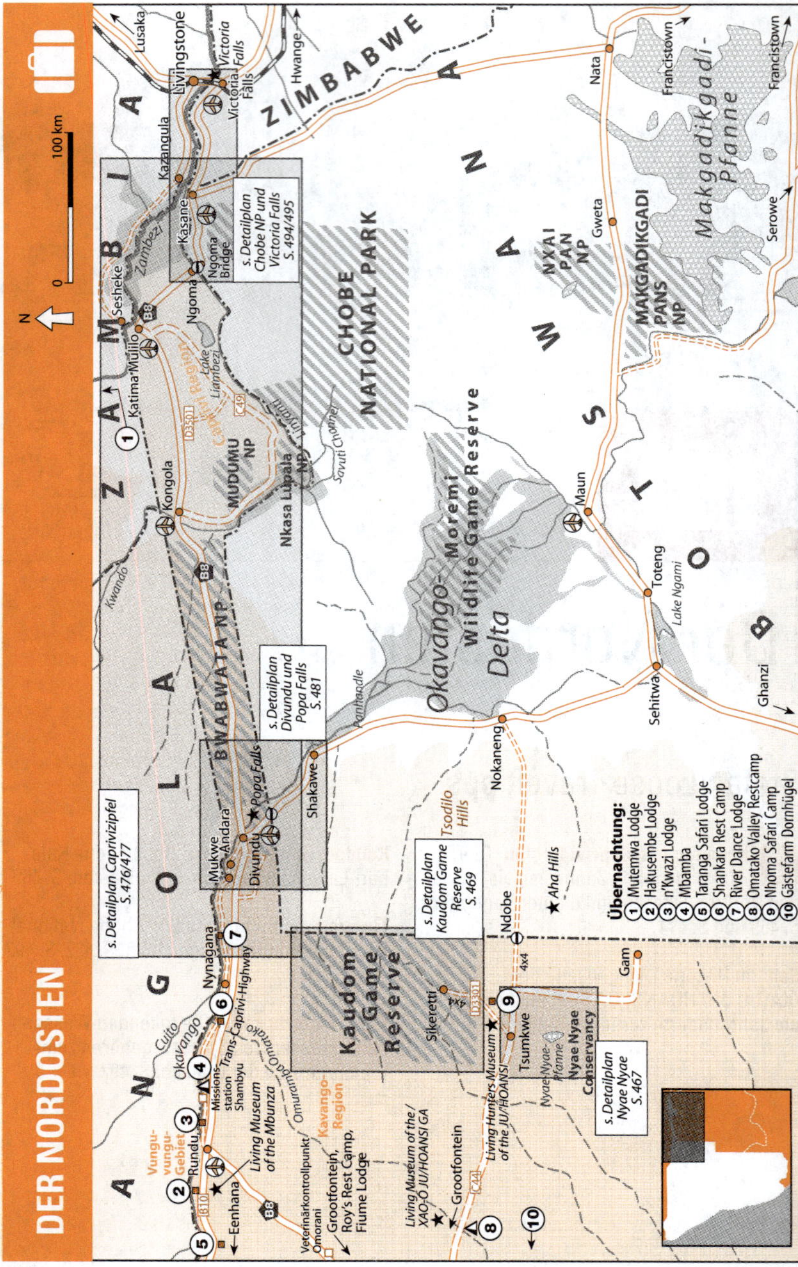
DER NORDOSTEN
ANGOLA
SAMBIA
ZIMBABWE
BOTSWANA
N
0
100 km
Lusaka
Livingstone
Victoria Falls
Hwange
Kazangula
Kasane
Ngoma Bridge
Ngoma
Sesheke
Zambezi
Katima Mulilo
B8
D3501
C49
Caprivi Region
Lake Liambezi
Linyanti
Savuti Channel
CHOBE NATIONAL PARK
MUDUMU NP
Nkasa Lupala NP
Kongola
Kwando
BWABWATA NP
Mukwe
Andara
Divundu
Popa Falls
Shakawe
Panhandle
Okavango-Delta
Moremi Wildlife Game Reserve
Maun
Toteng
Lake Ngami
Sehitwa
Ghanzi
Nokaneng
Nata
Francistown
Gweta
NXAI PAN NP
MAKGADIKGADI PANS NP
Makgadikgadi-Pfanne
Serowe
s. Detailplan Chobe NP und Victoria Falls S. 494/495
s. Detailplan Divundu und Popa Falls S. 481
s. Detailplan Caprivizipfel S. 476/477
s. Detailplan Kaudom Game Reserve S. 469
s. Detailplan Nyae Nyae S. 467
Kaudom Game Reserve
Sikeretti
D3301
4x4
Tsodilo Hills
Aha Hills
Ndobe
Gam
Tsumkwe
Nyae Nyae Conservancy
Nyae-Nyae-Pfanne
Living Hunters Museum of the JU/HOANSI
Living Museum of the XAO-Ō JU/HOANSI GA
Grootfontein
C44
Nynagana
Trans-Caprivi-Highway
Okavango
Cuito
Missionsstation Shambyu
Living Museum of the Mbunza
Omuramba Omatako
Kavango-Region
Vungu-vungu-Gebiet
Rundu
B10
Eenhana
Veterinärkontrollpunkt Omorani
Grootfontein, Roy's Rest Camp, Fiume Lodge
Übernachtung:
1 Mutemwa Lodge
2 Hakusembe Lodge
3 n'Kwazi Lodge
4 Mbamba
5 Taranga Safari Lodge
6 Shankara Rest Camp
7 River Dance Lodge
8 Omatako Valley Restcamp
9 Nhoma Safari Camp
10 Gästefarm Dornhügel

12 HIGHLIGHT

Die Kavango Region

Von Grootfontein führt die B 8 in nordöstlicher Richtung nach Rundu und zum Okavango (Kavango). Gleich am ersten Rastplatz nördlich von Grootfontein ist der erste **Marulabaum**, *Sclerocaraya birrea*, zu sehen. Dieser besondere Baum ist durch eine Szene im Film *Die Lustige Welt der Tiere* berühmt geworden, in der die Elefanten, Paviane und andere Tiere die gegorenen Marulafrüchte zu reichlich genießen und anschließend betrunken durch die Landschaft torkeln.

Der Baum wird bis zu 15 m hoch und hat eine große, ausladende Krone, die mehrere Monate lang keine Blätter trägt. Im September und Oktober blüht der Baum. Die gelben Früchte können die Größe eines Golfballs erreichen, bevor sie in den kalten Monaten Mai und Juni herunterfallen. Bei großen Bäumen kommt dabei bis zu 1 t Fallobst (rund 70 000 Früchte) zusammen. Aus den Marulafrüchten, die viermal mehr Vitamin C enthalten als Orangen, werden Saft, Marmelade und Alkohol hergestellt. Jeder Namibia-Besucher sollte zumindest einmal *Amarula*, den in Südafrika hergestellten Cremelikör aus Marulafrüchten, probiert haben! Um allein von gegorenen Früchten betrunken zu werden, muss man schon eine ganze Menge vertilgen. 400 gegorene Früchte (etwa 6 kg) enthalten ungefähr so viel Alkohol wie eine Flasche Bier. Ein Pavian hat Mühe, so viel zu fressen, ein Elefant braucht am Tag jedoch 280 kg Futter, daher ist es durchaus vorstellbar, dass Elefanten von gegorenen Marulafrüchten zumindest beschwipst sein können.

Aus den Marulakernen wird in mühevoller Handarbeit Öl gewonnen. Das Marula-Öl wird ohne Zusatzstoffe kalt gepresst und ist ein hochwertiges Pflegeöl.

Etwa 42 km östlich von Grootfontein, von der B 8 nach rechts auf die D 2844, liegt die **Gästefarm Dornhügel**, Irmgard & Gerhard (Max) Beyer, ✆ 067-240439, ✆-Handy 081-1288820, ✉ dornhueg@iway.na, 💻 www.dornhuegel.com, Karte S. 400–401. Die Farm bietet geräumige Zimmer und typisches Farmleben. Die Anlage und ein Zimmer sind rollstuhlgerecht. Internetzugang. Abendessen inklusive. ❺

Der Veterinärzaun

Passiert man den Veterinärkontrollpunkt von Nord nach Süd, wird das Fahrzeug mitunter von den Beamten kontrolliert. Fleisch darf die Grenze gar nicht passieren, Milchprodukte nur eingeschränkt. Dies wird etwas willkürlich gehandhabt – verpackte, noch nicht geöffnete Produkte darf man im Allgemeinen behalten. Generell sollte man sich nicht ärgern, wenn einem etwas abgenommen wird, die Beamten tun nur ihre Pflicht. Beim Campen plant man für den kommenden Abend am besten etwas Vegetarisches oder greift auf Dosen zurück. Die Veterinärkontrollen an den Grenzen Botswanas sind übrigens oftmals strenger.

Direkt an der B 8, 56 km nordöstlich von Grootfontein, befindet sich **Roy's Rest Camp**, ✆ 067-240302, ✉ royscamp@iway.na, 💻 www.roysrestcamp.com, Karte S. 400–401, mit rustikalen Bungalows, Campingplatz (N$120 p. P.; Du/WC, Licht, Strom-/Wasseranschluss, Rasenplatz, Picknickplätzen und Abwaschküche), Bar, Restaurant und Internetzugang. Ein behindertengerechtes Zimmer. Auf dem Gelände gibt es ein Wasserloch, an dem Wild beobachtet werden kann, und schöne Wanderwege. Guter Ausgangspunkt für einen Besuch des 86 km entfernten Living Museum der San. ❹

Die **Fiume Lodge**, ✆ 067-240486, ✆-Handy 081-3383076, ✉ fiumelodge@iway.na, 💻 www.fiume-lodge.com, Karte S. 400–401, liegt 35 km nördl. von Grootfontein an der B 8 auf einer Wildfarm und eignet sich ebenfalls als Ausgangspunkt zum Living Museum. Internetzugang, Wildbeobachtungsfahrten. ❹ Der Campingplatz kostet N$120 p. P.; Du/WC, Wasseranschluss, Abwaschküche, Schatten; das Restaurant der Lodge kann von Campern genutzt werden.

Kaudom

53 km nördlich von Grootfontein zweigt die C 44 nach Osten ab, sie führt nach Tsumkwe und in den Kaudom Park. Auch hier passiert man

Zeitreise in die Vergangenheit

Wer die San in der nördlichen Kalahari näher kennenlernen möchte, fährt zum **Living Museum of the /XAO-O JU/'HOANSI GA** (ab Grootfontein die Schotterstraße nach Tsumkwe nehmen und etwa 500 m hinter dem Veterinärzaun der Beschilderung folgen). Ein Geländewagen ist nicht zwingend erforderlich, jedoch vorteilhaft, da es einige sandige Stellen zu bewältigen gibt (hochtourig durchfahren).

/XAO-O JU/'HOANSI GA bedeutet so viel wie „das Leben der Ju/'Hoansi San". Die San-Siedlung ist wie in alten Zeiten des freien Nomadentums aufgebaut und besteht aus einigen traditionellen Grashütten unter großen alten Mangettibäumen. Die historische Kleidung sowie alle Ausrüstungsgegenstände wurden von den dort ansässigen San selbst gefertigt. Wer sich auf die hier lebenden Menschen einlässt, bekommt einen authentischen Einblick in das frühere und heutige Leben dieses Volkes. Es werden verschiedene Programmbausteine angeboten, etwa eine Buschwanderung, traditionelle Tänze, ein Besuch des jetzigen, modernen Dorfes der San mit der dortigen Schule u. v. m. Das Living Museum of the /XAO-O JU/'HOANSI GA, ✉ contact@lcfn.info, 💻 www.lcfn.info, ist täglich geöffnet. Es gibt hier auch einen ganz einfachen Campingplatz für N$50 p. P.; Feuerholz wird verkauft, Wasser, Lebensmittel und alle anderen Bedarfsgegenstände sind mitzubringen.

Das **The Living Hunters Museum of the JU/'HOANSI-San**, ✉ contact@lcfn.info, 💻 www.lcfn.info, ist ein weiteres Lebendes Museum der San in diesem Gebiet. Das Besondere hier ist die einzigartige Gelegenheit, einer echten Jagd beiwohnen zu dürfen, zu der all das gehört, was diese erfahrenen Jäger seit Jahrtausenden tun: die Jagd mit Giftpfeilen und Bogen auf Antilopen, das Ausgraben von Springhasen und Stachelschweinen oder das Stellen von Schlingen für Perlhühner. Ein englisch sprechender Ju/'Hoansi begleitet und übersetzt, was die Jäger ihren Gästen zeigen und erklären. Camping N$50 p. P.

unterwegs wieder den Veterinärzaun, die *Rote Linie* (Kasten S. 426).

Eine sehr interessante Alternativstrecke ist die C 42 (auf alten Karten die Route 71) direkt hinter Grootfontein. Hier fährt man durch ein reizvolles Gebiet mit sehr vielen, schön gewachsenen Makalanipalmen.

Die Bewohner des Gebietes

Die ersten Kolonialisten nannten die **San** „Buschmänner", weil sie wild im Busch lebten. Von Ethnologen werden sie zu den Khoisan gerechnet, die auch die Nama sprechenden Stämme umfassen (s. Bevölkerung S. 143).

Über die Herkunft der San weiß man sehr wenig. Sie gelten als „Ureinwohner" Afrikas.

Am weitesten in die Vergangenheit zurück reichen die vielen Felszeichnungen, die meist den San zugeschrieben werden. Die Felszeichnungen sind im südlichen Afrika, in der Sahara und sogar am Mittelmeer gefunden worden. Demnach müssten die San in einem jahrhundertelangen Wanderungsprozess vom Mittelmeer bis ins südliche Afrika vorgedrungen sein. Forschungen belegen, dass das südliche Afrika schon seit 25 000 Jahren von Jägern und Sammlern bewohnt wird. Es wird angenommen, dass in Namibia noch 45 000 San leben. Mit 3 % der Gesamtbevölkerung gehören sie zu den Minderheiten im Land.

Im Zuge des Odendaal-Plans, der die südafrikanische Homeland-Politik in Namibia durchsetzen sollte, wurden die San im 1,8 Mio. ha großen „Buschmannland" mit der Distrikthauptstadt Tsumkwe angesiedelt. Obwohl diese Größe für europäische Verhältnisse riesig ist, reicht sie für die traditionelle Lebensweise als Jäger und Sammler nicht aus, zumal das Gebiet nur aus Wüste besteht.

Nach 1965 wurde das Buschmannland noch einmal zugunsten des Hererolandes und der Kavango Region reduziert, der in den 80er-Jahren geschaffene Kaudom National Park verkleinerte es zusätzlich.

Nach der Unabhängigkeit wandelte die lokale Bevölkerung das Gebiet mit Hilfe internationaler Organisationen in zwei Conservancies um. Zuerst entstand die Nyae Nyae Conservancy, im Dezember 2003 wurde dann die N//a-Jaqna Conservancy gegründet. Mit 9000 km² ist sie die größere der beiden Conservancies. Lebensader ist der Omuramba Omatako, der das Gebiet im Westen durchquert. Heute gibt es nur noch in der Kalahari vereinzelte San-Gruppen, die ihre ursprüngliche Lebensweise beibehalten haben. Viele der „angesiedelten" San sind allen Lastern der Zivilisation wie Alkohol, Rauschgift und Prostitution verfallen. Aids grassiert unter den San in erschreckendem Ausmaß.

Verschiedene Stiftungen, z. B. Ombili (S. 421), versuchen, den San zu helfen und ihnen die Anpassung an die heutige Zeit zu erleichtern. Allerdings zweifeln die Unterstützer und Betreiber der Stiftungen selbst, ob das gelingen wird und die San als Volksgruppe überleben können.

Tsumkwe

Tsumkwe, ein kleiner Ort inmitten der nördlichen Kalahari, ist ein Produkt der südafrikanischen Homeland-Politik. Hier wurde die Verwaltung des „Buschmannlandes" errichtet. Es gibt ein Verwaltungsgebäude, eine Tankstelle (meist ohne Benzin – Reservekanister mitnehmen!), ein Kartentelefon (Karte mitbringen!), einen kleinen Laden, der Benzin zeitweise aus dem Fass verkauft, sowie das Büro der Nyae Nyae Conservancy. Heute ist Tsumkwe hauptsächlich als Tor zum Kaudom Game Reserve und zur Nyae Nyae Conservancy von Bedeutung. Beide zählen zu den unberührtesten Gebieten der Welt und weisen eine einmalige Fauna und Flora auf.

Seit 2002 gibt es bei Tsumkwe (Ndobe) einen Grenzübergang nach Botswana. Er wurde in erster Linie für die lokale Bevölkerung geschaffen, da die San-Familien beiderseits der Grenze leben. Langfristig wird der Tourismus in der Kaudom Region sicherlich davon profitieren, da man von hier aus weiter zu den Tsodilo Hills und zum Okavango-Delta fahren kann.

Die Strecke in Botswana von der Grenze zum nächstgelegenen Ort Nokaneng ist sehr sandig, ein Geländewagen ist erforderlich (s. Ausflug nach Botswana, S. 484).

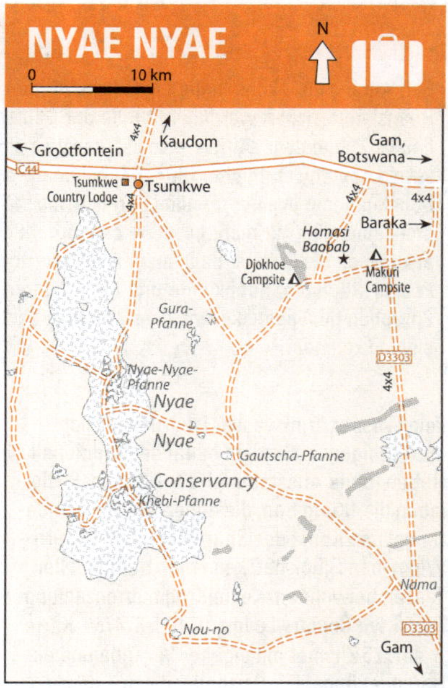

Nyae Nyae

Südlich von Tsumkwe liegt die Nyae Nyae Conservancy, die 1998 als erste Conservancy in kommunalem Gebiet gegründet wurde. Seitdem wurden hier u. a. verschiedene Antilopen angesiedelt. Die Nyae-Nyae-Pfanne ist eine Kleinausgabe der Etosha-Pfanne. Nach starken Regenfällen bildet sich hier ein flacher See, der Tiere und Vögel anzieht. Einsamkeit wird in diesem Gebiet physisch erlebbar, da man hier fast immer allein ist. Alles was man braucht, muss mitgebracht werden – vor allem Wasser.

Zwei der landschaftlich herausragenden Campingplätze Namibias, *Djokhoe* und *Makuri Campsite*, befinden sich in diesem Gebiet mit Blick auf gigantische Baobabs.

ÜBERNACHTUNG

Omatako Valley Restcamp, 💻 www.omatakovalley.com, auf halbem Weg zwischen Grootfontein und Tsumkwe an der C 44, 11 km hinter dem Veterinärzaun südlich an der Abzweigung zur Omatako-Siedlung, Karte S. 464. Campingplatz ca. N$70 p. P.; Du/WC – manchmal gibt es

Bildungsfortschritte

Seit Anfang 2007 können die Kinder einiger San nun auch mit Büchern in ihrer Muttersprache Ju/Hoansi unterrichtet werden. Mit Hilfe der Deutschen Gesellschaft für Internationale Zusammenarbeit (GIZ) und dem „AfriLA"-Projekt, welches sich für die Aufwertung afrikanischer Sprachen einsetzt, konnten Lehrbücher für die Schulen im Tsumkwe-Gebiet gekauft werden. Bisher wurden die Schulanfänger in einer fremden Sprache, meist Englisch, unterrichtet, obwohl zu Hause diese Sprache kaum oder gar nicht gesprochen wurde. So waren sie doppelt belastet. Ab der dritten Klasse bekommen die Schüler dann auch Fachunterricht in Englisch. Die Lehrbücher in Ju/'Hoansi für die Fächer Rechnen, Sachkunde und Sprachunterricht sind bislang einmalig. Für die anderen San-Sprachen benötigen die Linguisten noch Zeit, da sie sich noch nicht auf endgültige Schreibweisen einigen konnten.

kein Wasser, Trinkwasser ist grundsätzlich mitzubringen; außerdem einfache, traditionelle Hütten (ohne Ausstattung), ca. N$100 p. P. Hier leben die !Kung San, die auf geführten Wanderungen die Kunst des Spurenlesens erläutern. Wenn man Glück hat, kann man traditionellen Tänzen beiwohnen. Keine Kreditkartenzahlung.

Tsumkwe Country Lodge, ✆ 061-374750, Karte S. 467. 25 Zimmer mit eigener Veranda und ein Hauptgebäude. Für Reisende, die aus dem Kaudom Park zurückkommen, ist der Pool die Hauptattraktion. Die einfache Lodge kann über die Hauptstraßen mit einem normalen Pkw erreicht werden, für Ausflüge in die Umgebung ist ein Geländewagen erforderlich. Geführte Allradausflüge, z. B. zu den San oder in die Nyae Nyae Pan, starten im Allgemeinen um 15 Uhr (im Voraus buchen). Eine Wanderung mit den San ist möglich. ❷
Campingplatz N$100 p. P.; Du/WC, Wasseranschluss (kein Trinkwasser)

Nhoma Safari Camp, Arno Oosthuysen, ✆ 081-2734606, Buchungen bei Reservation Destination, ✉ tsumkel@iway.na, 💻 www.tsumkwel.iway.na, 40 km nördlich von Tsumkwe an der D 3301 vor dem Kaudom Game Reserve, Karte S. 464. Exklusives Zeltcamp für max. 20 Gäste, gehört der Gemeinde und wird von den Ju/'Hoansi-San in Zusammenarbeit mit den Managern geführt. Nur mit Voranmeldung. 2 Übernachtungen inkl. Mahlzeiten und Aktivitäten (Kaudom, Jagen mit den San etc.) N$4400 p. P. Zu festen Terminen wird ein Überlebenstraining bei den Buschmännern angeboten. Campingplatz N$150 p. P. Du/WC, Wasseranschluss. Camper können die Mahlzeiten und Aktivitäten des Camps buchen.

Djokhoe und **Makuri Campsite**, ✆ 067-244011, ✉ nndfn@africaonline.com.na, in der Nyae Nyae Conservancy, Karte S. 467. Beide sehr einfach, nur Plumpsklo, Wasser muss mitgebracht werden, N$70 p. P. Die Campingplätze werden ebenfalls von den hier ansässigen

Omuramba

In Nordamerika heißen sie Creek, in Nordafrika Wadi, im südlichen Afrika Rivier und im nordöstlichen Teil Namibias Omuramba – alles Namen, die mit „Trockenflussbett" zwar nur unzureichend übersetzt, aber noch am treffendsten beschrieben sind.
Omuramba (pl. Omiramba) ist das Herero-Wort für die meist unscheinbaren Bodenvertiefungen, in denen nach starken Regenfällen Wasser fließen kann. Riviere oder Omiramba „kommen ab" – manchmal mit einer richtigen Flutwelle – das Wasser sammelt sich in diesen Vertiefungen und fängt an zu fließen, und dann „laufen" sie. In diesen eher seltenen Momenten sollte ganz besondere Vorsicht walten. Es ist schwer, die Tiefe eines laufenden Rivieres/Omurambas einzuschätzen, häufig gibt es Verspülungen. Dadurch haben schon viele Allradfahrzeuge den Geist aufgegeben. Durch ein Wasser führendes Rivier sollte man daher immer erst hindurchlaufen (auf der einen Spur hin, auf der anderen zurück), bevor man es durchfährt.

Ju/'Hoansi geführt. So bekommt man die Gelegenheit, Kultur und Traditionen dieser San kennenzulernen, ohne aufdringlich zu sein. Will man hier übernachten, meldet man sich erst im Büro der Nyae Nyae Conservancy in Tsumkwe. Ausflüge etc. können organisiert werden. Keine Kreditkartenzahlung.

Kaudom Game Reserve

Von Tsumkwe geht es nach Norden in das Kaudom Game Reserve. Die Parkverwaltung schreibt vor, dass der Park nur mit mindestens zwei Allradfahrzeugen besucht werden darf. Anhänger sind nicht erlaubt. Unterwegs ist der riesige Baobab „Dorsland" zu bewundern. Im Park gibt es zwei sehr einfache Camps, Sikeretti und Kaudom. Diese wurden 2005 von NWR geschlossen und an das private Unternehmen Namibia Country Lodges verkauft, welches versprochen hatte, zwei Lodges zu errichten und die Camps zu renovieren. Leider kam es nie dazu und die Firma wurde zwischenzeitlich liquidiert. Ende 2014 war es möglich, auf den beiden Plätzen kostenfrei zu zelten, sie werden jedoch nicht gewartet. Die gesamte Verpflegung einschließlich Wasser muss mitgenommen werden, der Wasservorrat sollte für mindestens drei Tage reichen. Die Parktore sind ganzjährig von Sonnenauf- bis Sonnenuntergang geöffnet, die Camps sind nicht eingezäunt. Der Eintritt in den Park kostet N$40 p. P. und N$10 pro Fahrzeug, sofern überhaupt Ranger vor Ort sind, um die Gebühr zu kassieren. Aktuelle Infos von Selbstfahrern für Selbstfahrer gibt es in dem zur Reisevorbereitung sehr empfehlenswerten Namibia-Forum 💻 www.namibia-forum.ch (in der Suchmaske Kaudom eingeben).

Für die sandigen 65 km von Tsumkwe bis zum ersten Camp Sikereti braucht man drei bis vier Stunden, den kleinen Abstecher zum Baobab eingeschlossen. An verschiedenen Wasserstellen gibt es Hochsitze, die man im Allgemeinen für sich allein hat. In der ebenen, sandigen Buschsavanne sind oft Elefanten, Büffel und Antilopen zu beobachten.

Das Gebiet wird von drei großen, sogenannten **Omiramba** (S. 468) bestimmt. Wie der Omuramba Omatako fließt auch der Omuramba Nhoma nach Norden, während der Omuramba

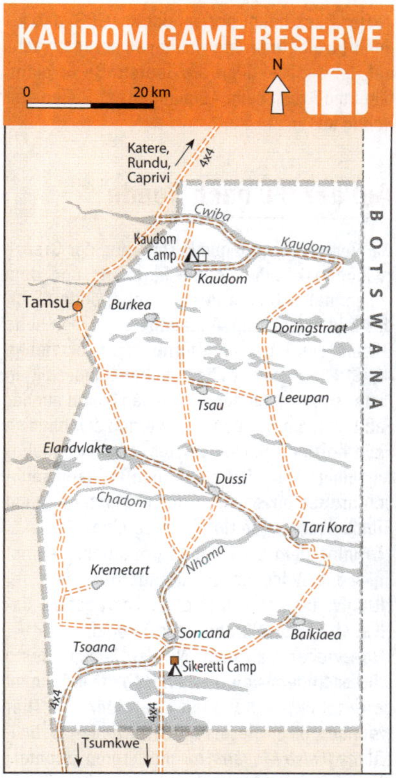

Kaudom von Westen nach Osten (einst vermutlich bis ins Okavango-Delta) und der Seitenarm Cwiba von Norden nach Süden in den Kaudom fließen. Der namensgebende Omuramba Kaudom ist etwa 1 km breit. Es wird berichtet, dass sich einst in der Trockenzeit vor dem Campingplatz Kaudom mehr als 400 Elefanten tummelten. Nach starken Regenfällen kann es allerdings auch passieren, dass man keinen einzigen sieht.

Die Strecke von Kaudom bis nach Katere an der Teerstraße B 8 im Norden ist nur 80 km lang, aber in Namibia fast so berüchtigt wie der Van Zyl's Pass im Kaokoveld. Allerdings ist hier weit und breit kein einziger Stein zu sehen, dafür aber reichlich Sand. Selbst bei einem Reifendruck von nur 0,8 Bar kann man nie schneller als 15–20 km/h fahren. So braucht man für die 80 km denn auch sechs Stunden.

Der Blick hängt permanent am GPS, das jeden bewältigten Meter mühevoll herunterrechnet. Ist dann endlich die Teerstraße erreicht, fängt die Arbeit beim Aufpumpen der Reifen erst richtig an.

Auf der B 8 nach Rundu

Am Veterinärkontrollpunkt **Omorani**, der Grenze zwischen kommerziellem Farmland und dem kommunalen Gebiet des Kavango, ändert sich das Bild schlagartig. Auf einmal sieht man hohe Bäume, die Hütten und Dörfer sind direkt neben der Straße gebaut, Ochsen ziehen Sandschlitten hinter sich her, Rinder und Ziegen laufen auf der Fahrbahn, am Straßenrand werden stapelweise Feuerholz und Souvenirs zum Verkauf angeboten (einige Kilometer hinter dem Tor hauptsächlich große Tonvasen, weiter nördlich Richtung Rundu überwiegen Holzschnitzereien).

Hinter dem Veterinärkontrollpunkt beginnt links der Wildzaun der Mangetti-Farmen der NDC (Namibia Development Corporation), s. dazu auch Kapitel Norden, Four O Region.

Je weiter man nach Norden kommt, desto stärker ändert sich die Landschaft und nimmt den typischen Kavango-Charakter an. Hier wachsen u. a. die bis zu 35 m hohen Ushivibäume *(False Mopane)* mit ihren roten Früchten, die am Anfang der kühlen Jahreszeit reif werden, sowie die hohen, alle anderen Bäume überragenden Mangettibäume, die die Hälfte des Jahres über keine Blätter tragen und durch eine gleichmäßig verästelte, runde Krone auffallen.

Rundu

Wer sich die Mühe macht und nach Norden von der Fernstraße B 8 ab und nach Rundu hineinfährt, wird mit einem wunderbaren Ausblick auf den Okavango belohnt (am besten durch Rundu hindurchfahren, an der T-Kreuzung nach links abbiegen und dann weiter, bis die Teerstraße in eine Schotterstraße übergeht). Vor allem die Sonnenuntergänge können hier beeindruckend sein – wenn die glutrote Sonne in das Wasser des Okavango eintaucht.

Appetitzügler Hoodia

Es gibt neue Hoffnung für Menschen, die abnehmen wollen: Die Sukkulente Hoodia, eine Pflanze, die in den kargen Gebieten des südlichen Afrika vorkommt, enthält ein Molekül, das ohne Nebenwirkungen ein Sättigungsgefühl hervorruft. In einer vergleichenden Studie nahmen Probanden, denen das Hoodia-Extrakt verordnet worden war, bereits nach 13 Tagen nur noch die Hälfte an Kalorien zu sich.

Es wird geschätzt, dass 70 % aller Hoodia in Namibia wachsen. Dort ist die Pflanze geschützt, darf also ohne Genehmigung nicht ausgegraben oder verpflanzt werden. Das besagte Molekül konnte bislang in drei der zehn Unterarten der Hoodia nachgewiesen werden.

Den San ist diese Besonderheit der Hoodia schon lange bekannt. Sie nutzen die Wirkung auf ihren Jagdzügen aus, um Hunger und Durst zu unterdrücken. Der Rat für Wissenschaftliche und Industrielle Forschung (CSIR) ließ den Wirkstoff patentieren und stellte ihn dem englischen Pharmakonzern Phytopharm zur Weiterentwicklung zur Verfügung. Zwischen der CSIR und der WIMSA, der Arbeitsgruppe für einheimische Minderheiten im südlichen Afrika, besteht ein Abkommen, die San in Südafrika, Botswana und Namibia an den Einkünften des Appetitzüglers zu beteiligen. Der mögliche Umsatz wird auf US$1,7 Mrd. im Jahr geschätzt. Dieser lässt sich sicherlich nur dann erreichen, wenn das Hoodia-Molekül chemisch hergestellt wird. Dennoch wird auch ein Bedarf am natürlichen Wirkstoff bestehen. So gibt es derzeit Versuche in Namibia, die sehr sensible Pflanze zu kultivieren.

Den San würden sich, wenn die Gewinnbeteiligung realisiert würde, ungeahnte Möglichkeiten eröffnen: Sie könnten Gebiete ihres angestammten Landes zurückkaufen und vor allem in Bildungsprogramme investieren.

Bis 1975 gab es in Rundu eine Fähre nach Angola zum Ort Calai, der damals wesentlich größer und bedeutender war. Nachdem lange Zeit nur noch einige wenige Ruinen durch ein Fernglas zu erkennen waren, wird inzwischen em-

sig am Aufbau des Ortes gearbeitet. Es gibt sogar schon wieder Strom und Telefonanschlüsse.

Auf Betreiben der Regierung Angolas wird derzeit eine Durchführbarkeitsstudie für eine Brücke über den Okavango erstellt, die Rundu und Calai verbinden soll.

ÜBERNACHTUNG

In der Stadt

Zwar werben alle Lodges in der Stadt damit, dass sie am Okavango liegen, doch das stimmt nur bedingt. Obwohl keine weiteren Häuser zwischen den Grundstücken der Lodges und dem Wasser liegen, befinden sich die Unterkünfte nicht direkt am Ufer. Die Lodges außerhalb sind dagegen direkt am Fluss platziert. Führt der Okavango Hochwasser, sind einige der Lodges außerhalb der Stadt vollständig vom Wasser eingeschlossen, gebuchte Gäste werden in diesen Fällen per Boot abgeholt.

Deutsch sprechende Gastgeber gibt es nicht, in einigen Lodges wird etwas Deutsch verstanden.

House Bavaria, Patrick Farrell, ✆ 066-255377, ✆-Handy 088-633220, 💻 bei Facebook „Guest House Bavaria, Rundu Namibia" eingeben, De Lange St. Kleine Pension, der Name stammt vom ehemaligen deutschen Besitzer, schöner Garten mit Pool und Bar, außerdem Fitnessraum. Keine Kreditkartenzahlung. ❶

Außerhalb

n'Kwazi Lodge, Valerie Peypers, ✆-Handy 081-2424897, ✉ reservations@nkwazilodge.com, 💻 www.nkwazilodge.com, ca. 22 km östlich von Rundu am Okavango, Karte S. 471. Rustikale, afrikanische Atmosphäre, hohe Bäume, Rasen, Blumen. Herzliche Gastfreundschaft, einfache, deftige Küche mit Gemüse aus dem eigenen Garten. Traditionelle Tänze am Abend. Keine Kreditkartenzahlung. ❸
Schöner Rasencampingplatz, N$100 p. P., Du/WC, Abwaschküche; Strom nur, wenn der Generator läuft.

Hakusembe Lodge, Buchungen beim Gondwana Travel Centre, ✆ 061-230066, ✆-Handy 081-1292424, ✉ info@gondwana-collection.com, 💻 www.gondwana-collection.com, Notfallnummer der Lodge: ✆ 066-257010, 18 km westlich von Rundu, Karte S. 464. Rustikale Chalets mit Blick auf den Fluss, schwimmende Jetty; Restaurant. Bootsfahrten zum Sonnenuntergang, Tiger fishing. ❺
Hakusembe Campsite N$150 p. P., Du/WC, Strom-/Wasseranschluss, Abwaschküche, Rasen.

Taranga Safari Lodge, ✆ 066-257236, 3-Handy 081-3824836, Buchungen unter ✉ info@taranganamibia.com, 💻 www.taranganamibia.com. Im Halali Village, 35 km westlich von Rundu an der B 10, Karte S. 464. Toller Blick vom Hauptgebäude und von den Hauszelten auf den Okavango. Die Bootsfahrten zum Sonnenauf- und -untergang sind eine gute Einstimmung auf die Kavango-Caprivi-Region. ❻
Campingplatz N$150 p. P., Du/WC, Strom-/Wasseranschluss, Schattenplätze. Camper können Mahlzeiten und Aktivitäten bei der Lodge buchen.

Mbamba Campingplatz, an der D 3432, 30 km östlich von Rundu am Okavango, in der Josef Mbambangandu Conservancy, Karte S. 464. Von den hier ansässigen Shambyu mit Enthusiasmus geführt, sehr schön auf einer Halbinsel gelegen. Du/WC, Küche, Wasseranschluss (kein Trinkwasser), ca. N$100 p. P. Verschiedene Aktivitäten wie Mokorofahrten werden angeboten. Keine Kreditkartenzahlung.

ESSEN

Fast alle Lodges entlang des Okavango haben gute Restaurants, so beispielsweise die Sarasungu und die n'Kwazi Lodge, die für den Geschmack der Touristen kochen. Die Restaurants in der Stadt sind einfach.

SONSTIGES

Ausrüstung

Cymot, ✆ 066-255668, Markus Shiwarongo Rd.

Bücher / Landkarten

Edumeds, ✆ 066-255100, Markus Shiwarongo Rd.

Geld

Bank Windhoek, ✆ 066-266700, Eugen Kakukuru St.

Internet

Sparks Enterprise, ✆ 066-255752, Eugen Kakukuru St, neben Photolab.

Kunsthandwerk und Souvenirs

Rundu Open Market, ✆ 066-256292, Markus Shiwarongo Rd. Auf diesem Markt gibt es sowohl Schnitzereien als auch Kleidung, Lebensmittel u. v. m. zu kaufen.

Medizinische Hilfe

Rundu State Hospital, ✆ 066-265500, Markus Shiwarongo Rd.

Dr. Frieda Smit, ✆ 066-267233, Eugen Kakukuru St, Allgemeinmediziner, spricht Englisch.

Polizei

✆ 10111, Maria Nwengere St.

Post

✆ 066-255002, Maria Nwengere St.

TRANSPORT

Der **Intercape Mainliner** hält in Rundu auf dem Weg nach Victoria Falls und zurück an der Engen Tankstelle, Eugen Kakukuru St.

Air Namibia, ✆ 066-255806, ✉ rundu@airnamibia.aero, Maria Mwengere St. Fliegt tgl. außer Sa nach Rundu. Der Flughafen liegt etwa 5 km südwestlich der Stadt; den Transfer bucht man am besten bei der Unterkunft.

Die Umgebung von Rundu

Das Vunguvungu-Gebiet

Rund 13 km östlich von Rundu liegt das Vunguvungu-Gebiet, das nach dem Wurstbaum benannt wurde. Als die Shambyu um 1800 den Okavango überquerten, brachten sie einen kleinen Baum in einem Tontopf mit und pflanzten ihn hier ein. Der ursprüngliche Baum fiel etwa 1900 um, aus seinem Stamm wuchsen jedoch zwei neue Bäume.

Der Wurst- oder Leberwurstbaum, *Kigelia africana*, hat eine runde Krone und kann bis zu 18 m hoch werden. Im August und September ist er mit wunderschönen, dunklen, großen Blüten übersät, die allerdings unangenehm riechen. Die namensgebende, ungewöhnliche Frucht hat die Form einer Leberwurst und wird sage und schreibe bis zu einem Meter lang und bis zu 10 kg schwer.

Ein weiteres beeindruckendes Exemplar dieses außergewöhnlichen Baumes steht hinter der östlichsten Spitze Namibias, am heutigen Grenzübergang Kazangula zwischen Botswana und Zimbabwe. Hier soll Dr. David Livingstone gecampt und seine Initialen in den Stamm geschnitzt haben, bevor er als erster Europäer die Victoria Falls „entdeckte".

Schon seit einem Jahrtausend leben in Vunguvungu verschiedene Völker, da es neben dem guten Boden auch sehr viel Wild und reiche Fischvorkommen gibt. Seit Jahren betreibt hier die NDC, die namibischen Entwicklungsgesellschaft, ein Landbauprojekt mit angeschlossener Molkerei.

Shambyu

30 km östlich von Rundu liegt die 1930 gegründete katholische Missionsstation Shambyu. Sie ist ein typisches Beispiel dafür, wie Missionsstationen gebaut wurden, die auf Selbstversorgung angewiesen waren.

Die Kirche ist das Zentrum, daneben liegen Priesterwohnung, Schwesternhaus, Schule, Heim, Sägewerk, Möbelwerkstatt, Kalkofen, eine eigene Ziegelei und die Klinik.

Auf den Ländereien befinden sich Gemüse- und Obstgärten sowie eine Rinderherde und eine Schweinezucht. Sehenswert sind vor allem die **Gärten** (durch die Missionsstation hindurch laufen bis zum Okavango). Sie wurden aus Kalkgeröll stufenförmig am Flussufer erbaut und mit fruchtbarer Erde von der anderen Seite des Flusses aufgefüllt. Diese Erde wurde mit dem Watu, der hiesige Name für Einbaumboote, transportiert.

In der Umgebung wurden einige tausend Steinwerkzeuge gefunden, einige sind in dem kleinen **Museum** der Missionsstation ausgestellt (keine offiziellen Öffnungszeiten).

Living Museum of the Mbunza People

Das Lebende Museum der Mbunza westlich von Rundu am Samsitu See ist ein weiteres, sehr empfehlenswertes Projekt der *Living Culture Foundation Namibia* (LCFN) und unbedingt einen Besuch wert. Hier lernt der unaufdringliche Gast ein traditionelles Gehöft der dort seit Jahrhunderten lebenden Kavango kennen, das ausschließlich aus natürlichem Material errichtet wurde. Die Besucher erhalten einen faszinierenden Einblick in die Fischerei- und Ackerbaukultur der Mbunza, ihr Alltagsleben und ihre hochspezialisierte Töpfer- und Schmiedekunst. Das Museum will aber nicht nur seine Besucher unterhalten und es den hiesigen Mbunza ermöglichen, ihren eigenen Lebensunterhalt zu bestreiten, sondern sie (unter Anleitung der LCFN) auch bei der Bewahrung der eigenen Traditionen unterstützen. Living Museum of the Mbunza People, ✉ contact@lcfn.info, 💻 www.lcfn.info, 14 km westlich von Rundu an der B 10 Richtung Nkurenkuru, 🕒 8–17 Uhr. In der Nähe gibt es einen einfachen Campingplatz.

Okavango

Der Okavango bildet in seinem Mittellauf auf 415 km Länge die Grenze zwischen Angola und Namibia. Noch wichtiger als seine Funktion als Grenzfluss, die er ja erst seit gut 100 Jahren hat, ist seine Rolle als Lebensader und Verkehrsweg für die vielen Menschen gleicher ethnischer

Herkunft, die heute mit verschiedenen Pässen beiderseits des Flusses leben.

In Angola heißt der Fluss Cubango, in Namibia Kavango oder Okavango (das O dient in vielen Bantusprachen als Artikel), in Botswana wird er häufiger Okavango als Kavango genannt. Östlich von Nynagana, also kurz bevor der Fluss den Caprivi erreicht, erhält er einen starken Zulauf durch den Quito, der bis dahin etwa die gleiche Menge Wasser wie der Okavango führt. In Botswana verzweigt sich der Fluss in viele Arme und bildet so das Okavango-Delta (s. gleichnamiger Abschnitt). In regenreichen Perioden fließt ein Teil des Wassers weiter in den Lake Ngami und nach Osten bis in die Makgadikgadi-Salzpfannen. Nach über 20 Jahren erreichte das Wasser Mitte 2004 erstmalig wieder den Lake Ngami. Im August 2011 war der Zulauf in den Lake Ngami so stark, dass er die Brücke wegriss, wodurch die Verbindung zwischen Ghanzi und Maun unterbrochen wurde. Der Lake Ngami erreichte zu diesem Zeitpunkt riesige Ausmaße.

Viele Riviere, die früher den Okavango speisten, haben schon jahrzehntelang kein Wasser mehr geführt oder kommen nicht mehr bis zum Hauptfluss. Der Omuramba Omatako z. B., der bei den markanten Omatakobergen zwischen Windhoek und Otjiwarongo beginnt und nach ca. 650 km den Okavango erreicht, führt so selten Wasser, dass sich niemand mehr daran erinnert, wann er es das letzte Mal tat. Selbst in der außergewöhnlich guten Regensaison 2011, als der Omuramba Omatako in Höhe der Teerstraße B 1 zwischen Okahandja und Otjiwarongo knapp vier Monate lang fast ununterbrochen lief, hat er es nicht bis zum Okavango geschafft.

1994 wurde die Okacom (Permanent Okavango River Basin Water Commission) ins Leben gerufen, die den Schutz und die zukunftsorientierte Nutzung des Flusses und seines Ökosystems durch die Anliegerstaaten Angola, Namibia und Botswana zum Ziel hat. Seither finden jährlich Treffen der Kommission statt. Die Interessen der drei Staaten, insbesondere Namibias und Botswanas, zu vereinen, ist keine leichte Aufgabe. Weiteres zum Okavango S. 476, Die Flüsse des Caprivi.

12 HIGHLIGHT

Der Caprivi

Als der Caprivizipfel 1890 von den Deutschen erhandelt wurde (und auch in den darauf folgenden 100 Jahren bis zur Unabhängigkeit), ahnte kaum jemand, was für eine wichtige wirtschaftliche und touristische Bedeutung er einmal haben würde. Mit dem Bau des Trans-Caprivi-Highway, der erst 2001 fertiggestellt wurde, erhielten die Inlandstaaten Zambia und Zimbabwe Zugang zum Hafen Walvis Bay, der Europa und Nordamerika wesentlich näher ist als Maputo und Durban.

Der Caprivi, heute selbst zu großen Teilen ein Park, ragt in ein Gebiet von ganz besonderer touristischer Bedeutung hinein. Eine der größten Attraktionen des südlichen Afrika und sogar weltweit sind die Victoria Falls mit den umliegenden Naturschutzgebieten. Ein Stück weiter liegen in Zimbabwe der Kariba-Stausee und der Hwange Park, in Zambia der Kafue Park und an der Grenze zum Caprivi/Namibia der touristisch noch völlig ungenutzte Sioma Ngwezi Park, wo es nicht einmal Game Ranger gibt. Südlich des Caprivi in Botswana liegt der Chobe Park, dessen Gebiet sich bis zum Savuti erstreckt, und das Okavango-Delta mit dem Moremi Park. In dieser Region gibt es die wichtigsten Wasserreserven des mittleren südlichen Afrika. 120 000–130 000 Elefanten leben in diesem Gebiet, das entspricht etwa 30 % des Gesamtbestandes in Afrika. Aber nicht nur Elefanten gibt es hier – der Artenreichtum und die großen Wildbestände sind einzigartig. Da sich die Tiere herzlich wenig um internationale Grenzen kümmern, wurde (und wird) immer wieder über grenzübergreifende Naturschutzgebiete diskutiert. Die Umsetzung des „Peace Parks"-Gedankens, 💻 www.peaceparks.org, ist hier wichtiger als irgendwo sonst in Afrika.

Die fünf in Frage kommenden Staaten Botswana, Namibia, Zimbabwe, Zambia und Angola haben mittlerweile ihr grundsätzliches Einverständnis zu dem einmaligen Projekt erklärt. Die grenzübergreifende Kavango Zambezi Trans-

© PETER PACK

Die Flüsse im Nordosten des Landes führen ganzjährig Wasser.

frontier Conservation Area, kurz KAZA Park, wäre etwa 278 000 km² groß und würde einige der berühmtesten Highlights des südlichen Afrika, die Auffanggebiete von Okavango und Zambezi und wertvolle Vegetationszonen umfassen. Im Gebiet gibt es schon jetzt 22 Nationalparks und Wildreservate sowie einige Conservancies. Verwaltungszentrum des Parks soll Katima Mulilo werden. Vor allem Migrationstiere wie Elefanten, die momentan in für diese Tierart zu kleinen Parks wie z. B. Chobe großen Schaden anrichten (S. 491), werden von diesem grenzüberschreitenden Park profitieren. Bis diese Vision Wirklichkeit wird und alle Zäune niedergerissen sind, vergehen allerdings wohl noch mindestens 15 Jahre. Näheres unter 💻 www.peaceparks.org.

Geschichte

Die Geschichte des Caprivizipfels begann am 1. Juli 1890, als der Helgoland-Sansibar-Vertrag von Großbritannien und Deutschland unterzeichnet wurde. Der Nachfolger Bismarcks, Reichskanzler von Caprivi, dem vor allem an guten außenpolitischen Beziehungen gelegen war, hatte die Verhandlungen mit der Kolonialmacht England geführt. Deutschland wollte einen Landstreifen zwischen dem Okavango und dem Zambezi erhalten, um von Deutsch-Südwestafrika aus über den Zambezi einen Zugang zu den deutschen Kolonien in Ostafrika zu haben. Als Gegenleistung trat Deutschland die Insel Sansibar und weitere kleine Inseln an der Ostküste Afrikas an Großbritannien ab und erhielt zusätzlich die für Deutschland strategisch wichtige Insel Helgoland.

Von der Nordostecke des deutschen Schutzgebietes, wo der Okavango abrupt seinen Lauf nach Süden ändert, bis zum heutigen Vierländereck drängt sich der Caprivizipfel fast 400 km lang in eine Region, die damals unter britischem Einfluss stand.

Er wird von Menschen bewohnt, die kulturhistorisch und ethnisch nicht mit der übrigen Bevölkerung Namibias verwandt sind. So wa-

Tipp

Eine gut aufgebaute Internetseite mit vielen nützlichen Informationen und Hinweisen zum Caprivi ist 💻 www.caprivi.biz.

DER CAPRIVIZIPFEL

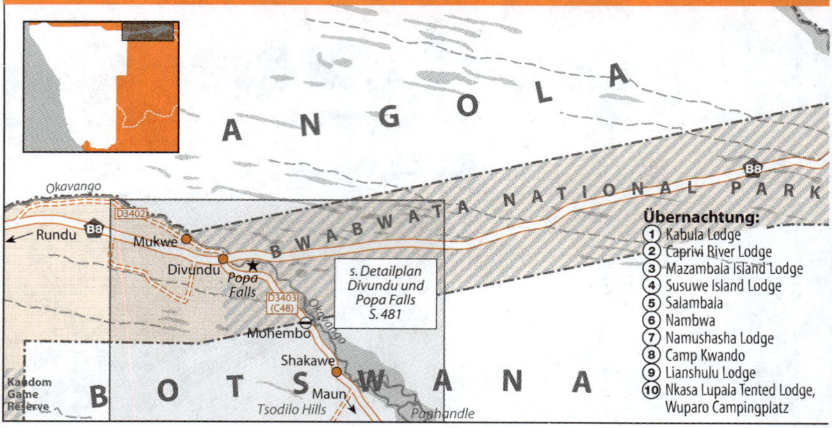

ren von Anfang an politische Schwierigkeiten vorprogrammiert. Außerdem stellte sich bald heraus, dass der Zambezi wegen der vielen Katarakte auf weiten Strecken nur mit Schlauchbooten schiffbar ist. Die Kunde von der Existenz der Victoria Falls war vor Vertragsabschluss offensichtlich noch nicht bis zu Reichskanzler von Caprivi gedrungen. Der Landerwerb verlor seinen eigentlichen Sinn und Zweck.

Die Definition und Demarkation der **Grenzen** des Caprivizipfels war ein langwieriger Prozess, wobei jede Teilstrecke ihre eigene wechselvolle Geschichte hat. Grund hierfür waren hauptsächlich die unzureichenden geografischen Kenntnisse in der damaligen Zeit, zum geringen Teil auch die fehlerhafte Formulierung juristischer Dokumente (Abschnitt Sedudu / Kasikili, S. 496).

Die deutsche Kolonialregierung schob die Erschließung und Besetzung des Caprivizipfels viele Jahre hinaus, weil aufgrund der entfernten Lage sehr hohe Verwaltungskosten erwartet wurden und der einzige damals bekannte Zugang durch fremdes Hoheitsgebiet (Britisch-Betschuanaland) führte. Zudem fürchtete man die Verschleppung von Viehseuchen und vor allem die Infektion der Menschen mit Malaria, der schon viele Missionare, Forscher und Händler zum Opfer gefallen waren.

Erst im Oktober 1908 wurde Hauptmann von Streitwolf mit administrativen Aufgaben in den Caprivi geschickt. Er war in der ersten und einzigen Kaiserlichen Residentur in Schuckmannsburg, östlich von Katima Mulilo, im Caprivi stationiert.

Während der britischen Herrschaft im Ersten Weltkrieg wurde der Caprivi als Teil von Betschuanaland verwaltet. Als Südafrika die Mandatsherrschaft für Namibia übernahm, wurde Katima Mulilo zur Distrikthauptstadt.

Die Flüsse des Caprivi

Nur fünf Flüsse in Namibia führen immer Wasser, alle sind mehr oder weniger Grenzflüsse. Drei davon befinden sich im Caprivi. Dadurch hat der Caprivi neben dem höchsten Niederschlag auch den größten Wasserreichtum Namibias vorzuweisen.

Zudem sind der **Okavango**, der **Kwando** und der **Zambezi** sehr große und bedeutende Flüsse. In Jahren mit hohem Niederschlag werden riesige Gebiete im Caprivi überflutet und flache Seen entstehen, wie beispielsweise der legendäre Lake Liambezi.

Es gibt im Caprivi noch zwei weitere Flüsse: Chobe und Linyanti. Beide sind jedoch nur Überflutungsarme des Zambezi bzw. des Kwando. Das gesamte Gebiet des Kalahari-Beckens hat

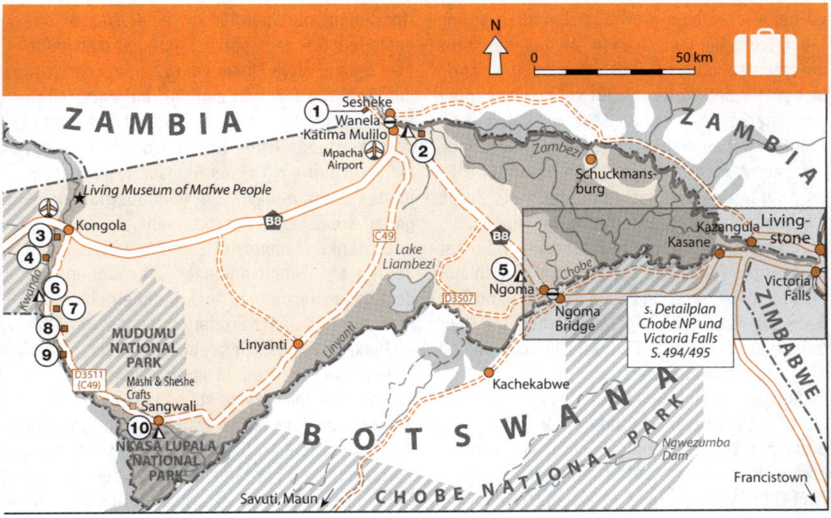

fast kein Gefälle. Steht das Wasser hoch genug, sind alle Flüsse miteinander verbunden. Der Zambezi und der Kwando werden bei Hochwasser über den Linyanti, Chobe und den Lake Liambezi verbunden. Und wenn das Wasser richtig hoch steht, ist der Okavango über den Selinda Spillway mit dem Kwando verbunden. In diesem System kann das Wasser immer in beide Richtungen fließen, vom Kwando in die Okavango-Sümpfe oder, wenn der Okavango sehr viel Wasser führt, von dort in den Kwando und gegebenenfalls sogar weiter über den Linyanti in den Chobe und letztendlich in den Zambezi.

Alle drei großen Flüsse entspringen in Angola bzw. Zambia ungefähr 800 km nördlich des Caprivi. Die drei Flüsse entwässern ein etwa 750 000 km^2 großes Gebiet, was fast der Gesamtfläche Namibias entspricht.

Die Wassermenge in den Flüssen hängt vom Regen in den Auffanggebieten ab, jedoch braucht das Wasser einige Monate, um den Caprivi zu erreichen. Der Zambezi und der Okavango haben den höchsten Wasserstand meist im April/Mai und den niedrigsten im November. Beim Kwando ist das Hochwasser um einiges verzögert, denn er fließt schon in Angola durch ein verzweigtes Sumpfsystem. Erst im November erreicht das Hochwasser den Caprivi. Der Kwando bildet streckenweise die Grenze zwischen Angola und Zambia. Bei Kongola fließt er von Nord nach Süd durch den Caprivi, hier wurde er früher Mashi genannt.

Messungen haben ergeben, dass Wasserstand und Volumen der drei Flüsse im vergangenen Jahrhundert erstaunlichen Schwankungen unterworfen waren. Die umfangreichsten Messungen (seit 1907) wurden am Zambezi in Victoria Falls durchgeführt, wobei vier unterschiedliche Phasen beobachtet werden konnten: In der ersten Phase von 1907–23/24 betrug die Wassermenge im Jahresdurchschnitt 756 m^3/s. In der zweiten Phase bis 1945/46 stieg die Wassermenge deutlich auf 941 m^3/s. In der dritten Phase bis 1980/81 wurde die riesige Menge von 1392 m^3/s gemessen, fast doppelt so viel wie in der ersten Phase.

Bis 1981/82 war der Lake Liambezi voll Wasser und eine der herausragendenSehenswürdigkeiten im Caprivi. Die letzte Phase von 1981/82 ähnelt wieder der ersten mit nur 750 m^3/s. Seit 2003 scheint nun eine neue (fünfte) Phase begonnen zu haben, die Wassermenge steigt wieder. Messungen im Okavango seit 1949 und im Kwando seit 1971 zeigen ein sehr ähnliches Bild. Immer haben alle drei Flüsse das gleiche Muster, entweder ist die Wassermenge bei allen dreien groß oder bei allen gering (auch wenn die individuellen Mengen durchaus unterschiedlich sind). Vor allem beim Kwando ist der Wasserstand seit 1981 sehr viel niedriger und unterliegt fast keinen Schwankungen mehr. Seitdem haben sich große Riedinseln gebildet, die den Wasserlauf zusätzlich behindern. Es wird außerdem angenommen, dass die durch die Jagd bedingte Dezimierung der Hippos, die durch ihr Grasen und ihre Fortbewegung unter Wasser die Flussläufe säubern, zur Verschlammung und Verwachsung sowohl des Kwando als auch des Bukalo Channel beigetragen hat. Heute ist eine gigantische Flut erforderlich, um den Weg wieder freizuspülen.

Aufschlussreich sind Satellitenbilder aus dem Jahre 1989. Es war das Jahr, in dem der Zambezi einen Wasserstand erreichte, wie er in der dritten Phase von 1947–81 üblich war, auch wenn der Wasserstand in Katima Mulilo immer noch 2 m unter dem Stand von 1969 lag. Der Zambezi war endlich hoch genug, um durch den Bukalo Channel, eine Senke, die heute nicht einmal mit einem Wegweiser gekennzeichnet ist, in Richtung Lake Liambezi zu fließen. Ein Teil der Caprivi-Spitze stand unter Wasser. In diesem Jahr schaffte es das Wasser auch durch den Chobe bis in den Lake Liambezi und formte dort ein paar Pfützen, in denen sich das Wasser einige Monate lang halten konnte.

Die Studien aus dem Jahre 1989 zeigen, dass bei einer richtigen Flut wie 1969 die gesamte Caprivi-Spitze unter Wasser stünde. Die meisten dieser Überflutungsgebiete sind jedoch heute bewohnt und werden landwirtschaftlich genutzt. Es wird geschätzt, dass von einer solchen Flut 3600 Familien bzw. 20 000 Menschen betroffen wären. Da das Wasser nicht schlagartig über Nacht wie bei einer Sturmflut einfließt, sind die Menschen zwar nicht direkt bedroht, jedoch würden sie ihre bebauten Felder verlieren. Das Überflutungsgebiet ist ziemlich einfach zu erkennen, da hier keine großen Bäume stehen. Die meisten Bäume überleben es nicht, wenn ein Gebiet längere Zeit überschwemmt ist. Die ungefähren Ausmaße des gesamten Überflutungsgebietes liegen bei 3265 km², das entspricht 16 % der Fläche des gesamten Caprivi, in ganz schlechten Regenjahren stehen bei einer Überflutung nur etwa 166 km² unter Wasser, das entspricht 5 % des Caprivi. Überquert man heute bei Ngoma, etwa 65 km vom Zambezi entfernt, den Chobe, kann man sich nur auf der großen Brücke vorstellen, dass die ganze Fläche unter Wasser stehen kann. In der Trockenzeit sieht man hier nur ein kleines Rinnsal. Noch besser ist das Überflutungsgebiet vom oberhalb gelegenen Grenzposten aus einzusehen.

Der **Lake Liambezi** war in den vergangenen Jahren ein Gebiet endloser Grasflächen, auf dem Subsistenzfarmer Ackerbau betrieben. Der Forscher und Jäger Frederick Selous war 1879 am Lake Liambezi. Seitdem wurde der See in keinem Forscherbericht mehr erwähnt, bis er 1958 wieder voll Wasser lief und einen 10 000 ha großen See formte. Es war das Jahr, in dem der Zambezi die größten seit 1907 gemessenen Wassermassen mit rund 2400 m³/s bei Victoria Falls führte. Von 1958–82 erhielt der Lake Liambezi fast jedes Jahr neuen Zulauf. Der Zambezi überschwemmte östlich von Katima Mulilo die Ufer und floss in den Bukalo Channel, vorbei an Muyako, bis in den See. Kurz darauf, als der Chobe vollgelaufen war, drückte das Wasser von hier in den Liambezi. Wenig später kam dann Wasser aus dem Kwando über den Linyanti. Von 1985–2003 war der See völlig ausgetrocknet. Durch den hohen Wasserstand des Zambezi im April 2004 änderte der Chobe mal wieder seine Fließrichtung, das Wasser floss „rückwärts", vom Zambezi weg; der Bukalo Channel lief ebenfalls voll und die Wassermassen beider Flüsse ergossen sich mit 50–100 m³/s in den Lake Liambezi. Schätzungen zufolge hat der See eine Fläche von 5000–7500 ha. Dennoch verdunstete die gesamte Wassermenge während der Trockenzeit 2005. Seit 2006 erhält der See immer wieder Zulauf und so natürlich auch in den guten Regensaisons von 2011 und 2014.

Insgesamt verzeichnete der Caprivi seit Anfang dieses Jahrtausends wieder einen Anstieg der Wassermengen. Sowohl in den Auffanggebieten der großen Flüsse als auch im Caprivi selbst fiel reichlich Niederschlag. 2008 erreichte der Kwando einen neuen Rekordstand und überflutete riesige Gebiete, 2009 folgte ihm der Zambezi. Durch die heftigen und lang anhaltenden

Niederschläge in seinem Auffanggebiet in Zambia schwoll der Fluss dermaßen an, dass er weit über die Ufer trat und die größten Überschwemmungen seit 69 Jahren verursachte. Im Frühjahr 2010 fielen die Überschwemmungen nicht ganz so dramatisch aus, der Wasserstand des Zambezi stieg jedoch soweit an, dass der Chobe seine Fließrichtung wieder einmal änderte und in Richtung Bukalo floss.

79 Fischarten wurden im Okavango gezählt, im Zambezi gibt es 82 verschiedene Fische und im Lake Liambezi 43 Fischarten. Im Lake Liambezi wurden in guten Zeiten 600–800 t Fisch pro Jahr gefangen. Der Fang wurde nach Zambia, Botswana und Zimbabwe exportiert.

Auch das Austrocknen des durch den phänomenalen Film *The Stolen River* und wiederholte Fernsehberichte berühmt gewordenen **Savuti Channel** mit den dahinter liegenden Sümpfen in Botswana ist mit dem geringen Niederschlag im Auffanggebiet der drei Flüsse zu erklären. Auch hier erreicht das Wasser das Gebiet auf sehr verschlungenen Wegen. Nur wenn der Kwando überläuft, fließt das Wasser nach Süden in den Savuti Channel und bildet dort den legendären Lebensraum für Tiere. Bis 1853 führte der Savuti Wasser. Danach blieb er für mehr als 100 Jahre völlig trocken und lief 1957 erstmalig wieder voll. 1981 trocknete er unter dem wachsamen Auge der Kamera, zur gleichen Zeit wie der Lake Liambezi, wieder aus.

Im Film wird allerdings die Theorie vertreten, dass der Savuti nicht mehr mit dem Kwando-Linyanti-Chobe-System verbunden ist. Eine mögliche Erklärung für das Austrocknen bzw. Fließen des Wassers im Kanal wäre in Erdbewegungen zu suchen. Savuti ist kein Bett, das sich ein Fluss in die Erde gegraben hat, sondern eine natürliche Vertiefung, ein Graben. Es wird angenommen, dass die Erdkruste in diesem Gebiet unruhig und ständigen, leichten Erdbewegungen ausgesetzt ist. Das Minimum an Erdbewegung, das vorausgesetzt wird, um den Kanal zu öffnen oder zu schließen, beträgt allerdings ganze 9 m (!). Da im heutigen Zeitalter von GPS jede noch so geringe Erdbewegung lokalisiert werden kann, ist diese Theorie eher unwahrscheinlich. Es bleibt abzuwarten, was passiert, wenn der Lake Liambezi eines Tages doch wieder Höchststand erreicht und auch der Kwando zum See gelangt. Bleibt der Savuti dann trotzdem trocken, wäre die Theorie der Erdbewegungen nicht mehr so abwegig.

Die Inseln von Andara

Überall im Okavango gibt es größere und kleinere Inseln. Von Mukwe bis zu den Popa-Katarakten durchbricht der Fluss eine 25 km lange Barriere aus Quarziten und bildet unzählige Flussarme und Felseninseln, die von reißenden Stromschnellen umspült werden. Die Vegetation mit mächtigen Affenbrot- und Wurstbäumen hat subtropischen Charakter, hier wachsen die ersten Phoenixpalmen.

Die Ethnologin und Ärztin Dr. Maria Fisch lebte und arbeitete Jahrzehnte lang in Andara mit den Mbukushu. Ihr sind wesentliche Erkenntnisse über den Caprivi, Hintergründe und Geschichte sowie Einblicke in die hiesigen Völker zu verdanken. Sie hat mehrere Bücher verfasst. Von ihr stammt auch die schöne, sehr treffende Bezeichnung der „Inselherrlichkeit von Andara".

Auf der Insel **Thipanana** westlich von Mukwe stand von 1800–1987 die Residenz der Mbukushu-Häuptlinge. Sie gilt wegen der Gräber als heilige Insel, die niemand betreten darf. Am nördlichsten Punkt der Insel steht auf einem Felsen der Grenzbaken, an dem die Nordgrenze des Caprivizipfels beginnt.

Die Insel **Tanhwe** ist 2 km lang und liegt östlich von Andara. Hier wohnten 1879–1929 die Häuptlinge mit etwa 500 Angehörigen. Die reißenden Stromschnellen machten die Inseln uneinnehmbar (für damalige Ausrüstung und Waffen). An der Ostseite befindet sich der Shanyime-Katarakt. Früher wurden Diebe und Hexen von den hohen Felsen in den Katarakt geworfen.

Die Insel **!Omikwe** ist baumlos und grasbewachsen und liegt nördlich von Tanhwe.

Die **Missionsstation Andara** am südlichen Flussufer erhielt ihren Namen vom Häuptling Ngara I., der 1865–95 hier herrschte. Der Name wurde schon vor der Missionsgründung benutzt und ist mehrfach in Reiseberichten erwähnt.

Die hier lebenden Mbukushu waren im Umkreis von 300 km als Regenmacher bekannt und geschätzt. Alle anderen Völker brachten zu Beginn der Regenzeit wertvollen Tribut in Form e ines schwarzen Ochsens, der das Symbol für dunkle Regenwolken war, sowie andere Geschenke. Zum Ritual des Regenmachens gehörte sogar das Opfern des eigenen Kindes.

Andara entwickelte sich früh zum Handelsknotenpunkt. Die ersten Weißen, die 1855 hierher vordrangen, waren der Forscher Wahlberg und der Jäger Frederick Green. Beim ersten Versuch 1908, hier eine Missionsstation zu gründen, starben gleich zwei Missionare an Malaria. Seit 1913 gibt es die heutige Station. Am Friedhof steht ein alter **Baobab** mit einer Inschrift der Dorslandtrekker aus dem Jahre 1879.

Einmalig in Namibia ist das **Mühlrad** mit Generator. Um diesen zu betreiben, wurden ein kleiner Stausee und ein 1 km langer Kanal mit Schleusen gebaut. Der produzierte Strom betrieb eine Mühle, eine Säge sowie Wasserpumpen und sorgte für elektrisches Licht. Beim Hochwasser 1969 wurde die Anlage beschädigt, woraufhin man auf Dieselaggregate umstellte. 1986 wurde das alte Mühlrad durch eine moderne Turbine ersetzt, und seitdem wird wieder Strom produziert.

Divundu

Die kleine Siedlung direkt an der Brücke über den Okavango wurde erst durch den hier gebauten „Golden Highway" bekannt. Die Bewohner des Gebietes leben jedoch hauptsächlich in Mukwe, Andara und Bagani.

Der noch heute in vielen Karten eingezeichnete kleine Ort **Bagani** liegt östlich der Popa Falls. Hier wurde früher eine Fähre über den Okavango betrieben. Die Brücke über den Fluss wird auch heute noch oft „Bagani-Brücke" genannt. Sie wurde in der südafrikanischen Militärzeit gebaut und mit herunterklappbarem Geländer ausgestattet, sodass auch Panzer herüberfahren konnten. Unter der Brücke ist ein eingemauerter Fußgängerweg. In Divundu selbst gibt es eine Tankstelle, die jedoch nicht immer Benzin vorrätig hat.

Popa Falls

Die Einheimischen sagen zu den Popa Falls *Mpupo*, was „fallendes Wasser" bedeutet. Es handelt sich dabei jedoch eher um Stromschnellen als um einen Wasserfall. Der Okavango wird hier auf einer Länge von 1200 m von einem 4 m hohen Felsenriff aus dunklem Quarzitgestein durchzogen.

Eintritt N$40 p. P. und N$10 für das Fahrzeug, zu zahlen im Büro des Popa Falls Camps.

ÜBERNACHTUNG

€ **Shankara Rest Camp,** ✆ 066-258616, ✆-Handy 085-5548051, ✉ shankara@gmail.com, am Okavango noch westlich, also oberhalb der Popa Falls, 80 km östl. von Rundu an der B 8, Karte S. 464. Preiswert und schlicht. ❷
Campingplatz N$90 p. P., Du/WC, Stromanschluss, Schatten.

Popa Falls Camp, auf der Westseite des Flusses, etwas südlich der Popa Falls, 32 km südlich von Divundu, Karte S. 481. Staatliches Camp mit sehr einfachen Bungalows (N$1045 p. P., inkl. Frühstück); kleiner Laden, Restaurant, Bar. Angeln ist möglich. Ein kurzer Wanderweg lädt zu etwas Bewegung ein.
Campingplatz direkt am Ufer; N$110 p. P. für max. 8 Pers. und 1 Fahrzeug, Du/WC, Licht, Strom-/Wasseranschluss.
Buchungen für das Camp sind bei Namibia Wildlife Resorts, ✆ 061-2857200, ✉ reservations@nwr.com.na, 💻 www.nwr.com.na, vorzunehmen.
Neben dem Camp gibt es private Unterkünfte, die alle Bootsfahrten auf dem Okavango und Game Drives im Mahango Park anbieten.

RiverDance Lodge, Karin & Tino Punzul, ✆-Handy 081-1243255, ✉ reservations@riverdance.com.na, 💻 www.riverdance.com.na, an der D 3402, 24 km vor Divundu Richtung Shadikongoro abbiegen, noch 5 km, Karte S. 464 und S. 481. Lodge mit viel Herz am Ufer des Okavango nahe der Missionsstation Andara. Luxuriöse Bungalows aus Holz und Leinen bieten den angenehmen Rahmen zum Eintauchen in das hiesige Ökosystem; italienische Küche mit frischem Brot, Pizza,

DIVUNDU UND POPA FALLS

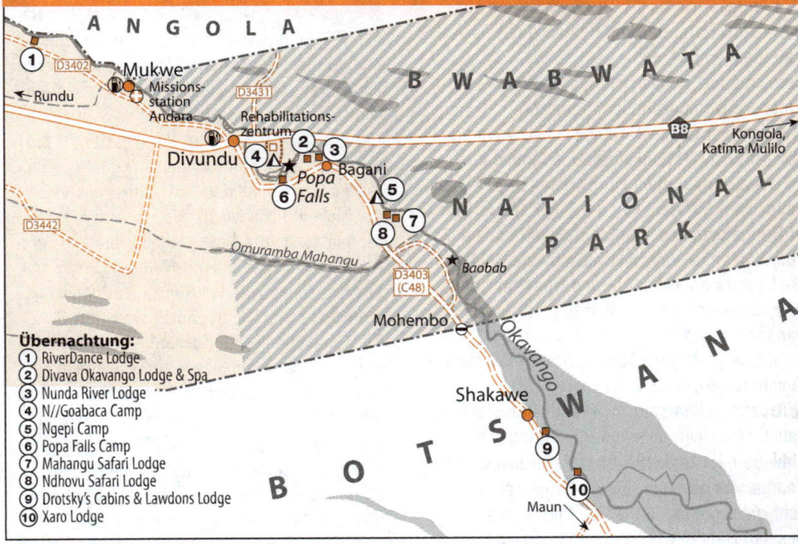

Ziegenkäse aus eigener Herstellung. Karin und Tino haben die Lodge allein unter Mithilfe der lokalen Bevölkerung errichtet, die für den Bau und für den Lodge-Betrieb eigens ausgebildet wurde. Sie bauen Gemüse an, sorgen für Mülltrennung, Recycling und Kompost, nutzen biologisch abbaubare Wasch- und Putzmittel und kümmern sich nicht nur um den Müll im benachbarten Dorf, sondern auch um Ausbildung und Erhöhung des Umweltbewusstseins seiner Bewohner. WLAN. Abendessen inkl. ❺ Campingplatz N$100 p. P. plus N$300 pro Platz für max. 4 Pers. mit eigenem Bad und eigener Küche, Du/WC, Strom-/Wasseranschluss, Abwaschküche, mit Blick auf den Okavango.

Ndhovu Safari Lodge, ✆ 066-259901, ✆-Handy 081-2362542, Buchungen unter ✉ info@ndhovu.com, 💻 www.ndhovu.com, rund 10 km vor dem Bwabwata National Park an der D 3403, Karte s. oben. Urige Safari-Lodge im Hemingway-Stil direkt am Fluss unterhalb der Popa Falls. Neueste Attraktion ist das Hausboot für 2–3-tägige Fahrten auf dem Okavango. WLAN. Abendessen inkl. ❺ Campingplatz N$125 p. P. für mind. 5, max. 10 Personen (bei Exklusivnutzung durch eine Gruppe); mit Du/WC, Strom-/Wasseranschluss, Abwaschküche.

Divava Okavango Lodge & Spa, ✆ 066-259005, ✉ info@divava.com, 💻 www.divava.com, an den Popa Falls, Karte s. oben. Luxus und Wellness am gemächlich dahinfließenden Wasser des Okavango. ❼

Ngepi Camp, ✆ 066-259903, ✉ bookings@ngepicamp.com, 💻 www.ngepicamp.com, an der D 3430 südöstlich von Popa, Karte s. oben. Uriger Campingplatz direkt am Ufer des Okavango. Einfach eingerichtete „Buschhütten" mit Bad für N$459 p. P. Es gibt einen Platz für Overlander und einen etwas abgelegenen für individuelle Gäste (N$120 p. P.) mit Du/WC, Licht, Strom-/Wasseranschluss. Viele junge Leute, an der Bar ist immer Party, im Restaurant werden oft traditionelle Tänze vorgeführt. Angeltrips, Sundowner Cruises, auch Trips ins Okavango-Delta und River Rafting. „Schwimmbad" im Fluss, krokodilsicher abgezäunt, Kartentelefon. ❷

Mahangu Safari Lodge, ✆ 066-259037, Buchungen unter ✉ mahangulodge@iway.na, 💻 www.mahangu.com.na, zwischen Popa und Mahango, Karte S. 481. Bungalows und ausgestattete Zelte, Bar und Restaurant. WLAN. Abendessen inkl. ❺
Campingplatz N$90 p. P., Du/WC, Strom-/Wasseranschluss, Rasen, Schatten.
Nunda River Lodge, ✆ 066-259093, ✆-Handy 081-3101730, ✉ booking@nundaonline.com, 💻 www.nundaonline.com, an der C 48, 7 km hinter dem Abzweig von der B 8, Karte S. 481. 11 Bungalows und 7 Zeltchalets mit Blick auf den Okavango. Viele Aktivitäten, wie Wildbeobachtungs-, Mokoro- und Bootsfahrten, Besuch eines traditionellen Dorfes, Vogelbeobachtung. ❹
8 Campingplätze mit Du/WC, Strom-/Wasseranschluss, N$130 p. P.
N//Goabaca Campsite, ✆-Handy 081-3130696, östlich von Divundu von der B 8 nach rechts abbiegen, Karte S. 481. An der Nordostseite der Rapids, von hier aus sind die Stromschnellen sehr gut zu sehen. Schattige Plätze unter riesigen Bäumen, N$100 p. P. Gemeinschaftsküche, Du/WC, Wasseranschluss, kein Trinkwasser. Nur mit Geländewagen oder Fahrzeug mit genügend Bodenfreiheit zu erreichen.

Das Nordostufer des Okavango bei Popa

Hier leben die Kxoe-San, eine Minderheit mit rund 8000 Angehörigen, die im Gebiet zwischen Okavango und Kwando, aber auch in Botswana, Angola, Zambia und Südafrika beheimatet sind.

Nach einigen Querelen und Streit um Kompetenzen erhielt 1998 die Kxoe-Kommune die Erlaubnis, an den Popa Falls einen Campingplatz zu errichten. Der **N//Goabaca Campsite** wird seitdem von den San geführt. Man erreicht ihn, indem man östlich von Divundu von der B 8 nach rechts (Süden) abbiegt. Er ist eindeutig die bessere Übernachtungs-Alternative an den Popa Falls, da von hier aus – der einzigen Unterkunftsmöglichkeit an der Nordostseite der Rapids – die Stromschnellen viel besser zu sehen sind. *N//Goabaca* bedeutet in etwa „kochendes Wasser". Es lohnt sich auch, nur zur Besichtigung der Stromschnellen hinzufahren. Da der Weg dorthin oft in schlechtem Zustand ist, muss man allerdings wenigstens einen Wagen mit erhöhter Bodenfreiheit oder aber einen Geländewagen haben. Eintritt N$20 p. P.

Tourismus und Naturschutz im Caprivi

Der Bericht *Conservation in Caprivi and the Vision for the Future*, veröffentlicht im September 1999 vom damaligen Minister für Umwelt und Tourismus, Philemon Malima, beschreibt die Pläne zur Förderung und Weiterentwicklung von Tourismus und Naturschutz im Caprivi.
Der Bwabwata National Park hat Ende 2007 seinen gesetzlichen Nationalpark-Status erhalten. Es folgten das Kaudom Game Reserve und der Mudumu und Mamili National Park, Letzterer heißt seit 2014 Nkasa Lupala National Park. Alle fünf Anliegerländer – Namibia, Botswana, Zambia, Zimbabwe und Angola – arbeiten mittlerweile eng im Naturschutz zusammen, S. 474.
Die Kommunen sollen Tourismus-Konzessionen in den Parks bekommen – ein bislang einmaliges Projekt im südlichen Afrika, das den dort lebenden Menschen die Möglichkeit bietet, direkt vom Tourismus zu profitieren. Da Viehhaltung verboten ist, muss für die Menschen eine andere Einkommensquelle geschaffen werden. Das Ministerium selbst wird keine Unterkünfte an oder in den Parks errichten. Die anliegenden Kommunen, vor allem jene, die eine *Conservancy* (Schutzgebiet) gebildet haben, sind aufgerufen, in Zusammenarbeit mit dem privaten Tourismussektor Unterkünfte zu schaffen. Das Projekt wird von der Deutschen Entwicklungsbank mit N$15 Mio. unterstützt.

Bwabwata National Park

Im Jahr 2002 wurden nach langer Vorankündigung der Mahango Game Park und der West-Caprivi Game Park zum Bwabwata National Park zusammengeschlossen. Beim kleinen, 24 400 ha umfassenden, ehemaligen **Mahango**

Game Park handelt es sich im Wesentlichen um das Überflutungsgebiet westlich des Okavango bis zur Grenze nach Botswana, das in der Trockenzeit vor allem von Elefanten frequentiert wird. Der Park war bereits 1945 als Naturschutzgebiet proklamiert, jedoch erst 1986 teilweise für die Öffentlichkeit zugänglich gemacht worden. Früher lebten die Mbukushu in diesem Gebiet. In der südafrikanischen Zeit diente es als Flüchtlingslager und Jagdgebiet, worunter vor allem der Antilopenbestand gelitten hat. Etwa 1 km östlich der Mündung des Omuramba Mahango in den Okavango liegt die berühmte Furt, die Großwildjäger, Händler und die Dorslandtrekker um die Jahrhundertwende auf ihren Zügen nach Angola benutzten. Seit Ende 2007 ist nun endlich auch die Landnutzung geklärt, die dortige Bevölkerung darf trotz des Nationalpark-Status auch weiterhin im Park wohnen.

Das Gebiet des ehemaligen **(West-)Caprivi Game Park** wird im Westen vom Okavango, im Osten vom Kwando, im Norden von Angola und im Süden von Botswana begrenzt. Es ist 180 km lang und 32 km breit, umfasst eine Fläche von 570 000 ha und erhält im Jahr durchschnittlich 650 mm Regen. Es wurde 1963 zum Naturpark erklärt, 1968 zum Wildreservat und kurz darauf zur südafrikanischen Militärzone. Wild- und Naturschutz wurden ignoriert. Durch Wilderei und die stark wachsende Bevölkerung hält sich hier zurzeit wenig Wild auf.

Auch das **Kwando Triangle**, das 20 500 ha große Gebiet westlich vom Kwando und nördlich der Teerstraße, gehört mit zum Bwabwata National Park. Die Ecke östlich der Brücke und nördlich der Teerstraße sowie das sogenannte Omegagebiet (im West-Caprivi), die beide zusammen 60 000 ha umfassen, wurden aus dem neuen Park ausgegliedert, um Weidegründe für das Vieh der lokalen Bevölkerung zu schaffen. Damit hat der Bwabwata National Park eine Größe von 5244 km^2. Namibia und Botswana haben vereinbart, dass die Zäune zwischen beiden Ländern nach und nach abgerissen werden. Zurzeit werden beschädigte Stellen nicht mehr repariert, streckenweise liegt der Zaun am Boden, sodass schon jetzt das Wild nahezu ungehindert zwischen Botswana und dem Bwabwata National Park migrieren kann.

Im Gebiet des heutigen Bwabwata National Park wurden im Oktober 1998 (zu der Zeit, als die Zusammenlegung der Parks diskutiert wurde) 6080 Elefanten, 650 Büffel, 1350 Hippos und viele andere Arten wie Rappen- und Säbelantilopen, Tsessebes, Löwen, Leoparden, Hyänen und Wilde Hunde gezählt. Außerdem kommen hier neben zahlreichen Vogelarten auch die seltene Sitatunga, Lechwe und der Buschbock vor. Die **Durchfahrt durch den Bwabwata National Park** auf dem asphaltierten Trans-Caprivi-Highway ist kostenlos und mit dem Pkw problemlos möglich.

Jenseits der B 8 ist ein Eintritt von N$40 p. P. und N$10 für das Fahrzeug am jeweiligen Tor zu entrichten.

Der Ost-Caprivi

Der östliche Teil des Caprivi umfasst ein rund 1,1 Mio. ha großes Überflutungs- und Waldgebiet (Die Flüsse des Caprivi, S. 476). Der Wald nördlich der Teerstraße wurde als „Staatswald" proklamiert. Im Wald- und Überflutungsgebiet südlich der Teerstraße liegen der **Mudumu National Park** (100 900 ha) und der **Nkasa Lupala National Park** (32 000 ha). Für beide ist am Eingang ein Eintritt von N$40 p. P. und N$10 für das Fahrzeug zu zahlen. Der Eingang zum Mudumu befindet sich an der C 49, der zum Nkasa Lupala liegt 11 km östlich von Sangwali (gut beschildert). Die alte Brücke fiel den Wassermassen bei der Überflutung 2003 zum Opfer; ein 3 m tiefer, mit Wasser gefüllter Kanal entstand. Mitte 2005 wurde die neue Holzbrücke fertiggestellt, nun ist der Nkasa Lupala wieder auf direktem Wege zu erreichen. Die Dorfgemeinschaft verlangt einen kleinen Obolus für die Überquerung der Brücke.

Die Wege in den Parks sind raue, sandige und manchmal auch sehr staubige zweispurige Pisten, die ausschließlich mit Geländewagen befahren werden können. In der Regenzeit bestehen sie nur noch aus Schlamm. Der ehemalige Mamili National Park wurde 2014 in Nkasa Lupala National Park umbenannt. Die beiden Inseln im Kwando, Nkasa und Lupala, zwischen denen eingebettet der Nkasa Lupala National Park liegt, sind nur in den trockenen Monaten

Ausflug nach Botswana

Sowohl vom Osten Namibias als auch vom Caprivi aus bestehen mehrere Möglichkeiten, einen Abstecher nach Botswana zu unternehmen. Infos zur **Einreise**, zur **Währung** und zu den **Einfuhrbestimmungen** siehe Abschnitt „Weiterreise" in den Traveltipps von A bis Z, S. 128.

Botswana betreibt eine Politik des exklusiven Tourismus. „Afrikas Paradies", das Okavango-Delta, ist die Grundlage für eine hochpreisige touristische Infrastruktur. Entsprechend gepfeffert sind die Preise. Für den **Eintritt in die Parks** sind täglich 120 Pula p. P. plus 50 Pula für das Fahrzeug zu berappen. Der Parkeintritt ist entweder vorab per Kreditkarte oder in einem der Büros des Department of Wildlife and National Parks Botswana (DWNP) zu entrichten. Eine Zahlung am Eingangstor ist nicht möglich. Parks and Reserves Reservation Office, ✉ dwnp@gov.bw.

Die Lodges im Delta und im Chobe kosten etwa US$1000–2000 pro Zimmer, Mahlzeiten und Aktivitäten eingeschlossen, es gibt einige viel teurere und wenige billigere. Die touristische Infrastruktur ist um die Parks (insbesondere Delta und Chobe) sehr gut ausgebaut, abseits davon fast gar nicht. An den Tankstellen kann in Botswana auch mit der Kreditkarte gezahlt werden.

Der Grenzübergang nach Botswana im Caprivi bei Popa, **Mohembo**, wurde nach einem //Anikhoe-San benannt, der so viele Flusspferde von einem Riedfloß aus erlegte, dass der Tswana-Häuptling ihn hinrichten ließ. Mohembo war ein Veterinärkontrollpunkt und ist erst seit 1992 ein Grenzübergang. Mit dem Grenzübergang bei Tsumkwe (Ndobe) gibt es seit 2002 eine neue Verbindung zum Okavango-Delta. Die Strecke in Botswana von der Grenze zum nächstgelegenen Ort Nokaneng ist nur per Allradfahrzeug zu bewältigen. Südlich des Grenzübergangs Mohembo in Botswana liegt der Ort **Shakawe**. Hier gibt es einige Lodges, die Boots- und Mokorofahrten im *panhandle* („Pfannenstiel", also der Abschnitt, bevor der Fluss sich verzweigt) des Deltas anbieten.

Rund 50 km westlich des Okavango liegen die **Tsodilo Hills**, eine Gruppe von fünf Hügeln, die etwa 400 m aus der Ebene herausragen. An den Hügeln gibt es ganzjährig Wasser, was sie seit Jahrtausenden attraktiv für menschliche Bewohner macht. Wissenschaftler nehmen tatsächlich 50 000 Jahre menschlicher Besiedlung an, zunächst durch Jäger und Sammler, seit etwa 1500 Jahren durch nomadische Hirten. Vor wahrscheinlich 1000 Jahren hinterließen unbekannte Künstler hier ihre Spuren, teilweise in Höhlen und Überhängen, die so unerreichbar scheinen, dass niemand sie bislang vollständig erforscht hat. Mehr als 4000 Felsmalereien gibt es auf dem Gestein der Tsodilo Hills, die meisten gut zu sehen, einige hoch über der Erde. Wer die Felsmalereien hinterlassen hat, ist ungeklärt, ebenso die Tatsache, dass nicht eine einzige der Zeichnungen ein Hippo oder ein Krokodil aus dem Delta zeigt, welches doch so nahe liegt.

Unterkünfte

Drotsky's Cabins & Lawdons Lodge, Eileen & Jan Drotsky, ✆ 00267-6875035, ✉ drotskys@info.bw, 💻 www.drotskycabins.com, in Shakawe am Okavango, Karte S. 481. Das Hauptgebäude ist auf den Fluss hinaus gebaut. Besonders Hobby-Ornithologen kommen hier bei Bootsfahrten im hohen Ried des Okavango auf ihre Kosten. Campingplatz unter schattigen Bäumen 123 Pula p. P.; Du/WC, Licht, Stromanschluss, Feuerholz. Übernachtung im DZ mit Frühstück 900 Pula.

Die **Xaro Lodge**, ✆ 00267-6830226, ✉ xarolodge@info.bw, Karte S. 481, wird von den gleichen Eigentümern betrieben. Sie liegt auf einer Insel im Okavango nördlich des Deltas und ist nur mit dem Boot von Drotsky's Cabins aus zu erreichen. Die Unterkunft besteht aus „Meru"-Zelten, mit Badezimmern nebenan. Übernachtung im DZ mit Frühstück 1100 Pula.

Hinweis: In Botswana gibt es eine Landesvorwahl (+267), jedoch keine Vorwahlen für Städte und Orte. Ist man bereits in Botswana, lässt man daher die Vorwahl einfach weg und wählt die Nummer ohne Null oder andere Zusätze.

im Winter deutlich zu erkennen und dienen dann vor allem den Elefanten als Weidegründe.

Die Parks sind wegen ihres relativen Wasserreichtums zuallererst ein Vogelparadies. Mit etwas Glück kommen Besucher außerdem in den Genuss, Elefantenherden, Büffel, viele Antilopen, Hippos und Krokodile zu sehen. Versorgungsstation des Ost-Caprivi ist **Kongola** an der B 8 mit einer Tankstelle und einem Supermarkt.

Die *Living Culture Foundation Namibia* hat die in der Nähe von Singalamwe (etwa 20 km nördlich von Kongola am Kwando) lebenden Mafwe dabei unterstützt, hier ein „Living Museum" aufzubauen. Wie das lebende Museum der San (S. 466) wird es eigenständig von den Bewohnern geleitet und verschafft ihnen so ein zusätzliches Einkommen. Ankommende Gäste werden den Dorfbewohnern durch Trommeln angekündigt. Dann werden aus den Fischern, Ackerbauern oder Rinderzüchtern Akteure im Museumsdorf, die die Besucher in traditioneller Kleidung empfangen und ihnen auf Wunsch Stammestänze, traditionelles Handwerk und alte Riten zeigen. Das **Living Museum of the Mafwe People**, ✉ contact@lcfn.info, 💻 www.lcfn.info, ist täglich geöffnet. Camping N$50 p. P.

Die Hippos des Zambezi

Die Überschwemmungsgebiete und Wasserwege des Zambezi bilden den idealen Lebensraum für Hippos (deutsch Fluss- oder Nilpferd genannt), die fast immer im oder am Wasser zu finden sind. Nur nachts gehen sie an Land, um zu grasen. Mitunter müssen sie lange Strecken zurücklegen, um zu ihren durchschnittlich 60 kg (große Hippos bis zu 130 kg) an pflanzlicher Nahrung pro Tag/Nacht zu kommen. Die Hippos spielen eine bedeutende Rolle im Ökosystem des Flussgebietes, u. a. weil sie die Wasserarme offenhalten. Früher soll es Hippos sogar in Zentral-Namibia am Swakop und Kuiseb Rivier gegeben haben.

Das Hippopotamus (griechisch für Wasser- oder Flusspferd) ist ein exzellenter Schwimmer und kann durch sein Gewicht gut auf dem Grund laufen. Hauptsächlich bewegt es sich jedoch fort, indem es sich am Boden abstößt und dann lange gleitet.

An Land ist es unbedingt ratsam, sich nicht zwischen Hippo und Wasser zu begeben. Wenn der Fluchtweg ins Wasser abgeschnitten ist, wird das Hippo sehr aggressiv und gefährlich. Immerhin hat das Hippo insgesamt mehr Menschenleben auf dem Gewissen als jedes andere Säugetier.

ÜBERNACHTUNG

Im Bwabwata National Park an der Westseite des Kwando liegen einige landschaftlich schöne Campingplätze, die von der örtlichen Gemeinde geführt werden. Eine Vorbuchung ist nicht erforderlich, verbindliche Preisangaben gibt es nicht. Trinkwasser ist manchmal knapp, daher lieber mitbringen.

Nambwa Campsite, etwa 13,5 km südlich der B 8, Karte S. 476–477, mit Geländewagen zu erreichen. 5 km vor der Hufeisenbiegung (auch nur Horse Shoe genannt) des Kwando, wo der Bwabwata Park eine besonders hohe Wildkonzentration aufweist. Campingplatz N$100 p. P., Du/WC, Gemeinschaftsküche. Bootsfahrten werden für N$200 p. P. angeboten. Keine Kreditkartenzahlung. Achtung, die Meerkatzen *(velvet monkeys)* sind hier eine echte Plage, daher stets alles wegräumen und verschließen.

Mazambala Island Lodge, ✆ 066-686041, ✆-Handy 081-2194884, ✉ mazambala@afol.com.na, 💻 www.mazambala.com, 4 km südlich von Kongola im Ost-Caprivi, Karte S. 476–477. Auf einer Insel im Grasland am Kwando, bei Hochwasser nur per Boot zu erreichen, das Fahrzeug wird jedoch bewacht. 16 strohgedeckte, schlichte Bungalows mit eigenem Bad. Das Restaurantgebäude ist auf einer Plattform erbaut und bietet einen tollen Ausblick auf das Überflutungsgebiet des Kwando. Pirschfahrten, Bootsfahrten und geführte Wanderungen werden angeboten. Keine Kreditkartenzahlung. ❹ Campingplatz mit Du/WC, Wasseranschluss; N$100 p. P.

Susuwe Island Lodge, ✆-Reservierung unter 061-224400, Buchungen unter ✉ reservations@caprivicollection.com, 💻 www.caprivicollection.com, südlich von Kongola, Karte S. 476–477. Auf der Insel Birre im Kwando unter riesigen Leberwurst- und Ahnenbäumen. Jede

Suite mit kleinem Pool und Terrasse mit Blick auf das meist grasbedeckte Überflutungsgebiet des Kwando an der Scharlachspintbiegung. Pirschfahrten per Boot und Allrad. Auf Susuwe bekommt man ein Gefühl für das Wild und für die Unberührtheit der Landschaft, wie es in Verbindung mit diesem Luxus sonst nur im Okavango-Delta zu erleben ist. Keine Kinder unter 12 Jahren. Alle Mahlzeiten und Aktivitäten eingeschlossen. ❼

Namushasha Lodge, ✆ 066-686024, Buchungen unter ✉ bookings@gondwana-collection.com, 💻 www.gondwana-collection.com, im Ost-Caprivi nördlich des Mudumu National Park, Karte S. 476–477. Sehr rustikale Lodge direkt am Kwando. Bootsfahrten, Angeltrips, Game Drives. ❺

Mit Campingplatz unter großen Bäumen, N$150 p. P., Du/WC, Wasseranschluss, Abwaschküche, Picknickplätze, Rasen, Schatten.

Camp Kwando, ✆ 066-686021, ✉ reservations@campkwando.com, 💻 www.campkwando.com, südlich von Kongola an der D 3511, Karte S. 476–477. Liegt am gleichnamigen Fluss an der Grenze zum Mudumu Park. Rustikal, Afrika-Feeling. Neben den Chalets auch Luxury Tree Houses. WLAN. Abendessen inkl. ❸–❺

Campingplatz N$120 p. P., Du/WC, Wasseranschluss, Picknickplätze, Rasen, Schatten.

Lianshulu Lodge, ✆ 061-224420, ✉ reservations@caprivicollection.com, 💻 www.lianshulu.com, Karte S. 476/477, im Mudumu National Park (Eintritt von N$40 p. P. und N$10 pro Fahrzeug). Wunderschöne, traditionsreiche Lodge am Kwando, jetzt neu und geschmackvoll renoviert, entspannte Atmosphäre, gute Küche, professionelles Team, erlebnisreiche Aktivitäten (Fahrten im Mudumu National Park und Bootsfahrten auf dem Kwando) – rundum ein tolles Caprivi-Erlebnis. Ein rollstuhlgerechtes Zimmer. Abendessen inkl. ❼

Nkasa Lupala Tented Lodge, ✆-Handy 081-1477798, ✉ info@nkasalupalalodge.com, 💻 www.nkasalupalalodge.com, an der C 49, 11 km südlich von Sangwali, Karte S. 476–477. Wird nicht empfohlen für Familien mit kleinen Kindern, da die Lodge nicht eingezäunt ist. Safarizelte auf Stelzen mit ungehindertem Blick über das Kwando-Linyanti-Flussgebiet. WLAN. Abendessen inkl. ❻

Wuparo Campingplatz, ✆-Handy 081-2949152, nördlich des Nkasa Lupala NP, Karte S. 476–477. Einfacher Campingplatz der örtl. Gemeinde unter hohen Bäumen, N$80 p. P., Du/WC.

Das Hippo-Märchen

Die Völker des Zambezi erzählen folgende Geschichte: Als der Schöpfer jedem Tier seinen Platz auf der Erde gab, kam ein Hippo-Pärchen und bat ihn, im kühlen Wasser des Zambezi leben zu dürfen, da sie es so sehr liebten. Gott schaute sie an und grübelte: Ihre Mäuler waren so gigantisch, die Zähne so groß und scharf, überhaupt waren sie so riesig und ihr Appetit unersättlich. Er befürchtete, sie würden alle Fische fressen. Außerdem hatte er gerade eben einem anderen Ungeheuer das Flusswasser als Lebensraum zugewiesen – dem Krokodil. Es konnten doch unmöglich zwei solch riesige, hungrige Tiere in den Flüssen leben!

So wies der Schöpfer die Bitte der Hippos ab und sagte ihnen, sie sollten auf den Feldern und Wiesen leben. Als die Hippos dies hörten, fingen sie bitterlich zu weinen und zu klagen an. Sie flehten Gott so lange an, bis dieser schließlich nachgab.

Er verlangte den Hippos allerdings das Versprechen ab, dass sie niemals auch nur einen Fisch anrühren würden, wenn sie im Fluss bleiben wollten. Sie müssten sich mit Gras begnügen.

Die Hippos versprachen dies feierlich und stürmten vor Freude grunzend zum Fluss.

Und bis heute reißen die Hippos ihre großen Mäuler weit auf und verstreuen den Dung in der Gegend, um Gott zu beweisen, dass darin nicht ein einziges Stück Fisch oder Gräten enthalten ist.

EINKAUFEN

Ein Tipp zum Einkauf von Souvenirs der Region: **Mashi & Sheshe Crafts**, Mashi Crafts befindet sich in Sheshe an der C 49 beim Nkasa Lupala NP. Herstellung und Verkauf der typischen, oft sehr schönen Caprivi-Schnitzereien und Körbe. Durch die völlig andere Landschaft des Caprivi gibt es hier andere natürliche Ressourcen, auf die die Künstler zurückgreifen können. Dadurch unterscheiden sich die Souvenirs deutlich von denen im restlichen Namibia.

Katima Mulilo

Der Lozi-Name *Katima Mulilo* bedeutet ungefähr „Platz, wo die Feuer ausgehen". Wahrscheinlich sind die Mokoros (Einbaumboote) in den Katarakten des Zambezi bei Katima früher häufig gekentert, wobei die an Bord mitgeführte Glut erlosch.

Die einzige deutsche Präsenz im Caprivi war die kaiserliche Residentur in Schuckmannsburg östlich von Katima Mulilo, genau gegenüber der damaligen englischen Polizeistation Sesheke-Mwandi (nicht zu verwechseln mit dem heutigen Ort Sesheke). Hier war 1908–14 Hauptmann von Streitwolf stationiert. Mit nur drei Soldaten und ein paar Herero- und Nama-Gefolgsleuten konnte er allerdings nicht viel ausrichten, Malaria und Pferdesterben machten ihm zusätzlich zu schaffen. So übergab er die Station nach Ausbruch des Ersten Weltkrieges kampflos den Südafrikanern. Ein Haus der damaligen Zeit aus gebrannten Lehmziegeln ist noch heute zu sehen.

Vor dem Unabhängigkeitskrieg 1966–89 war der südafrikanische Kommissar Major French Trollip 15 Jahre lang der einzige Weiße in diesem Gebiet. Dann erkor die südafrikansche Armee Katima Mulilo zu einem strategisch wichtigen Ort für ihre Operationen gegen Swapo-Lager in Angola und Zambia. Die vielen Armeeangehörigen bauten sich Häuser mit blühenden Gärten. Auch Bunker gab es, die nur einmal bei einem Angriff 1978 benutzt wurden. Im Gebiet des ehemaligen West-Caprivi National Park, heute Teil des Bwabwata National Park, befanden sich die Militärlager, in denen die Soldaten aus Südafrika, aber auch die San und Caprivianer für Angriffe gegen die Swapo ausgebildet wurden. Viele infrastrukturelle Maßnahmen wie Straßenbau, Postverkehr oder der Bau von Schulen und Krankenhäusern waren dem Interesse der Südafrikaner zuzuschreiben, Katima zu ihrem „Aufmarschgebiet" zu machen. Die Anwesenheit des Militärs ermöglichte den Caprivianern Handel, vor allem mit Lebensmitteln, und damit die Chance, zu Geld zu kommen. Nach Abzug des südafrikanischen Militärs sollte der Tourismus das Einkommen der Caprivianer aufbessern.

Neue Hoffnung gibt es nun mit der Initiative des KAZA Parks, S. 474. Sobald dieser grenzübergreifende Park, dessen Verwaltungszentrum Katima Mulilo werden soll, zustande kommt, wird die gesamte Region wirtschaftlich und insbesondere touristisch einen enormen Aufschwung erfahren.

Seit immerhin schon 1986 gibt es im Stadtzentrum von Katima Mulilo ein **Kunstzentrum**, Caprivi Arts & Culture Association (CACA) in der Olifant Street, das vom jetzigen Direktor Moses Nasilele ins Leben gerufen wurde. Der WWF spendete 1995 Geld für die Erweiterung des Zentrums, betreut wird es von der Nationalgalerie Windhoek. Nasilele, selbst Maler und Töpfer, kauft den Künstlern aus der Umgebung ihre fertigen Stücke, wie traditionelle Korbflechtereien, Schnitzereien, Matten, Hüte und vieles mehr, ab und verkauft diese im Kunstzentrum weiter.

Außerdem lädt im CACA ein kleines **Café** mit kalten Getränken zur Erfrischung ein.

Interessant und so richtig afrikanisch ist der **Markt** in Katima.

Der **Zambezi**, der viertgrößte Fluss Afrikas (nach Nil, Kongo und Niger), ist 2736 km lang und bei Katima 500 m breit, er kann bei Hoch-

Caprivi-Zeit

Die namibische Winterzeit sorgt im Caprivi für Verwirrungen. Da die umliegenden Länder (Botswana und Angola bzw. Zambia) die Uhren nicht umstellen und die Menschen im Caprivi mehr mit ihren direkten Nachbarn als mit Zentral-Namibia zu tun haben, wird das Umstellen der Uhren im Ost-Caprivi als sinnlos empfunden und einfach ignoriert. Zu beachten ist, dass die Ankunfts- und Abflugszeiten der Air Namibia in Katima sich nach der offiziellen namibischen Winterzeit richten und nicht nach der Caprivi-Zeit. An den Grenzübergängen wird sich natürlich ebenfalls an die amtliche Zeit gehalten.

wasser um 8 m (!) steigen. Der Zambezi entspringt im Nordwesten Zambias, fließt dann durch Angola und wieder hinein in zambisches Gebiet. Von Katima Mulilo bis zur Insel Impalila bildet der Fluss die Grenze zwischen Zambia und Namibia. Bei Impalila trifft der Chobe auf den Zambezi (mehr zum Zambezi s. „Die Flüsse des Caprivi", S. 476, und Kasten „Die Hippos des Zambezi", S. 485).

Seit 2004 ist mit der Eröffnung der Sesheke-Brücke bei Katima Mulilo nun auch Zambia an den Trans-Caprivi-Highway angeschlossen und damit für Touristen viel leichter zu erreichen (s. Zambia S. 490).

ÜBERNACHTUNG

Auch wenn fast alle Unterkünfte, Restaurants und Geschäfte ihre Adresse mit einem Straßennamen angeben, sind doch nur wenige Straßen beschildert.

Protea Hotel Zambezi River Lodge, Ngoma Road, ✆ 066-251500, ✉ info.zambezi@proteahotels.com.na, 💻 www.proteahotels.com/zambeziriver, Karte S. 489, mit Bar und Restaurant direkt am Zambezi. Internetzugang. ❸ Weitläufiger Rasencampingplatz, N$120 p. P., Du/WC, Strom-/Wasseranschluss.

Caprivi River Lodge, ✆ 066-252288, ✉ hakumata@iway.na, 💻 www.capriviriverlodge.com, 5 km östlich von Katima Mulilo Richtung Ngoma, Karte S. 476–477. Preiswerte Bungalows verschiedener Kategorien, Bar, Restaurant. Bootsfahrten und Angeltouren. Gute Küche, bitte vorbestellen. ❹

€ **Fish Eagle's Nest**, ✆ 066-254287, ✆-Handy 081-2917791, ✉ fisheaglesnest@afol.com.na, 84 Baobab St., Karte S. 489. Einfache Unterkunft, 12 Zimmer, Swimmingpool, Internetzugang. ❷

Außerhalb

Salambala Campsite, Ngoma Rd, ✆ 066-252108 ✉ salambala@africasafaricamps.com, 💻 www.salambala.com, 50 km südöstlich von Katima, an der D 3507, Karte S. 476–477. In der Salambala-Pfanne steht nach guten Regenfällen noch lange Wasser, daher gibt es in diesem Gebiet eine hohe Wildkonzentration. Campingplatz ca. N$85 p. P.; Du/WC, Wasseranschluss, kein Trinkwasser, Abwaschküche. Touren und Wanderungen in die Umgebung können mit lokalen Guides unternommen werden. Keine Kreditkartenzahlung.

EINKAUFEN

Ausrüstung

Bargain Building Supplies, ✆ 066-253872, Matari St schräg gegenüber der Engen-Tankstelle, an der Hauptstraße von Kongola kommend rechts, 100 m zurückversetzt. Schnelles Auffüllen von Camping-Gasflaschen möglich.

Bücher und Landkarten

Caprivi Copiers, ✆ 066-253298, 110 Hage Geingob St, schräg gegenüber der Shell-Tankstelle, Schreibwaren, ein paar Bücher, Zeitungen; Internetzugang.

Kunsthandwerk und Souvenirs

Caprivi Arts & Culture Association, CACA, Hage Geingob Drive.

TOUREN

Tutwa Tourism & Travel, Kathy Sharpe & Nick Buys, ✆ 066-404099, ✉ tutwa@tutwatourism.com, 💻 www.tutwatourism.com, Main Rd. Reise- und Infobüro sowie Internet-Café, nett und hilfsbereit. Transfers, Lodge-Reservierungen, Autovermietungen, außerdem Tagesausflüge u. a. nach Victoria Falls. Versuchen auf Wunsch, Deutsch sprechende Reiseleiter zu engagieren.

SONSTIGES

Apotheke

Caprivi Pharmacy, ✆ 066-253446, 347 Hage Geingob Drive.

Autoreparaturen

Truck and Tractor Repairs, ✆ 066-253216, an der Straße nach Kongola (Main bzw. Kongola Rd), normale Werkstatt.

Geld

Bank Windhoek, ✆ 066-251700, 75 Hage Geingob Drive.

Informationen

Tutwa Tourism & Travel, s. oben unter Touren.

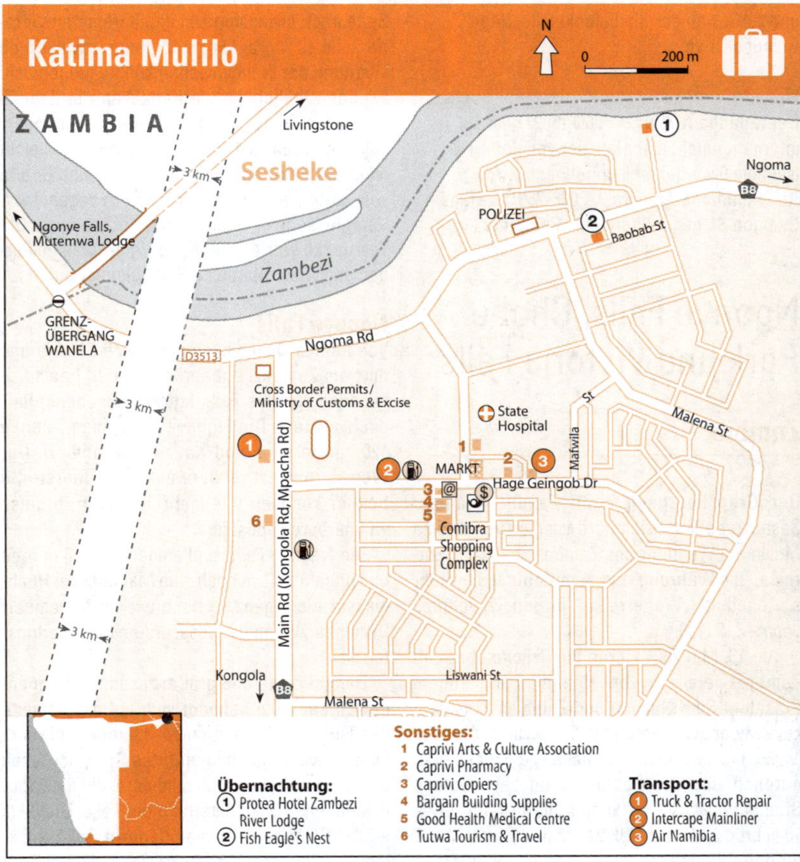

Internet

Nahe des CACA (Richtung Norden/Zambezi) ist ein kleines graues Häuschen mit „IWAY"-Schild, dort kann man kopieren, telefonieren, faxen und ins Internet.
Außerdem bei Tutwa.

Medizinische Hilfe

Katima Mulilo State Hospital, ✆ 066-251400, Hage Geingob Drive.
Good Health Medical Practice, Dr. Malan & Dr. Cornellison, ✆ 066-253321, Comibra Shopping Complex, bei Shoprite, Matanga Mashinani St (Main Rd).

Polizei

✆ 10111, Ngoma Rd.

Post

✆ 066-250407, Hage Geingob Drive.

Visumsangelegenheiten

Ministry of Customs & Excise, ✆ 066-253222, Ngoma Rd.

TRANSPORT

Busse

Der **Intercape Mainliner** hält in Katima Mulilo auf dem Weg nach Victoria Falls und zurück an der Shell-Tankstelle, Hage Geingob Drive.

Flüge

Der **Mpacha Airport**, ✆ 066-250211, ist ein internationaler Flughafen, der von der Air Namibia 6 x wöchentl. angeflogen wird.
Air Namibia, Stadtbüro, ✆ 066-253191, Hage Geingob St, gegenüber dem „Pep Store".

Ngonye Falls, Chobe Park und Victoria Falls

Zambia

Der **Grenzübergang** nach Zambia Wanela/ Sesheke befindet sich nordwestlich von Katima Mulilo am Westufer des Zambezi. Infos zur **Einreise**, zur **Währung** und zum **Zahlungsverkehr** s. Abschnitt „Weiterreise" in den Traveltipps von A–Z, S. 130.

Am 13. Mai 2004 wurde die **Brücke** über den Zambezi feierlich von Namibias damaligem Präsident Sam Nujoma und Zambias Präsident Levy Mwanawasa eröffnet. Sie verbindet Katima Mulilo mit Sesheke in Zambia. Die Brücke liegt nördlich des Grenzpostens auf zambischem Staatsgebiet. Sie ist knapp 900 m lang, etwa 10 m breit und rund 16 000 t schwer. Die 32 Mio. € für den Bau der Brücke und die Instandsetzung der Straßen wurden zu 95,9 % von der Deutschen Kreditanstalt für Wiederaufbau und zu 4,1 % von der zambischen Regierung aufgebracht.

Damit war nun auch Zambia an den „Golden Highway" und den Hafen Walvis Bay angebunden und es eröffneten sich für die zambische Wirtschaft völlig neue Perspektiven. Vor allem Kupfer, Baumwolle, Zucker und Tabak werden seither in größerem Umfang exportiert. Im Zuge des Brückenbaus wurden auch die Straßen in Zambia bis nach Lusaka erneuert. Die berüchtigte Strecke zwischen Sesheke und Livingstone ist nun ebenfalls geteert. Dadurch ist es jetzt möglich, von Katima Mulilo auf der zambischen Seite nach Livingstone zu den berühmten Victoria Falls zu fahren. Folgende augenzwinkernde Warnung der Einheimischen könnte jedoch bald wieder Wirklichkeit werden: Wenn in Zambia aus einem Schlagloch zwei Ohren herausragen, sollte man sehr, sehr vorsichtig fahren. Vielleicht ist es ein Hase, es könnte aber auch eine Giraffe sein. 2014 war die Hauptstraße von regem Lkw-Verkehr sehr in Mitleidenschaft gezogen. Die Teerdecke war an den Rändern brüchig geworden und wies zahlreiche Schlaglöcher auf.

Ngonye Falls

Von Katima Mulilo kann man nach Zambia und dort am Zambezi entlang bis zu den beeindruckenden Ngonye Falls fahren (gegebenenfalls auch weiter). Die Ngonye Falls liegen genau 120 km nördlich von Katima im Zambezi. Der Weg dorthin ist mittlerweile eine Teerstraße Seither kommen viel mehr Touristen in diese wunderbare Landschaft.

Die Ngonye Falls sind immerhin 1100 m breit und ungefähr 15 m hoch – im Mai/Juni bei Hochwasser nicht ganz so hoch wie im November/ Dezember, wenn der Wasserstand am niedrigsten ist.

Der schönste und größte zusammenhängende Teil der Fälle befindet sich auf der Ostseite des Flusses. Um dorthin zu gelangen, braucht man entweder ein mitgeführtes Boot, oder man benutzt die kleinen Einbaumboote, die als Fähre dienen, etwa 3 km unterhalb der Fälle. Die 3 km an der Ostseite muss man dann zu Fuß zurücklegen (1 Std.). Der Weg lohnt sich auf jeden Fall.

Einfacher und bequemer ist der Besuch der Fälle von der **Mutemwa Lodge** aus, Buchungen unter ✆-Handy 0027-72-5361337, ✉ james@ wildmansafaris.com, 💻 www.mutemwa.co.za. Die Lodge liegt genau 50 km nördlich von Katima Mulilo direkt am Ufer des Zambezi und somit 70 km südlich der Ngonye Falls. Die sehr freundlichen Besitzer haben die Lodge an einer schönen Stelle unter riesigen Bäumen gebaut. Die sechs Zeltchalets bieten einen tollen Blick über den Zambezi und in den Sonnenaufgang. Für den Ausflug zu den Fällen braucht man einen ganzen Tag. Außerdem bietet die Lodge exzellente Möglichkeiten zum Angeln, vor allem Tigerfish. Die Lodge ist im Januar und Februar geschlossen.

Mutemwa ist per Allrad von Katima oder per Charterflug über Livingstone oder Lusaka zu erreichen. Auf Wunsch kann man sich von der Lodge auch aus Katima Mulilo oder vom dortigen Flughafen Mpacha abholen lassen. Im Preis von N$2450 pro Person (keine Kreditkartenzahlung) sind alle Mahlzeiten und Aktivitäten eingeschlossen.

Etwas rustikaler, aber ebenfalls recht freundlich geht es in der **Kabula Lodge** zu, ✆-Handy 0027-82-6725168, ✉ info@kabulalodge.com, 💻 www.kabulalodge.com, Karte S. 476–477. Sie liegt am Zambezi an der M 10 Richtung Mongu und bietet neben einfachen Selbstversorger-Bungalows für 2–4 Personen (ab ZAR595) auch einen Campingplatz für ZAR115 p. P. pro Platz mit eigener Du/WC. Rasen, Abwaschküche, sogar Hilfspersonal kann angeheuert werden. Empfehlenswert ist die Bootsfahrt für rund ZAR200 pro Boot.

Elefantenbestand

Im Chobe National Park – und nicht nur dort – ist die Überpopulation von Elefanten ein großes Problem. Mit schätzungsweise 18 000 Tieren gibt es im Park etwa viermal mehr Elefanten, als das Gebiet ökologisch verkraften kann. Beweise dafür sind die zertrampelten Wälder und Büsche.

Letztlich ist die Überpopulation der Elefanten eine Folge des immer mehr schrumpfenden Lebensraums aufgrund menschlicher Siedlungen, Farmen und Veterinärzäune. Die Migrationsrouten wurden unterbrochen und die Elefanten damit zur Gefahrenquelle. Dürreperioden verschlimmerten die Situation, da die Tiere in Städte und Dörfer eindrangen, aus Swimmingpools und Kanalisation tranken und ein regelrechtes Chaos hinterließen. Auf der anderen Seite wird argumentiert, dass auch die Zerstörung der Wälder durch die Elefanten eine natürliche Rolle im Gleichgewicht der Natur spielt. Wenn sie beispielsweise Mopanebäume umbrechen, wachsen Triebe nach, sodass kleinere Tiere an die Blätter kommen.

Lösungsvorschläge

Im Moment werden vielfältige Untersuchungen zur Lösung des Problems durchgeführt.

Ein zum Teil schon praktizierter Lösungsansatz sieht die **Umsiedlung** der Elefanten vor. Allerdings ist das keine wirkliche Alternative, da die Kosten hierfür hoch sind. Außerdem stehen kaum noch freie Naturräume zur Verfügung, die groß genug für die Elefanten wären.

Eine sehr umstrittene Art, die Elefantenpopulation zu kontrollieren, ist das sogenannte culling. Dabei wird die ganze Herde vernichtet, da angenommen wird, dass anderenfalls die Überlebenden zu einer Gefahr für die Menschen würden. Die Bestandsstatistiken sind bei *culling*-Gegnern umstritten. Ein zu bestimmten Zeiten hoher Elefantenbestand in bestimmten Gebieten sage nichts über die eigentliche Zahl aus. Außerdem würden wandernde Herden oft doppelt gezählt.

Die Elefantenpopulation hat sich zwar immer wieder vom *culling* erholt, doch hinterlässt das Ausrotten ganzer Herden Schäden in der Erbmasse. Der Genpool regeneriert sich sehr viel langsamer als Einzelpopulationen, sodass langfristig das Überleben der Art gefährdet wird. Eine Selektion alter oder missgebildeter, kranker Tiere findet beim *culling* nicht statt. Nicht zuletzt muss bei der Diskussion bedacht werden, dass die Kontrolle der Elefanten durch *culling* von Touristen nicht akzeptiert wird.

Langfristig wird die Natur die Zahl der Elefanten selbst regulieren: Die Geburtenziffern sinken, wenn nicht genügend Nahrung vorhanden ist. Bis dahin könnte statt *culling* die für die Erbmasse schonendere Methode der Bestandsregulierung durch Geburtenkontrolle angewandt werden, die in Europa schon erfolgreich bei Füchsen durchgeführt wird. Dazu ist jedoch noch weitere Forschung erforderlich (mehr zu Elefanten in Etosha S. 412).

Die Schaffung des grenzübergreifenden riesigen KAZA Parks, S. 475, könnte für das ganze Gebiet und auch für die Elefantenpopulation die lang ersehnte Lösung sein.

Kasane und der Chobe National Park

Von Katima Mulilo kann man auf der B 8 weiter über den Grenzposten Ngoma nach Botswana fahren, wo nach wenigen Kilometern der Kontrollposten in den Chobe National Park erreicht ist (kein Eintritt auf der Durchgangsstraße). Von hier geht es weiter auf der Hauptstraße durch den Park bis nach Kasane (Katima – Kasane ca. 125 km). Zu Einreiseformalitäten, Parkeintritten etc. S. 74.

Als die Makololo, die hauptsächlich im Gebiet des heutigen Zimbabwe lebten, vor den Ndebele (Matabele) flüchten mussten, ließen sie sich am Chobe nieder, und Kasane wurde ihre Hauptstadt. Die Makololo besiegten die Lozi (jenes Volk, das das gesamte Gebiet des heutigen Caprivizipfels unter Kontrolle hatte).

Kasane liegt an einem geografisch interessanten Punkt: Hier treffen die vier Länder Zimbabwe, Zambia, Botswana und Namibia aufeinander und hier fließen Chobe und Zambezi ineinander. Nur durch diese Lage und als Ausgangsstation zum Chobe National Park hat die Stadt eine touristische Bedeutung erlangt.

Als 1930 der damalige Commissioner von Britisch-Betschuanaland, Sir Charles Rey, das Gebiet um den Chobe besuchte, schlug er vor, es zu einem Wildreservat zu machen. 1939 wurde ein kleines Gebiet unter Naturschutz gestellt. Aber erst 1968, nach der Selbstständigkeit Botswanas, erklärte die Regierung das 11 700 km² große Gebiet zum Nationalpark. Der Chobe National Park hat den größten Wildbestand Botswanas, denn der Chobe-Fluss sorgt für ideale Bedingungen für Flora und Fauna. Auch in den Savuti-Sümpfen, die noch im Gebiet des Parks liegen, findet man eine hohe Wildkonzentration. Der Park ist einfach mit dem Pkw über Asphaltstraßen zu erreichen und zu durchfahren (Durchfahrt kostenlos). Neben der Durchgangsstraße gibt es ausschließlich zweispurige, sehr sandige, in der Regenzeit schlammige Allradpisten.

Achtung: Der Park ist für Selbstfahrer nur von 9–14.30 Uhr befahrbar, außerhalb dieser Zeiten ist die Nutzung ausschließlich einheimischen Veranstaltern und den Lodges vorbehalten.

Im Park befindet sich der privatisierte Campingplatz Ihaha. Er ist an einem Hang am Chobe gelegen und überblickt das Chobe-Überflutungsgebiet auf der namibischen Seite. Ihaha wurde 1999/2000 im Park erbaut, um Serondella zu ersetzen. Serondella, auf vielen Karten noch als Campingplatz eingetragen, ist heute ein Game Ward Camp. Auch liegt die private Chobe Game Lodge im Park, außerhalb des Parks gibt es diverse private Lodges, Hotels und Campingplätze.

ÜBERNACHTUNG

In und um Kasane bzw. am Chobe National Park gibt es einige Unterkünfte auf der Botswana-Seite und auf der namibischen Seite. Dies sind alles hochpreisige Unterkünfte, nur in Kasane gibt es eine preisgünstigere Alternative. Viele Besucher, die eher mit kleinem Geldbeutel reisen und öfter zelten, gönnen sich hier am Chobe als Höhepunkt der Reise einen Aufenthalt in einer der wirklich guten Lodges.

Die **Lodges auf der namibischen Seite** sind alle nur von Kasane aus zu erreichen. Dafür muss man bei der Kasane Immigration, 🕒 7.30–16.30 Uhr (Winterzeit 15.30 Uhr), mitten in der Stadt auf der Flussseite, die Ausreiseformalitäten für Botswana erledigen und fährt dann mit einem Boot entweder von Wenela Harbour oder von der Mowana Safari Lodge zu den jeweiligen Lodges. Dort muss wieder nach Namibia eingereist werden, die Formalitäten werden von den Lodges organisiert. Das Fahrzeug bleibt in Kasane zurück. Die Lodges geben die nötigen Instruktionen und sorgen dafür, dass das Fahrzeug sicher abgestellt und bewacht wird. Eine andere, oftmals kostengünstigere Möglichkeit für diejenigen, die von Victoria Falls die Heimreise antreten möchten, ist, das Fahrzeug in Kasane bereits abzugeben bzw. von der Mietwagenfirma abholen zu lassen und nach dem Aufenthalt auf der jeweiligen Lodge einen Transfer nach Victoria Falls zu buchen. Die Rückführungsgebühren Kasane–Windhoek sind bei den meisten Vermietern erschreckend hoch. Die Rentabilität dieser Variante hängt im Wesentlichen von der Dauer des Aufenthaltes in der Lodge am Chobe ab – je länger man dort verweilt, desto länger würde das Fahrzeug ungenutzt stehen bleiben und nur Kosten

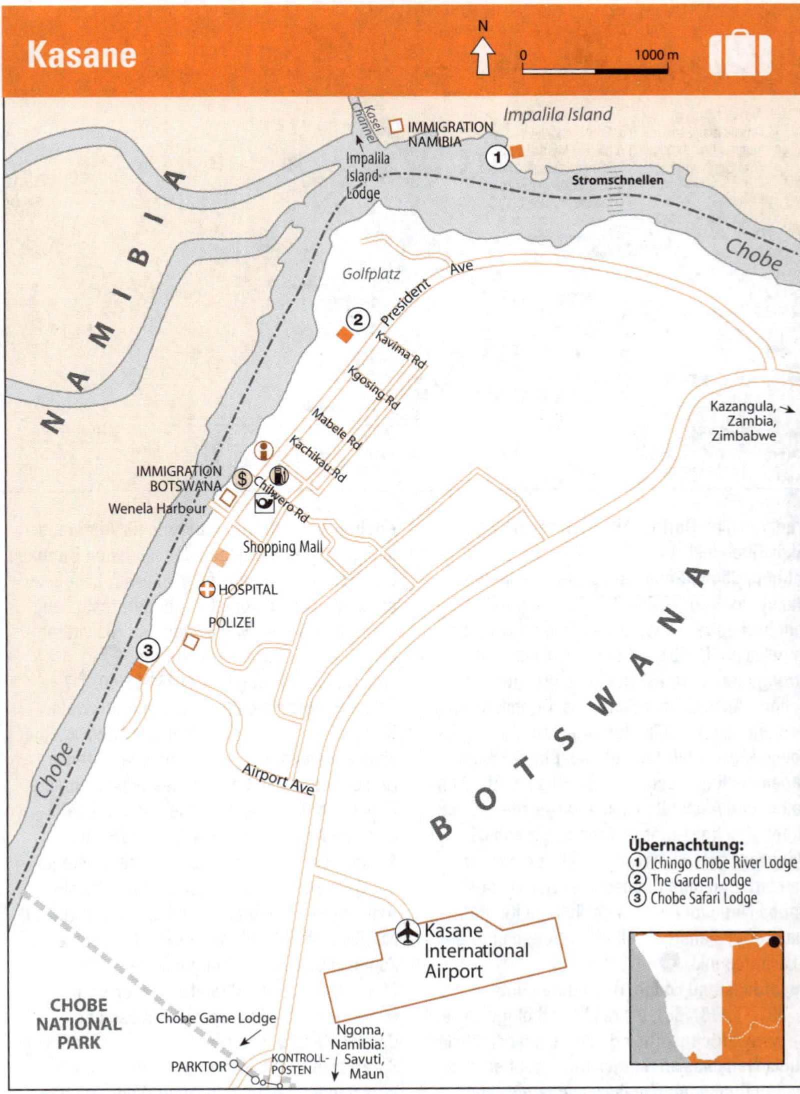

verursachen. In Victoria Falls selbst kann man gut ohne Fahrzeug auskommen.

Auf der namibischen Seite des Chobe

Zovu Elephant Lodge, ✆ 00267-66252581, ✆-Handy 081-1291646, ✉ bookings@zovuelephantlodge.com, 💻 www.zovuelephantlodge.com, gegenüber dem Chobe National Park, am Chobe-Fluss, Karte S. 494–495. 10 Bungalows, in warmen Farben eingerichtet, Schwimmbad. Verschiedene Aktivitäten: Bootsfahrten, Wanderungen und Besuch eines

CHOBE NATIONAL PARK UND VICTORIA FALLS

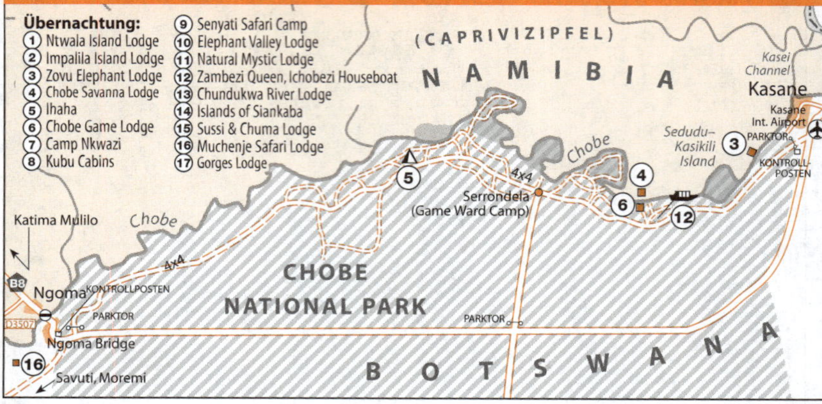

traditionellen Dorfes. Alle Mahlzeiten und Aktivitäten inkl. ❼

Ichingo Chobe River Lodge, Dawn & Ralph Oxenham, ✆ 0027-79-8717603, ✉ info@ichobezi.co.za, 🖳 www.ichobezi.co.za, auf Impalila am Chobe, Karte oben. 8 schlichte, strohgedeckte Hauszelte mit einfachem Bad, schöne Aussicht auf den Fluss. Bootsfahrten in den Chobe Park, Wanderungen auf der Insel sowie Mokorofahrten auf dem Chobe. Bieten Tagesausflüge nach Victoria Falls an. Alle Mahlzeiten und Aktivitäten inkl. Internetzugang. ❽

Unter gleicher Adresse kann das **Ichobezi Hausboot** gebucht werden: Fahrten auf dem Zambezi und dem Chobe in der Region des Chobe National Parks. 4 geräumige Kajüten mit großen Fenstern. Alle Mahlzeiten und Aktivitäten inkl. ❽

Impalila Island Lodge, Buchungen unter ✆ 0027-11-7811661, ✉ res3@anthology.co.za, 🖳 www.africananthology.co.za, am östlichsten Punkt Namibias im Caprivi, Karte s. oben. Hier fließen Chobe und Zambezi ineinander und bilden ein Vierländereck. 8 Chalets, z. T. um die riesigen Baobabs gebaut. Bootsfahrten in den Chobe National Park. Bei einer Mokorofahrt (Einbaumboot) oder einem Sundowner Cruise ist die ganze Pracht des „mighty Zambezi", wie er hierzulande bewundernd genannt wird, zu erleben. Eine Herausforderung für Abenteuerlustige ist das Besteigen des höchsten Baobabs der Insel, um von diesem in alle vier Länder zu schauen. Für Angler ist der begehrteste Fang ein Tigerfish. Alle Mahlzeiten und Aktivitäten inkl. Keine Kinder unter 6 Jahren. ❽

Ntwala Island Lodge, ✆ 00264-61-401047, 🖳 www.portfoliocollection.com/go/ntwala, Karte s. oben. Die Lodge liegt auf Ntwala, einer kleinen Insel direkt neben Impalila mitten im rauschenden Zambezi. Blaues Wasser, blauer Himmel, grüner Papyrus, Ried und Baobabs – das sind hier die vorherrschenden Farben. 4 luxuriöse, riesig große Suiten mit freistehender Badewanne und privatem Pool. Gleiche Aktivitäten wie Impalila. Leider noch teurer (ab N$4150 p. P.). Alle Mahlzeiten und Aktivitäten inkl.

Zambezi Queen, Buchungen unter ✆ 0027-21-7152412, ✉ info@zambeziqueen.com, 🖳 www.zambeziqueen.com, im östlichen Caprivi, Karte s. oben. Stilvolle, luxuriöse „River Safari" auf dem komplett überholten Schiff. Verschiedene Aktivitäten, wie Wild- und Vogelbeobachtungen vom Boot aus, Besuch eines traditionellen Dorfes, Allradausflüge in den Chobe National Park sowie Angeln. 2 oder 3 Nächte buchbar: 2 Nächte ab N$8000 p. P.

Chobe Savanna Lodge, ✆-Lodge 00267-6250340, Buchungen unter ✉ info@desertdelta.com,

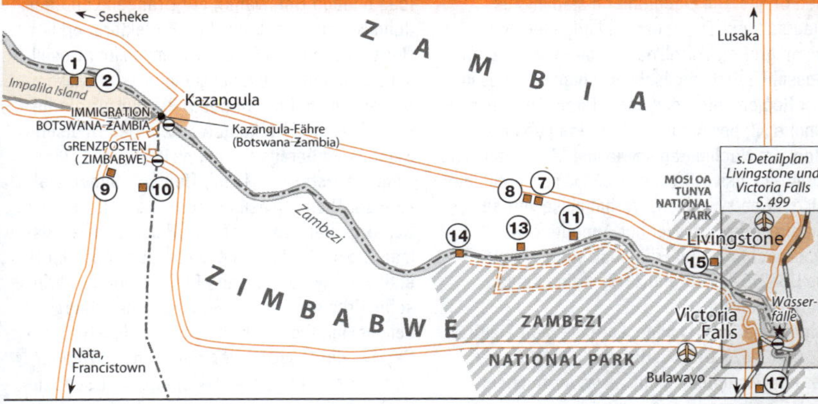

www.desertdelta.com, Karte s. oben, am Chobe gegenüber der Chobe Game Lodge auf der namibischen Seite. Das Hauptgebäude liegt an der Kabulabula-Biegung mit Blick über das Überflutungsgebiet und auf den Chobe Park am gegenüberliegenden Ufer. 12 luxuriöse Safari-Suiten, jeweils mit Terrasse, Minibar, Ventilator und AC. Im Preis ab US$366 p. P. sind alle Mahlzeiten und Aktivitäten inkl.

In oder nahe Kasane

Senyati Safari Camp, ✆-Handy 00267-71-881306, ✉ senyatisafaricamp@gmail.com, www.senyatibotswanacamp.com, zwischen Kazangula und Kasane, 8 km südlich von Kazangula, Karte S. 494–495. Senyati ist laut Eigenaussage etwas für Buschliebhaber und wird von Mr. Barnard mit Herz und Seele geführt. Gute Möglichkeit zur Tierbeobachtung. Einmal eine preiswerte Unterkunft im sonst so hochpreisigen Botswana. Einfache Selbstversorger-Bungalows, ab 1300 Pula.
Camping Du/WC, Wasseranschluss, Abwaschküche 170 Pula p. P.

Ihaha Campsite, im Chobe Park, zu buchen bei Kwalate Safaris, ✆ 00267-6861448, ✉ kwalatesafari@gmail.com, Karte S. 494–494. Kasten „Ausflug nach Botswana", S. 484. Verglichen mit anderen Campingplätzen in Botswana hat Ihaha einen hohen Standard: gute sanitäre Anlagen (Du/WC), Wasseranschluss, Abwaschküche. Kosten US$40 p. P., Kinder US$20.

Chobe Game Lodge, ✆-Lodge 0027-11-3943873, ✉ enquiries@chobegamelodge.co.bw, www.chobegamelodge.co.bw, im Chobe Park bei Kasane, Karte s. oben. Im maurischen Stil erbaut, am Ufer des Chobe, die einzige Lodge innerhalb der Grenzen des Parks. Internetzugang. Im Preis ab US$470 p. P. sind alle Mahlzeiten und Aktivitäten inkl.

€ **Chobe Safari Lodge**, ✆ 00267-6250336, ✉ reservations@chobelodge.co.bw, www.chobesafarilodge.com, Karte S. 493. Die für Chobe-Verhältnisse preiswerte Lodge in Kasane liegt am Ufer des Chobe angrenzend zum Park. Es gibt 3 Zimmerkategorien (und Preise), die schönsten sind die *river rooms*, 1295 Pula p. P. inkl. Frühstück. Es werden Trips auf dem Chobe und im Park angeboten, außerdem Ausflüge, Angeltouren und Transfers nach Vic Falls. Internetzugang.
Campingplatz 75 Pula p. P., Du/WC, Strom-/Wasseranschluss, Rasen.

The Garden Lodge, Gabriele & Philip O'Shaughnessy, ✆ 00267-6250051, ✆-Handy 71-646064, ✉ reservations@oshaughnessys.org, www.

DER NORDOSTEN

thegardenlodge.com, 714 President's Ave, Kasane, Karte S. 493. 8 geschmackvoll eingerichtete Zimmer, alle mit Blick auf den Chobe. Die Eigentümerin stammt aus Deutschland. Damit hat die Lodge für Deutsche einen großen Vorteil gegenüber den anderen, ausschließlich englischsprachigen Lodges in der Region. Internetzugang. Pirschfahrten im Chobe NP per Allrad am Vormittag und per Boot am Nachmittag sowie alle Mahlzeiten sind im All-inclusive-Preis ab US$360 p. P. enthalten, also für botswanische Verhältnisse verhältnismäßig preiswert. Wer nur Abendessen, Übernachtung und Frühstück bucht, zahlt ab US$215 p. P. (Stand 2015). Keine Kinder unter 4 Jahren.

Muchenje Safari Lodge, Lorna & Matt Smith, ✆ 00267-6200013, ✆-Handy 73-208419, ✉ info@muchenje.com, 💻 www.muchenje.com, im Chobe Park unweit des Grenzübergangs Ngoma, Karte S. 494–495. Mit nur 11 Chalets, einem weiten Blick über das Überflutungsgebiet des Chobe und der Lage abseits der Besucherströme kann man hier wirkliche Ruhe genießen und den Chobe Park völlig anders erleben. Zusätzlich zu den üblichen Chobe-Aktivitäten auch Wanderungen und Nachtpirschfahrten. Ein Zimmer behindertengerecht. Internetzugang. Im Preis ab US$356 p. P. sind alle Mahlzeiten und Aktivitäten eingeschlossen.

Elephant Valley Lodge, ✆ 0027-11-7818661, ✉ res3@anthology.co.za, 💻 www.evlodge.com, im Lesoma Tal im Kasane-Wald, Karte S. 494–495. Safari- und Buscherlebnis verbunden mit unaufdringlichem Luxus. „Meru"-Zelte im klassisch-eleganten Hemingway-Safari-Stil. Internetzugang. Ab US$365 p. P. inkl. aller Mahlzeiten und Aktivitäten.

Sedudu / Kasikili

Nach der Unabhängigkeit Namibias gab es einen länger andauernden Grenzkonflikt mit Botswana um eine 3,5 km² große, unbewohnte Insel im Chobe im Nordosten des Caprivizipfels, die bei hohem Wasserstand überflutet ist. Die Grundlage für den Streit um Kasikili (in Botswana heißt die Insel Sidulu oder Sedudu) wurde einmal mehr durch die Grenzziehung der Kolonialmächte geschaffen: Im Jahre 1885 wurde das Land der Kalahari, Betschuanaland (das heutige Botswana), auf Drängen von Cecil John Rhodes zum britischen Protektorat erklärt. Der Deutsche Carl Peters war mit seiner Gesellschaft für deutsche Kolonisation zum unwillkommenen Rivalen bei Rhodes' Plänen für ein gesamtbritisches Afrika geworden. Das Deutsche Reich hatte bereits Kamerun (1885), Togo (1883), Deutsch-Ostafrika (1885), Deutsch-Südwestafrika (1884) und Sansibar (1885) als Kolonie oder Schutzgebiet gewonnen. Als Reichskanzler Bismarck am 18. März 1890 von Kaiser Wilhelm II. entlassen wurde, nutzten Rhodes und der britische Premierminister Salisbury die Gelegenheit, um mit Bismarcks Nachfolger, Leo Graf von Caprivi, die Grenzen der Kolonien festzulegen. Von Caprivi sah es als wichtigste außenpolitische Aufgabe an, sich mit England zu arrangieren. Der Caprivi-Handel, verankert im Helgoland-Sansibar-Vertrag vom 1. Juli 1890, wurde vereinbart. In diesem Vertrag wird der Grenzverlauf in der englischen Fassung „till it reaches the river Chobe; and descends the centre of the main channel of the river to its junction with the Zambezi" und in der deutschen Fassung „bis er den Tschobe-Fluss erreicht und setzt sich dann im Thalweg des Hauptflusses bis zu dessen Mündung (fort)" beschrieben. Auf allen alten Karten wurde der Flusslauf (Thalweg) des Chobe südlich der Insel eingetragen, die Insel gehörte somit zu Deutsch-Südwestafrika.

Erstmalig erwähnte ein Bericht vom 12. Juni 1948 für den Staatssekretär im Außenministerium in Pretoria, dass der Hauptflusslauf des Chobe nördlich der Insel sei. Es ist durchaus möglich, dass sich der Flusslauf des Chobe in den vergangenen 105 Jahren geändert hat. Bei jedem Regen werden Sand und Geröll vom Südhang in den Chobe gespült, der somit immer flacher und breiter wird. Durch die Überweidung des Flussufers in den letzten 30 Jahren wurde dieser Prozess extrem beschleunigt. Der Flusslauf südlich der Insel ist am stärksten betroffen. Laut internationalen Gesetzen ist es üblich, dass die Grenze weiter zur Mitte des ursprünglichen Flusses bestehen bleibt, auch wenn sich der Lauf eines Grenzflusses verändert.

Im Mai 1992 wurde plötzlich die botswanische Flagge auf der unbewohnten Insel gehisst. Es kam zu einem Rechtsstreit vor dem Internationalen Gerichtshof in Den Haag. Das „Hauptbeweisstück" Namibias war die von den Briten angefertigte Landkarte von 1890 aus den Archiven in London und Berlin-Potsdam. Namibia verwies auf die Resolution betreffs internationaler Grenzen in Afrika der OAU (Organisation für afrikanische Einheit) von 1964, in der die zur Kolonialzeit geschaffenen Grenzen Afrikas weiterhin anerkannt werden. Beide Regierungen hatten sich vorher schriftlich darauf geeinigt, die Entscheidung des Internationalen Gerichtshofes als endgültig und bindend zu akzeptieren.

Im Verlauf der Verhandlungen vor dem Internationalen Gerichtshof, die vom 15. Februar bis zum 5. März 1999 liefen, wurden Spannungen zwischen beiden Ländern deutlich: Namibia warf Botswana vor, viele unschuldige Namibier am Grenzfluss (Chobe) auf dem Gewissen zu haben. Botswana sei der Aggressor, besetze die Insel unrechtmäßig und schüchtere die namibische Bevölkerung ein. Botswana dagegen meinte, die Armee sei nur zum Schutze des Wildes dort und warf Namibia vor, selbstherrlich aufzutreten, den Tierschutz zu vernachlässigen und Wilderei nicht zu bekämpfen. Im Dezember 1999 wurde die Insel Sedudu vom Internationalen Gerichtshof Botswana zugesprochen, jedoch mit dem salomonischen Zusatz, dass namibische Boote auch den südlichen Verlauf benutzen dürfen, ohne irgendwelche Grenzformalitäten erledigen zu müssen. Die Insel wird auf allen Chobe-Bootsfahrten umfahren. Sie liegt westlich von Kasane und östlich der Chobe Game Lodge.

13 HIGHLIGHT

Victoria Falls

Kasane liegt nur wenig abseits der Teerstraße, die von Katima Mulilo quer durch den Chobe National Park an Kasane vorbei zum Grenzposten Kazangula führt. Hier reist man aus Botswana aus und nach Zimbabwe ein. Infos zur **Einreise**, zur **Währung** und zum **Zahlungsverkehr** s. Abschnitt „Weiterreise" in den Traveltipps von A bis Z, S. 128.

Die Stadt **Victoria Falls** verdankt ihre Existenz dem Tourismus. So findet man hier auch alles, was in Touristenorten üblicherweise anzutreffen ist, etwa ein vielfältiges Aktivitätsangebot, Souvenirshops, Bars, Hotels usw. Die Fälle selbst sind umgeben von einem dichten Vegetationsgürtel, der ihre Ursprünglichkeit garantiert.

Das Gebiet war seit jeher bewohnt. Der Ort **Old Drift** lag auf der heutigen zambischen Seite der Fälle. Um die Jahrhundertwende nahmen die Malaria-Erkrankungen allerdings derart zu, dass die Einwohner von Old Drift in das Gebiet des heutigen Livingstone umziehen mussten.

Bei den Ndebele hießen die Fälle *Amanza Thunquayo*, „rauchendes Wasser", die Makololo nannten sie *Mosi-oa-Tunya*, „donnernder Rauch". Als der schottische Missionar David Livingstone am 16. November 1855 von den Makololo in einem Kanu zu den Fällen gebracht wurde und sie für die westliche Welt „entdeckte", gab er ihnen natürlich auch einen Namen: „Victoria Falls" – zu Ehren der damaligen britischen Königin Victoria.

1902 kam Rhodes' Cape-to-Cairo-Bahn hier an und damit die ersten Touristen. In den folgenden zwei Jahren wurde die Brücke über die Zambezi-Schlucht gebaut. Das erste, ursprüngliche Victoria Falls Hotel wurde 1906 errichtet, es dauerte jedoch noch bis 1972, bis Vic Falls offiziell zur Stadt erklärt wurde.

Die politische Lage in Zimbabwe hat sich 2013 und 2014 im Vergleich zu den Vorjahren deutlich entspannt. Aber selbst während der Unruhen im Land war Victoria Falls sicher. Trotzdem kam es zu einem Besuchereinbruch. Davon hat natürlich Livingstone auf der zambischen Seite deutlich profitiert.

Der Eintritt zum Victoria Falls Park von der zimbabwischen Seite kostet US$30 p. P., auf der zambischen Seite werden US$20 p. P. fällig. ⌚ tgl. 6–18 Uhr.

ÜBERNACHTUNG

Wie im Chobe-Gebiet gibt es auch in Victoria Falls vielfältige Übernachtungsmöglichkeiten, von denen hier nur einige genannt seien.

© PETER PACK

Eines der großen Highlights in Afrika: die Victoria Falls

Ilala Lodge, 00263-76-4722116, reservations@ilalalodge.co.zw, www.ilalalodge.com, 411 Livingstone Way, Karte S. 500. 10 Min. zu Fuß von den Fällen entfernt. Von jedem der 34 klimatisierten Zimmer hat man einen Blick in den Victoria Falls National Park, aus dem häufig die Elefanten auf den Rasen der Lodge kommen. Das Palm-Restaurant bietet eine gute Küche. Kostenlose Internetnutzung. Ab US$250 p. P.

Victoria Falls Rest Camp, 00263-13-40509, reservations@restcamp.co.za, www.vicfallsrestcamp.com, Parkway Drive, Ecke West Drive, Karte S. 500. Preiswerte Übernachtungsalternative, einfache Hütten, bewachter Rasencampingplatz mit Du/WC, Stromanschluss, Abwaschküche. Behindertenfreundlich, mit Rampen. Restaurant. Camping US$14 p. P., Fahrzeug US$8, Bett im Chalet (1–4 Betten) US$40–220, je nach Chalet und Personenanzahl.

€ **Amadeus Garden Guesthouse**, Miriam & Hartmut Giering, 00263-13-42261, -Handy 00263-712-207143, reservations@amadeusgarden.com, www.amadeusgarden.com, 538 Reynard Rd., Karte S. 500. Kleines, preiswertes Gästehaus unter deutscher Leitung, nur 2 km von den Fällen entfernt. 12 geräumige, afrikanisch eingerichtete Zimmer sind in einem tropischen Garten um den Swimmingpool arrangiert. Transfer vom Flughafen wird angeboten. WLAN. Keine Kreditkartenzahlung. 52–60 € p. P. im DZ.

Gorges Lodge, -Handy 00263-9-245051, reservations@gorges-lodge.com, www.gorges-lodge.com. Exklusive Lodge etwa 22 km außerhalb des Ortes, direkt am Rande der tiefen Batoka-Schlucht des Zambezi, Karte S. 494–495. Die strohgedeckten Chalets haben eine private Veranda mit grandiosem Ausblick. Jeder Gast zahlt eine kleine Gebühr zugunsten des CAMPFIRE-Program (Communal Area Management Plan for Indigenous Resources). Daneben kümmert sich die Lodge um die Reparatur von Schulen, die Wasserversorgung der umliegenden Dörfer und Kliniken sowie um Ausbildung und Unterstützung von Selbsthilfegruppen wie z. B. des Nyamukani Embroidery Club, in dem inzwischen 88 Frauen mit Handarbeiten ihr Einkommen

LIVINGSTONE UND VICTORIA FALLS

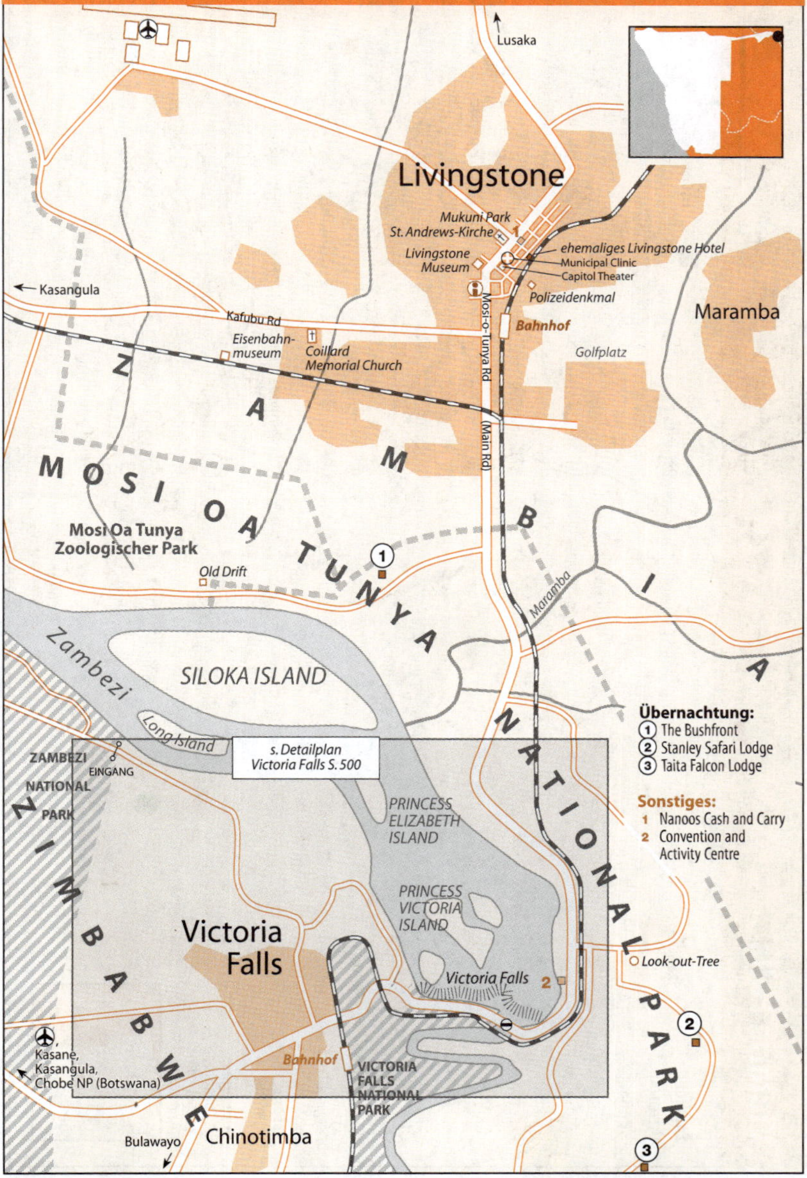

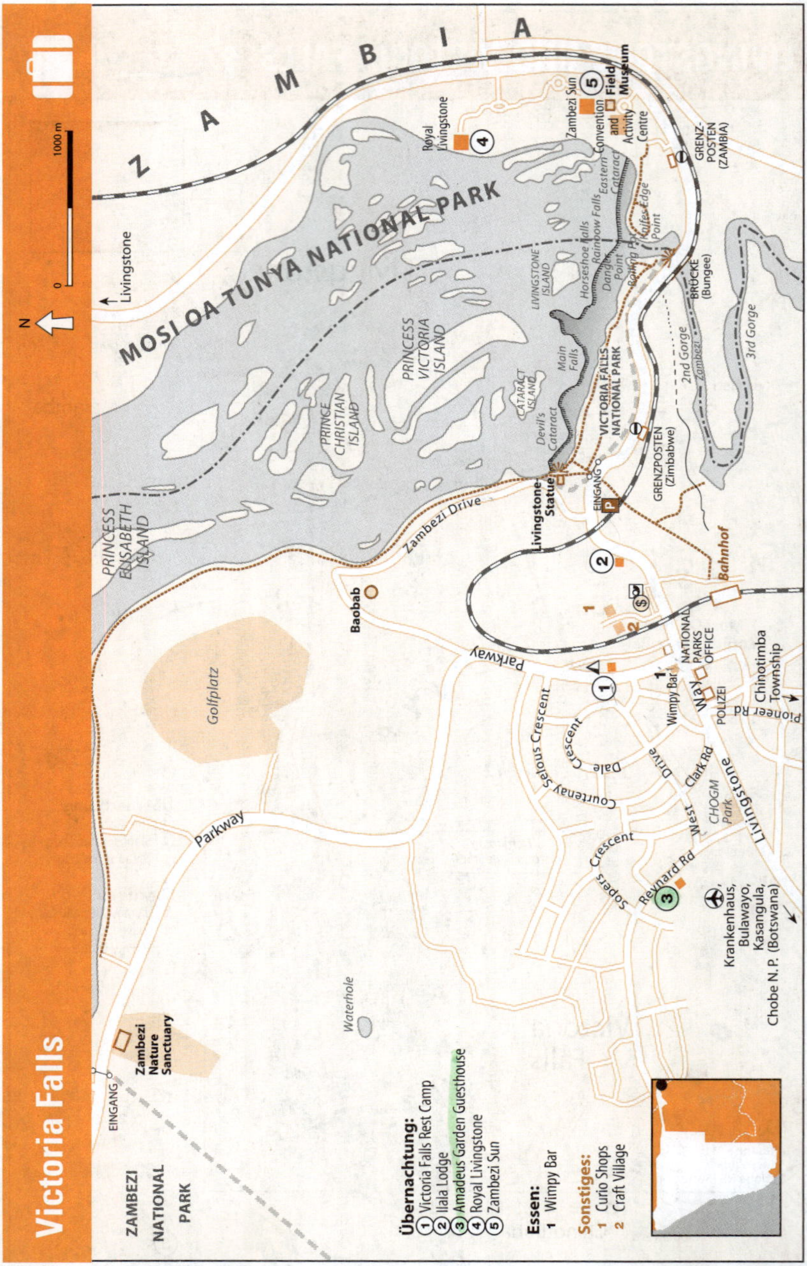
Victoria Falls
ZAMBIA
MOSI OA TUNYA NATIONAL PARK
ZAMBEZI NATIONAL PARK
VICTORIA FALLS NATIONAL PARK
0
1000 m
N
Livingstone
Royal Livingstone
Zambezi Sun
Field Museum
Convention and Activity Centre
GRENZPOSTEN (ZAMBIA)
Eastern Cataract
Knife Edge Point
Rainbow Falls
Horseshoe Falls
Danger Point
Boiling Pot
LIVINGSTONE ISLAND
BRÜCKE (Bungee)
3rd Gorge
2nd Gorge
Zambezi
PRINCESS VICTORIA ISLAND
PRINCE CHRISTIAN ISLAND
CATARACT ISLAND
Main Falls
Devil's Cataract
GRENZPOSTEN (Zimbabwe)
EINGANG
Livingstone Statue
PRINCESS ELISABETH ISLAND
Zambezi Drive
Baobab
Bahnhof
Golfplatz
Parkway
NATIONAL PARKS OFFICE
Wimpy Bar
Chinotimba Township
Pioneer Rd
POLIZEI
Selous Crescent
Dale Crescent
Courtenay Crescent
West Drive
Clark Rd
Livingstone Way
CHOGM Park
Sopers Crescent
Reynard Rd
Krankenhaus, Bulawayo, Kasangula, Chobe N.P. (Botswana)
Waterhole
Zambezi Nature Sanctuary
EINGANG
Übernachtung:
1 Victoria Falls Rest Camp
2 Ilala Lodge
3 Amadeus Garden Guesthouse
4 Royal Livingstone
5 Zambezi Sun
Essen:
1 Wimpy Bar
Sonstiges:
1 Curio Shops
2 Craft Village

aufbessern. Eine allein von Gorges finanzierte Schule können Lodge-Gäste auch besuchen. Ausbildung von eigenem Personal und lodgeübliches Umweltbewusstsein ist für Gorges selbstverständlich.
Ab US$260 pro DZ, Übernachtung und Frühstück, bis US$630 mit allem inklusive. Campingplatz US$15 p. P., Du/WC, Strom-/ Wasseranschluss, Abwaschküche.

TOUREN

Alle Veranstalter wie **Shearwater** und **Safari Par Excellence** haben Büros in der Stadt und sind deshalb hier nicht näher beschrieben. Wer jedoch bei Buchungen der Unterkünfte Hilfe benötigt (die Telefon- und Faxleitungen in Zimbabwe sind die reinste Katastrophe), eine ganze Tour zusammengestellt haben möchte oder aber nur einen Transfer buchen will, dem sei **Sunset Tours**, ✆ 00263-4-2900604, ✆-Handy in Victoria Falls 00263-712-926554, ✉ shirleynj@sunset.co.zw, empfohlen.
Eine Besonderheit für Elefantenfreunde bietet Wild Horizons mit seinen **Elephant Back Safaris**, ✆ 00263-13-44571, ✉ info@wildhorizons.co.zw, 💻 www.wildhorizons.co.za/elephants. Bei dieser afrikanischen Erfahrung geht es nicht nur um den Ritt auf einem Elefanten, sondern um das Begreifen des Elefanten. Die Gäste werden ermutigt, so viel wie möglich mit dem Elefanten „zusammenzuarbeiten", um so einen Einblick in die Geschichte und in das tägliche Leben des Tieres zu erhalten. Keine Kinder unter 4 Jahren! Kosten US$140 p. P. mit Frühstück im Busch, Transfer, Getränken und Snacks.
Achtung: Sowohl in Vic Falls als auch in Livingstone wird eine Wanderung mit Löwen *(lion walk)* angeboten. Was als Abenteuer und Löwenschutz verkauft wird, ist in Wirklichkeit nur Geldschneiderei. Die Veranstalter nutzen Gesetzeslücken in Zambia und Zimbabwe, die es erlauben, Löwen in diesen Ländern ohne Permit aufzuziehen. Mehrfach wurden bei den „Touren" bereits Besucher verletzt. Löwen sollte man im südlichen Afrika lieber in freier Wildbahn beobachten.

Livingstone

Wer von Victoria Falls kommend die legendäre Brücke über die Zambezi-Schlucht passiert, gelangt nach Zambia (Einreiseformalitäten S. 130). Das Gebiet auf der nördlichen Seite der Victoria Falls hat sowohl von den politischen Unruhen in Zimbabwe als auch von der positiven Entwicklung in Zambia profitiert. Gab es hier vor 20 Jahren noch nicht einmal eine Cola zu kaufen, ist heute alles zu haben, was das Herz begehrt. Schon längst ist Livingstone nicht mehr die arme Schwesterstadt von Victoria Falls, sondern gleichberechtigte Partnerin.

Gleich linkes hinter der Zambezi-Brücke liegt der zambische Eingang zu den **Victoria Falls**. Eintritt US$20 p. P., 🕒 tgl. 6–18 Uhr. Zum Vollmond (zwei Abende davor, am Vollmondabend und am Abend danach) darf man für US$10 zusätzlich pro Person bis 22 Uhr an den Fällen bleiben. Ebenso wie auf der südlichen Seite gibt es angelegte Wanderwege, die man nicht verlassen darf.

Auch wenn der Zambezi nahezu gerade von Westen nach Osten in Richtung Indischer Ozean fließt, macht er direkt oberhalb der Fälle einen Bogen nach Süden und unterhalb der Fälle diverse Kurven, bevor er wieder nach Osten fließt. Die Abbruchkante und die darunter liegende Schlucht haben somit eine West-Ost-Ausrichtung. Zum Sonnenuntergang hat man auf der zambischen Seite Gegenlicht, bei Sonnenaufgang die Sonne im Rücken. Die östlichste Kante heißt „Knifes Edge". Hier bietet sich ein fantastischer Blick in die Schlucht. Über eine Fußgängerbrücke gelangt man auf eine Insel, von der „Boiling Pot" und „Eastern Cataract" gut sichtbar sind. Je nach Wasserstand kann man trockenen Fußes über die Brücke gehen oder aber man bekommt eine Volldusche (Fotoausrüstung schützen).

Hochwasser ist im April/Mai, zu dieser Zeit ist die Besichtigung der Fälle von der zambischen Seite eindrucksvoller, weil die Sicht offener ist (auf der Zimbabwe-Seite sieht man mitunter vor lauter Büschen und Gischt gar nichts). Niedrigster Stand ist im November/Dezember, dann ist der „Eastern Cataract" meist trocken.

Am Eingang zu den Fällen befindet sich ein Craft- und Souvenirmarkt. Eine Abzweigung

© PETER PACK

Das zambische Livingstone profitierte von den Unruhen in Zimbabwe.

nach rechts führt zum **Look-out-Tree**, einem riesigen Baobab, auf den man mittels einer fest angebrachten Leiter klettern kann. Von oben hat man eine tolle Aussicht auf die Fälle. Achtung: Beim Baobab und an der Stelle, an der die Straße nach Livingstone direkt bis an den Zambezi führt, ist Vorsicht geboten. Die Gegend ist nicht bewacht, hier hat es in der Vergangenheit einige Raubüberfälle gegeben.

Der **Mosi Oa Tunya National Park**, in dem die Fälle liegen, erstreckt sich 12 km flussaufwärts. Er umfasst eine Fläche von etwa 66 km². In einem kleinen Tierpark innerhalb des Mosi Oa Tunya Park gibt es neben Giraffen, Zebras, diversen Antilopen und Warzenschweinen auch die einzigen Nashörner Zambias. Eintritt US$10 p. P. plus US$15 für das Fahrzeug, ⌚ tgl. 6–18 Uhr.

Gleich neben dem Eingang zu den Fällen hat die Hotelkette *Sun International* einen riesigen **Hotelkomplex** gebaut. Zuerst kommt man am Convention and Activity Centre vorbei. Hier gibt es einen Mietwagenverleih, diverse Souvenirshops, ein Casino, Restaurants und Imbissläden. Im Activity Centre wird alles Mögliche an Nervenkitzel vermittelt, von Bungee Jumping und River Rafting über Elephant Back Safaris bis hin zu Rundflügen mit Flugzeug, Microlight oder Hubschrauber. Dahinter befindet sich das 3-Sterne-Hotel Zambezi Sun und etwas weiter das Royal Livingstone. Dieses mit fünf Sternen ausgezeichnete Hotel ist das beste Hotel in Zambia und sicher auch eins der besten im südlichen Afrika. Beide Sun-Hotels haben den Vorteil, dass sie einen direkten Blick auf die Wasserfälle bieten und einen eigenen, kostenlosen Eingang in den Park haben.

Der Ort **Livingstone** liegt gute 10 km von den Fällen entfernt. Er wurde ein Jahr nach dem Bau der Eisenbahnbrücke über den Zambezi 1902–04 von der British South African Company (BSAC) aus dem Boden gestampft. Die erste Siedlung, Old Drift, wurde 1898 gegründet und lag im Gebiet des heutigen Mosi Oa Tunya National Park. Hier ist der Fluss am tiefsten und schmalsten. Alle Güter wurden bei Old Drift („die alte Furt") mit Booten über den Fluss gesetzt. Allerdings gab es so direkt am Fluss ein bedrohliches Malaria-Problem. Während 1905 nur 70 Weiße und eine unbekannte Anzahl Schwarzer in Livingstone lebten, waren es 1910, nachdem die British South African Company ihr Hauptquartier nach Livingstone verlegt hatte, bereits 300 Weiße und etwa 1700 Schwarze. Von 1907–35 war Livingstone die Hauptstadt Zambias, des damaligen Nordrhodesien. 1989 wurden alle Gebäude, die vor 1924 erbaut worden waren, unter Denkmalschutz gestellt. Dadurch sind fast alle Gebäude aus dieser Zeit erhalten, was der Stadt ein ganz eigenes Flair gibt. Heute leben ungefähr 150 000 Menschen in Livingstone und seinen Vororten.

Die Straße, die von den Fällen in die Stadt führt, heißt Mosi-o-Tunya Road, wird aber im Allgemeinen „Main Street" genannt. Dort befindet sich das **Livingstone Museum**. Es ist das Nationalmuseum Zambias und thematisiert die Geschichte des Landes und seiner Einwohner. David Livingstone bildet dabei einen der Schwerpunkte. Eintritt US$5 p. P., Kinder US$2, 🕒 tgl. 8–17 Uhr.

In dieser Straße zwischen Museum und City Council befindet sich auch die **Tourist Information**, ✆ 00260-213-321404, 💻 www.livingstonetourism.com.

In der Akapelwa Road steht die **St.-Andrews-Kirche**, die 1910 zum Gedenken an David Livingstone erbaut wurde. Gegenüber befindet sich ein Gebäude, das 1921 vom Duke of Connaught, dem Bruder von König Edward VII., feierlich eingeweiht wurde und damals die Europäische Bibliothek beherbergte. Es war immerhin das zweite Gebäude des Ortes, das der Öffentlichkeit zugänglich war. Heute befindet sich darin die Municipal Clinic.

An der Mosi-o-Tunya Road liegt der **Mukuni Park** mit einladendem Rasen unter großen Bäumen. Es wird angenommen, dass der Lozi-König Lewanika 1905 der BSAC das Land für diesen Park übergab.

Das unübersehbare **Capitol Theatre** stammt aus dem Jahre 1931. Ab 1950 war es eines der gesellschaftlichen Zentren des Ortes, das Kino bot 500 Sitzplätze sowie eine Bar, ein Restaurant und einen Teegarten. Auch heute ist das Capitol ein Kino.

Nanoos Cash and Carry an der Mosi-o-Tunya Road, Ecke Chimwemwe Way sieht nicht aufregend aus, hat aber eine interessante Geschichte: Das Gebäude wurde 1909 von „Mopane" Clark gebaut. Er war der erste weiße Siedler in Old Drift. Den Namen Mopane erhielt er vom Matabelekönig Lobengula, weil er so groß und gerade gewachsen war wie ein Mopanebaum. Mopane Clark spielte über viele Jahre eine wichtige Rolle im Leben der Gemeinschaft.

Am Kuta Way liegt das Gebäude des ehemaligen **Livingstone Hotel.** Es war 1906 das erste Hotel im Ort, insbesondere die Bar erfreute sich großer Beliebtheit. Um 1935 wurde es in verschiedene Läden unterteilt.

Hinter der Eisenbahn steht das **Polizeidenkmal.** Es wurde 1922 zum Gedenken der Gefallenen aus Zambia (Nordrhodesien) im Ersten Weltkrieg aufgestellt.

Die Maramba Road führt zum Stadtteil Maramba. Bis zur Unabhängigkeit Zambias 1964 durften die Schwarzen nur hier wohnen. Gleich am Anfang des Townships ist der **Maramba-Markt**, ein typisch quirlig-afrikanischer Markt.

Ein weiteres historisches Gebäude befindet sich an der Nkumbi Road, Ecke Nakatindi Road. Die älteste Kirche der Stadt, die **Coillard Memorial Church**, wurde 1908 von der Paris Evangelic Missionary Society errichtet. Die Messen wurden in Lozi gehalten.

Obwohl die Eisenbahn Livingstone erst 1905 erreichte, sind im **Eisenbahnmuseum** in der Chihimba Falls Road Exponate aus dem südlichen Afrika ausgestellt, deren Alter bis ins Jahr 1890 zurückreicht. Sogar Sägemühlen gibt es zu besichtigen: Hatte man zunächst Metallschwellen für den Bau der Eisenbahnlinie benutzt, mussten diese wegen des Gewichts der Erzwaggons bald gegen belastbarere Holzschwellen ausgetauscht werden. In den Sägewerken Livingstones wurden die Holzschwellen für das gesamte südliche Afrika produziert. Später hat man die Metallschwellen so weiterentwickelt, dass sie den Holzschwellen wieder überlegen waren. Die alten Holzschwellen sind heute begehrter Rohstoff für Möbel aller Art, die auch häufig in Lodges zu finden sind.

ÜBERNACHTUNG

The Bushfront, ✆ 00260-21-3322446, ✉ bushfront@safpar.com, 💻 www.safpar.com, östlich des Mosi Oa Tunya National Park, Karte S. 499. Neue strohgedeckte, ordentliche Zimmer, ruhige Lage unter schönen Bäumen. Familienfreundliche Lodge mit Restaurant, DZ US$140–360.

Campingplatz US$15; Du/WC, Strom-/Wasseranschluss, Schattenplätze.

Natural Mystic Lodge, Kathy Engman, ✆ 00260-21-3327436, ✆-Handy 00260-97-7408024, ✉ nmlodge@zamnet.zm, 🖳 www.naturalmysticlodge.com, 23 km von Livingstone, Karte S. 494–495. 10 Chalets direkt am Zambezi. Traditionelle afrikanische Atmosphäre. Häufig sind am Ufer Elefantenherden und verschiedene Antilopen zu beobachten. DZ ab US$190.

Chundukwa River Lodge, Orla & Peter Cornelius, ✆ 00260-21-3327452, ✉ chundukwa@zamnet.zm, 🖳 www.chundukwariverlodge.com, ca. 30 km stromaufwärts von Livingstone am Zambezi, Karte S. 494–495. 6 rustikale Chalets, die auf Stelzen vom Ufer über das Wasser ragen. Blick auf den Zambezi National Park in Zimbabwe am anderen Ufer. Kleiner Souvenirladen, Plattform über dem Zambezi für Frühstück und Mittagessen. US$550 inkl. aller Mahlzeiten, einer Bootsfahrt am Abend sowie einer Tour zu den Victoria-Fällen in Livingstone.

Taita Falcon Lodge, ✆ 00260-21-3347026, ✉ taita-falcon@microlink.zm, 🖳 www.taitafalcon.com, am Zambezi, Karte S. 499. Tolle Aussicht in die Bakota-Schlucht. Zimmerpreis US$364 inkl. Mahlzeiten, 2 behindertengerechte Zimmer; Campingplatz Peregrine's Nest Bush Camp US$15 p. P.

Zambezi Sun, ✆ 00260-21-3321122, ✉ zambia.reservations@zm.suninternational.com, 🖳 www.suninternational.com, Karte S. 500. Gleich neben dem Royal Livingstone, gleiche gute Sicht und ebenfalls eigener Eingang zu den Fällen. Afrikanisch-bunte Zimmer. Internetzugang. DZ ab US$610.

Stanley Safari Lodge, Reinout de Gruijter, ✆ 00260-967-848615, ✉ reservations@stanleysafaris.com, 🖳 www.stanleysafaris.com, 4 km von den Fällen entfernt an der Mukuni Rd., Karte S. 499. Blick auf die Fälle, Internetzugang, Weinkeller. Ab US$860 inkl. Mahlzeiten, Hauswein, Wäschedienst und Transfer vom Livingstone Airport.

Kubu Cabins, ✆ 00260-213-327227, ✉ info@kubucabins.com, 🖳 www.kubucabins.com, 25 km von Livingstone an der Kazangula Rd, Zambia, Karte S. 494–495. Praktisch und ideenreich eingerichtete Selbstversorger-Bungalows mit Küchenutensilien, die über den Rasen direkt zum Zambezi hinunter führen. DZ US$120, Bungalows für 4 Pers. US$165, für 6 Pers. US$235–400.
Camping US$20 p. P., Du/WC, Strom-/Wasseranschluss, Abwaschküche, Schattenplätze.

Camp Nkwazi, ✆ 00260-213-327227, ✉ info@campnkwazi.com, 🖳 www.campnkwazi.com, rund 25 km von Livingstone an der Kazangula Rd, Zambia, Karte S. 494–495. Ist gleich neben Kubu Cabins und besteht aus Zeltchalets. DZ US$105. Camping US$20 p. P., Du/WC, Strom-/Wasseranschluss, Abwaschküche, Schattenplätze.

The Islands of Siankaba, ✆ 00260-97-720530, ✉ info@siankaba.net, 🖳 www.siankaba.net, Kakatindi Road, Karte S. 494–495. Außergewöhnliche und schöne Anlage auf zwei kleinen, unberührten Inseln im Zambezi oberhalb der Victoria Falls, die mit einer beeindruckenden Hängebrücke verbunden sind. 7 im Uferwald versteckte Chalets auf Stelzen, über Holzwege zu erreichen. Die Veranden liegen über dem Wasser des Zambezi. Ab US$508 p. P. inkl. aller Mahlzeiten und Aktivitäten.

The Royal Livingstone, ✆ 00260-21-3321122, ✉ zambia.reservations@zm.suninternational.com, 🖳 www.suninternational.co.za, Karte S. 500. Liegt direkt am Zambezi im südöstlichen Mosi Oa Tunya National Park. Zimmer in 2-stöckigen Gebäuden im Villenstil, Blick auf den Garten und den Zambezi, teilweise rollstuhlgerecht. Hoteleigener Eingang zu den Victoria Falls für Hotelbewohner kostenlos. Internetzugang. DZ ab 3082 Kwacha.

Sussi & Chuma Lodge, Buchungen bei Sanctuary Lodges, ✆ 0027-11-4384650, ✉ southernafrica@sanctuaryretreats.com, 🖳 www.sanctuaryretreats.com/zambia-lodges-sussi-chuma, im Mosi Oa Tunya National Park, ca. 15 km von Livingstone, Karte S. 494/–495. 12 luxuriöse Baumhäuser direkt am Ufer des Zambezi. Internetzugang. Der Name der Lodge wurde zu Ehren der Träger von David Livingstone, Sussi und Chuma, gewählt, doch es bleibt unvorstellbar, dass Livingstone mit so viel Luxus reiste. Auf dem Gelände sind oft Hippos, Elefanten und Breitmaulnashörner zu sehen. DZ ab US$1440 inkl. aller Mahlzeiten und Aktivitäten. Keine Kinder unter 9 Jahren.

TOUREN

Bushtracks Africa, ✆ 00260-21-3323232, ✉ victoriafalls@bushtracksafrica.com, 💻 www.bushtracksafrica.com. Touren in Zambia sowie in und um Livingstone und Victoria Falls, Transfers.

TRANSPORT

Die Unterkünfte in und um Livingstone und am Zambezi können **Transfers** von Katima Mulilo oder Kasane organisieren.
Selbstfahrer können über die Zambezi-Brücke in Vic Falls oder über die neue Brücke bei Katima Mulilo oder mit der Kazangula Fähre nahe Kasane (Botswana) nach Zambia reisen und von dort auf der Straße weiter nach Livingstone fahren.
SAA und BA Comair fliegen Livingstone von Johannesburg an. Von Windhoek gibt es leider noch keinen Flug nach Livingstone.

Östlich von Windhoek: Die Omaheke Region

Von Windhoek kommend führt die B 6 nach Osten am Flughafen vorbei in die Omaheke Region. Entsprechend präsentiert sich die Landschaft: Vom Rande des Kalahari-Beckens geprägt, nimmt die Erde einen immer rötlicheren Ton an, Kameldornbäume und flache Ebenen dominieren das Bild. Die Zahl der Hügel reduziert sich nach Osten hin immer mehr. Neben dem Hinweisschild, das den Beginn der Region anzeigt, steht das Schild „cattle country". Das Gebiet ist reines Farmland, auf dem hauptsächlich Rinder gehalten werden. Die Omaheke Region, auch als „Sandveld" bekannt, umfasst 84 000 km² – mehr als 10 % des Landes. Es gibt 870 kommerzielle Farmen, die ein Gebiet von 4,9 Mio. ha umfassen. Der Rest von 3,5 Mio. ha ist kommunales Land, in dem hauptsächlich Herero leben.

Die kleine Ortschaft **Witvlei**, die an der Teerstraße liegt, hat immerhin eine Tankstelle, einen Supermarkt und eine Post. Hier findet übrigens alle zwei Jahre ein richtiger, von Farmern organisierter Karneval (zeitlich meist vor dem Karneval in Windhoek) statt. Beim OSKA (Osten-Karneval) wird das ganze Programm, sprich Prinzenball, Büttenabend und Maskenball, an einem Abend absolviert.

West Nest Lodge, ✆ 062-570343, ✉ info@westnestlodge.com, 💻 www.westnestlodge.com, 15 km östl. von Witvlei auf der Farm Klein Begin, Karte S. 506. Familienfreundliche Lodge mit Putt-Putt-Bahn, Baumhaus und Spielraum. Bungalows für Selbstversorger, Restaurant. ❸

Campingplatz N$145 p. P., Du/WC, Strom-/Wasseranschluss, Abwaschküche.

Gobabis

Gobabis ist die einzige größere Ortschaft im Osten und gleichzeitig die Distrikthauptstadt der Omaheke Region. Bereits 1895 wurde der Ort offiziell von den Deutschen gegründet. Zuvor war die Region aufgrund des Mangels an Oberflächenwasser nur spärlich besiedelt, weiter nördlich lebten die Herero, weiter südlich die Nama. Gobabis, einst nur eine Quelle im Schwarzen Nossob, wurde zum Handels- und Verhandlungsplatz beider Stämme. Der Name *Gobabis* kommt aus dem Nama und bedeutet so viel wie „Platz der Elefanten".

Die Wesleyan Mission Society hatte am Schwarzen Nossob eine Station errichtet, um die Khauas-Nama unter ihrem Führer Amraal Lambert zum Christentum zu bekehren. 1851 wurde die Missionsstation von der Rheinischen Missionsgesellschaft übernommen.

Das **Missionsgebäude** aus dem Jahre 1855 ist noch heute in der River Street in Gobabis zu sehen. Zur gleichen Zeit kam Charles Andersson auf seiner Expedition zum legendären Lake Ngami durch die kleine Ansiedlung.

Gobabis war stark von den kriegerischen Auseinandersetzungen zwischen Nama und Herero im zentralen Landesteil betroffen. 1880 wurde ein Teil der Missionsstation zerstört, die missionarischen Tätigkeiten mussten eingestellt werden.

Nach Verhandlungen mit den Herero stellte Leutwein das Gebiet 1895 unter deutschen Schutz. Die weiße Besiedlung von Gobabis und

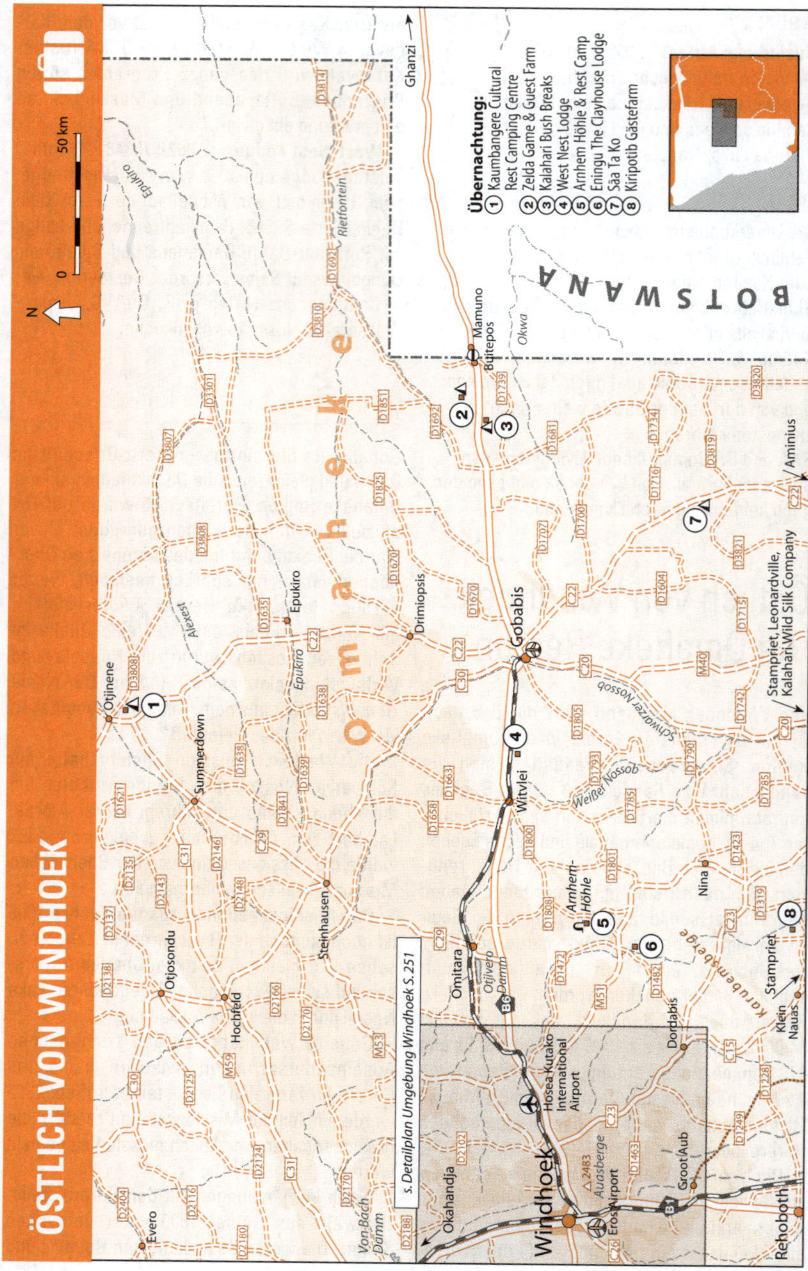
ÖSTLICH VON WINDHOEK
0
50 km
N
Übernachtung:
1 Kaumbangere Cultural Rest Camping Centre
2 Zelda Game & Guest Farm
3 Kalahari Bush Breaks
4 West Nest Lodge
5 Arnhem Höhle & Rest Camp
6 Eningu The Clayhouse Lodge
7 Sãa Ta Ko
8 Kiripotib Gästefarm
BOTSWANA
Omaheke
Ghanzi
Mamuno
Buitepos
Okwa
Rietfontein
Epukiro
Gobabis
Drimiopsis
Aminius
Stampriet, Leonardville, Kalahari Wild Silk Company
Schwarzer Nossob
Weißer Nossob
Witvlei
Otjinene
Summerdown
Alexest
Steinhausen
Nina
Arnhem-Höhle
Omitara
Otjivero Damm
Dordabis
Karubemberge
Stampriet
Klein Nauas
Otjosondu
Hochfeld
s. Detailplan Umgebung Windhoek S. 251
Hosea Kutako International Airport
Windhoek
Auasberge
2483
Eros Airport
Groot Aub
Rehoboth
Okahandja
Von Bach Damm
Evero
B1
B6
C15
C20
C22
C23
C26
C29
C30
C31
M40
M51
M53
M59

der Region begann, allerdings nur in geringem Maß. Auch in den folgenden Jahren war kein großer Zuwachs zu verzeichnen – das Gebiet lag ziemlich abgelegen, Farmer fürchteten Überfälle der Herero und Nama. Von Streitwolf machte aus Gobabis 1903 zunächst eine Militärstation. Während des Herero-Aufstandes wurde Gobabis zwar belagert, aber nicht angegriffen. Nachdem sich die Region von den Schäden des Aufstandes (u. a. waren 16 Farmhäuser abgebrannt und sämtliches Vieh gestohlen worden) erholt hatte, gab es Ende 1909 bereits 83 Farmen mit 7700 Rindern. Die dringendste Aufgabe war, neue Wasserquellen zu erschließen. Von Streitwolf, der in seinen sechs Amtsjahren (bevor er 1908 in den Caprivi geschickt wurde) die Gobabis-Gegend entscheidend prägte, war hauptsächlich an der Entwicklung der Landwirtschaft gelegen, die er als einzig profitable Unternehmung in diesem Gebiet ansah. Nach seinem Weggang erhielt Gobabis einen eigenen Bezirksrat.

1914 wurde eine Bahnverbindung Windhoek–Gobabis geplant, jedoch kam das Vorhaben mit Ausbruch des Ersten Weltkrieges zum Erliegen. Die Südafrikaner stellten die Bahnverbindung dann 1930 fertig. Von der Fertigstellung des Trans-Kalahari-Highway (Namibia–Botswana–Südafrika) Ende des vergangenen Jahrhunderts erhofft sich Gobabis einen neuen Aufschwung in wirtschaftlicher und touristischer Hinsicht.

ÜBERNACHTUNG UND ESSEN

In der Stadt

€ **Erni's Bistro, Pub & Restaurant**, ✆ 062-565222, ✉ ernisbistro@iway.na, 29 Cuito Cuanavale Ave, beliebt bei den Einheimischen, preiswerte Mahlzeiten und Snacks. Hat auch einfache Zimmer für unter N$300.

Omaheke San Trust Centre (OST), ✆ 062-564073, Roosevelt St. Lohnender Stopp – OST betreut den kommunalen Campingplatz, bietet Informationen, ein Craft Centre, ein Café und ein kleines Museum, das die Kultur der San thematisiert. Angeschlossen ist ein Backpackers, N$140 p. P. im Dorm.

Uakii Tourism Information Centre und Coffee Shop, Peter-Hain Kazapua, ✆ 062-564743, ✉ info@uakii.com, 💻 bei Facebook „Uakii Wilderness Survival" eingeben, 62 Church St, neben der Municipality. Infos und Touren zu den verschiedenen Völkern, die in der Omaheke leben. Halbtagestour durch Gobabis. Auf Anfrage kann an traditionellen Hochzeiten der Tswana und Herero teilgenommen werden.

Außerhalb

Sãa Ta Ko Campsite, Buchungen bei OST, ✆-Handy 081-4181271, südöstlich von Gobabis an der C 22, Karte S. 506. Einfacher Campingplatz in genialer Kalahari-Landschaft mit Du/WC, Wasseranschluss, kein Trinkwasser; N$70 p. P. Wurde von den !Xoo, Naro und !Twa (San-Gruppen) in Gemeinschaftsarbeit errichtet. Gute Möglichkeit, die Kultur der San kennenzulernen. Geführte Wanderungen, Ausflüge zu San-Dörfern, Tänze am Lagerfeuer. Eine Tankstelle ist 20 km vom Campingplatz entfernt. Aufgrund der abgeschiedenen Lage und der Lebensweise der San ist eine Reservierung empfehlenswert.

Kalahari Bush Breaks, Elsabè & Ronnie Barnard, ✆ 062-568936, Buchungen bei Logufa, ✉ logufa@africaonline.com.na, 💻 www.kalaharibushbreaks.com, 26 km vor dem Grenzübergang Buitepos, Karte S. 506. Beste Übernachtungsmöglichkeit in der Gegend. Aus Naturstein gebaute, strohgedeckte Bungalows inmitten der für das Gebiet typischen Kalahari-Landschaft, behindertengerecht. Für Anspruchsvolle gibt es außerdem die „Private Collection", hier hat man 2 Zimmer mit eigenem Speisezimmer, Bar, Lounge und offener Feuerstelle ganz für sich. Internetzugang. Freundliche Besitzer, gutes Essen. Ausritte zur Wildbeobachtung oder Einführung in die Arbeit auf der Rinderfarm auf Anfrage. Abendessen im Zimmerpreis inkl. ❹–❺

Schöner, etwas abgelegener, rustikaler Campingplatz N$80 p. P., Du/WC; N$100 p. P. mit Stromanschluss.

Zelda Game & Guest Farm, ✆ 062-560427, ✆-Handy 081-1240236, ✉ bookings@zeldaguestfarm.com, 💻 www.zeldaguestfarm.com, ca. 20 km vor Buitepos an der B 6, Karte S. 506. Rote Sanddünen, Kameldornbäume und zahlreiche Antilopen. Manchmal San-Tänze am Abend. Sonst alles sehr burisch. Squashplatz. ❷

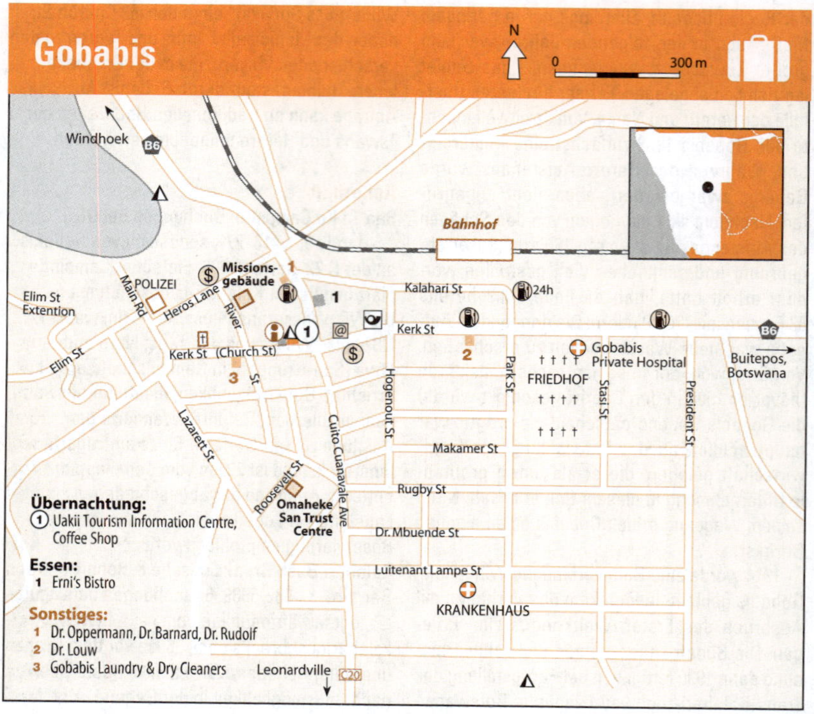

Campingplatz N$90 p. P.; Du/WC, Strom-/Wasseranschluss; es gibt auch 3 ausgestattete Zelte.

Kaumbangere Cultural Rest Camping Centre, ✆/✆ 062-567879, ✉ kaumbangere@iway.na, bei Otjinene an der C 22, Karte S. 506. Du/WC, Wasseranschluss. Campingplatz N$70 p. P., Bungalow N$200 p. P.

EINKAUFEN

Außerhalb

130 km südlich von Gobabis, in Leonardville, kann die Fabrik der **Kalahari Wild Silk Company**, 33 Johannes van der Wath St, ✆ 062-569111, ✉ kws@iway.na, besucht werden. Die Kalahari-Wildseide wird in Handarbeit aus den Kokons der *Gonometa Postiga* gewonnen. Nach dem Färbeprozess werden daraus wirklich schöne Schals gewoben, die etwas dicker sind als übliche Seidenschals. Die Schals gibt es auch im Craft Centre in Windhoek.

SONSTIGES

Geld

First National Bank, ✆ 062-562067, 44 Kerk St.

Medizinische Hilfe

Gobabis Private Hospital, ✆ 062-563980, 84 Kerk St.

Dr. Oppermann, Dr. Barnard, Dr. Rudolf, ✆ 062-563108, 24 Cuito Cuanavale Ave, Allgemeinmediziner, sprechen Englisch.

Dr. Louw, ✆ 062-562691, 94 Kerk St, Zahnarzt, spricht Englisch.

Polizei

✆ 10111, Main Rd.

Post

✆ 062-562222, Kerk St.

Von Gobabis ins Okavango-Delta

Von Gobabis kann man problemlos über Buitepos (🕒 7–24 Uhr im Sommer und 6–23 Uhr im namibischen Winter) nach Botswana einreisen (Informationen zu Einreiseformalitäten S. 128).

Nach und nach entstehen neue Unterkünfte entlang der Strecke. Bislang gibt es jedoch nur in den touristischen Zentren Botswanas gute Übernachtungsmöglichkeiten. Wer nur einen Abstecher ins Okavango-Delta machen möchte, kann einen Fly-in buchen (Adressen s. Windhoek) oder mit Air Namibia nach Maun fliegen.

Durch das Delta nach Kasane zu fahren, sollte trotz GPS den erfahrenen einheimischen Führern überlassen bleiben. Wer allein unterwegs ist, macht lieber einen Ausflug ins Delta und fährt dann über Nata nach Kasane.

Das Delta

Das Okavango-Delta wird zu Recht das „Juwel der Kalahari" genannt und ist bekannt als das Tierparadies Afrikas schlechthin. Mehr als 550 Vogel- und 160 Säugetierarten leben hier.

Die Okavango-Sümpfe sind ein typisches Beispiel für ein Binnendelta: Da das Kalahari-Becken kaum Gefälle aufweist, verzweigt sich der Okavango mitten in der Wüste in unzählige Arme. Hier verdunsten die Wassermassen, nachdem sie rund 1500 km zurückgelegt haben. Der Fluss bringt jedes Jahr 700 000 t Schlamm (Sedimente) mit sich, die sich – durch Papyrus und Ried gefiltert – hauptsächlich im nördlichen Teil des Deltas ablagern. Von der Grenze, wo der Okavango bei Shakawe namibisches Gebiet verlässt, bis zum Thamalakane-Fluss, an dessen Ufern der Ort Maun liegt, legt der Okavango eine Strecke von knapp 300 km zurück. Er schlängelt sich zunächst 100 km nach Süden – diese Strecke wird als *panhandle* („Pfannenstiel") bezeichnet –, und teilt sich dann in verschiedene Arme auf. Das Delta nimmt eine Fläche von rund 16 000 km² ein, so viel wie Schleswig-Holstein. Nur etwa 3 % der Wassermassen erreichen den Südosten, das „Ende" des Deltas, 2 % gehen in das Grundwasser ein, der überwiegende Teil, also 95 %, verdunstet in der Gluthitze der Kalahari.

Das Delta ist kein feststehendes Gebilde, sondern verändert sich ständig in Ausdehnung und Form. Wo heute ein Strom ist, kann nächstes Jahr Trockensavanne sein und umgekehrt; ein Strom kann sich in einem Jahr teilen und im nächsten mit einem anderen vereinen.

Es gibt mehr als 50 000 Inseln im Delta, manche nicht größer als ein Termitenhügel, andere weitläufig genug, um riesigen Herden von Wild eine Heimat zu bieten. Die größte Insel, **Chief's Island**, ist 50 km lang und 20 km breit. Vorherrschend ist hier Trockensavanne, unterbrochen von kleinen Pools mit braunem Wasser sowie Palmen. Auf den größeren Inseln spenden Dattelpalmen, Ilalapalmen (die in Namibia Makalanipalmen heißen), verschiedene Akazien, Feigenbäume und Ebenholzbäume sowie Leberwurst- und Marulabäume Schatten. Das vorherrschende Bild im Delta wird jedoch von Wasser, Papyrus, Seerosen und dem blauen Himmel geprägt.

Auffällig sind die Schildläuse, die als weiße Flecken auf der Pflanze sichtbar sind. Auch Spinnen und andere Insekten, verschiedene Ameisen, Rüsselkäfer, Fliegen und Schmarotzerwespen, leben in oder auf ihr. Nachts saugen Motten den Nektar aus den Blüten und am Tage u. a. der Nektarvogel. Obwohl nur 3 % der Wassermassen des Okavango ganz im Süden des Deltas ankommen, genügt dies dennoch, einen „Abfluss" zu speisen: den **Boteti River**. Der Boteti fließt durch die Kalahari, bildet die Westgrenze des Makgadikgadi Pans Game Reserve und versickert dann in den Salzpfannen. Immerhin 600 km kämpft er sich durch die Kalahari. Nur durchschnittlich zweimal im Jahrhundert regnet es in Angola so stark, dass die Wassermassen das Delta regelrecht überfluten und der Boteti zum reißenden Fluss wird. In diesem außergewöhnlichen Fall laufen sowohl die Makgadikgadi Pans als auch der Lake Ngami voll – Letzteres ist 2011 mit ungewöhnlicher Wucht geschehen.

Der **Magwegqana Spillway** (auch Selinda Spillway genannt – Abflussgraben) ist der einzige nördliche Seitenarm des Okavango in Botswana. Er fließt 120 km durch die Kalahari, und nur in guten Regenjahren, bei starker Überflutung, bringt er das Wasser des Okavango zum

Chobe. Dieser Graben ist die letzte Verbindung zwischen dem Okavango-Delta und dem Kwando-Linyanti-Chobe-System. Ähnlich wie die Fließrichtung des Chobe vom Wasserstand des Zambezi abhängt, ändert der Magwegquana seine Fließrichtung je nach Wasserpegel im Delta bzw. im Chobe. Durch den geringen Wasserstand der vergangenen Jahrzehnte schien keine Verbindung zum Delta zu bestehen, bis sich 2009 der Graben wieder füllte und das Delta erreichte.

Wahrscheinlich sind die Ufer des Okavango-Deltas schon seit mindestens 10 000 Jahren besiedelt. Die frühen **Bewohner** waren die baNoka San (die früher sogenannten „Flussbuschmänner"). Vor ca. 250 Jahren siedelten sich weitere Stämme hier an, die baYei, die Mbukushu, die Tswana und auch die Herero.

Die ersten dieser neuen Siedler waren die baYei (oder Yeyi), die um 1750 hierher kamen. Die „Zugereisten" aus dem Ost-Caprivi brachten ihre Mokoros (Kanus, Einbaumboote) mit. Dadurch konnte das Delta erobert und die Kommunikationsschranke, die es bis dahin darstellte, gebrochen werden. Die **Mokoros** werden aus hohen Bäumen, meist Ebenholz (engl. *Jackal Berry*, lat. *Dios-pyros mespiliformis*), Wurstbaum *(Kigelia Africana)* oder Silberterminalie *(Terminalia sericea)*, in einem Stück hergestellt. Während diese Bäume 100–500 Jahre benötigen, um zur erforderlichen Größe heranzuwachsen, beträgt die Lebensdauer eines Mokoros durchschnittlich nur fünf Jahre. Daher wird in der jetzigen, modernen Zeit vielerorts auf Mokoros aus Fiberglas ausgewichen. Zum Transport von Gütern auf dem Fluss wurden Flöße aus Papyrus hergestellt, eine Fertigkeit, die die baYei mitbrachten. Die Flöße, die nicht mehr gebraucht wurden, blieben in den Kanälen zurück, schlugen Wurzeln und neues Papyrus begann zu wuchern.

1968 wurde das 2000 km² große **Moremi Game Reserve** proklamiert, das im Osten des Okavango-Deltas 100 km von Maun entfernt liegt. Chief's Island wurde erst kürzlich in das Moremi Game Reserve eingegliedert, das nun 3000 km² umfasst.

Ausgangspunkt für Touren in das Okavango-Delta ist **Maun**, das im Südosten des Deltas gelegene Örtchen mit rund 18 000 Einwohnern. Maun ist die Distrikthauptstadt des Ngamilandes.

ÜBERNACHTUNG

Von den vielen, meist sehr teuren Lodges im **Delta** und in **Maun** seien hier nur die folgenden zwei erwähnt:

Das **Audi Camp**, ✆ 00267-6860599, ✉ info@okavangocamp.com, 💻 www.okavangocamp.com, 12 km nordöstlich von Maun. Bietet neben dem Camp mit Restaurant, Bar und Schwimmbad, Internetzugang, Campingplatz (70 Pula p. P.; Du/WC, Strom-/Wasseranschluss, Abwaschküche, Wäscheservice) und festen, eingerichteten Zelten (690 Pula) auch diverse, relativ preiswerte Flug- und Campingsafaris ins Delta und in die Kalahari sowie mehrtägige Mokoroausflüge an, z. B. eine 3-tägige Mokorofahrt inkl. Geländewagentransfer für 1650 Pula p. P. mit Verpflegung.

Thamalakane River Lodge, ✆ 0027-21-7825337, ✉ reservations@thamalakane.com, 💻 www.thamalakane.com, 19 km nordöstlich von Maun. Urige Chalets (US$204–293 für 2 Pers.) unter riesigen Bäumen, schöne Atmosphäre, akustisch unterstützt durch lärmende Vögel. Internetzugang. Camping 20 U$ p. P. Tagesausflüge zum Moremi Game Reserve oder mehrstündige Mokoroausflüge können von hier gebucht werden.

Anhang

Sprache

Landes- und Amtssprache in Namibia ist Englisch. Dies setzt sich auch zunehmend durch. Umgangssprache ist jedoch nach wie vor Afrikaans, das aus Südafrika stammende Kapholländisch. Deutsch wird sehr viel gesprochen – auf den meisten Gästefarmen, in sehr vielen Läden in Windhoek und Swakopmund und in den meisten Restaurants. Viele der Kellner verstehen „Zwei Bier, bitte" besser als die Variante „Two beer, please". Die Begrüßung formuliert man am besten auf Deutsch. An der Reaktion des Gegenübers ist meist zu erkennen, ob man Deutsch weitersprechen kann oder aber zu Englisch wechseln muss.

Auf die Vielzahl der afrikanischen Sprachen wird im Kapitel „Land und Leute" eingegangen, S. 143.

Sprachführer

Für manche Wörter wie beispielsweise „Polizei" und „Hotel" gibt es in Oshivambo (Umgangssprache aller Ovambo-Stämme) zwar ein Äquivalent, jedoch wird umgangssprachlich meist die englische Bezeichnung in die Rede eingeflochten.

Die Aussprache beim Afrikaans unterscheidet sich mitunter sehr vom Geschriebenen:

„st" z. B. bei „Stasie" (Station) wird wirklich „s-t", nicht „scht" gesprochen, das „s" in der Mitte scharf wie „ß".
„g" bis auf wenige Ausnahmen wird „g" immer wie „ch" im Wort „ach" ausgesprochen
„oe" immer wie „u" (Windhoek)
„y" wie „ei" mit langem „e" (also „jy" eher wie „jeeei")

Deutsch	Oshivambo	Afrikaans
Guten Morgen	Mwalalapo	*(Goeie) môre*
Guten Tag	Muhalapo	*(Goeie) middag*
Guten Abend	Watakelwapo	*(Goeie) naand*
Gute Nacht	Nangalapo nawa	*(Goeie) nag*
Auf Wiedersehen	Kalapo nawa	*Totsiens*
Bitte	Alikana	*Asseblief*
Danke	Ondapandula	*Dankie*
Nein	Ajee	*Nee*
Ja	Ee	*Ja*
Was ist das?	Oshikeshi?	*Wat is dit?*
Wie geht es Dir?	Oshilingini?	*Hoe gaan dit? (g wie ch)*
Danke gut und selber?	Oshilinawa?	*Dankie, goed en self?*
Wasser	Omeja	*Water*
Tankstelle	Ongalashe Jomahoti	*Petrolstasie (scharfes „s")*
Hotel	Ondunda Jokulila	*Hotel*
Restaurant	Ondunda Komakende	*Restaurant*
Werkstatt/ Garage	Anataha	*Diensstasie*
Auto	Oshiauto	*Kar*
Reifen	Ogulu	*Tyre*
Polizei	Shitaasi Shopolisi	*Polisiestasie*
Toilette	Okaneljuggo	*Toilet*
Essen	Okulya	*Kos*
Sprichst Du (Sprechen Sie) Englisch oder Deutsch?	Ohopopi oshidowishi ilo oshingilishi?	*Praat jy engels of duits?*
Wo bin ich hier?	Apa Ondilipeni?	*Waar is ek nou?*
Wie komme ich nach ...?	Andija ngini pmono ...?	*Hoe sal ek na ... toe kom?*
Wie weit ist es bis ...?	Opena ule uthikepeni ...?	*Hoe vêr is dit tot ...?*

Ich	Ame	*Ek*
Du	Ove	*Jy*
Wir	Tse	*Ons*
Straße	O pate	*Pad*
Haus	Egumbo	*Huis*
Nummer	Onomora	*Nommer*

Eins	Ojimwe	*Een*
Zwei	Ombali	*Twee*
Drei	Ondatu	*Drie*
Vier	One	*Vier*
Fünf	Ontano	*Fyf*
Sechs	Ohamano	*Ses*
Sieben	Ohejali	*Sewe*
Acht	Ohetatu	*Agt*
Neun	Omugoyi	*Nege*
Zehn	Omulongo	*Tien*

Glossar

Beester afrikaans für Rinder

Braai grillen; „einen *Braai* machen" heißt einen Grillabend veranstalten, der Braaiplatz ist der Grillplatz.

CDM Consolidated Diamond Mines, hatte bis zur Unabhängigkeit die alleinige Konzession für das Sperrgebiet.

Dam englische Bezeichnung für Stausee

Game Drive Wildbeobachtungsfahrt

IRDNC Integrated Rural Development Nature Conservation

Kral kleines, mit Büschen oder Holzpfählen umzäuntes Gebiet, in dem Tiere gehalten werden und/oder Menschen leben. Im Deutschen würde der Begriff „Gatter" dem am nächsten kommen. In manchen afrikanischen Sprachen, z. B. Zulu, wird der Kral als *Boma* bezeichnet. Viele Hotels und Lodges nennen ihr offenes Restaurant *Lapa* oder *Boma*.

lecker/lekker wird im Afrikaans wie im Südwesterdeutsch mit der in Deutschland bekannten Bedeutung verwendet, steht darüber hinaus aber noch für „gut", „schön" usw. Auf die Frage „Wie geht es Dir?" kann die Antwort „Lecker man und selber?" lauten.

NDC Namibia Development Corporation

NTB Namibia Tourism Board

NWR Namibia Wildlife Resorts, verwaltet die staatlichen Camps in den Parks

OMEG Otavi Minen und Eisenbahn Gesellschaft

Pad Straßen und Wege aller Art, meist konkretisiert: Teerpad, Sandpad, Farmpad, Wildpad, gute und schlechte Pad. Wird einem eine gute Reise gewünscht, heißt es in Namibia „Gute Pad".

Potjie gusseiserner Topf mit drei Beinen, mit dem auf dem Lagerfeuer meist traditionelle Gerichte gekocht werden, S. 47.

PTO Permission to occupy, eine Art Erbpacht auf kommunalem Land

Riviere Trockenflussbetten, also Bodenvertiefungen, die nach guten Regenfällen für Minuten, einige Stunden, seltener Tage, Wasser führen; dann „laufen" sie. Beginnt ein Rivier zu fließen, sagt man „es kommt ab". S. 468, Kasten Omuramba.

Scenic Drive Rundfahrt über das Gelände, v. a. um die Landschaft („scenery") zu sehen und zu erleben.

Südwester 1. der in Namibia vorherrschende Wind aus südwestlicher Richtung, 2. der deutschstämmige Namibier; hat inzwischen teilweise negative Konnotationen, S. 160.

Sundowner Cruise Bootsfahrt zum Sonnenuntergang

Swapo South West Africa People's Organisation

Veld afrikaans für Busch, Buschland, nicht für ein bestelltes Feld. Auch draußen im Busch unterwegs zu sein, wird mit „im Veld sein" beschrieben.

Veldkost Nahrung (Pflanzen, Wurzeln, Früchte, Käfer usw.), die im Veld zu finden ist.

Vlei flache Senke oder Pfanne, in der sich nach dem Regen das Wasser ansammeln kann.

WIMSA Arbeitsgruppe für einheimische Minderheiten im südlichen Afrika.

Bücher

Die Auswahl an Literatur über Namibia und das südliche Afrika wächst beständig. In Swakopmund seien die **Swakopmunder Buchhandlung** und **Die Muschel** an dieser Stelle empfohlen.

Bücher schwarzer Autoren sind noch immer selten zu finden, die Auswahl beschränkt sich hauptsächlich auf Kurzgeschichten.

Im Folgenden ist eine kleine Auswahl Namibia-spezifischer Bücher aufgelistet, aber auch einige belletristische Werke, die im gesamten südlichen Afrika oder nur in Südafrika spielen. Sie sind für Namibia-Besucher dennoch interessant, da sie das Leben im südlichen Afrika und das Leben unter der Apartheidpolitik thematisieren. Generell ist die gesamte Südafrika-Literatur auch für Namibia-Interessierte lesenswert, war doch die namibische Geschichte streckenweise untrennbar mit der südafrikanischen verbunden.

Namibiaspezifische Bücher aller Art erscheinen bislang vor allem im Göttinger Klaus Hess Verlag, 💻 www.k-hess-verlag.de, sowie im Windhoeker Verlag der Namibia Wissenschaftlichen Gesellschaft, 🖂 nwg@iway.na, 💻 www.kuiseb-verlag.com.

Bücher mit einer „3" am Anfang der ISBN-Nummer werden in Deutschland gedruckt und sind daher dort preiswerter, während Nummern, die mit einer „0" oder einer „9" beginnen, meist in Namibia günstiger sind, da sie dort gedruckt werden. Die ISBN-Nummern ändern sich allerdings mit jedem Neudruck.

Einige schöne Bücher sind zurzeit leider vergriffen, mitunter sind diese noch auf Englisch oder aber antiquarisch erhältlich. Ansonsten bleibt, auf Neuauflage zu hoffen.

Eine sehr gute Webadresse zum Thema Namibia-Bücher ist Namibiana Buchdepot, 💻 www.namibiana.de, wo alle Bücher direkt bestellt werden können.

Belletristik

Nadine Gordimer hat sehr viele Romane geschrieben, die im Südafrika der Apartheidzeit spielen. Eine bessere und uneitlere Innenansicht dieser Gesellschaft kann man fast nicht bekommen. Visionär ist *Spiel der Natur,* ISBN 3-596-11298-2, 1987 erschienen, das das Ende der Apartheidära voraussieht. 1995 veröffentlichte sie den Essay-Band *Schreiben und Sein,* der u. a. ihre Nobelpreisrede von 1991 enthält. Vor allem aber *An einem Sonnenaufgang hängend – Zeugnis und Literatur im revolutionären Schreiben* gibt einen einmaligen, einfühlsamen Einblick in die Lebensweise im Apartheidregime und das Selbstverständnis des schwarzen und weißen Mit- und Nebeneinanders. In *Jene andere Welt, die die Welt war* beschreibt Nadine Gordimer die Suche und „Selbsterschaffung" ihrer eigenen Identität in diesem Regime, ihr Weiß-Sein in Afrika. Ihre Bücher sind im S. Fischer Verlag oder im Fischer Taschenbuch Verlag erschienen und zurzeit nur über Amazon erhältlich.

Die Bücher von **Wilbur Smith** sind eher trivial, aber ungeheuer spannend zu lesen und immer eingebettet in den geschichtlichen Hintergrund des südlichen Afrika. Oft spielt die Handlung dieser Bücher in allen vier Ländern: Südafrika, Botswana, Zimbabwe und Namibia. *Glühender Himmel*, Goldmann Verlag, und die ganze *Courtney-Saga* spielen hauptsächlich in Namibia und Südafrika. Zurzeit sind aus dieser Reihe auf Deutsch allerdings nur die neuesten Romane, *Monsun* und *Wüstenkönig,* erhältlich. Oftmals ist Afrika aus der Sicht des Großwildjägers und des harten, unbeugsamen Mannes beschrieben – nichtsdestotrotz gibt es auch (wenige) starke Frauenfiguren.

Giselher W. Hoffmann ist ein deutschsprachiger, namibischer Schriftsteller (1958 geboren), der inzwischen auch über die Landesgrenzen hinaus Berühmtheit erlangt hat. Seine Romane sind richtige Namibia-Belletristik, sehr spannend geschrieben, die ideale Lektüre vor Ort. Vor allem sein Wissen um die Völker Namibias, um ihre Traditionen und Gebräuche, macht seine Werke aus. Drei seiner Romane sind auch in Deutschland erschienen. Der Roman *Schattenjäger* ist bei Club Premiere 2000, Bertelsmann, erschienen. Die Geschichte spielt in der Zeit des Unabhängigkeitskampfes und beschreibt, wie die Himba am Kunene zwischen die Fronten der Swapo und der südafrikanischen Armee geraten und wie sich der Zusammenprall mit der „Zivilisation" für sie auswirkt. *Die schweigenden Feuer,* Peter Hammer Verlag, ist auf Bestellung über ✉ buecher@afrikahaus.de erhältlich. Dieser Roman spielt in der deutschen Kolonialzeit und beschreibt den Herero-Aufstand aus Sicht der Herero. In Deutschland ist noch *Die Erstgeborenen,* Unionsverlag, lieferbar. Dieser Roman schildert das Leben eines San und seiner Sippe zur Zeit der Besiedlung der Ausläufer der Kalahari; sehr einfühlsam und mit profunder Kenntnis und großem Verständnis für dieses Volk geschrieben. Der Versuch der Weißen, der Kalahari eine Farm abzutrotzen, wirkt ebenso starrköpfig wie lächerlich.

Sein neuester Roman, *Diamantenfieber*, ist beste Lektüre nicht nur für unterwegs in Namibia, spannendes Abenteuer und geschichtlicher Hintergrund sind auf meisterhafte Weise miteinander verbunden (bei Amazon erhältlich, auch als Hörbuch).

Bernhard Jaumann, *Die Stunde des Schakals*, ISBN 978-3-463-40569-8, 2010. Spannender, sehr gut geschriebener Namibia-Krimi, ein laut Eigenbeschreibung „grandioser Politthriller, der um den spektakulärsten politischen Mord Namibias kreist und dabei die großen Fragen nach Wahrheit, Schuld und Moral aufwirft". Der Mord an Anton Lubowski, dem gutsituierten, weißen Anwalt, der Swapo-Mitglied war und für die Rechte der Schwarzen kämpfte, geschah wenige Monate vor der Unabhängigkeit Namibias und wurde nie aufgeklärt.

Jaumann hat einige Jahre in Namibia gelebt und das merkt man auch: Der Roman ist sehr gut recherchiert, das Lokalkolorit hervorragend eingefangen, die Überblendungen der einzelnen Handlungsstränge sind faszinierend gestrickt. Sein Buch ist eine gelungene Mischung aus realer Geschichte und Fiktion. Jaumann wurde für „Die Stunde des Schakals" mit dem Deutschen Krimipreis ausgezeichnet. Jaumann hat noch zwei weitere Namibia-Bücher geschrieben: *Geiers Mahlzeit* und *Steinland.*

Fritz Metzger, *Und seither lacht die Hyäne*, Buschmann-Fabeln, ISBN 978-99916-4-078-5. Die Geschichten der San, erzählt vom Kenner dieses Volkes, sind meist lustig, berichten aber auch vom täglichen Überlebenskampf. Von den San heißt es, dass sie ein sehr fröhlicher Menschenschlag seien. Guter Einblick in die Lebensansichten der San. Achtung Eltern: Wie bei allen afrikanischen Geschichten, so gilt auch hier – erst selbst lesen. Wie die deutschen Märchen sind auch die afrikanischen mitunter nicht ganz ohne, teilweise lassen sie Jung und Alt ziemlich betroffen zurück. Viel zu lernen gibt es jedoch immer.

Nelson Mandela, *Meine afrikanischen Lieblingsmärchen*, ISBN 3-406-51862-1. Mandela hat Märchen aus ganz Afrika in diesem Band zusammengestellt. Sehr schöne Illustrationen. Wie das Leben in Afrika selbst, so sind auch die Märchen naturverbunden, irdisch, manchmal sehr todesnah. Daher eher etwas für Erwachsene.

Laurens van der Post, *Die verlorene Welt der Kalahari*, Diogenes, ISBN 3-257-22804-X. Der in Südafrika geborene Reiseschriftsteller beschreibt seine Expedition in den 50er-Jahren zu den letzten traditionell lebenden San in der Kalahari. Im Anschluss an dieses Buch hat er viele weitere Bücher zum Thema „ursprüngliches" und vergangenes Afrika verfasst. Weitere lesenswerte Werke: *Wenn Stern auf Stern aus der Milchstraße fällt*, ISBN 978-325-7-22805-2, und *Durch das große Durstland müsst ihr ziehen*, ISBN 978-325-7-22939-4.

Alan Paton, *Lost City of the Kalahari*, ISBN 1-86914-066-4, nur Englisch. Reisebericht einer Expedition 1956 auf der Suche nach der sagenumwobenen Stadt in der Kalahari. S. 264.

Kelvin Hulley, *Ralston Raft in the Dance Fire*, ISBN 978-1-843-86909-2, nur Englisch. Eine furiose Mischung aus Entwicklungs- und Abenteuerroman, gewürzt mit viel angelsächsischem Humor und einer Prise Erotik. Der Protagonist Ralston Raft, der als behüteter Internatsschüler im weißen Südafrika aufwächst, stößt während eines beruflichen London-Aufenthalts auf die Spur eines Schatzes in der Wildnis von Botswana und beschließt, diesen zusammen mit ein paar Freunden zu heben. Die Begegnung mit den San verändert das Leben der Abenteurer für immer.

Ein einmaliges Afrika-Buch und ein Muss für das Verständnis der Geschichte des südlichen Afrika ist **James Micheners** *Verheißene Erde*, Knaur, ISBN 3-426-03221-X, in dem fünf Jahrhunderte durch einzelne Romanfiguren unterschiedlicher Herkunft lebendig und verständlich werden. Wenn man sich einmal eingelesen hat, legt man dieses Buch nicht mehr aus der Hand (gebraucht bei Amazon erhältlich).

Alexander McCall Smith, *Ein Krokodil für Mma Ramotswe*, Der erste Fall der „No. 1 Ladies' Detective Agency", ISBN 978-3-404-14918-6. Dieser Roman stellt eine ganz wunderbare Reiselektüre für unterwegs dar, unterhaltsam und humorvoll geschrieben, mit viel Sympathie für die Frauen Afrikas und einem Augenzwinkern für die afrikanischen Männer. Die Liebe des Autors zu Botswana spricht aus jedem Satz; die bildhafte Sprache lässt die Atmosphäre so lebendig werden, dass man meint, afrikanische Luft zu atmen und afrikanischen Boden unter den Füßen zu spüren. Wer nach der Lektüre nicht auftauchen will aus Mma Ramotswes Welt, greift zu einem der Fortsetzungsromane.

Peter Stark, *Der weiße Buschmann*, ISBN 978-99916-7-473-5. Schon der Untertitel *Vom Wilderer zum Wildhüter* deutet auf das abenteuerliche Leben dieses außergewöhnlichen Mannes hin. Die kurzweilige Autobiographie gibt spannende Einblicke in das Leben in der Natur und auf Farmen sowie in das menschliche Miteinander in „Südwest".

Eric Sell, *Esisallesoreidt*, ISBN 99945-68-208, jugendlicher Remake des „grossen Dikschenärie" von Joe Pütz.

Reiseberichte aus Namibia, ISBN 99916-30-81-3. Der **Deutsche Kulturrat in Namibia** hat die zwölf besten Reiseberichte im Rahmen eines Wettbewerbes zusammengestellt. Ein gutes Andenken an die Reise durch Namibia, aber auch gleichzeitig eine gute Reisevorbereitung für Individualreisende. Der Leser erfährt, wie Namibier ihre Heimat erleben und was sie am eigenen Land begeistert. Das Büchlein vermittelt den Reiz Namibias.

Zwischen Tag und Traum, ISBN 99916-30-41-4, Kurzgeschichten aus Namibia.

Uwe Timm, *Morenga*, ISBN in Dtl. 3-462-01703-9 und in Namibia 978-3423-12729-7, dokumentarischer Roman über die Zeit des Herero-Aufstandes 1904.

Grunhild von Oertzen, *Namib-Quartett*. Ein spannendes und lehrreiches Kartenspiel für 2–8 Spieler. Ab 8 Jahren, auch für die Großen. Bebilderte Karten über Lebewesen der Namib. Herausgegeben von der Desert Research Foundation of Namibia.

Tommy Jaud, *Hummeldumm*, ISBN 3-502-11037-9. Amüsante, leichte Urlaubslektüre. Namibia mal aus dem Blickwinkel von deutschen Besuchern, die sich einer Gruppenreise angeschlossen haben. Dabei lernen sie nicht nur Land und Leute auf besondere Weise kennen, sondern erleben inklusive Gruppenkoller so ziemlich alles, was es an menschlichen Höhen und Tiefen auszuhalten gibt. Auch als Hörbuch erhältlich.

Nils Ole Oermann, *Der weiße Ovambo*, Ein deutsch-afrikanisches Jahrhundertleben, ISBN 978-3-451-30920-5. Die bewegende Lebensgeschichte des Peter Pauly, der als Zögling eines Nazi-Internats erfährt, dass er Halbjude ist, und seine Heimat daraufhin in Richtung Afrika verlässt. Nach mehreren Jahren als Kaffeefarmer in Tansania und einer Internierung in Südafrika landet er 1950 in Namibia, wo er dem Alltagsrassismus die Stirn bietet und schließlich zum Oberhaupt eines Ovambo-Clans aufsteigt – noch in Zeiten der Apartheid. Das alles liest sich ungeheuer spannend und widerlegt ganz nebenbei die alte Weisheit, wonach es kein richtiges Leben im falschen gibt.

Michael Schnurr, *Aufbruch nach Namibia: Der lange Weg von Reiner und Gillian Stommel zur Farmschule Otjikondo*, ISBN-13-978-3941602076, erschienen 2011. Interessanter, etwas weitschweifiger Roman zur Geschichte der Farmschule Otjikondo und den ungewöhnlichen Lebenswegen seiner Gründer, Reiner und Gillian Stommel. Ein Missionar kleinbürgerlicher, deutscher Herkunft und eine englische Aristokratin überwinden alle Hindernisse und setzen 1990 ihren Traum in die Tat um: die Gründung der Farmschule von Otjikondo, einer Schule für schwarze, unterprivilegierte Kinder.

Henno Martin, *Wenn es Krieg gibt, gehen wir in die Wüste*, ISBN 0949995-25-8. Martin und sein Freund und Kollege Hermann Korn verbrachten während des Zweiten Weltkrieges 2 1/2 Jahre im Kuiseb in der Namib-Wüste, um der drohenden Internierung zu entgehen. Die ideale Wüstenlektüre.

Peter v. Egan-Krieger (Hg.), *Hermann Korn – Zwiegespräch in der Wüste*, Briefe und Aquarelle aus dem Exil 1935–46, Klaus Hess Verlag, ISBN 3-9804518-9-5. Dieses Buch bildet Rahmen und Ergänzung zu Henno Martins Roman. Korn starb schon 1946 bei einem Autounfall in Windhoek. Er war eine facettenreiche Persönlichkeit, hochbegabt und psychisch nicht immer stabil. Kernstück des Buches ist der „Wüstenbrief" mit der Schilderung seiner eigenen Eindrücke der Robinsonade – ein Perspektivenwechsel.

Geschichte und Politik

Klaus Dierks, **Chronologie der Namibischen Geschichte**. Von der vorgeschichtlichen Zeit bis zur Unabhängigkeit, ISBN 99916-40-39-8. Dierks bemüht sich in seiner Chronologie, Lücken, die durch ausschließlich koloniale Geschichtsschreibung entstanden sind, zu schließen.

H.E. Lenssen, **Chronik von Deutsch-Südwestafrika 1883–1915**, erschienen 1953. Hochinteressant zu lesen, jedoch dem damaligen Zeitgeist entsprechend aus deutscher, kolonialer Sicht geschrieben.

Otto von Weber, **Geschichte des Schutzgebietes Deutsch-Südwest-Afrika**, ISBN 99916-40-08-8.

G. L. Buys, S.V.V. Nambala, **History of the Church in Namibia – An Introduction**, ISBN 99916-0-490-1. Geschichte der Kirchen in Namibia, geschrieben von zwei Autoren aus unterschiedlichen „Lagern". Nur Englisch; S. 202.

Maria Fisch, **Der Caprivizipfel** während der deutschen Kolonialzeit 1890–1914, ISBN 99916-37-40-0. Das einzige Buch zu diesem Thema, auch hier wird Fischs fundierte Kenntnis des Caprivi und seiner Völker deutlich.

Erika von Wietersheim, **This Land is my Land!**, ISBN 978-99916-820-5-1. Interessantes Buch über die Landreform in Namibia, die hier aus verschiedenen Blickwinkeln beleuchtet wird. Schwarze und Weiße, Landbesitzer und solche, die es werden wollen, Regierungsbeamte und Landwirtschaftsexperten – sie alle wurden befragt und konnten so zu der vielschichtigen Darstellung dieses hochemotionalen Themas beitragen.

Natur-, Reiseführer, Karten und Bildbände

Es gibt sehr viele Pflanzen- und Tierführer, die meisten guten auf Englisch. Hier sei nur eine kleine Auswahl aufgeführt. Gleiches gilt für die zahlreichen Bildbände, die oftmals von hoher Qualität sind – Namibia ist ein sehr dankbarer Landstrich für Fotografen.

Kai-Uwe Küchler, **Horizont NAMIBIA**, ISBN 978-3-8003-1968-8. Bildband mit wunderschönen Aufnahmen von Namibia. Mehr als nur „wieder mal eine Düne": Die Namibia-Begeisterung des begnadeten Fotografen Kai-Uwe Küchler schimmert auf allen Seiten durch. Die Texte (Livia & Peter Pack) sind sehr persönliche Erlebnisberichte von den Reisen der drei Autoren. Spannend, informativ und gute Unterhaltung; ein schönes Geschenk, um jemanden mit dem Namibia-Virus anzustecken. Ideale Lektüre vor und nach einer Namibia-Reise.

Kai-Uwe Küchler, **Abenteuer NAMIBIA**, ISBN 978-3-8003-4604-2. Diesmal hat der Autor Spannung in Namibia im Sand, aus der Luft, bei Tierbeobachtungen und beim Hiking per Kamera umgesetzt. Selbst Regen ist in Namibia ein Abenteuer. Die Texte sind wiederum von Livia & Peter Pack verfasst und lassen Abenteuerlust aufkommen. Mit dem Ting-Hörstift erklingen Originalaufnahmen von der Reise. Außerdem gibt Kai-Uwe Küchler Einblicke in sein Handwerk: von den richtigen Kameraeinstellungen über Tipps für die Suche nach dem perfekten Bild bis zu kleinen Anekdoten beim Fotografieren.

Neil MacLeod, Nikos G. Petrou, **Der Expertenführer ETOSHA**, Den Tieren auf der Spur, ISBN 978-3-933117-86-1, erschienen im Jahr 2012. Der neue Etosha-Guide, mit Karten, Tieraufnahmen, Beschreibungen von den Wasserstellen, Anekdoten u. v. m. Wer genug English beherrscht, kann sich die englische Originalversion besorgen. Erhältlich in deutschen und namibischen Buchhandlungen sowie in den Shops in Etosha.

Chris und Tilde Stuart, **Field Guide to the larger Mammals of Africa**, ISBN 978-1-77007-393-1, fundierter Führer, gute Fotos, nur Englisch, es gibt jedoch eine gekürzte deutsche

Ausgabe, die allerdings kaum ausführlicher ist als der Safari Guide im vorliegenden Buch.

Vincent Carruthers, **Fauna und Flora im südlichen Afrika**, ISBN 978-1-86872-644-8. Umfassendes Handbuch für Tiere und Pflanzen. Kleine Abbildungen mit allen nützlichen Infos; handliches Format.

Burger Cillié, **Handbuch der Säugetiere des Südlichen Afrika**, ISBN 1-875093-47-8. Gut gegliederter Säugetierführer, mit guten Fotos und prägnanten Steckbriefen für die Identifizierung im Busch. In Afrikaans verfasst, daher erstaunt auch die Widmung nicht und über die Übersetzung der Tiernamen, also Trivialnamen, lässt sich ja streiten.

Newman's Birds of Southern Africa, ISBN 1-86812-611-0. Die „Bibel" für Ornithologen, nur Englisch, aber mit deutscher Namensliste.

Robert's Bird Guide, ISBN 978-0-620-38313-4. Endlich auch als Taschenbuch und bezahlbar.

Piet van Wyk, **Trees of Southern Africa** – A Photographic Guide, ISBN 1-86825-307-4, handliche Ausgabe mit guten, beschreibenden Fotos, nur Englisch.

Veronica Roodt, **Trees & Shrubs of the Okavango Delta**, ISBN 99912-0-241-2, sehr guter Pflanzenführer, der nicht nur die Pflanzen genau beschreibt, sondern auch ihren Nutzen für die Menschen (medizinisch, als Nahrungsquelle und als Baumaterial) erklärt. Da die Vegetation des Caprivi der des Okavango-Deltas ähnlich ist, ist das Buch auch für diejenigen nützlich, die nicht direkt ins Delta fahren. Nur Englisch.

Pieter van der Walt, Elias le Riche, **The Kalahari and its plants**, ISBN 0-620-23416-4, Beschreibung der Kalahari und Pflanzenführer, von in der Kalahari geborenen und dort aufgewachsenen Autoren, Schwerpunkt liegt auf dem Gebiet des Kgalagadi Transfrontier Parks. Nur Englisch.

Hüser, Besler, Blümel, Heine, Leser und Rust, **Namibia – Eine Landschaftskunde in Bildern**, Edition Namibia, Band 5, Klaus Hess Verlag, ISBN 3-933117-14-3. Liebeserklärung an Namibia in Bild und Text, von Wissenschaftlern verschiedener geografischer Fachbereiche, verständlich für den interessierten Laien geschrieben.

David Coulson, Alec Campbell, **African Rock Art**, neueres Buch zum Thema Felsgravuren und -malereien. Mit vielen Abbildungen, Beschreibungen, Karten und Analysen. Erhältlich in den Bücherläden in Namibia, nur Englisch.

Peter und Marilyn Bridgeford, **Cape Cross – Past and Present**, ISBN 99916-50-70-9, Buch über die Geschichte von Cape Cross und über die Robben, nur Englisch.

Peter und Marilyn Bridgeford, **Sesriem & Sossusvlei – Die Wüste erleben**, erschienen im Selbstverlag 2005, für Namibia-Besucher verfasst, gut recherchiert und mit Herz geschrieben. Im Buchhandel vor Ort erhältlich.

Nicole Grünert, **Namibias faszinierende Geologie**. Ein Reisehandbuch, ISBN 3-933117-12-7. Ein geologischer Reiseführer, gut und verständlich geschrieben, mit Beschreibung des jeweiligen Anfahrtsweges – interessant für alle, die sich für die Entstehungsgeschichte der namibischen Landschaft interessieren, für Mineralien und sonstige geologische Phänomene.

Amy Schoeman, **Notes on Nature**, ISBN 99916-0-326-3, interessante und teilweise amüsante Geschichten über die verschiedenen großen und kleinen Naturwunder Namibias. Nur Englisch, aber leicht verständlich.

Garth Owen-Smith, **An Arid Eden: A Personal Account of Conservation in the Kaokoveld**, ISBN 978-1868423637. Owen-Smith hat einen Großteil seines Lebens im Nordwesten Namibias verbracht, um die Dezimierung der Nashörner und Wüstenelefanten durch illegale Jagd aufzuhalten. Dabei arbeitete er eng mit den lokalen Himba und Damara zusammen und musste sich u. a. der Ignoranz der Regierung entgegenstellen.

Eberhard von Koenen, **Heil-, Gift- und essbare Pflanzen in Namibia**, ISBN 978-3-9804518-2-6. Detailgetreue Zeichnungen, aufwendig recherchiert und gestaltet.

Franz Conradie, **Einführung in den südlichen Sternenhimmel**, ISBN 99916-40-50-9. Leicht verständlich, gut bebildert, ideal als Einstieg.

Philip's **Planisphere Southern Hemisphere**, 9-780540-08479-1. Mit dieser Himmelsscheibe macht das Sternegucken erst richtig Spaß. Sie zeigt für jede Stunde im Jahr die Sternenkonstellationen.

Katy Payne, **Stiller Donner – Die geheime Sprache der Elefanten**, ISBN 3-89405-127-2, autobiografisch gefärbte Dokumentation einer Forschungsarbeit über die Kommunikation der Elefanten, hochinteressante Einblicke in das Sozialgefüge der Tiere und ihre Verständigung untereinander – durch zum Teil für den Menschen nicht hörbare Laute. Etwas selbstherrlich geschrieben, teilweise Fachjargon. Sehr sensibles Kapitel zum Thema Culling, gegen das die Autorin sich eindeutig ausspricht. Ein Muss für Elefantenliebhaber (gebraucht bei Amazon erhältlich).

Joh Henschel, Rudolf Dausab, Petra Moser, John Palltet, **!Nara – Fruit for Development of the !Khuiseb Topnaar**, ISBN 99916-40-33-9, eine Publikation der Desert Research Foundation of Namibia, herausgegeben 2004 vom Verlag der Namibia Wissenschaftlichen Gesellschaft. Thema ist die Nara-Pflanze, ihre besondere Bedeutung für die Topnaar, ihre wirtschaftliche Nutzung und die Möglichkeiten ihres Schutzes.

Sakkie Rothmann, **Where to journey inside Namibia**, ISBN 99916-784-5-X. Dieses Buch möchte Bildband und Reiseführer in einem sein. Als alleiniger Reiseführer sicherlich nicht geeignet, aber eine schöne Ergänzung, breit gefächert mit teilweise sehr guten Fotos, nur Englisch.

Michael Poliza, **The Essential Africa**, ISBN 978-3-8327-9197-1. Ein traumhaft schöner Fotoband mit teilweise ganz erstaunlichen Aufnahmen. Etwas zum Schwelgen.

Ilona Hupe, Manfred Vachal, **Reisen in Zambia und Malawi**, ISBN 3-932084-22-5. Einer der wenigen Zambia-Reiseführer überhaupt, aber nicht nur deswegen wirklich empfehlenswert. Updates gibt es bei 💻 www.hupeverlag.de.

Denjenigen, die gern mit einer großen Faltkarte reisen, sei die **offizielle TASA-Namibia-Karte** von Jana Erhardt und Prof. Jäschke von der Uni Dresden empfohlen. Sie ist an dem blauen „Roads Authority"-Sticker links unten zu erkennen. Die Karte wird in unregelmäßigen Abständen aktualisiert und ist in Namibia überall erhältlich. Preis etwa N$26.

Bevölkerung

Frei, Passlick, Mayerle, **Buschmänner. Eine Reise zur Urbevölkerung Namibias**, Klaus Hess Verlag, ISBN 99916-570-3-7. Neueste Veröffentlichung über die San in deutscher Sprache, mit aktuellen Fotografien und Texten.

Margaret Jacobsohn, Peter und Beverly Pickford, **Himba – Die Nomaden Namibias**, Klaus Hess Verlag, ISBN 978-3-9804518-3-3. Eines der vielen, meist guten Bücher über die Himba, sehr gute Fotos.

Walter G. Wentenschuh, **Namibia und seine Deutschen**. Geschichte und Gegenwart der deutschen Sprachgruppe im Südwesten Afrikas, Klaus Hess Verlag, ISBN 3-9804518-0-1. Das Buch untersucht den Einfluss der Deutschen auf das Land und den Einfluss des Landes auf die Deutschen, ihre vielschichtige Rolle, ihr unterschiedliches Geschichtsverständnis und die Frage, wie die Deutschen (die nicht alle weiß sind) sich im heutigen Namibia fühlen.

Constance Kenna, **Die „DDR-Kinder" von Namibia – Heimkehr in ein fremdes Land**, ISBN 978-99916-747-6-6. Ein auch von den „DDR-Kindern" akzeptiertes Buch über ihre besondere Biografie, S. 161.

Lucia Engombe, **Kind Nr. 95, Meine deutsch-afrikanische Odyssee**, ISBN 3-548-25892-1, Einblick in die schwierige Biografie eines der „DDR-Kinder", Beschreibung der drei Abschnitte ihres Lebens: Flüchtlingslager in Zambia, Zeit in der DDR und Rückkehr nach Namibia. Interessante und teilweise beklemmende Schilderung dieses besonderen Lebens zwischen zwei Kulturen – wo Menschenleben wieder einmal zum Spielball der Politik wurden.

Ilse Schatz, **Unter Buschleuten**, ISBN 99916-712-9-3. Ilse Schatz ist auf einer Farm bei Grootfontein aufgewachsen und lebte später mit ihrem Mann auf einer Farm in der Nähe des Otjikotosees. Ihr gelang es mit Respekt, Freundlichkeit, sehr viel Geduld und Demut, einen authentischen Einblick in die Sitten und Gebräuche der Buschleute zu erhalten. 1993 veröffentlichte sie ihre Erfahrungen. Ilse Schatz hat 1975 das Museum in Tsumeb gegründet.

Kunst und Kultur

Minette Mans, **Discover Musical Cultures in the Kunene Region – A Guide to the Living Music and Dance in Namibia**, ISBN 978-99916-637-2-2.

Erschienen 2004, thematisiert die Musikkultur der Himba und beschreibt, zu welchen Anlässen welche Musik und Tänze gebräuchlich sind, mit vielen Fotos und CD. Nur Englisch.

Adelheid Lilienthal, **Art in Namibia,** ISBN 978-99916-30731. Querschnitt durch die bildenden Künste in Namibia, Vorstellung der permanenten Ausstellung in der National Art Gallery in Windhoek, in Englisch, mit vielen Farbabbildungen.

Yvonne Short, **A Kitchen Safari – Stories & Recipes from the African Wilderness**, ISBN 978-1-77007-127-8. Wunderschönes Kochbuch und Bildband in einem, in Englisch.

Antoinette de Chavonnes Vrugt, **My Hungry Heart**, ISBN 978-9916-852-3-6. Wundervolles, preisgekröntes Kochbuch mit Fotos von Hentie Burger. Für viele Namibier ist dies das beste Kochbuch der Welt. Nur Englisch.

Kinderliteratur

Von der in Namibia erschienenen Kinderliteratur seien hier nur einige Bücher empfohlen, am besten geht man jedoch in eine der Buchhandlungen in Windhoek und Swakopmund und schaut sich die Bücherauswahl selbst an.

Das schönste Kinderbuch für eine Namibiareise ist **Benni Der kleine Elefant**, von Almut Heddenhausen und Michelle Klink. Hinreißende Geschichte, sprachlich wunderbar formuliert, kindgerecht, anrührend und richtig namibisch. Deutscher und englischer Text, sodass die größeren Kinder gleich ihr Englisch testen können. Mit den Illustrationen dazu, die obendrein ausgemalt werden können, lassen sich mit diesem Büchlein auch nicht mitreisende Kinder zu Hause beglücken. Inzwischen gibt es zwei Fortsetzungsgeschichten – unbedingt mitnehmen.

Tippi Degré, **Tippi aus Afrika – Das Mädchen, das mit den Tieren spricht**, ISBN 3-550-07164-7. Faszinierendes Buch mit tollen, zum Teil unglaublich anmutenden Fotos und sehr weisen Kommentaren des zehnjährigen Mädchens. S. 72.

Hadi du Plessis, **Kammi der Kameldornzwerg**, ISBN 978-06200-719-0-1. Kammi kommt aus einer Kameldornschote und entdeckt nun die Welt. Geschichten zum Vor- und Selberlesen.

Blythe Loutit, **Der wundersame Elefant der Namib** *(The Magic Elephant of the Namib)*. Ein fast wahres Elefantenmärchen. Blythe Loutit war Gründerin und Leiterin des Save The Rhino Trust, der sich nicht nur der Rettung der Nashörner, sondern auch der Rettung der Wüstenelefanten verschrieben hat (zzt. vergriffen, nur auf Englisch erhältlich).

Ursula Dieckhoff, **Moni – ein Lämmchen!**, ISBN 978-99916-503-5-7. Eine einfache Begebenheit im Alltag auf der Farm wird für die kleine Moni zum großen Erlebnis. Ein weiteres „Moni"-Buch ist bereits erschienen.

Wilhelm Kellner, **Die Buschhexe**, südwestafrikanisches Märchenbuch; wieder neu aufgelegt.

Reisemedizin zum Nachschlagen

Allergien

Jeder Allergiker sollte generell darauf achten, seine speziellen Medikamente dabeizuhaben. Für Asthmatiker ist das trockene namibische Klima im Allgemeinen gut verträglich. In den meisten Fällen wirkt es sich sogar positiv auf das Befinden aus. Einer der berühmtesten Pioniere Namibias, August Stauch, kam hierher, weil er sich als Asthmatiker Besserung seines Leidens versprach.

Allergien gegen bestimmte Lebensmittel sollten bei Buchung, spätestens jedoch bei Ankunft in einer Unterkunft, bekannt gegeben werden, damit die Gastgeber sich darauf einstellen können. Wer unter Heuschnupfen leidet, wird nach den Regenfällen von März bis Juni (wenn das Gras wieder vertrocknet ist) die entsprechenden Medikamente benötigen. Vereinzelt verursachen auch exotische Blüten, etwa die Blüten des Jakarandabaumes (im September), allergische Reaktionen. Wer unter Neurodermitis leidet, wird in Namibia wahrscheinlich einen Rückgang der Symptome erwarten können. Trotzdem ausreichend Wirkstoff- und Pflegecremes mitnehmen – die Haut braucht mehr Feuchtigkeit als zu Hause.

Stiche von Wespen und Spinnen, ja selbst von Moskitos, können allergische Reaktionen hervorrufen, daher gehören Antihistaminika und entsprechende Salben in die Reiseapotheke.

Bilharziose

Das Bilharziose-Risiko in Namibia ist sehr gering, da es nur wenige stehende Gewässer gibt. Lediglich im regenreicheren Ost-Caprivi gibt es vereinzelt ein geringes Infektionsrisiko.

Bilharziose wird durch Saugwürmer verursacht. Die Larven der Würmer existieren in warmen, stehenden Gewässern. Sie durchbohren die Haut von Mensch oder Tier, wandern zunächst in die Leber und dann weiter in die Blase und den Darm. Dort reifen die Larven heran und legen Eier. Diese gibt der Träger wieder ab. Erste Symptome sind Juckreiz und Fieber, später kommen Blut im Stuhl oder Urin hinzu. Bei rechtzeitiger Behandlung ist eine komplikationslose Heilung möglich.

Durchfallerkrankungen

Wer für Durchfallerkrankungen anfällig ist, dem werden eventuell schon der Klimawechsel und, im namibischen Sommer, die Hitze zu schaffen machen. Ansonsten ist das Risiko einer Magen-Darm-Verstimmung in Namibia gering. Es gibt sauberes Trinkwasser, bei Obst und Gemüse reicht eine gründliche Reinigung. Die Gefahr, nach einem fetten Essen Durchfall zu bekommen, ist größer, als sich eine Infektion durch das Wasser zu holen.

Salmonellen-Infektionen gibt es jedoch auch im südlichen Afrika, daher sind Speiseeis und andere unbehandelte, hitzeempfindliche Lebensmittel mit Vorsicht zu genießen. Entsprechende Medikamente zur Behandlung von Durchfall, etwa Imodium und Elektrolyte, gehören auf jeden Fall in die Reiseapotheke. Zur Not tun es aber auch die bewährten Hausmittel: Salzstangen und warme Cola ohne Sprudel. Im südlichen Afrika ist Rooibos-Tee generell sehr beliebt, dieser wirkt bei Magenverstimmungen lindernd.

Erkältungen

Die Immunabwehr kann durch die Anstrengungen des Fluges und durch die allgemeine Umstellung etwas geschwächt sein. Außerdem gibt es besonders im namibischen Winter oft große Unterschiede zwischen den Tages- und Nachttemperaturen. Trägt man mehrere dünne Kleidungsstücke übereinander („Zwiebeltechnik"), kann man sich den Temperaturschwankungen leichter anpassen und so Erkältungen vermeiden.

Klimaanlagen sind das größte Übel, was Erkältungen betrifft. Am schlimmsten sind die Klimaanlagen in den Autos. Abgesehen davon, dass die Abkühlungen ungleichmäßig sind und kalte Luftströme steife Nacken und Sonstiges verursachen, kann den ständigen Temperaturschwankungen, besonders wenn dauernd das Fenster zum Fotografieren geöffnet wird, kein Immunsystem standhalten.

Giftige Tiere

In Afrika gibt es einige giftige Tiere, die dem Menschen gefährlich werden können. Dazu zählen Schlangen, Skorpione, Spinnen und Wespen. Übertriebene Sorgen braucht man sich deshalb aber nicht zu machen. Die meisten **Schlangen** haben Angst vor Menschen und verschwinden, bevor man sie sieht. Während einer Namibiareise auf Schlangen oder Skorpione zu treffen, ist eher etwas Besonderes.

Trotzdem sind bei Wanderungen lange Hosen und knöchelhohe Schuhe vorteilhaft, da sie vor Bissen schützen. 80 % aller Schlangenbisse sind unterhalb des Knies, von den verbleibenden 20 % sind wiederum 80 % an den Händen! Kräftiges Auftreten verjagt die meisten Schlangen – mit Ausnahme der trägen Puffotter. Daher immer schauen, wohin man tritt. Außerdem sollte man nicht in Höhlen oder dunkle Löcher greifen. Beim Holzsammeln empfiehlt es sich, die einzelnen Stücke vor dem Anfassen mit dem Fuß anzustupsen, hier können sich **Skorpione** verbergen. Abends sollte man immer eine Taschenlampe dabeihaben.

Beim Zelten gilt: nie barfuß laufen, das Zelt immer geschlossen lassen, den Schlafsack erst beim Schlafengehen ausrollen. Kleidung nicht in einen Baum oder Busch hängen, besser zusammenrollen. Generell, ob beim Zelten oder in Unterkünften, sollte man die Schuhe ausschütteln, bevor man hineinschlüpft.

Falls man doch gebissen wird, ist als Sofortmaßnahme ein Vakuum-Schlangenbiss-Set das Allerbeste (bei jeglichen Stichen oder Bissen); man bekommt es in Apotheken. Die Vakuumspritze saugt das Gift aus dem Körper – je schneller die Anwendung erfolgt, desto erfolgversprechender ist sie. Ein Schlangenbiss-Opfer sollte ruhig bleiben und sich möglichst nicht bewegen, damit sich das Gift nicht so schnell im Körper verteilt. Anschließend muss unverzüglich ein Arzt aufgesucht werden. Für den behandelnden Arzt ist es zur Wahl des Serums wichtig zu wissen, um welche Schlange es sich handelt. Am besten sollte die Schlange mit zum Arzt gebracht werden – tot oder lebendig. Jedes Schlangengift wirkt anders, und für jedes gibt es ein passendes Serum. Ein effektives Allgemeinserum ist bislang noch nicht erhältlich.

Spinnen sind weniger gefährlich. Ein gesunder Organismus erliegt selten einem Spinnenbiss. Gefährdet sind jedoch Kinder und alte Menschen.

In Namibia sind häufig rote und schwarze **Wespen** zu sehen, beide sind etwas größer als die in Europa bekannten Arten. Die schwarze Wespe sticht nur, wenn sie sich bedroht fühlt. Der Stich tut weh, ist aber ungefährlich. Die rote Wespe ist sehr aggressiv. Um einen solchen Wespenschwarm macht man geflissentlich einen großen Bogen. Das Gift der roten Wespe ist viel stärker, daher schmerzt nicht nur der Stich mehr, sondern das ganze betroffene Gebiet kann wie gelähmt sein. Auch hier schafft die Vakuumspritze Abhilfe, außerdem ist eventuell die Einnahme von Antihistaminika erforderlich.

Auch **Zecken** können gefährlich werden. Sie halten sich in der heißen Jahreszeit im Schatten der großen Bäume auf. Daher sollte man dort sein Zelt nicht aufstellen.

Hepatitis

Hepatitis ist eine Lebererkrankung, die durch Viren hervorgerufen wird. Sie geht häufig mit einer Gelbsucht einher, kann jedoch auch ohne diese Symptomatik auftreten (anikterische Hepatitis). Die Krankheit kann bei unsachgerechter Behandlung zu bleibenden Leberschäden führen.

Es wird zwischen Hepatitis A (oder Infektiöser Gelbsucht), Hepatitis B (oder Serum-Hepatitis), Hepatitis C, Hepatitis D (oder Delta-Hepatitis) und Hepatitis E unterschieden. Nur die ersten beiden Arten spielen für Touristen eine Rolle. Schutzmaßnahmen gegen Hepatitis A und B verringern ebenfalls das Risiko einer Infektion mit Hepatitis C, D und E.

Die Ursache für eine **Hepatitis-A**-Infektion ist mangelnde Hygiene. Die Beachtung gängiger

Hygienemaßnahmen wie Händewaschen und gründliches Reinigen von Obst und Gemüse vor dem Verzehr reduziert das Risiko einer Infektion auf ein Minimum. Gegen Hepatitis A gibt es eine Schutzimpfung.

Hepatitis B wird durch Austausch von Körperflüssigkeiten übertragen. Die Hepatitis B kann chronisch verlaufen und zu Leberzirrhose oder Leberkrebs führen. Hier gelten die gleichen Schutzmaßnahmen wie bei HIV. Gegen Hepatitis B gibt es eine Impfung, die nach abgeschlossener Grundimmunisierung zehn Jahre lang schützt. Wer noch keinerlei Hepatitis-Impfungen hat, sollte eine kombinierte Impfung gegen Hepatitis A und B in Betracht ziehen.

HIV/Aids

Seit 1995 ist Aids die Todesursache Nummer eins in Namibia. Laut aktuellen Studien von WHO und UNAIDS ist jeder fünfte Erwachsene zwischen 15 und 49 Jahren in Namibia HIV-positiv. Damit zählt Namibia gleichauf mit Südafrika zu den sieben Ländern der Welt, die am stärksten von der Krankheit betroffen sind. Die offizielle Infektionsrate liegt bei 22 %, in der Altersgruppe zwischen 25 und 35 Jahren gar bei 28 %. Die Infektionsrate im dicht besiedelten Norden in der Four O Region liegt bei 39 %, im Caprivi ist mit 43 % fast die Hälfte der Bevölkerung betroffen. 34 % der schwangeren Frauen sind HIV-positiv. Jeden Tag kommen mindestens 50 Neuinfektionen hinzu.

Hauptursache der schnellen Ausbreitung ist die unzureichende Aufklärung und, als Folge daraus, der mangelnde Gebrauch von Kondomen. Vielen Namibiern sind die Übertragungswege des Virus und die Möglichkeiten, sich davor zu schützen, nach wie vor unbekannt.

Das Risiko, sich im Falle eines Unfalls über Bluttransfusionen oder unsaubere Spritzen mit HIV zu infizieren, ist gering. Blutkonserven stammen in Namibia von ausgesuchten, freiwilligen Spendern. Qualifiziertes Personal des Blutspendedienstes prüft das gespendete Blut nach standardisierten, international festgelegten Methoden auf übertragbare Krankheiten. Die Qualität der Kontrollen und des Blutspendedienstes Namibias wurden von Delegationen der WHO und der Föderation der Rot-Kreuz-Gesellschaften geprüft und für gut befunden. Hilft man jedoch verletzten Personen, sollte man unbedingt immer Handschuhe tragen.

Der beste Schutz vor einer HIV-Infektion ist sexuelle Enthaltsamkeit. Namibia ist sowieso kein Land für schnelle Sexabenteuer. Wem nach den obigen Zahlen noch immer nicht die Lust darauf vergangen ist, sollte zumindest Präservative dabeihaben. Weitere Informationen zu HIV/Aids in Namibia S. 162.

Malaria

In Namibia gibt es Malaria. Laut einer Studie der Weltgesundheitsorganisation von 1995 bis 2001 werden jedes Jahr durchschnittlich 425 000 Malaria-Fälle in Namibia behandelt. Dabei erkranken Patienten häufig mehrfach – es heißt auch: Einmal Malaria, immer Malaria.

Generell ist das Risiko südlich von Etosha geringer als in den nördlichen Landesteilen. In der Trockenzeit von Mai bis Oktober besteht allerdings auch dort kein großes Risiko. Das ändert sich schlagartig zum Jahreswechsel: Mit dem ersten Regen entstehen die ersten Pfützen, und schon hat die Anopheles-Mücke, die den Malaria-Erreger überträgt, ideale Brutbedingungen. Im Zeitraum von Dezember bis April werden die meisten Erkrankungen gemeldet. Betroffen sind hauptsächlich die Kunene, Four O und Kavango Regions sowie der Caprivi-Zipfel. Je mehr Niederschläge ein Gebiet erhält, desto größer ist das Malaria-Risiko: Windhoek gehört zum Gebiet mit geringem Risiko, der Etosha National Park wird als mittleres Risikogebiet eingestuft; am Okavango und im Caprivi besteht ein hohes und in den Flussniederungen ein ganzjähriges Risiko.

Malaria wird durch verschiedene Plasmodien-Arten (Parasiten) verursacht, die die roten Blutkörperchen angreifen. Überträger dieser Erreger ist die Anopheles-Mücke, in Namibia Moskito genannt. Diese benötigt zum Brüten offenes, stehendes Wasser mit Sonneneinstrahlung. Nach frühestens einer Woche schlüpft der Moskito und lebt im Allgemeinen zwei bis vier

Regenfälle (Malaria-Risiko)

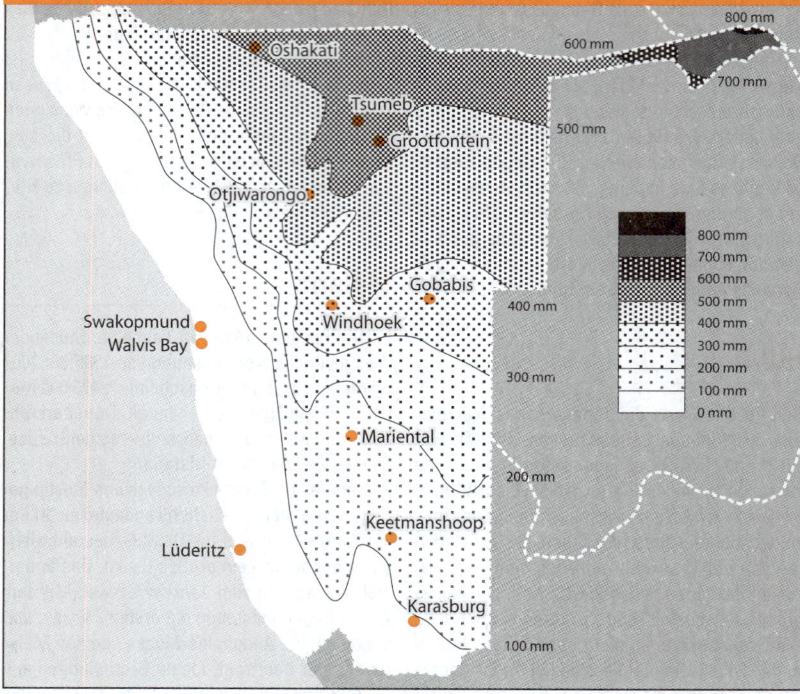

Wochen in einem Radius von wenigen Kilometern. Nur die weiblichen Moskitos übertragen die Krankheit. Voraussetzung ist, dass vorher ein Malaria-Träger gestochen wurde. Identifizieren kann man den Anopheles-Moskito nur, wenn man ihn erwischt: Er hat schwarzweiß gestreifte Beine.

Es gibt verschiedene Arten von Malaria. Die Malaria tropica (Erreger *Plasmodium falciparum*) ist die gefährlichste Form und kann falsch oder unbehandelt zum Tod führen. Die Inkubationszeit liegt meist zwischen einer und zwei, kann aber auch mehrere Wochen betragen.

Die Malaria-Symptome ähneln denen einer Grippe: Fieber, Kopf- und Gliederschmerzen sowie Schüttelfrost. Die Diagnose erfolgt ausschließlich durch den Nachweis der Parasiten im Blut. Da man auch noch Monate nach einem Aufenthalt in einem Risikogebiet an Malaria erkranken kann, sollte man sich bei plötzlich auftretendem, hohem Fieber auch noch lange nach der Heimreise unbedingt auf Malaria untersuchen lassen.

Der Anopheles-Moskito ist vor allem in der Dämmerung und im Dunkeln aktiv. Die **beste Vorbeugung** ist, gar nicht erst gestochen zu werden. Dazu dient lange, helle Kleidung, am besten Jeans. Die frei liegenden Körperteile sollten mit mückenabweisenden Mitteln geschützt werden. Die verschiedenen Sprays und Lotions von Autan (in Namibia nicht erhältlich) eignen sich sehr gut. Diese Mittel sind relativ geruchsneutral. Für besonders empfindliche Haut bietet sich alternativ Zedan an, das allerdings etwas intensiver riecht.

In Namibia gibt es verschiedene Insektenschutzmittel, die aber alle ziemlich unangenehm riechen. Zitronenöl hat sich ebenso bewährt wie Zitronellakerzen und Räucherstäbchen. In der Regenzeit ist außerdem ein Moskitonetz wichtig. Einige Unterkünfte sind mit Netzen ausgestattet, aber längst nicht alle. Es empfiehlt sich grundsätzlich, Netze mit Haken und Schnur mitzunehmen. Alle Outdoor- und Trekking-Läden bieten Moskitonetze an. In Namibia sind sie ebenfalls dort erhältlich oder direkt beim einheimischen Hersteller Mossi Nets, ✆ 067-240411, ✉ mossi nets@iway.na, in Otavi. Eine Anlieferung nach Windhoek zur ersten geplanten Unterkunft ist gegen Aufpreis möglich. Außerdem werden in allen Postämtern Moskitonetze von Mossi Nets verkauft. Auch wenn man sich vielleicht darüber wundert, was die Post mit Moskitonetzen verbindet (wahrscheinlich läuft das unter dem Motto: „Namibier unterstützen Namibier"), ist dieser Vertriebsweg sehr praktisch.

Mehr **Informationen** über Malaria und Medikamente gibt es bei den Tropeninstituten und Apotheken vor Ort. Aktuelle Infos und eine sehr gute, verständliche Erklärung mit kleiner Computer-Animation zur Entwicklung der Krankheit im Körper ist bei 💻 **www.fit-for-travel.de** zu finden, Stichwort Malaria-Zyklus auf der Malaria-Seite. Hier gibt es übrigens auch einen Link zu reisemedizinisch ausgebildeten Ärzten.

Eine **medikamentöse Prophylaxe** ist immer eine Belastung für den Körper. Keine Malaria-Prophylaxe bietet 100-prozentigen Schutz, da die Erreger zunehmend resistent werden. Die These, dass eine Prophylaxe das Krankheitsbild im Blut unterdrückt und man eine Malaria-Erkrankung dann schwieriger diagnostizieren kann, ist in Fachkreisen umstritten. Die gefährliche Malaria tropica soll bei einer Infektion trotz Prophylaxe weniger schwerwiegend verlaufen.

Alle Medikamente sind sowohl in Deutschland als auch in Namibia rezeptpflichtig. Herkömmliche bekannte Medikamente wie Paludrine/Resochin sind aufgrund der Wandelfähigkeit der Malaria-Erreger und damit Resistenzentwicklung ganz vom Markt genommen worden. Das Prophylaxemittel der Wahl ist Lariam (Wirkstoff Mefloquine, gibt es in Namibia unter dem Namen Mefliam etwas preiswerter), auch wenn es nicht von jedem gut vertragen wird. Das Medikament ist wegen seiner teilweise schwerwiegenden Nebenwirkungen (im Beipackzettel stehen nicht umsonst Hinweise auf Depressionen und Suizid) umstritten. Daneben wird in den englischsprachigen Ländern auch das Antibiotikum Doxycycline als Malaria-Prophylaxe verschrieben.

In Deutschland ist ein weiteres Kombinationsmittel auf dem Markt, Malarone (Wirkstoff Atovaquon/Proguanil, Markenname in Namibia: Malanil). Es soll einen 98-prozentigen Schutz vor der Malaria tropica bieten und kaum Nebenwirkungen haben. Da durch Malarone die Parasiten bereits in der Leber angegriffen werden, ist die Einnahmedauer relativ kurz: täglich eine Tablette ein bis zwei Tage vor, während und sieben Tage nach dem Aufenthalt im Malariagebiet. Mögliche Nebenwirkungen sind Übelkeit, Kopfschmerzen und Durchfall. Malarone wird vor allem bei Reisen in Gebiete mit hohem Malariarisiko empfohlen, allerdings sollte es nicht länger als vier Wochen eingenommen werden, da Langzeitstudien bislang fehlen. Risiken für Schwangere und Kinder können ebenfalls noch nicht eingeschätzt werden. Ein großer Nachteil von Malarone ist der Preis: Die Packung mit zwölf Tabletten kostet ca. 55 €.

Medikamente sind in Namibia etwas preiswerter als in Deutschland. In Windhoek und Swakopmund gibt es einige deutsche Apotheker, die gern beraten. Die Einnahme der Prophylaxe beginnt meist eine Woche vor der Einreise in das Risikogebiet und endet vier bis sechs Wochen nach der Ausreise (bei Malarone eine Woche danach). In einigen Apotheken wird außerdem ein Malaria-Schnelltest angeboten. Dieser prüft nicht alle Arten der Malaria und ist daher nicht zuverlässig. Jedoch kann damit Malaria tropica diagnostiziert werden. Ein solcher Eigentest ist natürlich nur dann sinnvoll, wenn man auch eine Stand-by-Therapie wie Malarone oder das in Namibia erhältliche Medikament Coartum (Wirkstoff Artemether/Lumefantrin) dabeihat.

Eine Rücksprache mit dem Haus- oder einem Tropenarzt ist auf jeden Fall erforderlich, vor allem wenn gleichzeitig andere Medikamente eingenommen werden müssen. Dann besteht die Gefahr einer Wechselwirkung und eventuellen Abschwächung des einen oder anderen

Medikamentes. Schwangere und Kinder sollten möglichst im namibischen Winter reisen und sich nicht in die Gebiete mit hohem Malaria-Risiko begeben.

Auch ohne Malaria kann ein Moskitostich unangenehm sein. Es werden verschiedene Salben und Gels zur Behandlung von Stichen angeboten. Sehr gut hat sich Aloe-Vera-Gel bewährt, das schmerzlindernd und kühlend bei sämtlichen Stichen wirkt und zudem wunderbar bei Verbrennungen, auch Sonnenbrand, hilft.

Sonne

Die Sonne ist Balsam für die Seele – aber schädlich für die Haut. Die Sonneneinstrahlung in Namibia kann mit der Australiens verglichen werden. Eine Viertelstunde ohne Schutz in der prallen Sonne kann für einen schweren Sonnenbrand ausreichen. Unter den Farmern ist Hautkrebs eine häufige Erkrankung. Ein Sonnenbad dem Teint zuliebe sollte wohlüberlegt sein. Bei Aktivitäten im Freien bekommt man schon genug Sonne ab. Ein breitkrempiger Hut, eine dunkle Sonnenbrille und Sonnencreme mit sehr hohem Lichtschutzfaktor sollten allerdings immer dabei sein. Wichtig ist, sich oft einzucremen (wenigstens jede Stunde), sonst hilft der stärkste Lichtschutzfaktor nicht, denn durch Abrieb und Schwitzen geht einfach zu viel verloren.

Wer empfindliche Haut hat, trägt am besten langärmelige Hemden und lange Hosen. In der Mittagszeit, wenn die Sonneneinstrahlung am intensivsten ist, hält man sich nach Möglichkeit im Schatten auf.

Den aus Australien stammenden Spruch „Between eleven and three we stay under a tree“ sollte man auch in Namibia beherzigen. Außerdem ist es wichtig, ausreichend zu trinken, sonst besteht die Gefahr eines Hitzschlages.

Thrombose

Durch das lange Sitzen im Flugzeug besteht die Gefahr einer Thrombose (eines Blutgerinnsels, das im schlimmsten Fall zum Tod führen kann). Besonders gefährdet sind Schwangere und ältere Frauen, aber auch Personen mit einer schweren chronischen Erkrankung. Der Hausarzt kann Auskunft darüber geben, ob ein erhöhtes Thromboserisiko besteht.

Optimal vorbeugend wirken Thrombosestrümpfe, die in Apotheken oder Orthopädie-Fachgeschäften erhältlich sind; sie schlagen jedoch mit bis zu 100 € zu Buche. Preisgünstiger und für jeden zu empfehlen sind Stützstrümpfe für etwa 20 €. Besteht ein erhöhtes Thrombose-Risiko, sind Thrombosestrümpfe vorzuziehen, außerdem kann bei sehr hohem Risiko die Verabreichung einer Enoxaparinspritze (niedrigmolekulares Heparin) durch den Hausarzt erforderlich werden.

Am allerwichtigsten sind Bewegung (kreisende Fußbewegungen und Fußwippen auch im Sitzen sowie Aufstehen) und reichliches Trinken, wobei auf Alkohol und Koffein möglichst zu verzichten ist, da beides dem Körper Flüssigkeit entzieht.

Tollwut

Tollwut gibt es auch unter den wilden Tieren Afrikas. Ist ein Tier besonders zutraulich, sollte man vorsichtig sein und Abstand halten. Tollwut kam in der Vergangenheit besonders häufig bei Schakalen und Kudus vor.

Wurmbefall

Wurmerkrankungen treten in Namibia selten auf. Bei Wurmerkrankungen setzen sich verschiedene Arten von Würmern im Darm fest und verursachen Durchfall und Blut im Stuhl. Häufigste Infektionsursache ist der Verzehr von larvenhaltigem Fleisch. Fleisch sollte aus diesem Grund immer sorgfältig ausgewählt und nicht nach langem Transport in der Hitze gegessen werden.

Der Hundebandwurm *(Echinococcus granulosus)* tritt in Namibia vergleichsweise häufig auf. Er verursacht eine Zystenbildung im Körper. Die Übertragung erfolgt durch direkten Kontakt mit Hunden oder durch befallene Nahrung. Gut gepflegte Hunde sind in Namibia entwurmt.

Index

ANHANG

ANHANG

H

I

J

K

ANHANG

V

W

Z

Notizen

ANHANG

Notizen

ANHANG

Danksagung

Livia und Peter Pack

Wir möchten uns ganz herzlich bei allen bedanken, die uns bei der Arbeit an diesem Buch mit Rat und Tat zur Seite standen.

Ein herzliches Dankeschön geht an Dieter Losskarn für die Aktualisierung der 7. Auflage und Jan Haas, der als Lektor auch diese Ausgabe wieder vertieft und abgerundet hat. Jan, bei Dir ist der Loose Namibia einfach in den besten Händen.

Von Herzen verbunden fühlen wir uns allen Bintangs, die dieses Reisehandbuch von der ersten bis zur jetzigen Auflage begleitet und betreut haben.

Außerdem danken wir dem Pack-Safari-Team für die Unterstützung bei Texten und den Karten, den Reiseleitern von Pack Safari für aktuelle Informationen aus dem Busch und den vielen begeisterten Namibia-Besuchern, die sich nach der Reise die Zeit nehmen, uns ihre Eindrücke zu schildern.

ANHANG

Bildnachweis

Umschlag

Titelfoto Peter Pack; Aloe namibensis
Umschlagklappe vorn LOOK-foto/age fotostock; Gepard
Umschlagklappe hinten Getty Images/Christophe Lehenaff; Swakopmund, Wandmalerei

Safari Guide

alle **Peter Pack,** außer:
Getty Images/Danita Deliment S. 25 unten
Getty Images/Fuse S. 3 oben
Getty Images/Beverley Joubert S. 31 unten
LOOK-foto/age fotostock S. 25 oben
Renate Loose S. 9 oben (2), 13 oben (3), 15 2. Bild von unten, 17 oben/2. Bild von unten, 29 Mitte
OKAPIA/Jean-Louis Klein & Marie-uce Hubert S. 17 Mitte
OKAPIA/Joachim Moog S. 3 2. Bild von oben
OKAPIA/Nils Reinhard S. 3 oben

Farbteil

alle **Peter Pack**

Schwarz-Weiß

alle **Peter Pack**

Impressum

Namibia
Stefan Loose Travel Handbücher
7., vollständig überarbeitete Auflage **2016**

Gesamtredaktion und -herstellung
Bintang Buchservice GmbH
Zossener Str. 55/2, 10961 Berlin
www.bintang-berlin.de
Redaktion: Jan Haas
Karten: Anja Krapat, Klaus Schindler
Grafisches Konzept: Groschwitz, Hamburg
Layout und Herstellung: Gritta Deutschmann
Farbseitengestaltung: Anja Linda Dicke

Printed in China

Kartenverzeichnis

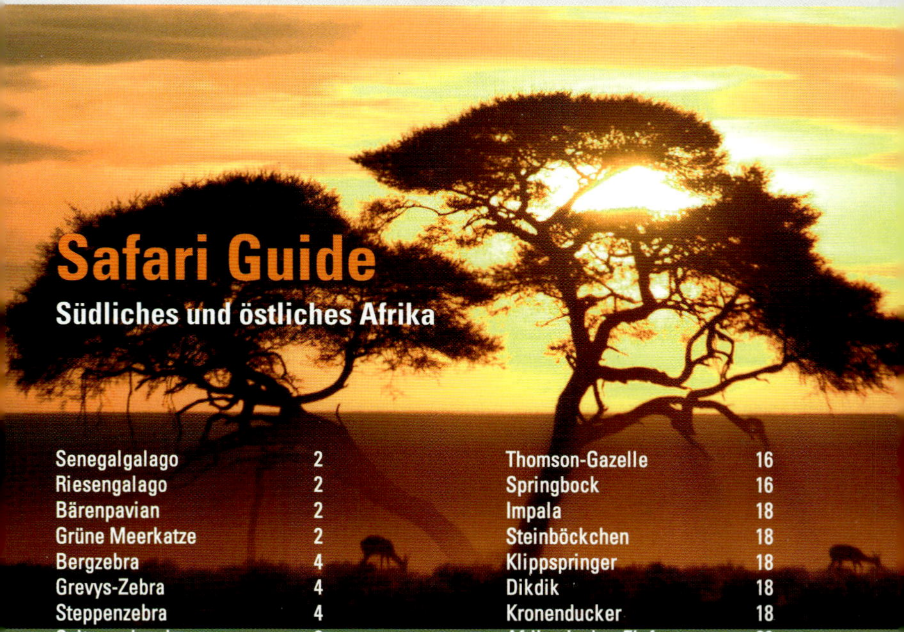

Safari Guide

Südliches und östliches Afrika

Senegalgalago – (lesser bush baby)
Galago senegalensis
Es gibt neun Arten von Galagos, auch im Deutschen oft „Buschbabys" genannt. Am häufigsten ist das Senegalgalago oder Steppengalago. Die nur 30–40 cm großen Tiere haben bis zu 25 cm lange Schwänze und ein graubraunes, wolliges Fell. Die verhältnismäßig großen, runden Ohren sind erstaunlich beweglich. Einzigartig sind die großen Kulleraugen und die kleine, spitze Schnauze. Senegalgalagos bevorzugen waldige Biotope, am Boden sieht man sie eher selten. Durch ihre stark entwickelten Hinterbeine können sie hervorragend springen.
Die geselligen Tiere sind ausschließlich nachtaktiv. Tagsüber schlafen sie in einem Nest aus Blättern oder in Baumlöchern. Sie ernähren sich von Baumharz, Früchten und Insekten.

Riesengalago – (greater bush baby)
Galago crassicaudatus
Die Riesengalagos sehen mit ihren großen, runden Ohren und den riesigen Augen den Senegalgalagos ähnlich, sind jedoch mit einer Körpergröße von 70–80 cm und einer Schwanzlänge von 35–45 cm wesentlich größer. Sie weisen ein katzenähnliches Erscheinungsbild auf, die Hüfte ist allerdings deutlich höher als die Schulter. Der lange Schwanz wird meist horizontal gehalten. Auch Riesengalagos sind ausschließlich nachtaktiv, halten sich aber im Gegensatz zu den Senegalgalagos eher am Boden auf und sind dadurch viel häufiger zu sehen. Auch sie fressen Baumharz, Früchte und Insekten; größere Tiere wie Reptilien und Vögel gehören ebenfalls zu ihrem Speiseplan. Ihr lauter Ruf erinnert an ein schreiendes Baby.

Bärenpavian – (chacma baboon)
Papio cynocephalus ursinus
Die viertgrößten Primaten Afrikas, die Paviane, sind weit verbreitet und häufig zu sehen. Im südlichen Afrika lebt der Bärenpavian, in Ostafrika der Webbipavian (yellow baboon) *Papio c. cynocephalus* und in Zentralafrika der Grüne Pavian (olive baboon) *Papio c. anubis*. Alle Pavianarten weisen ein ähnliches Aussehen und Verhalten auf. Erwachsene Männchen wiegen bis zu 32 kg und haben eine Schulterhöhe von bis zu 75 cm. Von anderen Affen unterscheiden sie sich durch die hundeähnliche Nase und die kleinen, nackten Ohren. Das Gebiss besteht aus messerscharfen, bis zu 5 cm langen Reißzähnen. Typisches Merkmal sind der abgeknickte Schwanz und das nackte Hinterteil, das sich bei weiblichen Tieren in der Brunft rot färbt. Paviane sind immer in Gruppen anzutreffen, die mitunter mehr als 100 Tiere zählen. Die Großfamilien werden von einem dominanten Männchen beherrscht, nur dieses paart sich mit den empfängnisbereiten Weibchen. Während der „Herrscher" sich meist in der Mitte der Gruppe befindet, umringt von den Weibchen mit ihren Jungen, halten sich die untergeordneten Männchen und die Weibchen ohne Jungen am Rande der Gruppe auf. Paviane können einen ohrenbetäubenden Lärm veranstalten. Das charakteristische „bochum" ist ein ganz auffälliger Laut im afrikanischen Busch.
Paviane sind klassische Allesfresser: Pflanzen aller Art, Skorpione, Schlangen, Vögel, Hasen und sogar kleine Antilopen werden gern genommen. Die Lebenserwartung liegt bei 30 Jahren. Die Pavianbestände gelten als gesichert, obwohl die Tiere wegen ihres zerstörerischen Verhaltens in allen Ackerbaugebieten sehr stark bekämpft werden.

Grüne Meerkatze – (vervet monkey)
Cercopithecus aethiops
Die kleinen Äffchen sind v.a. in Baumsavannen anzutreffen. Das gelbgraue Fell variiert je nach Region ein wenig im Farbton. Charakteristisch ist die dunkle Gesichtsmaske, die von einem Ring weißer Haare umrandet ist. Männchen haben einen grell-blauen Hodensack. Meerkatzen sind tagaktiv und ziehen sich bei Nacht in Bäume oder Felsen zurück. Pflanzen stellen den Großteil der Nahrung, ergänzt durch Insekten und Eier. Die Meerkatzen-Gemeinschaft besteht aus etwa 30 Tieren. Untereinander verständigen sie sich mit 36 verschiedenen Lauten, von denen sechs Alarmrufe sind. Sie fallen durch ihr dreistes Verhalten auf und können zur regelrechten Plage werden.

- P.c. papio (Guinea)
- Papio cynocephalus anubis
- Überschneidungsgebiet
- P.c. cynocephalus
- Überschneidungsgebiet
- P.c. ursinus

Bergzebra – (mountain zebra)
Equus zebra hartmannae und *Equus zebra zebra*
Am eindeutigsten sind die Bergzebras an der vom Hals hängenden Wamme (Hautfalte) von den anderen Zebras zu unterscheiden. Das markante schwarzweiße Streifenmuster geht bis zu den Hufen und weist keine Schattenstreifen auf. Der Bauch ist weiß und an der Schwanzwurzel haben sie ein deutliches, quer gestreiftes Muster. Sie leben in kleinen Herden, bestehend aus einem Hengst mit vier bis fünf Stuten und ihren Fohlen. Im Gegensatz zu den Steppenzebras meiden sie andere Tiere. Das Hartmannzebra ist etwas größer als das Kap-Bergzebra. Sie bevorzugen bergiges, meist trockenes Gelände. Zur Rettung der Kap-Bergzebras wurde 1937 bei Cradock, Südafrika, ein Park geschaffen. Es waren nur noch sechs Hengste und sieben Stuten übrig geblieben. Inzwischen gibt es wieder ca. 750 Tiere, dennoch ist das Überleben dieser Art nicht gesichert. Zum Schutz der Hartmannzebras wurde in Namibia der Naukluft Park eingerichtet. Trotzdem ist die Zahl von ca. 17 000 Hartmannzebras 1972 auf derzeit nur noch ca. 7000 gesunken.

Grevys-Zebra – (Grevy's Zebra)
Equus grevyi
Grevys sind die größten Zebras mit einem Gewicht von bis zu 430 kg bei einer Schulterhöhe von 1,50 m. Sie haben schwarze, sehr schmale Streifen auf dem weißem Körper, entlang der Wirbelsäule verläuft vom Nacken bis zum Schwanz ein schwarzer und daneben je ein weißer Streifen. Sie weisen keine Schattenstreifen auf. Die Bauchunterseite ist weiß, die Beine sind sehr dicht bis zu den Hufen gestreift. Der Kopf ist groß mit maultierähnlichen langen Ohren. Die Hengste markieren ihr Gebiet, das sie gegen andere Hengste verteidigen, mit Dunghaufen; Stuten mit ihren Fohlen dürfen jedoch hindurch ziehen. Grevys durchstreifen riesige Gebiete von bis zu 10 000 km^2, sie überstehen Trockenheiten dadurch besser als Steppenzebras.
In Kenya leben noch ungefähr 4000 Tiere und in Äthiopien noch 1500. Seit 1960 wurde der Bestand um 90 % reduziert. Unter den heutigen Bedingungen werden diese Zebras in spätestens 50 Jahren ausgestorben sein.

Steppenzebra – (Burchell's zebra)
Equus burchelli
Es gab sieben Unterarten der Steppenzebras, auch Burchell-Zebra genannt. Eine davon, *E.b. burchelli*, ist bereits ausgestorben, von den anderen seien hier nur die bekannteren erwähnt:
Das Grants-Zebra lebt in Ostafrika und in West-Zambia am Zambezi; das Crawshays-Zebra in Nord-Mosambik, Malawi und Ost-Zambia; das Chapmans-Zebra in Süd-Mosambik und das Damara-Zebra in Namibia und Südafrika. Die Musterungen sind sehr verschieden. Alle Steppenzebras haben breite schwarze Streifen auf dem weißen Körper, oft mit helleren Schattenstreifen dazwischen. Die Ausprägung dieser Schatten ist beim im Süden vorkommenden Damara-Zebra sehr deutlich, nimmt nach Norden ab und das am nördlichsten lebende Grants-Zebra hat gar keine Schattenstreifen. Die Streifenmuster sind vielfältig und gehen, anders als beispielsweise bei den Bergzebras, bis unter den Bauch. In der langen, aufrechten Mähne setzt sich das Streifenmuster des Halses fort. Auch wenn die Zahl der Steppenzebras auf über 700 000 geschätzt wird, sind sie extrem bedroht, denn noch immer gelten die Grasfresser als Konkurrenten der Rinder. Sie leben in kleinen Familienverbänden, die sich zu lockeren Herden mit einigen tausend Tieren zusammenschließen. Zebras sind relativ standorttreu, ihre Migrationen sind von den Futterbedingungen abhängig. Ausnahmen bilden die großen saisonalen Wanderungen wie z.B. im Serengeti-Ngorongoro-Masai Mara-Gebiet.
Der bellende, heisere „kwa-ha-ha"-Ruf ist eines der unverwechselbaren Geräusche der afrikanischen Savanne. Zebras sind eine beliebte Beute vieler Raubtiere, besonders von Löwen. Sie bevorzugen langes Gras und brauchen täglich Wasser, weshalb sie sich nur max. 15 km von Wasserstellen entfernen.

Equus zebra hartmannae
Equus zebra zebra

Spitzmaulnashorn „Schwarzes" Nashorn
(hooked-lipped rhionoceros, black rhino)
Diceros bicornis

Das Spitzmaulnashorn wird bei einer Schulterhöhe von 1,60 m (nur) etwa 1100 kg schwer. Es hat einen verhältnismäßig gedrungenen Schädel mit zwei tief aufgesetzten Hörnern, wobei das vordere gewöhnlich länger und stärker ist und bis zu 1,20 m lang werden kann. Die Hörner bestehen aus dicht gepressten Haaren und sind mit der Haut verwachsen, nicht mit dem Knochen, wie sonst bei Hornträgern üblich. Nur an der Schwanzspitze und an der Ohrspitze haben sie kleine, schwarze Haarbüschel. Die namensgebende fingerförmige Oberlippe wird sehr geschickt eingesetzt, um Zweige und junge Triebe abzuzupfen und ins Maul zu schieben, um sie dann mit den Backenzähnen abzubeißen. Aufgrund ihrer Äsungsgewohnheiten sind die Schwarzen Nashörner selten in offenen Grasgebieten, sondern eher in Buschland anzutreffen. Sie brauchen regelmäßig Wasser, können aber in ariden Gebieten bis zu fünf Tage ohne Wasser überleben. Sie leben solitär, Gruppen sind nur selten nachts an Wasserlöchern, wie z.B. bei Okaukuejo in Etosha, zu sehen. Bullen und Kühe kommen nur kurz zur Paarung, unabhängig von der Jahreszeit, zusammen. Ein einzelnes Kalb wird nach einer Tragezeit von 15 Monaten geboren. Das Kalb bleibt bis zu vier Jahre lang bei der Mutter und läuft immer neben ihr her. Das Schwarze Nashorn gilt als sehr aggressiv.

Um 1900 lebten noch ungefähr eine Million dieser einmaligen afrikanischen Tiere, 1984 gab es noch 9000, und heute sind es gerade mal 2000. Diese führen eine behütete Existenz in Parks, überwacht von Satellitenortungssystemen und privaten bewaffneten Wildhütern. Ausschließlich im Nordwesten Namibias zieht noch eine winzige Gruppe durch die freie Natur, auch diese wird von Wildhütern betreut. Die Nashörner werden wegen ihres begehrten Horns gejagt. Doch da inzwischen ein lebendes Nashorn fast ebenso viel wert ist wie das Horn, werden nun Gelder für Schutzmaßnahmen bewilligt.

Breitmaulnashorn „Weißes" Nashorn
(square-lipped rhinoceros, white rhino)
Ceratotherium simum

Die auch Breitlippennashörner genannten Tiere werden bei einer Schulterhöhe von 1,60 m bis zu 2300 kg schwer – sind also wesentlich massiger als die Schwarzen. Sie haben zwei Nas-Hörner, wobei das vordere länger und stärker ist. Die Rekordlänge für das vordere Horn beträgt stolze 1,58 m. Sie haben große, spitze Ohren, ein breites, fast rechteckiges Maul und einen auffallenden Nackenhöcker. Der große Kopf wird nur wenige Zentimeter über dem Boden getragen. Breitmaulnashörner bevorzugen offene Flächen, benötigen aber immer Schatten spendenden Busch sowie Wasser zum Trinken und Suhlen in der Nähe. Die geselligen Tiere sind meist in kleinen Grüppchen zu sehen. Bullen markieren ihr Gebiet mit Dung, verteidigen es gegen Eindringlinge und kämpfen um die Kühe. Nach einer Tragezeit von 16 Monaten wird ein 40 kg schweres Kalb geboren, das immer vor der Mutter läuft. Weiße und Schwarze Nashörner besitzen ein schlechtes Sehvermögen, dafür einen guten Geruchssinn und ein gutes Gehör. Weil sie Gefahr nur lokalisieren, aber nicht sehen können, greifen sie sofort an.

Eine mögliche Erklärung für den Namen „Weißes" Nashorn ist eine falsche Übersetzung aus dem Afrikaans: *wyde* („breit") ins Englische white. Konsequenterweise wurde das andere Nashorn dann Schwarz genannt, obwohl beide zweifelsfrei grau sind. Die Breitmaulnashörner, einstmals weit verbreitet und auf allen afrikanischen Grassavannen anzutreffen, findet man heute nur noch in Parks. Wegen der angeblichen Heilkraft und Potenz fördernden Wirkung des Horns wurden die Tiere skrupellos abgeschlachtet. 1897 wurden der Hluhluwe und der Umfolozi Park in Südafrika zur Erhaltung der letzten verbliebenen 50–100 Nashörner geschaffen. Heute gibt es wieder ca. 5000 Breitmaulnashörner, die meisten im Krüger Park.

Es existieren zwei Unterarten, neben dem südlichen C. s. simum gibt es das C. s. cottoni, dessen Bestand auf vermutlich nur 25 Exemplare im Garamba National Park im Kongo geschrumpft ist.

Warzenschwein – (warthog)
Phacochoerus aethiopicus
Warzenschweine haben eine graue, lederige Haut, die am Rücken und Nacken mit Borsten versehen ist. Der Kopf ist kantig. Die Eckzähne sind nach oben gebogen und entwickeln sich, vor allem beim Eber (Keiler), zu beeindruckenden Hauern. Eber haben zwei Warzenpaare im Gesicht, Säue (Bachen) hingegen nur eines. Der dünne Schwanz mit dem Haarbüschel am Ende stellt sich auf der Flucht nach oben auf. Warzenschweine ernähren sich von Früchten und Wurzeln, die sie mit ihrer flachen, spatenähnlichen Schnauze ausgraben. Sie übernachten in Erdhöhlen, in die sich ausgewachsene Tiere rückwärts, mit dem Hinterteil voran, begeben, während die Jungen vorwärts hineinkriechen.

Flusspferd – (hippo)
Hippopotamus amphibius
Hippos haben einen dicken, kurzbeinigen Körper und können bis zu 1500 kg wiegen. Sie leben sowohl an Land als auch im Wasser. Am Tag liegen sie lieber im Wasser oder ruhen sich am schlammigen Flussufer aus. Nachts ziehen sie auf Nahrungssuche bis zu 30 km weit über das Land, denn sie benötigen pro Tag 60 kg Gras und Wasserpflanzen.
Hippos bewegen sich unter Wasser fort, indem sie sich vom Boden abstoßen und dann mit beträchtlicher Geschwindigkeit vorwärts gleiten. Ausgewachsene Tiere bleiben bis zu sechs Minuten unter Wasser, um Wasserpflanzen zu fressen. Das Kalb wird an Land geboren und kann bereits wenige Minuten nach der Geburt schwimmen. Hippos leben in Herden von ca. 15 Tieren mit einem Leitbullen, der das Territorium mit Urin und Exkrementen markiert. Dringen Fremde in das Territorium ein, werden die Tiere äußerst aggressiv. Es heißt nicht umsonst, dass dem Hippo mehr Menschen zum Opfer fallen als irgendeinem anderen afrikanischen Säugetier.

Giraffe – (giraffe)
Giraffa camelopardalis
Giraffen werden bis zu 5 m groß und 1200 kg schwer. Es gibt acht Unterarten, die drei bekanntesten sind die Kenianische und die Netzgiraffe in Ostafrika sowie die so genannte Südliche Giraffe. Giraffen bevorzugen offene Savannen mit Akazien und brauchen täglich Wasser.
Einer Giraffe beim Trinken zuzuschauen, ist ein besonderes Erlebnis: Erst spreizt sie behäbig die Vorderbeine, senkt dann den Kopf zum Wasser hinab und muss gegebenenfalls die Beine noch einknicken. Wie alle Wirbeltiere hat auch die Giraffe nur sieben Halswirbel. Ein ausgeklügeltes System mit Klappen in der Halsvene sorgt dafür, dass das riesige Herz das Blut bis in den Kopf hinaufpumpen kann. Beim Bücken ruht die Blutsäule auf einem schwammartigen, dem Gehirn vorgelagerten Organ, *Rete mirabile*.
Die wiederkäuenden Giraffen äsen fast ausschließlich Blätter (ca. 66 kg am Tag), die sie mit der 45 cm langen Zunge und den Lippen von den Ästen ziehen. Das 100 kg schwere Kalb wird im Stehen geboren – welch unsanfter Empfang. Einige Löwen haben sich darauf spezialisiert, Giraffen beim Trinken zu reißen.

Afrikanischer Büffel oder Kaffernbüffel
(African buffalo) – *Syncerus caffer*
Die rinderähnlichen Tiere erreichen eine Schulterhöhe von 1,40 m. Bullen wiegen bis zu 800 kg, Kühe nur 550 kg. Beide tragen ein wuchtiges, zweifach geschwungenes Gehörn. Büffel bilden riesige Herden und bevorzugen Grassavannen. Sie sind Wiederkäuer und können sowohl frisches als auch verdorrtes Gras verdauen. Obwohl Büffel im Allgemeinen friedfertig sind, werden sie sehr gefährlich, wenn sie Gefahr wittern oder verletzt sind. Werden sie in verwundetem Zustand verfolgt, machen sie einen Bogen und warten auf der eigenen Spur auf den Verfolger, um diesen mit gesenktem Haupt und hoher Geschwindigkeit anzugreifen. Büffel haben schon viele Jäger, auch Löwen, getötet. Meist sind sie jedoch das Opfer. Löwen reißen gern Büffelkälber, nur im Rudel wagen sie es, einen einzelnen, ausgewachsenen Büffel anzugreifen.

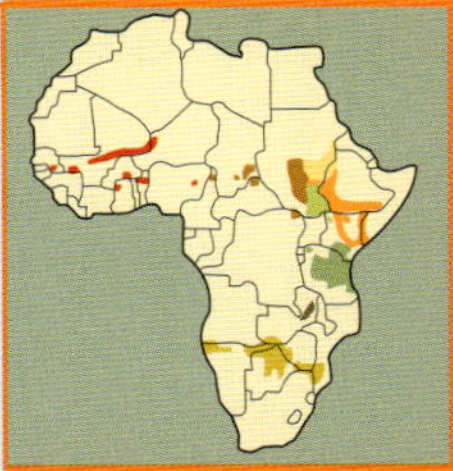

- G.c. antiquorum
- G.c.camelopardalis
- G.c. reticulata
- Giraffa c. rothschildi
- G.c. tippelskirchi
- G. carmelopardalis giraffa
- G.c. thornicrofti
- G.c. peralta

- Syncerus caffer caffer
- Syncerus caffer nanus
- Überschneidungsgebiet

Elenantilope – (Eland)
Taurotragus (Tragelaphus) oryx
Die größte aller Antilopen kann bei einer Schulterhöhe von 1,70 m bis zu 700 kg wiegen. Beide Geschlechter tragen ein gerades, bis zu 60 cm langes Gehörn. Ältere Bullen haben eine vom Hals herabhängende Wamme (Hautfalte). Elands leben überwiegend in offenen Baumsavannen in Herden mit bis zu 60 Tieren, doch manchmal schließen sie sich zu großen Herden mit bis zu tausend Tieren zusammen. Beim Laufen geben sie ein markantes Klickgeräusch von sich, dessen Ursprung noch nicht genau erforscht wurde. Elands sind sehr gute Springer und können aus dem Stand mühelos über 2 m hohe Zäune springen.

Großer Kudu – (greater kudu)
Tragelaphus strepsiceros
Diese große, elegante Antilope (Schulterhöhe bis 1,50 m, Gewicht bis 250 kg) hat einen charakteristischen Höcker mit einer Mähne auf dem vorderen Rückgrat. Auf dem Rumpf sind 6–10 deutliche Streifen zu erkennen. Nur die Bullen tragen ein langes, spiralförmiges Gehörn mit einer Durchschnittslänge von 1,20 m, der Rekord liegt bei 1,816 m. Kühe bilden kleine Herden mit 3–8 Tieren, meist in Begleitung einiger Jungtiere und eines Bullen. Sofern sich die anderen Bullen nicht Junggesellenherden anschließen, ziehen sie allein umher. Kudus sind sehr wachsam, geben bei Gefahr einen Furcht einflößenden Warnruf von sich und flüchten mit hohen Sprüngen. Sie äsen an Büschen und Bäumen, fressen jedoch auch gern Mais und Luzerne.

Kleiner Kudu – (lesser kudu)
Tragelaphus imberbis
Diese elegante und schön anzusehende Antilope ist wesentlich kleiner (Schulterhöhe bis 1 m, Gewicht bis 100 kg) als der Große Kudu, wobei die weiblichen Tiere noch kleiner sind als die männlichen. Auf dem Rumpf sind deutlich 15 vertikale, weiße Streifen zu erkennen, am Hals zwei weiße Flecken. Nur die Bullen tragen ein spiralförmiges Gehörn mit einer Länge bis zu 75 cm. Kleine Kudus sind relativ standorttreu und leben meist allein oder als Pärchen, hin und wieder sind kleine Gruppen weiblicher Tiere mit ihren Jungen zu sehen. Sie sind überwiegend nachtaktiv und bevorzugen buschiges, trockenes Gelände, selten entfernen sie sich von schützender Deckung.

keine Abbildung

Sitatunga – (sitatunga)
Tragelaphus spekei
Diese besonderen Antilopen (Schulterhöhe bis 1,25 m, Gewicht bis 115 kg), auch Sumpfantilopen oder Wasserkudus genannt, sind nur in dicht bewachsenen, wasserreichen Gebieten anzutreffen. Einmalig sind die bis zu 18 cm langen Hufe, die sich weit spreizen, so dass diese Tiere auf Schlamm und schwimmenden Pflanzenflößen laufen können. Sie scheuen sich nicht, auch in tiefes Wasser zu gehen, denn sie sind gute Schwimmer. Die männlichen Tiere sind deutlich größer als die weiblichen, haben ein zottiges Fell und tragen ein spiralförmiges, bis zu 92 cm langes Gehörn. Im Allgemeinen sind die Sitatungas tagaktiv, nur bei Störungen und sonstigen außergewöhnlichen Verhältnissen äsen sie auch nachts.

Buschbock – (bushbuck)
Tragelaphus scriptus
Bei den Buschböcken (Schulterhöhe bis 85 cm, Gewicht bis 54 kg) werden 29 Unterarten beschrieben. Sie weisen deutliche Unterschiede in Statur und Farbe auf, mit Schattierungen von Schwarz bis Rotbraun mit zahlreichen weißen Pünktchen und Streifen. An der Kehle befinden sich immer zwei weiße Flecken. Nur die männlichen Tiere haben ein spiralförmiges Gehörn mit einer Durchschnittslänge von 26 cm, Rekordlänge 52 cm. Der auf dem Rückgrat sitzende Kamm wird aufgerichtet, um Feinden oder Weibchen zu imponieren. Buschböcke bevorzugen schützenden Busch und sind meist in Flusslandschaften in der Nähe von offenem Wasser anzutreffen.

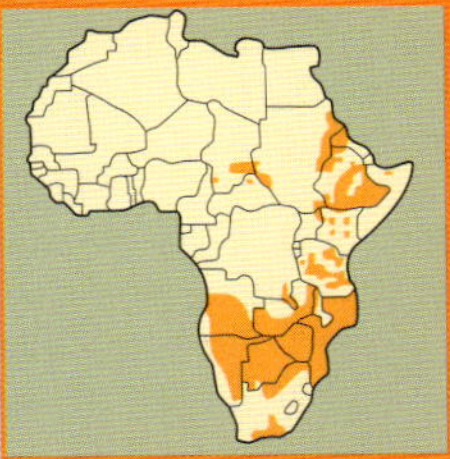

Großer Kudu, männlich

Großer Kudu, weiblich

Oryx-Antilope – (gemsbok)
Oryx gazella
Oryx-Antilopen sind große, stämmige Tiere (Schulterhöhe bis 1,20 m, Gewicht bis 240 kg). Beide Geschlechter tragen lange, gerade, spitz zulaufende Hörner (Rekordlänge 1,219 m), wobei männliche Tiere und deren Gehörn wesentlich stattlicher sind als die weiblichen. Die Unterart im südlichen Afrika *O. g. gazella* ist grau und mit deutlichen schwarzen und weißen Markierungen, besonders im Gesicht, versehen. Diese Markierungen sind bei den ostafrikanischen Unterarten *O. g. beisa* und *callotis* beige und nicht ganz so deutlich ausgeprägt. Oryx-Antilopen leben meist in Herden, die bis zu 100 Tiere umfassen. Sie können gut ohne Wasser auskommen und bevorzugen weite Grassavannen. Die *O. g. gazella* lebt auch in Dünen (z.B. Sossusvlei und Kalahari).

Roan oder **Pferdeantilope** – (roan antelope)
Hippotragus equinus
Die Roans (Schulterhöhe bis 1,50 m, Gewicht bis 300 kg) sind die zweitgrößte Antilopenart. Ausgewachsene Tiere haben ein graubraunes Fell, junge sind eher rotbraun. Sie haben eine schwarzweiße Gesichtsmaskierung und markante lange Ohren mit Haarbüscheln an der Spitze. Beide Geschlechter tragen ein kräftiges, stark geringeltes, leicht nach hinten gebogenes Gehörn, das bei den weiblichen Tieren etwas kürzer ist.
Sie leben in kleinen Herden, bestehend aus 5–12 weiblichen und Jungtieren, die jeweils von einem starken männlichen Tier begleitet werden. Die Führung der Herde hat jedoch ein weibliches Leittier inne. Die jungen männlichen Tiere bilden Junggesellenherden. Roans bevorzugen offene Savannen mit hohem Gras.

Rappenantilope – (sable antelope)
Hippotragus niger
Beide Geschlechter dieser schönen, eleganten Antilope (Schulterhöhe bis 1,35 m, Gewicht bis 270 kg) tragen ein langes, nach hinten geschwungenes Gehörn, das beim männlichen Tier wesentlich größer ist (Rekordlänge 1,276 m). Es gibt ganz deutliche farbliche Unterschiede bei den Geschlechtern: Die männlichen Tiere sind pechschwarz mit schneeweißer Unterseite, während die weiblichen rötlichbraun sind. Beide Geschlechter haben eine markante schwarzweiße Gesichtsmaske.
Die Rappenantilopen bevorzugen offene, trockene Graslandschaften und sind auf offenes Trinkwasser angewiesen. Sie leben in Herden mit 10–30 Tieren, die von einem weiblichen Leittier geführt werden.

Wasserbock – (waterbuck)
Kobus ellipsiprymnus
Nur die männlichen Tiere des (Ellipsen-)Wasserbocks (Schulterhöhe bis 1,30 m, Gewicht bis 270 kg) tragen ein langes, nach vorne geschwungenes Gehörn. Es gibt zwei Unterarten, Defassa-Wasserbock und „normaler" (engl.: common waterbuck), auch Hirschantilope genannt. Das Fell ist graubraun, dicht und zottig. Am Maul und an der Nase weisen sie weiße Flecken und an der Kehle einen weißen Streifen auf. Auffällig beim Wasserbock ist der weiße, ellipsenförmige Ring am Hinterteil, während der Defassa dort einen weißen Flecken besitzt.
Starke männliche Tiere haben klar abgrenzte Territorien, durch die die Zuchtherden, meist 6–30 Tiere, hindurch ziehen. Der Wasserbock bevorzugt offene, wasserreiche Flusslandschaften.

Puku-Antilope – (puku)
Kobus vardoni
Bei den Pukus (Schulterhöhe bis 80 cm, Gewicht bis 74 kg) tragen die männlichen Tiere ein kräftiges, leierförmiges, stark geringeltes Gehörn (Rekordlänge 53,98 cm). Ihr goldbraunes, an der Bauchunterseite grauweißes Fell ist gänzlich ohne Markierung.
Sie leben in kleinen, unstabilen Herden von etwa sechs Tieren, selten in größeren mit bis zu 30 Tieren. Männliche Tiere verteidigen ihr Territorium nur während der Brunft. In dieser Zeit versuchen sie auch, die umher ziehenden Zuchtherden in ihrem Gebiet zu halten. Sie sind immer auf offenen Flächen in der Nähe von großen Flüssen und Sümpfen anzutreffen und fressen nur Gras.

Oryx gazella beisa
Oryx gazella callotis
Oryx gazella gazella

K. ellipsiprymnus defassa
K. e. ellipsiprymnus

Lechwe – (lechwe)
Kobus leche
Diese Antilope (Schulterhöhe bis 1 m, wobei das Hinterteil deutlich höher als die Schulter ist, Gewicht bis 100 kg), auch Litschi-Wasserbock oder Litschi-Moorantilope genannt, ist vom Aussterben bedroht. Nur die männlichen Tiere tragen lange, stark geringelte, leierförmige Hörner. Es gibt drei Unterarten, wobei die jungen weiblichen Tiere sich ähneln, die Böcke sich jedoch v.a. in der Farbe unterscheiden. Lechwes leben in Zambia, einige sieht man im Caprivi (Namibia) sowie im Norden Botswanas. Sie lieben Wasser und stehen meist in seichten Schwemmebenen, nur bei schlechten Futterbedingungen entfernen sie sich 1–2 km vom Wasser. Sie äsen fast ausschließlich Sumpfgräser.

Großer Riedbock – (reedbuck)
Redunca arundinum
Riedböcke (Schulterhöhe bis 95 cm, Gewicht bis 70 kg) sind braun oder graubraun mit weißer Unterseite. Sie haben einen kurzen, buschigen Schwanz, der ebenfalls an der Unterseite weiß ist. Die Vorderbeine weisen einen senkrechten, schwarzen Streifen auf. Nur die männlichen Tiere tragen ein langes, mäßig geringeltes, leicht nach vorn gebogenes Gehörn. Riedböcke halten sich meist als Pärchen in hohem Gras immer in der Nähe vom Wasser auf und sind Grasfresser. Ihr typischer Warnpfiff ist am offenen Wasser oft deutlich zu hören. Es gibt zwei weitere Arten, den etwas kleineren Bohar Riedbock *Redunca redunca* und den noch kleineren (nur bis zu 30 kg) Bergriedbock *Redunca fulvorufula*.

Kuhantilope – (red hartebeest)
Alcelaphus buselaphus
Von dieser Antilope (Schulterhöhe bis 1,25 m, wobei die Schulter deutlich höher ist als die Hüfte, Gewicht bis 150 kg) gibt es sechs Unterarten, die sich vornehmlich durch die Form des Gehörns und durch die Farbe unterscheiden, sowie eine weitere Art, das Lichtenstein's Hartebeest *Sigmoceros lichtensteini*. Kuhantilopen können ausdauernd und schnell rennen. Beide Geschlechter tragen ein stark gebogenes Horn. Sie bevorzugen trockene Buschsavannen und treten in Herden von unterschiedlicher Größe, max. einige hundert Tiere, auf. Der afrikaanse (und englische) Name Hartebeest weist auf die herzförmige Zeichnung am Hinterteil und / oder auf die Herzform des Horns hin (harte = Herz, beest = Rind). *Abbildung: Alcelaphus buselaphus caama*

Leierantilope – (topi, tsessebe)
Damaliscus lunatus
Diese Antilopen (Schulterhöhe bis 1,20 m, wobei die Schulter deutlich höher ist als das Hinterteil, Gewicht bis 140 kg) werden auch Halbmondantilopen genannt. Es gibt vier Unterarten, von denen das Tsessebe *D.l. lunatus* im Süden und das Topi *D.l. jimela* im Osten die bekannteren sind. Beide Geschlechter tragen leierförmige Hörner, die beim Tsessebe weiter gespreizt sind als bei den anderen Unterarten. Ihr Fell ist rotbraun mit purpurnem Glanz. Die Beine, Schultern und Hüften sowie der Kopf sind etwas dunkler als der restliche Körper, beim Topi ist der Farbunterschied noch deutlicher als beim Tsessebe. Sie leben in eher kleinen Herden (6–30 Tiere), sind häufig in offenen Baumsavannen und im Grasland zu sehen und ernähren sich von Gras. *Abbildung: Topi*

Bunt- und **Blessbock** – (bontebok, blesbok)
Damaliscus dorcas dorcas und *D. d. phillipsi*
Die beiden Antilopenarten (Schulterhöhe bis 90 cm, Gewicht bis 70 kg, Buntbock geringfügig leichter) unterscheiden sich nur in der Fellfarbe und im bevorzugten Habitat. Der Buntbock hat dunklere Flanken als der Blessbock und einen großen, weißen Fleck am Hinterteil sowie eine durchgehende Blesse, während diese beim Blessbock aus zwei Flecken besteht. Männliche und weibliche Tiere beider Arten tragen ein leierförmiges Gehörn. Sie waren um 1900 fast ausgestorben, in eigens für sie geschaffenen Parks überlebten die Buntböcke an der Kap-Spitze und Blessböcke im zentralen Osten in Südafrika. Heute gibt es große Bestände auf privaten Wildfarmen in Südafrika und Namibia.

Abbildung: Blessbock

Kobus leche leche
Kobus leche kafuensis
Kobus leche smithemani

A. buselaphus major
A. buselaphus lelwel
A. buselaphus tora
A. buselaphus swaynei
A. buselaphus cokei
A. buselaphus caama

Damaliscus lunatus korrigum
Damaliscus lunatus tiang
Damaliscus lunatus jimela
Damaliscus lunatus lunatus

Damaliscus dorcas phillipsi
Damaliscus dorcas dorcas

Gnu – (blue wildebeest)
Connochaetes taurinus
Bei den Gnus (Schulterhöhe bis 1,50 m, Schulter kräftiger und höher als Hüfte, Gewicht bis 250 kg) tragen beide Geschlechter ein Gehörn, das dem der Büffel ähnelt, jedoch viel leichter ist. Die Rekordlänge von Spitze zu Spitze beträgt 83,8 cm. Es gibt fünf Unterarten, die in drei separaten Gebieten leben und sich nur farblich unterscheiden. Bei dem im südlichen Afrika lebenden Streifengnu *C. t. taurinus* sind die Barthaare schwarz, bei dem in Ostafrika lebenden Weißbartgnu *C. t. mearnsi / albojubatus* schmutzig-weiß. Das Cookson-Gnu *C. t. cooksoni* im Luangwa Valley in Zambia ist bräunlich. Das Gnu ist mit ca. 2 Mill. Tieren die häufigste Antilope in Afrika, trotzdem ist es stark bedroht. Von der Unterart *C.t. johnstoni* gibt es nur noch einige Exemplare in Mozambik.

Weißschwanzgnu – (black wildebeest)
Connochaetes gnou
Mit 180 kg und einer Schulterhöhe von 1,20 m sind sie kleiner als die Streifengnus. Weißschwanzgnus haben verglichen mit den Streifengnus ein noch unproportionaleres, fast groteskes Aussehen. Der pferdeähnliche, weiße Schwanz hebt sich deutlich vom schwarzen Körper ab. Einstmals mit vielen hunderttausend Tieren im gesamten südlichen Afrika weit verbreitet, gab es 1930 nur noch einige hundert Tiere. Heute hat sich der Bestand in privaten Parks etwas erholt. Charakteristisch und namensgebend für beide Gnus ist das einmalige, unverwechselbare Geräusch „ge-nu", das sie von sich geben.
Wer sie beobachtet, erkennt, warum sie in Afrika „Wildebeest" (wildes Rind) genannt werden.

Grants-Gazelle – (Grant's gazelle)
Gazella granti
Die Böcke dieser vergleichsweise großen Gazelle (Schulterhöhe bis 95 cm, Gewicht bis 80 kg) haben ein robustes, geringeltes, bis zu 81 cm langes Gehörn, bei weiblichen Tieren ist es wesentlich zierlicher. Anhand der Hornform sind diverse Unterarten zu unterscheiden. Der Oberkörper ist rotbraun, die Unterseite und das Hinterteil sind weiß. Ein weißer Streifen streckt sich vom Auge bis zur Nase. Sie leben meist in kleineren Herden mit bis zu 30 Tieren. Diese werden von einem männlichen Tier geführt.
Die Grants gibt es in vielen verschiedenen Vegetationsformen, sie meiden jedoch Savannen mit hohem Gras.

Thomson-Gazelle – (Thomson's gazelle)
Gazella thomsoni
Diese bekannte, kleine Gazelle (Schulterhöhe bis 65 cm, Gewicht bis 28 kg) wird meist als Tommy (pl. Tommies) bezeichnet. Sie hat ein eng beieinander stehendes, stark geringeltes, bis zu 43 cm langes Gehörn, das bei den weiblichen Tieren kürzer und schlanker ist. Die obere Körperhälfte ist hell gelbbraun, die untere weiß, getrennt durch einen breiten, schwarzen Streifen. Kennzeichnend ist außerdem der weiße Augenring. Es gibt zwei Unterarten, *G. t. thomsoni* in Kenya und Tanzania sowie *G. t. albonotata* in Somalia. Tommies bevorzugen offene Savannen und müssen täglich trinken. Mit über einer Million Tiere im Serengeti-Ngorongoro-Masai Mara-Gebiet und ca. 300 000 in Somalia ist die Thomson mit Abstand die häufigste Gazelle.

Springbock – (springbok)
Antidorcas marsupialis
Der Springbock (Schulterhöhe bis 75 cm, Gewicht bis 41 kg) ist die einzige Gazelle im südlichen Afrika. Springböcke „prunken" – ein einmaliges Verhalten, bei dem sie mit steifen Beinen und gebogenem Rücken hohe Luftsprünge machen. Dabei wird der Rückenkamm, der aus zusammengelegten, steifen Haaren besteht, zu einer großen Rosette geöffnet. Beide Geschlechter tragen ein leierförmiges Gehörn. Es gibt heute etwa 100 000 Tiere. Die ersten Abenteurer Afrikas berichteten von gigantischen Herden von je ca. 1 Mill. Tiere. Springböcke werden heute auf Farmen für die Trophäenjagd und wegen des Wildbret gehalten. Sie können sich exzellent an Wüstenbedingungen anpassen und graben mit den Vorderhufen nach Wurzeln und Knollen.

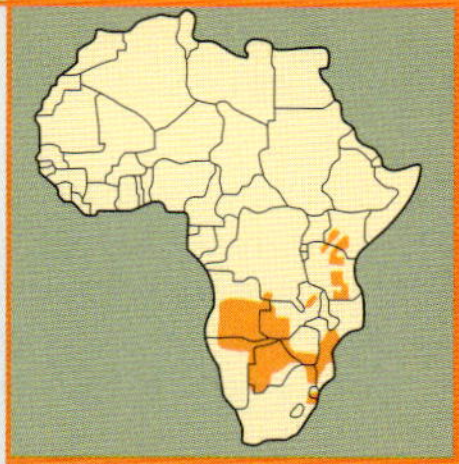

Gazella thomsoni albonotata

Gazella thomsoni thomsoni

Impala – (impala)
Aepyceros melampus
Die sechs Unterarten der mittelgroßen Antilope (Schulterhöhe bis 90 cm, Gewicht bis 50 kg) sind nur schwer zu unterscheiden. Lediglich die in Namibia vorkommende Schwarznasenantilope *A. m. petersi* ist eindeutig am schwarzen Fleck auf dem Nasenrücken zu identifizieren. Die Impala-Böcke haben ein elegantes, leierförmiges Gehörn, das in Ostafrika wesentlich länger ist als bei der in Südafrika vorkommenden Schwarzfersenantilope, *A. m. melampus*. Böcke geben in der Brunft schnaubende, grunzende, manchmal brüllende Laute von sich. Nur in dieser Zeit beanspruchen sie ein festes Territorium, um das bis aufs Blut gekämpft wird. Außerhalb der Brunft ziehen sie friedlich gemeinsam umher. Es leben etwa 500 000 Tiere in Südafrika und die gleiche Anzahl in Ostafrika.

Steinböckchen – (steenbok)
Raphicerus campestris
Die kleine, elegante Antilope (Schulterhöhe bis 50 cm, Gewicht bis 11 kg) hat auffällig große Augen und noch größere Ohren. Ihr Fell ist rehbraun und ohne jegliche Zeichnung, an der Bauchunterseite und Innenseite der Beine jedoch weiß. Nur die Böcke haben ca. 9 cm lange, spitze Hörner, die Rekordlänge beträgt 19 cm. Noch sind die Steinböckchen in den zwei geografisch getrennten Gebieten häufig anzutreffen, doch auch ihr Lebensraum wird immer stärker eingeschränkt. Sie leben meist paarweise und sind an ihr Revier gebunden. Sie bevorzugen Grassavannen mit etwas Deckung und sind unabhängig vom Wasser.
Für Antilopen ungewöhnlich ist, dass sie Dung und Urin mit den Vorderläufen verscharren.

Klippspringer – (klipspringer)
Oreotragus oreotragus
Bei dieser kleinen Antilope (Schulterhöhe bis 60 cm, Gewicht bis 15 kg) sind die weiblichen Tiere etwas schwerer als die männlichen. Bei den meisten Unterarten haben nur die Böcke ein weit auseinander stehendes, kurzes Gehörn. Ihr grobes, fast dorniges Haarkleid dient der Temperaturregelung sowie als Polster bei Stürzen. Als einzige Antilope laufen sie auf den Hufspitzen durch steinige Gebiete und können mit graziler Leichtigkeit extrem steile Felshänge überwinden. Das Warngeräusch ist ein lauter, nasaler Pfeifton. Sie leben immer als Pärchen, häufig in Begleitung eines Jungtiers. Klippspringer nutzen Dungplätze gemeinschaftlich.

Dikdik – (dik-dik)
Madoqua spp.
Es gibt vier Arten der sehr kleinen Antilope (Schulterhöhe bis 38 cm, Gewicht nur bis 5 kg), die häufigsten sind das Kirk- oder Damara-Dikdik *Madoqua kirki* und das Guenther's-Dikdik *Madoqua guentheri*. Sie sind einfach an der geschwollen wirkenden, rüsselartigen Nase zu erkennen. Böcke tragen ein kurzes Gehörn, beide Geschlechter schmücken sich mit einem Haarbüschel auf der Stirn. Sie sind immer paarweise zu sehen, oft in Begleitung eines Jungtieres, das so lange bei den Eltern bleibt, bis ein neues geboren wird.
Dikdiks haben einen vielfältigen Speiseplan: Sie grasen, äsen und sammeln Früchte, Schoten und Blüten, die von Elefanten und Kudus fallen gelassen werden. Oft nimmt man sie gar nicht wahr, wenn sie sich unter den Büschen aufhalten.

Kronenducker – (common duiker)
Sylvicapra grimmia
Der Ducker (Schulterhöhe bis 50 cm, Gewicht bis 21 kg) bekam seinen Namen aufgrund der Gewohnheit, bei Störungen mit weiten, schnellen Sprüngen zu flüchten und sich dann in ein Versteck zu ducken. Genau deshalb ist es so schwer, diese Antilope zu fotografieren. Sie ist in ganz Afrika südlich der Sahara anzutreffen. Es wurden bisher 18 Unterarten beschrieben, die sich v.a. in Farbnuancen unterscheiden. Nur die Böcke tragen ein durchschnittlich 11 cm langes, spitz zulaufendes Gehörn, die Rekordlänge beträgt 18,1 cm. Beide Geschlechter haben ein Haarbüschel (die so genannte Krone) auf der Stirn.
Sie bevorzugen Savannen und dichten Busch und meiden unbewachsene Flächen. Sie leben einzeln in Revieren, die sie mit Kothaufen markieren.

Afrikanischer Elefant – (African elephant)
Loxodonta africana
Diese riesigen Tiere mit ihrem unverwechselbaren Aussehen sind die bekanntesten Vertreter der Tierwelt Afrikas und die größten Landsäugetiere. Die Bullen wiegen bis zu 6,3 t bei einer Schulterhöhe bis zu 4 m. Die Kühe sind kleiner, wiegen maximal 3,5 t bei nur 3,50 m Schulterhöhe.
Elefanten haben einen sehr empfindlichen Rüssel und zwei Stoßzähne, die aus dem Oberkiefer wachsen. Diese aus reinem Elfenbein bestehenden Eckzähne nutzen sich durch stetigen Gebrauch nach und nach ab, wachsen aber ausgleichend dazu ein Leben lang nach. Die Stoßzähne werden zum Graben, Stochern und zur Verteidigung genutzt. Die größten Stoßzähne eines Elefanten aus Kenya wogen 102,3 kg und 97 kg.
Die lappenartigen Ohren mit dem feinen Adernetz, die bei afrikanischen Elefanten in etwa die Form Afrikas haben, dienen u.a. zur Temperaturregelung. Durch das Wedeln der Ohren wird die Körperwärme reduziert. Bei Erregung werden die Ohren weit aufgestellt (Drohgebärde). Mit ihrem äußerst beweglichen Rüssel können Elefanten viele Dinge bewältigen, wozu Menschen ihre Hände benötigen. Mit dem Rüssel wird alles Essbare gesammelt und in den Mund befördert. Mit den zwei fingerähnlichen Verlängerungen an der Spitze des Rüssels können selbst kleinste Gegenstände aufgehoben werden. Trinkwasser wird angesaugt und in den Mund gepumpt oder als Dusche über den Körper gespritzt.
Elefanten sind bis auf ein kleines Büschel an der Schwanzspitze nahezu haarlos. Vor 1500 Jahren waren sie in ganz Afrika bis zum Mittelmeer verbreitet, heute leben sie nur noch in kleinen Gebieten im mittleren und südlichen Afrika, fast ausschließlich in Parks und Schutzgebieten. 1930 wurde der bereits reduzierte Gesamtbestand der Elefanten auf 5–10 Mill. Tiere geschätzt, 1992 waren es nur noch 600 000. Ein guter Teil dieses Verlustes geht auf das Konto der Elfenbeinjäger, weit schlimmer ist jedoch die Eingrenzung ihres Habitats durch dramatisch zunehmende Besiedlung und die damit einhergehende Überweidung und Abholzung. In den wenigen Schutzgebieten gibt es auf der anderen Seite einen z.T. bedrohlichen Überbestand mit verheerenden Folgen für die Flora. Elefanten sind eine ernsthafte Gefahr für das empfindliche ökologische Gleichgewicht in fast allen Parks.
Sie sind sehr anpassungsfähig und leben sowohl in der Wüste – sogar in Dünenlandschaften – als auch in Wäldern, in Sumpfgebieten und trockenen Savannen. Sie benötigen je nach Futter- und Wasservorkommen ein Gebiet zwischen 5 und 50 km², Bullen in der Wüste gar bis zu 3000 km².
Elefanten sind gesellig und leben in Familien, bestehend aus einer älteren Leitkuh und ihren Nachkommen. Oft schließen sich mehrere Familien zu großen Herden zusammen. Erwachsene Bullen bewegen sich unabhängig zwischen den Familien. Junge Kühe bleiben solange in der Familie, bis genügend Tiere für eine neue Gruppe herangewachsen sind. Bullen bleiben bis zur Geschlechtsreife in der Familie und bilden dann Junggesellenherden. Da nur die stärksten Bullen decken dürfen, paaren sich Elefantenbullen selten vor dem 20. Lebensjahr, während Kühe mit ca. 11 Jahren ihr erstes Kalb bekommen. Sie paaren sich das ganze Jahr über. Das Kalb wird nach 22 Monaten mit einem Gewicht von etwa 120 kg geboren. Das Kleine ist dann schon fast 1 m groß. Die sehr verspielten Jungtiere werden fürsorglich und liebevoll behütet, bis sie mit etwa 2 Jahren selbstständig werden. Zwischen ihrem 10. und 12. Lebensjahr erreichen sie die Geschlechtsreife, erst nach 20 Jahren sind sie ausgewachsen. Elefanten werden im Durchschnitt 60 Jahre, vereinzelt sogar 100 Jahre alt.
Ein Elefant trinkt 100–220 l Wasser am Tag und frisst 150–300 kg an Gras, Blättern, Rinden, Ästen, Wurzeln und Früchten. Elefanten können große Bäume fällen, um an das Laub in der Spitze zu gelangen und verwandeln so innerhalb kürzester Zeit einen Wald in eine verwüstete Landschaft.
Elefanten haben komplizierte Verständigungsmethoden: Neben visuellen Signalen und Körperkontakt gibt es eine ganze Palette von für Menschen z.T. nicht hörbaren Geräuschen. Am eindruckvollsten ist das markdurchdringende, ohrenbetäubende Trompeten, das aus Furcht oder als Drohung ausgestoßen wird.
Einziger Feind der Elefanten ist der Mensch, nur selten werden Jungtiere von Löwen oder Hyänen gerissen. Elefanten sind grundsätzlich friedliche Tiere, greifen jedoch aggressiv an, wenn sie bedroht werden oder verwundet sind.

Kapfuchs – (Cape fox)
Vulpes chama
Der einzige „echte" Fuchs südlich der Sahara (Schulterhöhe bis 36 cm, Gewicht 2,5–4 kg) kommt ausschließlich an der Südwestspitze Afrikas vor. Der Rücken und die Seiten sind silbergrau meliert, Hals, Brust und Vorderläufe sind hell gelbbraun. Der Kapfuchs hat große, spitze Ohren und einen langen, buschigen Schwanz. Auffällig ist sein Gebell, das mitunter in ein hohes Heulen übergeht. Er bevorzugt offene Grassavanne, Halbwüste und das Fynbos-Gebiet Südafrikas. Die nachtaktiven Tiere leben meist einzeln und jagen Insekten, Reptilien, Vögel und auch schon mal ein Huhn oder ein kleines Lamm, weswegen sie von Farmern energisch bekämpft werden. Tagsüber verstecken sie sich in Löchern, sehr dichtem Gebüsch oder Felsspalten.

Löffelhund – (bat-eared fox)
Otocyon megalotis
Namensgebend sind die riesigen, bis zu 14 cm langen Ohren, die auf dem kleinen Tier (Schulterhöhe bis 40 cm, Gewicht bis 5 kg) fast deplatziert wirken. Löffelhunde haben ein langhaariges, grau meliertes Fell. Die Beine und die Oberseite des buschigen Schwanzes sind schwarz. Sie leben in Familienverbänden zusammen. Die nachtaktiven Löffelhunde konnten ihr Verbreitungsgebiet ausdehnen und wahrscheinlich sogar zahlenmäßig zunehmen – eine Besonderheit in der heutigen Welt. Sie leben überall, wo es Grasschneidetermiten (Hodotermes) gibt, die ihre Hauptnahrung darstellen.
Sie fressen auch andere Insekten, Reptilien und manchmal auch Feldfrüchte, reißen jedoch nie ein Huhn oder Lamm.

Schabrackenschakal – (black-backed jackal)
Canis mesomelas
Kaum ein Tier wurde vor allem im südlichen Afrika so ausdauernd gejagt wie der Schakal (Schulterhöhe bis 50 cm, Gewicht bis 8 kg), trotzdem kommt er immer noch sehr häufig vor. Schakale sind ausgesprochen anpassungsfähig – ob dieser Eigenschaft, so vermuten Wissenschaftler, werden sie vielleicht einmal die letzten wilden Tiere sein. Die schwarze, weiß durchsetzte Schabracke, die sich von der Schulter zum Schwanz hin verjüngt, verleiht ihnen ihren Namen. Sie fressen alles, von Pflanzen bis Aas, und reißen kleine Antilopen und andere Tiere, auch Lämmer und Kälber. Sie sind nachtaktiv und verständigen sich mit einem unvergleichlichen, markdurchdringenden Heulen, das mit einem drei- bis viermaligen Kläffen abgeschlossen wird.

Afrikanischer Wildhund – (African hunting dog)
Lycaon pictus
Die unregelmäßig schwarz, weiß, braun und gelbbraun gefleckten Tiere (Schulterhöhe 65–80 cm, Gewicht 17–36 kg) werden auch Hyänenhunde genannt. Die Flecken fallen bei jedem Hund anders aus. Die Schnauze ist schwarz, von der Spitze zieht sich ein schwarzer Streifen bis zwischen die großen, dunklen, runden Ohren. Sie jagen in Rudeln mit bis zu 15 Tieren und hetzen ihre Beute über mehrere Kilometer mit etwa 50 km/h bis zur Erschöpfung, um diese dann zu reißen. 70 % aller Jagdversuche sind erfolgreich – mehr als bei jedem anderen Raubtier. Die im Bau zurückbleibenden Jungtiere werden mit vorverdautem, hochgewürgtem Fleisch gefüttert. Wildhunde sind extrem bedroht. Einstmals sehr zahlreich, sind heute nur noch 2000–3000 Tiere übrig geblieben.

Honigdachs – (honey badger, ratel)
Mellivora capensis
Wegen ihres kleinen Körperbaus (Schulterhöhe bis 30 cm, Gewicht 8–14 kg) werden die Honigdachse sehr häufig unterschätzt. Sie sind die furchtlosesten Tiere in Afrika und greifen sogar Elefanten und Menschen an, wenn sie bedroht werden. Das kurze Haarkleid ist am Scheitel, Nacken und Rücken silbriggrau, sonst einheitlich schwarz. Sie sind gewöhnlich nachtaktiv, jedoch auch in den Morgen- und Abendstunden hin und wieder zu sehen. Die dicken, struppigen Borsten erlauben es ihnen, direkt in einen Bienenstock zu kriechen und den Honig auszuheben, den sie mit einem einmaligen Gespür finden. Nur die Nase ist sehr empfindlich und bekommt dabei schon mal ein paar Stiche ab. Ansonsten leben sie von Nagetieren, Reptilien, Vögeln und auch Aas.

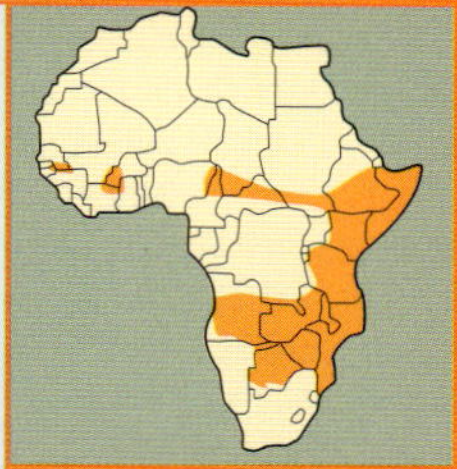

Afrika-Zibetkatze – (African civet)
Civettictis civetta
Zibets gehören zu den Mangusten und sind nur entfernt mit den Katzen verwandt. Sie sind kräftig gebaut (Schulterhöhe bis 40 cm, Gewicht 9–15 kg) und weit verbreitet. Sie haben zahlreiche schwarze Flecken, Tüpfel und Streifen auf einem grauen bis graubraunen, borstigen Fell. Charakteristisch sind die schwarzweißgraue Gesichtszeichnung und der beim Laufen gekrümmte Rücken. Bei Gefahr sträubt sich ein dunkler Haarstreifen am Rückgrat. Der Schwanz ist auf der Unterseite gestreift, doch an der Spitze und oben schwarz.
Zibets leben in der Nähe von Wasser und sind meist allein in der Nacht oder in der Dämmerung unterwegs. Sie nutzen immer die gleichen Stellen als Toilette, die so genannten „civetries".

Erdmännchen – (suricate)
Suricata suricatta
Diese Mangustenart (Schulterhöhe bis 15 cm, Gewicht bis 1 kg) lebt in trockenen, offenen Gebieten mit wenig Pflanzenwuchs. Die Farbe des Fells variiert von Rehbraun bis Silbergrau und hat eine Reihe dunkler, unregelmäßiger Querstreifen, die sich von der Schulter bis zur Schwanzspitze erstrecken. Den dünnen, spitz zulaufenden Schwanz mit der schwarzen Spitze strecken sie beim Laufen senkrecht in die Höhe. Ihr besonderes Merkmal ist, dass sie auf ihren Hinterbeinen stehen und „Männchen" machen können. Erdmännchen sind sehr gesellig und leben in Familien von 5–50 Tieren. Sie fressen Insekten und andere wirbellose Tiere. Faszinierend ist die Geschwindigkeit, mit der sie Skorpione fangen und vertilgen. Sie leben in selbst gegrabenen Bauten und sind tagaktiv.

Zebramanguste – (banded mongoose)
Mungos mungo
Die kleinen, agilen Tiere (Schulterhöhe bis 20 cm, Gewicht bis 1,8 kg) kommen in allen Savannen vor. Sie sind sehr gesellig und leben in ausgeprägten Verbänden von 5–30 und mehr Tieren. Ihr Fell ist grau meliert mit 10–12 dunkelbraunen oder schwarzen „Zebra"-Streifen, die quer über den Körper verlaufen. Sie haben einen relativ buschigen, kurzen Schwanz. Zebramangusten „unterhalten" sich ständig mit zwitschernden, zirpenden Geräuschen. Wie alle anderen Mangusten ernähren auch sie sich von wirbellosen Tieren, Reptilien, Vögeln und Mäusen.
In Afrika gibt es 23 Mangustenarten, auch Mungos genannt, und noch mehr Unterarten. 22 Arten leben südlich der Sahara. Einige sind vermutlich schon ausgestorben.

Fuchsmanguste – (yellow mongoose)
Cynictis penicillata
Diese kleine Manguste (Schulterhöhe bis 15 cm, Gewicht bis 0,9 kg) ist im südlichen Afrika sehr häufig auf offenen, mit kurzem Gras bestandenen Flächen und im Gestrüpp der Halbwüsten zu sehen. Auch bei den Fuchsmangusten variiert die Farbe des Fells, von rötlichgelb zu braungelb, sie haben meist eine weiße Schwanzspitze. Im nördlichen Botswana sind sie mehr gräulich und die weiße Schwanzspitze fehlt. Der Schwanz ist buschig und wird horizontal über dem Boden gehalten, nur beim Rennen (Flucht o. Ä.) wird er auf 45° angehoben. Fuchsmangusten sind tagaktiv, gehen allein auf Futtersuche und leben in kleinen Kolonien mit 5–10 Tieren in Erdlöchern, die sie selbst graben. Manchmal ziehen sie in die Bauten der Erdmännchen oder -hörnchen.

Serval – (serval)
Leptailurus serval
Diese gelbbraune, getüpfelte Wildkatze hat die Körpergröße einer Hauskatze, ist aber mit wesentlich längeren Beinen und einem längeren Hals ausgestattet (Schulterhöhe bis 60 cm, Gewicht bis 13 kg). Sie hat einen kurzen, gestreiften Schwanz mit einer schwarzen Spitze. Die großen, runden Ohren sind mit einem weißen Fleck markiert und an der Spitze schwarz. Die bevorzugten Areale bieten ausreichend Wasser und eine üppige Vegetation mit hohem Gras oder Ried. Servals sind geschickte Jäger und reißen überwiegend am Boden kleine Nagetiere, Reptilien und Vögel, können jedoch, wenn erforderlich, flink auf Bäume klettern. Sie sind nachts und in der Dämmerung allein oder in Familienverbänden unterwegs.

Mungos mungo
Mungos gambianus
Überschneidungsgebiet

Gepard – (cheetah)
Acinonyx jubatus
Die tagaktiven Geparden haben einen schlanken, grazilen Körper (Schulterhöhe bis 80 cm, Gewicht bis 70 kg) mit langen Beinen, einen kleinen Kopf und ein mit geschlossenen, schwarzen Flecken übersätes, beiges Fell. Vom inneren Augenwinkel bis zum Mundwinkel erstreckt sich ein schwarzer Streifen. Der lange Schwanz ist schwarz geringelt und an der Spitze weiß. Geparden fressen kein Aas, sondern jagen kleine bis mittlere Säugetiere, meist Antilopen. Sie schleichen sich an ihre Beute heran und greifen diese auf den letzten Metern mit sehr hoher Geschwindigkeit (70 km/h, Rekordgeschwindigkeit 112 km/h) an, sprinten aber nur kurze Distanzen und geben schnell auf. Ihr bevorzugter Lebensraum sind offene Savannen mit weiter Sicht. Von dieser stark bedrohten Raubkatze gibt es nur noch etwa 15 000 Tiere.

Leopard – (leopard)
Panthera pardus
Das beige Fell der kraftvoll gebauten Katze (Schulterhöhe bis 80 cm, Gewicht bis 90 kg, Männchen deutlich größer als Weibchen) ist mit unregelmäßigen Rosetten auf grauweißem oder orangefarbenem Grund markiert und an den Beinen, Flanken, Hinterschenkeln und am Kopf schwarz getupft. Leoparden sind zumeist allein unterwegs und treffen sich nur zur Paarung. Sie sind sowohl tag- als auch nachtaktiv, ruhen jedoch an heißen Tagen. Obwohl sie exzellente Kletterer und Schwimmer sind, bewegen sie sich meist am Boden, schleichen sich nah an die Beute heran und greifen mit einem geschmeidigen Sprung an. Sie reißen kleine Antilopen, aber auch Mäuse, Vögel und Ähnliches. Von allen Katzen ist die Nahrung des Leoparden am abwechslungsreichsten. Die Beute wird versteckt und das Aas später weitergefressen. Leoparden sind in ganz Afrika südlich der Sahara verbreitet, von der trockensten Wüste bis in den dichtesten Dschungel. Es wird angenommen, dass sie noch in guten Beständen vorkommen, denn kaum ein anderes Tier ist so schlau und anpassungsfähig. So zeigen sie sich nur in Parks und privaten Schutzgebieten, wo sie wissen, dass vom Menschen keine Gefahr ausgeht. Außerhalb werden sie fast nie gesichtet – was eben nicht heißt, dass sie dort nicht vorkommen. Sie verständigen sich mit einem heiseren Krächzen, knurren bei Gefahr und schnurren beim oder nach dem Fressen.

Löwe – (lion)
Panthera leo
Löwen sind die größten afrikanischen Katzen (Schulterhöhe bis 1,20 m, Gewicht bis 250 kg). Nur die männlichen Tiere, die deutlich größer sind als die Weibchen, tragen eine üppige Mähne. Löwen sind stark bedroht und außerhalb der Schutzgebiete kaum noch anzutreffen. Ihr Bestand wird auf weniger als 50 000 Tiere geschätzt.
Löwen sind die geselligste Katzenart und je nach Verfügbarkeit der Beute immer in Rudeln von 3–30 Tieren unterwegs. Sie weisen ausgeprägte Sozialstrukturen auf und verteidigen ihr Gebiet gegen Eindringlinge. Männliche Jungtiere verlassen relativ früh das Rudel und tun sich mit anderen Junggesellen zusammen, bis sie erwachsen sind und sich gegen die dominierenden Männchen eines neuen Rudels behaupten können.
Obwohl meist die Löwinnen nachts oder in der Dämmerung jagen, nehmen sich die Löwen das Recht heraus, als erste zu fressen. Gern werden Büffel, Antilopen und Zebras gerissen. Manche Gruppen haben sich auf Hippos, Giraffen oder Stachelschweine spezialisiert.
Das imposante Löwengebrüll, das einem in freier Natur das Blut in den Adern gefrieren lässt, ist über etliche Kilometer zu hören.

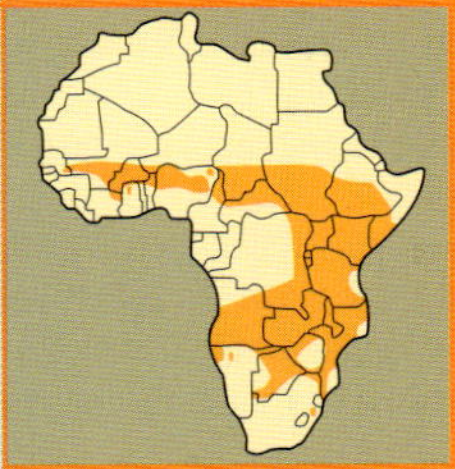

Braune Hyäne (brown hyaena)
Hyaena brunnea
Diese Hyänenart (Schulterhöhe bis 80 cm, Gewicht bis 45 kg) wird auch Schabrackenhyäne genannt. Auch bei ihr sind die Schultern höher als die Hüfte. Braune Hyänen haben ein langes, dunkelbraunes Fell mit einer etwas helleren Mähne an den Schultern und auf dem Rücken sowie lange, spitz aufgestellte, nach vorn gerichtete Ohren und einen kurzen, buschigen Schwanz. Einstmals in allen trockenen Gebieten im südlichen Afrika verbreitet, gibt es sie heute nur noch in Wildschutzgebieten. Sie sind überwiegend nachtaktiv und meist als Einzelgänger unterwegs. Sie fressen hauptsächlich Aas, ernähren sich aber auch von Insekten und kleinen Tieren, sogar Wildfrüchte stellen einen Teil ihrer Nahrung.

Tüpfelhyäne – (spotted hyaena)
Crocuta crocuta
Hyänen haben deutlich stärkere und höhere Schultern als Hüften (Schulterhöhe bis 85 cm, Gewicht bis 80 kg). Kennzeichnend sind die braunen Tüpfel auf dem gesamten Fell und die großen Ohren. Sie haben einen unverwechselbaren Ruf, ein lang gezogenes „whoops", und ein unheimliches Kichern. Sie leben in Rudeln, auch als Clans bezeichnet, die von einem weiblichen Tier geführt werden. Sie sind nachts aktiv und fressen alles, von Aas, Insekten bis zu Großwild. Entgegen der allgemeinen Meinung sind sie sehr gute, aggressive Jäger und vertreiben oft Löwen und andere Raubkatzen von ihrem Riss. Besonders auffällig ist der kreideweiße Kot, dessen Färbung durch den sehr säurehaltigen Magen der Aas- und Allesfresser hervorgerufen wird.

Klippschliefer – (hyrax, dassies)
Procavia capensis
Die kleinen, stämmigen, schwanzlosen Tiere (Schulterhöhe 15–30 cm, Gewicht 2–5 kg) sind von Kapstadt bis Kairo an felsigen, buschbestandenen Hängen anzutreffen. Es gibt große Unterschiede in den Farbschattierungen, von gelblichem Rehbraun bis zu Dunkelbraun, selbst innerhalb einer Kolonie. Sie fressen Gras, Blätter und Früchte und leben in Kolonien, deren Größe vom Nahrungsangebot abhängt. Droht Gefahr, stoßen sie einen schrillen Warnschrei aus.
Es gibt eine weitere Art, *Heterohyrax brucei*, sowie drei Arten von Baumschliefern, *Dendrohyrax spp.* Deutlich erkennbar ist das aufrecht stehende Haarbüschel in der Mitte des Rücken, das eine Drüse schützt. Je nach Art ist dieses Büschel schwarz, weiß oder gelblich.

Erdferkel – (aardvark)
Orycteropus afer
Erdferkel (Schulterhöhe bis 60 cm, Gewicht bis 53 kg) haben einen langen, schweineartigen Rüssel, röhrenförmige Ohren, einen muskulösen, langen Schwanz, einen krummen Rücken und kräftige Vorderbeine mit Grabkrallen.
Die nachtaktiven Tiere haben schwache Augen, aber einen ausgeprägten Geruchssinn und ein gutes Gehör. Die Haut ist spärlich mit gelblichbraunen Borsten bedeckt, die Farbe des Tieres hängt von der Farbe des Erdreichs ab. Sie bevorzugen offene Savanne.
Sie ernähren sich von Ameisen und Termiten sowie deren Eiern und Larven, die sie selbst bei steinhartem Boden mit einer erstaunlichen Geschwindigkeit ausgraben und mit ihrer langen klebrigen Zunge auflecken.

Steppen-Schuppentier – (pangolin)
Manis temmincki
Diese ganz besonderen, urzeitlich anmutenden, nachtaktiven Tiere (Länge bis 1,10 m, Gewicht bis 18 kg) sind sehr selten zu sehen. Der Rücken, die Seiten und der Schwanz sind mit großen, braunen Schuppen bedeckt. Die Hinterbeine und der Schwanz sind stark entwickelt. Beim Laufen werden die kurzen Vorderbeine oft nicht genutzt. Bei Gefahr rollen sich die Schuppentiere zu einer festen Kugel zusammen, so dass die starken Schuppen die empfindliche Bauchseite schützen. Mit den Vorderbeinen graben sie Löcher auf der Suche nach Termiten und Ameisen, die ihre Hauptnahrung bilden. Das Steppen-Schuppentier hält sich in trockenen Buschsavannen auf, während das Riesen-Schuppentier sowie die beiden Baum-Schuppentiere feuchte Waldgebiete bevorzugen.

Procavia capensis
Heterohyrax brucei
Überschneidungsgebiet

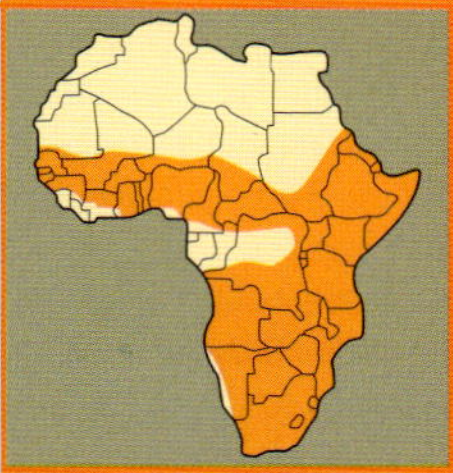

Manis gigantea
Manis temmincki

Igel – (hedgehog)
Atelerix frontalis
Igel (bis 0,6 kg) sind an den kurzen, spitzen, gestreiften Stacheln leicht zu erkennen, die von der Stirn bis zum Steiß verlaufen. Dunkle Haare bedecken das Gesicht, die Beine und den kurzen Schwanz. Ein auffallendes, weißes Band zieht sich über die Stirn bis hinter die Ohren. Igel leben in vielen verschiedenen Habitaten, mit Ausnahme von regenreichen Gebieten und der Wüste. Tagsüber ruhen sie in Erdlöchern oder in trockenen Büschen. Sie ernähren sich von Insekten und Wildfrüchten. Bei Gefahr rollen sie sich zu einer festen Kugel zusammen, so dass die gesträubten Stacheln die empfindliche Bauchseite und den Kopf schützen. Sie bewegen sich im Allgemeinen gemächlich fort, können aber in Gefahrensituationen sehr schnell rennen.

Hase – (hare)
Lepus capensis und *L. saxatilis*
Die beiden in Afrika vorkommenden Hasenarten unterscheiden sich nur geringfügig voneinander. Beide haben einen kurzen, flauschigen Schwanz. Der Strauchhase ist etwas größer als der Kaphase. Die Ohren (Löffel) des Strauchhasen sind besonders lang und die Hinterläufe gut ausgebildet. Das weiche Fell ist graubraun bis grauschwarz gefleckt. Er hat einen weißen Stirnfleck und bevorzugt mit Gestrüpp bestandene Waldgebiete. Der Kaphase gleicht den in Europa vorkommenden Hasen. Er ist grauweiß bis mittelbraun mit einer rötlichen Tönung an der Seite. Die Brust ist heller als die Oberseite und der Bauch ist weiß. Er bevorzugt offenes, grasbewachsenes Gelände. Beide Hasenarten sind meist allein nachts oder in der Dämmerung unterwegs. *Abbildung: Kaphase*

Springhase – (springhare)
Pedetes capensis
Der Springhase (bis 3,8 kg) hat lange, kräftige Hinterbeine, mit denen er sich springend fortbewegt, und winzige Vorderbeine, die er zum Graben nutzt. Von vier Zehen sind drei lang gewachsen und mit Krallen versehen. Der lange Schwanz ist buschig mit einer schwarzen Spitze. Die Ohren sind lang und spitz. An der Oberseite ist das weiche Fell rötlichbraun bis gelb, die Bauchseite ist heller. Springhasen bevorzugen offene Graslandschaften. Sie sind ausschließlich nachtaktiv und leben in losen Verbänden in selbst gegrabenen Bauten. Sie ernähren sich von Gräsern und Wurzeln. In Pflanzungen können sie großen Schaden anrichten, daher werden sie stark bejagt.

Erdhörnchen – (ground squirrel)
Xerus inauris
Erdhörnchen (Länge 40–70 cm, davon 18–30 cm Schwanz, Gewicht bis zu 650 g) sind Nagetiere. An der Oberseite ist das Fell zimtfarben, ein einzelner weißer Streifen erstreckt sich an beiden Körperseiten von der Schulter bis zum Oberschenkel. Die Bauchseite ist etwas heller. Der buschige, schwarzweiße Schwanz nimmt etwa die Hälfte der gesamten Körperlänge ein. Er wird geschickt als Sonnenschirm über den Körper und Kopf gehalten. Erdhörnchen sind tagaktiv und leben gesellig in Kolonien von 5 bis manchmal weit über 50 Tieren am Boden bzw. unter der Erde, wo sie sich einen Bau aus Tunneln und Höhlen graben. Sie ernähren sich von verschiedenen Pflanzen und fressen manchmal auch Termiten. Verschiedene Arten sind in ganz Afrika verbreitet.

Stachelschwein – (porcupine)
Hystrix africaeaustralis
Der Körper des größten afrikanischen Nagers (Schulterhöhe bis 25 cm, Gewicht bis 13 kg) ist mit langen, robusten, schwarzweißen Stacheln bedeckt. Auf Kopf und Nacken befindet sich ein Kamm weicher Borsten, die normalerweise eng am Körper liegen. Sobald Gefahr droht, werden die Stacheln und Borsten aufgerichtet, so dass das Tier doppelt so groß aussieht. Stachelschweine kommen häufig vor, sind jedoch selten zu sehen, da sie nachtaktiv sind. Tagsüber ruhen sie im eigenen Bau, in Höhlen oder Geröll.

Ihre Nahrung ist vegetarisch und schließt Knollen, Zwiebeln und Borke ein. *H. africaeaustralis* im Süden und Osten und *H. cristata* in Nordafrika sind fast nicht zu unterscheiden.

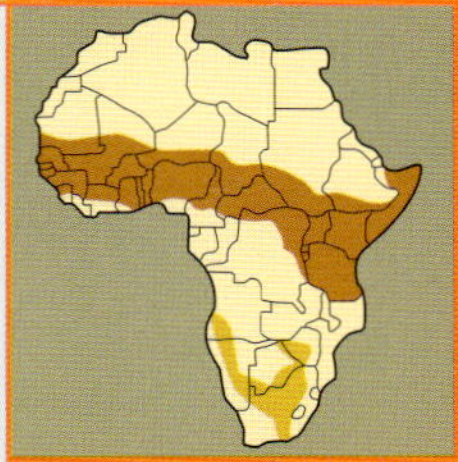

- Atelerix albiventris
- Atelerix frontalis

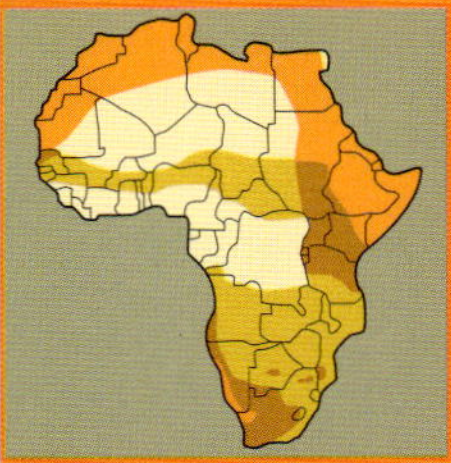

- Lepus capensis
- Lepus saxatilis
- Überschneidungsgebiet

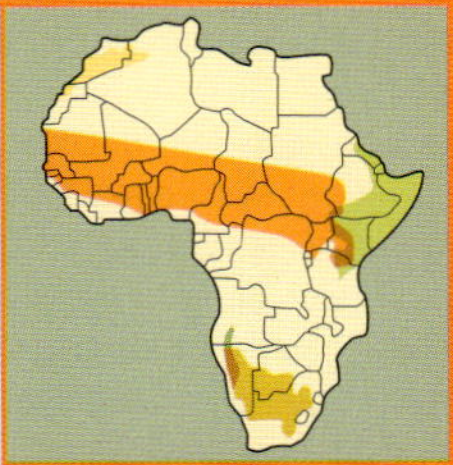

- Xerus erythropus
- Atlantoxerus getulus
- Xerus rutilus
- Xerus inauris
- Xerus princeps
- Überschneidungsgebiet
- X. erythropus
- A. getulus

- Hystrix cristata
- Hystrix africaeaustralis
- Überschneidungsgebiet

Zu den Tiernamen

Viele Tiere und Pflanzen haben diverse so genannte Trivialnamen (d.h. umgangssprachliche Namen), mitunter sogar mehrere in der gleichen Sprache. Diese Vielfalt führt zu einer „Sprachverwirrung“. Daher nutzt die Wissenschaft ein einheitliches System der Namengebung in lateinischer Sprache mit universeller Geltung (selbst dabei gibt es noch unterschiedliche Schreibweisen). Dies ist sinnvoll, aber für den interessierten Besucher ziemlich kompliziert. Das *Wörterbuch der Tiernamen* von Theodor Cole, Spektrum Verlag, ISBN 3-8274-0589-0, will zwischen den Trivialnamen und den wissenschaftlichen vermitteln. Dieses einmalige und lobenswerte Buch ist jedoch noch nicht ausgereift. So wird *Oryx gazella* mit „Südafrikanischer Spießbock“ übersetzt – ein Name, der zwar nicht unbekannt ist, aber von den Einheimischen milde belächelt wird. Im südlichen Afrika wird der afrikaanse Name Gemsbok gebraucht, nur gegenüber Touristen wird die in Ostafrika übliche Bezeichnung Oryx-Antilope oder nur Oryx verwendet. Auch *Madoqua kirki* hat viele Namen, z.B. Dikdik und Blauböckchen, Windspielantilope dagegen ist im südlichen Afrika gänzlich unbekannt und weckt merkwürdige Assoziationen. Um Reisenden die Handhabung des Safari Guides zu erleichtern, wurden neben dem meist gebräuchlichen deutschen Namen die englische sowie die wissenschaftliche Bezeichnung angegeben.

Zur Auswahl der Tiere

In Afrika ist eine riesige Anzahl verschiedener Säugetiere beheimatet – aus Platzgründen bleiben viele unerwähnt, z.B. Wale, Robben, über 150 Fledermausarten, Mäuse, Ratten, Kaninchen sowie weit verbreitete Tiere, die jedoch selten zu sehen sind, wie das Buschschwein. Auf die Vogel- und Reptilienwelt kann ebenfalls nicht eingegangen werden. Von den zehn Katzenarten werden nur die drei großen Arten und wegen seines besonderen Aussehens der Serval berücksichtigt.

Zu den **Big Five**, Afrikas berühmten, großen und vor allem gefährlichen Tieren, zählen Elefant, Nashorn, Büffel, Löwe und Leopard. Zusammen mit dem Hippo bilden sie die **Dangerous Six**.

Zu einzelnen Begriffen

Gehörn: Afrikanische Antilopen und Büffel tragen ein Gehörn, das fest mit dem Schädelknochen verwachsen ist und immer auf dem Kopf bleibt – anders als ein Geweih, das Hirsche und Rehe einmal jährlich verlieren (auch wenn Jäger das Geweih beim Reh wissenschaftlich inkorrekt als „Gehörn“ bezeichnen).

Antilope ist kein wissenschaftlicher Begriff, trotzdem können sie relativ genau umschrieben werden: Die männlichen Tiere haben ein Gehörn, bei einigen auch die weiblichen, sie sind Paarhufer und Wiederkäuer, d.h. alle Antilopen gehören zur Familie der *Bovidae*. „Antilope“ kommt vom griechischen *anthòlops* = „Blumenauge“. **Gazellen** sind zierliche Antilopen. Neben dem Springbock im südlichen Afrika sind dies vor allem die Thomson-, Grants-, Lama- und Giraffen-Gazellen in Ostafrika.

Savanne [span.] ist eine Vegetationsformation der wechselfeuchten Tropen beiderseits des Äquators, die überwiegend Grasland, Busch und Laub abwerfende Wälder umfasst. Während der Regenzeit herrscht üppiges Wachstum, doch in der Trockenzeit verdorren die Pflanzen. Je nach Dauer der Trockenperiode unterscheidet man Feucht- und Trockensavannen, die wegen ihres häufig steppenförmigen Grasbewuchses auch als tropische Steppe bezeichnet werden. Die Steppe [russ.], eine offene, baumarme bis baumlose Landschaft, kommt hingegen nur in gemäßigten Zonen vor, z.B. die Pampa (Ost-Argentinien, Süd-Uruguay), Prärie (Nordamerika) und Tundra. Im Übergangsfeld zur Wüste findet sich zudem die Dornbuschsavanne, in der Sukkulenten und Dornengebüsch dominieren, die sich der Trockenheit angepasst haben.

Text: Livia und Peter Pack
www.packsafari.com
Fotos: siehe Bildnachweis